Yehuda Eloni – Zionismus in Deutschland. Von den Anfängen bis 1914

10
Schriftenreihe
des Instituts für Deutsche Geschichte
Universität Tel Aviv

Yehuda Eloni

Zionismus in Deutschland
Von den Anfängen bis 1914

Bleicher Verlag

Dem Andenken meiner Eltern
Sabine und Leo Eichenstein und
meiner Brüder James und Julius

CIP-Kurztitelaufnahme der Deutschen Bibliothek

Eloni, Yehuda:
Zionismus in Deutschland: von d. Anfängen bis 1914 / Yehuda Eloni. – 1. Aufl. – Gerlingen: Bleicher, 1987.
(Schriftenreihe des Instituts für Deutsche Geschichte, Universität Tel-Aviv; 10)
ISBN 3-88350-455-6

NE: ham-Mākôn le-Histôryā Germānît ⟨Tēl-Āvîv⟩: Schriftenreihe des Instituts . . .

1. Auflage 1987
Gesamtherstellung: Wilhelm Röck, D-7102 Weinsberg
Umschlag: Jürgen Reichert, D-7000 Stuttgart
ISBN 3-88350-455-6

Inhalt

Abbildungsnachweis:
Die Abbildungen in diesem Buch wurden vom Autor zur Verfügung gestellt.

Abkürzungen

AA	Auswärtiges Amt, Bonn, Politisches Archiv
a. B.	aktiver Bursche (Rang der Studentenverbindungen)
AC	Aktionskomitee (Actions-Comité) der Zionistischen Weltorganisation
AH	Alter Herr (einer Studentenverbindung)
AZJ	Allgemeine Zeitung für das Judentum
B.J.C.	Bund Jüdischer Corporationen
BLBI	Bulletin des Leo-Baeck-Institutes
B.Z.V.	Berliner Zionistische Vereinigung
CAHJP	The Central Archives for the History of the Jewish People, Jerusalem
CV	Zentralverein (Central-Verein) deutscher Staatsbürger jüdischen Glaubens
CZA	The Central Zionist Archives, Jerusalem
E.A.C.	Engeres Aktionskomitee (Actions-Comité) der Zionistischen Weltorganisation
I.C.A.	Jewish Colonization Association
IDR	Im Deutschen Reich, Organ des CV
IR	Israelitische Rundschau
JP	Jüdische Presse
JR	Jüdische Rundschau
JT	Juden in der Türkei (Akten des Auswärtigen Amtes, Bonn)
KC	Kartell Convent
K.J.V.	Kartell Jüdischer Verbindungen
K.Z.V.	Kartell Zionistischer Verbindungen
LBIYB	Leo Baeck Institute Yearbook
RA	Rechtsanwalt
U.O.B.B.	Unabhängiger Orden Bnei-Brith
V.J.St.	Verein jüdischer Studenten
ZK	Zentralkomitee (der ZVfD)
ZVfD	Zionistische Vereinigung für Deutschland

Vorwort

»Wieso sind Sie eigentlich Zionist geworden? Schreiben Sie das doch nieder«, wandte sich Theodor Herzl an den Mitbegründer der Zionistischen Vereinigung in Deutschland, Max Bodenheimer, als sie sich 1898 auf dem Wege nach Konstantinopel befanden. Dies war wohl eine der ersten Anregungen, die Motive des deutschen Zionismus zu dokumentieren. Bodenheimer sollte dieser Anregung erst 40 Jahre später nachkommen. Als er 1938 in Jerusalem seine Erinnerungen verfaßte, standen sie nicht im Zeichen der Frage »Wohin mit den russischen Juden?« (der Titel seiner 1891 veröffentlichten Broschüre), sondern des brennenden Problems der in Deutschland und Österreich gefährdeten Juden.
Den Memoiren[1] Bodenheimers folgten die Erinnerungen anderer deutscher Zionisten der Gründergeneration, deren Aussagen, unter Berücksichtigung der Mängel, die ihnen anhaften,den Hintergrund von Ereignissen erhellen, die in anderen Dokumenten nur spärlichen Niederschlag fanden. Darüber hinaus aber vergegenwärtigen sie die Atmosphäre einer Welt, die infolge zweier Weltkriege und der Massenvernichtung der Juden versunken ist. Sie verdeutlichen den entscheidenden Einfluß, den der Zionismus auf das Selbstbewußtsein der deutschen Juden Ende des 19. und Anfang des 20. Jahrhunderts hatte.
Die Grundlagen einer systematischen Forschung verdanken wir Richard Lichtheim. Er veröffentlichte 1954, »da das deutsche Judentum untergegangen und damit auch die zionistische Bewegung in Deutschland erloschen« war, eine »Geschichte des deutschen Zionismus«. Sie sollte ein Beitrag zur allgemeinen zionistischen Geschichtsschreibung sein und zugleich die Abtragung einer Dankesschuld an eine jüdische Gemeinschaft, die auf die Gestaltung des jüdischen Geisteslebens tief eingewirkt hat. Lichtheim war durch seine jahrzehntelange Tätigkeit in der zionistischen Bewegung Deutschlands und deren zentraler Gremien mit dem Thema gut vertraut. Sein Buch ist eine verläßliche Informationsquelle, bietet wertvolles Tatsachenmaterial, das den Forschern neue Wege weist, auch wenn es hier und da autobiographisch gefärbt ist. Die Veröffentlichung von Autobiographien, Biographien, Memoiren und Tagebüchern hat das Gesamtbild wesentlich erweitert und ihm die persönliche Dimen-

---

[1] M. I. Bodenheimer, So wurde Israel, Frankfurt/M. 1958.

sion des Ringens um eine neue Weltanschauung sowie des politischen Lebens hinzugefügt[2].

Seither hat der deutsche Zionismus das Interesse der Historiker geweckt. Dies ist wohl dem Umstand zuzuschreiben, daß sich große Teile des jüdischen Volkes in der Diaspora in einem dem deutschen Judentum ähnlichen »postassimilatorischen« Stadium befinden, das sie vor ein gleiches »Suchen nach jüdischer Identität« stellt. Die Forscher befassen sich mit der Vor- und Frühgeschichte des Zionismus in Deutschland[3], analysieren ihn im Rahmen der jüdischen Reaktionen auf den deutschen Antisemitismus[4] und der Konfrontation mit dem deutsch-liberalen Judentum[5], prüfen seinen Anteil an der Formierung jüdischer Identität[6], seine Beeinflussung durch deutsche Ideologien[7] und seine Beziehung zu nichtjüdischer Politik[8].

Auf diesen Grundlagen beruht die vorliegende Arbeit. Das Quellenmaterial ist trotz der Vernichtung des Archivs der Zionistischen Vereinigung für Deutschland reichlich. Die Arbeit faßt die zionistische Bewegung in Deutschland vorwiegend als politische Bewegung auf, die einerseits die Schaffung einer Heimstätte für die Juden in Palästina, andererseits eine radikale Veränderung der Gemeinschaft der deutschen Juden anstrebte. Daher verfolgt die Arbeit die ideologische Entwicklung der Bewegung sowohl im Hinblick auf ihre Endziele als auf die Taktik ihrer Tagespolitik im Verhältnis zu den allgemeinjüdischen Organisationen, der zionistischen Weltorganisation und zur deutschen Politik.

---

2 Arthur Ruppin, Pirkej Chajaj (Erinnerungen), (hebr.) Tel Aviv 1944; Sammy Gronemann, Sichronot schel Jekke, (Erinnerungen eines Jekken) (hebr.) Tel Aviv 1946; Jehuda Louis Weinberg, Aus der Frühzeit des Zionismus: Heinrich Loewe, Jerusalem 1946; Max Jungmann, Erinnerungen eines Zionisten, Jerusalem 1959; Kurt Blumenfeld, Erlebte Judenfrage, Stuttgart 1962; Elias Auerbach, Pionier der Verwirklichung, Stuttgart 1969; Richard Lichtheim, Rückkehr, Stuttgart 1970; Meilensteine, Vom Wege des Kartells Jüdischer Verbindungen (K.J.V.) in der Zionistischen Bewegung, Tel Aviv 1972.

3 G. Kressel, »Die erste Gesellschaft zur Kolonisierung Palästinas«, (hebr.) in: Zion, Vierteljahreshefte für jüdische Geschichtsforschung, Jg. VII (1942) S. 197–205; Mordechaj Eliav, »Zur Vorgeschichte der jüdischen Nationalbewegung in Deutschland«, Bulletin des Leo-Baeck-Instituts, 12. Jg. 1969, Nr. 48, S. 282–314; Reuwen Michael, »Israels Heilung. Isaak Rülf und die Anfänge des Zionismus in Deutschland«, in: Bulletin des Leo-Baeck-Instituts, 6. Jg. 1963, Nr. 22, S. 126–147.

4 Ismar Schorsch, Jewish Reactions to German Antisemitism, 1870–1914, New York 1972.

5 Jehuda Reinharz, Fatherland or Promised Land. The Dilemma of the German Jew, Michigan 1975.

6 Stephen M. Poppel, Zionism in Germany 1897–1914, Philadelphia 1977.

7 Joachim Doron, The Impact of German Ideologies on Central European Zionism 1885–1914, (hebr.) Dissertation, Tel Aviv University 1977.

8 Yehuda Eloni, »Die zionistische Bewegung in Deutschland und die SPD 1897–1918«, in: Beiheft 2 zum Jahrbuch des Instituts für Deutsche Geschichte 1977, Universität Tel Aviv, S. 85–112.

Das Auftreten des politischen Zionismus in Deutschland um die Jahrhundertwende führte zur Politisierung des innerjüdischen Lebens, in dessen Mittelpunkt bisher die Diskussion zwischen Religionsreformern und Orthodoxen stand. Die Ablehnung der Grundideen des Zionismus durch die überwiegende Mehrheit der deutschen Juden entsprang nur in geringem Maße dem Umstand, daß ihnen Palästina als jüdische Heimstätte ungeeignet erschien. Die Gegner des Zionismus waren überzeugt, daß die nationaljüdische Idee die Verwirklichung der bürgerlichen Emanzipation in ihrer Endphase unterminiere. Der Kampf der beiden Lager bediente sich zwar teilweise religiöser und weltanschaulicher Argumente, war jedoch in seinem Wesen und seinen Mitteln politischer Natur, und wurde sehr bald auf alle Gebiete des innerjüdischen Lebens übertragen. Daher war es notwendig, die »Schauplätze« dieses Kampfes einer Prüfung zu unterziehen: Studentenverbindungen, Jugendorganisationen und Gemeinden. Insbesondere aber mußte ich der Tätigkeit der Ortsgruppen, in denen »zionistische Politik des Alltags« praktiziert und denen bisher nur wenig Aufmerksamkeit geschenkt wurde, nachgehen. Die Beziehungen innerhalb der Ortsgruppen zwischen west- und ostjüdischen, religiösen und nichtreligiösen, radikalen und gemäßigten Mitgliedern sowie zwischen der Ortsgruppe und der lokalen Gemeinde hatten letzten Endes wesentlichen Einfluß auf die allgemeine politische Linie.

Die Arbeit enthält zwei Teile. Diese Anordnung ermöglichte es, das Auftreten der nationaljüdischen Idee in Deutschland und das Ringen der zionistischen Bewegung in der jüdischen Gemeinschaft in chronologischer Folge bis zum Ausbruch des ersten Weltkrieges zu schildern und im zweiten Teil eingehend drei Themen zu behandeln: zionistische Jugendpolitik, das Verhältnis zwischen Religiösen und Nichtreligiösen in der Zionistischen Vereinigung und die Gemeindepolitik der Zionisten. (Eine Darstellung des deutschen Zionismus vom Ersten Weltkrieg bis zum Untergang des deutschen Judentums ist geplant.)

Die in dieser Arbeit zitierten Quellen stammen aus einer Zeit, als sich die Schreibweise zahlreicher aus dem Lateinischen entlehnter Wörter von *c*- nach *k*- entwickelte. So liest man nebeneinander die Schreibweisen Central-Comité, Central-Komité und Zentralkomitee. Im Text dieser Untersuchung wurde einheitlich die heutige Schreibweise gebraucht, in den Zitaten wurden die verschiedenen Varianten jedoch belassen. Generell wurden in den Zitaten nur dort Anpassungen an die heutige Schreibweise und Zeichensetzung vorgenommen, wo dies unerläßlich schien.

Die Anregung zu einer kritischen Geschichte des deutschen Zionismus kam von Prof. Dr. Walter Grab, dem Gründer und langjährigen Leiter des Instituts für Deutsche Geschichte an der Universität Tel Aviv, der die Arbeit in den verschiedenen Phasen begleitete und förderte. Mit ihrem Abschluß möchte ich ihm, dem Institut, in dessen Rahmen sie ursprünglich als Dissertation geschrieben wurde, und meinem Doktorvater Prof. Walter Laqueur meinen herzlichen Dank aussprechen.

Ich danke dem Zionistischen Zentralarchiv in Jerusalem, insbesondere dessen Leiter, Dr. Michael Heymann, Herrn Jochanan Ginath s.A., Leiter des Leo-Baeck-Instituts in Jerusalem, dem Zentralarchiv für Geschichte des jüdischen Volkes in Jerusalem, dem Auswärtigen Amt in Bonn, dem Bayerischen Hauptstaatsarchiv in München, dem Generallandesarchiv Baden in Karlsruhe, dem Staatsarchiv Hamburg für ihre entgegenkommende Hilfsbereitschaft und Frau Bergmann-Loewe, Frau Rochlin-Cohn und Herrn Daniel Sambursky s. A., die mir freundlicherweise wertvolle Archivalien aus ihren Familiennachlässen zur Verfügung stellten.
Ferner danke ich Herrn Siegfried Vergin, Vorsitzender der Gewerkschaft Erziehung und Wissenschaft in Baden-Württemberg, der Friedrich-Ebert-Stiftung in Tel Aviv und deren Leitern, den Herren Uwe Carstens und Hans-H. Duncke, deren großzügige Hilfe die Herausgabe der Arbeit um vieles erleichtert hat.
Last, not least gilt mein Dank Herrn Heinz M. Bleicher und seinen Mitarbeitern im Bleicher-Verlag für ihren Rat und ihre Umsicht bei der Ausstattung und Herausgabe dieses Buches.
Zu besonderem Dank bin ich meinen Eltern verpflichtet, die als aktive Mitglieder der Zionistischen Vereinigung in Berlin mich im Geiste des humanistischen Zionismus erzogen und hierdurch die Grundlagen zu einem tieferen Verständnis der Probleme, die hier erörtert wurden, gelegt haben. Meine Eltern und Brüder sind im Holocaust umgekommen und haben die Verwirklichung ihrer Ideale nicht miterlebt. Ihrem Andenken ist diese Arbeit gewidmet.

Mikwe Israel, im Dezember 1986 Yehuda Eloni

ERSTER TEIL

1. Kapitel

Vorschläge und Aktionen zur nationaljüdischen Regeneration in Deutschland im 19. Jahrhundert

In der zweiten Hälfte des 18. Jahrhunderts begann in Deutschland ein langsamer, aber stetiger Prozeß der Integration der Juden in das bürgerliche Leben. Er beruhte auf den rationalen Ideen der Aufklärung, die auch bei einigen Herrschern Anklang gefunden hatten, die die wirtschaftlichen Kenntnisse der Juden zugunsten ihrer Staaten auswerten wollten.

Die Emanzipation, die den Juden Frankreichs nach der Revolution gewährt worden war, wurde im Jahr 1792 durch die Eroberungen der Franzosen auf große Teile Deutschlands übertragen. Bis 1869 wurde den Juden in allen Teilstaaten Deutschlands die Bürgerrechte zuerkannt. Infolgedessen eröffneten sich den Juden neue Möglichkeiten wirtschaftlicher Eingliederung, die noch durch den Industrialisierungs- und Urbanisierungsprozeß wesentlich erleichtert wurden. Die Erfahrungen der Juden auf den Gebieten des Handels und der Finanz verschaffte ihnen eine günstige Ausgangsposition im Übergangsstadium zur bürgerlichen Wirtschaft. Dennoch war der wirtschaftliche Aufstieg der Juden in Deutschland nicht einheitlich und durch die Lage des jeweiligen Staates oder Ortes bedingt.[1]

Komplizierter war das Problem der gesellschaftlichen Integration. Die Hoffnung der Juden auf die Abschaffung diskriminierender Gesetze erwies sich nur teilweise als berechtigt. Die Vorkämpfer der Emanzipation hatten angenommen, daß die Verringerung der Unterschiede – etwa der Sprache, des Bildungsstandes, religiöser und allgemeiner Lebensformen – den Juden den Eintritt in die deutsche Gesellschaft ermöglichen würde. Trotz merklicher Abnahme der erwähnten Differenzen erfüllte sich diese Hoffnung des gesellschaftlichen Einlebens nicht. Die Ursache war wohl in der traditionellen Abneigung gegen die Juden zu suchen. Obwohl die Gesellschaft in Deutschland in der zweiten Hälfte des 19. Jahrhunderts nicht ständisch war und sich eine neue Klassengliederung gebildet hatte, bestanden offensichtlich noch Schwierigkeiten der Mobilität und Flexibilität innerhalb des Adels und Bürgertums. Der Adel des Bodens und des Besitzes, das Besitz- und Bildungsbürgertum sowie andere Gesellschaftsschichten bewegten sich in ihren Kreisen. Der Übergang von einer Gesellschaftsschicht zur anderen war nicht selten mit Prestigeverlust und vorerwähnten

---

[1] Siehe: Jacob Toury, Prolegomena to the Entrance of Jews into German Citizenry (hebr.), Tel Aviv University 1972, S. 135–185.

Schwierigkeiten verbunden. Trefflich schildert Theodor Fontane diese Situation:

»Sie wissen ... daß es in Preußen – wie übrigens in jedem Lande auch – etablierte Mächte gibt, denen man sich unterwirft. Diese Mächte sind verschieden: Geld, Adel, Offizier, Assessor, Professor. Es kommt nun darauf an, daß einen das Leben ... richtig einrangiert. Ist man aber aus seiner richtigen Rubrik raus, so ist das Elend da. Bankiers-Söhne sind in Offizierskreisen der größten Nichtachtung ausgesetzt, Offiziere werden in Bankierskreisen wie Hungerleider behandelt.«[2]

Dies galt für Juden verständlicherweise in höherem Maße als für Deutsche. Denn die jüdische Gemeinschaft wurde in Deutschland als eine Art »Stand« aufgefaßt. Die gesellschaftlichen Grenzen, die ihnen gesetzt waren, sollten sie nicht überschreiten, um etwa in Positionen einzudringen, für die sie nicht »berufen« waren: die höhere Beamtenschaft, die höhere akademische Laufbahn oder der Rang eines Reserveleutnants.[3]

Außer dieser Scheidewand behinderte der christliche Charakter der deutschen Gesellschaft die Absorption der Juden, sogar in ihnen gleichgestellten Schichten. Nur wenige konnten sich von den gegenüber Juden gefaßten Vorurteilen befreien. Diese Vorurteile wurzelten im Christentum selber. Der Großteil der deutschen Juden war daher bemüht, ihrem religiösen Leben den Anstrich einer »Konfession« zu geben. Auf den Rabbinerkonferenzen in Braunschweig, in Frankfurt/Main und Breslau, in den Jahren 1844, 1845 und 1846, wurde die Verminderung nationaler Inhalte und Kennzeichen der jüdischen Religion zur Sprache gebracht, da diese vermeintlich mit der bürgerlichen Stellung der Juden im Widerspruch standen. Über den Umfang der erwogenen Reformen waren sich die Rabbiner jedoch nicht einig. Aber selbst ihre neo-orthodoxen Gegner betonten vorwiegend den religiösen Charakter des Judentums, die Bindung von »Thora und sittlichem Verhalten«.[4]

Ohne in der Ära der Emanzipationsbestrebungen und Reform besonderes Aufsehen zu erregen, mehrten sich in Deutschland schon in der ersten Hälfte des 19. Jahrhunderts die Stimmen, die sich diesem Trend widersetzten.

Sie betonten das nationale Wesen des Judentums, die Notwendigkeit der Restauration der historischen und kulturellen Heimat des jüdischen Volkes. Ein schwaches Echo vielleicht auf die ersten Erfolge »nationalen Erwachens« europäischer Völker, der Ausdruck von Unwillen über die Assimilation. Diese

---

2 Fontane an Friedländer, 3. 10. 1893. Theodor Fontane, Briefe an Georg Friedländer, hrsg. Kurt Schreinert, Heidelberg 1954, S. 295; vgl. Ernest Hamburger, Juden im öffentlichen Leben Deutschlands, Tübingen 1968, S. 4f.

3 ebd.; siehe: Robert Graf Zedlitz-Trützschler, Zwölf Jahre am deutschen Kaiserhof, Stuttgart 1924, S. 187.

4 Siehe: Ben Uziel, Igroth Zafon, Neunzehn Briefe über das Judentum, Frankfurt/M. 1901, S. 87.

Stimmen betrachteten die Assimilation als eine Art Begleiterscheinung der Emanzipation, die nicht verwirklicht werden könne. Die sich damals abzeichnende jüdisch-nationale Renaissance fand in Pamphleten und Broschüren wie dem Konstanzer »Aufruf« und »Neu-Judäa« ihren Ausdruck.

Zwei Appelle

Der »Aufruf« aus Konstanz erschien 1840 in der jüdischen Wochenschrift »Orient«. Der anonyme Verfasser[5] bat den Redakteur, »folgende Herzergießung eines Juden an seine Brüder bei Gelegenheit der jüdischen Blutfrage« zu veröffentlichen, in der Hoffnung, daß »die begeisterten geflügelten Worte vielleicht in manchem Herzen ein Echo finden, wenigstens hier und da manches Gemüt anregen«.[6]

Er rief das jüdische Volk in erregten Worten auf, die Bande mit den Ländern der Diaspora zu zerreißen. Er schilderte das Fremdheitsgefühl der Juden inmitten der »nördlichen Völker«: es sei zu bedauern, daß die Juden für Teilrechte, die man ihnen nach endlosem Bitten gewährt hatte, auf ihre alte, ehrwürdige Heimat verzichteten. Der Verfasser betonte, daß der Haß und die Verachtung der Völker und Herrscher »stärker denn je« geworden sei. Die Juden sollten zu dem Schluß gelangen, in ihre heilige Heimat zurückzukehren, anstatt vom Gastrecht fremder Völker abhängig zu sein. »Auf Völkerrechte fällt keine Verjährung«. Wenn das türkische Reich unter den wuchtigen Schlägen Mohammed Alis zusammenbrach, Griechenland sich schon gelöst hatte und slawische Nationen Autonomie erhielten, sollte das jüdische Volk nicht müßig bleiben. Die europäischen Herrscher würden auch der jüdischen Nation beim Wiederaufbau ihres Landes helfen, so wie sie »jene Völker« unterstützt hätten. Der Sultan oder Mohammed Ali würden ohne Zweifel eine reiche und friedfertige Bevölkerung, den rebellischen Arabern vorziehen.

Der Plan der »dritten Rückkehr nach Zion« entbehre auch nicht des allgemeinen menschlichen Aspektes: Dank seiner »Vollkommenheit in Wissenschaft und Kunst« werde Israel »Verkünder der Zivilisation für die wilden Völker des Ostens sein« und in seinem Lande »die Schule des Humanismus und der Bildung errichten«.[7]

---

5 Er unterzeichnete den Aufruf D.H.V. Da in Konstanz keine Juden lebten, ist Prof. Toury der Ansicht, daß der Verfasser durch Angabe dieser Stadt sich eines zusätzlichen Mittels bediente, um seine Identität zu verbergen.

6 Der Orient, Jg. 1, Nr. 26, 27. 6. 1840, S.200–201.

7 ebd.; Über die Diskussion, die dieser Aufruf und andere Vorschläge zur Erneuerung des jüdischen Nationallebens hervorriefen, siehe N. M. Gelber, Vorgeschichte des Zionismus, Wien 1927, S. 186–201.

Der gleichfalls anonyme Verfasser von »Neu-Judäa« bestritt die Möglichkeit, daß sich die Juden mit anderen Völkern verschmelzen könnten, da sie zu den »Urvölkern« gehörten. Die Juden hätten durch ihre Absonderung ihre edlen Eigenschaften bewahren können. Er verneinte die Tendenz, »etwa die ganze Menschheit zu einer Generation von Mulatten zu kneten«, ohne Volkscharakter und Eigenart. Nicht die Unterschiedlichkeit der Religion hindere seiner Ansicht nach die Juden an der Assimilation, sondern ihre nationale Eigenart. Dies sei der eigentliche Grund dafür, daß sich die Juden überall als Fremde fühlen und in ihren jeweiligen Wohnländern nicht ihre Heimat sehen.[8] Durch Gewährung von Rechten könne man zwar ihre individuelle Lage erleichtern, nicht aber ihre nationalen Bestrebungen erfüllen. Denn

> »der letzte wohlverstandene Zweck des Strebens der jüdischen Nation seit Zerstörung ihres Staates war und ist die Wiedervereinigung des Volkes zu einem Staatsverbande, Herstellung eines selbständigen jüdischen Reiches«[9].

Der Verfasser betont, daß sich die Juden mit vollem Recht als Nation betrachten und nie auf ihr Recht verzichteten, wie alle Nationen wieder eine »Staatsgesellschaft« zu errichten. Er war sich dessen sicher, daß die Umstände im 19. Jahrhundert reif seien, dieses Recht in die Tat umzusetzen. Allerdings glaubte er nicht, daß es möglich sein werde, einen jüdischen Staat in der historischen Heimat zu gründen. Denn alle Reichtümer des jüdischen Volkes würden nicht ausreichen, den Boden und die Souveränität von den Herrschern Palästinas zu erkaufen. Das wüste Land könne auch nicht die Millionen Juden aufnehmen, die dorthin zurückkehren würden. Keine Arbeit und Mühe seien imstande, die »Wüsten Syriens« wieder in fruchtbares Land umzuwandeln. Zwar sei Palästina die Wiege der Nation, doch sei einer der Staaten der USA, etwa Missouri, Michigan, Arkansas oder Oregon, dazu bestimmt, ihre Heimstätte zu werden. Dort werde das jüdische Volk seine Ruhe finden und zu »ewiger Größe« gelangen.[10]

Der unbekannte Verfasser vermutete, daß die selbstsüchtigen jüdischen Würdenträger der Verwirklichung seiner Ideen – jedenfalls im Anfangsstadium – gleichgültig gegenüberstehen würden. Die US Regierung würde keine Hindernisse in den Weg legen, da sie vom Anschluß eines jüdischen Staates mit hochstehender und wirtschaftlich aktiver Bevölkerung nur profitieren könne. »Neu-Judäa« sollte einen vorwiegend säkularen Charakter tragen. Die Wiederherstellung jüdischer Souveränität schien dem Verfasser durch das »Schicksal der Völker« vorgezeichnet. Die historische Mission des jüdischen Volkes würde

8 Neu-Judäa, Entwurf zum Wiederaufbau eines selbständigen Staates von C. L. K., Berlin 1840, neu herausgegeben von Heinrich Loewe, Berlin 1903, S. 5.
9 a.a.O., S. 4.
10 a.a.O., S. 15–16.

sich erfüllen, so wie es durch den »Weltgeist« vorgesehen war, nämlich die Welt zur »Religion der reinen Vernunft« zu führen.

> »Die allumfassende Weltidee der Einheit der Gottheit, in Juda zuerst als Basis der Weltreligion aufgestellt, bei keinem anderen Volk so in ihrer Reinheit festgehalten . . . dürfte wohl hier . . . eher als sonstwo zu veredelster Weltanschauung in Ausbildung einer rein philosophischen Vernunftsreligion hinführen, . . . die für alle Zukunft die Welt mit geistigem Leben erfüllen wird.«[11]

»Neu-Judäa« soll eine aristokratische Republik sein. Hebräisch wird die nationale Muttersprache. In der Hauptstadt soll ein prächtiges Heiligtum errichtet werden, das Sinnbild der nationalen Einigkeit, »in dem der Hohepriester das Gesetz verkünden wird«. Die Verknüpfung der historischen Vergangenheit und der Religion aber symbolisiert der Tempel, der auf dem Berg Moria zu Jerusalem errichtet wird. Dorthin werden die Juden aller Welt wallfahren, wie Christen zum Stuhle Petri und Moslems zum Grabe des Propheten.

Der Verfasser betonte, daß die Zeit dränge. Leere Länder jenseits des Meeres bevölkerten sich zusehends durch Einwanderer »starker Völker«. Werde das jüdische Volk nicht rechtzeitig aus seinem Schlaf erwachen, werde es eine nie wiederkehrende Gelegenheit verpassen. Um so mehr – und hier kommt er auf ein antisemitisches Argument zurück – wenn sie es auch weiterhin vorziehen werden »in Ruhe das Mark der Völker auszusaugen«, werden sie nur zu bald am Zornausbruch ihrer Opfer schuldig sein.[12]

Der zionistische Publizist Heinrich Loewe veröffentlichte 1903 eine Neuausgabe von »Neu-Judäa« als »Beitrag zur Vorgeschichte des Zionismus«. Er nahm an, daß die dort angeführten Gedanken von dem »Ararat«-Plan des jüdisch-amerikanischen Richters Mordechai Manuel Noah, einen jüdischen Staat im US-Staat Buffalo zu gründen, beeinflußt waren.[13] Noah hatte einen Aufruf an das jüdische Volk, sich seinem Plan anzuschließen, auch in der deutschen Presse veröffentlicht[14]. Der Optimismus bezüglich der Realisierung von »Neu-Judäa« sollte sich auf diesen Aufruf stützen:

> »Der Kongreß in Washington, der in seiner Weisheit einen ihm vorgelegten Entwurf zur Regeneration der Israelitischen Nation bereits mit seinem Beifall beehrt hat, wird sich leicht geneigt finden, ein abgesondertes, dem Zwecke eines Etablissements entsprechendes Gebiet zur Bildung eines neuen israelitischen Staates unter dem Schutze des großen amerikanischen Bundes anzuweisen, das an Umfang der Größe des alten Palästinas gleich-

---

11 a.a.O., S. 19.
12 a.a.O., S. 22.
13 a.a.O., Einleitung, S. VIII.
14 Den vollständigen Text des Aufrufes zitiert: N. M. Gelber, »Ein unbekannter Aufruf Mordechai Manuel Noahs«, Jüdische Rundschau (Im folgenden: JR) Jg. XXXIII, Nr. 22, 12. 6. 1928, S. 333.

kommen kann, während es dieses in Rücksicht der Vorzüge, welche örtliche Verhältnisse gewähren, weit hinter sich zurücklassen wird.«

Es ist ferner anzunehmen, daß dem Verfasser von »Neu-Judäa« eine Zeitungsnotiz über die Grundsteinlegung von »Ararat«, die in einigen Berliner Zeitungen erschien, nicht entgangen war.[15] Der »Ararat«-Plan erwies sich als Fehlschlag, und M. M. Noah ließ den Plan eines jüdischen Staates in Amerika fallen. Im Jahr 1844 schlug er dann vor, sich für die Rückkehr nach Erez Israel einzusetzen. Es ist bemerkenswert, daß »C. L. K.« – dies waren die Initialen des anonymen Verfassers von »Neu-Judäa« – an seiner Anschauung festhielt: Jüdische Einwanderermassen aus Polen und Litauen sollten dem großzügigen Vorschlag der amerikanischen Regierung Folge leisten und in diesem Vorhaben von Rabbinern und »großen Geldfürsten« ermuntert und unterstützt werden.
Es ist bis heute nicht bekannt, ob »C. L. K.« wirkliche Maßnahmen zur Verwirklichung seiner Pläne traf und ob diese ein Echo in Deutschland oder anderswo fanden.

Ein nationaljüdischer Studentenverein

Zwei Studentenverbindungen, die sich 1836 und 1838 in Wien und Prag zusammenschlossen, setzten sich die nationale Wiedergeburt des jüdischen Volkes als Hauptziel.
Im Jahr 1840 überreichten sie Adolphe Crémieux anläßlich seines Besuches in Wien eine Denkschrift, die sich dafür einsetzte, die Kolonisierung Palästinas in Angriff zu nehmen. Sie betrachteten Crémieux und Montefiore als die anerkannten Führer des jüdischen Volkes und forderten sie auf, für seine Renaissance zu wirken.[16] Als ein Mitgründer dieser Verbindung namens Moritz Steinschneider zur Fortsetzung seiner Studien nach Berlin kam, organisierte er auch in dieser Stadt eine Gruppe mit ähnlichen Zielen, der sich 19 Studenten anschlossen.[17] Die Berliner Verbindung traf in der Wohnung eines Studenten namens Samuel Kristeller zu wöchentlichen Diskussionen zusammen und plante die Herausgabe einer Zeitschrift. Sie löste sich nur zwei Jahre später wieder auf.[18]

---

15 N. M. Gelber, Vorgeschichte, a.a.O., S. 288f., Anm. 49, 50. Über das Echo der Pläne M. M. Noahs in Deutschland siehe ferner: Dov Weinreb, »Zionismus bei den Juden Deutschlands« (hebr.), Knesseth, Divre Sofrim Lesecher Ch. N. Bialik, Tel Aviv 1936, S. 465–478.

16 N.M. Gelber, Vorgeschichte, a.a.O., S. 102–108; ferner S. 305, Anm. 162.

17 Die Namen der Vereinsmitglieder, ihre Herkunft und Berufe sind im Bericht des Polizeipräsidenten von Berlin an den preußischen Innenminister enthalten. Bericht des Polizeipräsidenten von Rochow an den preußischen Staatsminister des Inneren vom 26. 1. 1842, Gelber, Vorgeschichte, a.a.O., S. 308, Anm. 172.

18 1841–1842.

Die Kurzlebigkeit war auf die zu kleine Anzahl jüdischer Studenten in Deutschland zurückzuführen. Der Wechsel der Studienorte und die Zusammensetzung der Mitglieder ließen keine Kontinuierlichkeit zu. Nur zwei Studenten waren in Berlin ansässig, die übrigen kamen aus anderen deutschen Städten oder gar aus dem Ausland und hielten sich nur vorübergehend in Berlin auf. Spätere Äußerungen Steinschneiders lassen vermuten, daß die Gründer auch gewisse Zweifel an ihrer Zielsetzung hegten.[19] Steinschneider entfernte sich allmählich von seinem Jugendtraum. Er sprach sich abfällig über das Buch von Moses Hess »Rom und Jerusalem« aus[20] und bemerkte in einer Kritik über die Broschüre von Leon Pinsker »Autoemanzipation«, der Verfasser sei von der Annahme ausgegangen, daß man die Antipathie gegen die Juden nicht überwinden könne und aus diesem Grunde einen Judenstaat gründen müsse. »Diese Art von Propaganda für die Kolonisation von Palästina ist gefährlicher als der Antisemitismus, und es ist hohe Zeit gegen dergleichen zu protestieren.«[21] Noch schärfer äußerte er sich gegen den politischen Zionismus, den er als »Gegenstand der Volkspsychiatrie« bezeichnete.[22]

Steinschneiders Berliner Studentenverbindung hatte auf die spätere nationaljüdische Bewegung keinen Einfluß. Dennoch sei auf einige Merkmale dieser Gruppe hingewiesen, welche die zionistische Organisation in Deutschland und Österreich Ende des Jahrhunderts kennzeichneten. Es gehörten ihr deutschsprachige Studenten verschiedener Länder an[23], darunter vier »Ostjuden«[24]; sie stand außerhalb einer Gemeindeorganisation; sie strebte ein politisch-säkulares Ziel an. Sicher scheint, daß dem Großteil der mittel- und westeuropäischen Juden diese Zielsetzung undurchführbar und – was wohl maßgeblicher ist – geradezu unerwünscht war. Es sollte ein halbes Jahrhundert vergehen, bevor sich ein ähnlicher Versuch wiederholte.

---

19 Siehe in Anm. 22 den Brief an Heinrich Loewe vom 14. 5. 1898.

20 Siehe: Moses Hess, Jüdische Schriften, herausgegeben und eingeleitet von Theodor Zlocisti, Berlin 1905, S. CXVI.

21 Hebräische Bibliographie Nr. 126, November-Dezember 1881–1882, S. 123.

22 Steinschneider an Heinrich Loewe, 14. 5. 1898: »Ich war schon im Jahre 1840 von der Undurchführbarkeit unserer aus österreichischen Zuständen hervorgegangenen Ideen überzeugt, so daß der Zionismus mir seitdem als Gegenstand der Volkspsychiatrie erscheint, welche durch regelmäßige Bildung nur allmählich zu kurieren ist.« »Abraham Benisch's Project for Jewish Colonisation in Palestine (1842)«, Jewish Studies in Memory of Georg Kohut, New York 1935, S. 85. Zitiert nach N. M. Gelber, »Studentenverbindungen in Österreich und Deutschland in den Jahren 1836–1842«, (hebr.) Schivath Zion, A, Nr. 6, Jerusalem 1946–1947, S. 120, Vgl.: Vorwort von Heinrich Loewe zu »Neu-Judäa«, a.a.O., S. VII, sowie G. Kressel, »Moses Steinschneider, zu seinem 150. Geburtstag (1816–1966)« (hebr.) Katif, Nr. 4–5, Petach-Tikwa 1966–1967, S. 310.

23 N. M. Gelber ist der Ansicht, daß der Berliner Verein eine Abzweigung des Wiener Vereins war. Gelber, Vorgeschichte, a.a.O., S. 312.

24 Siehe Liste der Vereinsmitglieder im Bericht des Berliner Polizeipräsidenten, a.a.O., S. 308, Anm. 172.

Der »Israelitische Verein zur Kolonisierung von Palästina« in Frankfurt/Oder

Während dem Zusammenschluß der Studentengruppen in Prag, Wien und Berlin national-säkulare Motive zugrundelagen, entsprang nach etwa zwei Jahrzehnten einem Kreis völlig anderen Charakters die Initiative, die Kolonisierung Palästinas auf national-religiöser Grundlage in die Wege zu leiten. Der kurzfristige Erfolg und der Fehlschlag dieser Initiative beruhten weitgehend auf der Persönlichkeit des Initiators, Dr. Chaim Lorje[25], sowie den organisatorischen Mitteln, mit denen dieser seine Pläne durchführen wollte. Lorje war ein Nachkomme des Kabbalisten Isaak Lurja, und er versäumte keine Gelegenheit, diese Tatsache hervorzuheben. Er gründete im Jahr 1860 in Frankfurt/Oder den »Israelitischen Verein zur Kolonisierung von Palästina«. In einem hebräischen Rundschreiben zu dessen Statuten rief er die Juden Deutschlands auf, sich dem Verein anzuschließen, »um mit Hilfe des Allmächtigen eine große Kolonie von Ackerbauern und Winzern in Frieden zu gründen«. Das »Vereinsprogramm« sah den Ankauf von Boden in Palästina vor, auf dem die Bauern zunächst als Pächter angesiedelt werden sollten, um den Boden im Laufe der Zeit zu erwerben. In der neuen Kolonie sollten auch »Arme und Studenten der Heiligen Lehre« durch Entrichtung »eines Zehnten« von den Bauern unterstützt werden. Die Statuten des Vereins sahen vor, daß jeder, der sich zur Zahlung einer größeren Summe oder von mindestens zwei Reichstalern im Lauf von drei Jahren verpflichtete, stimmberechtigtes Vereinsmitglied werden sollte. Die Namen der »großen Donatoren« sollten auf der Ehrentafel im Bethaus der Kolonie veröffentlicht werden, »zum ewigen Andenken ihrer guten Namen, und auch nach hundert Jahren wird man ihrer am ›Jahrzeit‹ und bei der Seelenandacht gedenken«.

Ein anderer Paragraph der Statuten bestimmte die Vorlage eines jährlichen Rechenschaftsberichtes und die Einberufung einer Generalversammlung. In den Statuten wurden außer Lorje, als Leiter des Vereins, zwei weitere Frankfurter Juden erwähnt, nämlich der Fabrikbesitzer Moritz Levy und der Gemeindevorsteher, Bankier Mende.[26] Lorje hatte den Statuten »Erläuterungen«

---

25 Chaim Zwi Lorje wirkte als Lehrer und Leiter eines religiösen Kinderpensionats in Frankfurt/O. Weitere biographische Einzelheiten bringt G. Kressel, »Der erste Verein für die Kolonisation von Palästina«, (hebr.) Zion 7. Jg., 1941–1942, S. 197–205. Siehe ferner: Mordechai Eliav, Ahavath Zion Weansche H.O.D., (hebr.) Universität Tel Aviv 1971, S. 128–135.

26 Die Statuten und das Begleitschreiben Lorjes erschienen als Anhang zu Kalischers »Drischath Zion«, Die zionistischen Schriften des Rabbiner Kalischers, mit Vorwort, Anmerkungen und Interpretationen von Dr. Israel Klausner, (hebr.) Jerusalem 1947, S. 123–127. Über die Propagandamethoden Lorjes siehe dessen Brief an Moses Hess vom 26. 8. 1862. Er bemerkt dort, daß er Aufrufe »an viele hundert Gemeinden« geschickt habe. Theodor Zlocisti, »Briefe zur Vorgeschichte der Chibat Zion«, Der Jude, V. 1920–1921, S. 330.

beigefügt, in denen er die eindeutige Pflicht eines jeden Juden zum Wiederaufbau des Heiligen Landes durch Zitate aus der Heiligen Schrift, dem Talmud, den Midraschim und dem Sohar zu beweisen suchte. Er widerlegte darin Argumente seiner Gegner, daß das Studium der Heiligen Schrift etwa durch Landarbeit beeinträchtigt werden könne. Lorje versuchte sich den Weg zur Öffentlichkeit durch die Presse zu ebnen; die Zeitungen blieben jedoch zurückhaltend. Zwar war die Redaktion des orthodoxen Blattes »Israelit« zur Unterstützung Lorjes bereit, solange dieser in der Besiedlung Erez Israels ein religiöses Gebot sah, knüpfte daran aber die Bedingung, daß er sich von politischen Bestrebungen fernhalte. Man wiederholte auch hier die Befürchtung, daß die jüdischen Siedler die mit der Landwirtschaft verbundenen religiösen Vorschriften nicht einhalten würden.[27] Der Redakteur des hebräischen Blattes »Hamaggid«, Elieser L. Silbermann, distanzierte sich noch mehr von Lorjes Plänen, die seiner Meinung nach nicht verwirklicht werden könnten. Man könne Juden ohne erforderliche Vorbereitung nicht in Landwirte verwandeln. Er konnte sich auch nicht vorstellen, daß jüdische Bauern

> »ihre Heimat verlassen würden, wo sie in Ruhe und Sicherheit leben, um in ein Land, in dem ihr Leben gefährdet ist, auszuwandern. Vielleicht wird eines Tages Neues im Türkenland geschehen, dann könnte vielleicht diese Sache das Licht der Welt erblicken«[28].

Trotz dieser recht zurückhaltenden Pressekritik hatte Lorjes Propaganda einen gewissen Erfolg. Während der erste Rechenschaftsbericht für das Jahr 1860, ohne Erwähnung der Einkünfte aus Frankfurt/Oder[29], nur vier Spender aufwies[30], erfolgte in den darauffolgenden Jahren 1861 und 1862 ein erfreulicher Anstieg. Allerdings hatte Lorje die Anziehungskraft seiner Ideen höher eingeschätzt. Die Mitgliederzahl wurde laut Rechenschaftsbericht 1861 auf 150–200 und 1862 auf 300 geschätzt.[31] Die Zahl der Gemeinden, aus denen Spenden eingingen, wuchs beträchtlich an; von fünf im Jahre 1860 auf 29 im Jahr 1861 und auf 57 im Jahr 1862.[32] Die Mehrzahl dieser Gemeinden lag freilich im

---

27 Chronik aus Frankfurt/O. mit der Unterschrift Lorjes, Israelit, 2. Jg., Nr. 28, 10. 7. 1861, S. 340f.

28 Hamaggid, 22. 8. 1860, S. 129f.

29 So hielt er es auch in den folgenden Jahren mit der seltsamen Begründung, es sei unnötig, die Einkünfte aus Frankfurt/O. anzugeben.

30 Allgemeine Zeitung für das Judenthum, (im folgenden AZJ) Jg. 26, Nr. 45, 4. 11. 1862, 2. Beilage.

31 Der Bericht enthält Zahlungen von Einzelnen sowie Pauschalzahlungen aus Gemeinden, ohne die Anzahl der Spender anzugeben. Unsere Schätzung beruht auf der Annahme, daß dort wo nur Gemeinden genannt werden, die Summe durch 2 Taler per Mitglied zu teilen sei. Wo der Name des Spenders angegeben ist, ist nur dieser als Mitglied einzubeziehen, ohne die Höhe der Spende zu berücksichtigen.

32 In einer Randbemerkung zum Bericht wird erwähnt, daß der Verein Verpflichtungen in Höhe von zusätzlichen 800 Talern erhielt. Es ist anzunehmen, daß mindestens ein Teil dieser

Osten Deutschlands, es fehlten Großgemeinden, wie etwa Hamburg-Altona, Frankfurt/Main und Breslau. Berlin war nur durch ein einziges Mitglied vertreten! Lorjes Hoffnungen, »einflußreiche Mäzenaten« zu überzeugen, dem Verein ansehnliche Summen für die Verwirklichung seiner Pläne zuzuwenden, »so daß der Verein einer glänzenden Zukunft fähig scheint«[33], erwiesen sich als Illusion. Lorje verkündete schließlich in einem »offenen Bericht«, daß der Verein »noch nicht ganze 3000 Taler besitze«[34]. Der »Israelit« bemerkte ironisch, daß diese Summe im Lichte der großen Ziele des Vereins doch recht winzig sei.[35] Die Spesen der Vereinsverwaltung erwiesen sich als ungewöhnlich hoch und betrugen 45% der Gesamteinnahmen; die Hauptausgaben entfielen auf »Bürokosten« und das Gehalt für Lorje selbst. Diese Tatsache führte auf der stürmischen Generalversammlung im Februar 1864 in Frankfurt/Oder zu heftigen Angriffen auf Lorje. Seine Gegner beschuldigten ihn, er lasse einen zu großen Teil der Einkünfte in die eigene Tasche fließen. Daraufhin wurde beschlossen, das Schatzmeisteramt in die Hände des Bankiers Mende zu legen und ein revidiertes Honorar für Lorje festzusetzen. Lorje wurde dazu verpflichtet, sich mit einem Dreierkomitee, den Rabbinern Guttmacher, Kalischer und einem dritten, noch zu Wählenden, »in wichtigen Fragen« zu beraten.[36]
Zwar gelang es dem Verein nicht, in der Öffentlichkeit Fuß zu fassen; er hatte jedoch insofern Erfolg, daß er bei Persönlichkeiten verschiedener Richtungen Unterstützung fand, darunter Rabbiner und Redakteure in Deutschland und im Ausland.[37] Durch Auslandsverbindungen erfolgte ein wichtiger Versuch, eine alljüdische Organisation zur Kolonisierung Erez Israels zu schaffen.

---

32 (Fortsetzung)
Summe von den nicht angeführten Gemeinden gezahlt wurde. In 3 von 10 Gemeinden gingen die Spenden zurück.

33 Israelit Jg. 4, Nr. 11, 18. 3. 1863, S. 129.

34 AZJ Jg. 28, 10. 5. 1864, S. 309.

35 Israelit Jg. 5, Nr. 19, 11. 5. 1864, S. 250. Es wurde dem «Verein für die Kolonisation Palästinas« vorgeschlagen, Ansiedlungen bei Jafo, Motza und Pekiin zu gründen. Wegen der geringen Summe, die zur Verfügung stand, scheiterte der Plan. Siehe: Mordechai Eliav, Erez Israel wejischuva bameah ha- 19, (hebr.) Jerusalem 1978, S. 178f.

36 Die Reportage über diese Versammlung schrieb Lorje. Er versuchte, die Strenge der gegen ihn gefaßten Beschlüsse durch eine optimistische Darstellung der Lage des Vereins und seiner Aussichten zu lindern.

37 Zu diesen zählten der Oberrabbiner Dr. Adler, London; Oberrabbiner Albert Cohen, Paris; Oberrabbiner Dr. Meisel, Pest; Rabbiner Jehuda Alkalai, Semlin; Prediger Dr. Jellinek, Wien; der Chacham-Baschi von Jerusalem; Rabbiner Hirsch, Frankfurt/M.; Rabbiner Esriel Hildesheimer, Eisenstadt; Rabbiner Kalischer, Thorn; Rabbiner Guttmacher, Graetz; Rabbiner Rülf, Memel; Rabbiner Goldberg, Kowno; Rabbiner Fein, Wilna; die Redakteure Dr. Phillipsohn, Rabb. Silbermann und Dr. Lehmann; der Bankier Laharan, Amsterdam. AZJ Jg. 26, Nr. 42, 14. 10. 1862, S. 597; Nr. 45, 4. 11. 1862, 2. Beilage; Israelit Jg. 4, Nr. 11, 18. 3. 1863, S. 128.
Über die Zugehörigkeit von Moses Hess zum »Verein für die Kolonisation von Palästina« siehe seinen Briefwechsel mit Lorje, zitiert in: Der Jude, V, 1920-1921, S. 330–331; Richard Lichtheim, Die Geschichte des deutschen Zionismus, Jerusalem 1954, S. 40.

Als besonders wertvoll erwies sich die eifrige Teilnahme des Rabbiners Zwi Hirsch Kalischer, der schon 1860 in seiner Amtsstadt Thorn andere Rabbiner für diese Idee zu aktivieren suchte. Seine Mitarbeit erhöhte das Ansehen des Vereins und eröffnete neue Horizonte, die jenseits der anfänglich von Lorje gesteckten Ziele lagen.

Kalischer betonte den öffentlichen Charakter des Vereins, sehr im Gegensatz zur »persönlichen Leitung« Lorjes. Er veröffentlichte seine Ansichten im Büchlein »Drischath Zion«, das dem Verein als ideologische Plattform diente.[38]

Der Ausgangspunkt Rabbi Kalischers war der unzertrennliche Bund zwischen Gott, dem Volk Israels und dem Heiligen Lande. Er widerlegte die überlieferte Auffassung, daß das Exil dem Volke die geduldige Hinnahme seines Schicksals und ein passives Warten auf die Erlösung durch den Messias auferlege. In traditionell-jüdischem Stil bemühte er sich, die Richtigkeit seiner These aus Zitaten der Heiligen Schrift zu beweisen. Es sei an der Zeit, »der jüdischen Nationalgeschichte die Bahn zu brechen«. Dies sei die heiligste Pflicht der Juden, und sie liege im Bereich der Möglichkeiten. Für einen orthodoxen Rabbiner stellte die Propagierung eines Planes zur Rückkehr des jüdischen Volkes in das Land seiner Väter einen Bruch mit den Auffassungen des überwiegenden Teils der Orthodoxie dar, nach denen die Rückkehr nur durch einen messianischen Akt vollzogen werden könne. Kalischer konnte es nicht krasser ausdrücken:

> »Darum mein Lieber, sage Dich los von dem törichten Volksglauben, daß unversehens, wie ein Wunder, ein Messias erscheinen und durch seiner Posaune mächtig erschallenden Ton alle Welt in Schrecken setzen werde. Glaube vielmehr, daß der Beginn der Erlösung in der Art sich gestalten werde, daß unsere hochgestellten Glaubensgenossen, von religiösem Interesse belebt, es bei den mächtigen Herrschern Europas kräftig befürwortend, dahin bringen werden, daß den in Palästina sich niederlassenden israelitischen Kolonisten wirksamer Schutz und Sicherheit gegen Angriffe des Unrechts und der Willkür gewährt werden. Dies wird wohl viele Israeliten leicht bestimmen, ihrem inneren Drange, nach Palästina auszuwandern, zu folgen.«[39]

Erst wenn die materiellen Fundamente der Erlösung auf natürlichem Weg gelegt werden, könne das Stadium der »eigentlichen Verwirklichung« durch Gottes Hilfe einsetzen.[40]

Es galt die Gleichgültigkeit der Assimilierten und den Fatalismus der Orthodoxen zu überwinden und das jüdische Volk für den »Nationalzweck« zu aktivie-

---

[38] Lorje war mit dem Inhalt von »Drischath Zion« einverstanden, obwohl er zunächst selbst ein Buch zu schreiben gedachte. Zwi Hirsch Kalischer, Drischath, a.a.O., S. 122.

[39] Hirsch Kalischer, Drischath Zion, übersetzt ins Deutsche, Thorn 1865, S. 30.

[40] ebd. S. 60.

ren. Im Gegensatz zu anderen orthodoxen Zeitgenossen schätzte Kalischer gerade das Zeitalter der Emanzipation für »höchst günstig« ein, um sich »an ein so kühnes Unternehmen zu wagen«[41]. Trotz der rabbinischen Beweisführung seiner Thesen sieht Kalischer die nationale Renaissance des jüdischen Volkes als eine der nationalen Freiheitsbewegungen seiner Zeit an. Es ist bemerkenswert, daß der fromme Rabbiner im Schlußwort seiner Schrift das »Nationalitätsprinzip« vor andere Argumente stellt:

> »Wir sehen, wie die Völker alle für ihre nationale Sache eintreten, wie sie mit der größten Opferfreudigkeit ihr Gut und Blut einsetzen für die Erhaltung oder Wiedererlangung ihrer Nationalität, und wir Juden sollten die Hände in den Schoß legen und nichts tun, um unser nationales Besitztum, das heiligste Erbgut unserer Väter wiederzuerlangen? Wir sollten tatenlos bleiben, wenn man uns auf Palästina als unser eigentliches Vaterland verweist? Das hieße unsere Nationalität, auf die wir stolz zu sein ein Recht haben, ganz und gar zu verleugnen.«[42]

Kalischers Argumente stammten zwar aus der politischen Entwicklung Europas, er wandte sich aber hauptsächlich an gesetzestreue Juden, bei denen sich noch nationale Bindungen erhalten hatten. Er hoffte, daß »deren natürliche Zionsliebe« sie befähigen werde, an der Spitze einer nationalen Organisation zu stehen. Der Wiederaufbau Erez Israels sollte in diesem Geiste erfolgen. Kalischer betrachtete den »Verein für die Kolonisierung von Palästina« als ein Mittel zur Verwirklichung »der realen, edlen und höheren Ziele«:

> »1. Die Nationalität des Judentums zu heben;
> 2. Die geistige Wohltat;
> 3. Das dadurch zu erlangende ewige zweckmäßige Heil«,

durch die Erlösung Israels in seinem Land, die die Erlösung der Menschheit nach sich zieht.[43]

Kalischers Nationalismus konnte, trotz des religiösen Anstrichs, als Grundlage für eine Zusammenarbeit zwischen Menschen verschiedener Anschauungen dienen, jedenfalls in der praktischen Kolonisationsarbeit. Die Männer, die den Verein leiten sollten, waren jedoch nicht befähigt, eine umfassende Bewegung ins Leben zu rufen und, nach dem Muster anderer europäischer Freiheitsbewegungen, die Jugend und die Intellektuellen an sich zu ziehen. Die Arbeitsmethoden seiner »Generaldirektoren« unterschieden sich kaum von anderen Vereinen, die sich mit der Sammlung von Spenden für das Heilige Land beschäftigten. Infolgedessen gelang es Kalischer und den »Direktoren« nicht, dem Verein ein öffentliches Gepräge zu verleihen, das der Größe der Aufgabe

---

41 ebd. S. 83.
42 ebd. S. 97.
43 Israelit, 4. Jg., Nr. 27, 8. 7. 1863, S. 324–325.

angemessen gewesen wäre. Moses Hess bat Lorje im Zusammenhang mit einem jüdischen Siedlungsprojekt[44] wiederholt um Auskunft über die Struktur des Vereins.[45] Er drückte sich recht abfällig über dessen »Geschäftsführung« aus:

»Hierauf erhielten wir von Herrn Lorje eine sehr kurze, etwas geheimtuende Antwort nebst zwei gedruckten Blättern ... aus welchen, ebenso wie aus seinem kurz angebundenen Briefe, nur soviel hervorging, daß bis jetzt Herr Lorje allein Direktor und Verwalter, sogar mit Remuneration ist, die er sich selbst zuweist. Von einer Gesellschaft, oder von einem Verwaltungsrat, oder von einer Versammlung, die ihm Vollmachten gegeben hätte, keine Spur oder vielmehr ganz unbestimmte Andeutungen, die das Nichtvorhandensein derselben entschuldigen und bemänteln. Weiter konnten wir von Herrn Lorje, auch bei wiederholter Aufforderung, nichts erfahren ... Sie begreifen, daß wir mit solchen Renseignements nichts anfangen konnten.«[46]

Die Auseinandersetzung über die umstrittene Persönlichkeit Lorjes, sowie dessen zügellose Angriffe auf seine Gegner, rieben den »Verein« schließlich auf, sie wirkten auf Anhänger und Presse abstoßend und führten zur Forderung, die Leitung in andere Hände zu legen.[47]
Im zweiten Halbjahr 1865 existierte der Verein faktisch nicht mehr, obwohl Lorje tat, als sei nichts geschehen. An seine Stelle trat – auf Kalischers Initiative – ein ähnlicher Verein in Berlin, der allerdings noch weniger Tatkraft aufwies als sein Vorgänger. In einem Brief an den Redakteur des »Maggid« klagte Kalischer über die Gleichgültigkeit der Berliner:

»Ich habe mich aufgeopfert und bin in der großen Kälte nach Berlin gefahren, um die Entschlummerten aufzurütteln. Sie versprachen mir, aktiv zu sein. Doch kaum fuhr ich weg, schliefen sie wieder ein und verstummten. Ich schrieb ihnen, doch keiner antwortete – ein Schlaf überkam sie, von dem sie nicht erwachten...«

Eine Randbemerkung des Redakteurs zu diesem Brief drückt die Enttäuschung über die Berliner Vereinsmitglieder und die Hoffnung auf ein national-jüdisches Erwachen aus:

»Was half der Beschluß, Dr. Lorjes Hände zu binden und die Berliner an die Spitze einer so erhabenen Sache zu stellen? Ersterer tat wenigstens, was in seiner Möglichkeit stand. Er erhob seine Stimme und weckte die Schlafenden – aber die anderen? Sie sind nur Irrlichter! Sie dösen gefühlslos. Nicht nur daß sie keinen Nutzen bringen, sie tun der großen Sache noch Schaden an ... Aus steinernen Herzen kann kein lebendiges Wasser fließen.«

---

44 Siehe unten.
45 1864 und 1865.
46 Moses Hess an Joseph Hirsch Dünner, 1. 12. 1865, Moses Hess, Briefwechsel, hrsg. von Edmund Silberner, s' Gravenhage, 1959, S. 514.
47 Hamaggid, Nr. 23, 14. 6. 1865, S. 179, AZJ Jg. 5, Nr. 23, 31. 5. 1864, S. 355, die Bemerkung der Redaktion zur Antwort Lorjes an seine Gegner. Ferner: G. Kressel, »Der erste Verein zur Ansiedlung von Eretz Israel«, (hebr.) a.a.O., 204–205.

Da blieb nur noch die Hoffnung auf die Juden anderer Länder, in deren Herzen vielleicht noch »die wahre und reine Zionsliebe« schlug.[48]

Das Scheitern des »Vereins« war der Fehlschlag der gesetzestreuen Juden, eine nationale Renaissancebewegung unter ihrer Führung ins Leben zu rufen. Zwar fanden Lorjes und Kalischers Initiativen unter religiösen Juden ein Echo und auch eine gewisse Unterstützung, sie vermochten aber die inneren Meinungsverschiedenheiten über das Wesen der Zionsrückkehr nicht zu verhindern. Besonders schwer war es wohl gerade in Deutschland, sich gegen das Streben nach einer Verwurzelung durchzusetzen. Die deutschen Juden befanden sich im Bann der Emanzipation, und diese Tatsache erklärt, warum in Deutschland in den kommenden zwei Jahrzehnten keine nationaljüdische Organisation entstand. Nur infolge der Pogromwelle in Rußland entstand ein neuer Verein, wurde jedoch nicht von Männern vom Schlage Lorjes oder Kalischers geführt. Eine gewisse Fortsetzung fand der Frankfurter Verein, als im Jahre 1897 der Berliner »Esra«-Vereinsvorsitzende, Moritz Dorn, den jungen Rechtsanwalt Alfred Klee beauftragte, mit dem Kommerzienrat Paul Mende in Frankfurt/Oder (einem Sohn oder Enkel des Bankiers Mende) über die Überweisung der Vereinsgelder zugunsten des »Esra« zu verhandeln.[49]

Moses Hess, Prototyp des »postassimilierten« Zionisten

Unter den Mitgliedern des »Vereins für die Kolonisation Palästinas« galt Moses Hess als Außenseiter. Sein Beitritt erfolgte 1862, nachdem Lorje seine Verwunderung ausdrückte, daß er in »Rom und Jerusalem« den Verein nicht erwähnt hatte. Lorje wandte sich an Hess, er solle die Macht seines Genies mit den Anschauungen des Vereins koordinieren, denn nur Einigkeit mache stark. »Sie können unserem Verein und durch ihn unserem Volk viel nutzen, wenn Sie nicht wiederum, wie in der Angelegenheit von Damaskus, sich von fremden Rücksichten leiten lassen.« Lorje fügte hinzu, man werde ihm, Hess, den ihm gebührenden Einfluß gewähren in Übereinstimmung mit seinem Talent und seinem Eifer.[50]

Hess entschuldigte sich zunächst, er könne aus Gesundheitsgründen nicht aktiv an der Vereinsarbeit teilnehmen. Nichtsdestoweniger ersuchte Lorje ihn, anläßlich seines Frankfurter Aufenthalts, mit Baron Mayer-Karl Rothschild und Rabbiner Samson Raphael Hirsch in Verbindung zu treten, um sie für den Verein zu gewinnen. Lorje bat gleichfalls um Kontaktaufnahme mit Rabbiner

---

48 Über den »Verein zur Kolonisierung von Palästina«; siehe: Hamaggid, Nr. 23, 14. 6. 1865, S. 179.

49 CZA A 142/90/3/6/II.

50 Lorje an Hess, 26. 8. 1862, Moses Hess, Briefwechsel, a.a.O., S. 105f.

Goldschmidt[51], dem Historiker Heinrich Graetz und dem Redakteur Ludwig Philippsohn.[52]

Es ist heute nicht ersichtlich, ob und wieweit sich Hess in diesen Angelegenheiten einsetzte. Einem Briefwechsel mit Ludwig Philippsohn ist zu entnehmen, daß Hess sich um diesen bemüht hatte, ihn jedoch nicht zu überzeugen vermochte.[53]

Gleich Kalischer hegte Hess die Hoffnung, der Verein würde durch seinen jüdisch-patriotischen Geist Wesentliches schaffen. Eine Kooperation mit der »Alliance Israélite Universelle« würde über alle Schwierigkeiten hinweghelfen.[54]

Hess war wohl der Bedeutendste in der vorzionistischen Epoche, der die ideologischen Schwächen des Religionsjudentums bloßlegte. Obwohl er von Kindheit an in jüdischem Wissen und jüdischer Tradition verwurzelt war, zog es den jungen Hess zur Philosophie; er betrachtete sich als »Jünger Spinozas«. Jahrzehntelang hatte er sein Leben dem deutschen Radikalismus und dem Sozialismus gewidmet. Nur ein kurzes Aufflackern von jüdisch-patriotischen Gefühlen zur Zeit der Ritualmordbeschuldigung in Damaskus zeugte von Interesse am Schicksal der Juden. Nach 1848, zum Exil in Frankreich gezwungen, kehrte sich Hess nicht nur von jüdischen Problemen fast ganz ab, sondern hielt sogar die bloße Existenz des jüdischen Volkes für unwert.[55]

Desto mehr Erstaunen erregte 1862 das Erscheinen seines Buches »Rom und Jerusalem«[56], von dem er annahm, die Schrift werde eine radikale Revolution im Judentum hervorbringen[57]. Der sentimentale Ton des reuigen Rückkehrers setzte Hess dem Verdacht aus, daß es sich um einen vorübergehenden Gemütszustand handle. Sein Freund Berthold Auerbach nannte ihn einen »wunderlichen Heiligen«,

> »aber die gegebene Welt nach Stimmungswandlungen modeln zu wollen, das geht über die Grenze des an sich berechtigten subjektiven Gedankens ... Mein Hauptargument ist, daß Du in subjektiver Anmutung eines Heimgekehrten etwas Unzeitiges zutage fördern willst«[58].

---

51 Abraham Mayer Goldschmidt, 1812–1889, Rabbiner in Leipzig.

52 Lorje an Hess, 14. 9. 1862, Moses Hess, Briefwechsel, a.a.O., S. 408f.

53 Hess an Ludwig Philippsohn, November 1862; L. Philippsohn an Hess, 14. 11. 1862; Hess an L. Philippsohn, 16. 11. 1862, Moses Hess, Briefwechsel, a.a.O., S. 414–417; Moses Hess, Ein Brief an Dr. Abraham Geiger, Rabbiner an der Synagogengemeinde zu Breslau, Köln 1863, Moses Hess, Jüdische Schriften, a.a.O., S. 10.

54 Moses Hess, Briefe über Israels Mission in der Geschichte der Menschheit, 8. Brief, 1864, Moses Hess, Jüdische Schriften, a.a.O., S. 41.

55 Theodor Zlocisti, Moses Hess. Der Vorkämpfer des Sozialismus und Zionismus, Berlin 1921, S. 257.

56 Moses Hess, Rom und Jerusalem. Die letzte Nationalitätenfrage, Tel Aviv 1935.

57 Hess an Johann Philipp Becker, 15. 5. 1862, in: Moses Hess, Briefwechsel, a.a.O., S. 386.

58 Berthold Auerbach an Hess, 8. 4. 1861, Moses Hess, Briefwechsel, a.a.O., S. 375f.

Hess gab freimütig zu, er habe seinem Herzen mit der Niederschrift seines Buches, welches zuerst »Der Völkerfrühling« heißen sollte, »Luft gemacht«. Er habe in ihm seine »bekannten philosophischen und wissenschaftlichen Grundsätze« hervorgehoben, welche das Radikalste seien, was in religiöser und politisch-sozialer Beziehung gesagt werden könne.[59]
Die zwölf Briefe des Buches sind an eine imaginäre Dame gerichtet[60] und geben einen Einblick in die seelische Verfassung des Autors, nämlich die Einsamkeit des Juden unter nach Einigkeit strebenden Deutschen und die Fremdheit unter kosmopolitischen Sozialisten, die das Nationalgefühl verleugneten oder als anachronistisch ablehnten. Hess bekennt: »Da steh ich wieder, nach zwanzigjähriger Entfremdung in der Mitte meines Volkes und nehme Anteil an seinen Freuden- und Trauerfesten, an seinen Erinnerungen und Hoffnungen«.[61] Er gelangt zu der Schlußfolgerung, daß das jüdische Volk, »mit den Kulturvölkern, in deren Mitte es lebt, trotz seines zweitausendjährigen Zusammenlebens und Strebens nicht organisch verwachsen kann«[62]. Die Ursache sei die nationale Eigenart der Juden, die »wie jedes tüchtige Volk ..., jedes Mitglied der geschichtlichen Völker schon von der Natur ihren speziellen Beruf haben«[63]. Es waren dennoch nicht nur logische Überlegungen, die ihm den Weg zum Nationaljudentum zeigten. Die Worte »Du bist ein Jud'«, mit denen ein deutsch-patriotischer Dichter mit verstellter Handschrift einen »von Patriotismus glühenden Brief« von Hess beantwortete, waren der moralische Wendepunkt, den er, wie »die deutschen Juden im großen und ganzen nach ihrer patriotischen Begeisterung« erlebt hatte.[64] Die Ursache dieser Ablehnung war seiner Ansicht nach eine »Rassen-Antipathie der Deutschen gegen die Juden«; es sei daher sinn- und wertlos, den Judenhaß mit religiösen Argumenten zu bekämpfen. Falsch sei auch die Auffassung assimilationslüsterner Juden, ihr Bekenntnis zur jüdischen Nationalität wäre ein Hindernis zur »innerlichen« Emanzipation. Im Gegenteil:

> »Der Jude im Exil, der seine Nationalität verleugnet, wird nicht die Achtung der Nationen gewinnen, in deren Mitte er wohl als Staatsbürger naturalisiert, aber nicht der Solidarität mit seiner Nation enthoben werden kann.«[65]

Es war nicht nur die Undurchführbarkeit des Ideals der Assimilation, die Hess zu einem scharfen Kritiker machte, es war vielmehr das menschlich Erniedrigende, das Unästhetische daran. Das »ehrlose Maskieren der Namen, der

---

59 Hess an Becker, 15. 5. 1862, Moses Hess, Briefwechsel, a.a.O., S. 386.
60 Über die Identität der Dame siehe Moses Hess, Briefwechsel, a.a.O., S. 374, Anm. 1.
61 Hess, Rom und Jerusalem, a.a.O., S. 12.
62 ebd.
63 a.a.O., S. 23.
64 a.a.O., S. 38.
65 a.a.O., S. 40.

Religion und der Sitten, das Inkognitoschleichen durch die Welt« stießen ihn von der Assimilation ab.

»Ich fasse das Judentum nur von seiner nationalen Seite auf, entwickle daraus sein ganzes Wesen und seine Berechtigung auf nationale Wiedergeburt.«[66]

Moses Hess stützte seinen Glauben an die Renaissance des jüdischen Volkes und die Restauration seines Staates mit Hilfe Frankreichs auf die Millionen Juden in Osteuropa und im türkischen Reich, die »den lebendigen Kern des Judentums ... treuer bewahrt haben, als unsere okzidentalen Brüder«. Scharfblickender als der Historiker Heinrich Graetz, erkannte Hess im Ostjudentum und insbesondere im Chassidismus das gewaltige Reservoir nichterloschener Vitalität urwüchsigen Judentums. In den Keimen der neuen hebräischen Literatur sah er den ersten Ausdruck der nationalen Renaissance, die zeitlich mit dem universalen Verjüngungsprozeß weltgeschichtlicher Kulturvölker zusammenfällt.

Die Franzosen hatten, nach seiner Ansicht, ein politisches Interesse an der Ansiedlung des jüdischen Volkes nahe des Weges nach Indien und China, da »es ihnen bis in den Tod folgen würde«. Die Juden könnten die Franzosen in ihrer historischen Mission unterstützen, die sie seit der Großen Revolution auf sich genommen hatten. »Welches Volk eignete sich mehr dazu als das jüdische, das vom Beginn der Geschichte an zur selben Mission bestimmt war?« Zusammen würden sie gegen die »christlich-germanische Reaktion« stehen.[67]

Drei Jahre nach der Veröffentlichung von »Rom und Jerusalem« glaubte Hess, sein Traum gehe in Erfüllung. Sein Gesinnungsgenosse, der Bankier Lévy-Bing, erfuhr in Hofkreisen in Paris, daß man »höheren Ortes« die Ansiedlung von Juden in Palästina und in Nachbarländern erwäge – zunächst zwischen Palästina und Ägypten, »im Lande Goschen«, an den Ufern des Suezkanals, dessen Bau sich im Endstadium befand.[68] Ein Jahr später bezeichnete Hess die französische Initiative als klägliches Fiasko und verdächtigte Henri Dunant, diese als Lockmittel genutzt zu haben, um reiche Juden in algerische Geschäfte zu verwickeln.[69]

---

66 Hess an Becker, 15. 5. 1862, Moses Hess, Briefwechsel, a.a.O., S. 386.
67 Hess, Rom und Jerusalem, a.a.O., S. 110–133.
68 Hess an Dünner, 1. 12. 1865, Moses Hess, Briefwechsel, a.a.O., S. 513f. Hess bezieht sich auf die Initiative von Henri Dunant. vgl. Alexis François, Aspects d'Henri Dunant, le Bonapartiste, l'Affairiste, le Sioniste, Genève 1948, S. 99–141. Hess und Lévy-Bing fragten bei Lorje an, ob der »Verein für die Kolonisation Palästinas« mit einer Finanzgesellschaft kooperieren könne, die zwecks Durchführung dieses Projektes gegründet werden sollte.
69 Hess an Dünner, 5. 12. 1866, Moses Hess, Briefwechsel, a.a.O., S. 532.

Von den »okzidentalen«, besonders den deutschen Juden, erhoffte Hess nicht viel. Sie würden nicht die Pioniere der Verwirklichung seines auf »mosaischen, sozialistischen Grundsätzen« aufzubauenden Judenstaates stellen. Denn es

> »würde kindisch sein, zu glauben, daß die abendländischen Israeliten, welche sich in den Ländern, in denen sie seit Jahrhunderten wohnten, wohlfühlen, geneigt sein sollten, nach Palästina auszuwandern, selbst wenn Israel dort wieder eingesetzt wäre«[70].

Dennoch fügte er hinzu:

> »Warum sollte die Annahme, daß ich die deutschen Israeliten zur Auswanderung bewegen wollte, nicht in einem Lande auftauchen, das für alle Teile der Erde mehr Auswanderer liefert, als alle Länder des europäischen Festlandes zusammen?«[71]

Hier berührte Hess das Kernproblem der zionistischen Bewegung: Heißt Zionistsein nur, sich an eine organisatorisch-tatkräftige und zielbewußte Vereinigung anzuschließen? Ist die zionistische Organisation nichts anderes als eine bloße Fortsetzung der philanthropischen Kolonisationsvereine, in der mehr oder weniger emanzipierte und wohlhabende Juden ihren »armen Brüdern« zur nationalen Wiedergeburt verhelfen, ohne sich selbst miteinzubeziehen? Oder ist sie eine »Bewegung«, die mit einer inneren Umwälzung des Individuums in der Einstellung zu Juden und Judentum verbunden ist, aus der persönliche Konsequenzen gezogen werden müssen? Hess wandte sich in seinen Schriften vor allem an westeuropäische Juden; er war sicher, die besseren unter ihnen für das Regenerationsideal zu gewinnen.

> »Es handelt sich zunächst um die Erweckung eines patriotischen Sinnes in den Herzen der gebildeten Juden und um die Befreiung der jüdischen Volksmasse von einem geistestötenden Formalismus durch eben diesen neubelebten Patriotismus. Gelingt uns dieser Auftrag, so werden wir die Schwierigkeiten, deren die praktische Ausführung noch in Menge erzeugen wird, durch die Praxis selbst überwinden.«[72]

Hess sprach als erster von »der Befreiung der jüdischen Volksmasse«. Er wandte sich, seinen sozialistischen Anschauungen entsprechend, nicht nur an die geistige Elite, obwohl er in ihr, als Träger des Wiederaufbaus der Nation, die Vorbedingungen für das Gelingen seiner Pläne sah. Hiermit schnitt er das Problem Elite – Volksmasse an, das in Zukunft die zionistische Bewegung Deutschlands beschäftigen sollte. Hier war gleichzeitig ein Appell an die Gebildeten, dessen Fehlen Schlomo Na'aman bemängelt. In einem Artikel, der

---

70 Moses Hess, Jüdische Schriften, a.a.O., S. 33f.
71 ebd.
72 Hess, Rom und Jerusalem, a.a.O., S. 126.

Hess' Anteil an der Schaffung der nationaljüdischen Bewegung bespricht, ist Na'aman der Ansicht, daß Hess' Ideen nicht, wie gewöhnlich angenommen wird, verfrüht waren. Seine Ideen hätten Anklang gefunden, hätte er der jüdischen Jugend in seinem Lande klar gesagt, was die jungen Menschen der Bilu-Gruppe in ihrem Lande sagten: Unser – Euer Leben muß von neuem aufgebaut werden, und dies kann nur in Erez Israel (Palästina) geschehen. Hätte sich Hess nicht mit Publizistik begnügt und seine Hoffnung nicht auf die philanthropischen Organisationen gesetzt, sondern sich direkt an das Volk gewandt, hätte er sicher eine begeisterte Jugend gefunden, dic bereit gewesen wäre, die Regeneration ihres Volkes auf sich zu nehmen.[73]

Die sporadischen Anfänge der nationaljüdischen Bewegung bis zum ersten Zionistenkongreß weisen darauf hin, daß eine zielbewußte und tatkräftige Führerschaft eine Grundbedingung für die Fundamente darstellte. Hess war wohl kaum zur Führung einer solchen Bewegung befähigt. Es erscheint daher fraglich, ob dieses Argument gegen ihn ins Feld geführt werden kann. Vielleicht hatte er als Schriftsteller und Journalist ein etwas übertriebenes Zutrauen zum gedruckten Wort. Er glaubte, »Rom und Jerusalem« würde eine radikale – zunächst noch geistige – Revolution im Judentum hervorrufen[74] und war dann vom bescheidenen Absatz des Buches enttäuscht.[75] Das schwache Echo lag indes nicht an der Untüchtigkeit seines Verlegers, wie Hess argwöhnte, sondern an der Gleichgültigkeit seiner Generation in bezug auf seine Ideen.

Wenige Zeitgenossen vermochten sich in seine Gedankenwelt einzuleben, wenige verstanden ihn. Der Herausgeber der Wiener »Neuzeit« bezeichnete das Buch als »wunderliches Schriftchen«, das er wochenlang nicht zu besprechen gewagt habe. Er empfand, es enthalte »eine neue Idee, deren Theorien viel zu spät kommen ... ein alter Gedanke, der mit seinen praktischen Forderungen viel zu früh kommt«[76].

So ist es kein Wunder, daß man Hess und sein Werk jahrzehntelang vergaß. Noch fehlten in Deutschland und anderen westeuropäischen Staaten die Voraussetzungen für eine nationaljüdische Bewegung. Im Gegenteil, ein großer Teil der deutschen Juden befand sich im Prozeß einer umfassenden Binnenwanderung. Bis Ende des Jahrhunderts waren sie in ihrer Mehrheit zu Großstadtbewohnern geworden. Das Deutschland der nationalen Einigung bot auch den Juden erweiterte Möglichkeiten des Aufstiegs in das Besitz- und Bildungsbürgertum. Sie begegneten zu dieser Zeit noch nicht der neuen Abart des

73 Schlomo Na'aman. Der Anteil von Moses Hess an der Befreiungsbewegung des jüdischen Volkes, (hebr.) Davar Nr. 15276, 30. 4. 1975.

74 Hess an Becker, 15. 2. 1862; Moses Hess, Briefwechsel, a.a.O., S. 386.

75 Siehe Briefwechsel zwischen Hess und dem Komissionär des Buches, Wengler. Wengler an Hess, 28. 7. 1862; Hess an Wengler, 31. 7. 1862, a.a.O., S. 393–397.

76 Zitiert nach: Moses Hess, Jüdische Schriften, a.a.O., S. CXIV.

Judenhasses, der sich seit Ende der 70er Jahre nicht nur gegen die »hosenverkaufenden Juden« richtete, sondern in professoralen und politisch-organisierten Formen die emanzipierten Juden angriff.
Das Auftreten von Studentengruppen und Intellektuellen wie Hess, von der Emanzipation enttäuscht, vom Assimilationsjudentum abgestoßen, schuf die Voraussetzungen für die Entwicklung nationaljüdischer Ideen und die Wiederentdeckung von Hess. Diese Gruppen wurden auch durch den Antisemitismus zur Selbstbesinnung angehalten und sahen in Hess den Prototyp des »postassimilierten« Juden, der in der Renaissance seines Volkes seine Lebensaufgabe erblickte und in ihr auch die Lösung seiner »persönlichen Judenfrage« fand. Im Jahre 1892, drei Jahrzehnte nach dem Erscheinen von »Rom und Jerusalem«, gründete eine Handvoll junger Juden in Berlin wieder einen nationaljüdischen Verein »Jung-Israel«. Da erkannte der Redner Heinrich Loewe in ihnen die geistigen Erben jener Vorläufer des Nationaljudentums in Deutschland.[77] Gleichzeitig deutete diese Generation auf eine neue Anschauungsrichtung:

> »Was uns von Hess trennt, ist die Motivierung unseres Programmes und die Mittel, welche wir in Anwendung bringen. Wir anerkennen weder eine jüdische Mission noch hoffen wir unsere Erlösung vom freiheitlichen Frankreich. Unsere vorzüglichste Mission ist, uns selbst zu erlösen, weil der Wille zum Leben in uns mit der Macht eines Naturinstinkts wirkt. Unsere Erlösung aber liegt in uns selbst, weil in unserer Volksgesamtheit Energie genug latent ist, um unsere komplizierten Lebensbedürfnisse zu befriedigen. Die Regeneration des jüdischen Volkes wird nach entwicklungsgeschichtlicher Notwendigkeit erfolgen, weil die Bedingungen unseres Volksorganismus eine solche möglich machen ...«[78]

Durch die Macht, mit der die Idee diese jungen Leute erfaßte und wohl noch mehr durch die von ihnen gesuchten neuen Wege zur Verwirklichung eben dieser Idee, trugen sie entscheidend zum Aufbauwerk der zionistischen Bewegung bei.

---

[77] Heinrich Loewe, »Der Nationaljude«, Rede gehalten in der ersten Sitzung des jüdisch-nationalen Vereins »Jung-Israel«, in Berlin, am 30. Mai 1892, Selbstemancipation Nr. 14, 18. 7. 1892, S. 142f.; Nr. 21, 15. 11. 1892, S. 202; vgl. Hugo Bergmann, Einleitung zu »Rom und Jerusalem«, Wien und Berlin 1919, S. 5. In einer Kritik des Buches von Theodor Zlocisti, Moses Hess, Jüdische Schriften, Berlin 1905, stimmt Julius Jacobsohn der Hess'schen Analyse der Judenfrage zu, distanziert sich jedoch von seiner Auffassung über die Mission Israels. Julius Jacobsohn, »Bücherschau«, Der Jüdische Student (im Folgenden: J. St.) Nr. 3, September 1905, S. 94.

[78] M. E. (Marcus Ehrenpreis), Moses Hess, Jüdische Volkszeitung Nr. 13, 28. 3. 1894, S. 6f. Rabbiner Leo Baeck wies auf das messianische Element in den Schriften von Hess hin: »Er [Hess] hat das messianische Empfinden in dem Judentum wieder stark zurückgeführt. Vielleicht ist er darum in seiner Zeit nicht ganz begriffen worden. Aber die Zukunft hat sich ihm zugewandt.« Leo Baeck, Von Moses Mendelsohn zu Franz Rosenzweig, Stuttgart 1959, S. 32.

2. Kapitel

Nach den »Stürmen im Süden«

Von der »Autoemanzipation« zur Kattowitzer Konferenz

Die »Stürme im Süden«, die Pogromwelle, die 1882 auf Initiative der Regierung über die russischen Juden hereinbrach, und die darauf folgenden Vertreibungen erschütterten das russische Judentum zutiefst. Die Erwartungen, die die »Aufgeklärten« in die Integration der Juden in der russischen Gesellschaft und den progressiven Bewegungen gesetzt hatten, erwiesen sich als ungerechtfertigt.

> »Ich sagte: die Aufklärung wird mich retten,
> Lernen wir – haben wir Erfolg und es bessert sich unser Los.
> Ich gedenke der Freude, des Jubels,
> Als die Aufklärung wie ein Sturzbach hereinbrach.
> Doch weh'! Den Segen kehrten sie zu Fluch,
> Den goldenen Becher gossen sie uns ins Gesicht.«[1]

Die Annahme, daß die physische Existenz der Juden nicht gefährdet sei[2], und daß auch in Osteuropa die Emanzipation bevorstehe, hatte sich als irrig erwiesen. Unter dem Druck des Regierungsterrors und der Willkürgesetze schien die Emigration, vor allem nach Amerika, die einzige sofortige Lösung. Als der Dichter J. L. Gordon »Wir ziehen aus, von jung bis alt!« schrieb, dachte er an die »Neue Welt«, nicht an Erez Israel. Die jüdischen Notabeln der verschiedenen Länder jedoch waren organisatorisch und finanziell dem Strom der Auswanderer nicht gewachsen, der nach Westen floß. Über die Ratlosigkeit schrieb Leon Pinsker im Vorwort zur »Autoemanzipation«: »Unterdessen werden die jüdischen Flüchtlinge mit eben diesem Gelde, das zum Zwecke der Auswanderung gesammelt wurde, ›repatriiert‹!«[3]

Die »Chibath-Zion«-Bewegung, deren erste Gruppen in Rumänien und Rußland 1881 gegründet wurden, versuchte mit Hilfe der »Alliance Israélite Universelle« die Auswanderer nach Erez Israel zu lenken. Charles Netter, Vertreter der »Alliance Israélite Universelle« und Gründer der landwirtschaftlichen Schule »Mikwe Israel«, galt aufgrund seines jahrelangen Wirkens am Ort als ein Experte für Palästina. Netter veröffentlichte einen Brief, in dem er vor

---

1 J. L. Gordon, Die Krankheit des Gedächtnisses, (hebr.), J. L. Gordons gesammelte Schriften, Tel Aviv 1929, S. 16.

2 Siehe: Achad Haam, Ein halber Trost, (hebr.) Achad Haams gesammelte Schriften, Jerusalem 1947, S. 70.

3 Leon Pinsker, Autoemanzipation, Mahnruf an seine Stammesgenossen von einem russischen Juden, 8. Aufl., Berlin 1936, S. 5.

der Ansiedlung von Juden warnte. Der anbaubare Boden sei in den »gesunden« Gebieten bereits von Arabern bearbeitet und nicht käuflich. Durch die Dürftigkeit des landwirtschaftlichen Ertrages, die Korruption der Behörden, die Gefährdung durch die Araber und das ungewohnte Klima sei der jüdische Siedler zum Scheitern verurteilt.

»Zu diesen Ursachen des Mißerfolges kommen für unsere Glaubensgenossen noch folgendes hinzu: die religiösen Vorschriften, die besonders den Ackerbau in Palästina betreffen: Zehnte und Schmitta, die vortrefflich sind, wenn das ganze Land ihnen unterworfen ist, sind im gegenwärtigen Stand nachteilig; die Tatsache, daß keiner von ihnen Ackerbau treibt, und wenn es wenige Beispiele von Kaufleuten oder Handwerkern gibt, die Ackersleute in ihrem eigenen Lande geworden sind, so gibt es kein einziges in diesem so verschiedenen Klima; die Verhältnismöglichkeiten der Emigranten, die ihnen den Erwerb von Boden schwer machen dürften, sowie das Brunnengraben, das Bauen, der Ankauf der Ackerbauwerkzeuge, des Viehes, des Samens und der Unterhalt ohne Produkte während der ersten zwei Jahre. Eine israelitische Kolonie hätte außerdem noch für eine Gebetsstätte, für eine Schule, ein Bad, eine Apotheke und für das notwendige Personal dieser Institutionen zu sorgen ... In der Tat würden im Falle des möglichen, wenn nicht vielmehr wahrscheinlichen Mißerfolges, die unglücklichen Ansiedler von Palästina gezwungenermaßen darauf angewiesen sein, die Zahl der Teilnehmer an der Chalucka zu vergrößern und das schon so große Elend bei den Israeliten des Landes zu vermehren, während sie in Amerika die sofortige Verwendung ihrer Kräfte und Fähigkeiten fänden, eine Verwendung, die in diesem Lande gedeiht und denjenigen, die guten Willens sind, niemals mangelt.«

Netter begnügte sich nicht mit der Schilderung des unausbleiblichen Fehlschlags der russisch-jüdischen Siedler in Palästina, sondern fügte noch eine Warnung an die westeuropäischen Juden hinzu:

»Vom Gesichtspunkt der Israeliten in Europa hätte der Versuch einer Kolonisation in Palästina noch eine andere Gefahr, die, daß die öffentliche Meinung über den Ursprung und den Anfang der Bewegung sich ändern würde. Unsere Feinde würden nicht ermangeln, sie nicht der traurigen Notwendigkeit zuzuschreiben, ein stiefmütterliches Heimatland verlassen zu müssen, sondern dem Zuge der Israeliten nach der heiligen Erde, weit davon, die Bewegung zu hemmen, würde man sie beschleunigen und bald würden wir eine Katastrophe erleben, wie Israel ihresgleichen schon seit zwanzig Jahrhunderten nicht erlebt hat.«[4]

---

[4] Der Brief Netters stammt vom 15. März 1882. Er erschien in folgenden Zeitungen: Hameliz, Woschod, Raswjet, Jewish Chronicle und der Neuzeit, der das hier wiedergegebene Zitat entstammt. Der Brief hatte eine deprimierende Wirkung auf die Chowewe-Zion. Der Schriftsteller M. M. Dulitzky antwortete auf Netters Brief im »Hamaggid« mit einem scharfen Artikel, »Warum bedrückt Ihr mein Volk?«, Hamaggid Nr. 13, 10. Mai 1882, S. 141. Gegen Netter trat auch Dr. W. Herzberg auf, der kurze Zeit Leiter der Schule Mikve Israel war und von Netter entlassen wurde. Er beschuldigte ihn, daß er absichtlich die

Sogar für Pinsker, der in der »Autoemanzipation« behauptete, die Lösung der Judenfrage sei nur auf nationaler Basis in einem eigenen Lande möglich, stand die Wahl des Territoriums an zweiter Stelle.

> »Wenn wir nun um eine sichere Heimat besorgt sind, um das ewige Wanderleben aufzugeben und unsere Nation in eigenen und fremden Augen aufzurichten, so dürfen wir vor allem nicht davon träumen, das alte Judäa wieder herzustellen. Wir dürfen nicht dort wieder anknüpfen, wo einst unser Staatsleben gewaltsam abgebrochen und zertrümmert worden ist. Unsere Aufgabe, wenn sie einmal gelöst sein soll, sei eine bescheidene, ohnehin ist sie schwierig genug. Nicht das ›heilige‹ Land soll jetzt das Ziel unserer Bestrebungen werden, sondern das ›eigene‹«.[5]

Anderseits erkannte Pinsker die Macht des Volksbewußtseins, das in dem Drang nach Erez Israel bei den rumänischen und russischen Juden zum Ausdruck gekommen war. Diese Macht würde das jüdische Volk aus seiner Starre aufwecken.[6] Es war diese Erkenntnis, die ihn zum Wortführer der »Chowewe-Zion«-Bewegung machte.
Die in Deutsch verfaßte »Autoemanzipation« wandte sich an die westlichen Juden, fand aber nur ein schwaches Echo. Die Zeitungen, die auf die Broschüre reagierten, waren bereit, die Leiden der Flüchtlinge zu lindern, weigerten sich jedoch, seine Thesen über den Charakter des Antisemitismus anzuerkennen. Sie widersetzten sich definitiv einer nationalen Lösung der Judenfrage.[7] Ludwig Philippsohn wies in der »Allgemeinen Zeitung des Judentums« darauf hin, daß den Juden die wichtigsten Attribute einer Nation fehlten: die gemeinsame Heimat, eine gemeinsame nationale Erziehung, gemeinsame politische und bürgerliche Interessen.

> »Woraus will er denn sein nationales Bewußtsein zusammensetzen? Meint er, daß diese Dinge sich durch eine Versammlung, ein Direktorium dekretieren lassen? Meint er, daß das Produkt einer Geschichte von 18 Jahrhunderten sich mit einigen Phrasen beseitigen läßt? ... Er glaubt an die Ewigkeit der ›Judophobie‹, einer hereditären Krankheit ... glaubt nicht an die Verwirklichung der Humanitätsidee, daß die staatliche Gesellschaft fortschreitet in Toleranz und Gerechtigkeit ...«

---

4 (Fortsetzung)
Wahrheit über Erez Israel verschweige und zu diesem Zweck sogar seine eigene Schöpfung, Mikve Israel, zu vergessen bereit sei. Dr. W. Herzberg, »Zur Kolonisation von Palästina«, Israelit Nr. 24, 14. 6. 1882, S. 575–589, Leitender Artikel. Der »Israelit« distanzierte sich schon früher in einem Leitartikel von Netters Brief. Siehe: Israelit Nr. 13–14, 29. 3. 1882, S. 309–311.

5 Autoemanzipation, a.a.O., S. 25.

6 a.a.O., S. 20.

7 »Die Wiederbelebung des jüdischen Nationalitäts-Gedankens«, Israelit Nr. 41, 11. 10. 1882, S. 1013f., Leitender Artikel; M. Friedberg, »Autoemanzipation«, Israelitische Wochenschrift Nr. 44, 1. 11. 1882, S. 175; Jüdisches Literaturblatt Nr. 45, 8. 11. 1882, p. 179f.

Philippsohn verwarf Pinskers Thesen und Konsequenzen, »die wir hier aus dem Munde eines ›russischen Juden‹ hören, während wir sie nur aus der Feder der Antisemiten fließen zu sehen gewöhnt sind«[8].

Der »Verein zur Kolonisierung der verfolgten russischen Israeliten Bnei-Brith« in Kattowitz

Verständnis für seine Ideen fand Pinsker gerade in zwei deutschen Grenzstädten, in Kattowitz und Memel, wohin die russischen Flüchtlinge auf ihrem Weg nach Westen strömten. Die Gründung eines »Vereins zur Kolonisierung verfolgter russischer Israeliten Bnei-Brith« in Kattowitz erfolgte auf Initiative eines Lehrers namens Selig Freuthal und eines Kaufmanns namens Moses Moses im Jahre 1882. Das Statut und der ihm beigefügte Aufruf betonte, daß es bei der Vereinsgründung nicht um Hilfeleistung für durchwandernde Flüchtlinge ging, sondern um die Mobilisierung von Kräften für ein viel weittragenderes Ziel, nämlich die Ansiedlung der Flüchtlinge in Palästina. Der neugegründete Verein arbeitete in jenem Anfangsstadium mit dem russisch-rumänischen Zentralkomitee in Galatz zusammen. Weitere Zusammenarbeit sollte mit ähnlichen Vereinen in Mainz, Wien, Warschau, Jassy und Jaffa erfolgen.
Der Kattowitzer Verein betrachtete sich als ein Glied in einer umfassenden Bewegung und beabsichtigte, laut Statuten, als ein »Hauptverein« für »Zweigvereine« in anderen Ortschaften zu wirken.[9] In den Statuten war die präzise Zusammensetzung der Zweigvereins-Vorstände vermerkt: ein Vorsitzender, ein Schatzmeister, ein Sekretär und jeweils zwei Beisitzer.[10] Weder im vorerwähnten Aufruf noch in den Statuten wird die Pflege des nationaljüdischen Bewußtseins erwähnt, vermutlich aus Vorsicht gegenüber Behörden und wohl auch Juden, die diese Zielsetzung beanstanden könnten.
Im Paragraph 1 heißt es daher: »Der Verein Bnei-Brith verfolgt den Zweck der Unterstützung ihres Glauben wegen verfolgter Israeliten bei der Gründung von Kolonien, in geistiger und materieller Beziehung«. In einer »näheren Erklärung« schreibt Moses Moses dann an Rabbiner Rülf, der Verein strebe danach, die Idee nationaler Zugehörigkeit aller Juden in allen jüdischen Kreisen »mittels Agitation zu wecken, zu beleben und zu erhalten«. Auch die Definition des Endziels ist hier viel deutlicher formuliert. Die Ansiedlung verfolgter Juden geschieht

[8] Ludwig Philippsohn, »Eine alte Frage«, AZJ Nr. 42, 17. 10. 1882, S. 681f.
[9] Verein zur Colonisierung der russischen Juden, Statut, Kattowitz, 11. Mai 1882. Paragraph 4 des Statuts. Central Zionist Archives, Jerusalem (im folgenden: CZA) A 142/9.
[10] ebd. Paragraph 5 des Statuts.

> »zu dem Endzweck, den Kern einer in späterer Zeit sich zu entwickelnden Nation, gleichviel ob ganz selbständig, oder als Tribut-Staat der Türkei unter der Garantie der europäischen Großmächte und Nordamerika zu schaffen.«[11]

Trotz der Zurückhaltung der Gemeindeverwaltung gelang es, laut Angaben des monatlichen Vereinsberichtes, die Mehrzahl der Kattowitzer Juden im Verein zu organisieren. Aus dem gleichen Bericht ist ersichtlich, daß sich auch Mitglieder aus Berlin, Krakau, Schlesien und Warschau anschlossen.[12] In anderen Teilen Deutschlands hatte der Verein weniger Erfolg. Die erste ausgesprochen zionistische Zeitung in Deutschland, »Der Colonist«, die sich die Propagierung der Wiederbesiedlung Erez Israels zum Ziel gesetzt hatte, ging schon nach zweijährigem Bestehen ein. Etwas erfolgreicher gestaltete sich die Initiative Freuthals und Moses', die verstreuten Gruppen der »Chowewe-Zion« organisatorisch zusammenzufassen. Freuthal zweifelte allerdings an der ernstlichen Absicht dieser Gruppen, wegen ihres philantropischen Charakters. Er versuchte daher, Pinsker zur Handlung im Geiste seiner »Autoemanzipation« zu veranlassen. Pinsker sollte sich von den verschiedenen philantropischen Komitees lossagen, sich auf die innere Kraft der neuen Bewegung verlassen und das Hauptgewicht auf die organisatorische Stärkung legen.[13]

> »Seien wir selbständige, selbsttätige Männer, beginnen wir ein eigenes Werk und vertrauen wir auf eigne Kraft. Was bedeuten auch die wenigen Juden Englands und Frankreichs den Massen Rußlands gegenüber ...
> Wir dürfen nicht betteln, sondern die Sache im Großen beginnen; nicht Hirsch, noch R.[othschild] noch Montefiore sei unsere Stütze, sondern unser eigener Mut ebne die Wege. Ich bitte Sie deshalb, lassen Sie ab von dem Gedanken an das englische Komitee, wenden Sie all Ihren Einfluß an, die russischen Vereine zu einem selbständigen Ganzen zu formen ...«[14]

Diese Initiative führte im November 1884 zur Einberufung der Kattowitzer Konferenz. In der Bewertung dieser Konferenz wies der »Colonist« mit Recht darauf hin, ihr Erfolg sei, an ihren praktischen Resultaten gemessen, nicht besonders beachtenswert. Doch wenn man bedenkt, daß dies nach 2000 Jahren die erste Versammlung von Repräsentanten des jüdischen Volkes war, die sich

---

11 ebd. Paragraph 1; Moses Moses an Rabbiner Isaak Rülf, 15. Mai 1882, CZA NA 1/VI/2.
12 Monatsbericht des Vereins Kattowitz »Bnei-Brith«, 1. September 1882, S. 5; Der Colonist, hrsg. vom Verein »Bnei-Brith« zu Kattowitz, Nr. 42, 17. 11. 1884.
13 Freuthal an Pinsker, 7. 1. 1883, in: A. Drujanow, Ketawim letoldoth Chibath Zion wejischuw erez Israel, Bd. I, Odessa 1919, S. 77f.
14 ebd.

mit der Neubesiedlung des Landes der Väter befaßte, war ihr Wert unvergleichlich hoch.[15]

In den folgenden Jahren hatte der Kattowitzer Verein schwere Krisen zu durchstehen. Der Verein konnte wegen Mangels an geeigneter Führerschaft und wegen seiner geographischen Entlegenheit natürlich nicht etwa das Zentrum des deutschen Zionismus werden. Pinsker bezeichnete die Kattowitzer als gute Leute, aber zur Führung ungeeignet.[16] Freuthal sei »ein General ohne Armee, ein Bankier ohne Geld«[17].

Freuthal gab nach einiger Zeit die zionistische Organisationsarbeit auf, Moses wurde indes Mitgründer der Kattowitzer Ortsgruppe im Rahmen der Zionistischen Vereinigung für Deutschland und war dann Delegierter der ersten Zionistenkongresse.[18]

Der Verein »Zion« in Heidelberg

Der Verein »Zion«, der im Jahr 1884 in Heidelberg gegründet wurde, sollte hier nicht übergangen werden. »Zion« unternahm einen bescheidenen Versuch, eine allgemeine Organisation der Chowewe-Zion ins Leben zu rufen. Die kleine Mitgliederzahl und Kurzlebigkeit des Vereins führten verständlicherweise dazu, daß die Heidelberger kaum einen direkten Einfluß auf die zionistische Bewegung Deutschlands nehmen konnten. Trotzdem sind Ziele und Tätigkeit des Gründers, Professor Hermann Zwi Schapira, von besonderem Interesse, da dieser später – im Anfangsstadium der deutschen Bewegung und beim ersten Zionistenkongreß – eine bedeutende Rolle spielen sollte. Schapira überzeugte Pinsker, anläßlich eines Odessa-Besuchs, sich den Chowewe-Zion anzuschließen und unterzeichnete dann den Aufruf, der zur Schaffung ihres Zentralkomitees führte.[19]

Die Statuten des Heidelberger Vereins sind recht beachtenswert: Nach Paragraph 1 seiner Statuten erstrebte der Verein

> I. Die Verbreitung der Kenntnis der jüdischen Geschichte, der hebräischen Sprache und Literatur unter den Juden.

---

15 ebd.; Bezüglich einer ausführlichen Geschichte des Vereins »Bnei-Brith« in Kattowitz siehe den Aufsatz von Israel Klausner, »Der Verein ›Bnei-Brith‹ in Kattowitz«, Sefer Hajowel mugasch lichwod Dr. N. M. Gelber, leregel Jowlo haschiwim, (hebr.) hrsg. Israel Klausner, Rafael Mahler, Dov Sadan, Tel Aviv 1963, S. 205–215; ferner Mordechai Eliav, »Zur Vorgeschichte der jüdischen Nationalbewegung in Deutschland«, Bulletin des Leo-Baeck-Instituts (im folgenden: BLBI), 12. Jg., Nr. 48, 1969, S. 286f.

16 Pinsker an Rülf, 12. 11. 1883, in M. Joely, J. L. Pinsker, Mewasser hatchijah haleumith, (hebr.), Tel Aviv 1960, S. 149.

17 Pinsker an Rülf, 2. 12. 1883, a.a.O., S. 150.

18 M. Moses an M. Bodenheimer, 12. 6. 1897, CZA A 15/VII/1.

19 M. L. Lilienblum, Derech laavor Golim, (hebr.), Warschau 1899, S. 15; Pinsker an Rülf, 2. September 1882, (hebr.), in Joeli, J. L. Pinsker, a.a.O., S. 148; A. Drujanow, Ketawim letoldoth Chibath Zion, (hebr.), Bd. III, Tel Aviv 1932, S. 915–916.

II. Die Herstellung einer Einigkeit unter allen Bekennern des Judentums ohne Unterschied zum Zwecke der gemeinsamen Verbesserung des Loses der Juden.
III. Die Verwirklichung der Idee der Kolonisation Palästinas durch Juden.
IV. Die Schaffung eines einheitlichen Mittelpunktes für alle auf geistige Ausbildung gerichteten Bestrebungen in den zu gründenden palästinensischen Kolonien durch Errichtung einer Hochschule für religiöse und praktische Wissenschaften.[20]

Ausführlicher drückte Schapira seine Gedanken in der hebräischen Zeitung »Hameliz« aus. Seiner Ansicht nach ist der Zweck der Kolonisation die Errichtung eines geistigen Zentrums für das jüdische Volk, das sich nur allmählich entwickeln würde. Daher würde Palästina keine Lösung für die verfolgten Massen bieten. Nur wenige Auserwählte würden dorthin gehen; nur diejenigen, »deren Herzen in Liebe zu ihrem Volk und ihrem Land brennt« und die bereit sind, die Mühen der Pioniere auf sich zu nehmen.[21] Schapira, gleich Achad Haam, arbeitet diesen Gedanken systematisch aus und distanzierte sich vom politischen Zionismus Herzls. Nur zögernd näherte er sich ihm.[22]
Die übrigen Paragraphen der Statuten beziehen sich auf Einzelheiten des Bodenkaufs, auf die Auswahl der Siedler, den organisatorischen Aufbau des Vereins und seines Budgets.[23] »Zion« beabsichtigte als zeitweiliges Zentrum für die Chowewe-Zion-Gruppen zu fungieren. Die Zweigvereine sollten nur die Grundprinzipien anerkennen und würden auch Stimmrecht in sämtlichen Angelegenheiten erhalten. An »Zion« könnten sich auch Gruppen anschließen, die nicht allen Prinzipien zustimmen. Dies unter der Bedingung, daß ihre anderen Ziele denen »Zions« nicht widersprechen. Das Stimmrecht wird ihnen allerdings nur im Rahmen der Übereinstimmung gewährt.[24] Der Heidelberger Verein war nicht als fester Sitz des Chowewe-Zion-Zentrums gedacht. Der Charakter der Stadt und die kleine, innerlich gespaltene jüdische Gemeinde

---

20 Statuten des Vereins »Zion« in Heidelberg, in A. Drujanow, Ketawim letoldoth Chibath Zion, Bd. I, a.a.O., S. 206–211.
21 1882 schlug Schapira in einem »Brief an den Redakteur« des »Hameliz« vor, eine technisch-humanistische Hochschule in Palästina zu gründen, »von der ganz Israel Lehre und Handwerk lernen soll«. Hameliz Nr. 26, 18. Juli 1882, S. 5f.
22 Siehe: Max Bodenheimer, So wurde Israel, Frankfurt/M. 1958, S. 75–77; Toldoth Tochnith Basel, (hebr.), hrsg. Henriette Hanna Bodenheimer, Jerusalem 1947, S. IV, IX, XVII.
23 Die Statuten unterscheiden zwischen ortsansässigen, »aktiven Mitgliedern«; Zweigvereinen mit Stimmrecht und direktem Anteil an der Geschäftsleitung; »inaktiven Mitgliedern«, die den Verein materiell und moralisch unterstützen und nur in besonderen (in Paragraph 16 und 17 der Statuten vorgesehenen) Fällen Stimmrecht haben; »Ehrenmitgliedern«, Persönlichkeiten, die sich um die vom Verein verfolgten Ziele verdient gemacht haben und durch einstimmigen Beschluß der aktiven Mitglieder ernannt wurden. Statuten des Vereins »Zion«, a.a.O., S. 208–211.
24 a.a.O., S. 208, Paragraphen 5 und 6.

machten ihn für diese Rolle ungeeignet.[25] Er wollte nur die Initiative ergreifen. Die Statuten bestimmten daher, daß die Delegiertenversammlung der Zweigvereine einem solchen die Leitung der Chowewe-Zion höchstens auf 5 Jahre übertragen könne. Nur einem Verein in Erez Israel stehe das Recht zu, über diese Zeitspanne hinaus die Leitung zu beherbergen.[26]
Schapira benachrichtigte alle gesinnungsmäßig nahestehenden Vereine und Zeitschriften von der Gründung seines Vereins, bat um Einsendung ihrer Statuten und finanzielle Unterstützung für »Zion«, »um die große heilige Idee zu verwirklichen«[27].
Die Mitgliederzahl »Zions« in Heidelberg ist unbekannt. Max Bodenheimer, der Schapira kannte, glaubt, daß sie hauptsächlich aus Studenten bestand. Außerhalb Heidelbergs war 1897, seines Wissens, niemandem etwas über »Zion« bekannt.[28] Die 2000 Mark des Vereinskapitals wurden nach 20 Jahren an den »Keren Kajemet Le-Israel«, den Jüdischen Nationalfonds, dessen Gründung Schapira auf dem ersten Zionistenkongreß anregte, überwiesen.[29]

»Den jüdischen Staat wiederherstellen«

Mit den Kattowitzer »Bnei-Brith« stand der Rabbiner von Memel, Dr. Isaak Rülf, in Verbindung. Dr. Rülf betätigte sich dort auch als Redakteur des »Memeler Dampfbootes«[30]. 1869 und 1882 bereiste er Rußland und lernte dort die Lebensbedingungen der Juden an Ort und Stelle kennen.[31] Als Scharen von Flüchtlingen über Deutschlands Ostgrenze strömten, bemühte sich Rabbiner Rülf, durch Errichtung von Schulen und Krankenhäusern, ihre Not zu lindern und war in aller Munde »Dr. Hilf«.
Allein Dr. Rülf richtete seinen Blick jenseits der akuten Not. Unter dem Eindruck der »Autoemanzipation« suchte er in seinem Buch »Aruchas Bas-

---

25 Die jüdische Gemeinde in Heidelberg zählte im Jahre 1887 787 Mitglieder. Die Stadt hatte 33000 Einwohner. Franz Hundsnurscher und Gerhard Taddey, Die jüdischen Gemeinden in Baden, Stuttgart 1968, S. 125.

26 Statuten des Vereins »Zion«, a.a.O., S. 208–209. Paragraph 8.

27 Hameliz Nr. 19, 5. März 1884, S. 5; Siehe: Israel Klausner, Karkah waruach, chajjaw upoalo schel Professor Zwi Hermann Schapira, (hebr.), Jerusalem 1966, S. 35.

28 M. Bodenheimer, So wurde Israel, a.a.O., S. 75.

29 ebd.; Stenographisches Protokoll des V. Zionisten-Congresses in Basel, 26.–29. Dezember 1901, Wien 1901, S. 301–302.

30 Biographische Einzelheiten und ausführlichen Inhalt seines Buches „Aruchas Bas-Ammi" bringt die Arbeit von Reuwen Michael, „Israels Heilung", BLBI 6. Jg., 1963, S. 126–147. Siehe ferner: H. L., »Der Zionismus in Trauer«, Israelitische Rundschau Nr. 39, 26. 9. 1902; Leo Scheinhaus, »Zwei Hundertjährige«, JR Nr. 11, 10. 2. 1931, S. 69.

31 I. Rülf, Meine Reise nach Kowno um die Übersiedlung notleidender Glaubensgenossen aus den Grenzbezirken nach dem Innern Rußlands zu ordenen, sowie die in der dortigen Synagoge gehaltene Predigt von Dr. Rülf, Memel 1869; I. Rülf, Drei Tage im jüdischen Rußland, Frankfurt/M. 1883.

Ammi: Ein ernstes Wort an Glaubens- und Nichtglaubensgenossen« – nach einer nationalen Lösung der Judenfrage.[32] Obwohl Rülf zu ähnlichen Folgerungen wie Pinsker gelangte, bestand ein grundlegender Unterschied in der Auffassung beider Männer, der nicht nur dadurch zu erklären ist, daß »der russische Arzt den Gegenstand doch wohl ganz anders auf- und anfassen müßte als der deutsche Rabbiner«[33]. Als deutscher Rabbiner war Rülf wirklich ungewöhnlich in seinem Verständnis für Pinskers Ideen.[34] Aber im Gegensatz zu Pinsker war die Kritik Rülfs die eines Juden, der die Emanzipation genossen hatte, ihre bedeutenden Mängel aber mit offenen Augen sah. Angesichts der Antisemitismuswelle, die über Deutschland ging, hatte er weit weniger Illusionen als Hess und Pinsker.[35] Die eingehende Kenntnis der jüdischen Situation führte Rülf zum Schluß, daß es sich nur um eine »papierne Emanzipation« handle. Von vornherein hätten sie nicht die Absicht gehabt, sie durchzuführen, vor allem nicht auf gesellschaftlicher Ebene. Sie ist

> »selbst nach der Meinung und Äußerung mancher hochgestellter, quasi humaner Universitätsprofessoren und hochgestellter, dominierender Staatsbeamten ›ein Fehler‹ gewesen, und man sucht und findet überall in allen staatlichen und geselligen Stellungen Auswege und Ausreden, um den Gleichgestellten bei seiner ehemaligen Rechtlosigkeit und Inferiorität zu erhalten«[36].

Rülfs Analyse des Antisemitismus und des Diasporalebens, seine Überzeugung, daß die Existenzgefahr der Juden in ihrer Heimatlosigkeit wurzele, zeugten von historischer Erkenntnis, die vielen der ersten Zionisten abging. Eben dieser Erkenntnis entsprang seine Lösung, die er »sehr lange und sehr reiflich bedacht« habe:

> »Wir dürfen den Völkern gegenüber nicht länger als hergelaufene, heimatlose, rechts- und vertragsunfähige Menschenklasse gelten. *Wir müssen,* in welcher Form und durch welche Mittel ist gleichgültig, *unsere ursprüngliche Heimat, das Land der Väter, wieder zu erwerben und den jüdischen Staat wieder herzustellen trachten.*«[37]

Rülf stellte also der nationaljüdischen Bewegung *politische* Ziele. Damit war er den Chowewe-Zion weit voraus. Er war sicher, es könne ein Abkommen mit

---

32 Isaak Rülf, Aruchas Bas-Ammi, Ein ernstes Wort an Glaubens- und Nichtglaubensgenossen, Frankfurt/M. 1883.

33 Isaak Rülf, Aruchas Bas-Ammi, a.a.O., Vorrede. Auch Pinsker war dieser Meinung. Pinsker betonte, daß sie in den Hauptpunkten übereinstimmten. Pinsker an Rülf, 2. Juli 1883, M. Joeli, J. L. Pinsker, a.a.O., S. 126.

34 Siehe: Pinsker an Rülf, 30. Januar 1884, a.a.O., S. 152.

35 Siehe: Isaak Rülf, Entstehung und Bedeutung des Antisemitismus in Hessen, Mainz 1890.

36 Isaak Rülf, Aruchas Bas-Ammi, a.a.O., S. 14.

37 a.a.O., S. 72, Hervorhebung im Original.

der türkischen Regierung über die Errichtung eines jüdischen Staates geschlossen werden, welcher die Vorbedingung zu einer Massenansiedlung sei.[38] Er erwartete aber vom Judenstaat mehr als nur die Lösung der materiellen Fragen: die Renaissance der hebräischen Sprache und der jüdischen Kultur, die Wiedererringung der Selbstachtung.[39]

»Die majestas populi allein ist es, welche dem Einzelnen Ehre und Würde verleiht. Wieder ein Volk, ein Reich geworden, werden wir uns selbst mit ganz anderen Augen ansehen und mit ganz anderen Augen angesehen werden. Des einzelnen Ehre wurzelt in seiner Volksehre. Solange wir unser Volk nicht in allen seinen Ehren und Würden *wiederhergestellt* sehen, dürfen wir niemals hoffen, gleich anderen Menschen aller Personalehren teilhaft zu werden.«[40]

Rülf war der Ansicht, daß die internationale politische Konstellation für die Verwirklichung seiner Vorschläge günstig sei. Die Politik der »Kulturstaaten« würde den Juden helfen, ihren Staat neu aufzubauen. Das maßlose Unrecht, das die Völker den Juden angetan hatten, würde sie dazu bewegen, dieses wieder gutzumachen, aber auch

»damit wir für unsere herabgekommenen, gedrückten und verfolgten Glaubensbrüder eine Heimatstätte gewinnen, und damit auch diejenigen von unseren Glaubens- und Stammesgenossen, welche keine Veranlassung haben, ihre Heimat, an der sie mit ganzem Herzen hängen, ihre bürgerliche und staatsbürgerliche Stellung, in welcher sie nützlich, ja unentbehrlich sind, zu verlassen, sich legitimieren und rehabilitieren können«[41].

Die eigentlichen Schwierigkeiten sah Rülf *innerhalb* des jüdischen Volkes, in dessen Problemen er mehr bewandert war als in der Weltpolitik. Das größte Hindernis lag, nach seiner Meinung, daran, daß die Juden, sowohl Orthodoxe wie Neologen, das nationale Bewußtsein verloren hatten. An seine Stelle war ein patriotischer Enthusiasmus für die Bestrebungen fremder Völker und die Gleichgültigkeit für alles Jüdische getreten.

»Über den gewaltigen Eifer, mitzuwirken an allen Kulturbestrebungen der Nation, mit dem Volke, worunter sie lebten, sich zu assimilieren und zu identifizieren, hatten sie sich selbst vergessen ... selbst der Name Jude sollte ausgemerzt werden, er war ihnen zur Verbaljurie geworden. Wir sind keine Juden, wir sind Staatsbürger jüdischen Glaubens.«[42]

---

38 a.a.O., S. 86–87.
39 a.a.O., S. 88f.
40 a.a.O., S. 73.
41 a.a.O., S. 69.
42 Isaak Rülf, Was wir sollen und wollen, Vortrag gehalten in der regelmäßigen Sitzung des neu gegründeten »Vereins für jüdische Geschichte und Literatur« zu Memel, Memel 1897, S. 14.

Auf ein nationales Erwachen bei den Westjuden ist nicht zu hoffen, da dies bei ihnen als Verbrechen gilt. Nur auf *eine* Weise ist »die nationale und religiöse Dürre und Starre« zu überwinden, durch Mobilisierung des Volkswillens.

»Haben wir erst den einheitlichen Volkswillen, den nationalen Entschluß – alle die übrigen inneren Hindernisse werden leicht, ja spielend zu überwinden sein.«[43]

Der Verfasser von »Aruchas Bas-Ammi« war einer der wenigen frühzionistischen Denker, der die Problematik der kulturellen und gesellschaftlichen Integration der Heimkehrer erkannte. Er konnte natürlich nicht in ihrem vollen Umfang die Probleme voraussehen, mit denen Israel noch bis heute ringt. Doch gerade hier ist der in Tradition und Wirklichkeit seines Volkes verwurzelte Rabbiner seiner Sache gewiß. Er basierte sein Vertrauen auf den gemeinsamen Nenner der Juden,

»die Sitte und Sittlichkeit der Altvordern haben sich in ihren Grundzügen durch alle Zeiten und Zonen bewahrt; es wird nicht schwer fallen, darin Einmütigkeit und Gleichmäßigkeit in kürzester Frist zu bewirken«.

Diesbezüglich war eine wichtige Rolle der hebräischen Sprache vorbehalten, die sich in Osteuropa wieder zu einer Umgangs- und Literatursprache entwickelt hatte, »und die einer jeden modernen Kultursprache in Gewandtheit und Schmiegsamkeit ebenbürtig an die Seite gesetzt werden kann«[44].
An dem Befreiungswerk der jüdischen Nation würden Generationen zu arbeiten haben. Rülf erkannte seine Dringlichkeit und die Verantwortlichkeit seiner eigenen Generation, jeden Zeitverlust zu verhindern. Ihre Aufgabe sei, die Fundamente zu diesem Werke zu legen. Angesichts der harrenden Millionen spornte er die jüdischen Organisationen an, durch die Kolonisation die *prima possessio apprehensa*, die erste Besitzergreifung des Landes zu vollziehen und dadurch den ersten Schritt auch der politischen Eroberung von Erez Israel zu machen. Damit legte er wohl als erster die Grundsätze des »synthetischen Zionismus«: »*Wiedergewinnung unseres Landes, Wiedervereinigung unseres Volkes, Wiederherstellung unseres Staates*.«[45]

Das »ernste Wort an Glaubens- und Nichtglaubensgenossen«, eine »radikale Lösung« für die Not der Juden zu finden, verhallte in der saturierten Atmosphäre der deutschen Juden und ihrer Furcht, die Errungenschaften der Emanzipation einzubüßen. Ludwig Philippsohn, Redakteur der »Allgemeinen Zeitung für das Judentum«, kritisierte Rülfs negative Bewertung der Emanzipation als

---

43 Isaak Rülf, Aruchas Bas-Ammi, a.a.O., S. 88.
44 a.a.O., S. 88–89.
45 a.a.O., S. 92–94.

übertrieben. Er betonte seinen Glauben an den Fortschritt des Emanzipationsprozesses, trotz bestehender Vorurteile. Seines Erachtens sollte man auch nicht die Schärfe des Antisemitismus übertreiben.
Die Errichtung eines Judenstaates hielt er für undurchführbar; sie würde den Antisemiten Wasser auf die Mühlen gießen. Philippsohn berief sich auf Rülf, daß die Westjuden nicht nach Palästina gehen würden und stellte verfängliche Fragen:

> »Meint nun der Verfasser wirklich, daß mit 1½ Millionen polnisch-russischen Juden ein Nationalstaat in Palästina aufzurichten sei? Glaubt er, daß auf dem Boden des Schulchan Aruch, auf welchem diese in ihrer größten Mehrzahl stehen, ein Staat im modernen Sinne möglich ist und würde nicht um dieses Gesetzbuch und seine Geltung sofort der heftigste Streit und die tiefgehendste Spaltung eintreten? ... Ja wenn wir in Palästina einen Nationalstaat hätten, dann würden jene Schreier uns erst recht Fremdlinge schimpfen und rufen: Treibet sie nach Palästina, wohin sie gehören.«[46]

Vergebens erwartete Pinsker, daß Rülf die jüdische Öffentlichkeit für die nationaljüdische Idee gewinnen würde. Rülf sah seine Aufgabe nicht in politisch-organisatorischer Arbeit:

> »Verehrter Freund, ob wir das, was wir erstreben, erleben werden ist mehr als zweifelhaft, aber den Gedanken angeregt und an dem schlummernden Volksbewußtsein mächtig gerüttelt zu haben, das soll uns keiner streitig machen und ich erkläre Dir nochmals, daß es mir um die Kolonisation Palästinas niemals zu tun gewesen, daß ich die Indifferenten nur habe aufrüttelen (sic!), den Strebenden habe ein Ziel und den durch Meinung und Neigung geschiedenen habe den Einigungspunkt zeigen wollen.«[47]

Rabbiner Rülf war einer der ersten, die Herzls Ruf folgten, der einzige von Lorjes Verein, der sich an den ersten Kongressen beteiligte, der die Brücke zwischen den schwachen, zagenden Schritten in Frankfurt/O. zum selbstsicheren Schritt in Basel schlug.

---

46 »Israels Heilung«, AZJ Nr. 41, 9. 10. 1883, S. 662–666; im selben Geiste schrieb das Jüdische Litteraturblatt, 1. 9. 1883.

47 Rülf an Pinsker, 16. 12. 1884, in: A. Drujanow, Ketawim letoldoth Chibath Zion Bd. I, a.a.O., S. 349–351.

Zur Geschichte des Vereins »Esra«

Die erste und verbreitetste Organisation in Deutschland, die zur Unterstützung jüdischer Flüchtlinge in Palästina entstand, war der Verein »Esra«. Über seine Gründung erzählt das Vereinsorgan »Esra Sammelbüchse für Palästina« vom 24. März 1884, daß Ende 1883 mehrere Herren in Berlin zusammentrafen, um einen Verein zur Verbreitung der Kenntnis jüdischer Geschichte und Literatur unter den Juden zu gründen. Auf diese Initiative hin wurden einige Versammlungen abgehalten, »an denen sich viele jugendkräftige Männer und Jünglinge beteiligten«. Die Teilnehmer dieser Versammlungen nahmen auch lebhaften Anteil am gegenwärtigen Schicksal des jüdischen Volkes:

> »Ganz besonders erweckten jene Juden das Mitgefühl, welche, um barbarischen Verfolgungen zu entgehen, ihre Wohnsitze verlassen hatten und nach dem Lande ausgewandert waren, aus welchem unsere Vorfahren nach heldenmütigen, blutigen Kämpfen vor fast 2000 Jahren vertrieben worden waren. Sie wollten den heiligen Boden ihrer Väter kultivieren und sich im Schweiße ihres Angesichts als Ackerbauer ernähren. Für diese Märtyrer wurde in Rußland viel getan, während man in Deutschland allzu sehr auf die ablehnenden Worte der klugen Zweifler hörte, eigentlich sogar für jene Bestrebungen gar keinen Sinn offenbarte und kaum ahnte, daß für diese Idee auch bei uns ein Boden vorhanden sei.«

Nach einer dieser Versammlungen begaben sich zufällig sieben Herren ins Café Bauer Unter den Linden und sprachen dort von den notleidenden Kolonisten und der Gefahr, die ihnen von der englischen Mission drohe. Sie waren der Ansicht, daß es zwar schwer wäre, die »Finanzgrößen in Israel« zu gewinnen, daß man aber »die breiten Massen des jüdischen Bürgertums« veranlassen könnte, »die mutigen Vorkämpfer in Palästina« zu unterstützen. Es wurde eine »Pfennigsammlung« vorgeschlagen, und sofort begann einer der Anwesenden Kupfermünzen einzukassieren. Als sie das Café verließen, beschlossen sie, »einen großen, sich wenigstens über Deutschland erstreckenden Verein zu gründen«. So gründeten die Herren Behrmann, J. Cohn, Dr. Hirschfeld, Garfunkel, Norwitzky, Turoff und Weinreich am 26. Januar 1884 den Verein »Esra, Sammelbüchse für Palästina«. Der Mitgliedsbeitrag war sehr niedrig, 50 Pfennig jährlich. Aber die Mitglieder verpflichteten sich, bei jeder Gelegenheit für den Verein zu sammeln. Wer 10 neue Mitglieder für den Verein warb, erhielt den Titel »Gabbe« (hebr. für Kassierer) und wer ihm 100 Mitglieder zuführte, den Titel »Obergabbe« oder »Oberbüchsengabbe«. Der Verein hatte auch Auszeichnungen zu vergeben. Dem »Gabbe« wurde ein silberner Magen-David verliehen, dem »Obergabbe« ein goldener. Rückblickend war der anonyme Chronist des »Esra« der Meinung, daß der Mißerfolg des Vereins in den ersten Jahren »diesen der damals sehr in Schwung gewesenen Reichsfechtschule abgesehenen, bei uns Juden aber völlig deplacierten Mätzchen zuzuschreiben sei.[48]

Durch eifrige Agitation in Wort und Schrift brachte es »Esra« zwar auf 2000 Mitglieder, aber seine Einnahmen beliefen sich nur auf 1331 Mark, und im folgenden Jahr nur auf 887 Mark.[49] Infolgedessen legten einige Mitglieder des Zentralkomitees, darunter seine beiden Präsidenten, ihre Ämter nieder, und der Verein löste sich fast auf. Der Strom der jüdischen Auswanderer veranlaßte jedoch den Rest der Komiteeleute, den »Esra« weiterzuführen, um wenigstens einen Teil von ihnen nach Erez Israel zu lenken. 1886 hatte sich der Verein wieder erholt. Er hatte Mitglieder oder Zweigvereine an 80 Orten und seine Einnahmen stiegen wieder auf 1496 Mark. In diesem Jahr gründete Isaak Turoff das Berliner Komitee, das als Modell für das ganze Reich gelten sollte. Man wollte in jeder zentralen Gemeinde ein »Lokalkomitee« errichten, um weitere Zweigvereine in der Provinz zu organisieren. Jedes Lokalkomitee war als autonomes Glied einer Kette von Lokalkomitees gedacht und sollte sämtliche Gemeinden umfassen. Drei solche Lokalkomitees entstanden im Jahr 1886: in Berlin, in Hamburg und in Kattowitz. 1888 kamen Komitees in Inowratzlaw und Thorn hinzu; 1899 gab es auch Komitees in Frankfurt/M., Breslau, Karlsruhe, München und Hanau; schließlich im Jahre 1907 auch in Chemnitz, Dresden, Essen und Hannover.[50] In Gemeinden, in denen noch keine Lokalkomitees ernannt werden konnten, ernannte man Repräsentanten.[51]

Im Lokalkomitee Berlin, das die Arbeit für ganz Deutschland leitete, zeichnete sich der junge, organisationstüchtige Willy Bambus aus, der von der Reformbewegung zu den Chowewe-Zion kam. Als die Generalversammlung des »Esra« 1891 beschloß, einen besoldeten Sekretär anzustellen, wurde Bambus für diesen Posten bestimmt. Das Komitee, von dieser Versammlung gewählt, blieb 10 Jahre im Amt. »Esra« wurde faktisch durch eine Notabelnleitung geführt, die formell auf dürftig besuchten Generalversammlungen bestätigt wurde.

Die eigentliche Bedeutung des »Esra« lag aber nicht in der Geldsammlung, sondern in der Propaganda, die er für die Kolonisation von Erez Israel

---

48 Das Zitat aus »Esra, Sammelbüchse für Palästina« ist einem anonymen Manuskript entnommen, das wahrscheinlich im Jahre 1909 verfaßt wurde. Nach verschiedenen Anzeichen ist es möglich, daß der Verfasser Isaak Turoff ist, einer der Mitgründer des »Esra« und der Sekretär in den ersten Jahren. CZA A12/21. Ein Teil dieses Manuskripts, der keine Angriffe auf die zionistische Organisation enthält, wurde als besondere Broschüre veröffentlicht: Festschrift zum fünfundzwanzigsten Jubiläum des »Esra«, Verein zur Unterstützung von ackerbautreibenden Juden in Palästina und Syrien, nebst Bericht für die Jahre 1906, 1907, 1908, 1909, Wittenberg o. J. (1909).

49 Diese Summe gibt das Manuskript zur Geschichte des »Esra« an; nach der Festschrift waren es 895 Mark. Auch die anderen Summen in beiden Schriften sind nicht identisch, doch die Differenzen sind nicht bedeutend.

50 Festschrift, a.a.O., S. 7.

51 Serubabel, 3. Jg., Nr. 3, 2. 3. 1888, S. 23.

entfaltete. Der indirekte Erfolg lag im erzieherischen Einfluß, den der Verein auf seine Mitglieder ausübte.[52]

Ungleich früheren Versuchen gelang es »Esra« eine verzweigte und dauerhafte Organisation zu schaffen.[53] »Esra« rechnete es als sein Verdienst an, die ICA für die Unterstützung der Kolonien Rechowoth, Ness Ziona und Mischmar Hajarden und die Reorganisation der von Baron Edmond de Rothschild geleiteten Kolonien gewonnen zu haben. Auf »Esras« Initiative trafen sich ferner 1894 in Paris die Kolonisationsvereine verschiedener Länder und gründeten ein gemeinsames »Zentralkomitee der Chowewe-Zion«. Dieses »Zentralkomitee« bestand bis 1903. Die Führer des »Esra« betrachteten es nach dem 2. Zionistenkongreß als Gegengewicht zur Zionistischen Organisation.

Ein Manuskript, das anläßlich des 25. Jubiläums des »Esra« verfaßt wurde, geht auf den Konflikt mit den politischen Zionisten ein. Es beschuldigt die Zionistische Organisation, und vor allem Herzl und Mitglieder des Aktionskomitees, die Pläne der Chowewe-Zion nicht durchgeführt, seine Auflösung und den Abstieg des »Esra« verursacht zu haben:

> »Eine Wolke, anfangs so klein ›wie die Handfläche eines Mannes‹, stieg am östlichen Horizont auf, wurde zusehends größer und verdüsterte rasch die Hoffnungssonne aller Palästinavereine. Eine große Anzahl Männer, über den langsamen Fortschritt der Kolonisationsbewegung ungeduldig geworden, traten unter der Führung Theodor Herzls in Basel zusammen, um den Schrei nach dem Judenstaat auszustoßen. Zwar erlitten sie schon auf dem ersten Congresse von den gleichfalls in großen Scharen herbeigeeilten Chowewe-Zion eine schwere Niederlage, und der talentvolle Führer der Zionisten mußte, um das Prestige zu wahren, einen Schritt zurückweichen, und statt einer *völkerrechtlich* gesicherten Heimstätte in Palästina nur eine *öffentlich rechtlich* gesicherte fordern. Auch auf den folgenden Congressen erlitten die Gegner jeder Gegenwartsarbeit in Palästina unter Führung Herzls eine Niederlage nach der andern ...
>
> Gegenwärtig, da die Zionisten selbst schon jede Hoffnung auf diplomatische Erfolge aufgegeben und sich wieder der practischen Kleinarbeit in Palästina zugewendet haben, vermag niemand den wütenden Kampf, den die Herzlisten noch vor 7 Jahren gegen die Colonisationsvereine führten, irgendwie zu begreifen. Dennoch wurde eine furchtbare Hetze gegen diese Vereine

---

52 Der Verfasser des Manuskriptes gab zu, daß mit den 14756 Mark, die in 8 Jahren gesammelt wurden, nichts Großes geleistet werden konnte. Daher beschloß die Leitung, das Geld nicht an viele Kolonien zu verteilen, sondern von Mal zu Mal einer Kolonie eine größere Summe zukommen zu lassen. Von 9675 Mark, die 1884–1891 gesammelt wurden, bekamen, nach Abzug der Unkosten, Jesud Hama'ala 5100 Mark, Petach Tikva 2200 Mark und Mischmar Hajarden 1627 Mark. In den folgenden Jahren wuchsen die Einnahmen des »Esra« bis zu 18000 Mark im Jahre 1907. Die Gesamteinnahme des »Esra« in den Jahren 1884–1908 belief sich auf 228230 Mark. Festschrift, a.a.O., S. 9.

53 1909 hatte »Esra« 256 Zweigvereine. 5 von ihnen – Berlin, Breslau, Frankfurt/M., Posen und München – hatten über 100 Mitglieder. In 118 war die Mitgliederzahl zwischen 10 und 100, in 133 zwischen 2 und 10. An 83 Orten gab es nur ein Mitglied. Festschrift, a.a.O., S. 10ff.

veranstaltet und es ist den Herzlisten gelungen, die breiten Massen, wenn auch nicht für den Zionismus zu gewinnen, so doch den Chowewe-Zion abspenstig zu machen.«[54]

In der Propagierung des Wiederaufbaus Erez Israels stützte sich »Esra« auf die zionistischen Zeitschriften »Serubabel«, »Jüdische Volkszeitung« (früher »Selbstemancipation«), »Zion« und Broschüren, die das Kolonisationswerk dem deutschen Leser näherbrachten.[55] Wichtig waren besonders die Broschüren von Willy Bambus »Die jüdische Ackerbaukolonisation in Palästina und ihre Geschichte« und »Palästina, Land und Leute«. Sie beabsichtigten die neue Wirklichkeit, die sich in Erez Israel gestaltete, den deutschen Juden nahezubringen und die vorherrschende Ansicht zu widerlegen, das Land könne keinen beträchtlichen Beitrag zur Repatriierung der russischen Juden beisteuern. Die Leitung »Esras« hob den apolitischen Charakter ihres Vereins hervor, und die Zionisten, die an ihr Anteil nahmen, unterschieden sorgfältig zwischen dieser Aktivität und ihren nationaljüdischen Anschauungen. Aus diesem Grunde vielleicht veröffentlichte Isaak Turoff die Broschüre »Wo hinaus« unter einem Pseudonym.[56]

Bambus machte in dem von ihm redigierten »Zion« keinen Hehl aus seiner zionistischen Einstellung[57], unterschrieb aber gleichzeitig mit zwei anderen zionistischen Mitgliedern der »Esra«-Leitung eine Bekanntmachung des Vorsitzenden, Moritz Dorn, der »Esra« sei weder nicht-zionistisch, noch antizionistisch, noch politisch, sondern eine philanthropische Organisation zur Unterstützung der Kolonien in Erez Israel.[58] Nach Bodenheimers Ansicht stellte Bambus nur nach außen hin die Kleinkolonisation in den Vordergrund, war

54 Aus dem Manuskript »Zur Geschichte des Vereins ›Esra‹«, a.a.O., Der Angriff auf den Zionismus ist in der Festschrift nicht enthalten.

55 Eine ausführliche Beschreibung des Palästina-Pavillons in der »Internationalen Gewerbeausstellung« in Berlin befindet sich im Manuskript der Memoiren von Heinrich Loewe, »Baderech Lezion« (hebr.), im Besitz seiner Tochter Fr. Hadassa Bergmann-Loewe, Ramath-Gan. Siehe ferner: L. Weinberg, Aus der Frühzeit des Zionismus, Jerusalem 1946, S. 148; Yehuda Eloni, »Kairo bei Berlin, Eine Palästina-Ausstellung vor 80 Jahren«, Mitteilungsblatt, Wochenzeitung des Irgun Olej Merkas Europa, Nr. 47, 16. 12. 1977, S. 7.
Im folgenden eine Liste der Broschüren von Bambus über das jüdische Siedlungswerk in Erez Israel:
Willy Bambus, Die jüdische Ackerbaukolonisation in Palästina und ihre Geschichte, Berlin 1895.
Die jüdischen Dörfer in Palästina. Ihre Entstehung und Entwicklung bis auf die Gegenwart, Berlin 1896.
Herr Motzkin und die Wahrheit über die Kolonisation Palästinas, Berlin 1898.
Palästina, Land und Leute, Berlin 1898.
Industrielle Kolonisation in Palästina, Referat erstattet in der Konferenz der Palästina-Vereine zu Frankfurt/M., Berlin 1900.
Palästina der Gegenwart, Brünn o. D.

56 Paul Dimidow, Wo hinaus, Mahnwort an die westeuropäischen Juden, o. O., 1891.

57 Zion, Nr. 3, März 1898, S. 1–2.

58 Bericht der Generalversammlung des »Esra« vom 20. 3. 1898, Zion Nr. 3, März 1898, S. 28–29.

aber konspirativ bereit, für das Endziel – den Judenstaat – zu arbeiten.[59] Die zionistische Geschichtsschreibung mißt dem »Esra« nur marginale Bedeutung bei, oder würdigt ihn kaum eines Wortes. Adolf Boehm bezieht sich in der »Zionistischen Bewegung« auf einen »Berliner Verein«, der Arbeiterwohnungen mit Hilfswirtschaften in Petach Tikva und Kefar Saba errichtete.[60] Walter Laqueur in »A History of Zionism« schreibt über die Chowewe-Zion in Berlin, ohne ihren Namen zu nennen.[61] In der Beschreibung der Anfänge des deutschen Zionismus definiert Richard Lichtheim den »Esra« als »westlichen Ausläufer« der Chowewe-Zion, »ein kleiner Verein, der in ... 25 Jahren nur 115000 Mark zur Unterstützung der jüdischen Kolonisation Palästinas aufbrachte und dann infolge der Ausbreitung der Zionistischen Organisation völlig bedeutungslos wurde.«[62] Einerseits, meint Lichtheim, fehlte es diesem kleinen Kreis, der sich um den »Serubabel« gruppierte, »an einer durchdachten Auffassung der Judenfrage«, andererseits scheute er sich, vor der deutschen Öffentlichkeit mit einem jüdisch-politischen Programm aufzutreten.[63] Diese Behauptung ist zum Teil unzutreffend. Ein Leitartikel des »Serubabel«, der dem fünfjährigen Bestehen der Wiener zionistischen Studentenverbindung »Kadima« gewidmet ist, behandelt die Judenfrage und ihre Lösung. Er basiert auf den Grundsätzen der »Autoemanzipation« und folgert, daß die Judenfrage nur auf radikalem Wege, durch die Wiederherstellung der jüdischen Souveränität in Palästina, gelöst werden könne und daß jeder Kompromiß sinnlos sei.[64] Allerdings trifft es zu, daß »Esra« als *Verein* sich mit keinem politischen Programm identifizierte, aus Furcht, seine nichtzionistischen Spender einzubüßen.

Dennoch ist nicht zu leugnen, daß die Arbeit der deutschen Chowewe-Zion in vielen Gemeinden, lange vor Erscheinen des politischen Zionismus, die Gründung von zionistischen Ortsgruppen erleichterte. Sie waren in gewissem Sinn ihre Wegbereiter. Ihre Geringschätzung durch Lichtheim ist daher als nachträgliches Sediment der Fehde zwischen Herzl und Bambus, dem politischen Zionismus und den Anhängern der »Kleinkolonisation« zu verstehen. Denn als später der »praktische Zionismus« in Deutschland Oberhand gewann, scheuten

---

59 M. Bodenheimer, So wurde Israel, a.a.O., S. 75. Einer ähnlichen Taktik bediente sich Bodenheimer selbst im »Verein zur Förderung jüdischer Ackerbauer in Syrien und Palästina«.

60 Adolf Boehm, Die zionistische Bewegung, Berlin 1935, S. 99, 411, 425; vgl. Protokoll der Sitzung des Central-Comités des Esra, 5. 1. 1907, CZA A 12/21. Die Sitzung behandelte die Ansiedlung von vier Arbeitern in den Siedlungen Petach Tikwa, Kefar Saba und Jehudija.

61 Walter Laqueur, A History of Zionism, London 1971, S. 80.

62 Richard Lichtheim, Geschichte des Deutschen Zionismus, a.a.O., S. 101.

63 a.a.O., S. 103.

64 Dr. Burg, »Zur fünfjährigen Gründungsfeier des akademischen Vereins ›Kadimah‹ in Wien«, Serubabel Nr. 5, 1. 5. 1888, S. 33–35.

sich prominente Zionisten, wie etwa Hans Gideon Heyman und Otto Warburg, nicht, Mitglieder der »Esra«-Leitung zu sein und dessen Beteiligung an zionistischen Projekten zu beantragen.[65]

»Wohin mit den russischen Juden?«

Der Umfang und die Intensität der Kolonisation in Palästina in den 80er Jahren entsprachen nicht im geringsten den immer dringender werdenden Bedürfnissen der russischen Emigranten. Geldmangel und organisatorische Fehlschläge der Chowewe-Zion, Hindernisse, die die ottomanische Regierung in den Weg legte, verursachten bittere Enttäuschung. Die Kritik ließ nicht auf sich warten. Der Publizist Ascher Ginsberg (Achad Haam) veröffentlichte 1889 zwei Artikel, in denen er die Mißerfolge der Qualität der Siedler und ihren Zielen zuschrieb. Sie seien ausgezogen, um den »hungrigen Magen zu stillen ... sich satt zu essen und ein behagliches Leben zu führen«, ohne Bereitschaft, mit den Schwierigkeiten für das Gesamtinteresse zu ringen.[66] Für Achad Haam war das moralische Niveau der neuen Gemeinschaft in Erez Israel das entscheidende. Er lehnte kategorisch jedes Vorhaben ab, hier das Problem der Massenemigration, das ihrem Wesen nach quantitativ war, zu lösen. Demgegenüber behaupteten andere, daß eine planmäßige, systematische Kolonisation in Erez Israel dem ewigen Wandern der Juden ein Ende setzen würde.
Im Jahre 1891 erschienen in Deutschland zwei Broschüren, die sich mit dem Schicksal der russischen Juden befaßten: »Wo hinaus« von Paul Dimidow – ein Pseudonym des »Esra«-Sekretärs Isaak Turoff – und »Wohin mit den russischen Juden«, deren Verfasser der junge Rechtsanwalt Max Isidor Bodenheimer aus Köln war. Beide schrieben unter dem Eindruck der sich verschärfenden Maßnahmen, mit denen das russische Regime nach 1890 gegen die Juden vorging, und die über 100000 Auswanderer jährlich über die deutsche Grenze trieben.[67] Dimidow-Turoff warnte vor der Auswanderung nach Amerika. Auch dort seien die Juden unerwünscht.

---

65 Der Antrag Otto Warburgs, daß »Esra« sich an der Finanzierung der Zeitschrift »Altneuland« beteilige, wurde vom Zentralkomitee nicht angenommen, doch es beschloß, 250 Exemplare zu abonnieren. 1910 besprach das Zentralkomitee des »Esra« einen Antrag A. Ruppins, der die Errichtung von Arbeiterwohnungen in Petach Tikva betraf. CZA A12/21. Von der Zusammenarbeit von »Esra« und dem Palästina-Komitee der Zionistischen Organisation zeugen auch Verhandlungen Warburgs mit »Esra« über die finanzielle Unterstützung der landwirtschaftlichen Versuchsstation in Palästina, CZA 12/21, und der Bericht des Palästina-Komitees von November 1910. CZA Z2/409.

66 Achad-Haam, Lo seh haderech, (hebr.), gesammelte Schriften, a.a.O., S. 11–16; Emeth me'Erez Israel, (hebr.) ebd. S. 23–30.

67 S. Dubnow, Divrei am olam, (hebr.) Vol. X, Tel Aviv 1950, S. 117.

»Der Antisemitismus, von dem noch vor einem Decennium sich im freien Amerika noch keine Spur fand, ist mit den russischen Juden zugleich in die Vereinigten Staaten von Nordamerika eingewandert. Man wählt dort seitdem keinen jüdischen Richter mehr, und das Gesetz gegen die Einwanderung des Paupers ist speciell auf die Juden gemünzt. Man will eben dort keine Juden mehr haben, und wir täten gut, wenn wir diese zarten Winke rechtzeitig beherzigen wollten. Es könnte sonst leicht passieren, daß die russischen Juden, welche vor der Wut des russischen Pöbels sich nach Nordamerika geflüchtet hatten, in ihrer neuen Heimat mit den Fäusten des amerikanischen Pöbels Bekanntschaft machen.« Dies sei nicht unwahrscheinlich, »da der Yankee mit ungebetenen Gästen noch weniger rücksichtsvoll, ja vielleicht noch viel barbarischer umspringt als selbst der brutale Moskowiter.«[68]

Juden in Länder anzusiedeln, wo sie im voraus als Fremde gelten, »wäre leichtsinniger Optimismus«. Das einzige Land, in dem sie nicht als Fremde betrachtet werden, ist ihre historische Heimat. Durch eine methodisch geleitete Einwanderung, durch die im Laufe eines Vierteljahrhunderts »leicht« eine Million Juden angesiedelt werden könnten, würden sie zu einer überwiegenden Majorität der Bevölkerung werden. Die Erfahrung der neuen Kolonisation deute auf Erfolgsmöglichkeiten eines großangelegten Planes hin. Dimidow war es klar, daß die jüdische Majorität auch einen politischen Status erhalten würde. Welcher Art, ließ er dahingestellt. Er spricht jedoch von dem »›Reich Israel‹, das sich dort etablieren würde.«[69] Der Verfasser gibt keine genauere Definition dieses Begriffes. Er wollte sich nicht mit in weiter Ferne liegenden Endzielen befassen, die ihn in unnötige Diskussionen mit »philiströsen Köpfen« verwickeln könnten. Er erstrebte, »daß jeder Jude, gleichviel welcher religiösen Richtung er sonst im Leben huldigt, zum ›Zionsfreund‹ wird, daß er nach Maßgabe seiner Kräfte zur Erreichung des glorreichen Zieles beiträgt.«[70]

Die »Allgemeine Zeitung des Judentums« brachte eine positive Rezension der Broschüre, die allerdings von Willy Bambus' Feder stammte. Er wies die Behauptung zurück, daß im Falle eines Zusammenbruchs des türkischen Reiches Palästina in die russische Einflußsphäre kommen würde. Englands Herrschaft in Ägypten würde dies verhindern[71].

Der Rezensent des »Jüdischen Litteraturblattes« war skeptisch. Obwohl er das fachmännische Wissen lobte, das Dimidows Aufsatz zugrundelag, konnte dieses ihn nicht von der Aufnahmefähigkeit Erez Israels überzeugen. Trotzdem hielt er Ansiedlung auf kapitalistischer oder genossenschaftlicher Basis nicht für ausgeschlossen. Was aber die Judenfrage betraf, stimmte er Dimidow nicht bei, daß diese weder religiösen, noch nationalen, sondern gesellschaftlichen Wesens

---

68 Paul Dimidow, Wo hinaus? Mahnwort an die westeuropäischen Juden, a.a.O., S. 8.
69 a.a.O., S. 12.
70 a.a.O., S. 77.
71 W. Bambus, »Wo hinaus«, AZJ Nr. 31, 31. 7. 1891, S. 361.

sei. Er lehnte auch als übertrieben dessen pessimistische Prognose ab, daß die deutschen Juden binnen kurzem vor ähnlichen Verfolgungen wie in Rußland ständen[72].
In der Diskussion um die Ansiedlung der russischen Juden in Palästina deuten sich schon zu dieser Zeit einige der Einstellungen des »liberalen« Judentums an. Liberale Juden waren bereit, aus jüdischer Solidarität die Kolonisation in Palästina als humanitäres Werk zu fördern, wünschten jedoch, daß ihre Hilfe nicht zu sehr auffiele. Auf diese Tendenz weist die Warnung des Redakteurs des »Israelitischen Wochenblattes« hin. Er machte seine Leser auf eine Zeitungsnotiz aufmerksam, derzufolge die deutschen Juden über eine halbe Million Mark zu Wohltätigkeitszwecken gesammelt hätten. Dies »dient den deutschen Judenfeinden nicht als Zeugnis unseres Opfermutes, sondern eines neiderweckenden Reichtums«.[73] Auf keinen Fall wollten sie den Anschein erwecken, als entspränge ihre Hilfsbereitschaft jüdisch-nationalen Beweggründen.
Da Bodenheimer diese Kreise für seine Pläne zu gewinnen suchte, vermied er es, seine Pläne mit nationalen Argumenten zu untermauern. Er wandte sich an ihr Solidaritätsgefühl und versuchte, vordringlich die Möglichkeiten der Realisierung zu beweisen.[74] Er bemühte sich, nicht immer mit Erfolg, einen trockenen, sachlichen Ton zu bewahren. Dennoch ist der letzte Teil der Broschüre »Wohin mit den russischen Juden« ein warmherziger Appell an die »mit Glücksgütern gesegneten Glaubensgenossen«, ihren Brüdern im Osten in der Stunde eines »elementaren Unglücks« beizustehen.
Bodenheimer sah in der historischen Bindung des jüdischen Volkes an Erez Israel einen der wichtigsten Faktoren, der den Erfolg der Wiederansiedlung verbürge. Er behauptete auf Grund statistischer Daten, daß die geographischen und demographischen Gegebenheiten von Palästina und Syrien die Einwanderung von Millionen ermöglichten.[75] Der Mann, nach dessen Richtlinien der organisatorische Rahmen der »Zionistischen Vereinigung für Deutschland« und der Zionistischen Weltorganisation, der zionistischen Bank und des »Jüdischen Nationalfonds« geformt wurden, glaubte, daß *eine straffe Organisation* in gewissem Maße die Aufgabe »eines genialen Führers« erfullen könne. Daher arbeitete er die politischen und organisatorischen Komponenten seines Planes bis in die Einzelheiten aus, um selbst Skeptiker von seiner Realisierbarkeit zu

72 H. L., »Recension von P. Dimidow, Wo hinaus«, Jüdisches Literaturblatt Nr. 39, 24. 9. 1891, S. 153f.
73 B. R. (Berhard Rahmer), »Eine Gefahr«, Israelitisches Wochenblatt Nr. 32, 6. 8. 1891, S. 245f.
74 Max Bodenheimer in ›Warum gingen wir zum ersten Zionistenkongreß‹, hrsg. von der Berliner Zionistischen Organisation, Berlin 1922, S. 24.
75 Max I. Bodenheimer, Wohin mit den russischen Juden, Syrien ein Zufluchtsort der russischen Juden, Hamburg o.J. (1891), S. 6–15.

überzeugen. Es handelt sich bei ihm nicht, wie bei den Chowewe-Zion, um die Gründung einer Reihe von Kolonien, sondern um ein großangelegtes Projekt vom Ausmaß eines englischen Kolonisationsunternehmens in Afrika oder Asien, verbunden mit dem Bau von neuen Eisenbahnlinien und Häfen. Die Basis für die Durchführung sollte ein Vertrag mit der türkischen Regierung sein, die der jüdischen Kolonialgesellschaft die nötigen Konzessionen erteilt und den Kolonialgemeinden das Recht eigener Besteuerung und autonomer Jurisdiktion zuspricht. Hebräisch wird neben Türkisch als offizielle Sprache anerkannt werden.
Das jüdische Siedlungsprojekt, schätzte Bodenheimer, werde die türkische Wirtschaft stärken und ihr Exportpotential vergrößern. Er versprach der Türkei auch die Stärkung ihrer militärischen Macht, hauptsächlich zur See. Wohl etwas naiv, bevor noch das erste Schiff unter jüdischer Flagge segelte, versicherte er dem Sultan,

> »daß die Colonialgesellschaft der Hohen Pforte als Entgelt für die Überlassung des im Besitz der türkischen Regierung befindlichen anbaufähigen Landes, die zum Transport der Colonisten dienenden Schiffe in einem Kriegsfalle zur Verfügung stellen würde.«[76]

Die militärische Rolle, die der jüdische Staat spielen würde, beschäftigte Bodenheimer noch im Jahre 1904, solange die Hoffnung auf den türkischen »Charter« nicht verloren war. In einem Memorandum an Herzl schrieb er unter anderem:

> »Es wird dem Sultan einleuchten, daß es eine wesentliche Stärkung der militärischen Macht bedeuten würde, wenn seine Marine sich darauf beschränken könnte, der russischen und bulgarischen Flotte im Schwarzen Meer entgegenzutreten. Diese Möglichkeit wäre gegeben, wenn im Falle einer Besiedlung des Küstenstrichs von Syrien und Palästina durch einige Millionen Juden dieses Gemeinwesen die Verpflichtung unternehmen würde, eine Flotte zu schaffen, die im Falle eines Angriffskrieges gegen die Türkei eingreifen könnte.«[77]

Die Erwägungen, die diesem Plane zugrunde lagen, waren weitreichend und ließen sich in die Tendenz der deutschen Außenpolitik fügen. Aber auch andere europäische Staaten würden von der Ansiedlung der Juden in Palästina profitieren. Sie würden der Überschwemmung durch jüdische Flüchtlinge entgehen und einen neuen Absatzmarkt für ihre Industrieprodukte finden. Diese Vorteile müßten die Staaten bewegen, das jüdische Siedlungsprojekt zu fördern. So sehr die nationalen und politischen Elemente getarnt waren, konnten sie doch nicht ganz verborgen bleiben. Rückblickend schrieb Bodenheimer: »Ich hatte wohl die Gefahr erkannt, welche in der Proklamation des nationaljüdi-

---

76 a.a.O., S. 19.
77 Max Bodenheimer, Politik des Zionismus, Köln 12. 4. 1904, CZA A 15/I/4.

schen Gedankens liegen könnte und kleidete daher meine Vorschläge in das Gewand eines großen wirtschaftlich-philanthropischen Unternehmens. Das Nationale schimmerte gewissermaßen nur zwischen den Zeilen durch.«[78] Leo Motzkin, ein führendes Mitglied der zionistischen Studentenverbindung »Russisch-jüdisch-wissenschaftlicher Verein« in Berlin, äußerte sich über Bodenheimers Plan in der »Selbstemancipation« und meinte, der Verfasser sei, ohne daß er es direkt ausspreche, national. »Sein Nationaljudentum schwebt zwischen den Zeilen, ist an der Liebe zum jüdischen Volke erkennbar.« Vom Gesichtspunkte eines deutschen Juden, der seine Brüder in Rußland befreien will, hätte er gut getan, die europäischen Juden zu ermahnen, daß sie zu mehr verpflichtet seien als ihren Brüdern aus dem Osten eine Schiffskarte nach Amerika in die Hand zu drücken. Er lobte die Präzision seines Planes, dessen Verwirklichung nicht nur eine Lebensfrage für die russischen Juden, sondern für die Juden der ganzen Welt sei. Trotzdem fürchtete er, daß der Plan sogar bei Zionisten auf Skepsis stoßen werde. Ob die Ursache der Skepsis an seinem Umfang oder seinem Charakter liege, machte er nicht klar. Scheinbar war selbst im zionistischen Lager der Boden für Pläne derartigen Ausmaßes noch nicht vorbereitet.[79]

> »Wenn erst eine allgemeine Volksbewegung alle Juden erfassen wird, dann wird sich auch in Israel ein Genie finden, welches die historische Wende einsehen wird ...«[80]

Meinungen anderer Art brachte die »Allgemeine Zeitung des Judentums«. Dr. H. L. begrüßte die »gründliche, auf nationalökonomischer Grundlage aufgebaute Arbeit«, die sich von anderen phantastischen Vorschlägen zum Guten unterscheide. Er stimmte mit Bodenheimer bezüglich der günstigen Vorbedingungen überein, zweifelte aber an der Sympathie, die die einheimische Bevölkerung jüdischer Kolonisation entgegenbringen würde.[81] Bernhard Traubenberg bewies demgegenüber die Unmöglichkeit einer jüdischen Massensiedlung wegen zu großer Bevölkerung und Bodenmangel. Venezuela oder Anatolien würden sich möglicherweise eher zu diesem Zweck eignen.[82] Die Redaktion hatte zunächst nicht in die Diskussion eingegriffen. Erst nachdem Bodenheimer die Einwendungen seiner Rezensenten widerlegte[83], bemerkte sie:

> »Dem Grundsatz der Unparteilichkeit treu, öffnen wir auch einem Gegner unserer Anschauungen gern die Spalten der Allgemeinen Zeitung des Judentums, obwohl wir gestehen, daß uns auch diese Ausführungen unseres

---

78 Bodenheimer an Prof. H. Schapira, 23. Juni 1897, Toldoth Tochnith Basel (hebr.), hrsg. Henriette Hanna Bodenheimer, Jerusalem 1947, S. XVIII–XX.
79 L. M. (Leo Motzkin), »Wohin mit den russischen Juden«, Selbstemancipation Nr. 16, 18. 8. 1891, S. 1–2.
80 ebd.
81 Dr. H. L., »Wohin mit den russischen Juden«, AZJ Nr. 30, 24. 7. 1891, S. 350.
82 B. Traubenberg, »Wohin?« AZJ Nr. 36, 4. 9. 1891, S. 421f.
83 Max J. Bodenheimer, »Bange machen gilt nicht«, AZJ Nr. 41, 9. 10. 1891, S. 483–484.

geschätzten Mitarbeiters *nicht* in der Überzeugung zu beirren vermochten, daß Palästina und überhaupt der Orient nicht für die Kolonisation der russischen Juden geeignet sind.«[84]

Obwohl keine der einflußreichen jüdischen Zeitungen Bodenheimers Ideen unterstützte, fand seine Broschüre ein beträchtliches Echo. Sie erschien in 55000 Exemplaren, die auch außerhalb Deutschlands Verbreitung fanden und einen verzweigten Briefwechsel zwischen dem Verfasser und seinen Lesern anregten.[85] So kam er in Verbindung mit den wenigen Menschen in Deutschland und im Ausland, die gleiche Ideen hegten und mit ihm die zionistische Bewegung in Deutschland gründeten.[86] Wie ernst diese Ideen in Osteuropa genommen wurden, zeigt ein Brief an Bodenheimer aus dem galizischen Städtchen Rudnik. Sechs Juden erklärten sich bereit, nach Erez Israel zu gehen und baten ihn um genauere Information über Fahrt und Ansiedlung.[87]
Bodenheimers Jugend und seine Beziehung zum Judentum unterschieden sich nicht sonderlich von der anderer Söhne des jüdischen Kleinbürgertums. Er stammte aus einer jüdisch-traditionellen Familie in Stuttgart. Im Gymnasium und an der Universität eignete er sich die deutsche Kultur an, entfernte sich indes vom jüdischen Leben und versuchte – soweit dies möglich war – in die deutsche Gesellschaft aufgenommen zu werden. Der Eindruck, den die zerlumpten und verhungerten jüdischen Flüchtlinge, die durch Stuttgart kamen, auf den 16jährigen Jüngling machten, war bald durch das fröhliche, anregende Studentenleben verdrängt.[88] Oft genug jedoch stieß der junge Student auf antisemitische Anfeindungen, die ihn auf den Gedanken brachten, »das Judentum abzuwerfen und ein Asyl vor dem Judenhaß in einer neuen Umgebung zu finden, in der man meine Herkunft nicht kannte.«[89] Die zionistische »Erleuchtung« überkam ihn mit einer Plötzlichkeit, die sein ganzes Wesen erschütterte. Er schrieb sie einer Komplexität von Ursachen zu: antisemitischen Anrempelungen, der Zwecklosigkeit der Assimilation und nicht zuletzt seinem Ehrgefühl, das sich gegen die Flucht aus der Gemeinschaft, in die er hineingeboren war, sträubte.[90] Auf jeden Fall hatte diese Wandlung nichts mit Religion zu tun,

---

84 ebd.
85 CZA A15/II/4. Unter denen, die Bodenheimers Schrift begrüßten, war J. L. Pinsker; Max Bodenheimer, »So wurde Israel«, a.a.O., S. 55.
86 ebd.
87 CZA A15/II/4; Über Bodenheimers Broschüre und die Diskussion, die sie anregte; siehe die Ausführungen von Henriette Hanna Bodenheimer: »Jehude Russia – lean? Teschuwath M. J. Bodenheimer: Suria kemekom Miflath lejehude Russia«, (hebr.) Hauma 1972, S. 92–98.
88 Max Bodenheimer, So wurde Israel, a.a.O., S. 21–43.
89 a.a.O., S. 44.
90 Vergleiche diese Beschreibung mit den Erinnerungen von Arthur Ruppin über den Antisemitismus, dem er während seines Referendardienstes in einer sächsischen Kleinstadt begegnete. Arthur Ruppin, Pirkej Chajaj, Vol. I (hebr.), Tel Aviv 1944, S. 182–184.

da er nach wie vor Atheist war.[91] Bodenheimer fällte die persönliche Entscheidung für die nationale und politische Lösung der Judenfrage ohne jeglichen Kontakt mit der jüdischen Gemeinschaft und ohne von den Denkern zu wissen, die ihm auf diesem Gebiet vorausgingen.[92] Eigentlich sollte die Ablehnung der Assimilation im Zeitalter des Nationalismus nicht verwundern. Betätigte sich doch ein ansehnlicher Teil der europäischen Intelligentsia in den Bewegungen, die nach nationaler Einigung, nationaler Befreiung und der Rückkehr zu den Quellen nationaler Kultur strebten. Für Bodenheimer – wie für andere – war die Entscheidung für das Judentum eine Revolution, die seinem Leben neuen Halt und zentralen Inhalt gab. Er fühlte eine Berufung, der er 1891 in dem Gedicht »Vision« Ausdruck gab, das in einem etwas übertrieben-prophetischen Pathos gehalten ist. Als Steuermann sah er sich berufen, das Schiff seines Volkes vor Untergang zu retten:

»Ich aber schritt zum Steuerrad,
griff in die knarrenden Speichen
und wandte das Schiff nach der Richtung von Zion.
Und ich erhob meine Stimme,
die durch das Schiff hallte wie lauter Donner:
Erhebet euch, ihr Schläfer, wacht auf, ihr Träumer,
reget eure Arme, richtet die Segel nach dem Lande der Freiheit!
Wir fahren nach Zion, dem Land unserer Väter,
unserem erblichen Besitz!«[93]

Dieser Ausbruch der Gefühle in Bodenheimers Schriften ist ungewöhnlich und spiegelt seinen Gemütszustand zu Anfang seiner nationaljüdischen Tätigkeit wider. Im selben Jahre veröffentlichte er einige Aufsätze in der Hamburger »Menorah«, in denen er nachwies, daß die Juden Rußlands charakteristische Merkmale einer Nation besitzen, hauptsächlich wegen ihres nationalen Bewußtseins. Mit Anspielung auf die deutschen Juden betonte er, daß jüdisches Nationalbewußtsein nicht der Liebe der Juden zu ihrer gegenwärtigen Heimat widerspreche.[94] Der wichtigste dieser Aufsätze erschien anonym, angeregt durch den unerwarteten Widerhall, den die Broschüre »Wohin mit den russischen Juden« hervorrief.

---

91 Die negative Bewertung der Taufe als »Entréebillet« in die deutsche Gesellschaft war für viele der jungen Menschen charakteristisch, die zur zionistischen Bewegung fanden. Sie verurteilten vor allem die persönliche Unehrlichkeit, die mit dem Akt der Taufe verbunden war, die Fälschung der Beziehungen zu Juden wie zu Deutschen. Vgl.: Richard Lichtheim, Rückkehr, Stuttgart 1970, S. 46–51; Theodor Herzl, Tagebücher, Berlin 1922, Bd. I, S. 4–9.

92 Vergleiche den Weg Heinrich Loewes zum Zionismus: L. Weinberg, Aus der Frühzeit des Zionismus, a.a.O., S. 49–76.

93 Max Bodenheimer, So wurde Israel, a.a.O., S. 15.

94 Rabbi Mosche Jizchak, »Sind die russischen Juden eine Nation?«, Die Menorah Nr. 5, 27. 3. 1891, S. 63f.

Bodenheimer überschrieb ihn »Zionisten aller Länder vereinigt Euch!« Er kritisierte mit Schärfe den Separatismus und den Mangel an Wirkungskraft der Chowewe-Zionvereine, die trotz der guten Absichten zu bitteren Enttäuschungen geführt hatten. Er hob vor allem die Notwendigkeit einer straffen Organisation hervor. Es fehle »die mächtige Hand«, die die separaten Bestrebungen zu einem Ganzen, »zu einem zielbewußten praktischen Vorgehen« zusammenschließt. Da die politischen Bedingungen in Rußland die dortigen Zionsvereine hindere, die führende Rolle zu übernehmen, empfahl er, die Zentrale außerhalb Rußlands zu verlegen. An Stelle des notgedrungen »stillen Wirkens« sollten die Zionisten offen auftreten und durch intensive Propaganda die Juden der ganzen Welt für die Rettung der russischen Juden mobilisieren. Zu diesem Zweck schlug Bodenheimer die Vereinigung der Zionisten aller Länder in einer Weltorganisation vor, die seine Pläne durchführen sollte.[95] Schon hier vertrat er eine Anschauung, die später in der zionistischen Bewegung auf Widerstand stoßen sollte: Die Kooperation von Zionisten und Nichtzionisten beim Aufbau Erez Israels unter zionistischer Führung und Verantwortung.

Gleichzeitig versuchte Bodenheimer, die jüdischen Philanthropen für seine Ideen zu interessieren. Er wandte sich an Loeb, den Sekretär der »Alliance Israélite Universelle« in Deutschland, und an Erlanger, Mitglied des Zentralrats dieser Organisation und Berater des Baron Rothschild für philantropische Angelegenheiten. Sie wiesen jedoch seine Vorschläge als unpraktisch zurück, da Syrien und Palästina, im Gegensatz zu den Vereinigten Staaten, nicht die Massenemigration aus Rußland aufnehmen könne.[96]

Auch an den Baron Hirsch trat Bodenheimer heran. Er sandte ihm den »Provisorischen Entwurf für eine Kolonisation des Südlichen Galiläa oder der Bekaa«[97], für die Besiedlung des Litani- und des Jesreel-Tals.

Im Namen des Baron Hirsch dankte ihm sein Vertreter in Deutschland, Rechtsanwalt Plotke, für den Plan, fügte aber hinzu, daß der Baron nicht entschieden habe, »ob oder wie er sich dieses zu bedienen gedenke«. Auf jeden Fall habe er Syrien in seine Erwägungen miteinbezogen.[98] Ein erneuter Versuch, durch Simmel, Sekretär der Großloge, an den Baron zu gelangen, blieb erfolglos.[99]

---

95 »Zionisten aller Länder vereinigt Euch!« Die Menorah Nr. 28, 4. 9. 1891, S. 419f.
96 Max Bodenheimer, So wurde Israel, a.a.O., S. 57–58.
97 CZA A15/II/1.
98 Julius Plotke an Bodenheimer, 18. 8. 1891, CZA A15/II/1.
99 Max Bodenheimer, So wurde Israel, a.a.O., S. 60.

Der »Russisch-jüdisch wissenschaftliche Verein«

Um zu einer Bewegung der jüdischen Nation zu werden, fehlte den Zionisten bis Mitte der neunziger Jahre das Element, ohne welches sie über die kleinbürgerlichen Anfänge nicht hinwegkommen konnten: die Jugend. Nur die Jugend konnte der eigentliche Träger einer Idee sein, die nichts weniger als eine nationale und soziale Revolution im jüdischen Volke anstrebte, die unvermeidlich mit Tradition, Denken und Streben der jüdischen Gesellschaft zusammenstoßen mußte. Ansätze hierzu waren da. Im Osten die Gruppe der »Bilu« (Beth-Jaakow lechu wenelcha), die die Jugend durch das Beispiel ihres Pionierlebens in Palästina mit sich reißen wollte und die »Bnei-Mosche«, eine Art »Priesterorden«, der sich um Achad Haam scharte. Im Westen machte die Studentenverbindung »Kadimah« in Wien, unter dem Einfluß von Perez Smolenskin und Nathan Birnbaum, die »Bekämpfung der Assimilation, Hebung des jüdischen Selbstbewußtseins, Besiedlung Palästinas« zu ihren Zielen.[100] Sie wurde für Kreise jüdischer Akademiker in deutschsprachigen Ländern vorbildlich.

Hier ist der »Russisch-jüdische wissenschaftliche Verein«, der 1889 in Berlin von Studenten aus Rußland gegründet wurde, hervorzuheben. Die zentrale Figur dieser Gruppe war Leo Motzkin, der schon als Kind nach Berlin gekommen war.[101] Chaim Weizmann, der dem Verein während seiner Berliner Studienzeit angehörte, bezeichnet ihn als die »Wiege der zionistischen Bewegung«.[102] Die Mitglieder dieses Vereins standen unter dem Einfluß der Ideen der revolutionären Bewegung in Rußland, lehnten aber die kosmopolitisch-assimilatorischen Tendenzen ihrer jüdischen Kameraden aus dem sogenannten »Russischen Verein« ab und führten mit ihnen unendliche und leidenschaftliche Diskussionen. Die »Russen« mußten gelegentlich ihre Position durch Nichtjuden wie Tugan-Baranovsky stärken. Dieser gab zum Schluß zu, daß er, wäre er Jude, sich der jüdischen Renaissancebewegung angeschlossen hätte. In Wahrheit war dies ein politischer Verein. Das »wissenschaftliche« des Namens sollte seinen eigentlichen Charakter tarnen, da die Polizei politische Aktivität von Ausländern begrenzte.

Die jüdischen Studenten aus Rußland lebten fast abgeschnitten von der nichtjüdischen und deutsch-jüdischen Umwelt, in einem freiwilligen Ghetto. Trotz

---

100 Vgl. Adolf Boehm, Die zionistische Bewegung, Berlin 1935, S. 136.
101 Vgl. Sefer Motzkin, (hebr.) hrsg. Alex Bein, Jerusalem 1939, S. 39.
102 Chaim Weizmann, Massa uma'ass, (hebr.) Jerusalem 1949, S. 40–44. Dem »Russisch-jüdisch wissenschaftlichen Verein« gehörten einige Studenten an, die im Anfang der zionistischen Bewegung aktiv waren: Victor Jacobsohn, Schmarjahu Lewin, Leo Estermann, Josef Lurje, Fabius Schach, Selig Soskin, Nachman Syrkin, Leo Motzkin.

dieser Isolierung fühlten sie sich zu der Mission berufen, die deutschen Juden, und in erster Linie die Studenten, zum Nationaljudentum zu bekehren. Sie hatten damit gewissen Erfolg; mit zwölf Mitgliedern in einem kleinen Lokal begonnen, konnten sie nach zwei Jahren mit Befriedigung feststellen, daß bei ihren Versammlungen rund 150 Personen anwesend waren, und daß beim Makkabäerfest sogar »ein zum größeren Teil aus deutschen Juden bestehendes Publikum« von etwa 300 Personen teilnahm.[103] Trotzdem trat dem Verein nur ein einziger deutscher Jude bei, der temperamentvolle Student Heinrich Loewe aus der sächsischen Kleinstadt Groß-Wanzleben, der als Einzelgänger zum Zionismus bekehrt wurde. In seinen neuen exotischen Freunden glaubte Loewe die Träger des authentischen, um die Zukunft ringenden jüdischen Nationalismus gefunden zu haben.[104] Wegen seiner »deutschen« Abstammung konnte er, laut Paragraph 5a der Vereinsstatuten, nur »passives« Mitglied sein. Dennoch gehörte er dem inneren Kreis um Motzkin an. Dieser nannte sich »Cheruth Israel« (Freiheit Israels) und bestand aus 10 Studenten, die sich – nach revolutionärem Muster – zu unbedingtem Schweigen und absolutem Gehorsam verpflichteten. Loewe wurde die Leitung des Vereins-Lesesaals übertragen. Als »zuverlässiger Staatsbürger« trug er die Verantwortung für den Verein gegenüber der politischen Polizei, die die russischen Emigranten überwachte und sogar einen Spitzel in den Verein geschickt hatte.[105] Die Tätigkeit des »Russisch-jüdischen wissenschaftlichen Vereins« konzentrierte sich auf die Stärkung des jüdischen Bewußtseins.[106] Unter dem Einfluß Achad Haams kritisierte er die Methoden der Chowewe-Zion, die das Schwergewicht auf die Kolonisation Erez Israels anstatt auf die Fundierung der nationalen Idee gelegt hatten.

> ... »Man glaube ja nicht, daß man jemanden zum ernsten und unwandelbaren festen Palästinenser machen kann, ehe man ihn für das Nationaljudentum gewonnen hat. Nur der zielbewußte Jude wird nicht durch das Einwanderungsverbot der Pforte, oder sonst ein scheinbar unüberwindliches Augenblickshindernis von Zion sich ab- und transozeanischen Phantastereien zuwenden. Wir haben im Herzen Europas zu kämpfen und in Asien zu siegen. Der Jordan wird an der Donau, Spree und Themse erobert.«[107]

---

103 Heinrich Loewe, Baderech lezion, (Memoiren) Manusk., a.a.O.; Heinrich Loewe, »Der Russisch-jüdische Verein«, JR Nr. 92, 17. 11. 1933, S. 817; Fabius Schach, »Persönliche Erlebnisse«, ebd.

104 S.: Jehuda L. Weinberg, Aus der Frühzeit des Zionismus, Jerusalem 1946, S. 65–89.

105 Selbstemancipation Nr. 3, 1. 2. 1892, S. 34–35.

106 Heinrich Loewe, Baderech lezion, a.a.O. Loewe berichtet dort ausführlich über die Arbeit des Vereins. Vgl.: J. I., »Arbeitsprogramm von 3 Semestern«, Selbstemancipation Nr. 22, 16. 11. 1891, S. 6.

107 Leo Motzkin, Rede im »Russisch-jüdisch wissenschaftlichen Verein« anläßlich des 4. Stiftungs- und Makkabäerfestes, Selbstemancipation Nr. 3, 1. 2. 1892, S. 34.

Zwei Mitglieder des Vereins gründeten einen kleinen Zweigverein in Dresden[108] und ein anderer gründete einen Verein in seiner russischen Heimatstadt Romani.[109] Die Studenten an der Spree konnte man indes nicht durch Versammlungen erobern, die in russischer Sprache abgehalten wurden. Der Berliner Korrespondent der »Selbstemancipation« beklagte sich, daß im Wintersemester 1892 kein einziger deutscher Abend stattgefunden habe. Er schlug daher vor, daß die »russischen« Studenten die Initiative ergreifen sollten, einen jüdisch-nationalen Verein für »deutsch-jüdische« Studenten nach dem Vorbild des »Kadimah« zu gründen. Sie sollten sich jedoch nicht als »neutraler« Literatur- oder Geschichtsverein ausgeben, sondern »offen und ehrlich Farbe bekennen«. Wer es ernst mit dem Wiederaufbau des jüdischen Volkes meint, dürfe nicht vergessen, daß die deutsche Judenheit zwar nur ein Fünfzehntel des jüdischen Volkes sei, ihr Reichtum und Einfluß aber ihren zahlenmäßigen Anteil bei weitem übersteige. Und »der Eintritt der deutschen Juden wird Organisation und System in unsere Sache bringen«.[110]

»Jung-Israel«

Diese Initiative spornte Heinrich Loewe zu einem neuen Organisationsversuch an. 1890 schon hatte er am Schwarzen Brett der Berliner Universität einen Aufruf veröffentlicht, man solle sich melden, um einen national-jüdischen Verein an der Universität Berlin zu gründen. »Berliner Kommilitonen«, schloß der Aufruf, »gründet eine Berliner Kadimah«. Der Versuch mißlang.[111]
1891 gründete er den »Verein zur Pflege der neuhebräischen Sprache«, der allerdings kurzlebig war. Der Gründung von »Jung-Israel« schlossen sich einige Mitglieder des »Russisch-jüdisch-wissenschaftlichen Vereins«, einige deutsche Gesinnungsgenossen und einige deutschsprachige Juden aus Kurland und Galizien an.[112] Das Ziel des Vereins war, »das Bewußtsein der nationalen Zugehörigkeit des jüdischen Volkes zu wecken, sowie jüdisches Leben und jüdische Wissenschaft zu pflegen«.[113]
Die Formulierung der Ziele war allgemein und farblos. Sie erweckte daher den Verdacht der jüdischen Zeitschrift in Petersburg, »Woschod«, daß

> »unsere heißen Nationaljuden endlich zu dem Schluß gelangt sind, daß die Nationalidee mit Palästina nichts gemeinsam habe. Man kann ein eifriger

108 Heinrich Loewe, Badarech lezion, a.a.O.
109 Josef Lurje an Heinrich Loewe, 15. Januar 1892, Baderech lezion, a.a.O.
110 Selbstemancipation Nr. 22, 16. 11. 1891, S. 6.
111 Eljakim Heinrich Loewe, Jung-Israel, Ein fünfzigjähriger Gedenktag, in: Meilensteine, Vom Wege des Kartells Jüdischer Verbindungen (K.J.V.) in der Zionistischen Bewegung, hrsg. Eli Rothschild, Tel Aviv 1972, S. 1–3.
112 ebd.
113 Paragraph 2 der Statuten, Selbstemancipation Nr. 12, 18. 6. 1892, S. 125.

jüdischer Patriot sein, ohne Anhänger der palästinensischen Idee zu sein. Wir können sogar kühn einen Schritt weiter gehen und behaupten, daß die Palästinaidee gewissermaßen noch der nationalen schadet, weswegen sie hier einen Verein mit dem Namen ›Der junge Israel‹ gegründet ...«[114]

Motzkin wies diese Beschuldigungen zurück. Aus seiner Antwort erfahren wir einiges über die Zusammensetzung des Vereins und seiner Tendenz. Er hob hervor, daß seine Mitglieder ohne Ausnahme »Palästinenser» seien und »daß der Verein nur den *theoretischen Zweck* verfolgt, die Hebung des Nationalbewußtseins auf zionistischer Grundlage zu erstreben.«[115] Er dementierte, daß russisch-jüdische Studenten nicht gern in den Verein aufgenommen würden. Der Verein hätte fünf solcher Studenten, andere beherrschten die deutsche Sprache nicht genug. Außerdem sei es nicht wünschenswert, dem Verein einen »russischen« Charakter zu geben.[116] Der Grund dafür sei nicht nur die Aufmerksamkeit der Polizei zu verhüten, sondern die »deutschen« Studenten nicht vom Anschluß an »Jung-Israel« abzuschrecken. Der jüdische Nationalismus sollte ihr deutsches Staatsbürgertum nicht mindern, sondern nur ins rechte Licht rücken:

»... wir wollen unseren wahren Patriotismus in der Liebe zu unserem eigenen Volk zeigen. Und vergessen wir dabei auch nicht des Staates, dem wir angehören, und der Pflichten, die er uns auferlegt. *Wir sind treue deutsche Staatsbürger jüdischer Nationalität.*«[117]

Loewe stellte diesen Begriff nachdrücklich dem »deutschen Staatsbürger jüdischen Glaubens« gegenüber. Es verwundert daher nicht, daß Rabbiner Dr. Bernhard Rahmer, Redakteur der »Israelitischen Wochenschrift«, auf die herausfordernde Formulierung mit einem scharfen Artikel reagierte. Er ließ sich beleidigend über die ostjüdischen Studenten aus, die junge deutsche Juden mit wirren Begriffen eines jüdischen Nationalismus infiziert hätten.

»*Aber bedenklich wird dieser Wahnsinn, wenn er deutsche Köpfe ansteckt, wenn er unter den Juden Berlins Anhang findet.* Ein Agent Stoeckers könnte nichts Schlimmeres tun als diese Fahne des Nationaljudentums in Berlin aufpflanzen ... das klingt ja beinahe wie ein Antrag der Juden selbst, in Deutschland unter Fremdenrecht gestellt zu werden ... Das Nationale im Judentum ist das Zufällige, die Religion das Bleibende.«[118]

114 Zitiert nach Selbstemancipation Nr. 14, 18. 7. 1892, S. 149.
115 ebd., Hervorhebung im Original.
116 ebd.
117 cand. hist. Heinrich Loewe, »Der Nationaljude«, Rede gehalten in der ersten Sitzung des jüdisch-nationalen Vereins »Jung-Israel« in Berlin am 30. Mai 1892, Selbstemancipation Nr. 21, 15. 11. 1892, S. 202. Hervorhebung im Original.
118 B. R. (Bernhard Rahmer), »Der Nationaljude«, Ein Abdruck des Artikels befindet sich in: Selbstemancipation Nr. 3, 1. 2. 1892, S. 28f. Hervorhebung im Original.

Die Antwort auf den Angriff der »Israelitischen Wochenschrift« kam von Rabbiner Rülf. Er verurteilte seinen Inhalt als »Blasphemie, einen Verrat an unseren russisch-jüdischen Volks- und Glaubensgenossen und an unserer guten nationalen Sache.«[119] Hier kommen schon die Meinungsverschiedenheiten zum Vorschein, die in vollem Ausmaß im Streit der Zionisten mit den deutschen Rabbinern vor dem ersten Zionistenkongreß zum Ausbruch kommen sollten. Obwohl seine Vorfahren seit Hunderten von Jahren in Kurhessen »auf ihrer Scholle gehaust« hätten, bezeichnete sich Rülf als Nationaljude, dessen Stammbaum bis auf die Urzeit der Menschen zurückgehe. Seine nationale Zugehörigkeit stehe in keinem Gegensatz zu seiner Treue zum Staate.

> »Nicht ich als Nationaljude, sondern derjenige, welcher seine Nation und damit seinen Vater verleugnet und verrät, ist vaterlandslos, ist in der ganzen Welt ein Fremder.«[120]

Wenn man der Diskussion der beiden Rabbiner das religiöse Gewand nimmt, erscheint ihr politischer Charakter. Rahmers Argumente stützten sich auf die These der Identität der einheitlichen deutschen Nation und ihres Nationalstaates, wie sie Fichte in seinen »Reden« predigte. Rülf seinerseits sah in Deutschland einen Staat verschiedener Völker, in dem auch Nationaljuden treue Staatsbürger sein können. Es gehe nicht nur um die Solidarität mit den russischen Juden und um die Hilfe für die Kolonien in Palästina, sondern auch um die politischen Rechte der deutschen Juden selbst. Überdies könnte die Behauptung, die Juden seien eine Nation, die Frage ihrer Staatsbürgerrechte in denjenigen Staaten aufwerfen, in denen sie ihnen als religiöse Gemeinschaft, jedoch nicht als ethnische Einheit gewährt wurden. Mit dem Auftreten der Zionisten begann der Prozeß der Politisierung des jüdischen Lebens in Deutschland, das bisher nur im Zeichen der Diskussionen zwischen den religiösen Strömungen gestanden hatte.

Was »Jung-Israel« von seinen deutschjüdischen Gesinnungsgenossen forderte und was ihn und den »Russisch-jüdisch wissenschaftlichen Verein« über einen »Verein« hinaus zum Kern einer »Bewegung« machte, war die Umwertung der jüdischen Begriffswelt. Daß nur wenige hierzu bereit waren und »Jung-Israel« sein Ziel, in die deutsche Judenheit einzudringen, nicht erreichte, verringert nicht seinen Anteil an der Schaffung der ideologischen Grundlagen der Bewegung. Um aus dem engen Rahmen auszubrechen, schloß er sich der zionistischen Vereinigung in Wien an und schlug zusammen mit dem »Russisch-jüdisch wissenschaftlichen Verein« die Einberufung eines Kongresses vor. Die einzelnen Vereinigungen in Rußland, Rumänien und Österreich sollten zu einer

---

[119] I. Rülf, »Der Nationaljude«, a.a.O., S. 29–31.
[120] ebd.

einheitlichen Organisation zusammengefaßt werden. Der Kongreß sollte die Endziele des politischen panjudaistischen Zionismus klar formulieren und zu einer Reorganisation der Palästinakolonisation führen.[121]

Die »Jüdische Humanitätsgesellschaft«

Obwohl »Jung-Israel« eine »Peripherie« von über hundert Versammlungsbesuchern hatte, war die Zahl seiner eingeschriebenen Mitglieder nicht mehr als zwanzig. Scheinbar war er immer noch zu »ostjüdisch« in seinem Charakter, zu radikal in seinen Zielen und ungeeignet, die Söhne des jüdischen Mittelstandes oder des reichen Bürgertums anzuziehen. Um die Sendung »Jung-Israels« in diese Kreise zu tragen, versuchten seine Mitglieder die Schaffung eines neuen Rahmens für Jugendliche, die zu jüdischen Inhalten neigten, aber vor der eindeutigen national-jüdischen Tendenz »Jung-Israels« zurückschreckten. Loewe, Bambus, Motzkin, Max Oppenheimer und Moritz Dorn gründeten einen Verein, der »Jüdischer Kulturverein« heißen sollte. Auch Bodenheimer sollte aufgenommen werden. Loewe betrachtete Bodenheimer damals als einen »Halbzionisten«, weshalb ihm dessen Beitritt besonders wichtig war. Bodenheimer schlug einen »harmlosen« Vereinsnamen vor. Die »Jüdische Humanitäts-Gesellschaft«[122] sollte die zionistische Tendenz vor den neuen Mitgliedern verschleiern, um deren mögliche Schwierigkeiten in der Familie zu vermeiden.[123]

Er meinte damit Söhne aus deutsch-jüdischen Familien, darunter Walter und Adolf Friedemann, Söhne des Konsuls Friedemann, Alfred Klee und Arthur Hantke. Diese jungen Mitglieder sollten später zentrale Aufgaben in der zionistischen Bewegung übernehmen. Loewe erzählte:

> »Wenn ich zu der Wendung jeder Diskussionsrede kam, wo ich zum Thema Zionismus überging, rief Adolf Friedemann böse: ›Ceterum censeo‹, worauf ich dann mehrmals erwiderte: Hierosolyma esse restituenda.«[124]

Die Gründer der »Humanitätsgesellschaft« sahen bald ein, daß es für die assimilierte Jugend keinen kurzen Weg zum Zionismus gab, und änderten die Taktik. Sie wollten die jungen Leute zunächst »zu jüdischem Wissen und

---

121 Adolf Boehm, Die zionistische Bewegung, a.a.O., S. 140.
122 Heinrich Loewe an Georg Herlitz, 2. 1. 1933, CZA A 146/48.
123 »... die Jüdische Humanitätsgesellschaft war von Jung-Israel zu dem Zweck gegründet worden, um als Vorstufe jüdische junge Leute in die zionistischen Ideale einzuführen.« Heinrich Loewe, Joseph Marcou-Baruch, Manuskript im Besitz von Frau Hadassa Bergmann-Loewe. Vgl.: Max Bodenheimer, So wurde Israel, a.a.O., S. 62.
124 Heinrich Loewe an Georg Herlitz, a.a.O..

jüdischem Fühlen«[125] erziehen, um ein jüdisches Selbstbewußtsein zu erwirken. Dieser Weg erschien den Radikalen farblos und langwierig, er erwies sich jedoch als berechtigt. Denn wer deutsche Juden der nationaljüdischen Idee zuführen wollte, mußte eine allmähliche und gründliche Methode anwenden, um eine gedankliche und gefühlsmäßige Neuorientierung zustandezubringen. In nationalen Bewegungen anderer Völker waren die Bindungen zu Volk, Land und Kultur natürliche Gegebenheiten. Bei den Juden Osteuropas hatten sich diese natürlichen Bindungen weitgehend erhalten, womit eine Grundlage für das Entstehen der zionistischen Bewegung gegeben war. Dagegen gab es bei den westlichen Juden wenige Anhaltspunkte für den jüdischen Nationalismus. Aufklärung und Emanzipation hatten weitgehende Veränderungen in der jüdischen Mentalität erzeugt. Die Anpassung an die nichtjüdische Umwelt in Sprache, Erziehung, Lebensformen und die Auffassung des Judentums als Religion brachte eine weitgehende Eliminierung der nationalen Elemente im Leben westeuropäischer Juden mit sich. Max Nordau stellt in Bezug auf die westdeutsche Jugend folgende Frage:

> »Was kann der Zionismus solchen Juden bieten, die ihr Judentum mindestens als eine Last, häufig als eine Schmach empfinden und an ihre Eltern und Ahnen nur denken, um sich über sie zu ärgern, weil sie nicht so vernünftig waren, sich vor dreißig oder dreihundert Jahren taufen zu lassen, um ihnen durch diese liebevolle Fürsorge die antisemitischen Dornen vom Lebenspfade zu entfernen.«[126]

Dies traf tatsächlich auf einen Großteil der akademischen Jugend zu. Diese jüdische Jugend sah in ihrem Judesein weder Sinn noch Zukunft. Nicht wenige gaben sogar zu, daß dem Antisemitismus ein gewisser Kern von Wahrheit nicht abzusprechen sei. Nur ein Gefühl inneren Stolzes hinderte sie daran, den Schritt zur Taufe zu tun. Und an diesen Rest jüdischen Gefühls wollte nun die Erziehungsarbeit anknüpfen. Für den Zionismus »als Vernunftssache« lagen die Voraussetzungen gerade in der Gefühlswelt, im Stolz auf die jüdische Geschichte und dem Willen, sich für ihre Weiterentwicklung einzusetzen.
Der äußere Anstoß zu jüdischer Selbstbesinnung fehlte nicht. Das Überhandnehmen des Antisemitismus in Deutschland im letzten Viertel des 19. Jahrhunderts in Politik, Presse und Literatur zeitigte, mit einiger Verspätung, eine organisierte jüdische »Abwehr«. Der »Zentralverein deutscher Staatsbürger jüdischen Glaubens«, im Jahr 1893 gegründet, stärkte durch seine öffentliche

---

125 Bericht über die Tätigkeit der »Jüdischen Humanitätsgesellschaft«, Jüdische Volkszeitung Nr. 2, 9. 1. 1894, S. 7; Vgl. Alex Bein, »Von der Zionssucht zum politischen Zionismus«, in: Robert Weltsch zum 70. Geburtstag, Tel Aviv 1969, S. 55, Anm. 49.

126 Max Nordau, »Der Zionismus der westlichen Juden«, Israelitische Rundschau Nr. 33, 23. 8. 1901.

Tätigkeit das organisatorische Gefüge des deutschen Judentums. Gleichzeitig beleuchtete er die Problematik des Jude- und Deutschseins.[127]
Auch die ersten jüdischen Studentenverbindungen entstanden infolge des antisemitischen Drucks an den Universitäten. Die Verdrängung jüdischer Studenten aus allgemeinen Verbindungen oder der Austritt von Christen aus »paritätischen« Vereinen zerstörte die Illusion der Koexistenz. So entstanden Vereinigungen wie »Viadrina«[128], die »Badenia«[129], die »Sprevia«[130] und die »Lycaria«.[131]
Diese Verbindungen schlossen sich später, im Jahre 1896, zum »Kartell-Convent deutscher Studenten jüdischen Glaubens« zusammen.[132] Vielleicht wurde gerade dadurch die jüdische Identität hervorgehoben. Die Notwendigkeit zur Verteidigung der Ehre – nicht selten mit der blanken Klinge – trug das Ihre, wenn auch in negativem Sinn, zur Hebung des jüdischen Bewußtseins bei. Der Rat des Vorsitzenden des »Zentralvereins« wurde freilich nicht von allen Mitgliedern beherzigt, nämlich ... »daß wir Juden im deutschen Staat wie Stiefkinder behandelt werden und daß Stiefkinder, um ein erträgliches Dasein zu führen, doppelt artig und bescheiden sein müssen.«[133] Die jüdischen Studentenverbindungen beteuerten immer wieder ihre uneingeschränkte Treue zum deutschen Vaterland. Sie wollten ihre Kommilitonen zu Juden erziehen, die bereit sind, für ihre Staatsbürgerrechte einzutreten.[134]
Zwischen den Mitgliedern der »Humanitäts-Gesellschaft« und ihren Kameraden von der »Sprevia« oder ähnlichen Verbindungen gab es kaum einen Unterschied. Die Gründer der »Humanitätsgesellschaft« zielten darauf hin, das Schwergewicht der Erkenntnis und des Gefühls vom Deutschen aufs Jüdische zu verlagern. Das Studium jüdischer Geschichte sollte die Gegenwart verständlicher machen, die »gemütliche Kneipe« das Zusammengehörigkeitsgefühl festigen.[135] Individuelle Erziehung und Persönlichkeitsformung wurden als eine Art »zionistischer Bekehrung« aufgefaßt. Sowohl »Jung-Israel« wie die »Humanitäts-Gesellschaft« warben mit diesen Mitteln neue Mitglieder. Elias Auerbach war einer der ersten der Gruppe, die nach Erez Israel gingen. Er erzählt in

---

127 Vgl. Junge Juden wenden sich zum Judentum«, Jüdische Volkszeitung Nr. 4, 23. 1. 1894, S. 5.
128 Breslau 1886.
129 Heidelberg 1890.
130 Berlin 1894.
131 München 1894.
132 Im folgenden: K. C.
133 M. Mendelsohn, Die Pflicht der Selbstverteidigung, Berlin 1894, Jahresbericht des Vorsitzenden in der 1. ordentlichen Generalversammlung des C.V.
134 Aus den Grundsätzen des K. C., Nachlaß Freund, The Central Archives for the History of the Jewish People, Jerusalem, D/p2/Me/19.
135 Jüdische Volkszeitung Nr. 50, 30. 1. 1894, S. 7.

seinen Erinnerungen vom jüdischen Geschichtsunterricht durch Heinrich Loewe; so sei er in die neue Welt des Zionismus eingeführt worden. Loewe fand ihn erst nach vier Unterrichtsmonaten reif, »offiziell Zionist zu werden«:

> »Wir gingen zusammen nach der Spandauer Straße [in Berlin, Y. E.], einen Weg von etwa 20 Minuten. Ich war der Meinung, Loewe würde mich in einen Saal zu einer öffentlichen Versammlung führen. Statt dessen stiegen wir eine Treppe hinauf, kamen in die Lesehalle, die aus zwei oder drei Zimmern bestand. Loewe öffnete die Tür. Da waren in *einem* Zimmer ›die deutschen Zionisten‹ versammelt. Etwa 25 bis 30 Personen. Plötzlich hob mich Loewe auf, stellte mich auf einen der Tische und sagte: ›Meine Herren! Ich stelle Ihnen unseren jüngsten Zionisten vor, Elias Auerbach‹.«[136]

Es handelte sich dabei nicht etwa um eine Werbemethode für Massen. Andererseits hatte die »Gesellschaft« ein halbes Jahr später schon 60 geschulte Mitglieder[137] und erwarb sich ihre Sporen bei den Wahlen fürs Direktorium der akademischen Lesehalle der Berliner Universität[138]: sie verhalf der getarnt-jüdischen »Freien Wissenschaftlichen Vereinigung« zum Sieg.[139]
Es ist zu bedenken, daß die nationaljüdische Idee zu dieser Zeit nicht etwa a priori zionistisch war. Unter dem Begriff »nationales Judentum« verstand man eher das Zugehörigkeitsgefühl zum jüdischen »Stamm« und den Willen, sich für seine Existenz einzusetzen. Das Nationaljudentum widersetzte sich der Annahme, daß Juden in der Diaspora, insbesondere nach der Emanzipation, nur eine Religionsgemeinschaft seien. Nationaljudentum stand im Gegensatz zur Anschauung, Juden seien Teil der Nation ihrer Wohnländer und daß sie mit Juden anderer Länder nur durch das Band gemeinsamer Religion verbunden wären. Schließlich war es die Auffassung der Nationaljuden, daß Juden nie aufgehört hätten, eine Nation zu sein, auch wenn ihnen das Hauptattribut eines »normalen Volkes«, nämlich die eigene Scholle abgehe. Andere Komponente nationalen Lebens, wie Religion, die hebräische Sprache, gemeinsames Geschichtsbewußtsein und die Lebensgemeinschaft der »Kehilla« (Gemeinde) hätten ihnen das Fehlen eines eigenen Landes ersetzt. Die Definition des Judentums als Religionsgemeinschaft sei ein Verkennen seines Wesens. Auch in der Diaspora bestehe die Möglichkeit nationaljüdischen Lebens, ohne Beeinträchtigung der durch die Emanzipation erworbenen staatsbürgerlichen Rechte. Es bestehe kein Gegensatz zwischen nationaler Zugehörigkeit zum jüdischen Volk und den »vaterländischen« Empfindungen und Verpflichtungen.

---

136 Elias Auerbach, Pionier der Verwirklichung, Stuttgart 1969, S. 73.
137 Max Oppenheimer an Max Bodenheimer, 27. 6. 1894, CZA A15/II/5.
138 ebd.
139 Jüdische Volkszeitung Nr. 24, 12. 6. 1894, S. 6; das Direktorium der Lesehalle war die einzige offizielle Vertretung der Berliner Studentenschaft. Im nächsten Semester gründeten Bambus, Oppenheimer und Loewe eine »Jüdische Lesehalle«. Jüdische Volkszeitung Nr. 45, 13. 11. 1894, S. 3.

Die Zionisten sahen in der Verwirklichung der zionistischen Idee die letzte unumgängliche Konsequenz des Nationaljudentums. Sie waren überzeugt, daß bewußtes Nationaljudentum zum Zionismus führen mußte. Die Erreichung des zionistischen Ziels sei die erste und bedeutendste Voraussetzung für die Fortexistenz des jüdischen Volkes.[140]
Der Erfolg brachte Mitglieder von »Jung-Israel« und der »Humanitäts-Gesellschaft« im Jahr 1895 zum Entschluß, einen Studentenverein zu gründen, der nicht von assimilatorischen Tendenzen durchdrungen sein sollte. Der Verein sollte sich nach dem Vorbild der »Humanitäts-Gesellschaft« nicht im voraus als nationaljüdisch bezeichnen. Sogar in der Wahl des Namens und der Hymne gaben sie nach; der Name »Verein jüdischer Studenten« machte einem »gemäßigteren« Platz: »Verein jüdischer Studierender«. Auch in der von Loewe verfaßten Hymne wurden die Worte »Hermon« und »Erez Israel« durch »neutrale« Worte ersetzt. Dementsprechend lehnte die Vereinsleitung im Jahr 1896 die Bitte der zionistischen Studentenvereinigung in Wien und Graz ab, sich mit Herzls »Judenstaat« zu identifizieren.[141] Die Diskussion über die Tendenz der am Rande des Zionismus stehenden Studentenvereine, die im »Bund Jüdischer Corporationen« (B. J. C.) organisiert waren, zog sich bis 1914 hin, als die Fusion mit dem »Kartell Zionistischer Verbindungen« (K. Z. V.) vollzogen wurde.
Trotz dieser zögernden Haltung hatte die Taktik der indirekten zionistischen Erziehung assimilierter akademischer Jugendlicher ihre Berechtigung. Sie verband jüdische mit allgemein-menschlichen Werten und legte auf diese Weise feste Grundlagen für die zionistische Weltanschauung. So wurde die akademische Jugend zum Träger einer »Bewegung« und erzog einen Führungskader. Mit der Etablierung der »Zionistischen Vereinigung für Deutschland« im Jahr 1897 hörte die Tätigkeit der »Humanitäts-Gesellschaft« auf, obwohl die »Jüdische Rundschau« erst im Jahr 1907 über ihre formelle Auflösung berichtete.[142]

Versuche einer allgemein-jüdischen Zusammenarbeit für die Kolonisation Erez Israels

Bodenheimers Aufenthalt in Berlin brachte ihn mit den aktiven Kreisen der deutschen Zionisten in Berührung. Später behauptete er in seinen Memoiren, daß der deutsche Zionismus in einem langen nächtlichen Gespräch zwischen ihm und David Wolffsohn im Februar 1892 zustande gekommen sei und

---

140 M. Bodenheimer, Eine Rede für Zionisten und solche die es werden wollen, o.J., CZA A15/I/4.
141 Der Jüdische Student (im folgenden: J.St.) Nr. 6, 21. September 1910, S. 159.
142 Max Bodenheimer, So wurde Israel, a.a.O., S. 62; JR Nr. 23, 7. 6. 1907, S. 238.

bemerkte etwas abfällig, daß die Anfänge der Bewegung in Philanthropie oder Nationalismus steckengeblieben wären.[143] Diese Perspektive ist einseitig und übersieht den Anteil »Jung-Israels« und der »Humanitäts-Gesellschaft«. Denn faktisch machte Bodenheimer erst 1894 den ersten Schritt zur Gründung eines ausgesprochen zionistischen Vereins, der es im Laufe von zwei Jahren »glücklich bis auf ein ›Minjan‹ gebracht hatte.«[144]

In einem Dankschreiben, in dem Bodenheimer Loewes Glückwünsche zu seinem sechzigsten Geburtstag beantwortete, würdigte er dessen Anteil, und indirekt denjenigen »Jung-Israels«, an der Schaffung der zionistischen Bewegung Deutschlands. Auch hier betont er seine eigene Rolle als Former ihrer organisatorischen Grundlagen.

> »Ich sehe hinter Ihnen einen Kreis von jungen Männern auftauchen, die gleich wie Sie von Begeisterung für ein Israel erfüllt waren, und bereit waren, mit aufrichtigem Vertrauen einem Mann zu folgen, der die organisatorischen Grundlagen für ihre eigene Bewegung und Weltanschauung zu legen gewillt war. Daß ich damals dieser Mensch gewesen bin, ist wohl darauf zurückzuführen, daß ich wenige Jahre früher als die anderen Gesinnungsgenossen in Deutschland zur zionistischen Erkenntnis gelangt war.«[145]

Seiner Überzeugung treu, daß die Kolonisation Erez Israels nur durch eine umfassende Organisation durchzuführen sei, schritt Bodenheimer gemeinsam mit Wolffsohn zur Gründung des »Vereins zur Förderung der jüdischen Ackerbaukolonien in Syrien und Palästina« in Köln, dem sich an 100 Personen anschlossen. Paragraph 1 der Statuten lautete:

> »Der Verein hat den Zweck, heimatlosen Juden durch Errichtung von Ackerbaukolonien eine dauernde Zufluchtsstätte zu schaffen, und insbesondere die in Palästina und Syrien bestehenden Ackerbaukolonien zu unterstützen und weiterzuentwickeln. Der Verein hat lediglich humanitär-kulturelle Zwecke und ist jede politische oder religiöse Tendenz ausgeschlossen.«[146]

Im zweiten Jahr seines Bestehens gehörten dem Verein zwar ca. 300 Mitglieder an[147], aber sein Erfolg war nicht sonderlich groß. Aus einem internen Zirkular von 1895 geht hervor, daß er in eine Sackgasse geraten war. Die 2000 Franken, die zu diesem Zeitpunkt zur Verfügung standen, ermöglichten kein selbständiges Unternehmen. Die Leitung gab ihre Unerfahrenheit zu und bat um Beratung,

---

143 Max Bodenheimer, So wurde Israel, a.a.O., S. 61.

144 a.a.O., S. 65; Diese zwei Jahre übergeht Bodenheimer im Manuskript von 1912 (CZA15/II/6), das ihm als Unterlage für »So wurde Israel« diente, sowie im Buch selbst. Möglicherweise trug der Verein in diesen Jahren den Namen »National-jüdischer Club ›Zion‹ in Köln«, dessen Thesenentwurf das Buch im Anhang (S. 308) bringt.

145 Bodenheimer an Heinrich Loewe, 30. 3. 1925, CZA A146/45.

146 Jüdische Volkszeitung Nr. 44, 6. 11. 1894, S. 3.

147 Entwurf eines Briefes an den Colonel Goldsmid, 16. 11. 1895, M. Bodenheimer, So wurde Israel, a.a.O., S. 309.

wie das Geld am besten angelegt werden könnte und wie ein Vertrauensmann in Erez Israel gefunden werden könnte, um dem Verein bei der Erreichung seiner Ziele zu helfen.[148] Das Zirkular zeugt von organisatorischer Unbeholfenheit, und es ist sicherlich kein Zufall, daß Bodenheimer, der mit Genauigkeit seine zionistische Aktivität aufzeichnete, dieses Kapitel keines Wortes würdigte.

Ein weiterer Versuch, Nichtzionisten zur Teilnahme an der Palästinakolonisation zu bewegen, schlug ebenfalls fehl. Bodenheimer übernahm den Vorsitz des Kolonisationsausschusses einer »Freien israelitischen Vereinigung«. Die Gründung erfolgte 1895 auf einer Tagung der »Bnei-Brith« in Hamburg infolge der Initiative des Philanthropen Gustav Tuch. Auf der Tagesordnung der Hamburger Versammlung standen zwei Punkte: »1. Jüdische Kolonien, 2. Problem der ethischen Bewegung.«[149] Bodenheimer hoffte vergeblich, in der neuen Vereinigung eine »Plattform« für seine Ideen zu finden. Denn obgleich im Kolonisationsausschuß »die einflußreichsten Juden« vertreten waren, beschränkte sich die Tätigkeit auf einen einleitenden Briefwechsel.[150] Diese Erfahrungen lehrten Bodenheimer, daß auf dem philanthropischen Weg wenig zu erreichen war. Er widmete jetzt seine ganze Energie der »National-Jüdischen Vereinigung in Köln«, die der Grundstein der zionistischen Organisation in Deutschland werden sollte.

148 Der Vorstand des Vereins zur Förderung der jüdischen Ackerbaukolonien in Syrien und Palästina, Köln 1895, CZA A15/II/5.
149 CZA A15/II/6.
150 Bodenheimers autobiographische Aufzeichnungen, CZA A15/II/6.

3. Kapitel

Eine umfassende Organisation der deutschen Zionisten

Theodor Herzl

Osias Thon, Zweiter Vorsitzender des »Jung-Israel«, regte 1895 in einem Brief an Bodenheimer die Einberufung einer Konferenz der in Deutschland zerstreuten Zionisten an. Auf dieser sollte ein allgemeiner Zionistenkongreß vorbereitet werden, welcher im Jahr 1896 in Berlin, zur Zeit der internationalen Gewerbeausstellung, abgehalten werden könne. Auf diesem Kongreß sollte ein gemeinsames Programm der deutschen Zionisten ausgearbeitet werden und zu gemeinsamer Tätigkeit vereinen.[1] Fast gleichzeitig bat Bodenheimer den englischen Chowew-Zion Colonel Goldsmid, eine zionistische Weltkonferenz einzuberufen, um durch eine »stramme interterritoriale Organisation« das Kolonisationswerk in Erez Israel zu stärken.

> »Wollten wir uns auf die Fortschritte dieser Ackerbaukolonien allein für die Zukunft verlassen, so kann es noch Jahrhunderte dauern, ohne daß etwas Bedeutendes erreicht ist.«[2]

Beide Initiativen zeugen von der Unzufriedenheit der Zionisten in Berlin und in Köln über den Stand der Dinge. Der Umschwung war jedoch näher, als sie ahnen konnten. Im Januar veröffentlichte Theodor Herzl im »Jewish Chronicle« einen Artikel mit der Überschrift »Eine Lösung der Judenfrage« und kündigte darin eine größere Abhandlung über das Thema an. Die Berliner Zeitschrift »Zion«[3] druckte den Artikel zwei Wochen später ab und fügte die Bemerkung hinzu, der Plan enthalte für Zionisten nichts Neues; Herzl stehe scheinbar auf zionistischem Boden.[4] Die Redaktion von »Zion« schien durch Herzls Fragestellung »Argentinien oder Palästina« einigermaßen befremdet. Außerdem stiftete der Vorschlag Herzls, die Sprachfrage mittels einer Sprachföderation nach dem Muster Schweiz zu lösen, einige Verwirrung. Als dann 1896 »Der Judenstaat« erschien, erregte er Widerstand unter den Anhängern der Kleinkolonisation im Kreise des »Esra«, da er das System der Infiltration angegriffen hatte. Auch unter den »politischen« Zionisten jener Jahre rief

---

1 O. Thon an M. Bodenheimer, 25. 12. 1895, CZA A15/II/5.

2 ebd.

3 »Zion« erschien seit 1895 anstatt der Wochenzeitschrift »Jüdische Volkszeitung«, die wegen finanzieller Schwierigkeiten ihr Erscheinen einstellen mußte. »Zion« wurde von Willy Bambus unterstützt.

4 Zion Nr. 1, 30. 1. 1896, S. 11–18; eine positive Kritik der Ideen Herzls bringt der Artikel: W. Josephsohn, »Was haben wir zu tun«, Zion, Nr. 6, 15. 7. 1896, S. 167–171.

Herzls Buch kein besonderes Aufsehen hervor. Heinrich Loewe, einer der aktivsten Zionisten, fuhr im selben Jahr nach Palästina, ohne persönliche Kontaktaufnahme mit Herzl. Und in Berlin war man gegen den »Wiener Literaten« eher mißtrauisch eingestellt. Man betrachtete Herzl als einen »Außenseiter«.

Nur zwei Männer spürten den durch den »Judenstaat« hervorgerufenen Umschwung: der greise Rabbiner Rülf und – wahrscheinlich gar nicht so zufällig – sein Schüler David Wolffsohn. Der Verfasser des »Aruchas Bas-Ammi« erkannte den Unterschied in Auffassung und Lösung, wie auch des Temperamentes:

> »Gewiß«, schrieb er an Herzl, »unsere Worte laufen auf eins hinaus und trotzdem, welch ungeheurer Unterschied. Wir sprachen als warmfühlende, begeisterte, von der Leidensgeschichte unseres Volkes durchdrungene erschütterte Männer, allein es fehlte uns etwas, was Sie in reichstem Maß besitzen: Welterfahrung, wirtschaftliches Geschick, politischen Scharfblick, staatswissenschaftliche Kenntnis und Erkenntnis und journalistische Gewandtheit.«[5]

Der Unterschied lag nicht nur in der Überlegenheit des Weltmannes über den Provinzrabbiner. Zwei Generationen sprachen aus ihren Schriften. Rülf gehörte zur Generation derer, »die damals noch allzusehr unter dem Bann der Assimilation niedergedrückt und niedergehalten lebte«, und daher ihre Gedanken »nur schüchtern auszudenken wagte.«[6] Herzl war dagegen ein Heimkehrer, der durch die Assimilation gegangen war und ihren Bann gebrochen hatte. Nicht nur durch die verzweifelte Lage der russischen Juden wurde Herzl auf die Dringlichkeit der Judenfrage aufmerksam, er ging vielmehr vom Überhandnehmen des Antisemitismus in Westeuropa aus. Herzl fragte nicht: Wohin mit den russischen Juden (deren Not er damals wenig kannte)[7], sondern: Wohin mit den Juden, die in Westeuropa überflüssig werden? Herzl erlebte das Entbrennen des Judenhasses gerade im Mutterland des Fortschritts und der Emanzipation, in Frankreich, während des Dreyfus-Prozesses. Es war dieser Prozeß, der ihn zutiefst erschütterte und seinen Blick für den Antisemitismus, auch in anderen Ländern, geschärft hatte. Herzl folgerte, daß die seelischen Tiefen des Judenhasses nicht durch Paragraphen der Konstitution übertüncht werden können und verneinte die Möglichkeit jüdischer Existenz in den Galuthländern. Nach der Errichtung des Judenstaates würden nur vereinzelte jüdische Gemeinschaften in anderen Ländern verbleiben.

Die direkte, unumwundene Sprache des »Judenstaates« ließ die junge Genera-

---

5 Rülf an Herzl, 3. 6. 1896, CZA NA/1–3.

6 ebd.

7 Siehe Wolffsohns Bericht über seine erste Begegnung mit Herzl: »Ich sah, daß er keine Ahnung von den russischen Juden hatte.« Abraham Robinson, David Wolffsohn, Berlin 1921, S. 19.

tion aufhorchen. Herzls Persönlichkeit verkörperte den jüdischen Stolz, das jüdische Selbstbewußtsein. Er war der langersehnte Volksführer, der schließlich auch Motzkin, Loewe und Bodenheimer mitreißen konnte und so die Entwicklung des deutschen Zionismus entscheidend prägte.[8] Wolffsohn fuhr im Namen der Kölner Zionisten nach Wien und berichtete nach seiner Rückkehr begeistert vom neuen Geist, den Herzl unter den dortigen Studenten erweckt hatte.[9] Daraufhin beschloß der Kölner »National-Jüdische Klub« die Führung Herzls anzuerkennen und sich ihm zur Verfügung zu stellen. In Berlin blieben die Meinungen zunächst noch geteilt; Willy Bambus stellte sich dort an die Spitze der Herzl-Gegner.

»Köln wird die Hauptstadt des deutschen Zionismus sein«

Diese Unentschlossenheit der Berliner Zionisten veranlaßte Herzl, Köln zur »Hauptstadt des deutschen Zionismus« zu machen, obwohl er ursprünglich Berlin als Zentrum der Bewegung ausersehen hatte. Er entschied:

> »Ziehen sich die Berliner zurück, so ist einfach Köln die Hauptstadt des deutschen Zionismus. Zum Wanken bringt man mich nicht und wie auf mich selbst, baue ich auf die treuen Juden in Köln.«[10]

Diese Entscheidung sollte die Entwicklung des deutschen Zionismus in seinem Anfangsstadium wesentlich beeinflussen. Einerseits legte sie den Grundstein zu einer gefestigten Führung, andererseits entstanden zwei Kraftzentren, die eine geordnete Leitung der Bewegung erschwerten. Es entstanden gegensätzliche Einstellungen in ideologischen und organisatorischen Fragen neben persönlichen Spannungen und Lokalpatriotismus.
Je mehr der erste Zionistenkongreß Gestalt annahm, desto mehr mußte Herzl die Zionisten der verschiedenen Länder Europas zu einem Ganzen zusammenfügen, um im Namen des ganzen jüdischen Volkes auftreten zu können und seine Interessen zu vertreten. Unter den deutschen Juden waren die Herzlianer nur eine verschwindende Minderheit. Wenn sie die Öffentlichkeit beeinflussen wollten, mußten sie wenigstens einen festen Rahmen schaffen, um ihre numerische Schwäche einigermaßen auszugleichen. Die Zionisten der Reichshauptstadt bildeten zahlenmäßig die größte Gruppe, waren aber für diese Aufgabe am wenigsten geeignet, um so mehr, da Herzl gerade den deutschen Zionisten eine zentrale Rolle zugedacht hatte.

---

[8] Siehe Leo Motzkin, Rede auf dem XVII. Kongreß, Stenographisches Protokoll der Verhandlungen des XVII. Zionistenkongresses, Basel 30. Juni – 17. Juli 1931, London 1931, S. 252–261.
[9] Abraham Robinson, David Wolffsohn, a.a.O., S. 19.
[10] Herzl an Bodenheimer, 24. 4. 1897, CZA A15/III/1; vgl.: Theodor Herzl, Tagebücher, Bd. I, Berlin 1922, S. 616.

Er drängte seine Anhänger in Köln, die Errichtung ihrer einheitlichen Organisation zu beschleunigen:

»... Sie aber, verehrter Freund, bitte ich, nunmehr die Organisation des deutschen Zionismus energisch in die Hand zu nehmen. Für alle meine Freunde in den verschiedenen Ländern wird es von nun ab nur eine maßgebende Stelle geben, von der aus der Zionismus geleitet wird, und das sind Sie in Köln.«[11]

Die Kölner Gruppe nahm die Aufgabe auf sich und nannte sich nun »National-Jüdische Vereinigung in Köln«. Die Formulierung ihrer Thesen wurde nach langen Beratungen angenommen.[12]

Die Diskussion über die »Thesen«

Die »Thesen« waren Ausdruck der Reife, die die nationaljüdische Idee erreicht hatte, und lagen deshalb dem »Baseler Programm« zugrunde, das auf dem ersten Zionistenkongreß angenommen wurde.[13] Ihre endgültige Fassung ist sichtlich von Herzls »Judenstaat« beeinflußt, und die Kölner Zionisten waren sich der Gefahren bewußt, »die ein Kampf mit offenem Visier bietet«.[14]
Im ersten Teil kommt die Erkenntnis zum Ausdruck, daß die Juden aller Länder, durch Abstammung und Geschichte verbunden, eine »nationale Gemeinschaft« bilden. Zur Vorbeugung gegen etwaige Verdächtigungen wurde hervorgehoben, daß diese Überzeugung »die patriotische Gesinnung und Erfüllung staatsbürgerlicher Pflichten seitens der Juden – insbesondere der deutschen Juden für ihr deutsches Vaterland« – in keiner Weise beeinträchtige. Der zweite Teil betont die ernsten Gefahren für die Zukunft des jüdischen Volkes. Diese Gefahren seien auch nicht durch die staatsbürgerliche Emanzipation beseitigt worden. Die endgültige Lösung der Judenfrage könne nur durch Errichtung eines jüdischen Staates auf dem »historisch geweihten Boden Palästinas« erzielt werden. Dort sollten alle Juden aufgenommen werden, »die in

---

11 Herzl an Bodenheimer, 11. 5. 1897; in demselben Geiste schrieb er an Bodenheimer am 16. 5. 1897, CZA A15/III/1.

12 CZA A15/VII/34; das genaue Datum der Veröffentlichung der »Thesen« ist nicht bekannt. Sie wurden an potentielle Gesinnungsgenossen der »National-Jüdischen Vereinigung« mit dem Vermerk »Vertraulich« gesandt. Anstatt Datum stand: »Datum des Poststempels«. Es ist anzunehmen, daß die Versendung im März 1897 begann. Aus den Memoiren Bodenheimers geht hervor, daß die erste Version der »Thesen« schon 1896 verfaßt wurde. (So wurde Israel, S. 68) und daß sie nach ihrer Veröffentlichung 1897 einen Sturm im Kölner »Bnei-Brith«-Orden hervorriefen. Dies bewegte die jüdische Gemeinde in Köln, sich an die Gemeinde in München zu wenden, um die Abhaltung des Kongresses in dieser Stadt zu verhindern. A.a.O. S. 72–74, siehe ebenfalls CZA A15/II/6.

13 Siehe: Toldoth Tochnith Basel, a.a.O.

14 Bodenheimer an Schapira, 24. 6. 1897, CZA A15/II/34.

ihrem Heimatland nicht bleiben können oder wollen«. Der dritte Teil berührt die Mittel zur Erreichung des Endziels: Hebung des jüdischen Selbstbewußtseins durch Pflege jüdischen Wissens und jüdischer Sitte (Literatur, Geschichte und hebräische Sprache), Verbesserung der sozialen und kulturellen Lage, sowie Förderung der Kolonisation in Syrien und Palästina.[15]

Die »Thesen« versuchten politischen und praktischen Zionismus, Kolonisationswerk und nationaljüdische Erziehungsarbeit zu einer organischen Einheit zu verschmelzen. Dieses Ziel wurde aber erst nach inneren Kämpfen in einer späteren Phase des Zionismus erreicht. So widersetzte sich Herzl der Förderung der jüdischen Kolonisation in Syrien und Palästina, die nicht mit seiner politischen Auffassung übereinstimmte.[16] Die Kölner gaben nicht nach, und dieser Punkt wurde auf dem Kongreß entschieden.

Den »Thesen« ging ein Aufruf voran, in dem die »National-Jüdische Vereinigung« Gesinnungsgenossen aufforderte, sich ihr anzuschließen. Sie betonte ihr Bestreben, eine rationelle und einheitliche, alle Zionisten umfassende Organisation zu schaffen, die diese aus ihrer Isolierung herausführen und die Verbreitung ihrer Ideen ermöglichen würde. Was die ideologische Disziplin betraf, sollte es eine möglichst »lose« Organisation sein, deren Grundideen Zionisten aller Schattierungen vereinigen würde. Die Vereinigung betrachtete die Ausbildung eines Führungskaders als besonders dringliche Aufgabe, »um unter unseren Stammesgenossen den jüdisch-nationalen Geist zu wecken und zu pflegen.« Der Aufruf zeichnet auch die organisatorischen Linien vor: In jeder Stadt sollten die Zionisten eine Ortsgruppe gründen und ihren »Vertrauensmann« aufgrund der »Thesen« wählen. Der »Vertrauensmann« sollte mit der Zentrale in Verbindung stehen, bzw. die Zentrale würde die »Vertrauensmänner« durch Briefe und Rundschreiben instruieren, die erforderliche Propaganda betreiben und einen jährlichen Delegiertentag einberufen.

Die Dringlichkeit der Vereinigung zionistischer Gruppen in Deutschland und in anderen Ländern hatten Bodenheimer und seine Genossen längst erkannt. Der Bund mit Herzl und dessen konkrete Pläne für den Kongreß stellte eine reale Basis dar, die bisher gefehlt hatte. Der Stimmungswandel trat auch in der Formulierung von der Notwendigkeit des Judenstaates zutage. Es war klar, daß diese Zielstellung diejenigen vor den Kopf stoßen würde, die zwar bereit waren, »die ackerbautreibenden Juden in Syrien und Palästina« zu unterstützen, aber vor jeder Radikalität zurückschreckten. Die ersten Anzeichen dieses erwarteten Abrückens blieben nicht lange aus und deuteten darauf hin, daß das Ziel der »Thesen«, »das Einigungsband für alle Zionisten Deutschlands zu bilden«, nicht ohne Schwierigkeiten erreicht werden konnte.

---

15 CZA A14/II/34.

16 Bodenheimer, So wurde Israel, a.a.O., S. 69.

In Briefen an die Kölner »Vereinigung« reagierten Zionisten auf die »Thesen« und schlugen Änderungen vor. Die »Correspondenz«, das neue Informationsblatt der »Vereinigung«, faßte diese Bemerkungen zusammen. Einige waren der Ansicht, daß die »Thesen« nicht die Wirklichkeit der deutschen Juden berücksichtigten. Die Betonung der nationalen Idee, insbesondere der Staatsbildung, schrecke nicht nur Sympathisierende ab, sondern fordere geradezu die deutsche Judenheit zu einem Kampfe heraus, »in welchem dieselbe kein Mittel scheuen wird, selbst nicht das der Vernichtung der heiligsten Grundsätze des Judentums selbst, um die zionistische Idee mit Stumpf und Stiel auszurotten.« Andere wieder drückten ihre Freude darüber aus, daß die »Thesen« endlich mit der Opportunitätspolitik, die hauptsächlich von Berlin aus befürwortet wurde, Schluß gemacht hatten. Sie fanden, daß die nationaljüdische Tendenz deutlicher hervorgehoben werden sollte. Eine dritte Gruppe schlug Kompromisse zwischen den verschiedenen Richtungen vor.[17]

Bodenheimer berichtet in seinen Memoiren über einen unwichtigen, für die Spannung zwischen den Chowewe-Zion und den »politischen« Zionisten jedoch symptomatischen Vorfall.

Er hatte eine Vignette in den Farben Rot-Gold-Blau drucken lassen, in der Mitte den Magen David mit dem Löwen Judas. Das Wappen war von 12 Sternen, als Symbol der 12 Stämme, umrahmt und trug die Umschrift »Die Gründung eines Judenstaates ist die einzig mögliche Lösung der Judenfrage.«

> »Schapira war einer der eifrigsten Sammler dieser Vignette; als ich seiner Frau gegenüber meiner Freude Ausdruck gab, kam ein kalter Wasserstrahl. Ihr Mann sammele die Vignette nur, um sie zu vernichten.«[18]

Abgesehen davon führten Bodenheimer und Schapira eine ernste Diskussion über die national-jüdischen »Thesen« und den politischen Zionismus. In einem intensiven Briefwechsel argumentierte der Heidelberger Mathematikprofessor gegen die Errichtung eines jüdischen Staates als Endziel des Zionismus. Er sprach von einem »Zentrum« oder einer »Zentralstätte«.[19] Er warnte auch vor den »vertraulichen Empfängern« der »Thesen«, »die nichts in der Welt so sehr fürchteten, als einen Schatten auf ihre reine und ausschließliche deutsche Nationalität«.[20] Die Forderung des Judenstaates sei nichts als ein »Phrasenbombardement«, das den Antizionisten unnötig Waffen liefern und zudem die Kolonisation in Palästina untergraben würde.[21] Da ein Staat auch die Bildung eines Heeres und einer Flotte voraussetze, ein Gedanke, der wahrscheinlich

---

17 Correspondenz Nr. 2 der National-Jüdischen Vereinigung in Köln, o. D. (Wahrscheinlich Juni 1897). CZA A15/VII/34.
18 Bodenheimer, So wurde Israel, a.a.O., S. 78f.
19 Schapira an Bodenheimer, 20. 4. 1897, CZA A15/III/4.
20 Schapira an Bodenheimer, 25. 4. 1897, a.a.O.
21 Schapira an Bodenheimer, 25. 4. 1897, a.a.O.

auch Herzl vorerst fernliege, würde es zweckmäßiger sein, wenn man von einer »Kolonisation im großen Stile« oder von einer »legalisierten Kolonisation« spräche.[22] Schapira fürchtete die Spaltung im Lager der Zionisten und im ganzen jüdischen Volke, wenn die Zukunftsphantasien des politischen Zionismus »das Gespenst des modernen Parteikampfes in aller Häßlichkeit« hervorrufen würden.[23] Trotz dieser Kritik gab Schapira der Bitte Bodenheimers nach und nahm am ersten Kongreß teil, weil er in Herzl den »Wecker in Israel« sah.[24]

Gegenüber Schapira behauptete Bodenheimer, daß eine nationale Gemeinschaft nur innerhalb eines politischen Rahmens den vollen Ausdruck ihrer Eigenart finden könne. Die absolute Souveränität sei hierzu nicht unbedingt notwendig. Es sei vielmehr anzunehmen, daß man zu einem Einverständnis mit der türkischen Regierung kommen werde. Trotzdem müßte die Errichtung eines eigenen Staates ausdrücklich in den »Thesen« erwähnt werden, denn auch für diejenigen, die sich dieser Formulierung aus taktischen Gründen widersetzen, sei dies die Konsequenz ihres nationalen Bewußtseins.[25]

Er wollte vermeiden, Männer wie Schapira und Bambus, die sich um die Verbreitung des zionistischen Gedankens verdient gemacht hatten, außerhalb der Organisation zu lassen. In diese Richtung sollte der erste Delegiertentag der deutschen Zionisten in Bingen am Rhein wirken, der für den 17. Juli 1897 einberufen wurde. Die »Vereinigung« wollte auf der Tagung eine »vermittelnde« Version vorlegen, um die Kritik an den ursprünglichen Kölner »Thesen« – also an den radikalen Tendenzen – einigermaßen abzuschwächen. Hier legte man die Betonung auf die notwendige Hilfeleistung für die bedrängten Stammesgenossen, »soweit dies ohne Beeinträchtigung ihrer staatsbürgerlichen Pflichten geschehen kann«.

In der zweiten These trat an die Stelle von »Bildung eines jüdischen Staates« der neutrale Ausdruck »Bildung eines jüdischen Gemeinwesens«. Auf diese Weise war der umstrittenste Begriff beseitigt worden. Dennoch blieb die Aufgabe des »Gemeinwesens«; es sollte »unter der Mitwirkung der interessierten Großmächte« geschaffen werden, um »die Juden als solche völkerrechtlich zu vertreten.«[26]

Sogar diese gemäßigte Formulierung stieß auf Widerstand. Zwei Mitbegründer der Kölner »Vereinigung« erklärten ihren Austritt unter dem Vorwand, die zionistische Aktivität schade der Kolonisation und eile ihrer Zeit um minde-

---

22 Schapira an Bodenheimer, 13. 5. 1897, a.a.O.
23 Schapira an Bodenheimer, 21. 6. 1897, a.a.O.
24 Delegiertentag zu Bingen, den 11. Juli 1897, CZA A15/VII/34.
25 Correspondenz Nr. 3 der National-Jüdischen Vereinigung in Köln, Juli 1897, CZA A15/VII/34.
26 Correspondenz Nr. 2 der National-Jüdischen Vereinigung in Köln, a.a.O.

stens zehn Jahre voraus.[27] Die Veröffentlichung der »Thesen«, also die Propagierung der Schaffung eines Judenstaates, löste unter den Kölner Juden eine »Angstpsychose« und einen »Sturm der Entrüstung« aus. »Es ist heute kaum begreiflich, welches Maß von Vorurteil, Haß und Rachsucht in die Höhe schoß, um den kleinen Kreis der Zionisten zu sprengen.« Nicht alle hatten die Entschlossenheit und Charakterfestigkeit, um durchzuhalten. Es ist daher wahrscheinlich, daß die Männer, die aus der »Vereinigung« austraten, vor gesellschaftlichem und wirtschaftlichem Boykott zurückwichen, den die Kölner Juden gegen die Zionisten ihrer Stadt anstrengten.[28]
Die »Vereinigung« eröffnete vor dem Delegiertentag in Bingen eine für ihre beschränkten Geldmittel recht ansehnliche Werbeaktion. So gab sie ein Flugblatt in 500 Exemplaren und einen jüdischen Volkskalender für das Jahr 5658 (1897–1898) heraus.[29] Der Werbung der »Vertrauensmänner« wandte sie die größte Aufmerksamkeit zu, da diese das Rückgrat der Organisation bilden sollten. Bodenheimer berichtete Herzl, er habe über 100 Briefe erhalten, in denen man der »Vereinigung« und ihrer Tätigkeit Beifall zollte. Außerdem hätten sich zwanzig Gesinnungsgenossen in verschiedenen Städten bereiterklärt, das Amt eines »Vertrauensmannes« zu übernehmen.[30]

»Alea est jacta«

Die Versammlung in Bingen war eine »Vorkonferenz« zur Ausarbeitung der Vorschläge zum bevorstehenden Zionistenkongreß und der ideologischen Grundlagen für die allgemeine Organisation der deutschen Zionisten, die sich »als besondere Gruppe« konstituieren wollten.[31] Trotz ihrer zahlenmäßigen Schwäche strebten sie nach Einflußnahme im Sinne des politischen Zionismus. Sie schickten sich daher an, »eine straffe Organisation« zu schaffen[32], die nicht in der Mehrzahl von Delegationen untergeht.[33]
Die Konferenz in Bingen fand in den Büroräumen des Rechtsanwalts Schauer statt, und es nahmen nur zehn Personen teil. Es war daher kein »Delegiertentag« im eigentlichen Sinn des Begriffes. Fünf Teilnehmer gehörten der

---

27 Moritz Levy jun. an Bodenheimer, 25. 5. 1897, CZA A15/VII/1a. In einem früheren Brief schlug Levy Änderungen der »Thesen« vor, um sie den deutschen Juden mundgerecht zu machen. Moritz Levy an Bodenheimer, 2. 4. 1897, a.a.O.
28 Bodenheimer, So wurde Israel, a.a.O., S. 72–74.
29 Jüdischer Volkskalender für das Jahr 5658 (1897–1898); der Kalender enthielt unter anderem den zionistischen Propagandaartikel »Was wir wollen«.
30 Bodenheimer an Herzl, 14. 7. 1897, CZA A15/I/8/36; in der Liste der »Vertrauensmänner« befinden sich die Namen von Rabbiner Rülf (Memel), Rabbiner Kurrein (Böhmen), Motzkin (Berlin), Josef Klausner (Heidelberg).
31 Correspondenz Nr. 2 der National-Jüdischen Vereinigung in Köln, a.a.O.
32 ebd.
33 Delegiertentag zu Bingen den 11. Juli 1897, a.a.O.

Kölner »Vereinigung« an und vertraten kaum die Hälfte der Zionisten Deutschlands. Frankfurt/Main war durch zwei Delegierte vertreten und Heidelberg durch einen. Die geringe Teilnehmerzahl war wohl auf die geographische Entfernung Bingens zurückzuführen. Die Bezeichnung »Delegiertentag«, statt »Vorkonferenz« sollte ihren Beschlüssen größeres Ansehen verschaffen.
Im Lauf der Verhandlungen stellten die Anhänger der politischen Richtung – Bodenheimer, Wolffsohn und Schach (Köln) und die Anhänger der praktischen Kolonisation – Estermann (Berlin) und Schapira (Heidelberg) ihre Standpunkte klar.
Die Meinungsverschiedenheiten wurden durch das gemeinsame Gefühl des bevorstehenden »historischen Wendepunktes« überbrückt. Es kam denn auch zu einer gemeinsamen Formulierung der Thesen und zum Beschluß, dem Ruf Herzls zu folgen. Sie drückten diesen Beschluß und die Anerkennung seiner Führerschaft in einem Telegramm aus: »Die soeben hier konstituierte Vereinigung deutscher Zionisten begrüßt ihren tapferen Mitkämpfer herzlichst.«[34]
Die Kampferklärung der deutschen Rabbiner Maybaum (Berlin), Vogelstein (Stettin) und Leimdörfer (Hamburg)[35] gegen den Zionismus und den Münchner Kongreß stärkte das Bewußtsein der Delegierten, »mit offenem Visier« zu kämpfen, selbst wenn es dadurch zum Bruch mit den »Liberalen« und den gemeinsamen Kolonisations- und Kulturvereinigungen kommen sollte.
Es war der Kampf einer neuen Generation gegen Stagnation und Notabelnwirtschaft im deutschen Judentum. Sie hatten das Empfinden, an einem radikalen Umbruch im Leben des jüdischen Volkes teilzunehmen:

> »Nicht wir sind die Schiebenden, die Ereignisse sind stärker als wir. Es liegt nicht in unserer Macht, dem Kampf auszuweichen ... Alea est jacta, wir können nicht mehr zurück.«[36]

Zum ersten Zionistenkongreß

Die Rabbiner und Gemeindevorstände in Deutschland leisteten dem Zionismus erbitterten Widerstand, so daß bald eine fast unüberbrückbare Kluft zwischen den beiden Lagern entstand. Dieser Widerstand führte andererseits zu einer Einigung der Zionisten, und so nahmen die vagen Pläne des Zionistenkongresses Gestalt an. Was erst als »allgemeiner Zionistentag« gedacht war, an dem auch palästinophile, apolitische Vereine teilnehmen sollten, bekam bis zum

---

34 ebd.
35 »Gegen den Zionismus«, AZJ Nr. 24, 11. 6. 1897, S. 277; Dr. D. Leimdörfer, »Gegen den Zionismus«, AZJ Nr. 27, 2. 7. 1897, S. 316f.
36 Bodenheimer an Schapira, 23. 6. 1897, CZA A15/III/4.

Frühjahr 1897 den Charakter einer jüdischen Nationalversammlung.[37] Die Kongreßziele zwangen alle Teilnehmer, eine klare Stellung zu beziehen. Willy Bambus stand an der Spitze der Berliner Zionisten. Er erklärte im Mai 1897 in jüdischen Zeitungen, er distanziere sich ausdrücklich von einem »politisch-zionistischen« Kongreß. Er habe die Absicht, Herzl von dieser Richtung abzubringen und »die Wirkung zu schwächen.«

> »Ob derselbe nach den von Dr. Herzl mitgeteilten Vorschlägen ein Zionistenkongreß sein wird, oder nach den von anderer Seite gemachten Propositionen eine Konferenz der Palästina-Vereine, oder eine noch andere Form erhalten wird, ist heute noch nicht zu entscheiden, denn die ganze Angelegenheit befindet sich durchaus im Stadium der Vorberatung. Damit fallen auch alle an den Plan des Herrn Dr. Herzl geknüpften Folgerungen hinweg.[38]

Drei Monate vor dieser Erklärung hoffte Herzl noch, daß Bambus mit ihm die Vorbereitungsarbeit zum Kongreß teilen würde.[39]
Bodenheimer wollte vermeiden, daß die apolitischen Zionisten dem Kongreß fernblieben und schlug einen Kompromiß vor: Die Abhaltung einer Konferenz der Kolonisationsvereine gleichzeitig mit dem Kongreß. Dadurch sollte einerseits die Furcht vor der Politisierung des palästinensischen Siedlungswerks beseitigt und andererseits die öffentliche Grundlage des politischen Zionismus erweitert werden.[40]
Herzl lehnte diesen Vorschlag ab:

> »Die Gefahr ist, daß diese Konferenz, auf der unsere perfidesten Gegner das Wort hätten, dem Kongreß geradezu entgegenarbeiten würde. Die ›Palästinenser‹ werden natürlich auch auf unserem Kongreß willkommen sein, wenn sie nicht stören wollen.«[41]

Im Juni 1897 waren die Anschauungen Herzls und Bambus' über das Wesen des Kongresses unüberbrückbar geworden. Herzl befürwortete ausdrücklich den Charakter einer Nationalversammlung, die den politischen Willen des jüdischen Volkes repräsentiert. Gerade der Widerstand der Rabbiner und die ihm auferlegten Beschränkungen bei der Fassung der Endziele stärkten Herzls Entschlossenheit.[42]

---

37 Am 10. März 1897 schrieb Herzl in sein Tagebuch: »Der Kongreß wird ein öffentlicher und ein vertraulicher sein.«
Am 4. April 1897 schrieb Herzl an Colonel Goldsmid: »In München wird nach langer Zeit wieder eine jüdische Nationalversammlung stattfinden.« Theodor Herzl, Tagebücher Bd. I, Berlin 1922, S. 595, 611.

38 JP Nr. 18, 5. 5. 1897, S. 185; Herzl, Tagebücher Bd. I, a.a.O., S. 623.

39 a.a.O., S. 596.

40 Herzl an Bodenheimer, 22. 5. 1897, CZA A15/III/1.

41 Herzl an Bodenheimer, 26. 5. 1897, CZA A15/III/1.

42 Diesen Gedanken präzisierte Herzl vor dem zweiten Kongreß: »Daß unser Kongreß in der ersten Zeit noch ein mangelhaftes Parlament bleiben wird, weiß ich wohl. Aber das Prinzip der Repräsentation ist darum so wichtig, weil wir dadurch in einer konkludenten Handlung

Bambus' Einstellung war auch durch Prestigegründe bedingt. Er war die zentrale Figur im »Esra«, die Mehrheit seiner Mitglieder stand der nationaljüdischen Idee fern oder lehnte sie sogar ab.[43] Unter den 2500 Mitgliedern in Deutschland waren nur wenige Zionisten.[44] Eine eindeutige Entscheidung zugunsten Herzls konnte daher den Finanzen des »Esra« und seiner eigenen Position schaden.[45] Außerdem gefiel es ihm nicht, im Schatten der dominierenden Persönlichkeit Herzls zu stehen, den er sarkastisch als einen »Emporkömmling« bezeichnete.

Bambus konnte indes die Einberufung eines politischen Kongresses nicht mehr vereiteln.[46] Er warnte Loewe: »Herzl richtet mit seinem Kongreß viel Unheil an, noch größeres kommt ohne Zweifel noch nach.«[47]

Wenn sich Bambus dennoch zögernd zur Teilnahme am Kongreß entschloß, tat er es, um sich nicht von den Berliner Zionisten zu isolieren. Oder, wie Loewe befürchtete, den »Esra« ... »zu einer Sprengbombe im zionistischen Lager zu benutzen.«[48]

Rabbiner Hirsch Hildesheimer war als Redakteur der »Jüdischen Presse« eine der bedeutendsten Persönlichkeiten der Orthodoxie in Deutschland. Er distanzierte sich vom Kongreß wegen des politisch-säkularen Charakters und der Furcht um die Stellung in seinem Kreis. Eine langjährige Tradition verband die Familie Hildesheimer, den Vater Rabbi Esriel und den Sohn Hirsch, mit der Kolonisation Erez Israels.

Esriel Hildesheimer (1829–1899) war Mitglied des »Vereins zur Kolonisierung von Palästina« in Frankfurt/Oder und gründete im Jahre 1870 einen gleichnamigen Verein in Berlin.

Hildesheimer war indes nicht mit dem jüdischen Nationalismus Kalischers einverstanden und widersetzte sich der Errichtung landwirtschaftlicher Siedlungen mit der Begründung, daß die Landwirte die mit dem Ackerbau verbun-

---

42 (Fortsetzung)
den Staatswillen ausdrücken, den wir aus Opportunitätsgründen nicht betonen können ... Wenn Sie führen wollen, brauchen sie Fahnen und Trompeten.« Herzl an Bodenheimer, 11. 6. 1898, CZA A15/III/1.

43 Auf dem Delegiertentag in Bingen berichtete Estermann, daß der Widerstand von Bambus gegen den Kongreß seinen Ursprung in einer Warnung hatte, die er von seinen Anhängern in Frankfurt/M. erhielt, sowie in der Befürchtung, sein Plan, eine Industriebank in Palästina zu errichten, könnte scheitern. Delegiertentag zu Bingen, den 11. Juli 1897, a.a.O.

44 Diese Zahlen bringt Heinrich Loewe in einem Brief an Herbert Bentwich vom 3. 3. 1898. Er schätzt die Zahl der Mitglieder der »Berliner Zionistischen Vereinigung« (B.Z.V.) auf 250. Vor dem Kongreß waren es keine hundert. CZA A146/24.

45 »Hier haben alle in Frage kommenden Persönlichkeiten, insbesondere die Vorstandsmitglieder des Esra abgelehnt, zu einem Kongreß, dessen Zionismus so stark betont wird, einzuladen ... Noch immer ist der Zionismus das rote Tuch, vor dem sich alle fürchten.« Bambus an Herzl, 22. 4. 1897, CZA A15/VII/1.

46 Herzl, Tagebücher, Bd. I, a.a.O., S. 616.

47 Bambus an Loewe, 7. 7. 1897, aus dem Nachlaß Heinrich Loewes im Besitz seiner Tochter, a.a.O.

48 Heinrich Loewe an Herbert Bentwich, 3. 3. 1897, CZA A146/24.

denen Observanzen nicht beobachten würden. Zwar beteiligte er sich an den Vorbereitungen zur Kattowitzer Konferenz, lehnte dann aber die Teilnahme ab, um die Orthodoxen nicht vor den Kopf zu stoßen. Sein Sohn Hirsch handelte ähnlich.

Es lag aber in Herzls Interesse, gerade ihn für die zionistische Bewegung zu gewinnen und dadurch eine Brücke zur Orthodoxie zu schlagen. Anfangs war Hildesheimer auch einverstanden, auf dem Kongreß ein Referat über Kolonisationsarbeit zu halten. Später zog er diese Zusage zurück, wohl aus Furcht, durch seine Identifizierung mit dem politisch-orientierten Zionismus »seine Spender-Klientel zu verlieren«.[49]

Hildesheimer veröffentlichte in der »Jüdischen Presse« eine ausweichende Erklärung: Er habe selbstverständlich nie die Absicht gehabt, an einem Zionistenkongreß teilzunehmen, sondern lediglich an einer Besprechung der mannigfaltigen Aufgaben des palästinensischen Hilfswerks, insbesondere der Kolonisation. Abgesehen vom prinzipiell entgegengesetzten Standpunkt des orthodoxen Judentums gegenüber den zionistischen Theorien und Zukunftsplänen, warnte Hildesheimer vor »dem schweren Schaden«, den ein Zionistenkongreß der Kolonisation in Palästina zufügen würde.[50] Durch diese Haltung verzichtete das organisierte religiöse Judentum auf die Mitwirkung bei der Formierung der zionistischen Bewegung in ihrem Anfangsstadium. Herzl wollte sich nicht auf »Berliner« verlassen: »Die überschlauen Berliner Herren haben sich, glaube ich, verrechnet, als sie aus Opportunismus uns mit dem Kongreß im Stiche ließen.«[51]

Inzwischen hatte der Vorstand der jüdischen Gemeinde in München gegen die Abhaltung des Kongresses in dieser Stadt gewirkt und damit eine antizionistische Kampagne in Deutschland eröffnet. Gemeindevorsteher Abraham Offner drückte seine Befürchtungen aus, ein zionistischer Kongreß könnte die deutschen Juden der Untreue zu ihrer Heimat verdächtig machen.[52] Infolge dieses Widerstandes beschloß das Vorbereitungskomitee, den Kongreß nach Zürich oder Basel zu verlegen. Gleichzeitig wollte man aber klären, ob die bayrische Regierung etwas gegen die Abhaltung eines Kongresses in München einzuwenden hätte. Herzl bat den Fürsten Wrede, einen christlichen Anhänger des Zionismus, eine diesbezügliche Anfrage ans bayrische Innenministerium zu richten und etwaigem Verdacht vorzubeugen.

---

49 Herzl, Tagebücher Bd. I, a.a.O., S. 624.

50 JP Nr. 18, 5. 5. 1897, S. 185. Der Standpunkt der Orthodoxie hatte seinen ersten ablehnenden Ausdruck in der Besprechung des »Judenstaates« gefunden. Siehe: »Ein merkwürdiger Umschwung der jüdischen öffentlichen Meinung«, Der Israelit Nr. 90, 9. 11. 1896, S. 1711–1713.

51 Herzl an Bodenheimer, 11. 5. 1897, CZA A15/III/1.

52 Einzelheiten in dieser Angelegenheit bringt: Werner J. Cahnmann, »Munich and the First Zionist Congress«, Historia Judaica, Vol. VII, 1941, S. 7–23.

»Der Zionismus will die Judenfrage in friedlicher Weise lösen, und zwar durch Besiedlung Palästinas mit Juden, unter Zustimmung der Mächte, nach erfolgter Verständigung mit der Kaiserlichen türkischen Regierung. Der Zionismus ist selbstverständlich eine vollkommen gesetzliche Bewegung und will seine menschenfreundliche Ziele nicht anders als unter der wohlwollenden Aufsicht der Regierungen verfolgen. Der vorbereitenden Komission gehören auch mehrere deutsche Staatsbürger an.«[53]

Bevor sich Wrede offiziell an den Minister wandte, zog er es vor, bei ihm »privatim in einer heiklen Angelegenheit« anzufragen. Er wollte sich nicht an einem Schritt beteiligen, der »entweder aussichtslos oder von Euer Excellenz auch nur mit scheelen Augen angesehen würde.« Da sich in München bedeutende Schwierigkeiten betreffs der Tagung erhoben hätten, bat er den Minister, ihm mitzuteilen, »ob die königlich-bayrische Regierung die Abhaltung des Kongresses freundlich zu dulden gewillt ist.«[54]
Der Innenminister bat um Berichterstattung der Polizeidirektion München.[55] Die umgehende Antwort lautete,

»daß diesamts von bedeutenden Schwierigkeiten, welche dem beabsichtigten Zionisten-Kongreß in München angeblich entgegengestellt werden, nichts bekannt ist. Die K. Polizeidirektion hatte sich mit der in Frage stehenden Angelegenheit amtlich bisher überhaupt noch nicht zu befassen und ist über dieselbe lediglich aus den im Ausschnitt anrührenden Zeitungsnotizen der ›Münchener Neuesten Nachrichten‹ – welche in ähnlicher Fassung auch in andere Presseorgane übergingen – unterrichtet.
Die in dem ersteren der angeführten Artikel sich gegen den Kongreß geltend machende Animosität ist jedenfalls auf einen Teil der hiesigen Judenschaft selbst zurückzuführen.«[56]

Die Antwort des Innenministers war inhaltlich mit dem Bericht der Polizei identisch, er fügte nur hinzu, daß wegen der Ablehnung des zionistischen Gedankens »durch die Mehrzahl der hiesigen Juden« der Kongreß überhaupt nicht in München stattfinde[57].
Die Verdächtigung der staatsbürgerlichen Untreue der politischen Zionisten seitens der Rabbiner und Gemeindevorsteher war also nach amtlicher Bestätigung völlig unbegründet. Sie entsprang einer übertriebenen Angst um die Bürgerrechte. Die Gleichgültigkeit der bayrischen Regierung gegenüber dem

---

53 Herzl, Tagebücher Bd. II, a.a.O., S. 6.
54 Fürst Wrede an den Bayrischen Innenminister, 23. 6. 1897, Bayrisches Hauptstaatsarchiv, Abt. I, MInn, 73542.
55 Staatsminister des Innern, Nr. 12859 an Vorstand der Polizeidirektion München, 25. Juni 1897, a.a.O.
56 Königliche Polizeidirektion München an Kgs. Staatsministerium des Innern Nr. 44712, 28. Juni 1897, a.a.O.
57 Staatsminister des Innern an Fürst Friedrich von Wrede Nr. 13182, 3. Juli 1897, a.a.O.

Zionismus und die Sympathie des Großherzogs von Baden rechtfertigen diese Annahme in keiner Weise. Sogar der nicht als besonders judenfreundlich bekannte Kaiser hatte diesbezüglich keine Bedenken.[58] Am Rand einer Denkschrift über die Ziele des Zionismus, die Heinrich Loewe auf Bitte des deutschen Konsuls in Jerusalem im Jahr 1897 verfaßt hatte, schrieb der Kaiser mit roter Tinte nur eine seiner notorischen Glossen: »Ich bin sehr dafür, daß die Mauschels nach Palästina gehen, je eher sie dorthin abrücken, desto besser. Ich werde ihnen keine Schwierigkeiten in den Weg legen.«[59]

Aus dieser spontanen erstmaligen Reaktion auf den Zionismus ist wohl ersichtlich, daß Wilhelm II. keine Zweifel am Patriotismus der deutschen Zionisten hegte. Trotzdem wurde die Bezichtigung der Untreue zu einem Leitmotiv der antizionistischen Propaganda. Ein Rabbiner in Hamburg rief in dringlichen Worten zur allgemeinen Mobilisierung der Gemeinden und Lehrerverbände gegen die Gefahr des politischen Zionismus und seines Kongresses auf. »Das deutsche Gesamt-Israel muß sich gegen den unberechtigten Vorwurf verwahren, sie seien keine Deutschen, sondern gravitieren nach Kanaan.«[60]

Im Angriff gegen den Zionismus, von Rabbinern verschiedener Strömungen geleitet, wechselten Beschuldigungen der »Verfälschung des Judentums« mit Warnungen vor »politischen Gefahren«. Die Rabbiner Maybaum aus Berlin und Vogelstein aus Stettin nahmen in einer Erklärung im führenden Organ des liberalen Judentums gegen den Zionismus und seine neue Zeitung »Die Welt« wie folgt Stellung:

> »Die Zeitung ist ein Unglück, das abgewehrt werden muß. Solange die Zionisten hebräisch schrieben, waren sie nicht gefährlich, jetzt, da sie deutsch schreiben, muß man ihnen entgegentreten. Nicht um sie zu widerlegen. Denn was soll man mit Leuten reden, die auf der einen Seite für ein Nationaljudentum schwärmen und auf der anderen Seite sich über die österreichische Regierung beklagen, daß sie von dem Bewerber um eine Sekretärstelle in der Bukowina einen Taufschein fordert?«

Die Verfasser beteuerten ihren deutschen Mitbürgern, daß die Juden

> »lediglich in religiöser Beziehung eine besondere Gemeinschaft bilden ... aber in nationaler Hinsicht sich vollkommen eins mit ihnen fühlen und die geistigen und sittlichen Ziele des teuren Vaterlandes in gleicher Begeisterung erstreben ...«

---

[58] Lamar Cecil, »Wilhelm II. und die Juden«, Juden im Wilhelminischen Deutschland, Schriftenreihe wissenschaftlicher Abhandlungen des Leo-Baeck-Instituts, Tübingen 1976, S. 313–347. Siehe ferner: Herzl, Hechler, The Grand Duke and The German Emperor 1896–1904, Tel Aviv 1961.

[59] Politisches Archiv des Auswärtigen Amtes Bonn, Juden in der Türkei, (im folgenden: AA/JT) Bd. I, K 175910.

[60] Dr. D. Leimdörfer, »Gegen den Zionismus«, AZJ Nr. 27, 2. 7. 1897, S. 316f.

Sie beschuldigten die Zionisten, sie stellten die ganze geschichtliche Entwicklung des Judentums auf den Kopf; sie hätten kein Mandat, im Namen der Judenheit aufzutreten und »einen Kongreß, der nicht einmal in Przemysl, Grodno oder Jassy am Platz wäre, nach München einzuberufen.«[61]
Rabbiner Rülf antwortete den Rabbinern Maybaum und Vogelstein in der »Welt« mit einer »Erklärung gegen Erklärung«.
Darin war der sich abzeichnende Riß im deutschen Judentum deutlich sichtbar:

> »Nicht die Zeitung, aber die Rabbiner sind unser Unglück, jene Irreleiter, die Antisemitismus treiben, schlimmer als die schlimmsten Antisemiten, dem Judentum ihr Volkstum absprechen und es aus der Liste der Nationen ausstreichen wollen.«[62]

Den Höhepunkt erreichte die Kampagne gegen den Kongreß in der Erklärung des »Geschäftsführenden Vorstands des Rabbinerverbands in Deutschland«, die in nichtjüdischen und jüdischen Zeitungen Deutschlands veröffentlicht wurde und von den Rabbinern Dr. Maybaum (Berlin), Dr. Horowitz (Frankfurt/Main), Dr. Guttmann (Breslau), Dr. Auerbach (Halberstadt) und Dr. Werner (München) unterzeichnet war.
Es war das erste Mal, daß eine öffentliche Körperschaft in dieser Form gegen den Zionismus auftrat. Ihrem Inhalt nach wandte sich die Erklärung sowohl nach innen als auch nach außen. Sie sollte »irrige Vorstellungen über den Lehrinhalt des Judentums« berichtigen, die durch die Einberufung des Kongresses verbreitet worden waren. Die fünf unterzeichneten Rabbiner behaupteten, die Gründung eines Judenstaates in Palästina widerspreche den messianischen Verheißungen der Heiligen Schrift und späteren Religionsquellen. Die jüdische Religion habe ihre Bekenner verpflichtet, ihrem Vaterlande in aller Hingebung zu dienen. Die Erklärung schließt mit einer Warnung im Namen von »Religion und Vaterlandsliebe«, sich den zionistischen Bestrebungen und dem Kongreß fernzuhalten und beschuldigte somit indirekt die Zionisten der »Untreue gegen ihr Vaterland«.[63]
Schon einige Monate vor der Erklärung der deutschen Rabbiner war in Wien der Oberrabbiner Dr. Moritz Güdemann gegen den Zionismus hervorgetreten. Gerade dieser Oberrabbiner hatte am Anfang gewisse Neigungen zu Herzls Anschauungen an den Tag gelegt. Nun nahm er öffentlich in der Broschüre »Nationaljudentum« gegen die zionistische Idee Stellung und behauptete, das Judentum sei »als solches« nicht national. Der Begriff »Nationaljudentum« leide an einem inneren Widerspruch und stehe im Gegensatz zu seiner geschichtlichen Mission.

---

61 »Gegen den Zionismus«, AZJ Nr. 24, 11. 6. 1897, S. 277.
62 »Erklärung gegen Erklärung«, Die Welt Nr. 4, 25. 6. 1897, S. 1.
63 Erklärung des Geschäftsführenden Vorstandes des Rabbinerverbandes in Deutschland, AZJ Nr. 29, 16. 6. 1897, S. 338.

Diese bestehe nicht in der Aufgabe

> »die zentrifugale Nationalitätssucht oder Nationalitätsschwärmerei der Völker zu unterstützen, geschweige ihr seinerseits zu huldigen, sondern vielmehr die, den Individualismus der Nationen aufzuheben und auf die Vereinigung aller Menschen zu Einer Menschenfamilie hinzuarbeiten. Würde das Judentum in allen seinen Bekennern das Bestreben erwecken, wieder eine Nation zu werden, so beginge es einen Selbstmord, denn es würde für eine im günstigen Falle zweifelhafte Gegenwart die Zukunft preisgeben. Das Judentum hat aber immer in der Zukunft und für die Zukunft gelebt, es ist niemals in der Gegenwart aufgegangen, es hat die Zukunft niemals der Gegenwart geopfert.«[64]

Güdemann bemühte sich, seinem Aufsatz das Ansehen einer wissenschaftlichen Abhandlung zu geben. Er grollte den Zionisten nicht, »die nicht die schlechtesten Juden sind«, die sich aus Reaktion auf den Antisemitismus »in einem aus Erbitterung und Stolz gemischten Gefühle sozusagen in den Schmollwinkel des Nationaljudentums zurückzogen.«[65]
Kein Zweifel, daß der Verfasser seine Meinung mit möglichster Objektivität, ohne Gefühlsausbrüche, zum Ausdruck zu bringen versuchte. Er fügte seinem Namen weder Titel noch Amt bei, ganz im Gegensatz zum »Geschäftsführenden Vorstand des Rabbinerverbandes in Deutschland« der *ex cathedra*, in einem »Hirtenbrief«, den Zionismus und die Zionisten in Acht und Bann tat.
Herzl nahm die Kampfansage der Münchner Kultusgemeinde und der Rabbiner an. In Wahrheit war sie ihm sogar willkommen. Als Journalist wußte er instinktiv, daß dieser Streit gerade den Zionisten Gelegenheit bot, aus ihrer Anonymität herauszukommen und gegen die Politik des »Totschweigens« zu kämpfen.[66] Im Tagebuch notierte er: »Ich glaube, daß dieser Zwischenfall dem Kongreß sehr nützen wird. Die allgemeine Diskussion wird entbrennen und wir verlegen die Versammlung vom ungeeigneten München nach dem geeigneten Zürich.«[67]
Den Rabbinern antwortete er mit einem scharfen polemischen Artikel. Herzl griff sowohl die Verfasser wie den Inhalt ihrer Erklärung an. Er vermied es, sich in theologische Auseinandersetzungen einzulassen, führte jedoch die Meinungen anderer religiöser Autoritäten an, die den Zionismus gerade aus religiösen Quellen belegt hatten. Er zog eine klare Trennungslinie zwischen Assimilationsjuden und Zionisten: »Der Zionismus ist das jüdische Volk unterwegs.«

---

64 M. Güdemann, Nationaljudentum, Leipzig und Wien 1897, S. 35; vgl.: Herzl, Tagebücher, Bd. I, S. 617.
65 M. Güdemann, Nationaljudentum, a.a.O., S. 5.
66 Siehe die Versuche der Redakteure der »Neuen Freien Presse«, Herzl von der Herausgabe der »Welt« abzubringen. Herzl, Tagebücher, Bd. I, a.a.O., S. 638–642.
67 Herzl, Tagebücher Bd. II, a.a.O., S. 4; Briefe an die Israelitische Kultusgemeinde München, Welt Nr. 5, 2. 7. 1897, S. 1f.

Wer sich jedoch, wie die »Protestrabbiner« vom jüdischen Volk lossage, um zu einem anderen überzugehen, werde von den Zionisten als Fremder angesehen, der nicht in die Angelegenheiten eines Volkes dreinreden sollte, dem er nicht mehr angehöre.[68]
Die Gegensätze hatten sich vertieft und zur Spaltung zwischen Zionisten und Nichtzionisten geführt. Herzls Auffassung ging dahin, daß es sich dabei nicht um eine Spaltung innerhalb desselben jüdischen Lagers handelte; Zionisten und Assimilationsjuden gehörten nicht mehr einem gemeinsamen Lager an, sie zählten zu verschiedenen Völkern; von einer politischen Grenze voneinander getrennt, würden sich ihre gegenseitigen Beziehungen künftig wie »zwischen Bürgern souveräner Staaten« gestalten.
Diese Auffassung schien auf den ersten Blick recht logisch, bedeutete aber eine Übersimplifizierung des Problems und war auch innerhalb der zionistischen Bewegung umstritten. Herzl betrachtete die Krise als Anfang eines Gesundungsprozesses, der »zur Klärung verrotteter Verhältnisse« und zur Läuterung des Volkscharakters führen müsse.
Auch der Delegiertag der deutschen Zionisten in Bingen, der kurz nach der Veröffentlichung der Rabbinererklärung zusammentrat, beschloß, eine Gegenerklärung zu erlassen. Er beauftragte damit Prof. Schapira, der »eine würdevoll gehaltene Broschüre« verfassen wollte.[69] Da er diese aber nicht schrieb, veröffentlichte die »National-Jüdische Vereinigung« eine Erklärung in der Tagespresse.[70] Max Nordau und Rabbiner Rülf weigerten sich, zu unterzeichnen. Nordau begründete dies folgendermaßen:

> »Niemals würde ich es den jesuitischen Rabbinern gestatten, das Werk der jüdischen Besiedlung Palästinas mit Ausschluß von uns für sich in Anspruch zu nehmen. Hätte ich an der Gegenerklärung mitzuarbeiten gehabt, ich hätte den Rabbinern niemals den Gefallen getan, auf ihre verlogenen Anführungen des Messianismus, an den diese Komödianten selber nicht glauben, ernstlich einzugehen.«[71]

Rülf hatte eine schärfere Formulierung vorgeschlagen, die deshalb anscheinend abgelehnt wurde:

> »Wir protestieren hiermit auf das entschiedenste und nachdrücklichste gegen alle Unterstellungen und Anschuldigungen, welche uns von unseren Gegnern, besonders aber von einem angeblichen geschäftsführenden Ausschuß des deutschen Rabbinerververbandes, dessen Existenz wir bezweifeln, ange-

68 Th. Herzl, »Protestrabbiner«, Welt Nr. 7, 16. 7. 1897, S. 1–2.
69 Delegiertentag zu Bingen, den 11. Juli 1897, a.a.O.
70 Flugblatt Nr. 2 herausgegeben von der National-Jüdischen Vereinigung für Deutschland in Köln, o.D. (Juli 1897), CZA A15/VII/34.
71 Correspondenz der National-Jüdischen Vereinigung für Deutschland, o.D. (Ende Juli 1897), CZA A15/VII/34.

sonnen werden. Wir sind als Juden treu zu unserem Glauben mit allen seinen Hoffnungen und Erwartungen, wie solche in der heiligen Schrift und allen späteren Religionsquellen klar und bestimmt ausgesprochen sind ... Wir sind also echte Nationaljuden, treu unserem deutschen Vaterland und sind jederzeit bereit, demselben mit voller Lebenshingabe zu dienen ... Jede gegenteilige Behauptung erklären wir einfach als völlig grundlose Verleumdung.«[72]

Die »National-Jüdische Vereinigung in Köln«, die jetzt die Zionisten in ganz Deutschland repräsentierte, mußte sich dringend gegen die Isolierung wehren, die ihr drohte, da eine solche den ohnehin schweren Anschluß an den Zionismus noch erschwert hätte. Das Flugblatt Nr. 2, »Der Nationaljude als Staatsbürger«, dessen Verfasser Dr. Rülf war, sollte dem abhelfen.
Gegen ihren Willen waren die deutschen Zionisten in einen theologischen Disput verwickelt worden, den sie als politische Bewegung hatten vermeiden wollen. Doch im Grunde genommen war es – trotz des theologischen Anstrichs – eine politische Diskussion, zumal an ihr der »Zentralverein deutscher Staatsbürger jüdischen Glaubens« teilnahm, dessen Wirkungsbereich nicht im Religiösen lag. Das Flugblatt Nr. 2 wandte sich daher nicht nur gegen das Argument der Rabbiner, daß die Juden lediglich eine religiöse Gemeinschaft bilden, sondern vor allem gegen die Behauptung des »Zentralvereins«:

»Wir stehen fest auf dem Boden der deutschen Nationalität ... Wir sind nicht zionistisch ... Diese Partei hat mit dem Antisemitismus das gemein, daß sie die Juden entnationalisiert, und das ist die größte Gefahr des Judentums.«

Im Prinzip brachte Rülf keine Argumente vor, die er nicht in früheren Schriften angeführt hatte. (Allerdings ließ er sich hier zu Übertreibungen hinreißen: »D'Israeli ganz besonders war, obschon getauft, ein Nationaljude, wie nie ein eifriger und stolzerer gelebt hat.«) Neu waren die gegnerischen Parteien und der Charakter der Diskussion. Nicht der Redakteur eines Magdeburger Wochenblattes und der Rabbiner einer entlegenen Provinzstadt standen sich gegenüber: die religiöse Obrigkeit und die öffentlich anerkannte Vertretung der deutschen Juden kämpften gegen eine politische Organisation, die zusammen mit gleichgesinnten Juden anderer Länder ihre ersten Schritte machte. Rülf beschuldigte die Rabbiner, daß *sie* es seien, die die jüdische Existenz gefährdeten. Nicht weil sie den Judenhaß verstärkten – »das ist nicht schlimm, viel Feind', viel Ehr'« – sondern weil sie die Juden durch die Verleugnung ihrer Abstammung und durch Zudringlichkeit zu einer Gesellschaft, die sie zurückstoße, bei aller Welt in Verachtung gebracht hätten. Der Nationaljude dagegen werde von der nichtjüdischen Umwelt respektiert. Die Beweise, daß das jüdische Nationalbewußtsein nicht im Gegensatz zur Vaterlandsliebe stehe,

72 ebd.

brachte Rülf aus dem politischen Bereich, ohne indessen die Tragik des jüdischen Schicksals zu erfassen:

»Im deutsch-französischen Krieg standen die französischen Deutschen aus Elsaß-Lothringen eben so mutig und würdig gegen Deutschland, wie nur irgend ein Vollblut-Franzose, und der deutsche Jude hätte in diesem Kriege seinen eigenen Bruder niedergestreckt, wenn er ihm in den Reihen der Franzosen begegnet wäre. Auf die Vaterlandsliebe, auf den selbstverleugnenden, lebenshingebenden Patriotismus hat die Nationalität gar keinen Einfluß.«

Selbst die Bindung des Nationaljuden zum Heiligen Land, seiner Vergangenheit und seiner Zukunft, kann die Liebe zum deutschen Vaterland nicht beeinträchtigen. Im Gegenteil, sie stärkt sie noch, denn »was wir dort verloren, das haben wir hier wiedergefunden, warum sollten wir die gegenwärtige Heimat weniger lieben als die ehemalige?« Wie die Mehrzahl der deutschen Zionisten dachte auch Rülf nicht, daß Palästina auch die Heimat der deutschen Juden werden könnte, trotzdem sie gezwungen sind, »Kränkungen, Beschimpfungen, Rechtsverweigerungen, Verfolgung und Bedrohungen ruhig, ohne zu zucken, hinzunehmen. Was kann das Vaterland dafür, daß solches Unrecht darin verübt werden darf?« Den deutschen Juden obliege die Pflicht, für ihre vertriebenen Brüder aus Osteuropa »eine feste, ewig unbestrittene Heimat« im gelobten Land zu schaffen. Den deutschen Juden aber werde der Zionismus ihr Ehrgefühl wiedergeben und die »jüdischen Verleumder« mag das Wort des deutschen Dichters tief beschämen: »Nichtswürdig ist die Nation, die nicht ihr Alles setzt an ihre Ehre.«[73]

Am ersten Zionistenkongreß in Basel (29.–31. August 1897) nahmen sechzehn Zionisten aus Deutschland teil.[74] Dort hielten sie den zweiten Delegiertentag ab, der über die Thesen und Statuten zu beschließen hatte, die die »National-Jüdische Vereinigung in Köln« für die Organisation der deutschen Zionisten vorbereitet hatte.[75] Die Delegierten nahmen jedoch die Vorschläge nicht an und beauftragten Gesinnungsgenossen aus Berlin, Köln und Bingen, für den kommenden Delegiertentag neue Vorschläge auszuarbeiten. Die Kölner »Vereinigung« akzeptierte die neuen Vorschläge, doch in Berlin war man mit ihnen nicht einverstanden. Am 16. Oktober versammelte Arthur Hantke, ein Anhänger Willy Bambus', die »Vertrauensleute«, um andere Vorschläge zu formulieren. Allein von den 104 Geladenen kamen nur 50; dies war für die Spaltung zwischen politischen Zionisten und »Kleinkolonisatoren« bezeichnend.

---

73 Flugblatt Nr. 2, herausgegeben von der National-Jüdischen Vereinigung für Deutschland in Köln, a.a.O.
74 Richard Lichtheim, Die Geschichte des deutschen Zionismus, a.a.O. S. 136.
75 Correspondenz Nr. 4 der National-Jüdischen Vereinigung für Deutschland, August 1897, CZA A15/VII/34.

Dem 3. Delegiertentag, der am 31. Oktober 1897 in Frankfurt/M. abgehalten wurde, wurden infolgedessen die Vorschläge der Kommission wie auch der Berliner vorgelegt. Beide basierten in ihrem ersten Paragraphen auf dem Baseler Programm. Während sich jedoch die Kommission hauptsächlich mit organisatorischen Fragen befaßte, bestanden die Berliner auf der Förderung der »Kleinkolonisation« und der »alten Einwohnerschaft Erez Israels«, die im Arbeitsbereich des »Esra« lag. Sie betonten ausdrücklich, daß die deutschen Zionisten mit denjenigen Organisationen zusammenarbeiten sollen, die Siedler und Handwerker unterstützen und zur Hebung des kulturellen und sozialen Niveaus beitragen. Auch sollte die »Chalukka«, die Verteilung von Spenden unter den Alteinwohnern Palästinas, besonders die deutsch-holländische, reformiert werden. Ein anderer Paragraph empfahl den Unterricht der jüdischen Geschichte und Literatur und die jüdische Erziehung durch Einführung des obligatorischen Religionsunterrichts. Der Statutenvorschlag enthielt auch nicht spezifisch zionistische Forderungen: Die Verbürgung der Gleichberechtigung der deutschen Staatsbürger »jüdischer Abstammung« und den Kampf gegen die moralische Gefahr der Taufe.[76]

Die Gründung der »Zionistischen Vereinigung für Deutschland« (ZVfD)

Zwei Monate nach dem ersten Zionistenkongreß trat der 3. Delegiertentag zusammen; er stand im Zeichen außergewöhnlicher Ereignisse. Die winzigen Gruppen deutscher Zionisten wurden durch den Kongreß aus ihrer Isoliertheit herausgerissen. Nun hatten sie das Bewußtsein, einer weltumfassenden, lebendigen Bewegung anzugehören. Große Ideen sollten nun in Taten umgesetzt werden. Der Umschwung fand auf der Tagung seinen deutlichen Niederschlag:

> »Noch vor einem Jahr war es nötig, wenn man von der zionistischen Bewegung sprach, nicht allein ihre Existenzberechtigung, sondern ihre Existenz selbst zu beweisen. Heute haben wir es nicht mehr nötig, denn zwischen dem vorigen Jahre und dem heutigen liegt ein Markstein der jüdischen Geschichte: Der erste Zionistenkongreß ... In Basel haben wir erfahren, was wir *wollen*, in Frankfurt sollen wir erkennen, was wir *sollen*.«[77]

Die Arbeit des Delegiertentags war auf die Festlegung eines verpflichtenden organisatorischen Rahmens und Aktionsprogrammes gezielt. Diesmal waren

---

[76] Correspondenz Nr. 6 der National-Jüdischen Vereinigung für Deutschland, Oktober 1897, CZA A15/VII/34.

[77] Von Theorie zur Praxis, Referat gehalten auf dem Delegiertentag der deutschen Zionisten, Frankfurt/M. am 31. Oktober 1897 von Fabius Schach, CZA A15/VII/34, Hervorhebungen im Original.

es schon 45 Teilnehmer, ein deutliches Anzeichen für die positive Entwicklung seit der Bingener Konferenz. Ein von Rechtsanwalt Schauer gestellter Antrag wurde einstimmig angenommen: die Änderung des Namens von »National-Jüdische Vereinigung Deutschlands« in »Zionistische Vereinigung für Deutschland« (Z.V.f.D.). Prof. Schapira befürwortete die Änderung »aus praktischen Gründen«.
Der Berliner Delegierte Leo Estermann erklärte dazu, daß es sich dabei um einen Kompromiß zwischen den radikalen und gemäßigten Elementen des Vereins handele. Der Vorteil bestehe darin, daß er auf diese Art weitere Kreise dem Zionismus zuführen würde. Estermann distanzierte sich übrigens von der Einführung des obligatorischen Religionsunterrichts.
Wolffsohn, Schapira und Schach bezeichneten den Entwurf der Berliner umständlich und unklar; außerdem sollten sich die Zionisten nicht in Angelegenheiten wie »Chalukka« und religiöse Erziehung einmischen, wenn sie an der Zusammenarbeit mit Religiösen interessiert seien. Über die Art der »Einflechtung« des Basler Programms in die Statuten gab es Meinungsverschiedenheiten. Die Anhänger des »Bambus-Kreises« lehnten zwar die »Schaffung einer öffentlich-rechtlich gesicherten Heimstätte in Palästina« ab, waren jedoch mit Rücksicht auf die Radikalen in ihrer Ortsgruppe zur Annahme einer »Variation des Basler Programms« bereit:

> »Die National-Jüdische Vereinigung erstrebt auf der Grundlage des Basler Programms für diejenigen Juden, welche sich weder assimilieren können, noch wollen, die Schaffung einer öffentlich-rechtlich gesicherten Heimstätte in Palästina.«

Sie empfanden die Formulierung »auf der Grundlage des Basler Programms« weniger verpflichtend und glaubten darin ausreichend »Spielraum für Kommentare« zu lassen. Dieser Spielraum sollte ihnen den Anschluß an eine allgemeine Organisation der deutschen Zionisten ermöglichen. Demgegenüber bezog sich die Vorlage der Kommission auf das Basler Programm als verpflichtendes Dokument:

> »Die Zionistische Vereinigung für Deutschland hat den Zweck, die zionistische Idee im Sinne des Basler Programms unter den in Deutschland lebenden Juden zu verbreiten.«

Diese Vorlage wurde schließlich, mit geringfügigen Änderungen – mit Stimmenmehrheit – angenommen. Der »Vertrauensmann« sollte laut Statutenänderung durch das Zentralkomitee »auf Vorschlag der Ortsgruppe« ernannt werden, wodurch der Ortsgruppe mehr Selbständigkeit eingeräumt wurde.
Eine weitere Einschränkung der Kompetenz des Zentralkomitees wurde durch einen anderen Paragraphen festgelegt: »Der Sitz des Komitees und des Büros

wird künftig vom Delegiertentag bestimmt«. Man hätte erwarten können, daß Köln als fester Sitz dieser Institution ausersehen werden würde.[78]

Folgende Statuten wurden auf dem 3. Delegiertentag angenommen:

»*I. Zweck:*

§ 1. Die Zionistische Vereinigung für Deutschland hat den Zweck, die zionistische Idee im Sinne des Baseler Programms unter den in Deutschland lebenden Juden zu verbreiten.

II. Mitgliedschaft:

§ 2. Mitglied der Vereinigung kann jeder in Deutschland wohnende unbescholtene Jude werden, der sich zu den Grundsätzen des Zionismus bekennt.

§ 3. Über die Zugehörigkeit zur Vereinigung entscheiden die am Orte des Aufzunehmenden wohnenden Mitglieder, oder, wenn eine Ortsgruppe nicht vorhanden, das Comité der Vereinigung. Gegen diese Entscheidung steht dem Betreffenden die Berufung an den Delegiertentag zu.

§ 4. Jedes Mitglied der Vereinigung hat einen jährlichen Beitrag von mindestens 3 Mark an die Centralleitung der Zionistischen Vereinigung für Deutschland zu entrichten.

III. Vertrauensmänner:

§ 5. Auf Vorschlag der Ortsgruppe ernennt das Centralcomité der Vereinigung in jedem Ort Vertrauensmänner, die in steter Fühlung mit dem Centralcomité stehen, die Beiträge und den Schekel einsammeln und dem Centralcomité überweisen.

§ 6. In solchen Städten, wo noch keine Ortsgruppe vorhanden ist, ernennt die Leitung die Vertrauensmänner.

IV. Delegiertentag:

§ 7. Alljährlich findet ein Delegiertentag der deutschen Zionisten statt, der von der Leitung der Vereinigung einberufen wird.
Die Wahl des Ortes, an dem der Delegiertentag stattfinden soll, wird entweder vom vorhergehenden Delegiertentag oder von der Leitung bestimmt.

§ 8. Die Einberufung des Delegiertentages muß spätestens 14 Tage vor dem Termin der Abhaltung desselben sämtlichen Mitgliedern der Vereinigung mit der Tagesordnung mittels Rundschreiben bekannt gemacht werden.
Anträge für den Delegiertentag müssen der Leitung spätestens 8 Tage vorher eingereicht werden.

§ 9. Der Delegiertentag bildet das oberste Organ der Vereinigung. Er beschließt über alle Angelegenheiten des Zionismus in Deutschland mit einfacher Majorität.

§ 10. Zu den Aufgaben des Delegiertentages gehören:
a. Entgegennahme des Berichtes über die Tätigkeit der Vereinigung und den Stand der zionistischen Bewegung.

---

[78] Protokoll des III. Delegiertentages der deutschen Zionisten am 31. Oktober 1897 zu Frankfurt am Main, CZA A15/VII/34.

b. Stellungnahme zu den Beschlüssen des Kongresses und Beratung für denselben.
c. Wahl der Leitung der Vereinigung.
d. Beschlußfassung über Organisations- und Agitationsfragen.

§ 11. In besonders dringenden Fällen ist die Leitung befugt, einen außerordentlichen Delegiertentag einzuberufen.
Für den außerordentlichen Delegiertentag gelten dieselben Bestimmungen, wie für den ordentlichen (8, 9, 12 und 13).

§ 12. Je 10 Mitglieder der Vereinigung wählen einen Delegierten, jedoch kann kein Ort durch mehr als drei Delegierte vertreten sein. An solchen Orten, wo die Mitgliederzahl von 10 noch nicht erreicht ist, gilt der Vertrauensmann als Delegierter.

§ 13. Zum Delegiertentag hat jedes Mitglied der Vereinigung Zutritt. Stimmberechtigt sind jedoch nur die Delegierten mit je einer Stimme.

V. Leitung:

§ 14. Die Leitung der Vereinigung liegt in den Händen eines Comités aus 7 Personen, von denen mindestens 3 ihren Wohnsitz am Orte der Centrale haben müssen.

§ 15. Die Wahl des Comités erfolgt auf dem Delegiertentag mittels Stimmzettel. Acclamationswahl ist ausgeschlossen.

§ 16. Das Comité verfügt nach eigenem Ermessen über die Gelder der Vereinigung, muß aber auf dem Delegiertentag Rechenschaft darüber ablegen.

VI. Bureau:

§ 17. Zum Ausbau der Organisation und zur Förderung der Agitation unterhält die Vereinigung ein Bureau

§ 18. Das Bureau untersteht der Leitung der Vereinigung und hat die Aufgabe, die zionistische Idee zu verbreiten und zwar:
a) durch Herausgabe geeigneter Flugblätter und Broschüren
b) durch Bedienung der Presse
c) durch Entsendung von Wanderrednern
d) durch Unterstützung aller Institutionen, die geeignet sind, den Zionismus zu fördern.
e. durch die Herausgabe einer periodischen Correspondenz, die die Mitglieder über den Stand der Dinge aufklärt.

§ 19. Der Sitz des Comités und des Bureaus wird von dem Delegiertentag bestimmt.

VII. Abänderungen:

§ 20. Statutenabänderungen können nur durch den Delegiertentag mit absoluter Mehrheit vorgenommen werden.

§ 21. Anträge auf Statutenabänderungen müssen spätestens 14 Tage vor Abhaltung des Delegiertentages zur Kenntnis der Mitglieder der Vereinigung gelangen.«[79]

---

[79] Statuten der Zionistischen Vereinigung für Deutschland, beschlossen auf dem Frankfurter Delegiertentag, den 31. Oktober 1897, CZA A15/VII/34.

Die ZVfD war ein Teil der Weltorganisation, die sich aus Landesorganisationen zusammensetzte. Durch die Beteiligung an den Institutionen der Weltorganisation waren ihre Delegierten für die Bestimmung ihrer Ziele und Politik mitverantwortlich. Was in der Weltorganisation beschlossen wurde, deckte sich nicht unbedingt mit den vorherrschenden Anschauungen oder inneren Bedürfnissen der ZVfD oder anderer Landesorganisationen. Andererseits unterschieden sich die Meinungen innerhalb der Weltorganisation nicht gerade nach Landesgrenzen, wie z. B. in der Frage ihrer Struktur und Arbeitsweise. Sollte sie, wie es Herzl wollte, nach zentralistischem Prinzip geleitet werden, was den Landesorganisationen als Zweigvereinigungen nur begrenzt Selbständigkeit zugestand? Oder sollte sie eine Föderation von Landesorganisationen sein, die nach deren Willen geführt wird? Die Diskussion über dieses Problem begleitet die zionistische Bewegung seit ihrem Bestehen und wird auch heute in veränderter Form mit dem Staat Israel weitergeführt.
Die Statuten der ZVfD erwähnen mit keinem Wort ihre Beziehung zur oder Abhängigkeit von der zionistischen Weltorganisation. Außer der Feststellung, daß sie auf dem Baseler Programm basiert, tritt sie, mit Rücksicht auf die Empfindlichkeit der Regierung, als unabhängig auf. In der Tat aber entschied sie sich mit Annahme dieser Statuten für das zentralistische Konzept Herzls, dessen Vorkämpfer in Deutschland Bodenheimer war. Er war es jedoch nicht nur aus unbedingter Treue zu Herzl – der ihn in vielen Briefen »Lieber Hajoll« (Soldat) ansprach – sondern weil er sich mit dessen Auffassung identifizierte und nach ihr den organisatorischen Aufbau der zionistischen Weltorganisation gestaltete.
Gleichzeitig aber waren Bodenheimer und andere Gesinnungsgenossen der Ansicht, daß innerhalb dieses straffen Rahmens, der notwendig war, um politischen Einfluß zu gewinnen, den Landesorganisationen eine gewisse Selbständigkeit in der Agitation eingeräumt werden sollte. Hier entstanden Meinungsverschiedenheiten.
Herzl widersetzte sich z. B. dem Erscheinen des Bulletins »Correspondenz«. Er betrachtete die »Welt«, die unter seiner Aufsicht stand, als alleiniges Organ der Bewegung und forderte die Einstellung der Herausgabe der «Correspondenz«. Informationen für deutsche Zionisten sollten in einer besonderen Spalte der »Welt« übermittelt werden.[80] Als sich die ZVfD weigerte, Herzls Diktat zu befolgen, reagierte dieser mit der Einstellung zusätzlicher Budgets für Flugblätter. »Sie sollen solche Spesen aus eigenen Einnahmen decken, da sie sich nicht dem vorgeschlagenen Rahmen angepaßt hatten.«[81]
Der Frankfurter Delegiertentag beschränkte sich nicht auf die Rahmengestaltung, er wollte die Statuten in die Tat umsetzen. Zwei programmatische

80 Herzl an Bodenheimer, 30. 10. 1899; Herzl an Bodenheimer, 19. 10. 1900, CZA A15/III/2.
81 Herzl an Bodenheimer, 7. 11. 1900, CZA A15/III/2.

Referate umrissen die Richtung der deutschen zionistischen Aktivität, »ohne daß ihnen der Weg zu hart werde.«[82] Der Sekretär der Vereinigung in Köln, Fabius Schach, erklärte, der Zionismus müsse die Zukunft des jüdischen Volkes sichern und zu diesem Zweck »tapfere Führer, wackere Kämpfer ausbilden.« So sollten prä-zionistische Turnvereine gegründet werden, um die Juden von »Büchermenschen zu Männern für den Kampf ums Dasein zu erziehen.«

> »Hier entfaltet sich der männliche militärische Charakter, man gewöhnt sich an Pünktlichkeit, Gradheit, Strammheit, Frei- und Frohmütigkeit. Durch die Ausbildung dieser Eigenschaften wächst auch die moralische Kraft und die geistige Regsamkeit des Mannes. Die Förderung des Turnwesens ist von eminenter Tragweite für die nationale Zukunft eines Volkes.«

Die Turnvereine sollten eine Änderung des jüdischen »Volkscharakters« bewirken. In ihnen sollte sich eine spezifisch jüdische Atmosphäre entwickeln und »unsere Brüder schrittweise dem zionistischen Gedanken näherbringen.«[83] Der Einfluß des »Turnvaters« Jahn auf solche Gedankengänge ist unverkennbar. Schach wollte die neuen Juden nach echt preußischem Muster erziehen, ganz im Gegensatz zu »Mauschel«, den Herzl unter Beeinflussung antisemitischer Stereotypen skizziert hatte.[84]

Schach befürwortete neben den Turnvereinen die Errichtung von zionistischen Geselligkeitsvereinen, um »eine spezifisch jüdische Gemütlichkeit zu pflegen« und gegen die »Ghettoluft« zu kämpfen. Diese »Ghettoluft« verhindere die »Gesundung von Körper und Seele« und müsse beseitigt werden. Besonders wichtig sei es, die Töchter für das jüdisch-nationale Leben zu gewinnen, denn »diese Mädchen sollen ja nachher Mütter und Erzieherinnen der künftigen Generation werden.« In den Städten sollten die Turn-, Gesang- und Gemütlichkeitsvereine einen ausgeprägten national-jüdischen Charakter tragen: »Hier wäre die Stätte, wo die Makkabäer-Tugenden gepflegt werden, wo jüdischer Gesang erklingt und jüdischer Mut sich zeigt.«

In Städten mit wenigen Zionisten sollte »vorläufig noch unter unparteilicher Flagge gesegelt werden«, nur der jüdische Charakter sollte betont werden, um eine Kooperation mit Nichtzionisten zu ermöglichen

Dem Unterricht der hebräischen Sprache sollte in der zionistischen Aktivität ein zentraler Platz zugewiesen werden. In unentgeltlichen Kursen sollte die Ausbildung des Hebräischen als Umgangssprache systematisch betrieben werden. Hebräisch »ist die einzige Sprache, durch die wir mit den Stammesgenossen *aller* Länder verkehren können; schließlich ist Hebräisch auch die einzige Sprache, die wir uns als Nationalsprache für die Zukunft denken können ...«

82 Dr. Schauer, Agitationsplan, Referat gehalten auf dem Delegiertentag in Frankfurt (31. Oktober 1897), CZA A15/VII/34.
83 Fabius Schach, Von Theorie zur Praxis, a.a.O.
84 Theodor Herzl, »Mauschel«, Zionistische Schriften, Berlin 1920, S. 172–176.

Wenn die Zionisten »eine Volks- und keine Salonpartei« werden wollen, müssen sie mit der Agitation dort ansetzen, wo die Hauptkraft des jüdischen Volkes ruht – in der Familie. Hier sollten sie nicht nach einer Schablone arbeiten, sondern den jüdischen Gehalt stärken, Eltern und Jugend gute jüdische Literatur zukommen lassen, um die jüdische Eigenart zu erhalten. Schach maß der Presse »schicksalhafte Bedeutung« für die Entwicklung des Zionismus bei. Gerade in Deutschland, wo die jüdische Presse fast ausnahmslos antizionistisch sei, könne sich die Bewegung nicht mit *einem* deutschsprachigen Organ begnügen. Objektiv und interessant geschriebene Artikel, »in denen die Tendenz nicht zu sehr hervorblickt«, würden dem jüdischen Publikum ein richtiges Bild vom Zionismus vermitteln, »das nicht vom Haß verzerrt ist.«[85] Der zweite Referent, Rechtsanwalt Schauer aus Bingen/Rhein, legte dem Delegiertentag einen Agitationsplan vor. Die Tagespresse müsse über den Zionismus aufgeklärt werden; zu diesem Zweck sollte sofort ein zionistisches Presseamt in der Reichshauptstadt eröffnet werden, in dem »Berufsjournalisten gegen das Totschweigen seitens der Presse ankämpfen sollten«. Schauer hielt Schachs Vorschläge der Geselligkeitsvereine, als »Mittelpunkt der Agitation«, für verfrüht. Man sollte sich vielmehr auf die bestehenden Vereine konzentrieren und die Agitation der »Stimmung der deutschen Juden« anpassen. Schauer sprach sich gegen eine zu schroffe Betonung des Nationaljudentums aus. Man könne den deutschen Juden nationaljüdische Elemente durch Hervorhebung gemeinsamer Abstammung und gemeinsamen Leidens näherbringen, »ohne sie vor den Kopf zu stoßen.« Die Agitatoren (»Wanderredner«) sollten im Gegenteil ihre Zuhörer beruhigen und auf die »öffentlich-rechtliche« Besiedlung Palästinas hinweisen. Dabei sei zu betonen, daß diese Besiedlung erst nach Jahrhunderten zur Gründung eines souveränen Staates führen werde. Rechtsanwalt Schauer verbat sich die Beschuldigung des Opportunismus, dieser führe nur zur Verwässerung grundlegender Prinzipien:

> »Sie müssen nicht vergessen, daß wir Deutsche sind und daß unsere Vorfahren schon am Rhein saßen, als die germanischen Deutschen erst dorthin kamen, daß wir mit deutschem Geiste und deutscher Bildung getränkt sind, und da ist eine Hervorhebung des jüdisch-nationalen Gedankens, die auch nur den Anschein erwecken könnte, als stünde sie im Widerspruch mit dem Bewußtsein unserer Zugehörigkeit zum deutschen Vaterland, verletzend, ja geradezu unserer Sache gefährlich. Wir müssen ferner den Gedanken der Gründung eines Judenstaates beiseite lassen.«

Er warnte vor Doktrinarismus, der durch schablonenhaftes Festhalten an Unwesentlichem den Ruin großer Parteien verschuldet hat.[86]

---

85 Fabius Schach, Von Theorie zur Praxis, a.a.O.
86 Dr. Schauer, Agitationsplan, a.a.O.

Schauers Appell sollte wohl dahin verstanden werden, daß die meisten Delegierten in Deutschland ansässige Ostjuden waren. Hier trat das Problem zutage, einen deutschen Juden für den Zionismus zu gewinnen oder vielmehr die Problematik der aus dem assimilierten Judentum hervorgehenden Zionisten, deren Bindung an deutsche Kultur und deutschen Patriotismus mit der Zugehörigkeit zum jüdischen Volke, seiner Geschichte und seinen nationalen Bestrebungen zu vereinen. Der Wille zur Rückkehr zu jüdischen Kulturwerten geht aus den Worten des Referenten über die »intensive Pflege unserer Geschichte und Literatur« klar hervor. Dies war freilich Zukunftsmusik. Inzwischen war derjenige als Zionist zu betrachten, der sich zur geschichtlichen Einheit des jüdischen Volkes bekannte und dazu beitragen wollte, »dem jüdischen Proletariat eine gesicherte nationale Heimstätte zu schaffen.«[87]
Der Delegiertentag in Frankfurt war die erste Versammlung deutscher Zionisten, die ihre Beschlüsse nach parlamentarischer Prozedur faßte. Er gab der ZVfD die konstitutionellen Grundlagen zeit ihres Bestehens. Seinen geordneten Verlauf hatte er sowohl den Juristen unter den Delegierten zu verdanken, die ihn mit peinlicher Gründlichkeit vorbereiteten und in einer vorhergehenden informellen Zusammenkunft prozedurale Hindernisse beseitigten, als auch dem ehrenhaften Beispiel des ersten Kongresses. Am Schluß der Debatten wurden Bodenheimer (Köln), Rülf (Memel), Schach (Köln), Prins (Frankfurt/M.) und Schapira (Heidelberg) ins Zentralkomitee gewählt. Obwohl die Wahl geheim war, verwundert es, daß kein Berliner Zionist in die Leitung gewählt wurde. Es ist schwer zu bestimmen, ob dies, wie bei der Wahl zum 2. Kongreß, die ausdrückliche Absicht der 43 stimmberechtigten Delegierten war.[88] Jedenfalls trug die Abwesenheit der Berliner, die durch Einbeziehung von Klee und Estermann (Berlin) in die Formulierungskommission des Agitationsparagraphen kaum ausgeglichen werden konnte[89], das ihrige zur Erhärtung ihrer oppositionellen Stellung und den Schwierigkeiten ihrer Integrierung bei. Die »Correspondenz« sah den Erfolg des Delegiertentages darin, daß es ihm gelungen war, die strittigen Probleme beiseite zu schieben, das Vereinende herauszustreichen und eine »endgültige Organisation« der deutschen Zionisten zu schaffen.[90]
Kurt Loewenstein, zwischen den beiden Weltkriegen in der ZVfD aktiv tätig, führt die demokratischen Grundlagen der zionistischen Bewegung auf den Einfluß der Epoche zurück, in der das Prinzip demokratischer Massenorganisation im politischen Leben Europas große Fortschritte machte. Dennoch hatten

---

87 ebd.
88 Herzl an Bodenheimer, 7. 6. 1898, »*Vertraulich*«, CZA A15/III/2.
89 § 18 der Statuten.
90 Correspondenz Nr. 7 der Zionistischen Vereinigung für Deutschland, o. D. (Januar 1898), CZA A15/VII/34.

sie sich gegen die antidemokratischen Neigungen Theodor Herzls und das »aristokratische Image« seines Judenstaates durchzusetzen.[91] Herzl hatte sich in der Tat erst nach seinen Enttäuschungen mit der jüdischen Aristokratie dem demokratischen Weg zugewandt, den er einmal als »Parlamentsgeschwätz« verachtet hatte. Auch nachher blieb er im Grunde dem Prinzip treu: »Politik muß von oben herab gemacht werden.«[92]

Kein Wunder, daß diese Auffassung auf den deutschen Zionismus – und nicht nur wegen der deutschen Mentalität des »Obrigkeitsgehorsams« – abfärben mußte. Sie fiel außerdem mit den Führungsambitionen Bodenheimers zusammen[93], den Fabius Schach der »Überheblichkeit und Tyrannei« beschuldigte:

> »Ich sehe mich veranlaßt, Ihnen das zu sagen, weil Sie, wie es scheint, sich in die Rolle eines Selbstherrschers aller Zionisten hineindenken und da ist es an der Zeit, daß man Ihnen klarmacht, daß Sie absolut nichts mehr sind, als irgendeiner von uns. Wenn Sie herrschen wollen, weiß ich nicht mehr, wer sich Ihnen unterwerfen würde, ich werde es jedenfalls nicht tun.«[94]

Schachs Ebenbürtigkeitsgefühl, seine Auflehnung gegen Bodenheimer, war mit dem jugendlichen Alter der Gründergeneration zu erklären. Viele Zionisten waren Studenten oder standen am Anfang einer freien Berufskarriere. Es gab eben noch keine zionistischen »Notabeln« und man wollte auch gar keine. Die auf dem Frankfurter Delegiertentag gelegten demokratischen Fundamente waren daher kaum Resultat äußeren Einflusses, wie Loewenstein annimmt, sondern eher eine Folge des egalitären Gesellschaftscharakters der deutschen Zionisten und ihrer Führerschaft.

---

91 Kurt Loewenstein, »Funktionäre im Zionismus«, in: In zwei Welten, Siegfried Moses zum 75. Geburtstag, hrsg. Hans Tramer, Tel Aviv 1962, S. 74f.
92 Th. Herzl, Tagebücher Bd. I, a.a.O., S. 192–194.
93 Vgl. M. J. Bodenheimer, Vision, in: So wurde Israel, a.a.O., S. 10–18.
94 F. Schach an Bodenheimer, 6. 8. 1897, CZA A15/II/8.

4. Kapitel

Um die Festigung des Rahmens

Zwei Dokumente

Die organisatorischen Grundlagen wurden durch zwei Dokumente ergänzt. Kurz nach Annahme der Statuten veröffentlichte das Zentralkomitee der ZVfD den »Entwurf eines Musterstatuts« für die bestehenden und künftig entstehenden Ortsgruppen.[1] Das Musterstatut bestimmte die Ziele der Ortsgruppe, ihre Betätigung und Beziehungen zu anderen jüdischen Körperschaften[2], die Rechte und Pflichten eines Mitglieds der Ortsgruppe[3], die Wahl der Delegierten zum Zionistenkongreß und zum Delegiertentag[4], die Wahl der Ortsgruppenleitung und der Revisoren durch die Generalversammlung[5] und die Statutenveränderung.[6] Das »Musterstatut« stimmt völlig mit den Statuten der ZVfD überein. Hier jedoch kam die Leitung teilweise den Wünschen der Berliner Zionisten entgegen, die ja auf dem Frankfurter Delegiertentag abgelehnt wurden. Die operativen Paragraphen bestimmten, daß die Ortsgruppe reguläre Zusammenkünfte zur Besprechung von Vereins- und Parteiangelegenheiten anordnen soll. Sie soll mit jüdischen Geschichts-, Kolonisations- und Turnvereinen zusammenarbeiten, soweit diese nicht eine dem Zionismus feindliche Stellung einnehmen. Der Ortsgruppe obliegt die Verbreitung von Propagandamaterial, die Erziehung der Jugend in jüdischem Geiste[7], die Förderung der Kenntnis der hebräischen Sprache und Literatur, die Hebung des jüdischen Selbstbewußtseins und Volksbewußtseins (»wozu auch die staatsbürgerliche Gleichberechtigung gehört.«)[8] Das Thema der religiösen Erziehung wird in den Statuten nicht erwähnt. Bezüglich der Religion bestimmt Paragraph 1 nur, daß keine religiöse Richtung verletzt werden darf.

Das zweite Dokument ist die »Anweisung für Vertrauensmänner«. Hier kommt das Streben nach organisatorischer Einheitlichkeit sowie der Formierung eines der Zentrale direkt unterstellten Funktionärkaders zu vollem Ausdruck.[9] Die

1 Entwurf eines Musterstatuts, herausgegeben von der Zionistischen Vereinigung für Deutschland, Statuten des Zionistischen Vereins zu X., o. D. (1898), o. O. (Köln), CZA A15/VII/34.
2 ebd. Abschnitt I.
3 ebd. Abschnitt II.
4 ebd. Abschnitt IV.
5 ebd. Abschnitt V.
6 ebd. Abschnitt VI.
7 ebd. Abschnitt I, § 3.1–3.4.
8 ebd. Abschnitt I, § 3.5–3.7.
9 Anweisung für Vertrauensmänner, o. D. (1899), CZA A15/VII/34.

»Anweisung« wurde 1899 an die »Vertrauensmänner« gesandt[10] und beruft sich auf die Paragraphen 5 und 6 der Statuten. Sie gehen auf die Einzelheiten der Pflichten des »Vertrauensmanns« ein. Dieser hat dafür zu sorgen, daß der Schekel und der Jahresbeitrag für die Landesorganisation (eine Mark) regelmäßig eingesammelt und in Zwischenräumen von drei Monaten an die Kölner Zentrale entrichtet werden.[11] Er hat »über alle Vorgänge in der Gruppe, namentlich über die Veranstaltungen größerer Versammlungen nach Köln zu berichten«, mindestens einmal im Jahre der Zentrale ein Verzeichnis der Mitglieder und der potentiellen Zionisten einzureichen.[12] Er hat mindestens alle 14 Tage eine Versammlung der Ortsgruppe einzuberufen, in der aktuelle Themen und Fragen der lokalen Propaganda erörtert und Vorträge über jüdische Geschichte und Literatur gehalten werden sollen. Er muß neue Abonnenten für die zionistische Presse werben und dafür sorgen, daß zionistische Broschüren und Flugblätter in besuchten Restaurants und Cafés sowie auf dem Bahnhof ausgelegt werden.[13]
Mindestens einmal im Laufe des Winters hält der »Vertrauensmann« einen großen öffentlichen Vortrag ab, zu dem er die lokale Presse einladen soll. Am Eingang des Saales ist ein Tisch zur Information über den Zionismus und zum Verkauf von Propagandamaterial aufzustellen. Nach dem Vortrag hat der »Vertrauensmann« die gegnerische Presse zu überprüfen und gegebenenfalls Berichtigungen unterzubringen. Die »Anweisung« legt ihm besonders die Veranstaltung von Chanukka- und Purimfesten ans Herz.[14]
Die Leitung der Wahlen nach den Statuten zu Kongreß und Delegiertentag ist Pflicht der »Vertrauensmänner«[15]. In großen Ortsgruppen haben sie Fühlung mit benachbarten Gruppen zu nehmen, um Kreis- oder Provinzialorganisationen zu schaffen und die Reisekosten für Gastredner zu verringern.[16] Wo es irgend möglich ist, haben die Ortsgruppen die Pflicht, hebräische Sprachkurse für Erwachsene einzurichten und jüdische Jugendvereine, Turn- und Gesangvereine zu bilden.[17] In jeder Versammlung sollen bei der Eröffnung und am Schluß nationale und hebräische Lieder gesungen werden.[18]
Die Tendenz dieser detaillierten Anweisungen ist klar. Das Zentralkomitee wollte die Existenz der zionistischen Bewegung so schnell wie möglich in das öffentliche Bewußtsein bringen. Um überflüssigen Zweifeln und Unklarheiten

---

10 Dieses Datum ergibt sich aus »Die Welt« Nr. 52, 24. 12. 1899, S. 7.
11 Anweisung für Vertrauensmänner, a.a.O., 3.
12 ebd. 4.
13 ebd. 5.
14 ebd. 6.
15 ebd. 7.
16 ebd. 8.
17 ebd. 9.
18 ebd. 10.

zuvorzukommen, instruierte die Zentrale die »Vertrauensmänner« bis in die kleinsten Einzelheiten. Auf diesem Wege sollte eine einheitliche Aktivität entstehen und ein zionistisches Milieu geschaffen werden, als Alternative zum Gemeindeleben, von dem sich viele entfernt hatten.

Der umfassende Aufgabenbereich des »Vertrauensmannes« und seine direkte Unterordnung unter das Zentralkomitee konnten mit dem »Machtbereich« der Ortsgruppenleitung zusammenstoßen. Auch war die Möglichkeit eines Konfliktes zwischen seiner Solidarität mit den Gruppengenossen und seiner »Treue« zum Zentralkomitee gegeben, wie es sich im Protest des »Vertrauensmannes« der Ortsgruppe Berlin, Albert Goldberg, widerspiegelt:

> »Halten Sie es für recht und billig, daß die gesamte zionistische Partei Deutschlands sich nach den Wünschen einiger Herren aus dem Centralkomité richtet?«[19]

Die Institution des »Vertrauensmannes« hatte weitere negative Begleiterscheinungen. Nicht immer machte ihn die Ernennung »von oben« bei seiner Ortsgruppe beliebt, die in ihm eine Art »politischen Kommissar« sah. Manchmal »vergaß« man im Zentralkomitee, bei der Ernennung die Empfehlung der Ortsgruppe einzuholen oder den von der Ortsgruppe vorgeschlagenen Kandidaten zu bestätigen. Diese doppelte Kommunikation schuf einerseits Spannungen zwischen der Ortsgruppenleitung und dem »Vertrauensmann« und erschwerte andererseits dessen Beziehungen zur Zentrale. So weigerte sich Heinrich Loewe als Vorsitzender der Ortsgruppe Berlin, Bodenheimer über Versammlungen, an denen sich Herzl beteiligt hatte, zu unterrichten und riet ihm ironisch, sich an die von der Ortsgruppe vorgeschlagenen »Vertrauensmänner« zu wenden, die immer noch auf ihre Bestätigung warteten ...[20]

---

19 Albert Goldberg an Central-Comité der ZVfD Köln, 25. 12. 1898, CZA A15/VII/3.

20 »Es dürfte noch mehr Mißstimmung als bisher erregen, wenn, wie dies den Anschein beinahe hat, Ihrerseits vergessen wurde, daß in Frankfurt bestimmt wurde, die Vertrauensleute würden auf Vorschlag der Ortsgruppen von Ihnen ernannt. Es wäre eine bedeutende Erschwerung, die ohnehin uns schwergemachte Verbindung mit der Leitung aufrechtzuerhalten, wenn man gewissermaßen andere Vertrauensleute in Köln hätte, als die gerade unser Vertrauen besitzen ... Wenn sie bisher keine Mitteilung über die in Anwesenheit Dr. Herzls veranstaltete Versammlungen haben, so liegt das lediglich daran, daß die beiden Herren in dieser Hinsicht noch immer Ihres Auftrages harren. Wir haben den Vorschlag gemacht, weiter geht unser Recht nicht: Sie haben den Auftrag zu geben.« H. Loewe an Bodenheimer, 11. 2. 1898, CZA A15/VII/3. Der Brief trägt die Anschrift »von *mir* privatim nur an *Sie*«. Er ist bezeichnend für die Kritik, die auch die Anhänger Bodenheimers übten.

Die Bestätigung verpflichtender Statuten machte indes den Meinungsverschiedenheiten und separatistischen Neigungen kein Ende; die dahingehende Hoffnung erwies sich als unberechtigt. Schon zwei Monate nach ihrer Gründung mußte die Einigkeit der ZVfD ihre erste Feuerprobe bestehen. Bodenheimer eilte nach Berlin, um eine »Revolte« der dortigen Ortsgruppe gegen die Statuten und die Kompetenz des Zentralkomitees zu beschwichtigen. Adolf Friedemann, Arthur Hantke und Willy Bambus hatten eine Versammlung von über 100 Mitgliedern einberufen, um ein Statut der Ortsgruppe zu verabschieden. Es handelte sich dabei um ein (gegen das als »Musterstatut« bezeichnete) »eigenes Statut«, welche das Basler Programm überhaupt nicht erwähnte.[21] Es sollte der »Berliner Zionistischen Vereinigung« ermöglichen, auch ganze Gemeinden oder Vereine als »Körperschaften« aufzunehmen. Auf diese Weise hätten die Berliner Zionisten das demokratische Prinzip der ZVfD umgehen können. Bambus wäre als »Esra«-Vorsitzender in eine Schlüsselposition gelangt, mit der praktischen Möglichkeit der Oppositionsbildung aufgrund lokaler Autonomie.

Die Auswirkungen eines solchen Präzendenzfalles auf die ZVfD und die zionistische Weltorganisation waren offenbar. Bodenheimer warnte die Versammelten, was die Annahme des »eigenen Statuts« nicht nur in Berlin, sondern in ganz Deutschland nach sich ziehen würde. Der Zionismus würde dadurch von zwei Organisationen vertreten werden, beide mit verschiedenen Programmen. Heinrich Loewe unterstützte diese Stellungnahme, und das »Musterstatut« wurde mit unwesentlichen Veränderungen angenommen.[22] Die von Bodenheimer herausgegebene »Correspondenz« bezeichnete dies als einen Erfolg des Zentralkomitees, das die Situation »durch energisches Eingreifen« gerettet habe. Loewe stimmte dieser Interpretation nicht zu und protestierte heftig gegen die »Entstellung der Tatsachen«.[23]

Die Berliner Zionisten wählten auf ihrer Generalversammlung Loewe zu ihrem Vorsitzenden und übergaben somit die Leitung den »entschiedensten Zionisten«. Ein Beweis, welche Wichtigkeit die Führung der zionistischen Bewegung der Stabilität der Ortsgruppe Berlin und ihrer propagandistischen Zugkraft beimaß, ist wohl die Teilnahme Theodor Herzls an einer dortigen großen internen Versammlung.[24]

Der »Sieg der entschiedensten Zionisten über den verkappten Wohltätigkeitszionismus« war zunächst nur ein Scheinsieg. Der Opposition stand die Zeit-

---

21 Albert Goldberg an Bureau des Zionisten-Congresses, 18. 5. 1898, CZA A15/VII/3.
22 Correspondenz Nr. 7 der ZVfD, o.D. (Januar 1898), a.a.O.
23 Heinrich Loewe an Bodenheimer, 1. 2. 1898, CZA A15/VII/3.
24 Welt Nr. 3, 21. 1. 1898, S. 12; Nr. 7, 18. 2. 1898, S. 4.

schrift »Zion« zur Verfügung. »Zion« war nämlich wegen ihrer Verschuldung in die Hände des zahlungsfähigen Willy Bambus übergegangen[25], der den Inhalt des Blattes kontrollierte. Es kam zwischen der »Bambusgruppe« und den »Radikalen« zu Reibereien: Spannungen und Verständigungsversuche wechselten einander ab. Im März 1898 sprach Loewe von einer Krise: »So lange freilich der ›Zion‹ den hiesigen Zionistenverein unablässig, im Widerspruch mit der Wahrheit angreift, ist leider an ein geschlossenes Zusammengehen nicht zu denken.« Loewe hoffte trotz dieser Sachlage, daß Bambus schließlich einsehen werde, daß er seiner eigenen Sache schadet und daß die Kooperation mit den Zionisten nur Nutzen bringen würde. Die Zusammenarbeit werde dem schläfrigen »Esra« neue Lebenskräfte zuführen.[26]

Bambus hatte aber beschlossen, seiner Gruppe einen eigenen organisatorischen Rahmen zu geben. Anfang 1898 berichtete Adolf Friedemann dem Zentralkomitee über Bambus' Absicht, eine zweite, unabhängige Ortsgruppe in Berlin zu gründen und bat, Bambus als deren »Vertrauensmann« anzuerkennen. Die Antwort des Zentralkomitees fiel recht vorsichtig aus, um eine Spaltung zu vermeiden. Zunächst war man darauf bedacht, sich nicht in die inneren Angelegenheiten der Berliner einzumischen. Die Bestätigung von Bambus als »Vertrauensmann« würde in dem Augenblick erfolgen, da die Ortsgruppe II formell existieren werde. Man gab Loewe den Rat, einen *modus vivendi* mit der neuen Gruppe zu finden und *mit* ihr, nicht gegen sie zu arbeiten.[27] Die Tendenz des Zentralkomitees war, im Gegensatz zu Herzl, die philanthropischen Kolonisationsvereine zur Mitarbeit heranzuziehen, und die Bambusgruppe nicht wegen des Paragraphen, der nur *eine* Ortsgruppe anerkannte, auszuschließen. Loewe und seine Genossen wußten scheinbar nicht, daß Bodenheimer selbst, in einem Gespräch mit Bambus hinter ihrem Rücken, die Gründung einer zweiten Ortsgruppe in Berlin vorgeschlagen hatte, unter dem Vorwand, die agitatorischen Bedürfnisse rechtfertigten diesen Schritt.[28]

25 Die formellen Inhaber des »Zion« waren Bambus und Estermann. Letzterer zählte zu den »Radikalen«. Doch die wirtschaftliche Lage Estermanns ermöglichte ihm nicht, die finanzielle Mitverantwortung für die Zeitschrift zu tragen. Dagegen verpflichtete sich Bambus, alle Schulden des »Zion« zu begleichen. Somit ging auch die Aufsicht der Redaktion in seine Hände über, und die »Radikalen« zogen sich zurück. Vergebens bat Theodor Zlocisti, ein Mitglied der Redaktion, die National-Jüdische Vereinigung möge »Zion« übernehmen und zum Organ der Bewegung machen. Th. Zlocisti an Bodenheimer, 3. 10. 1897, CZA A15/VII/1.

26 Heinrich Loewe an Herbert Bentwich, 3. 3. 1898, CZA A146/29. Bambus bemühte sich, »nicht-radikale« Zionisten dem »Esra« zuzuführen. In der Generalversammlung des »Esra« vom 20. 3. 1898 wurden Munk, Ilia Baer und Klee in die Leitung gewählt. »Bericht der Generalversammlung des Esra am 20. 3. 1898«, Zion Nr. 3, März 1898, S. 28f.

27 Central-Comité der ZVfD an Heinrich Loewe, 19. 4. 1898, aus dem Nachlaß H. Loewe im Besitze seiner Tochter, a.a.O.

28 Adolf Friedemann an Bodenheimer, 17. 4. 1898, CZA A15/VII/3; Bambus an Central-Comité der ZVfD, 7. 6. 1898, CZA A15/VII/3; Adolf Friedemann an ZVfD Köln, 24. 4. 1898, CZA A15/VII/3.

Eine geordnete Zusammenarbeit kam unter diesen Umständen nicht zustande. Ein charakteristisches Beispiel für die innerzionistischen Beziehungen in Berlin war die Vorbereitung einer Volksversammlung mit Nordau als Hauptredner.[29] In dem Bericht über den Verlauf der Versammlung beschwerte sich der »Vertrauensmann« der Ortsgruppe I, daß sich die Mitglieder der Ortsgruppe II geweigert hätten, in irgendeiner Form an den Vorbereitungen zu dieser wichtigen Veranstaltung teilzunehmen. Es verwunderte ihn daher, warum die gesamte Korrespondenz in dieser Sache gerade an die Ortsgruppe II gerichtet war.[30] Demgegenüber beklagte sich diese, daß die Ortsgruppe I ihnen keine Information über die Versammlung hatte zukommen lassen, man sie erst am Tage der Versammlung zu einer Beratung mit Nordau eingeladen hätte. Trotz dieser Beleidigung seien sie zu einer Verständigung bereit. Wenn aber Estermann und Lublinski von der Ortsgruppe I weiterhin »kampflustig« sein würden, würde man auch sie zum Kampf bereit finden.[31]
Zuweilen schien es, als ob rationale Erwägungen gegen die feindseligen Regungen, welche die ideologischen Differenzen in den Schatten gestellt hatten, Oberhand gewannen. Beide Gruppen beschlossen eine »gemischte Kommission« zu bilden, der Goldberg, Loewe und der junge Rabbiner Warschauer von der Ortsgruppe I, Friedemann und Hantke von der Ortsgruppe II angehörten.[32]
Diese Meinungsverschiedenheiten traten erneut vor dem 2. Kongreß hervor, als die Ortsgruppe II einen besonderen Delegierten forderte. Sie hätten 100 Schekel verkauft und seien also zu einem eigenen Delegierten berechtigt. Der »Vertrauensmann« der »Berliner Zionistischen Vereinigung«, Albert Goldberg von der Ortsgruppe I, beschwerte sich im Kongreßbüro wegen der zu lauen Haltung des Zentralkomitees in dieser Streitfrage. Das Komitee wandte sich gegen die Abhaltung getrennter Wahlen an einem Ort, auch wenn sie nach den Statuten nicht gerade verboten wären. Demgegenüber machte Goldberg geltend, daß die Ortsgruppe II ja kein »Ortsbezirk« sei, wie es die Statuten vorschrieben. Die Mitglieder der Ortsgruppe II kämen aus allen Teilen Berlins und ihre Bindung sei nicht etwa in »geographischer Nähe« zu suchen. Es handele sich vielmehr um eine »Untergruppe«, die laut Paragraph V der Wahlinstruktionen des Kongreßbüros nicht zu einer gesonderten Vertretung berechtigt sei. Goldberg stützte sich bei dieser Beweisführung u. a. auf Motzkins Bericht über Beschlüsse des Vorbereitungskomitees des Kongresses.[33] Goldberg wurde erneut ans Zentralkomitee in Köln verwiesen. Herzl bestimmte in einem

---

29 H. T., »Max Nordau in Berlin«, Welt Nr. 18, 6. 5. 1898, S. 5–7.
30 Albert Goldberg an Bureau der ZVfD Köln, 29. 4. 1898, CZA A15/VII/3.
31 Adolf Friedemann an Bodenheimer, 27. 4. 1898, CZA A15/VII/3.
32 Bambus an Bodenheimer, 9. 5. 1898, CZA A15/III/8.
33 Albert Goldberg an Bodenheimer, 4. 6. 1898; Albert Goldberg an Central-Comité Köln, 4. 6. 1898, CZA A15/VII/3.

»vertraulichen Schreiben« an Bodenheimer, daß die Entscheidung einer solchen Streitfrage zwar in den Kompetenzbereich des Zentralkomitees falle; indessen würde eine zu große Nachgiebigkeit gegenüber der Bambusgruppe weitgehende Folgen nach sich ziehen.[34]
Das Zentralkomitee beschloß, in *beiden* Ortsgruppen Wahlen abzuhalten. Goldberg gab aus »Disziplingründen« nach, allerdings unter Protest: das Zentralkomitee habe eine ausdrückliche Statutenanweisung der Weltorganisation verletzt und man müsse eine Untersuchung über die Rechtmäßigkeit des Schekelvertriebs anordnen.[35] Goldberg hatte diesen Punkt in seinem offiziellen Brief nur angedeutet, in einem Privatschreiben an Bodenheimer nahm er indessen kein Blatt vor den Mund und beschuldigte die Ortsgruppe II der Fälschung und des Betruges. Die Mitglieder hätten ihre Schekel in der Umgebung Berlins verkauft, ohne die Namen der Käufer zu erwähnen. Die sich als Zionisten ausgaben und nur scheinbar das Baseler Programm anerkannten, würden aus enttäuschten Ambitionen alles dransetzen, um Herzl und sein Werk zu Fall zu bringen.[36]
Die Ortsgruppe I beantragte vor dem zweiten Kongreß die Verurteilung derjenigen, die die Autorität des Zionistischen Aktionskomitees durch Gerüchte und illoyale Stellungnahmen zu untergraben suchen. Dadurch gefährde man die ganze Bewegung. Die Anwesenden befürworteten sachliche Kritik an der zionistischen Politik, brachten jedoch ihren Widerwillen gegen gehässige und persönliche Angriffe zum Ausdruck. Wer gegen den Kongreß wühle, werde nicht als Zionist anerkannt; eine offene Spaltung sei einer geheuchelten Freundschaft vorzuziehen.[37] Die gegenseitigen Verdächtigungen verschlechterten naturgemäß die inneren Beziehungen der Berliner Zionisten; Bambus drohte sogar, Goldberg wegen Verleumdung verklagen zu wollen.[38]
Die Rivalität der beiden Berliner Ortsgruppen war nur ein Beispiel für den Kampf zwischen »Kleinkolonisten« und »politischen Zionisten«. Die Entsendung Motzkins nach Palästina zur Berichterstattung über das Siedlungswerk war im Rahmen dieses Kampfes ein »taktischer Zug«. Bambus galt mit Recht als Kapazität auf diesem Gebiet und fühlte sich verständlicherweise übergangen. Er sah darin sogar einen feindlichen Akt des Aktionskomitees, der die Kolonisationsvereine lahmlegen sollte: »Die große Mehrzahl der Freunde in Westeuropa sieht in Herzl den unerbittlichen Gegner der Kolonisation, der nur zeitweilig seine Meinung verhüllt ...«[39]

---

34 Herzl an Bodenheimer, 7. 6. 1898, »*Vertraulich*«, CZA A15/III/2.
35 Goldberg an Central-Comité Köln, 4. 6. 1898, CZA A15/VII/3.
36 Albert Goldberg an Bodenheimer, 4. 6. 1898, CZA A15/VII/3.
37 H. Loewe an Central-Comité der ZVfD, 3. 7. 1898, CZA A15/VII/3.
38 Bambus an Bodenheimer, 29. 9. 1898, CZA A15/VII/3.
39 Bambus an Bodenheimer, 1. 8. 1898, CZA A15/VII/3.

Bambus und Friedemann, Delegierte der Berliner Ortsgruppe II zum 2. Kongreß, kämpften gegen diese Tendenz an. (Übrigens wurden Loewe und Estermann von der Ortsgruppe I als Kongreßdelegierte gewählt.) Das Echo der Berliner Wahlen widerhallte in Loewes Kongreßrede über die Bestätigung der (Berliner) Mandate; das Plenum beschloß indes, diese prinzipielle Frage einem Ausschuß zu überstellen.[40]

Bambus versuchte auf dem Kongreß auf verschiedenen Wegen, seinen Anschauungen Ausdruck zu geben. So bat er im Rahmen der Prozeduraldiskussion »um Redefreiheit für eine große Minderheit – gegen eine kleine Mehrheit«, blieb aber ohne Erfolg.[41] Vielleicht verstärkte sich infolgedessen der Eindruck, daß die zionistische Organisation den philantropischen Kolonisationsvereinen feindlich gesinnt sei.[42] Auch Bambus' Vorschlag, einer erweiterten Debatte über Motzkins Bericht zuzustimmen, wurde abgelehnt. So sah er sich veranlaßt, seine Kritik über die »Palestine Development Company« – in der er eine Rolle spielte – in die Debatte »einzuschleusen«. Bambus argumentierte – als »Generalredner contra« – gegen das oberflächliche Verständnis Motzkins und dessen einseitige Darstellung. Das Siedlungswesen habe vor allem wichtige Erfahrungen gesammelt, meinte Bambus und hob hervor, daß jeder kleine Erfolg eine Errungenschaft für die Nachfolger bedeuten würde.[43]

Die Diskussion artete auch ins Persönliche aus. Als Loewe seinen ehemaligen Reisegefährten (sie beide waren 1898 zusammen in Palästina) der Entstellung der Tatsachen beschuldigte, erwiderte Bambus: »Ich will Ihr Gedächtnis auffrischen. Meistens waren Sie damals noch in tiefem Schlaf, als ich schon Verhandlungen führte.«[44] Andere kritische Ausführungen veröffentlichte Bambus später in der Broschüre »Herr Motzkin und die Wahrheit über die Kolonisation Palästinas«.[45]

Es kann daher gesagt werden, daß die Gruppe um Bambus vom Kongreß enttäuscht war. Die Leitung hatte die Bambusanhänger in eine Ecke manövriert. Schließlich war Bambus der Leiter einer der ältesten Kolonisationsvereine, und seine Verbitterung war verständlich. Er verschanzte sich nach dem Kongreß in seiner Zeitschrift »Zion«. Schon vor dem 2. Kongreß hatte er die »Vergötterung Herzls« in Wien angeprangert und auf den Redakteur der »Welt« als Hauptursache des internen Zwistes im zionistischen Lager hingewiesen.[46] Nach der Auseinandersetzung mit Motzkin kämpfte er verbissen gegen die Herabsetzung

---

40 Stenographisches Protokoll der Verhandlungen des II. Zionistenkongresses, gehalten zu Basel vom 28.–31. August 1898, Wien 1898, S. 93.

41 a.a.O., S. 37–39.

42 a.a.O., S. 58.

43 a.a.O., S. 184f.

44 a.a.O., S. 196f.

45 Willy Bambus, Herr Mozkin und die Wahrheit über die Kolonisation Palästinas, Berlin 1898.

46 Willy Bambus, »Die ›Welt‹«, Zion Nr. 7, Juli 1898, S. 1–5.

des Kolonisationswerks[47] und gegen Illusionen, die Herzl nach der Audienz beim deutschen Kaiser in Jerusalem hervorgerufen hatte.[48]
Bambus setzte die Veröffentlichung dieser Einstellung konsequent im »Zion« fort und verursachte, daß sich die »Berliner Zionistische Vereinigung« öffentlich von ihm distanzierte und festlegte, »Zion« sei weder das Organ der Berliner Zionisten, noch der Zionisten Deutschlands.[49]
Es schien ein unendlicher Konflikt, in dem sich beide Seiten krampfhaft um einen »ideologischen Anstrich« bemühten. Nach außen sollten die persönlichen Rivalitäten weitmöglichst minimalisiert werden. Nach dem späteren Ausscheiden Bambus' und der Gründung des Vereins »Zion«[50] waren bekanntlich die bis dahin bestandenen ideologischen Differenzen so gut wie ausgeräumt. Einer Fusion der beiden gegnerischen Ortsgruppen schien nichts mehr im Wege zu stehen. Wenn diese dennoch nicht zustandekam, lag das – nach Albert Goldbergs Meinung – an anderen Ursachen, die hinter der »ideologischen Fassade« wirkten und die es sich nicht schickte, öffentlich zu erörtern, nämlich die distanzierte Haltung der in Deutschland gebürtigen Zionisten zu ihren Gesinnungsgenossen aus Osteuropa.[51]

Der 4. Delegiertentag und seine Nachwirkungen

Es war in dieser Atmosphäre gespannter Beziehungen, daß beide Berliner Ortsgruppen zu gesonderten Wahlen zum Delegiertentag schritten. Laut Beschluß der deutschen Landsmannschaft sollte der 4. Delegiertentag schon Ende Oktober 1898 in Berlin stattfinden. Infolge des Jerusalemer Kaiserbesuchs und vor allem wegen der Beteiligung Bodenheimers und Wolffsohns an einer diesbezüglichen Delegation, wurde er auf den 26. Dezember desselben Jahres verschoben.[52] Drei Tage vor der Eröffnung versandte das Zentralkomitee eine Bekanntmachung über eine neuerliche Verschiebung, mit der merkwürdig anmutenden Begründung, daß das Datum – wegen des Zusammenfalls mit Weihnachten – unpassend wäre[53] und sowieso stünden keine dringlichen Punkte auf der Tagesordnung. Das Hinausschieben und besonders die Begründung erregte Unwillen bei den Berlinern und gewiß auch an anderen Orten. Am 23.

47 Zion Nr. 9, September 1898, S. 2–14.
48 »Die Kaiserreise nach Palästina«, Zion Nr. 10, Oktober 1898, S. 1–9.
49 Albert Goldberg an Centralkomité Köln, 8. 12. 1898, CZA A15/VII/3. Hervorhebung im Original. Er reagiert hier auf den Titel der Zeitschrift: »Zion, offizielles Organ der Zionisten«.
50 Siehe unten S. 112ff.
51 Siehe unten Brief von Adolf Friedemann an Herzl, S. 134f.
52 Correspondenz Nr. 10 der ZVfD, (November?) 1898, CZA A15/VII/34.
53 Das Datum war zwischen Weihnachten und Neujahr.

Dezember 1898 wurde die Bekanntmachung des Zentralkomitees versandt. Die »Welt« hatte die Veranstaltung des Delegiertentages am 26. Dezember bestätigt und sogar seine Tagesordnung veröffentlicht.[54]
In einem scharfen Schreiben an das Zentralkomitee protestierte der »Vertrauensmann« der »Berliner Zionistischen Vereinigung« gegen die Mißachtung der Ortsgruppen und ihrer Delegierten seitens des Zentralkomitees. Die Verlegung der Tagung hätte ihre persönlichen Pläne gestört, da viele schon von weitem nach Berlin gekommen wären.[55] Es sei unverständlich, schrieb der »Vertrauensmann«, daß es keine dringenden Angelegenheiten gebe. Der Delegiertentag solle dringend Propagandamethoden planen, einen Rahmen für Einzelzionisten schaffen und Regeln für den Vertrieb von Schekalim und für die Kongreßwahlen bestimmen.[56] Der Ärger in der »Berliner Zionistischen Vereinigung« war verständlich, da sie die Abhaltung des Delegiertentages noch vor dem 2. Kongreß gefordert hatten.[57]
Die Wahlen zum Delegiertentag warfen von neuem die prinzipielle Prozeduralfrage auf. Steht verschiedenen Gruppen an einem Ort das Recht zu, ihre eigenen Delegierten zu wählen, oder wählen alle Zionisten des Ortes aus einer Liste ihre Delegierten? Indem er auf eine Vorlage seiner Gegner zum Delegiertentag reagierte, klagte Adolf Friedemann, daß man seine Gruppe zerschlagen wolle, anstatt Gruppen verschiedenen Anschauungen zu harmonischer Arbeit zu vereinigen.[58] Bis zum Wahltag jedoch überwanden sie einen Teil ihres gegenseitigen Mißtrauens und kamen zu einem Kompromiß bezüglich der Wahlversammlung.[59]
Das Protokoll der Wahlversammlung zeugt von diesem Kompromiß. 40 Wähler waren anwesend. Als Resultat des Kompromisses oder einer Anweisung des Zentralkomitees wurde der »Vertrauensmann« der Ortsgruppe I, Albert Goldberg, zum Vorsitzenden gewählt, zum 2. Vorsitzenden Alfred Klee von der Ortsgruppe II und Max Jungmann zum Sekretär.[60]

---

54 Welt Nr. 51, 23. 12. 1898, S. 11–12.

55 Die Delegierten zum 2. Kongreß bestimmten Berlin als Ort des 4. Delegiertentages. H. Loewe an Central-Komité des ZVfD, 8. 3. 1899, CZA A15/VII/36.

56 Albert Goldberg an Central-Komité der ZVfD, 25. 12. 1898, CZA A15/VII/3; Von der Unklarheit des Wahlrechtes und der Stellung der Frau zu Anfang der zionistischen Bewegung zeugt die Frage des »Vertrauensmannes« an das Zentralkomitee, ob auch Frauen Wahlrecht haben. Albert Goldberg an Central-Comité, 10. 12. 1898, a.a.O..

57 Albert Goldberg an Central-Comité der ZVfD, 18 5. 1898, CZA A15/VII/3.

58 Adolf Friedemann an Bodenheimer, 15. 12. 1898, CZA A15/VII/3.

59 In einem Brief an das Zentralkomitee klagt Friedemann gegen die Leitung der Wahlen durch den »Vertrauensmann« der Ortsgruppe I und erhebt die Forderung, daß die Wahlen durch die »Vertrauensmänner« beider Ortsgruppen geleitet werden sollen. Adolf Friedemann an Central-Comité, 13. 12. 1898, CZA A15/VII/3.

60 Jungmanns Namen steht nicht auf der Liste der 19 Namen der Ortsgruppe II, die kurz vor der Wahlversammlung an das Zentralkomitee gesandt wurde. Die Namen sind: Ilia Beer, Dr. Brody, P. Isaksohn, Dr. Rosenau, Dr. Klee, Dr. Oliven, R. Meyer, Dr. Hantke, Dr. A.

Die Streichungen und Verbesserungen in der Überschrift des Protokolles bezüglich des Namens der Versammlung deuten noch vor Beginn auf Meinungsverschiedenheiten. Am Anfang schrieb der Sekretär: »Protokoll der Generalversammlung der vereinigten Ortsgruppen der Berliner Zionisten.« Dann strich er die Worte »vereinigte Ortsgruppen«. Zum Schluß nahmen sie eine ganz andere Formulierung an, laut der sie nicht als Mitglieder der Ortsgruppe, sondern als Mitglieder der ZVfD wählten: »Protokoll der Generalversammlung der Berliner Mitglieder der Zionistischen Vereinigung für Deutschland.«[61] Friedemann, Goldberg und Motzkin wurden in geheimer Wahl gewählt; es ergab sich, daß jeder Delegierte auch Stimmen aus dem »gegnerischen« Lager erhalten hatte.

Erst am 19. und 20. März 1899 wurde der 4. Delegiertentag in Köln abgehalten. Die beiden Blätter »Correspondenz« und »Welt« hatten über die vorherigen Tagungen recht ausführlich berichtet, übergingen indes den 4. Delegiertentag; das Zentralkomitee begnügte sich mit einem kurzen »Auszug«. Eine wahrscheinliche Ursache lag wohl in der Tatsache, daß man Köln, trotz geographischer Entfernung von anderen jüdischen Zentren Deutschlands, zum Austragungsort bestimmt hatte, wohl um der Priorität der »Hauptstadt des Zionismus« Nachdruck zu verleihen. Jedenfalls war die geringe Teilnehmerzahl scheinbar peinlich, da der erwähnte Auszug die Delegiertenzahl einfach verschwieg und nur die Namen der teilnehmenden Ortsgruppen bekanntgab: Köln, Dortmund, Frankfurt/Main, Darmstadt, Leipzig – also beinahe alle aus Westdeutschland. 13 Ortsgruppen sandten Entschuldigungsschreiben. Die beiden Berliner Ortsgruppen protestierten gegen die Wahl Kölns als Tagungsort. Zwar liegen die Protest- und Entschuldigungsschreiben nicht vor, ihr Inhalt läßt sich jedoch aus der Antwort des Vorsitzenden schließen, daß

> »... wenn auch ein Ort in der Mitte Deutschlands für die meisten Ortsgruppen bequemer erreichbar gewesen wäre, doch zwingende Gründe für die Wahl Kölns gesprochen hätten, da ein Delegiertentag ohne Beteiligung des Zentralkomitees doch kaum einen Zweck hätte haben können und auf verschiedene Wünsche bezügl. des Zeitpunktes Rücksicht genommen werden mußte. Der Protest der Berliner Ortsgruppen sei übrigens weder durch die Statuten, noch durch den Gebrauch gerechtfertigt, der Delegiertentag sei gesetzmäßig einberufen und daher für die deutsche Organisation beschlußfähig.«[62]

---

60 (Fortsetzung)
Friedemann, Dr. Blumenthal, Dr. Caspary, Dorn, Willy Bambus, Dr. Meyer-Cohn, Kalmus (Vater), Dr. Munk, Pinkensohn, Caro, Prof. O. Warburg. Walter Munk an Central-Comité, 14. 12. 1898, CZA A15/VII/3.

61 Protokoll der Generalversammlung der Berliner Mitglieder der ZVfD, 18. 12. 1898, CZA A15/VII/3.

62 Auszug aus dem Protokoll des IV. Delegiertentages der Zionistischen Vereinigung für Deutschland, am 19. und 20. März zu Köln a. Rh., CZA A15/VII/34.

Diese Begründung wirkt nicht gerade überzeugend, so daß Bambus mit seiner Reaktion möglicherweise im Recht war:

»Aus Ihren Briefen spricht fast immer eine gewisse Sorge, als ob wir das Zentrum der zionistischen Bewegung und das Büro nach Berlin nehmen wollen. Sie dürfen diesbezüglich ganz unbesorgt sein. Wir kennen zu genau die Schwierigkeiten, mit unzureichenden Mitteln ein Büro und eine Tätigkeit zu unterhalten, als daß wir uns darum reißen sollten, diese dornenvolle Aufgabe unsererseits zu übernehmen.[63]

Trotz formeller Gesetzmäßigkeit kann der 4. Delegiertentag kaum als repräsentativ angesehen werden. Es fehlte ihm die erforderliche »Schwungkraft«, man befaßte sich zu viel mit technischen Fragen. Schach berichtete über die Entwicklung der ZVfD, Wolffsohn referierte über die Lage der Finanzen und die Gründung der zionistischen Bank. Es wurde beschlossen, jede religiöse Strömung zu respektieren. Ein Ortsgruppenmitglied sei gleichzeitig Mitglied der ZVfD und als solches zur Entrichtung des Landesbeitrags verpflichtet. Das neugewählte Zentralkomitee wies zwei bemerkenswerte Änderungen auf: Die Rabbiner Isaak Rülf und Nechamja Nobel wurden zur Mitgliedern gewählt, wodurch der Pluralismus der zionistischen Bewegung betont wurde. Gleichzeitig sollte diese Wahl wohl die These der »Protestrabbiner« von der angeblichen Gegensätzlichkeit von Zionismus und Religion widerlegen. Ein anderer Neugewählter war Dr. Alfred Klee von der Ortsgruppe II in Berlin.[64] Klees Einzug in das Komitee führte zu einer gewissen Mäßigung der Gegensätze zwischen den beiden Berliner Gruppen, sowie auch zwischen diesen und dem Zentralkomitee. Sie bahnte Klee den Weg zur Aktivität in der Weltorganisation und entfernte ihn von der Opposition.[65]
Bambus betrachtete diese Entwicklung als erste Anzeichen des Auseinanderfalls seiner Gruppe; sie veranlaßte ihn, sich eine stabile Anhängerschaft im zionistischen Lager zu schaffen und gleichzeitig von der Schwungkraft zu profitieren, die von der jungen zionistischen Bewegung ausging (am 3. Kongreß nahm er nicht mehr teil).[66] Er kündigte dem Zentralkomitee die Gründung

---

63 Bambus an Bodenheimer, 7. 6. 1898, CZA A15/VII/3; Auszug aus dem Protokoll des IV. Delegiertentages der Zionistischen Vereinigung für Deutschland, a.a.O. Trotz Budgetschwierigkeiten war Wolffsohn – und das Zentralkomitee – gegen die Verlegung des Büros der ZVfD nach Berlin.

64 ebd.

65 Klee nahm 1899 am 3. Zionistenkongreß teil und war Mitglied des Propagandakomitees. Er referierte über Organisationsfragen und brachte die Vorschläge der Kommission vor das Plenum. Stenographisches Protokoll der Verhandlungen des III. Zionisten-Congresses, Basel 15.–18. August 1899. Wien 1899, S. 167–176. Friedemann war auf dem 2. Kongreß Mitglied der Kolonisationskommission. Stenographisches Protokoll der Verhandlungen des II. Zionisten-Congresses, a.a.O., S. 33.

66 Nach dem 2. Kongreß bezweifelte Bambus, ob er nach den Angriffen, die gegen ihn in der »Welt« geführt wurden, noch weiter der zionistischen Organisation angehören könne. Er war jedoch bereit zu warten. Bambus an Bodenheimer, 21. 11. 1898, CZA A15/VII/3. Er

eines neuen zionistischen Vereins in Berlin namens »Zion« an, dem sich bereits 65 Mitglieder angeschlossen hatten, und stellte dabei klar, daß es sich nicht etwa um einen politischen Verein handele. In der konstituierenden Sitzung hatten die Gründer folgenden Beschluß angenommen:

> »Der Verein betrachtet sich dazu bestimmt, eine Lücke im Berliner zionistischen Leben auszufüllen, dagegen wird er jede Konkurrenz zu bestehenden Organisationen vermeiden. Der Verein schließt sich der deutschen zionistischen Organisation an, soweit dies nicht gegen das Gesetz verstößt.«[67]

Bambus vermied eine nähere Erklärung der von ihm erwähnten »Lücke«; indes war die Antwort in den beigelegten Statuten des neuen Vereins ersichtlich. Während der erste Paragraph fast wörtlich das Baseler Programm zitierte, wodurch sich der Verein zur zionistischen Bewegung gehörig vorstellte, geht der eigentliche Zweck aus dem zweiten Paragraphen klar hervor: Um die Ziele des Basler Programms zu erreichen,

> »wird der Verein Zion
> a) die bestehenden Colonisationsvereine, insbesondere den Verein «Esra« in Deutschland unterstützen,
> b) durch Wort und Schrift in versöhnlichster Form Aufklärung über die Ziele des Zionismus verbreiten,
> c) bei allen dem Zionismus obliegenden Kulturarbeiten nach Kräften mit tätig sein, insbesondere
> 1. die Vereine für jüdische Geschichte und Literatur in Deutschland zu unterstützen, um so die Kenntnis unserer großen Geschichte und unserer Volkskunde zu verbreiten,
> 2. für die Erlernung und Benutzung der hebräischen Sprache zu arbeiten,
> 3. eine jüdische Literatur zu fördern, welche in wahrhaft nationalem Sinn erziehend wirken soll,
> 4. dahin streben, daß in den jüdischen Schulen Palästinas und des Orients überhaupt, besonders auch in den von der Alliance Israélite Universelle subventionierten Anstalten, jüdischer Geist und hebräische Sprache zur Geltung gelangen.«[68]

Trotz der Versicherung, daß sich »Zion« der zionistischen Organisation anschließt, »so weit dies nicht gegen das Gesetz verstoße«, geht nicht klar hervor, in welcher Weise die Ein- oder Angliederung erfolgen sollte. Ein Vergleich mit

---

66 (Fortsetzung)
weigerte sich, ein Mandat zum 3. Kongreß anzunehmen, da er gegen die Führung der zionistischen Organisation kämpfen wollte, die seines Erachtens die Bewegung demoralisiere und zu Grunde richte. Außerdem befürchtete er, Wolffsohn würde ihm das Wort nicht erteilen. Bambus an Central-Comité der ZVfD, 28. 6. 1899, CZA A15/VII/36.

67 Bambus an Central-Comité der ZVfD, 31. 8. 1899, CZA A15/VII/36.

68 Statuten des Vereins Zion, CZA A15/VII/36.

den Statuten der »Berliner Zionistischen Vereinigung« aus dem Jahr 1898[69] zeigt Unterschiede auf; so ist der Paragraph IV in den Statuten des »Zion« nicht enthalten.[70] Die Unklarheit und Statutenabweichung der ZVfD kann bei einem so erfahrenen Manne wie Bambus kein Zufall sein. Kein Zweifel, daß er dadurch die Unabhängigkeit des neuen Vereins, nicht nur in seinen Zielen, sondern auch in seinen organisatorischen Bindungen, hervorhebern wollte. Kein Wunder, daß die Mitteilung der Gründung des neuen Vereins in Köln und in Wien Unwillen hervorrief. Bodenheimer meldete Zweifel an seiner wirklichen Mitgliederzahl an und fragte nach der Mitgliederliste. Bodenheimer wollte in einer so heiklen Frage, wie die Aufnahme eines oppositionellen Vereins in die ZVfD nicht ohne Herzls Einwilligung entscheiden. Herzl hatte zwar kein formelles Argument gegen die Anerkennung des »Zion«, hob aber deutlich hervor, es werde den »Vergiftern« nicht erlaubt werden, Propagandazentren zu schaffen.[71]

»Zion« war indes nur eine vorübergehende Erscheinung, im Gegensatz zur Ortsgruppe II. In veränderter Form, unter anderem Namen, aber mit mehr oder weniger denselben Mitgliedern, war sie noch jahrelang als »Zionistische Ortsgruppe Charlottenburg« oder »Zionistischer Verein West-Berlin« aktiv.[72] Noch im Jahr 1912 lobte der damalige Redakteur der »Jüdischen Rundschau«, Julius Becker, ihre »systematische Aktivität« als Beispiel für andere Großstädte. Becker schildert den »intimen« Kreis einer intellektuellen Elite, die sich nicht mit Massenpropaganda befaßte. Man habe diese Aufgabe der »Berliner Zionistischen Vereinigung« überlassen und konzentriere sich vielmehr auf tiefgründige Diskussionen, die sich meist an Referate der besten Redner anknüpften.[73] Dieser Kreis wurde nicht durch ein »Vereinsleben« zusammengehalten und warb auch nicht um neue Gesinnungsgenossen. Becker gab zu, »daß wir unsere Mitglieder nicht zu Zionisten erziehen, aber es gelingt uns vielleicht, unsere Zionisten zu besseren Zionisten zu erziehen.«[74]

---

69 Statuten der Berliner Zionistischen Vereinigung, Berlin 1898, S. 3.
70 Statuten des Vereins Zion, a.a.O.
71 Schalit im Auftrag Herzls an Bodenheimer, 13. 9. 1899, CZA A15/III/2.
72 Zionistische Ortsgruppe Charlottenburg, Zionistischer Verein West-Berlin.
73 Victor Jacobsohn referierte über die zionistische Politik, Schmarjahu Lewin über die Entwicklungsmöglichkeiten Palästinas, Gustav Landauer über den Sozialismus, Julius Bab über den Einfluß des Judentums auf die moderne deutsche Literatur, Davis Trietsch über Kolonisationsprobleme und Nachum Sokolow über die hebräische Literatur.
74 J. B. (Julius Becker), »Zionistischer Verein West-Berlin«, JR Nr. 50, 13. 12. 1912, S. 458.

5. Kapitel

Die formativen Jahre der ZVfD

Agitation und Ausbreitung

Ein Jahr nach der Gründung der ZVfD berichtete ihre »Correspondenz« über wesentliche Fortschritte »trotz des eingebürgerten Indifferentismus«. Es gebe jetzt in jeder größeren Gemeinde Gesinnungsgenossen und »Vertrauensmänner«. »Wir dürfen hoffen, da wir Offiziere besitzen, bald auch ein Heer von Soldaten zu erhalten«.[1] Im Zentralkomitee nahm man an, daß die deutschen Zionisten »bald einen mächtigen Faktor in der Gesamtbewegung bilden würden.«[2] Einige Monate später, anläßlich der Wahlen zum 2. Kongreß, gab die »Correspondenz« die Zahl von 20 Ortsgruppen mit insgesamt 1400 Schekelzahlern an, mehr als die Statistik des Aktionskomitees in Wien.[3] Obwohl die Zahl der Schekelzahler sich nicht mit der Mitgliederzahl der ZVfD deckte, darf sie als Maßstab für das Anwachsen des Zionismus gelten. Denn die Erwerbung des Schekels bedeutete zumindest eine teilweise Zustimmung zu den Prinzipien des Zionismus. Daher spornte die »Correspondenz« die Zionisten an, die Schekelzahler zu »vollen« Zionisten zu machen.[4] Im Gegensatz zu den Erwartungen sank jedoch die Anzahl der Schekelzahler bei den Wahlen zum 3. Kongreß um 21%, auf 822.[5] Vor dem 4. Kongreß berichtete die Zentrale der ZVfD an das Aktionskomitee über die Existenz von 19 Ortsgruppen.[6]

Begeisterte Agitatoren und »Wanderredner« warben Anhänger für die zionistische Idee, selbst in den kleinsten und entlegensten Gemeinden, um das »Heer der Soldaten« aufzubauen. Der Freiburger Student Chaim Braude schildert die Schwierigkeiten:

> »Es fehlt den badischen Landjuden – um solche handelt es sich hier – vor allem überhaupt jene geistige Regsamkeit, auf welcher das Verständnis für tiefere historische Veränderungen notwendig beruhen muß . . . Wenn man daher hier den Juden vom Zionismus spricht, so begegnet man bei ihnen einer empörenden wohlwollenden Neugier, mit der man interessanten Be-

---

1 Correspondenz Nr. 8, Frühling 1898, CZA A15/VII/34.

2 Correspondenz Nr. 9, Sommer 1898, CZA A15/VII/34.

3 Die offizielle Statistik des Zionistischen Aktionskomitees berichtete nur über 1074 Schekelzahler aus 39 Orten in Deutschland. Ausweis über die Schekelbewegung im II. Congreßjahre (1898), CZA Z1/375.

4 Correspondenz Nr. 10, Ende 1898, CZA A15/VII/34.

5 Liste der Ortsgruppen und der Schekelzahler für das Jahr 1899, CZA A15/VII/36. Aus beiden Listen folgt, daß die ZVfD 17 »selbständige« Ortsgruppen und 14 im Entstehen begriffene Gruppen hatte.

6 Gustav Wolff an Actions-Comité Wien, 6. 2. 1902, CZA Z1/375. Eine interne Information berichtete über 20 Ortsgruppen, CZA A15/VII/36.

richten über Dinge zuzuhören pflegt, die einen im Grunde gar nichts angehen ...«[7]

Nicht nur in Landgemeinden und Kleinstädten stieß Braude auf Hindernisse. In Freiburg ging es ihm nicht besser, obwohl er über die Ziele des Zionismus in der respektablen »Jüdischen Vereinigung« sprach. Der einzige in der Stadt, der es »wagte«, sich offen zum Zionismus zu bekennen, war der Weinhändler Weill, ein ehrwürdiger und wohltätiger Jude. Er trat aber der Organisation nicht infolge der Überzeugungsversuche Braudes, sondern durch Einfluß des Kongresses bei.[8]

Braude sah in seinem »niedrigen gesellschaftlichen Stand als Ostjude« einen möglichen Grund seines Mißerfolgs. Er meinte, ein Ausländer, vor allem ein Pole, könne bei den deutschen Juden a priori keinen Erfolg haben, da ihm die deutschen Juden das Recht absprechen, sich in ihre inneren Angelegenheiten zu mischen. Ein deutscher Zionist könne, trotz der liberalen Erstarrung, in der sich die badischen Juden befänden, erfolgreicher sein als er.[9]

Im Zentralkomitee glaubte man, die Agitation würde in den Landgemeinden auf weniger Schwierigkeiten stoßen als in den Großstädten.[10] Diese Meinung vertraten u. a. Bodenheimer und der Arzt Dr. Moses, Vorsitzender der Mannheimer Ortsgruppe und Mitglied des Zionisten-Komitees für Baden und die Pfalz:

> »Ich zweifle auch keinen Augenblick, daß es einer zielbewußten Agitation gelingen wird, auf dem Lande siegreich vorzugehen und die Organisation einer solchen Agitation muß deshalb eine der Hauptaufgaben der Zionistischen Vereinigung für Deutschland sein. Eines aber ist sicher: die jetzt zur Verfügung stehenden Kräfte reichen zur Agitation nicht aus, weil, wie Sie richtig bemerken, einzelne nicht genügen, wenn sie ihren Namen der Sache widmen, dann aber, weil viele zur Agitation nicht befähigt sind. Hier glaube ich, muß unsere Centrale eingreifen im Verein mit den Leitungen der Ortsgruppen ... Wir hier sind vor allem darauf aus, unsere jungen Leute zur Propaganda zu erziehen und deshalb haben wir eine Art Elementarunterricht eingerichtet, in dem wir successive das ABC des Zionismus zu lehren bemüht sind.«[11]

---

7 Chaim Braude an Central-Komité der ZVfD, 10. 3. 1898, CZA A15/VII/4. Über die Juden in Dörfern und Kleinstädten in Süd- und Westdeutschland siehe den ausführlichen Aufsatz von Werner J. Cahnmann, »Village and Small-Town Jews in Germany«, A Typological Study. LBYB XIX, 1974, S. 107–130. Chaim Braude an Central-Komité der ZVfD, 10. 3. 1898, a.a.O.

8 »Unter den wenigen älteren jüdischen Bürgern, die sich zum Zionismus bekannten, gab es auch einen wohlhabenden Weinhändler namens Weil, einen fröhlichen, beleibten Mann, der an uns Studenten seine helle Freude hatte. Nach der Gründung der ›Ivria‹ im Jahre 1907 lud er einmal die ganze Verbindung in seine Villa und traktierte uns aus seinen besten Fässern.« Richard Lichtheim, Rückkehr, a.a.O., S. 91.

9 a.a.O.

10 Nur 45 von den 173 Orten, in denen Juden lebten, waren Städte. Siehe Anmerkung von Reinhard Ruerup, »The Rural Jew«, Discussion, LBIYB XIX, 1974, S. 133.

11 Julius Moses (Mannheim) an Bodenheimer, 12. 9. 1900, CZA A15/VII/9.

Der Optimismus von Dr. Moses war nicht durch bittere Erfahrungen eines polnischen Emigranten getrübt. Die zionistische Sache hatte in den letzten zwei Jahren in der Tat Fortschritte in Süd- und Westdeutschland gemacht. Im Oktober 1899 rief das Zentralkomitee zu einer Konferenz der Zionisten aus Baden, Hessen und Pfalz, an der Delegierte aus 15 Ortsgruppen teilnahmen. Nach Debatten über das Programm der zionistischen Bewegung und Auslegungen über das Baseler Programm wurde eine Agitationszentrale in Freiburg ins Leben gerufen, an der sich ein Mitglied des Zentralkomitees beteiligen sollte.[12] Das war wohl der erste Schritt zu einer Dezentralisierung. Denn die Leitung der ZVfD war zur Erkenntnis gekommen, daß die besonderen Probleme der Juden in den verschiedenen Teilen Deutschlands nicht zentral gelöst werden können. Möglicherweise war dies auch eine Folge der unangenehmen Tatsache, daß die Zahl der Wähler zum 3. Kongreß in Deutschland zurückgegangen war.[13] Ein an jüdische Lehrer in Süd- und Westdeutschland gerichteter Brief deutet auf die Suche nach neuen Wegen zur Verbreitung des zionistischen Gedankens; er trug die Unterschriften der Zentralkomitee- und Distriktskomitee-Mitglieder für Baden und Pfalz.[14] Im Brief werden zunächst die Ziele der zionistischen Bewegung kurz erklärt, es wird über das Anwachsen von 2000 Mitgliedern zur Zeit des ersten Kongresses bis auf 300000 vor dem dritten Kongreß hingewiesen. Auch die bei Fürsten und hochstehenden Persönlichkeiten oder britischen Parlamentariern hervorgerufene Sympathie für die zionistische Idee wird hervorgehoben:

> »Sie verehrter Herr sind ein berufener Erzieher und Führer des jüdischen Volkes.
> Wollen Sie abseits stehen in einer Frage, die das Leben, die Seele des jüdischen Volkes ausmacht?
> Können Sie Ihre Hilfe versagen, in dem Augenblick, wo selbst christliche Völker unser Recht auf Palästina zu betonen und anzuerkennen anfangen?
> Werden Sie es über sich gewinnen, zuzusehen, daß unsere Brüder im Osten moralisch und physisch zu Grunde gehen, und eine unzeitige kosmopolitische Lebensauffassung die assimilierten Elemente dem Judentume abhold macht. Noch ist es Zeit, daß wir uns verbünden.
> Und deshalb bitten wir gerade Sie, als der Erzieher der Jugend, unserer Vereinigung beizutreten, *denn im Kampf für Freiheit und Recht darf kein Lehrer fehlen.*«[15]

---

12 Die Welt, Nr. 45, 10. 11. 1898, S. 12.

13 Liste der Ortsgruppen und der Schekelzahler in Deutschland, CZA A15/VII/36.

14 Bodenheimer berichtete im Oktober 1900 dem Aktionskomitee in Wien, daß sich das Zentralkomitee der ZVfD besonders bemühe, die Lehrer und die Gemeinden in den Provinzstädten für den Zionismus zu gewinnen. Diesem Zweck seien die Flugblätter und Rundschreiben gewidmet. Bodenheimer an Actions-Comité, Wien, 16. 10. 1900, CZA Z1/234.

15 Aufruf an Lehrer, gezeichnet von den Mitgliedern des Zentralkomitees der ZVfD und des Komitees für Baden und Pfalz, o. D. (1900). Hervorhebung im Original.

Zweifellos war dies ein recht ungewöhnlicher Brief, an einen Dorf- oder Provinzlehrer gerichtet. Die akademischen Titel und gesellschaftliche Stellung der Unterzeichneten – sechs Kaufleute, ein Redakteur und zwei Rabbiner – sollten die Adressaten beeindrucken. Auch der Hinweis auf Fürsten und Würdenträger deutet auf die Absicht hin, den Zionismus imposant und respektabel erscheinen zu lassen. Doch jenseits solcher Bestrebungen stand die Forderung an die Lehrer, ihre Berufung als Erzieher zu erfüllen und für die Existenz des jüdischen Volkes mitzukämpfen.
Die recht unansehnliche Arbeit des Lehrers, der seinen kläglichen Unterhalt zuweilen durch Heiratsvermittlung, Schächten und Bittschriften ergänzte, sollte durch den Anschluß an die zionistische Vereinigung die Bedeutung einer nationalen Mission erhalten. In Gemeinden bis zu 100 Familien gab es keinen Rabbiner, und die Lehrer hatten einen gewissen Einfluß, was den Verfassern des Briefes als »günstiger« erschien.[16] Der Brief an die Lehrer weist auf die Tendenz hin, die Rabbiner zu umgehen. Die Führung der Zionisten warb um die »zweitrangige Intelligentsia«, die trotz ihrer wichtigen Rolle im Gemeindeleben am Rande der jüdischen Gesellschaft stand. Man ging dabei von der Annahme aus, daß sie für neue Ideen empfänglich sei.[17]
Dieser Versuch, mittels der Lehrer in der jüdischen Öffentlichkeit Fuß zu fassen, war eine Folge des Widerstandes der Rabbiner. Außerdem gab es Propagandaschwierigkeiten in der älteren Generation. Es läßt sich heute schwer feststellen, wieweit dieser Versuch erfolgreich war, da wenige Anhaltspunkte über die Gesamtzahl der Lehrer in der zionistischen Organisation vorhanden sind. Ein Antwortschreiben des Würzburger Lehrers Hirsch Oppenheimer an das Zentralkomitee gibt Aufschluß über seine Bemühungen zur Errichtung einer Ortsgruppe. Oppenheimer erklärte sich bereit, »dem Zionismus auf jede mögliche Weise zu dienen« und gab dem Komitee einen genauen Bericht über seine Anstrengungen. Er fand in Würzburg fünf Gesinnungsgenossen und veranlaßte eine Zusammenkunft,

> »um über das Weitere in gemeinsamer Aussprache sich gegenseitig zu belehren und zu ermuntern. Letzteres war sehr nötig. Einstimmig waren wir der Meinung, daß Würzburg sehr schwer zu bearbeiten sei. Unkenntnis, Unvernunft und prinzipieller Widerstand sei allerorten anzutreffen. Gegen Unkenntnis sei der Kampf wohl leicht, gegen Unvernunft und prinzipiellen Widerstand aber äußerst schwierig.«

Die Zusammenkunft war nicht ergebnislos. Oppenheimer sammelte sechs Mark Schekelgeld; zwei Anwesende, Oppenheimer und Dr. Braunschweiger

---

16 Werner J. Cahnmann, »Village and Small-Town Jews in Germany«, a.a.O., S. 116; Hermann Schwab, »Jewish Rural Communities in Germany«, London 1957, S. 42–46.
17 Vgl.: Jacob Katz, Tradition and Crisis, (hebr.) Jerusalem 1958, S. 251, 178.

(die übrigen waren ausländische Studenten) wurden gebeten, Vorschläge zur Gründung einer Ortsgruppe vorzulegen. Wegen »der Antipathie und Apathie gegen den Zionismus« wollte man zunächst von der Gründung eines ausgesprochen zionistischen Vereins absehen. Es wäre zweckmäßiger, einen Verein zu gründen, der das Ziel verfolgt, »den physisch und moralisch bedrängten Juden beizustehen«, was sich mit den Zielen des Zionismus vereinbaren lasse. Durch folgende Manipulation sollte dann die Gründung einer zionistischen Ortsgruppe herbeigeführt werden:

> »Der Zionismus selbst, soll später, wenn der Verein soweit lebenskräftig ist, daß er ganz gut, ohne Schaden, die prinzipiellen Gegner ausscheiden lassen kann, durch kluge und auch moralisch unanfechtbare Weise vom Verein sozusagen aufgesogen werden, in kurzen Worten, es soll ein allmählicher Übergang und Aufgang in den Zionismus vorbereitet werden.«[18]

Auch andere Anzeichen deuten auf eine geringe Bereitschaft von Lehrern, hauptsächlich in Kleingemeinden in Westdeutschland, als »Vertrauensmänner« der ZVfD zu fungieren. Die Liste »Ortsgruppen und Vertrauensmänner« aus dem Jahre 1902 weist nur zehn Lehrer auf[19], also einen geringen Teil der Lehrer aus hunderten Gemeinden in Süd- und Westdeutschland.[20] Es handelt sich dabei aber nur um diejenigen Lehrer, die bereit waren, offen zionistisch aktiv zu sein. Auf ein Verhältnis der Lehrer zum Zionismus ist daher schwer zu schließen. Auch die Betätigung der erwähnten 10 »Vertrauensmänner« war nicht von langer Dauer. Nur einer erscheint auf der Liste des Jahres 1907. Die Gemeinden der anderen »Vertrauensmänner« werden in der Liste nicht angeführt. Das bedeutet, daß dort die zionistische Tätigkeit unterbrochen wurde.[21] Aus einem Begleitbrief zu dieser Liste geht hervor, daß sogar in Ortsgruppen mit weniger als 30 Gesinnungsgenossen »zionistisches Leben« geführt wurde und regelmäßig Zusammenkünfte abgehalten wurden.[22]
Um ein deutlicheres Bild über den Umfang der Aktivität der Lehrer zu bekommen, sei bemerkt, daß von 132 »Vertrauensmännern« im Jahre 1907 nur sieben Lehrer waren.[23]
Die Annahme, kleine Gemeinden wären ein fruchtbarer Boden für zionistische Agitation, bewahrheitete sich trotzdem. Trotz Abwanderung in große Städte

---

18 Hirsch Oppenheimer an Bodenheimer, 4. 12. 1900, CZA A15/VII/9.

19 Die Städtchen sind: Lechenich, Linnich, Neustadt a. W., Recklinghausen, Rheda, Schwelm, Sobernheim, Steinach a. S., Wickede i. W., Wirballen. Die Welt Nr. 13, 28. 3. 1902, S. 8.

20 In Baden gab es anfang des 20. Jahrhunderts 216 Gemeinden. Siehe: Franz Hundsnurscher und Gerhard Taddey, Die jüdischen Gemeinden in Baden, Stuttgart 1968, S. V–IX; Paul Sauer, Die jüdischen Gemeinden in Württemberg und Hohenzollern, Stuttgart 1966, S. V–VI.

21 Central-Bureau der ZVfD Berlin an Zionistisches Zentral-Bureau Köln, 29. 5. 1907, CZA Z2/403.

22 ebd.

23 ebd.

lebten zu Beginn des 20. Jahrhunderts noch etwa zwei Fünftel der deutschen Juden in Kleinstädten und Dörfern. Hier hatten sich noch traditionelle Formen des Gemeindelebens erhalten, obwohl die Assimilation nicht spurlos vorübergegangen war.

»Vor allem ist in den Kleinstädten die Religiosität lange nicht in dem Maße geschwunden, wie anderswo, und die Religiosität ist und bleibt einer unserer besten Bundesgenossen, denn der religiöse Jude ... findet den Weg von der Glaubensgemeinschaft zur Stammesgemeinschaft bedeutend leichter als z.B. Herr Professor Geiger, denn für die religiösen Juden besteht eine Glaubensgemeinschaft wirklich noch, nicht nur in Leitartikeln.
Die Haltung der Sabbatruhe findet in vielen unserer Kleingemeinden noch verhältnismäßig häufig statt; soweit man an diesem Tage nicht Karten zu spielen pflegt, hat man Gelegenheit, sich mit jüdischen Dingen zu befassen, und man benutzt auch sehr oft diese Gelegenheit«, schreibt Julius Kaufmann aus Eschweiler bei Aachen.[24]

In der Kleinstadt und im Dorf war der einzelne Jude durch den äußeren Druck gezwungen, der Gemeinde anzugehören. Nichtjuden betrachteten es als selbstverständlich, daß Juden sich mit jüdischen Dingen beschäftigen. Da in Kleingemeinden das kulturelle Leben dürftiger als in Großstädten war, vermutete Kaufmann, daß die Juden für die geistigen Anregungen der zionistischen Agitation aufnahmefähiger sein würden.[25] Die statistischen Daten bestätigen diese Annahme. 35 der 82 Ortsgruppen wurden bis 1902 in Dorfgemeinden und in Kleinstädten gegründet.[26] Bis 1907 waren es 93 von insgesamt 132 Ortsgruppen.[27]
Im Jahr 1909 veröffentlichte der »Jüdische Nationalfonds« einen Bericht über seine Einkünfte aus 193 Gemeinden Deutschlands. 122 von ihnen waren Kleingemeinden. Es ist noch von einer Reihe anderer Kleingemeinden die Rede, deren Namen nicht genannt werden. Da es sich aber um 18% der Einkünfte handelt, scheint ihre Zahl gar nicht gering gewesen zu sein.[28]
Obwohl die Spende für den Nationalfonds nicht mit der Mitgliedschaft in der ZVfD identisch ist, kann angenommen werden, daß ein Großteil der Spender, soweit sie nicht organisierte Zionisten waren, dem Aufbauwerk in Palästina wohlwollend gegenüberstanden. Die vorliegenden Berichte sind jedenfalls eine Indikation für den Erfolg der Agitation in Kleingemeinden. Diese Folgerung

---

[24] Julius Kaufmann (Eschweiler), »Agitation in den Kleingemeinden«, JR Nr. 17, 26. 4. 1912, S. 144.
[25] ebd.
[26] »Liste der Ortsgruppen und Vertrauensmänner«, Die Welt Nr. 13, 28. 3. 1902, S. 8. Die Liste enthält keine Angaben über die Zahl der Mitglieder in den Ortsgruppen.
[27] Liste der Ortsgruppen und Vertrauensmänner der ZVfD, 29. 5. 1907, CZA Z2/403. Die Liste enthält keine Angaben über die Zahl der Mitglieder in den Ortsgruppen. Ein Vergleich der Listen der Ortsgruppen aus den Jahren 1899, 1902, 1907 und 1914 weist nicht nur auf Zuwachs von Ortsgruppen, sondern auch auf das Eingehen einer beträchtlichen Anzahl hin.
[28] »Nationalfonds-Statistik«, III. und IV. Quartal 1909, JR Nr. 16, 15. 4. 1910, S. 175f.

wird durch einen Bericht des Breslauer Zahnarztes Hugo Schachtel über die Einnahmen von Schekalim, Landesbeiträgen und Spenden für den »Nationalfonds« verstärkt. Der Bericht umfaßt 165 Orte mit einer Bevölkerung von 400000 Juden und zeigt auf, daß außerdem noch an 250 Orten Ansätze für Ortsgruppen oder Einzelzionisten vorhanden sind.[29] In 118 dieser 165 Gemeinden zählte die jüdische Bevölkerung 10000 Seelen. In 112 Gemeinden bestanden Ortsgruppen, die übrigen waren in der ZVfD durch »Vertrauensmänner« vertreten.[30]
Die folgenden zwei Tabellen geben eine Übersicht über den Anteil der Schekelzahler in der jüdischen Bevölkerung Deutschlands in den Jahren 1911 und 1912 – in 165 Gemeinden. In diesen Gemeinden belief sich die jüdische Bevölkerung auf ca. 383000 Seelen.

Tabelle A

Zahl der Gemeinden	7	5	38	34	45	36
Größe der jüd. Bev.	10000–140000	5000–10000	1000–5000	500–1000	100–500	bis 100
Zahl d. Jud. in d. Gem.	239650	31775	72573	24500	12053	2268
% von 383000	62,4	8,3	19,2	6,4	3,1	0,6
Schekelzahler 1911	2937	669	2432	1006	512	114
in %	1,2	2,1	3,5	4,1	4,2	5,0
Schekelzahler 1912	2638	515	1942	841	753	164
in %	1,1	1,6	2,6	3,4	6,2	7,2
in % der ges. Schekelzahler 1911	38,1	8,7	31,6	13,1	6,6	1,4
1912	39,1	7,5	28,3	12,3	11,0	2,4

29 Die Definition einer Kleingemeinde bezieht sich auf eine Gemeinde, deren Bevölkerung nicht größer als 1000 Seelen war. In der Berechnung des Mitgliederzuwachses soll daran erinnert werden, daß die ZVfD damals vorwiegend eine Männerorganisation war.

30 »Übersicht der aus Gruppen eingegangenen Schekel für 1910/11 und 1911/12«, JR Nr. 35, 15. 11. 1912, S. 445; Hugo Schachtel, »Rückblick auf das Jahr 1912«, JR Nr. 25, 20. 6. 1913, S. 257.

Hugo Schachtel erläutert die statistischen Angaben mit der Bemerkung, daß diejenigen Ortsgruppen nicht berücksichtigt wurden, die ihre Zahlungen an größere Ortsgruppen abgeliefert hatten. Die Zahl der Orte, an denen Ortsgruppen bestanden oder »Einzelzionisten« lebten, betrug nach Schachtel 400.[31] Folglich erfassen diese Zahlen faktisch alle Schekelzahler in Deutschland. Sie müssen daher mit der Gesamtzahl der jüdischen Bevölkerung in Deutschland verglichen werden. In diesen Jahren belief sich die Zahl der jüdischen Einwohner auf 615000 Seelen[32]; sie stellten 1,7% der Gesamtbevölkerung im Jahr 1911 und 1,5% im Jahr 1912, wenn man nur die Erwachsenen einrechnet. Die Unterschiede zwischen 1911 und 1912 erklären sich daraus, daß 1911 ein Kongreßjahr war und die Zahl der Schekelzahler infolgedessen anstieg.

Tabelle B
Die Anzahl der Zionisten in 12 großen Gemeinden 1911 und 1912

Name der Gemeinde	Gemeinde-mitglieder	Schekelzahler		Prozentsatz der Schekelzahler	
		1911	1912	1911	1912
Groß-Berlin	140000	1333	1106	0,9	0,8
Frankfurt/M.	25000	292	336	1,2	1,3
Breslau	22000	375	380	1,7	1,7
Hamburg	20000	411	447	2,0	2,2
Köln	12300	210	155	1,7	1,3
München	10500	166	113	1,6	1,1
Nürnberg-Fürth	9840	150	101	1,5	1,0
Leipzig	9000	160	61	1,8	0,6
Straßburg	6000	90	74	1,5	1,2
Mannheim	6000	97	113	1,6	1,8
Posen	5760	222	180	3,9	3,1
Hannover	5015	100	87	2,0	1,7
				Durchschnitt	
Insgesamt:	271415	3446	3153	1,8	1,4

Es geht aus den Angaben der Tabelle A hervor, daß der Prozentsatz der Zionisten in Städten mit großer jüdischer Einwohnerschaft niedrig war. Er stieg, je kleiner die Gemeinden waren. Wird der Charakter und die Tatkraft der örtlichen zionistischen Führerschaft einbezogen, kommt man zu derselben Folgerung auch auf Grund der Untersuchung des Anteils der Zionisten in 12 Großgemeinden.[33] Besonders tritt die verhältnismäßig große Anzahl von Zioni-

31 ebd.
32 Encyclopaedia Hebraica, Jerusalem 1957, Vol. XI, S. 512.
33 Siehe Tabelle B.

sten in den Kleingemeinden hervor. Da auch in den großen Städten viele Zionisten – besonders Studenten –[34] aus kleinen Gemeinden stammten, war deren Anteil in Wirklichkeit größer, als es die statistischen Daten wiedergeben. Max Jungmann, der als Student aus dem Städtchen Schildberg (Provinz Posen) nach Berlin kam und sich »Jung-Israel« anschloß, schildert in »Erinnerung eines Zionisten« die Abwanderung junger Juden in die Großstädte. Viele verloren den Zusammenhang mit dem Judentum und »landeten vor dem nutzbringenden Taufbecken«, andere begnügten sich mit der Reformgemeinde, ein Teil fand den Weg zum Zionismus.[35]

Als sich der spätere Historiker des deutschen Zionismus, Richard Lichtheim, zum ersten Mal an einer Versammlung der Studentenverbindung »Hasmonaea« beteiligte, war er der einzige Berliner. Dies war ein gewichtiger Beweggrund für den »Alten Herrn h. c.« Arthur Hantke, dieses »Unikum« für die Verbindung zu gewinnen.[36] Auch Julius Kaufmann aus Eschweiler stellte fest, daß ein beträchtlicher Teil der Zionisten in großen Städten Zuwanderer aus Kleinstädten und Dörfern waren.[37] Allein die intensivere Aktivität und die zentralen Ereignisse der Bewegung, die sich in den großen Städten abspielten und über die die Presse regelmäßig berichtete, stellten die »stille Mehrheit« in Klein- und Mittelgemeinden in den Schatten. Diese zählte 1911 52%, 21,3% in Gemeinden bis 1000 Seelen und 31,7% in Gemeinden bis 5000 Seelen.[38]

In diesem Zusammenhang ist eine Übersicht über die Ausbreitung der Ortsgruppen im deutschen Reich von Interesse. Zu diesem Zweck haben wir das Reich in vier geographische Teile geteilt, ähnlich wie es das Zentralkomitee der ZVfD in seinen Berichten tat.[39] In den ersten fünf Jahren ihres Bestehens gründete die ZVfD ihre Ortsgruppen hauptsächlich im Westen und Süden Deutschlands, während sie in den anderen Teilen nur langsam voranging. Von 1902 bis 1904 gelang es ihr, in den östlichen Provinzen Fuß zu fassen.

In anderen Reichsteilen war der Fortschritt recht mäßig. In den Jahren 1907–1914 wuchs die zionistische Bewegung im Süden und Westen wieder schneller an als im Osten. Die Anzahl neuer Ortsgruppen in Nord- und Mitteldeutschland war im Verhältnis dazu geringer.[40]

---

34 Siehe die autobiographischen Kapitel des Manuskriptes »Baderech lezion« von Heinrich Loewe, a.a.O.; Elias Auerbach, Pionier der Verwirklichung, a.a.O., S. 18–34.

35 Max Jungmann, Erinnerungen eines Zionisten, Jerusalem 1959, S. 12–18.

36 Richard Lichtheim, Rückkehr, a.a.O., S. 85.

37 Julius Kaufmann (Eschweiler), »Agitation in den Landgemeinden«, JR Nr. 17, 26. 4. 1912, S. 144.

38 Tabelle A.

39 Siehe Einteilung in Tabelle C.

40 Tabelle C.

Zahlenmäßige Entwicklung der Ortsgruppen der ZVfD 1899–1914 in verschiedenen Teilen Deutschlands

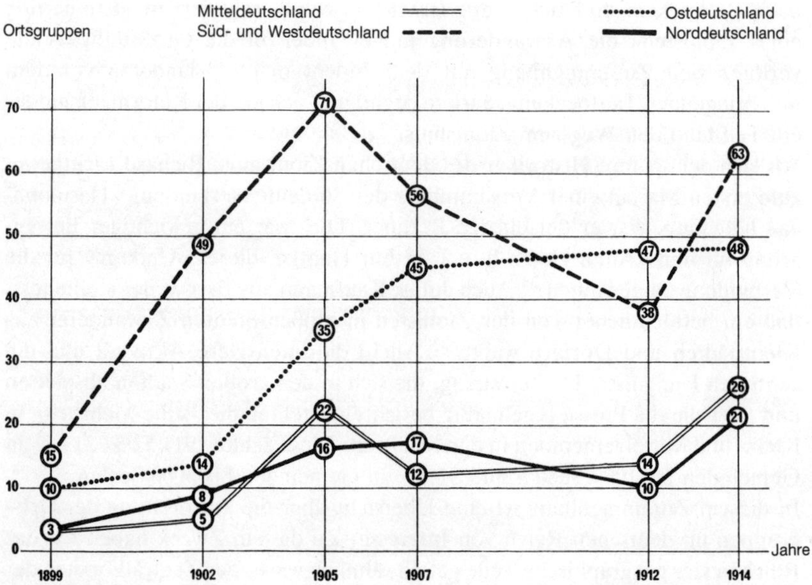

Die Zahl der Ortsgruppen der Zionistischen Vereinigung für Deutschland, 1899–1914

Erläuterungen:

Die Darstellung teilt Deutschland in vier Teile: Ost-, Nord-, Mittel-, Süd- und Westdeutschland. Großberlin tritt hier als *eine* Ortsgruppe auf. Obwohl die Berliner Zionistische Vereinigung die größte Anzahl Schekelzahler aufwies, stand sie unter 35 Gemeinden mit mehr als 1000 Seelen an 34. Stelle (0,9%).

Ostdeutschland: Ost- und Westpreußen, Danzig, Memel, Provinz Posen, Schlesien

Norddeutschland: Provinz Brandenburg, Pommern, Hannover, die Hansastädte, Schleswig-Holstein, Oldenburg, Mecklenburg

Mitteldeutschland: Sachsen, Thüringen, Braunschweig, Anhalt

Süd- und Westdeutschland: Die Rheinprovinzen, Westfalen, Hessen, Pfalz, Württemberg, Baden, Bayern, Elsaß-Lothringen.

In Posen gelang es den Zionisten beispielsweise nicht, bis 1904 mehr als 25 Schekelzahler zu gewinnen, und dies in einer Gemeinde mit 6000 Seelen. Es bedurfte der rhetorischen Fähigkeit Alfred Klees aus Berlin, um weitere 51 Posener vom Zionismus zu überzeugen und die Grundlage zu einer Ortsgruppe zu legen. Die Gegner blieben jedoch nicht untätig. Der »Zentralverein« veranstaltete eine Volksversammlung gegen die zionistische »Gefahr«. Da jedoch die Zionisten geschlossen zu der Versammlung kamen und sich aktiv an der Diskussion beteiligten, sahen sich die Zentralvereinler gezwungen, die Versammlung vorzeitig zu »sprengen«. Die Zionisten betrachteten ihren unvorhergesehenen propagandistischen Erfolg als »Schweineglück«: sie hatten es geschafft, dem gegnerischen »Totschweigen« zu entrinnen.[41]

Die Unstetigkeit der zionistischen Aktivität tritt besonders in Kattowitz hervor, wo eine der ersten jüdisch-nationalen Gruppen bestand. Die Erinnerungen an die Verdienste des »Bnei-Brith« und »die Kattowitzer Konferenz« genügten nicht. Bis 1904 gab es hier keine zionistische Tätigkeit, obwohl Moses Moses an den ersten Kongressen teilgenommen hatte. Die Leitung des Gruppenverbandes Oberschlesien versuchte das zionistische Leben in Kattowitz zu erneuern. Elias Auerbach kam aus Berlin, um im Stadthaus einen Propagandavortrag über »Jüdische Volkspolitik« zu halten. Von den 200 Anwesenden – in Kattowitz lebten damals 3400 Juden – schlossen sich 22 der Ortsgruppe an, die im Anschluß an diese Versammlung gegründet wurde. Der »erste Schritt zu Eroberung des Ortes der Konferenz von 1884, der Heimat von Moses Moses ist getan«.[42]

Die Unregelmäßigkeit der Aktivität der Ortsgruppen blieb der schwache Punkt in den Kleingemeinden; in den mittelgroßen Gemeinden nahm sie im Laufe der Zeit einen einigermaßen festen Rahmen an. Die Ortsgruppe Posen berichtete im Jahr 1909 über monatliche Versammlungen, an denen 30% ihrer Mitglieder teilnahmen. Die Lage in den Kleinstädten und Dörfern blieb nach wie vor schwierig, trotz der mitunter von den Distriktkomitees geleisteten Beiträge.[43]

---

41 Dr. J. (Jeremias), »Posener Brief«, JR Nr. 17, 30. 4. 1904, S. 177ff. In derselben Zeitung erschien ein Brief aus Hamburg, der eine Versammlung des Central-Vereins beschrieb, die in ähnlicher Weise verlief. Obwohl sich Zionisten an der Arbeit des CV beteiligten, benutzten ihre Gegner diese Organisation, um sie zu bekämpfen. Ebd. S. 174f.

42 JR Nr. 16, 22. 4. 1904, S. 168.

43 Dr. Jeremias, »Bericht über den Distrikt Posen für das Jahr 1909« JR Nr. 46, 12. 11. 1909, S. 516f. Der Bericht befaßt sich auch mit 18 Orten, an denen sich »Einzelschekelzahler« befanden. Da die Distriktsbüros sich ihrer nicht genügend annahmen, errichtete das Zentralkomitee ein besonderes Dezernat, das die Verbindung mit ihnen aufrecht erhielt. Gegenüber der Unregelmäßigkeit in der Aktivität der kleinen Ortsgruppen hatten die größeren Ortsgruppen die Möglichkeit einer regelmäßigen und vielseitigeren Betätigung ihrer Mitglieder. Siehe folgende Berichte: Die Welt Nr. 33, 14. 8. 1903, S. 13; »Bericht über Veranstaltungen der B.Z.V. 1904«, CZA A142/49/5; JR Nr. 9, 26. 2. 1909, S. 105f.; JR Nr. 10, 11. 3. 1910, S. 117.

Tabelle C befaßt sich nur mit der geographischen Ausbreitung der ZVfD. Das Ausmaß des Eindringens der zionistischen Bewegung in die deutsche Judenheit läßt sich mit einiger Glaubwürdigkeit aus der Statistik der Schekelzahler in 112 festen Ortsgruppen entnehmen.[44] In der Tabelle D ist die Gesamtzahl in verschiedenen Regionen mehr oder weniger konstant. Es ist festzustellen, daß die ZVfD nur in 112 von den 400 Orten[45], über die Schachtel berichtete, zu stabilen Gruppen gelangt war; daß Ortsgruppen nicht nur gegründet wurden, sondern sich auch auflösten.[46] Ferner ergibt sich aus Tabelle D, daß die prozentuell größte Beteiligung der Zionisten im Osten Deutschlands zu finden war, im Vergleich mit der Gesamtzahl der deutschen Zionisten, wie auch zur jüdischen Bevölkerung überhaupt. Die Ursache dafür ist nicht nur in der traditionellen Lebensweise der dortigen Juden zu suchen, sondern wohl auch der tatkräftigeren Führung der Ortsgruppen und der regionalen Verbände, die weniger von der entfernten Zentrale abhängig waren.[47]

Tabelle C
Die prozentuale Verteilung der Schekelzahler auf die Gebiete Deutschlands in den Jahren 1899, 1911 und 1912

	1899	*1911*	*1912*
Norddeutschland	7%	9,9%	9,7%
Mitteldeutschland	8%	8,6%	8,5%
Ostdeutschland	19%	35,7%	34,7%
Süd- und Westdeutschland	44%	28,7%	29,8%
Groß-Berlin	22%	17,7%	17,3%

Die Gesamtzahl der Schekelzahler betrug: 1899 = 822; 1911 = 7710; 1912 = 6758.

44 »Übersicht der aus Gruppen eingegangenen Schekel für 1910–11 und 1911–12«, JR Nr. 46, 15. 11. 1912, S. 445. Diese Liste verzeichnet keine Schekalim aus Orten, an denen keine Ortsgruppe bestand.

45 Hugo Schachtel, »Rückblick auf das Jahr 1912«, JR Nr. 25, 20. 6. 1913, S. 257.

46 Dies ergibt sich aus dem Vergleich der Ortsgruppenlisten aus den Jahren 1899 (CZA A15/VII/36), 1902 (Die Welt Nr. 13, 28. 3. 1902, S. 8), 1907 (CZA Z2/403), der Spenderliste für den Nationalfonds für das Jahr 1909 (»Nationalfondsstatistik III. und IV. Quartal 1909«, JR Nr. 15, 15. 4. 1910, S. 175), der Ortsgruppenliste zu Hugo Schachtels »Übersicht« für das Jahr 1912 (siehe Anm. 46), der Spenderliste für den Nationalfonds für das Jahr 1914, welche 327 Orte umfaßt (JR Nr. 4, 22. 1. 1915, S. 33).

47 Ein interner Bericht gibt 110 Mitglieder in Königsberg an, 150 in Breslau und 469 in Berlin. CZA A15/VII/12.

Tabelle D[48]

Die Anzahl der Schekelzahler und ihr Anteil an der jüdischen Bevölkerung in den deutschen Gebieten in den Jahren 1899, 1911, 1912

Gebiete	Norddeutschland	Mitteldeutschland	Ostdeutschland	Süd- u. Westdeutschland	Groß-Berlin
Jüdische Bevölkerung	29200	28400	62000	124500	140000
Schekelzahler 1899	56	63	158	361	184
1911	745	649	2679	2304	1333
1912	710	489	2333	2124	1042
in %					
1899	0,2	0,2	0,2	0,3	0,1
1911	2,6	2,3	4,3	1,9	0,9
1912	2,4	1,7	3,8	1,7	0,7
Proz. Anteil d. Gebietes a. d. Gesamtzahl d. Schekelzahler					
1899	7,0	8,0	19,0	44,0	22,0
1911	9,9	8,6	35,7	29,8	17,7
1912	9,7	8,5	34,7	28,7	17,3

[48] Die statistischen Angaben sind folgenden Quellen entnommen: Liste der Ortsgruppen und Schekelzahler für das Jahr 1899 (CZA A15/VII/36); Liste der Ortsgruppen und »Vertrauensmänner« der ZVfD (Die Welt Nr. 13, 28. 3. 1902, S. 8); Liste der Ortsgruppen der ZVfD vom 7. 4. 1905, die über 60 Ortsgruppen und 86 im Entstehen begriffene Ortsgruppen berichtete (CZA Z1/415); Liste der Ortsgruppen vom 29. 5. 1907, die über 67 Ortsgruppen und 65 entstehende Ortsgruppen berichtete (CZA Z2/403); Liste der Schekeleingänge, Landesbeiträge und Nationalfondsspenden für das Jahr 1911 aus 35 Gemeinden mit über 1000 Seelen (JR Nr. 26, 28. 6. 1912, S. 243); Übersicht der aus Gruppen eingegangenen Schekel für das Jahr 1910–11 und 1911–12, die 112 Ortsgruppen umfaßt, (JR Nr. 46, 15. 11. 1912, S. 445); Hugo Schachtel, »Übersicht auf das Jahr 1912«, Bericht über die Schekeleingänge, Landesbeiträge und Nationalfondsspenden aus 165 Gemeinden (JR Nr. 25, 20. 6. 1913, S. 257); »Nationalfondsstatistik für das Jahr 1914«, umfaßt 327 Ortsgruppen und entstehende Ortsgruppen, (JR Nr. 4, 22. 1. 1915, S. 33).

Trotz gewisser Erfolge in den Kleinstädten war dieses Potential sicher noch lange nicht erschöpft. Im Bericht aus Eschweiler heißt es, daß es im Jahre 1912 Juden gab, die noch nicht einmal vom Zionismus gehört, geschweige denn einen klaren Begriff davon hatten.[49] Dies war nicht allein dem Mangel an Rednern zuzuschreiben.[50] Die Ursache lag vielmehr in einer besonderen jüdischen Lebensart, die sich im Laufe von Jahrhunderten herausgebildet hatte und sich weniger in Gelehrsamkeit als in der strikten Beobachtung der jüdischen Gesetze und Aufrechterhaltung der traditionellen Gemeindeinstitutionen ausdrückte.[51]

Die zionistischen Agitatoren traten in kleinstädtischen Gemeinden als Repräsentanten einer *jüdisch-politischen, säkularen* Anschauung auf, die der überlieferten Auffassung des Judentums diametral gegenüberstand. Man muß auch die naturgemäße Scheu des Provinzlers vor dem Großstädter berücksichtigen, zumal es sich ja um eine »wunderliche« Sache handelte, die Sprecher junge Leute, wahrscheinlich sogar »Neulinge« waren. Die Aufnahme der zionistischen Idee stieß auf ein weiteres Hindernis, nämlich den gesellschaftlichen Charakter der Provinzgemeinde. Hier bestand eine Verbindung zwischen Erfüllung der religiösen Gebote und der genauen Einhaltung der Hierarchie in allem, was Synagoge, Gemeindeinstitutionen und Familie betraf. »One can say, that internally Jewish life was suspended between the emotional poles of prestige (kawod) and food (achila), but only the prestige angle was of concern at the service; food, also endowed with intense religious meaning, was a domestic affair.«[52]

Verzweigte »übergemeindliche« Familienbande und deutsches Heimatbewußtsein bildeten in sich geschlossene Lebensformen, die nicht ohne weiteres durch eine komplizierte, wirklichkeitsfremde Idee erstürmt werden konnten, die den Clan zu spalten drohte. Schloß sich aber einer der einflußreichen Gemeindenotabeln oder ein kampflustiger Oppositionär dem Zionismus an[53], war die Möglichkeit einer dauerhaften Ortsgruppe gegeben. Der Anstoß kam meistens von außen. Auch deshalb war es zweifelhaft, ob die Lehrer, auf deren Stütze die ZVfD baute, von großem Nutzen sein konnten.

Wir bringen hier die Darstellung der Gründung einer Ortsgruppe im badischen Städtchen Müllheim[54], die einige der erwähnten Komponenten enthält, wenn

---

49 Julius Kaufmann (Eschweiler), »Agitation in den Landgemeinden«, JR Nr. 17, 26. 4. 1912, S. 144.

50 Siehe S. 151 ff. dieser Arbeit.

51 Siehe Werner J. Cahnmann, »Village and Small-Town Jews in Germany«, a.a.O., S. 120.

52 a.a.O., S. 118.

53 a.a.O., S. 122–123.

54 Müllheim in Baden war 1900 ein Städtchen mit 4000 Einwohnern und hatte eine jüdische Gemeinde mit 266 Seelen. 1933 lebten in Müllheim noch 80 Juden. Die Juden des Städtchens ernährten sich hauptsächlich von Wein- und Viehhandel. Die Gemeinde unterstand dem

auch der Erfolg nicht gerade für andere Orte charakterisch gewesen sein mag. Zu der erfolgreichen Ortsgruppengründung trug zum einen die ungewöhnliche Zusammenarbeit zwischen einem älteren, angesehenen Zionisten, dem Arzt Max Kaufmann aus Freiburg/Br.[55], und zwei zionistischen Studenten, Albert Goldberg und Max Jungmann, bei, die vorübergehend in Freiburg studierten; zum anderen spielte die Neugierde, aber auch Scheu der Müllheimer gegenüber dieser Delegation aus Freiburg eine Rolle, sowie ein Gemeindevorsteher, der sich der »zionistischen Revolution« in seiner Gemeinde anschloß:

»Eines Tages beschlossen Goldberg und ich, die Gemeinde Müllheim zu erobern. Ein Freiburger Herr, der aus Müllheim stammt, ließ für einen Sonnabend abend eine Versammlung im Gasthaus ›Zur Post‹ vorbereiten, und als er mit uns dort eintraf, hatten sich fast alle männlichen Mitglieder der Gemeinde im Saale eingefunden. Wir wurden anfangs etwas scheu und mißtrauisch beguckt, wie landfremde Eindringlinge. Aber der Eingeborene, der uns aus Freiburg begleitet hatte, war gewissermaßen eine Garantie für unsere Unbedenklichkeit. Er eröffnete alsbald die Sitzung mit einer einführenden Kurzrede und erteilte mir das Wort. Ich hielt ein wohlvorbereitetes Referat, an das sich eine lebhafte Debatte anschloß. Goldberg verstand es, alle Einwendungen so überzeugend zu entkräften und mein Referat so geschickt zu ergänzen, daß die Versammlung bald in große Begeisterung geriet und am Schluß sämtliche Anwesenden den Schekel nebst Landesbeitrag entrichteten. So etwas hatte das hübsche Landstädtchen wohl noch nie erlebt, daß zwei fremde junge Studenten herkommen und die ganze Gemeinde revolutionieren. Man ließ uns nicht in der Nacht abreisen, feierte den Abend bei vorzüglichem Markgräfler Wein, und für den nächsten Morgen wurden wir vom Vorsteher der Gemeinde zum Frühstück eingeladen. Die Müllheimer Ortsgruppe war gegründet.«[56]

Es hat den Anschein, daß der Zionismus in den Orten, in denen das öffentliche Leben nicht entwickelt war, leichter Wurzel schlug. Ein Zionist war nicht selten innerhalb seiner Gemeinde isoliert, oft wurde er sogar angefeindet. Jedoch wurden diese Unannehmlichkeiten oft durch die Bindung zu Gesin-

---

54 (Fortsetzung)
Rabbiner des nahegelegenen Städtchens Sulzburg. Ludwig Kahn, Aus der Geschichte der jüdischen Gemeinden von Hegenheim, Kirchen, Müllheim und Sulzburg, Basel 1963; Hundsnurscher und Taddey, Die jüdischen Gemeinden in Baden, a.a.O., S. 205ff.

55 Über ihn berichtet: Richard Lichtheim, Rückkehr, a.a.O., S. 97.

56 Max Jungmann, Erinnerungen eines Zionisten, a.a.O., S. 38. Vergleiche diesbezüglich die Gründung einer zionistischen Ortsgruppe in Gailingen bei Konstanz. Die Gemeinde zählte 1900 633 Seelen, 39% der Bevölkerung des Städtchens. Die Ortsgruppe wurde von einem »Team« gegründet, dem der Arzt Dr. Kaufmann aus Freiburg, Rechtsanwalt Bloch aus Konstanz und Dr. Dannenberg aus Straßburg angehörten. Die Initiatoren der Gründungsversammlung waren der Weinhändler Weil aus Freiburg und der Leiter der jüdischen Handelsschule in Gailingen, Roßmann. Der neuen Ortsgruppe schlossen sich 50 Mitglieder an. Die Welt Nr. 13, 14. 8. 1903, S. 13; Hundsnurscher und Taddey, Die jüdischen Gemeinden in Baden, a.a.O., S. 98ff.

nungsgenossen außerhalb des Städtchens, durch die Beflügelung der Zugehörigkeit zu einer Weltbewegung aufgewogen.
In Hannover versuchten die Zionisten einen anderen Weg zur Annäherung an die jüdische Öffentlichkeit. Nach der »Aufteilung« Deutschlands in fünf Agitationsbezirke auf dem Mannheimer Delegiertentag (1902), wandte sich das Distriktsbüro Hannover in einem Rundschreiben an die Gemeindevorsteher ihres Distriktes. Nach der Einleitung über die Ziele und Entwicklung der zionistischen Bewegung gelangte man zum eigentlichen Zweck des Schreibens, dem Nutzen, den die Gemeinde aus der zionistischen Aktivität ziehen würde. Schon jetzt sei ein schnelles Aufleben und wachsendes Interesse an jüdischen Dingen in jenen Gemeinden spürbar, in denen Zionisten aktiv sind. Die Pflicht der Zionisten, an der »jüdischen Gegenwartsarbeit« mitzuwirken, beweise, daß der Erfolg nicht in ferner Zukunft läge. Das Komitee versprach die Teilnahme von Zionisten auf dem Gebiet der sozialen und humanitären Hilfe und drückte seine Hoffnung aus, daß die Gemeindevorstände die vorgeschlagene Zusammenarbeit beherzigen würden.[57]
Man wandte sich nicht, wie gewöhnlich, an den jüdischen Solidaritätssinn, sondern an das lokale Interesse. Hier wurde nicht die jüdisch-nationale Idee oder der politische Zionismus hervorgehoben, sondern eine Kooperation in ausgesprochenen Gemeindeangelegenheiten: Lesehallen, Darlehenskassen usw.[58] Später wird noch die Rede von den Meinungsverschiedenheiten sein, die diese Tendenz unter deutschen Zionisten hervorrief. Hier sei nur darauf hingewiesen, daß die zionistische Agitation hervorheben wollte, daß zionistische Tätigkeit nicht im Gegensatz zu lokalen Bedürfnissen stehe, weder vom ideologischen, noch vom praktischen Gesichtspunkt. Vor allem aber beabsichtige sie nicht, mit den Gemeindevorständen zu konkurrieren. Dies war besonders wichtig, nachdem die Parole »Eroberung der Gemeinden« ausgegeben wurde und die liberalen Juden die zionistische Beherrschung des »Judentages« fürchteten, falls ein solcher entstehen würde.
Obwohl die Gemeindevorstände im Laufe der Jahre ganz gegen ihren Willen zugaben, die Ausbreitung des Zionismus habe das Interesse am Jüdischen geweckt, versuchten sie diese Ausbreitung mit allen Mitteln zu hindern. Zwar bestehen keine Unterlagen, die darauf hindeuten, daß die vorgeschlagene Zusammenarbeit mit einer Gemeinde im Distrikt Hannover zustandekam, es kann jedoch kein Zweifel daran bestehen, daß der Widerstand gegen den Zionismus trotz der gemäßigten Linie der Führung der Bewegung in Deutschland nicht abgeschwächt war. Es gab in dieser Beziehung zwischen den verschiedenen Ländern Deutschlands keinen Unterschied. In Leipzig weigerte sich

57 Schreiben an den Vorstand der Gemeinde in ..., Dezember 1902, gez. Sammy Gronemann (Vorsitzender) und 9 Mitglieder des Distriktskomitees Hannover, CZA A142/55/5.
58 ebd.

der »Verein für Literatur und Geschichte«, den Studenten Martin Buber, trotz Empfehlung des Gemeinderabbiners, einen Vortrag über die Ziele des Zionismus halten zu lassen. Ein Musikprofessor sah sich gezwungen, seine Beziehungen mit einer Gruppe junger Zionisten abzubrechen; er hatte einen »Wink« vom Gemeindevorstand erhalten. Es gelang den Zionisten »konspirativ« – also auf Umwegen – in den Besitz der Adressen von Gemeindemitgliedern zu kommen. Die Ortsgruppe Leipzig entstand erst nach vielen Bemühungen. Die Mehrzahl ihrer Mitglieder waren Oberschüler der Handelsschule, die aus wohlhabenden russischen Emigrantenfamilien stammten. Es gelang den Zionisten nicht, einen einzigen »echten« Leipziger zu bewegen, dem Vorsitz der Gründungsversammlung beizutreten, obwohl sie bei allen Akademikern »in bürgerlichen Positionen« vorsprachen. Zur Versammlung wurden die besten Propagandaredner, Heinrich Loewe und Alfred Klee aus Berlin, eingeladen, um an der Diskussion im Anschluß zur Eröffnungsrede Martin Bubers teilzunehmen. Von den 300 Teilnehmern traten »einige Dutzend« der neuen Ortsgruppe bei. Der Besuch der auswärtigen Gäste – beide waren »Alte Herren« der »Vereinigung jüdischer Studenten« – erzielte ein weiteres Resultat. Sie gründeten in Leipzig einen Zweigverein ihrer Verbindung, dem Martin Buber vorstand und dem zunächst 18 Studenten angehörten.[59]

Die Mitglieder der Ortsgruppe waren überwiegend Ostjuden. Der »Vertrauensmann« Julius Wiener drückte sein Bedauern aus, daß es trotz intensiver Agitation nicht gelungen sei, über den Widerstand »einflußreicher jüdischer Kreise« hinwegzukommen und sie zu überzeugen, der Ortsgruppe beizutreten.[60]

Der Widerstand der Gemeindevorstände gegen die Gründung zionistischer Ortsgruppen war eine Erscheinung, die sich in verschiedenen Variationen wiederholte. Aus Elberfeld wurde berichtet, der dortige Rabbiner habe es vermieden, dem Zionismus irgendwelche Sympathie auszudrücken, wohl aus Furcht vor einer etwaigen Opposition.[61] In Emden wurde eine antizionistische Protestversammlung einberufen. Der Hauptwidersacher der Zionisten, ein Lehrer namens Selig, ein polnischer Jude aus Jarotschin mit deutschnationaler Gesinnung, ging von Haus zu Haus, um die neuen Zionisten zum Verlassen der neugebildeten Ortsgruppe zu bewegen.[62]

Nicht immer begnügte sich ein Gemeindevorstand mit einem stillen Kampf gegen den »Einzug« der Zionisten. Ein Beispiel des »offenen Kampfes« gab die Gemeinde in Essen. Um der »zionistischen Gefahr« vorzubeugen, veranstaltete der Seelsorger Dr. Samuel eine Gemeindeversammlung, auf der ein Vortrag

59 Ahron Eliasberg, »Die Entstehung einer Ortsgruppe«, JR Nr. 48, 18. 6. 1937, S. 5.
60 Julius Wiener an Central-Comité, 29. 9. 1901, CZA A15/VII/11.
61 Hugo Moser (Elberfeld) an Bodenheimer, 23. 2. 1901, CZA A15/VII/11.
62 E. van Cleef (Emden) an Gustav Schwabe, 7. 10. 1903, CZA A142/55.

über das Thema »Die zionistische Bewegung unserer Tage« gehalten werden sollte. Die wenigen Essener Zionisten holten sich »Verstärkung« aus Berlin. Elias Auerbach und Walter Friedemann führten nach dem Referat ein hitziges Rededuell mit dem Rabbiner. Nach achtwöchigen Vorbereitungen veranstalteten die Essener Zionisten dann eine »Gegenversammlung« und wählten »mit bewußter Ironie« das gleiche Thema. Diesmal hielt Elias Auerbach das Referat. Wider alles Erwarten füllten 400–500 Personen den Versammlungssaal bis auf den letzten Platz.

Das war in der jüdischen Gemeinde von Essen, die insgesamt etwa 1800 Seelen zählte, ein ungewöhnliches Ereignis. Es stellte sich aber heraus, daß das zahlreiche Publikum aufgrund eines verteilten Zirkulars der Antizionisten erschienen war. In diesem, übrigens am Sabbat gedruckten Formular werden die Erwägungen der Verfasser erklärt:

> »P. P. Am Sonntag dem 17. cr., abends 8 Uhr, findet im Kasino-Restaurant, Kastanien-Allee 95, eine von einem namenlosen Komitee einberufene Versammlung statt, in der ersichtlich für den Zionismus Propaganda gemacht werden soll. Wir glauben, daß unsere hiesigen Glaubensgenossen sich dieser Bewegung gegenüber *ablehnend* verhalten und betrachten als ihre
>
> EHRENPFLICHT
>
> an diesem Abend vollzählig zu erscheinen, um *zu verhüten*, daß der Zionismus hier Boden gewinnt.
>
> Essen, den 16. Januar 1904.
>
> Max Abel, Rechtsanwalt. Marcus Carsch. Dr. med. Cohen, prakt. Arzt. Alexander Kann. Dr. jur. Herzfeld, Rechtsanwalt. Gustav Lewy.«

Nachdem Auerbach dem Publikum die Grundlagen der zionistischen Anschauungen auseinandergesetzt hatte, erhob der Rabbiner scharfen Einspruch gegen die Auslegung von Listen, »um Seelen zu fangen«. Er spielte dabei auf die Gefahr des Zionismus an, auf das Bedenkliche für den Staat, Zionisten anzustellen und warnte: »Nehmen Sie sich in acht, sonst können Sie hier in Essen noch was erleben!«

Andere Gegner des Zionismus bewahrten einen sachlicheren Ton, während sich die Zionisten sehr bemühten, die Leitung der Versammlung so objektiv wie möglich zu gestalten. Gegen Ende der Diskussion versuchten die Gegner der Zionisten, doch noch eine Resolution in ihrem Geist einzubringen. Sie wollten damit beweisen, daß eine von Zionisten einberufene Versammlung antizionistische Beschlüsse faßt. Dies wollte der Vorsitzende natürlich vermeiden und schloß kurzerhand die Versammlung. So wurde diese zwar vorzeitig »gesprengt«, doch schlossen sich 70 Mitglieder der Ortsgrupe an. »Ein frischer Zug von neuem jüdischem Leben ist in die Judenschaft von Essen eingedrungen.«[63]

---

[63] Ben Baruch, »Essener Brief«, JR Nr. 4, 21. 1. 1904, S. 35f. Hervorhebung im Original.

Die Feindseligkeit der Gemeindevorstände forderte zuweilen die Zionisten zur Gründung einer Ortsgruppe »zum Trotz« heraus. In München war es sogar eine »historische Revanche«. Diesen Moment betonte die »Welt«: »Besonders interessant wirkt die Tatsache, daß einer Ehrenpflicht der Zionisten Genüge getan wird. München muß zionistisch werden, weil es den Zionistenkongreß nicht in ihren Mauern haben wollte[64].«
Die Zeitung gibt ihrem »Gefühl der Befriedigung« Ausdruck, als sie berichtet, daß nach einer Rede von Klee 100 Personen ihren Beitritt zur ZVfD erklärt hätten.[65] Auch mit der Gemeinde in Stettin, wo es 3000 Juden gab, sollte »abgerechnet« werden. Stettin war die Hochburg des antizionistischen Rabbiners Vogelstein, der den Aufruf der »Protestrabbiner« mit unterzeichnet hatte. Mit der »Eroberung« dieser Festung wurde Klee beauftragt; Klee erstattete Herzl über diese wichtige Mission Bericht.[66] Die dort errichtete Ortsgruppe zählte im Jahre 1911 94 Mitglieder.[67]

Über die Mitgliedschaft der Ostjuden

Bekanntlich behauptete man, daß die deutschen Juden gegenüber den Ostjuden eine gewisse Zurückhaltung hegten. Man ging so weit, daß man den Nichtbeitritt deutscher Juden in Ortsgruppen der ZVfD der Anwesenheit so vieler »Ausländer« zuschrieb. Der »Vertrauensmann« der Leipziger Ortsgruppe, Julius Wiener, gab dies offen zu: »Unsere Mitglieder sind zum überwiegenden Teil Ausländer (Polen, Russen bzw. Österreicher), *ein Umstand, der bekanntlich auch anderwärts in Deutschland der Ausbreitung der Zionsidee im Wege stand.*«[68] Der »Vertrauensmann« wies auf den Stillstand in seiner Ortsgruppe hin und meldete dem Zentralkomitee, daß ihn dringende Berufspflichten[69] hindern, die Leitung der Ortsgruppe auf die Dauer beizubehalten.

---

64 Die Welt Nr. 13, 28. 3. 1902, S. 8.
65 In einem früheren Bericht ist München unter den Orten mit »Einzelzionisten« aufgeführt. Israelitische Rundschau Nr. 20, 24. 4. 1901.
66 Klee an Herzl, 14. 10. 1903, CZA H VIII/443.
67 JR Nr. 26, 28. 6. 1912, S. 243, Nr. 46, 15. 11. 1912, S. 445.
68 Julius Wiener an Central-Comité, 29. 9. 1901, CZA A15/VII/11. Hervorhebung des Verfassers. Eine verhältnismäßig große Anzahl von Ostjuden befand sich auch in anderen Emigrationsstädten. Aus einer Liste der 40 Mitglieder der Ortsgruppe Dresden, die ihre Namen, Titel und Berufe angibt, ist zu entnehmen, daß mindestens die Hälfte ostjüdische Emigranten waren. Kreidl an Central-Comité, 28. 2. 1901, CZA A15/VII/11. Im Jahre 1900 lebten in Dresden 3100 Juden, davon 1200 (40%) Ausländer. S. Adler-Rudel, Ostjuden in Deutschland, 1880–1940, Tübingen 1959, S. 163.
69 Wiener hatte ein Bettfederngeschäft.

»Ohne im geringsten meine persönlichen Verdienste etwa hervorheben zu wollen, wird es immer bei dem mir bekannten *Material* an Mitgliedern schwer halten, einen Vorsitzenden zu finden, der die Vereinigung gewissermaßen zu repräsentieren vermag.«[70]

Es ergibt sich also, daß die Eingliederung der Ostjuden in die Ortsgruppe Probleme des Zusammenlebens hervorriefen.
Bei der Schilderung des Konfliktes zwischen den beiden Ortsgruppen in Berlin beschäftigten wir uns in erster Linie mit den organisatorischen und ideologischen Aspekten. In einem Brief von seltener Offenherzigkeit enthüllt Adolf Friedemann etwas von dem, was sich hinter dieser »Fassade« abspielte. Der Brief war an Herzl adressiert und beschreibt die internen Verhältnisse der Berliner Zionisten im Jahre 1898. Von diesem Brief ist nur eine erste Fassung erhalten, doch die ausgestrichenen Sätze geben die Gefühle des Verfassers vielleicht besser wieder, als die endgültige Fassung:

...»Die Verhältnisse sind hier vor allem in sozialer Beziehung ganz außerordentlich schwierige. Die Bewegung lag hier anfangs ganz in den Händen junger russischer Juden, welche zwar große Begeisterung und den besten Willen aber gar kein Verständnis für unsere Verhältnisse hatten. Sie waren größtenteils Sozialisten, hegten ein unüberwindliches Mißtrauen gegen die besitzenden, alteingesessenen deutschen Juden, welche sich der Bewegung anschlossen und entbehrten [*was hier sehr ins Gewicht fällt] aller Formen. [*Ich persönlich habe unter] Meine Freunde und ich haben unter beiden Tatsachen so zu leiden gehabt, [*wie meine näheren Freunde] obwohl wir gewiß *in keiner Weise* dazu beigetragen haben, die [*einmal vorhandenen] durch Erziehung und Lebensgewohnheit geschaffenen Gegensätze zu schärfen. Man hat auf jener Seite gar nicht verstanden, daß wir mit dem Bekenntnis zum Zionismus uns in einen scharfen Gegensatz zu den ganzen Gesellschaftskreisen um uns her setzten, den Widerstand der Familien zu überwinden hatten und auch tatsächlich in gesellschaftlicher wie materieller Beziehung etwas aufs Spiel setzten, während drüben nichts verloren, sondern nur gewonnen werden konnte.«

Nach Friedemanns Ansicht bestehen nur »unwesentliche sachliche Differenzen«. Dennoch sollten die zwei »Anschauungskreise« voneinander getrennt werden, da sie sich sonst gegenseitig die Arbeitsfreudigkeit genommen hätten.

»Dazu kam, daß man älteren Herren die Vereinstätigkeit nicht zumuten konnte, die Sitzungen der anderen Herren waren recht erregte. Dort waren meist jüngere Leute, bei uns viele ältere Herren, [*welchen die Vereinstätigkeit als solche gar nicht behagte. Man kann ein sehr guter Zionist sein und

---

70 Wiener an Central-Comité, a.a.O. Hervorhebung im Original. Über den Stillstand in der Ortsgruppe Leipzig beklagte sich Wiener schon in einem Brief an das Zentralkomitee vom 27. 2. 1901, CZA A15/VII/11.

sich] welche gar keinen Gefallen an lärmenden Diskussionen mit obligatem Biertrinken hatten ... Man kann sehr gut getrennt marschieren und vereint schlagen.«[71]

Die Beweggründe der internen Spannungen hatten also ihren Ursprung kaum in ideologischen Meinungsverschiedenheiten. Sie waren vielmehr durch gesellschaftliche und wirtschaftliche Unterschiede zwischen ostjüdischen Studenten und Emigranten aus dem ärmlichen Zentrum Berlins und den Zionisten des eleganten Westens der Stadt bedingt. Letzteren schien ein Zusammenleben ein Ding der Unmöglichkeit. Friedemanns Argument, der westliche Zionist gefährde durch sein zionistisches Bekenntnis seine materielle und gesellschaftliche Stellung, war Herzl nur zu gut bekannt. Es sollte die Forderung untermauern, der westliche Zionist bringe ein Opfer für die Idee und müsse in eine besondere »aristokratische« Kategorie eingestuft werden.[72]
Die Anmerkung des Leipziger Vertrauensmannes war also nicht unberechtigt. Es gab sicher deutsche Juden, denen die Mitgliedschaft in einem Verein aus »Prestigegründen« nicht behagte. Andererseits ist die Verallgemeinerung, daß die Ostjuden die Ausbreitung des Zionismus in Deutschland hinderten, nicht akzeptabel. Sie zeugt vielmehr von der ambivalenten Beziehung der »westlichen« Zionisten zu ihren »östlichen« Gesinnungsgenossen. Einerseits wirkte das Bewußtsein zu einer Bewegung zu gehören, die die *Einheit* des jüdischen Volkes betonte. Andererseits wirkten Gefühle der Verschiedenheit und Überheblichkeit des autochtonen Einwohners gegenüber dem Fremden, mit dem er – vor allem in der ersten Generation der Emigranten – keine »gemeinsame Sprache« fand.[73]
Die Konzentration ostjüdischer Einwohner in Stadtteilen der minderbemittelten Schichten führte zur Bildung separater zionistischer Gruppen in den verschiedenen Städten. So war z. B. die »Berliner zionistische Vereinigung« in drei Untergruppen geteilt, außerdem gab es noch die russische Gruppe »Kadima«, eine Studentenverbindung »Hasmonaea«, der »Verein der Akademiker« und die Ausländergruppe »Ahawat Zion«.[74] Pinchas Rosen[75] sprach von einer »Neigung zur Homogenität«, als er die separate Gruppenbildung erwähnte. In

71 Adolf Friedemann an Herzl, 7. 12. 1898, CZA H VIII/252. Die mit einem Stern bezeichneten eingeklammerten Satzteile strich Friedemann aus.

72 Über das Verhältnis von Friedemann zu Ostjuden bemerkte Blumenfeld: »Für Friedemann und seine engsten Freunde bestand noch eine deutliche gesellschaftliche Trennung zwischen Ost- und Westjuden.« Kurt Blumenfeld, Erlebte Judenfrage, a.a.O., S. 59f.

73 Das Zusammentreffen der Kinder ostjüdischer Einwanderer mit der »deutsch«-jüdischen Jugend in der zionistischen Bewegung und die Auflockerung der Beziehungen zwischen ihnen schildert vortrefflich Naomi Fraenkel in »Saul und Johanna« (hebr.), Merchawia 1967.

74 Bericht aus dem Jahre 1902 über die Ortsgruppen in den verschiedenen Ländern Deutschlands. CZA A15/VII/12.

75 In einem auf Tonband aufgenommenen Interview mit dem Verfasser am 20. 12. 1972.

Deutschland geborene Zionisten wurden für lokale und zentrale Ämter der ZVfD bevorzugt, trotz des bedeutenden Anteils der Ostjuden in den Ortsgruppen, besonders in Emigrantenzentren. Namen, akademische Titel und Berufe lassen darauf schließen, daß es unter 82 »Vertrauensmännern« im Jahre 1902 nur sechs Ostjuden gab[76]; im Jahre 1907 waren es 12 von 132[77].
Wir sind uns der Entfremdung der Beziehungen zwischen deutschen und »Ostjuden« voll bewußt, es ist jedoch schwer, heute genau festzustellen, inwieweit dieser Faktor die Ausbreitung des Zionismus wirklich beeinträchtigte. Es darf nicht übersehen werden, daß gerade die Ostjuden bei der Gründung neuer Ortsgruppen, wie auch in deren allgemeiner Aktivität eine führende Rolle spielten oder sich jedenfalls auszeichneten. Wir schilderten bereits den Anteil des »Russisch-jüdisch-wissenschaftlichen Vereins« in den Anfangsstadien der zionistischen Bewegung und die Aufgabe, die Estermann und Motzkin in den Zentralorganen der ZVfD übernahmen und erfüllten.[78] In Heidelberg erklärte im Jahr 1897 eine russische Studentengruppe ihre Treue zu Herzl und schloß sich vor dem ersten Zionistenkongreß der »Nationaljüdischen Vereinigung in Köln« an.[79] Diese Gruppe pflegte Kontakte mit zionistischen Funktionären außerhalb Deutschlands.[80] Die Heidelberger Studenten unterstützten auch russische Studentengruppen wie »Kadima« in Karlsruhe; Joseph Klausner referierte dort über »die neue hebräische Literatur im 19. Jahrhundert.«[81] »Kadima« war in Karlsruhe bemüht, dort ansässige Juden für den Zionismus zu gewinnen und bei der Gründung einer dortigen Ortsgruppe behilflich zu sein. Man ersuchte das Zentralkomitee um ein Musterstatut und um Propagandamaterial.[82] Nach der Gründung einer »provisorischen zionistischen Vereinigung« entstand später mit Hilfe des Zentralkomitees eine feste Ortsgruppe.[83]
Die Problematik des Verhältnisses beschränkte sich nicht etwa auf diese oder jene Ortsgruppe, sondern war bald eine allgemeine »Ausländerfrage«, die in den verschiedenen Gremien der ZVfD erörtert wurde. Wolffsohn und Boden-

76 Die Welt Nr. 13, 28. 3. 1902, S. 8.
77 Liste der Ortsgruppen und der »Vertrauensmänner« vom 29. 5. 1907, CZA Z2/403.
78 Motzkin war mit einigen Unterbrechungen bis 1911 Mitglied des Zentralkomitees der ZVfD. Protokoll der Plenarsitzung des Central-Komités vom 2. 7. 1911, CZA Z2/410. Estermann nahm an der Arbeit der Gemeindekomission teil. Protokoll der gemeinsamen Sitzung des Central-Komités der ZVfD und der Gemeindekommission vom 26. 1. 1913, CZA Z3/796. Über das Wirken Motzkins in Deutschland am Anfang der zionistischen Bewegung schreiben Heinrich Loewe und Fabius Schach: »Motzkins Berliner Zeit«, JR Nr. 92, 17. 11. 1933, S. 817.
79 L. Jaffe an National-Jüdische Vereinigung Köln, 9. 8. 1897, CZA A15/VII/1a.
80 L. Jaffe, Hermann Schapira (hebr.), Tel Aviv 1930, S. 9.
81 Aron Perelmann an Bureau der ZVfD, 25. 11. 1901, CZA A15/VII/1.
82 ebd.
83 Menachem Rothmann und H. Schapira (Karlsruhe) an Vorstand der ZVfD, 25. 12. 1901, CZA A15/VII/1.

heimer nahmen an einer solchen Diskussion auf einer Konferenz im Distriktbüro Rheinland-Pfalz im Februar 1904 teil. Ein in der »Jüdischen Rundschau« veröffentlichtes Kurzprotokoll gibt uns – trotz einiger »Beschönigungen« – Einblick in die in gewissen Ortsgruppen vorherrschende Stimmung. Aus Hagen wurde mitgeteilt, man könne sich der Tatsache nicht verschließen, daß bei den »Einheimischen« eine Animosität gegen die Ausländer bestehe, mit der gerechnet werden müsse. Charakteristisch für die ambivalente Haltung war die Ansicht des Delegierten Loewenstein aus Aachen. Für die Aachener Zionisten gebe es keine »Ausländerfrage«. »Es gibt nur zionistische Juden, ob sie in Australien oder in Deutschland wohnen, ist gleichgültig.« Aus dieser Behauptung zieht Loewenstein eine sonderbare Konsequenz, wenn er fortfährt: »Trotzdem muß ich sagen, dürfen wir keine Ortsgruppen bilden, die zum überwiegenden Teil aus Ausländern bestehen, weil es nämlich unpolitisch wäre ...« Das heißt im Klartext, man solle darauf achten, daß der dominante Faktor in einer Ortsgruppe »deutscher Abstammung« sein müsse. Dr. Orgler aus Barmen erklärte seinen Gesinnungsgenossen, warum es die Zionisten seiner Stadt vermieden hätten, eine Ortsgruppe zu gründen. Die Gemeinde bestehe erst seit sechs Jahren und setze sich aus Juden »aus aller Herren Länder« zusammen. Man konnte einiges gegen dieses Argument einwenden. Warum darf in einer sechsjährigen Gemeinde keine zionistische Ortsgruppe gegründet werden? Welches zionistische Prinzip verbietet in einer Bevölkerung dieser Zusammensetzung eine Ortsgruppe zu gründen? Erstaunlicherweise schwiegen die Mitglieder des Distriktbüros. Hatten sie etwa »Verständnis« für das Dilemma der »deutschen« Zionisten Barmens, die vermutlich einfach nicht in der Minderheit zu bleiben wünschten ...?
Nur ein Konferenzteilnehmer nahm einen konsequent-zionistischen Standpunkt ein, ein gewisser Herr Kaufmann aus Essen. Kaufmann sagte klipp und klar, daß das Bestehen von Vorurteilen gegen Ausländer eine Verneinung des Zionismus schlechthin bedeute. So lange derartige Vorurteile vorherrschen, sollte man lieber mit der Gründung von Ortsgruppen warten, da »die Zionisten noch nicht reif dazu seien«.
Es mutet seltsam an, daß Männer wie Bodenheimer und Wolffsohn zu diesem brennenden Problem keine Stellung nahmen. Die Zeitung gab die Meinungen der »Prominenten« in allen anderen Themen, wie etwa Organisation, Nationalfonds und Schekel, in extenso wieder; es ist daher nicht anzunehmen, daß sie gerade die »Ausländerfrage« verschwieg.[84]
Man sollte den Begriff »Ausländerfrage« einer näheren Beleuchtung unterziehen. Die Wiederholung dieses Wortes in Diskussionen, ohne nähere Erklärung kann nur bedeuten, daß es sich hier um einen Begriff des »innerzionistischen«

84 »Protokoll der Versammlung des Distriktsbureaus für Rheinland und Westfalen, abgehalten am 26. 1. 1904 in Köln«, JR Nr. 9, 26. 2. 1904, S. 85–87.

Sprachgebrauchs handelt, der sich also »eingebürgert« haben mußte. Eine weitere Schlußfolgerung ist es, daß diese Erscheinung der Organisation Schwierigkeiten bereitet haben muß. »Ausländerfrage« ist in gewissem Sinne ein Euphemismus, der sich – vielleicht ganz unbewußt – an den Begriff »Judenfrage« anlehnt. Es war zweifellos ein »Mißstand«, für den die »einheimischen Juden« eine ihnen genehme Lösung suchten, um ein »normales« Leben zu führen. Sowohl in dem Begriff »Judenfrage« als auch im Begriff »Ausländerfrage« werden die Betreffenden als Fremde angesehen. Beides sind Ausdrücke eines Fremdheitsgefühls, dessen Ursprung in der Verschiedenheit der Abstammung und der Lebensform lag. Jedoch in einer Bewegung, deren ideologisches Axiom die *nationale Einheit* sein soll, sind gerade Elemente der Abstammung irrelevant. Es bleibt also das rein Gefühlsmäßige: die Betonung der Fremdheit eines Zionisten anderer Mentalität unter seinen Gesinnungsgenossen. Hier lag der Ursprung des Ressentiments der »in Frage« gestellten Gruppe, der zu der Abwertung der rationalen Erwägung führte.

Das Problem der Beziehungen zu »Ausländern« auf lokaler Ebene wurde als Hauptschwierigkeit des Zusammenlebens aufgeworfen. Dies kam auf der Konferenz von Rheinland-Westfalen an den Tag, wo die Delegierten das Thema im Rahmen der Generaldebatte zur Sprache brachten, ohne daß es auf der offiziellen Tagesordnung stand. Es ist erstaunlich, daß die Anwesenden nicht über die Einstellung der ZVfD informiert waren und ihnen keinerlei diesbezügliche Anweisungen erteilt wurden. Zwar erfolgte dies auf dem späteren Delegiertentag, die schweigende Billigung eines unhaltbaren Zustands in den Ortsgruppen ist jedoch unverständlich.

Zwei Tage vor dem Zusammentritt des 7. Delegiertentags in Hamburg erhielt Bodenheimer ein Schreiben vom Zionistischen Aktionskomitee in Wien. Es war von Kokesch und Marmorek unterzeichnet. Sie hätten erfahren, daß auf dem Delegiertentag ein Antrag gestellt werden sollte, daß die Mitgliedschaft zur ZVfD nur deutschen Staatsangehörigen vorbehalten werden sollte. Sie hegten den Verdacht, der Antrag bezwecke die Entfernung »russischer Elemente«. Das Aktionskomitee sehe sich daher zur Intervention veranlaßt, da »ein solches Vorgehen dem nationalen Geist und den Statuten der zionistischen Organisation widerspricht«. Würde der Antrag zur Diskussion gestellt werden, sollte Bodenheimer mit Entschiedenheit dagegen auftreten und ihn im Namen des Zionistischen Aktionskomitees als schweren Fehler erklären.[85]

Bodenheimer war entsetzt und wies den Verdacht als unbegründet zurück. Es sei eine boshafte Verleumdung, die von Antizionisten ausginge, um Zwietracht

---

[85] Actions-Comité des Zionisten-Congresses, gez. Kokesch, Marmorek, an Bodenheimer, 19. 5. 1904, CZA A15/III/2. Es ist ungewiß, ob der Inhalt dieses Briefes zu Herzls Kenntnis gebracht wurde, da er sich zu dieser Zeit zur Heilung in Franzensbad aufhielt. Herzl, Tagebücher Bd. III, a.a.O., S. 584, 586.

und Verwirrung vor dem Delegiertentag zu stiften. Er könne nicht begreifen, wie Gesinnungsgenossen einer solchen Verleumdung Glauben schenken konnten ...[86] In der Eröffnungsrede des 7. Delegiertentages, der im Mai 1904 in Hamburg stattfand, dementierte der Vorsitzende der ZVfD mit Nachdruck die Beschuldigung, daß die Leitung den Ausschluß von Ausländern plane:

> »Diese Idee kann nur in dem Kopfe eines Assimilationsjuden gewachsen sein. Unsere Gesinnungsgenossen haben diese Nachricht sicher als eine Verdächtigung unserer Parteileitung erkannt und empfunden. Wir kennen in unseren Reihen nur Juden und fragen nicht danach, wo ihre Wiege stand. Leitet doch unsere Bewegung ihre Berechtigung eben davon her, daß Millionen unserer Brüder nicht wissen, ob die Stätte ihrer Geburt auch ihre Heimat bleiben wird.«[87]

Zweifellos vertrat Bodenheimer die offizielle Einstellung der Zionistischen Vereinigung. Es ist jedoch mehr als unklar, ob die Verleumdung ihren Ursprung im antizionistischen Lager hatte, wo man in der Benachteiligung von Ostjuden gar nichts Ungehöriges sah. Es ist möglich, daß in einer Ortsgruppe ein derartiger Vorschlag inmitten des Ugandakonfliktes auftauchte, mit dem Ziel, den elektoralen Einfluß der Ostjuden zu vermindern. Bekanntlich waren es ja hauptsächlich Ostjuden, die sich dem Ugandaplan widersetzten und darauf deutete wohl auch Zlocisti, der auf dem Delegiertentag bemerkte, die Verleumdung hätte ihren Ursprung in Karlsruhe.[88] Immerhin ist es verwunderlich, daß man der Nachricht der angeblichen Ausschaltung des »russischen Elementes« aus der ZVfD überhaupt Glaubwürdigkeit einräumte. Sie deutet auf eine interne Informationsquelle hin. Scheinbar befürchtete man, daß eine derartige Resolution durch den Delegiertentag angenommen werden könne. Die Ostjudenfrage hatte noch einen anderen Aspekt. Die ZVfD betrachtete sich vorwiegend als eine deutsch-jüdische Organisation.[89] Sie nahm zwar aus ideologischen Gründen auch »ausländische Juden« auf, aber eigentlich war sie nicht dazu bestimmt. Die Agitation wandte sich auch hauptsächlich an deutsche Juden. Diese Tatsache geht klar aus einem Bericht Friedemanns an Herzl über den Schekelvertrieb hervor:

> »Wir hatten vor 4 Jahren 350, vor 3 Jahren 1280, vor 2 Jahren 2400 und jetzt 6000 Schekelzahler. Und das sind mit geringen Ausnahmen Reichsdeutsche. Sie sehen, wir sind nicht untätig.«[90]

---

86 Hugo Kaufmann i. A. Bodenheimer an Actions-Comité Wien, 20. 5. 1904, CZA Z1/415.
87 »Ansprache und Bericht des Vorsitzenden des Zentralkomitees, R. A. Dr. M. J. Bodenheimer«, JR Nr. 21, 27. 5. 1904, S. 222f.
88 »Protokoll des 7. Delegiertentages in Hamburg«, JR Nr. 23, 10. 6. 1904, S. 249.
89 Siehe: F. Oppenheimer, »Stammesbewußtsein und Volksbewußtsein«, JR Nr. 8, 25. 2. 1910, S. 86–89.
90 Adolf Friedemann an Herzl, 11. 7. 1903, CZA H VIII/252. Hervorhebung des Verfassers.

Mit Recht sah Friedemann im Eindringen der zionistischen Idee in »reichsdeutsche Kreise« einen bemerkenswerten Erfolg. War doch gerade in diesen Kreisen der Widerstand besonders stark. Die Zionisten versäumten die Möglichkeit, ihre Reihen aus dem großen Reservoir der Ostjuden zu erweitern. Die zionistische Agitation ging in Deutschland beinahe über die »Ausländer« hinweg, trotz des beträchtlichen Anstiegs der Einwanderung seit der Jahrhundertwende. Nach statistischen Angaben lebten im Jahre 1900 etwa 41 000 Ostjuden in Deutschland, 7% der gesamtjüdischen Bevölkerung. Davon 12 000 in Berlin, 5600 in Sachsen, 1905 in München. In den Gemeinden Leipzig und Chemnitz waren die Ostjuden in der Mehrheit. Im Jahre 1910 lebten in Deutschland insgesamt 79 000 Ostjuden, also 13% der jüdischen Bevölkerung, im Jahre 1914 waren es 90 000.[91] Eine Bevölkerungsgruppe dieser Größe, die für die zionistische Agitation empfänglicher war als die »reichsdeutsche«, mußte jede agitatorische Anstrengung rechtfertigen. Sie hätte die Hauptquelle der Mitgliedschaft für die ZVfD werden können, wären ihre Funktionäre nicht vor einer »Veröstlichung« zurückgeschreckt.
Die deutschen Zionisten taten indessen viel, im Rahmen des »Volksvereins« die Not der jüdischen Einwanderer aus dem Osten zu lindern. Sie verteidigten ihre Angelegenheiten bei den Behörden und in den jüdischen Gemeinden. Aber sie verhielten sich zu ihnen wie zu *Emigranten*. Wegen der wirtschaftlichen und sozialen Kluft[92] sahen sie in ihnen keinen integralen Bestandteil des »deutschen Judentums«. Sie betrachteten sie eher als Schützlinge denn als Gleichwertige. Der Verzicht der ZVfD auf eine intensivere Tätigkeit unter den Ostjuden beschränkte die zionistische Bewegung auf eine kleine Minderheit innerhalb der deutschen Judenheit. Sie verschloß sich einer Quelle jüdischer Inspiration, die die Zionisten erst zu würdigen lernten, als sie im Ersten Weltkrieg mit den Juden der besetzten Ostgebiete zusammentrafen. Es ist viel Wahres an der Feststellung von S. Adler-Rudel, der die Situation der Ostjuden aus eigener Erfahrung kannte:

> »Die zionistische Bewegung hatte eine freundliche und positive Einstellung zu ihnen und machte sich zuweilen, wenn Angriffe gegen Ausländer es erforderten, zu ihrem Fürsprecher. Aber auch hier gab es darüber hinaus keine stärkere Verbindung; bis zum Ausbruch des Weltkrieges dürfte kein einziger ausländischer Jude in der Leitung der ZVfD gewesen sein. Die Funktion der ausländischen Juden scheint darin bestanden zu haben, zionistische Versammlungen zu füllen und das Publikum oder die Masse für die jungen zionistischen Redner zu sein.«[93]

---

91 Die Zahlen sind der offiziellen Statistik entnommen. Zitiert nach S. Adler-Rudel, Ostjuden in Deutschland 1880–1940, a.a.O., S. 20. Vgl. die Befunde einer Forschung, die sich mit der Demographie der Ortsgruppe Breslau befaßt: Joseph Walk, »Profile of a Local Zionist Association, 1903–1904«, LBIYB XXIV, 1979, S. 369–374.
92 S. Adler-Rudel, Ostjuden in Deutschland 1880–1940, a.a.O., S. 24f.
93 a.a.O., S. 26.

Die Protokolle des Zentralkomitees und des Geschäftsführenden Ausschusses bestätigen die Behauptung Adler-Rudels, daß Ostjuden keine zentralen Ämter in der ZVfD bekleideten. Die einzige Ausnahme war Leo Motzkin, der in Berlin aufgewachsen war und eine »Synthese« zwischen Ost und West verkörperte. Von 42 Funktionären in Ortsgruppen und den der ZVfD angeschlossenen Organisationen, die Lichtheim in der »Geschichte des Deutschen Zionismus« aufzählt, stammten nur 4 aus Osteuropa: Nachum Goldmann, Heinrich Margulies, Mosche Smoira und Isaak Zwirn.[94]
Kurt Blumenfeld war der Ansicht, daß die neue »Elite«, die sich in der zweiten Generation deutscher Zionisten in den Studentenverbindungen bildete, die Unterscheidung zwischen Ost- und Westjuden für unerheblich hielt. Der »Orden«, aus dem die zionistische Autorität resultierte, bestimmte die Rangstufe des einzelnen.[95]

Der Schekel

Über die Bedeutung des Schekels als Agitationsmittel und Maßstab für die Identifizierung seines Erwerbers mit den Zielen des Zionismus waren die Meinungen geteilt. Die Minimalisten sahen im Schekelerwerb die Spende eines Juden, der dem Zionismus und dem Aufbau Erez Israels sympathisch gegenüberstand. Für die Maximalisten war es der Ausdruck eines verpflichtenden zionistischen *credo*, eine Pflichtzahlung, die jeder Zionist entrichtete, wie jeder vernünftige Bürger seine Steuern dem Staate zahlt, der ihn beschützt.
Eine Konfrontation beider Anschauungen fand 1904 auf einer Konferenz des Distriktbüros Rheinland-Westfalen statt, an der sich Bodenheimer, Wolffsohn und Klee im Namen des Zentralkomitees beteiligten.
Wolffsohn, der die gemäßigte Anschauung vertrat, schlug vor, den Entgelt des Schekels von *jedem* Juden[96], unbeachtet seiner ideologischen Neigungen, anzunehmen, unter der Bedingung, daß er wisse, zu welchem Zwecke er seine Mark spende. Dies genügte Bodenheimer nicht. Er forderte zwar nicht, daß der Schekelzahler sich *in allem*[97] mit den zionistischen Bestrebungen identifiziere, war jedoch der Ansicht, daß er zumindest erklären solle, daß er mit ihnen sympathisiere und durch diese Spende zu deren Konkretisierung beitragen wolle. Die extrem-maximalistische Anschauung vertrat Halpern aus München. Seiner Ansicht nach drückte der Schekel nicht mehr die ursprüngliche Absicht

---

94 Siehe Liste der ZVfD-Funktionäre: Richard Lichtheim, Geschichte, a.a.O., S. 156–161.
95 Kurt Blumenfeld, Erlebte Judenfrage, a.a.O., S. 60. Blumenfeld faßte »den festen Entschluß«, keine deutsche Jüdin zu heiraten. Er heiratete denn auch Jenny Hurwitz aus Minsk, a.a.O., S. 47.
96 Hervorhebung im Original.
97 Hervorhebung im Original.

aus: die Zugehörigkeit zur nationaljüdischen Bewegung zu bezeugen. Er griff seltsame Bräuche an, die sich eingebürgert hatten:

»Für unterstützende Mitglieder des Zionismus haben wir keinen Raum. Der Schekel ist unendlich wichtig, aber nicht die Hauptsache. Wer nicht jüdisch-national ist, zahlt seinen Schekel zu Unrecht. Ist doch in einer Stadt Skatschekel erhoben worden. (Klee: »Wo wäre das?«) Das Mannheimer Bureau hat festgestellt, daß man von einem Nichtzionisten den Schekel genommen hat mit der Begründung: ›Sie haben im Skat gewonnen, nun müssen Sie auch die eine Mark geben.‹ An anderer Stelle hat ein christlicher Bauer zwei Mark Schekel gegeben.«[98]

Trotz der Unklarheit und der Meinungsverschiedenheiten, die unter den Mitgliedern der ZVfD in bezug auf die ideologischen Verpflichtungen der Schekelzahler herrschten, übertraf sein agitatorischer Wert den finanziellen. Gleichviel ob es zutraf oder nicht, daß sich der nichtzionistische Schekelzahler dem Zionismus näherte, war die Aktivität um den Schekelverkauf, die Notwendigkeit, Zionisten und Sympathisierende jedes Jahr erneut aufzusuchen, das Bestreben, durch Aufklärung über das Wesen des Zionismus um neue Menschen zu werben, ein agitatorischer Akt. Auf diese Weise vollzog sich die Agitation auf der Stufe der persönlichen Fühlungnahme, selbst mit einzelnen Gesinnungsgenossen an entlegenen Orten.[99] Somit war auch dem »einfachen« Mitglied die Möglichkeit zionistischer Tätigkeit gegeben. Beim Schekelverkauf war der Erfolg sichtbar, während Kongresse, Konferenzen und politische Verhandlungen, an denen nur wenige »Auserwählte« teilnahmen, vielleicht die Phantasie beflügelten, aber nur in weiter Ferne liegende Resultate hatten.
Die Stetigkeit, mit der sich alljährlich der Schekelvertrieb wiederholte und aufs neue das »Bürgerrecht« des Schekelzahlers im »Staate unterwegs« bestätigte, machte ihn zu einer Institution. Der Schekel war das Symbol einer politischen Bewegung und war deshalb populärer als die Landesbeiträge der ZVfD, die niemals den Einkünften der Schekalim gleichkamen. Diese Tatsache entging dem Vorstand der Ortsgruppe Köln und der Zentrale der ZVfD nicht. In einer Anweisung an die Schekelfunktionäre im Jahre 1904 gab die Zentrale eine »technische« Veränderung bekannt. Die Quittungen der Schekelblocks waren jetzt in drei Teile geteilt. Der oberste diente als Bescheinigung für das Schekelgeld, und »bei dieser Gelegenheit« sollten die Funktionäre auch die Ortsgruppen- und Landesbeiträge kassieren, für die die anderen Teile der Quittung bestimmt waren.[100]
Die Popularität des Schekels gegenüber den Landesbeiträgen wird auch durch

98 »Protokoll der Versammlung des Distriktsbureaus Rheinland und Westfalen am 27. Januar 1904, in Köln«, JR Nr. 9, 26. 2. 1904, S. 87.
99 Hugo Schachtel, »Übersicht auf das Jahr 1912«, Bericht über die Schekeleingänge, Landesbeiträge und Nationalfondsspenden aus 165 Gemeinden, JR Nr. 25, 20. 6. 1913, S. 257.
100 JR Nr. 4, 21. 1. 1904, S. 36.

den Vergleich der für beide Steuern 1911 und 1912[101] eingegangenen Summen und der Rüge Hugo Schachtels an die Ortsgrupen bestätigt:

»Die wenigst befriedigenden Ergebnisse zeigt wohl die Reihe der Landesbeiträge. Sehr befremdlich ist, wenn aus einem Orte bei 900 Juden 205 Schekel aber nur 173 Landesbeiträge ... aufgebracht wird. Allerdings ist da doch ein Fortschritt zu konstatieren, da im vorigen Jahre gar nichts an Landesbeiträgen eingegangen ist.«[102]

Daß die Leitung der ZVfD einen besonderen »Schekeltag« in allen Ortsgruppen festsetzte, zeigt, wie hoch sie dessen agitatorische Zugkraft einschätzte. Anläßlich dieses Ereignisses erschien das Flugblatt »Der Schekeltag«, der Fernstehende über den Schekel und den Zionismus aufklären sollte. Im Altertum war es Pflicht eines jeden Bürgers des jüdischen Staates, einen Schekel dem Tempelschatz beizusteuern, der nicht allein zur Erhaltung des Heiligtums diente, sondern zugleich der Verteidigung der Existenz des jüdischen Staates.

»Jeder Jude, der seinen Schekel nach Jerusalem steuerte, war sich dessen bewußt, daß er damit die Solidarität seiner Nation dokumentierte und zur Erhaltung und Stärkung derselben beitrug. Als das nationale Heiligtum zerstört und der jüdische Staat durch Blut und Eisen vernichtet war, maßten sich die römischen Kaiser das Recht auf den Schekel als Zeichen ihrer Souveränität über das jüdische Volk an, und durch die traurigen Jahrhunderte des Mittelalters bildete der Judenzoll oder Judengroschen ein Kennzeichen der Erniedrigung des jüdischen Volkes. Diese Schmach ist unter dem Hauch eines freieren Geistes von uns genommen. Hochstrebende Männer unter unseren Brüdern wurden von der Idee einer neuen Freiheit des Judenvolkes erfüllt. Nachdem der Kongreß zu Basel den Grundsatz ausgesprochen, *für unsere bedrückten Stammesgenossen eine öffentlich-rechtlich gesicherte Heimstätte zu schaffen*, hat der moderne Zionismus die uralte Idee des Schekels aufgegriffen und seiner ursprünglichen Bedeutung wiedergegeben.«

Um dem deutschen Juden die Identifizierung mit dem Wiederaufbau der nationalen Heimstätte zu erleichtern, begnügte sich der Verfasser des Flugblattes[103] nicht mit Schilderungen aus der Zeit des jüdischen Reiches. Er betonte, daß das Wohlwollen, das der deutsche Kaiser dem Zionismus entgegenbringe, die Zionisten mit Stolz erfülle.

»Jetzt ist es eine *Ehrensache für die deutschen Juden, nicht die Letzten zu sein, die in unsere große Bewegung eintreten*, daß Ihr nicht schamrot werden müßt vor Euren christlichen Mitbürgern, die Zeugen davon sind, wie Ihr tatlos zugesehen, als Eure unterdrückten Brüder in heißem Ringen der Freiheit entgegenstrebten.

101 Hugo Schachtel, »Übersicht auf das Jahr 1912«, Bericht über die Schekeleingänge, Landesbeiträge und Nationalfondsspenden aus 165 Gemeinden, a.a.O.
102 ebd. Der jährliche Landesbeitrag belief sich 1912 auf 3 Mark.
103 Das Flugblatt war mit B. gezeichnet, der Verfasser war wahrscheinlich Bodenheimer.

Die Liebe zu unserem deutschen Vaterland erfordert es, daß wir uns der deutschen Kultur, die wir in uns aufgenommen, würdig erweisen, indem wir der Welt zeigen, daß sie uns befähigt, unseren Stammesgenossen in uneigennütziger Liebe zu helfen.«[104]

Das Neue dieser zionistischen Argumentation lag nicht in der Möglichkeit einer Koexistenz von deutscher Vaterlandsliebe und Solidarität mit leidenden Juden anderer Länder. Neu war auch nicht das Element der Sympathie des Kaisers und anderer deutscher Herrscher, welche die Zionisten durch Veröffentlichung von Huldigungstelegrammen zu Delegiertentagen hervorhoben.[105] Neu war der Versuch, die deutschen Juden zu überzeugen, daß sie nur als *stolze Juden stolze Deutsche* sein könnten und daß sie Deutschlands und seiner Kultur nur dann würdig seien, wenn sie sich solidarisch mit dem jüdischen Volk erklärten. Diese Linie zionistischer Agitation, die noch sichtlich apologetische Elemente enthielt, ging vom Gesichtspunkt des Juden als Deutscher aus, der den Zionismus nicht als Eigenwert, sondern als Vollendung des Emanzipationsprozesses betrachtet. Sie wirkte kaum auf die deutschen Juden und stieß auf scharfe Kritik seitens der »zweiten Generation« deutscher Zionisten.

Die »Jüdisch-Nationale Frauenvereinigung«

Die Bemühungen um die Vergrößerung des kleinen Kreises der Zionisten führten im Jahr 1900 zur Gründung der »Jüdisch-Nationalen Frauenbewegung« in Berlin.[106] Es handelte sich vermutlich um eine Neugründung der Vereinigung jüdischer Frauen und Mädchen »Judas Töchter«, die im Jahr 1898 in der »Welt« erwähnt wurde.[107] Die neue Vereinigung setzte sich zum Ziel, ähnliche Gruppen an anderen Orten zu gründen, bzw. zu organisieren. Die Initiatorin war die junge Lina Tauber, die sich in einem an Rabbiner Rülf gerichteten Brief als »Enkelin des Itzig Tauber aus Memel« vorstellte.[108]

---

104 Der Vorstand der Zionistischen Vereinigung für Deutschland, Der Schekeltag, Flugblatt, o. D. (1901), CZA A11/16/1. Adolf Friedemann schickte Hantke eine Kopie des Flugblattes und bat ihn, dieses mit Änderungen in der nächsten Nummer der »Israelitischen Rundschau« zu veröffentlichen. Friedemann kürzte im Text die kaiserlichen Titel und strich Superlative, die ihm schwülstig schienen.

105 Diesem Zweck diente auch der Empfang einer Delegation deutscher Zionisten durch den Großherzog von Baden 1902, anläßlich seines fünfzigsten Regierungsjubiläums. Die Delegation wurde von Herzl bis in alle Einzelheiten geplant, da er durch den Großherzog den Kontakt mit dem deutschen Kaiser wahren wollte. Siehe diesbezüglich den ausführlichen Bericht in »Die Welt«, Nr. 22, 30. 5. 1902, S. 1f.

106 Die Gründung der Vereinigung fand am 1. 2. 1900 statt.

107 »Die Welt« Nr. 1, 7. 1. 1898, S. 7.

108 Lina Tauber an Isaak Rülf, 17. 7. 1900, CZA A1/VI/2.

In einem gefühlsbetonten Aufruf wandten sich

> »Jüdische Frauen und Mädchen, von warmer Liebe beseelt zu ihrem Volke, ... an ihre Schwestern, welche die großen Taten unserer Vorfahren noch nicht vergessen haben, welche die Aufopferung einer Judith, einer Deborah noch mit Begeisterung erfüllt, und rufen sie auf, tätig mitzuhelfen bei der Verwirklichung der großen Ideen, welche gegenwärtig die Volksseele bis in ihre Tiefen bewegen ... Wir Frauen wollen mitbauen am Werke der Männer.«

Sie sahen ihren Anteil am Wiederaufbau des jüdischen Volkes in der Verwirklichung des romantischen Ideals der jüdischen Frau, »deren vornehmste Aufgabe es ist, den wahren jüdischen Geist in ihrem Hause walten zu lassen«, ihre Kinder in Liebe zum jüdischen Volk zu »einheitlichen, in sich gefestigten Menschen zu erziehen«.
Sie hätten sich vereinigt, um

> »Den jüdischen Nationalgedanken zu verbreiten,
> Das jüdische Selbstbewußtsein zu heben,
> Die hebräische Sprache als moderne zu pflegen,
> Jüdische Frauen und Mädchen mit der jüdischen Geschichte und
> Literatur bekannt zu machen.«[109]

Auf der ersten öffentlichen Versammlung der Frauenvereinigung referierte Martin Buber[110] vor ca. 500 Personen über »das Zion der Seelen«, das »jenem künftigen Zion vorangehen müsse«. Der Zionismus solle nicht nur in Worten, sondern mit dem ganzen Sein gelebt werden. Wird erst dieses »Zion der Seelen« bestehen, so wird auch das palästinensische Zion nicht lange auf sich warten lassen. In diesem Sinne sollten die jüdischen Frauen einen grundlegenden Bewußtseinwandel vollziehen, da sie sich am leichtesten der Umgebung angepaßt und durch »Assimilations-Fanatismus« zur Auflösung der jüdischen Gesellschaft, der Familie und der selbständigen Kultur beigetragen hätten. Aber größer als »die Schuld am Niedergang ihres Volkes« werde der Anteil der jüdischen Frau an seiner Wiedergeburt sein. Die nationale Erneuerung müsse vom Wiederaufbau der Familie ausgehen: »Für ein Volk ohne Land, für ein Volk in der Zerstreuung ist sein Haus der Träger des Lebens. Im Golus [Exil, Y. E.] ist das jüdische Haus die jüdische Nation.« Die Frau könne durch ihre Intuition besser als der Mann der eigentlichen Judennot abhelfen und durch »die Wärme des Gemüts und die Frische des Willens« die auseinandergetriebenen Glieder des Volkes wieder zusammenschließen helfen, um ein neues »Seelen-Vaterland« zu errichten.

---

109 Jüdisch-Nationale Frauenvereinigung, Aufruf (1900), CZA A1/VI/2. Vgl.: Statuten der Jüdisch-Nationalen Frauenvereinigung zu Berlin, CZA A142/49/5.
110 Lina Tauber an Isaak Rülf, 17. 7. 1900, CZA A1/VII/2.

»Und wenn einst aus diesem inneren Zion und seiner Macht heraus das Zionsland zur Wahrheit wird, dann wird unsere Arbeit da drüben, unsere Sprache, unsere Feste, unser ganzes Leben da drüben, im Zeichen der jüdischen Frau stehen.«[111]

Bubers Ansprache war im wesentlichen eine Vertiefung der Gedanken, die Fabius Schach 1897 auf dem Frankfurter Delegiertentag zum Ausdruck gebracht hatte. In der ZVfD sah man damals das Wirkungsfeld der Frau im Rahmen des Hauses. Erst später kamen die Frauen zur Einsicht, daß sie ohne eigene Organisation keinen Anteil an zionistischer Aktivität haben würden.[112] 60 Frauen erbrachten dafür den Beweis, indem sie sich am Ende der Versammlung der neuen Vereinigung anschlossen.[113] Die Berliner Vereinigung hatte die Absicht, auch in anderen Gemeinden, wo Frauenvereine zu Wohlfahrtszwekken bestanden, zionistische Tätigkeit zu entfalten. Der Delegiertentag 1901 beschloß einstimmig, den jüdischen Frauen ein größeres Arbeitsfeld einzuräumen und die Gründung zionistischer Frauenvereine zu fördern.[114]
Die Frauen konnten zwar grundsätzlich gleichberechtigte Mitglieder der Zionistischen Vereinigung Deutschlands und ihrer Organe sein, diese war aber in Wirklichkeit eine Männerorganisation. In den Zentralkomitees und den geschäftsführenden Ausschüssen war bis zum Jahre 1914 keine einzige Frau[115], auch nachdem die »Jüdisch-nationale Frauenvereinigung« ihre Statuten geändert hatte und auch formell zionistisch geworden war.[116] Im Jahre 1902 zählte die Frauenvereinigung 80 Mitglieder und hatte mit einem 15%igen Anteil an der Ortsgruppe das Recht zur Entsendung von Delegierten zum Kongreß, zum Delegiertentag und auch in die Leitung der »Berliner Zionistischen Vereinigung«; indessen war sie in keinem einzigen Gremium vertreten.[117] Die Teilnahme von Frauen an lokalen Veranstaltungen galt als ungewöhnlich und wurde besonders hervorgehoben: »Breslau. Die Zionistische Vereinigung veranstaltete eine öffentliche Versammlung, die recht zahlreich – *auch von Damen* – besucht war.«[118]

---

111 Martin Buber, »Das Zion der jüdischen Frau«, Die Welt Nr. 17, 26. 4. 1901, S. 3–5.
112 Edith Lachmann, »Die Frau im Zionismus, Referat gehalten in der zionistischen Frauenversammlung beim 11. Zionistenkongreß«, JR Nr. 41, 10. 10. 1913, S. 437f.
113 Lina Tauber an Isaak Rülf, 17. 7. 1900, CZA A1/VI/2.
114 »Delegiertentag der deutschen Zionisten, Köln«, IR Nr. 2, 31. 5. 1901.
115 In seiner »Geschichte des deutschen Zionismus« bringt Richard Lichtheim eine Liste von 97 Funktionären der ZVfD in den lokalen und zentralen Gremien. Den zentralen Gremien gehörten keine Frauen an. In den lokalen waren nur zwei Frauen aktiv: Lina Tauber und Betty Leszynsky. Beide waren Funktionärinnen in der »Jüdisch-Nationalen Frauenvereinigung«. Siehe: Richard Lichtheim, Geschichte, a.a.O., S. 156–162.
116 Lina Tauber berichtete Rabbiner Rülf, daß die Jüdisch-Nationale Frauenvereinigung auch formell zionistisch geworden war. Lina Tauber an Isaak Rülf, 2. 7. 1902, CZA A1/VI/2.
117 »Generalversammlung der Berliner Zionistischen Vereinigung am 24. Juni 1902«, IR Nr. 27, 4. 7. 1902; Die Welt Nr. 33, 14. 8. 1903, S. 13.
118 »Aus der Bewegung«, IR Nr. 1, 3. 1. 1902. Hervorhebung des Verfassers.

Zwar waren die Frauen also grundsätzlich gleichberechtigt, aber sie traten nicht gegen ihre Abwesenheit in den zentralen Organen auf. Dieser Zustand spiegelt den konservativen Charakter der deutschen Gesellschaft wider, die der Frau den Eintritt ins öffentliche Leben erschwerte und ihr erst im Jahr 1918 das Wahlrecht gewährte. Das deutsche Gesetz verbot Frauen bis zum Jahr 1908 jede politische Aktivität; sogar die revolutionäre Sozialdemokratische Partei faßte erst im Jahr 1891 einen Beschluß gegen die gesetzliche Diskriminierung der Frauen.[119]

Verschiedene von Zionisten gegründete Vereine bezeichneten sich nicht formell als Zionisten, um den Weg der Nichtzionisten zu erleichtern und sie nicht verfrüht in ideologischer Beziehung zu verpflichten. Die Frauenvereine gingen – jedenfalls theoretisch – den gleichen Weg. Sie bezeichneten sich jedoch von Anfang an als »jüdisch-national« und gliederten sich nach kurzer Zeit auch organisatorisch in die ZVfD ein. Die »Frauenvereinigung« wurde zu einer »Untergruppe« der »Berliner Zionistischen Vereinigung«, beteiligte sich auch an den Kongreßwahlen, obwohl sie keine eigenen Delegierten entsandte.[120]

Die »Frauenvereinigung« betätigte sich vorwiegend auf dem Gebiet der Erziehung. Nach einem Jahr berichtete Lina Tauber, daß

> »die jüdisch-nationale Frauenvereinigung von einer Anzahl glühender Zionistinnen am 1. Februar gegründet worden ist, und während der kurzen Zeit ihres Bestehens dem Beispiel edeler Männer folgend tatkräftig mitgearbeitet hat an der wieder zu belebenden jüdischen Volksseele und dem wieder erwachenden nationalen Bewußtsein.«[121]

Im Jahre 1903–1904 veranstaltete die Vereinigung 7 Vorträge, eine öffentliche Versammlung, einen Kunst- und Geselligkeitsabend, Kurse für Neuhebräisch und Geschichte, sowie Diskutierabende.[122] Einladungen aus den Jahren 1903–1905 geben einen Einblick über diese Aktivitäten, die Referenten, Themen von Vorträgen und die Zuhörerschaft:

> »cand. Jur. Josef Falkenberg: Die Juden als Politiker; Dr. Heinrich Loewe: Die Lösung der Judenfrage; Dr. Max Bodenheimer: Jüdische Zeitfragen und jüdische Politik; Dr. Emil Cohn: Die politische, wirtschaftliche und geistige Lage der galizischen Juden; Chana Margarete Sachs: Moses Hess – Rom und Jerusalem; Dr. Hans Mühsam: Jüdische Ritualien und moderne Hygiene; Dr. Citron: Die Grundlagen des Zionismus; Dr. Simonsohn: Die Ostafrikafrage; Dr. Adler: Die Misrachifrage.«[123]

---

119 Käthe Schirmacher, Die moderne Frauenbewegung, Leipzig 1909, 2. Aufl.; Margarete Bernhard, »Die Frauen im politischen Leben«, in Zeitschrift für Politik, Bd. XIX (1929–1930), S. 142–147.

120 Die Welt Nr. 33, 14. 8. 1913, S. 13.

121 Lina Tauber an Klee, 11. 1. 1901, CZA A142/49/5.

122 Bericht über die Tätigkeit im Jahre 1903–1904, CZA A142/49/5.

123 Einladungen zu Vorträgen aus den Jahren 1903–1905, CZA A142/49/5.

Trotz vieler Diskussionen über nationale Erziehung blieb es bei sich wiederholenden Phrasen, Aufrufen, Resolutionen. Zur eigentlichen Förderung wurde nur wenig getan. Die Erziehung bewegte sich in üblichen Bahnen, die Jugend wurde dem Judentum eher entfernt als nähergebracht. Der Einfluß der Zionisten blieb im Grunde unwesentlich. Die Frauenbewegung versuchte andere Wege, sie wollte die Jugend nicht durch schematischen Unterricht, sondern durch Erlebnisse gewinnen. So veranstaltete sie Chanukkafeiern, an welchen heroische Ereignisse der jüdischen Volksgeschichte hervorgehoben wurden. Auf wöchentlichen Ferienausflügen wollte man auf eine neue Richtung in der »Gegenwartsarbeit« hinweisen.[124]

»Ich glaube, die ganze Organisation taugt nichts«

Der Beschluß des 7. Delegiertentages im Jahre 1904 zur Errichtung eines Zentralbüros in Berlin war eine Folge der Kritik, das Zentralkomitee sei den organisatorischen Anforderungen nicht gewachsen. Außerdem wollten die Berliner Zionisten zweifellos ihren Einfluß stärken.[125] Die Nachteile Kölns als »Hauptstadt des deutschen Zionismus« waren von Anfang an klar. Herzl hatte Köln den Vorzug gegeben, um seinen Gegnern in Berlin keine Schlüsselpositionen zu gewähren. Gegen Köln sprach in erster Linie die geographische Entfernung von den großen jüdischen Gemeinden in Preußen, Schlesien und Posen, wie auch von den Zentren der Politik und Kommunikation. Es stellte sich bald heraus, daß die relativ kleine Gruppe die Verwaltung der sich entwickelnden Bewegung nicht bewältigen konnte.[126] Nachdem Fabius Schach im Jahre 1901 von seinem Sekretärposten zurückgetreten war, mußten der Schatzmeister Wolffsohn und der Vorsitzende Bodenheimer einen Großteil der technischen Arbeit übernehmen. Hunderte handgeschriebene Briefe Bodenheimers zeugen von dieser Tatsache. Die Folge war, daß dringende Briefe oft wochenlang unbeantwortet blieben.[127]

---

124 IR Nr. 26, 27. 6. 1902.

125 Der Delegiertentag tagte in Hamburg vom 22.–26. Mai 1904. 42 Ortsgruppen waren auf ihm vertreten. »Die Hamburger Tagung des deutschen Zionismus«, JR Nr. 21, 27. 5. 1904, S. 221.

126 An den Wahlen zum 3. Kongreß (1899) beteiligten sich in Köln nur 54 Wähler. Bureau des Zionisten-Congresses, Basel, CZA A15/VII/36. Daß es gerade in der »Hauptstadt des Zionismus« so wenig Zionisten gab, erklärte ein Kölner Zionist wie folgt: »Er sucht den Grund darin, daß hier der Zionismus in Deutschland das Licht der Welt erblickt hat (Moses Hess ist augenscheinlich gemeint! Anm. der Red.) und hier der erste Mann gewesen ist, der es gewagt habe, die schlafenden Juden zu wecken. Über diesen Störenfried sei man ungehalten und dieser Haß habe sich erhalten. Obwohl jetzt viele der Bewegung sympathisch gegenüberstehen, treten doch nur wenige ihr bei.« »Protokoll der Versammlung des Distriktsbureaus für Rheinland und Westfalen« JR Nr. 9, 26. 2. 1904, S. 86.

127 Adolf Friedemann an Bodenheimer, 16. 3. 1901, CZA A15/VII/10.

Die Funktionäre des Zentralkomitees und der Ortsgruppen arbeiteten unentgeltlich. Trotz Fleiß und Pünktlichkeit (was aus verschiedenen Schriftstücken klar hervorgeht), hielt die »Methode« der Administration und das viel zu kleine Budget der ZVfD – 3500 Mark im Jahr 1899 – mit der Entwicklung nicht Schritt.[128]

Diese Tatsache geht auch aus den Verhandlungen des 4. Delegiertentages hervor. Die Teilnehmer waren über das 4500-Mark-Defizit geradezu entsetzt. David Wolffsohn, Anhänger ausgeglichener Haushalte, schlug sogar die Auflösung des Büros wegen »schlechter Führung« vor. Die Leitung scheint in dieser Zeit noch in Begriffen von Wohltätigkeitsvereinen gedacht zu haben. Sie hatte den vollen Umfang, die revolutionäre Bedeutung der zionistischen Idee noch nicht erfaßt. Eine politische Massenbewegung brauchte natürlich andere, neuartige Organisations- und Propagandamethoden. Ohne den Widerstand Rülfs, Schachs, Bubers und Moses wäre Wolffsohns Vorschlag vielleicht noch angenommen worden und es wäre in der Entwicklung der Bewegung in Deutschland ein jahrelanger Stillstand eingetreten. Die Anregung zur Verlegung des Büros wurde zunächst von der Leitung, ohne jede Begründung, abgelehnt. Man wollte die Vorherrschaft Kölns sicherstellen. Klees Antrag, eine Reorganisation der ZVfD durchzuführen, wurde als »verfrüht« zurückgewiesen.[129] Infolgedessen traten die organisatorischen Unzulänglichkeiten noch stärker in den Vordergrund. Die Führung hatte den Besonderheiten der jüdischen Bevölkerung in den verschiedenen Ländern Deutschlands nicht genügend Rechnung getragen. Diese hatten schon um die Jahrhundertwende die Bildung regionaler Zentren gefordert. Bodenheimers Verteidigung entblößte unwillkürlich die Achillesverse seiner Verwaltung: die ganze Arbeitslast liege auf den Schultern weniger Menschen.[130] Nach einigen Monaten mußte er zugeben, daß die Maschine so gut wie stillstehe. Die Ursache läge in der unzureichenden Unterstützung der Ortsgruppen und seiner Kollegen, die sich zu viel mit lokalen Angelegenheiten abgäben. »Was ich als einzelner tun kann, tue ich, und ich wäre froh, wenn einer käme und mir die Verantwortung meiner Stellung als Vorsitzender der Zentrale abnehmen würde.«[131]

Die Einwände gegen die Arbeitsmethoden der Zentrale gingen nicht immer den offiziellen Weg. Rechtsanwalt Schwarz aus Breslau warnte Bodenheimer

128 Das Budget für 1899 belief sich auf 3500 Mark. Die Ausgaben verteilten sich folgendermaßen: Gehalte 1800 Mark; Büromiete und Beleuchtung 400 Mark; Drucksachen 500 Mark; Reisespesen 400 Mark; Briefmarken etc. 400 Mark. Das Defizit für 1899 wurde durch die Errichtung des Büros und das Gehalt des Sekretärs verursacht. 200 Mark des Defizits wurden durch private Spenden beglichen. Auszug aus dem Protokoll des IV. Delegiertentages der ZVfD am 19. und 20. März (1899) zu Köln a. R. CZA A15/VII/34.

129 ebd.

130 Bodenheimer an das Actions-Comité Wien, 16. 10. 1900, CZA Z1/234.

131 Bodenheimer an Adolf Friedemann, 7. 2. 1901, CZA A15/I/9.

in einem »persönlichen« Brief und machte ihn auf die in seiner Gruppe herrschende Erbitterung aufmerksam. Das Zentralkomitee habe den Kontakt mit den Ortsgruppen verloren, seit zwei Jahren habe kein Delegiertentag mehr stattgefunden.[132] Es seien wichtige Probleme zu lösen, wie etwa das Weitererscheinen der einzigen zionistischen Zeitung in Deutschland, »Der Zionist«.[133]
Besonders aggressiv war die »Berliner Zionistische Vereinigung«; ihre Briefe waren scharf, stichelnd und zuweilen auch persönlich. Dies kam schon in der Anrede zum Ausdruck; anstatt die gebräuchliche Wendung »Herr Gesinnungsgenosse« oder die intimere »Herr Kollege« zu benutzen, hieß es in der Korrespondenz zwischen Bodenheimer und Friedemann »Sehr geehrter Herr Doktor« und »Sehr geehrter Herr Rechtsanwalt«.
Friedemann beendete einen seiner Briefe an Bodenheimer wie folgt: »Das dürfte genügen. Vielleicht überlegen Sie danach, ob es nicht zweckmäßiger wäre, sich ohne unmotivierte Beleidigungen mit uns auseinanderzusetzen.«[134]
Das waren Mißtöne aus dem scheinbar verjährten Streit der beiden Ortsgruppen um den Vorrang. Berlin protestierte gegen die Verschleppung des Delegiertentages unter dem Vorwand, der schwierigen Beförderungsmöglichkeit von gewissem »Material«: »Was für Material haben Sie in Köln? Hätten sie das alles in einen Kasten gepackt und hergesandt, so wäre die Sache schon erledigt.«[135]
Sie lehnten den Vorwurf »einstimmig« ab, Berlin habe etwa die Zusammenarbeit mit der Zentrale unmöglich gemacht, »sondern diese sich selbst«.[136]
Bodenheimer war ungehalten und wies die Beschuldigungen aus Berlin als unwahr zurück: »Es ist wohl müßig, sich darüber zu unterhalten, wer die größere Schuld daran trägt, daß die Maschine der Organisation nicht funktioniert. Ich glaube, die ganze Organisation taugt nichts.«[137]
Diese persönlichen Spannungen gaben der oppositionellen Stellung der Berliner Zionisten einen stärkeren Rückhalt. Friedemann protestierte gegen den beleidigenden Ton Bodenheimers und drohte mit dem Abbruch des Briefwechsels: »Ausdrücke wie ›was Sie da schreiben, ist nicht wahr‹ entsprechen *meinen* gesellschaftlichen Formen *nicht.*« Er widerlegte Bodenheimers Argumente und wies nach, daß die Zentrale in mindestens fünf Fällen den Ortsgruppen die Antwort schuldig geblieben sei. Eine große ostdeutsche Ortsgruppe habe den Berlinern sogar den Vorschlag unterbreitet, sich separat von Köln zu organisie-

132 Über das Hinausschieben des 4. Delegiertentages siehe oben, S. 109f.
133 Schwarz (Breslau) an Bodenheimer, 14. 3. 1901, CZA A15/VII/10.
134 Adolf Friedemann an Bodenheimer, 16. 3. 1901, CZA A15/VII/10. Später befreundeten sich Friedemann und Bodenheimer und duzten sich.
135 Adolf Friedemann an Bodenheimer, 13. 3. 1901, CZA A15/VII/10.
136 ebd.
137 Bodenheimer an Adolf Friedemann, 15. 3. 1901, CZA A15/I/9.

ren.[138] Enttäuscht mußte Bodenheimer schließlich eingestehen, daß die Zentrale der Aufgabe nicht mehr gewachsen war. Seine Enttäuschung war verständlich, hatte er doch am organisatorischen Aufbau der ZVfD und der Weltorganisation einen entscheidenden Anteil. Es scheint, daß Bodenheimers Scheitern in der Tatsache zu suchen ist, daß er der Leitung der »Vereinigung« einen zu persönlichen Charakter zu geben bemüht war. Eine zentralistische Leitung entsprach weder den Bedürfnissen, noch dem zur Verfügung stehenden Apparat. In dieser Situation schien die Einberufung des Delegiertentags die gegebene Lösung.

Die »Israelitische Rundschau« berichtete nur kurz über den Ablauf dieses Delegiertentages. Die 60 Delegierten und Gäste, die am 30. April und am 1. Mai 1901 in Berlin zusammentrafen, repräsentierten nur 11 Ortsgruppen aus größeren Städten: Köln, Berlin, Frankfurt/Main, Dresden, Leipzig, Posen, Hannover, Freiburg, Karlsruhe, Charlottenburg (Ortsgruppe II, Berlin).[139] Andere Ortsgruppen begnügten sich mit Telegrammen. Auf dem Delegiertentag wurde die finanzielle Lage erörtert. Die Ortsgruppen erhielten Anweisung, gegen die Kanzelfreiheit der Rabbiner zu protestieren, da diese zu Angriffen gegen den Zionismus mißbraucht wurde. Man ernannte eine Pressekommission zwecks Überwachung der »Israelitischen Rundschau«, als offizielles Organ der ZVfD. Es kamen auch organisatorische und verwaltungstechnische Fragen zur Sprache; die gefaßten Beschlüsse wurden allerdings in recht lakonischer Form wiedergegeben: »Eine beantragte Distrikteinteilung wird abgelehnt, ebenso Verlegung des Hauptbureaus nach Berlin, und Bildung eines Unterbureaus für den Osten Deutschlands.«[140] Es war Bodenheimer nochmals gelungen, die Vorherrschaft Kölns erfolgreich zu verteidigen.

Die Zionistische Vereinigung widmete die ersten fünf Jahre ihres Bestehens in der Hauptsache der Ausbreitung der zionistischen Idee in der jüdischen Öffentlichkeit und der numerischen Stärkung der Ortsgruppen. Beide Ziele erforderten eine ununterbrochene agitatorische Anstrengung. Die wenigen wirksamen Agitatoren, deren rhetorische Talente das Publikum anzuziehen vermochten, wie etwa Klee, Loewe, Bodenheimer, Friedemann, konnten die Ortsgruppen-Vorsitzenden und die »Vertrauensmänner« des Zentralkomitees nicht zufriedenstellen. In den Nachlässen Klees und Bodenheimers häufen sich Bittbriefe von Lokal- oder Distriktkommissionen, die »Starredner« sollten sie aus ihrer Ideenarmut retten. Manche Orte mußten monatelang warten, bis sie in eine Vortragstournee »eingereiht« werden konnten.

---

138 Adolf Friedemann an Bodenheimer, 16. 3. 1901, CZA A15/VII/10. Hervorhebung im Original.

139 IR Nr. 19, 17. 5. 1901.

140 ebd.

Man sollte dabei nicht vergessen, daß die Agitatoren zum Teil noch Studenten waren oder am Anfang ihrer beruflichen Karriere standen. Sie leisteten die zionistische Arbeit in ihrer Freizeit, was naturgemäß nicht selten mit persönlichen Opfern verbunden war. Heinrich Loewe verzögerte seine akademische Laufbahn um Jahre[141]. Erst mit 30, nach einem Jahrzehnt intensiver zionistischer Tätigkeit, kümmerte er sich um eine feste Anstellung. Friedemann vernachlässigte seine juristischen Staatsexamen wegen der Propaganda-Kampagne zum »Judentag«.[142] Viel von der Hingabe, Opferbereitschaft, Ausdauer und Beweglichkeit ist der Jugendlichkeit der Bewegung zuzuschreiben, nicht zuletzt dem persönlichen Beispiel Herzls. Trotz des moralischen Gewichtes der unbesoldeten Führer und Agitatoren konnte das Fehlen eines beruflichen Apparates zur Aufrechterhaltung der Verbindung mit den Zionisten im Reich nicht geleugnet oder verborgen bleiben. Das Ersterlebnis jüdischer Selbständigkeit, das die Teilnehmer des ersten Kongresses beflügelt hatte, konnte nicht mittels Flugblätter und Vorträgen vermittelt werden.[143] Das zionistische Bewußtsein konnte nicht auf Dauer durch Gastredner oder »Superstars«, wie Herzl, Nordau, Sir Francis Montefiore und Wolffsohn, genährt werden, die außerdem nur in Großstädten und in einmaligen Volksversammlungen auftraten.[144]

Joseph Schapiro aus Mainz, der sich als »kleinen unbedeutenden Mann« bezeichnete, schilderte einen für viele Ortsgruppen charakteristischen Zustand. Er vergleicht die Zionisten seiner Stadt mit verdorrten Gliedern aus der Vision des Propheten Ezechiel; es fehle der Messias, der ihnen Leben einhauche und sie zu einem Körper vereinige. Er beschwert sich über den Vorsitzenden seiner Ortsgruppe, Rechtsanwalt Schauer (in dessen Büro die »Binger Konferenz« im Jahre 1897 stattgefunden hatte). Schauer sei durch frühere Fehlschläge enttäuscht und wohl daher nicht aktiv genug. Schauer scheine es auch nicht zu wagen, seine ohnehin geringfügige Praxis zu gefährden und hindere dadurch

---

141 Kurt Blumenfeld war der erste, der die zionistische Betätigung zu seinem Beruf machte, da er eine langweilige juristische Karriere verabscheute. Mit diesem Entschluß überraschte er Hantke 1909: »Dr. Hantke ... verhehlte nicht, daß er sich in einer peinlichen Situation befand ... Er konnte gar nicht fassen, daß ich ... wirklich besoldeter Beamter der ZVfD werden wollte. So etwas hatte es bisher noch nicht gegeben.« K. Blumenfeld, Erlebte Judenfrage, a.a.O., S. 50.

142 Adolf Friedemann an David Wolffsohn, 29. 1. 1901, CZA A15/VII/10.

143 Siehe: Sammy Gronemann, Sichronoth schel Jekke (Memoiren eines Jekken); hebr., Tel Aviv 1946, S. 184–195; »Jekke« ist eine Bezeichnung für deutsche Juden; R. Lichtheim, Rückkehr, a.a.O., S. 96f.

144 Über den Besuch Herzls in Berlin siehe: H. Schildberger, »Die erste Volksversammlung der Berliner Zionisten«, Die Welt Nr. 7, 18. 2. 1898, S. 4–7; über den Besuch Nordaus siehe: Die Welt Nr. 18, 6. 5. 1898, S. 5f.; über den Besuch von Sir Francis Montefiore in Bonn siehe: IR Nr. 22, 7. 6. 1901; über den Besuch Wolffsohns in Königsberg: Wolffsohn an Menachem Sambursky, 15. 6. 1910; 21. 6. 1910, aus dem Nachlaß Sambursky im Besitz seines Sohnes Daniel s.A., Tel Aviv.

jede Aktion in Mainz.[145] Außerdem habe er den »ältesten Zionisten der Stadt«, einen »Chowew-Zion« und Schüler M. L. Lilienblums, verdrängt.[146] Schapiro sah in Bodenheimer den von ihm herbeigesehnten »Messias« für die »Erlösung« der Mainzer Ortsgruppe. Nur Bodenheimer könne begabte Redner wie Klee oder Friedemann zu Besuchen in Mainz veranlassen und die Leiter der Ortsgruppe vor vollendete Tatsachen stellen. »Möge die Ersprießlichkeit des Bodenheimer den Boden-Mainz urbar machen und das goldene Mainz wird wieder Frucht tragen.«[147] Tatsächlich erholte sich die Mainzer Ortsgruppe mit Hilfe auswärtiger Agitatoren. Im Jahre 1903, also nach zwei Arbeitsjahren, berichtete sie über 203 Mitglieder. Die Ortsgruppenleitung konnte zufrieden auf die Vertiefung und Verinnerlichung des Zionismus in Mainz und Umgebung zurückblicken.[148]

Die »Jüdische Rundschau«

Den deutschen Zionisten fehlte ein eigenes Organ, das ihre besonderen Probleme behandelte. Ein solches konnte die verstreuten Ortsgruppen zusammenhalten und gleichzeitig als wirksames Agitationsmittel dienen. Die zaghaften Versuche der Zentrale, die Verbindung mittels gelegentlicher Auflagen von »Correspondenz«-Blättern zu festigen, waren bisher auf Herzls Widerstand gestoßen, möglicherweise wegen dessen Befürchtung vor etwaigem Separatismus und Konkurrenz mit der »Welt«.[149] Es war verständlich, daß die »Welt« – als Organ der Weltbewegung – den spezifischen Angelegenheiten der deutschen Zionisten nur wenige Spalten einräumen konnte.

---

145 Biographische Angaben über Rechtsanwalt Schauer bringt Bodenheimer, So wurde Israel, a.a.O., S. 75; siehe ferner: Warum gingen wir zum 1. Zionistenkongreß, Hrsg. Berliner Zionistische Organisation, Berlin 1922, S. 94f.

146 Lazarus Friedemann stammte aus Litauen, war Schüler des hebräischen Schriftstellers M. L. Lilienblum. Mitte der 70er Jahre des 19. Jahrhunderts ließ er sich in Mainz nieder. Er berichtet, daß dort ein kleiner Kreis von »Hebraisten« existierte und sogar eine hebräische Zeitung namens »Halebanon« erschien, deren Redakteur Jechiel Brill längere Zeit in Palästina gelebt hatte. Friedemann hatte in Litauen von den Chowewe-Zion und der Kolonisation in Palästina gehört, doch im Laufe von zwei Jahrzehnten lebte er in Mainz »einsam und getrennt von der jüdischen Welt wie auf einer einsamen Insel.« Von Herzls »Judenstaat« erfuhr er durch eine scharfe Kritik im »Berliner Tageblatt«. Sein Bruder äußerte sich: »Wenn das Tageblatt schimpft, so ist gewiß etwas Gutes daran.« Über den Zionistenkongreß las er in der Kundgebung der »Protestrabbiner« und beschloß an ihm teilzunehmen »um den bevorstehenden Kampf mit aufzunehmen, und sei es nur als gewöhnlicher Soldat.« Warum gingen wir zum 1. Zionistenkongreß, a.a.O., S. 40–43.

147 Josef Schapira an Bodenheimer, 5. 7. 1901, CZA A15/VII/11.

148 Bericht über die Tätigkeit der Ortsgruppe Mainz im Jahre 1903, CZA A15/VII/16. Die Redner waren: Friedemann, Trietsch, Klee aus Berlin, Freundlich aus Frankfurt/M.

149 Es erschienen 10 Nummern der »Correspondenz«.

In Flugblättern wie: »Was will der Zionismus«, »Der Nationaljude als Staatsbürger«, »Der Zionismus und die jüdische Religion«, »Der Schekeltag«, erklärte das Zentralkomitee die Ziele der Bewegung und versuchte antizionistische Angriffe abzuwehren. Es war klar, daß solche Flugblätter auf die Dauer die Aufgabe eines ständigen Organs nicht ersetzen konnten. Ein eigenes Blatt sollte auf tagespolitische Fragen direkt reagieren und die zionistische Einstellung in der Öffentlichkeit vertreten. Die Führer der ZVfD mußten aber dem Druck Herzls nachgeben und sich damit abfinden, daß der Großteil der Kommunikation mit den deutschen Zionisten über Wien erfolgte.
Da ergriffen die Berliner Zionisten die Initiative. In der Tat konnte gerade Berlin auf eine gewisse Tradition zionistischer Zeitungen hinweisen. »Serubabel« (1886–1889), »Selbstemancipation – Jüdische Volkszeitung« (1885–1895), »Zion« (1895–1900) und der »Berliner Vereinsbote« (1895–1896) waren gute Beispiele journalistischer Aktivität der Berliner Zionisten. Heinrich Loewe betrachtete den »Vereinsboten« als den Vorläufer der »Jüdischen Rundschau« und schilderte diese Zeitung als

> »ein Blättchen, das in den Augen seiner Herausgeber die Bestimmung haben sollte, durch Sammlung von Inseraten verschiedenster Vereine Erwerb zu schaffen ... Das kleine Vereinsblatt nannte sich nicht ›jüdisch‹, aber war es insofern, als nur jüdische Vereine ihm Inserate gaben und sich die jungen Herausgeber auch entschlossen, gelegentlich einen Artikel aus dem jüdischen Leben heraus und einige zu nichts verpflichtende Nachrichten aus dem jüdischen Vereinsleben zu geben ...
> Man hatte Angst, sich irgendwie herauszustellen und hatte, soweit man eine Überzeugung hatte, vor dieser Überzeugung selbst Angst. Trotzdem gelang es zuweilen, eine kleine Notiz hineinzubringen, die sogar etwas von Palästina erzählte und namentlich auch einen oder anderen Artikel über die erste jüdische Palästina-Ausstellung, die im Sommer 1896 innerhalb der Abteilung ›Kairo in Berlin‹ in der Allgemeinen Gewerbe-Ausstellung in Treptow bei Berlin stattfand.«[150]

Die Übernahme des »Berliner Vereinsboten« durch den Herausgeber J. Wolff und ihre Namensänderung in »Israelitische Rundschau« brachte zunächst keinen nennenswerten Unterschied, der Umfang blieb beschränkt und der Inhalt belanglos. Vereinsinserate und Anzeigen jüdischer Firmen nahmen nach wie vor den größten Raum ein. Schließlich veröffentlichte die Zeitung ab Januar 1899, in Zusammenarbeit mit dem Zentralkomitee der ZVfD auch zionistische Artikel und Reportagen der Ortsgruppen. Der Zeitungsinhaber wollte auf diesem Wege die Anzahl der Abonnements vermehren und die Berliner

---

150 Heinrich Loewe »Bis 1908«, JR Nr. 31–32, 17. 4. 1935, S. 19; Über die erste Palästina-Ausstellung in Berlin siehe: Yehuda Eloni, »Kairo in Berlin, eine Palästina-Ausstellung vor 80 Jahren«, Mitteilungsblatt Nr. 47, 16. 12. 1977, S. 7.

Zionisten hofften, ein Organ ohne Investition zu gewinnen.[151] Dieser Versuch führte indes zu keinem Ergebnis.
Zur gleichen Zeit plante Heinrich Loewe die Herausgabe einer Zeitschrift »Der Orient, Monatsschrift für Kultur und Leben der jüdischen Nation«. Potentiellen Mitarbeitern umriß er die Hauptziele dieses Blattes: es sollte die kulturellen Seiten der neuen national-jüdischen Richtung pflegen und »in modernem Sinne zu neuem historischem Werden beitragen, indem wir der jüdischen Volksseele ihre Eigenart ablauschen wollen, damit sie sich um so origineller im Sinne der Gesamtmenschheit entwickle«. Loewe versprach, daß »Der Orient« sich weder am »Tagesgezänk« beteiligen, noch von »engherzigem Parteigeist« leiten lassen werde. Alle Parteien im Judentum sollten im »Orient« zu Wort kommen, da jede Richtung eine andere Äußerung der Volksseele und des nationalen Lebens darstelle.[152]
Das Zentralkomitee befürwortete Loewes Initiative und sagte ihm die Unterstützung unter der Bedingung zu, daß der Inhalt der geplanten Zeitung mit den Zielen der ZVfD überinstimme. Bodenheimer meinte, daß der Delegiertentag beschließen müsse, ob der »Orient« die offizielle zionistische Zeitung werden solle. Man würde zu diesem Zweck eine besondere Pressekommission ernennen.[153] Loewe erklärte sich bereit, dem Zentralkomitee acht der 48 geplanten Seiten der Zeitschrift als »offizielle Korrespondenz der ZVfD« zur Verfügung zu stellen. Für den übrigen Teil wollte er – im Rahmen der Instruktionen des Zentralkomitees – die Verantwortung übernehmen. Auf diese Weise beabsichtigte er einen ungewissen Beschluß des Delegiertentages und die Ernennung einer Pressekommission zu umgehen, »die seine Vollmachten als Redakteur eingeschränkt hätte«.[154] Loewe schlug Bodenheimer »einen rein geschäftlichen Vertrag« zwischen dem »Orient« und der ZVfD vor. Demnach sollte die Redaktion – aus Sparsamkeitsgründen – im Büro der Zionistischen Vereinigung untergebracht werden, »das ja doch einmal nach *Berlin* verlegt werden soll, von wo allein es in Deutschland fruchtbringend wirken kann.«[155] So argumentierte Loewe und verscherzte sich mit dieser Bemerkung gewisse Sympathien in Köln. Der »Orient«-Plan kam nicht zustande. Die genaue Ursache läßt sich heute kaum mit Sicherheit ergründen. Es gilt aber als wahrscheinlich, daß der mittellose Loewe die Finanzierung der Herausgabe aus eigener Kraft nicht

151 J. Wolff an Central-Comité, 20. 1. 1899, CZA A15/VII/12.
152 Der Orient, Monatsschrift für Kultur und Leben der jüdischen Nation, Heinrich Loewe i. A. der Redaktion, 10. 2. 1899, CZA A15/VII/36. Die erste Nummer der Zeitschrift war für April 1899 geplant.
153 Bodenheimer i. A. des Central-Komités der ZVfD an Loewe, 6. 2. 1899, aus dem Nachlaß H. Loewe, im Besitz seiner Tochter.
154 Heinrich Loewe an Central-Komité, 14. 2. 1899, CZA A15/VII/36.
155 Heinrich Loewe an Central-Komité, 8. 3. 1899, CZA A15/VII/36. Hervorhebung im Original.

schaffte. Aber gerade die Überwindung der zahlreichen Hindernisse auf dem Weg zu einer eigenen Zeitung beleuchtet die Verhältnisse innerhalb der zionistischen Führerschaft. Im Januar 1901 erwarb Sally Hanff die »Israelitische Rundschau« und erneuerte bei dieser Gelegenheit das Angebot, die Reportagen, Artikel und Bekanntmachungen der Zionistischen Vereinigung zu veröffentlichen.[156] Es waren rein persönliche und wirtschaftliche Überlegungen, die Hanff zu diesem Schritt veranlaßten. Er – und sein mehrfach vorbestrafter Sohn – hatten »in so unsinniger Weise gewirtschaftet«, daß ihre Schuldenlast etwa 30000 Mark betrug.[157]

Das Zentralkomitee nahm den Vorschlag an. Es wurde vereinbart, daß die »Israelitische Rundschau« einen zionistischen Teil enthalten werde, allerdings unter der Aufsicht eines von Friedemann geleiteten Presseausschusses. Als Entgelt versprach das Zentralkomitee, den Vertrieb der Zeitung in den Ortsgruppen zu fördern.[158] Im Mai 1901 gab der Presseausschuß (Friedemann, Hantke und Zlocisti) bekannt, daß »er die Leitung der Zeitung übernommen habe«. Er versicherte den Lesern, sie in gut zionistischem Geiste zu leiten.[159] Ab 24. Mai 1901 trug die Zeitung den Untertitel »Offizielles Organ der Zionistischen Vereinigung für Deutschland«.

Nach einigen Monaten beklagte sich Hanff bei Bodenheimer, die zionistische Linie habe seiner Zeitung finanziell mehr geschadet als genützt. In Berlin allein hätten 206 Abonnenten die Zeitung abbestellt, während in den Ortsgruppen nur 255 Abonnenten zu halbem Preis hinzugekommen wären. Außerdem hätte er auf eigene Kosten zwei erweiterte Nummern – und eine Propagandanummer – herausgegeben. Er könne die Verluste nicht weiter tragen und es wäre die moralische – wenn auch nicht juristische – Pflicht des Zentralkomitees, seine Verluste zu decken.[160] Weitere 26 Leser hätten ihr Abonnement gekündigt, nachdem er auf der Liste der Zionisten als Kandidat zu den Berliner Gemeindewahlen aufgetreten war. »Um nicht ganz ruiniert zu werden«, sehe er sich gezwungen, die Zeitung für 10000 Mark zu verkaufen.[161]

Die Zionisten hatten wenig Ursache, von der Allianz mit »Hanff & Sohn« begeistert zu sein und lehnten jede Verantwortung für die finanziellen Schwierigkeiten ab, in welche die Zeitung geraten war.[162] Die zionistische Pressekommission beschuldigte Hanff der nachlässigen Redaktion, vieler Druckfehler, der

---

156 Sally Hanff an Central-Komité, 20. 1. 1901, CZA A15/VII/36.

157 Laut einer »streng geheimen« »Spezial-Auskunft«, die die Auskunftei S. Richter, Berlin, Arthur Hantke auf dessen Bitte über S. Hanff, seinen Sohn und die Lage ihres Verlages erteilte. Auskunftei S. Richter an A. Hantke, 9. 11. 1901, CAZ A11/18/1.

158 Hanff an Bodenheimer, 9. 9. 1901, CZA A15/VII/10.

159 Der Presseausschuß der ZVfD, »Erklärungen«, IR Nr. 20, 24. 5. 1901.

160 Hanff an Bodenheimer, 9. 9. 1901, CZA A15/VII/10.

161 Hanff an Central-Komité, 6. 12. 1901, CZA A15/VII/10.

162 Central-Komité an Hanff, 11. 12. 1901, CZA A15/VII/10.

Entstellung von Artikeln, sowie der Veröffentlichung von Artikeln und Aufsätzen aus der Feder von Gegnern des Zionismus. Dies wäre ein Vertragsbruch und die Kommission sehe sich zum Rücktritt gezwungen.[163]
Obwohl sich danach die Beziehungen zeitweilig zu verbessern schienen, stand die Pressekommission der Partnerschaft skeptisch gegenüber. Schließlich schlug Hantke dem Zentralkomitee vor, eine eigene Zeitung zu gründen, welche die Bewegung unbedingt benötige.[164]
Hantke stützte seinen Vorschlag u. a. auf zwei ihm zugestellte Dokumente über die finanzielle Lage der Zeitung und die persönlichen Verhältnisse des Inhabers. Das erste stammte aus einer »Auskunftei für Handel, Gewerbe u. Industrie«, namens Richter. Die Vertrauenswürdigkeit Hanffs wurde darin sehr in Frage gestellt, man riet Hantke unter keinen Umständen eine Verbindung, gleich welcher Art, mit ihm einzugehen.[165] Das zweite Dokument war ein »sehr diskreter Brief« von Ludwig Behr, Mitglied der Leitung der »Berliner Zionistischen Vereinigung«. Behr setzte Hantke über zusätzliche Einzelheiten in Kenntnis: Hanff jun. sei wegen Sittlichkeitsverbrechen und Betrügereien zweimal zu Zuchthausstrafen verurteilt worden. Zu allem sei er seit Jahren getauft, was ihn nicht gehindert hatte, eine spezifisch jüdische Zeitung zu erwerben und sich zum zweiten Vorsitzenden eines jüdischen kaufmännischen Vereins wählen zu lassen. In der Zwischenzeit sei er geflohen. Unter allen Umständen müsse aber ein Zusammenbruch der Zeitung vermieden werden. Gerade in dem Augenblick, da sich die Zionisten erstmals mit einer eigenen Liste an den Gemeindewahlen beteiligten, könnte der Öffentlichkeit bekannt werden, daß sie mit einem getauften Betrüger in Verbindung gestanden seien. Dies würde sowohl von den Antisemiten als auch von den Antizionisten zu Propagandazwecken »ausgeschlachtet« werden und der Bewegung schweren Schaden zufügen. Behr äußerte die Ansicht, die Zeitung könne zu günstigen Bedingungen erworben und als genossenschaftliches Unternehmen geführt werden. Dazu genüge ein Anfangskapital in Höhe von etwa 15000 Mark, das durch 750 Anteilscheine aufgebracht werden könne.[166]
Die Zeit drängte. Als auch Hanff sen. fliehen wollte und zum Verkauf der »Israelitischen Rundschau« zum Preis von 2000 Mark bereit war, befürwortete Hantke die Übernahme des Blattes für den »Jüdischen Verlag«.[167] Als die

---

163 Zlocisti an Hanff, 7. 1. 1902, CZA A15/VII/12; Heinrich Loewe, »Bis 1908«, JR Nr. 31–32, 17. 4. 1935, p. 19.
164 Hantke an Bodenheimer, 18. 1. 1902, CZA A15/VII/12.
165 Auskunftei S. Richter an A. Hantke, 9. 11. 1901, CZA A11/18/1.
166 Ludwig Behr an Hantke, 18. 11. 1901, CZA A15/VII/10. A. Friedemann sandte den Brief an Bodenheimer.
167 Hantke an Bodenheimer, 3. 4. 1902, CZA A15/VII/12. Ein Brief von S. Hanff an Ludwig Behr aus den Vereinigten Staaten, in dem er um Zahlung des Restbetrags bat, beweist, daß der Verdacht seiner Flucht berechtigt war. S. Hanff (Philadelphia) an L. Behr, 16. 9. 1902, CZA A11/18/1.

Berliner beim Zentralkomitee – auch jetzt – kein Gehör fanden, beschlossen sie, auf eigene Faust zu handeln und die Zeitung – auf den Namen von Ludwig Behr – für 1750 Mark zu kaufen. 1000 Mark stellten die Berliner Zionisten zur Verfügung, der Rest sollte durch die Ortsgruppen aufgebracht werden. Am 3. Mai 1902 sollte die Zeitung in ihre Hände übergehen.[168]

Zur gleichen Zeit wandte sich Hantke an Herzl mit dem Vorschlag, das Aktionskomitee möge die Zeitung erwerben und sich an ihrer Finanzierung beteiligen. Als Herzl sich prinzipiell einverstanden erklärte, berichtete ihm Hantke am 24. April 1902, daß die »Berliner Zionistische Vereinigung« den Kauf vollzogen habe. Er überstellte Herzl den Entwurf eines Übereinkommens, wonach das Aktionskomitee den Berliner Zionisten die Summe des Kaufpreises und weitere 1000 Mark zur Deckung etwaiger Unkosten zur Verfügung stellen sollte. Das Aktionskomitee werde infolgedessen Eigentümer der Zeitung und sei als solcher auch zur Ernennung des Redakteurs berechtigt. Für die Leitung habe man ein Mitglied der Zionistischen Organisation vorgesehen, der auch Bevollmächtigter der »Welt« sein sollte. Nach außen würde die Zeitung im Besitz der »Berliner Zionistischen Vereinigung« bleiben und der Anteil des Aktionskomitees geheim gehalten werden. Hantke schlug Heinrich Loewe als Redakteur vor.[169]

So stand Herzl vor einer vollendeten Tatsache, die ihm nicht gefiel. Ein Vergleich zwischen dem vorerwähnten Hantkebrief an Herzl und einer späteren Unterredung zwischen den beiden Männern, ließ eine sehr zurückhaltende Stellungnahme von Herzl erkennen. Herzl gab Hantke zu verstehen, daß die Aussichten für eine Finanzierung durch das Aktionskomitee gering seien. Hantke hoffte trotzdem auf einen jährlichen Zuschuß.[170] Herzl lehnte ab, vermutlich als Reaktion auf die Eigenwilligkeit der Berliner, die er als »Separatisten« zu verdächtigen schien. Nun wandte sich Hantke an Bodenheimer und bat, der »Berliner Zionistischen Vereinigung« die restlichen 750 Mark zu leihen.[171] Von einer Partnerschaft mit einer zentralen Instanz war jetzt keine Rede mehr, die Berliner Zionisten hatten die als offiziell vorgesehene Zeitung mit eigenem Geld erworben und sich dadurch einer einflußreichen Position in der Bewegung bemächtigt. Diese Tatsache wurde in Köln erst später erfaßt.

Das Verhältnis der zentralen Instanzen der ZVfD zu ihrer offiziellen Zeitung war indes erstaunlich. So hielt es das Zentralkomitee nicht für nötig, anläßlich des Erscheinens der ersten Nummer unter der Redaktion Loewes einen

---

168 Hantke an Bodenheimer, 3. 6. 1902, CZA A15/VII/12.
169 Hantke an Herzl, 24. 4. 1902, CZA H VIII/326b.
170 Hantke an Bodenheimer, 13. 5. 1902, CZA A15/VII/40.
171 Hantke an Bodenheimer, 3. 6. 1902, CZA A15/VII/12. Die Ortsgruppen sollten sich am Kauf der »Jüdischen Rundschau« durch Spenden beteiligen, sie brachten jedoch nur etwa 100 Mark auf. Hantke an Central-Komité, 9. 10. 1902, CZA A15/VII/12.

Glückwunsch zu übermitteln. Das Thema »Zeitung« wurde zwar lebhaft diskutiert, fand aber in den Resolutionen des Delegiertentages keinerlei Niederschlag.[172] Dies ist um so beachtlicher, als die Berliner Zionisten auf dem Delegiertentag einen formellen Antrag gestellt hatten, mindestens 25% der deutschen Zionisten als Abonnenten zu verpflichten.[173]
Die »Quelle« dieser abweisenden Kühle war wohl in Wien zu suchen, was in nachfolgendem apologetischen Absatz eines Leitartikels der »Israelitischen Rundschau« – unter der neuen Redaktion – klar ersichtlich wurde:

> »In diesem Sinne werden wir an allen Fragen des jüdischen Volkstums und Geisteslebens gern und willig nach unseren schwachen Kräften mitarbeiten, werden uns nicht für klüger halten als die Männer, denen unser Kongreß sein Vertrauen geschenkt hat und sonst nicht dümmer erachten als jemand, der mit uns in demselben oder in anderem Sinne sich mit dem Problemkomplex der Judenfrage abgibt. Wir werden nach wie vor ein bescheidenes Blättchen schreiben, das nicht schlechter sein soll, als andere jüdische Zeitungen und das nicht beansprucht, neue Gedanken vom Himmel zu holen oder *neue* Wege zu weisen. Die Wege sind gewiesen, die wir gehen wollen. Sie sind gangbar. Es sind Führer, die es sich angelegen sein lassen, uns nicht falsch zu führen und deren gutem Willen, deren Ehrlichkeit wir vertrauen können.«[174]

Während sich die »Israelitische Rundschau« bemühte, ihren Charakter zu ändern und eine »Zeitung des jüdischen Volkes« zu werden, ging hinter den Kulissen die Auseinandersetzung über ihre Finanzierung und die Form des Besitztums weiter. Jetzt erst wurde es dem Zentralkomitee klar, daß ihm die Kontrolle über ein Kommunikationsmittel weittragender Bedeutung entgangen war. Bodenheimer versuchte, dieses Versäumnis zu berichtigen und schlug vor, die Zeitung auf den Namen des Zentralkomitees einzutragen. Hantke wich mit der Begründung aus, daß es für das Zentralkomitee als »eingetragener Verein« unzulässig sei, Eigentümer einer Zeitung mit materiellen Interessen zu sein. Daher empfahl er die Gründung einer »Genossenschaft mit beschränkter Haftung«, in der das Zentralkomitee und das Aktionskomitee vertreten sein könnten.[175] Als Bodenheimer weiter auf seinem Vorschlag beharrte, lehnten Klee und Hantke höflich, aber bestimmt mit dem Hinweis ab, daß die Eigentumsübertragung viele Monate in Anspruch nehmen würde. Eine solche Verzögerung würde der Partei Schaden zufügen.

---

172 »Es scheinen ja auf dem Delegiertentag ganz merkwürdige Dinge passiert zu sein ... Über Beschlüsse betr. Central Agitationsbureau in Berlin und betr. der Regelung der Zeitungsfrage sind sich die leitenden Personen uneinig.« Hantke an Wolffsohn, 2. 8. 1902, CZA A15/VII/12.
173 »Anträge der BZV zum Delegiertentag«, IR Nr. 20, 16. 5. 1902.
174 Heinrich Loewe, »An unsere Leser«, IR Nr. 19, 9. 5. 1902, Hervorhebung im Original.
175 Hantke an Bodenheimer, 7. 6. 1902, CZA A15/VII/12.

»Schließlich halten wir es auch praktisch für undurchführbar, als Beauftragte eines Vereins, der seinen Sitz in Köln hat und dessen Mitglieder über ganz Deutschland verstreut sind, eine Zeitung zu leiten. Wir würden einmal dem Redakteur gegenüber nicht die nötige Autorität haben. Andererseits wären wir nicht in der Lage, so frei schalten zu können und schnell und unabhängig unsere Entschlüsse zu fassen, wie dies bei einer Zeitungsleitung nötig ist.«

Außerdem hätten sie keine Sicherheit, etwaige Defizite zu decken und wären stets auf »persönliche Schnorrerei« angewiesen.[176]

Am 3. Juli 1902 wurde das Gründungsprotokoll der »Jüdischen Rundschau GmbH« und die Statuten von 10 Berliner Zionisten unterzeichnet.[177]

Am 1. August sollte sie ihre Tätigkeit formell aufnehmen. Wolffsohn versuchte im letzten Augenblick einen Paragraphen einzufügen, der eine Einflußnahme bei der Wahl der Leitung ermöglichen sollte. Aber auch dieser Versuch scheiterte an Hantkes Begründung, eine GmbH dürfe außer wirtschaftlichen keine andere Ziele verfolgen.[178]

Die gespannten Beziehungen zwischen dem Zentralkomitee und den Berliner Zionisten traten auch durch die Verschleppung der restlichen Zahlung zutage. Bekanntlich hatte sich das Zentralkomitee zur Begleichung des Restbetrages in Höhe von 750 Mark verpflichtet. Hantke beschwerte sich, er habe nur 359 Mark erhalten und den Rest »auf Zinsen leihen müssen.«[179] Als er daraufhin nur weitere 90 Mark erhielt, bat er Wolffsohn, persönlich für die Zahlung des Restbetrages zu wirken.[180] Als das Zentralkomitee dieses Ansinnen weiter ablehnte, beantragte Hantke nach zwei weiteren Monaten, der Delegiertentag solle das Zentralkomitee anweisen, seine Verpflichtungen einzuhalten und die fehlende Summe umgehend zu zahlen.[181] Auf welche Weise diese Angelegenheit dann erledigt wurde, ist uns nicht bekannt.

Der Kauf der »Jüdischen Rundschau« konnte nicht mehr rückgängig gemacht werden, und somit war für die Berliner der Weg zu einer Schlüsselstellung in der ZVfD und in der Weltbewegung geebnet. Sie waren sich der agitatorischen Rolle einer Zeitung in einer politischen Bewegung wohl bewußt, hatten die »Rundschau« aber nachweisbar nicht vorsätzlich erworben. Eher durch einen »Ursachen-Komplex«, der nur zu einem Teil politischer Natur war.

Durch die »Rundschau« wurde Berlin zu einem zweiten Zentrum der ZVfD und hatte einen entscheidenden Anteil bei der Einflußnahme auf die öffentliche

---

176 Hantke an Bodenheimer, 14. 6. 1902, CZA A15/VII/12.

177 Gründungsprotokoll der »Jüdischen Rundschau GmbH« mit beigefügten Statuten, CZA A11/18/1.

178 Hantke an Wolffsohn, 2. 8. 1902, CZA A15/VII/12.

179 Hantke an Central-Komité, 9. 10. 1902, CZA A15/VII/12.

180 Hantke an Wolffsohn, 18. 10. 1902, CZA A15/VII/12. Zu diesem Zeitpunkt fehlten noch 382 Mark.

181 Hantke an Central-Komité, 20. 12. 1902, CZA A15/VII/12.

Meinung. Dadurch wurde die Forderung gestärkt, die leitenden Organe wenigstens teilweise nach Berlin zu überführen, was auch im Jahr 1904 verwirklicht wurde.
Das bedeutende Verdienst der »Rundschau« lag nicht so sehr auf dem Gebiet der Agitation. Jahrzehntelang trug sie zur Festigung und Vertiefung der zionistischen Idee bei und am Ende ihres Weges lehrte sie unter der Redaktion von Robert Weltsch, *alle* deutschen Juden sollten den gelben Fleck mit Stolz tragen.[182]
Inzwischen war es die dringendste Aufgabe der neuen Redaktion, die Zeitung von einem »Käseblatt«, das pathetisch über jede Purimfeier berichtete, zu einer politischen Wochenschrift umzugestalten. Die ersten Redakteure, Heinrich Loewe und Julius Becker, gaben dem Blatt ein kämpferisches Gepräge. So forderte Loewe die Umbenennung in »Jüdische Volkszeitung«, mußte sich allerdings mit dem gemäßigteren Namen »Jüdische Rundschau« begnügen. Die Namensänderung war aber für ihn keine äußerliche Angelegenheit. Er erklärte den Lesern, das Wort »Israelit« sei seit David Friedländer ein Symbol der Assimilation geworden, gewissermaßen als »Entschuldigen Sie, daß ich Jude bin«. Es gelte, dem Wort »Jude« die Ehre zurückzugeben: »Gerade weil der Name Jude einen Beigeschmack von Schimpf an sich hat . . ., wollen wir diesen und keinen anderen Namen tragen. Wir nennen uns nicht Israeliten, sondern Juden.«[183]

»Macht der Zionismus Fortschritte?« Eine Zwischenbilanz

Im Jahre 1902 erhoben viele Seiten die Forderung nach einer Reorganisation der ZVfD. Zum 6. Delegiertentag, der im Mai dieses Jahres einberufen wurde, veröffentlichten Sammy Gronemann aus Hannover und Paul Pohl aus Straßburg Entwürfe zur Änderung des organisatorischen Aufbaus.[184]
Auf der Tagesordnung dieses Delegiertentages sollte ferner das Auftreten der »Demokratischen Fraktion« erörtert werden; diese Fraktion hatte sich innerhalb der ZVfD parallel zur zionistischen Weltorganisation gebildet. Die »Israe-

---

182 Zur Geschichte der »Jüdischen Rundschau« siehe Jubiläumsnummer der Zeitung: JR Nr. 31–32, 17. 4. 1935; ferner: Robert Weltsch zum 60. Geburtstag, Tel Aviv-Jerusalem 1951; Robert Weltsch zum 80. Geburtstag, LBIYB XVII (1972), S. 280.

183 »Jude und Isrealit«, JR Nr. 40, 1. 10. 1902, S. 3. Von diesem Datum trug die Zeitung den Namen »Jüdische Rundschau«.

184 »Anträge der Berliner Zionistischen Vereinigung zum Delegiertentag der deutschen Zionisten in Mannheim«; »Dr. Gronemann-Hannover, Entwurf eines Statuts der zionistischen Landesorganisation in Deutschland«, IR Nr. 18, 2. 5. 1902; »Zum Gronemann'schen Entwurf eines Statuts der zionistischen Landesorganisation in Deutschland«, IR Nr. 20, 16. 5. 1902.

litische Rundschau« druckte Gronemanns »Entwurf eines Statuts der zionistischen Landes-Organisation in Deutschland« ab und befürwortete ihn in einem Leitartikel. Andererseits distanzierte sich die Zeitung von einer Fraktionierung der »Vereinigung«, da eine disziplinierte Tätigkeit durch eine solche Spaltung unmöglich gemacht werde.[185]

Gronemanns Statutenentwurf enthielt 5 Abschnitte, in denen der organisatorische Aufbau der ZVfD und die Befugnisse ihrer Organe genau umschrieben werden. Der Entwurf war ein Kompromiß zwischen verschiedenen Tendenzen. Die wichtigste Neuerung war wohl die Einteilung in Distrikte, die für die Agitation, den Schekelvertrieb und die Tätigkeit der Ortsgruppen verantwortlich sein sollten. Die Distriktbüros und deren Vorstände sollten auf direktem Weg von den ortsansässigen Zionisten gewählt werden, das Zentralkomitee sollte weiterhin die Grenzen der Distrikte festlegen. Auf diese Weise war der Forderung nach Erweiterung der Selbstbestimmung Rechnung getragen.

Der Statutenentwurf behandelte prinzipielle Themen und befaßte sich daher nicht mit operativen Fragen wie der Überführung des Zentralkomitees nach Berlin. Diese Entscheidung blieb dem Zentralkomitee überlassen, in dem die Kölner weiter die Oberhand hatten, so daß von einer Verlegung nach Berlin vorläufig keine Rede war. Weitere Paragraphen beschränkten die Einflußnahme der Ortsgruppen auf Delegiertentagen, wodurch eine weitere Demokratisierung der Vereinigung aufgehalten wurde. Paragraph 6 bestimmte beispielsweise, daß eine Ortsgruppe bis zu 50 Mitgliedern zu einem Delegierten berechtigt sei, über 50 Mitglieder zu zwei, über 100 zu drei, ohne eine noch größere Anzahl zu berücksichtigen. Daraus ergab sich, daß die Ortsgruppe Berlin mit 469 Mitgliedern[186] nur zu drei Delegierten berechtigt war. Selbst wenn sie die Mitgliederzahl verdoppelt oder gar verdreifacht hätte, wäre die Zahl ihrer Delegierten gleich geblieben. Andererseits sorgte Gronemanns Entwurf für eine neue organisatorische Kategorie: die »Sammelgruppe«, wodurch auch »einzelnen« Mitgliedern eine Vertretung gewährt werden sollte. Eine Mindestzahl von 20 Schekelzahlern in einem Distrikt konnte einen Delegierten entsenden. Aber gerade die Berücksichtigung dieser winzigen Gruppen hebt die Benachteiligung der großen Ortsgruppen hervor, was dem Juristen Gronemann kaum entgangen sein konnte.

Die Reaktion der Berliner Zionisten ließ nicht lange auf sich warten. Sie forderte in einer Vorlage an den Delegiertentag nachdrücklich die Verlegung des Sitzes des Zentralkomitees nach Berlin. Um sich eine proportionelle Repräsentation zu sichern, machte sie den Vorschlag, Ortsgruppen mit 50 Mitgliedern einen Delegierten und für jede 100 zusätzlichen Mitglieder einen

---

185 IR Nr. 19, 9. 5. 1902.

186 IR Nr. 27, 4. 7. 1902.

weiteren Delegierten zu geben. Zwecks Erweiterung der zionistischen Einflußsphäre regten sie an, »selbständige Arbeitsgruppen« zu gründen, um an Kreise zu gelangen, die bisher verschlossen waren.
Der Delegiertentag lehnte die Berliner Vorschläge ab und verabschiedete den Entwurf Gronemanns als »Schritt zur Zentralisierung der Leitung und Dezentralisierung der Arbeit«. Gleichzeitig sprach sich der Delegiertentag gegen die Bildung von Fraktionen außerhalb des Kongresses aus.[187]
Die Gliederung in Distrikte ermöglichte es dem Distriktbüro, die agitatorische und organisatorische Tätigkeit den örtlichen Bedingungen anzupassen. Im Distriktbüro waren alle Ortsgruppen vertreten, der Vorsitzende wurde von allen Mitgliedern gewählt. Dadurch wurde die Demokratisierung, wenigstens auf Distriktsebene, erweitert und neue Tätigkeitsbereiche freigelegt. Die Folge war eine Vergrößerung der Ortsgruppen und der Mitgliederzahl, vorwiegend in Ostdeutschland.[188] Praktische Arbeitspläne erfuhren eine Aktivierung, Distriktskonferenzen wurden zur Gewohnheit und die Abhängigkeit vom Zentralkomitee verringert.
Trotzdem blieb der Wunsch nach Inspiration und Unterstützung seitens der Zentrale noch immer groß. Diese Tatsache könnte auf die Unerfahrenheit in der Führung einer politischen Organisation und auf eine gewisse Unsicherheit in bezug auf ideologische Aspekte zurückgeführt werden. Hinzu käme fraglos auch die Gewohnheit des deutschen Bürgers, von der »Obrigkeit« gegängelt zu werden.
Fünf Jahre ZVfD schienen den Funktionären eine ausreichende Zeitspanne für eine Zwischenbilanz. Nicht alle schwelgten in Selbstzufriedenheit; viele waren über das langsame Wachstum des zionistischen Lagers enttäuscht, wie etwa Karl Jeremias aus Posen: Es sei den Zionisten bisher nicht gelungen, einen wesentlichen Teil der deutschen Juden für ihre Idee zu gewinnen. Obwohl auch Jeremias gewisse Erfolge des ersten Ansturms nicht leugnete, meinte er, das Gros der deutschen Juden stehe dem Zionismus noch immer fremd gegenüber. Die Zionisten hätten die Mentalität der deutschen Juden verkannt und nicht begriffen, daß die übertrieben betonte Vaterlandsliebe der Antizionisten nicht etwa Heuchelei, sondern ein wahres und tiefes Gefühl wie bei den Christen sei. Sie beruhe auf der Wesensverwandtschaft zwischen Judentum und Deutschtum, dem innigen Zusammenhang deutscher Juden mit deutscher Kultur. Der Zionismus schrecke die deutschen Juden ab, sie fürchteten den Verlust ihrer Heimat, welche sie mit so vieler Mühe errungen hatten. »Jeder Bekehrung eines deutschen Juden zum Zionismus geht ein hartes Ringen mit der Anhänglichkeit an die liebgewordenen Kulturgüter voraus, die Loslösung ist stets langsam und bleibt immer schmerzhaft.«

187 »Der Delegiertentag der deutschen Zionisten«, IR Nr. 21, 23. 5. 1902.
188 Siehe Tabelle C und D auf Seite 126 und 127.

Deutsche Juden könnten sich eben nicht an unklaren Gefühlen begeistern. Sie sind skeptisch und nur durch eine schneidende Logik zu überzeugen. Daher sollte sich die zionistische Agitation mehr an den Verstand als an das Gefühl wenden und auf den Phrasenschwall verzichten. Nur auf diese Weise könne der passive und aktive Widerstand überwunden werden, meinte Jeremias. »Dieser Widerstand wurzelt im satten Behagen, das jedem neuartigen Bestreben abgeneigt ist«, ergänzt Jeremias und behauptet:

»Die deutschen Juden, wenn sie erst einmal unserer Bewegung gewonnen sind, werden ihre vorzüglichsten Kerntruppen, ihre fähigsten Pioniere sein: nicht leicht zu ernüchtern, nicht rasch zu entmutigen, unsere exaktesten Theoretiker und praktischsten Organisatoren.«[189]

Elias Auerbach versuchte einige dieser Behauptungen in der »Jüdischen Rundschau« zu widerlegen. Er führte gegen Jeremias an, er übertrage die Situation des Zionismus in der Provinz Posen, wo es kaum öffentlich-jüdisches Leben gebe, auf ganz Deutschland. Unter solchen Umständen könne sich keine große jüdische Idee entfalten. Posen sei »ein gänzlich vernachlässigtes Stiefkind des deutschen Zionismus« und außer kleinen Anfängen in Schönlanke und Filehne, gäbe es dort noch keine wirkliche zionistische Organisation. Auerbach wies auf andere Teile Deutschlands hin, in denen gerade in den letzten Jahren neue Ortsgruppen gegründet und mehr Schekalim erworben wurden. Er teilte nicht die pessimistische Anschauung Jeremias über die »Bekehrung« deutscher Juden zum Zionismus und bestritt, daß ihr ein »Lossagen von der deutschen Kultur« vorangehen müsse. Als Zionist sehe er das Problem in einem völlig andern Licht:

»In mir selbst aber, muß ich gestehen, kenne ich keinen Zwiespalt zwischen Deutschtum und Judentum, der mich zu der schweren und grausamen – vielleicht unmöglichen – Entscheidung für das eine oder andere zwingen müßte. Nicht ein Ringen ist es, das ist ein falsches Wort, sondern ein bedauerndes Gefühl, das mein Wesen aus diesen unharmonischen Elementen gebildet, kein einheitliches, geschlossenes Wesen ist. Aber das hat mit der Stellung zum Zionismus nicht das Geringste zu tun, an diesem Übel krankt der zionistische Jude ebenso wie der nichtzionistische, es ist das allgemeine Elend der Verbannung. Eins empfinde ich wahr und tief, die Sehnsucht, aus diesem Zustand herauszukommen, deren Erfüllung für uns unmöglich sein mag, aber unsere höchste Arbeit für unsere folgende Generation ist.«

---

[189] Karl Jeremias, »Das deutsche Judentum und der Zionismus«, Die Welt Nr. 46, 14. 11. 1902, S. 3ff.

Trotz des überwiegenden Einflusses der deutschen Kultur, der ja nicht ausgeschaltet werden könne, seien die deutschen Juden für den Zionismus zugänglich. Es fehle nur an Kräften, die Agitation mit Talent und System zu leiten.[190]
Jeremias wandte sich gegen Auerbachs Kritik und gegen die Auslegung seiner Anschauungen. Er hätte nicht behauptet, der Zionismus habe in Deutschland *keine* Fortschritte gemacht, sondern nur, daß er sich im Verhältnis zu anderen Ländern auffallend langsam entwickele. Er wollte eher auf die verwunderliche Erscheinung hinweisen, nämlich, daß das deutsche Judentum gerade in der ideellen Entwicklung der Juden lange Zeit eine führende Rolle gespielt habe und jetzt, im Zuge des Zionismus, zurückgeblieben sei. Jeremias bestritt, er sei in bezug auf die Zukunft pessimistisch. Könnte man die deutschen Juden »bekehren«, würden sie eine Brücke zwischen ihrer Treue und Liebe zu Deutschland und seiner Kultur und dem national-jüdischen Gefühl schlagen. Eine Rückkehr ins jüdische Land und die schmerzhafte Loslösung von der deutschen Kultur sei nur möglich, wenn eine Annäherung an eine wieder erblühende attraktive jüdische Kultur vorangehen würde. Die heranwachsende Generation sollte daher nicht mehr in einseitig deutschem Kulturmilieu erzogen werden und nicht mehr vor die schwere Wahl zwischen zwei Kulturwelten gestellt werden.[191]
»Macht der Zionismus Fortschritte?« fragte ein Leitartikel der »Jüdischen Rundschau« im Jahre 1903. Die Antwort war positiv.

> »Es ist erstaunlich, mit welcher Werbekraft dieser Gedanke, den wir vertreten, sich spontan Geltung verschafft.
> Aus allen Orten des Deutschen Reiches, wo man vor wenigen Jahren nicht einmal den Namen des Zionismus kannte, wo, wenn man schon seinen Namen ausnahmsweise wußte, man nur ein mildes Lächeln oder einen frommen Fluch für ihn fand, kommen dauernd Berichte über erfolgreiche Versammlungen, über Gründungen von Ortsgruppen, über fleißige Arbeit und aufopferungsvolle Hingabe für das altneue nationale Ideal.«

Es sei dem Zionismus gelungen, »die Hochflut der Angleichung an das Fremde« aufzuhalten und eine »gesunde nationaljüdische Reaktion« zu schaffen. Auf diese Weise seien Zionismus und werdende Generation beinahe zu einer Einheit geworden. Das Blatt gab zu, daß die Erfolge in Deutschland, im Vergleich zu Rußland und Südafrika, noch immer gering seien. Wenn man aber bedenkt, daß die Organisation in Deutschland erst vor fünf Jahren von einem

190 Elias Auerbach, »Unnötige Sorgen«, JR Nr. 48, 28. 11. 1902, S. 65–67.
191 Dr. Jeremias, »Unnötige Sorgen. Eine Erwiderung auf den Artikel des Herrn Elias Auerbach«, JR Nr. 49, 5. 12. 1902, S. 73f.

Dutzend junger Leute gegründet wurde, daß sie jetzt tausende Anhänger in allen Landesteilen aufweise, sollte man sich doch die Frage stellen: »Wer hat die alle für Zion geboren?«[192]

Wie es sich für das Organ einer politischen Bewegung gehört, strahlte die »Jüdische Rundschau« offiziellen Optimismus aus. Im führenden Kreis war man sich jedoch der Größe des Erfolges nicht so sicher. Klee referierte im selben Jahr über das Thema »Warum sind noch nicht alle Juden Zionisten?«[193] Der Inhalt des Vortrags ist uns nicht bekannt; das Thema zeugt aber von der Nichterfüllung der Erwartungen einer »weittragenden Verwurzelung« des Zionismus.

Die Worte des ZVfD-Vorsitzenden hatten einen ähnlichen Unterton. Auf dem 7. Delegiertentag stellte er zwar mit Genugtuung die Erstarkung der Vereinigung fest; sie zählte in diesem Jahr (1904) 65 Ortsgruppen, 57 »Vertrauensmänner« und etwa 6000 Mitglieder; fügte aber hinzu, daß »unsere Bewegung heute in Deutschland leider noch nicht die Bedeutung erlangt hat, welche der Größe des gestellten Zieles und der Erhabenheit unserer Idee zukommt.«[194]

Wir besitzen keine genauen Angaben, an welchen Orten zwischen 1902 und 1904 neue Ortsgruppen gebildet wurden. Doch der Vergleich der Listen von 1902, 1907 und 1912 ergibt, daß nicht nur neue Ortsgruppen gegründet wurden, sondern auch etliche verkümmert oder eingegangen waren. Bodenheimer kritisierte den Tatendrang derjenigen, die voreilig neue Ortsgruppen errichteten und warnte, sich nicht von »jugendlichen Stürmern« zu verfrühten Vereinsgründungen mitreißen zu lassen. Zuerst müsse ein »zuverlässiger Kern seßhafter Gemeindemitglieder« die Verantwortung für ihr Bestehen übernehmen.[195]

Die Führung konnte zwar Erfolge verzeichnen, sie wurde aber weiter wegen unfähiger Leitung kritisiert. Nachdrücklicher als je zuvor wurde daher auf dem 7. Delegiertentag, vom Distrikt Baden, ein formeller Antrag gestellt, das geschäftsführende Organ des Zentralkomitees nach Berlin zu überführen.[196]

---

192 »Macht der Zionismus Fortschritte?« (Leitartikel), JR Nr. 9, 27. 2. 1903, S. 65.

193 Kaiser-Friedrich-Loge Bremen. Einladung zur Logensitzung 22. 1. 1902. Tagesordnung: Vortrag des Bruders Dr. Klee von der Berthold-Auerbach-Loge Berlin: »Warum sind noch nicht alle Juden Zionisten?« CZA A142/33/1.

194 »Ansprache und Bericht des Vorsitzenden des Zentralkomitees Rechtsanw. Dr. M. J. Bodenheimer, Köln«, JR Nr. 21, 27. 5. 1904, S. 222.

195 ebd.

196 »Resolution der Penarsitzung des Distriktsbureaus Mannheim«, JR Nr. 18, 6. 5. 1904, S. 194. Der Beschluß wurde einstimmig mit zwei Stimmenthaltungen angenommen.

6. Kapitel

Partei oder Bewegung

Zwischen Köln und Berlin

Der Beschluß des 7. Delegiertentages, ein »Zentralbüro« in Berlin einzurichten, entsprach der Forderung wichtiger Ortsgruppen nach einer Revision der funktionellen Arbeit des Zentralkomitees.[1] Es handelte sich um eine Kompromißlösung; der Sitz des Zentralkomitees und seines Vorsitzenden blieb weiterhin in Köln und das Zentralbüro in Berlin erhielt Weisung, die in Köln gefaßten Beschlüsse mittels eines »Geschäftsführenden Ausschusses« durchzuführen. Diese geographische und personale Trennung zwischen der beschlußfassenden und der geschäftsführenden Instanz führte zwangsläufig zur Bildung zweier Zentren, deren Zuständigkeitsbereiche nicht immer klar umrissen waren. Der laufende Kontakt mit den Ortsgruppen wurde fortan durch das Berliner Büro aufrechterhalten und geführt. Infolgedessen gewöhnten sich die Ortsgruppen daran, im Berliner Büro eine autoritative Körperschaft zu sehen. Aus Berlin erhielten sie zahlreiche Rundschreiben, Informationen und Anweisungen, aus Berlin kamen auch die angeforderten Propagandaredner, Flugblätter, Broschüren und andere »tagtägliche Bedürfnisse« einer Ortsgruppe.[2] So nimmt es nicht Wunder, daß sich der Vorsitzende in Köln bald wie abgeschnitten fühlte. Theoretisch sollten sich die Ortsgruppen bei grundsätzlichen Fragen weiter an das Zentralkomitee in Köln wenden, in der Praxis erfolgten solche Beratungen aber meistens über Berlin. Bodenheimer bemerkte daher mit einigem Recht, daß sich seine Befürchtungen hinsichtlich der Reorganisation bewahrheitet hätten, daß sein eigenes Amt und die Funktionen des Zentralkomitees stark abgewertet waren.

> »Die Trennung der Geschäftsleitung in Zentralbüro und Zentralkomitee hatte zur Folge, daß die oberste Leitung der Bewegung in Deutschland nicht mehr in dem innigen Zusammenhang mit den einzelnen Bezirken steht, wie dies früher der Fall war; um so mehr halte ich es für eine Pflicht aller in Deutschland bestehenden Organisationen, daß sie sich in wichtigen, die Bewegung betreffenden Fragen in allererster Linie mit dem Vorsitzenden des Zentralkomitees in Verbindung setzen und den Rat und die Meinung der

---

1 »Die Hamburger Tagung des deutschen Zionismus«, JR Nr. 21, 27. 5. 1904, S. 221. Der Delegiertentag traf am 22.–26. Juni 1904 zusammen. Es beteiligten sich Delegierte aus 42 Ortsgruppen.

2 Bericht des Zentralbureaus der ZVfD, o. D. (1908), CZA A15/VII/41.

obersten Leitung der Bewegung in Deutschland in Fragen einzuholen, die von prinzipieller Bedeutung sind.«[3]

Bodenheimer beschloß, um die Autorität des Zentralkomitees und seine eigene Stellung als Vorsitzender zu kämpfen. Dieser Kampf erfolgte in einer Zeitspanne des Vakuums in der Führerschaft der zionistischen Weltorganisation und der ideologischen Wirren, die nach dem Tode Theodor Herzls auftraten. Der Ugandakonflikt und persönliche Fehden drohten die Bewegung zu zersplittern; die ZVfD wurde zwangsläufig in Mitleidenschaft gezogen.[4] Bodenheimer kannte als Mitglied des »Großen Aktionskomitees« die drohenden Gefahren ganz genau, schließlich gehörte er auch der Leitung des »Engeren Aktionskomitees« an. Mit einigem Recht betrachtete er die ZVfD als ein stabilisierendes Element, dessen Schwächung unbedingt vermieden werden mußte; eine Untergrabung der zentralen Autorität würde Unheil heraufbeschwören.
Verfallssymptome waren bereits sichtbar. In Frankfurt/Main hatte sich der »Misrachi« konstituiert, ohne die Zentrale von diesem Schritt zu unterrichten. In Berlin handelte der vom Zentralkomitee ernannte Presse-Ausschuß eigenmächtig; die oberste Instanz blieb ohne jeden Einfluß auf seine Tätigkeit. Bodenheimer forderte daher von den Mitgliedern des Zentralkomitees die Rückgabe der ihm zustehenden Autorität und die Rückkehr zum zentralistischen Arbeitssystem. Er meinte, daß die Krise nur auf diesem Wege überwunden werden könne:

»Ich betrachte es als eine Lebensfrage der zionistischen Bewegung, daß wir in Deutschland als straff disziplinierte Truppe dastehen, um der übrigen Welt als Beispiel zu dienen. Nur eine völlige Klarheit über das Ziel, das wir anstreben und die Methode, welcher wir zur Verwirklichung desselben folgen, kann uns den großen Führer ersetzen, der bisher für die Straße, die wir zu gehen hatten, die Marksteine gesetzt hat. Diese Klarheit können wir jedoch nur durch ein williges Zusammenarbeiten aller Faktoren mit der selbstgewählten Spitze erreichen, da sonst die Fäden sich leicht verwirren und an die Stelle der Organisation die Anarchie treten könnte. Vor allem ist es aber jetzt erforderlich, daß alle Mitglieder des Z.K. ihre ganze Kraft einsetzen, ... daß wir auf dem nächsten Kongreß mit einer achtunggebieten-

---

3 Bodenheimer in einem Brief an die Mitglieder des Zentralkomitees vom 1. 11. 1904, CZA A8/58. Von der Entfremdung zwischen Bodenheimer und dem Zentralbüro in Berlin wurde auch ein Außenstehender beeindruckt. Alexander Marmorek berichtete darüber an Herzl im Namen seines Bruders Oskar: »Oskar schreibt mir heute aus Berlin, daß unsere Bewegung in Deutschland colossale Fortschritte gemacht habe. Das einzige Hindernis zu noch größerer Ausdehnung, wurde ihm gesagt, sei die Unfähigkeit und Unbeliebtheit Bodenheimers ...« Alexander Marmorek (Paris) an Herzl, 13. 3. 1904, CZA H VIII/550.

4 Siehe: Heinrich York-Steiner, »Der politische Zionismus und seine Methode«, in Lazar Schön (Hrsg.), Die Stimme der Wahrheit, Würzburg 1905, S. 57; Osias Thon, »Ohne Herzl«, a.a.O., S. 151f.; Adolf Boehm, Die zionistische Bewegung, a.a.O., S. 307f.; Walter Laqueur, A History of Zionism, a.a.O., S. 136f.

> den Zahl von Delegierten auftreten und einen Anspruch darauf mit Recht erheben können, der Politik des Zionismus die Richtung zu geben.«[5]

Die Spannung vor dem 7. Kongreß war auch in der ZVfD deutlich zu spüren. Die ununterbrochenen Aufrufe, sich geschlossen hinter die Führung zu stellen, schienen unter den gegebenen Umständen unzureichend. Zwar hatte die Mehrheit den Rufen Folge geleistet, um eine Spaltung zu verhüten. Die ZVfD vertrat eine Kompromißstellung zwischen den Anhängern des Ugandaplans und den »Zione-Zion« (Palästina-Zionisten); man hegte jedoch Mißtrauen gegenüber denjenigen, die von der offiziellen Linie abwichen. Diese Atmosphäre des Mißtrauens führte zu einer Verschärfung der Beziehungen zwischen der Zentrale in Köln und dem Zentralbüro in Berlin. Den Anstoß dazu gaben die Bemühungen des Berliner Büros, auf eigene Initiative Mandate zionistischer Vereinigungen außerhalb Deutschlands zu erhalten, deren Kongreß-Mandate nicht durch eigene Delegierte wahrgenommen wurden. Solche Übertragungen von Mandaten auf Delegierte anderer Länder waren schon auf früheren Kongressen üblich, gewannen aber vor der Entscheidung in der Ugandafrage an Wichtigkeit, denn jetzt kam es auf jede einzelne Stimme an.
Als man in Köln von der Eigenmächtigkeit der Berliner erfuhr, beschuldigte Bodenheimer den amtierenden Vorsitzenden des Zentralbüros in Berlin, Hantke, der Disziplinverletzung. Hantke habe sich als »Retter des Zionismus« aufgespielt. Bodenheimer betonte die alleinige Verantwortung des Zentralkomitees für die Zusammensetzung der deutschen Landsmannschaft. In Zukunft sollten Hantke und seine Mitarbeiter im Zentralbüro auf die Grenzen ihrer Kompetenzen achten. Es sei ohnehin schon schwer genug, die Einheitlichkeit und Disziplin im Lager aufrechtzuerhalten.

> »Ich bin der letzte, der Wert darauf legt, die Angelegenheiten unserer Landsmannschaft in seiner Hand zu halten, muß aber jetzt doch lebhaft bedauern, die Hand zur Dezentralisierung geboten zu haben, deren Nutzen durch mannigfaltige Schädigungen, die sie im Gefolge hat, weit überholt wird.«[6]

Es ging Bodenheimer nicht so sehr um das Werben der »ausländischen Mandate«, sondern um die Tatsache, daß das Zentralkomitee die Fäden nicht in der Hand behalten und man nicht vorher seine Bestätigung eingeholt hatte.[7] Er selbst stellte fest, daß der Spannung und dem Mißton in der Diskussion keine wesentlichen Gegensätze, sondern gegenseitiges Mißtrauen zugrundelag. Auch wenn sich dieses Mißtrauen mit der Zeit etwas legte, hielt Köln an den

---

5 Bodenheimer in einem Brief an die Mitglieder des Zentralkomitees vom 1. 11. 1904, CZA A8/58.
6 Bodenheimer an Hantke, Centralbureau, 26. 3. 1905, CZA A15/I/xd.
7 Bodenheimer an Adolf Friedemann, 27. 3. 1905, CZA A15/I/xd; Bodenheimer an Klee, 3. 4. 1905, CZA A15/I/xd; Bodenheimer an Hantke, 4. 4. 1905, CZA A15/I/xd.

Befürchtungen vor der Erstarkung und übermäßigen Selbständigkeit des Zentralbüros beharrlich fest. Bodenheimer versuchte nun – nach sieben Jahren – die Stellung des Zentralkomitees und seiner Kompetenzen zu festigen. Er gestaltete das Komitee in einen »eingetragenen Verein« mit eigenen Statuten. Im Paragraph 5 hieß es ganz ausdrücklich in bezug auf die Hierarchie: »Der Verein unterhält in Berlin ... ein Zentralbüro zur Erledigung der laufenden Geschäfte.«[8]

Man sollte beachten, daß die Auseinandersetzung auf beiden Seiten von Juristen geführt wurde. Bodenheimer hatte diesen Weg eingeschlagen, um seine eigene Position – und die des Zentralkomitees – zu festigen und die »niedrigere Rangstufe« des Zentralbüros auch formell in den Statuten zu verankern. Er wollte – im Falle etwaiger Zweifel – einem ernsthaften Kompetenzstreit vorbeugen. Sogar als er sich in einem anderen Brief an Hantke über den »vielleicht zu scharfen und daher verletzenden Ton« zu entschuldigen versuchte, hielt er es doch für nötig, zu betonen:

> »Es kommt aber leider die Zeit, wo man genötigt ist Fraktur zu reden, um die Zügel unserer Sache nicht in die Hand turbulenter unerfahrener und stürmischer Elemente kommen zu lassen und wenn ich Ihnen gegenüber nicht offen und deutlich meine Meinung sagen sollte, *hätte ich überhaupt nicht mehr das Recht, mich einen Führer der Bewegung nennen zu lassen.«*[9]

Hier kommt die Schwäche des Juristen zum Vorschein, der den Glauben an die Macht der Paragraphen auf das öffentliche Leben übertragen will. Er begriff nicht die Dynamik, mit welcher eine politische Institution auf informellem Wege Macht akkumulieren kann, nämlich durch Tatkraft, Anerkennung der Öffentlichkeit, Kontrolle der offiziellen Zeitung und der organisatorischen Abhängigkeit der Ortsgruppen.

In der Theorie stritt das Zentralbüro die Zuständigkeit des Zentralkomitees bei Entscheidungen über prinzipielle Angelegenheiten gar nicht ab und legte auch seine Beschlüsse zur jeweiligen Bestätigung vor. Die Grenze zwischen »prinzipiellen« und »exekutiven« Beschlüssen war indes nicht immer klar gezogen und wurde so ein Nährboden wiederholter Auseinandersetzungen.

Als z. B. das Zentralbüro im Jahr 1905 beschloß, einen Aufruf an die nationaljüdische Jugend zu richten, sich im »Herzl-Bund« zu organisieren, legte es diesen Beschluß zur Bestätigung des Zentralkomitees vor. Bodenheimer betrachtete schon in einem solchen Beschluß eine Kompetenzüberschreitung und verlangte, den Aufruf vorher dem Zentralkomitee zur Einsicht vorzulegen.[10] Trotz Protest des »Zentral-Büros« bestand er mit Nachdruck darauf, daß nur die

---

[8] Statut des Centralkomités der Zionistischen Vereinigung für Deutschland. Eingetragener Verein, 23. 4. 1905, CZA A15/I/xd.

[9] Bodenheimer an Hantke, 4. 4. 1905, CZA A15/I/xd.

[10] Bodenheimer an Central-Comité, 19. 9. 1905, CZA A15/I/xd.

oberste Stelle für die Gründung des »Herzl-Bundes« zuständig sei und dessen Programm und Statuten einer Prüfung unterziehen müsse. Mit Anspielung auf die Ugandakrise fügte Bodenheimer hinzu: »Mit demselben Recht könnten Sie behaupten, es wäre eine Kompetenzüberschreitung, wenn das Zentralkomitee den Aufruf der politischen Zionisten unterzeichnen würde.«[11]
Im Gegensatz zu den Erwartungen festigte auch die Verlegung der Leitung der zionistischen Weltorganisation nach Köln nicht die Autorität des Zentralkomitees und seines Vorsitzenden. Die engen Beziehungen zwischen Bodenheimer und Wolffsohn aus der Anfangsperiode hatten sich offenbar abgekühlt.[12] Wolffsohn wurde als Nachfolger Herzls zum Präsidenten der Weltorganisation gewählt und es scheint, daß sich bei Bodenheimer zu den Charaktergegensätzen zwischen dem Rechtsanwalt und »dem Kaufmann und Autodidakten« ein gewisser Neid über Wolffsohns Nachfolgeschaft gesellte. Bodenheimer vermutete außerdem, daß Wolffsohn im »innersten seines Herzens ein Chowew Zion geblieben war«. Als Cowen, Mitglied des Aktionskomitees aus England, den Vorschlag machte, Bodenheimer zum Generalsekretär der Weltorganisation zu machen, weigerte sich dieser:

> »Ich lehnte dies ab, nicht etwa, weil ich die Bedeutung dieses Postens unterschätzte oder zu stolz gewesen wäre, unter Wolffsohn zu arbeiten, der mir bisher in der Leitung der deutschen Zionisten treu zur Seite gestanden hatte, sondern einfach, weil ich meine zionistische Unabhängigkeit nicht aufgeben wollte.«

Auch Wolffsohn war der Vorschlag nicht gelegen, wußte er doch, er werde in Bodenheimer kein gefügiges Werkzeug finden. Er bevorzugte daher Nachum Sokolow, entfernte Bodenheimer aus der Mitarbeit in außenpolitischen Angelegenheiten, an denen dieser besonderes Interesse hatte. Wolffsohn vermied es sogar, sich mit Bodenheimer über dieses Thema zu unterhalten. Bodenheimer meinte später, Wolffsohn wollte nicht den Eindruck erwecken, daß er etwa unter seinem – Bodenheimers – Einfluß stehe.[13] Der Abstieg von Bodenhei-

---

11 Bodenheimer an Centralbureau der ZVfD, 28. 9. 1905, CZA A15/I/xd. Über den »Verband der politischen Zionisten« im folgenden.

12 Die Beziehungen kühlten sich scheinbar schon 1898 ab. Herzl beauftragte Bodenheimer, einen Entwurf für die Statuten der zionistischen Bank vorzubereiten. Als die Bank in England eingetragen werden sollte, richtete Herzl an Wolffsohn, der das Bankprojekt leitete, die Bitte, Bodenheimer zu der endgültigen Formulierung der Statuten zuzuziehen. Wolffsohn lehnte dies mit der Begründung ab, daß Bodenheimer sich nicht im englischen Gesellschaftsrecht auskenne. Bodenheimer fühlte sich dadurch betroffen. M. J. Bodenheimer, So wurde Israel, a.a.O., S. 145f.

13 Siehe: M. J. Bodenheimer, So wurde Israel, a.a.O., S. 142–156; Über Wolffsohns Persönlichkeit und zionistische Tätigkeit siehe: Sammy Gronemann, Sichronoth schel Jekke (hebr.), Tel Aviv 1946, S. 236ff.; ferner die Biographien: Abraham Robinsohn, David Wolffsohn, ein Beitrag zur Geschichte des Zionismus, Berlin 1921; Emil Bernhard Cohn, David Wolffsohn, Herzls Nachfolger, Amsterdam 1939; Mordechai Eliav, David Wolffsohn, the Man and his Times, the Zionist Movement 1905–1914, Tel Aviv University 1977.

mers Prestige konnte nicht ohne Auswirkung auf seine Stellung innerhalb der ZVfD bleiben.

Das Stocken in der Tätigkeit des Zentralkomitees wurde von der älteren Führerschaft der Ortsgruppen mit Verwunderung aufgenommen. Bodenheimer erwiderte auf eine Anfrage von Ernst Kalmus, dem Vorsitzenden der Hamburger Ortsgruppe, die Inaktivität des Zentralkomitees sei eine zwangsläufige Folge der Reorganisierung, die zwischen ihm und dem Zentralbüro eine Trennung herbeigeführt habe: »Die Initiative und Beratung kann nicht von Köln erfolgen, wenn die Exekutive in Berlin sitzt und unter ständiger Überschreitung ihrer Kompetenzen und völliger Mißachtung diesbezüglicher Vorhaltungen von Köln nach Belieben schaltet.« Er hoffte, daß der Delegiertentag, der für den Sommer 1906 einberufen wurde, diesem Mißstand ein Ende setzen werde.[14]

Die Kommunikation zwischen den obersten Instanzen der ZVfD und den Ortsgruppen beschränkte sich meistens auf Jahresberichte, die etwa mit ». . . es freut mich zu hören, daß sich die Bewegung in Ihrem Distrikt so schön entwickelt«, beantwortet wurden. Vorkämpfer des Zionismus in Posen, die Bodenheimers »Glanzzeit« noch in Erinnerung hatten, pflanzten in Erez Israel einen Ölbaum auf seinen Namen. Sie drückten damit ihre Hochachtung für den Mann aus, der am Anfang die ZVfD entscheidend geformt hatte. Gleichzeitig zeichnete sich aber auch das Ende einer Epoche ab.

Im Dankbrief an seine Posener Anhänger gab Bodenheimer zu, daß er nicht mehr in der Lage sei, die Bewegung von Köln aus zu leiten, die »Verhältnisse sind aber für eine Verlegung des Zentralkomitees nach Berlin noch nicht reif«. In der Repräsentation nach außen hin sah er »das letzte Zipfelchen der Befugnisse, die das Organisations-Statut und die Gepflogenheit des Zentral-Büros, sowie des Zentral-Komitees mir bisher noch unbeanstandet gelassen haben.«[15]

Im Zeichen der Ugandakrise

Während sich der Kampf um die Vorherrschaft der beiden »Hauptstädte« der ZVfD fortsetzte, bedrohte der Ugandakonflikt mit seinen Ausläufern ihre Einigkeit. Fast alle Delegierten der ZVfD zum 6. Kongreß waren »Ja-Sager«, teils aus Treue zu Herzl, teils in der Meinung, das Angebot sei mindestens einer Prüfung wert, und man dürfe die britische Regierung nicht vor den Kopf

[14] Bodenheimer an Ernst Kalmus (Hamburg), 28. 2. 1906, CZA A15/VII/47.
[15] Bodenheimer an Ernst Kalmus, 5. 4. 1906, CZA A15/VII/47.

stoßen.[16] Trotz dieser massiven Unterstützung von Herzls politischer Linie war die deutsche Landsmannschaft nicht monolitisch. Nach Herzls Tod traten die »Schwankenden« offen auf, da die »Treue zum Führer« an Gewicht verloren hatte. Diese Haltung wurde von Heinrich Loewe verkörpert. Zuerst ein »Ja-Sager«, war er dann der einzige »Nein-Sager« der deutschen Landsmannschaft.[17] Denkwürdig sind die Worte Max Jungmanns über die Stimmung unter den deutschen Zionisten:

> »Ich war nicht auf dem Kongreß, gehörte aber privatim zu den ›Neinsagern‹, da ja mein Zionismus aus nationaljüdischer Begeisterung und Palästinaschwärmerei, nicht jedoch in erster Linie aus Judennotssorgen entstanden war. Meine Auffassung hatte ich in einem Gedicht ›Meine Heimat‹ ausgedrückt, das in der ›Jüdischen Zeitung‹ erschien und dessen Schlußzeilen lauteten:
>
> ›Und kann ich nicht am Hals der Mutter hangen,
> Nach andern Müttern hab' ich kein Verlangen.‹«

Obwohl Jungmann mit den »Neinsagern« der russischen Delegation übereinstimmte, trat er für Herzl ein; er erblickte in der Haltung der »Charkower« einen Kampf gegen Herzl als Präsident der Gesamtorganisation:

> »Wir aber verehrten in dieser einzigartigen Persönlichkeit das Urbild des jüdischen Edelmenschen. Uns war und blieb Herzl die Verkörperung unseres Glaubens an künftige Freiheit und Größe des jüdischen Volkes. Er hatte soviel für das Judentum getan, daß wir uns dagegen stemmten, seinen Besitz selbst um einen politischen Versager einzubüßen.«

Und was das »Fußvolk«, den »rank and file« der deutschen Zionisten anbetraf:

> »In Deutschland wurde die Ugandaepisode ruhiger und richtiger aufgefaßt. Ich kannte keinen deutschen Zionisten, der an eine nennenswerte Judenwanderung nach Uganda glaubte; die Annahme des englischen Angebots und die Absendung der Prüfungskommission wurden im allgemeinen als Akt

---

16 Lichtheim, Geschichte, a.a.O., S. 194; Heinrich Loewe unterstützte zunächst Herzls Ansicht, im Laufe des Kongresses jedoch ging er zu den Gegnern des Ugandaplans über. Siehe: Stenographisches Protokoll der Verhandlungen des VI. Zionisten-Congresses, Wien 1903, S. 201–203. Die Treue zur Führerschaft war für die deutschen Zionisten charakteristisch: »Immerhin ist zuzugeben, daß die Mehrheit der deutschen Zionisten hinter Herzl und später hinter Wolffsohn stand, teils aus Neigung zum politischen Zionismus, teils aus Anhänglichkeit an die Führer der Bewegung.« Lichtheim, Geschichte, a.a.O., S. 145.
In seinen Memoiren berührt Bodenheimer die Stellung der deutschen Landsmannschaft nur allgemein: »Die deutsche Landsmannschaft stellte sich mit großer Mehrheit auf den Boden dieses Vorschlags ... Die Entscheidung der deutschen Landsmannschaft mit ihren 68 Delegierten konnte den Ausschlag geben.« Bodenheimer, So wurde Israel, a.a.O., S. 126. Bodenheimers Namen erscheint nicht auf der Delegiertenliste zum 6. Kongreß. Dies war keine Stimmenthaltung. Als Mitglied des Zionistischen Actions-Comités durfte er sich nicht an der Abstimmung beteiligen, doch dort unterstützte er Herzl. Bodenheimer an Adolf Friedemann, 8. 6. 1918, CZA A15/I/10.

17 Siehe Loewes Rede auf dem 6. Kongreß: JR Nr. 38, 18. 9. 1903, S. 407.

der Höflichkeit gegen die ›hochherzige‹ englische Regierung angesehen. Man erwartete vom Bericht der Kommission keine praktische Wirkung, wie immer er auch ausfallen würde. Vor allem aber zweifelte niemand von uns an Herzls Palästinatreue.«[18]

Die Einstellung des Redakteurs der »Jüdischen Rundschau«, die den Gegnern des Ugandaplans offenstand, hatte einen beachtenswerten Einfluß auf die zionistische öffentliche Meinung. Er selbst vertrat die Ansicht, der Mehrheitsbeschluß des Kongresses müsse respektiert werden, um die Einheit der Bewegung zu wahren.[19] Auch nach außen verteidigte er die offizielle Politik der Weltorganisation. Als das liberale, einflußreiche, in den Händen assimilatorischer Juden befindliche »Berliner Tageblatt« schadenfroh feststellte, der Ugandaplan bedeute den Bankrott der zionistischen Ideologie, erwiderte Heinrich Loewe in einem Leitartikel:

> »Zu allen Zeiten seit zwei Tausend Jahren hat man uns national niedergedrückt. Aber in die Reihe der Völker hat man uns nicht gerechnet. Da zum ersten Male werden diese Parias von den Lenkern großer Staatsgebilde als ein ebenbürtiges Volk behandelt, und man beginnt völkerrechtlich mit ihnen zu verhandeln. Das ist freilich ein solcher Mißerfolg, daß das Blatt des Protestanten Artur Levysohn nicht umhin kann, von dem Bankrott der Partei zu sprechen, die diese Sachlage geschaffen hat ...
> ... Ein Land mit judenstaatlicher Organisation und jüdischer Selbstverwaltung will die Britische Regierung der Jüdischen Kolonialbank für ihr Volk übergeben, und damit den Vertriebenen und Verfolgten eine Heimat schaffen, für die das ›Berliner Tageblatt‹ nur den einen Rat hat, sich im Lande der Unterdrückung ruhig totschlagen zu lassen. Von diesem Standpunkte freilich bedeutet das dem Zionistenkongreß von England gewordene Landangebot einen Bankrott ... Noch einige Mißerfolge, und wir haben gesiegt!«[20]

---

18 Max Jungmann, Erinnerungen eines Zionisten, a.a.O., S. 64f.; die Kritik gegen den Ugandaplan brachte Jungmann in seiner satirischen Zeitschrift »Der Schlemiel« zum Ausdruck. Er hielt eine Phantasie-Meinungsumfrage über die Kolonisation in Ostafrika ab, »Eine Enquête über die Ostafrikafrage«, Der Schlemiel Nr. 1, 1. 11. 1903, S. 5; in einer Reihe von Briefen beschrieb ein »Chief« eines Ugandastammes das Leben in »Neu-Neu-Land«. »Briefe aus Neu-Neu-Land«, Der Schlemiel Nr. 1, 1. 11. 1903, S. 2; Nr. 2, 1. 12. 1903, S. 10f.; Nr. 2, 1. 2. 1904, S. 12; Nr. 3, 1. 3. 1904, S. 22, Nr. 5, 1. 5. 1904, S. 42. Der Schlemiel »veröffentlichte« auch das Protokoll einer Scheindiskussion über die Ugandafrage, die auf dem Kongreß stattgefunden haben sollte, und eine Karikatur im Stil des Malers Lilien, in der ein anmutiges jüdisches Mädchen der aufgehenden Zions-Sonne zustrebt, doch von einem Neger »made in Uganda« am Kleid zurückgehalten wird. Die Überschrift zu dieser Karikatur: »Warum der Zionismus so langsam vorankommt.« »Stenographisches Protokoll des VII. Zionisten-Kongresses«, Der Schlemiel, Nr. 4, 1. 4. 1904, S. 32f.

19 Heinrich Loewe, »Der Zionismus unterwegs«, JR Nr. 34, 26. 8. 1904, S. 367; Heinrich Loewe, »Die demokratisch-zionistische Fraktion«, JR Nr. 41, 14. 10. 1904, S. 336.

20 Heinrich Sachse (Loewe), »Der Mißerfolg des Zionismus«, JR Nr. 38, 18. 9. 1903, S. 401.

Es sollte sich herausstellen, daß trotz der fast einheitlichen Abstimmung der deutschen Landsmannschaft selbst die »Getreuen« Herzls Zweifel über die Rechtmäßigkeit dieses Weges hegten, auf dem der Beschluß über die Uganda-Expedition angenommen wurde. Bodenheimer fühlte sich als Vorsitzender der ZVfD durch Herzls Antrag »auf das peinlichste betroffen«. Er machte geltend, man habe den Landsmannschaften keine Gelegenheit gegeben, über den Antrag zu beraten. (Bodenheimer kam auf diese von ihm als erforderlich betrachtete Beratung in einem Briefwechsel mit Adolf Friedemann im Jahr 1918 zurück, zur Klärung der Ereignisse des 6. Kongresses[21].)
Bodenheimer und Friedemann hatten, zusammen mit anderen Mitgliedern der deutschen Landsmannschaft, dieses unparlamentarische Vorgehen Herzls gedeckt.[22] Nur rückblickend hatten sie ihre Meinung über Herzls Manöver geändert. Bodenheimer war der Ansicht, Herzl habe sich über die Reaktion der Massen getäuscht. Er habe aber als Parteiführer in einem gegebenen Augenblick durch geschickte Wahrnehmung der Umstände, seinen Willen durchzusetzen gewußt.

> »Es ist richtig, daß ich damals Herzl die bittersten Vorwürfe machte, weil mir sein autokratisches Vorgehen nicht paßte. Aber wir selbst haben eben anders gehandelt als die russischen Führer, weil wir gerechter waren, die Größe Herzls und seine Bedeutung für die Bewegung, auch wenn er sich irrte, besser einschätzten, und weil wir nicht verkannten, daß Herzl gar nicht anders handeln konnte, als er getan hat, schon aus Rücksicht auf die Not der Masse.«[23]

Nach dem 6. Kongreß war die Führung der ZVfD bestrebt, die deutschen Zionisten für die Unterstützung Herzls zu mobilisieren. Die Beschlüsse der »Zione-Zion«-Konferenz in Charkow drohten die zionistische Bewegung zu spalten. Ortsgruppen und Distriktsbüros veranstalteten Identifizierungsversammlungen.[24] Im Januar 1904 beschloß der Geschäftsführende Ausschuß der ZVfD die Einberufung des Plenums des Zentralkomitees. Vor Beginn der Sitzung wurden Rundschreiben an diejenigen überstellt, die nicht zur Sitzung erscheinen konnten; darin wurden sie ersucht, schriftlich ihre Meinung zu fünf Themen zu äußern. Das vierte Thema lautete wie folgt:

> »Stellungnahme zur Charkower Konferenz. Es wird folgende Resolution beantragt. Seit 1800 Jahren ist zum ersten Male durch die zionistischen Kongresse gelungen, die Judenheit der ganzen Welt zu vereinigen und zu

---

21 Bodenheimer an Adolf Friedemann, 8. 6. 1918, CZA A15/I/10.
22 Adolf Friedemann an Bodenheimer, 11. 6. 1918, CZA A15/I/10.
23 ebd. Dieselbe Anschauung drückte Friedemann in folgendem Artikel aus: »Ostafrika«, JR Nr. 43, 23. 10. 1903, S. 455f. Vgl. ferner seine Rede auf dem 6. Kongreß. Stenographisches Protokoll des VI. Zionisten-Congresses, a.a.O., S. 157f.
24 Boehm, Zionistische Bewegung, a.a.O., S. 262f.

organisieren, mit dem Ziele, dem jüdischen Volk eine dauernde Heimstätte in Palästina zu schaffen ... Diese einheitliche Organisation wird getragen von dem Willen der Mehrheit des jüdischen Volkes, der auf dem Kongreß zum Ausdruck gelangt. Wer es daher unternimmt, die Organisation zu benutzen, um Beschlüsse des Kongresses zu hintertreiben, sprengt die Organisation. Auf der Charkower Konferenz hat ein Teil der russischen Mitglieder des Aktionskomitees diesen Versuch unternommen. Wir erklären demnach als die berufenen Vertreter der Zionisten Deutschlands in der Gemäßheit der von den meisten Ortsgruppen einstimmig gefaßten Beschlüsse, das Vorgehen dieser Mitglieder des Aktionskomitees für ein Verbrechen an der zionistischen Sache.«

In der Überzeugung, daß Herzl nichts gegen den Willen des Kongresses unternehmen werde, schlug der Geschäftsführende Ausschuß vor, das Zentralkomitee solle ihm sein Vertrauen ausdrücken.[25] Gleichzeitig versicherte das Distriktsbüro Rheinland-Westfalen Herzl »einmütig seine unverbrüchliche Treue zu unserer zionistischen Sache und seines vollsten Vertrauens zu Ihnen als dem bewährten Führer der Bewegung«. Sie betonten, das zionistische Ziel könne nur durch »straffe Disziplin und freiwillige Unterordnung unter unsere selbstgewählten Führer« erreicht werden.[26]
Es gelang Herzl bei seinem letzten Auftritt vor den Vertretern des »Großen Aktionskomitees« im April 1904, die Gemüter zu beschwichtigen und die Gefahr einer Spaltung zu beseitigen. Trotzdem herrschte unter den deutschen Zionisten das Gefühl vor, die Ugandafrage sei nicht die eigentliche Ursache des Konfliktes und der persönlichen Anfeindungen. Es handele sich vielmehr um das tiefe Mißtrauen der Russen gegen »alles aus dem Westen«, aus dem auch Herzl stammte. Adolf Friedemann regte in der »Jüdischen Rundschau« an, diese Frage bis ins letzte zu klären, da die Einheit der Bewegung auf dem Spiel stehe. Er lehnte die Anschuldigungen der russischen Führer ab, die westlichen Zionisten trieben nur »Wohltätigkeitspropaganda« und kümmerten sich nicht um die Volksseele. Sie würden deshalb auch Palästina zugunsten jedes anderen für die Kolonisation geeigneten Territoriums opfern. Friedemann forderte die russischen Zionisten auf, »ihre stereotype Ansicht« zu revidieren, nämlich daß die westlichen Zionisten keine »reinen Zionisten« seien.[27] Es war wohl kein Zufall, daß die Zeitung in einer Bekanntmachung berichtigte: »*Sie (die Tagung) wird ihre Beschlüsse für ein ganzes Jahr fassen* und die Richtung angeben, *die der deutsche Zionismus, oder richtiger gesagt, der Zionismus in Deutschland einzuschlagen hat.*«[28]

---

[25] Bodenheimer im Namen des Geschäftsführenden Ausschusses der ZVfD an die Mitglieder des Zentralkomitees, o. D. (Januar 1904), CZA A142/47/2.
[26] Bodenheimer im Namen des Distriktbureaus Rheinland-Westfalen an Herzl, 31. 1. 1904, CZA Z1/234.
[27] Adolf Friedemann, »Vertrauen«, JR Nr. 17, 29. 4. 1904, S. 173f.
[28] »Der Delegiertentag der deutschen Zionisten«, ebd., Hervorhebung des Verfassers.

Es war selbstverständlich, daß die Ugandafrage auch auf die Tagesordnung des Delegiertentages im Mai 1904 gesetzt wurde. In der Eröffnungsrede unterstützte der Vorsitzende die Führung der Gesamtorganisation, welche Palästina als Ziel ihrer Bestrebungen nicht verlassen habe. Uganda sei ein Mittel, das die Zionisten schneller zum Ziel bringen werde, als etwa verstreute Siedlungen ohne Charter in Palästina und den Nachbarländern.[29] Auch der Referent für Außenpolitik, Alfred Klee, ging vollkommen mit der offiziellen Linie konform und warnte vor Kritik an der zionistischen Außenpolitik. Nur diejenigen könnten diese richtig beurteilen, die die gesamten Fäden in der Hand hielten. Die auswärtige Politik müsse immer auf eine oder auf zwei Persönlichkeiten beschränkt bleiben, da sie ein feinmaschiges Netz sei, in welches man nicht mit Kanonenstiefeln treten dürfe. Klee lobte die kluge und gemäßigte Haltung der ZVfD. »Wir deutsche Zionisten haben es bisher in musterhafter Weise verstanden, eine Kritik an der Außenpolitik zu vermeiden.« Klee riet, die Ugandafrage nicht zu erörtern, um die Einigkeit der Bewegung in Deutschland zu wahren. Eine Auseinandersetzung wäre sowieso fruchtlos. Die Delegierten sollten die Rückkehr der Expedition aus Ostafrika abwarten; die Ergebnisse sollten dem Kongreß unterbreitet werden. Inzwischen sei es besser, sich mit den »Realaufgaben« in Deutschland zu befassen.[30]

Erst nach Herzls Tod traten die Meinungsverschiedenheiten innerhalb der ZVfD stärker zum Vorschein, da sie nicht mehr mit Treueerklärungen an den Führer vertuscht werden konnten. Die zionistische Weltorganisation stand vor schweren Entscheidungen. »Führerlosigkeit«, territorialistische Gruppierungen und Gerüchte über die Verlegung der Zentralleitung nach London drohten die Einheit von innen zu zersetzen. Sogar als sich herausstellte, daß der Ugandaplan nicht real war und sich die Ablehnung des Plans auf dem 7. Kongreß abzeichnete, war die Gefahr des Auseinanderfallens noch nicht gewichen.

Die ZVfD-Führung war bestrebt, in dieser heiklen Situation als vermittelnder und zusammenfassender Faktor zu wirken, damit sich die Bewegung »wieder mit ernsten Kräften ... der politischen und praktischen Arbeit für Palästina widme«.[31] Dies war aber inzwischen schwierig geworden. Die erforderliche Stimmenzahl für einen Kongreßdelegierten war von 100 auf 200 erhöht worden. So wurde es zweifelhaft, ob die ZVfD auf dem nächsten Kongreß 68 Mandate erhalten würde. Außerdem bestand die Möglichkeit, daß sich innerhalb der deutschen Landsmannschaft eine oppositionelle »Zione-Zion«-Fraktion bilden könnte, was Bodenheimer unter allen Umständen vereiteln wollte. So vermied

29 JR Nr. 21, 27. 5. 1904, S. 223.

30 Nach Aufzeichnungen von Klee für seine Rede auf dem 7. Delegiertentag der ZVfD in Hamburg, o. D. (1904), CZA A142/36/1.

31 Bodenheimer an Mitglieder des Zentralkomitees der ZVfD, Januar 1905, CZA A15/I/8d.

er es weitmöglichst, öffentliche Kritik an der provisorischen Leitung zu üben. Hantke sollte als Vorsitzender des Presseausschusses seinen Einfluß auf die »Jüdische Rundschau« dahin geltend machen, daß die Redaktion den Ton gegen diejenigen Richtungen dämpfe, die nicht nach ihrem Sinn sind. Andernfalls werde das Zentralkomitee dazu gezwungen sein, eine Verlautbarung zu veröffentlichen, daß es keine Verantwortung für den »übrigen Inhalt« der Zeitung trage und lediglich seinen eigenen Bekanntmachungen ein offizieller Charakter beizumessen sei.[32]

Die Neigung der »Jüdischen Rundschau« zu den Zione-Zion war unverkennbar. Heinrich Loewe hatte aber als Redakteur der offiziellen Zeitung den Bogen etwas überspannt. Fünf Tage vor dem Erscheinen des Bodenheimer-Briefes forderte Loewe in einem Leitartikel dazu auf, »diejenigen, die auf zwei Zweigen sitzen« und Zion nicht unbedingt treu seien, und diejenigen, die zum Territorialismus neigen, aus der Leitung der Bewegung auszustoßen.[33] Die Führung der ZVfD erkannte die Gefahr, die der Weltorganisation von den Territorialisten drohte. Sie wandte sich daher vor dem 7. Kongreß in einem Aufruf »An die deutschen Zionisten« und forderte sie auf, nach den stürmischen Auseinandersetzungen des 6. Kongresses »die Einheit unserer Anschauungen kraftvoll in Erscheinung treten zu lassen«.

Der Aufruf richtete sich hauptsächlich gegen die Territorialisten und hob eindeutig hervor, daß die deutschen Zionisten »unerschütterlich« auf dem Boden des Baseler Programms stünden und dieses Programm stehe und falle mit Palästina.[34] Der Aufruf und die ihm angeschlossenen Thesen bedeuten ein Kompromiß zwischen der »politischen« und der »praktischen« Richtung und ein Erstarken eben der »praktischen« unter den deutschen Zionisten.

Die Richtlinien des Baseler Programms, die in den Thesen vorgezeichnet sind, drücken einen klaren ideologischen Umschwung zu den »Zione-Zion« aus, obwohl sie hier als eine Erweiterung der Herzl-Auffassung dargestellt wurden. Die zionistische Bewegung sei nach wie vor eine »weitblickende politische Bewegung«; jetzt müsse die Notwendigkeit der Palästina-Arbeit in den Vordergrund treten, als erforderliche Grundlage eines jüdischen Gemeinwesens, Stärkung der politischen Arbeit, Unterstützung der Verhandlungen mit den Regierungen. »Möge das Beispiel unserer Einmütigkeit auch auf unsere zionistischen Brüder in anderen Ländern einigend wirken und sie mit Hoffnung und neuer Tatkraft erfüllen«, schloß der Aufruf.

Die angeschlossenen Thesen betonten diese Linie und zählten die Aufgaben der zionistischen Bewegung wie folgt auf:

1. Aufrechterhaltung und Ausbau angeknüpfter politischer Beziehungen, 2.

---

32 Bodenheimer an Hantke, 25. 1. 1905, CZA A15/I/8d.

33 Heinrich Loewe, »Landsucher«, JR Nr. 3, 20. 1. 1905, S. 23f.

34 »An die deutschen Zionisten!« JR Nr. 18, 5. 5. 1905, S. 197.

systematische Ausgestaltung der wirtschaftlichen Positionen in Palästina: der wissenschaftlichen Erforschung des Landes und seiner Verhältnisse, Förderung wirtschaftlicher Unternehmen, Landerwerb und Stärkung der »Anglo-Palestine Company«, Umwandlung der städtischen Bevölkerung in ein »produktives Element«, Einwirkung auf Kolonisations-Unternehmungen im nationalen Sinn, insbesondere im Hinblick auf nationale Erziehung der jüdischen Jugend, Schaffung von Arbeitsplätzen für jüdische Einwanderer, soweit die Einwanderung auf legalem Wege möglich ist.[35]

Die ZVfD-Führung befürwortete den Beschluß des Großen Aktionskomitees, nämlich die Empfehlung an den Kongreß zur Wahl eines Führungskollegiums, bestehend aus Nordau, Warburg und Wolffsohn. Die »Jüdische Rundschau« sah darin die bestmögliche Notlösung und befürwortete gleichzeitig eine Umgestaltung der Weltorganisation. Es sei wichtig, zur ursprünglichen, inzwischen längst überschrittenen Zahl von 23 Mitgliedern des Großen Aktionskomitees zurückzukehren, um dessen Arbeitsfähigkeit zu fördern. Es handele sich schließlich um ein »Aktions«- und nicht um ein »Agitations«-Komitee.

Die »Jüdische Rundschau« war sich des wachsenden Anteils der deutschen Zionisten an der neuen Führung bewußt. Zwei ihrer Vertreter sollten ins oberste Gremium gewählt werden, die geschäftsführenden Organe nach Deutschland verlegt werden. Die Zeitung enthielt sich, vielleicht aus Bescheidenheit, der Meinungsäußerung, ob dies ein Vorteil oder eine Hemmung für die Entwicklung des Zionismus sei.[36] Bodenheimer unterbreitete dem Aktionskomitee einen ausführlichen Plan zur Reorganisation der zionistischen Institutionen. In den Erläuterungen zu seinem Plan wies er darauf hin, daß das Baseler Programm als Instrument zur Erreichung seiner Ziele auch die Besiedlung der Nachbarländer vorsehe, »was lediglich der Tatsache Rechnung trägt, daß in allen bedeutenden zionistischen Unternehmungen die Nachbarländer Palästinas als zionistische Interessensphäre in Betracht gezogen sind.«

Im organisatorischen Bereich sollte ein Zwischengebilde zwischen dem Direktorium (Kollegium) und dem Aktionskomitee vermieden werden und dieses, seinem eigentlichen Zweck entsprechend, »zu einem ständigen Senat oder Synedrion« umgestaltet werden, in dem die bedeutendsten und einflußreichsten Führer vertreten sein sollten.[37]

Die Bemühungen um eine Vermittlung zwischen den »politischen Zionisten« und den »Zione-Zion« im Rahmen der ZVfD blieben ohne Ergebnis. Zum

---

35 »Erklärung des Zentralkomitees der ZVfD«, a.a.O., S. 198. Die »Erklärung« gleicht in ihren Grundzügen dem Antrag, den Ussischkin auf dem siebten Kongreß im Namen der »Zione-Zion« einreichte und dem Antrag des Großen Aktionskomitees, der von diesem Kongreß angenommen wurde. Siehe ferner: Boehm, Zionistische Bewegung, a.a.O., S. 318.

36 Heinrich Sachse (Loewe), »Neuer Steuermann – alter Kurs«, JR Nr. 22, 2. 6. 1905, S. 253f.

37 Bodenheimer an Aktions-Comité, 2. 8. 1905, CZA A15/I/8d.

ersten Mal waren damit Ortsgruppen direkt in eine politische Entscheidung verwickelt und zum ersten Mal teilte sich die deutsche Landsmannschaft in gegnerische politische Gruppen; die größere identifizierte sich zweifellos mit den »Zione-Zion«[38]. Es waren zwar Gruppen ohne festen organisatorischen Rahmen, es herrschten dennoch zwischen ihnen »tiefgehende Differenzen, lebhafte Fehden.«[39]

Der fehlende organisatorische Rahmen veranlaßte die »politischen Zionisten« der ZVfD im Laufe des Kongresses zur Gründung des »Verbands politischer Zionisten«. Sammy Gronemann wurde zum Vorsitzenden gewählt. Der »Verband« widersetzte sich vor allem einem Beschluß-Paragraphen, in dem »jede Ansiedlung außerhalb Palästinas« grundsätzlich abgelehnt wurde. Sie erklärten in einem Flugblatt, sie respektierten zwar den Beschluß des Kongresses, behielten sich aber das Recht vor, die Annullierung dieses Absatzes auf dem nächsten Kongreß zu beantragen.[40] Dieses Flugblatt wurde auch von 13 »bedeutenden« nichtdeutschen Zionisten unterzeichnet.

Die »Verbands«-Mitglieder waren vom Ausgang des Kongresses enttäuscht und warben um neue Anhänger ihrer Linie, über deren Charakter allerdings noch diskutiert wurde. Sammy Gronemann war für eine Organisationsform, die zu keiner Fraktionsbildung verpflichten sollte, etwa eine »Freie Vereinigung«. Ihre Ideen sollten durch moralische Einflußnahme verbreitet werden; gleichzeitig müsse sie aber loyal zur offiziellen Linie stehen. Adolf Friedemann, Karl Jeremias und Max Kollenscher – letztere aus Posen – sprachen sich gegen diese Art »Goethe-Bund« aus.[41]

> »Wer in der politischen Welt Erfolge haben will, der muß andere Mittel anwenden. Gewiß wählen wir keine Sonderziele, aber wir müssen später Wahlen machen, eine geschlossene Phalanx im Kampf bilden, Geld aufbringen. Wir wollen auch nicht nur in Deutschland tätig sein und müssen daran denken, daß unsere Anhänger auch in Staaten der Halbkultur zu streiten haben werden. Und da hilft nur eine stramme Organisation. Das sollten wir lernen – von Ussischkin. Er hat seine Leute 1 Jahr lang gedrillt wie Soldaten. Gegen seine Kosaken helfen nur ähnliche Maßnahmen.«

---

38 Als »Neinsager« zum Ugandaplan war Heinrich Loewe zur Konferenz der »Zione-Zion« in Freiburg-Schweiz eingeladen. Einladung an Heinrich Loewe zur Konferenz der »Zione-Zion« in Freiburg-Schweiz, 21. Juli 1905, Merkas Zione Erez-Israel, Warschau, Tamus 1905, (hebr.). Pinchas Rosen (Felix Rosenblüth), der bei der Konferenz anwesend war, berichtet über den entschiedenen Widerstand Loewes gegen den Ugandaplan. Interview von Naomi Fraenkel mit Pinchas Rosen, Hebrew University Jerusalem, Institute of Contemporary Jewish History, 25. November 1968, Tonband 1385.

39 Bericht der deutschen Landsmannschaft zur Jahreskonferenz 1906, CZA Z2/401.

40 Sammy Gronemann, Sichronoth schel Jekke (Memoiren eines Jekken), (hebr.) Bd. I, Tel Aviv 1946, S. 243–245. Gronemann bezeichnet seine Wahl zum Vorsitzenden des »Verbandes politischer Zionisten« als unglücklich«, da sie ihn in »einige Verlegenheiten« führte.

41 Goethebund: Zusammenschluß von Vereinen für Geistesfreiheit, gegr. 1900.

Nach Friedemann sollte auf dem nächsten Kongreß Fraktionszwang für Mitglieder des »Verbands« gelten, um dessen Autorität nach innen und nach außen zu festigen. Er befürwortete eine energische Agitation in den Ortsgruppen und glaubte, der »Verband« werde 98 Prozent der deutschen Zionisten an sich ziehen.[42]

Jeremias und Kollenscher waren gemäßigter; auch sie waren für eine »starke Organisation«, ohne damit notwendigerweise den Fraktionszwang zu verbinden. In einem Rundschreiben gingen sie näher auf die Ziele des »Verbandes politischer Zionisten« ein. Einerseits distanzierten sie sich von der Auslegung des Baseler Programms durch die »Zione-Zion«, andererseits aber auch von den »Territorialisten«, die eine Bindung an Palästina für nicht verpflichtend hielten.[43]

Der Schlußabsatz des Rundschreibens sowie das militante Programm Friedemanns deuten auf den Weg, den der »Verband« einschlagen wollte. Er wollte sich offenbar »den gebührenden Einfluß auf Aktionskomitee und Kongreß sichern«, die Beherrschung der Ortsgruppen, des Zentralbüros und der »Jüdischen Rundschau«. Der Kampf zwischen den beiden Richtungen brachte keine eindeutige Entscheidung. In zahlreichen Ortsgruppen behielt die eine oder die andere Seite mit großer Mehrheit die Oberhand. Dadurch konnte die Spaltung vermieden werden. Das Ringen wurde nur an wenigen Orten fortgesetzt.[44] Ein Bericht über die innere Lage der ZVfD, der 1906 der Jahreskonferenz vorgelegt wurde, spricht nur ganz allgemein von einem »unerquicklichen Zustand«, der weitgehend überstanden sei, um die Schärfe des Konfliktes zu mäßigen. Die Dokumentation über die Stimmung in den Ortsgruppen ist spärlich, aber es läßt sich immerhin einiges aus ihr schließen.

Die Mainzer Ortsgruppe stand auf Seiten des »Verbandes politischer Zionisten«; ihr Vorstand erklärte einstimmig, Palästina sei das »unverrückbare Ziel« des Zionismus, das mit allen denkbaren Mitteln erreicht werden müsse. Eine nationale, autonome Siedlung außerhalb Palästinas sei zweckdienlich und daher im Baseler Programm enthalten. Die Mainzer Zionisten waren gegen Einwanderung nach Palästina und Ansiedlung ohne rechtliche Absicherungen. Gegen technische und wissenschaftliche Vorarbeiten hatten sie nichts einzuwenden. Sie mißbilligten Ussischkins Wirken in der zionistischen Bewegung auf das schärfste.[45]

---

42 Adolf Friedemann an Sammy Gronemann, 25. 8. 1905, CZA A142/47/4. Hervorhebung im Original. Der Brief wurde von Gronemann unter den Mitgliedern des »Verbandes« verbreitet.

43 Jeremias, Kollenscher an »Herr Gesinnungsgenosse«, August 1905, CZA A142/47/4.

44 Bericht der deutschen Landesorganisation zur Jahreskonferenz 1906, a.a.O. Der Bericht enthält keine Namen der Ortsgruppen.

45 Erklärung der Ortsgruppe Mainz, 24. 8. 1905, CZA A142/55/5.

Auch das offizielle Lager war um die Mobilisierung der Ortsgruppen für seine Anschauungen bemüht. So flocht Bodenheimer beiläufig folgenden Satz in eine Einladung zu einer Mitgliederversammlung der Zionisten Kölns: »Wir ergreifen gern die Gelegenheit der neuen Führung der zionistischen Bewegung unsere Treue und Ergebenheit zum Ausdruck zu bringen. Wir rechnen daher bestimmt auf Ihr Erscheinen.«[46] Da die Einladung keine Tagesordnung bekanntgab, ist es anzunehmen, daß es sich dabei um eine Treuekundgebung handelte. Bodenheimer betrachtete sich, genau genommen, als »Anhänger einer selbstbewußten, großzügigen Palästinapolitik« und konnte somit der »radikalen« Politik der neuen Führung nicht ganz zustimmen. Für ihn blieb die Furcht vor der Spaltung von entscheidender Bedeutung: »Wir in Deutschland sind gezwungen, mit unseren Freunden aus beiden Lagern eine richtige Mittellinie zu finden, welche ein gedeihliches Zusammenarbeiten ermöglicht.«[47]
Aus diesem Gesichtspunkt verteidigten die Anhänger der offiziellen Linie die »Jüdische Rundschau«, die für die Mehrheitsbeschlüsse des Kongresses eintrat und deshalb heftigen Angriffen seitens des »Verbandes« ausgesetzt war. Der »Verband« hatte am 17. September 1905 die Einberufung einer außerordentlichen Generalversammlung der »Jüdischen Rundschau E.G.m.b.H.«[48] beschlossen, um die politische Richtung der Zeitung zu erörtern.
Die Ortsgruppe Leipzig befürchtete, daß die »politischen Zionisten« in der »Genossenschaft« die Entlassung des Redakteurs wegen dessen politischer Einstellung im Schilde führten und bat Bodenheimer um Intervention. Es gehe nicht an, daß die »Genossenschaft«, der ja nur die geschäftliche Leitung zustehen, politische Entscheidungen in bezug auf die Richtung der Zeitung fälle. Die gewählte Führung der ZVfD habe hier die Entscheidung zu treffen, sonst sei die »Rundschau« nicht mehr ihr offizielles Organ, sondern das Organ der »Genossen«.

> »Einen Beschluß der Genossen aber, die jetzigen Redakteure durch andere zu ersetzen, könnten wir nach allem, was in den letzten Monaten geschehen ist, nicht anders auslegen, als die Einmischung der Genossen in die zionistische Politik; sie mögen den Beschluß motivieren, wie sie wollen. Und eine solche Vergewaltigung werden wir uns nicht gefallen lassen.«

Die Leipziger drohten mit dem Boykott der Zeitung, falls sich die »politischen Zionisten« der Zeitung bemächtigen würden.[49] Was sich auf der Versammlung der »Genossenschaft« ereignet hat, entzieht sich unserer Kenntnis; die Leitung

---

46 Einladung zur Versammlung der Ortsgruppe Köln, mit Unterschrift von Bodenheimer als Vorsitzenden der Ortsgruppe, 20. 11. 1905, CZA A15/I/8d, Hervorhebung des Verfassers.
47 Bodenheimer an Herbert Bentwich, 7. 11. 1905, CZA A15/I/8d.
48 Die »Genossenschaft« war Inhaber der Zeitung.
49 Zionistische Vereinigung Leipzig, 25. 10. 1905, CZA A15/VII/46.

der ZVfD berichtete lediglich wenige Monate danach, daß im Herbst 1905 etwa 300 Abonnements nicht erneuert wurden.[50]

Die Geschichtsschreibung des deutschen Zionismus geht über den »Verband der politischen Zionisten« schweigend hinweg. Nur Sammy Gronemann erwähnt ihn in seinen Erinnerungen. Es ist möglich, daß diese Episode in das von deutscher Denkform beeinflußte Image einer geschlossenen vorbildlichen Bewegung nicht paßte. Der »Verband« wurde möglicherweise auch unterschätzt und man erkannte in ihm rückblickend nicht den Beginn des inneren ideologischen Kampfes, der sich mit wechselnder Intensität bis zum Leipziger Delegiertentag im Jahre 1914 hinzog.

Die Krise in der ZVfD lähmte faktisch die Winteraktivität von 1905, insbesondere der Ortsgruppen in Süddeutschland, wo sich auch die Mitgliederzahl verringerte. Es gelang mit vieler Mühe, eine »gewisse Verständigung« zwischen beiden Lagern herzustellen und die Auflösung des »Verbands« zu bewerkstelligen.

Der Vorstand der ZVfD berichtet allerdings im Jahr 1906, daß auf beiden Seiten Unzufriedenheit herrsche, die innere Ruhe aber einigermaßen wieder hergestellt werden konnte, was die Wiederaufnahme der Propaganda ermögliche. Der beste Beweis sei die erneute Erhöhung der Abonnentenzahl der »Jüdischen Rundschau« um 340, wodurch der Verlust aus dem Jahr 1905 ausgeglichen worden sei.[51] Wenn jedoch das Zentralkomitee meinte, mit der Auflösung des »Verbandes« den inneren Konflikt beigelegt zu haben, sollte es bald eines besseren belehrt werden.

Die Wichtigkeit der Absonderung von den Territorialisten geht aus einem Begrüßungstelegramm des »Verbands«-Vorsitzenden, Sammy Gronemann, hervor, das er im August 1905 an Israel Zangwill anläßlich einer Territorialisten-Konferenz nach London sandte. Sammy Gronemann gesteht in seinen Erinnerungen, er sei von »Verbands«-Mitgliedern zur Absendung des Telegramms verleitet worden, er habe sich »aus Mangel an politischem Instinkt« dazu überreden lassen. Er sah damals in Zangwill eine Persönlichkeit, die zu politischer Führung berufen schien. Allerdings wußte er damals nicht, daß der Zweck der Londoner Konferenz die Gründung einer zionistischen Organisation entgegengesetzter Richtung war. Er konnte auch nicht ahnen, daß das Telegramm öffentlich vorgelesen werden würde, um den Eindruck zu erwecken, daß er (Zangwill) von den »politischen Zionisten« in Deutschland unterstützt werde. Es kostete Gronemann danach viel Mühe, Wolffsohn zu überzeugen,

50 Bericht der deutschen Landesorganisation zur Jahreskonferenz 1906, a.a.O.
51 ebd.

daß er seiner Naivität zum Opfer gefallen war und Zangwills Absichten nicht durchschaut habe.[52] Gronemanns »Moral von der Geschichte« war:

> »Seitdem bin ich überzeugt, daß sich niemand besonders auf meinen politischen Scharfblick verlassen darf und ich beschloß, daß ich fortan meine zionistische Tätigkeit nur dem Kampf nach außen widmen werde und mich, soweit wie möglich, von innenpolitischen Konflikten fernhalten werde.«[53]

Sogar die im Zionismus tief Verwurzelten gerieten auf Irrwege. Alfred Klee, einer der ersten deutschen Zionisten und ein begeisterter Anhänger Herzls, beschloß sogar, die zionistische Organisation zu verlassen und sich Zangwill anzuschließen. In einem Versuch, seinen Freund im letzten Augenblick von einem solchen Schritt abzuhalten, warnte ihn Bodenheimer:

> »... Es ist Unrecht, daß Du Dich von mir nicht vor übereilten Schritten in der Zangwill'schen Sache hast zurückhalten lassen. Du schreibst, Du hast den Rubicon überschritten, das ist ein Irrtum. Den Rubicon überschreitet man, wenn man eine Armee hinter sich hat. Meines Erachtens hast Du eine Dummheit gemacht, die schwer wieder redressiert werden kann. Aber noch ist es Zeit ... Zangwill ist kein Herzl und in dem Augenblick, wo man das Mittel als Ziel setzt, schafft man eine Bewegung, die keine Anhänger hinter sich hat, als jene Desparados, welche den Lärm auf dem Kongreß gemacht haben. Den Herren Paul Nathan, Lucien Wolff u.s.w. wird es garnicht einfallen mit diesen Leuten zusammen gehen zu wollen. Um aber ein neues Hilfscomité zu schaffen, dazu braucht es wirklich des gewaltigen Lärmes nicht.
> Lieber Freund ich bitte Dich dringend, Dich nach dieser Seite noch nicht zu engagieren und Deine Kraft für bessere Zwecke aufzusparen.«[54]

Hedschasbahn oder »Seelenelite«

Nach dem Delegiertentag in Hannover (1906) erholte sich die ZVfD allmählich von der inneren Krise. Allein, die Tatsache, daß ihr Fortschritt in keinem Verhältnis zu ihren Zielen stand, mußte Besorgnis bei ihren Führern erregen. Es schien, als hätte der Zionismus seinen Höhepunkt überschritten.[55] Diese Situation verpflichtete zu ehrlicher Rechenschaft. War die zionistische Idee von vornherein nicht für die deutschen Juden akzeptabel oder bedienten sich die Zionisten einer falschen Propagandataktik? Diese Frage zog eine weitere, nach innen gerichtete, nach sich: Was bedeutete der Zionismus denjenigen, die

---

52 Sammy Gronemann, Sichronoth schel Jekke, a.a.O., S. 244ff.
53 ebd.
54 Bodenheimer an Klee, 8. 10. 1905, CZA A142/59/2. Am Ende des Briefes fügte Bodenheimer hinzu: »Abwarten«.
55 H. G. Heymann, »Die Zukunft des deutschen Zionismus«, JR Nr. 26, 26. 6. 1908, S. 245f.

schon Zionisten waren? Die Diskussion um das Wesen des Zionismus zog sich jahrelang hin und führte zu einer Polarisierung in der ZVfD, deren Auswirkungen ihren zukünftigen Weg entscheidend bestimmen sollten.

Ihren geringen Erfolg unter den deutschen Juden schrieben die Zionisten hauptsächlich zwei Ursachen zu: der »baren Plattheit und Stumpfheit« des größten Teils der deutschen Judenheit, die sie daran hinderten, sich einer Bewegung mit weittragenden historischen Zielen anzuschließen, und ihrer Auffassung des Judentums lediglich als einer Bekenntnistheorie. Beide waren Folgen einer fortdauernden geistigen und gesellschaftlichen Entwicklung. Sie hatte das Judentum systematisch seiner nationalen Inhalte und Symbole entledigt. Indem sie Bibel und Gebeten den nationalen Charakter nahm, paßte sie den jüdischen Monotheismus den Forderungen ihrer gesellschaftlichen Eingliederung an. Nur die Scheu und ein letzter Funke jüdischen Ehrgefühls hielten manche davon ab, den Weg zum Taufbecken zu wählen, obwohl von positivem Gemeingefühl oder gar jüdischen Idealen kaum noch eine Spur vorhanden war.[56]

Diese Einstellung machte die überwiegende Mehrheit der deutschen Juden, insbesondere die ältere Generation, für den Zionismus »untauglich«. Hieraus ergaben sich folgende Konsequenzen: sich der Illusion zu entwöhnen, den Großteil der deutschen Juden umzuerziehen, obwohl »hier und da einzelne in gutem Sinne atavistisch veranlagte Individuen sich zum Erfassen der Kernpunkte unserer nationalen Idee durchringen mögen«; alle Kräfte auf die Erziehung von Studenten und anderer Jugendgruppen zu konzentrieren, sie für die zionistische Idee zu begeistern und zu Agitatoren auszubilden. Durch den Unterricht der Bibel und der jüdischen Geschichte, der modernen zionistischen Poesie, »durch kräftiges Anklingenlassen einer volkspatriotischen Note«, sollte der Geist der nationalen Renaissance in das jüdische Schulprogramm hineingetragen werden. Der Weg der Erziehung versprach keine Früchte von heute auf morgen, gab jedoch Hoffnung auf eine »wahre Regeneration« der Juden in Deutschland.[57]

Diese Richtung fand zunächst in der »zweiten Generation der deutschen Zionisten« Anklang. Diese »zweite Generation« machte gerade ihre ersten Schritte in der Bewegung und vertrat die Ansicht, es bestünden nur geringe Aussichten für eine zionistische Massenbewegung. Ein Teil distanzierte sich auch prinzipiell von dem Bestreben nach numerischer Stärke und setzte ihr eine »gründliche Erziehung« gegenüber: »Das Hauptgewicht soll ganz entschieden auf die Innenarbeit, auf die Selbstdurchbildung ihrer Mitglieder zu vollen, ganzen, aufrechten und sittlich ernsten Nationaljuden gelegt werden.«

---

56 Siehe in Richard Lichtheims Autobiographie die Beschreibung dreier Generationen seiner Familie. Richard Lichtheim, Rückkehr, a.a.O., S. 17–37.

57 E. L., »Die Frage der Taktik«, JR Nr. 18, 6. 5. 1904, S. 187f.

Die zionistische Jugenderziehung müsse auf die Bildung einer »Seelenelite« ausgehen und sich nicht mehr damit begnügen, jungen indifferenten Leuten »etwas jüdisches Interesse einzuimpfen«. Nur eine solche Elite durchgebildeter Zionisten werde nicht bei der ersten Krise »abspringen«.[58] Diese Einstellung war wohl eine Reaktion auf das Gefühl des »Leerlaufs« und der politischen Erfolglosigkeit in der Periode Wolffsohn, der alles daransetzte, um den Zerfall der zionistischen Bewegung zu verhüten.

Jetzt hoben auch die »Kulturzionisten«, die schon zur Zeit Herzls gegen die Verflechtung des zionistischen und jüdischen Bewußtseins auftraten, diesen Aspekt stärker hervor. Sie widersetzten sich auch einer der Hauptthesen Herzls, nämlich die Mächte hätten ein »egoistisches Interesse« an einer zionistischen Lösung der Judenfrage. Man sollte den Zionismus nicht auf Judennot oder »Mächteegoismus« basieren, sondern auf die »kraftvolle Dokumentation unserer historischen, kulturellen, unserer freiheitlichen Forderungen und Rechte«.[59] Diese sogenannten »Radikalen« befürchteten, der politische Zionismus werde sein Schwergewicht nach außen auf diplomatische Aktivität, und nach innen auf den Ausbau der Organisation legen. Im Klartext: man wolle etwa die Volksbewegung in eine Partei umwandeln. Die Parteiformationen, in denen sich Gleichgesinnte zusammenschließen, seien zwar ein notwendiges Übel, doch keineswegs das Ziel selbst. »Parteileben ist sicherer Tod«, erklärte Theodor Zlocisti und ergänzte, es bestehe die Gefahr, »daß die geborenen Provinzvereinler« in der notgedrungenen parteilichen Form das Wesen des Zionismus erblicken, in welcher sie ganz aufgehen und in der sie die zionistische Bewegung dogmatisch festzulegen versuchen.

> »Da scheint es ein dringendes Gebot, wieder darauf hinzuweisen, daß der Zionismus nicht eine Partei im Judentum ist, sondern das Judentum schlechtweg. Das Judentum unterwegs! Wir sind nicht eine Partei, die sich national nennt. Wir sind national, weil wir unsere Ziele und unsere Kräfte aus den immanenten Kräften und Zielen des Gesamtvolkes – wie sie in den Jahrtausenden der Diaspora sich immer wieder dokumentierten – schärfen. Nicht eine Gruppe im jüdischen Volk sind wir, mit spezifischer Anschauung und spezifischen Zwecken – sondern das jüdische Volk. In dieser Auffassung kann uns die Tatsache nicht irre machen, daß wir numerisch nur einen kleinen Bruchteil der Gesamtheit darstellen. In welchem Volke wäre es anders, daß die Zahl derer, die den Geist ihres Volkes kräftiger in sich spüren, die seine Zielstrebigkeit deutlicher erkennen, die ungleich kleinere ist.«

---

58 Hans Goslar, »Zur Frage der jüdischen Jugendorganisationen«, JR Nr. 25, 19. 6. 1908, S. 236f.

59 Berthold Feiwel, »Einige Bemerkungen zum Artikel von Dr. Zlocisti«, JR Nr. 7, 17. 2. 1905, S. 72ff.

Nur die Auffassung, daß der Zionismus das vielgestaltige jüdische Volkstum bedeutet, könne die Bewegung vor Intoleranz und der »ebenso schmerzlichen wie widerlichen Gesinnungsriecherei« bewahren, die sich nach der Ugandakrise in beiden Lagern bemerkbar machten.

»Es ist der stärkste Beweis, daß der Zionismus keine Partei ist, wenn wir sehen, was jedem einzelnen von uns der Zionismus geworden und was er jedem, der ihn ganz versteht und liebt, werden muß: die Wiederfindung des eigenen Selbst im verwirrenden Treiben des Lebens, die Entfaltung unserer letzten Kraft und die Erfüllung unserer zartesten Wünsche und Hoffnungen und Träume.«[60]

Die Auseinandersetzung über das Wesen des Zionismus war nicht nur im Rahmen der ZVfD, sondern für die gesamte zionistische Bewegung bedeutungsvoll. Seit der Verlegung des Zentrums nach Deutschland nahmen die deutschen Zionisten eine Vorrangstellung ein, die sich in allen Bereichen bemerkbar machte. Die Führer der ZVfD waren sich ihrer großen Verantwortung wohl bewußt, zumal die russischen Zionisten durch das zaristische Regime behindert waren und die Zionisten Österreichs sich immer mehr der Minderheitenpolitik ihres Landes zuwandten. Das Problem, ob sich die deutschen Zionisten auf die Bildung einer »Seelenelite« konzentrieren sollten, oder ob man die ZVfD zu einer offenen, volkstümlichen Organisation gestalten müsse, blieb nicht auf Deutschland begrenzt. Die wirtschaftliche und politische Entwicklung in Europa um die Jahrhundertwende führte zu einem wachsenden Einfluß der Deutschen im Ottomanischen Reich; die jungtürkische Revolution beschleunigte die Europäisierung dieses Weltteils, sowie die Stabilisierung im Zustand des »kranken Mannes«.
Durch die deutsche »Weltpolitik« gewann auch die ZVfD im Rahmen der allgemeinen zionistischen Politik an Bedeutung. Auf der anderen Seite bestand wieder die Gefahr, daß gerade die Stabilisierung der Türkei einer zionistischen These den Boden entziehen würde, laut der sich die Türkei mit den Zionisten verbünden würde, um mit deren Hilfe über ihre Rückständigkeit und finanziellen Schwierigkeiten hinwegzukommen.
Im Jahre 1908 wurde die Hedschasbahn fertiggestellt; Zweiglinien dieser Bahn führten durch Palästina und eröffneten neue Möglichkeiten für jüdische Ansiedlung. Die ersten Symptome des Umschwungs in der internationalen Lage der Türkei veranlaßten führende Zionisten zu einer erneuten Überprüfung ihrer Politik. Hans Gideon Heymann, ein junger vielversprechender Berliner Bankier, warnte davor, daß die Zeit gegen die zionistische Bewegung arbeite. Sie könne die historische Gelegenheit verpassen, wenn ihr der internationale Kapitalismus in der Entwicklung Palästinas zuvorkomme. Ohne eine wesentliche Erweiterung der jüdischen Ansiedlung könnten in den kommenden Jahren

60 Theodor Zlocisti, »Zur Situation im Zionismus«, JR Nr. 10, 10. 3. 1905, S. 105f.

keine politischen Erfolge erzielt werden. Schriebe man das Jahr 1808, wäre, was in Palästina erreicht worden ist, ein Ungeheures. Ein Jahrhundert später sei es ein Nichts. Hätte man zur rechten Zeit die nötigen Mittel zur Hand gehabt, hätte man hundertmal mehr schaffen können. Den Wettlauf mit dem internationalen Kapitalismus führe die zionistische Weltorganisation mit 8 Millionen Mark in der Kasse, ein Geringes gegenüber den Mitteln der »Alliance«, der I.C.A. und dem Privatvermögen der westeuropäischen Philantropen. Es gelte jetzt, die ganze finanzielle Macht des jüdischen Volkes für die Besiedlung Erez Israels zu mobilisieren: »Die Heranziehung des jüdischen Großkapitals zur wirtschaftlichen Palästinaarbeit ist unsere letzte Karte, genauso wie sie Herzls erste war.«

Danach sollte sich auch die zionistische Taktik ausrichten. Das Streben der »Radikalen«, meinte Heymann, die ZVfD zu einer »Bewegung« zu gestalten, sei wirklichkeitsfremd. Dazu fehlen ihr die »Massen«, da die deutschen Juden, als bequeme Bourgois, nicht in diese Kategorie einzureihen sind. Die Aussicht, sie zu Zionisten zu bekehren, sei ebenfalls gering, und die radikale Ideologie entferne sie nur noch mehr von der beschränkten Zusammenarbeit mit den Zionisten. An Stelle der »demagogischen Agitation« sollte eine gemäßigte Linie eingeschlagen werden. »Wir können nicht fortgesetzt die ganze außerzionistische Judenheit *über dem Tisch* für Verräter erklären und ihr *unter dem Tisch* die deutlichsten Liebes- und Gelderwerbungen machen.« Die Zionisten sollten endlich entscheiden, was sie wollen: die deutschen Juden in Nationaljuden umzuwandeln oder Palästina aufzubauen. Im ersten Fall könnten sie sich Eduard Bernsteins Ausspruch zu eigen machen: »Das Endziel ist mir nichts. Die Bewegung ist mir alles.« Ist jedoch das Ziel des Zionismus der Aufbau einer sicheren Heimat für das jüdische Volk, muß die Führung dringendst ihre Methode ändern und sich mit den nichtzionistischen Organisationen aussöhnen. Herzl ist diese Taktik mißlungen, sie könnte jetzt unter weit besseren Bedingungen wieder aufgenommen werden. Schlüge sie auch diesmal fehl, »dann ist der Zionismus verloren und das Judentum mit ihm, wenn wir auch selbst bis zum Tode zur Zionsfahne schwören werden.«[61]

Diese Einstellung erregte bei den »Radikalen« heftigen Widerstand. Sie lehnten es einfach ab, der Hedschasbahn Einfluß auf die Ideologie der zionistischen Bewegung einzuräumen. Einige bekannten sich zur Auffassung Achad Haams, die zionistische Bewegung zu einer Bewegung von »Propheten« zu gestalten. Sie sollte eine Körperschaft werden, die, durchdrungen von einer zentralen Idee, sich der Hauptaufgabe widmen solle, die Rückkehr des jüdischen Volkes zum Judentum zu fördern, bevor es in sein eigenes Land zurückkehre und die Jugend zum Stolz auf ihren Stamm und seine Kulturschätze zu erziehen. Denn

---

[61] H. G. Heymann, »Die Zukunft des deutschen Zionismus«, a.a.O.

nur eine ideologisch gefestigte Körperschaft sei imstande, die jüdische Realität zu ändern und die »Pioniere des Landes unserer Zukunft« zu stellen. Die Radikalen widersetzten sich der Mäßigung nationaler Bestrebungen, um das jüdische Großkapital anzuziehen. »Was will Heymann? Glaubt er, wenn wir artig tun, werden die Millionäre mosaischer Konfession ihre Gelder in unseren Nationalfonds packen und sich mit dem Zuschauen begnügen? Timeo Danaos et dona ferentes.«[62]

Der von Lazarus Barth angewandte Begriff der »Propheten«, war der »Seelenelite« Goslars recht nahe. Also etwa ein deutscher Zweig des »Bne-Mosche«-Ordens. Das Nichtanwachsen der Mitgliederzahl der ZVfD machte ihnen keine besonderen Sorgen, da »große historische Umwälzungen durch eine zielbewußte begeisterte Elite« hervorgerufen werden. Man darf keine Verwirrung in den Reihen aufkommen lassen und die Trikolore »Land, Volk und Judentum« zerreißen. Eine Analogie fand Lazarus Barth in der Gründung des deutschen Reiches:

> »Das deutsche Reich ist nicht geschaffen worden durch Feuerköpfe, die zuerst für den Gedanken eingetreten sind. Bekämpft wurden sie mit allen Mitteln. Und das Reich entstand doch und die große Tat, was wäre sie gewesen, ohne die Fanatiker des Anfangs?«[63]

Als Martin Buber im Jahre 1904 das Werk Theodor Herzls bewertete, stellte er die Begriffe Bewegung und Partei ebenfalls gegenüber:

> »Aber die historische Berechtigung der Bewegung? Eine Bewegung wird nicht dadurch historisch berechtigt, daß sie Menschen hilft, sondern dadurch, daß sie die Menschheit um neue Werte bereichert. Die jüdische Bewegung schöpft ihr Recht aus den spezifischen Entwicklungsmöglichkeiten des jüdischen Volkes. Daß Herzl diese nicht sah, nicht sehen konnte, darin lag der tragische Mangel seines Wesens, darin war er von jenen Vorgängern unterschieden, die, geringer an Macht und Fähigkeit zur *Tat*, ihm überlegen waren an Macht und Fähigkeit zu persönlichem Judentum.«

Buber brachte gegen Herzl vor, er habe durch die Gruppierung der Massen um die diplomatische Tätigkeit und ihre parteimäßige Erfassung der Bewegung »die besten Säfte entzogen«[64]. Man müsse sich von diesem Zustand befreien.

> »Das wird freilich nur eine wahre Freiheitsbewegung bewirken können, eine lavaartige, rücksichtslose, bedingungslose Freiheitsbewegung, ohne Kompromisse, ohne Opportunitäten. Eine Bewegung des Kampfes und der Aufopferung. Parteien diplomatisieren, Bewegungen kämpfen. Unsere junge Bewegung ist allzufrüh Partei geworden ... Man gewann etwas Massen,

---

62 Lazarus Barth, »Der Einfluß der Hedschasbahn auf das Nationaljudentum«, JR Nr. 27, 3. 7. 1908, S. 258.

63 ebd.

64 Martin Buber, »Herzl und die Historie«, 1904, in: Die jüdische Bewegung, Gesammelte Aufsätze und Ansprachen, Erste Folge, Berlin 1920, S. 163–170.

etwas ›Intelligenz‹, – etwas Schekel, etwas ›Shares‹. Man gewann nicht die lebendigen Kräfte der Nation, man gewann nicht die Menschen, denen es gegeben ist, diese Kräfte zu wecken ... Die nationale Bewegung der Juden hat noch kein Massada der Geister erzeugt. Die nationale Bewegung der Juden hat den jüdischen Volksgeist noch nicht revolutioniert.«[65]

Richard Lichtheim stellte Heymann vor die Wahl: Verein oder Bewegung. Lichtheim wies die Behauptung zurück, daß den »Radikalen« »die Bewegung alles, das Endziel garnichts« sei. Es besteht kein Gegensatz zwischen der Bestrebung der »Bewegung«, nämlich deutsche Juden zu Nationaljuden zu machen ... und dem »Endziel«, dem Aufbau Palästinas. Die Bewegung sei weder überflüssig, noch schade sie dem Endziel. Sie ist nämlich eine Vorbedingung zur Erreichung der Zielsetzungen. Lichtheim widersetzte sich auch der Tendenz, den Zionismus zu »verwässern«, um »auf jeden Fall und zu jedem Preis an das jüdische Geld zu kommen«. »Alles Geld kann uns nichts nützen, wenn es nicht im Sinne des Zionismus verwendet wird.« Anstatt zu versuchen, »die bequemen Bourgeois« zu erziehen, werden die Zionisten selbst zu »bequemen Bourgeois«. Dies bedeute nicht mehr und nicht weniger als die Herabsetzung der zionistischen Bewegung zu einem zu nichts verpflichtenden Verein, wie etwa ein Gesangsverein, Schützenverein usw.

»Und dann, Herr Dr. Heymann, ist der Zionismus erledigt! Denn Ihre ganze Berechnung ist falsch! Es ist möglich, daß wir Palästina in absehbarer Zeit nicht bekommen, weil wir nicht das nötige Geld haben. Aber wenn wir auf die Idee des jüdischen Nationalismus verzichten, die Volksbewegung, weil sie ›demagogisch‹ ist, als lästig bekämpfen und den Zionismus zu einem neuen Verein machen – worauf Ihre Agitation hinausläuft – dann werden wir Palästina gewiß nicht bekommen. Denn warum in aller Welt sollten *dann* die großen jüdischen Organisationen das zionistische Programm – die Errichtung der öffentlich-rechtlich gesicherten Heimstätte – zu dem ihrigen machen?«

Es müsse klar ausgesprochen werden: Die nationale Bewegung strebt die Politisierung der Juden und die Lösung der Judenfrage mit politischen Mitteln an. Bei einem Mißerfolg in diesem Bereich könne Palästina nicht gewonnen werden. Es werde weiter bei der »Vereinsmeierei« bleiben, mit der man zwar in einigen Jahrzehnten einige Tausend Juden ansiedeln könne, doch das Judentum der Diaspora der Auflösung preisgebe.

»Die Behauptung, der Zionismus sei verlassen, wenn wir nicht in allernächster Zeit die Geldmittel der Judenheit gewinnen, bedeutet eine Verkennung des Wesens unserer Bewegung. Da es keine Schnellkolonisation gibt, durch die irgend eine Macht mit Hilfe ihres politischen Einflusses Palästina uns vor

---

[65] Martin Buber, »Das jüdische Kulturproblem und der Zionismus«, in: Die Stimme der Wahrheit, Jahrbuch für wissenschaftlichen Zionismus, hrsg. Lazar Schön, Würzburg 1905, S. 211.

der Nase wegkolonisieren kann, so brauchen wir keine Kassandrarufe auszustoßen und Dr. Heymanns Behauptung, der letzte Stein in Palästina werde in fremdem Besitze sein, bevor wir das jüdische Volk im Golus erzogen haben, ist unbegründet und unbeweisbar. Wir brauchen jedoch gar nicht »das ganze Volk«. Diejenigen aber, die wir brauchen und mit deren Hilfe Palästina gewonnen werden soll, werden zum Zionismus erzogen werden müssen. Um diese Notwendigkeit kommen wir nicht herum. Es handelt sich hier um eine Beeinflussung der Geister, die nur durch scharfe Hervorhebung unserer Prinzipien im Gegensatz zu den alten Anschauungen möglich ist.«[66]

Damit beabsichtigte Lichtheim weder eine »Seelenelite« zu züchten, noch einen geschlossenen Orden zu gründen. Um die »Volksbewegung« zu schaffen, sollte die Erziehungsaufgabe im ersten Stadium einer elitistischen Körperschaft auferlegt werden. Vielleicht ohne sich dessen bewußt zu sein, vertrat er eine Ansicht, die Bodenheimer im ersten Flugblatt der »National-Jüdischen Vereinigung« ausdrückte. Damals umriß Bodenheimer das Programm einer Bewegung, die im Entstehen war. Jetzt wurden diese Anschauungen von den Studentenverbindungen, vor allem im »Kartell Zionistischer Verbindungen« getragen, dessen Präsidium Lichtheim seit 1907 angehörte.[67] Im Gegensatz zu Buber war die Politik für Lichtheim kein notwendiges Übel. Sie war das Primat, dem die zionistische Erziehung untergeordnet war.

Die Tendenz zur Fraktionierung

Hatte das Zentralkomitee gehofft, mit der Auflösung des »Verbandes der politischen Zionisten« würde die Schärfe der Meinungsunterschiede abklingen, sollte es bald seinen Irrtum einsehen. Nach einigen Monaten, in denen die Aufmerksamkeit der zionistischen Bewegung durch die Angriffe der »liberalen« deutschen Juden und die Pogrome in Polen in Anspruch genommen war, erneuerte sich der Kampf zwischen den »Praktischen« und den »Politischen« in der ZVfD. Den Anstoß gab der Delegiertentag, der für den 4.–5. Juni 1906 nach Hannover einberufen war. Anfang Mai sandten Jeremias und Kollenscher ein Rundschreiben an 34 Mitglieder der ZVfD und einige Ortsgruppen, in dem die Adressaten aufgefordert wurden, die größtmögliche Zahl von Mandaten für die »politischen Zionisten« zu gewinnen, da der kommende Delegiertentag weittragende Entscheidungen, sowohl für den deutschen als auch für den Weltzionismus, annehmen werde. Während die Mandate bisher nur durch äußere Kriterien bestimmt wurden, hätten die »politischen Zionisten« besonde-

66 Richard Lichtheim, »Verein oder Bewegung«, JR Nr. 27, 3. 7. 1908, S. 256f.
67 Richard Lichtheim, Rückkehr, a.a.O., S. 113f.

res Interesse, daß der Delegiertentag diesmal die verschiedenen Anschauungen in Deutschland getreu widerspiegele.
Im Rundschreiben bat man daher um Informationen über jede Ortsgruppe und gab den »Vertrauensmännern« der »Politischen« genaue Anweisungen. Es ging nicht nur um Ortsgruppen, in denen diese über eine klare Mehrheit verfügten, sondern auch um solche, die als Ortsgruppen der »Zione-Zion« galten. Jeremias und Kollenscher drängten die »politischen Zionisten«, sich auch in solchen »Zione-Zion-Hochburgen« um Mandate zu bemühen.[68]
Das Rundschreiben an die 34 löste in den »Zione-Zion«-Ortsgruppen heftige Aufregung aus. Man betrachtete den Inhalt des Rundschreibens als einen Bruch des »November-Kompromisses«, das der Fraktionsbildung in der ZVfD ein Ende setzen sollte. Hantke und Leszynsky, Mitglieder des Zentralkomitees und des Vorstandes der »Berliner Zionistischen Vereinigung«, reagierten mit einer Erklärung an den Vorsitzenden der ZVfD, in der sie gegen die Ungesetzlichkeit der Fraktionsbildung zum Delegiertentag protestierten. Alle Mitglieder des Zentralkomitees sollten sich noch vor dem Zusammentritt der Sitzung zu dieser Angelegenheit schriftlich äußern.[69] Der Antrag bezweckte, die Entscheidung des Zentralkomitees durch schriftliche Abstimmung bereits in der kommenden Ausgabe der »Jüdischen Rundschau« zu veröffentlichen. Von den Antworten liegen uns nur die von Alfred Klee, Emil Simonsohn (Berlin) und David Wolffsohn vor.
Klee hielt das Vorgehen von Jeremias und Kollenscher für »durchaus korrekt«. In einer politischen Bewegung habe jeder das Recht, für seine Anschauungen zu agitieren und dafür zu sorgen, daß sie auch durch möglichst viele Vertreter auf Delegiertentagen repräsentiert werden. Klee betrachtete daher den Antrag Hantkes und Leszynskys als eine Art Rüge, die das Zentralkomitee denjenigen erteilen sollte, die von ihrem Recht Gebrauch machen. Es handele sich in vorliegendem Fall nicht um »kleine Differenzen«, meinte Klee und behielt sich das Recht vor, seinen Standpunkt in der »Jüdischen Rundschau« und gegebenenfalls in anderen jüdischen Blättern darzulegen.[70]
Die Antwort Simonsohns war ausführlicher und schärfer. Er bestritt prinzipiell das Recht des Zentralkomitees, die Wahltaktik der Parteien zu regeln, soweit keine Verstöße gegen »die guten Sitten« in Frage ständen. Sollte das Zentralkomitee dennoch den Antrag Hantke-Leszynsky zum Beschluß erheben, behalte er sich vor, zusammen mit seinen Gesinnungsgenossen, abweichende Anschauungen in der »Jüdischen Rundschau«, oder, falls ihnen dies verwehrt werde, in anderen Zeitungen »und erforderlichenfalls auch in Flugblättern behufs Einwirkung auf die Wähler« zu veröffentlichen. Simonsohn hielt das Vorgehen Jere-

68 Jeremias und Kollenscher an 34 Gesinnungsgenossen, 4. 5. 1906, CZA A8/96.
69 Hantke und Leszynsky an Bodenheimer, 11. 5. 1906, CZA A15/VII/42.
70 Klee an Bodenheimer, 11. 5. 1906, CZA A15/VII/42.

mias' und Kollenschers sowohl formell wie auch moralisch für berechtigt. Es sei »eine unabweisbare Konsequenz der zur Tatsache gewordenen Parteidifferenzierung«. In der ausführlichen Begründung, die seinem »Votum« angeschlossen war, kam die Politisierung in der Vereinigung der deutschen Zionisten klar zum Ausdruck. Als Ursprung der Fraktionierung wurde die Freiburger Vorkonferenz angegeben, auf der die Fraktion der »Zione-Zion« den 7. Kongreß durch »geheime Beschlüsse« zu beeinflussen versuchten. Wenn ihnen damals dieses Recht eingeräumt wurde, konnte man jetzt Jeremias und Kollenscher das Recht nicht verweigern, ihre Gesinnungsgenossen zu geheimen Besprechungen über die Wahltaktik einzuladen. Das war ein Erfordernis primitivster politischer Klugheit.

> »Denn die Herren Jeremias und Kollenscher mußten sich nach Lage der Verhältnisse sagen, daß die konkurrierende Partei in der Lage wäre, im eigenen Fraktionsinteresse die in ihren Händen befindliche Rundschau zur Störung und einseitigen Darstellung ihrer Absichten vor den Lesern und Wählern zu benutzen, was umso leichter war, als die politischen Zionisten nach den Erfahrungen der letzten Zeit nicht erwarten konnten, daß es ihnen möglich sein würde, die einseitigen Darstellungen von der anderen Seite zu beleuchten.«

Simonsohn war der Ansicht, daß wegen des Mißtrauens zwischen den beiden Richtungen die Zeit vorüber sei, in der man in den Ortsgruppen Delegierte wählte, »weil sie sich durch ihr Wirken für unsere Idee einer Wahl würdig erwiesen haben«.[71]

Wolffsohn lehnte die Initiative der »politischen Zionisten« kategorisch ab, die Delegierten des deutschen Delegiertentages nach politischen Richtlinien zu wählen, da dadurch Fraktionen gebildet werden. Als Präsident der zionistischen Weltbewegung war er darum bemüht, eine Spaltung in der ZVfD zu verhindern. Er brauchte ihre Unterstützung mehr als je zuvor.[72] Die Überführung der zionistischen Weltzentrale von Wien nach Köln, dem Wohnsitz des Präsidenten Wolffsohn, schuf für diesen eine schwierige administrative und politische Situation. Außer Wolffsohn wohnte keiner der Mitglieder des Engeren Aktionskomitees in Köln.[73] Unter diesen Umständen war es für Wolffsohn wichtig, in einer ideologisch gefestigten ZVfD und deren Kölner Zentrale eine politische Stütze zu haben. Eine Spaltung in der ZVfD hätte diese Stütze geschwächt und weitgehend die Stärke der »praktischen« Zionisten hervorgehoben, deren Vertreter im Engeren Aktionskomitee Professor Otto Warburg war. Es war

---

[71] Emil Simonsohn an den Vorsitzenden des Zentralkomitees der ZVfD, 14. 5. 1906, CZA A15/VII/42.

[72] Wolffsohn an Adolf Friedemann, 29. 8. 1905, CZA A8/93/I/1.

[73] Greenberg wohnte in London, Jacobus Kann in Haag, Marmorek in Paris, Warburg in Berlin, Cohen-Bernstein in Odessa und Ussischkin in Jekaterinoslaw.

Wolffsohn sicher nicht entgangen, daß die »zweite Generation« der deutschen Zionisten nur wenig Sympathie für den politischen Leerlauf der Bewegung hegte und dazu neigte, in der »Gegenwartsarbeit« ihre Hauptaufgabe zu sehen; d.h. Vertiefung des jüdischen und zionistischen Bewußtseins – vor allem unter Jugendlichen – sowie intensivere Betätigung für die aktuellen Bedürfnisse des jüdischen Volkes.

Jeremias und Kollenscher traten ihren Gegnern in der »Jüdischen Rundschau« und im Zentralkomitee mit einer energischen Erklärung entgegen. Sie stellten fest, daß sie auf keinen Fall darauf verzichten würden, ihre politischen Anschauungen durch Wahlen auf die Probe zu stellen. Es sei nicht nur das Recht, sondern auch die Pflicht eines jeden verantwortlichen Menschen, das Steuer der Bewegung nicht einer Strömung zu überlassen, deren Wege nicht zum Ziel führen.[74]

Die Wahlen zum Delegiertentag 1906 standen im Zeichen der Polarität beider Lager. Es verwundert daher nicht, daß die Meinungsverschiedenheiten über die Tätigkeit in Erez Israel die Diskussionen des Delegiertentages beherrschten und in diesem Punkt zu keiner Verständigung kommen ließen. Trotzdem aber einigten sich die Delegierten zuletzt darauf, das Zentralkomitee auf einer gemeinsamen Liste zu wählen. Dieser Akt deutete darauf hin, daß die Gegensätze allmählich abklingen würden und der Hausfrieden in der ZVfD wiederhergestellt werden würde. Die Hoffnung auf einen neuen Aufschwung schien nicht unberechtigt.[75]

Antizionistisches Intermezzo

Die Dringlichkeit, den Frieden in der ZVfD wiederherzustellen, hatte ihren Ursprung nicht nur in inneren Streitigkeiten oder neuen Positionen in der Weltorganisation. Das Gebot der Stunde war es, die Reihe angesichts des neuen Ansturms der Antizionisten zu schließen. Die Zionismus-Gegner wollten aus der Ugandakrise und dem Tode Herzls politisches Kapital schlagen.[76] Anfang 1905 veröffentlichte Ludwig Geiger, Professor der Literatur an der Universität Berlin, einen Artikel »Zionismus und Deutschtum«. In seiner feindlichen Einstellung zum Zionismus übertraf Geiger wohl alle früheren antizionistischen Veröffentlichungen. Der Artikel erschien in einem Sammelband mit dem prätentiösen Namen »Die Stimme der Wahrheit, Jahrbuch für

74 Erklärung von Jeremias und Kollenscher, 14. 5. 1906, CZA A15/VII/42.
75 Bericht der deutschen Landesorganisation zur Jahreskonferenz 1906, a.a.O.
76 Max Besser, »Das ›Berliner Tageblatt‹ und der Zionismus«, JR Nr. 37, 11. 9. 1903, S. 388; Heinrich Sachse, »Der Mißerfolg des Zionismus«, JR Nr. 38, 18. 9. 1903, S. 401.

wissenschaftlichen Zionismus«[77]. Die Aufsätze dieses Bandes gaben den verschiedenen Anschauungen im Zionismus das Wort. Eine besondere Abteilung enthielt »christliche Stimmen über den Zionismus«, eine andere »Für und Wider den Zionismus« mit dem oben erwähnten Aufsatz Geigers.
Geiger bekleidete auch den Redakteursposten der »Zeitung für die Geschichte der Juden in Deutschland« und war Führer der liberalen Fraktion der jüdischen Gemeinde in Berlin.
Zu Beginn seiner Ausführungen betonte er aber, daß er weder im Namen einer Gesellschaft, noch einer Partei, sondern ausschließlich in seinem eigenen spreche.
Er stellte in der Einführung ferner fest, daß er den Zionismus in denjenigen Staaten für berechtigt halte, in denen die Juden unter Ausnahmestellung leben und der Willkür ausgesetzt sind.

> »Ich aber ... ich als Deutscher kehre nach der Vorschrift des Altmeisters Goethe nur vor der eigenen Tür. Ich empfinde Mitleid mit den russischen und rumänischen Juden, aber kein größeres, als etwa für die hungerleidenden deutschen Tagelöhner irgend einer Provinz oder die unglücklichen deutschen Frauen und Kinder, die in einem amerikanischen Schiffe untergegangen sind.«[78]

Die Millionen, die zur Errettung »fremder Juden« gespendet werden, hätten nur augenblicklichen Wert. Sie dienen zum Teil zur Unterstützung der Faulen, zum Teil zum Aufbau von Schulen, die von wilden Horden zerstört und deren Lehrer ermordet werden können. Jeder Bruchteil einer Nation, jedes versprengte Mitglied einer Glaubensgemeinschaft könne Rettung nur durch sich selbst erlangen, meinte Geiger und ergänzte, man könne die ehernen Gesetze der Wirtschaft als grausam bezeichnen, sie aber nicht ändern. Wer sich selber nicht helfen könne, müsse eben zugrunde gehen ...
Langatmig, unter Anführung historischer Beispiele, bemühte sich Geiger um die Beweisführung, daß der Zionismus keine innere Entwicklung des Judentums bedeute, sondern eine Folgeerscheinung des Antisemitismus. Sobald der Antisemitismus verschwinde, werde der Zionismus aufhören, da er in ideologischer Beziehung unbegründet sei. Der Zionismus konstatiere ein jüdisches Volkstum, das gar nicht existiere; die deutschen Juden kennten nur *ein* Volk, das deutsche. Als Beweis führte Geiger an, daß »vielleicht ein Dutzend Rabbiner Hebräisch sprechen und einige Privatgelehrte ... der deutsche Jude spricht deutsch ...« Er ist deutsch in seinen Anschauungen, als Soldat, als Kaufmann, als schlichter Bürger oder Beamter; er kämpft täglich für die deut-

---

77 Der *spiritus rector* des Jahrbuches war Alfred Nossig. Über Nossig siehe: Walter Laqueur, A History of Zionism, a.a.O., S. 141; Enzyclopaedia Hebraica, Bd. XXIV (hebr.), Jerusalem – Tel Aviv 1972, S. 973–974.

78 Ludwig Geiger, »Zionismus und Deutschtum«, in: Die Stimme der Wahrheit, Jahrbuch für wissenschaftlichen Zionismus, a.a.O., S. 165.

sche Ehre und empfindet jede Kränkung des Deutschtums als persönliche Beleidigung, jeder deutsche Triumph vermehrt seine persönliche Ehre. In seinen Zukunftsplänen ist der deutsche Jude so fest mit dem Deutschtum verwachsen, daß sich nur wenige verirrte Romantiker ein anderes Vaterland erträumen. Geiger folgerte im dritten Aufsatzteil mit der Überschrift »Der Zionismus ist verderblich und gefährlich«:

1. Die Zionisten geben in Deutschland gesammelte Gelder für »fremde Bestrebungen« aus; diese Summen würden genügen, mehrere Lehrstühle für Wissenschaft des Judentums zu begründen.
2. Der Zionismus sei geeignet, gesetzgeberische Maßregeln zu Ungunsten der Juden zu erwirken. Die Absonderung habe immer nur gesellschaftlichen und religiösen Charakter getragen. Niemals wollten die Juden eine Scheidewand zwischen sich und Deutschen errichten. Nach 1812 beteiligten sich die preußischen Juden, später auch die Juden anderer deutschen Staaten, an politischen Bewegungen. Die organisatorische Natur der zionistischen Bewegung widerspreche der »Idee des preußischen Staates« und der Zugehörigkeit zum deutschen Volk. Der Zionist bekennt, daß er kein Mitglied des deutschen Volkes ist, dessen Sprache er spricht und nach dessen Gesetzen er lebt. Der Zionist erklärt, daß er dem jüdischen Volke angehört und nach einem anderen Staate strebt, wo er leben möchte – auch wenn er dies zunächst noch nicht verwirklicht.
3. »Der Zionismus ist gefährlich, weil er die *idealen Kräfte auf falsche Bahnen lenkt«*. Viele junge und talentierte Menschen wenden sich dem Zionismus zu und gehen dadurch dem deutschen Judentum verloren. »Ein gesunder Lufthauch im Staatsleben, und die Chimäre, die Utopie des Zionismus ist zerstört.«

Um diese Gefahren vom deutschen Judentum abzuwenden, machte Geiger einen Vorschlag, der alles bisher von führenden Antizionisten hervorgebrachte in den Schatten stellte:

> »Ich würde es für eine ganz konsequente Handlungsweise der Regierung halten, den Zionisten zwar nicht den Aufenthalt in Preußen zu verbieten – wie man es ja so oft mit lästigen Ausländern tut – aber ihnen die staatsbürgerlichen Rechte zu entziehen. So wenig ein Holländer oder Österreicher, der in Deutschland wohnt, ein aktives oder passives Wahlrecht besitzt, so wenig hat ein Zionist, der ausdrücklich erklärt, einem anderen Volk als dem deutschen anzugehören, darauf Anspruch zu machen. Diese Entziehung der bürgerlichen Rechte halte ich für eine notwendige Konsequenz der deutschen Gesetzgebung gegen den Zionismus, die einzige Antwort, die das deutsche Volksbewußtsein dem Zionismus geben kann und muß.«[79]

Es mutet wie Ironie an, daß eine der schärfsten Äußerungen der antizionisti-

---

[79] ebd. S. 166–169.

schen Literatur in einem Buch erschien, welches die Bestimmung hatte, »ein Zentralorgan für die wissenschaftliche schöpferische Behandlung und allseitige Beleuchtung des Zionismus zu werden«. Der Herausgeber war darum bemüht, einen objektiven Standpunkt zu wahren, indem er den verschiedenen Parteien im Zionismus eine freie Tribüne für »die völlig unabhängige und unbehinderte Diskussion zionistischer Fragen« bot. Darüber hinaus wollte er aber auch eine »Versöhnung des Zionismus mit der Gesamtjudenheit« anbahnen. Es muß also verwundern, daß er sich nicht mit einem einzigen Wort von Geigers Aufsatz distanzierte, obwohl dieser bestimmt nichts Wesentliches zur Befriedung des öffentlichen Lebens beitragen konnte.[80]

Wie vorauszusehen war, reagierte die zionistische Presse schärfstens auf Geigers Angriff. Die »Jüdische Rundschau« fand nichts besonders Neues an Geigers Argumenten, ähnliche waren schon von den »Protestrabbinern« vorgebracht worden. Diese Rabbiner waren immerhin noch von einem Mitgefühl mit ihren Brüdern im Osten beseelt und regten Hilfsaktionen an. Geiger hingegen wollte den Zusammenhang mit außerdeutschen Juden zerreißen. Er zog gegen seine eigenen »liberalen Gesinnungsgenossen« zu Felde, »die deutsches Geld für Judenschulen ins Ausland senden«, aus Angst, es könne ihrem Deutschtum Abbruch tun. Die Zeitung beschuldigte den Historiker Geiger der Unkenntnis der Tatsachen, wenn er etwa behaupte, der Zionismus sei das Produkt des Antisemitismus. Die Judenstaatsidee, das Nationaljudentum seien zeitlich viel älter als der Antisemitismus und daher kein Produkt der Reaktion, sondern der Zeit der Freiheit. »Aber ein Professor der deutschen Literatur braucht nicht die jüdische Geschichte zu kennen und wir wollen nicht ungerecht sein.«

Die »Jüdische Rundschau« warf Geiger vor, er mache keinen klaren Unterschied zwischen den Begriffen Volk und Nation, deutscher Nationalität und deutschem Staatsvolk. Er irre sich ferner hinsichtlich der Zahl Hebräischsprechender in Deutschland. Insbesondere aber griff die Zeitung seinen Vorschlag an, den Zionisten die staatsbürgerlichen Rechte zu entziehen.

Damit setze sich Geiger in eine Reihe mit wüsten Antisemiten, wie Liebermann von Sonnenschein, Ahlwardt, Pückler und die Getreuen der »Kreuzzeitung«. Unlängst habe Geiger in der »Kölnischen Zeitung« Ultramontane und Sozialdemokraten in den gleichen Topf geworfen und als gefährliche Feinde des Vaterlandes erklärt. Sollten nun auch diesen die Staatsbürgerrechte entzogen werden? Das wäre ja die logische Konsequenz – von Masuren, Wenden, Kassuben und Lothringern, Polen und Dänen gar nicht zu reden. »Oder meinen Sie nur die Juden, die nicht ihrer liberalen allerhöchsten Gemeindeherrschaft Ordre parieren? Antworten Sie doch, Herr Professor!«

Da Geiger die Gefühle eines großen Teils deutschgebürtiger Juden verletzt habe, weil er ihre Treue und Liebe zum Vaterland und König in Zweifel

80 ebd. S. 5–7.

gezogen habe, sprach ihm die »Jüdische Rundschau« das Recht ab, Juden in der Gemeinde Berlin zu repräsentieren. »Verlassen Sie die Gemeindestube, in der kein Mann sitzen sollte, der die ungerechten Forderungen der Antisemiten zu den seinigen macht und sie noch übertrifft.«[81]

Der Zorn, den Geigers Behauptungen und Vorschläge bei den deutschen Zionisten hervorriefen, war verständlich. Die Verdächtigungen ihrer Vaterlandsliebe, die in der Erklärung der »Protestrabbiner« nur angedeutet war und in der Resolution der Generalversammlung des deutschen Rabbinerverbandes 1898 gedämpft wurde[82], erschien jetzt als offene Beschuldigung in Begleitung »operativer« Ratschläge. Bei aller politischen Toleranz des wilhelminischen Staates lebte die politische Opposition in ständiger Furcht, als unpatriotisch verdammt oder als »nicht staatserhaltend« oder gar »staatsfeindlich« erklärt zu werden, mit allen Folgen, die diese Definitionen nach sich zogen. Die deutschen Zionisten bemühten sich bei jeder Gelegenheit, die Sympathien des Kaisers und des Großherzogs von Baden hervorzuheben.[83] Sie betonten ihre

---

81 »Zionismus und Deutschtum, deutsche Geigerphantasien«, JR Nr. 9, 3. 3. 1905, S. 89. Leitartikel.

82 Verhandlungen und Beschlüsse des Rabbinerverbandes in Deutschland, a.a.O.

83 Die Bemühungen der Leitung der ZVfD, eine Audienz bei dem Großherzog von Baden anläßlich seines Regierungsjubiläums zu erhalten, spiegelt ein Telegrammwechsel zwischen Bodenheimer und Herzl wider. Herzl war besonders um die Repräsentativität der Delegation besorgt. Diese wurde am 20. Mai 1902, während des Delegiertentages in Mannheim, vom Großherzog empfangen. CZA A15/III/5.
Im Generallandesarchiv Baden befindet sich ein Briefwechsel zwischen Bodenheimer und dem Großherzog und seiner Kanzlei über diesen Empfang. In einem Brief an den Großherzog vom 13. Mai 1902 schreibt Bodenheimer:

> »Es würde für die Anhänger unserer Bewegung in Deutschland eine außerordentliche Ehre sein, wenn sie, Ew. Königliche Hoheit, gestatten wollten, daß eine Abordnung des Delegiertentages persönlich den Ausdruck ihrer Verehrung und Dankbarkeit Ew. Königliche Hoheit unterbreiten dürfte. Die Kundgabe eines so gnädigen Wohlwollens würde den Freunden unserer Sache, nicht nur in Baden und im deutschen Reiche, sondern auch in der ganzen Welt, neuen Mut und frische Begeisterung einflößen.«

In einer Ansprache beim Empfang sagte Bodenheimer unter anderem:

> »Die Zionisten der ganzen Welt, insbesondere aber die des deutschen Reiches und des badischen Landes blicken deshalb mit inniger Verehrung zu Ew. Königlichen Hoheit empor; denn es ist ihnen nicht unbekannt geblieben, daß Ew. Königliche Hoheit auch unseren zionistischen Bestrebungen ihr allerhöchstes Wohlwollen gnädigst zugewendet.« Generallandesarchiv Baden, 60/681.

Anläßlich des fünfzigsten Regierungsjubiläums des Großherzogs von Baden veröffentlichte die »Israelitische Rundschau« einen Leitartikel zur Ehren des Jubilars. IR Nr. 18, 2. 5. 1902. Im Jahre 1906 regte Bodenheimer die Pflanzung eines Hains in Palästina an, der den Namen des Kaiserpaares tragen sollte. Er rügte Hantke, daß in dieser Angelegenheit nicht genug getan werde:

> »Sie werden ersehen ... daß von einer Blamage, die zu befürchten wäre, gar keine Rede sein kann, wenn sich nicht die Unfähigkeit der Zionisten für irgend eine praktische Arbeit mit politischem Weitblick hierbei erweisen sollte. Es bedarf keines weiteren Wortes darüber, daß sie bei dieser Aktion, abgesehen von der Ehrung des Kaiserpaares, die den Empfindungen der deutschen Zionisten durchaus entspricht, den weiteren Zweck verfolgt, dem Nationalfond einen produktiven Besitz zu schaffen.« Bodenheimer an Hantke, 8. 3. 1906, CZA A15/VII/47.

Teilnahme am Kaiserbesuch in Jerusalem. Sie schickten Glückwünsche zu Familienereignissen oder Regierungsjubiläen der deutschen Herrscher. Sie veröffentlichten auf jedem Delegiertentag Treueerklärungen an den Kaiser, um sich gegen den Verdacht der Staatsuntreue abzuschirmen und auf die Interessengemeinschaft des Reiches und der zionistischen Bewegung hinzuweisen. Daher der erregte Protest gegen Geigers Provokation, der auch in einem Vortrag Gronemanns in der Berliner Zionistischen Vereinigung zum Ausdruck kam. Gronemann sparte nicht mit Ironie: »Also was sagt denn nun Ludwig, der Sohn Abrahams, Ludwig der Deutsche?« Man hätte erwarten können, daß Geiger in einem Aufsatz über Zionismus und Deutschtum eine logische Begründung des liberalen Standpunkts geben würde, eine klare Definition des Verhältnisses von Deutschtum und Zionismus.

> »Denn diesmal wollte ja in eigens der Wissenschaft gewidmeten Sammelwerken kein stümpernder Dilettant, sondern ein Gelehrter sich äußern, der gewiß freudig die Gelegenheit ergreifen würde, seinen zur Genüge bekannten Standpunkt ernst zu begründen, – ein staatlich approbierter Lehrer der Weisheit, ein Mitglied des Lehrkörpers der philosophischen Fakultät der Reichshauptstadt. Aber ach, – si tacuisses, philosophus mansisses!«

Denn die Behandlung des Themas und die Folgerungen entbehrten der logischen und wissenschaftlichen Attribute, zu denen Geigers Titel und die wissenschaftliche Prätention des Buches verpflichteten. War der Zionismus an sich in Deutschland unberechtigt, weil er keine »innere Entwicklung« des Judentums bedeute, so war er in keinem Staate berechtigt. Ist seine Grundlage, das jüdische Volkstum, eine Lüge, wie kann er dann in anderen Ländern berechtigt sein? Wenn Ausnahmegesetze dem Zionismus Berechtigung geben, kann man ihm diese aber auch in Deutschland nicht absprechen, falls in diesem Lande eine Ausnahmegesetzgebung gegen Juden eingeleitet werden würde.
Gronemann zweifelte an der Wisssenschaftlichkeit von Geigers Behauptung, daß er gleiches Mitleid für notleidende Juden wie für deutsche Kinder und Frauen empfinde, die in einem amerikanischen Schiff untergegangen sind. Wenn man davon ausgeht, daß man erst nach deren Untergang Interesse an ihnen fand, sollte man sich nicht wundern, daß er weniger Mitleid mit Juden hat, die noch am Leben sind. Ebenso wenig »wissenschaftlich« sei die These, daß keine Schulen errichtet werden sollen, die ja verbrannt und Lehrer angestellt, die massakriert werden können.

> »Mit ähnlicher Argumentation könnte man dazu gelangen, das Unternehmen jeden Dinges, sei es eine politische Unternehmung, oder die Veranstaltung einer Skatpartie zu vereiteln, – man könnte weder eine Orgelsynagoge bauen, denn sie könnte aus Mangel an Besuchern eingehen, noch einen Bibliothekar anstellen, denn er könnte sich taufen lassen.«[84]

---

84 Gronemann spielte in seiner Rede auf den Bibliothekar der jüdischen Gemeinde Berlin, Frommer, an, der sich taufen ließ, ohne daß die Gemeinde davon Kenntnis hatte.

Geiger hatte scheinbar übersehen, daß sein Argument, den Juden könne durch Wohltätigkeit und Vereinsmeierei nicht geholfen werden, die Grundthese des Zionismus bestätigte, der die Juden zu Herren ihres Schicksals machen will, um ihren Leiden durch Rückkehr in ihre Heimat ein Ende zu setzen. Den Hauptangriff richtete Gronemann gegen den Vorschlag, den Zionisten das Bürgerrecht zu entziehen. Das sei

> »klipp und klar die Aufforderung an das deutsche Volk, an die deutschen gesetzgebenden Körperschaften, unter Bruch der Verfassung eine Ausnahmegesetzgebung gegen die Zionisten zu erlassen ... Das ist das Wort des Heils und der Erlösung! – Das veröffentlicht ein deutscher Professor, der Führer der liberalen Gemeindevertretung Berlins, im Jahre 1905 zwischen Fastnacht und Purim.«[85]

Der Angriff Geigers eröffnete eine neue Etappe im Kampf der »Liberalen« gegen den Zionismus. Mit ihm verließen sie die Taktik des »Totschweigens« und die alte jüdische Tradition, innere Konflikte nicht zur Entscheidung vor nichtjüdische Behörden zu bringen. Die gedrückte Stimmung, die in der zionistischen Bewegung herrschte, verlockte Geiger scheinbar dazu, ihr den Todesstoß durch das deutsche Gesetz zu versetzen. Der militante Flügel im »liberalen« Lager, der sich diese Taktik aneignete, ging wohl nicht immer so weit wie Geiger, zögerte jedoch nicht, auf den mangelhaften Patriotismus der Zionisten und auf den Gegensatz ihrer Ziele zu den Interessen des deutschen Reiches hinzuweisen. Es führt eine gerade Linie von Geigers Angriff zum Ausschluß der Zionisten aus dem »Zentralverein« im Jahre 1913.

Ein Jahr nach der Geigerdiskussion veröffentlichte der antizionistische Veteran Rabbiner Heinemann Vogelstein (Stettin) einen Warnruf: »Der Zionismus, eine Gefahr für die gedeihliche Entwicklung des Judentums.«[86] Den Anstoß für diesen Alarm gaben die Beschlüsse des Delegiertentages der ZVfD in Hannover (1906). Die Überwindung der inneren Krise, die sich auf diesem Delegiertentag abzeichnete, regte dazu an, die alte Taktik zu verlassen, die sich darauf stützte,

> »daß die Einsichtigen, die eine Zeitlang seiner Fahne Gefolgschaft geleistet, sich von ihm abwenden, er wird an der Undurchführbarkeit seines Programms, an der Unmöglichkeit seine utopistischen Ideen zu verwirklichen, ohne fremdes Hinzutun scheitern, und die Uneinigkeit, die in seinen eigenen

85 Sammy Gronemann, »Zionismus und Deutschtum, eine Antwort an Herrn Professor Geiger. Vortrag gehalten in der Berliner Zionistischen Vereinigung«, JR Nr. 12, 24. 3. 1905, S. 127–130; Nr. 13, 31. 3. 1905, S. 139–141. Vgl. Sammy Gronemann, Sichronoth schel Jekke (hebr.), a.a.O., S. 86, 176. Über Geiger und sein Wirken: Encyclopaedia Hebraica, Bd. X (hebr.), Jerusalem 1955, S. 640–641.

86 Rabbiner H. Vogelstein, »Der Zionismus, eine Gefahr für die gedeihliche Entwicklung des Judenthums«, Mitteilungen des liberalen Vereins für die Angelegenheiten der jüdischen Gemeinde zu Berlin, Nr. 22–23. Der Aufsatz erschien als Sonderdruck unter demselben Namen in Stettin 1906.

Reihen herrscht, und die in seiner Presse und in seinen Versammlungen immer mehr zum Ausdruck kommt, wird das ihrige dazu beitragen, seinen Untergang zu beschleunigen«.[87]

Doch im Gegensatz zu Geiger entband Rabbiner Vogelstein die »Liberalen« nicht ihrer Pflicht, den osteuropäischen Juden in ihrer Not zu Hilfe zu eilen. Er befürwortete jeden Versuch, Juden in Afrika, Amerika oder Palästina anzusiedeln, sie moralisch und materiell zu unterstützen, unter der Bedingung, daß diese Ansiedlung keinen nationalen Charakter trage. Für diese Zwecke sei die Überführung von Wohltätigkeitsgeldern ins Ausland gerechtfertigt.[88] Die Gefahren, gegen die das »liberale« Judentum energisch Front machen müsse, befänden sich auf anderer Ebene: Der Zionismus entstelle den religiösen Charakter des Judentums und verletze »das prophetische Ideal, die Ausbreitung der Gotteserkenntnis über den ganzen Erdboden seiner Verwirklichung näher zu bringen«.[89].
Auch in anderer Hinsicht war Vogelstein gemäßigter als Geiger. Er hegte keine Zweifel an der Loyalität und der Aufrichtigkeit des Patriotismus der deutschen Zionisten. Doch besorgte es ihn, daß sie diese Versicherung so oft wiederholten. Wenn sie sich bei jeder passenden und unpassenden Gelegenheit gedrängt fühlen, ihrer Treue zu Kaiser und Reich Ausdruck zu geben, entspringt das möglicherweise dem »dunklen Gefühl, daß national-jüdisch und vaterländisch-deutsch nur künstlich in Übereinstimmung zu bringen sind«. Die Gegensätzlichkeit entstehe dadurch, daß die christlichen Bürger nur an das deutsche Vaterland gebunden sind, während die Zionisten Palästina als das jüdische Vaterland der Zukunft betrachten.
Es verdrieße die Nichtzionisten nicht, daß der deutsche Kaiser die patriotische Gesinnung der Zionisten freundlich beantwortet. Im Gegenteil, sie freuen sich über jede Manifestation »von oben«, welche der Verdächtigung der jüdischen Vaterlandsliebe entgegenwirke. Dennoch bestehe die Gefahr, daß die Zionisten durch ihre Huldigungstelegramme den Anschein erwecken, als ob ihr kleines Häufchen das Gros der deutschen Juden repräsentiere.

»Wir fürchten mit Recht, daß unsere andersgläubigen Gegner, denen die zionistischen Bestrebungen ohnehin sehr zustatten kommen, uns bei gelegener Zeit die Rechnung präsentieren und aus dem zionistischen Programm, das durch derartige Telegramme immer von neuem in Erinnerung gebracht und gleichsam der kaiserlichen Huld empfohlen wird, den Beweis für ihre Behauptung herholen werden, daß die deutschen Juden trotz aller Loyalitätsbeteuerungen sich doch nicht als Deutsche fühlen, sondern einer fremden Nationalität angehören und angehören wollen.«[90]

87 ebd. S. 3.
88 ebd. S. 12–13.
89 ebd. S. 4–5.
90 ebd. S. 6–7.

Wie gefährlich die zionistische Idee sei, hatte Rabbiner Vogelstein »mit erschreckender Deutlichkeit« aus einem Antrag ersehen, der dem Delegiertentag in Hannover vorgelegt wurde: »Das Zentralkomitee wolle die Gründung einer nationaljüdischen Landesorganisation als politische und wirtschaftliche Interessenvertretung der Juden in Deutschland einleiten.«[91] Obwohl der Antrag nicht angenommen wurde, sah Vogelstein in seiner bloßen Vorlage »eine ungeheuerliche Überhebung«. Hätte sich doch ein winziger Bruchteil der jüdischen Einwohnerschaft erdreistet, die Interessen der Gesamtheit in einseitiger Weise wahrzunehmen, ohne sich mit deren legitimen Vertretern zu beraten. Überdies würde die Gründung einer jüdischen Partei die deutsche Judenheit in einen direkten politischen Gegensatz zur nichtjüdischen Bevölkerung stellen. Anstatt die jüdischen Interessen zu fördern, würde sie die Durchführung der politischen Gleichberechtigung erschweren. Die Verwirklichung »einer so hirnverbrannten, um nicht zu sagen wahnwitzigen Idee« würde die antisemitische Propaganda stärken und eine unüberbrückbare Kluft zwischen jüdischen und nichtjüdischen Staatsbürgern schaffen.[92] Alle, denen es »um die gedeihliche Entwicklung des Judentums« zu tun sei, müßten einsehen, daß es höchste Zeit sei, sich zum Kampf gegen den Zionismus zu rüsten, bevor solche abenteuerlichen Pläne Gestalt annehmen und es den Zionisten gelingt, neue Anhänger, vor allem »unter der leicht entzündlichen Jugend« zu werben.

> »Die Zionisten sind eifrig bemüht, allüberall einzudringen, allüberall Einfluß zu gewinnen und ihn rücksichtslos geltend zu machen. Sie sind rührig bei Gemeindewahlen und suchen vielfach auch in den Logen, sowie in den wohltätigen und gemeinnützigen Vereinen für ihre Sache Propaganda zu machen.«[93]

Jehuda Reinharz vertritt in einer Arbeit über den Konflikt der »Liberalen« und Zionisten in Deutschland die Ansicht, daß der antizionistische Sturm, der vor dem ersten Zionistenkongreß ausbrach, sich nach einigen Monaten wieder legte.

---

91 Der Antrag wurde auf dem Delegiertentag von dem Berliner Delegierten Hans Mühsam eingebracht. Mühsam war im »Jüdischen Volksverein« aktiv, der Einwanderern aus Osteuropa half. Vgl.: Hans Mühsam, »Berechtigung und Aussichten einer national-jüdischen Partei in Deutschland«, Welt Nr. 42, 19. 10. 1906, S. 9.

92 Rabbiner H. Vogelstein, Der Zionismus, eine Gefahr für die gedeihliche Entwicklung des Judenthums, a.a.O., S. 8.

93 a.a.O., S. 9. Die Antwort auf Rabbiner Vogelsteins Broschüre kam aus der Feder Heinrich Loewes. Er beschuldigte ihn, daß er den Tod Herzls zum Angriff auf die zionistische Bewegung mißbrauche, da er ihre Spaltung und die Lahmlegung der zionistischen Aktivität durch die russische Regierung erhoffe. Ferner brachte Loewe gegen Vogelstein vor, daß sich die jüdisch-liberale Presse nicht von Geigers Vorschlag, den deutschen Zionisten die Bürgerrechte zu entziehen, distanziert habe. Die Vorschläge hätte *alle* Juden Deutschlands gefährdet, da man ihnen das Bürgerrecht nicht nur wegen Zionismus entziehen könne, sondern auch wegen Liberalismus. Heinrich Loewe, Dr. Vogelstein's Propaganda für den Zionismus, Berlin 1906.

»The Zionist Movement in Germany, led by moderate Zionists, whose lifestyle and Weltanschauung did not differ substantially from that of the general German Jewish community, ceases from being a target for attack. During the next decade, when more radical Zionist groups attempted to make inroads into the liberal establishment through propaganda or community elections, they were successfully checked; Zionism would not again become a major issue of controversy until 1912.«[94]

Die einzige Ausnahme in dieser verhältnismäßig ruhigen Periode sei die Entlassung des zionistischen Rabbiners Emil Cohn durch die Berliner Gemeinde gewesen. Die Erneuerung des Konfliktes im Jahre 1912 schreibt Reinharz der Radikalisierung der ZVfD zu.[95] Eine weitere Untersuchung mag zu anderen Folgerungen führen. Obgleich kein wesentlicher Unterschied im Lebensstil von Zionisten und Nichtzionisten bestand, herrschten grundsätzliche Differenzen in dem Teil der Weltanschauung, der sich auf das Wesen des Judentums und das Leben des jüdischen Volkes bezog. Entscheidend war ferner die Tatsache, daß die nationaljüdische Orientierung neue politische und gesellschaftliche Bindungen schuf, an denen ihre Gegner keinen Anteil hatten, und die sich nicht unbedingt mit deutschen Interessen deckten. Die Antizionisten nahmen dies wohl war. Die »gemäßigte« Haltung des Kongresses konnte sie daher nicht beruhigen. Die Generalversammlung der deutschen Rabbiner bestätigte 1898 die Erklärung der »Protestrabbiner« und legitimierte damit den Kampf gegen den Zionismus. Wenn auch »Liberale« und Zionisten 1901 zeitweilig am Plan eines »Judentages« zusammenarbeiteten, endete dies in einem geräuschvollen Konflikt, da die »Liberalen« den wachsenden Einfluß der Zionisten in der zu entstehenden Vertretung der deutschen Judenheit fürchteten.[96] Im Jahre 1906 machten beide Lager einen weiteren Versuch, eine repräsentative Organisation der deutschen Juden zu schaffen, der nach der Ansicht Jacob Tourys ebenfalls an der Furcht der »Liberalen« »of entering a tight compact with the Zionists« scheiterte.[97]
Die Kündigung des jungen Rabbiners Emil Cohn im Frühjahr 1907 durch den Berliner »liberalen« Gemeindevorstand war demnach keine Einzelerscheinung. Sie ist im Zusammenhang mit der antizionistischen Kampagne zu verstehen, die, mit verschiedener Intensität, ununterbrochen geführt wurde. Der Gemeindevorstand begründete diesen Schritt damit, daß Rabbiner Cohn die Verpflichtung nicht eingehalten habe, seine zionistischen Anschauungen nicht öffentlich vorzutragen. Schon früher hatte eine Gedenkrede, die er zu

---

94 Jehuda Reinharz, Fatherland or Promised Land, The Dilemma of the German Jew, 1893–1914, Ann Harbor, The University of Michigan Press 1975, S. 177.
95 ebd. S. 188f.
96 Siehe: Jacob Toury, Organisational Problems of German Jewry, LBIYB XIII, London 1968, S. 62–72.
97 ebd. S. 73–77.

Herzls Todestage hielt, Anlaß zu einer Warnung gegeben. Doch der Rabbiner »sündigte« weiter. Diesmal beschuldigte man ihn, in einer Unterhaltung mit dem Direktor eines Berliner Gymnasiums, bei dem er sich um die Stelle eines Religionslehrers bewarb, zionistische Ideen zum Ausdruck gebracht zu haben. Die »liberalen« Gemeindevorsteher bestanden darauf, daß ein Rabbiner die Anschauungen seiner »Brotgeber« zu vertreten habe.[98] Die Affäre Cohn löste eine erregte Diskussion in der jüdischen Presse in Deutschland und auch im Ausland aus, in der der Tatbestand und prinzipielle Fragen erörtert wurden. Doch sowohl die zionistische Pressekampagne als auch Protestversammlungen konnten den Kündigungsbeschluß nicht mehr rückgängig machen, der sich durch ungewöhnliche Härte auszeichnete und die Ehre des Rabbiners schwer verletzte. Diese Maßnahmen, sowie der Vorschlag Vogelsteins, zionistische Rabbiner und Lehrer zu boykottieren[99], beweisen, daß es sich bei der »Affäre Cohn« um keinen örtlichen und zufälligen Konflikt zwischen einem Gemeindevorstand und einem Rabbiner handelte. Es war eine bewußt scharfe Reaktion auf die Spannung, die sich im vergangenen Jahre durch das Erstarken des zionistischen Einflusses in Gemeinden, »neutralen« jüdischen Organisationen und unter den Studenten angesammelt hatte. Das entschlossene Vorgehen der Antizionisten war zu der Zeit noch keine Folge der Radikalisierung der ZVfD. Die politische Richtung wurde bis zu Bodenheimers Rücktritt 1910 von den »Gemäßigten« bestimmt.

Erneuter Aufschwung

Die Hoffnung auf eine Entspannung in den Beziehungen zwischen politischen und praktischen Zionisten nach dem Hannoveraner Delegiertentag erfüllte sich. Die Zurückhaltung, die sich die Zionisten in der Weltorganisation auferlegten, beeinflußte zweifellos auch Deutschland. Dazu kam die Notwendigkeit, mit vereinten Kräften an der antizionistischen Front zu ringen. Diese Entspannung ermöglichte der Führung der ZVfD, die Arbeit systematischer zu organisieren, um das Bestehende zu festigen und eine breitere Agitation zu entfalten. Es sollte sich herausstellen, daß sich das Berliner Zentralbüro schon in der kurzen Zeit seines Bestehens als eine der wichtigsten Institutionen der Vereini-

---

98 Jüdische Gemeinde Berlin, Bericht der Sitzung über Emil Cohn, Berlin 1907; Emil Cohn, Mein Kampf ums Recht, Berlin 1907; Hans Tramer, »Bernhard und Emil Cohn. Zwei Streiter für den zionistischen Gedanken«, in: BLBI, 8. Jg. (1965), Nr. 32, S. 341–342. Aus ähnlichen Gründen entließ der liberale Gemeindevorstand Berlins den Rabbiner Joachim Prinz im Jahre 1935. Er beschuldigte ihn des »Mißbrauchs der Kanzelfreiheit«. »Der Fall Joachim Prinz«, JR Nr. 43, 28. 5. 1935, S. 3–8. Vgl. die ausführliche Darstellung der Affäre Cohn weiter unten, S. 475–483.

99 JR Nr. 27, 5. 7. 1907, S. 275f.

gung bewährt hatte, die in der Zeit der Krise dem Verfall entgegenarbeitete und neues Wachstum anregen konnte. Durch Rundschreiben und Anweisungen, die fast jede Woche an die »Vertrauensmänner« gingen oder in der »Jüdischen Rundschau« veröffentlicht wurden, hielt das Zentralbüro die laufende Verbindung mit den Ortsgruppen aufrecht und die Organisation als ganzes zusammen.

Der Aufschwung in der Propaganda ist sowohl im zahlenmäßigen Wachstum wie in der qualitativen Verbesserung erkennbar. 1906 wurde eine neue Auflage des »Flugblattes Nr. 6« in 5000 Exemplaren verbreitet. Das Flugblatt forderte die deutschen Juden auf, ihre Lage angesichts des Siegeszuges des Antisemitismus im Laufe dreier Jahrzehnte zu überprüfen. Überall seien die Juden politisch entrechtet, wirtschaftlich zurückgedrängt und von der christlichen Gesellschaft ausgeschlossen. Im Osten Deutschlands würden Juden durch Boykott gezwungen, in die Großstädte abzuwandern. Das schon vergessen geglaubte Gespenst des Ritualmordes wandele von neuem in den Gassen und fordere blutige Opfer. Die durch die Verfassung verbürgten Rechte werden täglich verletzt, der Zutritt zum Beamten- und Offiziersstand sei Juden verwehrt und in der geistigen Mitarbeit werden sie verachtet und mit Hohn zurückgewiesen.

> »*So wird der Jude moralisch gebrochen*, indem man ihm die freie geistige Betätigung verwehrt, unsichtbare Ghettomauern neu errichtet, hinter denen die Besten und Strebsamsten verkümmern müssen.
> *Für die deutschen Juden besteht also eine wirtschaftliche und geistige Judennot!*«

Das Flugblatt erinnerte die deutschen Juden an die Pogrome von Kischinew und Homel, an die physische und moralische Vernichtung jenseits der Ostgrenze und folgerte:

> »Und jene Ärmsten mußten aus demselben Grunde sterben, aus dem auch wir leiden, nur weil sie Glieder des jüdischen Volkes sind!
> DEUTSCHE JUDEN!
> *Wir müssen helfen, uns selbst und unseren Brüdern!* Und das kann nur geschehen, wenn der Hauptgrund des Übels, die Zerstreuung unter die Völker, die uns wehrlos der Umgebung ausliefert, beseitigt wird, wenn Ihr Euch der Zionistischen Bewegung anschließt und dazu beitragt, dem jüdischen Volke die Möglichkeit einer menschenwürdigen Existenz auf eigenem Boden zu schaffen.«

Der zweite Teil des Flugblattes reagiert indirekt auf die Beschuldigungen Geigers und Vogelsteins. Die Zionisten wollen nicht etwa alle Juden zur Auswanderung treiben. Jedoch für die »Heimatlosen«, die in ihren Wohnländern unterdrückt werden, muß eine Heimat geschaffen werden. Indem das Flugblatt sich an deutsche Juden, die noch jüdisch fühlen, wandte und sie daran erinnerte, daß alle Juden *eines* Stammes seien und die gemeinsame Hoffnung auf die Wiedervereinigung des Volkes im Lande Israel hegten, betonte es:

»Das schließt nicht aus, daß wir im Lande unserer Geburt als treue Bürger dienen, die Gesetze beachten und unsere Pflichten gegen die Gesamtheit erfüllen. Wir erinnern an das Königswort: ›Das Königreich Preußen setzt sich aus vielen Stämmen zusammen, die stolz sind auf ihre frühere Geschichte und Eigenart. Das hindert sie nicht, vor allem brave Preußen zu sein.‹ Und wie wir alle Pflichten erfüllen, nehmen wir auch alle staatsbürgerlichen Rechte in Anspruch. Wir kämpfen nur neu geeint als deutsche Staatsbürger jüdischen Stammes.«[100]

Eine schlagende Antwort auf die antizionistischen Argumente sollte Nordaus Broschüre »Der Zionismus und seine Gegner« geben, die in vier Auflagen veröffentlicht wurde.[101] Seit Nordau 1898 diese Rede in Berlin gehalten hatte, hatte sie nichts an Aktualität verloren. Er schickte voraus, daß der Zionismus keine grundsätzlichen Gegner unter den Christen gefunden hätte. Manche hielten die Ansiedlung der Juden in Palästina für schwer, andere für undurchführbar, aber keiner hielt die Idee an sich für falsch oder verwerflich. Grundsätzliche Gegner habe der Zionismus bisher nur unter Juden gefunden, und nur gegen deren Angriffe sei er gezwungen, sich zu verteidigen.

Nicht alle Juden seien der Diskussion würdig. Vor allem diejenigen nicht, die ihres Judentums überdrüssig seien und spurlos unter den Christen verschwinden wollten. Sie seien konsequent und hätten von ihrem Standpunkt durchaus recht, den Zionismus abzulehnen. Da sie den Untergang des Judentums herbeiführten, dem der Zionismus neues Leben verbürgt, müßten sie in ihm ihren natürlichen Feind erkennen. Dieser Standpunkt aber nehme ihnen das Recht, in zionistischen Fragen mitzureden. »Der Zionismus wendet sich nicht an euch, die ihr keine Juden bleiben wollt, sondern an diejenigen, die Juden bleiben wollen.« Als »Außenstehende« könnten sie an ihm kein größeres Interesse finden, als etwa am Problem des irischen »home rule« oder anderer zeitgeschichtlicher Erscheinungen nach dem Motto »homo sum, humanum nihil a me alienum puto«.

Nordau wandte sich gegen die Gegner des Zionismus, die wirklich oder angeblich an der Erhaltung des Judentums interessiert sind, den Zionismus jedoch kategorisch ablehnen. Er widerlegte die Behauptung, daß der Zionismus eine Tollheit und eine Gefahr für das Judentum sei und es ohne ihn weiterbestehen könne. Als »mystisch« lehnte er die Einwände ab, daß der Zionismus in die Pläne der Vorsehung eingreife. Ebensowenig vereitle er die Erfüllung einer angeblichen Mission der Juden, Vorbilder und Lehrer anderer Völker zu sein, die einer »größenwahnsinnigen Selbstüberhebung« entspringe.[102]

---

100 Central-Bureau der ZVfD, Flugblatt Nr. 6, o. D. (1906), Hervorhebung im Original. CZA A15/VII/34.

101 Nordau hielt diese Rede 1898 in einer Volksversammlung in Berlin. Siehe: Max Nordau, Der Zionismus und seine Gegner, Berlin 1905. Die dritte Auflage der Broschüre verzeichnet: *20.–30. Tausend.*

102 ebd. S. 5–11.

Ein anderes Argument gegen den Zionismus sei, daß das Judentum ihn nicht für sein Fortbestehen brauche. 2000 Jahre hätte es erfolgreich den Verfolgungen Widerstand geleistet und dank der höheren sittlichen Entwicklung der Völker sei seine Existenz nicht mehr gefährdet. Die Anschauung bezeichnete Nordau als »beklagenswert kurzsichtig«:

»Sie glauben, daß die Verfolgungen künftig nicht mehr dieselben grausamen Formen annehmen werden wie in der Vergangenheit? Ich würde Ihnen nicht raten, darauf allzusehr zu bauen. Ich komme aus einer Stadt, wo vor wenigen Wochen der Schrei: ›Tod den Juden!‹ durch die Straßen hallte. ›Ein bloßer Schrei‹, sagen Sie?«

Der Selbsterhaltungstrieb der gebildeten westeuropäischen Juden sei degeneriert und nicht imstande, dem Antisemitismus entgegenzutreten. Der deutsche Jude habe sich mit dem seelischen Unbehagen, das der Antisemitismus verursacht, abgefunden, solange dieser nichts gegen den Bauch und die Bequemlichkeit unternimmt. Doch bei den Juden des Ostens handle es sich nicht um seelisches Unbehagen oder Ehrenrechte, sondern um das nackte Dasein. Dort sei der Antisemitismus keine pseudowissenschaftliche Theorie, welche die geistige oder sittliche Minderwertigkeit einer anderen Rasse beweisen will, sondern eine brutale Waffe in der Hand des Staates zur erbarmungslosen Vernichtung der Juden.
Was Geiger nach einigen Jahren mit professoralem Ernst von sich bezeugte, schien Nordau absurd:

»Ich will gar nicht an die Möglichkeit glauben, daß mir ein nichtzionistischer Jude etwa entgegenhält: ›Die russischen und rumänischen Juden sind nicht unsere Sorge. Wir haben nichts mit ihnen gemein.‹ Das wäre nicht nur eine himmelschreiende Unmenschlichkeit und ein ruchloser Verrat an allen natürlichen und geschichtlichen Pflichten, es wäre auch vor allen Dingen eine klägliche Torheit.«

Es können Juden den letzten Rest jüdischer Solidarität verleugnen, für die Feinde sind die Juden der ganzen Welt eins. Daher wird das jüdische Volk immer nur so stark sein wie sein schwachstes Glied.[103]
Anhand zahlreicher historischer Beispiele suchte Nordau die Beschuldigung des Mangels an Vaterlandsliebe bei den deutschen Zionisten zu widerlegen. Er endete die Argumentation in melodramatischem Ton:

»Wenn der Sammelruf an die Juden ergehen wird, nach Zion zu wandern, so werden sich in der Seele deutscher Zionisten erschütternde Tragödien abspielen. Vielen, und wahrscheinlich nicht den schlechtesten, wird es unmöglich sein, sich für das eine oder andere Dasein zu entscheiden. Es wird ein Riß

---

[103] ebd. S. 18.

durch ihr Herz gehen und sie werden sich an der geheimen Wunde still verbluten. Ihr Schmerz im Augenblicke der Wahl wird das Maß der Liebe zum deutschen Vaterlande geben. Auch die sich werden losreißen können, werden in Palästina bis zu den fernsten Kindeskindern an Deutschland denken, wie an eine verlorene Jugendgeliebte.«[104]

Diejenigen, die um die Existenz des Judentums besorgt waren, warnte Nordau: »Das Judentum wird zionistisch sein oder es wird nicht sein!«[105]
Außer dieser Broschüre gab das Zentralbüro auch den Vortrag Franz Oppenheimers »Alte und neue Makkabäer« in 4000 Exemplaren heraus. Oppenheimers Betrachtungen sollten nicht nur den jüdischen Stolz und jüdisches Geschichtsbewußtsein stärken, sondern Vogelstein und seinen Genossen einen Zionisten gegenüberstellen, dessen »Deutschtum« ohne Fehl war. Durch Gründung neuer Ortsgruppen im Norden Deutschlands und Erweiterung des Propagandafeldes gelang es der Führung, den Tiefstand zu überwinden und neues Leben in die ZVfD zu bringen.[106]
Der Kompromiß zwischen »politischen« und »praktischen« Zionisten, der seinen Anfang auf dem 7. Kongreß hatte, trug seine Früchte erst auf dem 8. Kongreß, der 1907 in Haag abgehalten wurde. Die Notwendigkeit, nach der Pogromwelle von 1905 den russischen Juden politischen Beistand zu leisten und die Übergangsperiode von Wien nach Köln hinderten die Leitung der zionistischen Weltorganisation, klare Arbeitspläne zu entwickeln. Andererseits ermöglichte es die Entspannung zwischen den verfeindeten Fraktionen, auf dem 8. Kongreß zu einer klaren Entscheidung zugunsten der praktischen Arbeit in Palästina zu kommen, ohne eine neue Krise heraufzubeschwören. In das Engere Aktionskomitee wurden David Wolffsohn, Otto Warburg und Jacobus Kann gewählt. Warburg vertrat die praktische Richtung und Kann die politische.[107]
In einer Atmosphäre der Befriedung konnte die Tätigkeit, die nach dem Delegiertentag in Hannover eingesetzt hatte, fortgesetzt werden. 30 deutsche Delegierte nahmen am 8. Kongreß teil. Sie steuerten wesentlich zu seinem Erfolg bei und übermittelten das Gefühl des Fortschrittes an ihre Ortsgrup-

---

104 ebd. S. 26.
105 ebd. S. 31.
106 Bericht der deutschen Landesorganisation zur Jahreskonferenz, a.a.O. Besonders sind folgende Propagandabroschüren hervorzuheben: Leopold Kahn, Warum? Die alte Lehre im Lichte neuer Katastrophen. Juden erwachet! Wien o.D. Die Zukunft der Juden, Sammelschrift, Berlin 1906. Der Herausgeber war wahrscheinlich Alfred Nossig.
107 Es war Wolffsohns Vorschlag, daß sich die Leitung aus drei Männern, deren Wohnorte nicht zu weit voneinander entfernt sind, zusammensetzen solle, da nur eine solche effektiv arbeiten könne. Faktisch hieß das, daß Tschlenow und Ussischkin außerhalb der Leitung sein würden. Dem widersetzten sich natürlich die russischen und ein Teil der österreichischen Zionisten. Trotzdem wurde Wolffsohns Vorschlag mit 135 gegen 59 Stimmen vom Kongreß angenommen. Stenographisches Protokoll der Verhandlungen des VIII. Zionisten-Kongresses im Haag, Köln 1907, S. 394.

pen.[108] Im Jahre 1907–1908 ist ein »agitatorischer Ansturm« der Zionisten auf die deutschen Juden erkennbar. Das Zentralbüro vertrieb Alfred Nossigs Schrift »Die jüdische Volksbewegung« in 80000 Exemplaren. Sie wurde an alle Gemeindemitglieder in Berlin geschickt und dem »Israelitischen Familienblatt« beigelegt. Im März 1907 wurden vier Werbenummern der »Jüdischen Rundschau« in 20000 Exemplaren versandt. Von zionistischen Veröffentlichungen des Jahres 1908 sind drei besonders bemerkenswert: das »Zionistische A-B-C-Buch«, ein zionistisches Lexikon, das in Kurzfassung Auskunft über zionistische Themen und Begriffe gab.[109] Eine andere war das Buch des Rabbiner Dr. Max Joseph aus Stolp in Pommern: »Das Judentum am Scheidewege.«[110] Das Buch wandte sich an die intellektuellen Kreise im deutschen Judentum. Rabbiner Joseph ging von der Annahme aus, daß das Nationale ein untrennbarer Bestandteil des Judentums ist. Wem etwa schien, es habe sich im »Taumel der Emanzipation« eine neue Art »Religionsjudentum« ohne nationale Inhalte herauskristallisiert, der habe sich getäuscht. Es gebe kein entnationalisiertes Judentum. Obwohl es Berührungspunkte zwischen dem liberalen Christen und dem liberal-religiösen Juden gebe, bestehe doch eine Scheidewand zwischen ihnen, die unvergleichlich stärker sei, als die zwischen Protestanten und Katholiken, da Juden und Christen in ganz verschiedenen historischen Zusammenhängen und Gesellschaftskreisen lebten. Nicht nur in Osteuropa, wo die Masse des jüdischen Volkes lebe, hätten die Juden nicht aufgehört, eine Nation zu sein. Auch an den assimilierten Juden des Westens haften noch Reste der nationalen jüdischen Kultur. »Erst an dem Tage, an welchem die jüdische Religion in Westeuropa zu existieren aufgehört haben wird, werden auch die letzten Reste einer jüdisch-nationalen Kultur aus den Juden wirklich ausgetilgt sein.«[111]

Rabbiner Joseph war der Ansicht, daß die nationale Wiedergeburt des jüdischen Volkes die unerläßliche Vorbedingung für die religiöse Zukunft des Judentums bilde. Die wiedererwachende Nation werde ihre ethische Genialität aufs neue manifestieren. In der Diaspora könne das jüdische Volk zwar an einer Kultur arbeiten, »aber ohne nationales Eigenleben befindet sich Israel stets im Schlepptau eines fremden Geistes: es kann nicht sein, was es will, es kann nur sein was es muß!«[112]

Trotz seiner religiösen Weltanschauung identifizierte sich Rabbiner Joseph nicht mit dem politischen Weg des »Misrachi«. Er war überzeugt, daß der Zionismus auch zu einer Lösung der religiösen Judennot führen werde, sich aber als politische Bewegung, die alle Teile des Volkes zur Erreichung des gemein-

108 Bericht des Central-Bureaus der ZVfD (zum Delegiertentag 1908), CZA A15/VII/41.
109 Zionistisches A-B-C Buch, herausgegeben von der ZVfD, Berlin-Charlottenburg 1908.
110 Dr. Max Joseph, Das Judentum am Scheidewege, Berlin 1908.
111 ebd. S. 67.
112 ebd. S. 89.

samen Zieles umfassen müsse, an kein religiöses Programm binden dürfe. Er setzte sich auch mit den Thesen des »Kulturzionismus« auseinander. Er würdigte die Beweggründe der »Kulturzionisten« – eigentlich müßte jeder konsequente Zionist »Kulturzionist« sein. Irrig sei es aber zu behaupten, daß für die moralische und geistige Wiedergeburt des jüdischen Volkes seine politischen Ziele vernachlässigt werden könnten.

> »Wir müssen uns auf eine starke und bewußt nationale Grundlage stellen. Treu unserem eigenen Wesen, müssen wir die Assimilation, die Verschmelzung mit anderen Völkern als unwürdig ablehnen. Nationale Selbsterziehung und kulturelle Fortentwicklung und Vervollkommnung, das sei vorläufig und für lange Zeit das Erste und das Wichtigste.«

Doch ohne den politischen Zionismus, ohne die Massenbewegung, die danach strebt, dem Volk sein Heimatland zurückzugewinnen, werde auch das kulturelle Ziel nicht erreicht werden. Sogar in der Diaspora dürfe die kulturelle Umwandlung nur gewagt werden, wenn Massen von einer sie ganz erfüllenden und begeisternden nationalen Idee beherrscht seien.[113]

Während »Das Judentum am Scheidewege« die jüdische Ideenwelt vom zionistischen Standpunkte beleuchtete, beabsichtigte eine Broschüre von Davis Trietsch, »Wirtschaftliche Tätigkeit in Palästina«, verläßliche Information zu geben. Die Broschüre hatte eine Auflage von 10000 Exemplaren. Sie erörterte das wirtschaftliche Potential Palästinas und widerlegte das vielfach vorgebrachte Argument, daß die Besiedlung Palästinas nicht nur vom ideologischen und politischen, sondern auch vom wirtschaftlichen Standpunkt keine Grundlage habe. Damit sollte ein Mangel der zionistischen Presse behoben werden, die nur spärlich über das Geschehen in Palästina berichtete. Demselben Zweck diente ein neues Medium, die Laterna magica. Zum ersten Mal nahm Dr. Ruppin 150 Lichtbilder auf eine Tournee mit, um seinen Vortrag über Palästina zu veranschaulichen.

Eine Darstellung der Tätigkeit des Jahres 1908 deutet auf enge Beziehungen zwischen dem Zentralbüro und den Ortsgruppen und den »Vertrauensmännern«. Sie berichtet über 32 Rundschreiben, über Anweisungen, die in der »Rundschau« erschienen und denen nicht genügend Beachtung geschenkt wurde. Rundschreiben und Propagandamaterial waren auch in andere Länder gesandt worden und hatten die ZVfD zu einem Propagandazentrum für deutschsprechende Länder gemacht. Auch auf anderen Gebieten regte sich neues Leben. Die Einnahmen des Jüdischen Nationalfonds und anderer palästinensischer Institutionen waren in den 10 Monaten des Jahres 1907–1908 im Vergleich zum Vorjahr gestiegen. Um die Spendefreudigkeit für den Nationalfonds zu stärken, war in Breslau eine Propagandaabteilung unter der Leitung

---

113 ebd. S. 91–101.

von Hugo Schachtel errichtet worden. Infolge der Dividendenverteilung war 1907 der Verkauf von Aktien für die zionistische Kolonialbank in Deutschland beträchtlich gestiegen und belief sich auf 146 Aktien im Wert von 547 Mark. Der Leiter der Shareklubzentrale war überzeugt, daß sich der Verkauf von Aktien erhöhen werde, wenn die Bank ständig Dividenden zahle.
Fast beiläufig bemerkt der Bericht für 1908, der Leserkreis der »Jüdischen Rundschau« habe sich in den letzten Jahren vergrößert und der Verlag sei in der Lage, die Zeitung in besserer Ausstattung herauszugeben. Der gleiche Bericht jedoch erwähnt Verhandlungen über die Zusammenlegung der »Welt«, der »Jüdischen Rundschau« und dem »Jüdischen Verlag«. »Leider haben diese Fusionsbestrebungen bisher zu keinem Ergebnis geführt.« Da dieser Satz von den Berlinern Hantke, Leszynsky und Wollsteiner unterschrieben ist, ist er mit Vorbehalt anzunehmen.[114] Es ist unwahrscheinlich, daß das Berliner Zentralbüro bereit war, die Zeitung, die ihm zu Einfluß und Prestige verholfen hatte, aus der Hand zu geben. Finanzielle Schwierigkeiten zwangen die Leitung der »Jüdischen Rundschau«, die Vereinigung mit der »Welt«[115] vorzuschlagen, da es unlogisch war, zwei deutsche zionistische Zeitungen in Deutschland herauszugeben.[116] Wolffsohn wollte jedoch auf keinen Fall die »Welt« nach Berlin übergehen lassen, und die Verhandlungen verliefen ergebnislos.[117]

Die Entlassung Heinrich Loewes

Die »Jüdische Rundschau« hatte nicht nur finanzielle Probleme. Seit der Ugandakrise kam die Frage ihrer politischen Richtung nicht von der Tagesordnung herunter. Als offizielles Organ der »Zionistischen Vereinigung für Deutschland« war sie verpflichtet, die Stellung ihrer Leitung und die des Aktionskomitees zu vertreten. Es kamen aber auch von der offiziellen Linie abweichende Anschauungen zum Ausdruck, besonders da der Redakteur Heinrich Loewe selbst oppositionelle Meinungen unverblümt veröffentlichte.[118] Loewe versuchte, die Zeitung zwischen der Loyalität zur Führung und seiner

114 Bericht des Central-Bureaus der ZVfD (zum Delegiertentag 1908), a.a.O.
115 »Die Welt« erschien ab 1905 in Köln unter der Redaktion von Berthold Feiwel.
116 Wolffsohn an Loewe, 8. 9. 1907, CZA W29/I.
117 »Vor allem werde ich die ›Welt‹ auch nicht stückweise von Köln abgeben. Dieselbe muß in Köln hergestellt und gedruckt werden.« ebd. »Die Welt«, als offizielles Organ der zionistischen Weltorganisation, forderte den Vorrang vor den Zeitungen der Landesorganisationen. Dies war zum Teil die Ursache, daß die Beziehungen zwischen den Redaktionen der »Welt« und der »Jüdischen Rundschau« zuweilen gespannt waren. So z.B. äußerte die Leitung der Weltorganisation in Köln, daß die »Jüdische Rundschau« Nachrichten, sogar bis zur Hälfte des Blattes, abgedruckt habe, ohne deren Quelle anzugeben. Centralbureau der Zionistischen Weltorganisation Köln an Centralbureau der ZVfD Berlin, 14. 7. 1906, CZA Z2/401.
118 Wegen seiner scharfen Propagandareden wurde er »Heinrich der Loewe« genannt.

radikalzionistischen Auffassung zu manövrieren. Die Schwierigkeiten, die sich hieraus ergaben, sind aus einem Brief an Herzl während der Ugandakrise ersichtlich:

> »(Ich) übersende Ihnen gleichzeitig einige Nummern der ›Jüdischen Rundschau‹. Mir liegt daran, unter Wahrung meines Standpunkts, nicht die Kreise des AC zu stören. Ich glaube zwar, gerade in der Ost-Afrika-Sache ganz konform zu ihren Intentionen mich zu bewegen, würde Ihnen aber dankbar sein, wenn Sie die betreffenden Stellen einer Durchsicht gelegentlich unterziehen wollten.«[119]

Zur Zeit der Ugandakrise brachte die »Jüdische Rundschau« Diskussionsbeiträge aus beiden Lagern. Das Zentralbüro wies die Forderung der »politischen Zionisten« zurück, die Redaktion wegen Einseitigkeit zu wechseln, beschloß jedoch, den Charakter der Zeitung und ihre Richtung zu ändern. In Zukunft werde sie die Behandlung von innerzionistischen Problemen einschränken und ihre Spalten nur in »außergewöhnlichen Fällen« diesen Themen zur Verfügung stellen. Diese sollte die »Welt« behandeln. Die »Jüdische Rundschau« werde sich hauptsächlich mit Außenagitation und Erörterung allgemein-jüdischer Fragen befassen. Das war die Tendenz der Konservativen und der gemäßigten Führung in Köln und Berlin, die den Weg zur inneren Befriedung und den Anschluß der Zionisten an die allgemeinen Institutionen der deutschen Judenheit bahnen sollte. Auch äußerlich bekam die Zeitung eine neue Aufmachung. Um sie wieder wesentlich zu einem Agitationsblatt auszugestalten, wurde der Untertitel »Organ der Zionistischen Vereinigung für Deutschland« in »Allgemeine jüdische Zeitung« umbenannt. Aus demselben Grunde wurden auch die offiziellen Parteinachrichten, die Berichte der Ortsgruppen und der Nationalfondssammlungen in einem besonderen Beiblatt gebracht. Um bösen Zungen zuvorzukommen und etwaige Zweifel zu entkräften, betonte das Zentralbüro: »Selbstverständlich bleibt das Blatt nach wie vor das offizielle Organ der Zionistischen Vereinigung für Deutschland.«[120]
Die Umstellung der »Jüdischen Rundschau« wurde im Laufe des Jahres 1906 durchgeführt. Interne Diskussionen der deutschen Zionisten, wie z. B. über die Anteilnahme der Juden an der deutschen Innenpolitik, wurden jetzt in der »Welt« geführt. Doch der neue Trend machte die »Rundschau« sichtlich langweilig. Aus diesem Grunde kehrte die Redaktion schon 1907 zum alten Kurs zurück. Wieder füllten innerzionistische Probleme die ersten Seiten der Zeitung. Die Kritik der Konservativen richtete sich nun gegen die radikale Einstellung des Redakteurs, und sie forderten seine Entlassung. Es war allerdings nicht leicht, einen dahin zielenden Beschluß zu fassen. Handelte es

---

119 Heinrich Loewe an Herzl, 4. 10. 1903, CZA 146/1.
120 Central-Bureau der ZVfD Berlin, Rundschreiben Nr. 23, 21. 2. 1906, CZA Z2/401.

sich doch um einen der ersten deutschen Zionisten, der sich große Verdienste um die Bewegung und ihre Presse erworben hatte und in hohem Ansehen auch bei den osteuropäischen Zionisten stand.[121] Es verwundert daher nicht, daß sich die Diskussion, auf welche Weise der Mitgründer und erste Redakteur der »Jüdischen Rundschau« abgesetzt werden sollte, über lange Monate des Jahres 1908 hinzog. Im Juni dieses Jahres beschloß das Zentralkomitee dann prinzipiell, daß Heinrich Loewe sein Amt niederlegen sollte.[122]
Bodenheimer billigte die Härte des Beschlusses nicht und versuchte sie zu mildern. Er empfahl Hantke, sich mit Loewe in Güte zu verständigen und ihm die Redaktion der Literaturbeilage und »einen gewissen Einfluß« auf die künftige Redaktion zu belassen. Ferner bat er die Genossen im Zentralbüro:

> »Ich halte es auch für richtig, ihm gegenüber zum Ausdruck zu bringen, daß wir seine Verdienste um die Sache und die Redaktion der Rundschau durchaus anerkennen, daß wir aber die Redaktion deshalb trotzdem nicht in seinen Händen lassen können, weil die allgemeine Stimmung durch die scharfe Tonart einzelner seiner Artikel sich immer stärker gegen ihn ausgesprochen hat.«

Gleichzeitig gab er bekannt, daß er für die Entlassung Loewes stimmen werde, sollte keine gütliche Einigung zustande kommen.[123]
Parallel zu diesem Brief schrieb Bodenheimer an Loewe. Er bat ihn freundschaftlich, die Änderung der Redaktion mit dem Geschäftsführenden Ausschuß in entgegenkommender Weise zu regeln und teilte ihm mit, daß er »einen maßgebenden Einfluß auf das Literaturblatt und auch sonst auf die Redaktion der Rundschau« befürwortet habe ... Er fügte jedoch hinzu:

> »Ich weiß sehr wohl Ihre Verdienste um die Rundschau und Ihre aufopfernde Arbeit für die Sache zu schätzen. Sie werden sich aber der Tatsache nicht verschließen können, daß auf die Dauer ein Parteiorgan nicht gegen die allgemeine Stimmung der Parteigenossen geleitet werden kann und daß demnach eine Änderung in der Redaktion unbedingt im Interesse der Sache erwünscht ist.«

Bodenheimer drückte seine Hoffnung aus, daß Loewe seine Angelegenheit nicht zu einer formellen Abstimmung bringen werde, da eine solche nach außen einen unangenehmen Eindruck hervorrufen würde.[124]

---

121 Loewe veröffentlichte Broschüren über die jiddische Sprache, in der er eine der nationalen Sprachen des jüdischen Volkes sah. Heinrich Loewe, Die Sprachen der Juden, Köln 1911; Die jüdischdeutsche Sprache der Ostjuden, Berlin 1915.

122 Central-Bureau der ZVfD an Mitglieder des Zentralkomitees, 25. 6. 1908, CZA A15/VII/21; Central-Bureau der ZVfD an Zentralkomitee der ZVfD Köln, 26. 6. 1908, ebd.

123 Bodenheimer an Central-Bureau der ZVfD Berlin, z.H. Dr. Hantke, 29. 6. 1908, CZA A15/I/8e.

124 Bodenheimer an Loewe, 29. 6. 1908, CZA A15/I/8e.

Offiziell gab das Zentralbüro den Abgang Loewes und die Ernennung von Julius Becker erst im Dezember 1908 bekannt.[125] Der Vorschlag Bodenheimers wurde nicht angenommen und das Zentralkomitee stimmte mit 15 Stimmen, einschließlich der des Vorsitzenden, gegen zwei Stimmen für die Entlassung Loewes.[126]

In der letzten Nummer des Jahres 1908 verabschiedete sich Loewe von seinen Lesern. Seine Abschiedsworte geben den Schmerz und die Erbitterung über die Art wieder, in der er aus der Redaktion auszuscheiden gezwungen wurde. Gegen Bodenheimers Rat gab er den Beschluß des Zentralkomitees bekannt, daß seine Entlassung infolge der Mißtrauenserklärung sämtlicher deutscher Zionisten, am heftigsten aus Frankfurt/M., Posen und Oberschlesien, wünschenswert sei. Er veröffentlichte sogar das Resultat der Abstimmung, bezweifelte aber, daß er so sehr isoliert in der Bewegung dastehe, wie das Zentralkomitee es darzustellen bemüht war.

Der Brief »An unsere Leser« enthielt ein »politisches Testament«, das die Befürchtungen Loewes bezüglich einer Änderung in der Tendenz der Zeitung enthüllt. Zweimal betonte er die Hoffnung, daß das Baseler Programm der Zeitung voranleuchte: »So lange auf der Stirnseite der ›Jüdischen Rundschau‹ das Baseler Programm zu lesen ist – und niemals wird es jemand wagen, es von dort zu entfernen – so lange wissen wir uns auf dem rechten Wege.«[127]

In der Vorschau der Zeitung für das Jahr 1909 kam die neue Tendenz zum Ausdruck. Die »Jüdische Rundschau« wollte kein exklusives jüdisches Wochenblatt sein, sondern eine »allgemeine jüdische Zeitung« modernen Stiles, die im »allgemeinen« stets das »jüdische Interessierende« und an den jüdischen Dingen das »für die Allgemeinheit Wichtige« hervorheben werde. Sie werde die Interessen *aller deutschen Juden* berücksichtigen und vertreten, gegen die Unaufrichtigkeit, die »Schönfärberei« und den »einschlummernden Optimismus« kämpfen und der Idee einer großzügigen Kolonisation in Palästina dienen.[128]

Im ersten Leitartikel des neuen Jahrgangs untermauerte der neue Redakteur diese Tendenz.

---

125 Central-Bureau der ZVfD Berlin, Rundschreiben Nr. 6, 4. 12. 1908, CZA A15/VII/21.

126 Heinrich Loewe, »An unsere Leser«, JR Nr. 52, 25. 12. 1908, S. 513. Aus einem Brief von Elias Auerbach an seinen Schwager Heinrich Loewe geht hervor, daß Wolffsohn im Rahmen des Kampfes gegen die Opposition auf Loewes Entlassung aus der »Jüdischen Rundschau drängte und ihn »wenig fair« behandelt habe. Bezüglich der Redaktion des Literaturblattes klagte Loewe, daß Hantke gegen ihn »lügenhaft« intrigiert und sich wie ein »Straßenräuber« benommen habe. Heinrich Loewe an Elias Auerbach, (Haifa), 9. 2. 1910, aus dem Nachlaß von Heinrich Loewe im Besitz seiner Tochter, a.a.O.

127 Heinrich Loewe, »An unsere Leser«, a.a.O.

128 Jüdische Rundschau, Prospekt für das Jahr 1909, 1. 1. 1909.

»Man wirft uns Juden nicht ohne guten Grund vor, daß wir allzu sehr rerum novarum cupidi, ein wenig neuheitslüstern und immer zur Verwerfung des ›guten Alten‹ bereit seien. Wollte man diesen Vorwurf auch uns machen, so müßten wir ja mit einem Hinweis eben auf das Baseler Programm antworten, das uns doch ein unabänderliches Axiom ist ... Uns aber leitet ein ganz anderer Wille. Nicht wir wollen Neues, weil es neu ist, sondern weite Kreise der deutschen Judenheit wenden sich vom Alten ab, weil es alt ist, und zu diesen dringt unsere Stimme nicht, wenn wir immer nur unter uns bleiben ... Eine Zeitung, die man regelmäßig erhält, liest man wohl einmal, zweimal nicht, dann wirft man einen Blick hinein, findet etwas, das Interesse weckt – und das Eis ist gebrochen. Diesen Zwecken unser Blatt dienstbar zu machen, ist der Gesichtspunkt, von dem wir bei der Neugestaltung ausgingen.«

Die »Jüdische Rundschau« wolle den deutschen Juden klarlegen, daß es keine andere Existenzmöglichkeit für das Judentum und das jüdische Volk gebe, außer im Zionismus und daß die Juden im Sinne der Definition Dr. Josephs »am Scheidewege« ständen. Der Kampf gehe nicht um jüdische Offiziere oder Subalternbeamte oder Schächtverbot. »Der Kampf, der uns in diesen nächsten Jahren und Jahrzehnten bevorsteht, geht um Hamlets Schicksalsfrage: ›Sein oder Nichtsein‹!«[129]

Der Wechsel am Steuer der »Jüdischen Rundschau« ist in seinen weiteren Zusammenhängen als politischer Akt, als Kampf zwischen dem radikalen und konservativen Flügel um Einflußstellungen in der zionistischen Weltbewegung und der ZVfD zu verstehen. Diese Gruppierungen waren Fortsetzungen der ersten Generation von »politischen Zionisten« einerseits und »Zione-Zion« und »Praktischen« andererseits. In diesem Kampf spielte Hantke eine zweideutige Rolle. Bei Loewes Entlassung stand er entschieden gegen ihn. Dieser Beschluß hätte gegen seinen Willen kaum angenommen werden können, da er als Mitglied des Zentralkomitees und zentrale Figur in der Leitung der Zeitung eine ausschlaggebende Meinung hatte. Überdies war es eine Entscheidung über Charakter und Gestalt der ZVfD, eine Entscheidung zugunsten der Auffassung der »Partei«, gegen die Auffassung der »Bewegung«.

129 Julius Becker, »Zur Einführung«, JR Nr. 1, 1. 1. 1909, S. 1.

Von der Bewegung zur Partei

Die Tendenz zur »Partei« ist in erster Linie an der Zentralisierung der Agitation erkenntlich. 1907 erhielten alle Ortsgruppen verpflichtende »Vorschriften«, deren Zweck es war, die örtliche Tätigkeit in »geordnete« Bahnen zu leiten.[130] Laut dieser »Vorschriften« sollten Versammlungen nur in Orten veranstaltet werden, in denen sich bereits ein »fester Stamm« von Zionisten gebildet hatte. Falls am Ort kein zum Vorsitz geeigneter Zionist vorhanden ist, soll ein solcher vom Gruppenverband entsandt werden.[131] Versammlungen seien gründlich vorzubereiten.

> »Soweit irgend tunlich, sind die Gemeindemitglieder mündlich zu beeinflussen und durch Broschüren und Flugblätter aufzuklären. Der Übergang zu neuen politischen Anschauungen vollzieht sich bei den meisten Menschen – insbesondere bei den für uns wertvollen intelligenten Elementen – nur allmählich. Man darf daher von einem kurzen Vortrage nicht alles erwarten, wenn derselbe auch noch so eindringlich gehalten ist.«[132]

Der Redner sollte rechtzeitig über die lokalen Verhältnisse, über die Strömungen in der Gemeinde und unter den Zionisten unterrichtet werden. Es wird empfohlen, den Redner vor dem Vortrag mit dem Rabbiner, den Gemeindevorstehern und anderen Notabeln der Gemeinde in Berührung zu bringen, um ihnen Gelegenheit zu persönlicher Einwirkung zu geben. Es ist wünschenswert, die Vorbesprechung in kleinem Kreise, in einer Privatwohnung oder in einem Vereinslokal zu veranstalten.[133] Auswärtige Redner sollen nur dann geladen werden, wenn ein größerer Erfolg zu erwarten ist. Zentrale Agitatoren sollen nicht an kleine oder für den Zionismus noch nicht reife Gruppen vergeudet werden. Für Kleinstädte und anspruchslosere Bevölkerung sollen jüngere Agitationsredner verwendet werden.[134] Diskussionen sind nur da zweckentsprechend, wo das Publikum bereits eingehende Kenntnis vom Wesen des Zionismus hat. »Andererseits wird durch dieselben sehr oft nur vorlauten Elementen Gelegenheit gegeben, sich zu brüsten und der Redner gezwungen, sich mit oft albernen Einwänden abzugeben.« Solche Diskussionen verderben die Wirkung der Vorträge.

In der Ausprägung des Parteicharakters war es kein bloßer Zufall, daß in derselben Sitzung des Zentralbüros, in der Loewe entlassen wurde, zum ersten Mal in der Geschichte der ZVfD über die Anstellung eines besoldeten Parteise-

---

130 Central-Bureau der ZVfD, Bei Veranstaltungen öffentlicher Versammlungen zu beobachtende Vorschriften! o.D. (1907), CZA Z2/403.
131 ebd. Paragraph I.
132 ebd. Paragraph II.
133 ebd. Paragraphen III, VIII.
134 ebd. Paragraph IV.

kretärs beschlossen wurde. Paradoxerweise war Kurt Blumenfeld, der dieses Amt 1909 annahm, alles andere als ein Routinebeamter. Seine ideologischen Verdienste waren weit größer als seine organisatorischen, und er war gewissermaßen ein »trojanisches Pferd« für die konservative Führung. Mit seinem Amtsantritt wuchs der Einfluß der Studentenverbindungen, die sich den Weg in die Führerschaft der ZVfD bahnten.

Ein Beispiel der Unzufriedenheit der Studenten über die Situation in der Zionistischen Vereinigung gibt ein Brief Richard Lichtheims, Mitglied des Präsidiums der Studentenverbindung »Hasmonaea«. Er schrieb »vertraulich« an Hantke und übte scharfe Kritik an der zentralistischen Arbeitsweise des Zentralbüros. »Heute muß sich das Zentralbüro um jeden Quark kümmern, mit jeder Ortsgruppe verhandeln.« Lichtheim schlug eine Reorganisation vor, die dahin zielte, die Gruppenverbände zu verantwortlichen Körperschaften zu machen, die selbständig für Schekeleingänge, lokale Propaganda und sämtliche laufende Geschäfte der Ortsgruppen zu sorgen hätten. Dadurch sollte die Berliner Zentrale entlastet und lokale Kräfte angeregt werden.

Lichtheim griff den Vorstand der ZVfD an, der seines Erachtens in der Geschäftsführung gescheitert sei. Die wichtigsten Probleme wären zwar auf dem Delegiertentag besprochen worden, »was nützt aber alles Gerede, wenn keine Leitung da ist, die im Sinne der Beschlüsse vorgeht?« Den Zionisten fehle jegliche ideologische Direktive. Er forderte, eine gründliche Revision in der Leitung vorzunehmen, »einen richtigen Parteivorstand zu bilden«, der »im großen Stil« arbeite und endlich die wichtigen Probleme des deutschen Zionismus behandle: die Gemeindepolitik, das Verhalten zu den großen jüdischen Organisationen und das Verhalten zur Landespolitik.

> »Natürlich dürfen in der Parteileitung nicht unfähige Menschen sitzen; die Abfassung einer Broschüre, lyrischer Gedichte oder witziger Tischreden beweisen weder politisches noch organisatorisches Talent. (Sie wissen welche A.C.-Mitglieder ich meine.) Wenn Sie aber mit Friedemann, Klee und noch 2 Leuten eine vernünftige Leitung bilden wollen, so wäre schon viel gewonnen. Wegen Bodenheimer darf der Zionismus nicht Schaden leiden. Ich habe mit diesem Meergreis Mitleid; wenn aber die Direktionslosigkeit so weiter geht, so werden all die unzufriedenen Akademiker bald abschwenken. Das bißchen Vereinsmeierei kann den Zionismus nicht halten. Wenn wir eine Volkspartei werden wollen, *so müssen die lokalen Kräfte geweckt, die Kleinarbeit dezentralisiert, die große Propaganda neu angeleitet und eine in allen zionistischen Fragen führende Parteileitung geschaffen werden.*« [135]

135 Richard Lichtheim an Hantke, 1. 6. 1908, CZA A11/32/9; Hervorhebungen im Original. Die Unzufriedenheit der Akademiker über das niedrige Niveau der zionistischen Agitation kam schon früher zum Vorschein. Sie beabsichtigten sogar, eine separate »Vereinigung der zionistischen Akademiker« (keine Studentenverbindung!) zu gründen. Julius Moses, »Eine Vereinigung der zionistischen Akademiker in Deutschland«, IR Nr. 38, 19. 9. 1902.

Es war die Absicht dieses Briefes, Hantke dazu anzuregen, dem 11. Delegiertentag, für Juni 1908 nach Breslau einberufen, Vorschläge in diesem Sinne zu unterbreiten. Auch auf dem Delegiertentag klagten Delegierte über die Untätigkeit des Zentralkomitees, daß Zionisten Reden hielten, aber nicht arbeiteten. Sogar das Zentralbüro, das fleißig arbeitete, habe seine Aufgabe nicht erfüllt, da die Anregungen für die Ortsgruppen nur geringe Vertrautheit mit den tatsächlichen Verhältnissen zeigten. Es wäre notwendig, einen besoldeten Parteisekretär zu ernennen, der die Agitations- und Kleinarbeit der Ortsgruppen und Gruppenverbände systematisch ausgestalte.[136] Bodenheimer mußte zugeben, daß die Vorwürfe gegen das Zentralkomitee berechtigt waren. Die Tätigkeit werde lahmgelegt, da seine Mitglieder über ganz Deutschland zerstreut wären. Prinzipiell erklärte er sich einverstanden, zurückzutreten und den Herren, welche die Arbeit tun, auch die Verantwortung zu übertragen, d.h. das Zentralkomitee nach Berlin überführen. Da aber durch diesen Schritt Schwierigkeiten entstehen würden, gab er den Bitten seiner Freunde nach und war bereit, wiedergewählt zu werden, unter der Bedingung, daß das Zentralbüro in Berlin ein Geschäftsführender Ausschuß des Zentralkomitees werde.[137] In einem privaten Brief äußerte er sich näher in dieser Angelegenheit:

> »Leider habe ich meine Absicht, den Vorsitz niederzulegen, und aus dem Zentralkomitee auszuscheiden, nicht durchführen können. Die Verhältnisse in Berlin sind noch nicht reif dazu und habe ich es trotz meiner Inanspruchnahme durch andere Arbeiten und Verpflichtungen nicht über mich bringen können, die Organisation in Deutschland der Gefahr einer Schwächung durch den Mangel einer autoritativen Spitze auszusetzen.«[138]

Der Delegiertentag bestätigte erneut den Vorsitz Bodenheimers und Köln als Sitz des Zentralkomitees. Andererseits aber stärkte er die Autorität des Berliner Zentralbüros. Er ernannte einen siebenköpfigen Geschäftsführenden Ausschuß in Berlin, dem die vier Mitglieder des Zentralbüros und drei weitere in Berlin ansässige Mitglieder des Zentralkomitees angehörten. Mit diesem Beschluß wurde faktisch eine Zwischenstufe bis zur gänzlichen Überführung des Zentralkomitees nach Berlin geschaffen.[139]
Dieses Übereinkommen geht allerdings nicht klar aus dem Protokoll des Delegiertentages hervor, wurde aber scheinbar hinter den Kulissen getroffen.

---

136 Debatte des Delegiertentages, JR Nr. 25, 19. 6. 1908, S. 235.
137 ebd.
138 Bodenheimer an (Efraim) Adler-Lübeck, 30. 6. 1908, CZA A15/I/8e.
139 Hantke, Central-Bureau Berlin: An die Mitglieder des Central-Komitees, 12. 6. 1908, CZA A15/VII/21.

Dies läßt sich aus einem Privatbrief Bodenheimers an den jungen Rechtsanwalt Pinkus folgern:

»In Beantwortung Ihres Schreibens vom 28. 4. beehre ich mich, Ihnen mitzuteilen, daß ich gemäß Vereinbarung auf dem letzten Delegiertentag nur die formelle Leitung des Central-Comitees beibehalten habe, jedoch ausführlich jede Verantwortlichkeit für die Tätigkleit des Geschäftsführenden Ausschusses ablehnen mußte. Die Gründe hierfür sind einleuchtend. Da der Geschäftsführende Ausschuß die ganze Correspondenz führt und die regelmäßigen Sitzungen in Berlin stattfinden, ist es mir völlig unmöglich, einen Einfluß auf die Geschäftsführung auszuüben. Daß dieser Zustand kein dauernder sein kann, ist selbstverständlich und hoffe ich, daß der nächste Delegiertentag die von mir längst ersehnte Änderung bringen möchte.«[140]

Nicht alle Mitglieder des Zentralkomitees gaben sich mit der Abgabe der Kompetenzen an das Zentralbüro und den Geschäftsführenden Ausschuß zufrieden. Als dieser vor dem 9. Kongreß einen Beschluß politischen Charakters faßte, beschwerte sich Hugo Schachtel, daß »es doch wohl nicht zu den Aufgaben des Geschäftsführenden Ausschusses gehört, im Namen ›der deutschen Zionisten‹ politisch bedeutsame Erklärungen abzugeben«. Er protestierte gegen diese Kompetenzüberschreitung und nahm an, daß Bodenheimer desgleichen tun würde.[141] Obwohl ihm Bodenheimer prinzipiell zustimmte, scheint es, daß er diesbezüglich schon jede Hoffnung aufgegeben hatte. »Wie Sie wissen, ist die Klinke in Köln und das Schloß in Berlin ein unleidlicher Zustand, der mir jetzt jede Möglichkeit aktiver Betätigung in der Leitung der Zionistischen Vereinigung für Deutschland nimmt.« Er begnügte sich damit, Schachtels Protest nach Berlin weiterzuleiten.[142]
Der Rücktritt Bodenheimers und die Überführung des Vorstandes der ZVfD nach Berlin waren nur noch eine Frage der Zeit. Die intensive Tätigkeit, die das Berliner Zentralbüro zur Vorbereitung des 9. Kongresses (Hamburg 1909) entfaltete, zeigte klar, wo die wirkliche Führung der ZVfD war.

140 Bodenheimer an Pinkus (Berlin), 4. 5. 1909, CZA A15/I/8e. Den Brief von Pinkus überwies Bodenheimer an den Geschäftsführenden Ausschuß des Zentralbüros in Berlin. In dieser Angelegenheit siehe weiteren Briefwechsel zwischen Pinkus, Badrian und dem Geschäftsführenden Ausschuß: Pinkus, Badrian an Central-Bureau, Juli 1909, CZA Z2/407.
141 Hugo Schachtel (Breslau) an Bodenheimer, 3. 10. 1909, CZA A15/I/8e.
142 Bodenheimer an Schachtel, 13. 10. 1909, ebd.

7. Kapitel

Über die Aktivität der deutschen Zionisten in der Zionistischen Weltorganisation

Die Veranstaltung eines Zionistenkongresses in Deutschland war fraglos ein Meilenstein für die zionistische Bewegung und besonders für die deutschen Zionisten.

Seit der Vorstand der Gemeinde München die Abhaltung des Kongresses in dieser Stadt vereitelte, hatte die zionistische Bewegung ein gutes Stück Weg zurückgelegt. Ihre Erstarkung und Dauerhaftigkeit, das Vermögen, über Enttäuschungen und politische Fehlschläge, Führungswechsel und innere Konflikte hinwegzukommen, machten sie zu einem stabilen politischen Faktor, dessen Existenz Juden und Nichtjuden nicht verleugnen konnten.

Die deutschen Zionisten sahen in der Abhaltung des Kongresses eine Demonstration gegen ihre Gegner, einen schneidenden Beweis gegen den imaginären Gegensatz zwischen Zionismus und Patriotismus und eine indirekte Reaktion gegen den Verdacht der Illoyalität der palästinensischen Juden gegen die Türkei.[1]

Obwohl sich die Einstellung der offiziellen Vertretung der deutschen Judenheit kaum geändert hatte, protestierte sie nicht gegen die Abhaltung des Kongresses in diesem Land. Hinter den Kulissen jedoch spielte sich eine rege Tätigkeit auf politischer und Gemeindeebene ab, deren Absicht es war, die offizielle Anerkennung zu vereiteln.

---

[1] »Hauptaufgaben des IX. Kongresses«, JR Nr. 44, 29. 10. 1909, S. 485. Geheimrat Goldberger, der Vorsitzende des deutschen Zweiges der »Alliance Israélite Universelle«, beschuldigte die zionistische Bewegung, daß sie die türkischen Juden und die Türkei selbst gefährde. »Geheimrat Goldberger und der Zionismus«, JR Nr. 25, 18. 6. 1909, S. 281.
Die »Alliance Israélite Universelle« wirkte in der Türkei gegen die Zionisten in dem heiklen Moment, in dem die Jungtürken ihre Einstellung zum Zionismus bestimmten.
In der »Welt« beschuldigte Sokolow die »Alliance« in einem auf Wolffsohns Initiative geschriebenen Artikel, daß sie gegen den Zionismus den Weg der Verleumdung eingeschlagen hätte und dadurch die jüdische Solidarität untergraben hätte. »Mißverständnisse«, Welt Nr. 32, 6. 8. 1909, S. 709.
Wolffsohns Absicht war, den Konflikt nicht zu verschärfen. »Man kann sehr gut auf die Gefahr hinweisen, die für die Alliance entstehen könnte, wenn wir zurückschießen wollten ... Wir haben wenigstens, seitdem ich die Leitung übernommen habe, uns von jedem Angriff ferngehalten.« Wolffsohn an Hantke, 23. 8. 1909, CZA A11/7/1.

Das Dilemma der Begrüßung

Im Dezember 1909 wandte sich David Wolffsohn an den Senat der Freien Reichsstadt Hamburg und bat im Namen der zionistischen Weltorganisation, der Senat möge eine offizielle Delegation zum Kongreß entsenden, die ihn im Namen der regierenden Behörden begrüße. In der Begründung seiner Bitte stützte er sich auf die Anerkennung der zionistischen Bewegung durch »regierende Häupter«, wie der Empfang der Zionistendelegation durch den deutschen Kaiser im Jahre 1898 im Zeltlager vor Jerusalem.[2] Ein Brief des Kongreßbüros informierte den Senat über die Länder, aus denen Kongreßdelegierte kommen würden, und die Personen und Körperschaften, die zum Kongreß geladen waren. Um hervorzuheben, daß der Kongreß den Hamburger Juden willkommen sei, bemerkte das Kongreßbüro, daß der Vorstand des »Deutsch-Israelitischen Synagogenverbandes« *in corpore* auf dem Kongreß erscheinen werde und dessen Vorsitzender eine Begrüßungsansprache halten werde. Ferner werde ein festlicher Gottesdienst stattfinden, den ein Vertreter des hamburgischen Oberrabbinats mit einer Ansprache beehren werde. Von den Nachbargemeinden hätten Altona, Wandsbek, Lübeck und Kiel ihr Kommen zugesagt und den Vertretern von Altona und Wandsbek die Begrüßungsansprache übertragen. Der Brief verschweigt allerdings nicht, daß die »Deutsch-Israelitische Gemeinde«, die »Portugiesische Gemeinde« und der »Israelitische Tempelverband« die Einladung des Kongreßbüros negativ beantwortet hatten.[3]

Diesem Brief gingen mündliche Verhandlungen zwischen dem Kongreßbüro und dem Senat voran. Max M. Warburg, Haupt des Hamburger Bankhauses Warburg, in hohem Ansehen in der jüdischen Gemeinde, der Stadt Hamburg und beim Kaiser[4], hatte von diesen Verhandlungen Kenntnis erhalten. Noch bevor Wolffsohn seine Bitte dem Senat überreichte, wandte sich Warburg an den Senator Westphal, um ihn in dieser Angelegenheit zu beraten:

> »Wie ich höre, hat sich die Leitung des Zionisten-Kongresses, welcher in Hamburg tagen wird, an den Senat gewandt, um, wenn möglich, offiziell empfangen zu werden.

---

[2] David Wolffsohn, Zionistisches Zentralbureau an den Hohen Senat der Freien und Hansastadt Hamburg, 7. 12. 1909, Staatsarchiv Hamburg, CL VII/Lit. RF 29, Vol. 131.

[3] Der »Deutsch-Isrealitische Synagogenverband« war eine Dachorganisation sämtlicher jüdischer Gemeinden in Hamburg. Die »Deutsch-Israelitische Gemeinde« war die größte und repräsentativste Gemeinde, in der, ähnlich wie in Berlin, liberale und konservative Juden organisiert waren. Der »Israelitische Tempel-Verband« repräsentierte die Reformgemeinde.

[4] In einer Unterhaltung des Verfassers mit Warburgs Sohn, Eric M. Warburg, im August 1974 behauptete dieser, daß die Bezeichnung »Kaiserjude« nicht auf seinen Vater zutreffe. Max M. Warburg habe sich nicht dem Kreis des Kaisers anschließen wollen. Er sei in ihn durch Albert Ballin hineingezogen worden, und auch dann habe er eine selbständige und stolze Haltung gewahrt.

Ich zweifle zwar nicht daran, daß dieses Gesuch abgewiesen werden wird, stehe aber, falls Sie etwas Näheres über die Bestrebungen dieses Kongresses zu wissen wünschen, sehr gern zu Ihrer Verfügung. Die Tendenzen, welche die Zionisten, zwar in durchaus gutgläubiger, aufopfernder Weise, verfolgen, sind nicht ungefährlich und verdienen nach meiner Ansicht in keiner Beziehung eine offizielle Unterstützung.«[5]

Auf Grund des obenerwähnten Briefes begann ein Beamter des Senats, Informationen über den Zionismus und den Kongreß zu sammeln. Besonders interessierte er sich für die Beziehung der deutschen Behörden und der des Kantons Basel, wo einige Kongresse stattgefunden hatten, zum Zionismus, sowie für die Einstellung der Nichtzionisten in Deutschland. Warburg überreichte dem Senat sechs Bücher über den Zionismus, ferner Zeitungsausschnitte und Begrüßungsansprachen der Regierungen von Holland und des Kantons Basel. Er machte den Senat darauf aufmerksam, daß sowohl die portugiesische wie die »Deutsch-Israelitische Gemeinde« es abgelehnt hatten, sich in irgendeiner Form am Kongreß zu beteiligen, denn »man will vermeiden, daß irgendwie die feste Zugehörigkeit zum eigenen Vaterland in Zweifel gezogen wird, indem man die Bestrebungen der Zionisten unterstützt«. Warburg bemerkte, daß diese Motive für den Senat nicht maßgebend sein müssen, da der Zionismus, wie ihn zur Zeit die Mehrheit seiner Vorsteher versteht, nicht mehr die Schaffung eines Nationalstaates, der möglichst alle Juden umfaßt, beabsichtigt. Er beschränke sich vielmehr darauf, »für das jüdische Volk die Schaffung einer öffentlich-rechtlich gesicherten Heimstätte in Palästina« zu erstreben. Es sei dahingestellt, ob die Majorität der Zionisten, die sich diese Beschränkung auferlegt habe, weiterhin den ausschlaggebenden Einfluß behalten werde.[6]
Die Notizen, die dem Senat als Unterlagen zum Beschluß vorgelegt wurden, sind erhalten geblieben. Der Verfasser der Notizen schildert den Widerstand der Münchner Gemeinde gegen den ersten Kongreß und die Erklärung der »Protest-Rabbiner«, nach denen der Kongreß in Basel abgehalten wurde.[7] Er verwies die Senatoren auf das Problem »Patriotismus und Staatsbürgertum und nationale Bestrebungen« und bemerkte, daß sich die Zionisten in Österreich zu einer nationaljüdischen Partei zusammengeschlossen hatten, die 1907 bei den Reichstagswahlen Erfolge errang. Des weiteren stellte er fest, daß eine offizielle Begrüßung seitens einer staatlichen Behörde auf keinem der Kongresse stattgefunden habe. Dies gelte auch für die Regierung des Kantons Basel,

---

5 Max M. Warburg an Senator Otto E. Westphal, 5. 11. 1909, Staatsarchiv Hamburg, CL VII/ Lit. RF 29, Vol. 131.
6 Max M. Warburg an Senatssekretär Emil Ludwig, 11. 12. 1909, ebd.
7 Der Sekretär stützte sich auf den Artikel »Protestrabbiner« im Zionistischen A-B-C Buch und auf den Ablauf der Kongresse, die dieses Buch beschrieb.

welche die Einladung zu den Kongressen »mit einigen freundlichen Worten« schriftlich beantwortet habe.[8]

Der Verfasser der Notizen setzte den Wert der Begrüßungsschreiben bewußt herab, obwohl diese vom Präsidenten des Regierungsrates unterschrieben waren und mehr enthielten als ein bloßes »Willkommen«: »... ergreift der Regierungsrat gern die Gelegenheit, dem Kongreß seinen Willkommensgruß zu entbieten und seiner aufrichtigen Achtung für dessen Bestrebungen Ausdruck zu verleihen. Basel, 28. Dezember 1901.«[9]

In der Begrüßung zum 6. Kongreß gab der Präsident des Regierungsrates bekannt, daß der Regierungsrat seinen Mitgliedern freigestellt habe, bei den Sitzungen anwesend zu sein. Er fügte hinzu: »... wenn es Ihnen gelungen ist, durch Ihre jährlichen Versammlungen in Basel Ihre ernsten Bestrebungen zu fördern und wenn der diesjährige Kongreß diese Bestrebungen neuerdings stärkt und sie einen weiteren Schritt ihrem Ziele entgegenführt, so gereicht es auch den Behörden der Stadt, die dem Kongresse Gastfreundschaft bieten darf, zur aufrichtigen Genugtuung. Basel, 19. August 1903.«[10]

Von besonderem Interesse ist die Interpretation der Stellungnahme des Kaisers zum Zionismus. Der Senatsbeamte meinte, der Kaiser sei in letzter Zeit »nicht als Freund der zionistischen Bestrebungen an die Öffentlichkeit getreten, sondern hat im Gegenteil große Zurückhaltung gezeigt«. Huldigungsschreiben der Delegiertentage deutscher Zionisten habe er nur einer lakonischen Antwort gewürdigt. So lautete das Telegramm an den Delegiertentag von 1904: »Seine Majestät der Kaiser und König lassen den dort versammelten Zionisten für den Huldigungsgruß danken.«[11]

Noch kürzer sei die Erwiderung auf ein Telegramm vom Delegiertentag des Jahres 1908 gewesen: »Seine Majestät der Kaiser und König lassen für freundlichen Huldigungsgruß danken.«[12]

Ebenso nichtssagend sei wohl das Telegramm, das der türkische Zeremonienmeister im Namen des Sultans an Theodor Herzl zum 5. Kongreß (1901) sandte: »Dr. Theodore Herzl, Président du Congrès sioniste, Bâle. J'ai soumis au pied du trône l'adresse d'hommage du Congrès, contenu dans vôtre télégramme et d'ordre de Sa Majesté je m'empresse de vous exprimer Sa haute satisfaction Impériale.«[13]

Der Senatsbeamte folgerte, daß die zionistische Bewegung von keiner Regierung anerkannt worden sei. Dem fügte Warburg eine Begutachtung hinzu, daß

---

[8] Notizen zu dem Gesuch des Zionistischen Zentral-Bureaus um Begrüßung des hier tagenden IX. Zionistenkongresses, Staatsarchiv Hamburg, CL VII/Lit RF 29, Vol. 131.
[9] ebd.
[10] ebd.
[11] ebd.
[12] ebd.
[13] ebd.

auch die Begrüßung des Repräsentanten der holländischen Regierung, de Pinto, zum Kongreß in Haag (1907), mehr in seinem eigenen Namen als im Namen seiner Regierung erfolgt war.[14]

Im Hinblick auf diese Begutachtung verwundert es nicht, daß der Senat dem Kongreßbüro für die Einladung dankte und erklärte, »daß der Senat zu seinem Bedauern nicht in der Lage ist, der Einladung durch Entsendung eines Vertreters zu entsprechen«.[15] Warburg hielt den Senat auch über die Nachklänge des Kongresses auf dem laufenden. Er sandte dem Senatssekretär Ludwig Zuschriften von Juden, die in der »Frankfurter Zeitung« erschienen waren und sich entschieden gegen die zionistischen Ideen, wie sie auf dem Hamburger Kongreß zum Ausdruck kamen, aussprachen. Max Warburg betonte, daß sich diese Ansichten mit seinen eigenen deckten und ziemlich allgemein von den deutschen Juden geteilt würden.[16]

Zur gleichen Zeit befaßten sich auch die Vorsteher der Hamburger Gemeinde mit der Frage, wie sie sich zum bevorstehenden Kongreß verhalten sollten. Sie hatten erfahren, das Kongreßbüro werde eine offizielle Delegation der Gemeinde einladen, um den Kongreß in ihrem Namen zu begrüßen. Noch bevor diese Einladung eintraf, beschlossen sie, bei den großen Gemeinden Rat einzuholen, wie sie in diesem beispiellosen Fall handeln sollten. Sie wandten sich an die Gemeinden in Berlin, Breslau, Frankfurt/M. und Basel – wo sechs der acht Kongresse stattgefunden hatten – und fragten deren Vorstände, wie sie sich verhalten hätten, wenn sie in ihre Lage geraten wären.[17]

Die Antwort des Berliner Gemeindevorstandes war eindeutig. Obwohl er sich gewöhnlich nicht zu hypothetischen Fällen äußere, sei er einstimmig der Ansicht, daß, wenn ein Zionistenkongreß in Berlin abgehalten worden wäre, er »mit Rücksicht auf die grundsätzliche Differenz in den Anschauungen, ablehnen müßte«.[18]

---

[14] Max M. Warburg an Staatssekretär Emil Ludwig, 11. 12. 1909, ebd.

[15] Dr. Siemson an das Präsidium der Zionistischen Organisation, 18. 12. 1909, ebd.

[16] Max Warburg war kein dogmatischer Antizionist. Nach 20 Jahren änderte er seine Meinung über den Zionismus. Die Ereignisse des ersten Weltkrieges und der ihr folgenden Revolution erschütterten das Gefühl der Sicherheit des Wilhelminischen Zeitalters. Warburg war ein Tatmensch und wollte das Siedlungswerk in Palästina mit eigenen Augen prüfen. Im Jahre 1929 besuchte er Palästina zusammen mit seinem Bruder Felix M. Warburg, Vorsitzender der erweiterten »Jewish Agency for Palestine«. Er war von dem Siedlungswerk, vor allem aber von dem neuen Typus des jüdischen Bauern und Industriearbeiters sehr beeindruckt und gab zu, sich bezüglich des zionistischen Aufbauwerks geirrt zu haben. Max M. Warburg, Aus meinen Aufzeichnungen, Privatdruck Eric M. Warburg, New York 1952, S. 138.

[17] Vorsitzender des Vorstandes der Deutsch-Israelitischen Gemeinde Hamburg an Vorstand der jüdischen Gemeinde Berlin, 4. 11. 1909. Identische Briefe wurden zu gleicher Zeit auch an andere Gemeinden geschickt. Die Einladung vom Kongreß-Bureau wurde erst am 20. 11. 1909 geschickt. Kalmus, Halpern, David, Bureau des IX. Zionisten-Kongresses an Deutsch-Isrealitische Gemeinde Hamburg, 20. 11. 1909, AHW 272 The Central Archives for the History of the Jewish People (im folgenden: CAHJP)

[18] Jacoby, Vorstand der jüdischen Gemeinde Berlin an Vorstand der Deutsch-Israelitischen Gemeinde Hamburg, 8. 11. 1909, ebd.

Die Vorsteher der Gemeinde Breslau erwiderten in einem scharf formulierten Brief: »Da wir jede Gemeinschaft mit den Zionisten ablehnen, würden wir einen Zionistenkongreß nicht beschicken und noch viel weniger begrüßen.«[19]
Im Vergleich mit den obigen Antwortbriefen scheint das Schreiben der Gemeinde Frankfurt gemäßigter zu sein und ihrem konservativen Charakter zu entsprechen. Der Gemeindevorstand behauptete, daß er die Einladung zum Kongreß nicht von vornherein abgelehnt hätte, »da die konkreten lokalen Verhältnisse, d.h. die Stellung und Bedeutung der Führer der zionistischen Ortsgruppen von erheblicher Bedeutung sind«. Sie sähen jedoch keinen Grund, daß der Vorstand einer deutschen Gemeinde sich offiziell an einem derartigen Kongreß beteilige.[20]
Die Lage der Zionisten in den Gemeinden kam in gewissem Maße in dem Rat der Gemeinde München, die sich 1897 gegen die Abhaltung des ersten Kongresses in ihrer Stadt gewehrt hatte, zum Ausdruck. Ihre Einstellung war diesmal weniger extrem. Dennoch betonte sie: »Wir würden in einem höflichen Schreiben darauf hinweisen, daß wir die Bestrebungen des Zionismus nicht zu billigen vermögen, daß wir es daher, um Auseinandersetzungen zu vermeiden, vorziehen, der Einladung nicht Folge zu leisten.«[21]
In diesem Zusammenhang ist es sinnvoll, die Antwortschreiben der deutschen Gemeinden mit dem der Gemeinde Basel zu vergleichen. Die Vorsteher dieser Gemeinde betonten ebenfalls, daß sie die Teilnehmer des Kongresses nie offiziell begrüßt und nie an seinen Sitzungen teilgenommen hätten. »Einzelne Mitglieder des Vorstandes machten privatim von den ihnen zugestellten Eintrittskarten Gebrauch.«[22]
Obwohl sich im Laufe eines Jahrzehnts eine gewisse positive Einstellung der kantonalen Regierung zum Zionismus abzeichnete, hüteten sich die Baseler Gemeindevorsteher, sich mit seinen Zielen in irgendeiner Weise zu identifizieren.
Nach dieser Umfrage konnte der Hamburger Gemeindevorstand die Einladung der Kongreßleitung mit gutem Gewissen ablehnen:

> »So sehr der unterzeichnete Vorstand auch den edlen Bestrebungen, das Los unserer verfolgten Glaubensgenossen zu bessern, sympathisch gegenübersteht, so sieht er sich doch zu seinem Bedauern, mit Rücksicht auf die

[19] Vorstand der Synagogengemeinde Breslau an Deutsch-Israelitische Gemeinde Hamburg, 9. 11. 1909, ebd.
[20] Der Vorstand der Israelitischen Gemeinde Frankfurt/M. an Vorstand der Deutsch-Israelitischen Gemeinde Hamburg, 11. 11. 1909, ebd.
[21] Verwaltung der Israelitischen Kultusgemeinde München an Vorstand der Deutsch-Israelitischen Gemeinde Hamburg, 12. 11. 1909, ebd.
[22] Israelitische Gemeinde Basel an Vorstand der Deutsch-Israelitischen Gemeinde Hamburg, 8. 11. 1909, ebd.

vollständige Abweichung der Ansichten nach der politischen Seite hin, veranlaßt, die Einladung ablehnen zu müssen.«[23]

Die Höflichkeit der Absage sollte nicht irreführen. Noch immer fühlte sich die jüdische Öffentlichkeit in Deutschland vom Zionismus bedroht und fürchtete eine negative Reaktion der christlichen Umwelt. Diese Erscheinung verurteilte der Hamburger Jude H. Bachrach, der gegen die Absage der Gemeindeleitung protestierte, die weder den freiwilligen Charakter der Gemeinde noch die Anhänger des Zionismus unter ihren Mitgliedern berücksichtigt habe:

»Die Furcht nach oben anzustoßen, erscheint mir und vielen anderen nicht gerechtfertigt, wie wir andererseits um die Sympathie unserer antisemitischen Feinde nicht zu buhlen nötig haben, gibt es doch kein Mittel, diese zu Freunden umzuwandeln.«[24]

Gänzlich konnte sich die Gemeinde scheinbar doch nicht dem Kongreß verschließen. Sei es, daß sie nicht stillschweigend über eine Zusammenkunft von Juden aus der ganzen Welt hinweggehen konnte oder um die Ablehnung der Begrüßung zu mildern – die Gemeinde lud die Kongreßdelegierten ein, ihre Institutionen, das Waisenhaus, die Schule, das Krankenhaus und das Altersheim, mit ihrem Besuch zu beehren.[25] Nach einigen Tagen lud der jüdische Turnausschuß in Hamburg den Vorstand der Gemeinde ein, bei einem Schauturnen zu Ehren der Kongreßteilnehmer anwesend zu sein. Die vier Gemeindevorsteher lehnten es ab, Ehrenkarten zum Schauturnen anzunehmen, aus Furcht, es könnte ihrer Anwesenheit politische Bedeutung beigemessen werden.[26] Die Leitung des Kongresses revanchierte sich mit einem lakonischen Brief, in dem sie mitteilte, daß es ihr wegen der überlasteten Tagesordnung nicht möglich sei, einen gemeinsamen Besuch der Delegierten in den Gemeindeinstitutionen anzuordnen.[27]
So scheiterte auch der Versuch einer informellen Annäherung. Die Gemeindeobrigkeit schrak vor einem möglichen Eindringen der Zionisten ins Gemeindeleben zurück. Den Zionisten wurde also nochmals die von ihnen benötigte Legitimation durch die *jüdische* Öffentlichkeit vorenthalten. Eine solche hätte zur Stärkung ihrer internationalen Position beigetragen.

---

23 Vorsitzender der Deutsch-Israelitischen Gemeinde Hamburg an Direktion des IX. Zionisten-Kongresses, 24. 11. 1909, ebd. Dieser Beschluß wurde am 1. 12. 1909 vom Deutsch-Israelitischen Synagogen-Verband bestätigt.
24 H. Bachrach an Vorstand der Deutsch-Israelitischen Gemeinde Hamburg, 7. 12. 1909, ebd.
25 Vorstand der Deutsch-Israelitischen Gemeinde an Direktion des IX. Zionisten-Kongresses, 13. 12. 1909, ebd.
26 Ernst Tuch, i. A. Turnausschuß an Deutsch-Israelitische Gemeinde Hamburg, 17. 12. 1909, ebd.
27 Bureau des IX. Zionisten-Kongresses an Vorstand der Deutsch-Israelitischen Gemeinde Hamburg, 22. 12. 1909, ebd.

Die deutsche Landsmannschaft auf dem 9. Zionistenkongreß

Eigentlich durfte Wolffsohn mit dem Ergebnis des 8. Kongresses zufrieden sein. Der Ansturm der »praktischen« Zionisten war offenbar mißlungen und hatte mehr persönlichen als sachlichen Charakter getragen. Wolffsohn hatte auch die persönliche Rivalität zwischen den beiden russischen Zionistenführern Ussischkin und Tschlenow durch ein »Manöver« ausgenutzt und die Wahl beider in das Engere Aktionskomitee vereitelt. Prof. Otto Warburg erfreute sich im »Triumvirat« Wolffsohn-Warburg-Kann als Vertreter der »Praktischen« einer beträchtlichen Handlungsfreiheit. Tatsächlich war die neue Leitung auch tatkräftiger als die vorige und verkörperte sozusagen einen Kompromiß zwischen beiden zionistischen Lagern. Infolgedessen war die Mehrheit der deutschen Landsmannschaft zur Unterstützung der Führung bereit.[28] Wolffsohn konnte sich daher in der Hoffnung wiegen, auf dem nächsten Kongreß die Stimmen von 59 zusätzlichen Delegierten auf sich vereinigen zu können.[29]
Hier erlag Wolffsohn einem Irrtum. Die Erstarkung der »Praktischen« in der ZVfD wurde auf dem Breslauer Delegiertentag von 1908 deutlich, insbesondere im Laufe der Diskussion über Warburgs Referat »Die wirtschaftliche Entwicklung in Palästina«[30]. Wolffsohn hatte denWiderstand nicht richtig eingeschätzt; dieser war nicht nur gegen seine Politik, sondern gegen ihn persönlich gerichtet.[31] Außerdem verließ er sich zu sehr auf die traditionelle Gefolgschaft seiner eigenen Landsmannschaft. Er war sich zwar der Tatsache bewußt, daß ihn seine »gemäßigten Gegner« als einen schwachen Präsidenten – *pares inter pares* – akzeptierten, ahnte jedoch nicht, daß vor dem Kongreß eine Kampagne angezettelt wurde, die auf seine Absetzung hinzielte.[32]
Die Kampagne wurde in der Hauptsache von russischen und österreichischen Zionisten geführt. Auf der Tagung der Odessaer »Palästina-Gesellschaft« äußerte sich Chaim Weizmann: »Laßt das Zentrum der Bewegung nicht in einem entlegenen Winkel. Verlegt es nach Berlin, wo eine große jüdische Gemeinde und ein großes Kulturzentrum existiert.«[33] Als Wolffsohn von Verhandlungen in Konstantinopel zurückkehrte, wurde er von der »Jüdischen Zeitung«, dem

---

28 »Deutsche Landsmannschaft«, JR Nr. 33. 16. 8. 1907, S. 333f.

29 Stenographisches Protokoll der Verhandlungen des VIII. Kongresses in Haag, Köln 1907, S. 394; über den VIII. Kongreß siehe: Adolf Boehm, Die zionistische Bewegung, a.a.O., S. 380–386.

30 Otto Warburg, »Die wirtschaftliche Entwicklung Palästinas«, JR Nr. 24, 12. 6. 1908, S. 223–228; »Diskussion über den Delegiertentag«, JR Nr. 26, 26. 6. 1908, S. 245–247.

31 Siehe die Rede von Pasmanik auf dem VIII. Kongreß: Stenographisches Protokoll des VIII. Zionisten-Kongresses, a.a.O., S. 90.

32 Siehe die Rede Wolffsohns auf dem VIII. Kongreß, a.a.O., S. 121; ferner: Emil Bernhard Cohn, David Wolffsohn, Amsterdam 1939, S. 239–254.

33 Haolam Nr. 47, 5. 1. 1909, S. 10 (hebr.).

Organ der Zionisten Österreichs, angegriffen. Das Blatt erkundigte sich ironisch nach seinen Erfolgen und wandte sich gegen Geheimhaltung der zionistischen Politik. Man forderte, die Organisation solle die Jungtürken davon unterrichten, daß man keinen Staat im Staate zu errichten beabsichtige.[34]
Auf der Sitzung des Aktionskomitees am 13. Oktober 1909 in Köln führten die russischen und österreichischen Zionisten Beschwerde, daß man die Sitzung nach dem »entfernten Provinznest« Köln einberufen habe. Der Wiener Adolf Boehm übte scharfe Kritik:

> »Was hat die Leitung nach Innen und Außen getan? Nach Innen hat jedes Leben aufgehört. Wir bekommen von der Zentrale nichts als Zirkulare, in denen aufgefordert wird, Schekel zu sammeln. Es ist begreiflich, daß unter solchen Verhältnissen die Bewegung versumpfen muß, und doch würde eine Aktion, die von der Leitung ausgeht, neues Leben in die Bewegung bringen.«

Boehm lobte gleichzeitig die Verdienste Wolffsohns nach Herzls Tod; dank Wolffsohns Einsicht sei die Einheit der Bewegung gewahrt worden. Auch ein russischer Zionist, der der »demokratischen Fraktion« angehörte – Schmarjahu Lewin – griff die Leitung an. Lewin, im Laufe der Zeit in die erste Reihe der zionistischen Funktionäre aufgerückt, erklärte, eigentlich sei es ja nur eine Ein-Mann-Leitung, die im Gegensatz zu den Prinzipien der Demokratie handle. Solange die russischen Zionisten nicht vertreten seien, werde die Leitung nicht aus ihrer Untätigkeit herauskommen. Dem stimmte Ussischkin nicht bei. Der nächste Präsident der Organisation sollte nicht mehr vom Kongreß, sondern vom Engeren Aktionskomitee gewählt werden.
Diese Kritik war nicht neu, aber es war doch zum ersten Mal, daß sich auch ein zentraler Funktionär der ZVfD öffentlich gegen die zionistische Leitung aussprach. Lewins Auftreten hätte für Wolffsohn ein Warnsignal sein sollen. Es war Hantke, der darauf hinwies, die Zionisten befänden sich nach der jungtürkischen Revolution in Verwirrung. Die Forderung nach einer Änderung des Baseler Programms sei – nach Hantkes Ansicht – nicht gerechtfertigt. In dieser Situation schwiegen die Führer und die »Welt«. Der einzige deutsche Zionist, der Wolffsohn weiter unterstützte, war Sammy Gronemann. Wolffsohn trat seinen Gegnern in versöhnlichem Ton entgegen und deutete an, daß er nicht etwa an der Präsidentschaft hafte.[35]
Welchen Einfluß hatte das Geschehen in der Weltorganisation auf den Zionismus in Deutschland? Im Herbst 1909 regte die »Jüdische Rundschau« ihre

---

34 »Zionistische Wochenschau«, Jüdische Zeitung (Wien), Nr. 29, 16. 7. 1909, S. 2.
35 Welt Nr. 42, 15. 10. 1909, S. 3; Jüdische Zeitung Nr. 44, 29. 10. 1909, S. 2–4; Emil Bernhard Cohn, David Wolffsohn, a.a.O., S. 251–253.

Leser zu einer Diskussion über »die großen politischen und wirtschaftspolitischen Fragen des Kongresses« an. Diese Diskussion sollte den Delegierten eine »raschere und reifere Beschlußfassung« erleichtern.[36] Es bleibt ungewiß, inwieweit dieses Ziel erreicht wurde, doch gewähren die Artikel, welche drei Monate vor Kongreßbeginn veröffentlicht wurden, einen recht aufschlußreichen Einblick in die Auffassung des Zionismus innerhalb der ZVfD zu diesem Zeitpunkt.

In einem Leitartikel reagierte die »Jüdische Rundschau« auf die wiederholten Vorschläge zur Änderung des Baseler Programms. Die Zeitung vertrat den Standpunkt, das Baseler Programm sei als ein »Grundgesetz« zu betrachten, an welchem keine Änderungen zulässig seien. Sogar wenn Änderungen gewisser Programmpunkte unvermeidlich wären, sollte man diese durch Interpretationen und Ergänzungen umgehen. Außerdem hätte sich durch die jungtürkische Revolution in der völkerrechtlichen Stellung der Türkei bisher gar nichts geändert. Infolgedessen sei eine Änderung des zionistischen Programms nicht gerechtfertigt. In der unklaren politischen Situation der Türkei stehe das zionistische Programm als deutlich und ausgewogen da, sowohl in seinem politischen als in seinem operativen Teil. Das Zentralkomitee der ZVfD habe daher unzweideutig zu erklären, daß es sich jeder Revision widersetzen werde.[37]

Richard Lichtheim kämpfte gegen Unklarkeit und Verwirrung, die in der Auffassung über die Grundsätze des Zionismus herrschten. Die ideologischen Gegensätze waren in der Auseinandersetzung zwischen den verschiedenen Strömungen und Richtungen klar hervorgetreten, man hatte jedoch keineswegs die Möglichkeit zu einer Verständigung ausgeschlossen. Nun war von diesen Kämpfen kaum noch etwas zu spüren, so daß niemand genau wisse, was der Zionismus eigentlich wolle. In dieser Situation habe die oberste Leitung ihre Pflicht vernachlässigt, zu den oft widersprüchlichen Bestrebungen einzelner Zionisten und manchmal auch ganzer Landsmannschaften eindeutig Stellung zu beziehen. »Die Welt« bringe statt dessen jede Woche einen neuen Leitartikel Nachum Sokolows, der die verschiedensten Probleme vom politischen, historischen, soziologischen, wirtschaftlichen, ethischen und ästhetischen Standpunkt zu erklären versuche. »Nur was wir so gerne lesen möchten, nämlich ein klare, präzise Darstellung der zionistischen Politik ... das finden wir in der ›Welt‹ – dem offiziellen Organ des Zionismus – nicht.« Da der Präsident mit der Leitung der zionistischen Politik, der Verwaltung der Organisation und ihrer finanziellen Institutionen bauftragt ist, sei es die Pflicht der Landsmannschaften, sich an politischen Entscheidungen zu beteiligen und Anhänger der Bewegung in allen wesentlichen Punkten in Wort und Schrift aufzuklären. Nur so

---

36 Redaktion der Jüdischen Rundschau, »Der IX. Kongreß«, JR Nr. 34, 20. 8. 1909, S. 390.
37 »Hands off«, JR Nr. 40–41, 5. 10. 1909, S. 449, Leitartikel.

könne der übergreifenden Verwirrung ein Ende bereitet werden. »Der IX. Kongreß naht – Wir fordern nicht die Enthüllung politischer Geheimnisse, aber wir fordern eine deutliche Stellungnahme zu den Prinzipienfragen der Bewegung.«[38] Es müsse klar ausgesprochen werden, daß die Kolonisation ein Mittel zur Erreichung nationalpolitischer Ziele sei. Die Unklarheit in diesem Punkt habe einen »Pseudozionismus« erzeugt, der von den verdienstvollen »Chowewe-Zion« nur die Kleinlichkeit und die Kurzsichtigkeit und von den westeuropäischen Juden die Angst vor entschiedenem Auftreten übernommen habe. Die Anhänger dieser neuen Richtung wollen die nationalen Forderungen zurückstellen, um das Geld der westeuropäischen Juden für die Kolonisation Palästinas zu erlangen. Das sei der »Rettungszionismus«, der nichts für die lebende Generation erstrebt, sondern nur die Ansiedlung der kommenden Generation der Ostjuden im Auge hat. Er unterscheide sich im Prinzip nicht von der »Alliance Israélite Universelle« oder vom »Hilfsverein der deutschen Juden«. Diejenigen, für die die Ideen des Zionismus noch ihre volle Gültigkeit besitzen, müßten mit allem Nachdruck dieser »Entwicklung des Zionismus« entgegentreten, die einen »gedankenlosen Kehillezionismus« rechtfertigt. Im Hinblick auf die veränderte politische Lage in der Türkei trat Lichtheim für die Förderung der Kolonisation auf Grund eines langfristigen Planes ein. Zu diesem Zweck sollten die Privatinitiative angeregt und Kreditinstitute geschaffen werden. Hier müßte Herzls Methode korrigiert werden, doch müssen »die großen Ideen, die den modernen Zionismus geschaffen haben, rein erhalten bleiben«. Denn der Zionismus ist vor allem eine politische Bewegung: Nicht weil Herzl Audienzen beim Sultan erhalten hat, sondern weil sein Ziel die Wiederbelebung des jüdischen Volkes war und ist. Daran habe sich nichts geändert. Wer den Zionismus zu einem Kolonisationsverein degradieren will, mache die wichtigste Tat Herzls zunichte: die Erweckung der nationaljüdischen Idee in Westeuropa. Es sollte nicht übersehen werden, daß das zionistische Programm hauptsächlich ein Erziehungsprogramm sei, »daß die Rückkehr zum Judentum der Rückkehr ins Judenland vorangehen muß«. Die Errungenschaften des politischen Zionismus – die Schaffung einer weltumfassenden Organisation und Ansätze der Besiedlung Palästinas – seien nur durch die scharfe Hervorhebung des nationalpolitischen Gedankens erreicht worden. Wer sich nur mit Kolonisation beschäftigen will und bereit ist, den gedanklichen Inhalt des Zionismus über Bord zu werfen, vergeude das Erbe Herzls.

---

38 Richard Lichtheim, »Entwirrung, I. Führerpflicht«, JR Nr. 40–41, 5. 10. 1909, S. 450.

»Kurzsichtigkeit und Ängstlichkeit haben manche Zionisten von dem Wege weggelockt, den einst Herzl beschritt. Sie wollen die Fahne, um die wir uns geschart hatten, herunterholen und einen traurigen Wimpel hissen, der kein Symbol der neuen Freiheit ist und uns nichts mehr bedeuten kann.«[39]

Während Lichtheims Kritik weder die »Praktischen« noch die »Politischen« schonte, stand die »Jüdische Rundschau« auf der Seite der Opposition, also gegen Wolffsohn und die zionistische Leitung. Sie unterstützte die Opposition in drei Angelegenheiten, die auf der Tagesordnung des Kongresses standen: in der Frage des Agrarkredits, in der Finanzierung der politischen und agitatorischen Tätigkeit und in der Verlegung des Sitzes der obersten zionistischen Leitung nach Berlin, die mit personalen Veränderungen verbunden war.
Die Zeitung befürwortete den Plan Dr. Arthur Ruppins, des Repräsentanten Otto Warburgs im Palästinaamt in Jaffa, ein Institut für Agrarkredit zu gründen. Dieses sollte nach dem Vorbild europäischer Hypothekenbanken arbeiten, um größeres Kapital für landwirtschaftliche und städtische Ansiedlung aufzutreiben.[40] Was die politische und agitatorische Tätigkeit betraf, war die Zeitung, im Gegensatz zu Wolffsohn und Kann, der Meinung, daß sich die zionistischen Finanzinstitutionen an der Erhaltung der zionistischen Organisation zu beteiligen hätten. Es werde sich als gute Kapitalanlage erweisen, da eine verstärkte Agitation der Organisation mehr Geld einbringen werde. Auch die »Jüdische Rundschau« war für die Verlegung der Leitung nach Berlin – »einer zentral gelegenen und politisch wichtigen Stadt«. Allerdings »spielen in diese letzten Fragen so viele außerhalb logischer Erwägungen liegende Momente herein, daß wir es einstweilen noch vermeiden möchten, uns auf ein bestimmtes Projekt festzulegen«. Nach Ansicht der Zeitung mache die schwerwiegende Tagesordnung den 9. Kongreß vielleicht zum wichtigsten aller Kongresse seit dem ersten, vielleicht zu einem »Schicksalskongreß«[41].
Zwei Tage vor Eröffnung des Kongresses griff der Redakteur der »Jüdischen Rundschau« die Leitung der zionistischen Organisation an. Er hielt ihr vor, die zionistische Bewegung könne es sich nach der jungtürkischen Revolution nicht mehr erlauben, Zeit zu verlieren. Ihre ganze Energie müsse sich auf eine Frage konzentrieren: wie sie ihre Positionen festigen und erweitern könne. »Denn jede Position, die wir jetzt nicht bald erobern, haben wir für immer verloren! Jetzt gehört jeder Mann und jeder Groschen dieser einen Aufgabe.« Ohne Namen zu nennen, wandte sich der Redakteur gegen Wolffsohn und Kann, die

---

39 Richard Lichtheim, »Entwirrung, II. Politischer Zionismus«, JR Nr. 42, 15. 10. 1909, S. 461.

40 Über die Hauptpunkte des Vorschlags siehe: Arthur Ruppin, »Zur Frage des Agrarkredits«, JR Nr. 42, 15. 10. 1909, S. 461.

41 »Hauptaufgaben des IX. Kongresses«, JR Nr. 44, 29. 10. 1909, S. 485. Die Stimmung bei der jungen Generation spiegelt folgender Artikel wider: Hans Goslar, »Plus agir«, JR Nr. 47, 19. 11. 1909, S. 526f.

von den »Praktischen « der »kaufmännischen« Verwaltung der zionistischen Finanzen beschuldigt wurden und versuchte, das Problem klarzulegen:

> »nicht die Krämerfrage ist, wie die Groschen zusammenzuhalten, sondern wie sie richtig ausgegeben werden!
> Der Krämergeist ist auch anderen Ortes zu überwinden. Das ›quieta non movere‹ hat zu viele Anhänger in unseren Reihen, zu viele für eine im besten Sinne revolutionäre Bewegung.«

Der Kongreß müsse neue Impulse geben, müsse die »Reform an Haupt und Gliedern« durchführen, die alle von ihm erwarten.
Die Bewegung fordere Mut zum Handeln. Sie könne nicht mehr mit gegenseitigen Komplimenten spielen. Man müsse sich rücksichtslos zur Wahrheit bekennen, »es muß gepfiffen werden, klar und scharf«. Die kommende Leitung müsse nur nach sachlichen Gesichtspunkten gewählt werden und die ganze Bewegung so beherrschen, daß ihre Aktionskraft nach allen Seiten frei werde. Es gehe um eine bedeutungsvolle Entscheidung. »Wir sind des gewiß, daß unsere Delegierten von dem Bewußtsein ihrer – wie selten – schweren Verantwortung durchdrungen sein werden.«[42] Der Leitartikel im offiziellen Organ der ZVfD beabsichtigte, der deutschen Landsmannschaft Direktiven für den Kongreß zu geben. Gleichzeitig aber deutete er an, daß Wolffsohn nicht zu viel auf sie bauen könne.
Der Bericht der »Jüdischen Rundschau« über den 9. Kongreß erweckt den Eindruck, als wäre er vorwiegend ein »Arbeitskongreß« gewesen, auf dem die Errichtung eines Agrarkreditinstituts und die Gründung von Siedlungsgenossenschaften in Palästina nach Oppenheimers Plan beschlossen wurde. Allgemeine Zustimmung fand auch die Tätigkeit des Palästinaressorts, der zionistischen Bank und des Nationalfonds.

> »Wer in das Getriebe unserer Organisation Einblick getan hat, mußte gerade auf diesem Kongreß der geschäftlichen Tüchtigkeit und der glänzenden Verwaltungskunst unserer leitenden Männer volle Anerkennung zollen. Die Kritik, die an der Leitung geübt wurde, ließ keinen Zweifel, daß zwar gewisse Gegensätze in der Auffassung der zionistischen Bankpolitik bestehen und daß eine lebhaftere Beteiligung unserer Institute an den Arbeiten in Palästina von mancher Seite gewünscht wird, daß aber in allen unseren Betrieben musterhafte Ordnung herrscht und die geschäftlichen Ergebnisse voll befriedigen müssen.«

Obwohl der Kongreß nicht als »Demonstrationskongreß« vorgesehen war, schätzte der Berichterstatter, Richard Lichtheim, daß er als solcher nach außen gewirkt hatte. Die nebenhergehenden Veranstaltungen – das Schauturnen und der Studentenkommers – hinterließen einen tiefen Eindruck auf die Hambur-

---

[42] J. B., »In letzter Stunde«, JR Nr. 52, 24. 12. 1909, S. 581.

ger Juden. Auch die deutsche Presse, vor allem die großen Provinzblätter, hatten vom Kongreß mehr als früher Notiz genommen.
Über die »neue« Leitung berichtete die Zeitung wenig. Daß die alte Leitung letzten Endes wiedergewählt wurde, lag, ihrer Ansicht nach, an der mangelnden Vorbereitung der russischen und österreichischen Landsmannschaften, die eine Erweiterung des Engeren Aktionskomitees und die Verlegung der Zentrale nach Berlin forderten. Doch die Mehrheit der Delegierten, in der die deutsche Delegation den Kern bildete, entschied sich nach tagelangem Meinungskampf, die Führung für eine dritte Kadenz in Wolffsohns Hände zu legen. Nur ein einziger Satz erwähnte den Versuch der russischen Delegation, Wolffsohn abzusetzen:

»Die Lösung der Neugestaltung der Leitung wäre vielleicht weniger schwierig gewesen, wenn die russischen Delegierten ihre zweifellos sachlichen Gründe nicht mit einer so heftigen Kritik der Leitung auf dem Kongreß zu unterstützen gesucht hätten.«

Doch zwischen den Zeilen des Berichtes ist die Enttäuschung Lichtheims darüber zu erkennen, daß die »taktischen« Fehler der russischen Landsmannschaft zur Wiederwahl der alten Leitung geführt hatten.

». . . und als in letzter Stunde die Unmöglichkeit zu Tage trat, auf Grund der Vorschläge des Permanenzausschusses die Wahl der Leitung vorzunehmen, als man sich genötigt sah, die alte Leitung wieder einzusetzen, weil alle anderen Kombinationen unausführbar waren, da lagerte eine böse Verstimmung über den Delegierten und man gestand sich deprimiert, daß diese wichtige Frage eine ernstere Vorbereitung gefordert hätte.«[43]

In einem anderen Artikel schwärmte der junge Journalist Hans Goslar von dem Eindruck des Kongresses auf die deutschen Juden. Er konstatierte, daß die Reportagen in der jüdischen Presse im großen ganzen objektiv und durchaus nicht unsympathisch waren. Der Kongreß habe besonders die Juden Hamburgs beeindruckt, wo es noch »ein gut jüdisches Leben« gebe.

». . . aber wer hatte je schon dort erlebt, daß vierhundert Delegierte (und wohl zweitausend Kongreßgäste) der Juden aller Länder zusammengeströmt waren, die sich trotz der Verschiedenheit der Sitten und Gebräuche, der Sprache und Kultur, der religiösen Anschauung begeistert als Juden fühlten, dieses Zusammengehörigkeitsgefühl trotz aller sachlichen Differenzen immer wieder zur rechten Zeit in den Vordergrund zu rücken wußten und in ernster Sorge tagelang über die Geschicke des jüdischen Volkes berieten?«

---

43 Richard Lichtheim, »IX. Zionistenkongreß in Hamburg«, JR Nr. 1, 7. 1. 1910, S. 1–2. In der Bewertung des 9. Kongresses und Wolffsohns Wirken konnte sich Adolf Boehm noch nach Jahren nicht ganz von seiner damaligen Stellung befreien. Siehe: Adolf Boehm, Die zionistische Bewegung, a.a.O., S. 498–501; vgl. Walter Laqueur, A History of Zionism, a.a.O., S. 145ff.

Das Auftreten jüdischer Turner und Studenten hatte bewiesen, daß der Zionismus es mit der körperlichen Ertüchtigung der Juden ernst meinte und die Hamburger Juden »den Hauch dieser jung-jüdischen Renaissance« spüren lassen.[44]

In Wahrheit war der 9. Kongreß alles andere als ein Idyll – trotz der obenerwähnten erfreulichen Ereignisse. Das Protokoll legt hiervon klares Zeugnis ab. Artikel der Berliner Delegierten Leo Estermann und Gustav Witkowsky, die nach einigen Wochen in den inneren Seiten der »Jüdischen Rundschau« erschienen, trugen zu einer Korrektur des Kongreß-Images bei:

> »Herrlich, begeisternd hatte er begonnen und mit einem Mißton hat er geendet. Auf früheren Kongressen war es zwar manchmal viel stürmischer zugegangen; da waren die Geister noch mit ganz anderer Heftigkeit aufeinander geplatzt: aber dann war es stets ein Kampf um Ideen, der unter allen Umständen erhebend wirkt, während diesmal lediglich um eine Person gekämpft wurde. Und als zum Schluß nach langer ermüdender Nachtsitzung endlich die ›Hatikwah‹ angestimmt wurde, da blieb den meisten der Ton in der Kehle stecken. Von der allgemeinen Begeisterung, die am Tage der Eröffnung geherrscht hatte, war kaum noch ein Hauch übrig geblieben.«[45]
> »Niemand wird behaupten können, daß der IX. Kongreß mit großem Enthusiasmus auseinandergegangen ist, und kein Delegierter, wie immer auch seine Stellung auf dem Kongreß war, wird die Notwendigkeit einer Klärung der gegenwärtigen Lage verkennen können. Es ist gut, daß in den Ortsgruppen hitzige Debatten über den unbefriedigenden Verlauf des Kongresses geführt werden, und daß eine gründliche Aussprache über die Frage stattfindet, wer die Schuld an der unerquicklichen Lage trage.«[46]

Wolffsohns Sekretär Abraham Robinsohn teilte ebenfalls die Meinung, daß der Kongreß weder ein Arbeitskongreß noch eine Manifestation des zionistischen Gedankens war. Alles Interesse konzentrierte sich im Kampf gegen Wolffsohn. »Den uneingeweihten Zuschauer mußte er zuweilen wie eine Gerichtsverhandlung anmuten – mit vielen Staatsanwälten und wenigen Verteidigern.« Ein Scherbengericht mit fertigem Urteil.[47]

Keiner seiner Freunde verteidigte Wolffsohn.[48] Es war ein Paradox, daß gerade Heinrich Loewe, ein ehemaliger Anhänger der »Zione-Zion«, der in engem Kontakt mit der russischen Landsmannschaft stand, der einzige war, der Wolffsohn zur Seite stand. In einer scharfen Rede verteidigte er den Mann, der bei Loewes Entlassung aus der »Jüdischen Rundschau« mitgewirkt hatte. Um die Bewegung vor Schaden zu bewahren, war er in der gegebenen

---

44 Hans Goslar, »Die deutschen Juden und der Zionismus«, JR Nr. 2, 14. 1. 1910, S. 14f.
45 L. Estermann, »Nach dem IX. Kongreß«, JR Nr. 3, 21. 1. 1910, S. 27.
46 G. Witkowsky, »Epilog«, JR Nr. 4, 28. 1. 1910, S. 39.
47 Abraham Robinsohn, David Wolffsohn, a.a.O., S. 89.
48 Nordau verteidigte die Stellung der Leitung in der Eröffnungsrede.

Situation gegen eine Änderung in der Zusammensetzung der Leitung und ihre Verlegung nach Berlin, mit der Begründung, daß es dort intensives jüdisches Leben gebe.

> »Ich bin nicht Protestant genug, um gerade gegen die katholische Stadt Köln Front zu machen. Aber Berlin? Um Gottes Willen nicht! Berlin, da werden Sie jüdische, zionistische Weihnachtsbäume erleben ... Sie wollen einen Adler an der Spitze haben – in Berlin werden Sie nur einen Sperling haben.«[49]

Loewes Rede bahnte Wolffsohn den Weg zu einer entschiedenen Antwort auf die Angriffe seiner Gegner. Er »eroberte« den Kongreß und seine fast verlorene Autorität als Führer der Bewegung.[50] Das Protokoll des Kongresses und die Artikel, die kurz nach seinem Ende veröffentlicht wurden, enthalten Andeutungen über die Verhandlungen zwischen dem Permanenzausschuß und den Landsmannschaften, die zu der unvorhergesehenen Wiederwahl der alten Leitung führten. Was sich jedoch hinter den Kulissen abspielte, entzieht sich zum großen Teil unserem Wissen. Ein bisher unbekannter Brief von Heinrich Loewe an seinen intimen Freund und Schwager Elias Auerbach in Haifa, der sich über zehn eng maschinengeschriebene Seiten erstreckt, enthält einen aufschlußreichen Bericht über die Atmosphäre und den Gang der Verhandlungen. Loewe, der als Sprecher der deutschen Landsmannschaft mit den Einzelheiten vertraut war, wollte in diesem Brief den entstellten Eindruck korrigieren, den Auerbach aus den beschönigten Berichten Sokolows in der »Welt« und von den palästinensischen Delegierten erhalten hatte. Wegen der langjährigen, innigen Freundschaft und des gegenseitigen Vertrauens zwischen den beiden Schwägern ist der Brief informell und persönlich und enthüllt Details, über die sonst schweigend hinweggegangen wird. Aus diesen Gründen erscheint diese Aussage in hohem Maße glaubwürdig.
Nach Loewes Ansicht wurde der Umschwung auf dem Kongreß nicht gerade durch die Rede Wolffsohns und seine eigene hervorgerufen, sondern »durch die absolute politische Unfähigkeit, die diesmal Ussischkin und Tschlenow an den Tag legten. Sie waren so vor den Kopf geschlagen, daß sie selber nicht wußten, was sie taten und was sie wollten.« Sie hatten den Plan zur Eroberung der Leitung bis in alle Einzelheiten ausgearbeitet, doch das gegenseitige

---

49 Stenographisches Protokoll der Verhandlungen des IX. Zionisten-Kongresses in Hamburg vom 26. bis inklusive 30. Dezember 1909, Köln und Leipzig 1910, S. 117.

50 Über den Umschwung auf dem Kongreß zugunsten Wolffsohns und die Wahl der Leitung siehe: Emil Bernhard Cohn, David Wolffsohn, a.a.O., S. 256–268; Abraham Robinsohn, David Wolffsohn, a.a.O., S. 90–94. Emil Bernhard Cohn war zur Zeit des Kongresses Rabbiner in Kiel. Aus einer kurzen Autobiographie ist zu entnehmen, daß er am Kongreß teilnahm. Nachlaß des Rabbiner Emil Cohn in Händen seiner Tochter, Fr. Miriam Rochlin-Cohn, Los Angeles, USA.

Mißtrauen und die zwischen den beiden herrschende Spannung hinderte sie daran, eine andere Taktik zur Durchführung ihres Planes einzuschlagen.

»Sie waren überzeugt, daß sie den kleinen und schwachen Wolffsohn rasch beseitigen würden und dann könnten sie in aller Ruhe über die Nachlassenschaft streiten und feilschen, und fanden zu ihrer Entrüstung Wolffsohn äußerlich und innerlich gewachsen, einen Mann, der allen Gegnern Respekt einflößt und selbst dann als starker Mann erscheint, wenn man ihn, wie ich, mit allen seinen Schwächen seit beinahe 20 Jahren kennt.«

Schon in der Kommission, welche die »Konferenz für hebräische Sprache und Kultur« vorbereitete (die Konferenz tagte kurz vor dem Kongreß in Berlin), nahm Loewe die Uneinigkeit in der russischen Landsmannschaft wahr und die Mittel, die Ussischkin gegen Tschlenow anwandte, um dessen Wahl in ein Komitee zur Vorbereitung eines internationalen Kongresses für hebräische Kultur zu verhindern. Wie konnte Ussischkin also mit Tschlenow in der zionistischen Leitung zusammenarbeiten? Ussischkin gab offen zu, daß er nur ein Ziel habe: die Absetzung Wolffsohns. Die russischen Delegierten verheimlichten ihre Absicht nicht, mit der Verlegung der zionistischen Zentrale nach Berlin Warburg an die Spitze der Leitung zu stellen. Warburg würde durchführen, was ihm seine russischen Kollegen vorschrieben. Zwei »russische« Gehilfen Warburgs, Awiadowitz und Soskin, betonten in diesem Zusammenhang den großen Einfluß, den sie auf den Leiter der Kolonisationsdepartements ausübten.[51]
Besonders interessierte Loewe die Rolle, die Hantke in den komplizierten Verhandlungen hinter den Kulissen spielte. Es verwunderte, daß Hantke, der doch als Vertrauensmann Wolffsohns galt, sich im Plenum nicht an der Diskussion über die Wahl der Leitung beteiligt hatte.[52] Das Szenario, das sich auf dem Kongreß abspielen sollte, skizzierte Wolffsohn schon vor dem Kongreß in einem Brief an Hantke. Auch seine persönlichen Pläne teilte er ihm vertraulich mit. Wir bringen einen Teil des Briefes in extenso:

»Gerne würde ich mit Dir und mit noch einigen zuverlässigen Freunden die jetzige Situation mündlich besprechen, ich weiß nur nicht, wie ich das machen soll und werde damit wohl warten müssen, bis wir uns in Hamburg sehen werden. Welches Programm soll ich aufstellen, um alle oder auch nur einen Teil zufrieden zu stellen? Soll ich auch jeden Tag neue Projekte bringen und neue Pläne, die nur dazu führen können, unsere Institute zu

---

51 Heinrich Loewe an Elias Auerbach (Haifa), 9. 2. 1910. Aus dem Nachlaß Heinrich Loewe, in Händen seiner Tochter, a.a.O.

52 Wolffsohn und Hantke führten jahrelang einen privaten Briefwechsel. Wolffsohn sprach in diesen Briefen offen Kritik über die Ereignisse in der Bewegung und die führenden Personen aus. Siehe: Wolffsohn an Hantke, 25. 8. 1905, CZA A11/32/7; Wolffsohn an Hantke, 30. 11. 1909, CZA A11/7/1.

ruinieren und die zionistische Bewegung zu einem Pflanzungsverein herabzudrücken? Soll ich die Pläne von Agrarbanken die jetzt unmöglich sind, Parzellierungsgesellschaften, Eisenbahnen, große Landkäufe und dergleichen schöne Dinge mehr, die von Unwissenden und Narren vorgeschlagen werden, aufnehmen? Die allgemeine Unzufriedenheit kenne ich wohl. Die eine Partei, die zumeist aus Leuten mit knurrendem Magen besteht, die in erster Linie an sich selbst denkt, ist die rührigste und tätigste. Die andere, die sogenannten Anhänger von mir, steht zumeist ruhig bei Seite und betätigt sich meistens nur in der Kritik. Und die sogenannten Freunde, welche Unterstützung gewähren sie mir, welche Hilfe? Auch diese sind unzufrieden. Der Eine will dies und der Andere genau das Gegenteilige. Jeder will nur, daß ich das tue, was ihm gefällt und was er verlangt. Dem Einen bin ich zu schwach, weil ich nicht gegen seine Gegner streng vorgehe, dem Anderen zu streng, zu eigensinnig, weil ich ihm nicht nachgebe. Aber alle kritisieren. Alle sind unzufrieden. – Höchstens einmal in zwei Jahren, auf dem Kongreß, machen sie die gewaltige Anstrengung und stellen sich auf meine Seite. – So wird es wahrscheinlich auch auf diesem Kongreß sein. Auch ich glaube, daß die deutschen Delegierten – wenigstens der allergrößte Teil (von 60–80) auf meiner Seite sein werden. Ebenso die meisten Engländer, Holländer und Belgier, die Böhmen, die Ungarn und die Kroaten.

Auch die Misrachi, die 30–40 Delegierte haben wird, dürfte auf meiner Seite sein und sogar eine große Minorität der Russen. Es ist sogar wahrscheinlich, daß diese angeführten Gruppen die Majorität des Kongresses bilden wird, und daß es für alle Fälle nicht schwer sein würde, eine Majorität zu schaffen. Aber wozu? Ich habe die Lust verloren, mich für einen unnützen Streit aufzureiben und einen Kampf zu führen, bei dem nichts herauskommen kann. Hätte ich die Aussicht, in den nächsten zwei Jahren Großes vollbringen zu können, ich würde alle Bedenken zurückstellen. Aber nur um weiter gegen die Unzufriedenheit nach rechts und links zu kämpfen und sich dafür zu Tode zu hetzen lassen, halte ich für eine Dummheit. Vor zwei Jahren lag die Sache anders. Damals war die Organisation mangelhaft. Unsere Büros funktionierten nicht, die einzelnen Institutionen waren unselbständig. Ein Wechsel in der Leitung wäre gefährlich gewesen. Heute liegt alles ganz anders. Unsere Büros funktionieren gut. Jede Abteilung hat seinen richtigen eingearbeiteten Beamten ... Die Finanzen der Organisation sind geordnet – zum ersten Male seit dem Bestehen der Bewegung schuldenfrei, eine Vertretung in Constantinopel etc. Eine Arbeit, die keiner sieht oder sehen will –, wir sind aber soweit, daß ich mit ruhigem Gewissen die Leitung in andere Hände legen kann. Wozu soll ich mich gegen den Strom stellen? Wozu soll ich gegen die Russen und Galizianer einen Kampf aufnehmen, um im besten Falle dann nachher von meinen eigenen Anhängern wieder im Stich gelassen zu werden?

Eines haben wir nur zu tun, wir müssen dafür sorgen, daß unsere Finanzen nicht den Narren und den Hungrigen ausgeliefert werden, dann sollen die Anderen zwei Jahre wirtschaften. Werden sie es besser machen, um so besser und wenn nicht, dann werde ich ausgeruht und vorbereitet wieder zur Hand sein – ...

Daß ich – auch ohne Präsident zu sein – im E.A.C. [Engeres Aktions-Comité, Y.E.] bleiben werde, ist selbstverständlich. Das ist mein Programm!

> Das eignet sich aber nicht für die Öffentlichkeit. Im Gegenteil müssen wir diese meine Pläne streng diskret behandeln, sonst werden sie undurchführbar und der Schaden ist nicht zu übersehen.«[53]

Hantke war demnach in Wolffsohns Pläne eingeweiht. Die Frage ist, welchen Standpunkt Hantke in der Diskussion um Wolffsohns Präsidentschaft und den Weg der zionistischen Bewegung vertrat und in welche Richtung er die deutsche Landsmannschaft führen wollte. Erfüllte er die Erwartung Wolffsohns, oder war auch er einer derjenigen, die ihn in schwerer Stunde im Stich ließen? Die Antwort ist nicht eindeutig. Loewe behauptete in vorerwähntem Brief an Auerbach entschieden, daß »Hantke ein doppeltes Spiel spielte«. Einerseits erklärte er öffentlich, er werde unter keinen Umständen in das von Ussischkin vorgeschlagene Aktionskomitee eintreten. Andererseits aber sorgte er dafür, daß die russische Landsmannschaft überzeugt blieb, daß er dem Aktionskomitee doch beitreten werde, wie man schon in Petersburg beschlossen hatte, um die Stimmen der deutschen Delegierten zu erhalten. Doch der größte Teil der deutschen Landsmannschaft war entschieden gegen Hantkes Eintritt in das Aktionskomitee.

> »Hätte Ussischkin ein aktionsfähiges Aktionskomitee in Berlin vorgeschlagen, so hätte man mit ihm verhandeln können und vielleicht etwas Brauchbares gefunden. Er stand aber – und mit ihm Mossinsohn und alle russischen Freunde – auf dem Standpunkt, Hantke sei ihnen zwar widerlich, aber er hätte den Vorzug, daß er niemals eine eigene Meinung habe und daß er nie Einfluß haben werde. Daß Hantke erstlich eine eigene, übrigens im höchsten Maße kleinliche Meinung habe, daß er außerdem nicht unter ihrem, sondern unter seines Freundes Friedemann ausschließlichem Einfluß stehen würde, war ihnen nicht klar zu machen. Daß Friedemann rechtzeitig sich für Wolffsohn entschied, als er nämlich sah, wie die Majorität beschaffen sein werde, ändert nichts an der Tatsache, daß er nur darauf wartet, daß er im nächsten Kongreß an Wolffsohns Stelle, wenn nicht als Präsident, so doch als ausschlaggebendes Element im Berliner Engeren Aktionskomitee zu sein gedenkt. Wäre aber diesmal der russische Vorschlag durchgegangen, so wäre in Berlin ein Aktionskomitee zusammengetreten, aus Warburg (d.h. Soskin und Awadiowitz mit einem Stückchen Warburg), aus Hantke (d.h. Friedemann), Sokolow und den Auswärtigen. Damit wäre für diejenigen, die Sokolow nicht in einer mehr als 25jährigen Entwicklung beobachtet haben, dieser der Mann der Entscheidung geworden.«

Diesen Plan hatte Sokolow, der Generalsekretär der zionistischen Organisation, hinter dem Rücken des Präsidenten Wolffsohn mit den deutschen Delegierten Hantke und Sandler ausgearbeitet. Sokolow hatte Ussischkin versichert, daß die deutsche Landsmannschaft, mit einigen Ausnahmen, für den russischen Plan eintreten würde. Dieser war daher sicher, den absoluten Sieg

---

[53] Wolffsohn an Hantke, 30. 11. 1909, CZA A11/7/1.

über Wolffsohn in der Hand zu haben, obwohl man ihn warnte, daß die deutschen Delegierten nicht zu Hantke halten würden.
Es sollte sich dann auf dem Kongreß herausstellen, daß Sokolows Abmachung keine Deckung hatte. Die deutsche Landsmannschaft »revoltierte«, und es gelang Hantke nicht, seine Meinung durchzusetzen.

> »Er ist im Augenblick ganz drunten durch und sein Glück ist, daß nicht jetzt Delegiertentag ist. Ich möchte nicht das jemals hören, was Hantke sogar schließlich von seinen Freunden hat hören müssen. Sandler benahm sich zurückhaltend anständig, wie es seinem Character entspricht und es ist bedauerlich, für alle die ihn schätzen, daß man ihn auf Sokolows scheinbar klugen Rat in eine so unangenehme Lage gebracht hat. Auf der Landsmannschaft fiel kein Wort gegen ihn, während man ... Hantke sehr unsanft anfaßte ... Ich gebe gern zu, daß ich den nach meiner festen Überzeugung notwendigen Feldzug gegen Hantke mitmachte und mit Albert Goldberg zusammen leitete. Obwohl es mir ekelhaft war, wie dieselben Leute, zwei oder drei, die in der deutschen Landsmannschaft in ganz ungehöriger Weise über Wolffsohn herfielen, in öffentlichen Reden in so überschwenglicher Weise Wolffsohn ins Gesicht hineinfeierten, wie ich es ähnlich byzantinisch noch nicht gehört habe ... habe ich mich nicht verführen lassen, irgendwie die allgemeinen Gesichtspunkte des Zionismus außer Acht zu lassen.«

Was veranlaßte Loewe, der sich Wolffsohns Absetzung anfänglich nicht widersetzte, außer dem Gefühl des Ekels, den Plan von Ussischkin-Sokolow-Hantke zu vereiteln? Er kam zu dem Schluß – und diesem stimmte die Mehrheit seiner Landsmannschaft bei –, daß das vorgeschlagene Team der Leitung und dessen Arbeitsmethode die zionistische Bewegung ruinieren würde. Warburg sei weder zum Parteiführer geboren, noch sei er genügend mit dem Judentum verwachsen, um Führer einer jüdischen Bewegung zu sein. »Wolffsohn ist trotz aller Fehler durch und durch Jude, der mit dem jüdischen Volk fühlt. Er ist eben doch russischer Jude.« Überdies hätten sowohl Warburg als Tschlenow und Soskin an der Zusammenarbeit mit Ussischkin gezweifelt. »Ein *aktions*fähiges Aktionskomitee hätte das nicht gegeben.«
Ferner glaubte Loewe, Wolffsohns Vorsicht sei erforderlich, um die übertriebene Zahl der Entwicklungsprojekte Ussischkins und Warburgs zu zügeln. Aus diesem Grunde waren sogar die extremsten Russen einverstanden, Wolffsohn in Finanzfragen die Vetostimme zu lassen. Sie sahen in ihm den tüchtigen »Kaufmann« und nicht den kleinen »Händler«. Der Brief Wolffsohns an Hantke[54] bestätigte die Annahme der deutschen Landsmannschaft, daß Wolffsohn es ernst mit seinem Rücktritt meinte. »Nur wollte er mit Recht nicht als Schuldiger abgehen, der den Zionismus geschädigt hätte, sondern als der Präsident, der einer anderen Partei in der Partei weicht und weichen muß.«

---

[54] ebd.

In Hinsicht auf Wolffsohns Rücktrittsentschluß plante die deutsche Landsmannschaft mit Stimmenthaltung dazu beizutragen, daß »trotz aller Bedenken« das vom Permanenzausschuß vorgeschlagene Aktionskomitee gewählt werde. Dann sollte Loewe namens der Landsmannschaften eine »lebendig gehaltene« Erklärung abgeben, »daß wir unter allen Umständen dem neuen Aktionskomitee gehorchen und ihm in jeder Weise zur Seite stehen würden und daß wir alle Bedenken fahren lassen könnten, angesichts der Wahl, die zwar gegen unseren Willen zustande gekommen wäre, die aber nächst unserem eigenen Wunsche sicher den besten Weg und die besten Männer gefunden hätte.« Nach dieser Ansprache sollte Wolffsohn ebenfalls zur Einigkeit und zum Gehorsam gegen die vom Kongreß gewählte Leitung sprechen.

Es kam jedoch anders. Im letzten Moment trat eine unvorhergesehene Wandlung ein. Als der Kongreß, wider Erwarten, gegen den Willen Wolffsohns und auf Vorschlag der deutschen Landsmannschaft, beschloß, der Präsident solle vom Plenum und nicht vom Aktionskomitee gewählt werden, (dies war ursprünglich ein Antrag Loewes, den er dann fallen ließ) erklärte Prof. Warburg, daß er die Präsidentschaft auf keinen Fall annehmen werde. Auf Wolffsohns und Loewes Betreiben wurde der Antrag zurückgenommen und man glaubte die Wahl wie geplant durchzuführen. In diesem Augenblick jedoch erklärten Hantke und Sandler, daß sie wegen des Mißtrauens, das ihnen ihre eigene Landsmannschaft ausgesprochen hatte[55], keinen Posten im Aktionskomitee annehmen könnten.

Die Ungewißheit über die Stellungnahme der deutschen Landsmannschaft hatte einen weiteren Grund. Die deutsche Landsmannschaft war im Permanenzausschuß durch vier Mitglieder vertreten: Hantke, Julius Simon (Mannheim), Georg Halpern (Hamburg) und Sammy Gronemann. Hantke hatte sich ausdrücklich gegen die Verlegung der zionistischen Zentralleitung nach Berlin ausgesprochen. Simon befürwortete eine Änderung der Leitung. Halpern teilte diese Ansicht, obgleich ihn seine Ortsgruppe verpflichtet hatte, für Wolffsohn einzutreten. Gronemann blieb neutral und erweckte den Eindruck, daß den Deutschen die Zusammensetzung der Leitung eigentlich gleichgültig sei. Die Repräsentanten der deutschen Landsmannschaft vertraten demnach eine andere Meinung als erwartet wurde. Sie trugen somit zu dem Kommunikationskurzschluß bei, der den Kongreß bis zum letzten Moment belastete.

Loewes Brief deutet auf die Rolle hin, die persönliche Interessen auf allzionistischer Ebene wie auf der Ebene der Landesorganisationen spielten, die zuweilen auch das Wohl der Bewegung zu überwiegen schienen. (Unter anderem beschuldigt Loewe Sokolow, daß er für die Verlegung der Leitung nach Berlin

---

[55] Außer dem Redakteur der »Jüdischen Rundschau« Julius Becker und der Sekretärin des Zentralbüros Betty Frankenstein, die beide von Hantke abhängig waren, stimmten alle gegen sie.

eingetreten sei und in das Aktionskomitee gewählt werden wollte, um ein Gehalt von 12000 Mark zu erhalten und in der Hauptstadt zu leben.) Selbst Auerbach legte der fieberhaften Aktivität seines Schwagers Loewe egoistische Motive zugrunde: »Du [Elias Auerbach, Y. E.] meinst dann, ich hätte mich deshalb für H. [Hantke, Y. E.] herausgestellt, um den Herren zu sagen, man hat mich aus der Rundschau herausgeschmissen, ich will Euch zeigen, welche Dienste ich doch der Leitung leisten kann.«
Loewe wies diese Beschuldigung mit der ihm eigenen Offenherzigkeit zurück:

»... Aber nicht der Grund hat mich geleitet: ›Ich will zeigen, wie objektiv ich sein kann‹, sondern ich bemühte mich wirklich, objektiv zu bleiben, soweit ich das konnte, um des Zionismus willen, der mir wirklich mehr ist als den andern, sogar Dich mit eingeschlossen. Denn ich bin für mich nur Zionismus. Ich habe ihn für mich selbst geschaffen, auch für andere ...
So kann ich manchmal bei Kleinigkeiten denken. Gewiß. Aber niemals auf dem Kongreß. Da bin ich Zionist, nicht Heinrich Loewe. Da bin ich *nur* Zionist. Ich bin es freilich sonst auch *nur*. Es ist vielleicht ein Fehler, daß ich so wenig ehrgeizig und so wenig Egoist bin. Aber ich fühle mich dabei sehr wohl. Es war auch keine Phrase von mir, als ich sagte, ich wäre der erste, der das Aktionskomitee nach einem freien Rußland verlegen würde, ich meine wirklich, daß Odessa unser geeignetster Mittelpunkt wäre oder vielleicht Wilna. Aber zur Zeit ist Berlin der Ort, der das Aktionskomitee auf Gnade und Ungnade der Clique Hantke, Friedemann (Klee ist zur Zeit mit ihnen etwas gespannt) Gronemann, Leszynsky, Struck usw. ausliefern würde, denn Awadiowitz und Soskin sind auch keine zionistischen Kämpfer und würden ebenfalls den Anschluß sehr schnell finden. Ich trat garnicht für Wolffsohn ein, sondern gegen den absoluten Ruin des Zionismus, der ihm bei der Verlegung des Aktionskomitees nach Berlin bevorstand ... Ich wollte den Zionismus nicht in die Hände derer fallen lassen, an deren Zionismus ich nicht glauben kann. Daß ich ihre Hilfe benutzen mußte, war, weil meine engsten Freunde das Unglück schaffen wollten.
Wenn auf dem nächsten Kongreß eine andere Leitung anstelle der Wolffsohnschen geschaffen werden soll, so muß das unter Ausschluß der halbzionistischen und nichtzionistischen ehrgeizigen Amtsjäger in Berlin geschehen.«[56]

[56] Loewe an Auerbach, 9. 2. 1910, a.a.O. Hervorhebung im Original.

Nachlese

Die Enttäuschung über den Verlauf des Kongresses und seine Ergebnisse sowie die Mißbilligung der Manipulationen hinter den Kulissen riefen Erregung und Unwillen in verschiedenen Ortsgruppen hervor, insbesondere in Breslau, Freiburg, Kattowitz, Mannheim und München, den »Hochburgen« der »Praktischen«. Die Leitung der ZVfD verfolgte die offensichtliche Erbitterung, die ihre Autorität zu untergraben drohte, mit Sorge. Das Zentralkomitee beschloß, zu verhindern, daß diese Atmosphäre durch feindselige Artikel in der »Jüdischen Rundschau« auf andere Ortsgruppen übergreife, ohne daß man es der Ausübung der Zensur oder der Drosselung der Kritik beschuldigen konnte. Denn eben dieser Vorwurf wurde gegen die Leitung erhoben, als sie einen Artikel des verdienten Mitglieds des Zentralkomitees Julius Moses nicht veröffentlichen ließ, da er nach ihrer Ansicht in seiner Form alle Grenzen der Kritik überschritten habe.

Um eine ausgewogenere Darstellung des Kongresses herbeizuführen, wandte sich Hantke schriftlich an etliche »Gesinnungsgenossen« und bat sie, der Zeitung unverzüglich Artikel einzusenden, die eine objektive Bewertung seiner Ergebnisse enthielten.[57] Diese Bitte stellte Hantke wahrscheinlich ohne das Wissen des Redakteurs, der durch seine oppositionelle Stellungnahme den Unwillen der Leitung hervorgerufen hatte und Bodenheimer veranlaßte, die Einschränkung seiner Befugnisse oder seine Entlassung zu fordern.[58]

Es scheint, daß die Artikel Leo Estermans und Gustav Witkowskys in der »Jüdischen Rundschau« (»Nach dem Kongreß« und »Epilog«) auf Veranlassung Hantkes geschrieben wurden. Estermann zog die Bilanz des Kongresses, die persönlichen Streitigkeiten, die Gründung der Agrarkreditbank und das Budget für die Verwirklichung des kooperativen Siedlungswerkes von Franz Oppenheimer. Die Zerwürfnisse betrachtete Estermann als »letzte Ausläufer des Ugandastreits« und bezeichnete den Kongreß als »durchaus positiv« in der Gesamtbilanz.[59] Witkowskys Kritik richtete sich nach innen. Die Prozedur, nach der der Kongreß geleitet wurde, habe nicht seinen Aufgaben entsprochen. Der Kongreß habe den Charakter einer Volksversammlung getragen; es sei keine parlamentarische Arbeit getan und es seien keine Beschlüsse gefaßt worden. Eine Versammlung von 500 Abgeordneten entspreche nicht den Erfordernissen einer politischen Bewegung, die der Anfangsphase entwachsen sei. Nur im Anfangsstadium sei der demonstrative Charakter eines Kongresses

---

57 Hantke an »Gesinnungsgenosse«, 14. 1. 1910, CZA A8/53/1. Der Brief war »Vertraulich« bezeichnet. Er befindet sich im Privatarchiv Adolf Friedemanns, war jedoch möglicherweise auch an andere Personen gerichtet.

58 Bodenheimer an Hantke, 25. 2. 1910, »Streng vertraulich«, CZA A15/I/8e.

59 L. Estermann, »Nach dem IX. Kongreß«, JR Nr. 3, 21. 1. 1910, S. 27.

gerechtfertigt gewesen. Die Delegiertenwahl sei oft eine Folge rein zufälliger Umstände; die gewählten Rabbiner, Ärzte und Schriftsteller verfügten nicht über die notwendigen Qualifikationen und könnten daher in Bankangelegenheiten, technischen Details von Ansiedlungsprojekten usw. keine richtigen Beschlüsse fassen, meinte Witkowsky. Es müßten Änderungen in der Geschäftsführung vorgenommen werden, damit ein richtiger »Arbeitskongreß« zustandekommen könne.
Witkowsky griff in diesem Zusammenhang die Institution der Landsmannschaften an und bezeichnete diese als »überlebt«. Landsmannschaften hätten, seiner Meinung nach, höchstens eine verwaltungstechnische Berechtigung. Außerdem sei zu beachten, daß sich die Zusammensetzung der Delegationen von Kongreß zu Kongreß verändere. Die ZVfD-Statuten erteilten dieser Körperschaft gar keine Vollmacht, es bestünden keine verpflichtende Regeln für die Landsmannschaften, so daß im Fall von Meinungsverschiedenheiten keine Fraktionsdisziplin ausgeübt werden könne. Witkowsky befürwortete die Ablösung der Landsmannschaften durch »ad hoc Kongreßfraktionen«. Solche würden dem Tohuwabohu, welcher den 9. Kongreß gekennzeichnet habe, ein Ende setzen können.[60]
Dieser Vorschlag kam allerdings verfrüht. Die Mitglieder von Landsmannschafts-Verbänden waren durch eine gemeinsame Mentalität verbunden und diese konnten daher auch ohne politischen Rahmen bestehen; politische Meinungsverschiedenheiten hatten eher »zweitrangige Bedeutung«. Trotzdem begann der allmähliche Verfall der Landsmannschaften mit dem Ugandakonflikt. Dieser Prozeß verlief offenbar parallel zum Entstehen der politischen Parteien.
Wolffsohn hatte infolge der oppositionellen Haltung der »Jüdischen Rundschau« die Gelegenheit zur Kritik an der von Hantke eingeschlagenen Politik; er machte gelegentlich ironische Bemerkungen über Hantke und die Führung der ZVfD:

> »Ihr scheint es dort garnicht zu bemerken, welche klägliche Rolle die Leitung in Deutschland zu spielen beginnt. Die Rundschau sieht nicht wie das Zentralorgan der Leitung, sondern wie ein Blatt der Opposition aus und ich wundere mich gar nicht, daß ich von vielen Seiten, von verschiedenen Richtungen aus Deutschland Zuschriften bekomme, die darauf hinweisen, daß Du Hand in Hand mit der Opposition gehst und daß ich ersucht werde, schleunigst einzugreifen. In Wirklichkeit ist es nach den Vorgängen in Hamburg nicht zu begreifen, daß die winzige kleine Minorität der deutschen Zionisten nicht nur die offizielle Presse beherrscht, sondern auch die Leitung der Zionistischen Vereinigung zu riesigen Konzessionen zwingt, ohne daß die Opposition auch nur das kleinste Zugeständnis zu machen nötig hätte.

60 G. Witkowsky, »Epilog«, JR Nr. 4, 28. 1. 1910, S. 39.

Ich rate Dir daher, sobald als möglich, ohne jeden Verzug einen Wechsel in der Redaktion der Rundschau vorzunehmen und eine Redaktion einzusetzen, die absolut zuverlässig ist und voll und ganz auf dem Standpunkte der großen Majorität der deutschen Zionisten steht und bitte Dich, auch Vorsorge zu treffen, daß bald der Delegiertentag in Deutschland einberufen wird, um die Luft hier zu säubern. Der Hauptfehler scheint mir zu sein, daß Du jetzt zu wenig mit den Vertretern der Majorität zusammen kommst, dagegen aber vielmehr auf den Verkehr mit der Opposition angewiesen bist. Du mußt also schon energisch eingreifen, bevor es zu spät wird.«[61]

Wolffsohn kritisierte auch den Versuch Hantkes, den »Burgfrieden« der größeren Ortsgruppen im Rahmen einer gemeinsamen Zusammenkunft mit dem Zentralkomitee wiederherzustellen, »um eine Basis für eine gemeinschaftliche positive Arbeit im Dienst unserer Bewegung zu schaffen.« Dennoch hegte Wolffsohn, im Gegensatz zu Loewe, keinen Verdacht, daß Hantke etwa ein »doppeltes Spiel« spiele. Er betrachtete ihn weiter als seinen Vertrauensmann, der leider durch seine Kurzsichtigkeit die wahren Absichten der Opposition nicht erkannt hätte: »Ich unterschätze die Gegner durchaus nicht, Du scheinst dieselben aber weit zu überschätzen und was noch schlimmer ist, Du läßt Dich von ihnen täuschen, wie dies schon in Hamburg der Fall gewesen ist.«
Wolffsohn betrachtete Hantkes Befriedigungspolitik als ein Hindernis für den erwünschten Zusammenschluß der gewählten Führung der zionistischen Weltorganisation. Er gab Hantke daher den gutgemeinten Rat, sich in keine Verhandlungen mit den wenigen Oppositionären einzulassen, »die man, anstatt mit ihnen zu verhandeln, lieber an Ort und Stelle, in ihren eigenen Ortsgruppen bändigen muß.«[62]
Wolffsohn veranlaßte Bodenheimer, sich als Präsident der ZVfD an Hantke und den Geschäftsführenden Ausschuß des Zentralkomitees in Berlin zu wenden. Man sollte sie zum Vorgehen gegen die Opposition in München veranlassen, da diese das Befriedungsabkommen verletzt hatten. Die Münchner hatten Wolffsohn öffentlich beschuldigt, die Interessen der Bewegung vernachlässigt zu

---

61 Wolffsohn an Hantke, 7. 4. 1910, CZA A11/7/1.

62 Trotz dieser kritischen Bemerkungen sprach Wolffsohn in einem anderen Privatbrief Hantke sein Vertrauen aus:

> »Lieber Freund Hantke,
> der einzige Grund, daß ich dir in der letzten Zeit nur offiziell geschrieben habe, ist der große Mangel an Zeit. Böse bin ich Dir durchaus nicht, denn ich weiß, daß Du mir aufrichtig zugetan bist und daß Du in allem aufrichtig und ehrlich bist. In diesem Glauben wird mich keiner schwankend machen und mich nicht beirren. Daß Du nicht alles richtig machst, dafür mache ich Dich nicht verantwortlich ...
> Daß Du im Ernst Dich zurückziehen könntest, halte ich für ausgeschlossen. Zu solchem Extravergnügen ist noch keine Zeit.«

Wolffsohn an Hantke, 28. 5. 1910, CZA A11/7/1. Der Zeitpunkt dieses Briefes war für Hantke besonders wichtig. Nach dem Rücktritt Bodenheimers sagte Wolffsohn Hantke indirekt seine Unterstützung für die Wahl zum Vorsitzenden zu.

haben. Dies komme einer Verletzung ihrer Verpflichtung gleich, sich im Interesse der Einigkeit dem Willen der Mehrheit zu fügen.[63]
Die Gärung in München, Breslau, Mannheim, Freiburg/Br. und Kattowitz, also den zentralen Ortsgruppen, zwang die Führung schon drei Monate nach dem Kongreß zur Einberufung einer dringenden Konferenz des Zentralkomitees und der Vorsitzenden der Ortsgruppen.[64] Es handelte sich dabei tatsächlich um eine Notstandskonferenz, trotz der »neutralen« Bezeichnung als »Osterkonferenz«. Das Ziel war, die Spaltung der Ortsgruppen zu verhindern, da dadurch der gesamte organisatorische Apparat erschüttert werden würde und keine Grundlage mehr für eine gemeinsame Arbeit jenseits ideologischer Meinungsverschiedenheiten vorhanden wäre.
Ein Verhandlungsprotokoll liegt uns nicht vor. Wolffsohns Kritik am Konferenzverlauf läßt aber darauf schließen, daß die Mehrheit zu wesentlichen Zugeständnissen im Bereich praktischer Palästina-Arbeit veranlaßt wurde, damit Druck auf die Weltorganisation ausgeübt werden konnte. Die diesbezüglichen Verhandlungen fanden in drei angenommenen Resolutionen ihren Niederschlag: 1. Hervorhebung des Beschlusses des vorigen Kongresses hinsichtlich der Förderung praktischer Siedlungsarbeit; Befürwortung der Errichtung eines Agrarinstituts und planmäßige landwirtschaftliche Kolonisation. 2. Erneuerung von Kontakten des Zentralkomitees der ZVfD mit anderen Landesorganisationen und Föderationen – gemeint waren offenbar Rußland und Österreich – »zwecks Aussprache«. 3. »Die Anwesenden verpflichten sich, gemeinschaftlich für Propaganda der nationalen Idee und die Stärkung der deutschen Landesorganisation mit allen Kräften einzutreten.«[65] Die dritte Resolution scheint zwar banal, aber schließlich war die Konferenz gerade um ihretwillen einberufen worden. Die Notwendigkeit zur Verständigung in selbstverständlichen Dingen und die Veröffentlichung im Organ der Bewegung weist auf die Auswirkung des 9. Kongresses auf die internen Verhältnisse der ZVfD hin.

63 Bodenheimer an Geschäftsführenden Ausschuß Berlin, 7. 4. 1910, CZA A15/I/8e.

64 Vgl. mit dem außerordentlichen Delegiertentag der »Vertrauensmänner« am 1. Mai 1913, nach dem Ausschluß der Zionisten aus dem »Zentralverein«. JR Nr. 18, 2. 5. 1913, S. 177f.; »Unsere Antwort an den Zentralverein, ein einstimmiger Beschluß der zionistischen Vertrauensmänner«, JR Nr. 18, S. 177f.; »Die außerordentliche Tagung der ZVfD am 1. Mai 1913, in Berlin«, JR Nr. 19, 9. 5. 1913, S. 187ff.

65 »Bericht des Geschäftsführenden Ausschusses des Z.K. der Zionistischen Vereinigung für Deutschland über das Winterhalbjahr 1909/1910«. JR Nr. 21, 27. 5. 1910, S. 246.

Ende einer Epoche

Bodenheimers Rücktritt scheint durch die oppositionelle Haltung Hantkes und anderer Mitglieder des Geschäftsführenden Ausschusses ausgelöst worden zu sein. Diese Annahme stützt sich auf einen Brief Bodenheimers an den Geschäftsführenden Ausschuß.[66] Darin ist von »erheblichen Schwierigkeiten bei der wirksamen Leitung der ZVfD« die Rede, deren Ursprung in der geographischen Teilung zwischen dem Präsidiumssitz und dem Geschäftsführenden Ausschuß sei. Solange es keine großen Zerwürfnisse innerhalb der Organisation gegeben habe, sei der Zustand noch erträglich gewesen, da keine Intervention »der obersten Spitze« erforderlich war. Nun müsse dieser Anomalie aber ein Ende gesetzt werden, meinte Bodenheimer in besagtem Brief. Die Körperschaft, die die Bewegungsgeschäfte führt, müsse auch die Verantwortung der Leitung übernehmen.

Die fünf maschinengeschriebenen Briefseiten enthalten eine Art »politisches Testament«. In einem nostalgisch anmutenden Ton umreißt Bodenheimer seine fünfzehnjährige Tätigkeit in der zionistischen Bewegung und gibt seiner Genugtuung Ausdruck, die ZVfD von ihren Anfängen zu einer »Achtung gebietenden Organisation« mitgestaltet zu haben. Er hoffe, daß das starke Gefühl der Zusammengehörigkeit die Führung auch in der Zukunft zusammenhalten werde.

> »Nur auf diese Art wird es möglich sein, Gefahren und Schwierigkeiten zu umgehen, welche sich aus der Notwendigkeit ergeben, daß ein Kreis von Personen von hoher Intelligenz und starker Individualität gemeinschaftlich in einer Bewegung arbeitet, welche durch ihre Vielgestaltigkeit eine gewisse Betonung differenzierender Meinungen zuläßt.«

Das gemeinsame Ziel dürfe niemals vergessen werden: Die immer dringender werdende Not der jüdischen Massen in Osteuropa, die der Bewegung die Pflicht auferlege, ihnen in naher Zukunft eine dauernde Heimstätte im Lande der Väter zu schaffen. Angesichts der Schwierigkeiten in der Verwirklichung dieses Zieles müßten die Zionisten im Westen dahin streben, auch diejenigen Kreise für den Zionismus zu gewinnen, in denen noch ein starkes Solidaritätsgefühl besteht und die sich aus Unkenntnis des Zionismus der Organisation nicht angeschlossen haben. In einer Zeit, in der die Aufmerksamkeit auf die praktische Kolonisationsarbeit gerichtet sei, könne man die materielle Hilfe der wohlhabenden Juden des Westens nicht entbehren. Dennoch müsse die zionistische Organisation einen »in ihrer Anschauung geschlossenen Machtwillen« entwickeln, den die öffentliche Meinung respektiere und durch den sie an Werbekraft gewinne. Im Gegensatz zu den »Radikalen« fürchtete Bodenhei-

---

[66] Der Delegiertentag, der den neuen Vorsitzenden wählen sollte, traf erst im Herbst zusammen.

mer nicht, daß der Charakter der zionistischen Idee durch die Zusammenarbeit mit Nicht-Zionisten verwässert werde.[67]

Der Geschäftsführende Ausschuß versuchte Bodenheimer zu bewegen, sein Demissionsschreiben zurückzunehmen. Er lehnte es jedoch in einem formell-kühlen Brief ab. Er erklärte sich zwar bereit, bis zur Wahl eines neuen Vorsitzenden die Geschäfte weiter zu erledigen, bemerkte aber sarkastisch: »Ich kann mir nicht denken, daß noch weiterhin irgendeine formelle Funktion seitens des Vorsitzenden zu erledigen ist, da ja alle Geschäfte auch bis jetzt von Berlin aus geleitet worden sind.«[68]

Das Demissionsschreiben Bodenheimers wurde erst nach drei Monaten, kurz vor vem 12. Delegiertentag im September 1910, in der »Jüdischen Rundschau« veröffentlicht. Ende Mai dieses Jahres trat die »Jahreskonferenz« des Großen Aktionskomitees in Berlin zusammen. Auf der Tagesordnung der Konferenz stand die Überführung der Leitung der Weltorganisation nach Berlin, was den Rücktritt Wolffsohns andeutete. In der Atmosphäre innerer Spannung, die der Konferenz voranging, zog es der Geschäftsführende Ausschuß vor, beide Rücktritte nicht miteinander zu verbinden. Er wollte es vermeiden, Gefühle der Ungewißheit zu einem Zeitpunkt hervorzurufen, zu dem man bemüht war, die Reihen zu festigen.

Die »Jüdische Rundschau« schickte Bodenheimers Demissionsbrief einen warmen Leitartikel voraus, in dem sie seine Verdienste um die ZVfD und die Weltbewegung würdigte. Sie hob die Bedeutung seiner 1891 erschienenen Broschüre »Wohin mit den russischen Juden?« hervor, seinen Anteil an der organisatorischen Gestaltung der ZVfD und der Weltbewegung, an der Gründung der zionistischen Kolonisationsbank und des Nationalfonds, dem er viel Energie gewidmet hatte:

> »Wenn also heute Dr. Bodenheimer das höchste Amt, das unsere Landsmannschaft zu vergeben hat, niederlegt, so ist es unsere selbstverständliche Pflicht, uns dankbar dessen zu erinnern, daß er gerade in jenen Jahren, in denen die Arbeit für den Zionismus so unendlich viel schwerer war als heute, auf exponiertem Posten ausgehalten hat. Sein eigenes Verdienst ist es, daß er heute das verantwortungsvolle Amt in andere Hände legen kann, in dem Bewußtsein, daß als Frucht seiner Arbeit heute eine wohlgeführte deutsche Landesorganisation im Zionismus existiert.«

Die Zeitung verhehlte ihren Lesern nicht, daß der Rücktritt Bodenheimers nicht nur ein formeller Akt war, sondern daß ihm auch politische Meinungsverschiedenheiten zugrunde lagen.

---

67 Bodenheimer an den Geschäftsführenden Ausschuß der ZVfD, z. H. des Herrn Vorsitzenden Dr. Hantke, 28. 4. 1910, CZA A15/I/8e.

68 Bodenheimer an Zentralbureau Berlin, 18. 5. 1910, CZA A15/I/8e.

»Wer aber das Wirken Dr. Bodenheimers auch in diesen letzten Jahren kennt, dem wird es nicht zweifelhaft erscheinen, daß sein Rücktritt für unsere Landesorganisation nicht nur ein schwerer Verlust ist, sondern auch sachlich eine große Bedeutung hat. Denn Bodenheimer ist allezeit ein Parteimann im besten Sinne des Wortes gewesen. Stets hat er seine prinzipiellen Ansichten ohne Rücksicht auf mehr oder weniger zufällige Majoritäten mit Entschiedenheit vertreten. Auch in seinem Rücktrittsschreiben zeigt er uns den Weg, den er für die Zukunft des deutschen Zionismus für den richtigen und allein gangbaren hält.«[69]

Politische Führung bedeutet die Fähigkeit, umfassende Ziele zu setzen, Wege zu weisen und Menschen zu diesen Zielen zu leiten. Nach diesem Maßstab zu urteilen, hatten die deutschen Zionisten keinen eigenen Führer. Die deutschen Zionisten – selbst die Opposition – erkannte die Führerschaft Herzls an, nicht aber Wolffsohns oder Warburgs:

»Der Zionismus ... bedarf als Bewegung wie als Organisation keiner Wetterfahnen sondern der großen Führerfahne. Das ist eine Frage der Persönlichkeit. Der große Mann führt die Partei mit Einschluß seiner Gegner. Herzls Politik vom Charter war grundfalsch, und doch war er der Führer auch für alle Zionisten, die sie bekämpfen mußten ... Er bedurfte nicht der Clique, die sich um ihn stellen wollte, noch der Claque, deren Beifall ihn kalt ließ.«[70]

Bodenheimer hatte Anspruch auf Führerschaft, es fehlte ihm jedoch die charismatische Persönlichkeit. Das mindert keineswegs seinen Beitrag zur Entwicklung der ZVfD und der Gesamtbewegung dank seiner Hingabe und seines organisatorischen Talentes. Er war ein *Vorsitzender*, aber kein Führer. Loewe glaubte sein Dilemma zu verstehen:

»Bodenheimer hielt sich für einen Führer oder gelegentlich für *den* Führer, und er definierte das Führertum dahin, daß der Führer herausfühlen müsse, was die Meinung der stummen Majorität sei. Wenn er erkannt habe, was die Masse wolle, so müsse er diesen Willen zu seinem eigenen machen und ihn als solchen kund tun.«[71]

Diese Definition war weit entfernt von jener »Vision« des Steuermanns auf stürmischer See.

---

69 »Rücktritt Dr. Bodenheimers«, JR Nr. 33, 19. 8. 1910, S. 389.
70 Heinrich Loewe, Treibende Kräfte, Berlin 1911, S. 27f.
71 Heinrich Loewe, Auf dem Weg nach Zion, Memoiren. Manuskript aus dem Nachlaß im Besitz seiner Tochter, a.a.O.

Dem 12. Delegiertentag maß man in der ZVfD und in der Leitung der Weltorganisation große Bedeutung bei. Auf der Tagesordnung stand nicht nur die Wahl eines neuen Vorsitzenden und die Verlegung der zentralen Institutionen nach Berlin. Was den Delegiertentag zu einem wichtigen Ereignis für die Gesamtbewegung machte, war, die Erprobung des Abkommens zwischen den gegnerischen Fraktionen, das im Juni 1910 auf der »Jahreskonferenz« erzielt worden war. In diesem Abkommen hatte sich Wolffsohn bemüht, die Opposition zu beschwichtigen. Er war bereit sie an der Leitung zu beteiligen, wenn sie zu voller Aktivität zurückkehrten. Es wurde vereinbart, daß das Engere Aktionskomitee in wichtigen Angelegenheiten das Gutachten eines »Beirates« einzuholen habe, daß der Präsident der Bewegung künftig durch das Engere Aktionskomitee und nicht durch den Kongreß gewählt werden solle, wodurch die Autorität des Präsidenten geschwächt werden würde. Ferner sollte der 10. Kongreß beschließen, die zentralen Institutionen der Weltorganisation nach »einem großen jüdischen Zentrum«, nach Berlin zu überführen. Das Kommuniqué, das Ende der »Jahreskonferenz« veröffentlicht wurde, drückte die Hoffnung der Leitung aus, daß die neu erreichte Einigung zu neuem Aufschwung der zionistischen Aktivität führen werde:

> »Die Mitglieder der Jahreskonferenz scheiden mit dem freudigen Bewußtsein, daß die zionistische Organisation geeint und gefestigt mit erneutem Kraftgefühl ihrem hohen Ziel entgegenschreitet.«

Nur zwei von den acht Mitgliedern der ZVfD im Aktionskomitee, Warburg und Margulies, stimmten für die Änderung der Prozedur der Präsidentenwahl. Die übrigen – Bodenheimer, Gronemann, Heymann, Hantke, Friedemann und Struck – sprachen sich dagegen aus, enthielten sich aber um des Friedens willen der Stimme.[72]

---

[72] »Die Jahreskonferenz«, Welt Nr. 26, 1. 7. 1910, S. 623–633; JR Nr. 26, 1. 7. 1910, S. 305f. Die »Jüdische Rundschau« drückte ihre Zufriedenheit aus über die Schritte zur Versöhnung, die von beiden Seiten gemacht wurden, und sah in ihnen den Anfang zur Wiederherstellung des gegenseitigen Vertrauens. Über die Lage in der zionistischen Weltbewegung, die Schwierigkeiten der Leitung und Beschlüsse der Jahreskonferenz siehe: Boehm, Zionistische Bewegung, a.a.O., S. 510.

8. Kapitel

Die Wendung zum Radikalismus

Der 12. Delegiertentag

Der Einigungsbeschluß der »Jahreskonferenz« hatte direkten Einfluß auf die Atmosphäre des 12. Delegiertentags der deutschen Zionisten, der am 10./11. September 1910 in Frankfurt/M. abgehalten wurde. Die »Jüdische Rundschau« riet den Delegierten, sich nicht zuviel mit internen Problemen zu befassen, welche die »Jahreskonferenz« schon gelöst habe. Sie sollten die Verhandlungen ihrer dringendsten Aufgabe, der Organisation und der Propagandatätigkeit, vor allem in den nördlichen und östlichen Teilen Deutschlands widmen, wo durch Besuche des neuen Parteisekretärs Blumenfeld das Gelände für die Gründung neuer Ortsgruppen vorbereitet worden sei.[1]

Die Erwartungen, daß die Wahl der Delegierten nicht nach fraktionellen Linien geführt werden würde, sollten sich nicht erfüllen. Die Kandidaten wurden von den Wählern nach ihrer Stellung zu Wolffsohn und den Beschlüssen der »Jahreskonferenz« ausgefragt und es hatte den Anschein, daß sich die Fraktionen weiter in ihren Positionen verschanzten und den Delegiertentag »sprengen« würden. Gegenüber denen, die dem Delegiertentag den Charakter eines Miniaturkongresses geben wollten, forderte die Gruppe der Radikalen, keine allgemein-zionistische Themen oder Personalfragen in den Mittelpunkt zu stellen, nicht einmal Franz Oppenheimers Siedlungsprojekt, das allgemeine Zustimmung finden würde. Anstatt dessen sollte sich der Delegiertentag mit den Sonderproblemen des deutschen Zionismus beschäftigen, vor allem über die deutschen Juden und über ihre Stellung zum Zionismus diskutieren. Auch Kämpfe sollte es auf diesem Delegiertentag geben, aber Kämpfe, in denen geistige Waffen den Weg für die Entwicklung einer geistigen Bewegung frei machen sollten.

> »Entschieden werden wir ... uns darüber klar sein müssen, daß unser Zionismus auch für jeden von uns deutschen Zionisten, und gerade für uns, eine egoistische und keine philantropische Bewegung ist, daß auch wir alle uns von einem starken Freiheitsgefühl getrieben und aus innerer Notwendigkeit dieser Bewegung angeschlossen haben, daß wir Zionisten sind, weil es für uns keine andere Möglichkeit zu leben gibt.«

Die Radikalen verlangten vom Delegiertentag ein neues Programm für die innere Politik des deutschen Zionismus, deren Ziel nicht zuerst das zahlenmäßige Anwachsen der Bewegung sei, da es zweifelhaft sei, ob die schon

---

1 »Frankfurter Delegiertentag«, JR Nr. 32, 12. 8. 1910, S. 377.

organisierten 7000 Anhänger wirklich Zionisten seien ... Dies sei die Folge einer Politik, die durch ideologische Kompromisse Positionen erringen wollte. Die neue politische Linie, über die der Delegiertentag beschließen solle, müsse zu einer kompromißlosen jüdisch-nationalen Agitation führen, um dem Zionismus seinen erzieherischen Elan wiederzugewinnen. Es müsse sich ins Bewußtsein einprägen,

> »daß nicht der ein Zionist ist, der sich mit Geld für Palästinazwecke von seinen jüdischen Verpflichtungen loskaufen will, nicht der, der in sattem Behagen es sich hier wohl sein läßt. Wer Zionist ist um *seiner eigenen inneren Freiheit willen*, der wird auch geben ohne zu zählen.«[2]

Diese Forderungen gingen nicht mit den Ansichten der Führung konform, doch von diesem Delegiertentag an verstärkte sich ihr Einfluß, bis sie zur offiziellen Linie der ZVfD wurden.[3]

Augenscheinlich ging der 12. Delegiertentag den gewohnten Weg. Er wurde durch den Vorsitzenden Bodenheimer eröffnet, der die Atmosphäre des inneren Friedens, die in der Gesamtbewegung herrschte, auf die Verhandlungen übertragen wollte. Er betonte in seiner Rede den geistigen Einfluß der 7000 organisierten Zionisten, denen ein großer Teil der akademischen Jugend und der Jugend in den kaufmännischen Berufen angehörte. Das erwachende Selbstbewußtsein und Würdegefühl der deutschen Judenheit seien wesentlich das Verdienst der zionistischen Bewegung. Die schwere Aufgabe, die der neu zu wählenden Führung bevorstehe, sei, die noch immer bestehenden Vorurteile gegen den Zionismus zu zerstreuen und zu beweisen, daß es sich nicht um eine politische Utopie, sondern

> »um eine reale Notwendigkeit, um eine Pflicht der Selbsterhaltung für das jüdische Volk handelt. Nicht allein für die russischen, nicht für die galizischen, nicht für die rumänischen oder andere Stammesgenossen, die in irgend einem Winkel der Erde verfolgt werden, nein, für das ganze jüdische Volk und für uns mit ihm, bedeutet das zionistische Programm eine Lösung ... Ein jeder von uns weiß im innersten seines Herzens, wenn von der zionistischen Sache die Rede ist, ›Nostra res agitur‹, unsere Sache ist's, um die es sich handelt.«

Bodenheimers Rede enthielt weder Kritik am Berliner Zentralbüro, noch gab er Aufschluß über die Motive zu seinem Rücktritt. Er riet den Delegierten, die Neuorganisation der ZVfD und deren Finanzierung in die Hand zu nehmen und den Versuch der kooperativen Kolonisation Oppenheimers mit allen

---

2 Maarabi (Blumenfeld), »Was soll der Delegiertentag«, JR Nr. 34, 26. 8. 1910, S. 401. Hervorhebung im Original.

3 Siehe: Maarabi, »Politischer Zionismus und Palästinaarbeit«, JR Nr. 36, 9. 9. 1910, S. 425. Die offizielle Linie kam in einem Leitartikel der »Jüdischen Rundschau« zum Ausdruck, daß der Delegiertentag danach streben solle, ein »organisatorisch und materiell starkes Arbeitszentrum« zu schaffen. »Zum 12. Delegiertentag«, ebd.

Kräften zu unterstützen. Denn dieser Versuch vereinige die Lösung eines sozialen Problems mit der einer speziellen Notlage, in der sich das Siedlungswerk und der landwirtschaftliche Arbeiterstand in Erez Israel befinde. Er schloß seine Rede mit einem Wort Goethes, auf die Vision des Zionismus übertragen:

»Solch ein Gewimmel möcht' ich sehn,
mit freiem Volk auf freiem Boden stehn.«

David Wolffsohn begrüßte den Delegiertentag im Namen des Zionistischen Aktionskomitees. (Es war das erste Mal, daß er als Präsident der Zionistischen Weltorganisation an einem Delegiertentag des ZVfD teilnahm.) Inhaltlich ging seine Ansprache über den formellen Rahmen einer Begrüßung hinaus. Er sprach zunächst Bodenheimer den Dank der Gesamtorganisation aus für seine unermüdliche Arbeit seit den bescheidenen Anfängen der National-Jüdischen Vereinigung in Köln, für die Verantwortung, die er auf sich nahm, als Herzl Köln zur »Hauptstadt des deutschen Zionismus« machte. Gleich zu Beginn übertrug Herzl die meisten organisatorischen Arbeiten nach Köln, wie die Gründung der Kolonialbank, und es war nur eine natürliche Folge, daß nach dem Tode Herzls die Gesamtleitung nach Köln überging. Hierdurch entstand der enge Zusammenang zwischen der Gesamtleitung und der Leitung der zionistischen Organisation in Deutschland. Gleichzeitig aber warnte Wolffsohn davor, daß die Weltorganisation mit irgendeinem Lande identifiziert werde, oder daß sie auch nur eine lokale Färbung annehme. »Die Leitung darf weder deutsch noch englisch, weder russisch noch österreichisch sein, sie darf nur jüdisch, nur zionistisch sein.« Er erklärte seine Zustimmung zur Überführung der zionistischen Gesamtleitung nach Berlin und deutete damit sogleich die Wahl eines neuen Präsidenten an, der seinen Sitz in Berlin habe. Wolffsohn riet den Delegierten, sich keinen pessimistischen Stimmungen hinzugeben, die bei einigen einzureißen drohe, und keine »Politik des Überbordwerfens« einzuschlagen, d.h., einen Punkt nach dem andern des zionistischen Programms aufzugeben, um sich bei der türkischen Regierung »lieb Kind zu machen«. Die Aufgabe der Leitung sei es, der Türkei zu verdeutlichen, daß zwischen den zionistischen Interessen und denen der Türkei kein Gegensatz bestehe. Die Zionisten sollten sich die Tradition des jüdischen Volkes zu eigen machen: zäh und unentwegt festhalten an dem, was man einmal für recht und gut erkannt habe. Trotz aller Schwierigkeiten mache der Zionismus Fortschritte. In der ganzen jüdischen Welt rege sich das Interesse für jüdische Kultur und Sprache und die Liebe zu Erez Israel. Zwar stünden die großen Massen und vor allem die alte Generation zum Zionismus noch fern,

»aber unser junges Geschlecht, die Jugend gehört uns, und wenn wir nur auf unsere Jugend hinschauen, die jetzt mit Begeisterung zum Judentum zurückkehrt, dann braucht uns nicht bange zu sein vor der Zukunft, denn die Zukunft gehört uns.«

Den praktischen Teil des Delegiertentages eröffnete Hantke mit einem Bericht über die Tätigkeit des Zentralbüros vom 1. Juni 1908 bis zum 31. August 1910. In dieser Zeitspanne, führte er aus, habe sich die Aufmerksamkeit der deutschen Zionisten von den politischen Problemen der Weltorganisation immer mehr der Entwicklung der deutschen Landesorganisation, den Beziehungen zu den Gemeinden und den großen jüdischen Organisationen zugewandt. Den Resolutionen des vorigen Delegiertentags entsprechend hätten sie eifrig in den großen Organisationen mitgearbeitet. Dadurch seien ernste Differenzen mit der deutschen Konferenzgemeinschaft der »Alliance Israélite Universelle« vermieden worden.

Die organisatorische Arbeit des Zentralbüros habe sich stetig vergrößert. Als Beispiel führte Hantke an, daß man in den ersten acht Monaten des Jahres 1910 6700 Briefe und 800 Postkarten, 4000 Drucksachen und Zirkulare sowie 100 Pakete versandt habe. An Stelle der Fülle von Zirkularen allgemeinen Inhalts, die wenig Interesse in den Ortsgruppen erregten, da sie kaum ihre besonderen Bedürfnisse berücksichtigten, sei die auf die einzelnen Ortsgruppen zugeschnittene »Einzelkorrespondenz« getreten. Eine individuelle schriftliche Fühlungnahme mit Hunderten von Zionisten, die außerhalb des Rahmens festgefügter Ortsgruppen wohnten, ergänzte diese Neuerung.

Um den organisatorischen Aufbau und die einheitliche Agitation zu stärken, schlug Hantke einerseits vor, die Tätigkeit des Zentralbüros zu zentralisieren, andererseits die Kompetenzen der nicht in Berlin ansässigen Mitglieder des Zentralkomitees zu erweitern. Die Zahl der Gruppenverbände sollte vergrößert und alle Ortsgruppen verpflichtet werden, einem Gruppenverband anzugehören. Hantke hielt es für nötig, die Beziehungen mit der religiösen Föderation »Misrachi« organisatorisch zu ordnen, um jede Differenz für die Zukunft zu vermeiden. Im Einverständnis mit der Zentralleitung des »Misrachi« schlug er vor, daß die Mitglieder des »Misrachi« gleichzeitig Angehörige der ZVfD sein können, unter der Bedingung, daß sie den vollen Landesbeitrag bezahlen. Außerdem sollten die misrachistischen Vereine Sitz und Stimme in den Gruppenverbänden haben, obwohl diese organische Bestandteile der Landesorganisation sind.[4]

Zum ersten Male berichtete das Zentralbüro dem Delegiertentag über die besondere Aufmerksamkeit, die es der Arbeit in der allgemein-jüdischen Jugendbewegung schenkte, und über das Erscheinen einer Halbmonatsschrift für die reifere Jugend »Jung-Israel«. Die zionistische Agitation in den Jugend-

---

[4] Der Geschäftsführende Ausschuß berücksichtigte die Mitgliedsbeiträge, die die Misrachisten ihrer Organisation zahlten, und bestätigte den Mitgliedern in Hamburg-Altona eine Ermäßigung von 1 Mark. Protokoll der 6. Sitzung des Geschäftsführenden Ausschusses vom 15. 12. 1910, CZA Z2/409. Das Große Aktionskomitee der Weltorganisation beschloß 1911, daß der Vorsitzende der Föderation »Misrachi« an seinen Sitzungen als Beisitzer teilnehmen könne. Beschlüsse der Sitzung des Aktions-Comitees vom 4. 7. 1911, CZA Z3/796.

verbänden hatte zu Konflikten mit Nichtzionisten geführt. Sie war aber auch Gegenstand von Meinungsverschiedenheiten unter den Zionisten selbst. Hantke war überzeugt, daß gerade bei einem Versuch, die jüdische Jugend Deutschlands fest um die Fahne des Judentums zu scheren, »auch unsere erbittertsten Gegner einsehen werden, daß die jungen Zionisten ihre besten Mitarbeiter sind und daß ohne deren Tätigkeit eine Regeneration des deutschen Judentums unmöglich ist«. Hantke gab zu, daß der Geschäftsführende Ausschuß nicht alle Möglichkeiten erschöpft hatte. Doch der Trend der Generaldebatte und das einstimmige Vertrauensvotum bezeugten, daß der Delegiertentag die Kleinarbeit eines tüchtigen bürokratischen Apparates zu würdigen wisse.

> »Wir arbeiten für ein hohes Ziel. Gemessen an ihm, erscheint unsere Tagesarbeit häufig gerade den besten von uns kleinlich. Und doch gibt sie erst die unentbehrlichsten Grundlagen. Ihr sicheres Fundament ermöglicht erst den geistigen Führern unserer Bewegung die Arbeit. Dinge aber, die notwendig sind, sind niemals kleinlich. Sie sind an ihrer Stelle genau so wichtig wie die großen prinzipiellen Fragen ... Auch diese Arbeit ist würdig der Größe unserer Idee. Auch mit ihr legen Sie einen Grundstein und einen Eckstein für die Stätte der Zuflucht und der Heimat, die wir unserem Volke erbauen.«[5]

Die Ausweitung der agitatorischen Tätigkeit des Zentralbüros wäre ohne einen parallelen Anstieg der Einnahmen nicht denkbar gewesen. Daher strebte das Zentralbüro danach, die Finanzierung seines Etats nicht nur von seinem Anteil an Schekelgeldern und Ortsgruppensteuern abhängig zu machen.
Zu diesem Zwecke wurde der Landesbeitrag eingeführt[6], und dieser sollte nun von einer Mark auf drei angehoben werden. Das Wahlrecht zum Delegiertentag sollte von der Zahlung des Landesbeitrags abhängig gemacht werden. Das Bestreben, die numerische Schwäche durch verstärkte Agitation auszugleichen, verursachte – im Verhältnis zur Größe des Etats – erhebliche Defizite und spornte die Leitung zur Erschließung neuer Einnahmequellen an.
Der ernste Zugang zu »prosaischen Themen« wie Haushalt und Verwaltung kam zu vollem Ausdruck im Finanzreferat von Hans Gideon Heymann. Er betonte die Wichtigkeit und Budgetdebatten als Eckstein der Demokratie und des Parlamentarismus. Er erwähnte die Reden Gladstones und Peels, deren Einzelheiten vielleicht abstoßend auf ihre Hörer wirkten, die aber eine grundlegende Bedeutung im Leben des Volkes hatten und diese Staatsmänner zu

---

[5] Im Zusammenhang mit Hantkes Rede vgl.: »12. Deutscher Zionistentag«, JR Nr. 37, 16. 9. 1910, S. 437–444; ferner »Bericht des Geschäftsführenden Ausschusses des ZK der ZVfD über das Winterhalbjahr 1909–1910«, JR Nr. 21, 27. 5. 1910, S. 245–247.

[6] Die Steuer wurde auf Blumenfelds Vorschlag eingeführt. Bis dahin teilten sich Hantke, Hans Gideon Heymann und ein anonymer Zionist aus Hamburg die Deckung des Defizits. Blumenfeld, Erlebte Judenfrage, a.a.O., S. 50.

unsterblichem Ruhm führten. Hinter dem sachlichen Ton von Heymanns Referat über die Pflichten des Bürgers »im Judenstaat unterwegs«, war schon die Rede eines Finanzministers einer künftigen israelischen Regierung enthalten.

Der Delegiertentag widmete denn auch einen wesentlichen Teil der Verhandlungen dem Etat und dem Problem der Selbstbesteuerung. Heymann überreichte den Delegierten den Voranschlag des Etats und fügte ihm die Einnahmen und Ausgaben für 1908–1909 und die Bilanz zum 31. August 1910 bei. Aus diesen Angaben ließ sich schließen, daß das Finanzjahr 1909 mit einem Defizit von etwa 3000 Mark abgeschlossen wurde, das im Jahre 1910 noch ansteigen würde. Doch im Gegensatz zu den ersten Defiziten der ZVfD, die den Schatzmeister Wolffsohn erschüttert hatten, sprach Heymann darüber zwar sein Bedauern aus, erklärte aber, dies sei eine unvermeidliche Folge der Ausdehnung der Propaganda und der stark angewachsenen Büro- und Agitationsunkosten. Er bewies, daß die Agitationskosten auch vom rein geschäftlichen Standpunkt lohnten, da die Erträge bedeutend steigen würden. Inzwischen hätte sich der Geschäftsführende Ausschuß bei einem befreundeten Bankhaus »gegen persönliche Garantie mehrerer Herren« einen ausreichenden Betriebskredit gesichert.

Der Etat für 1911 zeugt vom dynamischen Charakter der Leitung. Das Defizit der früheren Jahre schreckte sie nicht ab, und sie vergrößerte es noch um 4000 Mark im Vergleich zu 1910. Um aber die zusätzlichen Ausgaben zu decken, sollte der Delegiertentag über die Selbstbesteuerung beschließen:

Die Mitglieder der ZVfD sollten verpflichtet werden, außer allen anderen Steuern, gemäß ihres Einkommens und Vermögens, Beiträge für die deutsche Landesorganisation zu leisten. Andererseits sprach sich Heymann gegen andere Steuervorschläge, wie z. B. eine Lustbarkeitssteuer aus, da diese umständlich und kostspielig sei, wenig einbringe und »außerdem einen Tropfen Wermut in den Becher der Lustbarkeit wirft«[7]. Der Delegiertentag wählte eine Finanzkommission; ihre Vorschläge wurden im Sinne des Referenten mit überwältigender Mehrheit angenommen.[8]

---

[7] Hans Gideon Heymann, Finanzreferat (Delegiertentag 1910), CZA Z2/409. Das Bankhaus Heymann bewilligte der ZVfD einen Kredit in Höhe von 12000 Mark. Die Garanten waren: Wolffsohn, H. G. Heymann, Wollsteiner, Lichtheim – jeder 2000 Mark; Wiener, Sondheimer – jeder 1000 Mark; Strauß, Schwarzschild – jeder 500 Mark. ZVfD, Zentralbureau an Adolf Friedemann, 19. 11. 1910, CZA A8/53/2/1.

[8] Ausführliche Anweisungen für den Landesbeitrag und die Selbstbesteuerung gingen an die Ortsgruppen. Der Minimalbetrag für den Landesbeitrag war 1 Mark und 2 Mark Organisationsspende. Falls ein Mitglied die Organisationsspende nicht zahlen konnte, zahlte die Ortsgruppe oder der Gruppenverband für ihn. Das Wahlrecht dieses Mitglieds wurde dadurch nicht beeinträchtigt. Zionistische Vereinigung für Deutschland – Zentralkomitee, Unsere Finanzen (Rundschreiben an die Ortsgruppen), 2. 11. 1910, CZA Z2/409.

Im ideologischen Teil des Delegiertentages referierte Blumenfeld über »zionistische Agitationsmethoden«. Er analysierte die Erfahrung, die er persönlich durch den unmittelbaren Kontakt mit den Ortsgruppen in den verschiedenen Teilen Deutschlands gesammelt hatte. Seine Konsequenz war, daß die üblichen Agitationsmethoden überholt seien. Man hätte den Zionismus zu sehr des Problematischen entkleidet.
Dadurch habe man zwar quantitative Erfolge erzielt, aber den Wert des einzelnen Zionisten herabgemindert. Die Einstellung, nach der die Zionisten unter allen Umständen auch in anderen Organisationen mitzuarbeiten hätten, habe zur Folge gehabt, daß jene Organisationen sich die zionistische Terminologie aneigneten und so gegen die Zionisten kampffähig wurden. Die Zionisten seien selbst in ihrer *zionistischen* Betätigung »matt« geworden. Der Referent forderte, das Gewicht auf die Vertiefung des jüdischen Nationalismus zu legen, zu dem sich der Zionist aus persönlicher Notwendigkeit bekennen müsse. Blumenfeld beantragte, der Delegiertentag solle beschließen, daß der nationale Charakter der Bewegung unzweideutig betont werden müsse. Insbesondere solle ein entscheidendes Gewicht auf den prinzipiellen Unterschied zwischen dem Zionismus, als der jüdischen Volksbewegung, und allen anderen jüdischen Organisationen gelegt werden. Die Mehrheit der Teilnehmer an der Debatte stimmte dem Antrag zu und er wurde fast einstimmig angenommen.[9]
Blumenfeld war zufrieden. Rückblickend meinte er, daß die Annahme dieses Beschlusses »eine Kampfansage gegen die bis dahin von Bodenheimer, Friedemann und Klee geführte Organisation und Propaganda darstellte«. Er glaubte, daß sie dessen wirkliche Bedeutung wohl nicht verstanden hatten. Hantke bemerkte allerdings kühl: »Solch eine papierne Resolution bedeutet nicht viel.«[10] Trotzdem sollte sich herausstellen, daß der Beschluß zur rechten Zeit angenommen wurde, da er vielen, vor allem der Jugend, aus dem Herzen sprach. Denn die administrativen und finanziellen Lösungen des 12. Delegiertentages konnten kaum die inneren Probleme entwirren. Für viele bedeutete der Zionismus mehr eine organisatorische Zugehörigkeit oder Anteilnahme an einem philantropischen Werk.
Die Aufhebung der geographischen Trennung zwischen dem Vorsitz des Zentralkomitees in Köln und dem Zentralbüro in Berlin beseitigte Doppelstrukturen und Scheidewände und führte zu größerer Wirksamkeit. Der Geschäftsführende Ausschuß setzte sich nun aus fünf Berliner Mitgliedern zusammen: Hantke, erster Vorsitzender; Adolf Friedemann, zweiter Vorsitzender; Gronemann, erster Sekretär; Struck, zweiter Sekretär; Heymann, Schatzmeister. Die anderen Mitglieder des Zentralkomitees waren für die verschiedenen Aufgabenbereiche verantwortlich: Palästinaabteilung, Finanzen, Nationalfonds, Ge-

9 »12. Deutscher Zionistentag«, JR Nr. 37, 16. 9. 1910, S. 442f.
10 Blumenfeld, Erlebte Judenfrage, a.a.O., S. 59f.

meinden und Presse.[11] Die Reorganisation erstreckte sich auch auf die Verwaltung. Betty Frankenstein, die technische Leiterin des Zentralbüros, übernahm jetzt auch die Verwaltung des Nationalfonds und der »Jüdischen Rundschau«.[12] Heinrich Loewe, der seit seiner Entlassung aus der Redaktion der »Jüdischen Rundschau« außerhalb der Führungsgremien stand, drückte seine Enttäuschung über den Kontrast zwischen dem gut funktionierenden Organisationsapparat und der gedanklichen Dürftigkeit der Bewegung in der Broschüre »Treibende Kräfte« aus, die er kurz nach dem 12. Delegiertentag veröffentlichte. Mit dieser Broschüre wollte Loewe Interesse bei Studenten für jüdische Fragen erwecken. Loewe wies auf die verborgenen Kräfte hin, die der Zionismus befreit habe – den Stolz, den Willen zur Wiederbelebung der hebräischen Sprache, die Hingabe der Pioniere in Erez Israel.
Loewe sah indes auch negative Begleiterscheinungen, die zu früh in der nationalen Renaissancebewegung aufgetreten waren: Die Willensschwäche, die Überschätzung des Geldwertes, die Konsolidierung der zionistischen Bewegung als eine Partei; das Eindringen halbzionistischer Elemente; all das habe zur Abschwächung der nationalen Begeisterung und Kulturrenaissance beigetragen. Die Folge sei, daß der Zionismus seine Stoßkraft verloren habe.

»Ein Irrtum war es, im Zionismus die Organisation zu sehen. Gewiß war die Organisation wichtig, ungeheuer wichtig und eine große, nie genug zu schätzende Tat Theodor Herzls, sie geschaffen zu haben. Aber die Organisation ohne den Geist des Zionismus, ohne die Hingabe und Begeisterung Herzls war nicht der Zionismus. So kam es dahin, daß man früher zwar eine Bewegung ohne Organisation, jetzt aber eine Organisation ohne Bewegung hatte.[13]

Beim Lesen dieser Zeilen konnte man annehmen, daß sich die Kritik auf die Weltorganisation bezog. So verstand sie Wolffsohn, der sich in einem Brief an Loewe von seiner Kritik distanzierte:

»Für Ihre Broschüre ›Treibende Kräfte‹ ... danke ich Ihnen bestens. Bis auf Seite 25 finde ich alles schön. Der Passus aber, daß ›man früher zwar eine Bewegung ohne Organisation, jetzt aber eine Organisation ohne Bewegung hatte‹, gefällt mir gar nicht, weil er nicht richtig ist. Nicht in Wien und nicht in Köln hat die Bewegung durch die Organisation gelitten, sie wird erst leiden müssen, wenn die Organisation krank sein wird. Ich betrachte beides wie Körper und Geist und meine, daß ein gesunder produktiver Geist einen gesunden Körper haben muß.«[14]

---

11 ZVfD-Zentralkomitee, Rundschreiben, November 1910, CZA Z2/409.
12 ZVfD, Protokoll der 3. Sitzung des Geschäftsführenden Ausschusses, 30. 10. 1910, CZA Z2/409.
13 Heinrich Loewe, Treibende Kräfte, Berlin 1911, S. 20–25.
14 Wolffsohn an Loewe, 19. 11. 1911, CZA A146/33.

Wolffsohn hatte sich geirrt. Loewes Kritik *war gegen die ZVfD* gerichtet. Dies geht aus seiner Antwort an Wolffsohn hervor, in der er ausdrücklich auf die Gefahren hinweist, die dem Zionismus in Deutschland drohen: Vollkommenheit der Verwaltung neben ideologischer Verflachung und Fehlen einer geistig hochstehenden Führerschaft:

> »Was den Passus auf Seite 25 betrifft, den Sie bemängeln, so hat in der Tat die Knappheit des Ausdrucks dazu geführt, daß man etwas anderes hinein- oder herauslesen kann, als ich beabsichtigte hineinzulegen. Ich hatte dabei in erster Linie die Zionistische Vereinigung in Deutschland im Auge, die tatsächlich daran leidet, oder wenigstens daran litt, daß sie in der ›Verwaltung‹ das Wesen des Zionismus sieht. Die Kleinheit der Personen hat sich auf die Sache übertragen. Weil ich nicht wünschte, daß diese Kleinheit in der deutschen Organisation sich auf die Gesamtorganisation überträgt, war ich so entschieden gegen die Verlegung des Zentrums nach Berlin. Und nicht um die Leitung der Bewegung zu kritisieren schrieb ich meine Worte. Sondern um zu einem kleinen Teilchen dazu beizutragen, daß der große Zug der Bewegung sich nicht in lauter Verwaltungsmaßregeln verzettelt.«[15]

Loewe appellierte an die Jugend, gegen den Prozeß der Verflachung anzukämpfen, die zionistische Bewegung aus der Erstarrung zu lösen und sie zu den Wurzeln ihrer Kraft zurückzuführen: Dem Bestreben nach einer geistigen Umwälzung, »der völligen Revolution der Herzen und Gehirne«. Diese Urquellen der zionistischen Kraft aber »haben mit der ehrgeizigen Hintertreppenpolitik innerhalb der Partei nichts zu tun«, sondern mit der Jugendkraft, der selbstlosen jugendlichen Begeisterung, der selbstlosen Aufopferung, der begeisterten Hingabe.

> »Wir bedürfen der Jugend, wenn wir unserem verknöcherten Volkstum neue Jugend geben wollen. Die jüdische Jugend, vor allem der Teil unter ihr, dem die Hochschulen die Mittel zum Durchdenken idealer Gedanken und die Gelegenheit für die Betätigung ihres Idealismus bieten, hat die hohe Aufgabe, den Zionismus zu seinen Quellen zurückzuleiten. Sie vermag es. Sie muß den Zionismus, der sich zu verengern droht, seine große Aufgabe, die Wiedergeburt des Volkes zu sein, in vollem Maße erhalten.«[16]

Nach dem Frankfurter Delegiertentag neigte die Agitation dieser Richtung zu. Der Generalsekretär der ZVfD, Blumenfeld, sah seine Aufgabe in der Festigung der Ortsgruppen und der Beziehungen zu den Studentenverbindungen, sowie in der Vertiefung der Erziehung im Sinne des radikalen Zionismus. Diese Tendenz erregte Widerstand in »konservativen« Kreisen, die erst jetzt den Charakter des Radikalismus zu verstehen begannen. Mit der Überführung des Zentralkomitees nach Berlin verstärkte sich Blumenfelds Position. Er

---

15 Loewe an Wolffsohn, 22. 11. 1911, CZA A146/33.
16 Heinrich Loewe, Treibende Kräfte, a.a.O., S. 28f.

wurde in seiner Tätigkeit durch Hantke unterstützt, dem allerdings der Anstieg der ZVfD von 6200 Mitgliedern (1910) auf 7800 Mitglieder (1911) mehr imponierte als Blumenfelds Argumente.[17]

Die deutschen Zionisten hofften, daß der »Jubiläumskongreß«, der im August 1911 in Basel stattfinden sollte, eine »neue fruchtbare Epoche« einleiten werde. Die Jahre zwischen dem neunten und zehnten Kongreß erschienen ihnen, trotz der äußeren Fortschritte, Jahre des Stillstands. Sahen sie sich doch auf diesem Kongreß genau denselben Problemen gegenüber wie auf dem vorigen in Hamburg. Diese Ansicht brachte die »Jüdische Rundschau« in einem Leitartikel zum Ausdruck, in dem sie den Leitartikel zum vorigen Kongreß zitierte. Sie bewertete es als kein gutes Zeichen, daß dieser fast Wort für Wort wiederholt werden konnte und mußte:

> »*Mut zum Handeln* – den fordern wir vom IX. Kongreß. Unser Programm, unser Baseler Programm, weist uns Ziel und Richtlinie. Aber unsere Taktik muß neu fundiert werden. Unsere Leitung muß so organisiert werden, daß sie tatsächlich die ganze Bewegung beherrschen kann, und sie muß materiell so gestellt werden, daß ihre Aktionskraft nach allen Seiten absolut frei ist. Wir können das, und wir haben die Verpflichtung es zu tun. Dann haben wir ebenso das *Recht*, wie wir die *Pflicht* haben, *einzig und allein nach sachlichen Gesichtspunkten* zu organisieren und von ihr alles zu verlangen, was zu leisten nur im Bereich des Möglichen ist. Wir müssen uns endlich nicht von irgendwelchen Ursachen fatalistisch beeinflussen lassen, sondern unser Wirken ganz unabhänging auf scharf geschaute *Zwecke* einstellen – denn *das allein heißt Politik*!«

Die »Rundschau« forderte eine streng zentralisierte nach Arbeitsämtern und nicht nach Ehrenämtern gegliederte Leitung, um das Gleichgewicht zu der demokratisch und föderativ organisierten Bewegung herzustellen:

> »Unserer Organisation eine Leitung, unserer Leitung eine Organisation – und beiden die Mittel zur Arbeit zu geben!«[18]

Im Gegensatz zu der düsteren Prognose über die »Degenerierung der Landsmannschaft«, spielte sie auf diesem Kongreß eine bedeutende Rolle bei der Meinungsbildung der deutschen Delegierten. Sie hatte die Konsequenzen aus den Wirren des neunten Kongresses gezogen. Eine Vorbesprechung zum zehnten Kongreß sollte es diesmal bewirken, daß die Vertreter der Landsmannschaft im Permanenzausschuß ihren Standpunkt auch im Plenum vertreten. Darüber hinaus wurde um die Geschlossenheit der deutschen Landsmannschaft zu stärken, beschlossen, daß deutsche Delegierte keine Mandate von Zionisten anderer Länder annehmen dürfen.

---

[17] Dieser Zahl sind 800 Mitglieder des »Misrachi« hinzuzufügen. »Das jüdische Parlament«, JR Nr. 27, 7. 7. 1911, S. 305.

[18] »Vor dem Jubiläums-Kongreß«, JR Nr. 31, 4. 8. 1911, S. 353. Hervorhebungen im Original.

Die Teilnahme Wolffsohns an den Sitzungen der Landsmannschaft erleichterte die Klärung ihrer Stellungnahme. Wolffsohn gab bekannt, er werde das Amt des Präsidenten nicht weiter bekleiden und befürwortete die Verlegung der zentralen Institutionen der Gesamtbewegung nach Berlin. Die Majorität der Delegierten sprach sich für die »praktische« Richtung aus und so wurden vier »Praktische« in den Permanenzauschuß delegiert (Blumenfeld, Halpern, Heymann, J. Simon).[19] Die Landsmannschaft unterstützte die Beschlüsse der »Jahreskonferenz«: a) das Engere Aktionskomitee (E. A. C.) solle sich aus fünf bis sechs Mitgliedern zusammensetzen und den Präsidenten wählen; b) die Leitung der Gesamtorganisation solle nach Berlin überführt werden und ihre Mitglieder verpflichtet sein, in Berlin zu wohnen.[20]
Die Geschlossenheit der deutschen Landsmannschaft trug wesentlich zu den Ergebnissen des Kongresses bei. Durch die Wahl einer homogenen Leitung mit Otto Warburg an der Spitze wurde die Priorität der praktischen Arbeit in Palästina klar bestimmt.[21] Mit der Überführung des Zentrums nach Berlin wuchs die Beteiligung deutscher Zionisten an der Leitung der zentralen Institutionen. Warburg widmete sich hauptsächlich der Förderung von Siedlungsprojekten, deren Umfang von Jahr zu Jahr zunahm. Er befaßte sich wenig mit ideologischen Problemen, außenpolitischen Beziehungen, Organisation und Propaganda. Diese überließ er seinen Kollegen im Aktionskomitee, Nahum Sokolow, Schmarjahu Lewin, Victor Jacobsohn und Arthur Hantke.
Der wachsende Einfluß der ZVfD in der Weltorganisation während der »Berliner Epoche« kam in erster Linie durch Hantke zum Ausdruck. Er war der erste Vorsitzende der ZVfD, der ins oberste Gremium gewählt wurde. Hantke betätigte sich in denjenigen Bereichen, an denen der Präsident und die anderen Mitglieder des Aktionskomitee kein direktes Interesse hatten. Richard Lichtheim, von 1911–1913 Redakteur der »Welt«, beobachtete die Arbeit der zionistischen Administration aus unmittelbarer Nähe:

> »Arthur Hantke, der erprobte Organisator des deutschen Zionismus, beaufsichtigte die zionistische Verwaltung und die Finanzen, hielt den Kontakt mit allen Landesorganisationen aufrecht und war die ordnende Hand in dem Getriebe des Büros.«[22]

---

19 »1. Sitzung der deutschen Landsmannschaft«, JR Nr. 32, 11. 8. 1911, S. 369f.
20 »2. Sitzung der deutschen Landsmannschaft«, JR Nr. 32, 11. 8. 1911, S. 370.
21 Über die anderen Beschlüsse des Kongresses siehe: Boehm, Die Zionistische Bewegung, a.a.O., S. 599f. Bodenheimer schrieb die Niederlage der »Politischen« dem Fehlen eines organisatorischen Rahmens zu. Siehe: Bodenheimer, So wurde Israel, a.a.O., S. 151f. Über Otto Warburg und seine Tätigkeit in der zionistischen Bewegung siehe: Jacob Thon, Otto Warburg, Herzliah 1948 (hebr.); Richard Lichtheim, Geschichte des deutschen Zionismus, a.a.O., S. 197–201; W. Laqueur, A History of Zionism, a.a.O., S. 148–155.
22 Lichtheim, Geschichte, a.a.O., S. 196f. Die Büros der ZVfD, der Zionistischen Weltorganisation und der »Welt« befanden sich in demselben Gebäude.

Von 1911 bis 1920 waren die Büros der ZVfD und der Weltorganisation in Berlin in ein und demselben Gebäude untergebracht, wodurch der Technokrat Hantke bald beide zu beherrschen vermochte. So bildete sich faktisch der enge organisatorische Zusammenhang zwischen der ZVfD und der Gesamtorganisation heraus, der sich im »Sprachenkampf«, sowie auch im ersten Weltkrieg bewähren sollte.

Professor Sombarts Thesen. Die »Kunstwart«-Debatte

Von 1911 bis 1914 fanden sich die deutschen Zionisten in eine Reihe ideologischer Diskussionen verwickelt. Die erste entspann sich im Winter 1911/12 in bezug auf Vorträge des angesehehen Professors der Nationalökonomie und Soziologie Werner Sombart über »Die Zukunft der Juden«. Diese Vorträge stellten in gewissem Sinn die Fortsetzung eines Vortragszyklus dar, der im Jahr 1909 ein positives Echo unter den Zionisten hervorgerufen hatte. Die positive Einstellung der Zionisten zu Sombarts Ansichten war eigentlich schon vor diesen Vorträgen zutage getreten.

Felix Lazar Pinkus, der sich später auch in der zionistischen Jugendarbeit betätigte, veröffentlichte im Jahr 1905 einen Aufsatz in der »Welt«, in dem er Sombarts Stellung zur Judenfrage erörterte. Sombart hatte seine Ansichten in einem zweibändigen Werk »Der moderne Kapitalismus« veranschaulicht. Pinkus analysierte Sombarts Anschauungen vom marxistischen Standpunkt aus und lobte Sombarts »vollste Objektivität«. Er stimmte seiner These zu, »daß die jüdische Rasse – ob von Natur oder durch den Gang geschichtlicher Entwicklung bleibt sich gleich – nach einer Seite ihrer Veranlagung gleichsam die Inkarnation des kapitalistisch-kaufmännischen Geistes ist.«

Diese These decke sich zwar nicht ganz mit der Anschauung von Marx, daß der praktische Judengeist zum praktischen Geist der christlichen Völker geworden sei, aber immerhin sei für ihn die Emanzipation der Juden gleichbedeutend mit einer Anerkennung des Kapitalismus. Pinkus verteidigte Sombart auch gegen den Vorwurf des Antisemitismus:

> »Nichts ist törichter als das. Sombart ist ein rein-objektiver Forscher und beschränkt sich auf die Feststellung von Gegebenheiten. Wie Sombart selbst über diesen Vorwurf denkt, hat er mir kürzlich in einem Brief mitgeteilt. ›Es gibt‹, schreibt Sombart, ›eben immer noch Leute, die jeden für einen Antisemiten halten, der das Vorhandensein eines jüdischen Volkes mit besonderen Rassenmerkmalen konstatiert‹.«[23]

---

[23] Lazar Felix Pinkus, »Werner Sombarts Stellung zur Judenfrage«, Welt Nr. 20, 15. 5. 1903, S. 7f. Hervorhebung im Original. Auf Grund dieser Auffassung veröffentlichte Pinkus eine detaillierte Analyse von Sombarts Anschauungen. Lazar Felix Pinkus, Die moderne Judenfrage, von den Grundlagen der jüdischen Wirtschaftsgeschichte und des Zionismus, Breslau 1903.

Im November 1909 lud Prof. Sombart das Berliner Publikum zu einem vierteiligen Vortragszyklus ein über »Die Bedeutung der Juden für das moderne Wirtschaftsleben«. Nach einem einleitenden Zitat aus dem Midrasch über die Ewigkeit des jüdischen Volkes ging er zu seiner Hauptthese über, die zwei Jahre später in einem umfangreichen Buch »Die Juden im Wirtschaftsleben« veröffentlichte. Durch Religion, Geschichte und Charakter seien die Juden das Sinnbild des Kapitalismus und seine Hauptträger geworden.[24]
Laut Bericht der »Jüdischen Rundschau« war dieser Abend für die Berliner Juden »eine kleine Sensation«, denn Sombart »hatte mit der ihm eigenen glücklichen Unbekümmertheit das Unerhörte gewagt«, über ein Thema zu sprechen, »das für die Mitbürger mosaischer Konfession ein harter Schlag war«. Der Berichterstatter meinte, daß der Inhalt des Vortrags für viele Anwesende »eine kleine Revolution bedeutete«. Sie hörten einen ernst zu nehmenden Professor immerfort von einem jüdischen Volke reden, als ob es eine Selbstverständlichkeit sei. Die Zionisten lobten Sombarts systematischen Zugang zu einem Thema, das sonst nur in antisemitischer Verzerrung zu hören sei und wovon ein liberaler Jude gern zu schweigen pflege.[25]
Nach zwei Jahren begann Sombart den zweiten Vortragszyklus. Auch diesmal füllte ein außerordentlich zahlreiches Publikum die Berliner »Singakademie«, um seine Anschauungen über »die Zukunft der Juden« kennenzulernen. In einem Leitartikel dankte die »Jüdische Rundschau« Sombart, daß er die Zionisten in ihren Bemühungen unterstützt hatte, die Lösung der Judenfrage öffentlich zu erörtern, obwohl er einiges, wie etwa das Wesen der Assimilation, nicht ganz verstanden habe. Vor einem Jahrzehnt hätte man kaum geglaubt, daß ein elegantes Publikum von 1500 Menschen zu einem gelehrten Vortrag gegen Eintrittsgeld kommen würde und »dazu noch bereit wäre, den Redner zwei Seiten aus einer zionistischen Broschüre lesen zu hören, ohne zu protestieren.«[26] In einem weiteren Artikel stellte die Zeitung mit Befriedigung fest, daß der Gelehrte die nationaljüdische Bewegung für berechtigt hielt und mit größter Objektivität zu den Konsequenzen der zionistischen Ideologie gelangt war. Das offizielle Organ der ZVfD erging sich in Superlativen über das Prestige, die wissenschaftliche Objektivität und die Unvoreingenommenheit »des Nationalökonomen von Weltruf, ein Nichtjude, ein Forscher, den selbst einer seiner Gegner einmal einen der geistvollsten Soziologen der Gegenwart genannt hat.« Mit Schadenfreude bemerkte der Redakteur, daß in Sombarts Vortrag »jeder Satz ... ein Schlag ins Gesicht unserer Gegner war und ein Beweis mehr, für die

---

24 Werner Sombart, Die Juden und das Wirtschaftsleben, Leipzig 1911.
25 »Die Bedeutung der Juden für das moderne Wirtschaftsleben« JR Nr. 47, 19. 11. 1909, S. 522f.
26 »Sein oder Nichtsein«, JR Nr. 46, 17. 11. 1911, S. 541.

Anschauungen und die Ziele, die wir vertreten.«[27] Vor lauter Begeisterung ließ sich die Zeitung durch die pseudo-wissenschaftlichen Verallgemeinerungen Sombarts täuschen. Die propagandistischen Vorteile, die man aus ihnen ziehen konnte, waren zu verlockend.

In seinem letzten Vortrag ging Sombart von seinen »wissenschaftlich« fundierten Thesen zu seinen Folgerungen über. In seinen Vorträgen wie in seinem wissenschaftlichen Buch betonte Sombart, habe er sich der Werturteile absichtlich enthalten. Doch habe auch der Wissenschaftler das Recht einer persönlichen Beurteilung gegenüber der Judenfrage, natürlich unter wissenschaftlicher Begrenzung der Subjektivität. Die »Jüdische Rundschau« gab den Inhalt dieses Vortrags fast vollständig wieder. Trotz unverkennbarer antisemitischer Tendenzen distanzierte sich die Zeitung mit keiner Silbe; möglicherweise, weil der Professor sie durch zionistische Terminologie getarnt hatte. Den subjektiven Teil seines Vortrages begann Sombart mit einem bedeutungsvollen Zitat:

> »Man hat mich vielfach befragt, was ich persönlich zu den Juden fühle, ob ich sie liebe oder nicht. Darauf könnte ich antworten wie Friedrich der Große: ›Ja, ich liebe sie, doch seien sie jung, schön und weiblichen Geschlechtes.‹«

Und an anderer Stelle:

> »Ein Teil der jüdischen schlechten Eigenschaften – ich habe keine Angst! – ist der Mangel an Respekt vor Menschen und Dingen, das zersetzende in ihrer Kritik usw. Das alles ist nicht eigentlich in den jüdisch fühlenden Kreisen zu finden, sondern in den aus dem Judentum durch die Entwicklung herausgeschleuderten Kreisen des Golusjudentums, – um mich zionistisch auszudrücken. Nur in diesen Kreisen ist man so taktlos, sich z. B. Siegfried Cohn zu nennen. Ich finde das als taktlos! Dieser Siegfried Cohn wird ja auch weder ein guter Siegfried noch ein guter Cohn sein!«[28]

Vielleicht verzieh die Zeitung Sombart diese antisemitischen Entgleisungen, weil er auch über eine jüdische Renaissance sprach und die zionistische Lösung der Judenfrage ausdrücklich befürwortete, da jede »Arterhaltung« ein erstrebenswertes Ziel sei, »damit es nicht arm werde in unserer Welt. Der Tiergarten des Herrn kann gar nicht reich genug besetzt sein. Wir sind gegenwärtig in einer Tendenz, die eine geradezu schauerliche Perspektive eröffnet, da wir nämlich nur einen einzigen Typ in der Zukunft haben werden – den american man.«
Für die östlichen Juden käme Palästina im Rahmen einer »Versorgungs- und Unterbringungspolitik« in Frage, und sie wäre »die glücklichste Lösung des östlichen Judenproblems«. Es wäre sogar wünschenswert, daß so etwas wie ein

---

27 i. b. (Julius Becker), »Sombart und wir«, JR Nr. 50, 15. 12. 1911, S. 589, Hervorhebung im Original.

28 »Letzter Vortrag Sombarts«, JR Nr. 50, 15. 12. 1911, S. 590f.

jüdischer Staat in Palästina entstehe, als Mittelpunkt für das jüdische Wesen, »eine regulative Idee des Judentums«. Allerdings werde die überwiegende Zahl der westlichen Juden, um ihrer Artentwicklung willen, nicht auswandern wollen und wenn sie es wollten, könnten es die westeuropäischen Staaten den Juden, wegen ihrer Nützlichkeit, nicht gestatten.

> »Was sollten wir denn ohne die Juden anfangen? Wer sollte denn das fehlende Drittel der Berliner Steuern aufbringen, wer die Konzerte und die Theater besuchen, wer unsere Bücher kaufen? Auch lehrt ja die Auswanderung der Juden aus Spanien, die der Hugenotten aus Frankreich, was die Entfernung so wichtiger Volksschichten für die betroffenen Länder bedeutet: wirtschaftliche Verarmung, politischer Niedergang. Es wäre ausgeschlossen, daß ein moderner Staat jemals einer derartigen Maßregel zustimmen könnte.«[29]

Nach Schweizer Modell sah Sombart keinen Widerspruch zwischen der Existenz jüdischer Nationalität im deutschen Reich und der Möglichkeit, daß die Juden ihre staatsbürgerliche Pflicht erfüllen. Er gab ihnen jedoch den Rat, »die Klugheit und den Takt« zu haben, ihre Rechte nicht im vollen Umfang auszunutzen.[30] Es geschehe kein Unrecht, wenn der Jude auch weiterhin nicht in alle Staatsstellen hineinkommen und kein Gardeleutnant oder ordentlicher Professor werden kann. Es sei sogar möglich, daß die christliche Gesellschaft die Juden gerade wegen dieser Bestrebungen angegriffen habe. Ein informeller Numerus clausus wäre also zugunsten der Juden. Er verhindere die übermäßige Überschwemmung der Posten durch zu vielbegabte Juden, die in ihrer Folge notwendigerweise Haßwellen gegen sie erregen würde.[31]

Es verwundert, wie weit der Wunsch nach Anerkennung durch eine nichtjüdische Kapazität und nach Durchbrechung des Totschweigens den kritischen Instinkt der Zionisten gerade in bezug auf die wissenschaftliche Objektivität Sombarts abstumpfte. Ein etwas tieferer Einblick in seine Schriften hätte ihnen eine höchst verdächtige Mischung von Nationalökonomie, Rassismus und antisemitischen Verallgemeinerungen enthüllt.[32] Die zionistische Presse deckte Som-

---

29 Die in diesen Vorträgen enthaltenen Thesen veröffentlichte Sombart in dem Buch: Werner Sombart, Die Zukunft der Juden, Leipzig 1912. Über die Notwendigkeit der Juden und ihren Nutzen, S. 71. Dort fügte er hinzu: »Wir würden ihrer gewiß noch mehr froh werden, wenn sie sich nicht an einzelnen Punkten zu großen Klumpen zusammenballten und uns dann etwas den Atem benähmen.«

30 Vergleiche mit diesem Rat den Ausspruch Ludwig Holländers vor den führenden Persönlichkeiten des »Zentralvereins deutscher Staatsbürger jüdischen Glaubens«: »Die deutschen Juden sind Stiefkinder und Stiefkinder müssen sich artig benehmen.« Zitiert nach Blumenfeld, Erlebte Judenfrage, S. 51.

31 »Letzter Vortrag Professor Sombarts«, JR Nr. 50, 15. 12. 1911, S. 590. Vgl.: Werner Sombart, Die Zukunft der Juden, S. 78–82.

32 Werner Sombart, Das Wirtschaftsleben im Zeitalter des Hochkapitalismus, Berlin 1955, (1. Auflage 1902) S. 21, 26, 973; Werner Sombart, Die Juden und das Wirtschaftsleben, a.a.O., S. VII–XI, 30, 280f., 328–333, 426–429.

bart gegen die Angriffe des »Zentralvereins deutscher Staatsbürger jüdischen Glaubens«, der ihn mit Recht des Antisemitismus und der Untergrabung ihrer Staatsbürgerrechte bezichtigte.[33] Im Gegensatz zur Stellung der Zionisten lehnten die Führer des »Zentralvereins« die rassistischen Elemente in Sombarts Theorien ab, und forderten die vollständige Durchführung der Emanzipation, als Teil des moralischen Existenzkampfes der Juden.[34] Die Zionisten, insbesondere die radikalen, glaubten eine ganze Anzahl verwandter Gedankengänge aus den Sombartschen Deduktionen herauszuhören, sowohl in einer Analyse der Judenfrage, wie in seinen Lösungsvorschlägen. Der junge Journalist Hans Goslar verglich die Worte des »ernsten Vertreters der exakten Wissenschaft, ein so scharfer und klarer Denker wie Sombart« mit den Reden Max Nordaus, welcher die Lage der Juden ebenso nüchtern und objektiv behandelt habe.[35] Blumenfeld ging noch weiter: »Was Sombart schrieb oder sagte, war leider eine Wahrheit, die ich immer gefühlt hatte. Ich wußte, wie sehr sich die Juden vor *Grenzüberschreitungen* zu hüten hatten.« Trotzdem verwundert es, daß Blumenfeld der ideologischen Fundierung eines Numerus clausus mit allen seinen Konsequenzen gleichgültig gegenüberstand.[36]

Einen ungewöhnlichen Nachklang hatte die Sombartdiskussion in einem kritischen Vortrag Franz Oppenheimers im Berliner »Zentralverein« über die These der besonderen Eigenschaften der Juden zur Entwicklung des Kapitalismus. Sombart und der Wiener Anthropologe Ignaz Zollschan, der in Berlin Referate über den Rassenwert der Juden hielt, waren im Publikum.[37] Oppenheimer widerlegte Sombarts Theorien, behauptete dagegen, die Ursache der besonderen wirtschaftlichen Rolle der Juden sei historisch und gesellschaftlich bedingt. Als Sombart in der anschließenden Diskussion das Wort nahm, betonte er, daß diese doch eine tiefere Begründung haben mußte, und diese läge in den ihnen angeborenen Körper- und Geisteseigenschaften, d.h. in ihren Rassequalitäten, »um die kommt man einmal nicht herum«. Zollschan nahm eine Zwischenposition ein und machte darauf aufmerksam, daß es konstante und variable Rasseeigenschaften gebe. Zollschan und Sombart erwähnten hierbei die Ergeb-

33 »Sein oder Nichtsein«, JR Nr. 46, 17. 11. 1911, S. 541; Rudolf Wassermann, »Sombart der ›Antisemit‹«, JR Nr. 7, 16. 2. 1912, S. 51f.; Otto Abeles, »Ein Kampf um Sombart?«, Welt Nr. 9, 1. 3. 1912, S. 259f.; Ben Snew, »Sombarthetze und kein Ende«, JR Nr. 23, 7. 6. 1912, S. 209–210.

34 Für eine umfassende Darstellung der Sombartpolemik, insbesondere die Stellungnahme des »Zentralvereins« siehe Jehuda Reinharz, Fatherland or Promised Land, a.a.O., S. 190–195.

35 Hans Goslar, »Werner Sombart über die Zukunft der Juden«, JR Nr. 46, 17. 11. 1911, S. 543f.

36 Blumenfeld, Erlebte Judenfrage, a.a.O., S. 58. Im Gegensatz zu der fast allgemeinen Unterstützung von Sombarts Anschauungen durch die Zionisten stand die ausgewogene Kritik des Neo-Orthodoxen Isaak Breuer. Siehe: Isaak Breuer, »Sombart und die Juden«, Der Israelit, 1911, Nr. 36, Nr. 37, Nr. 38, Nr. 40.

37 »Die Zollschan-Vorträge in Berlin«, JR Nr. 45, 10. 11. 1911, S. 532.

nisse einer Blutforschung, welche angeblich im Blutserum von Javanern und Malaien bestimmte serologische Eigenschaften ergeben habe. Sollten Blutuntersuchungen keine Differenz der Juden von anderen Menschenrassen ergeben, so bliebe, meinte Sombart, nichts anderes übrig, als daß man etwa 1000 Offizierskinder von der Geburt an in jüdischen Kaufmannsfamilien unterbringt und ebenso umgekehrt, um dann nach zwanzig Jahren die Erziehungsresultate zu bestimmen. Ein selbstverständlich unmöglicher Weg.[38]

Sombarts Thesen beschäftigten die jüdische Öffentlichkeit noch lange. Ein Jahr nach den Vorträgen sah sich Hans Gideon Heymann veranlaßt, die Einstellung der Zionisten – wenn auch in gemäßigtem Ton – wieder zu verteidigen. Er lehnte den Vorwurf ab, die Zionisten hätten sich vollends mit Sombarts Meinungen identifiziert. Trotzdem, stellte er fest, hätten sie ihn nicht im Stich gelassen. Sie hätten von vornherein seine Grundthese nicht akzeptiert, daß die Juden »ein heißes Wüstenvolk« seien und es nachdrücklich abgelehnt, daß die Juden freiwillig ihre Bürgerrechte einschränken sollten. Er erinnerte daran, daß Berthold Feiwel die Theorie der Identität von Judentum und Kapitalismus widerlegt und ihr die Affinität des Judentums und der sozialistischen Lehren entgegengestellt habe. Doch auch in diesem Artikel lobte Heymann die wissenschaftliche Objektivität Sombarts und sah voraus, daß sein Buch »Die Juden im Wirtschaftsleben«, das nicht antisemitisch und mit den besten Absichten geschrieben sei, das grundlegende Lehrbuch für die Generation über Juden und Judentum sein werde.[39]

Kaum war das Echo des Sombartstreits verhallt, erschien in der nationalistischen Zeitschrift für Kultur und Kunst »Der Kunstwart« ein Aufsatz, der den Namen »Deutsch-Jüdischer Parnaß« trug. Der Verfasser, der junge Journalist und Schriftsteller Moritz Goldstein, behandelte darin die Rolle, die Juden im Kulturleben Deutschlands spielten. Seiner Ansicht nach bestehe eine jüdische Vorherrschaft in der Presse, der Literatur, dem Theater und der Musik. Die Juden, führte Goldstein aus, seien unerwünschte »Verwalter« des geistigen Besitzes des deutschen Volkes, und er sprach ihnen sowohl die Berechtigung wie die Fähigkeit dazu ab, diese Aufgabe zu erfüllen.[40] Goldsteins Aufsatz führte zu einer umfassenden und über alles Erwarten sich hinausziehenden Diskussion.[41] Die Antisemiten sahen in seinen Thesen eine teilweise Bestätigung ihrer Argumente, und von den Zionisten identifizierten sich hauptsächlich

---

[38] »Kapitalismus und Judentum; Bericht über den Vortrag Dr. Oppenheimers im Zentralverein Deutscher Staatsbürger jüdischen Glaubens, am 2. November 1911«, JR Nr. 45, 10. 11. 1911, S. 532.

[39] Hans Gideon Heymann, »Der Streit um Sombart«, JR Nr. 4, 24. 1. 1913, Beiblatt, S. 1–2.

[40] Moritz Goldstein, »Deutsch-Jüdischer Parnaß«, Der Kunstwart – Halbmonatsschau für Ausdruckskultur auf allen Lebensgebieten, München 1. März-Heft, 1912, S. 283ff.

[41] Siehe: Moritz Goldstein, »German Jewry's Dilemma before 1914. The story of a Provocative Essay« in Year Book II of the Leo-Baeck-Institute, London 1957, S. 236–254.

die Radikalen mit seinen Ansichten.[42] Aber selbst diejenigen, die offen die Existenz eines Kulturkonfliktes zugaben, hatten keine eindeutige Lösung. Die Kompliziertheit des Problems bezeugen zwei Studenten in der Zeitschrift »Der Jüdische Student«:

> »Es wäre wahrhaftig für den Zionismus ein unvergleichlicher Gewinn, wenn etwa die Luft Palästinas das Heimatsgefühl unserer Kinder wecken und zur Reife bringen könnte. Da das nicht der Fall ist, sollen wir, können wir wünschen, daß ein blasses, romantisches Palästinabild in unserer Jugend anstelle jenes Heimatsgefühls trete? ... Gewiß macht jeder Schritt auf diesem Wege unsere Welt nur noch komplizierter, nur noch reicher an Widersprüchen, – aber wir können nicht anders. Wir können unserer Jugend heute nicht raten, etwa ihre wissenschaftlichen Gesichtspunkte nur der ach so kümmerlichen jüdischen sogenannten Wissenschaft zu entnehmen, ihre künstlerischen Kräfte grundsätzlich nur an jüdischen Meistern zu entwickeln ... Wie sehr Deutschland unser eigenstes schaffendes Dasein befruchtet, dafür haben wir ja den lebendigsten Beweis: der politische Zionismus ist ein Geschenk Europas an das Judentum.«[43]

Im Gegensatz zu Calvary sieht Siegfried Weitzmann die Rettung aus diesem unüberbrückbaren Zwiespalt in einer Umwertung der Werte im Geiste des Zionismus:

> »Wir Westjuden sind wirklich in der verzweifelten Lage, eine Kultur zu haben, die uns nicht gehört, und einer Kultur anzugehören, die wir noch nicht haben ... Da uns die nationale Geschlossenheit verloren ging und wir eine neue noch nicht besitzen, so wird jede Generation im Golus immer wieder vor die große Wahl gestellt: sie muß *entscheiden*, welcher Möglichkeit in sich sie mehr vertraut, der jüdischen oder der anderen. Bevor es einen Zionismus gab, blieb dem Einzelnen freilich nichts übrig, als sich wohl oder übel der Umwelt anzupassen ... aber die radikale Umwertung des Zionismus, seine Tiefe und sein Glück besteht gerade darin, daß er uns wieder die Wahl in die Hand gibt, daß wir nicht mehr auf Tod oder Leben einer Kultur verfallen sind, in der wir zwar geboren, in die wir aber nicht hineingeboren werden.«[44]

Der Großteil der Zionisten sah in der »Kunstwartdebatte« eine erneute, willkommene Gelegenheit, die zionistischen Anschauungen an die Öffentlichkeit zu bringen und sie der Vertuschungstendenz der »Liberalen«, Juden und Nichtjuden, und der Taktik des Totschweigens ihrer Presse entgegenzustellen.[45] Die jüdisch-liberalen Organisationen und deren Presse wiesen die radikalzionistischen Anschauungen des »Deutsch-Jüdischen Parnaß« mit Entschie-

---

42 »Kulturkonflikt«, JR Nr. 33, 16. 8. 1912, S. 309. Leitartikel.
43 Moses Calvary, »Erzieherische Aufgaben des deutschen Zionismus«, Der Jüdische Student Nr. 6, September 1912, S. 196.
44 Siegfried Weitzmann, »Nach Palästina«, Der jüdische Student, August 1916, S. 245.
45 »Kulturkonflikt«, JR Nr. 33, 16. 8. 1912, S. 309. Leitartikel.

denheit zurück. Der Grundirrtum des Kunstwartaufsatzes bestehe in der gleichwertigen Beurteilung von Ost- und Westjuden. Jene seien im vollsten Sinne Kultur- und Nationaljuden. Die Westjuden seien demgegenüber mit dem inneren und äußeren Schicksal der westeuropäischen Kulturnationen unlöslich verknüpft. Sogar Goldstein bekannte, daß »das Judentum im Laufe einer mehr als tausendjährigen Gemeinschaft mit dem Deutschtum so eng verwachsen ist, daß beide nicht mehr von einander gelöst werden können«.[46] Wie unhaltbar seine These selbst vom zionistischen Standpunkt aus war, bewies Franz Oppenheimer mit der Erklärung, »weder Gast, noch loyaler Staatsbürger, sondern Patriot seines Vaterlandes zu sein und sein deutsches Volksbewußtsein mit seinem jüdischen Stammesbewußtsein zu vereinigen«.[47] Moritz Goldstein habe sich, um seinen »privaten Nöten und unheilbaren Leiden« Erleichterung zu schaffen – anstatt sich in verständnisvollem Freundeskreis auszusprechen – mittels des »Kunstwarts« an eine judenfeindliche Öffentlichkeit gewandt, dessen literarischer Berater zudem noch ein notorischer Antisemit sei. Durch seine »maßlosen Übertreibungen« habe er eine literarische Judenhetze entfesselt, wie sie in Deutschland seit Jahrzehnten nicht getobt hatte.[48]

In Wahrheit war die »Kunstwartdebatte« Symptom einer tiefen geistigen Gärung, die nicht nur die Juden, sondern überhaupt einen großen Teil der Jugend und der Intellektuellen im ersten Jahrzehnt des zwanzigsten Jahrhunderts ergriffen hatte. Viele der bisher als unanfechtbar geltenden Vorstellungen waren wankend geworden, innere Unruhe und Zweifel an alten Wahrheiten ließen nach neuen Formeln suchen, neue weltanschauliche Konzeptionen wie die Nietzsches und Bergsons, Evolutionsideen und Lebensphilosophie, ja auch die Neigung zu Mystik und Neoromantik, übten direkt oder indirekt ihre Wirkung aus. Man war nicht mehr zufrieden mit »flachen« konventionellen Erklärungen, sondern suchte nach tieferen Zusammenhängen. Das war auch die Zeit des ersten Auftretens der Tiefenpsychologie; und das »Erwachen der geschichtslosen Nationen« (dessen Anfänge im geistigen Sinne bis zu Herder zurückgehen) schien zu zeigen, daß es weit in die Vergangenheit reichende geheimnisvolle Kräfte gibt, die in Wahrheit den Charakter und auch das geistige Schicksal von Volksgruppen stärker bewegen als die Vorgänge des täglichen Lebens. Solche Strömungen übten – oft beinahe unbemerkt – auch im Lager der hochentwickelten intellektuellen jüdischen Jugend einen starken

---

[46] Moritz Goldstein, »Deutsch-Jüdischer Parnaß«, a.a.O., S. 291.

[47] Franz Oppenheimer, »Stammesbewußtsein und Volksbewußtsein«, JR Nr. 8, 25. 2. 1910, S. 86–89.

[48] Die Antwort von Prof. Julius Goldstein auf den Aufsatz von Moritz Goldstein: »Professor Julius Goldsteins Kritik« usw. Im Deutschen Reich, Nr. 3, März 1913, S. 104f. Vgl. die Rede von Eugen Fuchs in einer Versammlung des »Zentralvereins« in Kattowitz: Im Deutschen Reich Nr. 1, Januar 1913, S. 22–24. Über den Einfluß der Kunstwartdebatte auf die Beziehungen zwischen dem »Zentralverein« und der ZVfD siehe: Jehuda Reinharz, Fatherland or Promised Land, a.a.O., S. 195–200.

Einfluß aus. Im zionistischen Lager, weit über den organisierten Zionismus hinaus, ist dieses Phänomen nach der Jahrhundertwende unverkennbar, in einem Prozeß, den man im heutigen (besonders amerikanischen) Sprachgebrauch als die »Suche nach der jüdischen Identität«[49] bezeichnen würde. Für den radikalen Zionismus jener Zeit war dies ein typisch westeuropäisches, eigentlich »deutsches« Phänomen im Zionismus. Es fand seinen Widerhall in Literatur und Lyrik, auch in der »Entdeckung« des Jiddischen mit seiner volkhaften Poesie. Das war nicht Partei-Zionismus, sondern ging weit über einen solchen Rahmen hinaus. Richard Beer-Hofmann ist vielleicht die repräsentativste Gestalt dieser geistigen Apotheose eines neuen jüdischen Bewußtseins. Seinen klassischen Ausdruck fand dieses in den Reden Martin Bubers (ab 1909)[50], die die starke Bindung jüdischer Menschen deuteten aus dem Zusammenhang der Generationskette (das »Blut«) und den in der jüdischen Geschichte wirkenden Ideen, Mächte, die stärker sind als die von den »liberalen« Juden betonten Elemente von Sprache und Heimat. Hier finden wir die entscheidenden Elemente des deutschen Zionismus vor dem Ersten Weltkrieg, und hieraus erklärt sich, trotz der relativ geringen organisierten Mitgliederzahl, seine geistige Stoßkraft.
Der radikalen Auffassung des Zionismus stellte der Kreis um Bodenheimer, Adolf Friedemann und Oppenheimer das jüdische Nationalbewußtsein und die jüdisch-nationale Verantwortung entgegen, zu denen sie sich mit Mühe durchgerungen hatten, eine weittragende persönliche Neuorientierung. Sie betrachteten sich nicht in Deutschland als kulturell und gesellschaftlich entwurzelt. Sie glaubten – nicht nur prinzipiell – die Ganzheit ihrer Persönlichkeit nur in Palästina gewinnen zu können.

Die »Posener Resolution«

Der 13. Delegiertentag der deutschen Zionisten trat am 26.–28. Mai 1912 in Posen zusammen, in der Hoffnung, »daß seine Beratung unter einem günstigen Stern stehen und seine Beschlüsse geeignet sein werden, der kräftig wachsenden zionistischen Bewegung neue Impulse zu verleihen. Die Tagung fand statt, als sich in der Weltbewegung die Wendung zum praktischen Zionismus durchzusetzen begann, und in Deutschland sich die Spannung zwischen Zionisten und »Liberalen« nach der Debatte um Sombarts Thesen und den »Deutsch-Jüdi-

49 Siehe: Vom Judentum. Ein Sammelbuch, Leipzig 1914. Das Buch wurde von einer Gruppe junger Zionisten, »Bar-Kochba« in Prag, herausgegeben.

50 Die ersten drei Reden hielt Buber zwischen 1909 und 1911, drei weitere in den Jahren 1912–1914, die siebte 1918 und die letzte 1919. Martin Buber, Reden über das Judentum, 2. Auflage, Berlin 1932.

schen Parnaß« verschärft hatte. In der Leitung der ZVfD war man der Ansicht, daß die Vereinigung an einen Wendepunkt auf ihrem ideologischen und politischen Wege gelangt sei. Diese Meinung stützte sich auf die verstärkte propagandistische Arbeit unter der Leitung Hantkes, auf die Erfahrung des Sekretärs Blumenfeld in zwei Jahren intensiver Tätigkeit und die Radikalisierung in den Studentenverbindungen. Die »Jüdische Rundschau« strahlte Zufriedenheit und Selbstsicherheit aus:

> »Rings spüren wir, in Büchern und Zeitungen, in Zeitschriften und Reden, die Macht unserer Gedanken, rings spiegelt sich unsere Ideenwelt. Daher rührt auch das Aufblühen der nichtzionistischen jüdischen Vereine und Organisationen, die heute noch aus ihrem Nichtzionismus ein Prinzip machen, obgleich es klar zu Tage liegt, daß sie viele Gedanken von uns übernommen und die organisatorische Form ihrer Betätigung von uns gelernt haben.«[51]

Zu Beginn des Delegiertentages wurden drei Referate im Namen des Zentralkomitees gehalten. Hantke berichtete über die Tätigkeit der ZVfD und zeichnete die politischen Richtlinien für die kommenden Jahre vor. Blumenfeld referierte über zionistische Erziehung und Motzkin über »Unsere Palästinapolitik«.[52] Hantke begann mit einer ausführlichen Übersicht der zweijährigen Zeitspanne seines Vorsitzes. Er betonte die wachsende Anteilnahme der deutschen Zionisten an politischen Entscheidungen der Weltorganisation nach der Übersiedlung nach Berlin sowie den engen Zusammenhang zwischen dem nationaljüdischen Bewußtsein und dem Siedlungswerk in Palästina:

> »Aus dem Wesen der zionistischen Bewegung ergeben sich für die Tätigkeit unseer Organisation zwei Hauptgesichtspunkte: die Nationalisierung des Volkes und die Schaffung einer neuen Siedlung in Palästina. Beide Seiten unserer Arbeit bedingen einander. Die Neusiedlung im Lande unserer Vergangenheit wird nie unsere Zukunft bedeuten, wenn sie nicht mehr von nationaler Begeisterung getragen sein wird. Die Wiedererweckung des jüdisch-nationalen Lebens wird nie gelingen, wenn den Nationalisierungsprozeß nicht der Erdgeruch Palästinas durchzieht ...
> Es wäre ungerecht, wenn wir unsere Leistungen in Deutschland losgelöst von dem allgemeinen zionistischen Leben betrachten würden. Die einzelnen Leistungen und ganz besonders das Gesamtbild der geistigen Entwicklung des deutschen Zionismus sind bedingt durch die allgemeine zionistische Tendenz und auch das von ihr abhängig, wo gerade deutsche Zionisten die Richtung und die Tendenz bestimmt haben.«[53]

---

51 »Zum Deutschen Delegiertentag«, JR Nr. 10, 8. 3. 1912, S. 79. Leitartikel.

52 Leo Motzkin, »Unsere Palästinapolitik«, JR Nr. 24, 14. 6. 1912, S. 217f.; Nr. 26, 28. 6. 1912, S. 241.

53 Aus der Eröffnungsrede Hantkes auf dem 13. Delegiertentag. JR Nr. 22, 31. 5. 1912, S. 195–199.

Hantke war kein Mann der abstrakten Theorie. Als nüchterner Pragmatist[54] schätzte er wohl den gedanklichen Inhalt der nationaljüdischen Agitation, doch nicht weniger ihre materiellen Resultate.[55] Seit dem letzten Delegiertentag waren zwanzig Ortsgruppen gegründet worden, die Zahl der Mitglieder der ZVfD war von 6200 auf 8400 gestiegen; 350000 Mark waren für verschiedene zionistische Zwecke gespendet worden. Diese Tatsachen waren für Hantke schlagende Beweise für die Berechtigung der neuen Agitationspolitik. »Diese Erfolge können wir schon heute feststellen. Wir verdanken sie der Einheitlichkeit und Reinheit unserer nationalen Propaganda, der Stoßkraft unserer Organisation und – allen Assimilanten zum Trotz – auch der unter den deutschen Juden herrschenden Liebe und Verehrung für Erez Israel, die uralte Heimat unseres Stammes.«[56]
Obwohl Hantke den Widerstand der »Politischen« voraussah, unterstützte er in seinem Vortrag indirekt den Blumenfeldschen Kurs[57] und bestimmte dadurch weitgehend die Richtung der Diskussion und die Tendenz des Delegiertentages überhaupt.[58] Eigentlich stand Hantke aufgrund seines Alters, seiner beruflichen und gesellschaftlichen Position dem Kreis Bodenheimer-Friedemann-Klee näher als den Radikalen um Blumenfeld. Allein sein Realitätssinn erfaßt die ideologische Stagnation, die der Zionistischen Vereinigung unter dem Deckmantel organisatorischer Erfolge drohte. Dieser Realitätssinn machte ihn zum Verbündeten der Jugend und der Radikalen.
Die »Generaldiskussion« bewies, daß die Gegensätze zwischen »Praktischen« und »Politischen« zwar abgeflaut, jedoch nicht ganz überwunden waren. Jeremias, Klee und Lazarus (von den »Politischen«) bekundeten, »daß es im Zionismus heute keine Meinungsverschiedenheiten in bezug auf die praktische Palästinaarbeit gibt«. Doch in der Agitation sollte man immer die politische Idee ungekürzt hervorheben. »Wer garantiert Ihnen, daß in 25 Jahren die Charteridee nicht das alleraktuellste sein wird?« Klee lehnte die Blumenfeldsche Tendenz nicht rundweg ab, bezweifelte aber, ob man mit der These des

---

54 Siehe Blumenfeld über Hantke: »Hantke war ein guter Rechner, ein Vorbild des natürlichen Menschenverstandes.« Blumenfeld, Erlebte Judenfrage, a.a.O., S. 66–72. Siehe ferner die Sammelschrift zu Hantkes 80. Geburtstag: Hantke legwuroth (hebr.), Jerusalem 1944.

55 Als Blumenfeld 1909 sein Amt als Sekretär der ZVfD antrat, wollte er Hantke den neuen Trend der Agitation erklären, den er einzuschlagen beabsichtigte. Zu seiner Überraschung weigerte sich Hantke, ihn anzuhören und sagte ihm: »Fangen Sie nur sofort an. Ich kann darüber nur an Hand der ersten Resultate Ihrer Aktion reden.« Blumenfeld, Erlebte Judenfrage, a.a.O., S. 69.

56 Aus der Eröffnungsrede Hantkes auf dem 13. Delegiertentag, a.a.O.

57 »Schon das Wort ›palästinozentrischer Zionismus‹ schien eckig und kantig, es war ein Begriff, der in die gewohnte ›Geöltheit‹ des Lebens nicht hereinpaßte. In den vorbereitenden Besprechungen gelang es mir, mich gründlich unbeliebt zu machen.« Blumenfeld, Erlebte Judenfrage, a.a.O., S. 90.

58 Blumenfelds Vortrag erschien nicht in der »Jüdischen Rundschau« und wir kennen seinen Inhalt nur aus der Diskussion.

»reinen Zionismus« immer auskommen könne. Aus diesem Kreis mißbilligte nur Isaak Zwirn, einer der ersten Zionisten in Berlin und ein enthusiastischer Anhänger zionistischer Gemeindepolitik, den »palästinozentrischen Zionismus«.
Symptomatisch für den Wandel der Atmosphäre war die Diskussionsrede Leo Estermanns, der mit die »Palästinaresolution« beantragte, die die deutschen Zionisten zur Auswanderung nach Palästina verpflichten sollte. Er überraschte den Delegiertentag, als er erklärte, daß die inneren Streitigkeiten daher kämen, daß sich viele nicht so schnell in die veränderten Situationen hineinleben können. Er war der Ansicht, daß man den neuen Zionisten nicht, nach Blumenfelds These, eine »geschlossene Weltanschauung« bieten müsse, sondern daß man sie allmählich erziehen solle. »Ich selbst bin ein lebendiges Beispiel dafür. Ich gehörte früher zu den extremsten Anhängern des sogenannten politischen Zionismus und bin tätsächlich nur durch die Änderung der Verhältnisse dazu gekommen, den Weg zu verlassen, der früher einmal richtig gewesen ist.« Theodor Zlocisti, der zweite Initiator der Palästinaresolution, gehörte seit Jahren zu den »Praktischen« und es war selbstverständlich, wenn er meinte,

> »daß die Anschauungen von Blumenfeld über unser persönliches Verhältnis zu Palästina am stärksten die gegenwärtige Situation charakterisieren ... Es kommt aber darauf an, daß die Konsequenzen aus der neuen Lage gezogen werden. Es ist notwendig, daß wir die heranwachsende Generation so erziehen, daß sie das Bedürfnis empfindet, in Palästina zu leben.«[59]

Der weitgehende Konsens, der auf dem Delegiertentag herrschte, wunderte auch die »Jüdische Rundschau«. Nach ihrer Meinung waren die Diskussionen zwischen den Anhängern grundverschiedener Anschauungen über die Wege zum Endziel des Zionismus nur »letzte Gefechte«. Die »utopische Epoche« sei vorüber. Nachdem der 10. Kongreß, nach jahrelangem erbitterten Ringen, den äußeren Frieden hergestellt habe, sei es durch den 13. Delegiertentag zur Gewißheit geworden, daß den Argumenten »der vermeintlichen hochpolitischen Richtung« gegen die praktische Arbeit der Boden fast völlig entzogen sei.[60] David Wolffsohn, der zum Delegiertentag gekommen war, um die erregten Gemüter zu beruhigen und eine Verschärfung der Gegensätze zu verhindern, zog es vor, nicht in die Diskussion einzugreifen. Er fand die ideologischen Gruppierungen sogar vorteilhaft, da sie die Bewegung nicht einschlafen ließen.[61] Auch Hantke hob in seiner Schlußrede den inneren Frieden hervor, der sich auf dem Delegiertentag manifestiert habe, indem fast alle Resolutionen einstimmig angenommen wurden. Es sollte nicht vergessen

59 »XIII. Delegiertentag, Generaldiskussion«, JR Nr. 23, 7. 6. 1912, S. 206–208.
60 »Weg und Ziel«, JR Nr. 23, 7. 6. 1912, S. 205. Leitartikel.
61 Wolffsohns Rede am Schluß des Delegiertentages. JR Nr. 23, 7. 6. 1912, S. 208.

werden, daß die Kraft der deutschen Zionisten in der Energie ihres Auftretens nach außen und in der Fähigkeit zur organisatorischen Zusammenfassung beruhe. Er betonte, daß sich sämtliche Delegierten – ohne Vorbereitung im Hinterzimmer – darin einig waren, »daß nur die radikalste Vertretung der nationalen Gedanken nach außen den Sieg des Zionismus in der deutschen Judenheit garantieren kann«.[62]
Acht Resolutionen wurden vom Delegiertentag verabschiedet: 1. Über die Palästinapolitik der ZVfD; 2. über »das persönliche Interesse an Palästina«; 3. eine Ermahnung, die hebräische Sprache zu erlernen; 4. Einsetzung einer Kommission zur Ausarbeitung der zionistischen Gemeindepolitik; 5. Einführung eines Spendenbuches für den Nationalfonds; 6. Einrichtung zionistischer Fortbildungskurse; 7. Gründung von zionistischen Jugendgruppen und zionistische Aktivität in den national-jüdischen Turn- und Sportvereinen; 8. »Organisatorische Fragen«, die die Einführung des »Jahresbeitrages« und die Aufbringung eines »Zentralfonds« betraf.
Diese Beschlüsse deuteten dem Anschein nach auf nichts Außergewöhnliches hin. Doch bald stand eine der verabschiedeten Resolutionen im Mittelpunkt des Interesses. Dieselbe wurde kurz die »Posener Resolution« genannt. Obwohl sie in der »Jüdischen Rundschau« lediglich als »persönliches Interesse in Palästina« bezeichnet wurde, erweckte sie heftigen Widerstand und rief eine der schärfsten ideologischen Kontroversen in der Geschichte des deutschen Zionismus hervor. Und dies war ihr Wortlaut:

> »In Konsequenz der überragenden Bedeutung der Palästinaarbeit für die Befreiung der Einzelpersönlichkeit, sowie als Mittel zur Erreichung unseres Endziels, erklärt es der Delegiertentag für die Pflicht jedes Zionisten – in erster Reihe der wirtschaftlich Unabhängigen – die Übersiedlung nach Palästina in ihr Lebensprogramm aufzunehmen. In jedem Falle sollte jeder Zionist für sich *Interessen* in Palästina schaffen.«[63]

Die Resolution wurde zwei gesetzten Delegierten der ersten Generation deutscher Zionisten beantragt: Theodor Zlocisti – Arzt, romantischer Dichter und Schriftsteller – und Leo Estermann – Chemiker und kühldenkender Geschäftsmann.[64] Der Antrag stand eigentlich nicht auf der Tagesordnung des Delegiertentages. Doch da er von zwei anerkannten Veteranen verschiedener ideologischer Richtungen eingereicht wurde, erregte er weniger Aufsehen, als wenn er direkt von Blumenfeld und seiner Gruppe gestellt worden wäre. Den

---

62 ebd.

63 »Zusammenstellung der Anträge, die vom 13. Delegiertentage zum Beschluß erhoben wurden« JR Nr. 24, 14. 6. 1912, S. 222. Hervorhebung im Original.

64 In seinen Memoiren widmet Heinrich Loewe ein besonderes Kapitel der komplizierten Persönlichkeit Estermanns. Heinrich Loewe, Baderech lezion, Memoiren, Kap. 14, Manuskript im Besitz der Tochter Heinrich Loewes, a.a.O.

Protokollen des Delegiertentages ist zu entnehmen, daß die Resolution nicht duskutiert und mit allgemeiner Zustimmung angenommen wurde. Ferner beweist ein Vergleich mit der ursprünglichen Vorlage, daß keine Änderungen in der Formulierung vorgenommen wurden.[65]

Die »Posener Resolution« war sorgfältig formuliert. Ihr Kern war »die Pflicht jedes Zionisten, die Übersiedlung nach Palästina in sein Lebensprogramm aufzunehmen« – wobei das Wort »Lebensprogramm« weiten Spielraum ließ und die Furcht vor der sofortigen Emigrationspflicht nehmen sollte. Hierdurch wurde die Verpflichtung abgeschwächt. Zwei Argumente werden der Emigrationspflicht zugrunde gelegt und deren Reihenfolge ist nicht zufällig. Das Schwergewicht lag nicht auf der objektiven Notwendigkeit, das Endziel des Zionismus zu fördern, sondern auf »der überragenden Bedeutung der Palästinaarbeit für die Befreiung der Einzelpersönlichkeit«, die in der Diaspora gehemmt und wurzellos ist. Die Resolution hätte eigentlich hier beendet werden können, da der nächste Satz eine weitere Minderung der Verpflichtung enthält. »In jedem Fall« richtete sich an diejenigen, die ihrer Pflicht, nach Palästina auszuwandern, noch nicht nachkommen konnte. »Sollte« anstatt »soll« bedeutet eine weitere Schwächung von Imperativ zu Empfehlung. Auf keinen Fall kann die Schaffung von wirtschaftlichen Interessen »die Befreiung der Einzelpersönlichkeit« erzielen. Aber so wurde auch eine Möglichkeit der »Verwirklichung« für Minimalisten geschaffen.

Angesichts des Streites nach dem Delegiertentag um die »Posener Resolution« ist es merkwürdig, daß diese, laut Bericht der »Jüdischen Rundschau«, »einstimmig mit lebhaftem Beifall aufgenommen wurde«.[66] Im Gegensatz zu diesem Bericht neigt Blumenfeld in seinen Memoiren zur Dramatisierung der Diskussion um diese Resolution und schreibt, daß sie »siegreich durchgekämpft wurde«. Der siegreiche Kampf spiegelt sich jedoch nicht im Protokoll des Delegiertentages wider.[67] Dieser Widerspruch findet seine Lösung möglicherweise in einer späteren Aussage des Posener Zionistenführers Max Kollenscher, eines der Organisatoren des Delegiertentages:

> »Es mag auffallen, daß gerade in Posen, in einer der Hochburgen des politischen Zionismus, ein derartiger Beschluß und noch dazu ohne grundsätzliche Debatte und ohne Widerspruch gefaßt worden ist. Dazu halte ich mich folgendes zu sagen für verpflichtet: Der Beschluß ist auf Grund eines spontanen Antrages auf der Tagung gefaßt worden, ohne daß er auf der Tagesordnung gestanden hätte. Der Delegiertentag war zur Zeit der Beschlußfassung am späten Nachmittag sehr schwach besucht. Wir Posener

---

65 Posener Palästina Resolution, Antrag Zlocisti-Estermann, CZA A8/58.

66 »Weg und Ziel«, JR Nr. 23, 7. 6. 1912, S. 205.

67 »Die Resolution wurde von Theodor Zlocisti eingebracht und von unserer Gruppe verteidigt und siegreich durchgekämpft.« Blumenfeld, Erlebte Judenfrage, a.a.O., S. 91. Vgl.: Stephen M. Poppel, Zionism in Germany, 1897–1933, Philadelphia 5737/1977, S. 50–63.

waren mit den Vorbereitungen der Festlichkeiten für den Abend beschäftigt und deshalb im Saale nicht mehr anwesend. So wurde – von den meisten fast unbemerkt – die Resolution angenommen. Man sollte von ihr nicht viel Aufhebens machen!«[68]

Die Gruppe der Radikalen gab sich keiner Illusion hin, daß die Resolution des Delegiertentages, selbst wenn sie verpflichtend war, die deutschen Zionisten zur sofortigen Auswanderung veranlassen würde. Sie wußten, daß dies nur die Folge einer langwierigen Erziehungsarbeit sein konnte, daß vor allem die Jugend die Idee des persönlichen Zionismus verwirklichen würde. Die »Posener Resolution« war Ausdruck der Enttäuschung, eine tiefgehende zionistische Reorientierung in der älteren Generation zu erzielen, die sich kaum mit »dem Schaffen persönlicher Interessen« abfinden werde. Für diese – d.h. für den Großteil der ZVfD – hatte die Auswanderungspflicht keine wirkliche, oder nur sehr begrenzte Bedeutung. Viele Zionisten in den Kleinstädten der Provinz Posen, Schlesien oder Westdeutschland lebten noch ein traditionell-jüdisches Leben oder befanden sich in den Anfangsstadien der Assimilation. Auf jeden Fall gehörten sie nicht dem Typus des »postassimilierten Juden« an, der Blumenfeld vorschwebte. Diese »Zionistische Masse« auf dem Posener Delegiertentag beschrieb ein Mitglied der »Elite«, Dr. Kassel von der zionistischen Studentenverbindung in Würzburg:

> »Ich nenne das alles ›Gartenlaube‹. Ich habe damit nichts zu tun, aber ich habe mich daran gewöhnt, daß es existiert. Was sie sehen, das ist, wenn man so sagen darf, ein Ausschnitt aus der jüdischen Masse, repräsentiert durch den kleinen Mittelstand. Diese Leute nennen sich Zionisten, in Wahrheit aber träumen sie von dem klingenden Erfolg in der großen Welt. Ihr Ziel ist Berlin, und für ihre gesellschaftliche Stellung brauchen sie die jüdischen Vereine und vor allem die Bnei-Brith-Loge, in der sie sich nur schwer und unter Unterdrückung ihrer zionistischen Gesinnung durchsetzen können.«[69]

Blumenfeld sah den deutschen »Durchschnittszionisten« aus ähnlicher Perspektive:

> »Diese Zionisten waren . . . antiliberal, nicht orthodoxe, aber Traditions-Gewohnheitsjuden. Der Zionismus war charakterisiert durch Posener Mürbekuchen oder oberschlesische Gänseleber, d.h. Sitte, Essen, die Gemütlichkeit des Lebens dargestellt . . . Das Ziel dieser Zionisten war in Deutschland zu leben. Die Vorstellung des Nach-Palästina-Gehens war kaum vorhanden.«[70]

---

68 Max Kollenscher, Erinnerungen, Leo-Baeck-Institut, MS Jerusalem, o.D., S. 83.
69 Blumenfeld, Erlebte Judenfrage, a.a.O., S. 91.
70 Auf Tondband aufgenommenes Interview mit Kurt Blumenfeld, Generalarchiv für Geschichte des jüdischen Volkes, Jerusalem, Institut für mündliche Dokumentation, Katalog Nr. 990, Akte 26/4.

Doch der Begriff »zionistische Masse« umfaßte nicht nur den niederen, in Deutschland gebürtigen Mittelstand, sondern auch eine bedeutende Gruppe ostjüdischer Einwanderer, die nichts mit der Problematik der »kulturellen Entwurzelung« gemeinsam hatte, die den »postassimilierten« jüdischen Intellektuellen beschäftigte. Diese Einwanderer wollten in Deutschland ansässig werden und strebten durchaus nicht nach Palästina. So waren also die Träger der zionistischen Neuorientierung nur eine Minderheit in der ZVfD, welche das zionistische Alltagsleben in den Ortsgruppen, die Propaganda- und Wahlversammlungen, der Vertrieb von Schekalim und Nationalfondsmarken, die Spenden- und Abfallsammlungen, trotz all ihrer Wichtigkeit, nicht geistig befriedigen konnte. *Diese Gruppe* stellte der radikale Zionismus durch die »Posener Resolution« vor eine persönliche Aufgabe.[71]

»Unsere utopische Epoche ist nunmehr *gewesen*«, schrieb die »Jüdische Rundschau« in einem Epilog zum Posener Delegiertentag. Die deutschen Zionisten seien aus der Tagung, nachdem »Politische« und »Praktische« ihren Streit begraben hatten, geeint und gestärkt hervorgegangen und hätten die Synthese des praktisch-politischen Zionismus akzeptiert. Das nationale Moment sowie die Auswanderung nach Palästina als Endziel zögen eine klare Scheidelinie zwischen Zionisten und Nichtzionisten.[72]

Schon in der ersten Plenarsitzung des neuen Zentralkomitees sollte sich herausstellen, daß die Diskussion um die Palästinaresolution noch nicht zu Ende war. Die Teilnehmer der Sitzung erkannten zu ihrer Überraschung, daß sie die Palästinaresolution immer noch in »Praktische« und »Politische« teilte, obwohl diese Teilung vermeintlich schon aus der Welt geschaffen war. Die Anhänger der Resolution bejahten sie, weil sie den inneren Bedürfnissen der Bewegung entsprach, während ihre Gegner sie wegen des Schadens, den sie ihr auf jüdischer und nichtjüdischer Ebene zufügte, ablehnten. Letzterer Gesichtspunkt erregte die Besorgnis Klees, der zu Anfang der Diskussion sprach. Seines Erachtens stellte die »Posener Resolution« eine »taktische Ungeschicklichkeit sondergleichen« dar. Die Bereitschaft, nach Palästina überzusiedeln, sei für Zionisten selbstverständlich. Darüber könne man in engem Kreise sprechen. Doch dies öffentlich auf einem Delegiertentag zu erklären, hieße, »den Gegnern die Waffen schmieden«. Klee befürchtete ferner, daß durch die Resolution der Versuch, die »Fortschrittliche Partei« oder das preußische Herrenhaus

---

71 In dieser Beziehung fällt besonders der Unwille der Studenten auf, den Schekel zu vertreiben. Darüber klagte H. G. Heymann, der Schatzmeister der ZVfD, in einer Sitzung des Zentralkomitees. Die Studenten begründeten ihre Weigerung dahin, daß diese »Kleinarbeit« nicht für sie passe. Heymann forderte von den »Alten Herren« der national-jüdischen Studentenverbindungen, gegen diese Überheblichkeit vorzugehen. Protokoll der 1. Plenarsitzung des Zentralkomitees, 3. 11. 1912, CZA Z 3/796, S. XXIV.

72 »Weg und Ziel«, Epilog zum Posener Delegiertentag, JR Nr. 23, 7. 6. 1912, S. 205. Leitartikel.

zugunsten des Zionismus zu beeinflussen, scheitern werde. Er riet daher, »irgend eine Interpretation« zu finden, die sich die zionistischen Agitatoren aneignen könnten. »Sonst wird unermeßlicher Schaden angerichtet werden.«[73]
Gronemann beurteilte die »Posener Resolution« als den größten Fehler, den die ZVfD je gemacht hatte. Er konnte den positiven Zweck nicht begreifen, den man mit ihrer Annahme verfolgen wollte. »Sie kann garnicht anders aufgefaßt werden, als daß wir alle deutschen Juden auffordern nach Palästina auszuwandern.« Er befürchtete ebenfalls eine neue Interpretation, um den »ungeheuren Schaden« vielleicht wieder gut zu machen. Auch Julius Moses hatte Bedenken gegen die Resolution, doch nicht sie habe die Angriffe verursacht, die von den »Liberalen« gegen die Zionisten schon vor dem Posener Delegiertentag geführt worden seien. Adolf Friedemann, der sich nicht am Delegiertentag beteiligt hatte, trat scharf gegen den Blumenfeldschen Radikalismus auf, der »vollkommen verkenne was möglich und was unmöglich ist. Ich halte es für ein großes Unglück, daß unsere Jugend jetzt so radikal wird. Die Rückschläge, die kommen können, werden sie dann um so stärker treffen und unsere Jugend wird uns noch die größten Vorwürfe machen, da wir sie hier entwurzelt haben und ihr drüben nichts geben können. Was sollen wir denn anfangen, wenn man uns jetzt in der Öffentlichkeit boykottieren wird?«
Eine sonderbare Stellung nahm Leo Motzkin von der »Demokratischen Fraktion« ein. Er hätte zwar »mit Freuden« für den Antrag Zlocisti-Estermann gestimmt, aber nicht die Konsequenzen geahnt. Jetzt bereue er diesen Schritt. »Es ist auch merkwürdig, daß noch kein österreichischer oder russischer Delegiertentag eine solche Resolution gefaßt hat, weil die Agitation dadurch sehr erschwert wird. Wenn wir aber jetzt die Resolution verleugnen, dann ist es schlimmer, als wenn wir sie angenommen haben.« Die Auswanderung nach Palästina sei keine Angelegenheit der Propaganda, sondern der Entwicklung im Zionismus. Und die deutschen Zionisten beginnen ja erst jetzt mit dem ABC ...
Die »Posener Resolution« wurde in der Plenarsitzung von Blumenfeld, Estermann, Heymann, Pelz, Weinberg und Hantke unterstützt. Für Blumenfeld war die Resolution das notwendige Ergebnis der intransigenten Propaganda der letzten Jahre. Wenn die Gegner sich jetzt gegen den Zionismus rüsteten, so geschehe das nicht, weil die ZVfD zahlenmäßig gewachsen sei, sondern weil sie jetzt anders auftrete. »Die Posener Resolution ist praktisch einer der besten Sachen, die wir je gemacht haben. Die anderen haben schon immer gesagt, daß wir alle Juden nach Palästina bringen wollen. Die Resolution war aber richtig als Erziehungsmittel für uns.«

---

[73] Protokoll der 1. Plenarsitzung des Zentralkomitees, 3. 11. 1912, a.a.O., S. XIII–XIV.

Estermanns Diskussionsrede läßt die Motive eines der Resolutionsinitiatoren näher erkennen. Auch er gab zu, die Auswirkung nicht vorausgesehen zu haben. Auf keinen Fall dürfe sie aber das Lager wieder in »Politsche« und »Praktische« spalten. Die Wirkung nach außen dürfe kein Maßstab für innerzionistische Beschlüsse werden, die man sich nicht von Gegnern vorschreiben lassen könne. Auch hätten sie die Resolution nicht als Agitationsmittel eingebracht. Wenn dies der Fall gewesen wäre, hätten sie sie anders formuliert:

> »Man sagt es sei ein Unterschied, ob bloß die anderen sagen: ›Ihr wollt nach Palästina gehen‹ oder ob wir selbst davon reden. Ich meine aber, wenn wir hundertmal sagen würden, wir wollen nicht nach Palästina gehen, so glaubt man uns doch nicht. Den Schaden, von dem man hier spricht, kann ich also nicht entdecken, dagegen hat die Resolution Gutes getan. Die Gegner haben es uns nicht geglaubt, was wir gesagt haben, wir wollen nicht alle nach Palästina gehen. Aber wir selbst, in unseren eigenen Reihen, haben es geglaubt. Wir haben immer gesagt, wir sind die Offiziere, wir müssen hier bleiben, das war einmal richtig, als wir noch ein kleines Häuflein waren. Damals konnten wir sagen, daß wir hier unentbehrlich sind, denn niemand außer uns konnte hier die Arbeit machen. Heute sind wir ein großes Heer von Offizieren und es war daher notwendig, daß wir durch diese Resolution zum Bewußtsein gebracht haben, daß sie selbst gemeint sind.«

Im Gegensatz zu Klee befürchtete Heymann keine Reaktion der Regierung. In diesem Zusammenhang erinnerte das Zentralkomitee an Friedemanns Warnung, daß die Förderung der hebräischen Sprache in den jüdischen Turnvereinen Unwillen bei der Regierung hervorrufen werde. Heymann schätzte die prinzipielle Bedeutung der Debatte und betrachtete es als keinen Zufall, da die früheren Anhänger der politischen Richtung sich gegen die Palästinaresolution aussprachen. »Ich sehe nur in der Palästinaresolution eine logische Konsequenz der Haltung, die heute der Zionismus einnimmt. Jeder, der nicht herübergeht, ist für mich tatsächlich kein voller Zionist. Für mich gibt es nur einen Zionismus, in Palästina leben und arbeiten.«

Aus einem anderen Gesichtswinkel betrachtete Dr. Pelz, der Vorsitzende der Ortsgruppe Königsberg, die »Posener Resolution«. Er sprach für die »Provinzbevölkerung«, die den Zionismus vielleicht etwas naiv auffasse. Diese Menschen hätten in der Resolution nichts Neues gesehen,

> »denn sie ist nichts anderes als der Zionismus, wie wir ihn immer empfunden haben. Nun ist hier die Frage aufgeworfen worden, wenn es nichts neues ist, warum ist die Resolution eingebracht worden? Aber der Zionismus besteht nicht aus uns wenigen Leuten, sondern aus der großen Masse. Estermann sagte schon, es wird immer von der schlechten Wirkung gesprochen, die die Resolution nach außen hervorgerufen hat. Warum sprechen sie nicht von der Wirkung nach innen? Wir in der Provinz, die wir viel mehr der Propaganda von Mann zu Mann widmen müssen, wir sehen tatsächlich die gute Wirkung der Resolution nach innen. Es ist etwas Befreiendes durch sie hineingekommen.«

Hantke faßte die Debatte des Zentralkomitees zusammen, die auch den Beziehungen zum »Zentralverein« und der Jugendarbeit gewidmet war. Im Gegensatz zu seiner Gewohnheit, Anhänger verschiedener Tendenzen zu einem Kompromiß zu bewegen und sie zur gemeinsamen Tat zu vereinen, vertrat er diesmal einen extremen Standpunkt in allen Themen. Seine Parole war: »Nur wenn wir radikal auftreten, werden wir siegen.« Nicht die »Posener Resolution« habe der ZVfD geschadet, sondern das Baseler Programm. Die Hauptaufgabe sei jetzt die innere Festigung gegen den Ansturm der Antizionisten und die Heranziehung von immer mehr jungen Menschen durch radikale Propaganda. In diesem Sinne sei demnach die »Posener Resolution« ganz am Platze, »denn die Wahrhaftigkeit in unseren eigenen Reihen ist eine dringende Notwendigkeit«.[74]
Den Anhängern der Palästinaresolution war es klar, daß sie ohne einen konkreten Rahmen zu ihrer Verwirklichung eine Papierresolution wäre, die mehr schaden als nützen würde. Daher wurde ihre Durchführung schon in der ersten Sitzung des Geschäftsführenden Ausschusses, drei Wochen nach dem Delegiertentag, zur Sprache gebracht. Estermann schlug vor, alle Ortsgruppen und »Vertrauensmänner« von der Gründung einer von Dr. Ruppin geplanten »Pflanzungsgesellschaft« in Palästina zu informieren. Diese Gesellschaft sei dazu bestimmt, es jedem Zionisten zu ermöglichen, als ersten Schritt zu seiner Übersiedlung eine Plantage zu erwerben. Der Geschäftsführende Ausschuß nahm diesen Vorschlag an und beschloß die Ausarbeitung von Einzelheiten. Ihrer Wichtigkeit wegen wurde die Beschlußverwirklichung keiner Kommission, sondern dem Geschäftsführenden Ausschuß direkt auferlegt.[75]

In Ermangelung »deutscher Gesinnung«

Die Radikalisierung der ZVfD nach dem Posener Delegiertentag stärkte eine parallele Tendenz bei den »Liberalen«. Der Kampf zwischen beiden Lagern in den Jugendorganisationen, den Gemeindevorständen und Verbänden, um die Tendenz des deutschen Zweiges der »Alliance Israélite Universelle« sowie des »Hilfsvereins der deutschen Juden« nahm einen ausgeprägteren ideologischen und politischen Charakter an. Er beherrschte das öffentliche jüdische Leben der letzten Jahre vor dem ersten Weltkrieg. Zum besseren Verständnis dieses Kampfes muß aber nicht nur der ideologische »Überbau«, wie etwa die Diskussion über Sombarts Thesen oder die Kunstwartdebatte, die »Posener Resolution«, »Deutschtum und Judentum«, sondern auch die politischen Kom-

---

74 ebd.
75 Protokoll der 1. Sitzung des Geschäftsführenden Ausschusses, 20. 6. 1912, CZA A15/VII/25.

ponenten des Ringens in den Gemeinden und jüdischen Organisationen näher beleuchtet werden.
Im Jahr 1912 tat eine erhebliche Verschlechterung der Beziehungen in den deutschen Gemeinden ein. Dies war die Folge des Sieges der Königsberger Zionisten bei den Gemeindewahlen[76] und einer Petition von 1300 Mitgliedern des »Neuen Jüdischen Gemeindevereins«, eine Änderung des Wahlsystems der Gemeinde Berlin durch das preußische Herrenhaus zu veranlassen.[77] Der »Neue Jüdische Gemeindeverein« stand unter dem Einfluß der Berliner Zionisten. Die Involvierung des Staates in innerjüdische Angelegenheiten war allerdings kein zionistisches Monopol. Im Mai 1912 veröffentlichte Rechtsanwalt Michaelis aus Hamm zwei Artikel in der repräsentativen jüdisch-liberalen »Allgemeinen Zeitung des Judentums«, in denen er forderte, den Ostjuden das Wahlrecht in ihren Gemeinden zu entziehen.[78] Das Begehren der »Liberalen«, die Herrschaft der »deutschen« Juden zu sichern, hatte die Folge, daß die ZVfD die Verteidigung der Ostjuden übernahm. Die Fehde zwischen beiden Lagern nahm infolgedessen noch schärfere Ausmaße an und breitete sich bald in zahlreichen Gemeinden in Preußen und in anderen deutschen Staaten aus. Gleichzeitig griffen die Zionisten den »Zentralverein« wegen dessen Verhalten in der »Mugdan-Affäre« an. Der getaufte Jude Mugdan hatte in einem von Juden bewohnten Berliner Viertel für die »Fortschrittliche Volkspartei« kandidiert, und der »Zentralverein« hatte keine Stellung gegen Mugdan genommen. Darin sahen die Zionisten einen politischen Bankrott des »Zentralvereins«.[79]
Ernst Herzfeld, ab 1905 Vorstandsmitglied des »Zentralvereins« und von 1936–1938 sein Präsident (er wanderte 1938 nach Palästina aus), schildert in seinen Memoiren den Charakter des antizionistischen Kampfes vom Standpunkt der »Liberalen«. Herzfelds Aussage ermöglicht uns ein eingehenderes Verständnis der gesellschaftlichen und politischen Hintergründe dieser Auseinandersetzung. Es handelte sich dabei um nichts anderes, als die von der jüdischen Führerschaft sehnsüchtig erwartete volle Durchführung der Emanzipation. Selbst die konservative »Kreuzzeitung« hatte die Empfehlung gemacht, den Antisemitismus aus dem Parteiprogramm der konservativen Partei zu streichen und »geeignete Juden« als Parteimitglieder aufzunehmen. Das Blatt

---

76 Siehe: W. Stein, »Der Wahlsieg in Königsberg«, JR Nr. 10, 8. 3. 1912, S. 81.
77 Siehe: »Zur Reform der Berliner Gemeindeverwaltung«, JR Nr. 10, 8. 3. 1912, S. 81.
78 Rechtsanwalt Dr. Michaelis, »Steht den ausländischen Juden in den preußischen Synagogengemeinden ein Wahlrecht zu?«, AZJ Nr. 21, 24. 5. 1912, S. 241ff.; Nr. 22, 31. 5. 1912, S. 253ff.
79 »Der Bankrott des Zentralvereins«, JR Nr. 41, 11. 10. 1912, S. 390; Hantke kritisierte das Verhalten des »Zentralvereins« in dieser Angelegenheit in der Sitzung des Zentralkomitees der ZVfD. Siehe: Protokoll der 1. Plenarsitzung des Zentralkomitees vom 3. 11. 1912, a.a.O. Über die »Affäre Mugdan« siehe ferner: Ernest Hamburger, Juden im öffentlichen Leben Deutschlands, a.a.O., S. 566f.

begründete diesen Vorschlag mit der »Entwicklung« der Juden. Diese sei bereits so weit fortgeschritten, daß eine Fernhaltung der Juden von der Partei und staatswichtigen Ämtern keine Berechtigung mehr habe. Ferner glaubten die »Liberalen« aus parlamentarischen Debatten entnehmen zu können, daß auch Juden endlich zu Offizieren befördert werden sollten.

> »In dieser Zeit kam es zu einer grundsätzlichen Auseinandersetzung mit der zionistischen Bewegung. Ihre Werbung begann an weitere Kreise heranzutreten. Da sie bei den maßgebenden Altersklassen sehr wenig Anklang fand, wurde nachdrücklichst versucht, die Jugend zu gewinnen. Das führte dazu, die zionistischen Ideen in der Agitation mit größter Schärfe und radikal-aggressiv vorzutragen, wie das ohnehin bei jungen Bewegungen zu geschehen pflegt. Wie immer erhitzten sich die Gemüter auf beiden Seiten. Die zionistischen Redner und Heißsporne stellten den jüdischen Nationalismus in den Vordergrund. Sie meinten, es käme entscheidend darauf an, ob man sich als Mitglied des jüdischen Volkes, als Gast inmitten eines Wirtsvolkes fühle. Wer das nicht einsähe und anerkenne, sei geschichtsblind, sei ein schmachvoller ›Assimilant‹. Die ›Gemeindegewaltigen‹ seien hoffnungslos ›verkalkt‹. Man müsse diese geistig bankrotte Gesellschaft, diese Schädlinge der jüdischen Zukunft ausmerzen. Eine so aggressive Kampfweise konnte nicht ohne Echo bleiben. Selbst wenn die Juden mit weniger Temperament gesegnet wären, hätten die Gegensätze hart aufeinander stoßen müssen. Es hielt schwer, die Abwehr in vernünftigen, taktisch richtigen Grenzen zu halten. Ein nicht kleiner Teil der Mitglieder des Zentralvereins meinte, daß jeder ›Angriff‹ der Zionisten ›gebührend‹ abgeschlagen werden müsse. Sie verkannten, daß der Kampf gegen den Antisemitismus und nicht gegen den Zionismus die Hauptsache war. Sie wollten nicht einsehen, daß es verfehlt sei, durch Entsendung prominenter Redner zionistische Werbeversammlungen attraktiv zu gestalten.«[80]

Die Zwischenfälle mehrten sich gegen Ende des Jahres 1912: in den Gemeinden Berlin und Dessau, in Versammlungen des »Zentralvereins« in Kattowitz, Stuttgart und Plauen, sowie im Vorstand des neutralen »Verbandes der jüdischen Jugendvereine Deutschlands«. Im letzteren wurde sogar ein zentraler Funktionär wegen seiner zionistischen Gesinnung seines Amtes enthoben. Der Geschäftsführende Ausschuß erfuhr im Oktober von der Gründung eines »Antizionistischen Komitees«. Die Initiative ging von den Mitgliedern des »Vereins für das liberale Judentum« aus, an dessen Spitze Veit Simon stand. Dieses »Komitee« hatte sich zur »Abwehr« gegen die Zionisten zusammengeschlossen. Es wurde behauptet, daß die Zionisten Unterstützung bei antisemitischen und konservativen Parteien suchte, indem sie einen Kulturkonflikt zwischen

80 Ernst Herzfeld, Lebenserinnerungen, unveröffentliches Manuskript, o.D., in: Monica Richards, Jüdisches Leben in Deutschland, Selbstzeugnisse zur Sozialgeschichte im Kaiserreich, Bd. II, Stuttgart 1979, S. 384f.

Juden und Christen hervorrufen wollten und die Emanzipation gefährdete.[81] In der Plenarsitzung des Zentralkomitees der ZVfD im November 1912 lenkte Hantke die Aufmerksamkeit der Komiteemitglieder auf die Vielzahl antizionistischer Artikel in der jüdischen Presse und wies auf die häufigen Reibereien in verschiedenen Bereichen mit den »Liberalen« hin. Im Gegensatz zu Klee, der in Gemeinde- und allgemeinjüdische Institutionen aktiv war, meinten Hantke und die Mehrzahl der Zentralkomitee-Mitglieder, daß es sich hier nicht etwa um »reine Zufälligkeiten« handle, sondern daß man versuche, ein »Kesseltreiben« gegen die Zionisten zu veranstalten. Der gefährlichste Gegner sei der »Zentralverein«, der hinter dieser Kampagne stehe. Es sei daher zu bezweifeln, daß man im Rahmen einer gemeinsamen Kommission mit den gemäßigten Führern des »Zentralverein«, den Herren Fuchs und Horwitz, zu einer Verständigung gelangen könne. Hantke wurde in seiner radikalen Haltung im Kampf um die Stärkung der zionistischen Organisation von der Mehrheit unterstützt.

> »Sie täuschen sich über die Bedeutung des Zentralvereins einerseits und über seine Neutralität uns gegenüber andererseits. Der Zentralverein ist bis jetzt nicht so bedeutend gewesen, weil er kein Tätigkeitsverein war. Mir scheint der Zentralverein nur deshalb bedeutend, weil seine Führer in der Provinz gleichzeitig auch die Leiter der anderen jüdischen Organisationen sind. *Es würde also gar keinen Zweck haben, wenn wir ins mit dem Zentralverein verständigen, denn dieselben Leute werden dann in den anderen Organisationen gegen uns arbeiten.* Ich kann mir nicht denken, daß die Herren Fuchs und Horwitz, wenn sie wirklich keinen Kampf mit uns wollen, dulden würden, daß im ›Deutschen Reich‹ ein Artikel nach dem anderen gegen uns veröffentlicht wird. *Ich habe nicht gesagt, daß wir den Kampf auf alle Fälle wollen, aber wo es notwendig ist, werden wir ihm nicht entgehen können.* Durch eine derartige Propaganda werden wir auch, wie ich überzeugt bin, immer mehr junge Leute heranziehen.«[82]

Trotz der gespannten Beziehungen schlugen selbst die radikalen zionistischen Funktionäre nicht vor, aus dem »Zentralverein« auszutreten. Die Zionisten standen den »Abwehrvereinen« naturgemäß skeptisch gegenüber, nahmen aber seit der Initiative für den »Judentag« an der Arbeit allgemeinjüdischer Körperschaften teil und kämpften in diesen um ihre Anschauungen. Da sie sich nicht auf die Palästinaarbeit beschränkten und an den inneren Kämpfen der deutschen

---

[81] Protokoll der dritten Sitzung des Geschäftsführenden Ausschusses vom 1. Oktober 1912, CZA Z3/796. In dieser Sitzung berichtete Hantke zum ersten Mal über die Gründung des »Antizionistischen Komitees«, über Angriffe auf den Zionismus in den Provinzortsgruppen des »Zentralvereins« sowie über die Gründung der antizionistischen Vereinigung »Moses Mendelsohn« in Dessau. Siehe Aufruf der Zionistischen Ortsgruppe Dessau »Die zionistische Gefahr«. CZA A142/33/1. Über die Ziele des »Antizionistischen Komitees« siehe: JR Nr. 50, 13. 12. 1912, S. 483.

[82] Protokoll der 1. Plenarsitzung des Zentralkomitees, 3. 11. 1912, a.a.O., S. XXVII. Hervorhebung des Verfassers.

Judenheit teilnahmen, waren sie gezwungen, Verbündete unter den Konservativen und Orthodoxen zu suchen. Auf diese Weise bedrohten sie die Hegemonie der »liberalen« Obrigkeit. Daraus erklärt sich deren energische Verteidigung. Die Leitung der ZVfD versuchte eine Verschärfung der Beziehungen zu vermeiden, Mitte Dezember 1913 trafen sich, auf Klees Anregung, die Vorstände beider Organisationen zu einer Befriedungsbesprechung, allerdings ohne Ergebnis. Hantke berichtete, der Vorstand des »Zentralvereins« habe die einzige Forderung der Zionisten abgelehnt: die Einstellung des Kampfes gegen den nationaljüdischen Gedanken in seinem Organ »Im Deutschen Reich« und in den offiziellen Propagandaversammlungen.[83] Der Vorstand des Zentralvereins versuchte zur gleichen Zeit Uneinigkeit zwischen »Radikalen« und »Gemäßigten« in der ZVfD zu stiften. So schlug man Franz Oppenheimer vor, seinen umstrittenen Artikel »Stammesbewußtsein und Volksbewußtsein« in einem Separatdruck zu veröffentlichen.[84] Die Absicht des »Zentralvereins« war klar: man wollte diesen Artikel gegen den radikalen Zionismus auswerten, ohne in den Verdacht zu geraten, daß sich der »Zentralverein« mit Oppenheimers Ansichten identifiziere.[85]

Die unnachgiebige Haltung des »Zentralvereins« enthüllte sich schon bald als Teil einer umfassenden antizionistischen Kampagne. So erhielt die ZVfD-Leitung das Protokoll einer Versammlung von 28 jüdischen Oberlehrern, die vom »Zentralverein« am 14. Novermber 1912 nach Berlin einberufen wurde, zu einem Zeitpunkt, als die Verständigungsbesprechung mit der ZVfD schon angesetzt war. Unter den Anwesenden dieser Versammlung waren die Vorstandsmitglieder des Zentralvereins Dr. Holländer, Justizrat Dr. Horwitz, Sanitätsrat Wiesenthal und Prof. Blaschke vom Berliner Gemeindevorstand, der übrigens auch im »Deutsch-Israelitischen Gemeindebund« aktiv war.

Die Versammlung sollte darüber beraten, auf welche Weise man die nationaljüdische Agitation unter den Schülern höherer Lehranstalten unterbinden könne. Oberlehrer Geballe hielt das Eröffnungsreferat: das Thema der Aussprache sei nicht die Berechtigung des Zionismus, sondern die zionistische Agitation unter unreifen Schülern. Dies beziehe sich vor allem auf die systematische Tätigkeit des Vereins »Jung-Juda«. Die intensive Werbung um neue Anhänger für die zionistische Bewegung füge zweierlei Schaden zu: der ethische Unterricht werde durch derartige Agitation wertlos. Die Schüler erhielten mittels der zionistischen Agitation Wertvorstellungen, die denjenigen der Schule zuwider-

83 Protokoll der internen Tagung der zionistischen Vertrauensmänner in Berlin am 1. Mai 1913, CZA Z3/796.

84 Franz Oppenheimer, »Stammesbewußtsein und Volksbewußtsein«, JR Nr. 8, 25. 2. 1910, S. 86–89.

85 ZVfD, an unsere Ortsgruppen und Vertrauensleute (Rundschreiben), 9. 3. 1913, »Vertraulich«, CZA Z3/796.

liefen. Auf diese Weise müßten sie heucheln oder offen zugeben, die Ideale der deutschen Schule nicht anzuerkennen. Außerdem untergrabe die Agitation die Autorität der jüdischen Lehrer, deren Pflicht, gleich ihrer christlichen Kollegen, die Erziehung ihrer Schüler im Geist des deutschen Patriotismus sei. Die Lehrer liefen somit Gefahr, der Nichterfüllung ihrer Pflicht bezichtigt zu werden.

Geballe machte den Oberlehrern den Vorschlag, energisch gegen die zionistische Agitation einzuschreiten, vor allem durch Intensivierung des Religionsunterrichts. So wäre es nicht erforderlich, die Autorität der Direktoren in Anspruch zu nehmen.

Prof. Blaschke wünschte die Erweiterung des Horizontes und wies auf die Entfremdung zwischen jüdischen Kindern und ihren Eltern hin, sowie auch zu ihren christlichen Mitschülern. Der Zionismus arbeite mit den Anschauungen der »Staatsbürger-Zeitung« und fördere die Idee der konfessionellen Schule. So würde unter den Schülern auf der einen Seite Antisemitismus, auf der anderen Zionismus als unausbleibliche Folge entstehen. Nach reger Debatte gegen das Überhandnehmen der zionistischen Einflußnahme wurde die Resolution Prof. Blaschkes mit fünf Gegenstimmen angenommen:

> »Die heute auf Einladung des Vorstandes des Zentralvereins deutscher Staatsbürger jüdischen Glaubens versammelten Oberlehrer Berlins erklären es für Aufgabe und Pflicht aller jüdischen Lehrkräfte, durch Belehrung und Erziehung die jüdischen Schüler vom Besuch nationaljüdischer Vereine und Vorträge fernzuhalten.«[86]

Drei weitere Anträge wurden abgelehnt: der Antrag des Lehrers Rosenthal, daß sich die Lehrermaßnahmen nicht gegen den Zionismus als solchen wenden, der Antrag von Justizrat Horwitz, der die Oberlehrer zur Berichterstattung an den Zentralverein über antisemitische Hergänge und nationaljüdische Propaganda unter den Schülern verpflichten sollte, und schließlich auch der Antrag Prof. Blaschkes, daß die jüdischen Lehrer jüdische Schüler auch von der Lektüre zionistischer Schriften abhalten sollten.[87]

Dieses Versammlungsprotokoll wurde Anfang März 1913 durch den »Zentralverein« an sämtliche Gymnasiallehrer, Volksschullehrer sowie Religionslehrer und -lehrerinnen in Groß-Berlin versandt. Die Folgerung der ZVfD war, daß die Extremisten im »Zentralverein« die Oberhand gewonnen hätten. Die Bereitschaft zur Beilegung von Spannungen sei also eine Irreführung, da sie die Lehrer in Wirklichkeit zum Widerstand gegen den Zionismus mobilisierten.[88]

---

86 Protokoll der Versammlung der jüdischen Oberlehrer Berlins im Büro des Central-Vereins am 14. November 1912 (Abschrift), CZA A15/VII/26.

87 ebd.

88 Protokoll der internen Tagung der zionistischen Vertrauensmänner in Berlin am 1. Mai 1913, a.a.O.

Drei Wochen vor der Generalversammlung des »Zentralvereins«, auf dem dieser seine offizielle Stellungnahme zum Zionismus festlegen sollte, überstellte der Geschäftsführende Ausschuß der ZVfD ihren Ortsgruppen und »Vertrauensmännern« ein Rundschreiben. Darin wurde diese über die Beziehungen zum »Zentralverein« informiert; in pessimistischem Unterton wies man auf die Möglichkeit eines Konfliktes hin, da alle Verständigungsversuche gescheitert seien und sich die Redner des »Zentralvereins« keine Zurückhaltung auferlegten. Hier zitierte man den Justizrat Auerbach in einer Mainzer Versammlung: »Einst wird man den Tag verfluchen, an dem der Zionismus geboren ist.«[89]
Die Bemühungen zur Vermeidung des Konfliktes dauerten bis zur letzten Minute an. Hantke sah die ernsten Folgen voraus und ersuchte Bodenheimer, die Führer des Zentralvereins auf Grund seiner persönlichen Beziehungen zu einer Mäßigung der extremen Tendenzen zu veranlassen. Dieser zweifelte zwar am Erfolg eines solchen Vermittlungsversuchs, aber unternahm ihn schließlich mit der Forderung, daß die Vertreter der Zionisten der Generalversammlung des Zentralvereins ihre Bereitschaft zu friedlicher Zusammenarbeit nochmals betonen sollten. Im Falle der Ablehnung würden sich die Antizionisten als Störenfriede bloßstellen.[90]
Zwei Tage vor Zusammentritt der Generalversammlung des »Zentralvereins« veröffentlichte Julius Moses (Mannheim), einer der gemäßigten Führer der älteren Generation, einen dringenden Mahnruf. In einem auf der Titelseite der »Jüdischen Rundschau« veröffentlichten Appell wandte er sich an die Führung des »Zentralvereins«, dem Drängen einiger »Heißsporne«, die Zionisten aus seinen Reihen auszuschließen, nicht nachzugeben. Ferner gehe es nicht an, daß der Vorsitzende ständig hervorhebe, die Zionisten seien ihm sehr erwünscht, während die Vereins-Sendboten im Lande gegen den Zionismus hetzten. Es gehe weniger um die Zukunft des Zionismus als vielmehr um die Zukunft des »Zentralvereins«. Gewiß könne der Verein auch ohne zionistische Mitglieder bestehen; aber in dem Augenblick, in dem er jüdische Staatsbürger wegen ihrer Gesinnung ausschließe, verwirke er das Recht des Protestes gegen Zurücksetzung und Beschränkungen jüdischer Staatsbürger seitens der Obrigkeit.

> »Der Ruf nach Gleichberechtigung müßte doch einen sonderbaren Eindruck machen aus dem Munde derer, die in ihrer eigenen Mitte die Gleichberechtigung versagen.«

Der Ausschluß der Zionisten aus dem Zentralverein und die Verdächtigung hinsichtlich ihres deutschen Patriotismus sei im Grunde nichts anderes als eine Denunziation im Geiste Ludwig Geigers. Dieser habe wohl ausgesprochen, was andere nicht offen zu bekennen wagten:

---

89 ZVfD, An unsere Ortsgruppen und Vertrauensleute (Rundschreiben), 9. 3. 1913, »Vertraulich«, CZA Z3/796.
90 Bodenheimer an Hantke, 20. 3. 1913, CZA A15/I/8e.

»Indem er Avenarius und alle edeldenkenden Christen auffordert, mit ihm und seinen Freunden den Zionismus zu bekämpfen, enthüllt er uns die Absichten, die den Angriffen gegen die staatsbürgerliche Gesinnung der Zionisten zugrunde liegen. Man wird allein nicht mehr fertig mit dem Zionismus und ruft deshalb die anderen zur Hilfe herbei. Die Herren, die den berechtigten Kampf im innerjüdischen Leben dergestalt hinaustragen in die nichtjüdische Öffentlichkeit in Form schwerer Denunziationen gegen die Zionisten, haben es sich vielleicht doch selbst nicht genügend überlegt, wie sehr ihr Verfahren erinnert an die schlimmen Beispiele in der jüdischen Geschichte, wo aus unserem eigenen Schoß die schwersten Verleumder gegen die Judenheit entstanden.«[91]

Die Generalversammlung am 30. März 1913 wies denn auch den Antrag, die Anhänger des Baseler Programms aus dem »Zentralverein« auszuschließen, mit der Begründung zurück, daß ein solcher Beschluß mit den Grundsätzen des Vereins nicht vereinbar wäre. Nach eingehender Diskussion wurde schließlich eine gemäßigtere Resolution angenommen, die von der Einstellung des Vorsitzenden, Eugen Fuchs, beeinflußt war. Fuchs analysierte die Ursachen der verschärften Beziehungen beider Vereinigungen und versuchte, die durch seine Vorredner Dr. Holländer und Professor Falkenheim vertretene Richtung zu dämpfen.[92] Er distanzierte sich nicht nur von den Radikalen der ZVfD, sondern ebenso von den »Heißspornen« in seinen eigenen Reihen. Fuchs kritisierte insbesondere die Äußerungen des Justizrats Auerbach und mahnte zur Selbstbeherrschung:

»Es wird nicht allein dort gesündigt: peccatur intra mures et extra. Vergessen wir nicht, daß wir Brüder eines Vaterhauses sind, die zusammenleben sollen und müssen, und daß in dem Vaterhaus der Wohnungen viele sind.«

Fuchs wies auf die Gefahr hin, die der Gleichberechtigung deutscher Juden von der Betonung des Nationaljudentums drohe; er war aber bereit, Oppenheimers Auffassung vom jüdischen Stammesbewußtsein entgegenzukommen:

»Wir sind ein Zentralverein *jüdischer Deutscher* . . . Mit den deutsch-nationalen, die daneben jüdisch-nationales Bewußtsein haben, wollen wir zusammenarbeiten.«[93]

---

91 Julius Moses, »Zur Generalversammlung des Zentralvereins Deutscher Staatsbürger Jüdischen Glaubens«, JR Nr. 13, 28. 3. 1913, S. 125.

92 IDR Nr. 5–6, Mai 1913, S. 195–214.

93 Hervorhebung im Original. »Also mit den Deutschnationalen, die daneben jüdisch-nationales Bewußtsein haben, wollen wir zusammenarbeiten ...« ebd. S. 223. Die Rede wurde erneut in einem Sammelband der Reden und Aufsätze von Eugen Fuchs veröffentlicht mit der Anmerkung, daß seine Meinung, daß von den russischen und rumänischen Juden kein Patriotismus gefordert werden dürfe, nicht auf dem Prinzip *ubi bene, ibi patria* beruhe. Eugen Fuchs, Gesammelte Reden und Aufsätze (1894–1919), Frankfurt/M. 1919, S. 242. Die Anschauungen von Eugen Fuchs hatten sich, seit er sie am 24. 12. 1897 im »Berliner Vereinsboten« ausdrückte, nicht wesentlich geändert, außer in einem Punkt. Darüber der

Trotz der gemäßigten Rede von Eugen Fuchs enthielt die der Versammlung unterbreitete Resolution Behauptungen, die selbst für gemäßigte Zionisten unannehmbar waren:

»Der Zentralverein deutscher Staatsbürger jüdischen Glaubens bezweckt nach §1 seiner Satzungen, die deutschen Juden ohne Unterschied der religiösen und politischen Richtung zu sammeln, um sie in der tatkräftigen Wahrung ihrer staatsbürgerlichen und gesellschaftlichen Gleichstellung, sowie in der unbeirrbaren Pflege *deutscher Gesinnung* zu bestärken. Hieraus ergibt sich die Stellung des Zentralvereins zu den Zionisten. Wir verlangen von unseren Mitgliedern nicht bloß die Erfüllung der staatsbürgerlichen Pflichten, sondern *deutsche Gesinnung* und die Betätigung dieser Gesinnung im bürgerlichen Leben. Wir wollen die deutsche Judenfrage nicht international lösen. Auf dem Boden des deutschen Vaterlandes wollen wir als Deutsche an deutscher Kultur mitarbeiten und dabei unserer durch unsere Religion und unsere Geschichte geheiligten Gemeinschaft treu bleiben.
Soweit der deutsche Zionist danach strebt, den entrechteten Juden des Ostens eine gesicherte Heimstätte zu schaffen oder den Stolz des Juden auf seine Geschichte und seine Religion zu heben, ist er uns als Mitglied willkommen. Von dem Zionisten aber, *der ein deutsches Nationalgefühl leugnet, sich als Gast im fremden Wirtsvolk und national nur als Jude fühlt, von dem müssen wir uns trennen.*«[94]

Die zionistische Vereinigung wurde auf der Generalversammlung durch Professor Carl Lewin vertreten. Dieser gehörte keinem zentralen zionistischen Gremium an, so daß seine Stellungnahme möglicherweise kompromißbereiter war. Der Professor betonte wiederholt, die Zionisten seien mit ganzer Seele mit Deutschland verknüpft: »Wenn der Begriff deutsch-national richtig aufgefaßt wird, dann sind auch die Zionisten deutsch-national«. Trotz der patriotischen Proklamation des Zentralvereins und der Verdammung des Zionismus, würden die Antisemiten ihre Einstellung um keinen Jota ändern, meinte Prof. Lewin und ergänzte: Wer realistisch denkt, sollte die Worte Rabbiners Hirsch Hildesheimer beherzigen:

»Was wir für das Judentum gut halten, das müssen wir tun. Nur mit Rücksicht auf das Judentum selbst und unabhängig von dem, was die anderen sagen werden.«

---

93 (Fortsetzung)
Herausgeber: »Der Zionismus ist nach ihm [Fuchs, Y. E.] kein Exzeß der Glaubenstreue, sondern ein Exzeß des Nationalitätenprinzips. Der Zionismus nimmt für die Westjuden völkische Eigenarten an, obwohl hier nur soziale Gruppierungen und Stammeseigenarten bestehen.« Enquête über den Zionismus, S. 228.

94 IDR Nr. 5–6, Mai 1913, S. 200. Hervorhebung im Original. Den ideologischen Konflikt zwischen der ZVfD und dem »Zentralverein« behandeln ausführlich Jehuda Reinharz, Fatherland or Promised Land, a.a.O., S. 210–214; Stephen M. Poppel, Zionism in Germany 1897–1933, a.a.O., S. 63–67. Über den Prozeß der Radikalisierung siehe ferner: Ismar Schorsch, Jewish Reactions to German Antisemitism, 1870–1914, New York – London – Philadelphia 1972.

Der Kampf der Juden in Deutschland habe im Grunde genommen keine ausschlaggebende Bedeutung für das Geschick des Judentums als Ganzes. Daher schufen die Zionisten eine neue Form der Erhaltung des Judentums, die allen Juden die Möglichkeit gibt, in menschenwürdigen Verhältnissen zu leben. Prof. Lewin sah die folgenschweren Konsequenzen des antizionistischen Antrags voraus und begnügte sich daher nicht mit der wenig sagenden Empfehlung, daß sich beide Seiten Zurückhaltung auferlegen sollten. Durch eine Antragsänderung wollte er den antizionistischen Stachel entfernen, obwohl er die Resolution an sich für verfehlt hielt. Lewin beantragte die Streichung derjenigen Sätze, in denen die Betätigung »deutscher Gesinnung« gefordert wurde und man sich gegen die internationale Lösung der Judenfrage wandte. An ihre Stelle sollte folgender Absatz treten:

> »Der Zentralverein erkennt alle Bestrebungen an, entrechteten Juden eine gesicherte Heimstätte zu schaffen und den Stolz des Juden auf seine Geschichte und seine Religion zu heben. Die Wege des Zentralvereins trennen sich aber von denjenigen, welche betonen, daß die deutschen Juden an den Geschicken des deutschen Vaterlandes kein inneres Interesse haben.«[95]

Trotz positiver Reaktion wurde Prof. Lewins Antrag abgelehnt. Die von Fuchs formulierte Resolution wurde fast einstimmig verabschiedet.[96]
Mit diesem Akt wich der »Zentralverein« von seinen Grundsätzen politischer Neutralität ab[97] und stellte sich auf die Basis des schwer definierbaren Begriffes »deutsche Gesinnung«. Die Diskussion über den Zionismus hatte trotz des ideologischen Anstrichs einen politischen Charakter, so daß man keine akademische Präzision voraussetzen kann. Zweck der Resolution war nicht die Festsetzung objektiver Kriterien der Zugehörigkeit zum »Zentralverein«, sondern die Unterstützung der »Liberalen« in innerjüdischen Auseinandersetzungen, bzw. die ideologische Untermauerung der liberalen Anschauung.
Arnold Paucker, der sich in seinen Studien eingehend mit der Politik des »Zentralvereins« befaßt, vertritt die Ansicht, daß die Resolution des 30. März 1913 noch relativ milde ausgefallen sei. Man habe im Zentralverein die Schädigung der Abwehrinteressen durch die radikalen Zionisten befürchtet,

95 »Bericht«, JR Nr. 14, 4. 4. 1913, S. 138.
96 ebd.
97 Paul Rieger, Ein Vierteljahrhundert im Kampf um das Recht und die Zukunft der deutschen Juden, Berlin 1918, S. 21f. Auf der Basis der politischen und religiösen Neutralität gehörten dem »Zentralverein« Juden verschiedener politischer und religiöser Richtungen an, mit Ausnahme der extremen Orthodoxie. Der gemeinsame Nenner war die deutsche Staatsbürgerschaft. Siehe: Arnold Paucker, Zur Problematik einer jüdischen Abwehrstrategie in der deutschen Gesellschaft, in: Juden im Wilhelminischen Deutschland 1890–1914, S. 490f. Siehe ferner: 125. Vorstandssitzung des Centralvereins, 2. Dezember 1901, INV/124/1b/13 CAHJP; IDR Nr. 8, August 1902, S. 464.

> »denn tatsächlich war es das seiner selbst nicht sichere neurotische deutsche Nationalbewußtsein, das übertriebene Anforderungen an Mitbürger stellte, die irgend eine Sonderstellung einnahmen. Es ist aber untrüglich, daß man das antizionistische Argument in ständiger Unterstreichung der eigenen deutschen Loyalität nur zu gern als Waffe zu Feld geführt hat.«[98]

Der Vorwurf des Mangels an »deutscher Gesinnung« nahm nicht nur Bezug auf die Fraktion der radikalen Zionisten, sondern richtete sich faktisch gegen die ganze zionistische Bewegung. Auf lange Sicht war dieser Schritt nicht ohne Gefahr für die gesamte deutsche Judenheit. Darum ist es verwunderlich, daß die verantwortliche Führung des Zentralvereins diesen Aspekt nicht in Betracht zog. Es scheint, daß das akute Bestreben, einen Keil ins zionistische Lager zu treiben und die Zionisten in der jüdischen und nichtjüdischen Öffentlichkeit zu isolieren, diesen Aspekt überschattete.
Am nächsten Tag erschien die Resolution des »Zentralvereins« in zwei bedeutenden liberalen Tagesblättern der Hauptstadt, dem »Berliner Tageblatt« und der »Vossischen Zeitung«. Die zionistische Führung war mehr über die Form der Veröffentlichung als über die Resolution selbst schockiert. Zwar herrschte im Wilhelminischen Reich eine relativ tolerante Atmosphäre, doch konnte man den in der Resolution enthaltenen Vorwurf, der als Staatsuntreue ausgelegt werden konnte, nicht schweigend hinnehmen. Hantke setzte daher noch am 31. März eine außerordentliche Sitzung des Geschäftsführenden Ausschusses an. Leo Motzkin, Redakteur der »Jüdischen Rundschau«, und Betty Frankenstein, Sekretärin der zionistischen Leitung, hatten der Generalversammlung als Vertreter der zionistischen Presse beigewohnt und schilderten nun den Tagungsverlauf. Sie berichteten, der Widerstand gegen den Zionismus sei heftiger gewesen, als es in der Resolution zum Ausdruck kam. Der Geschäftsführende Ausschuß beschloß die Entsendung eines Rundschreibens an alle Mitglieder des Zentralkomitees, in dem um die Bestätigung einer Reihe von Maßnahmen gebeten wurde. Die Antwort sollte noch am gleichen Tag erfolgen; Hantke wies darin auf die sophistische Formulierung der antizionistischen Resolution hin:

> »Unsererseits eine friedliche Erklärung abzugeben, wäre nicht nur würdelos, sondern auch falsch, denn die Tätigkeit des Zentralvereins ist so energisch gegen uns gerichtet, daß die in einigen Sätzen sanft klingende Resolution nur eine milde Darstellung des tatsächlichen Sachverhalts gibt.«[99]

---

98 Arnold Paucker, Zur Problematik einer jüdischen Abwehrstrategie in der deutschen Gesellschaft, a.a.O., S. 524; Walter Laqueur, »Zionism and its Liberal Critics, 1896–1948«, in: Journal of Contemporary History, IV, Nr. 4 (1971), S. 167–173.
99 Hantke an Mitglieder des Zentralkomitees, 31. 3. 1913, CZA A15/VII/48.

Hantke warnte vor dem Schaden, der durch die Resolution entstehen könnte, wenn man nicht sofort reagieren würde. Der Geschäftsführende Ausschuß beschloß daraufhin die Veröffentlichung einer Erklärung in 400 deutschen Tageszeitungen, wie auch in der jüdischen Presse. »Die Welt«, die »Jüdische Rundschau« und das »Israelitische Wochenblatt« sollten klarlegen, daß eine weitere Zusammenarbeit mit dem Zentralverein nicht länger möglich sei. Die ZVfD-Mitglieder sollten jedoch nicht zum Austritt aus dem »Zentralverein« verpflichtet werden. Begründung: ein geschlossener Austritt würde wegen der geringen Mitgliederzahl keine besonderen Auswirkungen haben und schließlich wäre es nicht klar, ob die zionistischen Mitglieder des »Zentralvereins« einer solchen Anweisung überhaupt nachkommen würden. An der vorgeschlagenen Formulierung der zu veröffentlichenden Erklärung beteiligten sich Heymann, Blumenfeld, Motzkin, Lichtheim, Sandler und Becker.
Sie lautete wie folgt:

»1. Der jüdische Nationalismus beruht auf der unbestrittenen Tatsache der gemeinsamen Abstammung aller Juden und ihren gemeinsamen Überlieferungen und die Unterdrückung des nationaljüdischen Bewußtseins bedeutet einen Bruch mit der historischen Kontinuität des Judentums und muß daher – allen gekünstelten Konstruktionen zum Trotz – zu seiner allmählichen Auflösung führen.

2. In dieser Erkenntnis halten wir es für unsere Pflicht als Juden, für die nationale Zukunft des jüdischen Volkes zu arbeiten. Dieses Bestreben, das in einem großzügigen Kolonisationswerk in Palästina, der historischen Heimat und dem Lande der Zukunft unseres Volkes, seinen Ausdruck findet, dient zugleich der wirtschaftlichen und sozialen Hebung des jüdischen Volkes, dessen überwiegende Mehrheit in Osteuropa unter entwürdigenden und unerträglichen Verhältnissen zu leben gezwungen ist.

3. Die jüdischnationale Gesinnung und Betätigung berührt in keiner Weise die Interessen des Deutschen Reiches, noch steht sie mit unserer aufrichtigen staatsbürgerlichen Gesinnung und Betätigung im öffentlichen Leben Deutschlands in Widerspruch. Wenn der Zentralverein deutscher Staatsbürger jüdischen Glaubens einen solchen Widerspruch zu konstruieren sucht, so liegt darin eine Verkennung des nationalen Charakters des Judentums und der historisch gegebenen Beziehungen des Judentums zum Deutschtum. Unsere staatsbürgerliche Auffassung schließt nicht nur die formale Erfüllung unserer Pflichten, sondern eine auf der Erkenntnis von der sittlichen Bedeutung des Staates beruhende Treue und Hingabe ein, die aber niemals zur Aufhebung des auf viertausendjähriger Geschichte beruhenden Zusammenhanges führen kann, der uns mit den Juden verbindet.
Wir weisen daher den vom Zentralverein unternommenen Versuch, unsere staatsbürgerliche Zuverlässigkeit vor der Öffentlichkeit zu verdächtigen, und unsere tätige Anteilnahme an dem öffentlichen Leben Deutschlands mit den Konsequenzen für unvereinbar zu erklären, die wir aus unserer Zugehörigkeit zur jüdischen Nation zu ziehen haben, auf das Entschiedenste zurück.

4. Unsere Ideen haben infolge der Offenheit und Entschiedenheit mit der wir die Judenfrage zu behandeln gewohnt sind, seit langem die Sympathie hervorragender Männer auch außerhalb des Judentums gefunden. Die Größe der Aufgabe, die wir uns gesetzt haben, hat uns die Achtung und Zustimmung weiter Kreise verschafft. Wenn nun gerade von jüdischer Seite Widerspruch gegen den Zionismus erfolgt, so wird durch solchen Widerspruch weder ein deutsches, noch ein jüdisches Interesse, sondern nur die in Westeuropa immer weiter fortschreitende innere und äußere Auflösung des Judentums gefördert.«[100]

14 der 25 Mitglieder befürworteten diese Erklärung, 5 stimmten dagegen. Sechs enthielten sich ihrer Stimme. Laut Rundschreiben wurden auch die Stimmenthaltungen als schweigende Zustimmung betrachtet.[101]
Am 1. April 1913, also noch bevor die Antworten der Zentralkomitee-Mitglieder vorlagen, wurde die Verbreitung in Angriff genommen. Als Bodenheimer davon erfuhr, telegrafierte er an Hantke:

»Sitzung des Zentralkomitees ist natürlich zwecklos, nachdem Resolution versendet ist. Ich erkläre gleichzeitig meinen Rücktritt aus dem Zentralkomitee.«[102]

So drohte eine innere Krise in der Leitung der ZVfD, da sich im Laufe der Auseinandersetzung über Kompetenzbereiche der obersten Parteiorgane eine konservative Opposition bildete. Friedemann legte gegen die »geradezu unerhörte Autokratie« Hantkes Protest ein und erklärte ebenfalls seinen Austritt aus dem Zentralkomitee.[103] Auch Julius Moses stellte sich auf die Seite Bodenheimers. Die Verschärfung der Beziehungen zum »Zentralverein« sei zumindest zum Teil die Folge einer verfehlten Politik des Zentralkomitees und des schädlichen Einflusses von Blumenfeld. Er hielt jedoch den Austritt Bodenheimers,

»direkt für ein Unglück . . . wir brauchen unbedingt als Gleichgewicht gegen Berlin Deine Kraft. Auch müßte es gerade in diesem Augenblicke nach Außen den schädlichsten Eindruck machen, wenn uns nach der Zentralvereinssitzung eine eines der autoritativesten Mitglieder des Zentralkomitees verließe.«[104]

In Briefen an Bodenheimer und die Mitglieder des Zentralkomitees bezeichnete Hantke die Argumente Bodenheimers für seinen Austritt als unbegründet. Er gab zu, die Versendung der Erklärung aus journalistischen Gründen noch vor

100 ebd. Die Erklärung wurde veröffentlicht in der JR Nr. 14, 4. 4. 1913, S. 135.
101 Hantke an Bodenheimer, 3. 4. 1913, CZA A15/VII/48.
102 Das Telegramm wurde in einem Brief an die Mitglieder des Zentralkomitees zitiert. Bodenheimer an Kollegen [des Zentralkomitees, Y. E.], 2. 4. 1913, CZA A15/VII/48.
103 Adolf Friedemann an Bodenheimer, 3. 4. 1913, CZA A15/VII/48.
104 Julius Moses an Bodenheimer, 3. 4. 1913, CZA A15/VII/48.

Erhalt der Zustimmung des Zentralkomitees begonnen zu haben. Andererseits stellte er in Abrede, er habe Bodenheimer zugesagt, eine Sitzung des Zentralkomitees vor ihrer Versendung einzuberufen. Er unterstellte, daß es sich hier um ein »telefonisches Mißverständnis« gehandelt haben müsse und verteidigte die Prärogative des Geschäftsführenden Ausschusses, in dringenden Fällen auch ohne vorherige Ermächtigung des Zentralkomitees zu handeln. Wer diese Einstellung prinzipiell ablehnte, wurde allerdings durch Hantkes Argumentation nicht überzeugt, nämlich daß die Erklärung unter Mitwirkung von sechs Mitgliedern des Zentralkomitees zustandegekommen sei und die Mehrheit nachher ihre Zustimmung gegeben habe.[105]
Friedemann und Bodenheimer gehörten zu denjenigen, die Hantke nicht zu überzeugen vermochte. Bodenheimer griff die schwachen Punkte der zionistischen Erklärung an und bemerkte mit einigem Recht, die Verfasser hätten sich auf einem Gebiet bewegt, das in der Resolution des »Zentralvereins« gar nicht berührt worden war. Auf der anderen Seite habe man die leeren Schlagworte der Resolution des »Zentralvereins« unberücksichtigt gelassen.[106] Bodenheimer kritisierte den apolegetischen Ton als »unwirksam und unmännlich« und verglich ihn mit Protesten von Rabbinern gegen Ritualmordbeschuldigungen. Man hätte sich der Beantwortung patriotischer Gesinnung enthalten können und den »Zentralverein« wegen beleidigender Einmischung in innere Parteiverhältnisse angreifen sollen. Der Geschäftsführende Ausschuß habe zu übereilt gehandelt und die Situation falsch eingeschätzt.

> »Es heißt der Erklärung des Zentralvereins eine ungebührliche Bedeutung beilegen, wenn man annimmt, daß dieselbe eine welterschütternde Wirkung ausüben würde, wenn nicht sofort von zionistischer Seite hierauf entgegnet würde.«[107]

Friedemann bagatellisierte die zionistische Erklärung als »völlig unbrauchbar ... unlogisch, schief und einen Schlag ins Wasser.«[108]
Nachdem der Geschäftsführende Ausschuß die Argumente Bodenheimers als berechtigt anerkannt hatte, nahm dieser seinen Rücktritt mit der Begründung zurück, daß die Antizionisten aus diesem Schritt falsche Folgerungen gezogen hätten.[109] Im weiteren Verlauf des Konfliktes mit dem »Zentralverein« sollte sich erweisen, daß die zentralen Gremien ihre Kompetenz gewahrt hatten; die

---

105 Hantke an Bodenheimer, 3. 4. 1913; Hantke an Kollegen [des Zentralkomitees, Y. E.], 4. 4. 1913; Bodenheimer an Herr Gesinnungsgenosse [des Zentralkomitees, Y. E.], 6. 4. 1913, CZA A15/VII/48.
106 Bodenheimer an Hantke, 1. 4. 1913, CZA A15/VII/48.
107 Bodenheimer an Herr Kollege, 2. 4. 1913, CZA A15/VII/48.
108 Adolf Friedemann an Bodenheimer, 3. 4. 1913, CZA A15/VII/48.
109 Bodenheimer an Centralkomitee der ZVfD, z.H. Dr. Hantke, 29. 4. 1913, CZA A15/VII/48.

Entscheidung prinzipieller Fragen blieb in den Händen der für die zionistische Politik Verantwortlichen konzentriert.
Die Generalversammlung des »Zentralvereins« hatte offenbar eine völlig andere Reaktion seitens der Zionistischen Vereinigung erwartet. Ihre Hoffnung, die Zionisten in »gute« und »böse« zu spalten, hatte sich nicht erfüllt. Gerade der Ansturm von außen hatte innerhalb der ZVfD ein Einigkeitsgefühl ausgelöst, wie es der Verein seit Jahren nicht mehr gekannt hatte. Es zeichnete sich insbesondere bei den bisher Gemäßigten eine gewissen Radikalisierung ab, da sie gewahr wurden, daß die angestrebte Zusammenarbeit mit den jüdischen Gemeinden gescheitert war. Wenn sie auch weiterhin an einer zurückhaltenden Reaktion festhielten, geschah dies eher »*suaviter in modo, fortiter in re*«. Diese Linie sollte auch die weiteren Schritte des ZVfD charakterisieren. Der Artikel »post festum« in der »Jüdischen Rundschau« brachte eine Interpretation der zionistischen Erklärung, bevor in Berlin eine außerordentliche Tagung der »Vertrauensmänner« und Vertreter der Ortsgruppen abgehalten wurde.
In dem obenerwähnten »post festum«-Artikel wies Julius Moses den Versuch des Zentralvereins zurück, zwei imaginären Formen des Zionismus zu konstruieren, dem einen (Zionismus)

> »die geheiligten Pforten des Zentralvereins offen lassen, dem anderen die Türe weisen ... Der Versuch, unsere Einheit und Geschlossenheit durch die gefaßte Resolution zu gefährden wird jämmerlich fehlschlagen. Wir lassen uns nicht von außen ein zionistisches Programm aufdrängen ... Um das Linsengericht der Aufnahme in den Zentralverein wird niemand aus unseren Reihen das Baseler Programm verlassen ... Ob sie [die Resolution Y. E.] nach außen auf Juden und Nichtjuden, für welch letztere sie doch vor allem gemünzt ist, die erhoffte Wirkung haben wird, kann erst die Zeit lehren.«

Moses wies darauf hin, daß der »Zentralverein« durch seine Unduldsamkeit gegenüber Zionisten die Legitimation als Vertreter aller Juden in Deutschland verwirkt habe. Dieses Argument deutet wohl schon auf Gedanken in der zionistischen Führerschaft über eine alternative Organisation zum »Zentralverein« hin, um die politischen Interessen der deutschen Juden zu vertreten.[110]
Der Agitationsapparat der ZVfD arbeitete von nun an mit forciertem Tempo und Schwung. Dies war die große Gelegenheit einer umfassenden Kampagne gegen die liberale Obrigkeit, die man des Bruchs der jüdischen Solidarität beschuldigte. Diese Gelegenheit durfte nicht verpaßt werden.
Zionisten und Nichtzionisten wurden auf Protestversammlungen, in Zeitungsartikeln mobilisiert, um der Öffentlichkeit klarzumachen, daß kein Gegen-

[110] Julius Moses, »Post festum«, JR Nr. 14, 4. 4. 1913, S. 135f.

satz zwischen Zionismus und treuer deutscher Staatsbürgerschaft bestehe.[111] Die Kampagne erreichte ihren Höhepunkt mit der vorerwähnten »Außerordentlichen Tagung« der Ortsgruppenvertreter und »Vertrauensmänner« aus ganz Deutschland am 1. Mai 1913.[112] Angesichts der Absicht, die ZVfD als eine gespaltene Organisation hinzustellen, nämlich als »Gemäßigte« und Radikale oder »Heißsporne«, sollte die Tagung das Ansehen eines Delegiertentages erhalten.[113] Es erwies sich unter den gegebenen Umständen als notwendig, nach außen wie nach innen eine einheitliche, durch eine repräsentative Körperschaft gestützte Stellung zu manifestieren.

Auf dieser Tagung sollte verdeutlicht werden, daß die verschiedenen Strömungen der ZVfD in einer einzigen großen Bewegung zusammengeschlossen sind. Das Prestige der Versammlung sollte dem Ansehen der Generalversammlung des »Zentralvereins« gleichgestellt werden. Die ZVfD mobilisierte zu diesem Zweck außer den 91 Ortsgruppenvertretern auch Delegationen direkt oder indirekt angeschlossener Organisationen, wie etwa des »Herzl-Bundes«, des »Kartells Zionistischer Verbindungen«, des »Bundes Jüdischer Corporationen« und des »Deutschen Kreises der jüdischen Turnerschaft«.[114] Vor Eröffnung der Tagung im großen Saal des »Brüdervereinshauses« trafen die Repräsentanten zu einer »Internen Tagung der Vertrauensmänner« zusammen, auf der ideologischen und politischen Aspekte des Konfliktes beleuchtet wurden. Die bestätigten Resolutionen wurden in diesem Rahmen der »Außerordentlichen Tagung« vorgelegt. Das fast wörtliche Protokoll der »Internen Tagung« ermöglicht eine fast unmittelbare Übersicht in die Diskussion und die verschiedenen Phasen der Beschlußfassung.

---

111 Ludwig Wassermann, »Deutsches Nationalgefühl«, JR Nr. 15, 11. 4. 1913, S. 147; Moses Calvary, »Deutsch-national«, JR Nr. 16, 18. 4. 1913, S. 157f.; »National«, JR Nr. 18, 2. 5. 1913, S. 177; »Protestversammlung in Berlin«, JR Nr. 15, 11. 4. 1913, S. 148f.; »Vereinsrundschau«, JR Nr. 16, 18. 4. 1913, S. 162. In dieser Nummer berichtete die »Jüdische Rundschau« über die Stellung der deutschen Presse. Die antisemitische »Staatsbürger-Zeitung« lobte den »Zentralverein«: »Also ›antisemitisch‹ im wahren Sinne des Wortes! Der Zentralverein deutscher Staatsbürger jüdischen Glaubens predigt hier antisemitische Lehren, von denen Herr Liebknecht sagt, daß man sich ihrer schämen müsse.« Die konservative »Kreuzzeitung« distanzierte sich von der zionistischen Stellung. Diese sei zwar aufrichtig, ziehe jedoch nicht in Betracht, daß Deutschland ein »nationaler Einheitsstaat« sei. »Der Kampf des Zentralvereins gegen den Zionismus«, a.a.O., S. 159.

112 Die Forderung nach einer »außerordentlichen Tagung« erhob Julius Moses schon am 3. April. Nur eine solche Tagung könne die offizielle Stellung der ZVfD bestimmen und ein Diktat der »Berliner« verhüten. Julius Moses an Bodenheimer, 3. 4. 1913, CZA A15/VII/48; Protokoll der VII. Sitzung des Geschäftsführenden Ausschusses 1. 4. 1913, CZA Z3/796.

113 Siehe Anmerkung der Redaktion der »Jüdischen Rundschau« zum Bericht über die »außerordentliche Tagung«. JR Nr. 19, 9. 5. 1913, S. 189f.

114 Nach Anweisungen Hantkes an die Ortsgruppen und Gruppenverbände setzten sich die Delegationen zusammen aus Mitgliedern des Zentralkomitees, Delegierten der Ortsgruppen (1 Delegierter auf je 100 Mitglieder), Delegierten der Gruppenverbände und den der ZVfD angeschlossenen Organisationen. ZVfD, gez. Hantke, An die Gruppenverbände und Ortsgruppen, 17. 4. 1913, CZA A102/12/5.

Hantke eröffnete die Konferenz mit einem ausführlichen Bericht über Entstehung und Verlauf des Konfliktes. Die Vertreter der ZVfD seien zu dem Ergebnis gelangt, daß der Vorstand des »Zentralvereins« sie durch Scheinverhandlungen hintergangen habe. Im Namen des Geschäftsführenden Ausschusses unterbreitete er der Tagung eine Vorlage, die zwar auf der Erklärung der ZVfD fußte, aber gewisse Mängel korrigiert hatte. Diesmal war Hantke vorsichtiger gewesen und hatte die Vorlage dem Zentralkomitee rechtzeitig zukommen lassen.[115] Ihr operativer Teil enthielt zwei entscheidende Beschlüsse:

1. Die Zugehörigkeit zur Zionistischen Vereinigung ist unvereinbar mit der Mitgliedschaft im »Zentralverein«.
2. Es ist dringend geboten, einen Verein zu gründen, der unter strikter Wahrung der Neutralität für die Rechte der deutschen Judenheit eintreten soll.[116]

Die Mehrzahl der Diskussionsredner unterstützte die Stellungnahme des Geschäftsführenden Ausschusses, obgleich die Motivierung verschieden war, Lichtheim vertrat die Ansicht, die Zionisten seien am Scheideweg angelangt. Jetzt handele es sich um eine klare, nicht mehr aufschiebbare Entscheidung zwischen Zionismus und Assimilation. Die Zionisten hätten eingesehen, daß man historische Entwicklungen nicht durch taktische Gefälligkeiten oder durch gesellschaftliche Beziehungen entscheiden kann, denn »eine solche Taktik ist keine Politik und entbehrt jeden Zieles.« Dr. Weißmann, Repräsentant des oberschlesischen Gruppenverbandes, betonte den agitatorischen Vorteil, der sich den Zionisten durch den Konflikt geboten habe. Auf der bevorstehenden Tagung des neutralen »Verbandes jüdischer Jugendvereine« sollte man dem »Zentralverein« den Sitz im Vorstand entziehen.[117]
Blumenfeld stellte fest, daß die Mitarbeit der Zionisten in anderen Organisationen »keine Menschen dem Zionismus nähergebracht habe«. Dies könne nur durch eine klare zionistische Ideologie erreicht werden. Blumenfelds Meinungsumschwung überraschte diesmal seine Zuhörer, da er sich bei früheren Gelegenheiten gerade gegen die Teilnahme von Zionisten am Kampf um die jüdische Gleichberechtigung ausgesprochen hatte.

115 Protokoll der VII. Sitzung des Geschäftsführenden Ausschusses, 19. 4. 1913, CZA Z3/796. Bodenheimer konnte aus persönlichen Gründen nicht an der »außerordentlichen Tagung« teilnehmen und sandte ausführliche Bemerkungen zum Entwurf. Bodenheimer an Hantke, 29. 3. 1913, CZA A15/I/8e.

116 Protokoll der internen Tagung der Zionistischen Vertrauensmänner in Berlin am 1. Mai 1913, CZA Z3/796.

117 ebd. Diese Forderung wurde auf der Tagung des »Verbandes« von der Kieler Vereinigung erhoben. Sie wurde mit 132 gegen 36 Stimmen und 7 Stimmenthaltungen abgelehnt. »III. Delegiertentag des Verbandes der Jüdischen Jugendvereine«, JR Nr. 20, 16. 5. 1913, S. 197–198; IDR Nr. 7, Juni 1913, S. 304–318; »Ideale und Prinzipien«, JR Nr. 20, 16. 5. 1913, S. 197. Leitartikel.

»Ist es möglich, da wir eine Organisation zur Erkämpfung der Gleichberechtigung schaffen? Ich sage, daß wir den Kampf richtig führen können, denn nur wir können uns die sittliche Achtung der anderen erringen. Der Zentralverein deutscher Staatsbürger jüdischen Glaubens hat, seinem eigenen Zugeständnis nach, nichts erreicht. Unserer Organisation werden sich vor allem Zionisten anschließen mit Einschluß der Misrachisten, der Gemeindevereine und der Turnvereine und wir werden alle Welt vom Ernst unseres Kampfes zu überzeugen wissen.«

Klees positive Stellungnahme zur beantragten Resolution verpflichtete ihn, sich von seiner langjährigen Tätigkeit im »Zentralverein« zu trennen. Klee war trotzdem auch weiterhin von der Wichtigkeit zionistischer Mitarbeit in allgemein-jüdischer Organisation überzeugt; er vertrat den Standpunkt, daß die Hervorhebung des Gemeinsamen und Einigenden innerhalb des deutschen Judentums – und nicht des Unterschiedlichen – von ausschlagender Bedeutung sei. Trotz dieser Einstellung trat er schweren Herzens an die Spitze der neuen Organisation, weil die antizionistische Tendenz innerhalb des »Zentralvereins« die Ehre der ganzen Bewegung verletzt hatte.
Sogar Franz Oppenheimer unterstützte die Vorschäge des Geschäftsführenden Ausschusses, warnte aber gleichzeitig vor einem möglichen Mißbrauch des Begriffes »national« im Sinne der »Radikalen«:

»Man hat hier gesagt, man könne nicht deutschnational und jüdischnational zusammen sein, warum nicht? Ich bin auch nördlich von Leipzig und südlich von Hamburg. Alle Mißverständnisse entstehen durch das schürende Wort ›national‹. Ich kann ganz gut zugleich jüdischnational und deutschnational sein. Man darf eben nicht Gegensätze konstruieren, wo keine vorhanden sind. Wenn die Auslegung der Zionistischen Vereinigung für Deutschland gilt, dann bin ich Zionist, wenn aber diese Auslegung nicht gelten darf, dann kann ich nicht mitmachen. Herr Blumenfeld verlangt von uns, wir sollen in erster Linie Juden sein. Soll ich aber an erster Stelle schlafen oder essen oder arbeiten? Für mich ist alles wichtig. Ich bin ein guter Jude, ein ausgezeichneter Deutscher, habe deutsches Kulturgefühl, jüdisches Stammesbewußtsein, märkisches Heimatbewußtsein . . . Herrn Blumenfeld aber will ich sagen, daß ich bisher nicht gesehen habe, die Radikalen seien die Modelle der späteren Generation geworden. Nach Babeuf kommt Bernstein.«

In diesem Sinn äußerte sich auch Julius Moses. Martin Buber nahm nur selten an politischen Entscheidungen der zionistischen Bewegung teil und befaßte sich auch dieses Mal nicht mit den konkreten Schritten. Indes war sich Buber über die Bedeutung der Wende durchaus im klaren und bedauerte, daß man der zionistischen Bewegung die Auseinandersetzung von außen aufgezwungen hatte. Er ergänzte, daß fortwährend über Begriffe gesprochen werde, die für die wirkliche Grundlage einer Stellungnahme untauglich seien. Das Positive an dem Konflikt bestehe aber darin, daß die zionistische Bewegung ihren alten kämpferischen Sinn wiedergewonnen habe. Buber widersprach der Auffassung, der innerjüdische Kampf sei durch die »radikalen Heißsporne« verursacht worden.

»Dieser innere Kampf kommt nicht von den Heißspornen, sondern er ist verkündet worden von Theodor Herzl mit den Worten, die er gegen Mauschel geschrieben hat. Das war für mich immer ein Gegenstand der höchsten Verehrung an diesem Mann, daß er, der nicht ein Heißsporn war, das Problem des innerjüdischen Kampfes erfaßt hat, das Problem der Ausscheidung alles Halben, Unwahrhaften, Verächtlichen. Das ist das eigentliche Problem unserer Bewegung. Nicht daß wir einen Teil unseres Volkes aufschippen, nach Palästina verfrachten, sondern daß wir eine Auslese der Besten schaffen. Daß wir wieder diese Situation vor uns haben und das Aktionsproblem erkennen lernen, da ist das Verdienst des Zentralvereins. Ich freue mich darüber, daß uns endlich wieder einmal Gelegenheit geworden ist, in den einzigen Kampf einzutreten, der uns angeht, denn der Kampf gegen den Antisemitismus geht uns nichts an, weil wir Positives und nichts Negatives wollen. Wir haben uns zu wehren gegen jene Juden, die unser Judentum gefährden.«

Im Parallelogramm der politischen Kräfte müsse der Zionismus die Stelle einer Urkraft einnehmen, um die jüdische Realität auf seine Seite zu ziehen und nicht etwa den Mittelweg einschlagen und damit im voraus seine eigene Linie aufgeben.

Zwei Diskussionsredner nahmen gegen den Geschäftsführenden Ausschuß Stellung. Dr. Block aus Hannover betrachtete die Resolutionen des »Zentralvereins« als eine »bedauerliche Entgleisung«. Man könne deren Wirkung nur durch den *Anschluß* einer Vielzahl von Zionisten an den »Zentralverein« schwächen. Dr. Block empfahl dieselbe Methode auch für den »Jüdischen Jugendbund« und die Logen. Man könne das Interesse für Palästina nur durch ständigen Kontakt mit Nichtzionisten stärken, nur so sei die zionistische Bewegung in der Lage, ihren Einfluß auf »eine große Anzahl eminent-sittlicher Persönlichkeiten und guter Juden« auszuüben. Er persönlich werde sich dem Parteibeschluß in bezug auf den Austritt aus dem »Zentralverein« nicht unterwerfen. Gegen den Austritt sprach auch Professor Carl Lewin. Lewin zeigte sogar ein gewisses Verständnis für die antizionistische Resolution des »Zentralvereins«. Wer sich als jüdisch-national und nicht als deutsch-national betrachte, musse die Konsequenzen ziehen, also alle Ansprüche auf Gleichberechtigung aufgeben und eben aus dem »Zentralverein« austreten. Die Resolution des »Zentralvereins« sei daher eigentlich gerechtfertigt:

»Die Juden müssen sich mit dem Geschick ihres Staates ganz identifizieren. Wenn mir das Beispiel der Deutsch-Amerikaner entgegengehalten wird, die auch mit ihrem deutschen Volke zusammenhängen, so antworte ich, daß die Deutsch-Amerikaner niemals sagen werden, daß sie an Amerika kein Interesse haben, (Zwischenruf: »So etwas sagen wir auch nicht.«) Sie sagen aber, daß sie kein Interesse an Deutschland mehr haben mit dem Moment, da der Judenstaat gegründet ist. Da müssen sie eben die Konsequenzen auf sich nehmen.«

Zu Ende dieser Debatte wählte die »Interne Tagung« eine Redaktionskommission, und zwar auf Motzkins Antrag. Dieser Kommission wurde eine »Marschroute« für die kommende »Außergewöhnliche Tagung« mitgegeben. Das Abstimmungsergebnis lautete 51:24 für den Austritt aus dem »Zentralverein«. Dennoch waren in der ernannten Kommission alle Richtungen vertreten: drei »Gemäßigte« – Zwirn, Moses und Simon; drei »Radikale« – Lichtheim, Barth und Wassermann. Außerdem Block als Vertreter der absoluten Gegner der zionistischen Resolution. Die Kommission legte der Tagung schließlich eine etwas gemilderte Resolutions-Formulierung vor, aber ohne wesentliche Änderungen der ursprünglichen Vorlage. Die »Vertrauensmänner« wurden lediglich aufgefordert, hinsichtlich des Austritts aus dem »Zentralverein« zwischen zwei Fassungen zu entscheiden: der Fassung der Minderheit, nämlich der Erklärung, die Zugehörigkeit zum »Zentralverein« sei mit der Mitgliedschaft in der Zionistischen Vereinigung unvereinbar, und der Fassung der Mehrheit, in der die Zionisten rundweg zum Austritt aus dem »Zentralverein« aufgefordert wurden. Die Tagung entschied sich mit überwiegender Mehrheit für die letztere Fassung.[118]

Die »Außerordentliche Tagung« sollte Kraft, Einigkeit und Entschlossenheit demonstrieren und diese zur gleichen Zeit in eine politische Tat umsetzen. Zwar sahen sich auch die Zionisten zu patriotischen Treueerklärungen verpflichtet. Klee gab eine mit lebhaftem Beifall bedachte Erklärung ab: »Wir deutschen Zionisten lieben unser deutsches Vaterland mindestens so treu, wie die Juden, die Mitglieder des Zentralvereins sind«. Darüber hinaus stellte die ZVfD den Kern einer alternativen Organisation für den »Zentralverein«, dem der Angriff auf den Zionismus als Ablenkungsmanöver diente, um sein Versagen in der Verwirklichung der Emanzipation zu verbergen. Klee und drei weiter Redner drückten ihr Vertrauen aus, daß die Zionisten durch ihren Organisationssinn und ihre Arbeitsfreudigkeit auch diese Aufgabe bewältigen können, ohne ihrer zionistischen Tätigkeit etwa Abbruch zu tun. Dieser Optimismus sollte sich als nicht ganz gerechtfertigt erweisen.

Das Auftreten der Jugendvereine auf der Tagung – insbesondere der nicht offiziell zionistischen – war bedeutungsvoll. Es war das Ergebnis direkter zionistischer Agitation. Die Vertreter der Studentenverbindungen und Turnvereine erklärten, daß sie sich voll und ganz mit der Stellung der ZVfD im Kampf gegen den »Zentralverein« identifizierten. Der »Bund Jüdischer Corporationen« untersagte seinen Mitgliedern die Zugehörigkeit zum »Zentralverein«; das »Kartell Zionistischer Verbindungen« lehnte die Aktivität dieser

---

118 Protokoll der internen Tagung der Vertrauensmänner in Berlin am 1. Mai 1913, a.a.O. Das Protokoll enthält einen Entwurf des Beschlusses, den der Geschäftsführende Ausschuß der Tagung vorlegte. Der Beschluß wurde in der »Jüdischen Rundschau« veröffentlicht. JR Nr. 18, 2. 5. 1913, S. 178.

Organisation als »nicht zweckentsprechend, ja sogar schädlich« ab. Der »Deutsche Kreis der jüdischen Turnerschaft« erklärte, der »Zentralverein« biete der Jugend kein Ideal und könne daher der judenzerstörenden Tendenz nicht Einhalt bieten. Auch Gründungsversuche »neutraler« Turnvereine seien verfehlt, da

> »eine Turnbewegung nie und nimmer auf der Grundlage des Kampfes gegen den Antisemitismus oder der Neutralität ins Leben gerufen werden kann, sondern daß eine Turnbewegung immer national sein muß: national ist die von Jahn begründete deutsche Turnbewegung, und auch eine jüdische Turnbewegung ist nur als nationale Bewegung denkbar.«[119]

Die »Außerordentliche Tagung« bestätigte die ihr unterbreitete Resolution und legitimierte somit eine neue politische Richtlinie für die Beziehungen zwischen Zionisten und dem »liberalen Judentum«.
Bodenheimer gehörte zu den wenigen, die nicht vom antiliberalen Enthusiasmus mitgerissen wurden. Er war zwar überzeugt, daß in der gegebenen Situation, »nachdem der Zentralverein uns den Stuhl in so unfreundlicher Weise vor die Tür gesetzt hat«, kein Zionist irgendwelcher Schattierung einem Verein angehören kann, der ein »ausgesprochen chauvinistisch-teutonisches Programm« habe. Bodenheimer war jedoch besorgt, daß die radikale nationaljüdische Tendenz, die seit dem Posener Delegiertentag in der ZVfD vorherrschte, zu einem Kampf gegen andere Organisationen und Parteien führen könne. Diese Tendenz habe nämlich eine positive innere deutsche Politik eingeleitet, die vielleicht für Länder wie Österreich oder Rußland passe, jedoch in Deutschland wert- und zwecklos sei.

> »Wenn wir bisher bekämpft worden sind, konnten wir mit Recht darauf hinweisen, daß wir die Angegriffenen waren, wenn wir uns mit kräftigen Worten zur Wehr setzten. Wir konnten auch darauf hinweisen, daß unsere Angreifer sich im Unrecht befanden. Wir konnten vor allem mit Recht betonen, daß wir ein Ziel für die ganze Judenheit aufgestellt haben, daß unsere Arbeit ein einigendes Band um die Juden aller Länder schließen sollte, einerlei, welcher Richtung sie auch sonst angehören, und unsere Arbeit in Palästina in absehbarer Zeit dem ganzen jüdischen Volk zu Nutzen gereichen müsse. Heute sind wir es, die trennende Momente in den Vordergrund stellen, und unnötigerweise Ärger und Verdruß dadurch erregen, daß wir den von vielen Zionisten völlig mißverstandenen Nationalitätsbegriff unter die Nase halten. Heute predigen wir den Austritt aus allen jüdischen Organisationen, welche den von der jetzigen Berliner Leitung proklamierten einseitigen Parteistandpunkt des Zionismus nicht ihrerseits anerkennen.«

---

119 »Die außerordentliche Tagung der ZVfD am 1. Mai in Berlin«, JR Nr. 19, 9. 5. 1913, S. 187–190; »Unsere Antwort an den Zentralverein«, JR Nr. 18, 2. 5. 1913, S. 177f.

Dieser Weg mache die zionistische Bewegung zu einer »Austrittssekte«, deren ideologischer Inhalt verkümmern müsse, da sie ihre ganze Energie in kleinlichen Partei- und Gemeindekämpfen erschöpfen würde. Aus diesem Grund lehnte Bodenheimer die Gründung des »Reichsvereins der deutschen Juden« ab. Dieser Versuch werde, seiner Meinung nach, ein Fiasko erleiden und dem »Zentralverein« nur neuen und sehr wirksamen Agitationsstoff liefern.[120]

Die Leitung der ZVfD nahm die Durchführung der Tagungsbeschlüsse ohne Verzug in Angriff. Schon nach einer Woche wurden die Mitglieder des Zentralkomitees um ihre Begutachtung der Grundsätze der neuen Organisation ersucht. Die Verfasser der Statuten waren Hantke und Klee. Man wählte den Namen »Reichsverein deutscher Juden«, um eine etwaige Verwechslung mit dem »Zentralverein deutscher Staatsbürger jüdischen Glaubens« oder mit dem »Verband der deutschen Juden« zu vermeiden. Dem »Reichsverein« sollten Vereinigungen korporativ angehören, doch wurde auch individuelle Mitgliedschaft ermöglicht. In jeder Gemeinde sollte ein »Vertrauensmann« des Reichsvereins ernannt werden; seinem Beirat sollten 70 Mitglieder angehören. Sieben Zionisten hatten den Geschäftsführenden Ausschuß zu bilden. An der Spitze des »Reichsvereins« sollte Dr. Klee stehen. Gründerorganisationen waren die ZVfD, der »Misrachi«, die zionistischen Gemeindevereine, jüdische Turnvereine und zionistische Studentenverbindungen.[121]

Das Statut des »Reichsvereins« unterschied sich in einigen Punkten von der ersten Fassung, die Klee dem Zentralkomitee der ZVfD unterbreitet hatte. Die Formulierung ließ nur schwerlich eine nationaljüdische Tendenz erkennen.

> »Der Reichsverein Deutscher Juden, der seinen Sitz in Berlin hat, verfolgte den Zweck, die deutschen Juden zur Wahrung ihrer Rechte und zur Durchführung gemeinsamer Aufgaben auf politischen, wirtschaftlichen und kulturellen Gebieten zusammenzufassen.
> Erfüllt von dem Bewußtsein der geschichtlich bewährten Anhänglichkeit der deutschen Juden an ihr Vaterland will der Verein ihnen Mitarbeit an den positiven Aufgaben Deutschlands ermöglichen.«[122]

Die Besonderheit des »Reichsvereins« läßt sich aus einem Vergleich seines Status mit den »Richtlinien« des »Zentralvereins« entnehmen. Das Statut bezweckt nicht nur die Wahrung deutsch-jüdischer Bürgerrechte, sondern auch ihrer politischen, wirtschaftlichen und kulturellen Interessen. Letztere waren im Aufgabenbereich der »Richtlinien« nicht enthalten. Die »Richtlinien« stellten u. a. drei negative Behauptungen auf: das Gemeinsame der deutschen Juden mit Juden anderer Länder unterscheidet sich nicht vom Gemeinsamen

---

120 Bodenheimer an die Zionistische Vereinigung für Deutschland z. H. des Rechtsanwalts Dr. Hantke, 24. 5. 1913, CZA A15/I/8e.
121 ZVfD, Hantke an Herr Gesinnungsgenosse, 6. 5. 1913, CZA A15/VII/26.
122 Statut des Reichsvereins Deutscher Juden, Paragraph 1, o. D. (1913) CZA A15/VII/26.

deutscher Katholiken oder Protestanten mit ihren Glaubensgenossen im Ausland. Juden als solche gehören keiner Partei an, die politische Anschauung eines jeden Juden ist seine Privatangelegenheit, ebenso wie sein religiöses Bekenntnis. Die Moral der Juden unterscheidet sich nicht von der Moral der Bürger anderer Konfessionen.[123]

Das Verleugnen der jüdischen Eigenart und die Loslösung von der Solidarität mit Juden jenseits der deutschen Grenzen – auch wenn er in der Praxis anders handelte – charakterisiert den Gedankengang des »Zentralvereins« im Gegensatz zum »Reichsverein«.

Die Zionisten nahmen mit der Gründung des »Reichsvereins« einen Abwehrkampf auf sich, der dem Zionismus im Grunde fremd war, da dessen Ideologie ihn als aussichtslos ablehnte. Daraus ergab sich die Notwendigkeit, die Wahrung der Bürgerrechte der deutschen Juden als eine Komponente zionistischer »Gegenwartsarbeit« darzustellen. Im Rahmen solcher »Gegenwartsarbeit« versuchte der »Reichsverein« auch die Rechte der Ostjuden in den jüdischen Gemeinden und ostjüdischer Studenten an den Universitäten zu wahren.

Indes begann sich der Ring der Isolierung um die zionistische Bewegung mehr und mehr zu schließen. Die »Allgemeine Zeitung für das Judentum« stellte sich ohne jeden Vorbehalt auf die Seite des »Zentralvereins«.[124]

Das Blatt warnte die Zionisten vor einem Bruch mit den »Liberalen« zugunsten eines illusorischen Bündnisses mit der Orthodoxie. Für diese »Waffenbrüderschaft« würden sie einen hohen Preis zahlen und keinerlei Früchte ernten. Sie würden der Intoleranz nachgeben müssen, während in Wirklichkeit gerade die Orthodoxen weiterhin ihre Hauptgegner bleiben würden, da diese ja erwiesenermaßen jede Erneuerung und Entwicklung aufgrund des historischen Judentums ablehnten.[125] Ludwig Holländer war der Verfasser der Resolution des »Zentralvereins«,[126] jetzt versuchte er, ihre Härten durch gewisse beschwichtigende Kommentare zu mildern,[127] bestand indes aus Gründen des Gewissens und der öffentlichen Verantwortung auf dem Ausschluß einer gewissen Art von Zionisten aus dem »Zentralverein«.

---

123 Paul Rieger, Ein Vierteljahrhundert im Kampf um das Recht und die Zukunft der deutschen Juden, a.a.O., S. 21–22.

124 W. Bernauer, »Glossen zum Streit Zentralverein – Zionismus«, AZJ Nr. 16, 18. 4. 1913, S. 185–186; Henriette Fürth, »Zionismus und Zentralverein«, AZJ Nr. 22, 30. 5. 1913, S. 256: »Im Zentralverein als der legitimen Rechtsvertretung der deutschen Judenheit, ist Raum für diejenigen, die mit ausgeprägtem Stammesbewußtsein und dem Verständnis für die national-jüdischen Bestrebungen ein starkes und unverbrüchliches Vaterlandsgefühl und die Treue zum deutschen Volk vereinen.«

125 Theologus, »Zur Würdigung der Richtlinien« AZJ Nr. 15, 11. 4. 1913, S. 171.

126 Siehe: Alfred Hirschberg, »Ludwig Holländer – Director of the C.V.«, LBIYB VII, (1962), S. 45.

127 Ludwig Holländer, »Zur Klarstellung«, IDR Nr. 5–6, Mai 1913, S. 194–200; Ludwig Holländer, »Glossen zur Zionisten-Resolution«, IDR Nr. 7, Juni 1913, S. 296–304.

Der Konflikt zwischen dem »Zentralverein« und der ZVfD hatte auch Auswirkungen auf die Tagung des neutralen »Verbandes jüdischer Jugendvereine«, die im Mai 1913 abgehalten wurde. Die zionistischen Delegierten aus den Ortsgruppen Kiel und Berlin schlugen vor, dem »Zentralverein« den Sitz in der Leitung des »Verbandes« zu entziehen, da er die Grundlage der Neutralität durch den Ausschluß der Zionisten verlassen haben.
Nach langer Diskussion lehnte die Tagung den Vorschlag mit 132 Stimmen gegen 36 bei 7 Stimmenthaltungen ab.[128] Infolge dieses Beschlusses deuteten die Zionisten an, daß sie aus dem »Verband« ausscheiden würden.

> »Denn wenn es auch vielleicht nicht ausgeschlossen erscheint, daß in diesem oder jenem Jugendverein ein Zionist in der bisherigen Weise weiterzuarbeiten vermag, so bietet doch die Jugendvereinsbewegung als solche den Zionisten jetzt keinerlei Gewähr mehr für eine ungehinderte Betätigung. Für die zionistische Organisation kann die Jugendvereinsbewegung kein Interesse mehr haben. Und aufatmend kehren wir zu der Einsicht zurück, daß eine Bewegung, wenn sie auch innerlich gefestigt und lebenskräftig sein soll, in der Tat stets mehr als ein leeres Prinzp braucht: *ein Ideal.*«[129]

Im selben Monat veröffentlichte das »Antizionistische Komitee« unter der Ägide zahlreicher jüdischer Würdenträger seine erste Aufklärungsbroschüre über die »Zionistische Taktik in etwa 100000 Exemplaren.[130]
Diese Broschüre beschränkte sich nicht auf einen Angriff gegen die radikalen Zionisten, sondern richtete sich gegen die gesamte Bewegung. Ihr Verfasser war vermutlich »der rabbinische Zionistentöter aus dem Osten«.[131] Er beschuldigte die Zionisten der ideologischen Waffenlieferung an die Antisemiten.[132] Diese Anschuldigung hatten die Antizionisten schon früher gegen den politischen Zionismus gerichtet. Diesmal erschien sie aber unter der Parole: »Aussprechen was ist«, und war keineswegs klar formuliert. Zunächst stellte der Verfasser fest, der Zionismus sei eine »wirklichkeitsfremde Theorie, eine ideologische Irreführung latenter Leidenschaften zu unrealisierbaren Zielen«. Er bediene sich einer diplomatischen Taktik zwecks Verschleierung von Gedanken und Zielen.[133]
Für die deutschen Juden seien nur Ausdrucksformen des deutschen Zionismus und deren unmittelbare Wirkung von Bedeutung.

---

128 IDR Nr. 7, Juni 1913, S. 304–318; »III. Delegiertentag des Verbandes der jüdischen Jugendvereine«, JR Nr. 20, 16. 5. 1913, S. 197f.
129 »Ideale und Prinzipien«, ebd. Leitartikel.
130 Schriften zur Aufklärung über den Zionismus, Nr. 1, Zionistische Taktik, herausgegeben vom Antizionistischen Komitee Berlin, o. D. (Mai 1913).
131 Der Ausdruck stammt aus einem Artikel von Gustav Witkowsky, »Aussprechen was ist!«, JR Nr. 23, 6. 6. 1913, S. 229. Vermutlich war Rabbiner Vogelstein aus Stettin gemeint.
132 Zionistische Taktik, a.a.O., S. 17.
133 a.a.O., S. 3f.

Der anonyme Verfasser der Broschüre wollte daher – anhand von Veröffentlichungen der ZVfD – die von ihm verfolgte »Taktik« einer »näheren Betrachtung« unterziehen. Ohne Berücksichtigung zeitbedingter Unterschiede und der Überlegung, daß sich eine politische Bewegung jeweils veränderten Umständen anpassen muß, versuchte er nachzuweisen, daß die zionistische Taktik voller Widersprüche und Inkonsequenzen sei. Als Beispiele brachte der Verfasser den Widerspruch zwischen der im Baseler Programm enthaltenen »Heimstätte in Palästina« und dem Schwanken Herzls – im »Judenstaat« – zwischen Argentinien und Palästina;[134] zwischen der These, Palästina werde die Judenfrage lösen und Lichtheims »Programm des Zionismus«, worin dieser behauptete, daß im Laufe von 30–40 Jahren nur 100000 bis 1000000 Juden angesiedelt werden könnten;[135] zwischen der Absicht, vermögende Juden zu mobilisieren und dem Hauptziel, »notleidende Juden« in Palästina anzusiedeln sowie zwischen dem Streben nach »Souveränität im Judenstaat« und einer »öffentlich-rechtlich gesicherten Heimstätte«, deren Einwohner gute türkische Untertanen werden sollen.[136]

Der Aufdeckung von gewundener zionistischer Taktik widmete der Verfasser besonders breiten Raum. Er hielt die »Pflicht eines jeden Zionisten, die Übersiedlung nach Palästina in sein Lebensprogramm aufzunehmen« und die gleichzeitige Erklärung deutsch-patriotischer Gesinnung für unvereinbar. Daher sei der Ausschluß der Zionisten aus der Mitte vaterländischer Juden absolut berechtigt. Er kritisierte die Thesen Kollenschers in dessen Broschüre »Zionismus und Staatsbürgertum« und brandmarkte die Falschheit zionistischer Taktik, die ihren Ursprung im Mißbrauch des unklaren Begriffes »jüdisches Volk« habe. Er folgerte,

> »daß nicht einmal eine so geistlose und beinahe blasphemische Verengung des staatsbürgerlichen, patriotischen Begriffs, wie sie Kollenscher versucht, zu einer Harmonie zwischen deutscher Staatsangehörigkeit und zionistischer Gesinnung führen kann. *Der Begriff ›öffentlich-rechtlich-gesichert‹ schließt eben trotz aller Vertuschungsversuche den Gedanken einer nationalen Souveränität ein, das Wesen der Souveränität aber ist Ausschließlichkeit, und zwei Herren in Treue zu dienen, bleibt alle Zeit unmöglich.*«[137]

Überdies hätten sich die Zionisten die demagogische Agitationstaktik der Antisemiten zu eigen gemacht.

> »Sie werden nicht von dem Geist, sondern von der Hingabe an ihr trübes, haßerfülltes Blut getrieben ... Man hat wirklich das Gefühl, daß diesen Zionisten zu einem *Anti-Ariertum* keineswegs die Gesinnung, sondern nur die Kraft und die Courage fehlt.«

---

134 a.a.O., S. 5.
135 Richard Lichtheim, Das Programm des Zionismus, Berlin 1913, S. 36.
136 Zionistische Taktik, a.a.O., S. 8f.
137 a.a.O., S. 15, Hervorhebung im Original.

Die Makel der zionistischen Taktik seien indes nicht zufällig und eher die Folge innerer Widersprüche der zionistischen Ideen. Es fehlten ihnen ausreichender Wahrheitsgehalt, um die Geister der Menschen zu bewegen. Aus diesem Grunde müsse die zionistische Taktik, je nach dem Publikum und der Situation, hin und her bewegt werden.[138]

In der zionistischen Bewegung verfolgte man mit Besorgnis das Erscheinen eines von einem Komitee herausgegebenen Pamphlets, das sich auf den Kampf gegen den Zionismus spezialisiert hatte. Da die Mitglieder dieses Komitees zu den Initiatoren der antizionistischen Resolution gehörten und den jüdischen Gemeinden und Organisationen vorstanden, wurde es immer deutlicher, daß man es mit einer umfassenden Kampagne zu tun hatte, dessen Zielsetzung die Delegitimisierung der zionistischen Bewegung war.

Die ZVfD rüstete sich zur Entgegnung und beschloß, den Kampf um die Ehre mit aller Energie zu führen. Man mobilisierte »Vertrauensmänner« und Ortsgruppen und erteilte ihnen die Anweisung, auch Nichtzionisten zum Austritt aus dem »Zentralverein« zu veranlassen.[139]

Die zionistische Presse reagierte mit »heiterer Gelassenheit« auf die Broschüre, auf ihren Verfasser und »die paar Dutzend potenter Namen«, auf deren Anregung sie verfaßt wurde. Der Inhalt und das Niveau dieses Pamphlets seien keiner ernsten Betrachtung würdig. So meinte die »Jüdische Rundschau«:

> »Wie stumpf die Waffen sind, mit denen man uns zu bekämpfen sucht, und wie hohl und inhaltslos die Argumente unserer Gegner immer bleiben müssen, wurde doch niemals in dem Maße offenbar, wie gerade jetzt, wo man versucht, den Kampf gegen unsere Bewegung zu organisieren, den Antizionismus zum Programm zu erheben.«[140]

Am schärfsten reagierte Lichtheim in der »Welt«. Sein Artikel »Mauschel redivivus« spielte auf Herzls »Mauschel« an und entlehnte ihm als Motto: »Kein wahrer Jude kann Antizionist sein, nur Mauschel ist es.« Lichtheim griff die jüdischen Notabeln an, die hinter dem antizionistischen Pamphlet standen. Er bezichtigte sie der Ignoranz in jüdischen Dingen, die man ihnen nur vergeben kann, wenn sie – wie Rudolf Mosse, der Herausgeber des »Berliner Tageblatts« – voll und ganz mit der Erziehung des deutschen Volkes beschäftigt sind. Er beschuldigte sie, die lebenswichtigen Interessen der Juden für ihren zeitweiligen Wohlstand preisgegeben zu haben.

---

138 a.a.O., S. 30–32, Hervorhebung im Original.

139 ZVfD, Hantke an die Ortsgruppen und Vertrauensmänner, 28. 5. 1913, CZA A102/12/5.

140 »Der erste Streich«, JR Nr. 22, 30. 5. 1913, S. 217. Leitartikel. Siehe ferner: Gustav Witkowsky, »Aussprechen was ist!« JR Nr. 23, 6. 6. 1913, S. 229.

»Mauschels Seele ist von keiner Idee bewegt, Er sucht nicht Menschheitsziele, sondern den Vorteil des Tages. Er hat auch Ideale – wenigstens versichert er es auf das bestimmteste – aber sie sind dem äußeren Vorteil (dem was Mauschel für Vorteil hält) ganz vortrefflich angepaßt.
Will Mauschel uns nun bekämpfen, so ist er freilich in der schwierigsten Lage. Wie soll die völlige Ideenlosigkeit dem Ideal beikommen?
Wie soll der Herr Kommerzienrat X., zu dessen Wohlbehagen eine geregelte Verdauung und das sonnige Bewußtsein gehört, ein ›guter Jude‹ sein – wie soll er nach Börsenschluß mit dem Zionismus fertig werden?«

Die Entstellungen und Sinnwidrigkeiten der antizionistischen Broschüre hinderten Lichtheim an der Führung einer sachlichen Diskussion. Einiges wollte er jedoch eindeutig klarstellen: Die zionistische Bewegung strebt nach Errichtung einer Heimstätte für das jüdische Volk in Palästina. Sie ist sich dessen wohl bewußt, daß 12 Millionen Menschen in kurzer Zeit nicht angesiedelt werden können. Palästina bietet aber genügend Raum für einige Millionen und kann daher den Massen eine Heimat bieten. Die kommenden Generationen werden über die Wege entscheiden, wie sie das Wohl des jüdischen Volkes gewährleisten können.[141]

Auf dem 11. Zionistenkongreß

Im Sommer 1913 zog der 11. Zionistenkongreß das Interesse der deutschen Zionisten wieder zum Hauptarbeitsfeld der Bewegung zurück: dem Siedlungswerk in Palästina. Im allgemeinen führten die Themen der Kongreßtagung zu lebhaften Diskussionen; diesmal war die Aufmerksamkeit zunächst noch auf den Konflikt mit den »Liberalen« konzentriert. Innerzionistische Fragen fanden verhältnismäßig wenig Beachtung. Dies war auch die Folge einer internzionistischen Entspannung. Der Konsens bezüglich der Leitung der zionistischen Gesamtorganisation hatte sich erweitert, auch wenn die Aufsicht über die Finanzinstitution weiterhin in den Händen der »Politischen« lag.
Auf Grund des Zusammenschlusses innerhalb der ZVfD gegen den »Zentralverein« herrschte der Eindruck vor, daß

»in Deutschland eine prinzipielle Opposition gegen die jetzige Leitung kaum mehr vorhanden ist, daß wir in der zionistischen Vereinigung für Deutschland seit langen Jahren wohl über sämtliche in Frage stehenden Gesichtspunkte nicht so einig gewesen sind wie gegenwärtig ...«[142]

---

141 R. L. (Richard Lichtheim), »Mauschel redivivus«, Welt Nr. 22, 30. 5. 1913, S. 685–687. In den Jahren 1911–1913 war Lichtheim Redakteur der »Welt«.
142 H. G. Heymann, »Die letzten Mohikaner«, JR Nr. 21, 23. 5. 1913, S. 207.

Auch zwischen den Landsmannschaften aus Deutschland, Rußland, Amerika und Österreich herrschte, nach einem Jahrzehnt ideologischen Ringens, eine Atmosphäre der Zusammenarbeit. Gleichzeitig wurden aber in der zionistischen Leitung Beschwerden gegen die »Bankiers« laut, die eine übereilte Siedlungsarbeit, aus Furcht vor der »Verschwendungssucht« und »Abenteurerpolitik« von Ruppin und Warburg, zu bremsen versuchten. Diese Kritik fand ihren ersten Ausdruck in den öffentlichen Reden von Alexander Marmorek und Max Nordau, anläßlich einer Gedenkfeier für Herzl in Paris. Besonders hart waren die Worte Nordaus, der sich trotz eindringlicher Bitten weigerte, am Kongreß teilzunehmen. Nordau rechnete mit dem praktischen Zionismus ab, von den »Chowewe-Zion« bis zur Entfernung Wolffsohns aus der Leitung der Weltorganisation.
Er beschuldigte sie des Dilettantentums, finanzieller Verluste und des Verhehlens ihrer Fehlschläge vor der Öffentlichkeit:

> »Die neue Leitung ist ans Ruder gekommen, indem sie den politischen Zionismus bekämpfte. An ihr Ziel gelangt, nennt sie sich selbst politisch. Sie hat auf diesem Gebiet wenig Resultate gehabt, was wir ihr nicht vorwerfen. Sie nennt sich praktisch, hat aber dem Vorgefundenen nichts zugefügt. Dagegen projektiert sie gefährliche Dinge, bewegt sich auf einer schiefen Ebene, indem sie immer neue Unternehmungen beginnt, ohne die Mittel zu deren Durchführung zu besitzen. Einer Sache sind wir gewiß! Laßt uns treu bleiben der Idee Herzls! Arbeiten für das ganze Volk, dann werden wir nie Schiffbruch leiden, denn die Idee kann nicht Schiffbruch leiden. Dagegen die Versuche und übereilten Unternehmungen können zu einer Katastrophe führen.«[143]

Auch in einer Ansprache vor dem Kongreß hielt Nordau mit seiner Kritik in keiner Weise zurück:

> »... Möge ferner der Kongreß immer der Tatsache eingedenk bleiben, *daß die mit harter Mühe geschmiedeten finanziellen Werkzeuge unserer Bewegung nicht robust genug sind, um unvorsichtiger oder rücksichtsloser Handhabung zu widerstehen,* und daß ihr Zusammenbruch, wenn auch nicht dem zionistischen Gedanken, aber doch der heutigen zionistischen Organisation tödlich werden könnte.
> Möge der Kongreß endlich nicht vergessen, daß man einer großen Sache durch theoretisch einwandfreie Beschlüsse nicht nützt, wenn die gewöhnliche Einsicht vorzusehen gestattet, daß ihre Verwirklichung zur Zeit unmöglich ist.«[144]

---

143 »Reden Dr. Marmoreks und Dr. Nordaus«, JR Nr. 32, 8. 8. 1913, S. 327–329.
144 Der Brief Nordaus an den 11. Kongreß wurde von Wolffsohn in der zweiten Plenarsitzung des Kongresses verlesen. JR Nr. 37, 12. 9. 1913, S. 384; Hervorhebung im Original.

Nordaus unerwarteter Angriff zwang die Anhänger des praktischen Zionismus in Deutschland zu einer Auseinandersetzung, die sie eigentlich vermeiden wollten. Man beanstandete die unpassende Gelegenheit, bei der gerade ein Mann wie Max Nordau die Politik der Leitung bemängelte, nachdem er während der letzten zwei Jahre der politischen Linie des Engeren Aktionskomitees öffentlich zugestimmt hatte. Die »Jüdische Rundschau« lehnte einen Teil seiner Beschuldigungen kategorisch als unrichtig ab und forderte von der Leitung, sich auf dem Kongreß zu den gestellten Vorwürfen zu äußern. Der Kongreß habe das Recht zu erfahren, ob die Kritik Nordaus durch irgendwelche Tatsachen begründet sei, oder ob er etwa unter dem Einfluß von Gegnern der jetzigen Leitung handelte und sich als »Vorspann« der Opposition hergegeben hatte.[145]

Nordau zielte darauf hin, der Forderung der Leitung entgegenzutreten, der Kongreß dürfe die »Kassenschlüssel« nicht in die Hände ihrer Gegner legen, da diese versuchten, die Kolonisation in Palästina mit Rentabilitäts-Argumenten aufzuhalten.

Vor Kongreßbeginn trat die deutsche Landsmannschaft zur Wahl ihrer Vertreter für den Permanenzausschuß zusammen. Diese sollten »die Herbeiführung eines vernunftmäßigen Verhältnisses des Aktionskomitees und den finanziellen Institutionen beeinflussen«, denn »auf dem 10. Kongreß wurde um des Friedens willen ein Kompromiß geschlossen, durch das die zusammenhängenden Faktoren unserer Organisation künstlich auseinandergerissen worden sind.« Mit der Begründung, diese Anomalie müsse abgeschafft werden, beschloß die Mehrheit der Landsmannschaft, Feiwel, Heymann, Blumenfeld und Simon von den »Praktischen« und Klee »von der anderen Richtung« als Repräsentanten in den Permanenzausschuß zu delegieren. Doch gerade diejenigen, die der »anderen Richtung« angehörten: Klee, Bodenheimer und »Praktische« wie etwa Motzkin, leugneten das Bestehen entgegengesetzter Parteien innerhalb der deutschen Landsmannschaft. Es handele sich lediglich um Meinungsverschiedenheiten über Arbeitsmethoden, sie warnten davor, wertvollen Kräften im Finanzbereich die Arbeitsmöglichkeiten wegen künstlich herbeigeführter Gegensätze zu nehmen.

Hier machte Lichtheim den beiläufig wirkenden Vorschlag der Überführung der Nationalfonds-Leitung von Köln nach Berlin, um größere Effizienz und Verringerung von Spesen zu erzielen. Der Nationalfonds erledigte 90% der gesamten Palästinaarbeit, und deshalb sei es zweckmäßig, dem Aktionskomitee, so wie früher, ein örtlich angegliedertes Palästinabüro zur Verfügung zu stellen. Hinter diesem scheinbar sachlichen Argument verbarg sich die Absicht, dem »politischen« Bodenheimer die Leitung dieser zentralen Siedlungs-Institution zu

---

145 »Eine seltsame Herzlfeier«, JR Nr. 32, 8. 8. 1913, S. 325. Leitartikel.

entreißen. Bodenheimer ging auf diese Absicht nicht ein und zahlte Lichtheim später auf dem Kongreß mit gleicher Münze heim. Lichtheim irre sich, wenn er glaube, daß sich die Spesen des Nationalfonds durch die Verlegung nach Berlin verringern würde, denn es müßte dann ein besoldeter Direktorposten geschaffen werden. Er halte es prinzipiell für unrichtig, den Präsidenten des Nationalfonds, der an die Opferwilligkeit aller Juden appelliert, zu besolden.[146]
In einer anderen Sitzung wählte die deutsche Landsmannschaft ihre Delegierten im Kongreßpräsidium und diskutierte den Vorschlag des Permanenzausschusses, Tschlenow zum Kongreßpräsidenten zu wählen.[147] Es hätte der Pietät und Fairneß entsprochen, Wolffsohn dieses Amt anzubieten. Doch seine Gegner fürchteten scheinbar die Macht seines Einflusses, wenn die Kongreßleitung in seine Hand kommen würde.[148] Die Kandidatur Tschlenows drückte gegenüber Wolffsohn sowohl Undank als auch Taktlosigkeit aus und wurde daher von der deutschen Landsmannschaft verworfen. Sie konnte der Ansicht der zionistischen Leitung nicht zustimmen, es gebe in prinzipiellen Dingen immer nur *einen* richtigen Weg zur Durchführung des Notwendigen.[149] Gemäß ZVfD-Tradition, in schweren Momenten die Einigkeit zu bewahren, und auch zur Verhinderung einer unnötigen Krise innerhalb der Weltorganisation hatte die deutsche Landsmannschaft schon früher die Verlegung des Nationalfonds nach Berlin abgelehnt. Jetzt stimmte sie für den Kompromißvorschlag Motzkins: Tschlenow und Wolffsohn sollten gemeinsam als Präsidenten amtieren. Die Mißstimmung, die diese Angelegenheit auch unter den Kongreßdelegierten hervorgerufen hatte, veranlaßte den Permanenzausschuß, von diesem Vorschlag Abstand zu nehmen. Schließlich wurde Wolffsohn zum alleinigen Präsidenten des Kongresses gewählt. Es war der letzte, an dem er sich beteiligte.[150]
Der 11. Kongreß war für die Stellung der ZVfD in den Weltorganisationen bezeichnend. Zwei der sechs Mitglieder des Engeren Aktionskomitees und acht aus insgesamt 25 Mitgliedern des Großen Aktionskomitees gehörten der deutschen Landsmannschaft an.[151] Wolffsohn, Warburg und Bodenheimer standen jahrelang an der Spitze wichtiger Institutionen. Hantkes Aufstieg in der Weltorganisation begann erst auf dem 10. Kongreß, mit seiner Wahl in das

146 »Die erste Sitzung der deutschen Landsmannschaft«, JR Nr. 36, 5. 9. 1913, S. 373.
147 »Sitzungen der Deutschen Landsmannschaft«, JR Nr. 37, 12. 9. 1913, S. 394.
148 Abraham Robinsohn, David Wolffsohn, a.a.O., S. 109f.
149 Adolf Boehm, Die zionistische Bewegung, a.a.O., S. 609. Boehm war Kongreßdelegierter, erwähnt aber diese Angelegenheit nicht.
150 Abraham Robinsohn, David Wolffsohn, a.a.O., S. 109f.; Walter Laqueur, A History of Zionism, a.a.O., S. 150. Mordechai Eliav, David Wolffsohn (hebr.), a.a.O., S. 304–308.
151 Warburg und Hantke wurden in das Engere Aktionskomitee gewählt. In das Große Aktionskomitee wurden gewählt: Wolffsohn, Bodenheimer, Franck, Friedemann, Heymann, Klee, Motzkin, Simon. JR Nr. 37, 12. 9. 1913, S. 394.

Engere Aktionskomitee. Damit wurde zum ersten Mal ein Vorsitzender der ZVfD in dieses Gremium gewählt. Warburg, Sokolow, Schmarjahu Lewin und Victor Jacobsohn zeigten wenig Interesse an organisatorischen Problemen und hielten sich nur selten in Berlin auf. Hantke hatte durch organisatorisches Talent und Erfahrung, gestützt durch die ZVfD, schon bald eine Schlüsselposition im Apparat der Exekutive, was ihm – in Anspielung auf seine kleine Gestalt – den Spitznamen »Kleine Eminenz« eintrug. So eröffnete sich ihm der Weg einer langjährigen, tatenreichen Karriere im Dienst der zionistischen Weltorganisation.[152] Es war sicher kein Zufall, daß gerade Hantke den Hauptbericht über die Tätigkeit der Leitung seit dem letzten Kongreß erstattete; Warburg hielt das Referat über die Richtlinien der zukünftigen zionistischen Politik.[153]

Ein deutscher Zionist, der nicht zur ZVfD-Leitung gehörte, zog damals die Aufmerksamkeit des Kongresses auf sich: Arthur Ruppin. Im Grunde war ihm die Hektik eines Kongresses gar nicht gelegen. Ruppin ersuchte Wolffsohn, ihn sogar von der Berichterstattungspflicht über die ihm unterstellte Arbeit des Palästina-Amtes zu entbinden. Seine sechswöchige Abwesenheit von Palästina würde der Siedlungsarbeit schaden.

> »Und ein weiterer Grund. Durch die große Aufregung des letzten Jahres in Palästina haben meine Nerven ziemlich gelitten. Einige Male hatte ich fast beschlossen die Leitung zu ersuchen, mich von meinem Amt zu befreien, da ich befürchtete, neue Aufregungen nicht aushalten zu können . . . Und wenn ich gezwungen sein werde zum Kongreß zu fahren, und dort alle die Reden zu hören, die meist in krassem Gegensatz zu dem Geist unserer hiesigen Arbeit stehen, fürchte ich durch meine Beteiligung am Kongreß meine Arbeitsfreudigkeit einzubüßen.«[154]

Erst als er sich durch seine gründliche Kenntnis des Siedlungswerkes den Amateurkritikern, deren Mehrzahl nie Palästina besucht hatte, überlegen fühlte

152 Siehe: Jacob Thon, Otto Warburg, der dritte Präsident der zionistischen Weltorganisation (hebr.), Herzliah 1948, S. 59f.; N. M. Gelber, Politik und Tat, Zum 80. Geburtstag von A. Hantke (hebr.) Jerusalem 1954, S. 4–6; Pinchas Rosen, Der Gläubige und Treue, ebd. S. 45f.

153 Hantke, Rechenschaftsbericht des Actions-Comitees, Stenographisches Protokoll der Verhandlungen des XI. Zionisten-Congresses in Wien vom 2.–9. September, Berlin und Leipzig 1914. Hantke erwiderte den Diskussionsrednern am Ende der Generaldebatte.

154 Ruppin an Wolffsohn, 11. Juli 1911. Der Brief wird in den Memoiren Ruppins widergegeben. A. Ruppin, Pirkej Chajaj (hebr.), 2. Bd., Tel Aviv 1947, S. 216f. Ende des Jahres 1913 trug Ruppin folgendes in sein Tagebuch ein:

> »Das Characteristicum des Jahres 1913 in meinem Lebenslauf scheint mir dies zu sein, daß meine Person, die bisher hinter meiner Arbeit verschwunden war, wider meinen Willen in den Vordergrund gezerrt und in der zionistischen Partei gewissermaßen ein Programm wurde. Ich hatte mit einem Male Freunde und Gegner, die in meiner Person das gute oder böse Prinzip unserer Arbeit in Palästina verkörpert sahen.« Ruppin, Tagebücher, 55, 1. Januar 1914, CZA.

und gewiß war, diese einen gehörigen Schritt weitergebracht zu haben, war Ruppin bereit, dem Kongreß über die Ergebnisse von fünf Arbeitsjahren Bericht zu erstatten.[155]
Während einiger Wochen hatte Ruppin sein Referat sorgfältig vorbereitet und hielt es für eines seiner besten.[156] Er beabsichtigte den Kongreßdelegierten klarzumachen, wie er das kleine nationale Kapital, das ihm zur Verfügung stand, benutzt hatte, um die bedrückende Situation der Energie- und Tatenlosigkeit von Grund auf zu ändern. Besonders wies er auf die Rolle hin, die in dieser Veränderung die Arbeiterfarmen in Kinnereth, Ben-Schemen, Hulda und Kastina spielten. Diese Farmen wurden auf Nationalboden gegründet, mit dem Ziel, systematisch eine neue Generation von Landwirten auszubilden, die befähigt sein würde, die Aufgabe eines großangelegten Siedlungsprojektes zu übernehmen. Ruppin versuchte seinen Zuhörern die konkreten Probleme der zionistischen Verwirklichung näher zu bringen. Er hob den Mangel ausreichender Zeit hervor und betonte, daß die Araberfrage, der man bisher nur wenig Beachtung geschenkt hatte, ein schnelles Anwachsen der jüdischen Bevölkerung notwendig mache.

> »Ich fürchte nicht den Vorwurf, daß wir zu viel tun; aber der Vorwurf, daß wir zu wenig tun und Gelegenheiten verpassen würde mich, wenn er berechtigt ist, tief treffen.«

Ruppin berichtete über die Gründung des ersten Kibbutzes Dagania und der Genossenschaftssiedlung Merchawia, die Pflanzung des Herzlwaldes, der Oliven- und Mandelplantagen. Er sprach über die Notwendigkeit der Errichtung einer modernen Milchwirtschaft sowie der Grundlage für Touristik. Das Nationalkapital sollte für die Heranziehung von Privatkapital ausgewertet werden. All dies könne nicht durch »Sparbüchsenpolitik« erreicht werden. Ruppin belegte seine Ausführungen durch statistische Angaben. Er war sicher, die Anhänger der »Schule« Jacobus Kanns würden ihn, den ehemaligen Kaufmann – kaum der Geschäftsunfähigkeit beschuldigen und stellte eine Bilanz seiner Tätigkeit auf:

> »Sie werden jetzt wohl auch verstehen, weshalb die mehrfach gehörte Forderung, wir müßten kaufmännisch arbeiten, für die kolonisatorische Arbeit in Palästina absolut nicht paßt. Wollten wir kaufmännisch arbeiten, so müßten wir unsere Arbeit ausschließlich darauf einstellen, daß jeder Betrieb am Ende jeden Jahres einen möglichst hohen Profit bringt; die zionistische Organisation und ihre Institutionen glichen dann etwa einer Aktiengesellschaft zur Erzielung möglichst hoher Dividenden. Nun, ich bin selbst lange

155 A. Ruppin, Pirkej Chajaj, Bd. 2, a.a.O., S. 217.
156 ebd.

Jahre Kaufmann gewesen und meine kaufmännischen Instinkte sind vielleicht nicht geringer als bei irgend einem anderen Juden. Aber ich rechne es mir gerade als Verdienst an, daß ich imstande bin, diese kaufmännischen Instinkte überall den höheren Anforderungen unserer nationalen Bewegung unterzuordnen ... Aber nur jemand, der ganz und gar im kaufmännischen Getriebe verstrickt ist, und über den Profithorizont nicht hinausblicken kann, kann verlangen, daß dieser Profitstandpunkt auch in unserer ganzen kolonisatorischen Arbeit maßgebend sei ... Ich kann mit größter Bestimmtheit sagen: die für den Kaufmann profitabelsten Unternehmungen in Palästina sind häufig für unsere nationale Aufgabe die unprofitabelsten; und umgekehrt sind viele kaufmännisch unprofitable Unternehmungen von höchstem nationalen Werte ...

Mancher meint, daß unsere kolonisatorische Tätigkeit in Palästina schon ungeneuer groß sei. Mir kommt sie leider im Verhältnis zu unserer Aufgabe jämmerlich klein vor. Diese Kleinheit ist sogar meine größte Sorge. Alle Schwierigkeiten unserer Arbeit werden mich nicht abschrecken, solange diese Arbeit selbst eine große Perspektive hat und mir ein Anfang zu Größerem scheint. Deshalb ist es nötig, daß die Anfänge nicht gar zu winzig sind, die Basis unserer Arbeit nicht gar zu schmal ist, denn der Anfang bestimmt die Expansionsbreite in der Zukunft ...

Wir haben uns jetzt damit abgefunden, daß wir unser Ziel nicht durch den Charter, sondern durch praktische Arbeit in Palästina erreichen müssen. Auch aus diesem Grunde darf die Arbeit nicht zwerghaft sein. Ich würde es deshalb als ganz falsch ansehen, wenn wir aus übergroßer Vorsicht uns zur Maxime machten, Reserven anzusammeln, und auch das wenige nicht zu tun, was wir mit unseren Mitteln tun können. Bei meiner Tätigkeit mußte immer stets der letzte Pfennig mitarbeiten ... Alle aufgesammelten Millionen werden bei der fortschreitenden Entwicklung Palästinas das nicht gut machen können, was wir jetzt versäumen und Millionen werden vielleicht nicht ausreichen, wo jetzt Hunderttausende genügen.«[157]

Trotz des »trockenen« Tones war das Referat Ruppins über das Aufbauwerk – in dem er später den wichtigsten Stützpunkt im »Existenzkampf der Juden«[158]

---

157 Arthur Ruppin, Zionistische Arbeit in Palästina, Stenographisches Protokoll des XI. Zionisten-Congresses, a.a.O., S. 193–216.
Nach dem 11. Kongreß trug Ruppin folgendes in sein Tagebuch ein:
»Wir müssen also auch den größten Teil des palästinensischen Bodens erwerben und unsere Einwanderer der Landwirtschaft zuführen. Das ist sehr schwer, es dauert im besten Falle lange Zeit. Anderseits haben wir nicht viel Zeit, denn die asiatische Türkei wird sich jetzt nach Beendigung der kriegerischen Verwicklungen zwischen der Türkei und ihren Nachbarn entweder mit Hilfe der türkischen Regierung oder mit Hilfe der europäischen Großmächte europäisieren und in einem europäisierten Land ist es für uns viel schwerer, ökonomisch und kulturell die Vorherrschaft zu erlangen. Wir müßten jetzt mit Hochdruck arbeiten, um die jetzige Übergangszeit für uns auszunutzen.« Ruppin, Tagebücher, 55, 1. Januar 1914, CZA.

158 Siehe: A. Ruppin, Der Existenzkampf der Juden (hebr.), Tel Aviv 1940, S. 279–295, 323–327.

sah – ein Höhepunkt des Kongresses. Er hatte den Eindruck, daß er gegen seine Gegner, vor allem Davis Trietsch und Jacobus Kann, Oberhand gewonnen hatte.[159]

Die zweitägige Palästinadebatte, die Weltkonferenz der »Organisation für die hebräische Sprache«[160], sowie der Beschluß über die Gründung einer Hebräischen Universität in Jerusalem gaben diesem Kongreß einen »palästinensischen« Charakter.[161] Die deutschen Zionisten bewerteten ihn als Kongreß der »Kontinuität der Arbeit« und waren sich dessen bewußt, dem »synthetischen« Zionismus neue Impulse gegeben zu haben. Sie hatten erfolgreich die »Offiziere« der Kolonisation – Warburg und Ruppin – gestellt, die mit Vision und System das Aufbauwerk leiteten und eine gemeinsame Sprache mit den Pionieren der zweiten Einwanderungswelle gefunden hatten. Die Verantwortung, die diese Position den deutschen Zionisten aüferlegte, verpflichtete sie auch nach innen:

> »Wir deutschen Zionisten wissen, daß wir an allem, was erreicht wurde, unseren Anteil haben. Zum ersten Mal wurde trotz der scharfen Gegnerschaft, der wir begegneten, die Zahl von 10000 Schekeln erreicht. Der stete Fortschritt des zionistischen Gedankens geht auch bei uns in Deutschland auf ganz andere, stärkere Faktoren zurück, als sie irgendwelche taktische Momente des innerjüdischen Kampfes bieten können. Auch wir setzen einen Schlußpunkt hinter alle theoretischen Auseinandersetzungen in unseren Reihen und wenden uns der ruhigen, ernsten Arbeit des Tages zu, die zur Stärkung unserer materiellen und ideellen Machtmittel so dringend erforderlich ist.«[162]

159 A. Ruppin, Pirkej Chajaj, a.a.O., S. 220.
160 Der »Hebräerkongreß« wurde in Wien vor dem Zionistenkongreß, am 25.–28. August 1913 abgehalten. »Die hebräische Weltkonferenz«, JR Nr. 36, 5. 9. 1913, S. 373f.
161 »Das Ergebnis des Kongresses«, JR Nr. 38, 19. 9. 1913, S. 399f. Leitartikel.
162 ebd.

9. Kapitel

Die deutschen Zionisten und der »Sprachenstreit«

Ambivalente Beziehungen

Der Wunsch der deutschen Zionisten, sich sachlicher Arbeit in Ruhe zu widmen, sollte sich nicht erfüllen. In Palästina brach ein »Sprachenstreit« zwischen den Kämpfern für die Renaissance der hebräischen Sprache und dem »Hilfsverein der deutschen Juden« aus, der seine ursprünglichen Grenzen überschritt und auch die Zionisten in Deutschland hineinzog. Der Verlauf dieses Streites wird ausführlich in einer Forschung geschildert, die sich mit der Tätigkeit des »Hilfsvereins« in Palästina befaßt.[1] Hier werden hauptsächlich die Auswirkungen behandelt, die der Streit auf die deutschen Zionisten hatte.

Seit seiner Gründung zog der »Hilfsverein« die Aufmerksamkeit der Leitung der ZVfD auf sich, da sie seit ihren ersten Anfängen stets nach »aktiven Partnern« für den Aufbau Palästinas suchte. In einem Brief an Herzl aus dem Jahre 1901 schrieb Bodenheimer die Gründung dieses philantropischen Vereins der Enttäuschung der »Liberalen« über das Scheitern des »Judentages« zu. Infolgedessen

> »hat man sich auf die Insel des Hilfsvereins gerettet, nachdem man vermeintlich mehr auf Grund von Hoffnungen als von Versicherungen annimmt, sich ein Anrecht auf Gegendienste zu erwerben, wenn man für das Deutschtum im Orient eintritt.«

Schon damals betrachtete Bodenheimer den »Hilfsverein« als »Konkurrenzunternehmen« gegen die »französische« »Alliance Israélite Universelle«, das sich der Unterstützung der deutschen Regierung erfreue. Er riet Herzl, zu klären, auf welche Weise der »Hilfsverein« für zionistische Zwecke nutzbar gemacht werden könne.[2] Im Jahre 1904 führten die Annäherungsversuche zu festen Beziehungen zwischen dem »Hilfsverein« und der praktischen Arbeit in Palästina. Hin und wieder berichtete die zionistische Presse über die Kritik in Palästina gegen den deutschen Stempel, den der »Hilfsverein« seinen Erziehungsinstitu-

---

1 Eine ausführliche Darstellung der Tätigkeit des »Hilfsvereins der deutschen Juden« gibt: Moshe Rinoth, Chewrath ha'esra lejehudej Germania, bajezira ubamaawak (hebr.), Jerusalem 1972.

2 Ferner war Bodenheimer der Ansicht, daß die Gründung des »Hilfsvereins« den Austritt von Mitgliedern aus der »Alliance Israélite Universelle« zur Folge haben und diese Organisation zur Zusammenarbeit mit den Zionisten bewegen werde. Bodenheimer an Herzl, 31. 5. 1901, CZA Z1/234. Im Gegensatz zu Bodenheimer kamen in der »Welt« und in der »Israelitischen Rundschau« negative Bewertungen über den Charakter und die Tendenz des »Hilfsvereins« zum Ausdruck.

ten aufdrückte. Im September 1906 gab die »Jüdische Rundschau« einen Artikel gegen den »Hilfsverein« wieder, der in Jerusalem in der Zeitung Ben-Jehudas »Haschkafa« erschienen war. Der Artikel griff die Germanisationspolitik des Vereins an:

»Wenn der Hilfsverein der deutschen Juden wirklich ernste Germanisation treiben und sich der deutschen Regierung und Nation gefällig erweisen will, so sorge er dafür, daß entweder nur deutsch-jüdische wissenschaftlich gebildete Assimilanten hierherkommen, oder noch besser er verlege das Jerusalemer Lehrerseminar nach Berlin in die Nähe des Kaiserlichen Schlosses, nach dem Vorbilde der französischen »Alliance«, welche unter ihrer speziellen Aufsicht den zukünftigen Jugendbildnern in Paris den nötigen französischen Nationalgeist einimpfen läßt.«[3]

Da sich die »Jüdische Rundschau« mit keinem Wort von diesem Artikel distanzierte, wandte sich Paul Nathan, die führende Persönlichkeit im »Hilfsverein«[4], an die Redaktion und wies die erhobenen Anschuldigungen entschieden zurück. Er betonte, daß der »Hilfsverein« nur ein Ziel habe – die realen Bedürfnisse der Juden zu befriedigen. Nur wenn die Gemeinden selbst der Ansicht sind, »daß der deutsche Unterricht in den Schulen zum Segen für die künftige Generation gereichen wird«, richte der »Hilfsverein« deutsche Schulen ein und stelle deutsche Lehrer an.

»Der Versuch, deutschen Unterricht den Gemeinden im Orient aufzudrängen, ist schon aus dem Grunde niemals gemacht worden, weil ein Unterricht, der nicht in den Bedürfnissen der Bevölkerung wurzelt, eine absolute Kräftevergeudung darstellt und nicht einmal einseitig chauvinistischen Tendenzen, wie sie der Artikel dem Hilfsverein unterschiebt, zu dienen geeignet wäre.«[5]

Hantke versuchte einem Konflikt auszuweichen, der die Zusammenarbeit mit philantropischen Organisationen gefährdet hätte. Er bemühte sich, Nathan auszusöhnen, und dieser sprach ihm seinen Dank dafür aus, daß sich sein freundliches Verhältnis zum »Hilfsverein« nicht geändert hatte. Er seinerseits werde alles tun, um auch in Zukunft gute Beziehungen mit den Zionisten aufrecht zu erhalten[6].

Allerdings hütete sich der »Hilfsverein«, den Verdacht zu erregen, etwa ins Schlepptau der zionistischen Bewegung gekommen zu sein. Eben dieses »Ver-

---

[3] Sprechsaal: Jerusalemer Beobachter, »Der Kampf der Mächte um einen Jerusalemer Schuldirektor«, JR Nr. 36, 7. 9. 1906, S. 543.

[4] Über Paul Nathan und seine Tätigkeit siehe: Ernst Feder, Politik und Humanität. Paul Nathan, ein Lebensbild, Berlin 1929; Ernst Feder, »Paul Nathan – Politiker und Philantrop«, in: Deutsches Judentum, Aufstieg und Krise, Stuttgart 1963, S. 120–144.

[5] Paul Nathan an Redaktion der »Jüdischen Rundschau«, 8. 9. 1906, CZA A11/25.

[6] Nathan an Hantke, 24. 9. 1906, CZA A11/25.

gehens« bezichtigte ihn Max Ludwig Goldberger, Vorsitzender der Deutschen Konferenzgemeinschaft der »Alliance Israélite Universelle«. Er beschuldigte den »Hilfsverein«, dieser habe sich, da es ihm kaum gelungen war, eine Schule zu gründen, auf die Gründung von Kindergärten gestürzt, in denen man nur hebräisch unterrichte und nur zionistische Lieder singe. Fast alle Lehrer seien Zionisten, die kaum Wert darauf legten, die Kinder in religiösem Geist zu erziehen, sondern sich bemühten, die Jugend zu Zionisten zu machen. Die hebräische Sprache sei für sie nur das Mittel zur Verbreitung national-zionistischer Propaganda.[7]

Die »Jüdische Rundschau« veröffentlichte bereitwillig eine Erklärung des Vorsitzenden des »Hilfsvereins«, James Simon. Darin werden diese Unterstellungen entschieden abgelehnt:

1. »Der Hilfsverein der deutschen Juden hat sich niemals zum Programm des Zionismus bekannt oder zionistische Tendenzen gefördert. Allerdings ist er immer bereit, ohne Voreingenommenheit mit jeder Organisation in konkreter praktischer Arbeit sich zusammenzufinden.
2. Die hebräische Sprache dient in unseren Kindergärten als Unterrichtssprache, weil sie bei den vielsprachigen Elementen die gegebene einheitliche Unterrichtssprache ist. Es ist dies eine pädagogische Notwendigkeit, der sich niemand verschließen kann, der die Verhältnisse an Ort und Stelle kennt ...
3. Bei der Auswahl der Lehrer und Lehrerinnen wird der Hilfsverein ausschließlich davon geleitet, Persönlichkeiten anzustellen, deren religiöser und sittlicher Lebenswandel zu keinem Bedenken Anlaß gibt, und deren pädagogische Fähigkeiten dem ihnen anzuvertrauenden Amte entsprechen ...«

Gegenüber Goldbergers Behauptungen stellte Simon fest, daß der »Hilfsverein« an 14 Kindergärten, 13 Knaben- und Mädchenheimen beteiligt sei. Außerdem habe er den Anstoß zur Gründung des »Jüdischen Instituts für technische Erziehung« in Haifa gegeben.[8]

In dem Angriff Goldbergers auf den »Hilfsverein«, der parallel zu einer Polemik der »Alliance« gegen den Zionismus lief, stellte sich die Leitung der ZVfD eindeutig auf die Seite des »Hilfsvereins«. Sie bezeichnete diesen Angriff als ein »Konkurrenzmanöver«, das auf das Unbehagen des jüdischen Spießers vor dem Zionismus spekulierte, mit dem Ziel, sie vor dem »zionistischen« »Hilfsverein« abzuschrecken.[9]

Auf dem 11. Delegiertentag der ZVfD 1908 bezeichnete Klee das Verhältnis

---

7 »Hilfsverein und Alliance«, JR Nr. 25, 18. 6. 1909, S. 282f.

8 James Simon, »Erklärung des Hilfsvereins der deutschen Juden«, JR Nr. 25, 18. 6. 1909, S. 283.

9 Julius Simon, »Geheimrat Goldberger und der Zionismus«, JR Nr. 25, 18. 6. 1909, S. 281f.; Dr. Moses, »Geheimrat Goldberger und der Zionismus«, JR Nr. 28, 9. 7. 1909, S. 318.

zum »Hilfsverein« als »entente cordiale«. Er würdigte dessen Tätigkeit in Palästina, die im großen und ganzen mit dem Endziel des Zionismus in Übereinstimmung liege. Es bestehe kein Zweifel darüber, daß der »Hilfsverein« die Hebung des Niveaus der jüdischen Bevölkerung Palästinas »mit deutscher Gründlichkeit« angefaßt habe.

> »Der Aufbau und Ausbau des jüdischen Schulwesens in Palästina von den Kindergärten über die Elementarschulen und Mittelschulen zum Seminar und der gehobenen Handelsschule und zu dem projektierten Technikum herauf, ist mustergültig. Ebenso oder in noch höherem Maße bedeutsam und freudig von uns begrüßt ist es, daß dieses Schulwerk in einem Geiste geleitet wird, der Geist von unserem Geiste ist.«

Vielleicht ein wenig übertrieben erging sich Klee in Superlativen über die Verdienste des »Hilfsvereins«. Ungleich der »Alliance« habe sich dieser bemüht, aus dem Geiste der jüdischen Massen heraus zu wirken und vor allem die hebräische Sprache, dem Volkswillen gemäß, als Hauptinstrument der Jugenderziehung akzeptiert. Er arbeite nicht mehr nach veralteten philantropischen Methoden, »sondern im Geiste Theodor Herzls«. »Es liegt hierin ein Siegeszug unserer eigenen Ideen und dies gereicht uns zu besonderer Genugtuung.«[10] Im gleichen Sinne bemerkte »Die Welt« zu einem Interview mit Paul Nathan, es beständen keine wesentlichen Meinungsverschiedenheiten zwischen ihm und den Zionisten über die Aufnahmefähigkeit Palästinas und die Wege zur Schaffung einer gesunden wirtschaftlichen Grundlage. Die Zeitung betonte das besondere Verständnis, das Dr. Nathan dem Zusammenhang zwischen wirtschaftlichem Fortschritt und der Entwicklung der jüdischen Kultur entgegenbringe.[11]

Nicht alle Teilnehmer des Delegiertentages stimmten in das Loblied Klees auf den »Hilfsverein« ein. Sein Ruf »Heraus aus dem Turm«, zur Zusammenarbeit mit den großen Organisationen wurde vom radikalen Flügel kühl aufgenommen.[12] Diese Reaktion gehörte zu den ersten Anzeichen eines radikalen Umschwungs, worin der »Flirt« mit nichtzionistischen Organisationen abgelehnt wird, da er zu ideologischer Verwässerung führe.[13] Die Radikalisierung der zionistischen Tätigkeit in den Gemeinden und den Jugendorganisationen mußte notwendigerweise auch auf die Beziehungen zum »Hilfsverein« abfärben. Im Herbst 1910, vor den Berliner Gemeindewahlen, unterschrieben der Vorsitzende des »Hilfsvereins« James Simon und sein Stellvertreter General-

---

10 Dr. Klee, »Die großen jüdischen Organisationen in Deutschland«, JR Nr. 24, 12. 6. 1908, S. 218–220.

11 »Dr. Paul Nathan über die Entwicklung Palästinas«, »Welt« Nr. 8, 21. 2. 1908, S. 5–7.

12 JR Nr. 25, 19. 6. 1908, S. 235f.

13 Siehe: Elias Auerbach, »Wir und die jüdischen Organisationen«, JR Nr. 26, 26. 6. 1908, S. 246.

konsul Eugen Landau zwei Flugblätter des »Liberalen Vereins für die Angelegenheiten der jüdischen Gemeinde zu Berlin«, die den nachfolgenden Passus enthielten:

> *»Bekämpfung zersetzender zionistischer Bestrebungen.*
> Der Liberalismus verkennt nicht, daß im Zionismus viel Idealismus liegen kann. Aber er erkennt darin eine Schädigung des Judentums als einer rein religiösen Gemeinschaft und sieht darin eine Gefährdung unserer staatsbürgerlichen Rechte. Wir müssen ein Programm ablehnen, das unseren antisemitischen Gegnern in unserem gerechten und guten Kampfe die schärfsten Waffen in die Hand gibt. Wir sind und wollen deutsche Juden bleiben.«

Die Flugblätter sprachen ferner von den »Utopien eines jüdischen Staates« und warnten die Wählerschaft davor, ihre Kinder zu Bürgern eines jüdischen Staates zu erziehen.
Hantke wandte sich daraufhin im Namen der ZVfD an den »Hilfsverein«, und mit Rücksicht auf die Beziehungen zwischen beiden Organisationen sprach er die Erwartung aus, daß die führenden Mitglieder des »Hilfsvereins« künftig keine ungerechtfertigten Angriffe gegen die Zionisten unterschreiben würden. In einem Antwortschreiben drückte Nathan seine Hoffnung aus, daß die gegenseitigen guten Beziehungen auch in Zukunft erhalten bleiben, erklärte jedoch, er sei nicht in der Lage, die Anschauungen einzelner Mitglieder zu beeinflussen.
Der Geschäftsführende Ausschuß der ZVfD, dem Hantke den Briefwechsel vorlegte, nahm diesen sowie ein weiteres Schreiben Hantkes zur Kenntnis,[14] in dem er versuchte, den Zwischenfall reibungslos beizulegen. Er hoffte, daß Nathan dergleichen in Zukunft vermeiden werde. Dennoch wies er dessen Argumentation zurück:

> »Wir fürchten ..., daß die Öffentlichkeit zwischen den Privatmeinungen so hervorragender Mitglieder des Hilfsvereins der Deutschen Juden und den offiziellen Kundgebungen nicht wird unterscheiden können, wenn es sich wie in den vorliegenden Fällen nicht um eine sachliche Kritik unserer Bestrebungen, sondern um die Aufstellung von Behauptungen handelt, die z.T. tatsächlich unrichtig und geeignet sind, unsere Organisation in der Öffentlichkeit herabzusetzen. Wir dürfen unsererseits wohl erklären, daß die führenden Mitglieder unserer Organisation ihre Kritik des Hilfsvereins der Deutschen Juden stets innerhalb dieser Grenzen gehalten haben.«[15]

Trotz der Verschärfung der Beziehungen zwischen »Liberalen« und Zionisten

---

[14] Protokoll der dritten Sitzung des Geschäftsführenden Ausschusses vom 30. 10. 1910, CZA Z2/409. Zufällig behandelte der Geschäftsführende Ausschuß auch die Frage, ob die Zionistische Organisation sich mit Kulturarbeit und der Verbreitung der hebräischen Sprache befassen solle. Herman Struck, ein Führer des »Misrachi«, meinte, man solle diesen Bereich, zur Vermeidung von Konflikten, der inoffiziellen Initiative überlassen.

[15] Hantke an Hilfsverein der Deutschen Juden z.H. des Geschäftsführenden Vorsitzenden Herrn Dr. Paul Nathan, 31. 10. 1910, CZA Z2/409.

hatten beide Seiten den »Hilfsverein« aus dem Spannungsbereich ausgeklammert. Da sich der »Misrachi« der kulturellen und erzieherischen Betätigung der zionistischen Organisation in Palästina widersetzte, überließ diese Organisation trotz aller Mängel dieses Feld den philantropischen Vereinen. Die zionistische Organisation hatte mittels ihres Palästina-Büros in Jaffa einen ausschlaggebenden Einfluß auf die Kolonisationsarbeit. Der Erziehungsbereich blieb dagegen »dem freien Spiel der Kräfte« überlassen.
Die Vereinbarungen zwischen dem »Hilfsverein« und der ZVfD beschränkten sich von Anfang an nur auf Deutschland; die ZVfD hatte ja auf das Erziehungswesen in Palästina kaum einen Einfluß. Der »Sprachenstreit« war völlig unverhofft über die deutschen Zionisten hereingebrochen und erschütterte die bisherigen, sehr korrekten Beziehungen zwischen der ZVfD und dem »Hilfsverein«. In Palästina bildete der Streit jedoch den Höhepunkt eines langen Kampfes gegen die Verbreitung von Fremdsprachen durch jüdische Organisationen und durch Missionare. An der Spitze dieses Kampfes standen auf zionistischer Seite in der Hauptsache Angehörige der »Zweiten Einwandererwelle« (1904–1914), sowie auch die Lehrergewerkschaft.
Letztere betrachtete die Vorherrschaft der hebräischen Sprache als Teil eines umfassenden nationalen Programms. Im Jahre 1906 hatte die Arbeiterpartei »Hapoel Hazair« (Der junge Arbeiter) folgendes Aktionsprogramm aufgestellt:

1. Die Angelegenheiten der jüdischen Arbeiter zu vertreten, ihre Zahl zu vergrößern und ihre wirtschaftliche und geistige Lage zu verbessern.
2. Die »Eroberung der Arbeit« durch den jüdischen Arbeiter, die Organisation der Arbeit und die Erforschung ihrer Bedingungen zu fördern.
3. Das zionistische Ansiedlungswerk durch Veröffentlichung wichtiger Informationen und Tatsachen zu unterstützen.
4. Sorge dafür zu tragen, daß die Institutionen des Landes und deren Tätigkeit mit den Zielen und den Bestrebungen des Volkes übereinstimmen.
5. Das wirtschaftliche und kulturelle Niveau der Arbeiter zu heben.
6. Für die Vorherrschaft der hebräischen Sprache zu wirken[16].

Die moralische Unterstützung der Anti-Fremdsprachenkampagne durch die Arbeiterparteien, insbesondere seitens des »Hapoel Hazair«, sollte den Erfolg des Kampfes sicherstellen, den die Lehrer in den Erziehungsanstalten führten:

»Lange Jahre bestanden gegenseitige Beziehungen und gegenseitiger Einfluß zwischen der Lehrergewerkschaft und der Arbeiterschaft. In der Arbei-

16 Über die Einstellung der palästinensischen Arbeiterbewegung zum »Sprachenkampf« siehe: Zwi Sochowolsky, »Die Anfänge des ›Hapoel hazair‹« in: Sefer ha'alija haschnija (hebr.), Tel Aviv 1947, S. 616; Moshe Rinoth, Chewrath ha'esra lejehudej Germania, a.a.O., S. 170–174; Z. Buchman, »Brief aus Jerusalem« (hebr.) Hapoel hazair, Nr. 15, 13. 1. 1914, S. 15–17.

terbewegung fand die hebräische Sprache ihre treuen Träger außerhalb der Schulen. Der Lehrer allein, oder die Schule allein, hätten dieses Wunder nicht vollbracht ... Die Wiederbelebung und Entwicklung der hebräischen Sprache aus ihrer Zerstörung hatten ihren Anfang auf dem Feld und bei der Arbeit und nicht gerade bei den Kindern ...«[17]

Im Jahre 1909 veröffentlichte Josef Aharonowitsch, einer der führenden Männer der Arbeiterpartei »Hapoel Hazair«, einen Warnruf gegen den »Tempel der hebräischen Kultur«. Die »Alliance« verbreite in ihren Instituten das »praktische« Französisch, der »Hilfsverein« seinerseits das »patriotische Deutsch«, die Jesuitenschule das »wahre Judentum«. Gegenüber diesem Versagen nationaler Erziehung stehe das geistige Zentrum des jüdischen Volkes machtlos da. Aharonowitsch lehnte die Schulen der »Alliance« ab, die zur Assimilation, zu oberflächlichem Levantinismus und zur Auswanderung aus Palästina erziehen. Ein junger Mensch könne noch irgendeinen Nutzen aus dem Französischen als Weltsprache ziehen; es sei dagegen unklar, welchen Vorteil ihm die deutsche Sprache, die niemand jenseits der deutschen Kolonie verstehe, eintragen sollte. Es gebe nur eine Erklärung für ihre zentrale Stellung in den Lehrinstituten des »Hilfsvereins«:

»Da der Verein deutsch ist, und seine Schulen in Palästina unter dem Schutz der deutschen Regierung stehen, muß die deutsche Sprache den wichtigsten Rang einnehmen. Klarer noch: da die deutschen Juden große Patrioten sind, sind sie verpflichtet, die Sprache und Kultur ihres Vaterlandes auch im Orient zu vertreten, und eben aus diesem Grund nimmt die deutsche Regierung diese Schulen unter ihren gnädigen Schutz ... Diese Arbeit wird als Selbstzweck geleistet, d. h. um des deutschen Patriotismus willen.«

Durch die Erteilung des Hebräischunterrichts beabsichtige der »Hilfsverein« nur eine Verschleierung dieser Tendenz und viele folgten und glaubten ihm.[18]

Erste Phase

Erziehungsfragen standen kaum im Mittelpunkt des Interesses der deutschen Zionisten. Sie pflegten korrekte Beziehungen zum »Hilfsverein«, ohne die Mängel seines Erziehungssystems in Palästina zu beanstanden. Diese Sachlage änderte sich, als das Kuratorium des »Jüdischen Instituts für technische Erziehung« am 26. Oktober 1913 beschloß, die deutsche Sprache in der Mittelschule des Haifaer Technikums einzuführen. Zu diesem Zeitpunkt befand sich der

---

[17] J. Lufban, »Porzej hanetivoth« (Bahnbrecher) (hebr.), in: Sefer ha'alija haschnija, a.a.O., S. 43.

[18] J. Aharonowitz, »Hejchal hatarbuth ha'ivrith« (Tempel der hebräischen Kultur) (hebr.), Hapoel hazair Nr. 14, 21. 5. 1909.

Bau des Technikums schon im Endstadium. In einer entscheidenden Sitzung kamen die entgegengesetzten Anschauungen des Hilfsvereins und der Zionisten deutlich zum Ausdruck. Ascher Ginsberg (der Schriftsteller Achad Haam) stellte klar, daß die Unterrichtssprache an der Mittelschule keine technische Angelegenheit sei:

> »Für uns handelt es sich nicht darum, daß die Kinder hebräisch sprechen können, es handelt sich darum, daß die Kinder hebräisch fühlen.«[19]

Paul Nathan behauptete dagegen, daß er zwar die Bestrebung Ginsbergs, die Errichtung eines geistigen Zentrums in Palästina, verstehen könne; die Idee erscheine ihm jedoch als utopisch und wirklichkeitsfremd. Infolge des Mangels an Lehrbüchern und Sprachschwierigkeiten könne Hebräisch nicht als Unterrichtssprache eingeführt werden. Überdies hätten die Absolventen des Technikums ohnehin nur wenige Arbeitsmöglichkeiten in Palästina und würden daher gezwungen sein, in anderen Ländern Arbeit zu finden. Für Hebräischsprechende würde dies eine Schwierigkeit bedeuten. Nathan blieb unnachgiebig. Er lehnte sogar einen Kompromißvorschlag des »liberalen« Professors Ludwig Philippsohn ab, der von zwei anderen »liberalen« Kuratoren, Timendorfer und Schiff, unterstützt wurde. Danach sollte der Unterricht in den Schulfächern Geschichte, Heimatkunde, Geographie, Gesang, Turnen und Zeichnen in hebräischer Sprache erfolgen.
Es war bekannt, daß der »Hilfsverein« gegenüber der deutschen Regierung Verpflichtungen in bezug auf den deutschen Charakter seiner Lehranstalten übernommen hatte. Diese Tatsache deutete Tschlenow in einer Rede an, als er dagegen Stellung nahm, daß das Erziehungswesen in Palästina etwa Mächte-Interessen dienen sollte.[20] Das zionistische Aktionskomitee vertrat die Ansicht, diese Verpflichtung sei wohl der Hauptgrund für Nathans Unnachgiebigkeit: »Die Herren haben sich politisch so weit engagiert, daß für sie persönlich das Nachgeben sehr schwer ausfallen würde.«[21]
Die »Jüdische Rundschau« veröffentlichte den wörtlichen Beschluß des Kuratoriums vom 26. Oktober 1913; ebenfalls die Stellungnahmen von Ascher Ginsberg, Schmarjahu Lewin und Jechiel Tschlenow, die damit ihren Austritt aus dem Kuratorium erklärten.[22] Im Leitartikel derselben Ausgabe der »Jüdischen Rundschau« wurde die zionistische Einstellung in zurückhaltender Form unterstützt. Es wurde klargelegt, daß es hier *nicht* um das Verdrängen der deutschen Sprache zugunsten einer anderen Sprache gehe, sondern um eine pädagogische

---

19 Protokoll der Sitzung des Kuratoriums des Jüdischen Instituts für technische Erziehung in Palästina am 26. Oktober 1913, CZA Z3/1569.
20 ebd.
21 Bericht des Engeren Actions-Comitees an das Große Actionskomitee vom 13. November 1913, CZA Z3/375.
22 »Vom Technikum in Haifa«, JR Nr. 44, 31. 10. 1913, S. 470. Über die Motive des Konflikts siehe: Moshe Rinoth, Chewrath ha'esra lejehudej Germania, a.a.O., S. 184–226.

Notwendigkeit, die Schüler in der Umgangssprache zu unterrichten. Da noch andere Hindernisse der Eröffnung des Technikums im Wege standen[23] drückte die Zeitung die Hoffnung aus, daß in dieser Angelegenheit das letzte Wort noch nicht gesprochen sei und der Fehlschluß des Kuratoriums noch eine Änderung erfahren werde. Trotz des zurückhaltenden Tones wurde auch in diesem Artikel die Enttäuschung im zionistischen Lager zum Ausdruck gebracht; ebenso wie eine Warnung, der »Hilfsverein« könnte zeitweilig Teile des Zionistenprogramms adoptieren, ohne selbst Träger dieser Idee zu sein.[24]
Es war offensichtlich, daß sich die ZVfD in einem Dilemma befand. Jahre gemeinsamen Schaffens hatten gegenseitige Anerkennung geschaffen und sicher zur positiven Entwicklung des palästinensischen Schulwesens beigetragen.[25] Dieses konnte jetzt ernsthaft geschädigt werden. In der heiklen Situation, in der sich die Zionistische Vereinigung im Herbst 1913 befand, nach dem Konflikt mit dem Zentralverein und dem Antizionistischen Komitee, verwundert es nicht, daß sie an einer »zweiten Front« gegen eine finanzkräftige jüdische Organisation wenig Interesse haben konnte. Dazu kam die Berücksichtigung der Tatsache, daß sich der »Hilfsverein« noch der Unterstützung der deutschen Regierung erfreute.[26]
Darum vermied die ZVfD so lange wie nur möglich den Abbruch der Brücken und legte ihre Stellungnahme freundschaftlich-diplomatisch dar. Die Zionisten betonten durch ihr Sprachrohr, die »Jüdische Rundschau«, immer wieder ihr Bestreben nach Zusammenarbeit mit anderen Organisationen; die nationale Solidarität gebiete es, von unnötigen Kämpfen Abstand zu nehmen. Sie hätten nicht ohne Grund angenommen, daß angesehene und einflußreiche Persönlichkeiten ihnen im »Hilfsverein« näher stünden als in anderen Kreisen. Sie würden nicht aufhören, das Wirken und vor allem die Objektivität dieser lobenswerten Männer zu rühmen. Es gebe aber trotzdem entscheidende Momente, wo Leute mit Grundsätzen am Scheidewege stehen, wo jede Konzession gleichbedeutend mit dem Verkauf der Erstgeburt für ein Linsengericht sei.

> »Wir sind keine eingeschworenen Radikalen um jeden Preis, die jede unbedeutende Sache gewaltsam zu einer Lebensfrage aufbauschen, aber *diese* Frage, unserer nationalen Sprache, in unserem Lande, *ist* die Frage von Sein oder Nichtsein.«[27]

Die Hoffnung auf eine Verständigung wurde indes immer geringer. Je mehr sich die Gemüter erhitzten, desto mehr verschanzten sich beide Seiten in ihren

23 Siehe: Moshe Rinoth, Chewrath ha'esra lejehudej Germania, a.a.O., S. 187f.
24 H.H. (Hugo Hermann), »Das jüdische Technikum«, JR Nr. 44, 31. 10. 1913, S. 467.
25 Siehe: Moshe Rinoth, Chewrath ha'esra lejehudej Germania, a.a.O., S. 156–169.
26 Nach Rinoth hatte der »Hilfsverein« 1913 ca. 25000 Mitglieder und ein jährliches Einkommen von ca. 1000000 Mark; a.a.O., Appendix a und b, S. 247–249.
27 »Das Technikum«, JR Nr. 45, 7. 11. 1913, S. 479f. Leitartikel. Hervorhebung im Original.

Stellungen. »Das Technikum« wurde zu einer ständigen Spalte in der »Jüdischen Rundschau«, in der allwöchentlich über den Ablauf des »Sprachenkampfes« berichtet wurde. Die Konflikte in den Instituten des »Hilfsvereins«, die Demonstrationen, Versammlungen und Proteste, die Erklärungen und Gegenerklärungen nahmen überhand und brachten schließlich die deutschen Zionisten dem Schauplatz der stürmischen Ereignisse näher und führten zu einer Bewußtseinswandlung. Die Rollenverteilung, nach der sich die Bevölkerung in Palästina strikt nach den zionistischen Direktiven aus der Diaspora richtete, wurde ungültig.

> »Das erste Mal ist es in der Geschichte unserer Bewegung, daß Palästina sich spontan an die Spitze stellt und führt. Palästina ist bisher immer irgendwie als Kind behandelt worden. Palästina ist erwachsen.«[28]

Jetzt war es klar geworden, daß es um mehr als nur die Unterrichtssprache am Haifaer Technikum ging. Es ging um das Hebräische als Muttersprache des werdenden Erez Israel. Da konnte man es nicht beim Protestieren bewenden lassen. Der Beschluß der Zionisten in Palästina und des Aktionskomitees, sich von der Vormundschaft der philantropischen Organisation zu befreien und die nationalen Werte in der Erziehung zu betonen,[29] wurde von der zionistischen Bewegung in Deutschland mit Enthusiasmus begrüßt. Der Widerstand gegen die nichtzionistische Erziehung in Palästina verband sich mit der radikalen Kampflust, die sich durch die Ereignisse des letzten Jahres verstärkt hatte. Hier bot sich sowohl ein Tätigkeitsfeld als auch ein Ziel, mit dem sie sich vorbehaltlos identifizieren konnte. Hantke war »der Mann hinter den Kulissen« im Zionistischen Aktionskomitee und in der Leitung der ZVfD. Er sah im Aufbau des nationalen Erziehungswesens die Ergänzung des Ansiedlungswerkes, den Schwerpunkt der Kooperation zwischen der Bevölkerung in Palästina und der zionistischen Bewegung, für den die gesamte organisatorische und finanzielle Leistungsfähigkeit mobilisiert werden mußte.
Hier standen die Zionisten vor einem Wendepunkt:

> »Allzulange glaubten wir, die Schule unseres Landes Leuten überlassen zu dürfen, die der nationalen Idee fremd waren und sind. Wir glaubten genug zu tun, wenn wir die politische und materielle Grundlage des neuen Jischuw sicherten. Wir haben für den Leib gesorgt und die Seele dürsten lassen. Wir haben unser höchstes Gut, die neue Generation, denen in die Hände gegeben, die sie fremden Göttern opfern wollten.«

Schmerzhaft war besonders die Trennung von der gemeinsamen Arbeit mit Paul Nathan und der aufgezwungene Kampf gegen den Mann, der sich lange

---

28 H. H. »Nicht mehr das Technikum«, JR Nr. 49, 5. 12. 1913, S. 523.
29 Siehe: Moshe Rinoth, Chewrath ha'esra lejehudej Germania, a.a.O., S. 207f.

Jahre des Vertrauens und der Hochachtung der Zionisten erfreute. Sogar jetzt, da er an der Spitze ihrer Gegner stand, konnten sie nicht umhin, seine Charaktereigenschaften zu würdigen:

»Der Mann, der jetzt der Führer ist, gegen den unsere schärfsten Pfeile fliegen müssen, hat eine Vergangenheit, die man alles, nur nicht klein nennen darf. Im allgemeinen politischen wie im jüdischen Leben hat er sich immer von der Idee der Freiheit, des Freisinns, des Fortschritts leiten lassen; er selbst hat, unzufrieden mit kleinlicher Philanthropie, zutiefst unbefriedigt von der rückständigen, mittelalterlichen, beschämenden und entwürdigenden Art, wie manche Organisationen für das Judentum zu arbeiten glauben, den Plan zu einer neuen Arbeitsweise entworfen, der nicht auf Bevormundung, sondern auf Erziehung freier Menschen gerichtet war. So war es begreiflich, daß wir ihm vertrauten; und er verdankt nicht wenig unserer Mitarbeit.«

Doch als er sich von den Ideen der Freiheit und des Fortschrittlichen in Palästina, zu denen er sich bekannt hatte, lossagte und sich sogar mit den extremen Orthodoxen der alten jüdischen Bevölkerung verbündete, mußten die Träger eines freien, neuen Judentums gegen ihn aufstehen.[30]
Ende 1913 war der Ausgang des Sprachenkampfes noch nicht vorauszusehen. Die Streitenden hatten sich zu sehr hinter ihren Argumenten verschanzt, als daß sie ohne Prestigeverlust nachgeben konnten. Überdies glaubte man im »Hilfsverein«, daß die neutral getarnte Unterstützung des deutschen Auswärtigen Amtes und seiner Repräsentanten in Palästina, sowie die Finanzschwierigkeiten die Zionisten nach Canossa bringen würden.[31]
Diese Prognose sollte sich jedoch nicht erfüllen. Auf den Titelseiten der zionistischen Presse appellierte das Zionistische Aktionskomitee an die gesamte Bewegung, ein »Nationalopfer« für die hebräische Schule in Palästina zu bringen, um den Angriff auf die hebräische Sprache, welcher die kostbaren Keime der jüdischen Renaissance zu zerstören drohte, abzuwehren.

»Die Jugend und ihre besten Lehrer haben die Schulen verlassen, in denen die hebräische Sprache keine Heimat mehr findet. Uns – Euch rufen sie an, ihnen sichere Stätten hebräischer Erziehung zu ermöglichen. Palästina selbst hat die Initiative ergriffen und die ersten Bausteine zum Werk gebracht. Für die dringendsten Notwendigkeiten des ersten Augenblicks haben wir Mittel bewilligt. An Euch ist es nun, den Bau unseres hebräischen Schulwerks zu sichern. Macht die Bahn frei für die geistige und nationale Befreiung unseres Volkes!«[32]

---

30 H. H. »Das höchste Gut«, JR Nr. 50, 12. 12. 1913, S. 535. In diesem Zusammenhang siehe Briefe der orthodoxen Gemeinde in Palästina zugunsten der Stellung des »Hilfsvereins« in den Akten des deutschen Außenministeriums: AA/JT Bd. 4, K 176587–176589.

31 Siehe: Moshe Rinoth, Chewrath ha'esra lejehudej Germania, a.a.O., S. 222f.

32 Das Actions-Comitee der Zionistischen Organisation, »Aufruf«, JR Nr. 51, 19. 12. 1913, S. 545.

Die Schnelligkeit und der Umfang, in dem die Zionisten in allen Ländern diesem Aufruf Folge leisteten, überstieg alle Erwartungen. Besonders groß war der Spendenanteil der Zionisten in Deutschland. Davon zeugen einige Angaben von Sammlungs-Ergebnissen, die fast wöchentlich, im Laufe von vier Monaten, veröffentlicht wurden:[33]

Datum	*Spenden in der Welt*	*davon Spenden in Deutschland*
9. 1. 1914	57000 Mark	14000 Mark
16. 1. 1914	72000 Mark	20000 Mark
13. 2. 1914	131000 Mark	37000 Mark
6. 3. 1914	155000 Mark	50000 Mark
1. 5. 1914	273000 Mark	56000 Mark

Antizionistisches Intermezzo

Die finanzielle Opferbereitschaft der deutschen Zionisten war ein konkreter Ausdruck ihrer Stellung im »Sprachenkampf«. Gleichzeitig war sie die Antwort auf einen »Flankenangriff« des Antizionistischen Komitees, das gerade ein neues Pamphlet veröffentlicht hatte. Die Hauptargumente dieser anonymen Broschüre gegen den Zionismus waren grundsätzlich nicht neu und seit dem Aufruf der »Protestrabbiner« vielfach vorgebracht worden. Diesmal jedoch gingen die »Antizionisten« einen Schritt weiter und stellten den Zionismus als Schwesteridee des Rassenantisemitismus dar:

> »Dieser chauvinistische, nationale Rassenwahn ist die theoretische Grundlage, der geistige Nährboden des Zionismus! Ihm hat er die spezifischen Züge seines Wesens und seiner Wirksamkeit entlehnt! ... Und es ist immer dasselbe Wasser, mag es nun arisch-antisemitisch, mag es jüdisch-national gefärbt sein, das aus einem vergifteten Brunnen stammt, und das keine Färbung der Welt zu einem gesunden Tranke machen kann. Wer sich auf den Standpunkt stellt, daß die nationale Verhetzung und der Rassenantisemitismus ein Verbrechen an der Kultur sind – und wer täte das nicht – der muß auch den Bruder im jüdischen Gewande, den nationalen Zionismus, verdammen, weil er ebenso verderblich wirken muß wie jene.«[34]

Aus diesem Grund gefährde der Zionismus die universale Ethik. Er leugne die Mission des Judentums, beschimpfe die Rabbiner und zerstöre, ohne Sinn für

[33] »Die Antwort des Volkes«, JR Nr. 1, 1. 1. 1914, Leitartikel; »Ergebnisse der Aktion«, JR Nr. 2, 9. 1. 1914, S. 13; JR Nr. 3, 16. 1. 1914, S. 24; JR Nr. 7, 13. 2. 1914, S. 69; JR Nr. 10, 6. 3. 1914, S. 103; »Bisheriges Ergebnis der Schulwerksaktion« JR Nr. 18, 1. 5. 1914, S. 188.

[34] Schriften zur Aufklärung über den Zionismus, Nr. 2. Der Zionismus, seine Theorien, Aussichten und Wirkungen, Hrsg. vom Antizionistischen Komitee, Berlin o.D. (Dezember 1913), S. 11f.

seine Verantwortung gegen die Geschichte, die jüdische Religion.[35] Die Antizionisten wollten die Öffentlichkeit über das eigentliche Wesen des Zionismus aufklären. Sie wollten beweisen, daß das Palästinaideal eine phantastische Utopie sei, ein jüdisch-autonomes Gemeinwesen innerlich »eine logische und staatsrechtliche Unmöglichkeit ist«, daß der Zionismus dem Judentum seine Vergangenheit raubt, ohne ihm eine Zukunft zu geben. Und sie warnten, daß das Endergebnis des Zionismus die Zerstörung des Judentums sein werde.[36]
Die Antizionisten hatten aber auch praktische Ziele im Auge. Obwohl sie zugaben, daß der Zionismus anregend auf das jüdische Leben gewirkt hatte, machten sie klar, daß die Zionisten, da sie sich illusorischen Zukunftsphantasien hingaben und gegen die Religion und die jüdischen Autoritäten hetzten, die Fähigkeit verloren hätten, an den realen Aufgaben der Gegenwart nützlich mitzuarbeiten. Nicht genug, daß sie von den sieben Millionen Mark in ihrem Nationalfonds keine Pfennig hergeben, um Juden in der Zeit der entsetzlichsten Verfolgungen zu Hilfe zu kommen, erschüttern sie durch Quertreibereien und Wühlereien die Existenz der philanthropischen Organisationen, wie z.B. die »Alliance«. Fast hätten sie den »Deutsch-Israelitischen Gemeindebund« gesprengt, »weil der Zionismus keine deutsch fühlende und starke, positiv arbeitende Organisation verträgt.«[37] Als »Vorschule« für den künftigen Judenstaat suche der Zionismus ein »geistiges Ghetto« zu errichten, um – gleich den Antisemiten – eine reinliche Scheidung zwischen jüdisch und deutsch zu vollziehen und die Juden aus dem Zusammenhang mit der Weltkultur zu entfernen. Der Zionismus vertiefe und verschärfe die Gegensätze im Judentum, anstatt die Position der deutschen Juden zu festigen. Er hetze Juden gegen Juden und sogar Andersgläubige gegen seine jüdischen Gegner auf, wie kürzlich in der »Kunstwartdebatte«.
Das »Antizionistische Komitee« wies auf die Gefahr hin, die der Gleichberechtigung der deutschen Juden seitens des Zionismus drohe. Dieser vernichte in seinen Anhängern systematisch die Freude am Vaterlande und die Lust zu freudiger Pflichterfüllung.

> »Noch einige Jahrzehnte zionistischer Erfolge in der jüdischen Jugend, und die Regierungen werden mit Recht darauf hinweisen können, daß Juden keine inneren Beziehungen zu dem Gedeihen des Vaterlandes haben, daß sie fremd fühlen und denken, fremde Interessen haben, und dann wird man mit vollem Recht die Gleichberechtigung solcher Bürger antasten können.«[38]

Einen schlagenden Beweis für die systematische Entfremdung der Zionisten vom deutschen Vaterland fand das »Antizionistische Komitee« in der »Posener

---

35 a.a.O., S. 15.
36 a.a.O., S. 25–28.
37 a.a.O., S. 45.
38 a.a.O., S. 42.

Resolution«. Dies sei keine hohle Demonstration gewesen, denn die Resolution verpflichte sie ernsthaft, das Schwergewicht ihrer Lebensinteressen allmählich nach Palästina zu verlegen. Hier arbeiten die Zionisten den Antisemiten glatt in die Hände:

> *»Nur ein guter Deutscher hat ein Anrecht auf Gleichberechtigung im deutschen Vaterlande. Ist der Jude kein Deutscher vom ganzen Herzen und mit voller Begeisterung, so hat er sein Anrecht verwirkt.«*[39]

Die Konsequenz ergibt sich von selbst. Auf Schritt und Tritt legen die Zionisten Hindernisse in den Weg des »Zentralvereins«, der seit zwei Jahrzehnten die Gleichberechtigung verteidigt »und vom deutschen Juden ein freies, offenes und freudiges Bekenntnis zum Deutschtum verlangt.« Der Großteil der Zionisten würde es von sich weisen, die Vaterlandsliebe und Gleichberechtigung zu untergraben und hätte die Ziele des Zionismus klar durchschaut. Sie würden jedoch von »ein paar Dutzend berufsmäßiger Schreier« irregeleitet, und die Antisemiten erkennten in diesen aus begreiflichen Gründen die Wortführer und Vertreter des gesamten Judentums. Gegen diese Gefahr müsse rücksichtslos gekämpft werden. *»Wer darum das Recht liebt, wer Gleichberechtigung erringen will, muß helfen, ihr ernstestes Hindernis niederzuringen: den Zionismus.«*[40]

Obwohl die Broschüre ursprünglich die Theorien und Gefahren des Zionismus aufzudecken beabsichtigte, fand auch der »Sprachenkampf« in ihr Widerhall. Die Renaissance der hebräischen Sprache wurde im Zusammenhang mit der Behandlung »spezifischer jüdischer Kulturwerte« erwähnt. Der Verfasser lehnte das Bestehen dieser Werte kategorisch ab. Er behauptete, was die Zionisten als Eigenwerte hochschätzten, seien nichts anderes als Assimilationsprodukte der Vergangenheit. Zwar gab er zu, daß das jüdische Volk einst eine eigene Kultur gehabt habe; seit der Zerstörung des Tempels wären sie jedoch zu »Assimilanten« geworden und hätten sich – mit Ausnahme der Religion – der Kultur ihrer Wirtsvölker ohne Bedenken hingegeben. So seien die Zionisten gezwungen, »jüdische Werte« zu fabrizieren. Und so wollten sie Hebräisch wieder zur Volkssprache machen, was höchstens als Ersatz für die Vielsprachigkeit der Juden in Palästina von Nutzen sein könne. Doch wo es mehr als nur das Verständnis der Bibel oder der Gebete erzielen wolle, sei Hebräisch eine nutzlose Spielerei. Der Zweck all dessen sei, sich die Anerkennung der Vertreter der herrschenden nationalistischen und materialistischen »Modeanschauungen« zu erringen.

---

39 ebd. Hervorhebung im Original.
40 a.a.O., S. 43. Hervorhebung im Original.

»Die sichtbaren Produkte dieser fieberhaft betriebenen Kulturwertsfabrikation sind Leute, die mit Judentum imprägniert sind, die begeistert ›Hedad‹ rufen, sich mit ›Schalom‹ begrüßen, sich mit Mogen Dowids riesigster Fasson beladen und sich einreden, mit solchen Kinkerlitzchen das Judentum endgültig zu erlösen.«[41]

Besonders scharf griff der Verfasser die Kampfmittel der Zionisten an. Hier hätten sie sich die Antisemiten zum Vorbild genommen. Sie kämpften nie sachlich, stets persönlich, sie beschimpften ihre Gegner, verdächtigten deren Motive und deckten deren intimste Privatverhältnisse auf. Einschüchterung und Bedrohung ersetzten sachliche Argumente. Daraus folgerte er:

»Jeder Kampf beweist aufs neue, *daß der Zionismus darum eine ernste Gefahr darstellt, weil er, statt nach altjüdischer Art mit der ritterlichen Waffe des Geistes zu kämpfen, sich lieber einer anderen, weit wirksameren bedient: des Terrorismus*!«[42]

In der Ausgabe der »Jüdischen Rundschau«, in der das »Aktionskomitee« die Zionisten für das Schulwerk in Palästina mobilisierte, ging der Redakteur auf die Broschüre des »Antizionistischen Komitees« ein. Er verurteilte den vulgären Stil, daß der Verfasser es aus guten Gründen vorgezogen habe, anonym zu bleiben. Er habe nicht den geringsten Versuch unternommen, die theoretischen Grundlagen des Zionismus zu widerlegen und Phrasen wie »der Zionismus zerstört die Religion«, oder »sie verraten jüdische Kulturwerte, nicht wir«, könnten nicht an die Stelle sachlicher Diskussion treten. Andere in dieser Broschüre angeführten Argumente werden durch die Tatsache untergraben, daß sie von Männern hergestellt sei, die ihre Kinder in den christlichen Religionsunterricht schicken, ihre Kinder taufen lassen und sich als Retter der Religion aufspielen; derselben Religion, die sie selber durch ihre Lebensweise verneinen.[43]

Zweite Phase

Die Veröffentlichung des antizionistischen Pamphlets war am Anfang wahrscheinlich nicht für den »Sprachenkampf« vorgesehen. Der Zeitpunkt ihrer Veröffentlichung verschärfte jedoch faktisch die Spannung zwischen »Liberalen« und Zionisten in Deutschland und erschwerte so die Lösung des Konfliktes in Palästina, die für die Förderung des Erziehungswesens nötig war.

---

41 a.a.O., S. 34–36.

42 a.a.O., S. 47. Hervorhebung im Original.

43 H. H., »Der Weihnachtsprospekt der Antizionisten«, JR Nr. 51, 19. 12. 1913, S. 545; »Sprüche und Widersprüche des Antizionistischen Komitees«, JR Nr. 52, 25. 12. 1913, S. 577f.

Es soll hervorgehoben werden, daß die »liberale« Presse einen gemäßigteren Ton anschlug. Obwohl kein Zweifel bestehen konnte, daß sie auf der Seite des »Hilfsvereins« stand, ließ sie sich nicht von dem vulgären Ton des »Antizionistischen Komitees« mitreißen. Die »Allgemeine Zeitung für das Judentum« brachte wochenlang kaum etwas über den »Sprachenkampf«. Erst Ende Dezember 1913 beschloß die Redaktion, ihren Lesern die Tatsachen mitzuteilen. Die Tendenz des Berichtes zeugte für die Stellung der Zeitung.[44] Bis Mai 1914 behandelte die Zeitung dieses Thema kontinuierlich, und Leitartikel flochten es in die Argumentation des »Antizionistischen Komitees« ein.[45] Sie machte jedoch Einwendungen, die in den Veröffentlichungen des »Hilfsvereins« nicht aufkamen. Einerseits lobte sie das Bestreben der Juden, mit Unterstützung des »Hilfsvereins« in Palästina eine selbständige hebräische Kultur zu entwickeln. Andererseits befürchtete sie, daß Juden ohne Kenntnis einer europäischen Sprache – Deutsch – auf das Niveau unwissender Bauern in einem entlegenen Land sinken würden.

> »Da gerät er dann meist in die Abhängigkeit von jungen russischen Herren, deren Einfluß ihn sehr schnell nicht zu seinem Vorteil verändert ... Im Anschluß daran sei noch eines erwähnt: diese jungen Russen sind als Russen Feinde von allem Deutschen, das sie schlecht und höchst oberflächlich kennen, und das ihnen als das Prinzip des Unfreien, Rückständigen gilt. Ihr Kampf ist ebensowohl ein Kampf gegen das verhaßte ›Taatsche‹ als für das Hebräische.«[46]

Auch die orthodoxe Presse befürwortete die zionistische Einstellung nicht. Die »Jüdische Presse« wunderte sich über die Angriffe der Zionisten gegen Dr. Nathan, nachdem sie ihn und den Verein, an dessen Spitze er stand, jahrelang gepriesen hatten. Zur Sache meinte die Zeitung, daß der »Sprachenkampf« der Erziehung Schaden zugefügt habe, der schwer wiedergutzumachen sei.[47]
Schärfer war die Kritik des »Israelit«. Von vornherein fand er nichts Positives an der Erziehung in den Instituten des »Hilfsvereins« in Palästina. Obgleich diese einen konservativen Charakter trugen, waren sie seiner Meinung nach nicht weniger destruktiv als dessen liberale Institute an anderen Orten, da sie ja alle vom religiösen Gesetz – der Halacha – abwichen.[48] Um so mehr lehnte er das zionistische Erziehungswesen ab. Dieses sei schlimmer als das Erziehungswesen des »Hilfsvereins«, da seine Lehrer dem schädlichen Einfluß der radikalen Lehrer des Gymnasiums »Herzlija« in Tel Aviv verfallen seien, und »durch

---

44 »Die Woche«, AZJ Nr. 52, 26. 12. 1913, S. 614f.
45 »Die Woche«, AZJ Nr. 5, 30. 1. 1914, S. 51.
46 E. J. »Die Woche«, AZJ Nr. 1, 2. 1. 1914, S. 2f. Derselbe Artikel erschien auch im »Israelitischen Familienblatt«.
47 »Ausschußsitzung des Hilfsvereins«, Jüdische Presse, Nr. 2, 9. 1. 1914, S. 13–15.
48 »Der Sprachenkampf in Palästina und die Rabbinen«, Israelit Nr. 9, 26. 2. 1914, S. 2–4.

den Zauber der ›heiligen Sprache‹ und des angeblichen Kampfes gegen die ›Assimilation‹ die vorurteilslosen Massen in seine Fangnetze zu locken verstehen«.[49]
Der Redakteur des »Israelitischen Familienblatts«, Dr. F. Rosenbaum, sah sich verpflichtet, für die autorisierte Information seiner Leser über den »Sprachenkampf« zu sorgen, »der weite Kreise der deutschen Judenheit lebhaft erregt und beunruhigt«. Er wandte sich also an den Staatssekretär des Auswärtigen Amtes von Jagow und bat diesen, ihn authentisch über die Stellung der Kaiserlichen Regierung zu unterrichten, da diese »ein wesentliches Interesse an der Verbreitung deutscher Kultur im nahen Orient hat.« In Erwägung dieser Stellung könnten sich die deutschen Juden gegen eine der streitenden Parteien entscheiden.[50] Die Bitte des Redakteurs wurde bewilligt und am 27. Dezember 1913 interviewte er im Auswärtigen Amt den Dezernenten für den Nahen Orient.
In diesem Interview betonte der Vertreter des Auswärtigen Amtes wiederholt, daß die deutsche Regierung in diesem innerjüdischen Streit »strikte Neutralität« bewahre. Eine genauere Analyse seiner scheinbar ausgewogenen diplomatischen Formulierungen und der internen Dokumente des Amtes bestätigt diese Neutralität nicht und deutet darauf hin, daß hier von einer Adresse an die deutschen Zionisten die Rede war. Der Dezernent erklärte dem Redakteur, daß das Auswärtige Amt den Sprachenbeschluß des Kuratoriums im Interesse der Ausbreitung der deutschen Sprache und Kultur begrüße. Gleichzeitig stehe es für das Auswärtige Amt fest, daß die Männer des »Hilfsvereins«, mit denen das Amt seit langem vertrauensvolle Beziehungen unterhalte, und die nicht nur gute Deutsche, sondern auch gute Juden seien, dank ihrer Sachkenntnis, auch im Interesse des Judentums das Richtige getroffen hätten. Es sei sicher, daß ihre Stellung in der Sprachenfrage in keiner Weise von politischen Erwägungen diktiert wurde.

> »Hätten wir von ihnen verlangt – was selbstverständlich in keiner Weise der Fall ist – daß sie die jüdischen Lehranstalten auf Kosten des Judentums in den Dienst der Politik stellen sollten, so würden wir hiermit trotz ihres oft bewährten Patriotismus, sicherlich kein Glück gehabt haben.«

Hier brachte der Dezernent zum ersten Mal einen neuen Gesichtspunkt vor. Die Pflege der deutschen Sprache in Palästina ziele nicht nur auf die wirtschaftliche Stärkung und Ertüchtigung der dortigen Jugend und ihres künftigen Verkehrs mit den Kulturvölkern des Okzidents. Es läge im besondern Interesse der deutschen Regierung, daß die deutschen Juden, die sich in Palästina

---

49 »Der Sprachenkampf in Palästina«, Israelit Nr. 3, 17. 1. 1914, S. 3.

50 Redaktion des Israelitischen Familienblattes, Dr. F. Rosenbaum an Staatssekretär von Jagow, 18. 12. 1913, AA/JT Bd. 3, K 176525.

angesiedelt haben und ihre Nachkommen, »die nach unseren Konsularberichten zu den wertvollsten Elementen der dortigen Judenheit gehören, in dauerndem Kulturzusammenhange mit ihrem deutschen Stamm- und Mutterlande bleiben« und so auch für dessen Wirtschaftsleben nützliche Dienste leisten können.

Der Vertreter des Auswärtigen Amtes warnte deshalb vor »einer unverhältnismäßig starken Berücksichtigung des Hebräischen«, wie sie die Gegner des »Hilfsvereins« verlangen. Diese könne den palästinensischen Juden politische Schwierigkeiten bereiten. Die Araber würden »mißgünstig und argwöhnisch« auf die sprachlich-nationale Entwicklung blicken und die türkische Regierung könne Verdacht schöpfen, daß sich hier ein Staat im Staate zu bilden beginne.[51]

Ohne daß der Redakteur des »Israelitischen Familienblatts« dieses Thema anschnitt, benutzte der Dezernent das Interview, um die deutsche Zweigorganisation der »Alliance Israélite Universelle« öffentlich zu rügen:

> »Aus allen diesen Gründen *billigt und begrüßt die Kaiserliche Regierung den Kuratoriumsbeschluß* vom September dieses Jahres und das Auswärtige Amt hat keinen Anlaß, seiner Ausführung entgegenzuwirken, wie es eine Anzahl *hervorragender deutscher Juden*, welche mit der Alliance Israélite Universelle in Beziehungen stehen, kürzlich dem Auswärtigen Amt nahegelegt haben. Abgesehen davon, daß das Auswärtige Amt entschlossen ist, in dieser Frage auch weiterhin *strikte Neutralität* zu beobachten, haben uns die Ausführungen jener Herren vorläufig auch in der Sache selbst *nicht* davon zu überzeugen vermocht, daß der von den Leitern des Hilfsvereins der deutschen Juden eingeschlagene Weg falsch ist ...
>
> Andererseits ist zu bedenken, daß die *politische Uninteressiertheit der ihnen nahestehenden Alliance nicht im gleichen Maße verbürgt ist*, wie diejenige des Hilfsvereins.«[52]

Die offene Absicht dieser diplomatischen Rüge, die scheinbar »nebenbei« erteilt wurde, war, die Notabeln der »Alliance« zu warnen, daß das Auswärtige Amt in ihnen, vielleicht unwissentliche, Agenten einer fremden und feindlichen Macht sah, die gegen Ziele der deutschen Außenpolitik wirken. Nicht weniger jedoch war dies eine Warnung an die Adresse der Zionisten, daß deren Widerstand gegen die Aktivität des »Hilfsvereins« in Palästina eine Schädigung ausdrücklicher deutscher Interessen bedeute.

Der Vorstand der deutschen »Alliance« war sich über die Folgen einer derartigen Beschuldigung im klaren und setzte alles daran, diese zu widerlegen. Einen

---

51 Diese Meinungen stützten sich wahrscheinlich auf ein Memorandum des deutschen Konsuls in Haifa. Siehe: Loytved Hardegg an Reichskanzler von Bethmann-Hollweg, 9. 5. 1913, AA Europa Generalia, Bd. 1, K 181434–181441.

52 »Das Auswärtige Amt und der Sprachenstreit in Palästina. Eine Unterredung unseres Redakteurs im Auswärtigen Amt«, Israelitisches Familienblatt Nr. 1, 1. 1. 1914, S. 1f. Hervorhebung im Original.

Tag nach der Veröffentlichung des Interviews traf Dr. Ginsberg, der Vorsitzende der »Alliance« in Deutschland, mit James Simon zusammen, um von dessen Prestige und Einfluß im Auswärtigen Amt zu profitieren. Daraufhin wandte sich Simon an den Unterstaatssekretär Zimmermann. Er berichtete ihm im Namen von Dr. Ginsberg, daß dieser von Paris keine Anregung erhalten habe, den Beschlüssen des Kuratoriums in der Sprachenfrage entgegenzuwirken. Niemand hätte daher ein Mandat gehabt, derartiges im Namen der »Alliance« zu behaupten. Die Gerechtigkeit fordere, meinte Simon, in dieser Angelegenheit Klarheit zu schaffen. Es wäre ja nicht ausgeschlossen, daß sich Herren ein Mandat angemaßt haben, das ihnen nicht erteilt worden war.[53]

Gleichzeitig wandten sich die Vorsitzenden des deutschen Zweiges der »Alliance«, Dr. Ginsberg und Professor Kalischer, in einem Schreiben an den Staatssekretär des Auswärtigen Amtes, von Jagow. Sie baten ihn, die irrigen und schädlichen Meinungen, die im Namen des Dezernenten für den Nahen Orient durch das »Israelitische Familienblatt« verbreitet wurden, klarzustellen. Sie wiesen mit Nachdruck die der Wahrheit widersprechenden Äußerungen zurück, »denn sie involvieren eine schwere und grundlose Verdächtigung einer hochverdienten und gemeinnützigen Gesellschaft, der viele der besten Männer der deutschen Judenheit seit Jahrzehnten angehören.« Sie hoben den apolitischen Charakter der »Alliance« hervor und erklärten eindeutig, daß die deutschen Mitglieder unter keinen Umständen zulassen würden, daß die Zentrale in Paris irgendwelchen Einfluß auf politische Beziehungen ausübe, die ihr Vaterland betreffen – »wenn dies je versucht worden wäre.« Das Ziel der »Alliance« sei, den unterdrückten und kulturell unterentwickelten Glaubensgenossen Hilfe und Aufklärung zukommen zu lassen. Ginsberg und Kalischer nahmen daher an, daß der Redakteur des »Israelitischen Familienblatts« den Dezernenten »völlig mißverstanden hat«.[54] Das Interview und das Dementi der »Alliance« trugen zur Besorgnis der zionistischen Leitung über eine negative Einstellung der deutschen Regierung bei, deren Anzeichen schon vorher erkennbar waren. Bodenheimer sah zwei mögliche Erklärungen für die Äußerungen des Dezernenten: Als dieser »eine Anzahl hervorragender deutscher Juden« erwähnte, die seines Wissens mit der »Alliance« in Verbindung stehen, habe er ihn und Professor Warburg gemeint. Sie seien Ende 1913 mit Regierungsbeamten im Namen des Aktionskomitees zusammengetroffen. Da unter den deutschen Diplomaten Unklarheit über die internationalen Beziehungen der zionistischen

---

53 James Simon an Unterstaatssekretär Zimmermann, 2. 1. 1914, AA/JT Bd. 3, K 176550–51.

54 Alliance Israélite Universelle, Deutsches Bureau, Dr. J. Ginsberg, Prof. Dr. S. Kalischer an von Jagow, Staatssekretär des Auswärtigen Amtes, 4. 1. 1914, AA/JT Bd. 3, K 176558. Die Verfasser des Briefes wußten, daß das Stenogramm des Interviews von dem Beamten des Auswärtigen Amtes bestätigt wurde und ein »Mißverständnis« ausgeschlossen war. Über das Verhältnis des Auswärtigen Amtes zum Sprachenkampf siehe: Isaiah Friedman, The Hilfsverein der deutschen Juden, the German Foreign Ministry and the Controversy with the Zionists, 1901–1918, LBIYB XXIV, 1979, S. 291–319.

Bewegung und der »Alliance« herrschte, sei es möglich, daß sie beide Organisationen verwechselt hätten. Es bestehe aber auch die Möglichkeit, daß das Auswärtige Amt geplant habe, die Zionisten als Verbündete der Franzosen, die gegen die Interessen des Reiches wirken, in Verruf zu bringen.[55] Dieser Verdacht stand im Gegensatz zu einem früheren Bericht Bodenheimers an das Engere Aktionskomitee über zwei Gespräche mit hohen Regierungsbeamten. Ende November 1913 hatte Bodenheimer den Oberhofmeister der Kaiserin und Kammerherr des Kaisers, v. Mirbach, aufgesucht und ihm die Einstellung der Zionistischen Organisation in der Sprachenfrage auseinandergesetzt. Er erklärte ihm, daß die Leitung des »Hilfsvereins« in einseitiger Verkennung des Bestrebens der jüdischen Bevölkerung Palästinas, Hebräisch zur künftigen Landessprache zu machen, den deutschen Interessen Schaden zufüge. Er bat um Mirbachs Unterstützung, den Beschluß des Kuratoriums zu ändern. Mirbach erwiderte, daß ihm die Verhältnisse am Technikum zwar nicht bekannt seien, er aber gern bereit wäre, »zur Aufklärung über die wirklichen Interessen der jüdischen Bevölkerung beizutragen.«

Bodenheimer teilte Mirbach mit, daß er im Auswärtigen Amt vorstellig werden wollte, und Mirbach empfahl ihn an seinen Freund, den Unterstaatssekretär Zimmermann. Dieser empfing ihn sofort »auf das liebenswürdigste«. Bodenheimer trug ihm den Sachverhalt des »Sprachenkampfes« vor. Es zeigte sich, daß Zimmermann »völlig unorientiert« war, da ihm die Sachlage durch James Simon einseitig dargestellt worden war. Bodenheimer erklärte, daß keinerlei Zusammenhang zwischen den Bestrebungen der »Alliance« und denen der Zionisten bestehe. Die Zionisten widersetzten sich dem Französischen als Unterrichtssprache in Palästina ebenso wie dem Beschluß des »Hilfsvereins«, Deutsch als alleinige Unterrichtssprache zu bestimmen. Zimmermann vertrat die Ansicht, gegenüber der Förderung der französischen Sprache durch die »Alliance« sei die Schaffung eines Lehrinstituts mit deutscher Unterrichtssprache ein geeignetes Gegengewicht. Er habe Simon »zu seinem patriotischen Entschluß« beglückwünscht.

Die Erklärung Bodenheimers, die Zionisten stünden den deutschen Interessen nicht etwa feindlich gegenüber, sondern würdigten im Gegenteil den deutschen Einfluß durch Förderung der Kultur des Landes, beseitigte die Bedenken Zimmermanns. Bodenheimer gewann den Eindruck, daß sein Gesprächspartner die Wünsche der jüdischen Bevölkerung in Palästina weitgehend berücksichtigen würde. Als er sich verabschiedete, sagte ihm der Unterstaatssekretär: »Beruhigen Sie sich, wir werden die Sache schon machen.«[56]

---

55 Bodenheimer an Actionscomité der Zionistischen Organisation, 8. 1. 1914, CZA A15/IV/17.

56 (Bodenheimer), Interner Bericht für das E.A.C. (Engere Actionscomité), o.D. (26. 11. 1913), CZA A15/IV/17.

Die Aktennotiz Zimmermanns über den Inhalt dieses Gespräches, die wie andere Dokumente des Auswärtigen Amtes dem Außenminister und dem Reichskanzler vorgelegt wurden, belegt indes das Verständnis nicht, das Bodenheimer bei seinem Gesprächspartner zu finden glaubte. Laut dieser Aufzeichnung hatte der Unterstaatssekretär klargemacht,

> »daß ich zunächst selbstverständlich den Standpunkt des Hilfsvereins begrüßt hatte, und mich durch seine Ausführungen nicht davon überzeugen konnte, daß er auch nicht vorteilhaft wäre.«

Ferner hatte er betont, daß es ihm geboten schien, vor einer Entscheidung den Bericht Dr. Nathans, dessen Rückkehr aus Palästina erwartet wurde, und auch die der deutschen Konsuln abzuwarten.[57]

Ein weiteres Dokument bestätigt, daß Bodenheimer die Äußerungen des Unterstaatssekretärs falsch ausgelegt hatte. In einem Schreiben, das er einem Memorandum über die zionistischen Gesichtspunkte beilegte, bedankte sich Bodenheimer, »daß Sie die Gewogenheit hatten, mir in Aussicht zu stellen, Ihren Einfluß dahin geltend zu machen, daß die Unterrichtssprache im Technikum in einer den geschilderten Bedürfnissen der jüdischen Bevölkerung Palästinas entsprechenden Weise geregelt werden soll.« Doch als Randbemerkung notierte Zimmermann: »Nur Prüfung habe ich in Aussicht gestellt, nichts weiter.«[58] Bodenheimer hatte, scheint es, diplomatische Höflichkeit und Formulierungen für bare Münze genommen.

Das obengenannte Memorandum begann mit Herzls These über politische Vorteile, die das deutsche Reich aus der Unterstützung der zionistischen Bewegung ziehen würde.[59] Die wirtschaftliche Entwicklung Palästinas und anliegender Länder durch Einwanderer aus Osteuropa würde die Europäisierung des Nahen Orients beschleunigen und damit einen »Stützpunkt« für den Handel und die Industrie Deutschlands schaffen. Deutsche Juden würden, infolge ihrer besseren Schulung, als Ärzte, Lehrer, Techniker und Verwaltungsbeamte maßgebenden Einfluß in leitenden Stellen ausüben. Dieser Einfluß werde in keiner Weise dadurch beeinträchtigt, daß im letzten Jahrzehnt die hebräische Sprache zur bevorzugten Umgangssprache des jüdischen Volkes in Palästina geworden sei. Es sei undenkbar, der jüdischen Bevölkerung eine europäische Sprache als Umgangs- oder Unterrichtssprache aufzudrängen. Ein solcher Versuch müßte verständlicherweise auf heftigen Widerstand stoßen.

---

57 Unterstaatssekretär Zimmermann, 27. 11. 1913, Aktennotiz, AA/JT Bd. 3, K 176472–3. Handschriftliche Aktennotiz Zimmermanns auf dem Brief von Mirbach, in dem dieser ihn bat, Bodenheimer zu empfangen. Hervorhebung des Verfassers.

58 Bodenheimer an Unterstaatssekretär im Auswärtigen Amt, 6. 12. 1913, AA/JT Bd. 3, K 176503–4.

59 Bodenheimer verwies Zimmermann auf ein Memorandum, das er 1902 auf Anweisung Herzls an den Staatssekretär gerichtet hatte: Bodenheimer an Staatssekretär Freiherr von Richthofen, 23. 2. 1902, AA/JT Bd. 2, K 176030–49.

»Aus diesem Grunde haben auch die deutschen Zionisten die Bewegung derjenigen Mitglieder der Alliance auf das lebhafteste unterstützt, die darauf gerichtet waren, die französische Sprache als Unterrichtssprache aus den Schulen der Alliance, speziell in Palästina, zu verdrängen.«

Im Vergleich zum Französischen habe Deutsch den Vorteil, den Rang einer bevorzugten Fremdsprache einzunehmen, wie es sich in den Schulen des »Hilfsvereins«, in denen Hebräisch Muttersprache ist, gezeigt habe.
Das Aufdrängen der deutschen Sprache, unter Mißachtung der nationalen Gefühle, habe den deutschen Interessen nur geschadet. Während die Juden Palästinas bisher dazu neigten, Handelsbeziehungen mit deutschen Firmen anzuknüpfen und den deutschen Einfluß gegenüber dem der russischen Konsulate zu begrüßen, hat sich infolge des Sprachenkonflikts ein starker Widerspruch gegen diese Tendenz erhoben. Nichts würde dem Prestige Deutschlands nützlicher sein, als eine wohlwollende Aufnahme der hebräischen Sprache.

»Im Augenblick wo das geschieht, werden wir mit noch weit größerem Nachdruck als bisher das Vordringen der französischen und der englischen Sprache in den wenigen Schulen wo dieselben noch gebraucht werden, bekämpfen können.«

Das Auswärtige Amt sollte daher die Führer des »Hilfsvereins« dazu veranlassen, den wirklichen Bedürfnissen der jüdischen Bevölkerung Palästinas Rechnung zu tragen und den verfehlten Kuratoriumsbeschluß revidieren. Am Ende des Memorandums erklärte Bodenheimer:

»Ich habe mir erlaubt, Euer Hochwohlgeboren vorzustellen, daß die deutschen Zionisten, an deren Spitze ich fünfzehn Jahre gestanden habe, den Wunsch haben, unserem deutschen Vaterland zu dienen, wenn wir auch gleichzeitig die zionistischen Ideale in Palästina fördern. Es ist selbstverständlich, daß wir kein Unternehmen unterstützen werden, welches gegen das Interesse des Deutschen Reiches gerichtet ist.«[60]

Tendenziöse Berichte der Telegraphenagentur »Wolff«[61] und bevorstehende Beschlüsse des »Hilfsvereins« veranlaßten Professor Warburg, den Unterstaatssekretär Zimmermann am 29. Dezember 1913 um eine dringende Audienz zu bitten. Warburg wollte ihn über die wahre Sachlage des Sprachenkonfliktes unterrichten und das Auswärtige Amt um Vermittlung ersuchen.[62] Wegen des

---

60 Bodenheimer an Unterstaatssekretär im Auswärtigen Amt, 12. 12. 1913, AA/JT Bd. 3, K 176505–14.

61 Siehe: AA/JT Bd. 3, K 176522, ferner: Kaiserliches Deutsches Konsulat Jerusalem, gez. Schmidt an Kaiserlichen Botschafter von Wangenheim (Konstantinopel), 30. 12. 1913, AA/JT Bd. 3, K 176584–86.

62 O. Warburg an Unterstaatssekretär Dr. Zimmermann, 29. 12. 1913, AA/JT Bd. 3, K 176545–6. Die Wendung an das Außenministerium machte Warburg auf Beschluß des Engeren Aktionskomitees: Protokoll der 26. Sitzung des Engeren Actions-Comités vom 9. Dezember 1913, CZA Z3/356.

Neujahrsfestes fand die Audienz nicht statt. Warburg wiederholte seine Bitte am 8. Januar 1914, nachdem das »Israelitische Familienblatt« obengenanntes Interview veröffentlicht hatte. In dem Brief an Zimmermann drückte Warburg seine Befürchtung aus, daß Dr. Nathan nach seiner Reise nach Palästina den Konflikt noch verschärfen könnte.

> »Wenn er hiermit Erfolg haben würde, so würde, was sich leicht erweisen läßt, der Einfluß Deutschlands in Palästina bedeutenden Schaden erleiden, was mich, der ich mehr als zwanzig Jahre lang für die überseeische Stellung Deutschlands arbeite, sehr schmerzen würde. Ich glaube noch jetzt einen gangbaren Weg zeigen zu können, aber nicht ohne die Mitwirkung des Auswärtigen Amtes.«[63]

Die Audienz fand nach zwei Tagen statt. Warburg schlug eine Verständigung mit dem »Hilfsverein« vor. An sämtlichen Schulen – außer dem Technikum – sollte Hebräisch als Hauptsprache, Deutsch als bevorzugte Fremdsprache unterrichtet werden. Am Technikum sollte es bei der bisherigen Praxis bleiben. Zimmermann erwiderte, das Auswärtige Amt bewahre in dieser Angelegenheit Neutralität. Gewiß wäre eine Verständigung erwünscht. Er könne jedoch zu Warburgs Vorschlägen keine Stellung nehmen, bevor er mit Nathan gesprochen habe. Dennoch ergab sich seine Einstellung zu Ende des Gesprächs:

> »Natürlich würde ich es an sich vorziehen, wenn die Zionisten sich dem Standpunkt des Hilfsvereins anschließen wollten. Dies erklärte Warburg für ausgeschlossen.«[64]

Nach dem Interview des »Israelitischen Familienblatts« und der Unterredung Warburg – Zimmermann konnte die zionistische Führung nicht mehr hoffen, das Auswärtige Amt von der Richtigkeit ihrer Anschauung zu überzeugen. Sogar die Warnung vor der Schädigung wirtschaftlicher Interessen beeindruckte die Beamten nicht sonderlich. Der deutsche Konsul in Jaffa, Dr. Brode, war zwar bereit, zuzugeben, »ein zu offenes Vortreten« der deutschen Behörden zugunsten des »Hilfsvereins« könnte einen Boykott deutscher Waren zur Folge haben. Dieser würde nicht nur die jetzige Einfuhr schädigen, – von 2 Millionen Francs jährlicher Einfuhr entfielen etwa eine halbe Million auf die Juden – sondern auch die großen Ausdehnungsmöglichkeiten, vor allem auf dem Gebiet landwirtschaftlicher Maschinen, des Kunstdüngers und der Baumaterialien. Diese Gefahr, meinte Brode, müsse man in Kauf nehmen, »sobald es sich um Verteidigung ernster deutscher Interessen handelt.« Sie dürfe aber auch nicht überschätzt werden, »weil der Jude doch, selbst wenn er aus Fanatismus

63 Prof. Dr. O. Warburg an Unterstaatssekretär Dr. Zimmermann, 8. 1. 1914, AA/JT Bd. 3, 176561.

64 Nach der Zusammenfassung des Gesprächs, die Zimmermann auf den Brief Warburgs schrieb. ebd. K 176561–2.

oder unter terroristischem Druck eine Zeitlang wo anders kauft, schließlich zu den preiswertesten Lieferanten zurückkehrt und ganz besonders, weil ein offener Kampf gegen das Deutschtum den Zionisten selbst sehr gefährlich werden könnte ...«[65]

Die negative Einstellung des Auswärtigen Amtes zur Zionistischen Organisation war teilweise eine Fortsetzung der Politik Bülows,[66] teilweise die Folge großer Anstrengungen seit 1912, den Einfluß Deutschlands in der Türkei durch Sprache und Kulture zu stärken.[67] Obwohl sich das Auswärtige Amt nicht ganz der Möglichkeit verschließen konnte, daß die Zionisten eines Tages deutsche Interessen im Osten fördern könnten, gab man zunächst Simon und Nathan gegenüber den Vertretern der jüdisch-nationalen Bestrebungen, Bodenheimer und Warburg, den Vorzug. Auch im »Vorderasien-Komitee« im »Deutschen Bagdadkomitee« und in der »Deutsch-Asiatischen Gesellschaft« betrachtete man den »Hilfsverein der deutschen Juden« als Organisation, die das Verständnis für kulturelle und wirtschaftliche Aufgaben Deutschlands fördern könnte. Um die Jahrhundertwende maß die deutsche Regierung dieser Tätigkeit große Wichtigkeit bei, wohl infolge der schnellen Entwicklung der deutschen Industrieproduktion und des Anwachsens der deutschen Bevölkerung.[68] Die Eroberung neuer Märkte für deutsche Produkte, die Auffassung, daß der künftige Wohlstand der Großmächte wesentlich von der direkten oder indirekten Herrschaft über fremde Erdteile abhänge und das Bewußtsein, daß Deutschland »zu einer Weltmission berufen sei«, bestimmte den Rhythmus der imperialistischen Aktivität. Das kulturelle Vordringen der Deutschen im türkischen Reich, auch gegen das »Kulturmonopol« der Engländer und Franzosen, gab darüber Aufschluß.[69]

Im Rahmen dieser Aktivität wurde 1911 der Besuch einer türkischen Forschungsdelegation in Deutschland veranstaltet, um die wirtschaftlichen und kulturellen Beziehungen beider Länder zu vertiefen. Anschließend wandte sich ein Komitee, an dessen Spitze der Generalfeldmarschall von der Goltz[70] stand, an verschiedene Persönlichkeiten mit der Bitte, die Errichtung einer deutschen Hochschule in der Türkei zu fördern. In »vertraulichen« Schreiben wurde darum gebeten, in diesem Projekt das wichtigste Ziel des vorerwähnten wirtschaftlich-kulturellen Vordringens zu sehen. Es wurde klargelegt, daß

---

65 Dr. Brode an Kaiserlicher Botschafter Freiherr von Wangenheim in Konstantinopel, Jaffa, 30. 12. 1913. Abschrift. AA/JT Bd. 3, K 176593–176602. Hervorhebung des Verfassers.

66 Siehe: David Yisraeli, The Palestine Problem in German Politics 1889–1945, Ramath Gan, 1974 (hebr.), S. 27–31.

67 Siehe: Moshe Rinoth, Chewrath ha'esra lejehudej Germania, a.a.O., S. 77–79.

68 Siehe: Georg W. F. Hallgarten, Imperialismus vor 1914, München 1963, S. 191; Michael Händel, Mekoroth lelimud hahistoria (hebr.), Tel Aviv 1954, S. 151f.

69 Siehe: F. Fischer, Griff nach der Weltmacht, Düsseldorf 1964, S. 16ff.

70 Zwölf Jahre leitete Feldmarschall Colmar von der Goltz die Reorganisation der türkischen Armee und erhielt den Ehrentitel »Pascha«.

Deutschland mit diesem Plan der USA, Frankreich, und England folge. Diese Mächte hätten Kulturinstitute in Konstantinopel, Beirut, in Kleinasien und Mesopotamien errichtet und dadurch deren Zöglinge zu den besten Agenten der Industrieprodukte dieser Staaten gemacht.

> »Es ist höchste Zeit, daß Deutschland hinter dieser erfolgreichen Tätigkeit anderer Nationen nicht zurückbleibt. Der Kenner der Türkei weiß, daß die türkische wie die arabische Bildungsschicht mehr und mehr es vermißt und beklagt, daß es ihr bisher nicht möglich gewesen ist, die Errungenschaften deutscher Technik und Wissenschaft in der Türkei selbst kennen zu lernen. Eine deutsche Hochschule, die davon absieht, ihre Bildungsbestrebungen mit religiöser Propaganda zu verbinden, wird ganz gewiß die Sympathien sowohl aller muhamedanischen Kreise wie der Angehörigen der übrigen Bekenntnisse in der Türkei und in den angrenzenden Ländern gewinnen, und sie wird aus diesem Grunde eine noch größere Beliebtheit und Wirksamkeit erreichen können als die genannten englischen, amerikanischen und französischen Institute, die auf konfessioneller Grundlage aufgebaut sind.«

Der »vorbereitende Arbeitsausschuß« teilte den Adressaten »vertraulich« mit, daß der Plan vom Auswärtigen Amt gebilligt und unterstützt werde und daß es die Abordnung seines Vertreters in den Ausschuß genehmigt habe. Dem Ausschuß gehörten u.a. an: der Direktor der »Deutschen Orientbank«, der Direktor der »Dresdner Bank« (Hjalmar Schacht), der Schulreferent des Auswärtigen Amtes und ein Regierungsrat. Mitglied dieses Ausschusses war ferner der zionistische Schriftsteller und Wirtschaftspolitiker Davis Trietsch, ein enthusiastischer Anhänger des praktischen Zionismus, der auch die Besiedlung der Nachbarländer Palästinas befürwortete. Seine Zugehörigkeit zu diesem Ausschuß war nicht zufällig, und es ist anzunehmen, daß sie von der Bewertung des kulturellen und wirtschaftlichen Potential der jüdischen Ansiedlung in Palästina beeinflußt war.
Interessant ist die Liste von 135 Männern in führenden Positionen, in der Schwerindustrie, im Bankwesen, in der konservativen und liberalen Presse, Professoren und Abgeordnete des Reichstags, hoher Beamte und Offiziere, die ihre Mitwirkung an dem Projekt zugesagt hatten. Auch Paul Nathan und James Simon hatten Anteil an der Errichtung einer deutschen Hochschule in der Türkei. Der Inhalt des Schreibens und die anliegende Liste der Mitwirkenden erwecken den Anschein, daß das wirtschaftlich-kulturelle Vordringen im Nahen Osten in Form einer deutschen Hochschule als eine nationale Aufgabe ersten Ranges aufgefaßt wurde.[71]

---

[71] Der Ehrenvorsitzende: Generalfeldmarschall Freiherr von der Goltz; Der vorbereitende Arbeitsausschuß: Direktor Dr. Alexander (Deutsche Orientbank), Dr. Paul Rohrbach, Direktor Dr. Hjalmar Schacht (Dresdner Bank), Dr. jur. et phil. Hugo Grothe, Dr. Ernst Jaeckh, Prof. Dr. Franz Schmidt (Schulreferent des Auswärtigen Amtes), Davis Trietsch, Regierungsrat Prof. Dr. Wiedenfeld, an Euer Hochwohlgeboren, Berlin im September 1912, *Vertraulich*!, CZA A20/55.

In der Sprachenfrage am Technikum in Haifa stand somit das nationale Interesse Deutschlands im Gegensatz zum nationalen Interesse des jüdischen Volkes. Hier unterschieden sich die Anschauungen der deutschen Zionisten nicht nur von denen des Auswärtigen Amtes, sondern auch vom Großteil der deutschen Presse. Die Stellungnahme der liberalen Presse in jüdischem Besitz war verständlich. Das »Berliner Tageblatt« griff »die jüdischen Nationalisten, auf ihr Dogma eingeschworen« an, die die Einführung des Hebräischen auch an der Mittelschule des Technikums fordern, Eltern und Schüler gegen das Schulwerk des »Hilfsvereins« hetzen und sogar nicht vor Gewalttätigkeiten zurückschrecken.[72] Die »Frankfurter Zeitung« bemerkte in einem ausführlichen Artikel, nachdem sie beide Seiten im »Sprachenkampf« ihre Ansichten vortragen ließ, daß es sich hier um mehr als um einen Streit zwischen zwei Richtungen im Judentum handle, den man den Beteiligten stillschweigend überlassen müßte. Denn die Schulen, in denen der Unterricht durch die Zionisten gewalttätig gestört wird, stünden unter deutschem Schutz und dienten der Verbreitung der deutschen Sprache. Man dürfe wohl feststellen, daß die Zionisten in unverantwortlicher Weise eine wertvolle Kulturarbeit zerstören. Es verwundere, daß gerade in Deutschland noch keine einsichtige Stimme laut geworden sei, obwohl manche europäische Zionistenführer die Gewalttaten in Palästina ablehnten. Den Schaden würde schließlich die jüdische Bevölkerung Palästinas tragen. Soweit deutsche Interessen am Haifaer Technikum geschädigt werden, würden sie Ersatz finden in der technischen Hochschule, die von anderer Seite in Kleinasien vorbereitet wird. Die Zeitung warnte die deutschen Zionisten, die russischen Zionisten nicht zu unterstützen, da diese »echt russische Revolutionsmethoden« anwendeten:

> »Auch die deutschen Zionisten sollten sich der Erkenntnis öffnen, daß mit Methoden wie sie in Palästina angewandt wurden, ihrer Sache ein sehr schlechter Dienst geschieht. Sie sollten den Mahnungen ihres prominentesten Führers Max Nordau Gehör geben, der öffentlich ausgesprochen hat, daß dem Hilfsverein in dieser Schulfrage gar kein Vorwurf zu machen sei, sondern daß der Fehler bei seinen eigenen Anhängern liege, die sich zu einer vollständigen Verkennung der Sachlage hinreißen ließen.«[73]

Auch die »Kölnische Zeitung«, ein Organ des katholischen »Zentrums«, nahm gegen die Zionisten Stellung,[74] und Bodenheimer schlug dem Aktionskomitee

---

[72] J. Kastan, »Sprachenstreit in Palästina«, Berliner Tageblatt, 27. 1. 1914. Ein Teil des Artikels erschien in der Jüdischen Rundschau. »Übersetzungskünste«, JR Nr. 5, 30. 1. 1914, S. 43.

[73] Frankfurter Zeitung, 13. 12. 1914, AA/JT Bd. 3, K 176651–2. Ausschnitt aus der Zeitung in den Akten des Auswärtigen Amtes.

[74] »Die deutsche Presse im jüdischen Streit«, JR Nr. 2, 9. 1. 1914, S. 11.

vor, auf Grund seiner Beziehungen zu dieser Zeitung einen Artikel zur Klärung der Sprachenfrage zu veröffentlichen.[75]
Ein Artikel, der schwere Anschuldigungen gegen die zionistische Bewegung in Deutschland enthielt, erschien in der dem Auswärtigen Amt nahestehenden nationalliberalen Zeitung »Die Grenzboten«. Man konnte darin eine Bestätigung von Bodenheimers Verdacht eines antizionistischen »Komplotts« finden. Der Verfasser dieses Artikels behauptete, der »Sprachenkampf« sei praktisch genommen nichts anderes als ein Vorstoß von Russen und Franzosen – hinter amerikanischen Agitatoren versteckt – gegen den deutschen Einfluß in Nahost. Er stützte sich dabei auf Gespräche, die er 1901 mit dem russischen Innenminister Ssypjagin und anderen einflußreichen Politikern in Rußland geführt hatte. Aus diesen folgerte er, die zionistische Bewegung diene dem russischen Imperialismus. Rußland helfe möglichst viele revolutionäre Juden zur Auswanderung nach Palästina zu bewegen, um den Zusammenbruch der Türkei zu beschleunigen. Jetzt sei die politische Konstellation im Orient für diese Pläne günstig, und daher unterstützten die Russen mit Hilfe amerikanischer Agenten die Zionisten im »Sprachenkampf«. Es handle sich also um gewichtigere Angelegenheiten als die Unterrichtssprache am Technikum. Die nationalen Politiker Deutschlands sollten sich nicht durch ihre antisemitischen Gefühle verleiten lassen und die Frage etwa ignorieren. Die Leiter des »Hilfsvereins«, die auf Verbreitung der deutschen Sprache bestehen, beweisen, daß sie das deutsche Interesse vertreten:

> »So sympathisch die zionistische Bewegung vom rein völkischen Standpunkt anmuten mag, die Haltung ihrer Führer in der Sprachenfrage bringt sie in scharfen Gegensatz zu den deutschen Interessen im Orient, und die Versammlungen der Zionisten, die in diesen Tagen überall im Deutschen Reich stattfinden, bedeuten offenes Eintreten für die Interessen Rußlands.«[76]

Eine Ausnahme in der deutschen Presse bildete ein kurzer Artikel in der »Bayrischen Staatszeitung«, dem offiziösen Organ der bayrischen Regierung. Der Verfasser gab offen seine Sympathie mit dem zionistischen Gesichtspunkt zu erkennen. Er betonte, daß die zionistische Weltorganisation – und nicht nur die deutschen Zionisten, die als deutsche Staatsbürger selbstverständlich nur am Wohl ihres Vaterlandes interessiert seien – seit jeher größten Wert auf gute Beziehungen zu dem wirtschaftlich und politisch starken Deutschland gelegt hätten. Gerade die Masse osteuropäischer Auswanderer nach Palästina, die deutsch oder zumindest jüdisch-deutsch versteht, bringe »natürlich gegebene Berührungspunkte« mit. Wolle man diesen national-jüdischen Auswanderern

---

75 Bodenheimer an Actionscomité der Zionistischen Organisation, 5. 1. 1914, CZA A15/IV/17. Das Manuskript des Aufsatzes befindet sich im Privatarchiv Bodenheimer, CZA A15/VII/27.

76 G. Cleinow, Die Grenzboten Nr. 7, 18. 2. 1914. AA/JT Bd. 3, K 176660–1.

die deutsche Sprache aufzwingen, würde man bestehende Sympathien verlieren. Für Deutschlands Wirtschaft sei der Orient und das durch die fleißige Kolonistenbevölkerung aufblühende Palästina ein bedeutsamer zukünftiger Absatzfaktor. Übereifer könne nur schaden und habe auch schon geschadet. Man würde für Deutschland mehr Sympathien erwerben, wenn man die Dinge sich selbst überlassen ließe, und nicht, wie der »Hilfsverein«, »mit gutgemeintem Draufgängertum« Scheinerfolge erziele.[77]
Auch in der sozialdemokratischen Presse erregte der »Sprachenkampf« gewisse Aufmerksamkeit. Seine Bewertung war jedoch unterschiedlich. Die »Sozialistischen Monatshefte«, deren jüdischer Herausgeber Joseph Bloch mit dem Zionismus sympathisierte[78], bewertete die Renaissance der hebräischen Sprache in Palästina, trotz des stürmischen Sprachenkampfes, durchaus positiv.

> »Man darf jedoch nicht vergessen, daß es in der Weltgeschichte noch jedesmal laut hergegangen ist, wenn Neues im Werden war. Ganz ohne Fanatismus hat sich noch nie ein Wandel im Völkerleben vollzogen.«[79]

In der Zeitschrift »Die neue Zeit« befaßte sich Eduard Bernstein ebenfalls mit dem »Sprachenkampf«. Er befürwortete die Stellung des »Hilfsvereins« und distanzierte sich ausdrücklich von der Idee des Zionismus.[80] Die »Jüdische Rundschau« lobte die Vornehmheit und Klugheit, mit der dieser Aufsatz geschrieben war, befand jedoch seine Behauptung, der Zionismus sei »eine Teilerscheinung der großen Welle nationalistischer Reaktion, die über die bürgerliche Welt sich ergossen hat und auch Eingang in die sozialistische Welt sucht«, als überholt. Es sei Bernstein scheinbar entgangen, daß es seit langem eine zionistisch-sozialistische Arbeiterbewegung gebe. Im Kampfe gegen den »Hilfsverein« stünden in der ersten Reihe sozialistische Arbeiterorganisationen wie die »Poale Zion«, die vom sozialistischen Standpunkt aus das Wirken des »Hilfsvereins« abgelehnt hätten und zugleich Bernsteins Gesinnungsgenossen seien. Es verwundere, daß gerade er Nathan zur Seite stehe, der gegen die Arbeiter in Palästina mit Argumenten kämpft, die er, Bernstein, verwerfen müsse:

> »Sie vertreten die allerextremsten wirtschaftlichen Anschauungen; sie untergraben das gute Verhältnis zwischen Arbeitgebern und Arbeitnehmern und schädigen damit ernstlich die wirtschaftliche Entwicklung des Landes.«[81]

---

77 Dr. W., »Ein Sprachenstreit in Palästina«. Bayrische Staatszeitung, 31. 12. 1913.
78 Über Joseph Bloch und seine Neigung zum Zionismus siehe: Salman Schasar, Or Ischim (hebr.), Tel Aviv 1955, S. 59–65.
79 Ludwig Quessel, »Die jüdische Neukolonisation Palästinas«, Sozialistische Monatshefte, II. Heft, 4. 6. 1914, S. 672–684.
80 Eduard Bernstein, »Der Schulstreit in Palästina«, Die neue Zeit, Nr. 20, 13. 2. 1914, S. 744–752.
81 E. Hamburger, »Eduard Bernstein über den Zionismus«, JR Nr. 13, 27. 3. 1914, S. 131f.

Die deutschen Zionisten waren sich der Schwierigkeiten bewußt, eine Einstellung zu verteidigen, die sich gegen Dinge richtete, die von der Regierung und dem Großteil der Öffentlichkeit als für Deutschland lebenswichtig betrachtet wurden. So wurden sie gegen ihren Willen in eine öffentliche Auseinandersetzung gezogen, in der Außenstehende in einem innerjüdischen Streit zu Gericht saßen. Andererseits stützte sich der »Hilfsverein«, je mehr er an Boden in Palästina verlor, auf das Auswärtige Amt und die deutsche Presse. Er regte sogar durch den liberalen Abgeordneten Gotein eine Anfrage an den Kanzler an,[82] die das Zionistische Aktionskomitee mittels der Rechtsanwälte Ascher, Heymann, Hantke und Bodenheimer zu einer Aufklärungskampagne unter den Reichstagsabgeordneten veranlaßte.[83] Die Führer der ZVfD konnten jedoch nicht mit Simon und Nathan Schritt halten, die in den Zeitungsredaktionen vorsprachen, um die Redakteure in ihrem Geist zu beeinflussen, und zumindest bei Rudolf Mosse Erfolg hatten.[84]

Die Zionisten erkannten bald, daß sie auf diesem Feld dem »Hilfsverein« unterlegen waren. Hantke versuchte zwar, »Männer in guter sozialer Position« in allen Teilen des Reiches zu bewegen, Beschwerdebriefe an den Chefredakteur des »Berliner Tageblatts«, Theodor Wolff, zu schreiben, um die Zeitung zu einem Mindestmaß von Objektivität zu veranlassen. Er bat die potentiellen Briefeschreiber, ihrer Unterschrift den Titel hinzuzufügen. Da die Aktion auf die Psychologie jüdischer Assimilanten abgestimmt war, sollte der Eindruck vermieden werden, daß der Zionismus in Deutschland ausschließlich eine Bewegung von Studenten und jungen Kaufleuten sei. Hantke riet den Briefeschreibern darauf hinzuweisen, »daß es sich in Palästina um einen Kampf aller fortschrittlichen Elemente gegen die finsterste Reaktion handelt«, mit der sich einige deutsche Juden aus parteipolitischen Gründen verbunden hätten und daß das »Berliner Tageblatt« mit seiner freisinnigen Tendenz sich nicht zu einer solche reaktionären Politik hätte hergeben sollen.[85] Der Umfang dieser Aktion ist schwer zu ermitteln, doch ist es fraglich, ob sie wesentliche Ergebnisse zeitigen konnte.

Im Januar 1914 suchten die amerikanischen Kuratoriumsmitglieder des Haifaer Technikums einen Ausweg aus der verfahrenen Situation des »Sprachenkampfes«. Sie wandten sich an beide Seiten mit dem Vorschlag, daß Hebräisch als

---

82 Bodenheimer an Reichstagsabgeordneten Trimborn, 19. 1. 1914, CZA A15/IV/17.
83 Protokoll der 24. Sitzung des Engeren Actions-Comités vom 5. Dezember 1913, CZA Z3/356.
84 Mosse unterschrieb im Oktober 1912, zusammen mit 100 jüdischen Notabeln, den Aufruf des Antizionistischen Komitees, in dem dieses den Kampf gegen den Zionismus erklärte. CZA W147/I. Über die Bemühungen, die Redaktionen für die Stellung des »Hilfsvereins« zu gewinnen, in einem Rundschreiben der ZVfD: Zionistische Vereinigung für Deutschland, Hantke an Herr Gesinnungsgenosse, 29. 1. 1914, CZA A15/VII/27.
85 ebd.

offizielle Sprache am Technikum anerkannt und im Laufe von sieben Jahren als Unterrichtssprache in allen Fächern eingeführt werden solle, außer in Fächern, in denen es noch keine passenden Lehrbücher gebe. Als Verkehrssprache mit dem Ausland sollten Deutsch, Englisch und Französisch dienen. Sie ersuchten die Zionistische Weltorganisation um moralische und materielle Unterstützung und baten ihre Repräsentanten im Kuratorium, ihre Demission rückgängig zu machen.[86] Der »Hilfsverein« weigerte sich, diesen Vorschlag anzunehmen. Seit Dr. Nathan von seinem Besuch in Palästina zurückgekehrt war und die Leitung dessen Handlungsweise einstimmig gutgeheißen hatte, war die Haltung des Vereins unnachgiebiger geworden.[87] Davon zeugte auch Nathans Broschüre »Palästina und palästinensischer Zionismus«, die er nach seiner Rückkehr veröffentlichte.[88]
Das Zionistische Aktionskomitee zeigte ebenfalls keine Bereitschaft zu einem Rückzug. Die Vorschläge der amerikanischen Kuratoren und die Existenzfähigkeit der hebräischen Schulen in Palästina bestärkten seine Mitglieder in ihrer Haltung.[89] Als sich die Verhandlungen der Entscheidung näherten, war die Haltung der deutschen Zionisten, die in dem Konflikt eine Schlüsselstellung einnahmen, von ausschlaggebender Bedeutung. Die »kriegerische« Stimmung, zumindest im radikalen Flügel des zionistischen Lagers, gab Martin Buber in einem übersteigert-pathetischen Artikel in der »Welt« wieder:

> »Wie groß ist die Gewalt und Herrlichkeit des Augenblicks! Gestern noch gingen wir in lässigem Schritt, gestern noch beschieden wir unser Gewissen: ›Die Zeit ist nicht reif‹, ›nur keine Willkür – nur nicht das Tempo überstürzen‹, ›ein wenig hier, ein wenig dort, und es wird geraten‹ – da wird von ungetreuer, von läppisch ungetreuer Hand das lebendige Werk gefährdet, Zweckdienst und Selbstsucht bedrohen das heilige Herz, und aufgestört aus unserer Ruhe, emporgerüttelt aus unserer Überlegenheit stehen wir vor dem heischenden Augenblick, alle weisen Regeln entstürzen unseren Händen, und siehe die Zeit ist reif geworden ...
> Uns ist vielfacher Kampf auferlegt, uns ist vielfache Verbundenheit gewährt; aber wir wissen, daß es für uns über allem Streiten einen großen Krieg und über allen Gemeinsamkeiten einen großen Bund gibt: den Krieg gegen das Geschlecht des Scheins und der Geschicklichkeit, das sich die Herrschaft anmaßt; den Bund mit dem Geschlecht der Echtheit und der Entscheidung, das sich ein freies, unmittelbares und vollständiges Menschenleben aus der Erde des alten Landes ergräbt ...
> Aller rechtschaffene Kampf ist ein köstliches Ding und eine Erhebung der Seele; wie erst der des Ganzen, der gegen die Halben streitet! Solcher Art ist

---

86 Der Wortlaut des Telegramms: »Übersetzungskünste«, JR Nr. 5, 30. 1. 1914, S. 43.
87 »Ein Communiqué des Hilfsvereins«, JR Nr. 2, 9. 1. 1914, S. 11.
88 Paul Nathan, Palästina und palästinensischer Zionismus, Berlin o.D. (Januar 1914).
89 »Zum Bericht Dr. Nathans. Die Erwiderung des Zionistischen Aktions-Comités, JR Nr. 3, 16. 1. 1914, S. 23.

> der unsere. Er ist ein Kampf nicht zwischen Parteien und nicht zwischen Meinungen; es ist der uralte Kampf zwischen zweierlei Menschen. Die einen streben danach sich zu erfüllen, die anderen danach sich durchzusetzen ... Aber wahrhafte Größe gewinnt der Kampf erst, wenn er schöpferisch wird: wenn Werke und Werte seine Waffen sind ... Jene vermaßen sich, auf unserem Boden, in dem Bezirk unseres Werkes die schillernden Fahnen ihrer Anpassung aufzupflanzen. Da genügt nicht Wort, nicht abseitige Weiterarbeit; es gilt die Fahnen auszureißen und unsere alleinherrschend zu entfalten. Das ist nicht mehr Protest und Gegenprotest, Proklamation und Gegenproklamation, das sind nicht mehr Herausforderungen, die aus den Heeren hinüber und herüber schallen: das ist Nahkampf, das ist Handgemenge, das ist der entscheidende Augenblick.«[90]

Nicht alle deutschen Zionisten waren so enthusiastisch gestimmt wie Buber und bereit, seine militärische Terminologie für den »Sprachenkampf« zu adoptieren. Auch waren nicht alle mit der politischen Linie der Führung einverstanden, selbst wenn sie diese in der Öffenlichkeit verteidigten. Vor den entscheidenden Verhandlungen mußte deshalb geklärt werden, ob die deutschen Zionisten hinter dem Aktionskomitee stehen, oder etwa unter dem Druck des Auswärtigen Amtes von ihm abrückten aus Furcht, im deutschen Judentum isoliert zu werden. Zu diesem Zweck wurde eine Plenarsitzung des Zentralkomitees einberufen. Wegen der Wichtigkeit des Themas wurden die Mitglieder, die der Tagung nicht beiwohnen konnten, um ihre schriftliche Stellungnahme ersucht. Diese Stellungnahmen wurden zu Beginn der Sitzung vom Vorsitzenden verlesen und ins Protokoll aufgenommen, das wichtigste Dokument hinsichtlich der Einstellung der deutschen Zionisten in dieser entscheidenden Phase.

Lichtheim, der das Zionistische Aktionskomitee in Konstantinopel vertrat, hielt es für überflüssig, zu dieser Zeit darüber zu diskutieren, ob der Kampf noch weitergeführt werden und das Aktionskomitee das Schulwerk in Palästina übernehmen sollte.

> »Wichtig ist nur die Frage, was jetzt geschehen soll. Ich begreife, daß manche unserer Freunde Bedenken haben das Schulwerk zu übernehmen, aber das ist gegenstandslos, denn wenn wir es nicht übernehmen, sind wir überhaupt in Palästina fertig und können uns begraben lassen ... Der Merkas Hamorim (die Lehrergewerkschaft) ist viel zu selbständig und wenn wir das Geld geben, so müssen wir auch Kontrolle haben ... Wir müssen jetzt mit der deutschen Regierung Fühlung behalten, dagegen wäre es ein Fehler, wenn wir jetzt unsererseits, um die deutsche Regierung zu gewinnen, Versprechungen bezüglich unseres Schulprogramms machen würden.«[91]

---

90 Martin Buber, »Der Augenblick«, Welt Nr. 2, 9. 1. 1914, S. 31f.
91 Plenarsitzung des Zentralkomitees vom 25. Januar 1914, S. III, CZA A15/VII/27.

Moses und Simon (Mannheim), Pelz (Königsberg), Schachtel (Breslau), und Sondheimer (Frankfurt/M.) identifizierten sich per Brief mit dem Kampf, wenn auch nicht mit allen Mitteln. Schachtel hob den totalen Umschwung im Verhältnis der jüdischen Bevölkerung in Palästina zur zionistischen Bewegung hervor und betonte deren Geschlossenheit ohne Rücksicht auf die früheren Meinungsverschiedenheiten, da nie für eine so gerechte Sache gekämpft worden sei. Moses war für »absolutes Durchhalten«, für Errichtung eines selbständigen Schulwesens, ob man nun zu einem Verständnis mit dem »Hilfsverein« komme oder nicht. Pelz stimmte allen Schritten des Aktionskomitees zu und lobte die vornehme Art, in der es die zionistische Organisation gegen den »Hilfsverein« verteidigt hatte. Simon erklärte, die Fortsetzung des Kampfes sei keine Angelegenheit maßvoller Überlegung:

> »Wir stehen vor einem *Muß,* und das hat unsere Maßnahmen zu diktieren. Ich erinnere an die Tatsache, daß man dem Zionismus nirgendwo verständnisloser gegenüberstand als in Palästina. In den letzten Jahren hat sich dies geändert zu unserem Glück ... Jetzt hat Palästina – nicht das Aktionskomitee – die Initiative in einer Lebensfrage ergriffen. Hätten wir gezögert, mit Geld denen nur zu Hilfe zu kommen, die willens waren, Stellung und Einkommen zu riskieren und ihre ganze Position zu gefährden, so wären wir in Palästina unmöglich geworden. Aber von dieser Rücksicht abgesehen: Die Folge einer ›durch Takt bewirkten Dämpfungspolitik‹, also ein sieghafter Ausgang der Nathan'schen Reise, hätte in Palästina zu einer vollkommenen Erschlaffung aller lebenskräftigen Elemente führen müssen« ...[92]

Sondheimer sprach sich für »Nationalisierung« des Schulwerkes aus und meinte, der Moment zu einem Kompromiß noch nicht gekommen sei. Doch als Vertreter der religiösen Ortsgruppe Frankfurt/M. riet er, in Erziehungssachen die Forderungen des religiösen Zionismus zu berücksichtigen, um eine mögliche Spaltung zu vermeiden.

Die Kritik gegen die Leitung wurde nur zögernd vorgebracht. Angesichts der allgemeinen Zustimmung war Bodenheimer etwas isoliert; er schwankte noch zwischen Konformität mit den allgemeinen Zielen des »Sprachenkampfes« und seiner Kritik an den Kampfmitteln. Er befürchtete nicht den Prestigeverlust der zionistischen Bewegung gegenüber der deutschen Regierung, sondern bei den deutschen Juden. Nach dem Bruch mit dem »Zentralverein« und den neutralen Jugendbewegungen kämpften sie jetzt gegen die einzige Organisation, mit der sie bisher noch zusammenarbeiteten. Bodenheimer befürwortete einen Kampf gegen Simon und Nathan und nicht gegen den »Hilfsverein«, man solle alles daransetzen, um zu einer Verständigung zu gelangen.

Friedemann sah keine andere Möglichkeit als die Fortsetzung des Kampfes. Falls aber der Hilfsverein einen akzeptablen Kompromißvorschlag machen

---

92 ebd.

würde, sollte man ihn annehmen, um einen möglichen Konflikt mit der türkischen Regierung zu vermeiden und keine untragbaren finanziellen Lasten zu übernehmen.
Es war charakteristisch für die Atmosphäre der Diskussion, daß gerade das Resümee Bodenheimers angenommen wurde:

> »Das Zentralkomitee billigt uneingeschränkt den Kampf des Actions-Comités für das hebräische Schulwerk in Palästina und hofft, daß es unserer Leitung gelingt, dieses Werk allen Hindernissen zum Trotz als ein glänzendes Denkmal der Wiederbelebung des jüdischen Volkes und seiner alten nationalen Sprache in Palästina für alle Zeiten zu sichern.«[93]

Die Plenarsitzung wurde von Hantke entsprechend der offiziellen Einstellung geleitet. Hantkes Einflußnahme auf die Beschlüsse des Aktionskomitees steht außer Zweifel. Dies offenbart sich deutlich in einem Privatbrief an Lichtheim, in dem er ihm über den Verlauf der Sitzung berichtete. Hier tritt eine umfassende und weitsichtige politische Auffassung zu Tage. Seiner Meinung nach hängt die Zukunft des Zionismus auf lange Jahre vom Erfolg im »Sprachenkampf« ab. Der Erfolg wird die innere Übereinstimmung zwischen den palästinensischen Zionisten und der Zionistischen Organisation sichern, dieser neuen Inhalt geben und die inneren Kämpfe beseitigen. Insbesondere in Deutschland und Österreich hätten sich alle aktiven Elemente zu außergewöhnlichen Anstrengungen, wie etwa bei der Gründung der Kolonialbank, zusammengefunden. Das wichtigste aber sei der Beweis nach innen und außen, »daß der engere Kreis, der die Partei zur Zeit lenkt, ganz geschlossen denkt und auch handelt.« Selbst geschworene Oppositionäre könnten nicht mehr beiseite stehen:

> »... Bodenheimer ist in der letzten deutschen Zentralcomité-Sitzung umgefallen, nachdem er gesehen hat, daß das gesamte deutsche Zentralcomité auf unserer Seite steht. Nur Friedemann machte Einwendungen, die er aber bald selbst wieder aufhob; auch auf ihn wirkte die Stimmung. Bodenheimer hat dann schließlich die Resolution selbst beantragt, die wir einstimmig angenommen haben.«

Angesichts der Vorteile, welche die Zionistische Organisation aus dem »Sprachenkampf« gezogen hatte, war Hantke gegen einen Friedensschluß mit dem »Hilfsverein«, der keinen in die Augen fallenden Sieg mit sich bringe. Und letzteres könne sich der »Hilfsverein« nicht erlauben. Ein Verzicht auf Prinzipien wäre ein Fehler, da er Unsicherheit im eigenen Lager auslöse und das Aktionskomitee Angriffe von allen Seiten aussetzen würde. Außerdem würden

93 ebd. Siehe die Reden Bodenheimers und Friedemanns in der Sitzung des Großen Aktionskomitees vom 23. November 1913. Auch in dieser Sitzung traten sie für die Stellung der Zionisten im Kuratorium ein, rügten jedoch ihre Demission als »Fahnenflucht«. Protokoll der Sitzung des Großen Actions-Comités vom 23. November 1913, CZA Z3/444.

die Zionisten in Palästina niemals zulassen, daß die Schulen wieder unter die Aufsicht von Antizionisten kämen. Also bleibe nur der Weg des Kampfes, der den Idealismus in der palästinensischen Bevölkerung wieder entfacht. Juden in der ganzen Welt – Zionisten und Nichtzionisten – fänden sich zur Unterstützung bereit, da sie in der Aufrechterhaltung der hebräischen Sprache die Zukunft des Judentums erblickten. Hantke, »der gute Rechner«, basierte seine Selbstsicherheit auf die hohen Summen, die von der Zionistischen Organisation für die Unterhaltung des palästinensischen Schulwerks aufgebracht wurden.

> »Ich sehe auch, daß die Organisation die Kraft hat, diese Arbeit dauernd auszuhalten. Wir können daher den Kampf ruhig weiterführen. Ich bin mir auch wohl bewußt, daß jetzt eine neue und noch schwierigere Aufgabe an uns herantritt. Nämlich die Organisation unseres Schulwerks in Palästina. Es handelt sich um keine Kleinigkeit ... Es werden also finanztechnische, organisatorische, pädagogische Fragen in großer Zahl auftauchen, die erledigt werden müssen und die ständige Arbeit erfordern werden. Wir werden eine Schulverwaltung in Palästina von dem Umfang derjenigen eines kleinen Staates haben. Sie werden mir zugeben, daß wir an diese Möglichkeiten noch vor kurzem nicht gedacht haben. Wenn wir auch jetzt sehr viel mehr Geld aufbringen müssen, so bleibt es doch wahr, daß uns der Hilfsverein mit seiner unsinnigen Politik dieses Schulsystem geschenkt hat.«[94]

Der »Hilfsverein« lehnte die Vorschläge der amerikanischen Kuratoren vom 18. Februar 1914 entschieden ab. James Simon gab dies in der »Vossischen Zeitung« bekannt und betonte besonders, daß »wir dies unvereinbar mit unserer Würde und Selbstachtung hielten«. Die Wiederaufnahme der Verhandlungen mit den ausgeschiedenen zionistischen Kuratoren Dr. Lewin und Dr. Tschlenow sei undenkbar.[95] Diese Vorschläge sollten ein für beide Seiten akzeptablen Kompromiß herbeiführen. Sie stellten die Zionisten zwar nicht zufrieden,[96] bewiesen jedoch, daß der Konflikt zu ihren Gunsten entschieden

---

[94] Hantke an Lichtheim, 30. 1. 1914, CZA Z3/375; siehe ferner: Hantke an Ruppin, 22. 1. 1914, CZA Z3/444. In diesem Sinne schrieb Schmarjahu Lewin an Ascher Ginsberg (Achad Haam) in London: »Die Geldfrage droht uns nicht mehr und wir sind sicher, daß es uns gelingen wird, die finanzielle Grundlage der neuen hebräischen Schulen auf *viele Jahre hinaus* zu sichern. Gewiß, wir haben uns mit einer neuen und schweren Arbeit belastet, aber wir haben kein Recht, uns von ihr zu befreien. Im Gegenteil, durch diese Arbeit büßen wir die Sünden der früheren Jahre ab. Von Anfang an hätten wir die Kulturarbeit auf uns nehmen müssen. Wir aber dachten unsere Pflicht dadurch erfüllt zu haben, daß andere unsere Arbeit machten.« Schmarjahu Lewin an Ascher Ginsberg (Achad Haam) (hebr.), 26. 1. 1914, Igeroth Schmarjahu Lewin, Tel Aviv 1966, S. 284.

[95] Sie erwogen ihren Rücktritt schon früher, verschoben ihn jedoch auf Bitte des amerikanischen Bankiers Jacob Schiff bis zur Kuratoriumssitzung am 22. Februar 1914. Die Rücktrittserklärung von Simon und Nathan gab die »Jüdische Rundschau« wortgetreu wieder. H., »Dr. Nathans Rücktritt«, JR Nr. 6, 6. 2. 1914, S. 55.

[96] Siehe Brief von Schmarjahu Lewin an Ascher Ginsberg vom 26. Januar 1914, Igeroth Schmarjahu Lewin, a.a.O., S. 284.

war. Doch selbst wenn die Position des »Hilfsvereins« in Palästina und im Kuratorium[97] geschwächt war, wollte er seine Ehre und Prestige in Deutschland bewahren. So schloß er sich der Kampagne gegen die deutschen Zionisten an.

Der große Boykott

Am 5. Februar 1914 erschien auf Initiative des »Antizionistischen Komitees« in bedeutenden deutschen liberalen Tageszeitungen, sowie auch in einigen jüdischen Zeitungen eine Riesenanzeige. Es war eine »Erklärung«, unterzeichnet von ca. 300 jüdischen Notabeln mit klingenden Titeln und in hohen Positionen – darunter Paul Nathan und James Simon – in der man einen Boykott auf ganzer Linie gegen die deutschen Zionisten proklamierte.[98] Zweifellos waren Zeitpunkt und Inhalt der »Erklärung« von den Ereignissen des »Sprachenkampfes« beeinflußt und trafen, wie sich Nathan ausdrückte, mit einer inneren politischen Notwendigkeit zusammen: Es war ein Kampf um die Herrschaft in den Gemeinden, um den Einfluß in Jugendvereinen und anderen »neutralen« Organisationen.

Der Protest so vieler Titel- und Würdenträger beeindruckte die »Vossische Zeitung«, das Blatt der liberalen Intelligenz. In der »Chronik« fügte die Redaktion einige Begleitworte hinzu:

> »Die großen deutsch jüdischen Organisationen hatten in der letzten Zeit einen Kampf zu bestehen, der ihnen durch eine geringe Minderheit der deutschen Juden, die *Zionisten*, aufgenötigt wurde. Diese haben versucht, sich die Herrschaft der großen Organisationen zu verschaffen, um sie ihren Zwecken dienstbar zu machen. Gegen den in ihren Bestrebungen zum Ausdruck gelangenden ›national-jüdischen‹ Chauvinismus und der unerfreulichen Form ihrer Angriffe erhebt eine große Anzahl der angesehensten deutschen Juden Protest.«[99]

Die »Erklärung«, von keiner jüdischen Körperschaft – auch nicht von Rabbinern – unterschrieben, sollte den Eindruck eines spontanen Protestes der ganzen, durch seine Elite vertretenen Judenheit erwecken. Da sich jedoch konservative

---

[97] Das Stimmenverhältnis im Kuratorium war 16:7 zugunsten des amerikanischen Kompromißvorschlags. K. B. (Kurt Blumenfeld), »Splendid Isolation«, Welt Nr. 5, 30. 1. 1914, S. 105.

[98] Simon und Nathan unterschrieben die »Erklärung« nicht im Namen des »Hilfsvereins«, sondern als »Privatleute«. Daß sie jedoch die Initiatoren der »Erklärung« als Waffe im Sprachenkampf waren, nahm man nicht nur im zionistischen Lager an. Dies war auch die Ansicht des »Jewish Cronicle«, der die Unterzeichner der »Erklärung« beschuldigte, der Stellung der Juden in anderen Ländern schweren Schaden zugefügt zu haben und sie bezeichnete als »a shameful, a scandalous and abominable procedure ... an abominable exhibition of unworthy malignancy.« Jewish Cronicle Nr. 2342, 20. 2. 1914, S. 10, 13.

[99] Chronik, Vossische Zeitung, 5. 2. 1914. Hervorhebung im Original.

wie auch orthodoxe Juden der »Erklärung« fernhielten, wurde die Einschränkung auf die »liberalen« Kreise noch stärker ersichtlich.
Die »Erklärung« versuchte nicht, die Ideen des Zionismus zu widerlegen. Sie wiederholte ganz allgemein die Anschuldigungen, die das »Antizionistische Komitee« in seinen Broschüren vorgebracht hatte: Die Zionisten rufen Streit und Unfrieden in den jüdischen Organisationen hervor, um diese von innen unter ihre Herrschaft zu bringen. Sie suchen innerhalb des Judentums einen national-jüdischen Chauvinismus zu entfachen, der die Juden in schroffen Gegensatz zu ihren christlichen Mitbürgern bringen muß. Durch Entstellung und Beleidigung ihrer Gegner führen sie die Öffentlichkeit irre. Hieraus folgerten die jüdischen Notabeln:

> »Wer friedlich mit uns arbeiten will, ist uns willkommen. Mit diesen Zionisten aber zusammenzuarbeiten, selbst auf denjenigen Gebieten, auf denen wir sonst gemeinsam für unsere Rechte, für unsere geistigen und religiösen Interessen und für unsere bedrängten Glaubensgenossen eingetreten sind, ist nunmehr unmöglich geworden. Mit Bedauern stellen wir diese Tatsache fest. Im Interesse der jüdischen Gesamtheit dürfen wir jedoch nicht länger zögern, eine sichtbare Scheidelinie zwischen uns und jenen zu ziehen. Für dieses Zerreißen der Judenheit müssen diejenigen verantwortlich gemacht werden, deren zügellose Agitation uns zu solcher Erklärung zwingt.
> Wir bitten unsere deutschen Glaubensgenossen in ihrer Gesamtheit, nach wie vor der Welt ein leuchtendes Beispiel zu geben, wenn es sich um Unterstützung Armer und Schwacher, um soziale Hilfeleistung, um Hebung geistiger und sittlicher Kräfte handelt. Ein weites Feld für solche Tätigkeit ist vorhanden. Wir wollen sie ausüben als gute Juden und gute Deutsche.«[100]

Die »Antizionisten« erstrebten die Delegitimierung des Zionismus. Zuerst durch die Erklärung der »Protestrabbiner«, die Beschlüsse der Rabbinerversammlungen, dann durch die Broschüre des Rabbiners Vogelstein gegen die Gefahr des Zionismus, später mittels Ausschluß der Zionisten aus dem »Zentralverein« und die Aufklärungsbroschüren des »Antizionistischen Komitees«. Diese Bestrebung fand in der letzten »Erklärung« einen starken Niederschlag. Die Behauptung, daß diejenigen, die »gute Juden und gute Deutsche« bleiben wollen, zwischen sich und den Zionisten, selbst auf lebenswichtigen jüdischen Gebieten, eine »sichtbare Scheidelinie« ziehen müssen, zeugte davon, welchem Aspekt der Vorrang gebührte. Diesen Aspekt mußten nicht nur Zionisten von sich weisen.
Ein nichtzionistischer Justizrat wandte sich in einem »offenen Brief« in der »Jüdischen Rundschau« und der »Jüdischen Presse« an Professor Hermann Cohen, der die antizionistische »Erklärung« mitunterzeichnet hatte. Er war

---

100 »Erklärung«, »Berliner Tageblatt«, 5. 2. 1914, 2. Beiblatt der Handelszeitung. Die »Erklärung« wurde auch in den folgenden Zeitungen veröffentlicht: Vossische Zeitung, Frankfurter Zeitung, Münchener Neueste Nachrichten, Kölnische Zeitung.

darüber bestürzt, daß der von ihm verehrte Philosoph, der für Toleranz und Harmonisierung religiöser, sozialer und internationaler Gegensätze eintrat, seinen Namen unter ein Dokument setzen konnte, das einen Teil der deutschen Judenheit denunziert und mit Acht und Bann belegt.

> »Ich kann Ihre Stellungnahme nicht anders begreifen, als daß Ihnen in der Studierstube die Entwicklung der jüdischen Idee in den letzten zehn Jahren entgangen sein muß, sonst müßten auch Sie, von der Überzeugung durchdrungen, daß die Zukunft des Judentums nur verbürgt wird von der Jugend, die entweder vom traditionell-religiösen oder vom zionistischen Ideal begeistert ist, die Zumutung einen solchen Aufruf mit ihrem großen Namen zu decken, mit Entrüstung zurückgewiesen haben.«[101]

In der nichtzionistischen Presse fand die »Erklärung« der Antizionisten keine begeisterte Reaktion, mit Ausnahme des »Israelitischen Familienblatts«, das seinen Lesern einige der Beweggründe bekanntgab, die zur Veröffentlichung geführt hatten. Das Blatt ging von der Annahme aus, daß das »liberale« Judentum durch den »zionistischen Chauvinismus« in eine Situation der »Notwehr« gedrängt wurde. Nicht dem Zionismus als Idee hätten sie den Krieg erklärt, sondern den voreiligen Zionisten, die nicht die Ergebnisse des Ideenkampfes abwarten wollten und sich der Taktik der Gewalt und des Terrors bedienten.

> »Wen mußte nicht Empörung und Entrüstung ergreifen, wenn er letzthin in den zionistischen Organen im Stile von Siegesbulletins las, daß es den Zionisten gelungen sei, um des palästinensischen Sprachenstreites willen das humanitäre Schulwerk des Hilfsvereins dort zu zerstören ... Mit Blutvergießen wollen sie die Eröffnung des jüdischen Technikums in Haifa hindern, falls dort nach ihrer Meinung die hebräische Sprache nicht ausreichend berücksichtigt wird.«

Die Zeitung gab zu, daß man verschiedener Meinung sein könnte, ob es gerechtfertigt war, den Streit in die nichtjüdische Öffentlichkeit zu tragen. Doch nachdem die Zionisten diese Presse durch ihre entstellten Schilderungen und Bekanntmachungen überschwemmt hätten, wäre kein anderer Ausweg geblieben:

> »Da war es erforderlich, auch die Gegenkundgebung denselben Kreisen zu unterbreiten, zumal es sich dabei ja auch um die *Stellung der deutschen Juden zu ihrem Vaterlande* und zu ihren nichtjüdischen Mitbürgern handelt.«[102]

---

101 Justizrat Dr. Emil Fraenkel (München), »Offener Brief an Herrn Geh. Regierungsrat Prof. Dr. Hermann Cohen in Berlin«, JR Nr. 7, 13. 2. 1914, S. 66. Siehe ferner den Artikel von Salman Schocken über die Identifizierung Hermann Cohens mit dem Antizionismus: S. Schocken jr., »Philosophie und Politik, Hermann Cohen und der Zionismus«, JR Nr. 12, 20. 3. 1914, S. 123.

102 Israelitisches Familienblatt Nr. 7, 12. 2. 1914, S. 1f. Leitartikel. Hervorhebung im Original.

Im Gegensatz zur Einstellung der zwei orthodoxen Zeitungen im »Sprachenkampf« distanzierten sich diese beiden Blätter jetzt entschieden, sowohl vom Inhalt der antizionistischen »Erklärung« als auch von der Form, in der sie veröffentlicht wurde. Die »Jüdische Presse« wies auf den Unwillen hin, den sie auch in Kreisen, die sich nicht mit den Zionisten identifizierten, hervorgerufen hatte, und drückte Zufriedenheit aus, daß jedenfalls die Orthodoxie sich von einer Kampfweise ferngehalten habe, »in der kein Ruhm zu holen ist.«[103] Der »Israelit« hatte es nicht nötig, seine gegnerische Stellung zum Zionismus zu betonen. Er wies ferner darauf hin, daß sich vornehm denkende Männer von der »zuweilen unerhört demagogisch-terroristischen Kampfweise gewisser zionistischer Kreise« abgestoßen und angewidert fühlten. Trotzdem verurteilte er die antizionistische Kampfweise aufs schärfste:

»Eine von kraftvollem Idealismus erfüllte Bewegung wie der Zionismus schlägt man nicht durch Verrufserklärungen tot, und es ist namentlich nicht zu verantworten, daß das Komitee, statt den Kampf auf den innerjüdischen Kreis und auf die jüdischen Blätter zu beschränken, die politische Tagespresse in diese Streitigkeiten hineinzieht und dadurch den peinlichen Schein erweckt, als handle es sich um eine leise Verdächtigung der patriotischen Gesinnung der Zionisten. Wir glauben nicht, daß das Komitee damit den Beifall der jüdischen Öffentlichkeit finden wird.«[104]

Die Leitung der ZVfD beschloß, auf die »Erklärung« zu reagieren, ohne sich in einen Inseratenkrieg hineinziehen zu lassen. Der erste Entwurf der Antwort wurde wegen seines apologetischen Tones, die in den folgenden Sätzen zum Ausdruck kamen, vom Zentralkomitee abgelehnt:

»Wir werden den Nachweis erbringen, daß wir keine Feinde der jüdischen Religion sind, wie die Antizionisten behaupten und keine schlechteren Deutschen als jene. Der erste Vorwurf ist bis jetzt von keinem Führer des religiös-konservativen Judentums erhoben worden, der zweite noch niemals von einem Nichtjuden.«[105]

Diese Sätze wurden aus der »Antwort« gestrichen, die am 14. Februar 1914 in den selben Tageszeitungen erschien, welche auch die »Erklärung« veröffentlicht hatten. Die Kürze der »Antwort« (sie war von 136 Worten auf 74 gekürzt worden) und ihr wenigsagender Inhalt sollten die Geringschätzung der zionistischen Leitung in bezug auf die »Erklärung« und ihre Verfasser hervorheben:

»Unsere Antwort.
Inserate sind nicht der Weg, um Ideenkämpfe auszufechten oder interne jüdische Differenzen zu erörtern. Unsere Arbeit geht weiter. Sie kann nicht

103 JP Nr. 7, 13. 2. 1914, S. 70. Aus einem Leserbrief.
104 »Das Kompromiß in der Technikumsfrage«, Israelit Nr. 9, 26. 2. 1914, S. 2.
105 Entwurf der Antwort des Zentralkomitees der ZVfD auf die antizionistische »Erklärung« vom 5. Februar 1914. Das Zentral-Comitee der Zionistischen Vereinigung für Deutschland. Der Vorsitzende, o. D. (Februar 1914), Erwiderung, CZA A15/VII/27.

dadurch gefährdet werden, daß Angehörige unseres Volkes denen in den Rücken fallen, die sich das Gefühl für den Adel ihrer Gemeinschaft bewahrt haben. Auf den Angriff gegen den Zionismus werden wir in Versammlungen antworten, die in diesen Tagen überall in Deutschland stattfinden, und in denen wir die zionistische Idee zur öffentlichen Diskussion stellen.

Zentralkomitee der Zionistischen Vereinigung für Deutschland.«[106]

Gleichzeitig mit der Veröffentlichung dieser Annonce sandte das Zentralkomitee Zuschriften an die Redaktion von 300 Tageszeitungen. Doch die Hauptanstrengung war auf 83 öffentliche Versammlungen gerichtet, die in allen Teilen Deutschlands abgehalten wurden. Als Vorbereitung für die Versammlungen versandte der Geschäftsführende Ausschuß an die Ortsgruppen und die »Vertrauensmänner« ausführliche, von Hantke unterschriebene Anweisungen, nach denen die Ziele der zionistischen Bewegung zu erklären und die Beschuldigungen der »Erklärung« zu widerlegen waren.

»Die wahre Ursache der antizionistischen Erklärung ist natürlich der Sprachenkampf in Palästina. Die Leiter des Hilfsvereins haben durch den Beitritt zum Antizionistischen Komitee sich dessen Mitwirkung gesichert. Da der Hilfsverein vollkommen isoliert dasteht und alle jüdischen Organisationen, insbesondere die großen Hilfsorganisationen, wie die Alliance Israélite Universelle, ihm die Unterstützung trotz dringenden Ansuchens versagt haben, so ist dieser Schritt aus seiner Suche nach irgend einem Anhalt begreiflich. Demgegenüber wäre die große Bedeutung des Sprachenkampfes in Palästina für die Hebräisierung des gesamten Judentums und für die Schaffung eines jüdischen Kulturzentrums in Palästina hervorzuheben.«[107]

Der »Israelit« war im Recht. Denn nicht alle im Lager der »Liberalen« befürworteten die »Erklärung«.[108] So manche betrachteten den Boykott als ein zweischneidiges Schwert. Gerade »neutrale« Vereinigungen unter »liberalem« Einfluß, wie die »Bnei-Brith«-Loge, in der Bodenheimer, Hantke, Julius Simon und viele andere Zionisten aktiv waren, würden durch den Boykott schwer geschädigt werden. Der Großpräsident der Loge, Timendorfer (ein Kuratoriumsmitglied des Technikums), war um ihr Schicksal besorgt und berief eine Sitzung der »Bnei Brith« Leitung ein. Man beschloß, eindringlich an die kämpfenden Parteien zu appellieren, um der »gegenseitigen Zerfleischung« Einhalt zu gebieten, »da eine Minorität, die von allen Seiten von

106 »Unsere Antwort«, JR Nr. 8, 20. 2. 1914, S. 79. Siehe ferner: »Die neue Waffe«, Welt Nr. 7, 13. 2. 1914, S. 153f.; »Die Wirkung der antizionistischen Erklärung«, Welt Nr. 8, 20. 2. 1914, S. 189f.

107 Zentralkomitee der Zionistischen Vereinigung für Deutschland, (gez.) Hantke, 12. 2. 1914, CZA A15/VII/27.

108 Ein Mitglied der Redaktion des »Israelitischen Familienblattes« trat aus der Redaktion aus, da er sich nicht mit der Stellung der Zeitung identifizierte. »Die Antizionisten und die jüdische Presse«, JR Nr. 8, 20. 2. 1914, S. 80. Siehe ferner: »Ein Rabbiner über die ›Erklärung‹«, ebd.

Feinden umgeben ist, nicht in der Lage ist, sich eine derartige Bekämpfung zu leisten.« Die Leitung der »Bnei-Brith«-Loge forderte von den Gegnern nicht die Aufgabe sachlicher Positionen oder die sofortige Einstellung des Streites. Doch im Namen der Grundsätze des Ordens, der es als einzige jüdische Organisation verstanden habe, jahrzehntelang die verschiedensten Richtungen im Judentum auf eine gemeinsame Basis zu einigen, forderte er, daß der Pressekampf eine Zeitlang eingestellt werde und der Kampf »in ruhiger und mehr unpersönlicher Form« geführt werde.[109]
Die Leitung der »Bnei-Brith« beschloß, vor Zustellung ihres Aufrufs an die Presse die Zustimmung der »Hauptparteien« einzuholen. Der Aufruf wurde vorher nur im internen Logenorgan veröffentlicht. Sie wandte sich daher an die Zionistische Vereinigung und an den »Hilfsverein«, welcher bekanntlich auf die Veröffentlichung der »Erklärung« gedrängt hatte. Dem Aufruf legte Timendorfer einen Privatbrief an Julius Simon bei, in dem er seine persönliche Meinung ausdrückte. Er schloß die Möglichkeit aus, daß ein Kandidat einer »Bnei-Brith«-Loge wegen seiner zionistischen Gesinnung abgelehnt werde, da ein solcher Beschluß dem Geist des Ordens widerspreche. Aus dem selben Grund wandte er sich gegen den Austritt der Kattowitzer Zionisten aus der dortigen Loge, nachdem deren Leitung die gegnerische Ansicht angenommen hatte. Timendorfer bat Simon, seinen Einfluß auf die führenden Zionisten zu einer Mäßigung der Protestversammlungen und zur Veröffentlichung einer Erklärung geltend zu machen, »daß die Lehren des Zionismus absolut nicht hindern, treue Deutsche zu sein und die deutschen Zionisten es auch sind.«[110]
In seiner Antwort an »Bruder Timendorfer« begrüßte Simon dessen Sorge um die Beruhigung der Gemüter. Doch riet er ihm, sich im Aufruf der »Bnei-Brith« deutlich an alle Parteien zu wenden, da man aus der jetzigen Fassung einen einseitigen Appell »an die bösen Zionisten« herauslese. Er sehe ebenfalls die Gefahren, die dem Orden drohten. Sei er doch selbst aus dessen »geistigen Ausschuß« ausgetreten, da dessen Mitglieder die »Erklärung« unterschrieben und somit jede Zusammenarbeit mit ihm abgelehnt hatten.

> »Die Erklärung in Inseratform, die als der höchste Trumpf ihres Initiators ausgespielt wurde, ist die Schmach unseres jüdischen Jahrhunderts. Dieser gegenüber empfand ich keine Empörung mehr sondern heiße Scham, daß das

---

109 Großloge für Deutschland U.O.B.B. (E.V.), gez. Timendorfer, Präsident; Goldschmidt, Sekretär, 13. 2. 1914, CZA A15/VII/27. Timendorfer sprach schon in der Kuratoriumssitzung vom 26. Oktober 1913 von der Notwendigkeit eines Kompromisses im »Sprachenkampf«. Um die Einigkeit der »Bnei-Brith« nicht zu gefährden, machte er weitere Kompromißvorschläge, die von Hantke abgelehnt wurden. Geheimer Justizrat Timendorfer an Hantke, 19. 1. 1914; Hantke an Timendorfer, 23. 1. 1914, CZA Z3/375.
110 Timendorfer an Julius Simon, 13. 2. 1914, CZA A15/VII/27.

widerlichste Schauspiel in der jüdischen Geschichte, wo Juden öffentlich als Verleumder und Ankläger ihrer eigenen Brüder auftraten, sich in unseren Tagen wiederholen sollte.«

Simon schlug Timendorfer vor, »eine Phalanx der besonnenen Männer« beider Parteien zu schaffen. Doch seiner Bitte, auf die Zionistenführer einzuwirken, eine Erklärung bezüglich ihres Deutschtums abzugeben, konnte er nicht entsprechen,

> »weil es absolut meinem Empfinden widerspricht, daß wir, wie gewisse andere jüdische, aber *nur* jüdische Kreise, alle paar Wochen unseren Patriotismus beteuern ... Mögen sich die deutschen Juden endlich darüber beruhigen. Sie sitzen alle noch im Glashaus und sollen nicht Steine werfen. Dann wird kein Mensch etwas von Patriotismus und Nichtpatriotismus piepsen.«[111]

Zur gleichen Zeit wandte sich Hantke in persönlichen Briefen an die zionistischen »Brüder« in allen Logen des »Bnei-Brith«-Ordens. Er betonte die weitgehende Bedeutung der »Erklärung«, die von 95 Mitgliedern des Ordens unterzeichnet war, insbesondere die Weigerung, künftig mit Zionisten auch in neutralen jüdischen Angelegenheiten zusammenzuarbeiten. Um ihre Selbstachtung zu wahren, sollten die Zionisten von ihren Logen fordern, die Unterzeichner zu desavouieren oder sie zu veranlassen, ihre Unterschrift zurückzunehmen. Sollten sie sich weigern, müßten die Zionisten die Konsequenzen ziehen und aus den Logen austreten. Gleichzeitig aber riet Hantke von extremen Schritten Abstand zu nehmen:

> »Auch bei dieser Gelegenheit – wie schon in früheren Fällen – wird mir von verschiedenen Gesinnungsgenossen, die dem Orden angehören, der Wunsch ausgesprochen, daß wir bald aus dem Orden austreten. Sie wissen, daß ich diesen Standpunkt nicht für den richtigen halte, so lange sich der Geschäftsführende Ausschuß der Großloge bemüht, die antizionistische Tendenzen im Orden zurückzuhalten, was er unzweifelhaft tut.«[112]

---

111 Julius Moses an Timendorfer, 16. 2. 1914, CZA A15/VII/27. Hervorhebung im Original.

112 Hantke an »Sehr geehrter Herr, l. Br.«, 17. 2. 1914, CZA A15/VII/27. Diesem Rundschreiben gingen scheinbar Proteste in den lokalen Logen zuvor: Hugo Lesser, ein Zionist, Präsident der »Bnei-Brith«-Loge in Beuthen (Schlesien) sandte einen Brief an die Großloge in Berlin, in dem er gegen die Unterschrift der »Erklärung« von »Bnei-Brith«-Mitgliedern protestierte. Er berichtete über die Krise, die deshalb in seiner Loge entstanden war. Hugo Lesser an Großloge für Deutschland, U.O.B.B., 10. 2. 1914, CZA A15/I/8e. In diesem Zusammenhang bat Bodenheimer die Rheinlandloge der »Bnei-Brith«, über die Lage der zionistischen »Brüder« in der Loge angesichts der antizionistischen »Erklärung« zu beraten. Er schlug vor, daß das »geistige und soziale Comité« die Frage prüfen solle, ob die Aufnahme von Zionisten in die Loge verhindert werden könne. Sein Vorschlag wurde mit 24:20 Stimmen abgelehnt mit der Begründung, daß die Rheinlandloge es prinzipiell nicht gestatte, Zionisten wegen ihrer Zugehörigkeit zur Zionistischen Organisation zurückzuweisen. Bodenheimer an Hantke, 13. 2. 1914, CZA A15/I/8e.

Der Mahnruf der »Bnei-Brith« zur Mäßigung erschien in den jüdischen Zeitungen. Die Redaktion der »Jüdischen Rundschau« fand ihn »begreiflich« und »nicht gegen die Zionisten gerichtet«. Sie betrachtete den Mahnruf als erstes Abrücken vom schrankenlosen Antizionismus.[113]

Der Sieg

Am 15. Februar 1914 wandten sich die amerikanischen Kuratoren ein zweites Mal an das Engere Aktionskomitee und drängten darauf, den »Sprachenkampf« auf der Grundlage ihrer Vorschläge vom 18. Januar zu beenden. Ferner baten sie um Ernennung von Stellvertretern für Ascher Ginsberg, Schmarjahu Lewin und Jechiel Tschlenow, die aus dem Kuratorium ausgetreten waren.[114]
Das Engere Aktionskomitee nahm diese Vorschläge grundsätzlich an, nachdem sich die Lehrer des Technikums dazu verpflichteten, nach vier Jahren in Hebräisch zu unterrichten. Zunächst sollten Mathematik und Physik in Hebräisch unterrichtet werden und nach drei Jahren sollte über weitere Fächer beschlossen werden. Das Aktionskomitee verzichtete auf die Errichtung der Mittelschule durch das »Jüdische Institut für technische Erziehung«, da es schon vorher den Vertretern der jüdischen Bevölkerung in Haifa, Kaisermann und Auerbach, die Gründung einer unabhängigen Mittelschule und deren finanzielle Unterstützung zugesagt hatte.[115] Um den Austritt von James Simon aus dem Kuratorium zu vermeiden, wurde dann noch beschlossen, den gesamten ersten Kurs in deutscher Sprache zu unterrichten.[116]
Obwohl die zionistische Leitung ihre Freude über den Sieg nicht verhehlte, war sie sich dessen bewußt, daß die eigentliche Arbeit vor ihr lag, »da Zionismus nicht bedeutet: Siege feiern, sondern im Felde stehen.«[117]
Zu den wenigen, die nicht jubelten, gehörte David Wolffsohn. Wolffsohn machte aus seinem Widerstand gegen die Politik des Aktionskomitees in der

113 Der Geschäftsführende Ausschuß der Großloge für Deutschland VIII, U.O.B.B., (gez.) Timendorfer, »Erklärung zum jüdischen Parteikampf«, JR Nr. 8, 20. 2. 1914, S. 80.

114 Telegramm der amerikanischen Kuratoren vom 15. 2. 1914 (in deutscher Sprache), CZA Z3/1569.

115 Protokoll der 16. Sitzung des Engeren Actions-Comités vom 21. November 1913; Protokoll der 28. Sitzung des Engeren Actions-Comités vom 15. Dezember 1913, CZA Z3/356.

116 Protokoll der 47. Sitzung des Engeren Actions-Comités vom 23. 2. 1914, CZA Z3/356. Über diesen Verzicht berichtete die »Jüdische Rundschau« nicht. Über Einzelheiten der Verhandlungen siehe: Protokoll der 44. Sitzung des Engeren Actions-Comités vom 19. Februar 1914; Protokoll der 46. Sitzung des Engeren Actions-Comités vom 21. Februar 1914, CZA Z3/356.

117 »Das jüdische Technikum«, JR Nr. 9, 27. 2. 1914, S. 89; »Die Hebraisierung des Technikums«, Welt Nr. 9, 27. 2. 1914, S. 205f.; »Aufruf«, Welt Nr. 11, 13. 3. 1914, S. 253f.; Heinrich Loewe, »An die Arbeit«, Welt Nr. 12, 20. 3. 1914, S. 277f.

Sprachenfrage kein Hehl, was Schmarjahu Lewin zu einem scharfen Angriff veranlaßte: »Gegen uns kämpfen jetzt der Hilfsverein, im Bunde mit unseren Feinden innerhalb der Zionistischen Organisation. Unsere Freunde unterstützen uns nur schwach. Ich erkläre: Sollte die Richtung von Wolffsohn, Kann, Struck etc. siegen, werden wir keine Schulen, keine Universitäten, keinen Zionismus haben ... Mich ärgern nicht Dr. Nathan und seine Anhänger, sondern unsere Zionisten ...«[118] Vom Krankenbett in Bad Homburg sandte Wolffsohn einen Warnbrief an das Aktionskomitee, in dem er dessen Politik im »Sprachenkampf« und seine Unfähigkeit, die Heißsporne zu zügeln, scharf kritisierte. Er beschuldigte die zionistische Leitung, sie habe sich in unnötige Ausgaben gestürzt, was ihre finanzielle Kraft übersteige. Auch wenn diese Politik vielleicht nicht zu einem Bankrott führe, hindere sie sicher die gesunde Entwicklung der zionistischen Bewegung. Wolffsohn riet zu Nachgiebigkeit, um, wie früher, den finanziellen Verpflichtungen gewachsen zu sein und dem »Hilfsverein« die Rückkehr zu seiner segensreichen Tätigkeit zu ermöglichen.[119] Die Resultate des »Sprachenkampfes« wurden freilich in der ZVfD anders bewertet. Dort war man stolz, Schulter an Schulter mit der jüdischen Bevölkerung in Palästina für eine historische Entscheidung gekämpft zu haben.

> »Die Nation beweist ihre Kraft, sie stürmt über die Grenzen der vorgeschriebenen Möglichkeiten ... So haben immer die *großen* Momente in der Geschichte ausgesehen, immer sind es Freiheitskämpfe, immer nur Leistungen aus eigener Kraft.«[120]

Die deutschen Zionisten sahen im Kampf für die hebräische Sprache einen Höhepunkt ihrer Tätigkeit. Sie hatten nicht nur einen beträchtlichen Anteil der finanziellen Verpflichtungen auf sich genommen. Sie hatten einen ehrenhaften Standpunkt in einem Interessenkonflikt zwischen deutscher Außenpolitik und Treue zum Zionismus eingenommen und dem Angriff des antizionistischen »liberalen« Judentums standgehalten. Zum ersten Mal hatte die Wirklichkeit in Palästina die deutschen Zionisten vor konkrete Aufgaben gestellt, die sich gleichzeitig mit ihrem Existenzkampf im deutschen Judentum verbanden. In den vier Monaten des »Sprachenkampfes« wurde eine Dynamik von »verbundenen Gefäßen« zwischen beiden Zentren geschaffen, in der die Ideologie der deutschen Zionisten Fleisch und Blut bekam und sie nicht auf ihren Lorbeeren ruhen ließ:

---

118 Schmarjahu Lewin an Chaim Weizmann, 10. Februar 1914, Igeroth Schmarjahu Lewin (hebr.), a.a.O., S. 286. Hervorhebung im Original.
119 Wolffsohn an Mitglieder des Actions-Comités, 27. 2. 1914, CZA Z3/258.
120 K. B. (Kurt Blumenfeld), »Versöhnungspolitik«, Welt Nr. 2, 9. 1. 1914, S. 29f. Hervorhebung im Original.

»Wenn wir heute sagen, daß unsere Bewegung eine Zeit durchlebt, die für ihre Entwicklung und Ausbreitung in Deutschland auf Jahre hinaus entscheidend werden kann, und daß diese außergewöhnliche Zeit auch außergewöhnliche Opfer von uns fordert, so wird diese Feststellung bei keinem Zionisten Widerspruch finden.«[121]

Über die weitere Entwicklung sollte der kommende Delegiertentag entscheiden.

---

121 »Unsere Arbeit geht weiter«, JR Nr. 9, 27. 2. 1914, S. 89f.

10. Kapitel

Vor dem Krieg

Der 14. Delegiertentag trat nach zwei ereignisreichen Jahren zusammen, in denen die zionistische Bewegung in Deutschland Kampfgeist und organisatorische Fähigkeit bewiesen hatte. Er sollte die Erfahrungen der letzten Jahre einer Prüfung unterziehen und Richtlinien für die Zukunft festlegen. Besonderes Gewicht maß man den Wegen bei, auf denen die »Posener Resolution« und die Jugendarbeit verwirklicht werden sollten.[1] Nach den großen zionistischen Propagandaaktionen, die seit dem Posener Delegiertentag geführt wurden, konnte man sich schwer einer erwiesenen Tatsache verschließen: Trotz der Tendenz zum Radikalismus, trotz Blumenfelds Prognose, hatte man immer noch keinen »Durchbruch« im deutschen Judentum, und besonders in der Jugend, erzielt. Öffentlich lobte Hantke das Anwachsen der Zahl organisierter Mitglieder zwischen beiden Delegiertentagen, von 7830 auf 9867 (ca. 21%).[2] In der Sitzung des Geschäftsführenden Ausschusses jedoch kritisierte er die unzulänglichen Erfolge der Jugendpropaganda, weil die älteren Zionisten diese »den jungen und unerfahrenen Elementen, bzw. einigen zufälligen Interessenten« überlassen hätten. Hantke schlug seinen Genossen vor, von den deutschen Parteien zu lernen, die sämtlich an der Politisierung der Jugend arbeiteten. Angesichts der propagandistischen Anstrengungen ihrer Gegner müsse die zionistische Bewegung in der Jugendpropaganda eine dringende Aufgabe sehen:

> »Es gilt auf dem Delegiertentag die erforderliche Stimmung zu schaffen, die sämtliche Ortsgruppen veranlassen kann mit allen Kräften sich dieser Arbeit zu widmen und die hierfür erforderlichen Mittel zur Verfügung zu stellen. *Aufgabe der Zentrale wird es sein, durch Ausbau des Jugend-Dezernats und Förderung der einzelnen Jugendorganisationen diese Arbeit zu leisten und in ihrem inneren Leben zu beeinflussen.*«[3]

Hantke reagierte hiermit auf die Kritik der radikalen Jugend gegen die Gleichgültigkeit der Zionistischen Vereinigung hinsichtlich der Jugenderziehung. In einer der Jugend gewidmeten Nummer der »Jüdischen Rundschau« beschuldigte Felix Rosenblüth, Mitglied des Jugendausschusses, die ZVfD-Funktionäre, die Jugendarbeit vernachlässigt zu haben. Während z.B. dem

---

1 »Leipzig«, JR Nr. 18, 1. 5. 1914, S. 185. Leitartikel; Theodor Zlocisti, »Palästinensische Kolonien deutscher Juden. Zum Leipziger Delegiertentag«, JR Nr. 19, 8. 5. 1914, S. 197.
2 Aus der Eröffnungsrede Hantkes. JR Nr. 25, 19. 6. 1914, S. 264.
3 Protokoll der XV. Sitzung des Geschäftsführenden Ausschusses vom 28. Mai 1914, CZA A15/VII/27. Hervorhebung des Verfassers.

deutschen Pfadfinderbund 70000 Mark aus staatlichen Quellen für die politische Erziehung zufließen, könnten die Zionisten in Städten mit großen Ortsgruppen nicht einmal 15 Mark monatlich für die Subventionierung einer Jugendzeitung aufbringen.

> »Wir müssen eine großzügige Jugendpolitik treiben – und sollten von der deutschen Regierung lernen. Dort hat man die Bedeutung der Jugendarbeit erkannt. In der nationalen Jugendpflege hat sich die deutsche Regierung das erste wirkliche Mittel gegen die Sozialdemokratie geschaffen. So könnte unsere nationale Jugendpflege das erste wirksame Kampfmittel gegen die Assimilation werden.«[4]

In einem andern Artikel lenkte die »Jüdische Rundschau« die Aufmerksamkeit der Zionisten auf eine neue Strömung in der Erziehung, in deren Mittelpunkt Gustav Wyneken stand, und auf dessen Buch »Die neue Jugend«. Der Verfasser des Artikels schlug vor, daß sich die zionistische Bewegung die systematische Erziehung der Jugend aneignen solle. Sie sollte bedenken, daß auch der Gründung des deutschen Reiches eine Sturm-und-Drang-Periode vorhergegangen war. Er wandte sich an die zahlreichen jüdischen Mitarbeiter der Wynekenschen Zeitschrift, »Der Anfang«:

> »Unsere Idee ist so groß wie irgend eine. Es lohnt sich schon, daß Ihr, die Ihr an einer deutschen Bewegung mitarbeitet, Euch auch mit unseren Problemen auseinandersetzt. Es liegt uns fern, Euch von Eurer Jugendbewegung loszureißen. Aber wir erwarten von Euch eine ebenso verständnisvolle Würdigung unserer Bewegung, wie Ihr sie der Wynekenschen entgegenbringt. Vielleicht wird dann das jüdische Volksempfinden in Euch wach werden.
>
> Dann hoffen wir Euch in unseren Reihen zu sehen. Unsere neue Jugend in Palästina und in der Galuth ist im Begriff, die Sturm- und Drangjahre zu überwinden. Die palästinensische Jugend hat sich uns zugewendet. Mit den Waffen des Geistes, mit der hebräischen Sprache, führen wir unsere Befreiungskriege. Wenn dann stolz-jüdischer Geist in hebräischer Sprache in unseren Schulen und in unsere Jerusalemer Universität eingezogen sein werden, wenn in den Landerziehungsheimen und den Freien Schulgemeinden in Erez Israel Hebräisch gesprochen werden wird, dann wird unser Düppel, Königgrätz und Sedan gekommen sein. Auch wir werden ein Jahrhundert brauchen, bis unsere Träume in Erfüllung gegangen sein werden.«[5]

Die ZVfD war sich der Verantwortung bewußt, die ihr durch ihre besondere Stellung in der zionistischen Bewegung oblag. Ihre Organisation war die stärkste und geschlossenste in den Westländern. Seitdem Berlin das Zentrum der Weltorganisation geworden war, zogen die deutschen Delegiertentage

---

4 Felix Rosenblüth, »Propaganda und Jugendarbeit«, JR Nr. 21, 21. 5. 1914, S. 217f.

5 Paul Michaelis, »Die neue Jugend«, JR Nr. 21, 21. 5. 1914, S. 221. Der Verfasser des Aufsatzes bezog sich auf das Buch: Gustav Wyneken, Die neue Jugend. Ihr Kampf um Freiheit in Schule und Elternhaus, in Religion und Erotik, München, 2. Aufl., 1913.

immer größere Aufmerksamkeit auf sich. Sie hatten sich zu »Minikongressen« entwickelt, auf denen die Durchführung der zionistischen Politik einer Prüfung unterzogen wurde. Der Leipziger Delegiertentag war gewiß nicht als eine Arena für ideologische Auseinandersetzungen vorgesehen.

Delegiertentag in Leipzig – Juni 1914

Im Gegensatz zur von der Leitung beabsichtigten pragmatischen Richtung, versuchte die Gruppe der »Gemäßigten«, die Diskussion über die Ideologie des deutschen Zionismus in den Mittelpunkt der Verhandlungen zu stellen. Die Anhänger dieser Gruppe hatten sich nicht mit der palästinozentrischen Ideologie abgefunden, die sie in Gewissensnot brachte, da diese – nach ihrer Meinung – die deutschen Zionisten innerhalb des deutschen Judentums isolierte. Die »stille Mehrheit«, die in der Leitung nicht vertreten war und in der zionistischen Presse kaum zu Worte kam, sollte nun ein politischer Faktor werden. Die Initiative ging von Adolf Friedemann und Franz Oppenheimer aus. Den ersten Schritt machten sie schon im Frühling 1913, nach dem Ausschluß der Zionisten aus dem »Zentralverein«. Aber erst nach Beilegung des Konflikts mit dem »Hilfsverein« hielten sie die Zeit für reif, ihren Versuch zu erneuern.[6] Oppenheimer erinnerte Bodenheimer an seine Zusage zum Anschluß an eine Gruppe deutscher Zionisten, der auch Warburg angehörte, um dem »verstiegenen Nationalismus« im deutschen Zionismus entgegenzutreten. Diese Gruppe sei jetzt entschlossen, mit aller Entschiedenheit »diese Dummheiten zu bremsen, die auf die Dauer uns auf die Nerven fallen und, wie ich fest überzeugt bin, den Zionismus diskreditieren und zuletzt ruinieren müssen.« Er bat Bodenheimer um Mitunterzeichnung einer von ihm verfaßten Resolution, die dem bevorstehenden Delegiertentag vorgelegt werden sollte. Diese Resolution sei vorsichtig gefaßt. Sie schließe die Richtung, die sie bekämpfe, nicht aus, erkläre jedoch »klipp und klar«, daß die radikale Richtung nicht die einzige im deutschen Zionismus wäre. Nur wenn sich führende Männer, wie Bodenheimer, nicht von der versprochenen »Waffenbrüderschaft« zurückzögen, und sich zu einer einflußreichen Gruppe zur Wiederherstellung des Gleichgewichtes im Zionismus zusammenschlössen, würde er sich nicht gezwungen sehen, der »Poale Zion«[7] beizutreten, die ihm ideologisch am nächsten stehe. (Oppenheimer hatte bei einer anderen Gelegenheit erklärt: »Ich bin Zionist, weil und in sofern ich ein gläubiger Sozialist bin.«)[8]

---

[6] Franz Oppenheimer an A. Friedemann, 30. 3. 1914, CZA A8/58.
[7] Franz Oppenheimer an Bodenheimer, 11. 5. 1914, CZA A15/VII/2x.
[8] Franz Oppenheimer, »Zu unserer Umfrage über den Zionismus«, Generalanzeiger für die gesamten Interessen des Judentums Nr. 10, 5. 3. 1903, S. 1.

Die Resolution, die Franz Oppenheimer, Adolf Friedemann, Prof. Carl Lewin und Herrmann Struck dem Delegiertentag unterbreiten wollten, lautete wie folgt:

»Der Delegiertentag weist die offiziellen Organe der ZVfD an, dafür Sorge zu tragen, daß in Zukunft weder der offiziellen Presse noch von offiziellen Beamten der Vereinigung eine *Abart des Nationalismus, von der das Baseler Programm nichts weiß, als die Richtung des deutschen Zionismus* in der Öffentlichkeit vertreten wird.«[9]

Bodenheimer war bereit, sich der Initiative dieser Gruppe anzuschließen, durch die er wieder ins Fahrwasser politischer Entscheidungen zurückkommen konnte. Er stimmte Oppenheimers Ansicht bei, die zionistische Organisation dürfe keinen jüdischen Nationalismus vertreten, der die Staatsbürgerrechte der Zionisten in Frage stelle. Andererseits aber akzeptierte er nicht dessen Begriffe von »Volksbewußtsein« und »Stammesbewußtsein«, da sie ihm ungenau schienen. Bodenheimer war der Meinung, die Zionisten sollten betonen, sie hätten sowohl jüdisches, wie deutsches »Nationalgefühl« besonderer Art. Er betrachtete die vorgeschlagene Resolution als gegenstandslos und formulierte eine andere, kompliziertere, welche die patriotischen Gefühle der deutschen Zionisten und ihren engen Zusammenhang mit der gesamten deutschen Judenheit stärker hervorheben sollte:

»Die deutschen Zionisten erstreben neben der Schaffung eines nationalen Mittelpunktes für das jüdische Volk in Palästina die Erhaltung des lebendigen Zusammenhangs mit dem deutschen Judentum und mit der Kultur und den vaterländischen Interessen des deutschen Volkes, dem wir in derselben Liebe und Treue verbunden sind wie unsere Stammesgenossen in allen anderen Ländern, soweit dieselben die Wiedererweckung des jüdischen Volkes und der hebräischen Sprache anstreben.«[10]

Oppenheimer und seine Berliner Freunde bemühten sich, Bodenheimer mit einer neuformulierten Resolution entgegenzukommen:

»Der Delegiertentag fordert: daß in der offiziellen Presse und von den Beamten der Vereinigung entsprechend dem Baseler Programm die Stärkung und Förderung des jüdischen Volksbewußtseins als unverrückbare Grundlage ihrer Tätigkeit betrachtet, das Verständnis für den lebendigen Zusammenhang der deutschen Zionisten mit dem gesamten deutschen Judentum

9 Dr. Adolf Friedemann, Prof. Carl Lewin, Dr. Franz Oppenheimer, Hermann Struck, Resolution zum deutschen Delegiertentag 1914, CZA A15/VII/27. Hervorhebung im Original.
10 Bodenheimer an Oppenheimer, 13. 5. 1914, CZA A15/I/8e.

gefördert und das deutsch-kulturelle und vaterländische Gefühl respektiert wird.«[11]

Doch auch diese Form der Resolution stellte Bodenheimer nicht zufrieden. Er bemerkte, sie genüge nicht, um dem Zionismus in Deutschland neues Lebensblut zuzuführen.[12]

Unter Wahrung strenger Diskretion plante die Gruppe Oppenheimer–Friedemann ihre weiteren Schritte. Sie strebte nach möglichst vielen Mandaten in den Ortsgruppen, um als »gewichtige« Fraktion auf dem Delegiertentag »die große Mittelgruppe« an sich zu ziehen.[13] Sie hatte jedoch nur beschränkten Erfolg. Die Verhandlungen mit Warburg blieben erfolglos, und die Gruppe um Klee zögerte.[14] Aus diesem Kreis sickerte möglicherweise die Information über die Aktivität der Gruppe Oppenheimer–Friedemann in den Geschäftsführenden Ausschuß, der sich über ihre Absichten in der Sitzung vom 6. Juni 1914 Klarheit zu schaffen suchte. Die Atmosphäre war gespannt. Der ZVfD drohte eine Spaltung, und die Leitung war fest entschlossen, diese schon im Entstehen zu unterdrücken. Hantke bat Friedemann um Mitteilung der Absichten seiner Gruppe für den Delegiertentag, insbesondere ob sie eine Resolution vorlegen wolle, die das Verhältnis des Zionismus zum Deutschtum zum Gegenstand habe. Friedemann bejahte, er und seine Freunde wollten die Stellung des Zionismus zum Deutschtum, insbesondere zur deutschen Kultur, zur Sprache bringen, da der Charakter der zionistischen Propaganda von dieser Frage abhängig sei. Aus der anschließenden Diskussion ging hervor, daß der Geschäftsführende Ausschuß schon in einer informellen Beratung vor der Sitzung über seine Stellung zur Gruppe Oppenheimer–Friedemann beschlossen hatte. Klee stand dieser Gruppe nahe. Er betonte jedoch, die Einigkeit des Zionismus stehe unbedingt über den Meinungsverschiedenheiten bezüglich Deutschtum und Zionismus.

Klee erklärte, der Geschäftsführende Ausschuß habe keine Absicht, etwa Einfluß auf die Führung der Diskussion auf dem Delegiertentag auszuüben. Jeder Delegierte habe selbstverständlich das Recht auf freie Meinungsäußerung, insbesondere in bezug auf die Propaganda und das Verhältnis zu den übrigen jüdischen Organisationen. In *einem* Punkte aber halte es der Geschäfts-

---

11 Dr. Adolf Friedemann, Dr. Eduard Leszynsky, Prof. Dr. Carl Lewin, Dr. Hans Mühsam, Dr. Franz Oppenheimer, Hermann Struck, Resolution, o. D., CZA A15/I/10. Nach einem Brief Friedemanns vom 23. Mai 1914 wurde der Resolutionsvorschlag ungefähr am 20. Mai 1914 verfaßt. CZA A8/53/1.

12 Bodenheimer an Oppenheimer, 29. 5. 1914, CZA A8/58.

13 Friedemann an Bodenheimer, 18. 5. 1914, CZA A15/I/10; Julius Moses an Adolf Friedemann, 23. 3. 1914; Eugen Täubler an Adolf Friedemann, 25. 5. 1914; Dr. M. Pfälzer (Weinheim-Baden) an Adolf Friedemann, 26. 5. 1914, CZA A8/58.

14 Friedemann an Bodenheimer, 25. 5. 1914, CZA A15/I/10.

führende Ausschuß für seine Pflicht, Friedemann und seine Freunde zu warnen. Die Zionisten sollten bei ihren öffentlichen Diskussionen – gleich anderen jüdischen Organisationen – nicht vergessen, daß sie nicht frei über das Verhältnis des Judentums zum Deutschtum sprechen können. Der Ausschuß bitte daher einstimmig Friedemann und dessen Gruppe, von der Absicht, über diesen Punkt zu diskutieren, Abstand zu nehmen. Sollten sie aber auf ihrem Plan bestehen, müsse »die Organisation die Konsequenz daraus ziehen ..., daß sie nicht mehr in der Lage ist, mit Gesinnungsgenossen, die sie in eine so schwierige Situation bringen, zusammenzuarbeiten.«[15] Der Geschäftsführende Ausschuß wolle jedoch die Klärung der von Friedemann angeregten Frage nicht umgehen und habe beschlossen, durch Hinzuziehung der Ortsgruppenvertreter eine erweiterte Sitzung des Zentralkomitees einzuberufen und zu dieser Sitzung »die Fraktion von Dr. Friedemann« vollzählig einzuladen. Sämtliche Mitglieder des Geschäftsführenden Ausschusses stimmten Klee bei. Sogar Bodenheimer unterstützte Friedemann nicht. Er erregte vielmehr dessen Unwillen, als er den Text eines neuen Resolutionsvorschlags vorlas, der vorher in Friedemanns Gruppe erörtert worden war:

> »Beamte und Presse der zionistischen Organisation werden angewiesen, in der vom Baseler Programm angeordneten Stärkung des jüdischen Selbstgefühls und Volksbewußtseins, den allgemeinen Zusammenhang des Judentums zu fördern und deutsch-kulturelles und vaterländisches Gefühl zu respektieren.«[16]

Friedemann ergriff zum zweiten Mal das Wort. Die ausführliche Erörterung der Frage »Deutschtum und Zionismus« sei unumgänglich. Wenn die Bewegung an der Mitarbeit seiner Gruppe in Deutschland interessiert sei, müßte die Überbetonung des Nationalismus eine Mäßigung erfahren. Er forderte eine verpflichtende Zusage für eine Richtungsänderung. So lange Hantke, Heymann und Blumenfeld die Majorität im Geschäftsführenden Ausschuß hätten, wäre eine solche Verpflichtung nicht möglich. Daher forderte er zumindest Blumenfelds Demission. Diese Forderung stieß auf heftigen Widerstand. Motzkin und Klee protestierten gegen die Unterstellung einer angeblichen Majorität oder Minorität im Geschäftsführenden Ausschuß. Das Verhältnis zum Deutschtum stehe in keinerlei Verbindung zur persönlichen Zusammensetzung der Leitung. Hantke stellte Friedemann ein Ultimatum: es handele sich hier nicht um eine Beratung zweier sich gegenüberstehender Richtungen im deutschen Zionismus, sondern um den Versuch der offiziellen Vertretung der Zionistischen Vereinigung für Deutschland, Gesinnungsgenossen, mit denen man bisher zusammengearbeitet

---

15 Protokoll der XVI. Sitzung des Geschäftsführenden Ausschusses vom 6. Juni 1914, CZA A15/VII/27.

16 ebd.

habe, in letzter Stunde zu warnen, eine Taktik einzuschlagen, die sie von der künftigen Mitarbeit ausschließen würde. Von einem Kompromiß könne gar keine Rede sein. Angesichts dieser Drohung trat Friedemann den Rückzug an. Er erklärte, er wolle sich mit einigen Freunden beraten und versuchen, sie zur Teilnahme an der erweiterten Zentralkomitee-Sitzung zu veranlassen.[17] Beide Seiten wollten eine Spaltung verhindern. Der Geschäftsführende Ausschuß war sich darüber im klaren, daß das Ausscheiden zentraler, repräsentativer Mitglieder *zu diesem Zeitpunkt* auf Grund *dieser* ideologischen Meinungsverschiedenheiten, die öffentliche Stellung der zionistischen Bewegung schwer beeinträchtigen und die antizionistischen Anschuldigungen indirekt rechtfertigen würde. Die »Fraktion Friedemann« verstand ihrerseits, daß die Aussicht, die »Mittelgruppe« an sich zu ziehen, nicht günstig war und nur nach längerer Aufklärungs- und Organisationsarbeit Erfolg hätte. Hantkes Vorschläge konnten demnach zu einem akzeptablen Ausweg führen. Am nächsten Tag kamen Friedemann, Bodenheimer, Oppenheimer, Carl Lewin und Hantke zu folgender Verständigung:

1. Der Geschäftsführende Ausschuß wird in kurzer Zeit eine Sitzung des erweiterten Zentralkomitees einberufen, die sich mit dem Thema »Deutschtum und Zionismus« befassen soll. Zu dieser Sitzung sollen die Vertreter der »Richtung« Friedemanns eingeladen werden.
2. Falls bei dieser Besprechung eine Verständigung erzielt wird, würde diese veröffentlicht werden.
3. Sollte keine Verständigung erzielt werden, und die »Partei« Friedemanns darauf bestehen, wird der Geschäftsführende Ausschuß dafür eintreten, als letztes Mittel der Organisation einen außerordentlichen Delegiertentag zur Besprechung der Frage einzuberufen.
   Der Geschäftsführende Ausschuß erklärt, daß er selbstverständlich, falls die Sitzung des erweiterten Zentralkomitees den Standpunkt Friedemanns akzeptieren sollte, daraus die Konsequenzen ziehen werde.
4. Die »Partei« Friedemanns wird auf dem Delegiertentag die Frage »Deutschtum und Judentum« nicht berühren. Der Geschäftsführende Ausschuß wird seinerseits dafür Sorge tragen, daß diese Frage auch nicht von anderer Seite in die Diskussion geworfen und auch in der zionistischen Presse bis zur Sitzung des erweiterten Zentralkomitees nicht erörtert wird.[18]

[17] ebd. Im Laufe der Sitzung verlas Bodenheimer einen Resolutionsvorschlag seiner Freunde, obwohl er ihm nicht zustimmte. Julius Moses an Adolf Friedemann, 8. 6. 1914, CZA A15/VII/27.

[18] Appendix zum Protokoll der 16. Sitzung des Geschäftsführenden Ausschusses vom 6. Juni 1914, CZA A15/VII/27.

Diese Verständigung ermöglichte die Fortsetzung der Diskussion zwischen »Gemäßigten« und »Radikalen«, ohne Gefährdung der Einheit der Organisation. Der Delegiertentag konnte sich somit den Hauptaufgaben zuwenden.[19]

Die Entscheidungsschlacht des deutschen Zionismus

Das stenographische Protokoll des Delegiertentages berichtet von 125 Delegierten, die fast 10000 in verschiedenen Formationen organisierte Zionisten vertraten. Besonders beeindruckt das hohe Niveau der Diskussion und die Organisationstechnik, die die Erfahrung von Kongressen und Delegiertentagen im Laufe von 17 Jahren mit sich gebracht hatte.

Hantke eröffnete die Verhandlungen mit einem Referat über die Lage der ZVfD nach zwei Jahren ununterbrochener Kämpfe, aus denen sie gestärkt und geschlossen hervorgegangen war. Er sprach über den Beistand, den die Zionisten den Ostjuden in Deutschland im Kampf um ihr Wahlrecht in den Gemeinden geleistet hatten; sie wären die einzigen, die nachdrücklich gegen das Unrecht im Beilisprozeß protestierten. Er sprach auch über ihren Anteil am »Sprachenkampf«.

Besondere Aufmerksamkeit widmete er der Erziehung der jungen Generation:

> »In den ersten Jahren war uns dieses Problem fremd. Wir selbst waren ja die neue Generation, die auf das Kampffeld des jüdisch-politischen Lebens drängte. Aber wir sind älter geworden und so müssen wir uns fragen: Sollten wir wieder bei jeder neuen Generation ausschließlich auf die Propaganda

---

[19] Im Zusammenhang mit den Diskussionen der deutschen Zionisten über das »Deutschtum« sei eine ähnliche Diskussion in den Vereinigten Staaten über die Loyalität der Zionisten zum Staate erwähnt. Siehe: Avyatar Friesel, The Zionist Movement in the United States 1897–1914 (hebr.), Universität Tel Aviv 1970, S. 95–108. Insbesondere ist die außergewöhnliche Stellung des amerikanischen Zionistenführers Louis Lipsky hervorzuheben:

> »In short, admitting that both patriotisms are not compatible we deny that their incompatibility is censurable, unnatural or dangerous. The American people understand our position more clearly than we give them credit for. We are good, valuable citizens, they will say, with a strong foreign interest not at all incompatible with American interests, though, if we had no foreign interests, we might be doing more for the development of America. That foreign interest dayly becomes stronger. It re-acts on the life of the American Jew. He prepares himself for his foreign citizenship, they agree, which is not essentially different to texture from that American citizenship. One day, many of these citizens will leave America. When they have established their nation, then all those of their race who live in foreign countries will ipso facto, intending to remain where they are, become citizens of the first class in the countries where they live. Until then, American Jews fight American battles, help in its development, obey the laws, help to improve them, take care of the poor, are self-reliant, enterprising, etc. As such they are good citizens, the American will conclude, but they are citizens with a condition.«

L. Lipsky, »Jewish Nationalism and American Patriotism«, Maccabean, III, 1907, S. 100–102, zitiert in: Avyatar Friesel, The Zionist Movement in the United States 1897–1914, a.a.O., S. 258, Anm. 65.

angewiesen sein oder gibt es ein System jüdischer Erziehung, das den nach uns kommenden den Weg erleichtert. Die Frage ist bitter ernst. Niemand kennt so gut als wir selbst die Schwierigkeit, die Jugend trotz der überwältigenden Einflüsse der uns umgebenden und uns erfüllenden Kulturen zu stolzen und zukunftsfreudigen Juden zu erziehen. Niemand vermag so gut wie wir zu beurteilen, welchen Schicksalen, ja sogar welchen Zufälligkeiten es der größte Teil der Zionisten verdankt, daß er sich einmal von den Fesseln der Assimilation befreien konnte.«

Der Vorsitzende der ZVfD gab zu, daß erst der Kampf um die hebräische Schule die Bedeutung der Erziehung und des nationalen Wissens in den Mittelpunkt der zionistischen Idee gerückt habe. Er forderte die deutschen Zionisten, Eltern und »Alte Herren«, zur Schaffung eines »lückenlosen Netzes« zionistischer und nationaljüdischer Erziehungsformen auf: Kindergärten, »Blau-Weiß«-Wandervereine, Klubs des »Herzl-Bundes«, Studentenverbindungen und Turnvereine.[20]
Die Mehrzahl der Diskussionsredner, auch Nichtanhänger des radikalen Flügels, stimmten der politischen Linie des Geschäftsführenden Ausschusses zu. Alfred Klee betonte, daß im Vergleich zur »geschlossenen Phalanx«, die sich in gemeinsamen öffentlichen Kämpfen gebildet habe, die inneren Differenzen absolut zweitrangig seien. Es habe eine Rückentwicklung zu Herzl stattgefunden, da die Leitung den politischen Charakter der Bewegung deutlich wahre.

»Nach meiner Auffassung gehörte auch der Sprachenkampf zu den politisch notwendigen Aktionen. Ein einheitliches Palästina ist ein politisches Ziel. Wirtschaftliche Geschlossenheit ist ohne kulturelle Einheit etwas Halbes.«

Auch die innerjüdische Politik des Geschäftsführenden Ausschusses habe sich bestens bewährt. Hier sei der unter zionistischem Einfluß stehende »Reichsverein« zur Alternative des »Zentralvereins« geworden und habe mit Erfolg die Interessen der Ostjuden in den Gemeinden Duisburg und Hamm verteidigt.[21]

»Unsere positive Arbeit, das ist die Hauptsache! Sie macht uns stark und einflußreich, und das kränkt häufig die anderen. Dann ergeben sich eben Konflikte, das läßt sich nicht vermeiden. Je geschlossener wir dastehen, desto größer werden unsere Erfolge sein. Hätten wir bei der wundervollen Kundgebung des deutschen Zionismus anläßlich des Sprachenkampfes nicht so einheitlich und geschlossen dagestanden, so hätten wir uns niemals die Achtung erzwungen, die wir brauchen, und auch nicht den schönen Erfolg errungen.«[22]

20 »Der XIV. Delegiertentag in Leipzig, am 14. und 15. Juni 1914«, JR Nr. 25, 19. 6. 1914, S. 263–265. Protokoll der Verhandlungen.
21 Über die Tätigkeit des »Reichsvereins« zur Verteidigung der ausländischen Juden siehe Kapitel »Zionistische Gemeindepolitik« in dieser Arbeit, S. 525f.
22 »Der XIV. Delegiertentag in Leipzig, am 14. und 15. Juni 1914«, a.a.O., S. 266.

Friedemann und Oppenheimer vertraten die Anschauungen der »gemäßigten« Opposition. Während Friedemann die Illusionen der »Posener Resolution« und die negativen Auswirkungen der radikalen Taktik kritisierte, griff Oppenheimer vor allem Blumenfeld und die von ihm propagierte Ideologie an. Unter gewissen Umständen sei der Radikalismus vielleicht ein guter Schrittmacher der zionistischen Idee, er sei jedoch nicht die einzige Richtung im Zionismus. Oppenheimer bemerkte ironisch, Blumenfeld, der zionistische »Beamte«, und sein Kreis unterlägen einem gewissen Rausch, während die »älteren Leute«, die langjährigen *unbezahlten* Mitarbeiter der Bewegung nüchtern geblieben seien. Seine Kritik wandte sich gegen das »ungeordnete Chaos« in Blumenfelds Rede, die keine »greifbare Gedanken« sondern nur Gefühle enthalten habe. Zur Ermöglichung der Weiterarbeit wollte Oppenheimer dem »Chaos« eine geordnete Theorie entgegenstellen: eine Organisation sei der Zusammenschluß von Menschen zwecks Erkämpfung eines gemeinsamen Zieles. Der Unterschied zwischen einer Partei und einer Sekte sei, daß eine Partei nach einem festen Ziel strebt, während eine Sekte eine einseitige Gesinnung zum Ausdruck bringt. Der Zionismus sei auf dem Wege des Abstiegs zu einer Sekte. Die »Posener Resolution«, die von jedem Zionisten die Übersiedlung nach Palästina verlange, sei nicht mehr die Forderung einer Partei, sondern einer Sekte:

> »Man fordert nicht mehr bestimmte Pflichten und Handlungen, sondern eine Gesinnung. Eine bestimmte Gesinnung von mir zu fordern, hat selbst die größte Partei kein Recht. Für mich persönlich erkläre ich hier, daß ich eine Übersiedlung nach Palästina nicht in mein Lebensprogramm aufgenommen habe. Ich habe dies nicht allein aus prinzipiellen Gründen getan, sondern weil ich das Land aus eigener Anschauung gut kenne und weiß, daß diese sittliche Forderung auszuführen, heute ein Ding der Unmöglichkeit ist. Das Land ist heute überschwemmt von Akademikern, die keine Lebensexistenz dort haben. Nichts in der Welt ist so unverantwortlich, als sittliche Forderungen an andere zu stellen und nicht an sich. Aus inneren Gründen lehne ich die Posener Resolution ab und bin doch noch ein guter Zionist und stehe auf dem Boden des Baseler Programms mit allen seinen Paragraphen. Ich bin auch ein Nationalist im alten Sinne des Baseler Programms, das die Stärkung des jüdischen Selbstbewußtseins von uns fordert.«

Als Wissenschaftler lehnte Oppenheimer die verwirrende Anwendung von Schlagworten wie »Volksbewußtsein« und »Nationalismus« ab. Für ihn bestehe eine Synthese zwischen Deutschtum und Zionismus, und da er und seine Freunde fest auf dem Boden des Baseler Programms stehen, müßten sie dagegen protestieren, etwa als »Zionisten zweiter Klasse« behandelt zu werden.[23]

---

[23] a.a.O., S. 269f.

Als Beweis für die Legitimation seiner zionistischen Auffassung zitierte Oppenheimer aus einem an ihn gerichteten Brief Herzls. Im Jahre 1903 hatte er Herzl den Entwurf seiner Antwort auf eine Zeitungsumfrage gesandt. Der »Generalanzeiger für die gesamten Interessen des Judentums« hatte eine Umfrage an verschiedene Persönlichkeiten gerichtet. Die Frage lautete, ob der Zionismus zur Lösung der Judenfrage imstande sei. Oppenheimer wollte das Gutachten Herzls einholen, bevor er seine Antwort veröffentlichte:

»... Ich bin noch zu jung in der Bewegung, als daß ich sicher sein könnte, keine Ketzereien auszusprechen, die Ihnen vielleicht unbequem sein könnten – und das möchte ich vermeiden. Vielleicht haben Sie die Güte, schnell die paar Zeilen durchzusehen und mir Ihre Meinung mitzuteilen, ob ich überhaupt ›Zionist‹ bin.«[24]

Oppenheimers Antwort-Entwurf zielte darauf hin, daß er sich mit den Bestrebungen des Zionismus identifiziere. Die Juden hätten mehr als jedes andere Volk unter dem Druck des Absolutismus, des Kapitalismus und des Antisemitismus gelitten. Jedes Volk benötige gesunde politische und soziale Verhältnisse. Er sei überzeugt, daß die zionistische Bewegung imstande sei, die Judenfrage durch kooperative Siedlungen auf Nationalboden zu lösen. In diesen Siedlungen werde der Sozialismus nach thora-ähnlichen Prinzipien verwirklicht. Wenn diesem Werk genügend Kapital und geeignete Menschen zur Verfügung gestellt werden, könne am Erfolg des Zionismus kein Zweifel bestehen. Der Zionismus bedeute die soziale Gesundung des Judentums.[25] Darauf antwortete ihm Herzl:

...»Nach dieser Ihrer Antwort werden Sie nicht nur von sich selbst, sondern von vielen unserer Besten für einen trefflichen Zionisten gehalten werden.«[26]

Oppenheimers Definition der jüdisch-deutschen Synthese fand auch außerhalb seiner Gruppe Zustimmung. Die Definition eines Zionisten wurde jedoch nicht nur von den Radikalen, sondern auch vom Großteil der »Mittelgruppe« abgelehnt. Dieser Anschauung zufolge wären Zionisten keine Juden, die nach Palästina strebten, sondern diejenigen, die jüdischen Auswanderern bei ihrer Ansiedlung in Palästina behilflich sind. Wer sich mit diesem Ziel identifiziert, könne sich der Zionistischen Organisation anschließen. Wer sich nicht dem jüdischen *Volk* zugehörig betrachtet, aber aus historiosophischen, opportunisti-

---

24 Oppenheimer an Herzl, 11. 2. 1903, CZA H VIII/626.

25 Franz Oppenheimer, »Zu unserer Umfrage über den Zionismus«, Generalanzeiger für die gesamten Interessen des Judentums Nr. 10, 5. 3. 1903, S. 1.

26 Herzl an Oppenheimer, 13. 2. 1903, CZA HVIII/626. Nach dem Pogrom von Kischinew bekannte sich Oppenheimer in einem Brief an Herzl zum Baseler Programm: »Sie wissen, daß ich Zionist bin und fest auf dem Boden des Baseler Programms stehe ... Ich muß hinzufügen, daß ich nicht begreifen kann, wie *nach Kischinew* ein Jude nicht Zionist sein kann.« Welt Nr. 29, 17. 7. 1903, S. 3.

schen oder sogar aus feindseligen Gründen für die Auswanderung von Juden nach Palästina eintritt, ist immer noch ein gleichberechtigter Zionist.[27]

Die Anschauungen der Opposition wurden mit Enthusiasmus und Talent vorgebracht. Dennoch »eroberten« sie nicht die von ihnen angezielte »Mittelgruppe«. Diese Gruppe vertrat die Ansicht, die ideologische Diskussion habe im Grunde keine neuen Argumente zu Tage gebracht. Es handele sich nur um Restbestände bisheriger Kämpfe zwischen »Politischen« und »Praktischen«.[28] Selbst Bodenheimer konnte den Definitionen Oppenheimers nicht zustimmen. Nach seiner Meinung war der Delegiertentag nicht dazu berufen, in diesen schwierigen Fragen klare Direktiven zu geben. Hier gehe es gar nicht um eine Differenz der Weltanschauungen, sondern um Unterschiede der Nomenklatur.[29]

In der Zusammenfassung der Debatte war der Vorsitzende offensichtlich bestrebt, das in der Opposition herrschende Gefühl der Benachteiligung zu entkräften, um die Einheit der Organisation zu wahren. Er sprach sich gegen »Gesinnungsschnüffelei« aus und forderte dazu auf, Teilmeinungen zugunsten des Willens der Organisation zurückzustellen.[30] Er ließ keinen Zweifel an der ideologischen Tendenz der Zionistischen Vereinigung:

> »Die Stimmung des Delegiertentages hat sich auch ohne Abstimmung deutlich dokumentiert, so daß kein Zweifel sein kann, daß Blumenfelds Begründung des nationalen Gedankens von der sehr großen Majorität des Delegiertentages gebilligt wird. Die Herren, die sich dagegen gewendet haben, haben ihre Argumente im wesentlichen aus der Vergangenheit geholt. Was die Richtung, die wir vertreten auszeichnet, ist, daß wir uns unsere Argumente aus der Zukunft holen ...
>
> Wir verlangen von der Gegengruppe nicht eine Unterwerfung unter unsere Ansichten, sondern bloß Mitarbeit ... Eine Opposition aber, die sich nur auf Kritik beschränkt, hat im Zionismus noch niemals ihre Meinung durchgesetzt. Das Feld ist offen, die Betätigung im Zionismus steht jedem frei, die Jugend hat denselben Respekt vor den älteren Zionisten im anderen Lager wie vor uns. Vorläufig sehen wir aber nur eine Opposition, die nur kritisiert und noch dazu in sich vollständig uneinig ist ...
>
> Unser verehrter Gesinnungsgenosse Dr. Oppenheimer hat mehrmals von den jungen Herren gesprochen. Diese jungen Herren, das war die Altersklasse, die den Zionismus in der ganzen Welt geschaffen und die auch in Deutschland den ersten Kampf geführt hat. Heute sind leider nicht mehr wir

---

27 Franz Oppenheimer, Der Zionismus, Teplitz-Schönau o. D. (1909), S. 4. Über den Zionisten Franz Oppenheimer siehe: Franz Oppenheimer, Erlebtes, Erstrebtes, Erreichtes. Lebenserinnerungen, Düsseldorf 1964, S. 210–218; Alex Bein, »Franz Oppenheimer als Mensch und Zionist«, Bulletin des Leo-Baeck-Instituts, 7. Jg. (1964), Nr. 25, S. 1–20.

28 Siehe Reden von Strauss und Pelz, »Der XIV. Delegiertentag in Leipzig, am 14. und 15. Juni 1914«, a.a.O., S. 270.

29 ebd.

30 Gemeint waren die Zionisten, die trotz der Beschlüsse der ZVfD im »Zentralverein« geblieben waren.

die jungen Herren. Ich habe aber das Vertrauen, daß die neue Generation den Zionismus in dem Sinne weiterführen wird, wir wir es wünschen. Sorgen Sie sich nicht, wenn es scharf hergeht, wenn selbst einmal Mißgriffe geschehen. Hätten wir keine Fehler gemacht, so hätten wir auch nichts geschaffen. Der Zionismus, der Protest gegen alles Unjüdische im Judentum, ist so stark, daß die Nuancen innerhalb des Zionismus ganz unerheblich sind. Alte Herren und junge wollen wir uns vereinigen, um ein Ziel, ein jeder auf seinem Wege, zu verfolgen: Die Zukunft unseres Volkes in Palästina.«[31]

Zum Schluß der »Generaldebatte« lagen dem Delegiertentag zwei Anträge vor:
1. Der Antrag der Mehrheit drückte volle Übereinstimmung mit der Politik des Geschäftsführenden Ausschusses aus und forderte, mehr Gewicht auf die Jugendarbeit zu legen.[32]
2. Der Antrag der Opposition, von Friedemann und Oppenheimer eingereicht, befaßte sich nicht mit ideologischen Differenzen und kritisierte die Leitung nur indirekt. Er forderte die zionistischen Beamten und die offizielle zionistische Presse künftig anzuweisen, sich mit keiner einseitigen Richtung im Zionismus zu identifizieren.[33]

Fast einstimmig drückten die Delegierten dem Geschäftsführenden Ausschuß ihr Vertrauen aus. Mit 61 gegen 22 Stimmen lehnten sie den Antrag der Opposition ab und beschlossen, zur Tagesordnung überzugehen.[34] Die Radikalen sahen in dieser Debatte »die Entscheidungsschlacht des deutschen Zionismus«. »Es war ein Sieg der Jugend, ein Sieg des palästinozentrischen Zionismus über Gemeindepolitiker ... ein Sieg der Unbekümmerten über die, deren gesellschaftlicher Stellung ein gemäßigter Zionismus entsprach.«[35]
Der Delegiertentag bestimmte ferner die Richtlinien der Jugendarbeit. Es wurde beschlossen, daß die ZVfD ihre Mitglieder verpflichten müsse, in den bestehenden und noch zu gründenden zionistischen und nationaljüdischen Jugendvereinen aktiv mitzuarbeiten, wenn sie nicht zu »einer Fraktion zionistischer Greise« werden wollten. Die Mehrheit der Delegierten sah keinen Sinn, die Tätigkeit in den neutralen Jugendvereinen, in denen sich die antizionistische Tendenz durchgesetzt hatte, fortzusetzen. Dennoch nahmen sie den

---

31 a.a.O., S. 271.
32 Der Vorschlag wurde von Landau und Dr. Hirsch eingereicht, a.a.O., S. 271.
33 Der Vorschlag wurde von Friedemann, Oppenheimer und Mühsam eingereicht, ebd.
34 Die Mehrzahl der Delegierten behauptete, daß bei der Abstimmung eine prozedurale Unklarheit geherrscht habe und daher das wirkliche Stimmenverhältnis nicht zum Ausdruck gekommen sei. Das Sekretariat der Tagung gestattete keine nochmalige Abstimmung. Dagegen behauptete die »Jüdische Rundschau«, daß nur 10 Delegierte für den Vorschlag der Opposition gestimmt hatten, a.a.O., S. 263, Leitartikel.
35 K. Blumenfeld, Erlebte Judenfrage, a.a.O., S. 113–115.

Antrag von Hans Goslar an, einzelnen Zionisten die Mitarbeit in diesen Vereinen freizustellen, aber unter einer Bedingung: Im Streitfalle müsse die letzte Entscheidung beim Geschäftsführenden Ausschuß liegen.[36]

Eine »deutsche Achusa« (Ansiedlung)

Ein bedeutsamer Punkt der Tagesordnung war das Referat von Theodor Zlocisti über die »deutsche Achusa«. Dies war ein Siedlungsplan für den Mittelstand, der laut Beschluß des Geschäftsführenden Ausschusses vom 20. Juni 1912 die »Posener Resolution« in die Wirklichkeit umsetzen sollte.[37] Nach diesem Plan hatte eine Anzahl Familien im Laufe von 7–10 Jahren ca. 1400 Dollar pro Familie für Bodenankauf zu sparen; die Urbarmachung und die Einrichtung von Privatwirtschaften sollten in genossenschaftlichem Rahmen erfolgen. Zlocisti stützte sich auf die Erfahrung, welche »Achusaorganisationen« in den Vereinigten Staaten erworben hatten. In sieben Städten: St. Louis, Chicago, Los Angeles, New York, Cleveland, Pittsburgh und Philadelphia hatten sich etwa 350 Familien in Siedlergruppen zusammengeschlossen. Eine »Achusa«-Siedlung in Palästina sollte aus Plantagewirtschaften von je 60–70 Dunam (6–7 Hektar) bestehen. Die Siedler müßten diese selbst – also ohne Lohnarbeiter – bearbeiten. Die »Achusa«-Gruppen planten ihre Auswanderung nach Palästina im Laufe von zehn Jahren. Sie veranstalteten regelmäßige »meetings« zwecks Vorbereitung für das künftige gemeinsame Leben. Mittels dieses langfristigen Planes beabsichtigten sie die Verwirklichung ihrer nationalen Bestrebungen.

> »Es ist eine Verbindung von Spar- und Abzahlsystem mit dem Ziele, dem Genossen in einer bestimmten Frist eine Pflanzung in Besitz zu geben, groß genug, um ihm ein arbeitsames und doch beschaulich-einfaches Farmerleben zu ermöglichen. Die ›Achusa‹ ist keine groß-kapitalistische Bewegung; sie stellt dem kleinen kapitalistischen Spartrieb ein nationales Ideal.«

Zlocisti basierte seinen Plan der »deutschen Achusa« auf die organisatorische Erfahrung in den Vereinigten Staaten sowie auf die Praxis der ersten Siedlungen in Palästina: Poria und Sarona in Galiläa wurden nach gleichem Prinzip errichtet. Besonders ermutigend waren die Resultate in Poria (1910 gegründet), das dank der Initiative und Ausdauer jüdisch-amerikanischer Siedler schon im dritten Jahre florierte und wohl im achten Jahr rentabel sein würde. Er stützte sich bei Haushaltsberechungen auf den amerikanischen, wie auch auf einen

---

36 Protokoll der Verhandlungen des 14. Delegiertentages, JR Nr. 25, 19. 6. 1914, S. 272.
37 Siehe: Protokoll der 1. Sitzung des Geschäftsführenden Ausschusses, 20. 6. 1912, CZA A15/VII/25.

ähnlichen russischen Plan der »Wilnaer Achusa«, nach dem die Kolonien Kefar Uria und Ruchama errichtet wurden. Er fand, dieses Kolonialsystem weise einen Weg, der zu *einem* Ziel führt: Zur Erschließung Palästinas und zur eigenen Befreiung. Hier werde die Heimat durch die Arbeit vorbereitet. Es gewähre freiheitliches Schaffen und bilde den soziologischen Unterbau für eine ungezwungene Ausbildung und Entfaltung der kommenden Generationen. Auf Grund dieser Erwägungen fragte Zlocisti:

> »Dürfen die deutschen Zionisten in gönnerhafter Abwartestellung der vollen Klärung der neuen palästinensischen Arbeitsmethoden zuschauen? Oder sind sie verpflichtet, Pioniere zu stellen der Eroberung Palästinas für die Kultur? Gewiß, weder eine äußere Not, noch die Angst um unsere bürgerliche Zukunft erzwingen ein fürsorgliches Handeln ...
> So kann es für deutsche Zionisten, die im deutschen Idealismus die Reinheit ihrer Seele bewahrt haben, nur eine *sittliche* Verpflichtung für die Einheit des Judentums sein, ihre ganze Persönlichkeit einzusetzen für ein Werk, das nach unserer Überzeugung allein diese Einheit erhalten und schöpferisch machen kann. Aus diesem Geiste ist die Posener Resolution entstanden. Aus diesem Geiste, dem alle Stilistik gleichgültig sein kann, ist sie zu bewerten. Aus diesem Geiste werben wir für die deutsche Achusa. Und darum kann der Ruf zur Tat nicht verhallen.«

Der Zustimmung seiner Gesinnungsgenossen gewiß, plante Zlocisti die »Achusa« bis in die Einzelheiten. Der Anfang sollte bescheiden sein. Zuerst würden sich 40 Familien ansiedeln.

> »Nicht verbrauchte und zerbrochene, die nur noch ein friedsames Plätzchen für den Rest ihrer Tage bereiten wollen! Feste und starke Naturen, die aus dem Gesetz ihres Lebens wissen, daß ihr Wille nicht müde werden, ihr Ideal im Abenddämmer nicht blassen kann.«

Jeder Siedler hatte 175000 Francs = 14000 Mark in halbjährigen Raten einzuzahlen, um eine ertragbringende Wirtschaft zu erhalten. Er konnte dann mit einem Einkommen von 2000 Mark rechnen, das groß genug wäre, einem Besitzer von Hof, Garten und reichlichem Ackerland ein schlichtes, unabhängiges Bauernleben zu ermöglichen. Besondere Aufmerksamkeit widmete Zlocisti der Vorbereitung der Siedler für das genossenschaftliche Leben. Sie müßten ihre Lebensgemeinschaft schon vor der Ansiedlung aufbauen, sich gegenseitig einfühlen und auf einander einstellen, »sich die Kanten der Eigenart abstoßen, lernen die Genossen verstehen und verzeihen.« Dies seien notwendige Lebensformen für Menschen, die als Pioniere auf einsamem Posten ganz auf sich angewiesen sein würden.
Die »deutsche Achusa« werde sich in eine machtvolle »Achusabewegung« von Zionisten der ganzen Welt einreihen, in der jede Gruppe dem neuen Gemeinwesen die positiven Eigenschaften ihres alten Heimatlandes beisteuert: die Amerikaner Zielstrebigkeit, die Engländer Persönlichkeitsbewußtsein, die Rus-

sen »die breite Natur«, Hingabe an ein Ideal, Begeisterung und Opferfreudigkeit. Die deutschen Zionisten würden ins jüdische Einheitswerk die idealistische Tradition von Fichte, Jahn, Humboldt und Schiller einbauen. Sie würden mit sich den »von Hegels Idealismus durchfluteten« Protest von Moses Hess gegen die Verräter des jüdisch-historischen Erbes bringen.

> »Deutsche Schulen und deutsches Leben haben uns den Sinn für Ordnung, Pflicht, Exaktheit stark gemacht und uns zu einer Disziplin erzogen, in der der Einzelne Kraft und Weihe gewinnt in seiner Einfügung in die Gemeinschaft. Der Geist dieses Systems kommt der Artung der Juden entgegen, waren wir doch das einzige Volk, das in einer überwertigen Idee organisiert war. Deutsche Zionisten sollen diesen Geist fruchtbar machen für ihre Werk der Gesittung. Das wird ein Segen sein und zugleich dankbarer Patriotismus.«

Der besondere Wert der »deutschen Achusa« liege darin, meinte Zlocisti, daß sie nicht aus wirtschaftlichen Notwendigkeiten, sondern aus »nationalethischem Imperativ« entstanden sei und so zur Verwirklichung der zionistischen *Idee* beitrage.[38]
Dem Referat Zlocistis folgte keine Diskussion, möglicherweise wegen der überlasteten Tagesordnung oder weil diese Art von Verwirklichung der »Posener Resolution« eben keinen Widerstand hervorrief. Der Delegiertentag nahm anscheinend durch Akklamation den »Antrag Zlocistis und Genossen« an:

> »Der 14. Delegiertentag der ZVfD sieht in den Achusoth ein wertvolles Mittel der wirtschaftlichen Erschließung Palästinas durch Juden. Er erwartet, daß auch deutsche Zionisten sich zur Begründung von Achusoth zusammenschließen.«[39]

Diese etwas blutarme Resolution stand in gewissem Gegensatz zum Pathos des Referates und den Aufgaben, die Zlocisti den deutschen Zionisten stellte. Der Delegiertentag wählte keine Kommission zur Durchführung des »Achusa«-Planes. Möglicherweise sah man im neugewählten Geschäftsführenden Ausschuß – Hantke, Blumenfeld, Heymann, Klee und Motzkin – das zuständige Gremium zu ihrer Verwirklichung. Die offizielle Meinung kam in der »Jüdischen Rundschau« zum Ausdruck, die der Resolution Leben einflößen wollte:

---

[38] Theodor Zlocisti, »Eine deutsche Achusa, Referat gehalten auf dem XIV. Delegiertentag der Zionistischen Vereinigung für Deutschland«, JR Nr. 26, 26. 6. 1914, S. 278–281; Theodor Zlocisti, »Palästinensische Kolonien deutscher Juden«, JR Nr. 19, 8. 5. 1914, S. 197. Über die Organisation »Achusa« in den Vereinigten Staaten siehe: Avyatar Friesel, The Zionist Movement in the United States 1897–1914 (hebr.), a.a.O., S. 176; über die Kolonien Kefar Uria und Ruchama, die von der russischen »Achusa« gegründet wurden, siehe: Mordechaj Eliav, Erez Israel wejishuva bameah ha-19, a.a.O., S. 268.

[39] »Der XIV. Delegiertentag in Leipzig, Antrag Zlocisti und Genossen«, JR Nr. 25, 19. 6. 1914, S. 271. Über den Antrag wurde scheinbar nicht abgestimmt. Das Protokoll verzeichnet lediglich: »Angenommen«.

»Auf dem Delegiertentage, wo es sich nur um Ausführungsvorschläge auf Grund der allgemein anerkannten Grundsätze handelt, ist für Debatten eigentlich kein Raum mehr. Die Achusa wird allgemein als eine Pflicht der deutschen Zionisten angesehen, nicht als ein Thema, über das man sprechen kann. Diese einmütig bekundete Auffassung war der Ausdruck des in unserer Organisation lebenden ernsten Willens zu intensivster Palästinaarbeit.«[40]

Der Plan der »deutschen Achusa« kam nicht zur Durchführung. Die im Juni 1914 gehegten Hoffnungen wurden durch die schweren Probleme zurückgedrängt, vor denen die zionistische Bewegung in wenigen Wochen stehen sollte. Nach Ende des Krieges und den Umwälzungen der Nachkriegszeit kam sie nicht wieder auf die Tagesordnung, selbst nicht, als die Balfourdeklaration der zionistischen Tatkraft neue Horizonte erschloß. Es scheint, daß dieser Plan, der für viele deutsche Zionisten wegweisend hätte sein können, nicht nur beiseite geschoben, sondern überhaupt vergessen wurde. Die Geschichtsschreiber des deutschen Zionismus widmen ihm kein Wort.[41]
So entging dem deutschen Zionismus die Gelegenheit, eine seiner Eigenart entsprechende Pionierarbeit zu leisten. Die Mittelstandssiedlungen, die nach 1933 unter dem Druck der jüdischen Katastrophe in Deutschland durch die »Abteilung für Mittelstandskolonisation bei der Jewish Agency« gegründet wurden, trugen anderen Charakter. Es waren dies keine Siedlungen zionistischer Pioniere, sondern hauptsächlich Siedlungen von *Emigranten*, denen die Ideale des deutschen Zionismus fremd waren, und insofern keine Verwirklichung des »deutschen Achusa«-Gedankens.[42]

Die Bedeutung der Entscheidung

Die Entscheidung für den Radikalismus auf dem Leipziger Delegiertentag sollte die politische Tendenz des deutschen Zionismus auf lange Sicht bestimmen. Durch diese Entscheidung wurde er zu einer wichtigen Komponente des radikalen Flügels in der Weltorganisation. Sie führte zu einer konsequenten Unterstützung der Arbeiterbewegung in Palästina.

---

40 »Der XIV. Delegiertentag in Leipzig, a.a.O., S. 263. Leitartikel.

41 Blumenfeld erwähnt den »Achusa«-Plan mit keinem Wort, obwohl er in seinem Buch an zwei Stellen den Leipziger Delegiertentag behandelt. Kurt Blumenfeld, Erlebte Judenfrage, a.a.O., S. 69f., 113f.

42 L. Pinner, Ansiedlung von 675 Familien aus Deutschland in Einzelwirtschaften, Hitachdut Olej Germania, o.O. 1938; Margarete Turnowsky-Pinner, Die zweite Generation mitteleuropäischer Siedler in Israel, Schriftenreihe wissenschaftlicher Abhandlungen des Leo-Baeck-Instituts, Tübingen 1962, S. 5–21. Siehe ferner: Arthur Ruppin, »Referat über die Seßhaftmachung deutscher Juden in Palästina«, Stenographisches Protokoll der Verhandlungen des XVIII. Zionistenkongresses, Prag, 21. August bis 4. September 1933, S. 185–196.

Die Wirkung der Beschlüsse des Delegiertentages machte sich schon nach einem Monat bemerkbar, als nach langwierigen Verhandlungen eine Fusion der beiden konkurrierenden zionistischen Studentenverbindungen zum »Kartell Jüdischer Verbindungen« (K.J.V.) zustande kam.[43]
Der eigentliche Erfolg der »zweiten Generation« lag aber nicht im Sieg über die »erste«, sondern im Ringen um die »dritte Generation«, da sie – im Gegensatz zu den »Gemäßigten« – die Vorzeichen der Erschütterung in der Lage der deutschen Juden richtig erkannt hatte. Dies wird durch die Diskussion über den Radikalismus und die zionistische Verwirklichung bestätigt, die auf den Titelseiten der »Jüdischen Rundschau« bis zum Ausbruch des 1. Weltkriegs geführt wurde.[44]
Die Opposition zog jedoch andere Schlüsse aus dem Leipziger Delegiertentag. Die Tatsache, daß ein Drittel der Delegierten für sie gestimmt hatte, ermutigte sie zum Zusammenschluß in einer Fraktion. Man wollte in der für Oktober angesetzten Debatte des erweiterten Zentralkomitees über »Deutschtum und Zionismus« als geschlossene Körperschaft auftreten. Oppenheimer, Friedemann und Carl Lewin forderten 30 Funktionäre in einem Rundschreiben auf, in den Ortsgruppen und der Presse im Sinne der »Gemäßigten« das Wort zu ergreifen, um deren Position in der Debatte zu stärken.[45] Ein weiterer Rundbrief an »Gesinnungsgenossen« warnte vor der Gefahr des Radikalismus und dem Schaden den er anrichte, in dem er die deutschen Juden vor der ZVfD abschrecke:

> »Man mißt die Kraft einer Bewegung gewiß nicht nur an der Zahl ihrer Mitglieder und Anhänger. Aber man mißt sie auch nicht an deren Überzeugungstreue. Maßgebend ist die werbende Kraft, die sich in der allgemeinen Stimmung äußert. Selbst die überzeugungstreue Sozialdemokratie wäre ohne die große Mitläuferschaft bedeutungslos. Wir aber rufen die Feindschaft der Menge förmlich geflissentlich gegen uns wach und verderben uns alle Sympathien.«[46]

Die »Gemäßigten« wurden in ihrer Einstellung durch die liberale Presse bestärkt, die in ihren Berichten über den Delegiertentag den radikalen Zionis-

---

43 »Verschmelzung«, JR Nr. 30, 24. 7. 1914, S. 325.
44 Hugo Hermann, »Der Radikalismus« JR Nr. 26, 26. 7. 1914, S. 277; Richard Lichtheim, »Das Märchen vom Radikalismus, Offener Brief an Herrn Dr. Franz Oppenheimer«, JR Nr. 27, 3. 7. 1914, S. 289–290; Adolf Friedemann, »Sachlicher Radikalismus oder endlich radikale Sachlichkeit«, JR Nr. 29, 17. 7. 1914, S. 311–312; Franz Oppenheimer, »›Radikalismus‹, Antwort auf den offenen Brief von Herrn Richard Lichtheim«, JR Nr. 30, 24. 7. 1914, S. 323–325.
45 Vom 6. Juli 1914. CZA A8/58. Das gedruckte Zirkular trägt dasselbe Datum. CZA A15/II/27.
46 Der Entwurf eines Zirkulars ohne Unterschrift und ohne Datum (Juli 1914). Die Anschrift: »Sehr geehrter Herr Gesinnungsgenosse!« CZA A8/58.

mus angriff, während sie den Reden Friedemanns und Oppenheimers Sympathie entgegenbrachte.[47]
Die organisatorische und publizistische Aktivität förderte den Zusammenschluß der »gemäßigten« Fraktion, obwohl ihre zahlenmäßige Stärke nach den Dokumenten in Friedemanns Nachlaß schwer zu schätzen ist. Neben der entschiedenen Ablehnung der radikalen Tendenz durch die Ortsgruppe Mainz, die die »Jüdische Rundschau« wegen ihrer einseitigen Haltung abzubestellen drohte[48], enthält der Nachlaß auch kritische Briefe.
Rosa Dukas, Studentin in Freiburg/Br., versicherte Friedemann, »daß auch unter der jungen Generation der Zionisten eine starke Abwehr gegen den von Ihnen bekämpften Geist lebendig ist.« Doch seine Taktik auf dem Delegiertentag fand sie verfehlt. Viele, die nach außen gegen seinen Antrag waren, würden ihm innerlich beistimmen. Nicht wegen der »großsprecherischen und skrupellosen« Propaganda hätten sie für die Leitung gestimmt, sondern weil sie seinen Antrag nicht für wichtig genug hielten, um der Leitung das Mißtrauen auszusprechen.
Die »Gemäßigten« hätten den Fehler begangen, den Kampf gegen die extreme nationalistische Richtung mit der »Posener Resolution« zu verknüpfen, die bei vielen, gerade aus Opposition gegen diese Richtung, Interesse hervorgerufen habe. Sie hätten »diesen lauten und draufgängerischen Nationalismus« unabhängig von jeder Tagesfrage bekämpfen und seine »Hohlheit, Seelenlosigkeit und Unjüdischkeit« enthüllen sollen.[49]
Ein aktiver Zionist aus Straßburg, Dr. Dreyfus, und seine Gesinnungsgenossen im Elsaß teilten durchaus Friedemanns Ansicht, die zionistische Propaganda müsse »suaviter in modo, fortiter in re« geführt werden.

> »Aber mit dem ›märkischen Kieferbewußtsein‹ Ihres Herrn Oppenheimer kommen wir nicht weit; gewiß nicht zu einem Judenland. Das, was Herr Dr. Oppenheimer vom Heimatgefühle etc. sagte, hat auch im Centralverein mein engerer Landsmann Ludwig Haas vom Rauschen der Schwarzwaldtannen so ›poetisch‹ vorgetragen und mir selbst haben die Wellen eines Schwarzwaldflusses, da mein Elternhaus *in* denselben hineingebaut ist (Gernsbach im Murgtal) das Wiegenlied gesungen. Aber das sind Kindheitserinnerungen und nichts weiter als Sentimentalitäten. – Die ersten Erinnerungen unserer Volksgenossen bestehen darin, daß sie im Feuerschein ihres brennenden Hauses und vielleicht die Leiche ihres vom russischen Pöbel hingemetzelten Vaters dauernd und ewig vor ihrem Auge sehen ... Daher wünsche ich, daß

47 »Die Heerschau der Zionistischen Vereinigung für Deutschland«, Israelitisches Familienblatt Nr. 26, 25. 6. 1914, S. 1, Leitartikel; Ludwig Holländer, »Rückblicke«, IDR Nr. 7–8, Juli–August 1914, S. 298–302.
48 Ludwig Friedmann (Mainz) an »Jüdische Rundschau«, 11. 7. 1914, CZA A8/58.
49 Rosa Ducas an Adolf Friedemann, 14. 7. 1914, CZA A8/58.

Sie im Interesse der großen Sache immer in einer – meinetwegen und sogar hoffentlich recht beachtenswerten – Minorität bleiben.«[50]

Mit dem Ausbruch des Krieges unterbrachen die »Gemäßigten« ihre Aktivität. Eine oppositionelle Fraktion mit ähnlicher Ideologie, »Binjan Ha'arez« (Aufbau des Landes), der auch einige Vorkriegsgemäßigten angehörten, schloß sich 1920 zusammen. In einer vollständig veränderten Situation versuchten sie, in gewissem Maße unter dem Einfluß der Brandeis-Gruppe, sich den radikalen Tendenzen in der ZVfD entgegenzustellen. So wollten sie die nichtzionistischen deutschen Juden für den Aufbau des jüdischen »Nationalheims« gewinnen.[51]

Krieg!

Am 31. Juli 1914 veröffentlichte die »Jüdische Rundschau« den »Zweiten offenen Brief« von Richard Lichtheim an Franz Oppenheimer in der Diskussion über den Radikalismus. Obwohl diese Nummer am Tag erschien, an dem Deutschland und Frankreich ihre Heere mobilisierten, ist in der Zeitung noch nicht die Unruhe ersichtlich, die die Führer der zionistischen Bewegung angesichts der drohenden Gefahren ergriffen hatte.[52]
Als der Krieg ausbrach, wurden die Zionisten, wie die anderen Juden, von der Kriegsbegeisterung mitgerissen, die durch Deutschland ging. Bodenheimer erinnert sich, daß er wie von einem gewaltigen Druck erlöst worden sei.

> »Ich weiß nicht, ob diese Empfindung der menschlichen Natur überhaupt eigen ist, aber Tatsache ist, daß ich von einer Art Glücksgefühl erfaßt wurde. Dies war besonders seltsam, da ich stets ein Vorkämpfer des Friedens und eines Zusammenschlusses der Völker war. Es war eine Art Euphorie, wie sie den Soldaten erfaßt, dem nach einer aufreibenden Beschießung des Schützengrabens der Befehl zum Sturmangriff gegeben wird, oder einen Sterbenden im Vorgefühl seiner Erlösung. Es ist, als fühle man ein höheres Schicksal über sich.«

---

50 Dreyfus (Straßburg) an Adolf Friedemann, 12. 7. 1914, CZA A8/58. Hervorhebung im Original. Dreyfus bezog sich in diesem Brief auf das »märkische Kiefernbewußtsein«. Er spielte auf einen Absatz in Oppenheimers Rede auf dem Leipziger Delegiertentag an: »Deutschland ist mein Vaterland, meine Heimat, das Land meiner Sehnsüchte, das Land meiner Gräber, das Land meiner Kämpfe und Ziele, und wenn ich aus der Fremde nach Hause komme, so komme ich heim. Ich habe jüdisches Stammesbewußtsein, deutsches Kulturbewußtsein, märkisches Heimatsbewußtsein. Ich liebe die Alpen außerordentlich und gehe immer wieder hin; ganz zu Hause bin ich aber nur im Kiefernwalde.« »Der Delegiertentag in Leipzig«, JR Nr. 25, 19. 6. 1914, S. 270. (Vgl. das Zitat Oppenheimers auf S. 296 dieser Arbeit.)

51 Siehe: Richard Lichtheim, Geschichte des deutschen Zionismus, a.a.O., S. 224–226.

52 Richard Lichtheim, »Die Verwirklichung des Zionismus, Zweiter offener Brief an Herrn Dr. Oppenheimer«, JR Nr. 31, 31. 7. 1914, S. 333–336.

Gleichzeitig aber fühlte er sich erleichtert, als es ihm gelang, die Akten des »Jüdischen Nationalfonds« eine Stunde vor Grenzsperrung nach dem neutralen Holland zu bringen.[53]

Die Stimmung der deutschen Zionisten fand ihren Niederschlag in der »Jüdischen Rundschau« vom 7. August 1914, in einem Aufruf des »Reichsvereins der deutschen Juden«, der »Zionistischen Vereinigung für Deutschland«, des Präsidiums des »Kartells jüdischer Verbindungen« und dem Ausschuß der »Jüdischen Turnerschaft«:

> »DEUTSCHE JUDEN!
> In dieser Stunde gilt es für uns aufs neue zu zeigen, daß wir stammesstolzen Juden zu den besten Söhnen des Vaterlandes gehören. Der Adel unserer viertausendjährigen Geschichte verpflichtet. Wir erwarten, daß unsere Jugend freudigen Herzens freiwillig zu den Fahnen eilt.
> DEUTSCHE JUDEN!
> Wir rufen Euch auf, im Sinne des alten jüdischen Pflichtgebots mit ganzem Herzen, ganzer Seele und ganzem Vermögen Euch dem Dienste des Vaterlandes hinzugeben.«[54]

»Feinde ringsum!« war die Überschrift des Leitartikels dieser Nummer aus der Feder Heinrich Loewes. Er wandte sich an die Zionisten, die in Friedenszeiten nie mit deutschem Patriotismus geprunkt und den Nachdruck auf ihr Judentum gelegt hatten, in dieser Stunde als deutsche Bürger freudig alle Forderungen an Gut und Leben zu erfüllen. Im Sinne des »Kaiserworts« erklärte er:

> »Wir deutschen Juden kennen trotz aller Anfeindungen in den Zeiten des Friedens heute keinen Unterschied gegenüber anderen Deutschen. Brüderlich stehen wir mit allen im Kampfe zusammen.«

Loewe sah im Siege Deutschlands über das »Moskowitertum«, dem Feind des Judentums und des Zionismus, ein jüdisch-nationales Interesse, den Sieg des Fortschritts, der Freiheit und der Kultur über »die Barbaren des Ostens«, die jahrhundertelang jüdisches Blut vergossen hatten. Die Heldensymbole der jüdischen Nation begleiteten die Juden ins Feld:

> »Wenn wir als Bürger unseres Vaterlandes kämpfen, so leuchtet uns die Tapferkeit unserer Ahnen, der Todesmut der Makkabäer, der Riesenkampf

---

53 M. Bodenheimer, So wurde Israel, a.a.O., S. 181–183.

54 JR Nr. 32, 7. 8. 1914, S. 343. Vgl.: Aufrufe des »Verbandes der Deutschen Juden« und des »Zentralvereins«. Diese Aufrufe hoben die jüdische Identität nicht hervor. »Aufrufe jüdischer Organisationen«, JR Nr. 32, 7. 8. 1914, S. 344. Dem Aufruf der »Zionistischen Vereinigung für Deutschland« schloß sich die »Jüdisch-nationale Frauenvereinigung« an, die die jüdischen Frauen aufforderte, sich freiwillig in den Wohltätigkeitsvereinen zu betätigen und insbesondere ostjüdischen Familien zu helfen, deren Väter zum österreichischen Militär eingezogen waren. ebd.

eines Bar-Kochba und der Helden Hunderttausender unseres Volkes in allen Zeiten als glorreiches Beispiel voran! Wir werden siegen. Wir haben das Vertrauen zu dem deutschen Kaiser, daß er uns richtig führt! ... Wer von uns am Leben bleibt, wird nach dem Kriege und nach dem Siege die Arbeit für unsere Ideale mit verdoppelter Kraft weiterführen!«[55]

Der Streit um »Deutschtum und Zionismus«, zwischen »Radikalen« und »Gemäßigten«, zwischen Liberalen und Zionisten war wie hinweggefegt. Hüben und drüben verstieg man sich zu übertriebenen patriotischen Erklärungen. In einem Leitartikel der gemäßigten zionistischen »Hamburger Jüdischen Nachrichten« konnte man folgendes Gebet lesen:

»Wie eine Fessel fällt es jetzt von unseren Fäusten, und doppelt heilig ist uns dieser Krieg. Für Kaiser und Vaterland und zugleich in unvernarbter Erinnerung an Kischinew und Kiew weihen wir freudig Gut und Blut.
Mit stolzem Vertrauen blickt ganz Deuschland auf seine Wehr zu Wasser und zu Lande. In Synagogen und Kirchen steigt heute aus heißem Herzen das gleiche Gebet zum Himmel empor: Gott schütze den Kaiser, Gott segne unser Heer und schenke seinen Waffen den gerechten Sieg.«[56]

Bedurfte es weiterer Beweise patriotischer Hingabe, so brachte die »Jüdische Rundschau« ein im Stil der Landsknechtslieder geschriebenes Gedicht eines zionistischen Kavallerieoffiziers der österreichischen Armee, Hugo Zuckermann. Der Verfasser war Mitglied des »Bar-Kochba« in Prag und der Studentenverbindung »Theodor Herzl« in Wien.

Reiterslied

Drüben am Wiesenrand
Hocken zwei Dohlen –
Fall' ich am Donaustrand?
Sterb' ich in Polen?
Was liegt daran?
Eh' sie meine Seele holen,
Kämpf' ich als Reitersmann.

Drüben am Ackerrain
Schreien zwei Raben –
Werd' ich der erste sein,
Den sie begraben?
Was ist dabei?
Viel Hunderttausend traben
In Österreichs Reiterei.

---

55 Heinrich Loewe, »Feinde ringsum«, JR Nr. 32, 7. 8. 1914, S. 343. Leitartikel. Der Chefredakteur der »Jüdischen Rundschau« war österreichischer Reserveoffizier und diente in seiner Einheit. Sein Stellvertreter war Heinrich Loewe.

56 Nachdruck aus den »Hamburger Jüdische Nachrichten«. »Zionistische Pressestimme aus Deutschland«, JR Nr. 34, 21. 8. 1914, S. 350.

Drüben im Abendrot
Fliegen zwei Krähen –
Wann kommt der Schnitter Tod,
Um uns zu mähen?
Es ist nicht schad'!
Seh' ich unsere Fahnen wehen
Auf Belgerad![57]

Allmählich jedoch wich der Rausch und gab nüchternen Erwägungen Raum. Eine Woche nach Ausbruch des Krieges erklärte Hantke optimistisch: »Die zionistische Arbeit muß weitergehen, als ob gar nichts geschehen wäre. Im übrigen ist doch klar, daß der Krieg in drei Monaten zu Ende sein wird.«[58] Es sollte sich nur zu bald herausstellen, daß die zionistische Arbeit nicht nach den Hantkeschen Vorstellungen weitergeführt werden konnte. Die Mehrzahl der Mitglieder der zionistischen Bewegung waren militärpflichtige Männer, und die Arbeit der ZVfD litt daher mehr als die anderer jüdischer Organisationen. 450 der etwa 900 Mitglieder des »Kartells jüdischer Verbindungen« (K.J.V.) wurden schon in den ersten Kriegsmonaten eingezogen. Das »Kartell« war zur Einstellung seiner ganzen Tätigkeit gezwungen und beschränkte sich darauf, Verbindung mit seinen Bundesbrüdern im Militär aufrecht zu erhalten.[59]
Im »Blau-Weiß« wurden sämtliche Jugendführer in der ersten Kriegswoche eingezogen,[60] und man mußte alle Wanderungen einstellen. Das einzige verbliebene Mitglied der Bundesleitung, Edith Henschel, forderte die jüngeren »Blau-Weißen« auf, sich zur Erntearbeit zu melden.[61]
Die Not, die Juden schon in den ersten Tagen des Krieges litten, zwang die Führung der ZVfD dazu, ihre Einstellung zu ändern und sich dringender Hilfeleistung zu widmen. Im August 1914 errichtete sie ein »Hilfskomitee« für existenzgefährdete Familien, für Tausende von Internierten und für jüdische Flüchtlinge aus den Ostprovinzen, für hilfsbedürftige Juden in Frankreich und Belgien.[62] Das offizielle Organ der ZVfD erachtete diesen Ausdruck jüdischer Solidarität als gleichwertig mit der Pflichterfüllung für das deutsche Vaterland.[63]
Der »Kriegsantisemitismus«, der schon zur Zeit des »politischen Burgfriedens«

---

57 Hugo Zuckermann, »Ein österreichisches Reiterlied«, JR Nr. 36, 4. 9. 1914, S. 358.
58 Kurt Blumenfeld, Erlebte Judenfrage, a.a.O., S. 116.
59 Siehe Vorwort des Herausgebers zum Kapitel »Das K.J.V. im ersten Weltkrieg«, in: Meilensteine, a.a.O., S. 72.
60 »Nachrichten«, JR Nr. 32, 7. 8. 1914, S. 344.
61 Edith Henschel, »Liebe Wanderer und Wanderinnen«, ebd. Vgl.: Blau-Weiß-Blätter, Augustheft, 1914.
62 »Mitteilungen der Zionistischen Vereinigung für Deutschland«, JR Nr. 35, 28. 8. 1914, S. 355; »Hilfskomitee der Zionistischen Vereinigung für Deutschland«, JR Nr. 36, 4. 9. 1914, S. 357; »Unsere Hilfsaktion«, JR Nr. 37, 11. 9. 1914, S. 364, erste Spenderliste.
63 H. L. (Heinrich Loewe), »Die Juden im Kriege«, JR Nr. 36, 4. 9. 1914, S. 357.

auftrat, kühlte den Enthusiasmus der Zionisten ein wenig ab.[64] Es mußte befürchtet werden, daß das übersteigerte Selbstbewußtsein der Deutschen und die Feindseligkeit gegen alles Fremdländische den Anfang einer »deutschen Autarkie« zur Folge haben könnte, sogar im Fall eines unglücklichen Kriegsausganges. Das deutsche Volk aber würde siegreich aus diesem Krieg, dem Krieg um die Zukunft des Deutschtums, als ein »Herrenvolk« zurückkehren. Dann jedoch könnte jede jüdische Selbstpreisgabe »einen Antisemitismus erwecken, wie wir ihn noch nicht gesehen haben.«[65] Von verschiedenen Seiten kritisierte man jetzt den überschwenglichen Patriotismus der Juden und forderte, sich »jedem ungesunden Chauvinismus« fernzuhalten, durch den sich sogar »eine durchaus ungerechte Gehässigkeit gegen die Juden des Ostens entfaltet«. Die Gefühle des Augenblicks sollten die deutschen Juden mit »einer Dosis von Vernunft« verbinden.[66]

Die allmähliche Ernüchterung der Zionisten erschütterte nicht ihren Glauben an Deutschlands gerechten Krieg. Doch sie führte sie zu einem Grundprinzip zurück, wodurch sie ihre ideologische Selbständigkeit bewahrten: »In deutschen Dingen deutsch – in jüdischen jüdisch.«[67] Die Bedeutung dieser Auffassung machte der junge Dichter Ludwig Strauss klar:

> »Denn wir jüdischnationalen Bürger und Soldaten des Deutschen Reiches, die gesonnen sind, alles zur Verteidigung ihres bedrohten Staates hinzugeben, ziehen hinaus, ohne das Geringste von unserem jüdischen Volksgefühl verloren zu haben, ohne die geringste Absicht, uns und unsere jüdische Sonderart der Assimilation an andere hinzugeben. Frei neben Freien kämpfen wir für das gemeinsame Reich, bekämpfen geschlossen den allgemeinen Feind, ohne daß wir es deshalb nötig hätten, unsere Besonderheiten und unsere jüdische Freiheitssehnsucht aufzugeben.«[68]

---

64 »Kriegsantisemitismus«, JR Nr. 37, 11. 9. 1914, S. 362.
65 »Zur neuen Lage«, JR Nr. 37, 11. 9. 1914, S. 361. Leitartikel.
66 »Haltet Maß!«, ebd. Der Artikel wurde aus dem Berliner »Israelitischen Wochenblatt« nachgedruckt.
67 H. L. (Heinrich Loewe), »Die Juden im Kriege«, JR Nr. 36, 4. 9. 1914, S. 358.
68 Ludwig Strauss, »Reichstreue und Volkstreue«, JR Nr. 41–42, 16. 10. 1914, S. 387.

ZWEITER TEIL

1. Kapitel

Über den »Misrachi« innerhalb der ZVfD

Zwischen Zionismus und Neo-Orthodoxie

Eine positive Folge der Reorganisation in der Leitung der ZVfD nach dem 12. Delegiertentag war, daß das Zentralbüro in Berlin sich nicht mehr, wie früher, auf Organisations- und Exekutivangelegenheiten konzentrierte, sondern sich auch mit prinzipiellen Fragen beschäftigte. Ende 1910 fand im Zentralbüro eine für Zionisten seltsam anmutende Diskussion statt. Das Thema lautete: Soll die ZVfD die Tätigkeit der Organisation zur Verbreitung der hebräischen Sprache und Kultur unterstützen? Die Diskussion wurde vom Repräsentanten des »Misrachi« angeregt, der den Einfluß »säkularer« Zionisten auf dem Gebiet der Erziehung und Kultur befürchtete. Zur Vermeidung von Konflikten widersetzte er sich grundsätzlich jeder offiziellen Kulturbetätigung der ZVfD. Sein Widerstand schloß auch die Verbreitung der hebräischen Sprache ein, obwohl er diese persönlich befürwortete.
Von einem gänzlich verschiedenen Ausgangspunkt gelangte Adolf Friedemann zur selben Schlußfolgerung. Die Zionistische Vereinigung dürfe aus politischen Gründen die Bestrebungen der jüdischen Kultur nicht fördern. Sie müsse sich hüten, den Eindruck zu erwecken, daß sie für die deutschen Juden Hebräisch als Nationalsprache bestimmen wolle, und somit deren Zugehörigkeit zum deutschen Volk in Frage stelle.[1] Das Problem der Kulturarbeit, führte in kurzer Zeit zu einem inneren Konflikt. Die Ansichten der »Radikalen«, der »Religiösen« und der »Gemäßigten« waren sehr geteilt. »Misrachi«-Mitbegründer Struck vertrat in seiner Argumentation die Ansichten dieser Weltorganisation. Der »Misrachi« (hebr. Abkürzung von: geistiges Zentrum), im Jahre 1902 gegründet, sah seine Aufgabe in der Pflege religiöser Tradition innerhalb der zionistischen Bewegung und im wiederentstehenden Palästina. Er war gegen jede Aktivität im Bereich von Erziehung und Kultur. Diese Einstellung vertrat der »Misrachi« nachdrücklich auf dem 6. Zionistenkongreß:

> »Es sind heute vormittags allerhand mystische Andeutungen gemacht worden von einem kommenden Momente, in dem das Actions-Comité, in dem die Leitung des Kongresses aufhören wird, nur das Politische und Wirtschaftliche in den Vordergrund zu stellen, in dem neue kulturelle, künstlerische, womöglich gar religiöse Fragen obenan stehen. Wir hoffen, daß dieser Moment niemals kommen wird. Denn das ist die Größe und Stärke der

---

[1] ZVfD, Protokoll der 3. Sitzung des Geschäftsführenden Ausschusses, 30. 10. 1910, CZA Z2/409.

zionistischen Partei und darum konnten wir Rabbiner, im Kampfe mit den meisten unserer Kollegen, hier erscheinen, konnten das große Opfer bringen, daß das nationale Moment, das politische, das wirtschaftliche, und dieses allein, in der Gegenwart das bildet, was das ganze Volk einigt.«[2]

Der Redner war der junge Rabbiner Dr. Nechemia Anton Nobel aus der orthodoxen Gemeinde in Halberstadt. Unter dem Einfluß des Rabbiners Schlomo Cohen näherte er sich schon in seiner Jugend der zionistischen Idee. Er trat der ZVfD kurz nach ihrer Gründung bei und wurde nach seiner Ernennung zum Rabbiner in Köln zum Vereinssekretär gewählt. Rabbiner Nobel, Bodenheimer und Wolffsohn unterzeichneten den Aufruf, der die Grundsätze des Zionismus darlegte und die deutschen Juden zum Beitritt in die Bewegung aufforderte. Der Aufruf erklärte u. a.:

»Die Baseler Kongresse haben bewiesen, wie dieses Ideal der nationalen Wiederherstellung *die verschiedensten Richtungen* und Juden aller Länder unter *einer Fahne* vereinigen kann.«[3]

Der Welt-»Misrachi« wurde auf der Preßburger Konferenz im Jahre 1904 gegründet. Rabbiner Nobel wurde zum Präsidenten des »Misrachi« für Westeuropa gewählt und erklärte sein zionistisches *credo:*

»Der orthodoxe, gläubige Zionist, der Misrachist, fühlte auch das materielle Exil, doch für ihn ist Zion die Lösung für die Gesamtexistenz der Nation, materiell wie geistig. Für den ›Misrachi‹ ist der Zionismus nicht nur die Lösung politischer und wirtschaftlicher Fragen, sondern – weit darüber hinaus – die Rückkehr zum Judentum.
Alle Strömungen und Zweige der jüdischen Nation müssen geeint dastehen. Diese Einheit zu wahren ist die Aufgabe der allgemeinen zionistischen Organisation, welcher der ›Misrachi‹ treu angehört. Was aber die jüdische Seele, die Erziehung und Kultur anbetrifft, muß der ›Misrachi‹ seinen *eigenen* Weg gehen, den Weg des traditionellen Judentums.«[4]

Der »Misrachi« in Deutschland war ein Zweig der »Misrachi«-Weltorganisation, die seit 1904 ihren Sitz in Frankfurt/M. hatte. Seine Mitglieder in Deutschland unterstützten – wie der »Misrachi« überhaupt – die politische Linie Herzls und stimmten mit ihm in der Ugandafrage. Gleichzeitig warfen sie ihm vor, die Besiedlung Palästinas zu vernachlässigen. Als Rabbiner Nobel auf dem 6. Kongreß das Wort ergriff, erklärte er, die Misrachisten fänden keinen Gegensatz zwischen dem Ugandaplan und dem Baseler Programm. Er forderte

2 Rabbiner N. Z. Nobel, Stenographisches Protokoll der Verhandlungen des VI. Zionistenkongresses, Wien 1903, S. 98f.
3 Zionistische Vereinigung für Deutschland, Flugblatt Nr. 5, Was erstrebt der Zionismus, (1898) CZA 15/VII/34. Hervorhebung im Original.
4 Zitiert nach Yeshayahu Aviad (Wolfsberg), Dejoknaoth (Porträts) (hebr.), Jerusalem 1962, S. 81. Über Rabbiner Nobel: S. 76–131. Hervorhebung im Original.

von der Zionistischen Organisation, ihre Hauptaufgabe in politischer Aktivität zu sehen, da diese das jüdische Volk zusammenschließe.

> »Im Auftrage der großen misrachistischen Gruppe und als deren stellvertretender Vorsitzender erkläre ich, daß wir das vollste Zutrauen, die vollste Dankbarkeit zum Präsidenten des Actions-Comité haben und daß wir in der Aufstellung des großen Ostafrika-Programms nicht einen Duchbruch des Baseler Programmes sehen ...«[5]

Durch Verlegung der »Misrachi«-Zentrale nach Frankfurt, an deren Spitze jetzt Dr. Feuchtwanger stand, wollte die Leitung den politischen Schwierigkeiten in Rußland entgehen. Sie sah – dank der Mitarbeit organisatorisch erfahrener Männer – einem schnellen Aufschwung entgegen.[6] Sie hoffte, auch Wege zu der »Neuen Orthodoxie« zu finden, deren »Hauptquartier« ebenfalls in Frankfurt war.[7] Obwohl der »Misrachi« keine besonderen politisch-zionistischen Ambitionen entwickelte, schuf er, durch sein geschlossenes Auftreten als Fraktion auf den Kongressen und seine besondere Körperschaft in jedem Lande, eine politisch orientierte Organisation, die politische Beziehungen zu anderen zionistischen Gremien entfaltete. Die Zusammenarbeit von »säkularen« und religiösen Zionisten in der nationalen Renaissancebewegung machte den »Misrachi« zum Ziel scharfer Kritik der nichtzionistischen orthodoxen Judenheit.

Die »Neue Orthodoxie« unter der Führung von Rabbiner Schlomo Breuer war in sogenannten »Austrittsgemeinden« organisiert und lehnte die zionistische Ideologie rundweg ab. Sie war keineswegs gewillt, sich einer Führung unterzuordnen, die von Prinzipien geleitet wurde, die ihr völlig fremd waren.[8] In der Diskussion mit dem Zionismus stützte sich die neo-orthodoxe Publizistik auf die Richtlinien, die Rabbiner Samson Raphael Hirsch in den »Neunzehn Briefen über das Judentum« geprägt hatte. Nach dessen Auffassung sind die Juden eine nationale Einheit, die das hebräische Wort »Am« charakterisiert, im Gegensatz zum Wort »Goj« = Volk, worin auch ein gemeinsames Territorium einbezogen ist. Das Staatsleben ist für die jüdische Nation weder wesentlich,

---

[5] Stenographisches Protokoll des VI. Zionistenkongresses, a.a.O., S. 98. Bezüglich der Argumente, mit denen der »Misrachi« die Unterstützung des Ugandaplanes begründete, siehe: Schlomo Edelberg, »Die Kristallisierung der Idee«, in: Chason, Thora w'Zion (hebr.), New York 1960, S. 184ff.

[6] Um als selbständige Fraktion innerhalb der Zionistischen Weltorganisation anerkannt zu werden, mußte der »Misrachi« 3000 Schekelzahler organisieren. Diese hatten die Abgaben an die resp. zionistischen Landesorganisationen zu entrichten und überdies besondere Misrachisteuern zu zahlen. Zionistisches A-B-C Buch, a.a.O., S. 142–144.

[7] Siehe: Pinchas Rosenblüth, »Zum Weg der Misrachibewegung in Deutschland« (hebr.), in: Sefer Hazionuth hadatith, Jerusalem 1977, S. 323.

[8] »Beschlüsse der wirklichen orthodoxen Rabbiner auf dem Rabbinertage in Frankfurt am Main«, Welt Nr. 23, 10. 6. 1898, S. 8f.

noch ein erstrebenswertes Ziel. Der Staat ist für sie nur ein Mittel, mit dessen Hilfe sie ihre geistige Berufung erreicht. »Nie war Land und Boden sein Einigungsband, sondern die gemeinsame Aufgabe Thauro, darum ja eine Einheit noch, wenn auch fern vom Lande.«[9]

Isaak Breuer, Enkel des Rabbiner Samson Raphael Hirsch und einer der bedeutendsten Führer und Publizisten der »Neo-Orthodoxie« in Deutschland, folgte seinem Großvater und definierte die Juden als »Religionsnation«, deren Geschichte in allen Phasen entscheidend durch die »Nationalreligion« bestimmt wurde.[10] Wenn es je einen Bereich gab, in dem die Juden sich nicht auszeichneten, so war dies das Staatsleben. Der Zionismus ist eine Rebellion gegen die göttliche Vorsehung und die Obrigkeit der Thora.[11] Ein wahrer Zionist kann, nach dieser Auffassung, nur ein orthodox-gesetzestreuer Jude sein. Also gewiß kein Jude, für den die Religion eine Nebensache ist, die seiner persönlichen Willkür untersteht. Daher kämpfe die »Neo-Orthodoxie« gegen »Judentum ohne Religion« und lehne den Zionismus, wie ihn die Zionistische Organisation definiere, kategorisch ab:

> »Der heutige Zionismus steht nicht auf dem ausschließlichen Standpunkt unseres Zionsgedankens, wie ihn unsere Propheten verkündeten ... Mag er nun einen Judenstaat bilden wollen ... eine öffentliche Heimstätte erstreben ... einen Charter zu kaufen beabsichtigen, es ist nicht unser Zionismus.«[12]

Es gab allerdings Ausnahmen unter den Orthodoxen, wie etwa Rabbiner Moritz Steckelmacher aus Mainz, später Oberrabiner von Baden, die die zionistische Idee nicht ablehnten. Etwas zögernd sah er im Zionismus, vom religiösen Standpunkt aus, positive Elemente. Er wies darauf hin, daß die Zionisten Palästina als Auswanderungsland bevorzugten, was mit den Grundsätzen des Talmuds übereinstimme:

> »Immer wohne der Mensch in Palästina, selbst in einer Stadt, woselbst die meisten Einwohner Nichtjuden sind, wohne aber nicht außerhalb Palästinas, selbst in einer Stadt, woselbst die meisten Einwohner Juden sind. Denn jeder, der in Palästina wohnt, gleicht dem Menschen welcher von der Gottesidee vollständig durchdrungen ist, wer aber außerhalb Palästinas wohnt, gleicht demjenigen, welcher von dieser Idee nicht so beseelt ist.«[13]

9 Ben Usiel (Samson Rafael Hirsch), Igroth Zafon, Neunzehn Briefe über das Judenthum, Frankfurt/M. 1901, S. 87.

10 Isaak Breuer, Judenproblem, 4. Aufl., Berlin 1922, S. 104f.

11 Isaak Breuer, Das jüdische Nationalheim, Frankfurt/M. 1925, S. 31.

12 »Zion hi – doresch ejn la«, Leitender Artikel, Israelit Nr. 68, 28. 9. 1899, S. 1446f.

13 Ketuboth S. 110b.

Daraus folgerte er:

»Nur das Land unserer Väter ist geeignet, fromme Juden in ihrer Frömmigkeit zu erhalten. Ich möchte behaupten, durch eine Einwanderung von seiten unserer Glaubensgenossen nach Palästina wird das Studium unserer heiligen Lehre besser gepflegt werden.«[14]

Die Zionistische Organisation versuchte, einem offenen Konflikt mit der Orthodoxie aus dem Wege zu gehen. Einerseits sah sie in ihr den Hüter derjenigen jüdischen Werte, zu denen sie selbst, wenigstens zum Teil, zurückzukehren strebte. Ferner war die Orthodoxie ein potentieller Partner im Kampf gegen die Assimilation.[15] Doch als eine Bewegung, die eine »Umwertung der Werte« im jüdischen Leben auf ihre Fahne geschrieben hatte, mußte sie gegen Anschauungen und Lebensformen ankämpfen, die sie für versteinert hielt. Daher war der Konflikt letzten Endes unvermeidlich. Die Zionisten nannten die »Neue Orthodoxie« »Klosterjudentum«, deren Tradition teils Worte ohne Inhalt, teils künstlicher Aufbau sei. Manche sahen in ihr ebenfalls ein Produkt der Assimilation, da die Orthodoxen, ähnlich wie die »Liberalen«, das Judentum nur als Religionsgemeinschaft verstanden. Die »Neo-Orthodoxie« als »Antireform« sei die ergänzende Komponente, die die Assimilationsreform zu einem jüdischen Klerikalismus mache.[16]
Mit der Gründung des »Misrachi« wurde für gesetzestreue Juden ein Rahmen geschaffen, in dem sie für ihre religiös-nationale Überzeugung innerhalb der zionistischen Bewegung ringen konnten. Gleichzeitig aber hatten sie an einer »zweiten Front«, gegen die »alte« und »neue« Orthodoxie, zu kämpfen. Sie wurden fortwährend wegen ihrer Zusammenarbeit mit »Ketzern« angegriffen. Die Misrachisten rechtfertigten sich gegenüber ihren Angreifern, die religiöse Existenz sei von der nationalen abhängig.[17] Der »Misrachi« griff seinerseits die Absonderungstaktik der »Neo-Orthodoxie« an, und deutete auf die Gefahren

---

14 Rabbiner M. Steckelmacher (Mainz), »Der Zionismus vom Standpunkte der Orthodoxie«, in: Stimme und Wahrheit, a.a.O., S. 303–305.

15 Im Jahre 1912 teilte die Leitung der Zionistischen Weltorganisation der ZVfD mit, daß sie sich zur »Agudath Jisrael« streng neutral verhalte.

16 Heinrich Loewe, Treibende Kräfte, a.a.O., S. 12–14.

17 Rabbiner Max Joseph, Das Judentum am Scheidewege, a.a.O., S. 88. Vgl. ferner die Folgerungen des Rabbiner Isaak Rülf über den Zusammenhang zwischen Religion und Nation in der jüdischen Auffassung:

»Man sieht und erkennt ... auf das Bestimmteste, daß zwischen dem religiösen und dem politischen Prinzipe des Zionismus gar kein Unterschied obwaltet. Der nationale Gedanke, das Bewußtsein, daß wir noch eine Nation sind, das ist sein zionismuspolitisches, aber auch zugleich religiöses Prinzip; denn alles, was zu unserer Volksreligion gehört, sein *Glauben* und sein Gesetz, nimmt seinen Ursprung, empfängt seine Bestätigung im nationalen Bewußtsein des israelitischen Volkes.«

I. Rülf, »Das religiöse Prinzip des Zionismus«, IR Nr. 31, 9. 8. 1901. Und über dasselbe Thema: Ben Haam, »Das nationale Prinzip in der jüdischen Religion«, IR Nr. 33, 23. 8. 1901.

der »Verkirchlichung« hin, zu der die Verschanzung hinter Dogmen führte. Nur die nationale Idee der Orthodoxie habe Existenzberechtigung. Ihre Mission liege nicht im Kampf gegen die Evolutionslehre oder andere wissenschaftliche Theorien, sondern in der Wahrung der Gesetze der jüdischen Nation. Emil Levy, ein junger »Misrachi«-Rabbiner, riet den orthodoxen Rabbinern, aus dem Elfenbeinturm herauszugehen, um den lebendigen Kontakt mit dem öffentlichen Leben wiederaufzunehmen und für die Existenz des jüdischen Volkes und seine Kultur zu kämpfen. In Pharaphrase zu einem Nordauwort warnte er: Entweder wird die Orthodoxie national – oder sie verschwindet.

> »Große Bewegungen haben ihre eigenen Gesetze und entwickeln sich unaufhaltsam. Wer nicht beizeiten die historischen Konstellationen erkennt und ausnutzt, über den rollt das Rad der Geschichte hinweg. Videant consules!«[18]

Ideologie und Disziplin

Das Auftreten des »Misrachi« in Deutschland war von Anfang an kontrovers. In der ZVfD wurde er kühl aufgenommen. Gab es doch seit Jahren in verschiedenen Ortsgruppen gesetzestreue Mitglieder und Funktionäre, die in der ZVfD einen passenden Rahmen für ihre Aktivität sahen. So bestand in der streng-frommen Gemeinde Halberstadt, trotz Druckes der Frankfurter Orthodoxen, eine gesetzestreue zionistische Gruppe, die 20 Mitglieder zählte.
Der angesehene Rabbiner Reines, Gründer und Vorsitzender der »Misrachi«-Weltorganisation, versuchte zwar, die Ortsgruppe zum Eintritt in den »Misrachi« zu veranlassen, vermochte aber nur ein Mitglied zu überzeugen. Die Gruppe scheute sich auch nicht, den »säkularen« Alfred Klee als Redner einzuladen. Man riet Klee allerdings, sich in seiner Rede in Halberstadt positiv zum »Misrachi« zu verhalten und zu betonen, daß diejenigen, denen die ZVfD nicht gesetzestreu genug sei, sich der »Misrachi«-Fraktion in der Zionistischen Organisation anschließen könnten. Die Gruppe beschloß jedoch: »Der hiesige Verein wird sich dem ›Misrachi‹ nicht anschließen.«[19]
Ähnlich war die Lage in Frankfurt/M. und möglicherweise auch an anderen Orten. »... Hier in Frankfurt/M. hat es eine ganze Reihe streng religiöser Zionisten aus prinzipiellen Gründen abgelehnt, der Misrachi-Organisation

[18] Rabbiner Emil Levy, »Orthodoxie und Nationalismus«, JR Nr. 9, 26. 2. 1909, S. 99.
[19] A. Winter (Haberstadt), an Klee, 5. 2. 1903, CZA A142/55/3. Hervorhebung im Original.

beizutreten«, berichtete Fritz Sondheimer, ein nichtreligiöser Funktionär der dortigen Ortsgruppe.[20]
Die Distanzierung vom »Misrachi« in der ZVfD wurzelte im Widerstand gegen Fraktionen jeder ideologischen Tendenz. Der 6. Delegiertentag beschloß 1902 nach langer Diskussion mit überwiegender Mehrheit:

»Der Delegiertentag verurteilt jede Fraktionsbildung außerhalb der Kongresse, erklärt die Bestrebungen, die auf Volksaufklärung, Pflege des jüdischen Wissens und Erforschung der Lebensverhältnisse des jüdischen Volkes gerichtet sind, für Gemeingut aller Zionisten.«[21]

In der »Jüdischen Rundschau« wurde 1904 eine grundsätzliche Diskussion über die Existenzberechtigung und die Position des »Misrachi« in Deutschland geführt. Die Diskussion eröffnete der junge Arzt Max Jungmann, der die Gründung des »Misrachi« als eine Verletzung des Kongreßstatutes betrachtete. Dieses Statut bestimmte ausdrücklich, daß alle religiösen Strömungen respektiert werden sollten, ohne selbst auf religiöse Themen einzugehen. Die zionistische Bewegung sei eine ausgesprochen nationale Bewegung, mit politischen und sozialen Begleittendenzen, die nichts mit religiösen Anschauungen zu tun habe. Jungmann befürchtete, die Orthodoxie könne sich zu einer mächtigen Partei organisieren. Bei der gegenwärtigen Zusammensetzung des Kongresses würde es schwer sein, sie in Schranken zu halten. Die Misrachisten würden die Kongreßtribüne dazu benutzen, Gymnasien und Universitäten in Acht und Bann zu legen. Auf Grund des Preßburger Programms beschuldigte Jungmann den »Misrachi«, er gebe den Zielen der Orthodoxie gegenüber dem Zionismus den Vorzug. Besagte doch das Programm:

»Der Misrachi sucht die Aufgabe und Lebensmöglichkeit der jüdischen Nation im Festhalten an der Thora, an der Tradition, an der Übung der Gebote und in seinem Bestreben das Land der Väter als rechtlich-gesicherte Heimstätte zu erreichen.«

Jungmann schlug einen aggressiven Ton an. Er behauptete, dies seien Prinzipien von *zionistischen Orthodoxen* und nicht von *orthodoxen Zionisten* und

---

20 Fritz Sondheimer, »Misrachi«, JR Nr. 41, 14. 10. 1904, S. 338. In Frankfurt/M. bestand bis November 1904 eine einheitliche Ortsgruppe von 160 Mitgliedern, der sowohl Religiöse wie Nichtreligiöse angehörten. Frankfurter Zionistische Vereinigung an Centralkomitee Köln, 10. 5. 1904, CZA A15/VII/16. In diesem Monat meldete das Büro des »Misrachi« für Westeuropa in Frankfurt, daß in dieser Stadt eine selbständige Misrachigruppe gegründet wurde. Bureau des Misrachi für Westeuropa an Centralkomitee Köln, 16. 11. 1904, CZA A15/VII/16. Trotzdem gehörten bis 1911 religiöse Mitglieder auch der allgemeinen (nichtreligiösen) Ortsgruppe an. Einige gehörten beiden Ortsgruppen an. Frankfurter Ortsgruppe Misrachi an Vorstand der Zionistischen Ortsgruppe Frankfurt/M., 28. 6. 1911, CZA A8/53/2/1.

21 »Der Delegiertentag der deutschen Zionisten«, Welt Nr. 21, 23. 5. 1902, S. 4.

bezeichnete sie als »kulturfeindlich«, gleich dem katholischen »Zentrum« und den protestantischen Hypokriten.

Hier war Jungmann sogar nach Ansicht der Redaktion, die sich im allgemeinen mit dessen Anschauungen identifizierte, zu weit gegangen. Sie bemerkte daher, es sei dem Verfasser leider entgangen, daß das Judentum nicht den Religionen anderer Völker gleiche. Jungmann folgerte daraus, der »Misrachi« gefährde die Existenz der zionistischen Bewegung und habe sich daher aufzulösen. Wenn er das nicht tue,

> »so werden wir gezwungen sein, den Fehdehandschuh aufzunehmen und zu kämpfen – aus Sorge um den Zionismus und um die Zukunft des jüdischen Volkes.«[22]

Zionisten verschiedener Richtungen reagierten auf Jungmanns Artikel. Dr. Ephraim Adler aus Lübeck, ein alter Zionist und gemäßigter »Misrachi«-Funktionär, entgegnete, daß das religiöse Element das zionistische Bewußtsein nur stärke und nicht etwa schwäche, wie Jungmann irrtümlich annehme. Er möge ruhig sein, der »Misrachi« beabsichtige nicht, seine Anschauungen der zionistischen Bewegung aufzuzwingen oder die Gewissensfreiheit des Einzelnen zu beengen. Andererseits müsse er sich seiner Haut wehren, wenn man seine heiligsten Gefühle verletze. Vor allem aber strebe der »Misrachi« mit vereinten Kräften, im Sinne Herzls, nach friedlicher zionistischer Zusammenarbeit. Adler sah als besondere Aufgabe des »Misrachi«, die orthodoxen Kreise in Deutschland dem Zionismus näherzubringen. »Separationsgelüste« lägen ihm völlig fern und er werde daher die Ortsgruppen in keiner Hinsicht schwächen. Er erkenne in jedem Zionisten einen vollwertigen Mitarbeiter im Kampf um die nationale Ehre.[23]

Fritz Sondheimer stimmte in mancher Hinsicht mit Jungmann überein. Er gab zu, daß die Gründung des »Misrachi« die Gefahr »einer Partei innerhalb einer Partei« in sich berge. Aus diesem Grunde seien die orthodoxen Mitglieder seiner Ortsgruppe Frankfurt/M. dem »Misrachi« nicht beigetreten. Eine Auseinandersetzung über den »Misrachi« habe jedoch gegenwärtig keinen Sinn. Da es zu gefährlich sei, ihn zur Auflösung zu zwingen, müsse man sich mit seinem Bestehen abfinden und eine Verständigung herbeiführen. Dies dürfte nicht schwer fallen, da die Misrachisten das Baseler Programm voll und ganz anerkennen. Alles andere wäre nur ein organisatorisches Problem. Nach dem in Preßburg angenommenen »Misrachi«-Statut sollen sich seine Mitglieder den Landesorganisationen unterordnen und den Ortsgruppen beitreten. In diesen

---

22 Max Jungmann, »Misrachi«, JR Nr. 40, 7. 10. 1904, S. 326–328. Siehe ferner: Oser, »Achtung«, Welt Nr. 39, 23. 9. 1904, S. 3f.

23 Ephraim Adler, »Misrachi«, JR Nr. 41, 14. 10. 1904, S. 336–338.

können sie dann Sektionen bilden. Würden sie sich aber zu einem Separatverein zusammenschließen, hätten sie keinen Platz mehr in der ZVfD; denn das wichtigste im Zionismus bleibe die Einhaltung von Disziplin.[24]
Eine andere Seite des »Misrachi«-Problems beleuchtete Julius Katz, der sich als nichtreligiöser Zionist vorstellte. Er hob die Notwendigkeit gegenseitiger Toleranz hervor. Jede Gruppen- und Fraktionsbildung sei eine Vergeudung von Kräften, die auf das klar vorgezeichnete Ziel konzentriert werden müssen. Bis dieses Ziel erreicht ist, müssen religiöse und innerpolitische Kämpfe aufgeschoben werden. Deshalb wende er sich gegen die Organisierung des »Misrachi«. Er sprach seine Verwunderung aus, daß die Führung der ZVfD, insbesondere deren religiöse Mitglieder, die »Misrachi«-Gründung nicht – wie im Fall der »Demokratischen Fraktion« – verhindert hatten. Auf der anderen Seite lehnte er die militant-antireligiöse Haltung Jungmanns ab, da sie den Hausfrieden innerhalb der ZVfD erschüttert habe. Die ZVfD sei kein Schauplatz zur Austragung von Religions- und Gewissenskämpfen.[25]
Die Redaktion der »Jüdischen Rundschau« verhehlte den Lesern nicht, welche Stellung sie in dieser Diskussion einnahm. Sie drückte ihre Ansicht in einem Leitartikel und in Randbemerkungen zu den Diskussionsbeiträgen aus. Redakteur Heinrich Loewe beteiligte sich persönlich in einem von ihm unterschriebenen Artikel. Er stellte klar, daß den demokratisch und freiheitlich gesinnten Zionisten die unteilbare Einheit und Einigkeit des Gesamtzionismus eine Grundforderung sei. Daher hätten sie seinerzeit die »Demokratische Fraktion«, die unter der Führung Chaim Weizmanns gegen Herzl aufgetreten war, schroff abgelehnt. Nicht so sehr wegen deren Grundgedanken, sondern wegen des Zusammenschlusses zu »Sonderbünden«, »einer Partei innerhalb der Partei«. Aus denselben Gründen lehne er die sozialistische »Cheruth«(Freiheit)-Fraktion und den orthodoxen »Misrachi« ab, die ihre Sonderanschauungen zur Richtschnur für alle Zionisten machen wollen.[26] Die Redaktion vertrat die Meinung, die Grenzen des Baseler Programms seien weit genug gezogen, um Gruppen aller Schattierungen volle Gewissensfreiheit zu gewähren. Es bedürfe daher keiner Fraktionen um religiöse oder nichtreligiöse Prinzipien zu verteidigen. Die »Jüdische Rundschau« werde der Zerstörung der Einigkeit keinen Vorschub leisten.[27] Der Widerstand gegen autonome und konkurrierende zionistische Vereinigungen innerhalb der ZVfD bestimmte deren Stellung gegenüber dem »Misrachi« in Deutschland. Bis 1907 wurde er offiziell nicht

---

24 Fritz Sondheimer, »Misrachi«, JR Nr. 41, 14. 10. 1904, S. 338f.
25 Julius Katz, »Misrachi«, JR Nr. 41, 14. 10. 1904, S. 339f.
26 Heinrich Loewe, »Die demokratische Fraktion«, JR Nr. 41, 14. 10. 1904, S. 336.
27 JR Nr. 40, 7. 10. 1904, S. 326, Anmerkung der Redaktion. Vgl. Leitartikel: »Die Fraktionierung des Zionismus«, JR Nr. 41, 14. 10. 1904, S. 335.

anerkannt. Doch im Laufe der Jahre bildete sich ein Modus vivendi. »Misrachi«-Mitglieder beteiligten sich, wie in Hamburg-Altona, an der Arbeit der allgemeine Ortsgruppen, während sich in Frankfurt/M. eine parallele »Misrachi«-Ortsgruppe organisierte, die durch eine »Arbeitsgemeinschaft« mit der allgemeinen Ortsgruppe verbunden war. Die Zugehörigkeit zur »Misrachi«-Weltorganisation beruhte auf persönlicher Mitgliedschaft.[28]
Im Jahre 1907 wandte sich der »Misrachi« an das Zentralbüro der ZVfD in Berlin mit der Bitte, ihn als separate Organisation anzuerkennen und die Vertreibung von Schekalim unter seinen Mitgliedern zu bewilligen. Die Gewährung dieser Bitte hätte zur Bildung eines selbständigen Wahlkreises des deutschen »Misrachi« geführt, und der Entsendung eigener Delegierter zum Zionistenkongreß. Das Zentralbüro betrachtete die Bitte pragmatisch und tolerant und neigte zu deren Bestätigung. Bodenheimer befürchtete in seiner Eigenschaft als ZVfD-Vorsitzender einen Präzedenzfall und hatte Bedenken. Alle Mitglieder des »Misrachi« müßten, wie in Nürnberg, der ZVfD angehören, um die Vereinigung nicht in Fraktionen aufzulösen. Er bestimmte, den Status quo bis zum kommenden Delegiertentag einzuhalten, es sei denn, man komme bis dahin zu einem Abkommen.[29]
Da eine Verständigung nicht erreicht wurde, entstanden zwischen der »Misrachi«-Weltorganisation und der ZVfD immer größere Spannungen. Vor dem 9. Zionistenkongreß (1909) erneuerte der »Misrachi« seine Bitte und forderte diesmal ausdrücklich die Anerkennung als Wahlkreis zwecks Entsendung von Kongreßdelegierten proportionell zu seiner Wählerschaft. Hantke überstellte die Forderung an das Zentralbüro der Zionistischen Weltorganisation als zuständiger Instanz und bat um eine Entscheidung. Er empfahl, dem »Misrachi« entgegenzukommen, um die Spannungen nicht zu verschärfen.[30] Die Weltorganisation nahm die Forderung des »Misrachi« an und die Delegation des deutschen »Misrachi« erhielt auf dem Kongreß den Status eines »Kartells«.[31]

---

[28] Protokoll der 6. Sitzung des Geschäftsführenden Ausschusses vom 15. 12. 1910, CZA Z2/409; Frankfurter Ortsgruppe Misrachi an Vorstand der Zionistischen Ortsgruppe Frankfurt a.M., 28. 6. 1911, CZA A8/53/2/1.

[29] Bodenheimer an Zentralbureau der ZVfD Berlin, 9. 10. 1907, CZA A15/VII/47.

[30] ZVfD, Centralbureau Berlin, gez. Hantke an Zionistisches Zentralbureau Köln, 24. 10. 1909, CZA Z2/407.

[31] Protokoll der 3. Plenarsitzung des Zentralkomitees der ZVfD vom 19. 7. 1911, CZA Z2/410.

Die Spannungen, über die Hantke an das Zentralbüro der Weltorganisation berichtete, bezogen sich auf die allgemein-zionistische und nicht auf die lokale Ebene. Da sich jedoch die Zentrale der »Misrachi«-Weltorganisation in Frankfurt/M. befand, mußten ihre Beziehungen zur Zionistischen Weltorganisation naturgemäß auch auf die deutsche Landesorganisation und die Ortsgruppen abfärben. Den Anstoß gab ein Beschluß der Jahreskonferenz der Zionistischen Weltorganisation im Oktober 1909, dem »Herzlijah«-Gymnasium in Jaffa eine Zuwendung von 5000 Mark zu bewilligen.[32]

Infolge dieses Beschlusses unterbreitete die »Misrachi«-Zentrale dem »Engeren Aktionskomitee« eine »Denkschrift, betrifft die Subventionierung des Hebräischen Gymnasiums zu Jaffa aus den Mitteln der Zionistischen Organisation und des Jüdischen National-Fonds«. Die Denkschrift behandelte nicht nur diese Subventionierung, sondern auch die Verpachtung eines Bauplatzes zu minimalem Preis zur Errichtung des Gymnasiums.[33] Die Verfasser der Denkschrift drückten ihren Widerstand gegen die Verpachtung des Bauplatzes aus. Dies widerstrebe den Zielen des National-Fonds, der Wiedergewinnung des jüdischen Landes. Die Zionistische Weltorganisation habe Subventionen ohne Vorlage eines Unterichtsplans – der scheinbar gar nicht bestehe – ohne jede Information über die Ausbildung von Lehrkräften, deren pädagogische Qualitäten und Beherrschung der hebräischen Sprache gewährt.

Die Beschwerden über solche administrativen Fehlentscheidungen waren aber nur eine Einleitung zur Hauptanschuldigung: »*die Verletzung der religiösen Anschauungen* aller auf traditionellem Boden stehenden Anhänger unserer Bewegung.« Die Zionistische Organisation trage – gemäß ihren Kongreßerklärungen – den Forderungen des religiös-traditionellen Judentums keine Rechnung. Die Beschlüsse zionistischer Parteiorgane zielten auf die Förderung des Hebräischen Gymnasiums. Die jüngsten Erklärungen stünden mit dieser Zielsetzung im Widerspruch, da sie irreligiöse Tendenzen des Unterrichts an diesem Gymnasium geradezu unterstützten. Zitate aus der »Welt« und palästinensischen Zeitungen galten dem »Misrachi« als Beweis für die areligiöse Lebensfüh-

---

32 Infolge des Beschlusses des 8. Zionistenkongresses, das Erziehungswesen in Palästina zu fördern und insbesondere eine Mittelschule zu unterstützen, bestätigte die Palästinaabteilung dem »Herzlija-Gymnasium« 4000 Mark. Der Kassenbericht der Zionistischen Organisation für 1907–1908 berichtet, daß dem Gymnasium 408 Mark ausgezahlt wurden. »Kassenbericht für die Zeit vom 1. 7. 1907 – 30. 6. 1908«, Welt Nr. 32, 14. 8. 1908, S. 10.

33 Akiva-Arje Weiss, ein Mitbegründer der Siedlung Achusath-Bajith (aus der sich die Stadt Tel Aviv entwickelte), der sich um die Erwerbung des Bauplatzes und die Errichtung des Herzlija-Gymnasiums verdient machte, berichtet, daß die Siedlung einen Teil ihres Bodens an das Gymnasium abgab. Er erwähnt diesbezüglich nicht die Hilfe des Nationalfonds. Siehe: Akiva-Arje Weiss, Reschitah schel Tel Aviv (Der Anfang Tel Avivs) (hebr.), Tel Aviv 1957, S. 114–122.

rung der meisten Gymnasiallehrer. In der Denkschrift wurde besonders Dr. Mossinsohn angegriffen, der am Gymnasium Bibelkunde und jüdische Geschichte *»nach den neuesten Ergebnissen der Bibelkritik unterrichtet* ... und unmündigen Kindern in Jaffa Gift reicht.«[34]
Die Führer der »Misrachi« hielten es »für im höchsten Grade unglaubwürdig«, wenn die Gymnasialdirektion areligiöse Tendenzen abstritt.[35] Als Beweis brachten sie die Aussage des zionistischen Rabbiners Dr. Emil Levy, der dem Unterricht Dr. Mossinsohns »inkognito« beigewohnt hatte.
Die Verfasser der Denkschrift folgerten: Eine Schule, deren Lehrer in Lehre und Leben Feinde des jüdischen Religionsgesetzes seien, könne auf keinen Fall das Vertrauen religiöser Juden genießen. Demnach sei die Unterstützung des Gymnasiums aus allgemein-zionistischen Mitteln oder aus dem Nationalfonds mit den Erklärungen und Beschlüssen des 1. und 2. Kongresses (wie auch mit der Erklärung Professor Warburgs auf dem 8. Kongreß) unvereinbar. Dieser Sachverhalt erschwere allen traditionell gesinnten Juden die Mitarbeit innerhalb der Zionistischen Organisation. Die Finanzierung der Schulen in Palästina solle vor allem die Pflicht der Eltern, sowie der verschiedenen ideologischen Richtungen sein. Der offizielle Zionismus solle die Intervention im Schulwesen einstellen.

> »Nur durch eine strenge Durchführung dieser Grundsätze kann der Ausbruch eines Kulturkampfes verhindert werden, der in Palästina unendlichen Schaden anrichten würde und jetzt schon innerhalb unserer Bewegung Verbitterung hervorbringt zwischen denen, die heute mehr denn je alle Kraft daran setzen müssen, gemeinsam zu kämpfen für die Erreichung unseres hohen nationalen Zieles im geheiligten Lande unserer Väter.«[36]

Die Denkschrift und die in ihr enthaltene Drohung des Austritts des »Misrachi« aus der Zionistischen Weltorganisation verfehlten scheinbar nicht ihre Wirkung. Die Subvention an das Hebräische Gymnasium in Jaffa wurde zeitweilig gestrichen.[37]

---

34 Denkschrift betrifft die Subventionierung des Hebräischen Gymnasiums zu Jaffa aus den Mitteln der Zionistischen Organisation und des Jüdischen Nationalfonds, überreicht dem Engeren Aktions-Komitee durch das Bureau des Misrachi, o.D. (1908). Hervorhebungen im Original. CZA A15/IV/3. Bezüglich der Vorträge von Mossinsohn siehe: Welt Nr. 5, 31. 8. 1908, S. 16. Über die Krise in den Beziehungen zwischen der zionistischen Bewegung und dem »Misrachi« siehe: Yaakow Zur, German Jewish Orthodoxy and its Attitude toward internal Organization and Zionism 1896–1911, (hebr.) Diss. Tel Aviv University 1982, S. 431–438.

35 Dr. Ch. Bogratschoff, Dr. L. Metman, M. Scheinkin, »Vom Hebräischen Gymnasium in Jaffa«, Welt Nr. 11, 13. 3. 1908, S. 17; »Hebräisches Gymnasium in Jaffa«, Welt Nr. 18, 8. 5. 1908, S. 14.

36 Denkschrift a.a.O. Die Einstellung des »Misrachi« zur Erziehung in Palästina kam zum Ausdruck in der Broschüre eines Frankfurter Erziehers: Baruch Stern, Zur Schulfrage in Palästina, hrsg. von der Zionistischen Federation Misrachi, Frankfurt/M. 1911.

37 Schlomo Edelberg, »Die Kristallisierung der Idee«, in: Chason, Thora w'Zion, a.a.O.

Die Spannungen zwischen den deutschen Misrachisten (besonders den Extremen) und der ZVfD-Leitung, bzw. den Ortsgruppen, hielt indessen unvermindert an. Dazu trug die Personalunion der »Misrachi«-Weltorganisation und der Leitung des deutschen »Misrachi« in Frankfurt/M. nicht unwesentlich bei. Feuchtwanger, Vorsitzender beider Organisationen, schlug die Errichtung eines besonderen Nationalfondsbüros für Süddeutschland vor und weigerte sich, die Obrigkeit des Zentralbüros des Nationalfonds in Berlin anzuerkennen. Er forderte für das süddeutsche Büro eine autonome Propaganda, mit der Begründung, daß ein besonderer Zugang zu den traditionellen Juden in Süddeutschland erforderlich sei. Er weigerte sich ferner, ein Flugblatt der Nationalfonds-Zentrale zu verbreiten, worin man zu Spenden für Kulturinstitute aufrief. Diese Aktivität laufe den Beschlüssen der Kongresse bezüglich der Respektierung der Religion zuwider.[38]
Feuchtwangers Verhalten erregte den Unwillen des Geschäftsführenden Ausschusses und führte zu dem eindeutigen Beschluß:

> »Der Geschäftsführende Ausschuß ist prinzipiell der Ansicht, daß keine Ortsgruppe der Partei und kein Beamter der Partei sich weigern darf, offizielle Publikationen der Zentrale zu verbreiten. Die Beschlüsse der Gesamtpartei sind auszuführen ohne Rücksicht auf die Privatmeinungen des Einzelnen. Selbstverständlich ist es das Recht jeder zionistischen Ortsgruppe und jedes Zionisten zu versuchen, seine Ansichten in der Gesamtpartei durchzusetzen. Beschlüsse der Zentralorganisation sind aber ohne Rücksicht auf die Stellungnahme des Einzelnen zu den Beschlüssen strikt durchzuführen.«[39]

Die offizielle zionistische Presse des Jahres 1910 läßt kaum eine Unregelmäßigkeit in den Beziehungen zwischen Religiösen und Nichtreligiösen in der ZVfD wahrnehmen. Allerdings zeugt das Demissionsschreiben des »Misrachi«-Vertreters im Zentralkomitee und im Geschäftsführenden Ausschuß, Hermann Struck, von erheblichen inneren Schwierigkeiten. Struck begründete seinen Rücktritt nur allgemein, wahrscheinlich wußte aber Hantke die wirklichen Beweggründe. Struck führte darüber Klage, daß die von ihm in der zionistischen Bewegung vertretenen Ideen »nicht genügenden Widerhall« im Kreise des Zentralkomitees gefunden hätten. Der Ton in den Versammlungen sei auf ein unsagbar tiefes Niveau gesunken und »maßlose Angriffe« gegen ihn seien in einer Versammlung der Ortsgruppe Berlin unbeanstandet geblieben.[40] Struck

---

[38] Dr. Feuchtwanger, Zionistische Federation Misrachi an Jüdischer Nationalfonds, Zentrale für Deutschland, 27. 10. 1910, CZA Z2/409.

[39] Protokoll der 3. Sitzung des Geschäftsführenden Ausschusses vom 30. Oktober 1910, CZA Z2/409.

[40] Hermann Struck an Vorsitzenden des Zentralkomitees der ZVfD Hantke, 28. 5. 1911, CZA A11/32/19.

legte nur seine Ämter nieder, gab jedoch seinen Sitz im Zentralkomitee nicht auf.[41]

Kurze Zeit nach Strucks Rücktritt kam es zu einem schweren Konflikt in der Ortsgruppe Nürnberg-Fürth, in dessen Verlauf der »Misrachi« mit dem Austritt aus der ZVfD drohte. Den Anstoß gaben Vorträge, die Dr. Mossinsohn, Lehrer am Herzlia-Gymnasium in Tel Aviv, der zum 10. Kongreß nach Europa gekommen war, in den Ortsgruppen Nürnberg-Fürth, München und Frankfurt/Main halten sollte.[42] Die Ankündigung dieser Vorträge in den Nürnberger Tageszeitungen löste heftige Proteste seitens der »Misrachi«-Mitglieder aus. Sie wollten Dr. Mossinsohn nicht einmal über ein »neutrales« Thema zu Worte kommen lassen. Der Ortsgruppen-Vorstand von Nürnberg-Fürth beschloß nach einer Beratung mit ZVfD-Sekretär Blumenfeld, »abgesehen von unserem prinzipiellen Standpunkt, der Forderung des willkürlichen Aktes einer Absetzung des Redners nicht [zu] entsprechen.«[43]

Daraufhin stellten »20 gesetzestreue Mitglieder der zionistischen Ortgruppe Nürnberg-Fürth« dem Vorstand ein Ultimatum: Mossinsohn dürfe in der Versammlung unter keinen Umständen das Wort ergreifen. Sollte der Vorstand diese Forderungen nicht berücksichtigen, würden sie »auch vor den äußersten Konsequenzen nicht zurückschrecken.«[44]

Die Aufzeichnungen über die Verhandlungen vor der Versammlung, deren Verlauf und die folgenden Ereignisse, stammen hauptsächlich vom Vorstand der Ortsgruppe Nürnberg-Fürth. Doch der Tatbestand selbst wurde auch durch die »Misrachi«-Mitglieder nicht widerlegt. Unter dem Druck der ultimativen Forderung versuchte der Vorstand die Stellung der Misrachisten zu mäßigen, um einen öffentlichen Skandal zu vermeiden. Die Vorstandsmitglieder erklärten ihren religiösen Gesinnungsgenossen, Dr. Mossinsohn sei ein Privatmann und vom zionistischen Standpunkt könnten daher keine Bedenken bestehen, ihn über das Leben in Palästina sprechen zu lassen. Als dieser Vorschlag von den Misrachisten abgelehnt wurde, schlug der Vorstand einen »Kompromiß« vor: Blumenfeld würde als erster sprechen. Hieran sollte sich dann eine Diskussion knüpfen, die möglichst lange hinausgezogen werden sollte, damit der Vortrag Mossinsohns von selbst, wegen vorgerückter Zeit, ausfalle. Dieser Vorschlag war von Blumenfelds Zustimmung abhängig. Obwohl dieser Kompromiß auf beiden Seiten Zustimmung fand, wurde er von Blumenfeld als unpassend abgelehnt. Inmitten fieberhafter Verhandlungen traf ein Schreiben

---

41 Protokoll der 3. Plenarsitzung des Zentralkomitees vom 9. Juli 1911, CZA Z2/410.

42 Die Ortsgruppe Nürnberg-Fürth war eine »gemischte« Ortsgruppe. 12 der 78 Mitglieder gehörten dem »Misrachi« an. A. Singer (Vorsitzender der Ortsgruppe Nürnberg-Fürth) an Zionistisches Zentralbureau Berlin, 29. 6. 1911, CZA A15/VII/24.

43 A. Singer an ZVfD Berlin, 26. 6. 1911, CZA A15/VII/24.

44 Curt Oberndörfer i. A. 20 gesetzestreue Mitglieder der zionistischen Ortsgruppe Nürnberg-Fürth an Vorstandschaft der zionistischen Ortsgruppe Nürnberg-Fürth, 21. 6. 1911, CZA A15/VII/24.

von Hermann Struck ein, der den Nürnberger Misrachisten riet, einen gemäßigteren Standpunkt einzunehmen. Sie sollten nach dem Vortrag Mossinsohns erklären, daß derselbe kein offizieller Vertreter des Zionismus sei. Dieser Rat wurde nicht angenommen.[45]

Nach allen Berichten[46] verlief der erste Teil der Versammlung, der etwa 300 Personen beiwohnten, ohne Störung. Mossinsohns Vortrag war sachlich. Er sprach ausführlich über das Leben in den jüdischen Kolonien, über die Renaissance der hebräischen Sprache, über die hebräischen Kindergärten. Er erwähnte auch kurz die Kunstgewerbeschule »Bezalel« in Jerusalem und das Hebräische Gymnasium in Jaffa, ohne auf das pädagogische System einzugehen. Insbesondere vermied er es, religiöse Angelegenheiten zu berühren. Nach diesem Vortrag sprach Blumenfeld über das Thema »Warum sind die deutschen Juden Zionisten?«.

In der darauffolgenden Pause versuchten einige Mitglieder der Ortsgruppe, die Misrachisten davon abzubringen ihren Austritt aus der ZVfD zu erklären. Dies wäre eine »verbrecherische Handlung«, die niemand der Anwesenden verstehen würde. Als der Vorsitzende die Diskussion eröffnete, betonte er, Mossinsohn habe als Privatmann gesprochen. Er versuchte durch einen Appell an die gemeinsame Basis, unter Ausschaltung religiöser Ansichten, auf die Misrachisten zu wirken. Es war jedoch vergeblich.

Im Namen der Misrachisten ergriff nun Curt Oberdörfer das Wort. Er griff Mossinsohn scharf an und verlas darauf folgende Erklärung:

»Resolution

Herr Dr. Mossinsohn hat in seinem Referat das jüdische Gymnasium als diejenigen Anstalt hingestellt, der das Judentum seine Kultur und seine Renaissance verdanken wird.

Nachdem in dieser Schule dem altüberlieferten Judentum der Boden entzogen wird, dadurch, daß gerade durch Herrn Mossinsohn der Abfall gepredigt wird, was der Unterricht in Bibelkritik bedeutet, sehe ich mich veranlaßt, im Auftrage von 20 Mitgliedern folgende Erklärung abzugeben:

Wir Unterzeichneten erlauben uns hierdurch unseren Austritt aus der zionistischen Ortsgruppe Nürnberg-Fürth der Vorstandschaft zur Kenntnis zu bringen, selbstverständlich bleiben wir nach wie vor treue Anhänger des Zionismus.

Wir unternehmen diesen Schritt nur schweren Herzens, weil wir uns bewußt sind, die Ortsgruppe, an deren Entstehung, Leben und Gedeihen wir mit Herz und Seele mitgewirkt haben, durch unseren Austritt und öffentlichen Protest zu schädigen.

Wir wälzen aber die Verantwortung hierfür auf die Vorstandschaft der Ortsgruppe ab, weil wir es an Bitten und Warnungen nicht fehlen ließen.

---

45 Rechtsanwalt J. Münz an Zentralbureau der ZVfD Berlin, 26. 6. 1911, CZA A15/VII/24.

46 A. Singer an ZVfD Berlin, 26. 6. 1911, A15/VII/24. »›Misrachi‹ und ›Disziplin‹«, JR Nr. 28, 14. 7. 1911, S. 320–322.

Es ist jedem, der sich mit jüdischen Angelegenheiten befaßt, bekannt, daß Dr. Mossinsohn ein Apostel des Unglaubens ist, weil er sich als Lehrer am Jaffaer Gymnasium nicht scheut, durch Unterricht von Bibelkritik die Jugend dem Judentum zu entfremden und den Geist des Zweifels einzuimpfen.
Der christliche Staat gestattet den jüdischen Schülern während des Religionsunterrichts, nach alter Sitte die Kopfbedeckung aufzubehalten. Der jüdische Lehrer des jüdischen Gymnasiums Herr Dr. Mossinsohn gestattet dies nicht. Wir sind Zionisten, wir wollen aber auch Juden bleiben.«[47]

Sofort nach Verlesung der Resolution verließen die Misrachisten den Saal. Die Anwesenden waren überrascht. Die demonstrative Austrittserklärung der Misrachisten in einer öffentlichen Propagandaversammlung, nur weil ihnen der Redner in religiöser Hinsicht nicht genehm war, erschien dem Großteil vom zionistischen Standpunkt aus »als eine Art Hochverrat, eine im allgemeinen nicht würdige Handlungsweise und eine ›Gotteslästerung‹.«[48] Nicht alle Misrachisten stimmten dem Austritt bei. Einige zogen sogar ihre Austrittserklärung zurück. Aber der propagandistische Schaden, der der Ortsgruppe durch die Publikation des inneren Zwistes zugefügt worden war, konnte nicht mehr rückgängig gemacht werden.[49] Dies bedauerten selbst die Ausgetretenen. Ein aktiver Misrachist hielt dem Zentralbüro der ZVfD am Tage nach der Versammlung vor, daß es die Misrachisten durch die Entsendung Mossinsohns vor eine unmögliche Situation gestellt habe:

»... Nun will ich Ihnen von dem Erfolg ihrer Politik berichten, damit Sie ermessen können, welchen Schaden Sie uns allen, die im Zionismus gelebt, für ihn unsere vitalsten Interessen geopfert, zugefügt haben.
Als Erfolg der Rede Mossinsohns traten noch während der Sitzung 21 Mitglieder aus der Ortsgruppe aus. Es waren die eifrigsten Mitglieder des hiesigen Zionismus. Viele andere Abmeldungen erfolgen in den nächsten Tagen. Hat die Rede Ihres Parteisekretärs ebensoviel neue Mitglieder gebracht?
Mit Zion für Gott und Israel — Dr. Simon Rosenbüth«[50]

In München verlief der Vortrag von Dr. Mossinsohn ungestört, trotz der Spannung zwischen Religiösen und Nichtreligiösen infolge der Ereignisse in Nürnberg. Dies war möglicherweise seiner Vorsicht zuzuschreiben, da er alles umging, was Widerstand hervorrufen konnte und sogar die religiöse Schule »Tachkemoni« in Jaffa lobte.[51]

---

47 Resolution, o.D., CZA A15/VII/24.
48 Rechtsanwalt Dr. J. Münz an Zentralbureau der ZVfD Berlin, 26. 6. 1911, CZA A15/VII/24.
49 A. Singer an ZVfD Berlin, 26. 6. 1911, CZA A15/VII/24.
50 Dr. Simon Rosenblüth an Zionistisches Zentralbureau Berlin, 23. 6. 1911, A15/VII/24.
51 »›Misrachi‹ und ›Disziplin‹«, JR Nr. 28, 14. 7. 1911, S. 321.

Anders ging es in Frankfurt/M. her. Dort hatte die »Misrachi«-Ortsgruppe Zeit genug zu Vorbereitungen. Bis zum letzten Augenblick versuchte sie, den Vortrag rückgängig zu machen. Ihr Hauptargument war, daß der Vortrag eine Verletzung der »Arbeitsgemeinschaft« der zwei Ortsgruppen darstelle und die Wahl des Redners, »des radikalen Neologen und wegen seiner irreligiösen Lehrertätigkeit am übelsten berufenen Lehrers des Jaffaer Gymnasiums« die Misrachisten beleidige. Sie warnten, daß das Auftreten dieses »unmöglichen Mannes« das Gegenteil der beabsichtigten Wirkung zur Folge haben werde.[52] Am Abend der Versammlung wurde vor dem Lokal ein von »mehrere[n] gesetzestreuen Zionisten« unterschriebenes Flugblatt verteilt, das gegen die Einladung Mossinsohns protestierte, da seine Wirkungsstätte »eine Stätte der religiösen Verderbnis für die Jugend des Heiligen Landes ist.« Sie beschuldigten ihn in der Versammlung in Nürnberg gesagt zu haben:

> »Die Orthodoxie gleicht einer Konservenbüchse, deren Inhalt nur so lange gut bleibt, als sie luftdicht geschlossen ist. Wird sie aber geöffnet, so daß Luft eindringt, und die Außenwelt damit in Berührung bringt, so verdirbt der Inhalt.«[53]

Die Beschuldigung der »Konservenbüchse« wurde durch die Nürnberger Ortsgruppe dementiert.[54] Aus einer Schilderung der Nürnberger Misrachisten geht jedoch hervor, daß sie nicht aus der Luft gegriffen war: das Beispiel wurde von Mossinsohn zwar nicht in seinem Vortrag, aber im Laufe der Diskussion angeführt.[55] Als der Vorfall später in der Sitzung des Zentralkomitees zur Sprache kam, wurde er von Blumenfeld nicht geleugnet. Mitglieder des Zentralkomitees rügten aufs schärfste solche beleidigenden Äußerungen, auch wenn sie privat »in momentaner Erregung« in der Pause gefallen sein sollten. Allerdings seien sie keine Entschuldigung für das Verhalten der Misrachisten.[56] Die Versammlung in Frankfurt war von der nichtreligiösen Ortsgruppe einberufen worden und sollte den Vertrieb von Schekalim zum Kongreß »noch in letzter Stunde« anspornen. Laut Übereinkunft mit dem »Misrachi« hielt sich die Ortsgruppe für berechtigt, auch selbständige zionistische Propaganda zu treiben und die Versammlung so zu gestalten, wie es ihr zweckmäßig erschien. Auf keinen Fall sei dies etwa eine Verletzung der Arbeitsgemeinschaft.[57] Die

52 Professor Adolf Weyl an Zionistische Ortsgruppe Frankfurt, 25. 6. 1911, CZA A15/VII/24.

53 »Mehrere Gesetzestreue Zionisten« (Flugblatt), o.D., A15/VII/24.

54 »›Misrachi‹ und ›Disziplin‹«, JR Nr. 28, 14. 7. 1911, S. 321.

55 J. Bamberger, Leopold Birnbaum, Emil Oberndörfer, Menki Zimmer an Zentralbureau Berlin, 5. 7. 1911, 9. Tammus 5671, CZA A15/VII/24.

56 Protokoll der 3. Plenarsitzung des Zentralkomitees vom 9. 7. 1911, CZA A15/VII/24. Vgl. ferner die ausweichende Erklärung des Vorsitzenden der Ortsgruppe Nürnberg: »Was Herr Blumenfeld in der Pause am Tische zu den Herren gesprochen, entzieht sich natürlich meiner Beurteilung.« A. Singer an Zentralbureau Berlin, 29. 6. 1911, CZA A15/VII/24.

57 Siegfried Schwarzschild an Vorstand der Misrachi-Ortsgruppe, 26. 6. 1911, CZA A15/VII/24.

»Misrachi«-Ortsgruppe war entgegengesetzter Meinung. Eine Arbeitsgemeinschaft hätte weder logischen noch juristischen Sinn, wenn jede Ortsgruppe in jedem sich darbietenden Fall sagen könne, wir arbeiten auf eigene Faust.

> »Eine solche Arbeitsgemeinschaft hätte Ähnlichkeit mit dem berühmten Messer ohne Stiel, dem die Klinge fehlt. Wenn Sie nun gar schreiben, eine Schekelversammlung sei ›natürlich eine Angelegenheit lediglich Ihrer Ortsgruppe‹, so ist das für uns vollständig unverständlich. Eine Schekelpropaganda ist gerade das, was alle zionistischen Parteien einigt und auch zu zionistischer Arbeit zusammenführt.«[58]

Im Mittelpunkt des Interesses stand das Referat Mossinsohns. Er sprach über das »jüdische Leben in Erez Israel«. Er schilderte die Errungenschaften des Siedlungswesens und dessen Probleme und vermied es, bei den anwesenden Misrachisten Anstoß zu erregen. Trotzdem griffen diese den Redner an. Sie bezogen sich nicht auf sein Referat, sondern übten Kritik an seiner Unterichtsweise am Jaffaer Gymnasium. Als einer der Diskussionsredner eine Austrittserklärung mehrerer Misrachisten überreichen wollte, rief dies bei einem Teil der Anwesenden scharfen Protest hervor. In dem überfüllten Saal wurde die Diskussion in gespannter Atmosphäre bis ein Uhr nachts (eine seltene Erscheinung in dieser Stadt) fortgeführt. Als dann die Unruhe so weit gestiegen war, daß kein Wort mehr verständlich war, mußte der Vorsitzende die Versammlung schließen. Jetzt erklärten 20 Misrachisten ihren Austritt aus der Ortsgruppe. Die Erklärung, die anläßlich dieses Schrittes abgegeben wurde, wiederholte die Argumente der Nürnberger Erklärung und des Frankfurter Flugblattes.

Nach einigen Tagen – am 6. Juli 1911 – veranstaltete die »Misrachi«-Ortsgruppe einen Diskussionsabend, unter der Leitung Dr. Feuchtwangers, den sie als Fortsetzung der »Mossinsohnversammlung« propagierten. Der Lehrer Baruch Stern legte die Gründe dar, welche die Frankfurter Misarchisten zu ihrem Vorgehen gezwungen hätten. Professor Weyl beleuchtete die Stellung, die die religiöse Belehrung überhaupt im jüdischen Schulwesen eingenommen hat. Darauf ergriffen zwei nichtreligiöse Zionisten, Levigaard und Nachum Goldmann das Wort. Levigaard versuchte den Beweis zu erbringen, daß der biblische Unterricht am Jaffaer Gymnasium nicht gegen die traditionelle Auffassung des Judentums verstoße und Goldmann referierte über die prinzipielle Seite der Frage.[59]

Die Leitungen beider Frankfurter Ortsgruppen kamen zu keiner Lösung des Konfliktes und wandten sich zwecks Entscheidung an das Zentralkomitee der ZVfD.

---

58 Frankfurter Ortsgruppe Misrachi an Vorstand der Zionistischen Ortsgruppe (Frankfurt), 28. 6. 1911, CZA A8/53/2/1.

59 »›Misrachi‹ und ›Disziplin‹«, JR Nr. 28, 14. 7. 1911, S. 322.

Die Anschuldigung, in Frankfurt sei das Abkommen der Arbeitsgemeinschaft zwischen den zwei Ortsgruppen verletzt worden, stellte ihren Charakter und ihre Grenzen zur Diskussion. Beide Ortsgruppen unterstanden als Vereinsinstitutionen der ZVfD-Autorität. Gleichzeitig aber gehörte die Ortsgruppe der Misrachisten der »Misrachi«-Organisation an, deren Interessen zum Teil außerhalb der ZVfD lagen und sich nicht unbedingt mit denen der ZVfD deckten. Dies betraf den empfindlichen Bereich der Religion und des Gewissens. Der Konflikt, der anfangs auf die Koexistenz von religiösen und nichtreligiösen Zionisten innerhalb einer oder paralleler Ortsgruppen begrenzt war, entwickelte sich zu einem Problem der »double loyalty«, das nicht mehr auf die lokale Ebene beschränkt blieb. Es standen prinzipielle Fragen zur Diskussion, die alle deutschen Zionisten angingen und die inneren Beziehungen der Gesamtbewegung in Mitleidenschaft zogen. Unter dem Druck, dem die Misrachisten seitens der Orthodoxie ausgesetzt waren, und dem Druck der Verhandlungen vor dem 10. Zionistenkongreß über die Teilnahme der zionistischen Organisation an der Gestaltung des Kulturlebens in Palästina, bekamen diese lokalen Konflikte die Bedeutung einer Kraftprobe für den gesamten »Misrachi«. Zahlreiche Anzeichen deuten darauf hin, daß die von den Misrachisten unternommenen Schritte vom extremen Flügel der »Misrachi«-Weltorganisation veranlaßt wurden. Darauf deutete auch der Vorsitzende der Ortsgruppe Nürnberg hin: »Der gesamte Nürnberger Vorfall hat auf mich den Eindruck eines religiösen Streites gemacht, in dem die Misrachisten reine Interessenpolitik verfolgt haben ...«[60]

Noch deutlicher drückte sich Dr. Julius Moses, Mitglied des Zentralkomitees aus:

> »... Es stehen hinter den misrachistischen Zionisten nichtzionistische Orthodoxe, die hetzen, obwohl sie in Literaturvereinen und Logen ruhig Institutionen mit unterstützen, die gegen die Auffassung vom Religionsgesetz verstoßen und Redner anhören, ja selbst berufen, die irreligiöse Tendenzen vertreten. Der Akt der Misrachisten stellt keine Reaktion auf Ausfälle in dem gehörten Vortrage dar, sondern eine vorher vorbereitete Inszenierung, die ... den einfachsten Regeln der Organisation und Disziplin widerspricht.«[61]

Dieser Punkt wurde im Zentralkomitee klar verstanden. Es sollte vermieden werden, daß der »Misrachi« aus der »Mossinsohn-Affäre« politisches Kapital schlage. Der kleine »Kulturkampf« in Süddeutschland drohte sich nach anderen Teilen Deutschlands auszubreiten und die Stabilität und Einheit der ZVfD zu erschüttern.

---

[60] A. Singer an Zionistisches Zentralbureau Berlin, 29. 6. 1911, CZA A15/VII/24.
[61] Protokoll der 3. Plenarsitzung des Zentralkomitees vom 9. 7. 1911, CZA A15/VII/24.

Gewissen und Disziplin

In einer besonderen Plenarsitzung des Zentralkomitees wurden die Vorfälle in Süddeutschland hauptsächlich vom Gesichtspunkt der inneren Einheit und Disziplin aus betrachtet. Gleichzeitig konnte die ZVfD aber nicht die negativen Erscheinungen ignorieren, die sich bei diesem Konflikt offenbart hatten. Bodenheimer verurteilte die politische Unreife der Misrachisten in Frankfurt und Nürnberg, die ihre abweichenden Meinungen durch Austrittserklärungen zum Ausdruck brachten. Dadurch werde die Redefreiheit in der ZVfD gefährdet: »In keinem Fall hat eine Minorität das Recht zu verlangen, daß mit Rücksicht auf ihre Anschauungen ein Redner, der durch Majoritätsbeschluß eingeladen ist, nicht zu Worte kommt.«[62] Dies traf besonders auf Frankfurt zu, wo die »Misrachi«-Gruppe ihren Willen der allgemeinen Ortsgruppe aufzwingen wollte. Einige Mitglieder des Zentralkomitees waren jedoch der Meinung, man hätte den Ausbruch derartiger Differenzen verhindern sollen, obwohl sie prinzipiell den Misrachisten Unrecht gaben.[63] Mit Ausnahme von Struck verurteilte das Zentralkomitee das Verhalten der Misrachisten als eine Verletzung der Disziplin, die der ZVfD schweren politischen Schaden zugefügt habe. Besonders schwerwiegend war die Tatsache, daß sie sich an den »Israelit«, das Organ der antizionistischen Orthodoxie gewandt hatten.[64] Über die Konsequenzen war sich das Plenum allerdings nicht einig. Einige Mitglieder gingen so weit, den Ausschluß der Misrachisten aus der ZVfD zu verlangen. Hans Gideon Heymann und Leo Motzkin beantragten einen ausgewogenen Beschluß:

1. Das Zentralkomitee dankt H. Dr. Mossinsohn für die von ihm in Deutschland im Interesse der ZVfD geleistete Tätigkeit und mißbilligt die gegen ihn in Deutschland seitens Angehörigen der Föderation Misrachi, die zur ZVfD in Beziehungen stehen, gerichteten Angriffe.
2. Das Zentralkomitee mißbilligt aufs schärfste, daß Angehörige der Föderation Misrachi in Nürnberg und Frankfurt/M. öffentliche zionistische Agitationsversammlungen zu stören versucht haben und dadurch gegenüber der zionistischen Gesamtorganisation Disziplinbruch begangen haben.
3. Das Zentralkomitee erklärt, daß die ZVfD Anhänger aller religiösen Richtungen im Judentum von den Freidenkern bis zu den Gesetzestreuen, sofern sie nur der jüdischen Konfession angehören, gleichermaßen umfaßt und weist alle Versuche einen bestimmten religiösen Standpunkt als minderwertig zu behandeln oder die zionistische Organisation auf eine bestimmte religiöse Richtung festzulegen, entschieden zurück.
4. Das Zentralkomitee erklärt, daß von Zionisten gegründete und im nationalen Geiste geleitete Kulturinstitute, insbesondere in Palästina, ohne Rück-

---

62 ebd.
63 Reden von Dr. Ascher, Arnold Wiener und Hugo Schachtel, ebd.
64 »›Misrachi‹ und ›Disziplin‹«, JR Nr. 28, 14. 7. 1911, S. 321.

sicht auf ihre religiöse Richtung die Förderung sowohl durch die Zionisten als einzelne als auch durch die zionistische Gesamtorganisation und ihre Institute verdienen und verurteilt alle von Zionisten aus religiösen Gründen gegen solche Institute gerichtete Angriffe.

5. Das Zentralkomitee fordert die in Deutschland lebenden Zionisten auf, unter Hintansetzung religiöser Streitigkeiten, alle ihre Kräfte der Förderung der zionistischen Organisation zu widmen.«[65]

Der Antrag Heymanns und Motzkins enthielt keine der extremen Forderungen, die im Laufe der Diskussion gestellt wurden. Er beabsichtigte vielmehr, den organisatorisch-geschlossenen Rahmen und die Zusammenarbeit verschiedener Richtungen aufrechtzuerhalten. Das Plenum mäßigte seine Beschlüsse weiter mit Rücksicht auf die Tagesordnung des bevorstehenden Kongresses und insbesondere um den »Misrachi« nicht in die Arme der extremen Orthodoxie zu treiben. Gleichzeitig war das Zentralkomitee bestrebt, dem Konflikt einen lokalen Anstrich zu geben und die erregten Gemüter zu beruhigen. In den Beschlüssen des Zentralkomitees wurden daher religiöse Angelegenheiten mit keinem Wort erwähnt. Man verurteilte vor allem die Verletzung der zionistischen Disziplin durch einzelne Angehörige in Nürnberg und Frankfurt. Ferner vermied das Zentralkomitee, auf den politischen Charakter der Demonstrationen und des Austritts aus den Ortsgruppen einzugehen:

1. Das Zentralkomitee mißbilligt es, daß misrachistische Angehörige der Landesorganisation in Nürnberg und Frankfurt/M. öffentliche zionistische Agitationsversammlungen zu stören versucht und dadurch ihre Pflichten gegenüber der Zionistischen Gesamtorganisation verletzt haben.
2. Das Zentralkomitee spricht den Ortsgruppen Frankfurt/M. und Nürnberg sein Vertrauen aus und erwartet, daß die Ortsgruppen sich in ihrer zionistischen Arbeit nicht beirren lassen werden.
3. Das Zentralkomitee erwartet, daß das Zentralbüro der Föderation Misrasich die Disziplinlosigkeit von Misrachisten in Nürnberg und Frankfurt aufs schärfste rügen und insbesondere jede Gemeinschaft mit den Verfassern des anonymen Frankfurter Flugblatts ablehnen wird.«

Die Beschlüsse wurden mit 14 gegen 1 Stimme angenommen. Die einzelne Stimme war wahrscheinlich die des »Misrachi«-Repräsentanten Hermann Struck.[66]

Das Zentralkomitee maß den »tiefgehenden Differenzen« große Bedeutung bei und veröffentlichte seine Beschlüsse diesmal in der »Jüdischen Rundschau«, im Anschluß an eine Darstellung der Ereignisse in Nürnberg, Frankfurt und München. Die Zeitung zweifelte nicht, »daß unsere Leser mit uns insbesondere

---

65 Dr. Heymann, Leo Motzkin, Anträge, o.D., CZA AB/53/2/1.

66 Protokoll der 3. Plenarsitzung des Zentralkomitees vom 9. Juli, a.a.O., Sondheimer, Mitglied der Ortsgruppe Frankfurt/M., enthielt sich der Stimme, da er »Partei« in diesem Streit war.

das hier von misrachistischer Seite angewandte Verfahren mißbilligen werden, innerzionistische Streitfragen in antizionistische Blätter zu tragen.«[67]
Die Antwort des »Misrachi« ließ nicht lange auf sich warten. Die folgende Nummer der »Jüdischen Rundschau« veröffentlichte die Beschlüsse des Zentralkomitees der »Zionistischen Föderation Misrachi«, welche die Beschlüsse der ZVfD rundweg ablehnten. Die Verantwortung für den der ZVfD zugefügten Schaden laste auf den Ortsgruppen Nürnberg und Frankfurt. Diese hätten trotz aller Bitten nicht von Mossinsohns Vortrag Abstand genommen. Das Zentralkomitee der Föderation sprach den »Misrachi«-Ortsgruppen sowie den einzelnen Misrachisten vollstes Vertrauen aus und dankte »für ihre energische Abwehr irreligiöser Tendenzen in der zionistischen Organisation.« Es bedauerte, daß die Leitung der ZVfD nichts unternommen habe, um den den Misrachisten aufgezwungenen Kampf zu vermeiden. Dieser Kampf sei für die Misrachisten eine Gewissensfrage und könne daher vom Zentralkomitee der ZVfD nicht als Disziplinlosigkeit hingestellt werden. Ferner bedauerte der »Misrachi«, daß die ZVfD eine Auseinandersetzung zwischen Ortsgruppen zu einem Konflikt mit der »Föderation Misrachi« aufgebauscht habe.[68]
Die Streitigkeiten in Nürnberg und Frankfurt rangierten als Hauptthemen der Jahreskonferenz der »Föderation Misrachi«, die im August 1911 stattfand, um ihre Stellungnahme für den 10. Zionistenkongreß festzulegen. Die auf der Tagesordnung stehenden Referate wurden öffentlich gehalten, während die Debatte in geheimer Sitzung stattfand. In bezug auf den »süddeutschen Kulturkampf« sprach die Konferenz den Beschlüssen seines Zentralkomitees uneingeschränktes Vertrauen aus. Hermann Struck wurde zum Vorsitzenden der Föderation gewählt und das Zentralbüro von Frankfurt nach Hamburg verlegt.[69] Möglicherweise verbarg sich hinter diesem Akt die Absicht, die Exekutive vom extremen, zum Separatismus neigenden Frankfurt nach der gemäßigten misrachistischen Ortsgruppe Hamburg zu entfernen.[70]
Die Leitung der ZVfD konnte einen von der obersten Misrachi-Instanz bewilligten Boykott unter keinen Umständen hinnehmen. Die Mehrzahl ihrer Mitglieder war nicht religiös-gesetzestreu und somit stand die Öffentlichkeit der Organisation, ihre Einigkeit und Allgemeinheit auf dem Spiel. Würde sie die Misrachi-Normen akzeptieren, dann würde sie die liberalen und demokratischen Grundsätze der Bewegung untergraben. Auf dem 10. Zionistenkongreß

67 »›Misrachi‹ und ›Disziplin‹«, a.a.O., S. 320–322.
68 »›Misrachi‹ und ›Disziplin‹«, JR Nr. 29, 21. 7. 1911, S. 332.
69 JR Nr. 33, 18. 8. 1911, S. 388. Trotz der Aufregung, die die »Affäre Mossinsohn« im »Misrachi« und in der ZVfD erregte, erwähnen sie beide Historiker des deutschen »Misrachi«, Aviad-Wolffsberg und Rosenblüth, mit keinem Wort.
70 Pinchas Rosenblüth, »Zum Weg der Misrachibewegung in Deutschland«, a.a.O., S. 324.

wurde daher der Kampf über die »Kulturfrage« in aller Schärfe ausgetragen; der Widerhall der Ereignisse in Süddeutschland war klar zu erkennen.[71]
Als der Kongreß beschloß, die Kulturarbeit als integralen Bestandteil der zionistischen Aktivität zu betrachten, stieg die Gefahr der »Misrachi«-Sezession von der zionistischen Weltorganisation. Um das zu verhindern, veranstaltete der »Misrachi«, kurz vor dem Kongreß, einen »außerordentlichen Delegiertentag« in Berlin. Diesem Delegiertentag legte Feuchtwanger ein Memorandum vor, worin er »ein leider nicht gar kurzes Sündenregister der zionistischen Behörden und Institutionen gegen den Geist der nationalen Überlieferung« aufrollte.[72] Das Schriftstück beginnt mit einem Lob auf die zionistische Bewegung:

> »Der Ruf der Sammlung, den Herzl ergehen ließ, klingt noch laut vernehmbar in unserem Ohr. Der Zionismus als Ausdruck und Organ der Einheit und Größe unseres Volkes hat auch jetzt noch nicht aufgehört seinen Zauber auf uns auszuüben. Wir wissen, daß der Zionismus den zur Erde gebeugten jüdischen Nationalstolz emporgerichtet, daß er manchem unserer Volksgenossen das einzige Band gegeben hat, das ihn noch an uns bindet, und wir erkennen dankbarst an, daß unsere eigene jüdische Auffassung und unser jüdisches Empfinden manche Bereicherung und Vertiefung durch den Zionismus erfahren hat, und daß der Zionismus in weitesten jüdischen Kreisen werktätiges Interesse für Palästina geweckt hat.«

Der Rest des Memorandums ist eine Anklage. Mit Ausnahme der Sabbatentweihung in zionistischen Ämtern sei es dem »Misrachi« nie gelungen, eine Verletzung der Religionsgesetze rückgängig zu machen. Alle Beschwerden seien mit Dementis, Beschwichtigungen und leeren Versprechungen beantwortet worden. Jetzt stelle die Annahme der Kulturresolution die Misrachisten vor die Gewissensfrage, ob sie an einer areligiösen, wenn nicht gar antireligiösen Erziehungsarbeit teilhaben können, welche inoffiziell schon in Palästina gehandhabt und von den Kulturzionisten sogar gerühmt werde. Das Vertrauen des »Misrachi« sei mißbraucht worden. Daher müsse die Organisation den Persönlichkeiten und Parteigruppen ihr Mißtrauen ausdrücken und die letzte bittere Konsequenz ziehen: »Austritt und Neuorganisation auf unveränderter Basis außerhalb der Bewegung.«
Nach 18 Stunden heftiger Diskussion lehnte die Majorität der Delegierten den Antrag Feuchtwangers ab. (An der Tagung nahmen 40 Delegierte aus Deutsch-

---

[71] Protokoll der Verhandlungen des 10. Zionistenkongresses in Basel, Berlin und Leipzig 1911, S. 147–156, 194–218. Vgl.: Schlomo Edelberg, »Die Kristallisierung der Idee«, a.a.O., S. 190–193.

[72] Pinchas Rosenblüth bemerkt in dem obengenannten Artikel, daß die Denkschrift nicht veröffentlicht wurde. Der hier zitierte Absatz stammt aus einem Bericht eines »Misrachi«-Mitglieds über die Konferenz in der »Jüdischen Rundschau«. Ferner stützt sich der Verfasser auf Aufzeichnungen von Rosenblüth.

land, Belgien, Ungarn, Schweiz, Galizien und Rußland teil. Selbst der greise Rabbiner Reines war aus Rußland gekommen.) Feuchtwanger und die Leitung der Föderation »Misrachi« verließen den Delegiertentag.[73] Das Zentralbüro des »Misrachi« befürchtete eine Spaltung und warnte in einem Aufruf, sich den Austrittlern nicht anzuschließen, sondern im zionistischen Lager zu bleiben, um die Religion und die Tradition der Väter für die Zukunft zu wahren.[74] Die Mehrheit der Misrachisten blieb der ZVfD treu. Ihrer Auffassung gab Yeschayahu (Oskar) Aviad-Wolfsberg, einer der bedeutendsten Ideologen des religiösen Zionismus, Ausdruck:

> »Der Zionismus ist nicht nur ein Mittel und Instrument zur Verwirklichung der Renaissance in unserem Land, sondern eine Schicksalsgemeinschaft aller derer, die für sie kämpfen, selbst wenn sie in vielen Sachen von einander entfernt sind. Das Streben des Zionismus nähert die Herzen seiner Anhänger und scheidet zwischen ihnen und seinen Gegnern und denen die ihm indifferent gegenüberstehen. Der schwere Widerstand, auf den die zionistische Bewegung von allen Seiten stieß, und der andauernde Kampf in dem sie stand, machten eine einheitliche und feste organisatorische Struktur notwendig.«[75]

Der gemäßigte Flügel des »Misrachi« wußte den Einflußbereich, den ihm die zionistische Bewegung bot, zu schätzen und wollte nicht zu einer orthodoxen Austrittsgemeinde zusammenschrumpfen. Er war für eine pluralistische zionistische Organisation, die nach politischen Zielen strebt und nach demokratischen Grundsätzen geleitet wird. Aus politischen Erwägungen zogen es die gemäßigten Misrachisten vor, innerhalb der Organisation auf die Gestaltung des nationalen Aufbaus in ihrem Geiste zu wirken. In diesem Gesichtspunkt beleuchtete ein junger Misrachist, Aron Barth, die Alternativen der zionistischen Zusammenarbeit und der Austrittspolitik:

> »Stehen wir allerdings abseits, lassen wir die gesamte Vorbereitung durch eine Organisation leisten, in die wir nicht eingegliedert sind, erklären wir, die Heimstätte nur errichten zu wollen, wenn uns von vornherein Garantien gegeben werden, und nicht um die Erreichung dieser Garantien zu kämpfen,

73 Pinchas Rosenblüth ist der Ansicht, daß der Schritt von Feuchtwanger und den Mitgliedern des Frankfurter Büros unter dem Druck der orthodoxen »Adath Jeschurun« zustande kam, an deren Spitze der Rabbiner Schlomo Breuer stand. Er und andere Austrittler gründeten 1912 die »Agudath Jisrael«. Rosenblüth bezeugt auf Grund persönlicher Bekanntschaft mit Feuchtwanger, daß dieser auch nach seinem Austritt Anhänger der nationalen Idee blieb. Er war aktiv in der Zentrale für Palästina der »Agudath Jisrael«, emigrierte 1936 nach Palästina und trat dort wieder dem »Misrachi« bei. Pinchas Rosenblüth, »Zum Weg der Misrachibewegung in Deutschland«, a.a.O., S. 325.

74 Haolam Nr. 40, 14, Cheschwan 5672, 5. 11. 1911, S. 21.

75 Yeshayahu Aviad (Wolfsberg), »Letoldoth Hamisrachi begermania ulemavuto« (Zur Geschichte des Misrachi in Deutschland und zu seinem Wesen) (hebr.), in: Sefer Hamisrachi, Jerusalem 1946, S. 160.

dann freilich wird die Mehrheitsbildung eine andere sein, dann allerdings kann es geschehen, daß wir, da wir den Kampf für unsere Sache nicht führen, auch den Sieg für sie nicht erringen.«[76]

Der »Misrachi« schlug eine pragmatische Richtung ein. Er fand sich mit dem Kongreßbeschluß über die Kulturarbeit ab und schloß schon in der ersten Sitzung des neuen Aktionskomitees eine Vereinbarung, wonach nichts geschehen solle, was die jüdische Religion verletzten könnte. Das Abkommen sah vor, daß die Hälfte der Mitglieder des Kulturkomitees der Zionistischen Weltorganisation Delegierte des »Misrachi« sein sollten.[77]

76 Aron Barth, Orthodoxie und Zionismus, Berlin 1920, S. 41.
77 Pinchas Rosenblüth, »Zum Weg der Misrachibewegung in Deutschland«, a.a.O., S. 327.

2. Kapitel

Der Appell an die Jugend

Neue Wege zionistischer Erziehung

Das Anwachsen des zionistischen Einflusses im deutschen Judentum hatte eine unvorhergesehene Folge, die zu neuer Stellungnahme verpflichtete. Die Zionisten waren sicher, die Größe ihrer Idee werde die Jugend begeistern. Diese Annahme sollte sich nicht verwirklichen. Im ersten Jahrzehnt des 20. Jahrhunderts war eine neue Generation aufgewachsen, die am öffentlichen Leben der Juden interessiert war und politische Ambitionen hegte. Sie stammte nicht nur aus den Kreisen der Honoratioren, in deren Gemeinden oder Organisationen eine assimilatorische Einstellung herrschte, sondern auch aus traditionellen Familien und schloß sich jüdisch-liberalen Studentenverbindungen oder »neutralen« Jugendvereinen an.

Diese Vereine entstanden unter der Ägide des »Zentralvereins« und der »Bnei-Brith«-Logen und schlossen sich 1909 zum »Verband jüdischer Jugendvereine« zusammen, um durch Erziehung zu »gut-jüdischer Gesinnung« gegen den Abfall der Jugend vom Judentum zu wirken. Im Prinzip bevorzugte der »Verband« keine religiöse oder ideologische Richtung im Judentum. Er trat für eine sogenannte »positive Neutralität« ein, im Sinne der »Bnei-Brith«-Logen, die in jüdischen und deutschen Werten verankert war.

Die Zionisten hatten keine eindeutige Einstellung zum »Verband«. Sie waren einerseits zur Zusammenarbeit bereit, um so mit jugendlichen Kreisen in Berührung zu kommen und die Pflege des jüdischen Bewußtseins zur Verbreitung der zionistischen Idee auszuwerten. Trotz mancher Schwierigkeiten erschien es ihnen wichtig, »am Ort zu sein«, zu verhindern, daß der »Verband« zu einem Herd antizionistischer Propaganda werden könnte. Andererseits konnten sich die Zionisten nicht den Zweifeln daran verschließen, ob diese oberflächliche und blutlose »gut-jüdische Gesinnung« eine geeignete Vorstufe für eine zionistische Erziehung sein könne. Im Gegenteil: sie verhinderte geradezu die Hervorhebung der Problematik der jüdischen Existenz. Außerdem waren die Gründer des »Verbandes«, die Referendare Apfel aus Köln und Regensburger aus Braunschweig, geschworene Antizionisten. Sie erregten daher bei den Zionisten den Verdacht, daß der »Verband« nur als Barriere gegen den Zionismus aufgezogen war. Die Mitarbeit der Zionisten erschien daher sinnlos.

Trotz dieser Zweifel gewann das Argument der Zusammenarbeit in der ZVfD Oberhand. Von der ambivalenten Einstellung, die seit dem Posener Delegiertentag (1912) in der ZVfD herrschte, zeugt eine Schrift, die zwei zionistische Jugendführer »streng vertraulich« unter den Mitgliedern des Zentralkomitees

verbreiteten. Sie rieten, die Mitarbeit der Zionisten davon abhängig zu machen, daß die Statuten des »Verbandes« keinen Paragraphen enthielten, der nationales Deutschtum oder deutschen Patriotismus hervorhebe. Ein solcher Paragraph sei durchaus überflüssig, da die jüdischen Jugendvereine keine feindlichen Gefühle gegen den Staat hegten und er auf linkseingestellte oder ausländische junge Juden nur abstoßend wirken würde. Die Zionisten befürchteten die Ausnützung des deutsch-patriotischen Enthusiasmus als gegnerisches Propagandamittel. Nur ein ehrenvolles Wirken und mögliche Propagierung der zionistischen Idee rechtfertige die Mitarbeit im »Verband«.[1]
Die »neutralen« Jugendvereine waren bereit, die zionistische These der Gefährdung der jüdischen Existenz anzunehmen, lehnten aber die zionistische Konsequenz entschieden ab. Die Annahme der Zionisten, die Führung der Gemeinden und der jüdischen Organisationen werde ihnen in Kürze zufallen, da die alternde Führung keinen Nachwuchs hätte, erwies sich bald als fataler Irrtum. Auf dialektischem Wege hatten sie sogar dem Entstehen einer politisch bewußten Gegnerschaft Vorschub geleistet, die in ihrer antizionistischen Argumentation erfolgreich war.
Die Mitarbeit der Zionisten hatte also das nationaljüdische Bewußtsein in den »neutralen« Organisationen nicht gefördert. Alfred Apfel, Führer der »neutralen« Jugendverbände von 1909–1922, bestätigte nach seinem »Übertritt« zum Zionismus, die Mitarbeit der Zionisten sei zur Entfernung der Verbände vom Zionismus ausgenützt worden.[2]
Die Position der zionistischen Bewegung im deutschen Judentum und die Richtlinien für die Beschlüsse des 13. Delegiertentages waren Themen, die auf zwei Vorbereitungssitzungen der ZVfD-Leitung zur Sprache kamen. In einer Plenarsitzung des Zentralkomitees Anfang 1912 forderte Blumenfeld, die Konsequenzen aus der neuen Lage zu ziehen. Er bezeichnete die »Infiltrationspolitik« in die »neutralen« Jugend- und Studentenvereine, um diese von innen zu erobern, als totalen Fehlschlag, obwohl er sie nicht als unehrliche Taktik ablehnte. Die Zionisten sollten andere Mittel anwenden: Eintritt in die Jugendbünde, dort Namen und Adressen kennen lernen, an die sie bisher nicht herankommen konnten und diese durch persönliche Agitation gewonnenen Zionisten in besonderen zionistischen Jugendorganisationen erziehen. So könne der Schaden verringert werden, den die »neutralen« Vereine dem Zionismus zugefügt hatten. Die Zeit sei endgültig vorbei, betonte Blumenfeld, da man Leute unmerklich dem Zionismus zuführen konnte. Die weltanschaulichen Gegensätze hätten sich verschärft und die Einstellungen beider Lager erhärtet.

---

1 Dr. Badrian, Dr. Pincus an »Herr Gesinnungsgenosse«, Juli 1909, »Streng vertraulich!«, CZA Z2/407. Über die Geschichte des Jugendverbandes siehe: Herbert Strauss, »The Jugendverband, A Social and Intellectual History«, LBIYB VI (1961), S. 206–236.

2 Herbert Strauss, »The Jugendverband ...«, a.a.O., S. 214; Protokoll der ersten Plenarsitzung des Zentralkomitees im Jahre 1912, 4. 2. 1912, S. 8–10, CZA Z3/796.

Es sei jetzt notwendig, eine »rein nationalistische« Agitation zu betreiben, um auf diese Weise »richtige« Zionisten zu gewinnen: »Denn was ihnen heute in der Agitation geboten wird, ist das geschlossene System einer zionistischen Lebensanschauung und darauf können Menschen, die Persönlichkeitsgefühl haben, reagieren.«[3]

Blumenfeld berührte ferner die Ziele der zionistischen Erziehung und die Frage der Auswanderung nach Erez Israel. Da der Zionismus in Deutschland nur einen kleinen Teil der Juden gewinnen werde, müßten wenigstens diese so erzogen werden, daß sie für die Verwirklichung der Idee in Betracht kommen. Es sei die Aufgabe der ZVfD »in nächster Zeit einige Dutzend deutsche Juden nach Palästina zu bringen«. Dies könne nur durch eine einheitliche Stimmung erreicht werden, durch eine gezielt zionistische Indoktrination:

> »Der zionistische Katechismus, den wir mit außerordentlicher Sorgfalt ausarbeiten wollen, muß so aussehen, daß er in ganz prägnanten, sich dem Gedächtnis unauslöschlich einprägenden Sätzen besteht, die sich im Bewußtsein der Zionisten allmählich als absolute Notwendigkeit darstellen werden. Das Prinzip der Gewöhnung ist sehr stark und wir haben es bisher versäumt, unsere Gesinnungsgenossen in bestimmter Weise parteimäßig zu erziehen.«[4]

Im Anschluß an Blumenfelds Rede entspann sich eine eingehende Diskussion, in der keiner der Redner diese Thesen und Folgerungen widerlegte, nicht einmal Friedemann, einer der schärfsten Kritiker des radikalen Kurses.[5]

Ein anderer Teil der Plenarsitzung war der Koordinierung mit den Tendenzen des Turnvereins »Bar-Kochba« gewidmet. Die gemeinsame Sitzung mit der Leitung des »Bar-Kochba« sollte erster Schritt zur direkten »Zionisierung« national-jüdischer Vereine sein, nachdem diese Vereine es noch ablehnten, sich ausdrücklich als zionistisch zu bezeichnen.

Der Turnverein »Bar-Kochba« wurde 1898 unter dem Einfluß von Nordaus Aufruf zur Rückkehr zum »Muskeljudentum« gegründet. Obwohl sämtliche 48 Gründer des Vereins Zionisten waren, bezeichnete sich »Bar-Kochba« als nationaljüdisch, so wie der »Bund Jüdischer Corporationen« (B.J.C). »Bar-Kochba« identifizierte sich mit keiner Parteiorganisation, unterhielt aber Beziehungen zu der ZVfD, und ihre Presse stand ihm offen.[6] Die Sprecher der ZVfD auf der Sitzung mit der Leitung des »Bar-Kochba« waren Hantke und Gronemann. Sie wußten, daß die Beziehungen zum Turnverein in den letzten Jahren »aus organisatorischen Gründen« schwächer geworden waren und wand-

---

3 a.a.O., S. 11.

4 a.a.O., S. 12.

5 a.a.O., S. 13.

6 Die Bedeutung der Worte »zionistisch« und »nationaljüdisch« hatte sich im Laufe von zwei Jahrzehnten geändert. Auf der Konferenz von Bingen (1897) wählte man das Wort »zionistisch« weil es gemäßigter schien, hier neigte man dazu, diese Bedeutung dem Wort »Nationaljüdisch« beizumessen. Siehe: Blumenfeld, Erlebte Judenfrage, a.a.O., S. 53.

ten sich an ihre Gesprächspartner, als ZVfD-Mitglieder an der Gewinnung der Jugend für den Zionismus aktiv teilzunehmen. »Die Wege auf denen wir arbeiten sind verschieden, aber das Ziel ist dasselbe.«
Der »Bar-Kochba« wurde durch seine Vorstandsmitglieder Theobald Scholem, Rechtsanwalt Zirker und Rechtsanwalt Jalowitz vertreten. Sie erklärten sich bereit, im Vereinsrahmen für die Verbreitung des Zionismus zu wirken, vertraten jedoch die Ansicht, daß ein Turnverein aus praktischen Gründen kein Ersatz für die »neutralen« Jugendvereine sein könne. Dennoch könne der Zionismus in den Turnvereinen wirken und »Vertrauensmänner« zur Propagandatätigkeit unter Mitgliedern anleiten. Auf diese Weise könnten in Berlin 400–500 junge Leute gewonnen werden. Die Vertreter des »Bar-Kochba« bedauerten, daß die studentischen Korporationen besondere akademische Turnvereine gegründet hätten, anstatt die ideologische Führung der nationaljüdischen Turnvereine zu stärken. Zur Hebung geistiger Ausbildung in den Turnvereinen sollte die ZVfD für den Eintritt junger Zionisten und für finanzielle Unterstützung sorgen.
Über die Motive, die zur Änderung der zionistischen Jugendpolitik geführt hatten, sprach der Vorsitzende der Jugendkommission des Zentralkomitees, Referendar Felix Rosenblüth.[7] Er erklärte, daß die Aktivität der Zionisten in den »neutralen« Jugendvereinen ein taktischer Zug gewesen sei, um ihre Verwandlung in antizionistische Kampforganisationen zu verhindern. Infolge des »Älterwerdens« der zionistischen Bewegung in Deutschland und der besonderen Bedürfnisse der Jugend beabsichtige die ZVfD die Errichtung zionistischer Jugendvereine in größerer Zahl. Dies würden keine »Redevereine« sein, wie die »neutralen« Jugendvereine, die nichts leisteten, sondern vielmehr »Betätigkeitsvereine«, wie etwa die Studentenverbindungen und Turnvereine in der nationalen Bewegung in Deutschland oder die Gesangvereine in der sozialistischen Bewegung.[8] Rosenblüth stimmte Zirker bei, die Turnvereine auf die erzieherische Basis der »Betätigkeitsvereine« zu gründen. Die zionistische Auffassung habe das Turnen nicht als Eigenwert betrachtet. Erst das Hinzufügen der ideologischen Dimension, die Einflechtung des jüdischen Geschichtsunterrichts und der hebräischen Sprache, gebe ihm seine Bedeutung im Prozeß der nationalen Wiedergestaltung.[9]
Eine Sitzung des Geschäftsführenden Ausschusses, die den 13. Delegiertentag der ZVfD vorbereitete[10], befaßte sich erneut mit dem Thema Jugendpropaganda. Dem Delegiertentag sollte ein Antrag unterbreitet werden, der die

---

7 Später Pinchas Rosen, erster Justizminister des Staates Israel.
8 Über diese Einflüsse schreibt ausführlich: Joachim Doron, The Impact of German Ideologies on Central European Zionism 1885–1914 (hebr.), Diss. Universität Tel Aviv 1977.
9 Protokoll der ersten Plenarsitzung des Zentralkomitees, 4. 2. 1912, a.a.O., S. 15–19.
10 Es waren anwesend: Hantke, Gronemann, Motzkin, Heymann, Blumenfeld, Leszynsky, Wollsteiner.

nationaljüdischen Turn- und Sportvereine, welche jüdische Geschichts- und Hebräischkurse in ihr Arbeitsprogramm aufgenommen hatten, als »wesentliche Bestandteile« der nationaljüdischen Bewegung anerkannte. Allen jungen Zionisten wurde die aktive Anteilnahme an der nationaljüdischen Turnbewegung, allen älteren Zionisten ihre ideelle und materielle Förderung zur Pflicht gemacht.

Der Geschäftsführende Ausschuß bestätigte eine weitere Empfehlung für den Zusammenschluß junger Zionisten in zionistischen Jugendgruppen. Diese sollten die Schulung der Jugend zur Arbeit in der Partei auf sich nehmen, ohne die Mitarbeit in den »neutralen« Jugendorganisationen zu beeinträchtigen.[11]

Hantke berichtete über die Verhandlungen mit der jüdischen Turnerschaft. Die Vertreter der ZVfD seien in drei Punkten zu einer Vereinbarung gekommen: über die künftige Zusammenarbeit, insbesondere die enge Fühlungnahme mit dem neuen Vorstand, der auf dem kommenden Turntag gewählt wird. Ferner sollte auf dem Turntag eine gemeinsam mit der ZVfD aufgestellte Resolution angenommen werden, und Delegierte des Turntages würden am Delegiertentag der ZVfD teilnehmen.[12]

Die Anstrengungen der ZVfD-Leitung zur Stärkung der nationaljüdischen Erziehungselemente in den Jugendvereinigungen trugen Früchte. Vom 26.–28. Mai 1912, gleichzeitig mit dem Delegiertentag in Posen, trafen in Berlin 75 Delegierte des »V. jüdischen Turntages« der jüdischen Turnerschaft zusammen. Die Turnerschaft umfaßte 27 lokale Vereine mit insgesamt 8600 Mitgliedern, darunter Vereine in Wien, Budapest, Brünn, Zürich und Jaffa. Der Vorsitzende des Turntages, Rechtsanwalt Jalowitz vom »Bar-Kochba« Berlin, hob die vielfältige Zusammensetzung der Turnerschaft hervor und wies auf den Anschluß des Vereins in Zürich hin, der offiziell in den »Eidgenössischen Turnverband« der Schweiz aufgenommen worden sei. Dies beweise, daß Patriotismus und jüdischer Nationalismus einander harmonisch ergänzen können.[13]

Der »Deutsche Kreis der jüdischen Turnerschaft« gab den Diskussionen des Turntages die Richtung. Sie befaßten sich vor allem mit der Änderung der Statuten, um die systematische Erziehung in »bewußt jüdischem Sinne« zu betonen. Der Vorsitzende appellierte an alle Jugendvereine, sich der Turnerschaft, die weder politisch noch religiös sei, anzuschließen. Er bedauerte die

---

[11] Siehe im folgenden die Formulierung der Resolution, die auf dem Delegiertentag angenommen wurde. Sie ist mit dem Vorschlag identisch, der dem Geschäftsführenden Ausschuß vorgelegt wurde.

[12] Protokoll der 13. Sitzung des Geschäftsführenden Ausschusses vom 27. 4. 1912, CZA Z3/796.

[13] »Der V. Jüdische Turntag«, JR Nr. 23, 7. 6. 1912, S. 209. In Deutschland gehörten der »Jüdischen Turnerschaft« 13 Turnvereine und 5 Studentenabteilungen mit insgesamt 2500 Mitgliedern an. Protokoll der 1. Plenarsitzung vom 3. 11. 1912, S. IX f., CZA Z3/796.

Initiative des liberalen »Verbandes jüdischer Jugendvereine«, einen Gegenverein, das »Turnkartell deutscher Juden« gegründet zu haben. Es sei das Hauptziel dieses Kartells, die »Jüdische Turnerschaft« zu bekämpfen und Turner, die sich noch nicht zur nationaljüdischen Idee bekannten, an sich zu ziehen. Er berichtete dem Delegiertentag, daß die Indifferenz zionistischer Ortsgruppen gegenüber der Turnerschaft der Erkenntnis gewichen sei, diesen wertvollen Faktor der nationaljüdischen Bewegung fördern zu müssen.
Am Ende der »Generaldebatte« wurde der Tendenzparagraph der Turnerschaft neu formuliert und einstimmig angenommen: »Die Jüdische Turnerschaft bezweckt die planmäßige Körpererziehung des jüdischen Volkes und die Pflege nationaljüdischer Gesinnung.«[14]
Die Vereinbarungen mit der Turnerschaft fanden auch in Änderungen der Statuten ihren Niederschlag: in Zukunft sollten nicht nur Turnvereine, sondern auch andere Vereine mit nationaljüdischen Zielen aufgenommen werden, wie Studentenkorporationen, Jugendvereine und »Herzl-Klubs«. Die Erlernung der hebräischen Sprache wurde in das Erziehungsprogramm aufgenommen.[15]
Felix Rosenblüth wurde in die Leitung des deutschen Kreises der jüdischen Turnerschaft gewählt und war für die gegenseitigen Beziehungen zuständig. Diese fanden einen treffenden Ausdruck in Begrüßungstelegrammen, welche die Delegiertentage in Berlin und Posen austauschten:

> »Die organisierte nationaljüdische Jugend entbietet dem XIII. Delegiertentag der deutschen Zionisten ihren Gruß. Wir hoffen auf ein harmonisches Zusammenarbeiten unserer historisch verbundenen Organisationen. Jüdischer Turntag.«
> »Der XIII. Delegiertentag erwidert mit Freuden Euren brüderlichen Gruß. Wir empfinden mit Euch die Bedeutung einer in strammer Selbstzucht erzogenen jüdischnationalen Jugend für die Erfüllung unserer Hoffnungen.«[16]

Die »Zionisierung« der Studentenverbindungen

Die Gründer der Studentenverbindungen »Bund Jüdischer Corporationen« (B.J.C.) und »Kartell Zionistischer Verbindungen« (K.Z.V.) waren Mitglieder der ZVfD.[17] Viele gehörten diesen Verbindungen auch nach Beendigung ihres Studiums als »Alte Herren« an. Trotzdem zog es die ZVfD vor, die Verbindungen bis zu ihrer Fusion nicht direkt zu beeinflussen und alles zu vermeiden, was als Indoktrination ausgelegt werden könnte. Dies traf beson-

---

14 »Der V. Jüdische Turntag«, a.a.O.
15 a.a.O.
16 a.a.O.
17 Gerhard Holdheim, Geschichte des K.J.V. und des Blau-Weiß, a.a.O., S. 5f., 19f.

ders auf den B. J. C. zu, dem sowohl zionistische als auch »neutrale« Studenten auf der gemeinsamen Basis von »bewußtem Judentum« angehörten. Im B.J.C., 1895 in Berlin gegründet, wurde die erzieherische Tradition des »Humanitätsvereins« fortgesetzt, die assimilierte Studenten allmählich dem Judentum und Zionismus zuzuführen strebte. Die ideologische Ziellosigkeit führte zu bestimmten Unklarheiten. Dies trat 1901 in einer B. J. C.-Umfrage in Berlin vor Neuformulierung seiner ideologischen »Plattform« zutage. Die B. J. C.-er sollten auf folgende Fragen antworten:

»1. Sind die Juden ein Volk, d.h. eine durch Abstammung und historische Entwicklung geeinte Gemeinschaft?
2. Bist Du Nationaljude, d.h. bist Du Dir des nationalen Characters des Judentums bewußt, (ohne Beeinträchtigung des darin eingeschlossenen religiösen Characters?)
3. Bist Du Zionist, d.h. siehst Du in der Schaffung einer öffentlich-rechtlichen Heimstätte für das jüdische Volk die Lösung der Judenfrage?
4. Beruht der Verein jüdischer Studenten (B.J.C.) auf nationaler Grundlage, d.h. wird er durch das in 1 genannte Band verbunden?
5. Wenn ja, soll er seinen national-jüdischen Character mehr betonen?«

»Der Jüdische Student«, das Organ des B.J.C., veröffentlichte nach zehn Jahren die Antworten der Befragten, die nach der Meinung des Fragestellers verfehlte Begriffe, so wie sie damals verstanden wurden, offenbarte. Nur die Hälfte der Befragten antwortete auf die Rundfrage.[18]
Der Student Appel lehnte die Definition der Juden als Volk ab. »Wohl sind wir durch gemeinsame Abstammung geeint, wohl haben wir vor 2000 und mehr Jahren eine gemeinsame Geschichte gehabt, aber diese eint uns jetzt nicht mehr.« Die übrigen Antworten ergeben sich von selbst. Im Zionismus sah er eine »unglückliche Lösung der Judenfrage« und meinte, die Hervorhebung des national-jüdischen Prinzips werde der Korporation schaden, deren Mitglieder noch »recht gute Juden sind«. Er schloß seine Antwort mit »ceterum censeo nationem Judaicam esse deletam«.
Im Gegensatz zu Appel war der Student Berlowitz der Ansicht, es sei unsinnig, die Existenz des jüdischen Volkes zu bestreiten. Er bezweifelte allerdings, ob der Begriff »Volk« alle Juden einschließen könne. In der Annahme, nationaljüdisches Judentum bedeute Zugehörigkeitsbewußtsein auf Grund gemeinsamer Abstammung, bezeichne er sich als Nationaljude. Vorläufig sei der Zionismus für ihn nur *eine* der möglichen Lösungen der Judenfrage. Er befürworte die nationale Grundlage des Bundes, sei jedoch gegen ihre Betonung nach außen.
Eine ausführlich begründete Antwort gab der Student Arthur Biram. Nachdem er weitschweifig darlegte, daß die Juden durch ihre physische, psychische,

---

18 Von 10 »Alten Herren« antworteten 4, von 11 »Inaktiven Burschen« antworteten 6, von 25 »aktiven Burschen« antworteten 13, von 10 »Füxen« antworteten 5.

religiöse und historische Eigenart als Volk gelten, beantwortete er die zweite Frage mit einem lakonischen »Ja« und stellte des weiteren fest:

> »Zionist bin ich, weil ich es sein muß, weil ich außer in der Schaffung eines kulturellen Zentrums keine Möglichkeit sehe, unserer verkümmerten Nationalität zum Aufleben zu helfen, und weil ich nur in der Schaffung einer Wohnstätte für Juden, wo auf sie Minoritätsgesetze keine Anwendung finden, die Erlösung von der physischen Judennot erwarten darf.«

Biram forderte daher ausdrücklich die Betonung des nationaljüdischen Charakters des Bundes, der sich die »Verjudung» der deutschen Juden zum Ziel gesetzt hatte und gegen das »Nebenbeijudentum« kämpfte. Der Bund solle seine Mitglieder zu einem »jugendfrischen, lebendigen und positiven Judentum« erziehen. Um jedoch seinen erzieherischen Charakter zu bewahren, solle er keine »Ortsgruppe« der ZVfD werden.[19]
Hier werden nur drei der 28 Antworten angeführt. 22 Studenten sahen sich als Nationaljuden oder Zionisten. Vier waren gegen diese Definition oder distanzierten sich von ihr. Zweifellos stellen diese Antworten keinen statistischen Querschnitt dar. Wahrscheinlich waren in der zweiten Hälfte der Befragten, die die Frage nicht beantworteten, mehr Studenten, die sich noch nicht für den Zionismus entschlossen hatten oder sich gegen eine nationaljüdische Tendenz ihrer Korporation aussprachen.
Mit Hinsicht auf diese Umfrage ist verständlich, daß der »Tendenzparagraph«, der auf dem 2. Delegiertentag des B.J.C. 1902 angenommen wurde, neutral formuliert wurde und sich scheinbar auf keine Richtung festlegte: »Der B.J.C. ist der Sammelpunkt aller jüdischen Studenten, die sich bewußt als Juden fühlen und an der Entwicklung eines lebendigen Judentums mitarbeiten wollen.«[20]
Felix Rosenblüth, der zur Führerschaft des B.J.C. gehörte, bestätigte in einem Interview mit dem Verfasser, die Korporation sei offiziell tatsächlich nicht zionistisch gewesen. Allerdings war sie nicht neutral, sondern nationaljüdisch. Der »Tendenzparagraph« wurde 1902 absichtlich so getarnt formuliert, um die meist antizionistischen Eltern irrezuführen oder zu beruhigen. Dies war zwar keine Revolution gegen die Eltern, aber ein Protest gegen die Auffassung des Judentums der damaligen Zeit. Nach den im B.J.C. vorherrschenden elitistischen Anschauungen erstrebten die Korporationen die Erziehung zionistischer Führer. Zunächst sollten junge Mitglieder gegebenenfalls zu Zionisten erzogen werden, um innerhalb der jüdischen Gemeinschaft gegen die Assimilation und für den Zionismus zu kämpfen.[21]

---

19 Max Hecker, »Eine Tendenz-Rundfrage vor zehn Jahren«, Der Jüdische Student (im folgenden: J.St.) Nr. 1, April 1902, S. 5.

20 »II. Kartelltag, Abänderung der Tendenzfassung«, J.St. Nr. 1, April 1902, S. 5.

21 Auf Tonband aufgenommenes Interview des Verfassers mit Pinchas Rosen, Jerusalem, 20. 12. 1972.

Neben dem zu wenig verpflichtenden »Tendenzparagraphen« bestand auch eine »mündliche Überlieferung«. Als sich 1907 die Auseinandersetzung im B. J. C. über die Richtung seiner Bestrebungen verschärfte, forderte Rosenblüth von den 450 »Bundesbrüdern« die Klarheit, ob es »eine gemeinsame, große und starke, den B. J. C. umfassende und *bestimmende* Tendenz« gebe, oder ob der Bund ein Konglomerat kleinlicher, innerlich auseinanderfallender Konkurrenzunternehmen, »ein Tummelplatz plan- und zielloser, in ihrer eigenen Erziehung einer unreifen Selbstbestimmung überlassenen Knaben, die an unseren ja so nachgiebigen Tendenzparagraphen nach freiem Ermessen deuteln dürfen.« Den Gründern des B. J. C. sei es klar gewesen, daß der »Tendenzparagraph« keine rein äußerliche Formel sei. Der Zionismus habe die Tendenz des Bundes und in gewissem Maße auch seinen Weg bestimmt.[22]
Diese Behauptung wird durch Heinrich Loewe, den Redakteur des »Jüdischen Studenten«, in dessen erster Nummer erhärtet: »Unserer Tendenz gemäß werden wir die Ehre der jüdischen Nation unentwegt hochhalten und in treuem Gunde für das blau-weiß-gelbe Banner zusammenstehen!«[23]
Obwohl die Redakteure des »Jüdischen Studenten« Zionisten waren, widmete die Zeitschrift bis 1904 den Zionistenkongressen und politischen Kämpfen innerhalb der zionistischen Bewegung nur wenig Aufmerksamkeit. Der Schulungsplan des B. J. C. enthielt Vorträge über jüdische Geschichte und die Probleme des jüdischen Volkes in Vergangenheit und Gegenwart. Holdheim, ein B. J. C.-Bundesbruder, der eine Geschichte der zionistischen Studentenbewegung schrieb, bezweifelte allerdings, ob diese Vorträge einen nachhaltigen Einfluß auf das Gros der Studenten hatten.[24]
Die zionistischen Studenten ahmten das Verhalten ihrer christlichen Kommilitonen in Form und »Kneipe« nach, auf der der deutsche »Bierkomment« herrschte. Dem Biertrinken leisteten sie oft gezwungen Folge. Bei der »Kneipe« sangen sie deutsche Studentenlieder sowie hebräische und jiddische Volkslieder. Nicht immer verstanden sie den Text der letzteren. Während die Romantik der Burschenschaften bei den deutschen Couleurstudenten schon im Abstieg war, lebte sie in der zionistischen Studentenbewegung auf. Im strengen Rahmen der zionistischen Korporation erlebte der Student die freiwillige Unterordnung, die Zugehörigkeit zur jüdischen Nation, deren Ehre er jetzt mit gezogenem Schwerte verteidigen konnte.[25] Die Fechtübungen und die kontra-

22 Felix Rosenblüth, »Zionistische Sorgen und Gedanken«, J.St. Nr. 7, November 1907, S. 185–191.
23 Heinrich Loewe, »Zur Einführung«, J.St. Nr. 1, April 1902, S. 1–3.
24 Holdheim, Geschichte, a.a.O., S. 9.
25 Das bekannte Studentenlied »gaudeamus igitur« wurde ebenfalls ins Hebräische übersetzt und mit Begeisterung gesungen, ebd. Über den Einfluß der deutschen Studentenverbindungen auf die Ideen und Bräuche der jüdischen Studentenverbindungen siehe: Joachim Doron, The Impact of German Ideologies on Central European Zionism 1885–1914, a.a.O., S. 374ff.

versalen Duelle, die nach außen und innen als Beweis jüdischen Mutes und Stolzes gelten sollten, wurden Teil des Studentenlebens. Im Grunde waren sie dem jüdischen Lebensstil völlig fremd.[26] So sonderbar es scheint, die teutonisch-studentischen Gepflogenheiten wurden mit zionistischen Ideen untermauert. Die Gründer der Studentenverbindungen waren davon überzeugt, nur mit Hilfe dieser Sitten könne eine straff disziplinierte Organisation errichtet werden, so wie sie der deutsche Zionismus brauche. Die mittelalterlich-germanischen Bräuche, die Ehr- und Sühnebegriffe deutscher Studenten hätten sie als Nationaljuden eigentlich ablehnen müssen. Sie akzeptierten sie, weil sonst ihr persönliches Ansehen als Akademiker in Frage gestellt worden wäre. Die deutschen Studenten hätten ihre »Höherkultiviertheit« nicht begriffen und sie für Feiglinge gehalten. Diese Formen konnten, rein objektiv gesehen, unjüdisch erscheinen, »in Wahrheit aber sind sie jüdisch, jüdisch insofern, als sie zur Erreichung unserer jüdischen Ideale eine conditio sine qua non bedeuten.«[27]
Im Gegensatz zum B.J.C. hatte das »Kartell Zionistischer Verbindungen« nicht mit »neutraler« Einstellung zum Zionismus zu ringen. Die erste Verbindung des Kartells, die »Hasmonaea«, wurde 1902 von dem Brünner Studenten Egon Rosenberg gegründet. Die Mitglieder der »Hasmonaea« identifizierten sich als Zionisten und lehnten die Tarnungspolitik des B.J.C. ab. Im Programm des Kartells bezeichneten sie sich ausdrücklich als »die offizielle Vertretung der zionistischen Studentenschaft«, deren Ziel es sei, die Idee des Zionismus zu fördern, ihre Mitglieder in der jüdischen Geschichte und Literatur fortzubilden und neben der Pflege der Geselligkeit für die körperliche Ausbildung der Bundesbrüder Sorge zu tragen.[28]
Das Kartell sah seine Aufgabe darin, der zionistischen Bewegung die »Offiziere« zu liefern, gewissermaßen eine »zionistische Kadettenanstalt« zu sein.[29] Daher nahm er in seine Reihen nur Studenten auf, die bereits Zionisten waren oder dem Zionismus so nahe standen, daß sie sich einer Entwicklung zum Zionismus unterziehen wollten. Neue Mitglieder mußten sich zum Baseler Programm bekennen, obwohl bemängelt wurde, daß sie nicht immer dessen Bedeutung verstanden. Kritiker dieser Taktik behaupteten, daß das eindeutige Bekenntnis zum zionistischen Programm einer Vertiefung der zionistischen

---

26 Sie waren keine »schlagenden Verbindungen«, in denen »freundschaftliche Mensuren« üblich waren, um vom Stande des »Fux« zu dem des »Burschen« aufzusteigen. Die Pflicht der »unbedingten Satisfaktion« wurde hauptsächlich im K.Z.V. und im jüdisch-liberalen K.C. betont.

27 Gerhard Holdheim (Maccabaea), »Gegen unbedingte Satisfaktion«, J.St. Nr. 10, 28. 1. 1913, S. 346. Siehe ferner: »Zur Satisfaktionsfrage im B.J.C.«, J.St. Nr. 7, 31. 10. 1910, S. 188–190; Walter Stein, »Zur Satisfaktionsfrage«, J.St. Nr. 5–6, 20. 9. 1911, S. 151–157.

28 »Programmparagraphen des K.Z.V.«, Der Zionistische Student, Flugschrift des K.Z.V (Kartell Zionistischer Verbindungen), Berlin o.D. (1912), S. 63.

29 Richard Lichtheim, »Erziehung«, Mitteilungen des Kartells Zionistischer Verbindungen, (im folgenden: Mitteilungen) Nr. 3, März 1908, S. 2–6.

Gesinnung und Bildung der zukünftigen Elite entgegenarbeite. Viele Mitglieder des Kartells, besonders die jüngeren, glaubten sich der intensiven Beschäftigung mit den Problemen des Zionismus enthoben, gerade weil sie sich offen zu ihm bekannten.[30]

Trotz dieser Kritik war die Führung des Kartells der Ansicht, die zionistische Erkenntnis seiner Mitglieder habe es ihr ermöglicht, auf die üblichen Methoden der Agitation zu verzichten. Anstatt sich mit der Erziehung *zum* Zionismus abzugeben, erstrebe das Kartell die Erziehung seiner Mitglieder *im* Zionismus. Es könne alle seine erzieherischen Kräfte anwenden, seinen Mitgliedern alle denkbar möglichen Kenntnisse zu vermitteln, die sie später befähigen sollten, der zionistischen Organisation wertvolle Dienste zu leisten.[31]

Das Selbstbild zukünftiger Führerschaft schuf bei den Mitgliedern des K. Z. V. ein Elitebewußtsein, das noch durch straffe Ordensdisziplin und pünktliche Befolgung studentischer Riten gestärkt wurde, indes nicht immer berechtigt war. Die Kluft zwischen dem Anspruch auf politische Führung und der Flachheit der Ideen trat des öfteren zutage und wurde durch Äußerlichkeiten[32] und Ausarten in studentische Unsitten kompensiert.[33] Diese Erscheinung stieß auf scharfe innere Kritik:

> »Das Kadettenkorps sollt Ihr sein, aus dem der zionistischen Armee die späteren Offiziere erwachsen werden. Wie wenig ist von solcher Qualifikation bei uns zu merken! Wie fehlt vor allem in unseren Reihen das Bewußtsein von der Größe unserer Aufgabe, das Gefühl der großen Verantwortung vor dem Richterstuhl der Geschichte... Zwar sind uns nicht alle Offizierseigenschaften rundweg abzusprechen; ein gewisses Fatzkentum, persönliche Eitelkeit und Phrasenhaftigkeit kann man hier und da auch wohl bei uns

---

30 Ludwig Pinner, »Aufgaben des Kartelltages«, Mitteilungen Nr. 3, 4. 7. 1911, S. 4–7.

31 Egon Rosenberg, »Vom Burschenschaftler zum K.Z.V.er«, Der Zionistische Student, a.a.O., S. 7f.

32 Das Programm des Kartells verpflichtete seine Mitglieder zu »unbedingter Satisfaktion«. Sie trugen vergoldete Schärpen mit einem Davidsstern. »Programmparagraphen des K.Z.V.«, Der Zionistische Student, a.a.O., S. 63. Siehe ferner: Egon Rosenberg, »Vom Burschenschaftler zum K.Z.V.er«, a.a.O., S. 11.

33 Das Präsidium des K.Z.V. sah sich gezwungen, die Kneipen nach Möglichkeit einzuschränken und den übermäßigen Alkoholgenuß zu verbieten, da sonst »der nationale Charakter des Kartells leidet.« Mitteilungen Nr. 8, Dezember 1912, S. 4.
Auf dem 6. Kartelltag wurde die Resolution angenommen, daß die grundsätzliche Abstinenz von alkoholischen Getränken keinen Hinderungsgrund für die Zugehörigkeit zum K.Z.V. bilden soll. Dagegen wurde eingewendet, daß dies das Einleben der Mitglieder beeinträchtigen würde, da Bierabende und Kneipen im Mittelpunkt des gesellschaftlichen Lebens des Kartells ständen. Es wurde vorgeschlagen, Zusammenkünfte zu veranstalten, bei denen kein »Trinkzwang« bestehe. Bruno Berliner, »Regeneration oder Alkohol«, Mitteilungen Nr. 6, 20. Oktober 1913, S. 5–9.
Auf dem 7. Kartelltag wurde beschlossen, die Abstinenzler von den regulären Kneipen zu befreien, sie jedoch zur Teilnahme an »Keilkneipen« und »hochoffiziellen Kneipen« zu verpflichten. »Der VII. Kartelltag«, Mitteilungen Nr. 8, 1. Dezember 1913, S. 6.

begegnen. Was aber doch auch ein Offizierskorps besser kennzeichnet: Eisernes Pflichtbewußtsein und unbedingtes Pflichtgefühl, das wird leider in unserer Mitte nur zu oft vermißt.«[34]

Den künftigen »Offizieren des Zionismus« schwebte scheinbar das Idealbild des preußischen Offiziers vor. Sie kritisierten daher den übertriebenen Hang zum Intellektualismus als »jüdische Unart«. In derber Kasernensprache spotteten sie über »Miniaturpolitiker« und »Amateurdiplomaten«, die in der dekadenten Atmosphäre der Kaffeehäuser ihre Zeit vergeudeten, anstatt frische Luft zu schöpfen.

»Verrenkt Euch weniger die Gehirne in erschütternd-grausigen Konventdebatten und Caféhaus-Witzeleien. Übt lieber draußen in freier Natur in fröhlich kameradschaftlichem Sport Euren jungen Körper, ehe Ihr durchs viele Sitzen nach unser Väter Tradition Haemorroidianer geworden seid.«[35]

Bei nüchterner Betrachtung erkannte Richard Lichtheim, der der Führerschaft des K.Z.V. angehörte, eine zionistische Verbindung könne ja nicht »lauter Führer« erziehen. »Führer werden geboren«, erklärte er. Viele Studenten seien zwar gute Zionisten geworden, doch nur wenige seien aktiv in der Bewegung tätig. Das läge am Charakter der Studentenverbindung, die mehr eine gesellige als eine politische Organisation sei.[36]

Die Schwäche der Präsidentschaft Wolffsohns sowie das Fehlen einer führenden Autorität in der ZVfD brachte das Kartell zur Erkenntnis, der zionistischen Bewegung dürfe nicht gleichgültig sein, wie der Führernachwuchs geschult werde. Sie war überzeugt, gerade das korporative Prinzip der Erziehung bilde die Persönlichkeit des jungen Menschen auf Grund der »Vereinigung von Disziplin und Bundesbrüderlichkeit«. Dieses Erziehungsprinzip werde auch eine charismatische Führerpersönlichkeit hervorbringen. Darüber hinaus bringe die strenge Disziplin den Beweis, daß die Juden ein »staatsbildendes« Volk seien.[37] Der Sehnsucht nach einem autoritativen Führer gaben beide Studentenorganisationen auf einem »Kommers« Ausdruck, den sie zu Ehren des 9. Zionistenkongresses in Hamburg veranstalteten. Sie jubelten Wolffsohn wegen seines Sieges über die Opposition zu. So habe er den Glauben der Bewegung an ihren Führer gefestigt.[38]

---

34 Dr. Unna, »Nationale Erziehung im K.Z.V.«, Mitteilungen Nr. 3, März–April 1909, S. 7.
35 a.a.O., S. 8f.
36 Richard Lichtheim, »Erziehung«, Mitteilungen Nr. 3, März 1908, S. 2–6.
37 Walter Fischer, A. H. Hasmonaeae-Ivriae, »Der Erziehungswert des K.Z.V.«, Mitteilungen des Kartells Zionistischer Verbindungen, Externes Heft, April 1913, S. 7–10.
38 Dr. Unna, »Zum IX. Kongreß«, Mitteilungen Nr. 1, Januar 1910, S. 3–5; »Der Kommers«, a.a.O., S. 4–20. Das ist ein ausführlicher Bericht über den Kommers und er gibt den Inhalt der Reden wörtlich wider. Über die Erziehungsarbeit im K.Z.V. siehe: Eugen Täubler, (Hasmonaeae A. H.), »Gedanken aus der Geschichtsfuxenstunde«, Der Zionistische Student, a.a.O., S. 39–42; Gerhard Liebes (V.J.St. Hasmonaeae, a.B.), »Vom Sinn und

Das Ergebnis sorgfältiger Auslese bei der Aufnahme neuer Studenten in die Verbindung und der Tendenz, »eine disziplinierte und nach außen hin absolut homogene einheitliche Gemeinschaft« zu sein, war das langsame Wachstum des Kartells und seine geringe Mitgliederzahl. Dem Kartell gehörten nur drei Verbindungen an: die »Hasmonaea« in Berlin (gegr. 1902), die »Jardenia« in München (gegr. 1905) und die »Ivria« in Freiburg/Br. (gegr. 1907). Außer diesen hatte das Kartell noch zwei »Stammtische«: die »Kadima« in Straßburg und die »Hatikva« in Halle/S. Im Jahre 1907 zählte das Kartell insgesamt 70 Bundesbrüder. 1908 drückte das Präsidium seine Enttäuschung darüber aus, daß sich das K. Z. V. im Laufe des Jahres sich nur um drei Mitglieder vergrößert hatte; 14 Studenten waren ihm beigetreten, doch 11 waren ausgetreten.[39] Auch in den folgenden Jahren wuchs das Kartell nur langsam. Die Mitgliederliste für das Jahr 1912 enthielt 148 Namen, ein Jahr später 175 Namen.[40] Auf dieser Liste erscheinen die Namen von 6 Mitgliedern des K. Z. V., die sich in Palästina niedergelassen hatten. In Haifa: der Arzt Dr. Elias Auerbach, die Ingenieure Josef Treidel und Alfred Zifrin, der Chemiker Oskar Treidel. In Jerusalem: der Arzt Dr. Brünn. In Hedera: Dr. Martin Nathan. Der Name des Oberlehrers David Tachauer, der in Jerusalem an der Schule des »Hilfsvereins« unterrichtete, wird hier nicht erwähnt, erscheint jedoch in anderen Veröffentlichungen.[41] Dies waren »Erstlingsfrüchte« der gezielt-zionistischen Erziehung, die ihren Anfang im »Hasmonaea« hatte. Die persönliche Entscheidung dieser K. Z. V.-er, auf eigene Faust nach Palästina auszuwandern, verpflichtete sie, alle Kräfte aufzubieten, die Schwierigkeiten des Einlebens in ihrer neuen Heimat zu überwinden. Nach Auerbachs Aussagen hat keiner von ihnen Palästina verlassen.[42]

Trotz ihrer kleinen Zahl verdient diese Gruppe besondere Beachtung.[43] Mit ihr fing die Tendenz der persönlichen Selbstverwirklichung in der ZVfD noch vor

---

38 (Fortsetzung)
Bemühungen um die jüdische Geschichte und die hebräische Sprache«, in: 30 Jahre V.J.St. Hasmonaea, hrsg. von der V.J.St. Hasmonaeae im Kartell Jüdischer Verbindungen, Berlin 1932, S. 38–40.

39 Präsidium des K.Z.V., »Semesterbericht«, Mitteilungen Nr. 4, April 1908, S. 3f.

40 Mitgliederverzeichnis des Kartells Zionistischer Verbindungen, hrsg. vom Präsidium, o. O. (Berlin), Januar 1912; Mitgliederverzeichnis des Kartells Zionistischer Verbindungen, hrsg. vom Präsidium o. O. (Berlin), Februar 1913. Zum Vergleich: Der B.J.C. hatte 1901 in Berlin allein 171 Mitglieder. Siehe: Georg Herlitz, »Hat der V.J.St. Berlin sein Programm und seine Aufgaben verwirklicht?« in: 70 Jahre V.J.St. Berlin. Zur Landestagung des K.J.V., Tel Aviv, 18.–19. Februar 1966, S. 2–8.

41 Über die ersten Auswanderer des K.Z.V. nach Palästina siehe ferner: »Bericht des Präsidiums über seine Tätigkeit bis 30. 8. 1910«, Mitteilungen Nr. 7, August 1910, S. 18–20.

42 Elias Auerbach, »K.J.V. in Palästina«, in: 30 Jahre V.J.St. Hasmonaea, hrsg. von dem V.J.St. Hasmonaea im Kartell Jüdischer Verbindungen, a.a.O., S. 34–37.

43 Zum Vergleich: Aus dem B.J.C., der viermal soviel Mitglieder hatte wie der K.Z.V., gingen in derselben Zeit nur drei Mitglieder nach Palästina: Die Ingenieure Max Hecker und Josef Levi und der Erzieher Dr. Arthur Biram, ebd.

der »Posener Resolution« an, als Rosenblüth und Blumenfeld im B. J. C. um die zionistische Tendenz kämpften. Das persönliche Beispiel der ersten Auswanderer, und vor allem des Präsidenten des K. Z. V. Elias Auerbach, löste eine nicht zu unterschätzende Wirkung aus. In Briefen aus Palästina wandten sie sich in offener und einfacher Sprache an ihre Bundesbrüder, und riefen sie dazu auf, die Auswanderung als den Ausdruck des konsequenten Zionismus zu betrachten.
Drei Monate nach Ankunft in Palästina schrieb Auerbach an seine Kameraden, er fühle sich trotz der kurzen Zeit schon als Bürger des Landes. Er hoffe, daß in wenigen Jahren viele dahin gelangen werden, wo er jetzt stehe:

> *»bei der Erkenntnis, daß das jüdische Volk nicht außerhalb von uns ist, sondern, daß wir selbst es sind; daß das jüdische Volk nur dann nach Erez Israel kommt, wenn wir selbst Leben, Kraft und Eigentum dahin tragen. Die Wahrheit ist so einfach: wenn wir nach Palästina kommen wollen, werden wir hingehen müssen.«*[44]

In einem Brief an einen Bundesbruder, der sich zur Auswanderung anschickte, drückte David Tachauer seine Freude darüber aus, daß die Auswanderung der ersten Gruppe Fortsetzung gefunden hätte. Von Jerusalem aus gesehen schien ihm das Offiziersdünkel im K. Z. V. freilich übersteigert.

> »Denn wer wirklich etwas leisten will, muß hierherkommen und die Verhältnisse kennen lernen und in bescheidener Kleinarbeit als Soldat in Stille arbeiten an der Wiedererweckung unseres Volkes. Nicht die Führer machen die Arbeit, sondern die Soldaten ...«

Zwischen den Zeilen kommen Tachauers Freiheitsgefühl und Befriedigung über sein Wirken deutlich zum Ausdruck. Jedoch auch die Schwierigkeiten der Anpassung an Land und Leute. Er warnte daher seinen Freund:

> »Aber prüfe Dich, ob Du Kraft hast. Man kann hier sorglos leben, man hat Freiheit, auch einen kleinen Kreis zum angenehmen Verkehr. Aber sonst ist hier nichts. Kunst gibt es nur sehr wenig, die Natur stimmt einen traurig, wenn man sieht, daß alles so verwahrlost ist. Und nur in dem Bewußtsein, sein Scherflein beizutragen zur Hebung des Volkes, findet man Befriedigung. Wenn Dir das genügen wird, komm!«[45]

Es soll nicht der Anschein erweckt werden, als ob die Auswanderung nach Palästina das zentrale Problem des Kartells war. Nach wie vor beschäftigten sich seine Mitglieder vor allem mit inneren Angelegenheiten, ambivalenten Beziehungen zum B. J. C. und Reibungen mit der antizionistischen Studentenverbin-

---

44 »Das Begrüßungsschreiben Dr. Auerbachs«, Haifa, 20. 12. 1909, Mitteilungen Nr. 1, Januar 1910, S. 20. Hervorhebung im Original.

45 »A. H. Oberlehrer David Tachauer an Michaelis«, Jerusalem, 25. 2. 1910, Mitteilungen Nr. 3, März–April 1910, S. 13–15.

dung »Kartell Convent« (K.C.). Doch seitdem die ersten K.Z.V.-er nach Palästina auswanderten, war die Ansiedlung dort kein abstrakter Begriff mehr. Sie war zur Wirklichkeit geworden. Dies drückte Conrad Kaiser im Namen des Präsidiums des K.Z.V. in einem Bericht in der »Jüdischen Rundschau« aus:

> »Für die Entwicklung unseres Kartells ist die Tatsache wichtig, daß sich bereits drei Alte Herren in Palästina dauernd niedergelassen haben. ... Es steht zu erwarten, daß ihnen mehrere andere Bundesbrüder in einiger Zeit folgen werden. Hoffentlich wird es noch vielen von uns gelingen, diesen stärksten Wunsch des Zionisten zu verwirklichen: In Erez Israel die Heimat zu finden.«[46]

Die K.Z.V.-er in Palästina stellten die Ansiedlung als Prüfstein zionistischer und persönlicher Konsequenz hin. 1911 wandte sich Elias Auerbach wieder in einem offenen Brief in den »Mitteilungen« an die »Avantgarde des Zionismus, die Gruppe der beweglichsten und konsequentesten Köpfe« und forderte von ihnen, einen Schritt weiter zu gehen und die Arbeit in Palästina zu ihrer Aufgabe zu machen.

> »Wenn nicht Ihr, wer denn?... Das oberste Ziel der Erziehung in unserer Verbindung ist ja, aus jedem Einzelnen eine zionistische Persönlichkeit zu machen, d.h. einen Menschen, dem der Zionismus ein so wichtiges Element seines Selbst ist, wie Ehre und Gewissen... Das hat aber nur dann einen Sinn, wenn diese gefestigte Persönlichkeit sich nun auch völlig mit Einsatz ihres ganzen Ichs an die exponierteste Stelle der zionistischen Arbeit stellt... Das Können hängt vom Wollen ab. Wenn man nur beharrlich genug und zur rechten Zeit will.«

Für Auerbach war die Ansiedlung in Palästina keine Folge der Wurzellosigkeit der Juden in Deutschland. Sie war die Konsequenz der Entscheidung zum Zionismus und daher kein Gegenstand einer ideologischen Diskussion, sondern des Planens und der Durchführung. Er riet seinen Freunden, ihr Leben auf lange Sicht zu planen und auf die Auswanderung einzurichten, um Pioniere und Kulturträger zu werden. Mit einer kleinen gewählten Bibliothek und einem Hobby könne der Mensch ein reiches und gesundes geistiges Leben selbst in der Wüste führen. Und vom Geistigen zum Materiellen: Wer auszuwandern beabsichtige, müsse einen Beruf wählen, der für ein Entwicklungsland paßt. Ein junger Akademiker könne sich in Palästina recht gut einordnen. Denn das Land benötige nicht nur Landwirte, sondern auch Ärzte, Naturwissenschaftler, Lehrer für moderne Sprachen und Techniker aller Art.

---

46 Das Präsidium des K.Z.V., gez. Konrad Kaiser, »Bericht des Kartells Zionistischer Verbindungen«, JR Nr. 40, 7. 10. 1910, S. 474.

»Seid vorsichtig in der Wahl Eures Weibes. Mit der Verheiratung ist es meist entschieden, ob man nach Palästina geht oder nicht... Jeder Zionist der nach Palästina gehen will, sollte sich diesen Weg nicht durch seine Heirat versperren... Dann ist es sehr schwer, fast unmöglich, ohne eine wackere Frau hierher zu gehen.«

Auerbach kannte das Argument seiner Bundesbrüder, zionistische Arbeit sei in Europa nützlicher als in Palästina. Er kannte allerdings auch dessen Hintergrund:

»Es prüfe sich jeder, der das sagt, ehrlich bis auf den Grund der Seele, ob das nicht eine Ausflucht ist, mit der er vor sich selbst den Mangel des Entschlusses zur Übersiedlung, die er doch als hohes Ziel anerkennt, beschönigen will. Weiter aber frage ich Euch: Was könnt Ihr für den Zionismus dort leisten? Für die Organisation und Propaganda vielleicht einiges, für den Zionismus nirgends mehr, als durch Stärkung seiner Position in Palästina... Das Land ruft nach Euch, gerade nach Euch. Was jetzt am meisten nottut, ist die Einwanderung eines bürgerlichen Elements aus Westeuropa, das methodische Arbeit gelernt, gründliche Berufsstudien getrieben, sich Disziplin angeeignet hat und imstande ist, seine Intelligenz und sein Kapital zur Organisierung zersplitterter Kräfte und zur Schaffung neuer wirtschaftlicher und nationaler Werte zu verwenden.«[47]

Dies war die Sprache des »Pioniers der Verwirklichung«, der im K.Z.V. geschult wurde. Anders sprach der nüchterne Kaufmann und Rechtsanwalt Arthur Ruppin, der nicht durch die Studentenverbindung gegangen war und von der zionistischen Idee erst nach seiner Einwanderung nach Palästina erobert wurde. Er identifizierte sich vollends mit ihr und bekannte in seinem Tagebuch:

»Ich fühle ... daß ich, wenn der Zionismus Schiffbruch leidet, kaum noch eine andere Idee finden werde, der ich meine Lebensarbeit widmen kann. Das heißt, daß Scheitern des Zionismus auch mein eigenes Lebensschiff zum Wrack macht.«[48]

Zu den sechs Pionieren des K.Z.V. gehörte eigentlich auch Ludwig Pinner, obwohl sich seine Auswanderung nach Palästina wegen des Weltkrieges bis 1921 verzögerte. Er zählte zu den Aktiven des Kartells und gründete 1912, als er an der Universität Halle studierte, den »Stammtisch Hatikva«.[49] Sein Weg zu zionistischer Verwirklichung war genau das, was Auerbach unter »konsequentem Zionismus« verstand. Ludwig Pinner war der Sohn des Inhabers des Getreidegeschäftes »Reinhold Pinner & Co.« in Berlin. Die Firma war vor

---

47 Über die ersten Schritte von Elias Auerbach in Palästina siehe dessen autobiographisches Buch: Elias Auerbach, Pionier der Verwirklichung, a.a.O., S. 241–256.
48 Arthur Ruppin, Tagebücher, 54, 31. Dezember 1909, CZA.
49 Mitgliederzahl des Kartells Zionistischer Verbindungen, Februar 1913, a.a.O.

allem durch den Import von »gemischtem Mais« aus Amerika bekannt. Arthur Ruppin, der in seiner Jugend im Getreidehandel tätig war, erzählt, daß die Begriffe »Mais« und »Pinner« identisch waren.[50]
Der Lebensstil der Familie Pinner entsprach dem wohlhabender, assimilierter jüdischer Familien. Man feierte noch die Zeremonie der jüdischen Einsegnung, Bar-Mizwa, doch andere traditionelle Riten wurden nur noch von der Großmutter gehalten. Ludwig erhielt die übliche Erziehung dieses Kreises. Er interessierte sich für deutsche Literatur, Kunst und insbesondere für Theater. Unter Antisemitismus litt er nicht. »Aber irgendwo war doch offenbar latent eine gewisse Unbefriedigtkeit oder eine gewisse Malaise muß doch verhanden gewesen sein.« Schon als Gymnasiast wurde er Zionist. Der »Ansteckungskeim« war ein Mitglied des K. Z. V., John Löwenthal, der ihn und andere Gymnasiasten zum Zionismus »bekehrte«. Die Lektüre des »Judenstaates« gab ihm die theoretische Basis, obwohl ihn gerade die politische Seite des Zionismus nicht so sehr interessierte. Er neigte zur Aktivität und sah im Zionismus, im Aufbau des Judenstaates, eine persönliche Möglichkeit, attraktive und konstruktive Arbeit zu leisten.

> »Von Natur bin ich ja nicht gerade zum Landwirt prädestiniert gewesen. Am Kurfürstendamm war nicht viel Landwirtschaft... Aber gerade dieser challenge hat mich offenbar gereizt etwas ganz anderes zu machen, etwas originelles, persönliches und irgendwie aufbauendes.«

Im Jahre 1908, noch bevor Pinner das Gymnasium absolvierte, beschloß er, sich in Palästina niederzulassen, und nachdem er das Abitur bestand, bat er seinen Vater, eine Reise nach Palästina machen zu dürfen, um das Land kennenzulernen. Der Vater, der große Hoffnungen auf seinen Sohn gesetzt hatte und ihn als Nachfolger seines Geschäftes bestimmt hatte, stimmte der Bitte zu, allerdings aus anderen Gründen. Er sah im Zionismus seines Sohnes eine Art »Jugendirrsinn«. Solange sich dieser in der Zugehörigkeit zu einem Verein ausdrückte, konnte er sich damit abfinden. Aber daß er sich in Palästina niederlassen wollte, war etwas anderes. Und da es dem Vater nicht gelang, den Sohn von seinen »verruckten Ideen« abzubringen, glaubte er ihn durch den Augenschein dieses entlegenen, verwahrlosten und hoffnungslosen Landes überzeugen zu können.
Sie reisten 1910 nach Palästina und wurden in Jaffa von Dr. Ruppin empfangen, der dort seit zwei Jahren das Palästinaamt leitete. Reinhold Pinner bat seinen alten Bekannten Ruppin, seinem Sohn von der Auswanderung nach Palästina abzuraten.

---

[50] Arthur Ruppin, Pirkej Chajaj (hebr.), 2. Band, Tel Aviv 1947, S. 158.

»Hören Sie, mein Sohn ist Zionist. Gut, ich habe nichts dagegen, daß er Reden hält und Geld sammelt und dergleichen. Aber daß er nach Palästina geht, ist doch eine Kateridee. Und Sie sind doch ein alter Kaufmann...«[51]

Ruppin bat den Vater bis zum Ende der Reise durch das Land abzuwarten. Der Anblick der ersten Häuser von Tel Aviv, die sich zu einer großen Stadt entwickeln sollte, die von jüdischen Bauern bearbeitete Farm Kinnereth, ein jüdischer Agronom zu Pferd, die Besiedlung der Carmelberge bei Haifa, bestärkte nicht nur den jungen Pinner in seinen Absichten, sondern überzeugten auch seinen Vater, daß der Zionismus eine ernste Sache sei. Ruppin berichtet in seinen Memoiren, daß Vater Pinner nach dem Besuch in Haifa bereit war, Boden auf dem Carmelberg bei Haifa zu kaufen und zu diesem Zweck 50000 Mark zur Verfügung stellte. Seine Einstellung zum Zionismus und zu Palästina hatten eine wesentliche Änderung erfahren. Ludwig Pinner erzählte dem Verfasser, es habe sich beim Ankauf des Grundstücks um die heutige Herzlstraße gehandelt. Der Ankauf kam jedoch nicht zustande. Nicht wegen des Preises, der mittlerweile auf das Doppelte gestiegen war, sondern weil sich Pinner weigerte, das Grundstück fiktiv auf den Namen eines ihm unbekannten ottomanischen Bürgers einzutragen, wie es damals bei Immobilienkäufen üblich war. »Und mein Vater, der doch also ein Jekke war, sagte: ›Geld wie Geld, doppelt – doppelt, aber wenn ich kaufe, ist das meins. Was wollen die Leute von mir?‹«
Nach Deutschland zurückgekehrt, machte der junge Pinner den ersten Schritt zur Verwirklichung seines Planes. Um die Landwirtschaft praktisch zu erlernen, arbeitete er über ein Jahr als »élève« auf einem Rittergut in der Mark Brandenburg. Aber die Arbeit bereitete ihm Freude, so daß er die Schwierigkeiten des neuen Lebenswegs zu überwinden vermochte, vor allem die »fürchterliche Einsamkeit« als einziger Jude weit und breit. (Sein Schulkamerad Kuczinski, der ebenfalls zu einem Bauern in Schleswig-Holstein in die Lehre ging, hielt es nicht aus und machte sich bei Nacht und Nebel davon.) Pinners Beziehungen zu seiner Umgebung waren gut, da sie ihn nicht als Juden betrachteten. Beim Adel fand er Verständnis für die zionistische Idee, da, nach deren Ansicht, weder die Juden noch die Adligen zum Volk gehörten. Es bestehe eine gewisse innere Affinität zwischen deutscher Aristokratie und einer gewissen jüdischen, noch älteren, Aristokratie. Beide hielten Distanz zum einfachen Volk und zum engstirnigen, antisemitischen Kleinbürgertum.[52]

---

51 Auf Tonband aufgenommenes Interview mit Dr. Ludwig Pinner, Kefar Schmarjahu, 7. 12. 1972. Siehe diesbezüglich Ruppins autobiographisches Buch: Pirkej Chajaj, 2. Bd., a.a.O., S. 157–160.

52 Pinner erwähnte in diesem Zusammenhang ein Gespräch zwischen Richard Lichtheim und dem deutschen Botschafter in Konstantinopel, Baron Wangenheim, als jener ihm die Ziele des Zionismus erklärte. Darauf Wangenheim: »Na ja, ich verstehe, damit die ganze Wanderung mal ein Ende hat.« Richard Lichtheim, Rückkehr, a.a.O., S. 245.

Nachdem Pinner seine praktische Arbeit auf dem Lande beendet hatte, studierte er Landwirtschaft an den Universitäten München und Halle und erhielt den Doktortitel. Er wollte einen Posten an der landwirtschaftlichen Versuchstation Aaronsohns in Palästina annehmen, als der Weltkrieg ausbrach. Nach Ende des Krieges, nach einem weiteren Vervollständigungsstudium ging er nach Palästina, an die Vulkani-Versuchsstation. Pinner war der erste junge Zionist in Deutschland, der sich konsequent zur Verwirklichung der zionistischen Revolution durchgerungen hatte.

Hier soll der erzieherische Wert betont werden, den das »Kartell Zionistischer Verbindungen« der Selbstverwirklichung beimaß, noch bevor diese offiziell in das Programm der ZVfD aufgenommen wurde. Diese Tendenz fand in der programmatischen Broschüre »Der zionistische Student« aus dem Jahre 1912 ihren Niederschlag.[53] Die Mehrzahl der Aufsätze behandelt ideologische und erzieherische Probleme. Diesbezüglich ist der Aufsatz von Elias Auerbach »Palästina im Zionismus. Ein Traktat über Konsequenz« offen und klar. Er stellte den Leser vor die letzte Konsequenz jedes zionistischen Programms: die Arbeit in Palästina.

Auerbach vergleicht das Ziel des Zionismus mit den Bestrebungen der sozialistischen Bewegung und der Bewegung für den Weltfrieden. Während der sozialistische Zukunftsstaat und die Verständigung der Kulturvölker nichts als vorgeahnte Endglieder einer langen Entwicklung sind, steht Palästina zwar am *Ende der zionistischen Idee*, aber am Anfang ihrer Verwirklichung.

> »Sobald man den Zionismus ins Ernsthafte übersetzt, muß die Arbeit in Palästina im Vordergrund stehen. Um zum letzten Ende, der Wiederaufrichtung der jüdischen Nation in Palästina, zu gelangen, muß schon heute und morgen alle zionistische Initiative in Palästina münden.«

Was für die Bewegung im ganzen gilt, gilt auch für den einzelnen Zionisten. Palästina mag ihm das letzte Glied seiner Idee sein, doch die persönliche Aktivierung des Zionismus muß das für ihn Entscheidende werden. Wer anderen den Rat gibt, Arbeit und Kapital in Palästina anzulegen, darf der letzten Konsequenz nicht ausweichen, sie nicht durch Schlagworte wie »Zionismus für die anderen«, für die »Armen und Gedrückten« verschleiern. Auerbach appelliert an das Elitebewußtsein seiner Bundesbrüder:

> »Noblesse oblige, das gilt auch hier. Wer im Menschentum das Höchste erstrebt, muß es sich gefallen lassen, daß außerordentliche Forderungen an ihn gestellt werden; und für die Selbstentwicklung aller moralischen Kräfte

53 Der Zionistische Student, Flugschrift des K.Z.V. (Kartell Zionistischer Verbindungen), Berlin o. D. (1912). Im Gegensatz zu den »Mitteilungen«, die »streng vertraulich« nur unter den Mitgliedern des K.Z.V. verbreitet wurden, war diese Broschüre für die Öffentlichkeit bestimmt.

läßt sich kaum ein stärkerer Hebel finden, als die permanente Gewöhnung an den Gedanken, daß wir Ausnahmsleistungen vollbringen müssen, um uns mit Recht außerhalb des großen Haufens stellen zu können... Gibt es für einen jungen Menschen, der noch ein Leben zu vergeben hat, etwas größeres, als dieses Leben auf eine hohe Sache zu stellen, mit der er steht und fällt? In Palästina ist noch viel Platz für Arbeit, und so wenig ist noch bisher geschehen, daß noch jeder Stein zum Eckstein werden kann. Hier ist der einzelne noch nicht eine Nummer, sondern eine richtende Kraft. Gerade dem deutschen Judentum scheint jetzt hier eine bedeutende Aufgabe zuzufallen... In dieser Entwicklung ein Glied zu sein, müßte der höchste Ehrgeiz jedes jungen Juden werden. Einer großen Sache zum Wachsen zu helfen, ein neues Rad ins Rollen zu bringen – höhere Menschenziele fand auch der sterbende Faust nicht.«[54]

Das Vorbild der ersten Pioniere hatte keinen sofortigen Einfluß, aber es war ein Markstein in der Entwicklung der zionistischen Pionierbewegung in Deutschland nach dem ersten Weltkrieg.[55] Rückblickend schrieb Auerbach:

»Ich war damals nicht nur als Zionist ein Nonkonformist unter den nichtzionistischen Juden, sondern auch Nonkonformist unter den Zionisten, nicht wegen des ›idealistischen Zionismus‹, sondern wegen des realen palästinensischen Zionismus.«[56]

---

54 Elias Auerbach (Haifa), »Palästina im Zionismus. Ein Traktat über Konsequenz.« Der Zionistische Student, a.a.O., S. 33–37.

55 Siehe: Leo Kaufmann-Kadman, »Von den Anfängen der Chaluzbewegung in Deutschland«, in: Meilensteine, a.a.O., S. 68–72. In diesem Zusammenhang ist auch der Aufruf zur Auswanderung nach Palästina zu verstehen, der mitten im ersten Weltkrieg von zwei K.J.V.-ern, die an der russischen Front kämpften, veröffentlicht wurde:

»Der Krieg hat das zionistische Gewissen vieler Bundesbrüder geweckt. Die Unehrlichkeit unseres Kompromisses zwischen Zionismus und Juden (!), die Schwächlichkeit unserer zionistischen Lebenspläne stehen uns lebendig vor Augen. Stärker als je lebt in uns die Sehnsucht, mit aller Selbsttäuschung, Phrasen und Konzessionen zu brechen und in Palästina als freie Menschen zu leben. Aufrichtige Selbstprüfung bringt uns zu der Erkenntnis, daß *wir die Kraft zur Übersiedlung nach Palästina nur gleich nach dem Kriege besitzen werden.* Wenn wir erst einmal wirtschaftlich in Deutschland verwurzelt sind, werden wir uns ebensowenig loszureißen vermögen wie die zionistische Generation vor uns, trotz ihres ehrlichen Willens ... Die Übersiedlung nach Palästina zu vertagen, heißt auf sie zu verzichten. Die Stärksten und Mutigsten aus unserem Bunde sollen sich zu einer Gemeinschaft zusammentun und in Palästina als *Bauern* ein neues, freies Leben erkämpfen.

Die praktische Möglichkeit sei dem großen Kreise der Bundesbrüder zur Diskussion unterbreitet.« Berthold Cohn-Walter Preuss, Nach Palästina, ebd. S. 67f.

Die Zahl der K.J.V.-er, die dem Aufruf Folge leisteten und vor 1933 nach Palästina auswanderten, war nicht groß. Das Adreßbuch des Kartells für 1932 enthält 2000 Namen, von denen nur ca. 100 in Palästina ansässig waren. Adreßbuch des Kartells Jüdischer Verbindungen, hrsg. vom Präsidium, Berlin 1932.

56 Elias Auerbach, »Realismus und Geduld«, in: Deoth, Hebräische Ausgabe des »Mitteilungsblattes« Nr. 2 des Irgun Olej Merkas Europa. (Organisation der Einwanderer aus Zentraleuropa) Tel Aviv, Mai 1960.

Im Gegensatz zu der entschieden zionistischen Ausrichtung des K. Z. V. stand die ideologische Orientierung im B. J. C. fortwährend auf der Tagesordnung. Es wurden neutralistische Stimmen laut, die meinten: »wir müssen ja als V. J. St.er keinen Standpunkt *haben*, aber wir müssen einen *suchen*.«[57] In gewissem Sinne erinnerte diese neutralistische Einstellung an den »Wandervogel«: die Zielsetzung war von geringerer Bedeutung als die Gestaltung des Lebens durch innere Freiheit und Selbstverantwortung. Auch die B. J. C.-Neutralisten wollten für sich sozusagen eine Insel der Werte im Meer der Zielstrebigkeit schaffen und schreckten von jeder »begrenzenden« zionistischen Tendenz, die sie zu einem »Zweckverband« degradieren würde, zurück. Felix Rosenblüth kritisierte das ziellose Suchen und die ideologische Indifferenz, die eine träge Atmosphäre im B.J.C. geschaffen hatten, die selbst »gute Zionisten« ansteckte und sie »schwach und nachgiebig« machte.[58] Der Redakteur des »Jüdischen Studenten« beschwerte sich über das laue Interesse der Bundesbrüder an ihrem Organ sowie über den taktlosen Spott »der geborenen Krakehler«, die im stillen hofften, durch ihre »Wühlereien« der Zeitschrift den Boden gänzlich zu entziehen.[59] Andere beklagten sich über die Entfremdung zwischen »Alten Herren« und aktiven Bundesbrüdern, über die kleine Anzahl »neugekeilter« Studenten. Sie forderten, daß solche Bundesbrüder, deren einzige Betätigung darin bestehe, »Stunk« zu riechen, aus dem Bund ausgeschlossen werden sollten.[60] Das Fehlen einer alle vereinigenden Idee verursache persönliche Zwistigkeiten[61] und führe dazu, daß Zionisten den Bund verließen und ganze Vereine zu nichtzionistischen Organisationen übergingen.[62] Die Erklärung des Vorsitzenden Erich Rosenkranz, der B. J. C. sei eine große Organisation geworden, die weite Kreise beeinflusse, scheint daher übertrieben.[63] Im internen Kreise sprach der aktive Bundesbruder Bruno Kirschner »ernste Worte über den Stand der V. J. St.ersache«, die eine ideologische Krise widerspiegelten. Er griff den »Schwall von tönenden Redensarten und hohlen, nichts-, aber auch garnichtssagenden Phrasen in den verschieden-

57 »Nichtzionisten und Zionisten als B.J.C.-er«, J.St. Nr. 4, 30. 7. 1908, S. 85. Hervorhebungen im Original.

58 Felix Rosenblüth, »Zionistische Sorgen und Gedanken«, J.St. Nr. 7, November 1907, S. 185–191.

59 Bruno Kirschner, »Offener Brief«, J.St. Nr. 1, 17. 4. 1908, S. 4.

60 Willi Hausen (Breslau), »Zur Erinnerung«, J.St. Nr. 4, 30. 7. 1908, S. 83–85.

61 ebd.

62 Felix Rosenblüth, »Zionistische Sorgen und Gedanken«, a.a.O. In den Jahren 1907 und 1908 verließen viele B.J.C.-er den Bund. Die Krise war so schwer, daß die Zahl der Mitglieder des B.J.C. zwischen 1907–1910 nur von 423 auf 477 stieg; d. h. die Zahl der neuen Mitglieder wog kaum die Zahl der Austretenden auf. »Zur Statistik des B.J.C.«, J.St. Nr. 5, 24. 8. 1910, S. 130–131. Vgl.: Präsenzliste der Vereine Jüdischer Studenten (im B.J.C.) hrsg. vom Archiv des B.J.C., o. O., Dezember 1908. Präsenzliste der Vereine Jüdischer Studenten (im B.J.C.) hrsg. vom Archiv des B.J.C., o. O., Februar 1910.

63 Erich Rosenkranz, »Bericht des Präsidiums«, J.St. Nr. 1, April 1907, S. 4.

sten Nuancen« an, die »Fuxenprüfungsordnung«, die an Stelle »der großen Idee« getreten war und den Wirrwarr der Tendenzen, der zur Ziellosigkeit geführt hätte.[64]

Der erste Schritt zur Zionisierung des B.J.C. wurde mit der Gründung der Berliner Studentenvereinigung »Maccabaea« gemacht, die 1906 von Felix Rosenblüth, Arthur Biram und Sally Hirsch ins Leben gerufen wurde. Die »Maccabaea« akzeptierte eine radikalzionistische Tendenz und ihre Gründer sahen ihre Aufgabe in der zionistischen Erneuerung des B.J.C.. Wortführer war der Vorsitzende der Vereinigung Felix Rosenblüth.[65]

Sie wandten sich gegen diejenigen, die den »neutralistischen« Anstrich, den sich der B.J.C. zu Anfang aus taktischen Gründen gegeben hatte, ideologisch zu fundieren beabsichtigten, so daß dem B.J.C. nicht nur Zionisten oder angehende Zionisten, sondern auch Studenten, die ganz einfach »gute Juden« sein wollten, angehören sollten. Nur wer aktiv gegen die jüdisch-nationale Bewegung arbeite, sollte im B.J.C. keinen Platz haben.[66] Folgende Bemerkung der Redaktion des »Jüdischen Studenten« zu einem Artikel von Leopold Ambrunn, »Der Zionismus im B.J.C.« zeugte davon, daß die neutralistische Tendenz bei der Führerschaft Anklang gefunden hatte.

> »Wir haben die Ausführungen des Bbr. zum Ausdruck gebracht, weil es von Zeit zu Zeit sehr nützlich ist, einigen radikal-zionistischen Feuerköpfen zu sagen, daß der B.J.C. alle selbstbewußten Juden mit den Zionisten zur gemeinsamen Arbeit erziehen will. Wer den B.J.C. als Kadettenschule auffaßt, der sieht in unserem Bunde eine recht kleine und kleinliche Schöpfung jüdischen Geistes ... Es ist heute notwendig, diese alten Wahrheiten zu wiederholen zu einer Zeit, wo nicht untüchtige in unseren Reihen von einer Zionisierung des B.J.C. fabeln.«[67]

Der Artikel sowie die Anmerkung der Redaktion waren eine offene Herausforderung an die zionistischen Bundesbrüder im Ringen um die ideologische Orientierung. Die Antwort eines dieser »Feuerköpfe« – Felix Rosenblüth – war ein Wendepunkt in diesem Ringen.[68] Er hielt es zuerst für notwendig, »in dem Wirrwarr der verschiedenen Auffassungen« Ordnung zu schaffen und eine authentische Interpretation des B.J.C.-Programms zu geben. Inzwischen kam

---

64 Bruno Kirschner, (Redakteur des »Jüdischen Studenten«) »Ernste Worte über den Stand der V.J.St.-ersache«, J.St. Nr. 1, April 1907, S. 28–39; »B.J.C. Politik«, J.St. Nr. 5, August 1907, S. 123–128.

65 Auf Tonband aufgenommenes Interview mit Dr. Siegfried Moses. Interviewer: Naomi Fraenkel, 3. 3. 1969. The Hebrew University, The Institute of Contemporary History, Department of Oral History, Band Nr. 1406.

66 Leopold Ambrunn, »Der Zionismus im B.J.C.«, J.St. Nr. 4, Juli 1907, S. 104–105.

67 ebd. S. 106, Anmerkung der Redaktion.

68 Felix Rosenblüth (Pinchas Rosen) galt im Freundeskreis, in der Öffentlichkeit und vor allem als Justizminister des Staates Israel als sehr gemäßigt und selbstbeherrscht. In dem Interview mit dem Verfasser gestand er sein stürmisches Gemüt der Jugendzeit.

eine »Atmosphäre fruchtloser Diskussionen« ans Licht, die man aus wohlverständlichen Gründen unter dem Deckmantel des studentischen Zeremonials vor Außenstehenden verborgen hatte. Rosenblüth eröffnete unverblümt:

> »Was sind wir und was wollen wir eigentlich? ... Gibt es eine gemeinsame, große und starke, den B.J.C. umfassende, und *bestimmende* Tendenz, oder ist unser ganzer Bund von 450 ›Bundesbrüdern‹ ein Konglomerat von kleinlichen ... auseinanderfallenden Concurrenzunternehmen, deren eitles Bestreben es ist, sich gegenseitig durchzusetzen, ein Tummelplatz plan- und zielloser, in ihrer eigenen Erziehung einer unreifen Selbstbestimmung überlassenen Knaben, die an unseren ja so nachgiebigen Tendenzparagraphen nach freiem Ermessen deuteln dürfen. Besitzt der B.J.C. in seiner heutigen Wesensart ein Programm, das einen selbständigen Inhalt hat, oder ist das, was wir unser Programm nennen, in Wahrheit nur eine lose Form, in die jeder beliebige Inhalt hineingepreßt werden kann?«

Des weiteren kritisierte er diejenigen, die sich an die nichtssagende Formulierung der Tendenzparagraphen klammerten, um aus ihnen die Existenzberechtigung sämtlicher Auffassungsschattierungen abzuleiten. Sie seien sich offenbar nicht bewußt, daß der B.J.C. ein Geisteskind des Zionismus sei. Er forderte von den Zionisten im »Bund«, solange sie in der Mehrheit seien, für die zionistische Tendenz einzutreten. Das Wesentliche einer Studentenvereinigung sei die Erziehung, nicht die Diskussion. Vorbedingung jeder Erziehung sei ein klares Ziel. Der B.J.C. dürfe nicht zu einer Kadettenanstalt degradiert werden. Seine Mission sei nicht wissenschaftlich kulturell, sondern politisch-moralisch: die Gestaltung politischer Überzeugungen.[69]
Besagter Artikel drückte den Willen der »zweiten Generation« in der ZVfD aus, eine Zionisierung der Studentenverbindungen im Rahmen des Radikalisierungsprozesses der ZVfD herbeizuführen. Nach den »Tendenzdiskussionen« auf den Kartelltagen in Freiburg und Königsberg gelang es Rosenblüth, Siegfried Moses und Blumenfeld, das Thema auf dem 9. Kartelltag in Breslau im Februar 1910 zur Entscheidung zu bringen.[70]
Auf diesem Kartelltag wurde einstimmig beschlossen, »daß die Arbeit des B.J.C. dem Zionismus zu dienen hat.« Nach einer 14stündigen ideologischen Diskussion wurde die »authentische Interpretation« des B.J.C.-Programmes angenommen, wie sie von den Berliner »Maccabaeern« vorgelegt wurde.

> »Es ist die Aufgabe des B.J.C., geschlossene Persönlichkeiten zu erziehen, die bereit sind, als A.H.A.H. [Alte Herren, Y. E.] den Kampf für die Zukunft des jüdischen Volkes zu führen. Es ist deshalb notwendig, daß die K.V.K.V. [Kartellverbindungen, Y. E.] auf die zionistische *Entwicklung*

69 Felix Rosenblüth, »Zionistische Sorgen und Gedanken«, a.a.O. Hervorhebung im Original.
70 Auf Tonband aufgenommenes Interview mit Dr. Siegfried Moses, a.a.O.

ihrer Mitglieder bei Burschungen, Inaktivierungen, Ernennungen zum A. H. entscheidendes Gewicht legen.«[71]

Der Kartelltag begnügte sich nicht mit der Formulierung der »authentischen Interpretation«. Man ernannte eine Kommission, deren Mitglieder Zionisten waren (Felix Rosenblüth, Felix Danziger, Siegfried Moses, Erich Cohn), um ein »Arbeitsprogramm« im Sinne der neuen Richtlinien auszuarbeiten.[72]
Die Entscheidung für den Zionismus war auch im »Jüdischen Studenten« fühlbar, dessen Redaktion jetzt in die Hände von Siegfried Moses und Erich Cohn überging. Die Zeitschrift berichtete nun über den 12. Delegiertentag der ZVfD[73], brachte Artikel über Probleme des Zionismus, die Bildung einer neuen jüdischen Elite und die »Zionisierung« des B. J. C. als vollendete Tatsache.[74]
Die »authentische Interpretation« stieß in einigen Vereinigungen des B. J. C. auf ernsten Widerstand.[75] Man protestierte gegen »Überrumpelung« auf dem Kartelltag, gegen unfaire Manipulationen der Zionisten, als sie vorgaben, die »Interpretation« stelle eigentlich keine Änderung der Tendenz dar. In Wahrheit habe aber »eine offizielle Schwenkung ins zionistische Lager« stattgefunden. Nur die Verantwortung gegenüber dem »Bund« hindere die Vereinigungen, gegen die »Politik« des Kartelltages und die »Vertuschungspolitik« des Präsidiums zu rebellieren. Sie forderten ohne Verzug einen »außerordentlichen Kartelltag« einzuberufen, um das Unrecht wiedergutzumachen.[76] Die Gemäßigteren warnten vor der »Gefahr der offiziellen Zionisierung« des B. J. C. und seiner Umgestaltung zu einer politischen Bewegung, um auf außerakademische Verhältnisse des jüdischen Volkes einzuwirken.[77]
Die Furcht vor Indoktrinierung »von oben« war nicht unberechtigt. Rosenblüths Ansicht, der B. J. C. habe die Weltanschauung seiner Mitglieder so zu

71 Sally Hirsch, »Der IX. Kartelltag«, J.St. Nr. 11–12, 24. 3. 1910, S. 247.
72 Im Bericht über den Verlauf des Kartelltages hieß es, daß die »authentische Interpretation« keine Neuerungen enthalte, sondern nur eine Bestätigung der schon bisher vorherrschenden Ansicht in den maßgebenden V.J.St.-erkreisen. ebd. S. 248. Hervorhebung im Original.
73 »Delegiertentag der Zionistischen Vereinigung für Deutschland«, J.St. Nr. 5, 24. 8. 1910, S. 119.
74 Erich Cohn, »Der Zionismus im B.J.C.«, J.St. Nr. 7, 31. 10. 1910, S. 179–185; Kurt Lewinsohn, »Der Zionismus im B.J.C.«, J.St. Nr. 1, 20. 4. 1911, S. 22–27; Erwin Goldemann, »Die jüdische Corporation«, J.St. Nr. 5, 20. 8. 1912, S. 141–146; Gerhard Holdheim, »Zionistische Lebensformen«, J.St. Nr. 1, 28. 4. 1913, S. 1–5.
75 In dem Parallelverein der »Maccabaea« in Berlin, in den Vereinen in Hamburg, Baden, Oberschlesien, Posen, Rheinland-Westfalen, Straßburg, Königsberg und Freiburg i. B. Siehe: Edgar Weill, »Zur babylonischen Verwirrung«, J.St. Nr. 1, 27. 4. 1910, S. 6.
76 ebd.
77 Edgar Weill, »Gegen den Antrag Blumenfeld«, J.St. Nr. 1, 27. 4. 1910, S. 7–13; »Rundschreiben des V.J.St. Straßburg«, ebd. S. 13–15, ferner die Antwort auf dieses Rundschreiben: Felix Rosenblüth, »Das Straßburger Rundschreiben und der außerordentliche Kartelltag«, ebd. S. 16–19.

formen, »... daß wenn die Synthese ›Glauben *und* Wissen‹ unmöglich wäre, vor der Alternative Glauben *oder* Wissen die Antwort unbedenklich lauten müßte: Glauben«[78], deutet in diese Richtung. Auch Blumenfelds Anregung der Einführung eines »zionistischen Katechismus«, um dem zionistischen *credo* autoritär durch die Verbindung von Ordensdisziplin und Bundesbrüderlichkeit zur Herrschaft zu verhelfen, konnte in diesem Sinne ausgelegt werden.

Das Präsidium hatte solch starken Widerstand nicht vorausgesehen und schlug jetzt einen versöhnlichen Ton an. Es gab zu, daß in der »authentischen Interpretation« das letzte Wort noch nicht gesprochen worden sei. Das Präsidium wollte den Unwillen beschwichtigen, Zeit gewinnen und seinen Standpunkt in den Vereinigungen der Opposition klarlegen. Die voreilige Einberufung eines »außerordentlichen Kartelltags« sei verfehlt; man solle das strittige Thema nochmals eingehend erörtern.[79]

Die »gemäßigte« Opposition stimmte zu, zumal sie selbst ihres Erfolges auf dem »außerordentlichen Kartelltag« nicht so sicher war. Die Tendenzdiskussion, die auf dem – regulären – 10. Kartelltag erneuert wurde, brachte keine neuen Argumente vor. Doch die bitteren Gefühle und das Mißtrauen waren abgeklungen. Ähnlich wie auf dem Delegiertentag der ZVfD trat auch hier ein Ringen der Generationen zutage. Die »erste Generation« im B. J. C. repräsentierten Theodor Zlocisti und Albert Goldberg. Die Wortführer der »zweiten Generation« waren Kurt Blumenfeld und Felix Rosenblüth. Eine Mittelstellung nahm Isaak Zwirn ein. Er sympathisierte mit der jungen Generation, lehnte aber ihre Methoden ab.

Um des inneren Friedens willen verzichteten beide Seiten auf ihre Vorschläge, die »authentische Interpretation« zu bestätigen oder abzulehnen. Ohne einen neuen »Tendenzparagraphen« zu formulieren, einigten sie sich über das gemeinsame Ziel: »die Erziehung zum Zionismus«. Sie überließen jeder lokalen Studentenvereinigung die Entscheidung über die Intensität der Durchführung und die Methoden.[80]

Die »geschworenen Neutralisten« gaben sich mit dieser Lösung noch nicht zufrieden. Sie hegten den Verdacht, Blumenfeld werde jetzt seine Autorität und Einfluß als Parteisekretär der ZVfD ausnutzen, um dem »Parteizionismus« in den Sattel zu helfen und eine »fabrikmäßige Zionistenmacherei« durchzuführen. Dadurch werde der B. J. C. zu einer offiziell zionistischen, der ZVfD untergeordneten Organisation.[81] Die Anhänger der zionistischen Richtung

78 Felix Rosenblüth, »Zionistische Sorgen und Gedanken«, J.St. Nr. 7, November 1907, S. 185–191.
79 Mitteilungen des Präsidiums, »Erklärung«, J.St. Nr. 1, 27. 4. 1910, S. 3f.
80 Sally Hirsch, »Der X. Kartelltag«, J.St. Nr. 10, 27. 1. 1911, S. 251–259.
81 Ludwig Mayer, »Der X. Kartelltag«, J.St. Nr. 12, 20. 3. 1911, S. 314–319, Interne Beilage.

versuchten die »Neutralisten« zu beruhigen und ihren Argumenten die Spitze zu nehmen. Sie betonten, der Zionismus strebe im B.J.C. nach keiner numerischen Stärke. An erster Stelle stehe weiterhin das Niveau des Einzelnen, der seine Inspiration aus der »Regeneration der Herzen« Achad Haams schöpfe. Es sei der entschiedenen Betonung des Zionismus zu verdanken, daß im B.J.C. ein neuer Geist herrsche und man den lange vermißten Ton des Enthusiasmus wieder vernehme, der gerade eine Gewähr gegen den »Parteizionismus« sei.[82] Es schien, als würde der für Bewegungen von Intellektuellen charakteristische Skeptizismus und die Neigung zur Umgehung klarer politischer Entscheidungen die Konfrontation aufs neue entfachen. Durch ein Zitat von Fichte auf der Titelseite des »Jüdischen Studenten« warnte das Präsidium, sich nicht in eine endlose Polemik zu verstricken:

> »Eine Entschließung sollt Ihr fassen, die jeder nur durch sich selbst und in seiner eigenen Person ausführen kann. Es reicht hierbei nicht hin, jenes müßige Vorsatznehmen, jenes Wollen, irgend einmal zu wollen, jenes träge Sichbescheiden ...; sondern es wird von Euch gefordert ein solcher Entschluß, der zugleich unmittelbar Leben sei und inwendige Tat und der da ohne Wanken oder Erkalten fortdauere und fortwalte, bis er am Ziele sei.«[83]

In diesen Tagen innerer Entscheidung im B.J.C. wandte sich der Alte Herr und Mitgründer des »Bundes« Heinrich Loewe in einer Broschüre an die Studenten. Er versuchte klarzulegen, daß der Zionismus nicht nur eine Bewegung für die Ansiedlung von Juden in Palästina sei, nicht nur eine Organisation, sondern eine Idee, eine völlige Umgestaltung des Denkens und Fühlens seiner Anhänger. Wem er nicht eine Umwertung alle Werte ist, der habe sein Wesen nicht erfaßt. Wen der Zionismus nicht zu einem anderen Menschen gemacht hat, ist ein halber, verschämter Assimilant geblieben, nicht stark genug, die ganze Assimilation von sich abzuschütteln. Er verzichtet auf einen Teil seines jüdischen Wesens. Wer es mit dem Zionismus ernst meine, solle

> »den Gedanken und die glühende Sehnsucht nicht aus seinen Gedanken und Gefühlen bannen, die ihn treibt, doch einmal im Lande seiner nationalen Hoffnungen zu leben. Nicht bloß zum Besuch, sondern als sässiger Bürger in der Heimat seiner Kinder. Man muß für sich selbst mit Erez Israel rechnen, um den Zionismus ganz zu fühlen.«[84]

Und denjenigen die da einwandten, daß die Organisation und Diplomatie den Zionismus eingeschränkt hätten, entgegnete Loewe:

> »Die jüdische Jugend, vor allem der Teil unter ihr, dem die Hochschulen die Mittel zum Durchdenken idealer Gedanken und die Gelegenheit für die

---

82 Kurt Lewinsohn, »Der Zionismus im B.J.C.«, J.St. Nr. 1, 20. 4. 1911, S. 22–27.
83 J.St. Nr. 12, 20. 3. 1911, S. 336.
84 Heinrich Loewe, Treibende Kräfte, a.a.O., S. 26f.

Betätigung ihres Idealismus bieten, hat die hohe Aufgabe, den Zionismus zu seinen Quellen zurückzuleiten... Der jugendliche Freiheitsdrang, der die Betätigung echten Kraftgefühls ist, soll sich nicht von der Diplomatie leiten lassen, sondern ihr die Wege zum ganzen Judentum weisen. Dieser Freiheitsdrang ist bei uns gleichbedeutend mit dem Drang zum Judentum, zu unserer eigenen Natur. Gesundheit und Natur sind die treibenden Kräfte des Zionismus und sie führen uns ... zu Freiheit und Judentum.«[85]

Die zionistische Entscheidung, die auf dem 10. Kartelltag gefällt wurde, konnte nicht mehr rückgängig gemacht werden. Die kommenden Kartelltage bestätigten den neuen Weg. Die örtlichen Studentenvereinigungen nahmen das Studium des Zionismus als integralen Bestandteil ihres Erziehungsprogramms auf.[86] Die ideologische Festigung des B.J.C. hatte auch einen zahlenmäßigen Zuwachs zur Folge. Nach einem dreijährigen Stillstand stieg 1912 die Zahl seiner Mitglieder auf 616.[87] Der dominierende Einfluß der Zionisten im B.J.C. stärkte ferner die Position der Radikalen in der ZVfD und deren kompromißlose Linie auf den Delegiertentagen in Posen und Leipzig. Diese Tatsache veranlaßte auch den »gemäßigten« Hantke, sich auf die Seite der Radikalen zu stellen. Er unterstützte sie allerdings nicht nur, weil er in ihnen die aktive Elite der ZVfD sah. Sie waren ihm vielmehr im Kampf gegen die »Konservativen« in den Ortsgruppen behilflich, die sich vor dem Posener Delegiertentag um Jeremias gruppiert hatten, um Hantke von seinem Posten als Vorsitzenden zu verdrängen.[88]
Eine weitere Folge der Zionisierung war die Fusion des »Bundes Jüdischer Corporationen« und des »Kartells Zionistischer Verbindungen«. In dem Moment, da sich die ideologischen Unterschiede verwischt hatten und der B.J.C. das zionistische Primat angenommen hatte, wurde die Trennung der beiden sich befehdenden Organisationen sinnlos und anachronistisch.[89]

---

85 ebd. S. 29.

86 »Der XII. Delegiertentag«, J.St. Nr. 9, 17. 12. 1912, S. 293; »Zur Systematik des Fuxenunterrichts«, J.St. Nr. 1, 22. 4. 1912, S. 6–11. In den Ferien vor Beginn des Studienjahres 1912–1913 veranstaltete das Präsidium des B.J.C. Ausbildungskurse für Fuxmajore. Es wurden folgende Kurse abgehalten: Theodor Zlocisti – Geschichte der Juden im 19. Jahrhundert, (wöchentlich 4 Stunden); Kurt Blumenfeld – Systematische Argumentation des Zionismus, (wöchentlich 4 Stunden); Martin Rosenblüth – Institutionen und Politik der zionistischen Partei, (wöchentlich 4 Stunden); Palästinakunde, Methodik des Fuxenunterrichts, (wöchentlich je 2 Stunden). Die Leiter der beiden letzten Kurse waren noch nicht bestimmt. »Ausbildungskurse«, ebd. S. 14–15.

87 »Zur Statistik des B.J.C.«, J.St. Nr. 3, Juni 1912, S. 96f.

88 Hantke an Schachtel, 9. 5. 1912, CZA A102/66/I. Der Brief war privat und auf dem persönlichen Briefpapier Hantkes geschrieben.

89 Über die Beziehungen zwischen beiden Verbindungen siehe u.a.: Vom Präsidium, »Unser Verhältnis zum K.Z.V.«, J.St. Nr. 12, 31. 3. 1913, S. 443f.; Hirsch, »B.J.C. und K.Z.V.«, J.St. Nr. 2, 31. 5. 1913, S. 54f.; »Klage des K.Z.V. gegen Bbr. Arthur Stein vor dem Ehrengericht der Zionistischen Organisation«, J.St. Nr. 9, 31. 1. 1914, S. 330–331; »B.J.C. und K.Z.V.«, J.St. Nr. 1, 20. 5. 1914, S. 1.

Die Anregung zur Fusion kam »von oben«. Er ging von der Führerschaft beider Studentenorganisationen aus, die gemeinsam in der Führung des neuen Jugendbundes »Blau-Weiß« tätig waren. Der »Blau-Weiß« wurde 1912, nach dem Posener Delegiertentag gegründet. An der Spitze der Führerschaft stand Felix Rosenblüth. Die Mehrzahl der Jugendführer waren B. J. C.-er. Als K. Z. V.-Präsident Walter Fischer dem Führungsgremium beitrat, wurde er von den B. J. C.-ern mit Vorbehalt aufgenommen. Zwar wurde ihm die Führung einer Jugendgruppe anvertraut, doch als »Ausgleich« gab man ihm den B. J. C.-er Leo Rosenblüth als »Unterführer« bei.[90] Doch die Zusammenarbeit und die gemeinsame Verantwortung für den neuen Jugendbund, der unerwartet schnell Wurzeln schlug, schufen eine neue Dynamik. Sie schlossen die »Blau-Weiß«-Führerschaft zu einer Gruppe zusammen, in der sich persönliche Freundschaften bildeten, die stärker wurden als die Bindungen zu den Mutterorganisationen.[91] Die Mitglieder beider Korporationen, die zum Teil wichtige Aufgaben in der ZVfD und in der Weltorganisation erfüllten, mußten zugeben: die Differenzen in bezug auf das Tragen bunter Schärpen oder »unbedingter Satisfaktion« rechtfertigten nicht die Zersplitterung des zionistischen Studentenlagers, angesichts der antizionistischen Kampagne. Im übrigen seien sie als zukünftige Führer der zionistischen Bewegung verpflichtet, die Reihen zu schließen und die Bundesbrüderlichkeit zu festigen.[92] Die Argumente, daß der B. J. C. *zum* Zionismus und der K. Z. V. *im* Zionismus erziehe, hätten ihre Bedeutung verloren. Dennoch waren es nicht ideologische Differenzen, sondern taktische Erwägungen, Sedimente der Vergangenheit und Prestigeprobleme, die der Fusion im Wege standen und die nur mit Hilfe eines Vermittlers umgangen werden konnten.[93]

Der »Jüdische Student« des B. J. C. und die »Mitteilungen« des K. Z. V. wiesen auf die gemeinsame ideologische Basis hin.[94] Lediglich bei der Formulierung eines gemeinsamen Programmes bestanden noch Schwierigkeiten. Die Vertreter des B. J. C. bevorzugten bei den Verhandlungen, ihrer Linie gemäß, eine flexible Formulierung, die das Wort »Zionismus« umgehen sollte. Es störe beim Werben von »Keilfüxen« und würde schon beim Eintritt in die Verbindung

---

90 Moses Calvary, »Blau-Weiß-Fragen«, in Blau-Weiß-Führer, Leitfaden für die Arbeit im Jüdischen Wanderbund ›Blau-Weiß‹, hrsg. von der Bundesleitung, Berlin 5677/1917, S. 23; Blau-Weiß-Blätter (Führernummer), hrsg. von Walter Moses, Jg. 1, Heft 1, Juni 1917, S. 7.

91 Walter Fischer, »Erinnerungen eines Hasmonaeers«, in Meilensteine, a.a.O., S. 24–29.

92 »Die Verschmelzung des B.J.C. und K.Z.V.«, Präsidialbericht (des B.J.C.), J.St. Nr. 2, 30. 5. 1914, S. 25–31.

93 »B.J.C. und K.Z.V., die Einigungskonferenz«, J.St. Nr. 1, 20. 5. 1914, S. 1–2.

94 »Die Verschmelzung von B.J.C. und K.Z.V.«, a.a.O., S. 25–38; »Die Fusionsverhandlungen mit dem B.J.C.«. Mitteilungen Nr. 6, Juni 1914, S. 1–10, Sondernummer; »Fortsetzung der Fusionsverhandlungen und Einberufung eines a.o.K.T.«, Mitteilungen Nr. 7, Juli 1914, S. 1–8. Jedes Organ brachte außer den eigenen auch die Anschauungen der anderen Verbindung.

ideologisch verpflichten.[95] Die Verteter des »Kartells« sprachen sich entschieden gegen diese Position aus. Als Begründung für ihren Widerstand führten sie an, das Verbergen ihrer Identität zu einer Zeit, in der sich ein offener Kampf mit nichtzionistischen Studentenverbindungen abspiele, sei völlig sinnlos. Jeder »Fux« wisse, worum es sich handle. Das Weglassen des Wortes »Zionismus« im Programm der vereinigten Korporationen oder seine Umschreibung erscheine nach außen als »Schlappe« der zionistischen Idee und würde von den Antizionisten entsprechend ausgenutzt werden.[96]
Trotz dieser Einstellung einigten sich die Verhandlungspartner auf ein gemeinsames Programm, das dem »Tendenzparagraphen« des B. J. C. näher stand und das Wort »Zionismus« nicht enthielt:

> »Das K. J. V. will seine Mitglieder zu Männern erziehen, die in dem Bewußtsein der nationalen Einheit der jüdischen Gemeinschaft entschlossen sind, für eine der Vergangenheit des Judentums würdige Erneuerung des jüdischen Volkstums einzutreten.«[97]

Die Verhandlungsergebnisse mußten nun durch die Kartelltage beider Organisationen bestätigt werden. Im B.J.C. neigte man zur Fusion. Im K.Z.V. jedoch stießen sie noch auf Widerstand, besonders unter den »Alten Herren«, die den entschieden-zionistischen und intimen Rahmen ihrer Verbindung nicht preisgeben wollten. In dieser Situation konnte die Leitung der ZVfD nicht als »neutraler« Beobachter stillschweigend zusehen, wie ihr das für sie politisch wichtige Abkommen entging. Im Juni 1914, als die zionistische Bewegung in Deutschland von allen Seiten angegriffen wurde, war die Einigung der Studentenorganisationen eine politische Notwendigkeit. Durch einen ungewöhnlichen Beschluß griff der Geschäftsführende Ausschuß in die Verhandlungen ein. Am 25. Juni stellte er fest, die Fusion sei für die ZVfD von großer Wichtigkeit, da sie die Vergeudung von Kräften, unnötige Konkurrenz und Geldverschwendung vermeide. Der Beschluß wurde nicht nur den Präsidien beider Organisationen übermittelt, sondern Hantke veröffentlichte ihn in den »Mitteilungen« des K. Z. V. und machte dadurch seinen Einfluß auf die Verhandlungen, sowohl als Vorsitzender der Zionistischen Vereinigung, wie auch als »Alter Herr h. c.« des K. Z. V. geltend.[98] Wie vorauszusehen war, stimmte der Kartelltag des B. J. C. für die Fusion. Auf dem Kartelltag des K. Z. V. jedoch stand das Präsidium einer gegnerischen Mehrheit gegenüber. Die Befürworter der Fusion wandten

95 Erich Rosenkranz, »V.J.St.er Tradition und Fusion«, J.St.Nr. 4, 10. 7. 1914, S. 85f.
96 Das Präsidium des Kartells Zionistischer Verbindungen, »Unsere Stellungnahme zum Fusionsgedanken«, J.St. Nr. 2, 30. 5. 1914, S. 32–36; Präsidium des K.Z.V., i. A. Gustav Krojanker an Präsidium des B.J.C., 23. 6. 1914, S. 83f.
97 Das Präsidium des Kartell Jüdischer Verbindungen, »Die Verschmelzung von B.J.C. und K.Z.V.«, J.St. Nr. 5, 1. 11. 1914, S. 91.
98 Arthur Hantke, »Für die Fusion«, Mitteilungen Nr. 7, Juli 1914, S. 8f.

sich an das »zionistische Gewissen« ihrer Bundesbrüder und verlasen ein Schreiben Richard Lichtheims aus Konstantinopel, in dem er sie aufforderte, den unnützen Fehden ein Ende zu setzen. Die zionistische Vereinigung bedürfe einer vereinigten Studentenorganisation. Das Präsidium wandte viele Stunden zur Überzeugung der Fusionsgegner auf. Schließlich stimmte die Mehrheit für die Fusion.[99]

Das letzte Hindernis auf dem Wege zur Verschmelzung war der Name der neuen Organisation. Die Kartellmitglieder befürworteten einen neuen Namen. Die B. J. C.er setzten sich dafür ein, daß die neue Bezeichnung mehr Komponente ihres Namens enthalten solle, da sie die größere Organisation seien. Für beide Organisationen war es also eine Prestigefrage, an der die Verhandlungen auch jetzt noch scheitern konnten. Felix Rosenblüth berichtete, wie dieses »heikle« Problem gelöst wurde, nachdem das »Kartell« schon auf »zionistisch« im neuen Namen verzichtet hatte:

> »Es ist unvergeßlich, wie er [Egon Rosenberg, Y. E.] in einer feierlichen Delegation bei uns erschien – die beiden Kartelle, der B. J. C. einerseits und der K. Z. V. andererseits tagten in verschiedenen Hotels – mit der Tendenz eine Fusion zu beschließen. – Man hatte sich schließlich über alles geeinigt, Tendenz usw. aber man konnte sich nicht über den Namen einigen ... Wir wollten, daß es heißen sollte ›Kartell Jüdischer Corporationen‹, dann hätten wir aus dem B. J. C. zwei Buchstaben übernommen, das J und das C, und die aber wollten das nicht. Die wollten vor allem nicht verzichten auf ›Verbindungen‹. ›Corporationen‹ war ihnen zu allgemein. Sie dachten ›Corporationen‹ kann jeder sein. Aber ›Verbindungen‹ hat schon etwas feudalen Unterton. Und da kam er dann mit einer Delegation und hielt eine wundervolle Rede: ›Wir haben uns über alles geeinigt . . .und es ist uns zu Bewußtsein gekommen, daß wir doch eigentlich eins sind. Das ist derselbe Zionismus ... und was den Namen betrifft, so wissen wir doch alle, daß das vollkommen äußerliche Sachen sind, die ganz unwichtig sind‹. Und man mußte jetzt annehmen, daß er jetzt sagen wird, infolgedessen sind wir für Ihren Vorschlag daß es heißt ›Kartell Jüdischer Corporationen‹. Statt dessen, zur allgemeinen Überraschung sagte er: ›Da die Sachen so ganz unwesentlich sind, schlagen wir Ihnen vor, daß wir uns nennen sollen: Kartell Jüdischer Verbindungen‹. Es war eine vollkommene Verblüffung. Alles war still, und schließlich brachen alle in große Heiterkeit aus. Weil es ein Überraschungsding war. Auf diese Weise ist es soweit gekommen, ... daß das einzige was wir gerettet haben vom ›Bund Jüdischer Corporation‹ ist der Buchstabe J, und das K und V kommt von den ›Zionistischen Verbindungen‹.«[100]

Die Fusion wurde am 19. Juni 1914 unter großen Hoffnungen vollzogen und ein gemeinsames Präsidium gewählt. Zum Präsidenten wurde Erich Rosen-

---

99 Walter Fischer, »Erinnerungen eines Hasmonaeers«, a.a.O., S. 29.

100 Auf Tonband aufgenommenes Interview des Verfassers mit Felix Rosenblüth (Rosen), a.a.O.

kranz, der Vorsitzende des B.J.C., gewählt, Egon Rosenberg vom K.Z.V. wurde Vizepräsident. Die Bundesbrüder des vereinigten Kartells waren sicher, daß sie, nachdem sie die fruchtlosen Fehden beigelegt hatten, nun gegen den »gemeinsamen Feind« marschieren könnten. Darüber hinaus wollten sie an der »Entstehung einer einheitlichen zionistischen Gesellschaft, einer durch Bundesbrüderlichkeit eng verbundenen zionistischen Akademikerschaft« teilnehmen. Die gemeinsame Aufgabe – die Befreiung des jüdischen Volkes – sei so schwer, daß sie nur gelöst werden könne, wenn die gesamte Energie dem wirklichen Ziele zugute komme.[101]
Kaum waren sechs Wochen vergangen, als der Erste Weltkrieg ausbrach und diese Hoffnung zunichte machte. Die Entwicklungskontinuität der zionistischen Bewegung, einschließlich der Studentenbewegung, wurde abrupt unterbrochen. Am 7. August 1914 schloß sich das Präsidium des »Kartells Jüdischer Verbindungen – K.J.V.« dem Kriegsaufruf des »Reichsvereins der Deutschen Juden« und der »Zionistischen Vereinigung für Deutschland« an, die Deutschland ihre Dienste »aus ganzem Herzen und ganzer Seele« zusagten. Das Präsidium drückte sein Vertrauen aus, »daß unsere Jugend, durch die Pflege jüdischen Bewußtseins und körperliche Ausbildung in idealer Gesinnung und Mannesmut erstarkt, sich in allen kriegerischen Tugenden auszeichnen wird«.[102]

Die Organisierung der arbeitenden Jugend

Das Bestreben, die Jugend zu erfassen, mußte die deutschen Zionisten dazu führen, sich nicht nur an Gymnasiasten, Studenten und Turner, sondern auch an andere Bevölkerungsgruppen zu wenden. Jahrelang suchten sie Kontakte zu den vielen tausend jungen Arbeitnehmern, Handwerkern, Handlungsgehilfen und Kaufleuten, jedoch ohne sichtlichen Erfolg. Verschiedene Umstände erschwerten die Organisierung dieser Gruppen: ihre niedrige Bildungsstufe, die Streuung in vielen Betrieben und Geschäften, die vielen Arbeitsstunden, meist ohne wöchentlichen Ruhetag.[103]

---

101 »Die Verschmelzung von B.J.C. und K.Z.V., Präsidialbericht«, J.St. Nr. 2, 30. 5. 1914, S. 28.

102 Über den K.J.V. im 1. Weltkrieg und in den Nachkriegsjahren siehe: »Das K.J.V. im ersten Weltkrieg«, in Meilensteine, a.a.O., S. 72; Siegfried Kanowitz, »Zionistische Jugendbewegung«, in: Die neue Jugend, Band IV der Forschungen zur Völkerpsychologie und Soziologie, hrsg. Richard Thurnwald, Leipzig 1927, S. 13ff.

103 Die »Israelitische Rundschau« berichtete 1901 als Fortschritt, daß es Kaufleute gäbe, die bereit seien, ihr Geschäft um 8 oder 9 Uhr abends zu schließen und die Sonntagsruhe einzuhalten. S-n, »Zur Organisation der jüdischen Handlungsgehilfen«, IR Nr. 32, 16. 8. 1901. Über die Arbeitsbedingungen der Handlungsgehilfen berichtet A. Ruppin in seinen Memoiren: A. Ruppin, Pirkej Chajaj (hebr.), Bd. I, a.a.O., S. 109–112.

Die Lage jüdischer »white collar workers« – besonders in den unteren Stufen – verschlechterte sich um die Jahrhundertwende zusehends infolge des wachsenden Angebots christlicher Arbeitnehmer. Nachdem sich diese im ausgesprochen antisemitischen »Deutschnationalen Handlungsgehilfenverband« zusammengeschlossen hatten, begannen sie mit der systematischen Verdrängung jüdischer Angestellter aus ihren Arbeitsplätzen.[104] Dies war eine Teilerscheinung eines umfassenden Prozesses der Entfernung von Juden aus dem Wirtschaftsleben Deutschlands, den Sombart schon 1911 wahrgenommen hatte und den Hans Goslar 1913 im »Jüdischen Gemeindebuch« der ZVfD eingehend schilderte.[105] Darüber hinaus litten die jüdischen Arbeiter und Angestellten darunter, daß sie von jüdischen Arbeitgebern unter dem Vorwand benachteiligt wurden, sie seien weniger produktiv und weigerten sich, an jüdischen Feiertagen zu arbeiten. Hierdurch verringerten sich die Beschäftigungsmöglichkeiten für Juden in einem Maße, daß viele zur Annahme minderwertiger und schlechterbezahlter Arbeit gezwungen waren.[106]

Die Organisierung dieser jüdischen Bevölkerungsgruppen erforderte daher die Beachtung der geschilderten Wirtschaftsprobleme. Die ZVfD war verständlicherweise nicht auf die Behandlung von Berufsproblemen eingestellt. Schon 1901 hatte Paul Lewin in der »Israelischen Rundschau« die Frage eines hierfür geeigneten organisatorischen Rahmens aufgeworfen. Er riet den Handlungsgehilfen, den jüdisch-nationalen Kampf vom beruflichen zu trennen. Den ersten sollten sie gemeinsam mit ihren Stammesgenossen in der Zionistischen Vereinigung führen. Für die Hebung ihrer wirtschaftlichen Lage sollten sie sich dem neutralen »Zentralverband der Handlungsgehilfen und -gehilfinnen Deutschlands« anschließen.[107] Lewin wies den Einwand seiner Diskussionsgegner, er beteilige sich als SPD-Mitglied an deren Parteipropaganda, mit Nachdruck

---

[104] Siehe: Ernest Hamburger, »One Hundred Years of Emancipation«, LBIYB XIV. (1969), S. 23. Der Deutschnationale Handlungsgehilfenverband wurde 1893 gegründet und wuchs schnell an. 1900 zählte er ca. 45000 Mitglieder, 1910 – 109000 und 1914 – 144000. Er rühmte sich, »die stärkste Säule aller judengegnerischen Bewegungen« zu sein. Die aktivsten Mitglieder der antisemitischen Parteien kamen aus seinen Reihen. Siehe: Werner Jochmann, Struktur und Funktion des deutschen Antisemitismus, in: Juden im Wilhelminischen Deutschland 1890–1914, a.a.O., S. 440f.; Iris Hamel, Völkischer Verband und nationale Gewerkschaft, Der Deutsch-nationale Handlungsgehilfen-Verband 1893–1933, Frankfurt/M. 1967, S. 52, 110–122.

[105] Werner Sombart, Die Juden und das Wirtschaftsleben, a.a.O., S. VIII; Hans Goslar, »Wirtschaftspolitische Aufgaben der Gemeinden«, in: Jüdisches Gemeinde-Jahrbuch 5674, 1913–1914, S. 70–73. Später bewies Helmut Genschel statistisch den Verdrängungsprozeß der Juden aus dem deutschen Wirtschaftsleben und hob besonders den Anteil der unteren Beamtenschicht hervor. Helmut Genschel, Die Verdrängung der Juden aus der Wirtschaft im Dritten Reich, Berlin–Frankfurt–Zürich 1966, S. 21f., Anhang I Tab. V a+b.

[106] Paul Lewin, »Sprechsaal«, IR Nr. 27, 12. 7. 1901; siehe: »Wie und in welcher Weise ist eine gute Organisation der jüdischen Handlungsgehilfen zu ermöglichen«, IR Nr. 30, 2. 8. 1901; »Die wirtschaftliche Organisation der Handelsangestellten«, IR Nr. 34, 30. 8. 1901.

[107] Paul Lewin, »Sprechsaal«, IR Nr. 27, 12. 7. 1901.

zurück. Jeder anständige Mensch müsse es als Ehrenpflicht betrachten, gegen Ausbeutung und Unterdrückung der Arbeiter durch die besitzende Klasse öffentlich aufzutreten. Seine Weltanschauung aber sei der Sozialdemokratie völlig entgegengesetzt. Er sei weder Materialist, noch stimme er dem »frommen Wahn« der kosmopolitischen Zukunftspläne der Sozialdemokraten zu. Er glaube an einen lebendigen Gott und erstebe als Zionist die Erneuerung des jüdischen Volkslebens und die nationale Selbständigkeit Israels. Doch im Klassenkampf und dem Streben nach menschenwürdigen Lebensbedingungen fühle er sich einig mit dem jüdischen Proletariat der ganzen Welt und der sozialdemokratischen Partei. Die zionistische Bewegung in Deutschland irre sich, wenn sie sich auf die besitzenden Klassen anstatt auf die jüdischen Arbeiten stütze, denn

> »nur dort ist noch Idealismus und Begeisterung vorhanden, wo täglich die Not mit flammenden Worten spricht, nicht aber bei den satten Kommerzienräten und Großkaufleuten. Wehe, wenn in Zion diese Klassen eine Rolle spielen sollten, wenn für Israel die Befreiung von der nationalen und politischen Unterdrückung nicht mit einer solchen vom ökonomischen Joche verbunden wäre, dann hätte ja der neue Staat schon den Todeskeim in sich und es verlohnte sich nicht, dafür zu kämpfen . . . die zionistische Bewegung wird eine proletarische sein oder sie wird nicht sein!«[108]

Lewins Ansichten stießen vor allem beim im Jahre 1901 gegründeten »Verein jüdischer Kaufleute« auf Widerstand. Dieser Verein bekannte sich in einer Generalversammlung zum Baseler Programm. Er werde es sich »mit ganzer Kraft angelegen sein lassen, die jüdisch denkenden, gesinnungsgleichen Kaufleute für die edlen Ziele zur Mitarbeit zu gewinnen«.[109] Er lehnte Lewins Argument ab, er sei ein Verein von Arbeitgebern, der wegen entgegengesetzter wirtschaftlicher Interessen keine Gehilfen aufnehmen dürfe.[110] Es bestehe eine Interessengemeinschaft zwischen Inhabern und Angestellten kleiner und mittlerer Geschäfte, die durch Konkurrenz von Warenhäusern, Konsumvereinen und Produktionsgenossenschaften erdrückt werden. Er warnte die Handlungsgehilfen vor der Illusion in bezug auf die sozialdemokratischen Gewerkschaften, die sich als neutral ausgäben, in Wirklichkeit aber antisemitisch wären. Ein geschlossener Verein jüdischer Kaufleute würde die Interessen der Arbeitnehmer zu schützen wissen. Eine gutgeleitete Organisation werde allen Nutzen bringen. Sie würden daher die gerechten Forderungen ihrer Angestellten unterstützen, wie Sonntagsruhe, 9 bzw. 8 Uhr-Ladenschluß, kaufmänni-

---

108 P. L. (Paul Lewin), »Noch ein Wort zur Organisation der jüdischen Handlungsgehilfen«, IR Nr. 29, 26. 7. 1901.

109 IR Nr. 26, 5. 7. 1901. Der frühere Namen des Vereins war: »Verein jüdischer Kaufleute«.

110 Paul Lewin, »Wirtschaftliche Harmonie oder Klassenkampf im Handelsgewerbe«, IR Nr. 33, 23. 8. 1901.

sches Gewerbegericht und Fortbildungsschulen. Außer seinen beruflichen Aufgaben werde der »Verein jüdischer Kaufleute«, gleich den Studenten- und Turnvereinen, »für die gute Sache des Judentums« und für die Hebung des Stammesbewußtseins wirken.[111]
In einem offiziellen Brief an die Redaktion der »Israelitischen Rundschau« erklärten die jüdischen Kaufleute, daß sie die Teilnahme am Kampf ihres »Adoptivlandes« aus zionistischer Überzeugung ablehnten und sich ebensowenig als »Kanonenfutter« für die Sozialdemokraten hergeben wollten, unter deren Flagge soviel Antisemitismus segle wie unter anderen Fahnen.

> »Deshalb ziehen wir für uns die Praxis vor, jüdische Arbeitgeber mit jüdischen Arbeitnehmern marschieren zu lassen. Unsere Stellung im Golus, in einem Staate, der uns nur notgedrungen anerkennt, verträgt keinen aufreibenden Krieg, das wäre Mord und der Mord durch Selbstmord... Wir Juden sind nun einmal darauf angewiesen zusammen zu halten, wenn wir nicht untergehen sollen... Kein Kampf! Kein Krieg unter uns, innere Festung der Gedanken und Taten!«[112]

Die Diskussion über die Form in welcher sich die Handelsgehilfen organisieren sollten, wurde in der Rubrik »Sprechsaal« im Rahmen eines freien Meinungsaustausches der Leser geführt. Die Redaktion ließ allerdings keinen Zweifel über ihre Stellungnahme offen. Sie distanzierte sich von Anfang an von den Anschauungen Paul Lewins [113] und beschuldigte ihn später, er habe die Tribüne des »Sprechsaals« mißbraucht und ausdrücklich für den sozialdemokratischen »Zentralverband der Handlungsgehilfen und -gehilfinnen Deutschlands« Propaganda gemacht. Was der »Zentralverband« mit dem Judentum gemeinsam habe, sei Lewin wohl selbst nicht ganz klar. Die Redaktion befürworte »nach sorgfältiger Erwägung« das Zusammenarbeiten von Arbeitnehmern und Arbeitgebern in einer Organisation und warnte die Angestellten, sich von keiner politischen Partei ins Schlepptau nehmen zu lassen.[114]
»Wir haben ja doch immer uns vergeblich abgemüht, an die breiten indifferenten Kreise der jüdischen Handlungsgehilfen heranzukommen.« So faßte Hans

---

111 S., »Wie und in welcher Weise ist eine gute Organisation der jüdischen Handlungsgehilfen zu ermöglichen«, a.a.O., S-n., »Zur Organisation der jüdischen Handlungsgehilfen«, a.a.O.

112 Verein jüdischer Kaufleute i.A. Elchonon ben Scholaum, »Der Zionismus und die jüdischen Handlungsgehilfen«, IR Nr. 34, 30. 8. 1901.

113 Sprechsaal, »Anmerkung der Redaktion«, IR Nr. 27, 12. 7. 1901; Fr., IR Nr. 29, 26. 7. 1901.

114 Die Redaktion, IR Nr. 33, 23. 8. 1901; Die Redaktion, IR Nr. 34, 30. 8. 1901. Während man in Deutschland eine passende Organisationsform für jüdische Handlungsgehilfen suchte, bestand eine solche Organisation schon in Österreich. Sie befaßte sich hauptsächlich mit gewerkschaftlichen Fragen. Die Lage der jüdischen Angestellten in nichtjüdischen Gewerkschaften in Brünn beschreibt Oberingenieur Josef Lau, »Zionistische Vereinigungen«, Jüdische Volksstimme, Centralorgan der jüdischen Arbeiter und Handlungsgehilfen, Brünn, Nr. 6, 15. 4. 1900, S. 2. Siehe ferner: Berthold Feiwel, »Die Paragraphen 59 und 60 der Gewerbeordnung«, ebd.

Gideon Heymann im März 1908 in einem privaten Brief an Hantke die Versuche der Zionistischen Vereinigung zusammen, die arbeitende jüdische Jugend der zionistischen Bewegung näherzubringen. Es scheine ihm jedoch, als zeichneten sich neue Möglichkeiten ab. Heymanns Schreiben ist wertvoll, weil es informell und kritisch über eine Reihe von Gesprächen berichtet, die er auf Hantkes Veranlassung mit verschiedenen Gruppen von Handlungsgehilfen geführt hatte. So besuchte Heymann einige Male den im Jahre 1907 in Berlin gegründeten »Herzl-Club« und fand die dortigen Zustände »nicht gerade erfreulich«. Zwar fehlte es den jungen Leuten nicht an gutem Willen und an Idealismus, aber an Erfahrung in zionistischen und nichtzionistischen Dingen. Heymann klagte auch über die Arroganz der Mitglieder des »Herzl-Clubs«. Trotzdem sah er in ihnen eine vielversprechende Gruppe. Er wies deren Präsidentschaftsangebot zurück, versprach ihnen aber, bei der Organisation des Klubs behilflich zu sein.[115]

Bessere Aussichten für eine Zusammenarbeit mit der ZVfD versprach sich Heymann beim »Jüdischen Handlungsgehilfenverband«. Dieser Verband wurde im Februar 1908 von einem Österreicher namens Grünhut gegründet und zählte etwa 45 Mitglieder über 20 Jahre mit »einigen Kenntnissen und Erfahrungen«. Das Programm des Verbandes bestimmte, daß dieser sich keiner politischen Partei und keiner religiösen Strömung anschließe und in keiner Weise die jüdische Religion verletzen werde. Heymann erschien dieses als »ein etwas verdünnter Bar-Kochba«.

Grünhut und Genossen hielten die Stunde zur Organisierung von 5000 jüdischen Handlungsgehilfen für günstig, die nach der Fusion einer neutralen Gewerkschaft mit dem antisemitischen »Verband der Handlungsgehilfen und -gehilfinnen Deutschlands« herausgedrängt würden. Der neue jüdische Verband sollte alle Funktionen einer Gewerkschaft ausüben, wie Stellenvermittlung und Darlehenskassen. Angeblich hatten sie schon in Posen, Köln und Hamburg Verbindungen angeknüpft.

Der Bankier Heymann neigte sonst nicht zur Begeisterung für phantastische Projekte. Hier jedoch schien der immer erdrückendere Einfluß der Antisemiten in den Gewerkschaften die Bildung einer solchen Organisation zu rechtfertigen. »Hier scheint uns eine Gelegenheit auf dem Präsentierteller geboten zu werden.« Um sich die Gelegenheit nicht entgehen zu lassen, arbeitete er mit dem amtierenden Vorsitzenden Rosenblum die Grundlagen für die Zusammenarbeit aus, die von der ZVfD-Leitung bestätigt werden sollten. Diese Grundlagen zeugen vom bürgerlich-liberalen Charakter der ZVfD. Ein »modern-fortschrittliches Programm in sozialpolitischer Beziehung« sollte einen »Linksruck« verhindern. »Kein Sozialismus, kein Poalezionismus.« Entsprechend der

115 Hans Gideon Heymann an Hantke, 12. 3. 1908, CZA A11/32/20/1.

ZVfD-Beziehungen zu Turn- und Jugendvereinen drängte Heymann nicht auf die Proklamierung zionistischer Erklärungen durch den »Jüdischen Handlungsgehilfenverband« und zog die Taktik des indirekten Einflusses vor. Vorläufig sollte der Verband »bei sich bietender Gelegenheit (Wahlen, Feiern etc.), sein freundschaftliches Verhältnis zur Berliner Zionistischen Vereinigung« bekunden. Ferner sollte der Verband die Zusammenarbeit mit dem »Herzl-Bund« anstreben. Letzterer sollte als Korporation an den sozialen Einrichtungen des Verbandes teilhaben.
Der Vorstand des »Verbandes jüdischer Handlungsgehilfen« schien aber nicht so sehr an einer ideologischen Bindung zur zionistischen Bewegung interessiert zu sein. Er behielt sich das Recht vor, sich auch an Organisationen wie »Bnei-Brith« und »Zentralverein« zu wenden – zwecks finanzieller Unterstützung »von einigen hundert Mark«. Heymann war vorsichtig und sprach von der Möglichkeit eines Darlehens. Er empfahl dem Vorstand der ZVfD, auf Grund seiner Informationen dem »Handlungsgehilfenverband« eine »wohlwollende Neutralität« zu gewähren, sich in der Öffentlichkeit auch nicht auf ihn zu berufen, ihm gleichwohl seitens der Berliner Zionistischen Vereinigung ein Darlehen von etwa 150 Mark zukommen zu lassen.[116]
Der »Jüdische Handlungsgehilfenverband« entsprach indes nicht den Erwartungen der Zionisten. Der junge Journalist Hans Goslar, der in der »Jüdischen Rundschau» »zur Frage der jüdischen Jugendorganisationen« Stellung nahm, zitierte ihn als Beispiel einer Organisation, die wegen gewerkschaftlicher Angelegenheiten ihren jüdisch-nationalen Charakter eingebüßt habe. Hieraus folgerte er, man sollte junge Kaufleute nicht separat organisieren und eine Organisation schaffen, in der Kaufleute und Akademiker auf gemeinsamer Basis arbeiten könnten. Auf den ersten Blick erscheine es schwierig, so grundverschiedene Elemente in einer Organisation zusammenzuschweißen. Doch gerade bei den Zionisten träten die Unterschiede der Mentalität nicht so scharf hervor wie in christlichen Kreisen. Diese würden sicher durch die gemeinsame Idee des Zionismus überbrückt werden.[117]
Goslar war von diesem Standpunkt ausgegangen, als er im April 1907 in Berlin mit dem jungen Kaufmann Lewinstein und einem Studenten aus dem K. Z. V. den ersten »Herzl-Club« gründete. In den ersten Jahren seines Bestehens hatten ihm Mitglieder verschiedener Berufe angehört.[118] Der »Herzl-Club« traf

---

116 ebd.

117 Hans Goslar, »Zur Frage der jüdischen Jugendorganisation«, JR Nr. 25, 19. 6. 1908, S. 236f.

118 Der »Herzl-Club« in Berlin wurde 1905 vor dem gleichnamigen Klub in Stettin gegründet. Die 10–12 Mitglieder waren Studenten, Kaufleute und Schüler. Er warb diejenigen, die die Beiträge der zionistischen Ortsgruppe nicht zahlen konnten. Erich Freyer, »Exempla demonstrant«, JR Nr. 47, 24. 11. 1905, S. 611f. Freyer, der zu den Gründern des »Herzl-Clubs« in Stettin gehörte, berichtet, daß dieser bis 1907 bestand. Walter Goldstein, Chronik des Herzl-Bundes, hrsg. vom Präsidium des Herzl-Bundes, Tel Aviv 1962, S. 233.

sich im Hinterzimmer eines Lokals zu Gesprächen über Judentum und Zionismus. Nach zwei Jahren war der Klub noch immer nicht über die Anfänge hinausgekommen. Der »nicht gerade erfreuliche« Eindruck Heymanns stimmt mit dem Eindruck des jungen Kaufmanns Alfred Frank überein, der sich 1909 dem Klub anschloß.[119] Frank übernahm mit dem jungen Beamten Joseph Rosenblüth (einem Bruder des B. J. C.-ers Felix Rosenblüth) die Führung des Klubs. Rosenblüth stellte Goslars Modell das Modell eines Bundes gegenüber, dem ausschließlich junge Kaufleute angehörten, der seine Eigenart pflegt und erfolgreich mit den Studentenverbindungen konkurriert;

> »eine auf der Grundlage der Bundesbrüderlichkeit und Disziplin in engster Gemeinschaft aufgebaute Korporation, die es sich zum Ziel gesetzt hat, der Bewegung eine möglichst große Anzahl von Pionieren aus der kaufmännischen Jugend zur Verfügung zu stellen.«[120]

Diese Richtung setzte sich durch und bestimmte den Weg des Berliner »Herzl-Clubs« und der Klubs, die 1911 in Hamburg, 1912 in Halberstadt und 1913 in Breslau gegründet wurden.[121]
Der Stil der ersten »Herzl-Clubs« war indes noch weit von dem Ideal der bundesbrüderlichen Disziplin entfernt, wie folgende Annonce illustriert:

> »Berlin. Am Donnerstag den 25. Mai (1911), Himmelfahrtstag, veranstaltet der Herzl-Club, Vereinigung junger zionistischer Kaufleute und Handwerker, eine Tagespartie nach Biesenthal-Eberswalde-Messingwerk. An den Ausflug schließt sich im Garten des Buchheisterschen Lokales in Messingwerk eine öffentliche jüdische Versammlung an, zu der die zionistische Ortsgruppe Eberswalde-Messingwerk eingeladen ist. In der Versammlung wird Herr Dr. Heinrich Löwe, Berlin, über ›Jüdische Renaissance‹ sprechen. Junge Kaufleute und Handwerker, die sich an der Partie beteiligen wollen, erfahren alles Nähere durch den Schriftführer des Clubs Herrn Josef Rosenblüth.«[122]

Das war ein typischer Ausflug eines kleinbürgerlichen deutschen Vereins mit Zugabe einer zionistischen Propagandarede. Die »geistige Dürre« die in den Klubs herrschte, rief bei den Breslauern Kritik hervor. Sie forderten »seelische Intensivierung« und weniger Betonung ihres Deutschtums. Denn selbst wenn man keinen gemeinsamen Nenner für die Mitglieder der »Herzl-Clubs« ermitteln konnte, eins stand fest: ihre Denkart war hundertprozentig deutsch und zwar »idealistisch-deutsch«. Erst durch Kontakte mit Ostjuden im Weltkrieg

---

119 ebd. S. 9f.
120 Herzl-Bund Blätter Nr. 41–42, März-Heft 1919, S. 662ff.
121 Chronik des Herzl-Bundes, a.a.O., S. 12–29, 250f. 1913 wurde in Berlin ein zweiter Klub gegründet.
122 »Vereinsschau«, JR Nr. 20, 19. 5. 1911, S. 229.

geriet die Überzeugung bei manchen ins Wanken, daß »nur am deutschen Wesen das Judentum genesen kann«.[123]

Die ZVfD war im Rahmen der Jugendpolitik, die auf dem Posener Delegiertentag beschlossen worden war, an der inneren Entwicklung des »Herzl-Bundes« interessiert. Als im November 1912 im Zentralkomitee Fragen der Jugendpolitik besprochen wurden, berichtete Hantke über »ein heimliches Kartell« der »Herzl-Clubs«; es habe dadurch eine interessante Entwicklung begonnen. Auch werde dort »systematischer Fuxenunterricht« erteilt. Aus dem Bericht war zu entnehmen, die ZVfD habe endlich einen Zugang zur arbeitenden Jugend gefunden. Hantke beantragte die Erweiterung der Jugendarbeit auf die »Herzl-Clubs«.[124]

Unklar bleibt die »heimliche« Bildung des Kartells der »Herzl-Clubs«. Formell wurde es von sechs Delegierten aus drei Klubs gebildet, die am 26. Dezember 1912 in Halberstadt zum »1. außerordentlichen Bundestag des Herzl-Bundes« zusammentrafen. Der Bundestag beschloß die Errichtung des »Herzl-Bund« als Dachorganisation der »Herzl-Clubs«. Seine Statuten und die Präsidiumsbeschlüsse sollten in allen allgemeinen Angelegenheiten verpflichten. Die Gründer des »Herzl-Bundes« begrenzten ihren Tätigkeitsbereich ausdrücklich auf junge Kaufleute, Handlungsgehilfen, Angestellte und Handwerker. Einstimmig beschlossen sie, keine Akademiker aufzunehmen.[125]

Mit der Ausarbeitung des Arbeitsprogrammes und der Bestimmung der Beziehungen zu den nationaljüdischen und zionistischen Organisationen wurde der »1. ordentliche Bundestag des Herzl-Bundes« beauftragt.[126] Der Bundestag wurde am 25. Dezember 1913 im Berliner »Herzl-Club« durch Hantke und Schmarjahu Lewin eröffnet. Sie betonten die Wichtigkeit des Bundes für die zionistische Bewegung. Aus dem Tätigkeitsbericht des Präsidiums für das Jahr 1913 ergibt sich, daß in vielen Städten die Gründungsbemühungen von »Herzl-Clubs« fehlschlugen und diese nur in Hannover, Breslau und Köln erfolgreich waren. Der Vorsitzende Max Sternberg sah im Anstieg der Mitgliederzahl von 72 auf 134 den wichtigsten Erfolg.[127]

---

123 Siehe Referat von Josef Rosenblüth über die Arbeit des Herzl-Bundes in den Jahren 1912–1920, das er auf einem Treffen der Bundesbrüder 1953 in Beith-Jizchak (Israel) hielt. Auszüge des Referates sind wiedergegeben in: Walter Goldstein, Chronik des Herzl-Bundes, a.a.O., S. 224f.

124 Protokoll der ersten Plenarsitzung des Zentralkomitees (der ZVfD) vom 3. November 1912, a.a.O., S. IX.

125 Protokoll des 1. außerordentlichen Bundestages des Herzl-Bundes, Herzl-Bund Blätter Nr. 1, Februar 1913, S. 1–4.

126 Aufruf an die Mitglieder des Herzl-Bundes, Herzl-Bund Blätter Nr. 9–10, Oktober–November 1913, S. 61f.

127 Walter Goldstein, Chronik des Herzl-Bundes, a.a.O., S. 31. Eine Statistik des Jahres 1916 gibt Auskunft über die Mitgliederzahl des Herzl-Bundes in den verschiedenen Städten: Berlin ca. 70 Mitglieder, Breslau ca. 20, Hamburg ca. 15, Halberstadt ca. 10, Köln ca. 10. 92 Mitglieder waren beim Militär, ebd. S. 73.

Die Diskussion über den Weg des »Herzl-Bundes« wurde durch ein Referat Josef Rosenblüths über ein in Studentenverbindungen geläufiges Thema eröffnet: »Die Bundesbrüderlichkeit als Grundlage des ›Herzl-Bundes‹.«[128] Die zionistische Idee habe der in christlicher Umgebung aufgewachsenen, nicht nationaljüdisch bewußten Jugend einen neuen Lebensinhalt gegeben. Der Wunsch nach intimem Kontakt mit Gleichaltrigen habe die Jugend zur Korporationsbildung ohne Cliquengeist veranlaßt:

> »Wir können nicht unbedingte persönliche Freundschaft aller Bundesbrüder untereinander verlangen. Was aber Grundbedingung sein muß, das ist die Sicherheit, die jeder fühlen soll, daß er in dem Moment, wo er unserem Club angehört, nicht mehr allein steht..., daß wir uns zusammengeschlossen haben aus nationalem Gefühl, das letzten Endes wieder bedingt war durch den Wunsch, eine Persönlichkeit zu werden... Wir Jungen... suchen wieder den Menschen in uns.«

Das Ziel des »Herzl-Bundes« sei, den Zionisten und den Menschen auszubilden, daher müsse er in viel größerem Ausmaß als bisher ein »Erziehungsverein« sein. Auf Grund dieser Prinzipien schlug Rosenblüth drei Thesen vor:

> »1. Bundesbrüderlichkeit... ist die Grundlage, von der aus die Forderungen und die Ziele des ›Herzl-Clubs‹ zu betrachten sind.
> 2. Bundesbrüderlichkeit heißt: das unbedingte Verantwortungsgefühl des einen für den anderen.
> 3. Äußerste Vorsicht bei Neu-Aufnahmen. Der Aufzunehmende muß die menschliche Fähigkeit besitzen, den hohen Idealwert des Zionismus zu erfassen.«

In der anschließenden Diskussion sprachen die Redner gegen die korporative Tendenz, die eine Mauer zwischen der Korporation und dem jüdischen Volk aufrichte und nach innen durch »Cliquengeist« jeglichen Individualismus vernichte. Trotz dieser Kritik wurden die Thesen »ohne Einschränkung« mit 8 gegen 4 Stimmen angenommen.
Den beruflichen Fragen widmete die Tagung wenig Aufmerksamkeit, obwohl ein Teil der Mitglieder die Ansicht vertrat, diese sollte eine wesentlichere Rolle in der Bundesaktivität spielen.[129] Im Bericht des Präsidiums hieß es kurz: »Die Stellenvermittlung hatte zwar einige Erfolge aufzuweisen, befindet sich aber

128 Das Präsidium des B.J.C. sah auch die Schattenseiten des »bundesbrüderlichen Bandes«: »Das bundesbrüderliche Band, das die Korporation um ihre Mitglieder schlingt, erweist sich auch bei uns Älteren noch so stark, daß es in der zionistischen Akademikerschaft zwei Heerlager schafft und die Entstehung einer einheitlichen zionistischen Gesellschaft hindert.« J.St. Nr. 2, 30. 5. 1914, S. 28. Siehe ferner: Joachim Doron, The Impact of German Ideologies on Central European Zionism 1885–1914, a.a.O., S. 381f.

129 Siehe: Walter Samuel, »Der Herzl-Bund. Eine programmatische Abhandlung über seine Ziele, seine Aufgaben und seine Arbeit«, Herzl-Bund Blätter Nr. 41–42, März-Heft 1919, S. 647–692.

noch sehr im Anfangsstadium.« In diesem Zusammenhang sei die Resolution zur Schaffung einer Institution erwähnt, die »den Mitgliedern die Möglichkeit geben soll, sich über ihr berufliches Fortkommen zu informieren« und »Information über Erwerbs- und Ansiedlungsmöglichkeiten in Palästina zu veröffentlichen.«[130]

Außer dem Bestreben, sich aus einem Gefühl gesellschaftlicher Unterlegenheit als Organisation von Kaufleuten gegenüber den akademischen Eliteorganisationen zu behaupten, war wohl den Gründern des »Herzl-Bundes« ein besonderer Aufgabenbereich nicht ganz klar. In der Forderung nach Bundesbrüderlichkeit und stenger Disziplin ahmten sie die Studentenverbindungen nach, obwohl sie sich verständlicherweise studentische Zeremonien nicht aneignen konnten. Auch die Arbeitsprogramme der »Herzl-Clubs« in Hamburg und Halberstadt ähnelten denen des B. J. C., obwohl sie bei der Durchführung das Bildungsniveau der Mitglieder und deren freie Zeit berücksichtigen mußten. Die Klubs veranstalteten Herzlfeiern und Maccabäerfeste, beteiligten sich an der sportlichen Tätigkeit des »Bar-Kochba«, veranstalteten Kurse für jüdische Geschichte, Geschichte des Zionismus und Palästinakunde, vertrieben Schekalim und Propagandamaterial. In Hamburg wurde Hebräisch nur in geringem Umfang unterrichtet, im orthodoxen Halberstadt war Hebräisch mehr geläufig. Viele der »Herzl-Club«-Mitglieder litten unter ihrer geringen Allgemeinbildung: »Wann soll ich etwas für meine Bildung tun, wenn ich zwei bis drei Abende allein vom Klub in Anspruch genommen bin, der mir doch nur jüdisches Wissen übermittelt?«[131]

Der Halberstädter Klub kam diesem Bedürfnis entgegen. Er veranstaltete jeden Sabbat Literaturabende, an denen gemeinsam Ibsens »Brand«, Hebbels »Judith« und Hauptmanns »Vor Sonnenaufgang« gelesen wurde.[132] Was wäre die kaufmännische Jugend ohne die »Herzl-Clubs«?

> »... eine amorphe Gruppe von Lehrlingen, Handlungsgehilfen oder Konfektionären ... Die meisten Mitglieder des Bundes hausten in möblierten Zimmern für zwanzig oder fünfundzwanzig Mark, die Ausgabe von einer Mark für einen Galerieplatz im ›Deutschen Theater‹ war oft ein unlösbares Problem, eine Auslandsreise, ein Wunschtraum ...«[133]

Die Schaffung eines zionistischen erzieherischen Rahmens für arbeitende Jugend, wenn auch geringen Umfangs, war an sich eine Errungenschaft des »Herzl-Bundes«.

---

130 Protokoll des 1. ordentlichen Bundestages des »Herzl-Bundes«, 26. 12. 1912.

131 »Bildung«, Herzl-Bund Blätter Nr. 9–10, Oktober–November 1913, S. 62.

132 »Arbeitsberichte«, Herzl-Bund Blätter Nr. 14–15, Februar– März 1914, S. 91 ff. Vgl.: »Zur Systematik des Fuxenunterrichts. Berlin, Wintersemester 1911–12, Der Fuxenunterricht für 2. Semester, Berlin 1911–12, Der Fuxenunterricht für 1. und 2. Semester Straßburg«, J.St. Nr. 1, 22. 4. 1912, S. 6–11.

133 Isaak Feuerring, Jerusalem 1938, S. 18.

Es ist in dieser Arbeit nicht möglich, die Entwicklung des »Herzl-Bundes« im ersten Weltkrieg und die Ursachen seines Niederganges bis zu seiner Auflösung im Jahre 1928 zu verfolgen.[134] Doch selbst wenn wir uns auf die Zeit bis 1914 beschränken, waren seine Errungenschaften wesentlich von dem Ziel entfernt, das sich seine Gründer und die Leitung der ZVfD gesetzt hatten. In Wirklichkeit waren die Ziele der Gründer und die der ZVfD von Anfang an nicht identisch. Was die ZVfD dazu bewegte, den »Herzl-Bund« zu fördern, war ein möglicher Anschluß an die berufstätige Jugend, die außerhalb ihres Propagandabereichs geblieben war und durch die Beziehungen zu den Gewerkschaften der Assimilation und dem Einfluß der Sozialdemokratie ausgesetzt waren. Wenn es für ihre Integrierung in der zionistischen Bewegung notwendig war, auch für ihre beruflichen Bedürfnisse Sorge zu tragen, konnte dies als »Gegenwartsarbeit«, wie die Gemeindepolitk, angesehen werden. Nach dieser Auffassung hätte der »Herzl-Bund« jedem jungen Berufstätigen offenstehen sollen. Demgegenüber befürchteten die Gründer eine Politisierung, die infolge berufsständischer Kämpfe in den »Herzl-Bund« eindringen würde. Sie zogen es vor, ihn auf neutralen Boden zu stellen, um wirtschaftliche und politische Gegensätze zu vermeiden.[135] Da sie eine analoge Organisation zu den Studentenverbindungen anstrebten, öffneten sie die Klubs nur denjenigen, die die strengen Aufnahmebedingungen erfüllten. Auch das Regime der »unbedingten Unterordnung«, das die Furcht vor »Kadavergehorsam« erweckte, wirkte nicht besonders anziehend. Die strenge Disziplin war vielleicht bei Studenten angebracht, die über reichlich Freizeit verfügten, keine Unterhaltssorgen hatten und sich nur mit vereinten Kräften in einer gewalttätigen Umgebung behaupten

---

134 Siehe diesbezüglich: Walter Goldstein, Chronik des Herzl-Bundes, a.a.O., S. 136–178. Der Herzl-Club in Breslau wirkte bis 1933, ebd. S. 179–185.

135 Diese Gegensätze konnten auf lange Sicht nicht vertuscht werden. Im Jahre 1919, angesichts der neuen Realität in Europa und Palästina, schrieb ein aktives Mitglied des Herzl-Bundes, Erich Roth:

> »Unsere ganze Arbeit wird sich fortan auf Palästina konzentrieren. Ein gesundes, lebenskräftiges, für die Dauer gegründetes jüdisches Gemeinwesen in Palästina kann nur auf sozialistischer Grundlage errichtet werden. Das ist keine neue Forderung, nur die Fortsetzung alter zionistischer Tradition, die von Herzl über die Gründung des Nationalfonds und die Genossenschaftsbewegung zum Programm unserer heutigen nationalen Jugend führt ... Innerhalb der großen zionistischen Arbeit haben wir ein ganz besonderes Gebiet als unser Arbeitsbereich festgestellt und in Angriff genommen, das der organisatorisch-kaufmännischen Tätigkeit hier und in Palästina ...« E. R., »Zum 27. Februar 1919«, Herzl-Bund Blätter Nr. 41–42, März 1919, S. 543f.

Gegen diese gemäßigte Anschauung und radikalere stellten Walter Samuel und Isaak Feuerring einen »nüchternen Idealismus«, der alle konstruktiven Elemente zum Aufbau Erez Israels zusammenfassen wollte und gegen jede Betonung von Klassenunterschieden auftrat. Eine andere Gruppe unter der Führung von H. Margulies war für den Aufbau von Erez Israel durch Privatinitiative. Siehe: Rede Walter Samuels auf dem 2. Bundestag des Herzl-Bundes 1919. Walter Goldstein, Chronik des Herzl-Bundes, a.a.O., S. 133, S. 146–148.

konnten. Sie entsprach jedoch nicht den Lebensbedingungen eines Handlungsgehilfen oder Angestellten, der tagtäglich um seine Existenz zu kämpfen hatte. Diese traten den »Herzl-Clubs« bei, um in ihnen Gesellschaft, Kultur und Unterstützung in ihren beruflichen Problemen zu finden. Durch die Oktroyierung des Modells der Studentenverbindung auf einen Verband werktätiger Menschen verfehlte der »Herzl-Bund« sein ursprüngliches Ziel: »praktische, im Leben stehende Menschen zu schaffen«. Eher blieb er »ein Kränzchen schöner Seelen«, der keine wesentliche Aufgabe im deutschen Zionismus erfüllte.[136]

Eine zionistische Jugendbewegung

Das Außergewöhnliche der »Posener Resolution« und die durch sie ausgelöste Auseinandersetzung überschattete die Beschlüsse des Delegiertentages über Jugenderziehung, die prinzipiell und operativ nicht minder wichtig waren. Auf Vorschlag des radikalen Flügels wurde beschlossen, zukünftig Jugendgruppen mit betont zionistischer Tendenz zu organisieren. Dies sei der rechte Weg »für die Verbreitung der zionistischen Idee unter der jüdischen Jugend zur Arbeit innerhalb der Partei«. Gleichzeitig aber verzichtete die ZVfD nicht auf die agitatorische Tätigkeit in den »neutralen« Jugendverbänden. Der Beschluß unterstrich, daß die Mitgliedschaft in zionistischen Jugendgruppen in keiner Weise die Mitarbeit von Zionisten in den »neutralen« Jugendorganisationen berühre.[137] Es verwundert, daß im Geschäftsführenden Ausschuß oder auf dem Delegiertentag kein Einspruch gegen die moralisch anfechtbare Taktik erhoben wurde, einerseits in Organisationen mitzuarbeiten, gleichzeitig aber ihre Existenz zu untergraben. Nur Bodenheimer, der sich nicht am Posener Delegiertentag beteiligte, verurteilte diese Praxis aufs schärfste.

> »Der ganzen auf Grund der Posener Beschlüsse von Seiten der zionistischen Mitglieder für ihr Verhalten im neutralen Jugendbund ausgegebenen Parole fehlt jede innere Berechtigung. Wenn man öffentlich proklamiert, in einen Verein nur deshalb als Mitglied einzutreten, um die Arbeit dieses Vereins zu bekämpfen, jedenfalls eine passive Resistenz zu leisten, so ist dies weder politisch noch taktvoll und man kann nicht darauf rechnen, unter solchen Umständen mit Wohlwollen behandelt und freudig begrüßt zu werden.«[138]

---

136 Im Jahre 1919 zählte der »Herzl-Bund« 220 Mitglieder und bis zu seiner Auflösung stieg die Zahl nicht wesentlich, ebd. S. 49.

137 Die Anträge des Geschäftsführenden Ausschusses wurden vom Delegiertentag angenommen. Protokoll der 13. Sitzung des Geschäftsführenden Ausschusses, 27. 4. 1912, CZA Z3/796; »Zusammenstellung der Anträge die vom 13. Delegiertentag zum Beschluß erhoben wurden. G. Jugenderziehung.« JR Nr. 24, 14. 6. 1912, S. 222.

138 Bodenheimer an Zionistische Vereinigung für Deutschland, z. H. des Herrn Rechtsanwalt Dr. Hantke, 24. 5. 1913, CZA A15/I/8e.

Der Delegiertentag bestätigte die neue Jugendpolitik, obwohl es klar war, daß sich dadurch die Spannung in den »neutralen« Jugendbünden verschärfen und die Beziehungen zum »Zentralverein« verschlechtern würden. Die »Kommission für Jugendpropaganda«, an deren Spitze Felix Rosenblüth stand, ging ohne Verzug an die Durchführung. Sie kooptierte zu diesem Zweck Siegfried Moses, der Organisationstalent in den Studentenverbindungen bewiesen hatte, und begann eine Propagandakampagne, um noch im selben Jahr zionistische Jugendgruppen zu gründen. Einen Monat nach dem Posener Delegiertentag konnte Hantke dem neuen Geschäftsführenden Ausschuß über die ersten »Schülerwandervereine« in Breslau berichten, die dort der Referendar Josef Marcus gründete.[139] Auf Anregung von Rosenblüth hatte sich ferner ein »Führerverband« gebildet, an dessen Spitze zwei junge Ärzte, Dr. Adalbert Sachs und Dr. Weissenberg, standen. Sie gründeten den »Jüdischen Wanderbund Blau-Weiß« nach dem Vorbild des »Wandervogels«.[140] Rosenblüths Initiative wurde nicht von einem besonderen Bedürfnis der jüdischen Jugend oder dem antisemitischen Druck in Gruppen des »Wandervogels« ausgelöst. Zu dieser Zeit war die Mitgliedschaft jüdischer Jungen und Mädchen – unter ihnen Zionisten, die im »Wandervogel« sogar führend wirkten – noch nicht in Frage gestellt.[141] Der Anstoß ging von den jungen ZVfD-Führern aus und war eine Folge der neuen Linie, das Schwergewicht der Agitation auf die Jugend zu verlagern. Darüber berichtet Felix Rosenblüth:

»Meine Idee war folgende: Ich sah, daß die zionistische Bewegung in Deutschland nur sehr langsam vorwärts kam. Deswegen hatten ich und andere die Idee, daß man vielleicht doch nicht warten muß bis zum Abiturium, bis man anfängt, die Jugendlichen zu indoktrinieren mit zionistischen Vorstellungen. Man mußte vielleicht früher anfangen, schon mit 13–14jährigen, die noch Schüler sind, und zwar sogar ohne eine wirklich sehr intensive zionistische Indoktrinierung. Die schöne Vorstellung war, Kinder der Großstädte mit der Natur in Verbindung zu bringen, in die Natur raus. Ein natürlich empfindender Mensch muß sowieso zum Zionismus kommen,

---

139 Dieser Verein wurde schon einen Monat vor dem Posener Delegiertentag gegründet und führte den Namen »Wanderverein 1907«. Später nannte er sich »Jüdischer Wanderbund Blau-Weiß«. Aus einem Werbeblatt, das 1913 unter Schülern verbreitet wurde, geht hervor, daß der Bund Schüler von acht Jahren an »keilte«. Eine Fotokopie dieses Werbeblattes befindet sich in einem Aufsatz über die Geschichte des »Blau-Weiß«: Hans Tramer, »Jüdischer Wanderbund Blau-Weiß. Ein Beitrag zu seiner früheren Geschichte«, BLBI, 5. Jg. 1962, Nr. 17, S. 24. Über die Geschichte des »Blau-Weiß« siehe ferner: Chaim Schatzker, Die jüdische Jugendbewegung in Deutschland in den Jahren 1900–1933 (hebr.), Diss. Hebrew University Jerusalem 1969, S. 83–161, S. 199–258.

140 Protokoll der 1. Sitzung des Geschäftsführenden Ausschusses, 20. 6. 1912, CZA A15/VII/25. Sachs und Weißenberg waren früher Mitglieder des liberalen »Convent-Cartells« und wie es sich für »Konvertiten« gehört, wurden sie radikale Zionisten.

141 Felix Rosenblüth, »Demaskierung im deutschen Wandervogel«, JR Nr. 43, 22. 10. 1913, S. 457–458.

das war eine These, die ich besonders leidenschaftlich vertreten habe. Es genügt dann, die Kinder in Verbindung zu bringen mit einigen zionistischen Symbolen, die nicht so betont waren. Man hat so einige Lieder gesungen: ›Wohlan, laßt das Sinnen und Sorgen...‹, und erzählte ihnen etwas von Chanukka und den Maccabaeern usw., und dann ergibt sich alles weitere von selbst. Wenn man die Sache überhaupt vergleichen will mit einer deutschen Jugendbewegung, dann mit dem ›Wandervogel‹... Im Jahre 1912, als ich den ›Blau-Weiß‹ gründete, war ich 25 Jahre alt. Das war für Wandervogelbegriffe schon ziemlich alt. Ich habe auch noch (Wanderer) – wie man das nannte – ›geführt‹, aber selten. Da ich das Assessorexamen hatte, hatte ich auch nicht so viel Zeit. Aber ich war sehr ergriffen von der ganzen Sache, weil auch der Erfolg ganz überraschend war. Es strömten von allen Seiten Kinder zu. Was wir befürchteten war, die Eltern würden Widerstand leisten, wie sie Widerstand geleistet hatten gerade gegen das zionistische Bekenntnis ihrer schon reiferen Söhne, vier oder fünf oder zehn Jahre früher... Der Widerstand der Eltern, an den wir gedacht hatten, den gab es nicht, im Grunde, jedenfalls, sehr wenig... Es gab eine ausgesprochene antisemitische Wendung um diese Zeit im ›Wandervogel‹, was wir zum Beispiel gar nicht wußten, als wir den ›Blau-Weiß‹ gründeten, aber schon sehr bald hörten von kleineren Orten.«[142]

Im Juli 1912 sandten der Oberlehrer Moses Calvary und der Referendar Josef Marcus »Leitsätze für die Begründung jüdischer Wandervereine der höheren Schüler (Wandervogel) im Anschluß an die Besprechung gelegentlich des Posener Delegiertentages« an die Vorstände der Ortsgruppen, um sie über die Gründung von »Blau-Weiß«-Gruppen zu instruieren. Die Vorstände wurden angewiesen, Jungen und Mädchen ab dem 10. Lebensjahr zu organisieren. »Die Jugend soll wandern, und wieder wandern, – das dient der Regeneration, – und sich nicht um Tendenzen den Kopf zerbrechen.«[143]
Die »Leitsätze« enthielten Information über die Bedingungen zur Gründung von Jugendgruppen[144], über die Fähigkeiten der Jugendführer[145] und die »äußere

142 Auf Tonband aufgenommenes Interview des Verfassers mit Pinchas Rosen (Felix Rosenblüth), a.a.O.

143 Oberlehrer Calvary, Referendar Marcus, Leitsätze für die Begründung jüdischer Wandervereine der höheren Schüler (Wandervogel) im Anschluß an die Besprechung anläßlich des Posener Delegiertentages, o.D. (Juli 1912), *Vertraulich!*, CZA A15/VII/25.

144 Es sollte die Bestätigung des Provinzialschulkollegiums eingeholt werden, wie es die »Paritätischen« Wandervereine taten, die sich zwar nicht als jüdisch bezeichneten, tatsächlich aber jüdisch waren. Die Verfasser der Leitsätze nahmen an, daß die Leiter der Schulen, an denen jüdische Schüler nicht am Wandern beteiligt wurden, sich nicht der Gründung von jüdischen Wandervereinen widersetzen würden, da sie verpflichtet waren, *alle* Schüler zur Naturliebe zu erziehen. In anderen Fällen sollte die Notwendigkeit jüdischer Wandervereine mit der Einhaltung der Sabbatruhe und der jüdischen Speisegesetze begründet werden.

145 Jugendführer müssen Schüler der obersten Gymnasialklassen, Studenten oder junge Kaufleute im Alter von 18–25 sein. Sie müssen verantwortlich, musikalisch und im Abkochen bewandert sein.

Organisation«[146]. Die Verfasser der »Leitsätze«, die im Sinne der Jugendpolitik der ZVfD wirkten, rieten zum Anschluß der Jugendgruppen des »Blau-Weiß« an die »Organisation der deutschen Bünde«. Sie warnten davor, daß Jugendgruppen, die sich nach den Anweisungen ihrer Eltern betätigten, antizionistisch werden könnten. Daher sollten im Aufsichtsrat der Eltern nur die Beitragzahlenden stimmberechtigt sein. Calvary und Marcus empfahlen den »Blau-Weiß«-Gruppen, sich nicht an allgemeinen Unternehmungen der »Jugendpflege Jung-Deutschlands« zu beteiligen. Dies wäre für sie nicht angebracht, nicht weil ihre Bestrebungen im Widerspruch zu deutsch-patriotischer Gesinnung ständen, sondern weil eine solche offizielle Beteiligung mißverstanden werden könnte und oft taktlos sei. Nur wenn ein jüdischer Wanderverein bei besonderen Anlässen, wie des Kaisers Geburtstag oder Sedan, zur Beteiligung aufgefordert wird, bleibe die Stellung dem Takt des Ortsgruppenleiters überlassen. Zur Aufsicht über die ersten organisatorischen und erzieherischen Schritte der neuen Jugendbewegung baten die Verfasser der »Leitsätze«, über alles auf dem laufenden gehalten zu werden.[147]

Das politische Interesse der ZVfD an einer eigenen Jugendbewegung geht klar aus dem Begleitschreiben Hantkes zu den »Leitsätzen« hervor. Hantke erklärte den Vorsitzenden der Ortsgruppen das Wesen der Jugendbewegung, die sich anfangs des Jahrhunderts an den höheren Schulen Deutschlands gebildet hatte. Angesichts des Erfolges der Jugendbewegung sei auch bei den Zionisten der Gedanke aufgetaucht, »diese modernen und außerordentlich zugkräftigen Bestrebungen« für ihre Zwecke nutzbar zu machen. Er wies darauf hin, daß die »Leitsätze« mit der Jugendpolitik des Posener Delegiertentages übereinstimmten und bat die Ortsgruppen, die Gründung jüdischer Schüler-Wandervereine in die Wege zu leiten.

> »Wenn wir den ›Wandervögeln‹ und ›Pfadfindern‹ unter der jüdischen Schuljugend erfolgreiche Konkurrenz machen wollen, so wird es erforderlich sein, daß auch wir in unseren Wandervereinen in Anlehnung an die Methoden der ›Wandervögel‹ oder der ›Pfadfinder‹ besondere Wanderformen bilden.«[148]

Auf Anweisung Hantkes sollten die Elternorganisationen, unter deren Aufsicht die Wandervereine standen, hauptsächlich aus Zionisten bestehen. Und

---

146 Formell trug der »Wander*verein*«, der sich aus Eltern und »Freunden« zusammensetzte, die Verantwortung für die Aktivitäten der Jugend. Die Schüler waren »Wander*vögel*«, wie es bei den deutschen Vereinen üblich war.

147 Die Leitsätze enthielten ferner Anweisungen, die das Wandern, Übernachten, Abkochen, die Einhaltung der jüdischen Speisegesetze, das Verbot von Rauchen und Alkoholgenuß und den Gebrauch von deutschen und jüdischen Liederbüchern betrafen.

148 Hantke bemerkte, daß die jüdischen Wandervereine zuerst »Wandervögel« genannt werden sollten. Nach weiterer Überlegung jedoch kam man davon ab, um ein zu auffälliges Nachahmen zu vermeiden.

da die Elternorganisation über die Besetzung der Führerstellen entschied, sollte keine Werbung um Nichtzionisten erfolgen. Antizionisten müßten ausgeschlossen sein.[149]

Die Jugenderziehung war eines der zentralen Probleme, die die deutschen Zionisten zwischen dem 13. und 14. Delegiertentag beschäftigte. Trotz der optimistischen Berichte über das Anwachsen ihrer Vereinigung zeichnete sich eine gewisse agitatorische Sättigung ab. Die Zahl der Zionisten in älteren Jahrgängen und bei den Studenten wuchs langsam. So setzte die ZVfD ihre Hoffnung auf die höhere Schuljugend und die Jugendlichen am Anfang ihrer beruflichen Karriere. Doch auf diesem Terrain waren die Zionisten nicht allein. Von der Welle der »Jugendbewegung«, die durch Deutschland[150] und auch durch die jüdische Gemeinschaft ging, profitierte nicht nur der »Blau-Weiß« in seinen Anfängen.

> »Nun hören wir allerorten schon seit geraumer Zeit das Wort von einer Bewegung der jüdischen Jugend. In kurzer Zeit schossen Vereine aus dem Erdreich heraus; es wurde und wird eifrig organisiert unter dem Zeichen dieses zugkräftigen Schlagwortes... Was gegenwärtig als Jugendbewegung bezeichnet wird, ist sicherlich nichts, was die gequälte jüdische Seele als erlösende Notwendigkeit ersehnt und gefordert hat. Nichts Umwälzendes, Beunruhigendes, irgendwie Erregendes ist im Werke... Nicht aus dem Bedürfnis der Jungen geboren, sondern von unseren Offiziellen als gradlinige Fortsetzung und Befestigung der bisherigen Erziehung gedacht, ist sie eine künstliche Schöpfung, die abseits von der gewaltigen jüdischen Zeitströmung vegetiert und darum zukunftlos ist.«[151]

Diese farblosen jüdischen Jugendvereine wurden unter anderem zur Schwächung der Zugkraft des Zionismus gegründet. Mit der Gründung des »Blau-Weiß« zog die ZVfD gegen Diskutiervereine zu Felde. Diese boten nach Ansicht der Zionisten ihren Mitgliedern eine Fülle nichtverpflichtender, entgegengesetzter Anschauungen. In einem Leitartikel kritisierte die »Jüdische Rundschau« diejenigen Zionisten, die die entartende Wirkung der unfruchtbaren Diskussionen nicht erkannten und ihre Kräfte in diesen Vereinen vergeudeten, anstatt den Willen ihrer Zöglinge zu beeinflussen und sie einem klaren Ziel zuzuführen:

> »Es bedarf kaum einer Erwähnung, daß es in der Frage unserer Volksexistenz eine Neutralität nicht geben kann und darf. Ein selbstbewußtes Volk

---

149 Zionistische Vereinigung für Deutschland, Der Geschäftsführende Ausschuß des Zentralkomitees (gez. Hantke), 19. 7. 1912, CZA A15/VI/7.

150 Rosenblüth betont das schnelle Anwachsen des »Wandervogels« von 150 Mitgliedern im Jahre 1902 auf 40000 im Jahre 1913. Felix Rosenblüth, »Demaskierung im Wandervogel«, a.a.O., S. 457.

151 »Neutralität«, JR Nr. 39, 25. 9. 1912, S. 369, Leitartikel.

gibt in dieser Frage dem Individuum nicht einmal das Recht der Stellungnahme, sondern verlangt mit unbedingtem Recht volkserhaltende Tätigkeit.«[152]

In dieser Richtung wirkte die »Blau-Weiß«-Führung. Sie strebte nicht nur neue Ideen, sondern auch einen neuen Lebensstil an, obwohl hier noch manches unklar war. Formell hatte der Bund weder politische noch religiöse Ziele. Durch innere Disziplin und Treue zu seinen Grundsätzen wollte er »einen Nachwuchs schaffen für die Arbeit zur Verwirklichung unserer Idee«.[153]
Anfänglich kam die politische Erziehung kaum zum Vorschein. Ein »Werbeblatt«, das Dr. Adalbert Sachs an die jüdischen Schüler und Schülerinnen in Berlin richtete, sprach von dem Bestreben des »Blau-Weiß«, »Geist und Körper zu stählen und ein gesundes Geschlecht heranzubilden«. In Halbtags-, Tages- und mehrtägigen Fahrten wollte er die Schüler »mit der Natur und der Heimat vertraut machen und in ihnen den Geist echter Kameradschaft erwecken«. Das Vorherrschende war die Romantik des Wanderns:

> »Wir wandern in kleinen Trupps allsonntäglich in Wandertracht mit Mandolinen und Guitarren in die Mark hinaus und führen auf diesen Fahrten ein echtes Wanderleben. Wir kochen gemeinsam ab; daran schließt sich die ›große Rast‹, die auch die Zeit für Spiele und andere Unterhaltung ist. Wir verschmähen es, in Gasthäusern einzukehren und halten uns vom Alkohol- und Nikotingenuß vollständig fern. In der Woche pflegen wir den Wandergeist auf unseren Heim- und Singabenden, die unsere Führer veranstalten und die meist in unserem eigenen Wanderheim stattfinden.«[154]

Die Gründer des »Blau-Weiß« entlehnten dem »Wandervogel« Formen der Organisation, die Liebe zur Natur und Sitten des Fahrten- und Gemeinschaftslebens. Das erste, von Felix Rosenblüth edierte Führungsblatt des »Blau-Weiß« legte den Fahrtenführern insbesondere ans Herz, bei ihren Zöglingen das Gefühl für die Natur zu erwecken. In dem Interview mit dem Verfasser hob Rosenblüth stolz seinen Anteil an der Entwicklung der Naturliebe in der jüdischen Jugendbewegung hervor und zitierte folgende Sätze aus dem Führungsblatt: »Man scheue sich auch nicht vor der Wiederholung der gleichen Wanderfahrt. Erst wenn der Wanderer seine Lieblingsplätze im Wald kennt, beginnt sein Naturgefühl zu erwachen.«
Äußerungen dieser Art waren für jüdische Studenten nicht charakteristisch. Rosenblüth schrieb sie der Nähe zur Natur zu, die er in seiner Kindheit in Messingwerk bei Eberswalde, inmitten der Seen und Wälder der Mark Bran-

152 ebd.
153 ebd.
154 Jüdischer Wanderbund »Blau-Weiß«-Berlin, Dr. Adalbert Sachs, Werbeblatt, o.D., CZA A142/29.

denburg genossen hatte.[155] Doch die ersten Jugendführer des »Blau-Weiß« kamen aus Verbindungen bürgerlicher Mentalität und waren den Begriffen der deutschen Jugendbewegung zumeist fremd. Sie eigneten sich deren Umgangsformen als didaktisches Mittel an, dachten aber nicht an eine »Rebellion der Jugend«. Von dieser Einstellung zeugt Karl Glaser, einer der einflußreichsten Führer des »Blau-Weiß« in den formativen Jahren. Fünf Jahre hatte er dem »Wandervogel« angehört und war zum »Jugendführer« avanciert. Glaser behauptete, die Gründer des »Blau-Weiß« hätten den von ihnen imitierten »Wandervogel« total mißverstanden. »Wie der Tor im Märchen drehten sie ahnungslos den magischen Ring, der die Kraft hatte Dämonen zu entfesseln, die den echten Bewegungen innewohnen.«[156]
Den ersten Jugendführern fehlten wahrscheinlich erzieherische und technische Fähigkeiten, die nach Calvary und Marcus zum Idealtyp des Führers gehörten. Da sie aber vom B.J.C. und K.Z.V. entsandt waren – und neben der Führung im »Blau-Weiß« auch für ihre Verbindungen warben – waren sie sowohl dem Bund wie ihren Verbindungen gegenüber für ihre Aufgabe verantwortlich, und glichen dadurch andere Schwächen aus. Gerhard Holdheim kannte sie persönlich. Er war der Ansicht, es wären wohl die besten, die unter den gegebenen Umständen gefunden werden konnten.[157]
In den ersten Jahren konzentrierte sich der »Blau-Weiß« auf Werbe- und Organisationsarbeit und versuchte dem »bündischen« Leben jüdische Inhalte zu geben. Chanukka 1913 luden die »Blau-Weiß-Blätter« zu einer Feier auf den Krähenbergen bei Caputh (Mark Brandenburg):

> »... Und wie unsere Ahnen an jedem Neumond (1. Theweth) Feuer auf den Bergen des Heiligen Landes anzündeten, so wollen wir acht Holzstöße in Flammen aufgehen lassen, ein Neumondfeuer und eine achtarmige Menora, ein Siegesfeuer zur Erinnerung an die herrlichen Schlachten des Makkabäerkrieges. Dann werden wir unsere Feuer umringen, werden mit hohem Stolz und mit leiser Hoffnung der Zeiten gedenken, da eine jüdische Jugend für die Freiheit ihres Landes und ihres Volkes zu sterben wußte und wollen unser altes schönes Chanukka-Lied singen: Moaus zur jeschuossi.«

Für diese Zeremonie hatte der »Blau-Weiß« denselben Platz gewählt, an dem der »Wandervogel« schon seit Jahren die Wintersonnenwende feierte. Dort pflegten die »jungen Germanen« wie zur Zeit Hermanns des Cheruskers um den lodernden Scheiterhaufen zu stehen. Und jetzt standen da die »jungen Juden« und feierten das Fest der Maccabäer, das Fest der jüdischen Helden.

---

155 Auf Tonband aufgenommenes Interview des Verfassers mit Pinchas Rosen (Felix Rosenblüth), a.a.O.
156 Gerhard Holdheim, Geschichte des K.J.V., a.a.O., S. 40f. Holdheim befaßt sich hauptsächlich mit der ideologischen Entwicklung des »Blau-Weiß«, den persönlichen Kämpfen und den Ursachen des Fehlschlags der Bewegung.
157 ebd. S. 45.

»Acht Stöße mit Pech getränkt bildeten eine riesige Menora. Ringsum standen die Blau-Weißen und hinter ihnen die Bewohner der umliegenden Dörfer und lauschten dem Singen der jüdischen Hymne.«[158]

Durch Feiern dieser Art dachten die Führer, die Jugend dem jüdischen Volk und seinen Festen und vor allem dem Leben der Pioniere in Erez Israel näherzubringen. Sie hofften auf diese Weise, die gefühlsmäßige Grundlage für die jüdische Solidarität zu legen, die sich in späteren Stadien beweisen würde. Vorläufig zogen die Führer weder »politische Folgen aus jüdischen Tatsachen«, noch warben sie für den Zionismus im Sinne der Zionistischen Organisation, da dies im Widerspruch zu den Statuten stand.

Eine kleine Gruppe jüdischer Jugendlicher, die sich »Jung-Juda« nannte, trat entschieden gegen die Nachahmung teutonischer Sitten im »Blau-Weiß« und den Mangel an jüdischer Erziehung auf. »Jung-Juda« zählte einige Dutzend Berliner Gymnasiasten der Oberklassen, die regelmäßig zu Aussprachen und Vorträgen, vorwiegend über jüdische Themen, zusammentrafen. Die Redner in diesem Kreise waren zionistische Studenten, die »Jung-Juda« als Nachwuchs ihrer Verbindungen betrachteten. Im Gegensatz zum »Blau-Weiß« forderte diese Gruppe, die Erziehung zu jüdischer Identität in den Mittelpunkt ihrer zionistischen Arbeit zu stellen. Das Organ »Die blau-weiße Brille« beschuldigte die zionistische Bewegung, daß sie vielleicht deutsch, französisch oder brasilianisch – aber nicht jüdisch sei. Besonders scharf zog der Redakteur Gerhard (später: Gerschom) Scholem in kerniger Gymnasiastensprache gegen den »Blau-Weiß« zu Felde:

> »Hört man so: Jüdische-Jugend-Bewegung usw. usw. so könnte man beinahe denken, da knatterts, stürmts, da werden Feuerwerke abgebrannt, da räucherts aus, da jagt man die Schächer zum Tempel hinaus. Jawohl! Kuchen, liebes Kind! Aber keine jüdische Jugendbewegung . . . Wir haben keine jüdische Jugendbewegung, sondern eine Bewegungslosigkeit. Drei Worte, fehlte immer mindestens eins:
>
> Jüdische Bewegung ohne Jugend,
> Jüdische Jugend ohne Bewegung,
> Jugend Bewegung ohne Judentum.
>
> . . . Da habt Ihr das Programm, Ihr lahmen Bellhunde: Auf zum Judentum, zur Jugend, zur Bewegung! (Echo der vier Wände: Bee-wee-gung . . .)«[159]

---

[158] Blau-Weiß Blätter Jg. 1, Nr. 9, Dezember 1913, S. 3. Die Zeremonie wurde auf demselben Berg abgehalten, auf dem der »Wandervogel« die heidnischen Wintersonnenwendfeste feierte. Holdheim, Geschichte des K.J.V., a.a.O., S. 47.

[159] G. S. (Gerhard Scholem), »Jugendbewegung«, Die blauweiße Brille, Nr. 1, im Ab 5675 (1914). Herausgegeben von Erich Brauer und Gerhard Scholem. Über »Jung-Juda« vgl. Gerhard Scholem, Von Berlin nach Jerusalem, Jugenderinnerungen, Frankfurt/M. 1977, S. 59–63; Auf Tonband aufgenommenes Interview des Verfassers mit Prof. Gerschom Scholem am 4. 1. 1980.

Einen ernsteren Ausdruck fand die Kritik Scholems am »Blau-Weiß« in einem Aufsatz in der von Martin Buber herausgegebenen Zeitschrift »Der Jude«. Seine Kritik wandte sich gegen diejenigen, die zu Unrecht den Namen der jüdischen Jugendbewegung tragen:

»Eines ist immer dagewesen – das soll nicht vergessen werden – und auch heute wieder da: Sehnsucht. Aber es kann nicht genug betont werden: man baut keine Häuser aus Sehnsucht, eine Bewegung kann sich nicht darauf gründen, daß man immer und immer wieder von der Sehnsucht redet, daß sie Inhalt, Form und Äußerung der Bewegung ist. Wenn nicht Leben aus ihr gezeugt wird und sie Frucht trägt, daß aus wahrhafter jüdischer Sehnsucht eine wahrhafte Hingabe entspringt – ein Hinein- und Hinabsteigen in das Judentum, so ist sie dem ewigen Tode verfallen.«[160]

Ende 1913 war die Wendung zum Antisemitismus im »Wandervogel« offensichtlich. Hier trug der Antisemitismus keinen parteipolitischen Charakter, sondern tendierte in die »völkisch«-kulturelle Richtung. Obwohl der »Wandervogel« am Anfang seines Weges die ethischen, pädagogischen und künstlerischen Seiten des Wanderns hervorhob, betonte er jetzt das »deutsche« Jugendwandern. »Wandervogelgeist« entwickelte sich zu »echt deutschem«, völkischem Wandervogelgeist, der durch heidnisch-germanische Riten, Volkslieder und Volkstänze gepflegt wurde.
Großes Aufsehen in der Öffentlichkeit erregte der sogenannte »Fall Zittau«. Die »Wandervogel«-Gruppe dieser sächsischen Kleinstadt verweigerte die Aufnahme eines jüdischen Mädchens, obgleich es die Eintrittsprüfungen bestanden hatte. Die Erklärungen und Gegenerklärungen zeigten, wie tief antisemitische Gefühle in diese Bewegung eingedrungen waren. Den Höhepunkt jedoch erreichte die antisemitische Kampagne in einem Sonderheft der »Wandervogel-Führerzeitung«.[161] Im Vorwort erklärte der im »Wandervogel« einflußreiche Herausgeber F. W. Fulda, daß die Aufsätze dieses Heftes die Ansichten der Führerschaft getreu wiedergäben und somit klar und eindeutig die vorherrschende Meinung der gesamten Bewegung ausdrückten. In einem Stil, dessen sich der »Stürmer« nicht hätte schämen brauchen, identifizierten sich fast alle Verfasser mit dem Verhalten ihrer Kameraden in Zittau. In übertriebenen Verallgemeinerungen beschuldigten sie die Juden der Unehrlichkeit, der »Geringschätzung des Weibes«, des »geistig-sittlichen Nihilismus«, der verderblich auf die »artbewußten« und »artstolzen« Germanen wirke. Sie verdammten den »ständig wachsenden« jüdischen Einfluß, der aus »den niederen Instinkten« und »der sittlichen Verlotterung« geschäftlichen Vorteil ziehe. Was für Zittau recht sei, müsse für den ganzen »Wandervogel« gelten:

---

160 Gerhard Scholem, Jüdische Jugendbewegung, Der Jude, 1. Jg. 1916–1917, Berlin – Wien S. 822.
161 Wandervogel-Führerzeitung, Heft Nr. 11, Oktober 1913.

»Wir sind weder ein Ablagerungsplatz für alte Stiefel, die ehemals auf Plattbeinen gesessen haben und nach Knoblauch stinken, noch ist der Wandervogel ein Spekulationsobjekt für Judenunternehmungen...
Ich weiß, daß der Jude, wenn er merkt, daß er irgendwo nicht geduldet werden soll, in hellen Mengen seine Regimenter aufstellt, aber wir werden ihn durchfechten, den Kampf. Der Wandervogel ist deutsch und bleibt deutsch.«[162]

Sogar Zionisten, die vor dem Erstarken des Antisemitismus gewarnt hatten, waren von seiner Wucht und seinem Ausmaß überrascht. Letzten Endes jedoch bestätigten diese Vorfälle die zionistische These. Sie forderten dringend, die notwendigen Schlüsse zu ziehen.

»Denn nun gilt es dem deutschen Juden an diesem neuen Beispiel klar zu machen, daß es *von vornherein* ein – gewiß verständlicher – Fehler war, die Kinder in den Wandervogel zu schicken... Zwar schuf man den Jüdischen Wanderbund ›Blau-Weiß‹ nicht, weil der Wandervogel antisemitisch war, sondern eher, weil er nicht antisemitisch war, um das jüdische Gemeinschaftsbewußtsein in den Kindern frühzeitig zu erwecken und nicht in fremder Umgebung verkümmern zu lassen. Aber doch war es schon damals ein Argument für den jüdischen Wanderbund, daß die Kinder auch in einem offiziell neutralen Wandervogel Demütigungen ausgesetzt waren, die man gerade Jungen und Mädchen, die noch in der Entwicklung begriffen sind, am ehesten ersparen sollte. Jetzt aber ist es die höchste Zeit, an allen Orten den Jüdischen Wanderbund ›Blau-Weiß‹ zu begründen, eine Jugendgruppe, in der keine zionistische Propaganda getrieben werden darf, in der aber die Kinder zu Menschen erzogen werden sollen.«[163]

Trotz allem empfand der »Blau-Weiß« eine innere Verwandtschaft mit den Zielen der deutschen Jugendbewegung und begrüßte das Treffen der »Freideutschen Jugend« auf dem Hohen Meißner (Oktober 1913).[164]

---

162 Deutsch oder National, Beiträge des Wandervogels zur Rassenfrage, hrsg. von Friedrich Wilhelm Fulda unter Mitwirkung vieler Wandervögel, Leipzig 1914, S. 16. Dieser Brief an den Redakteur der Wandervogel-Führerzeitung, und andere Aufsätze, welche die Ereignisse in Zittau und die Stellung der Juden in der deutschen Gesellschaft vom antisemitischen Standpunkt behandelten, waren in dieser Broschüre gesammelt. Über den politischen Hintergrund des Antisemitismus in der deutschen Jugendbewegung siehe: Werner Jochmann, Struktur und Funktion des deutschen Antisemitismus, a.a.O., S. 427–431, 467–468; Über die Ursprünge des Antisemitismus in der deutschen Jugendbewegung, ihren Charakter und ihre Verbreitung siehe: Walter Laqueur, »The German Youth Movement and the ›Jewish Question‹«, LBIYB VI., 1961, S. 195–197. Der Autor stellt fest, daß 84% der »Wandervogel«gruppen den Arierparagraphen angenommen hatten und 92% »judenrein« waren. Das Zunehmen des Antisemitismus in der deutschen Jugendbewegung bewog schon 1909 den »Zentralverein« und die »Bnei-Brith« Loge, den jüdischen »Jugendverband« zu gründen. Siehe: Herbert Strauss, »The Jugendverband«, a.a.O., S. 210–214.

163 Felix Rosenblüth, »Demaskierung des Wandervogels«, a.a.O., S. 458. Hervorhebung im Original. Über die Abweisung jüdischer Jugendlicher als Grund ihres Eintritts in den »Blau-Weiß« schreibt: Hermann Meier-Cronemeier, »Jüdische Jugendbewegung« (Erster Teil), Germania Judaica, Neue Folge 27/28, VIII. Jg. Heft 1/2 1969, S. 18–25.

164 Walter Groß, »The Zionist Students Movement«, LBIYB IV., 1959, S. 151.

Ein Jahr intensiver Arbeit hatte den »Blau-Weiß« bündisch geformt. Aus den zufälligen sonntäglichen Wandergruppen hatten sich in fünf Städten fest organisierte »Züge« gebildet, die sich im März 1914 zum »Blau-Weiß, Bund für jüdisches Jungwandern in Deutschland« zusammenschlossen. Der Sitz der Führung war in Berlin und der »Oberführer« Marcus wurde beauftragt, die Geschlossenheit und Einheitlichkeit des Bundes vorwärtszubringen. Mit dem schnellen Anwachsen der »Züge« bildete sich eine neue Führerschicht, die zum Teil aus dem »Wandervogel« kam und von der deutschen Jugendbewegung den Begriff der »Jugendautonomie« und Neigungen gegen die Obrigkeit mitbrachten. Dies führte zur Einschränkung des Einflusses der ZVfD und später sogar zu Konflikten. Dieser Prozeß wurde durch den Ausbruch des Krieges beschleunigt, als die Führer-Gründer zum Militär eingezogen wurden.[165]
In diesem Zusammenhang kann dem weiteren Weg des »Blau-Weiß«, bis auf einige Wegmarken, nicht nachgegangen werden. Seine innere Entwicklung während des Krieges und den Nachkriegsjahren gab ihm den Charakter eines »Männerbundes«, nicht ohne erotische Symptome (die den Blüher'schen Theorien entlehnt waren), mit Neigungen zu Führerkult und Totalitarismus, die den Anschauungen der ZVfD entgegengesetzt waren.[166] Andererseits war die erste organisierte »Umschichtung« in landwirtschaftliche und handwerkliche Berufe ein »Blau-Weiß«-Verdienst.
Einige »Blau-Weiß«-Pioniergruppen wanderten nach Palästina aus. Doch es waren nur einige Dutzend seiner 3000 Mitglieder, die diesen Schritt unternahmen, was die Hoffnung nicht rechtfertigte, daß er Träger der zionistischen Verwirklichung werden könnte. Die Absonderung der »Blau-Weiß«-Pioniere von der zionistischen Bewegung in Deutschland einerseits, und von den palästinensischen Juden anderseits, sowie schwere innere Konflikte, führten schließlich zum Fehlschlag einer eigenen Siedlungsgründung.
Angesichts dieser Entwicklung sah sich die Leitung der Zionistischen Vereinigung in Deutschland gezwungen, die Erziehungstendenzen des »Blau-Weiß« und den Einfluß seines dominanten Führers Walter Moses einer scharfen Kritik zu unterziehen:

> »Es ist ein Verdienst von Walter Moses, der auf so traurige Abwege geraten ist, den Chaluzgedanken in die deutsch-zionistische Jugend geworfen und realisiert zu haben. Aber ... eine Erziehung auf Palästina ohne das Fundament einer umfassenden zionistischen Gesinnung kann auf die Dauer nicht aufrecht erhalten werden und muß zu einem leeren Drill herabsinken ...

---

165 Blau-Weiß Blätter, Neue Folge, Jg. 2, November 1925, Heft 3, S. 8ff.; Holdheim, Geschichte des K.J.V., a.a.O., S. 62.

166 Holdheim, Geschichte des K.J.V., a.a.O., S. 52–62. Siehe ebenfalls: Hans Blüher, Die deutsche Wandervogelbewegung als erotisches Phänomen, ein Beitrag zur Erkenntnis der sexuellen Inversion, 4. Aufl., Prien 1920; A. Kutzinsky, Die Lehren Blühers, Der Jüdische Wille, 2. Jg., Heft 1, April–Mai 1919, S. 33–40.

Man kann junge Leute nach der dort geübten Methode wohl einige Jahre unter dem Druck des Bundes halten, bis der Gegendruck der erwachenden Selbstständigkeit eintritt. Dieser Gegendruck muß das Gefäß sprengen, in dem der Homunkulus des spezifischen Bundes-Zionismus hergestellt worden ist.... Und die Zionistische Organisation muß dieses Glück im Winkel zerstören, weil die Jugend dort in Gefahr ist, verdorben zu werden.«[167]

Es soll hier nicht das Fazit aus dem Wirken des »Blau-Weiß« gezogen werden. Eines ist sicher: er ebnete neue Wege für die zionistische Jugendbewegungen, die sich nach seiner Auflösung (1925) bildeten und von seinen Erfahrungen und Fehlschlägen lernten. Mit Recht konnte diese Generation feststellen: »Für uns, für eine ganze Generation jüdischer Jugend aus Deutschland war der Blau-Weiß der große Erwecker, der große Erzieher und als solcher hat er seine große historische Aufgabe erfüllt.«[168]

---

167 »Jugendsünden«, JR Nr. 21, 13. 3. 1923, S. 123f. Der Artikel erschien ohne Unterschrift. Aus der Anmerkung der Redaktion ist zu entnehmen, daß er vor allem die Anschauung der Leitung der ZVfD ausdrückt. Zu den statistischen Daten: Nach Gerhard Holdheim, Walter Preuß, Die theoretischen Grundlagen des Zionismus, Berlin 1919, S. 74, zählte der »Blauweiß« ca. 3000 Mitglieder in 25 Städten. Die Historiker des »Blau-Weiß« machen keine Angaben über die Zahl der Auswanderer aus den Reihen des »Blau-Weiß« nach Palästina und die Zahl derer, die das Land wieder verließen. Eine kritische Abhandlung über den Weg des »Blau-Weiß« schreibt Holdheim, Geschichte des K.J.V., a.a.O., S. 128–134.

168 Dolf Michaelis, »Mein Blau-Weiß-Erlebnis«, BLBI, 5. Jg. 1962, S. 67; vgl.: Benno Cohn, »50 Jahre Blau-Weiß«, in: Meilensteine, a.a.O., S. 246–251.

3. Kapitel

Zionistische Gemeindepolitik

Herzl: »Eroberung der Gemeinden!«

Aktive Teilnahme an Gemeindeangelegenheiten war kein zionistisches Grundziel. Das Baseler Programm sprach zwar von »Stärkung des jüdischen Volksgefühls und Volksbewußtseins«, beabsichtigte aber nicht die Realisierung dieser Zielsetzung mittels bestehender jüdischer Organisationen. Dies entsprach auch der Einstellung der deutschen Zionisten. Zwei programmatische Vorträge auf der Gründungskonferenz der ZVfD behandelten eingehend Fragen der Jugenderziehung, der Wiederherstellung des jüdischen Familienlebens und der Pflege jüdischer Tradition. Keiner der Referenten dachte an die Lösung dieser Aufgaben durch die Gemeinden.[1] Es war klar, daß die Gemeindevorstände und die große Mehrzahl der Rabbiner sich nicht an der nationalen Lösung der Judenfrage beteiligen würden. Den ersten Beweis erbrachte der Wiener Oberrabbiner Moritz Güdemann, der sich vorsichtig von Herzl distanzierte und dann seinen Widerstand zum Zionismus in dem Büchlein »Nationaljudenthum« manifestierte.[2] Bei der bestehenden Gemeindestruktur, in der Rabbiner, religiöse und nichtreligiöse Funktionäre weitgehend von ihren »Brotgebern« abhängig waren, konnte Güdemanns Haltung kaum überraschen. Die Beschlüsse des Münchener Gemeindevorstandes gegen das Abhalten des ersten Zionistenkongresses in München, die Erklärung der »Protestrabbiner«, der Aufruf zum Boykott gegen die Zionisten und die antizionistische Resolution der Generalversammlung der Rabbiner Deutschlands (1898), mußte den zionistischen Führern verdeutlichen, daß ihre Gegner sich nicht mit passivem Widerstand begnügen würden.
Herzl beschloß, den Fehdehandschuh aufzunehmen. In einer Rede auf dem zweiten Zionistenkongreß leitete er eine politische Offensive ein, in der er zur »Eroberung der Gemeinden« rief, zu einem kompromißlosen Kampf gegen die Gemeindeoligarchen und die ihnen unterstellten Rabbiner.[3] Hier waren die Richtlinien zionistischer Gemeindepolitik:

> »Indessen kann eine Idee wie die unsrige nicht auf das Verständnis der bisherigen Cultusvorsteher und der Nützlichkeitserwägungen ihrer Seelsorger

---

1 Fabius Schach, »Von Theorie zur Praxis«; Dr. Schauer, »Agitationsplan«, Referate gehalten auf dem Delegiertentag deutscher Zionisten in Frankfurt/M. am 31. Oktober 1897, CZA A15/VII/34.

2 Güdemann, Nationaljudentum, a.a.O.

3 Saul Raphael Landau behauptet, daß er die Aufmerksamkeit Herzls auf die Wichtigkeit der Gemeinde gelenkt habe und auf die Notwendigkeit, dieser ihre zentrale Stellung im

angewiesen bleiben. Fast überall sind die breiten Schichten für uns. Diese bilden und erhalten die Gemeinden ... Es kann nicht länger so bleiben, daß in der jüdischen Cultusgemeinde gegen Zion agitiert wird. Es ist ein widersinniger, unmöglicher Zustand. Wir müssen ihm ein Ende bereiten. An allen Orten, wo der Vorstand nicht ohnehin schon zu den Unsrigen gehört, muß eine Wahlkampagne begonnen werden. Männer die würdig und fähig sind, solche Ehrenämter zu bekleiden, und die uns in der Gesinnung nahe stehen, müssen auf den Schild gehoben werden und in die Gemeindestube getragen werden, im Namen der nationalen Idee ... Darum glaube ich in Ihrem Sinne zu sprechen, geehrte Congreßmitglieder, wenn ich als eines unserer nächsten Ziele die Eroberung der Gemeinden hinstelle.
Es ist dies auch der loyale und legale Weg, den zionistischen Volkswillen in Erscheinung treten zu lassen, nicht nur in der jährlich einmaligen Beratung, sondern in einem Wirken aller Tage und gleichzeitig auf allen Punkten, wo Juden wohnen. Es genügt nicht, daß wir davon wissen, in welchem Umfang der zionistische Gedanke die Judenheit ergriffen hat; die Tatsache muß auch gezeigt werden. Der Wahlzettel ist dafür das geeignete, völlig einwandfreie Mittel.
Außerhalb des Judentums haben unsere Bestrebungen bereits viele wertvolle Sympathien und es regen sich nur Zweifel, ob denn wir Zionisten nicht ein vereinsamtes, wunderliches Häuflein seien, dessen Versicherungen und Absichten nicht ins Gewicht fallen können. Die Eroberung der Gemeinden wird beweisen, was wir vermögen.«[4]

Mehr als der Aufbau des religiösen und gesellschaftlichen Lebens der jüdischen Gemeinden unter zionistischer Leitung, interessierte Herzl die Neutralisierung gegnerischer Faktoren und die Schaffung einer öffentlichen Stütze der zionistischen Bewegung. Diese Unterstützung war für die Verwirklichung seiner politischen Ziele unentbehrlich. Den »zionistischen Volkswillen« wollte er in politische Macht umgestalten, um die herrschende Meinung zu widerlegen, die Zionisten seien ein »vereinsamtes, wunderliches Häuflein«.
Den ersten Versuch organisierter Teilnahme an Gemeindewahlen unternahmen die deutschen Zionisten 1900 in Köln, wohl unter dem Eindruck der zionistischen Erfolge bei den Wiener Gemeindewahlen.[5] Da sie kaum anneh-

3 (Fortsetzung)
jüdischen Leben wiederzuverschaffen. Er klagt, daß Leute um Herzl, Kellner, Schnierer und Kokesch die Veröffentlichung eines kritischen Artikels in der »Welt« über die Wiener Kultusgemeinde verhindern wollten. Der Artikel erschien jedoch mit Herzls Zustimmung in der vierten Nummer. Saul Raphael Landau, »Kahalwirtschaft«, Welt Nr. 4, 25. 6. 1897, S. 3f. Siehe ferner: Saul Raphael Landau, Sturm und Drang im Zionismus, Wien 1937, S. 86f. Vgl.: Herzl, Tagebücher Bd. I, a.a.O., S. 637.

4 Stenographisches Protokoll der Verhandlungen des II. Zionistenkongresses, a.a.O., S. 5f.

5 Über diese Wahlen siehe: »Die Wahlen in den österreichischen Kultusgemeinden«, Welt Nr. 46, 16. 11. 1900, S. 1–4; »Die Zionisten und die Wahlen in der Wiener Kultusgemeinde«, Welt Nr. 47, 23. 11. 1900, S. 1–3; »Nach der Wahl«, Welt Nr. 48, 30. 11. 1900, S. 1–2; »Die Wahlen in den Wiener Kultusvorstand. Die ersten Jüdisch-Nationalen im Wiener Kultusvorstande«, Welt Nr. 49, 7. 12. 1900, S. 2; Maccabi, »Ein Rückblick auf die Kultuswahlen in Wien«, ebd. S. 3f.

men konnten, daß 60 Zionisten eine 2500 Seelen zählende Gemeinde »erobern« würden[6], wandten sie sich an die konservative Partei, die sich über die neuen, jungen und aktiven Partner freute. So entstand die »Wahlvereinigung für die jüdischen Gemeindeinteressen«. Ein ausschlaggebender Faktor bei den Wahlen waren die Stimmen der Ostjuden fremder Staatsangehörigkeit, die immer deutlicher zu den Zionisten neigten. Man stellte den aus Litauen stammenden, fließend Jiddisch sprechenden David Wolffsohn neben dem »deutschen« van Cleef als Kandidaten auf. Am Wahlkampf, an dem das Prestige der zionistischen »Hauptstadt« Deutschlands auf dem Spiel stand, nahmen Bodenheimer und Klee als prominente Propagandaredner teil.
Die »Liberalen« zögerten nicht, sich zweifelhafter Mittel zu bedienen, um die Ostjuden vom Wählen abzuhalten. Ein Rundschreiben der Zionistischen Vereinigung in Köln an die Wähler gibt darüber Aufschluß.

»Zur Aufklärung!
An die jüdischen Wähler!

Welcher Wahlmanöver die Männer der ›Toleranz‹ und des ›Liberalismus‹ fähig sind, geht aus folgenden Tatsachen hervor, die wir nur zur allgemeinen Kenntnis zu bringen haben, um sie unschädlich zu machen.
Man schickt zu den hier ansässigen ausländischen Glaubensgenossen Leute *mit der Drohung, ihre Ausweisung herbeizuführen, falls sie von dem ihnen gesetzlich zustehenden Gemeindewahlrecht Gebrauch machen sollten.*
Einige der Führer dieser ›Liberalen‹ haben bereits eine Anzahl dieser unserer ärmsten Brüder der Polizei denunziert, um ihre Streichung aus den Wählerlisten herbeizuführen. Das nennen unsere Gegner Toleranz und Freiheit der Überzeugung! Wehe der jüdischen Gemeinde, die sich einer solchen Führung anvertrauen wollte.
Wehe aber auch denen, die herzlos ihre Stammesbrüder mit Weib und Kind dem Elend preisgeben wollen, weil sie nicht ihrer fragwürdigen Assimilation zu willen sind.
Wir wissen wohl, daß viele unserer Gegner mit diesen Vorgängen keineswegs einverstanden sind und sie mißbilligen. Warum protestieren sie nicht laut gegen solche Machenschaften? Warum geben sie solchen Elementen in ihrer Mitte Spielraum und lassen sie gewähren? Warum?
Mit blutendem Herzen müssen wir denen unserer Freunde, welche sich durch diese Drohungen in ihrer Existenz bedroht glauben, den Rat geben, der Wahlurne fern zu bleiben. Wir werden auch ohne sie den Sieg erringen können.

---

6 Die Liste des zionistischen Kongreßbüros von 1899 über die Wählerzahl zum Kongreß in Deutschland berichtet über 54 Wähler in Köln. CZA A15/VII/36. Ein Memorandum des Gemeindevorstandes in Köln an den Regierungspräsidenten berichtet, daß in der Gemeinde Köln 2500 steuerzahlende Juden ansässig waren. Vorstand der Synagogengemeinde Köln an Regierungspräsident, 28. 7. 1905, CZA W50.

Denen aber, die eine solche Taktik üben oder billigen, rufen wir zu:
Herunter mit Euerer Maske,
Ihr seid keine Reformer,
Ihr seid Denunzianten und Verräter!«[7]

Die Stimmen der Ostjuden entschieden das Resultat der Wahl in der »dritten Klasse«. Die vereinigte Liste der Konservativen und Zionisten erhielt 560 gegen 510 der »liberalen«. In die Repräsentantenversammlung der Gemeinde wurden zwei Zionisten und zwei Konservative gewählt. Zwei weitere Repräsentanten traten der Zionistischen Vereinigung bei. Die Kölner Zionisten hatten jetzt vier Stimmen in der Versammlung – ein unverhoffter Erfolg. Sie konnten sich mit Recht ihres Sieges freuen. Sie konnten »den Zweiflern an unserer Sache zeigen, daß der Zionismus neben seinen fernliegenden Zielen auch da einzutreten weiß, wo es sich um *gegenwärtige* Interessen des jüdischen Volkes handelt«.[8]

Durch den Erfolg ermutigt, gingen die Kölner Zionisten auch zu den Gemeindewahlen 1903 vereinigt in der Liste des »Jüdischen Volksvereins«. Diesmal standen die Wahlen im Zeichen des Vorschlages der »Liberalen«, eine Orgel in den Gottesdienst einer Synagoge einzuführen, was dem traditionellen Ritus zuwiderlief. Der »Volksverein« trat entschieden gegen diese Neuerung auf, wohl um die traditionellen Wähler auf seine Seite zu bringen. Ein Aufruf an die Wähler drückte Widerstand gegen Reformen aus, die dem Geiste des Judentums fremd und widersinnig seien und überdies auch die Indifferenten nicht in die Synagoge bringen würden. Dem Orgelplan stellte der »Volksverein« die Erweiterung des jüdischen Erziehungswesens und sozialer Institutionen gegenüber. Vor allem aber forderte er die Abschaffung des ungerechten Dreiklassenwahlrechts, zumal die wohlhabenden Wähler der ersten Klasse kaum mehr Interesse am Gemeindeleben bekundeten, als die Minderbegüterten der dritten.[9]

Am Tage vor den Wahlen versandten die »Liberalen« ein anonymes Rundschreiben an die Kölner Ostjuden. Hinter den wohlwollenden Worten des

7 »An die jüdischen Wähler«, Welt Nr. 52, 28. 12. 1900, S. 5. Hervorhebung im Original.

8 S. D., »Der Sieg der Kölner Zionisten«, Welt Nr. 52, 28. 12. 1900, S. 5f. Hervorhebung im Original. Die Wahlresultate stammen aus einem Brief von Bodenheimer an Adolf Friedemann. Bodenheimer an Adolf Friedemann, 19. 12. 1900, CZA A15/I/9. In Köln herrschte das Dreiklassenwahlrecht, und die Wähler der dritten Klasse waren vorwiegend Ostjuden. »Die Welt« berichtete nicht über die Wahlresultate in den anderen Klassen, doch anhand der Zahl der Mitglieder der Repräsentantenversammlung und der Resultate der Wahlen im Jahre 1903 ist mit Sicherheit anzunehmen, daß die Führung der Gemeinde in den Händen der Liberalen blieb. Welt Nr. 52, 25. 12. 1903, S. 11. Über das Dreiklassenwahlrecht siehe: J. Jastrow, Das Dreiklassenwahlrecht, Berlin 1894; H. v. Gerlach, Geschichte des preußischen Wahlrechts, Berlin 1908.

9 Flugblatt mit Unterschrift: Jüdischer Volksverein, Köln, 30. 11. 1903, CZA W45/I. Hervorhebung im Original.

Rundschreibens steckte eine unmißverständliche Drohung gegen diejenigen, die es »wagen« sollten, ihr Wahlrecht auszuüben:

»PP. Sowohl bei den Gegnern für die Einführung der Orgel in einer hiesigen Synagoge, als auch bei den Freunden für die Einführung derselben, befinden sich *Wohltäter und Freunde* der in Köln eingewanderten Juden. In deren Interesse liegt es aber, es mit keiner Partei zu verderben, weshalb wir denselben den guten Rat erteilen, sich bei der morgen stattfindenden Repräsentantenwahl *von keiner Seite* beeinflussen zu lassen, sondern *der Wahl fern zu bleiben.*
Die Wahl ist eine *öffentliche*, d.h. jeder Wähler hat laut und deutlich die Namen zu nennen, welche er wählen will. Daß dies nur nachteilig für denselben sein kann, wird jedem einleuchten.
Viele Wohltäter und Freunde der eingewanderten Juden.«[10]

Die Wirkung des Rundschreibens ist schwer einzuschätzen. Doch im Wahlgang der dritten Klasse wurden 90 Stimmen mehr für den »Volksverein« abgegeben als im Jahre 1900, 650 gegenüber 328 Stimmen der »Liberalen«. Die Stimmendifferenz zwischen den Parteien wuchs um 88%.[11] Nach diesem Erfolg wandte sich der »Volksverein« an die Wähler der ersten und der zweiten Klasse mit der Bitte, die Meinung der Mehrheit zu respektieren und nicht mit ihren wenigen Stimmen eine für traditionstreue Juden schwerwiegende Frage zu entscheiden.[12] Die Bitte wurde abgeschlagen. Im Wahlgang der ersten und zweiten Klasse siegten die »Liberalen« mit 90:55 und 20:13 Stimmen. Die Mehrheit der Kölner Juden konnte nur auf die Reform des Wahlrechts hoffen: »Die Gegner haben noch die Macht in der Gemeinde und wird die Assimilation ihre Triumphe feiern, bis wir sie samt des Dreiklassensystems hinauswerfen.«[13]
Die »Eroberung der Gemeinden« war ein integraler Teil der Politik Herzls zur Einflußnahme auf repräsentative allgemeinjüdische Organisationen. Als in Deutschland der Plan eines »Judentages« aufgeworfen wurde, forderte Herzl den ZVfD-Vorstand zur Teilnahme auf, »um unseren Standpunkt in würdiger, aber auch erfolgversprechender Weise zu vertreten«.[14] Und als die Berliner Zionisten zum ersten Mal eine eigene Liste zu den Gemeindewahlen aufstellten, wies Herzl darauf hin, daß »die Berliner Gemeindewahlbewegung von weit mehr als örtlichem Interesse ist, insbesondere aus dem Grunde, weil es

---

10 Brief an die jüdischen Einwanderer in Köln, o. D. (Dezember 1903), CZA W56/I. Hervorhebung im Original.

11 Aufruf des »Jüdischen Volksvereins« an die Wähler der ersten und zweiten Klasse in Köln, 15. 12. 1903, CZA W56/I.

12 ebd.

13 Welt Nr. 52, 25. 12. 1903, S. 11.

14 Herzl an Adolf Friedemann, 8. 10. 1900, CZA A8/66. Über den Anteil der deutschen Zionisten an der Initiative zur Einberufung eines »Judentages« siehe: Jacob Toury, »Der Plan des Judentages und die deutschen Zionisten« (hebr.), in: Hazionuth, Tel Aviv 1970, S. 9–56.

sich da um eine Gemeinde handelt, die auf die ICA statutenmäßig Einfluß nehmen kann«.[15] Er bat Adolf Friedemann, der sich aktiv am Wahlkampf beteiligte, diese Motivierung nicht zu betonen, »aber ich kann es Ihnen im Vertrauen sagen, daß die Sache von größter Bedeutung ist«. Auf keinen Fall solle er die Gelegenheit ungenutzt vorübergehen lassen und ihm über den Stand der Dinge berichten.[16]

Der Briefwechsel zwischen Herzl und Friedemann enthüllt Einzelheiten über die Erwägungen der Berliner Zionisten auf Grund gesetzlicher und öffentlicher Verhältnisse, die auch für andere Gemeinden in Deutschland galten. Ferner geht aus ihm hervor, daß kein zentrales Gremium über die Beteiligung der Zionisten an den Wahlen beschlossen hatte. Sie entsprang lokaler Initiative, die im Kampf um aktuelle Angelegenheiten ein Propagandamittel sah, das Zionisten nicht verpassen sollten.

Die Veröffentlichung des Wahlprogramms in der »Israelitischen Rundschau«[17] und die Wahlversammlungen sollten die Reaktion der »Liberalen« und Konservativen auf die zionistischen Forderungen prüfen. Von vornherein bestanden nur wenig Aussichten, daß eine selbständige zionistische Liste große Erfolge erzielen könne. Nur wenige Zionisten in Berlin hatten aktives Stimmrecht, das mit einer Erhebung von sechs Mark verbunden war. Darüber hinaus hatten nur Männer über 30 Jahre passives Wahlrecht. Da die Mehrzahl der Zionisten jünger waren, war es schwer, angesehene Kandidaten für das Repräsentantenkollegium zu finden. Ferner war zu befürchten, daß ein selbständiges Auftreten der Zionisten der konservativen Liste Abbruch tun könnte, wovon die »Liberalen« profitieren würden. So entstand der Plan eines Zusammengehens mit den Konservativen. Friedemann und Hantke, die mit ihnen verhandelten, stellten vier Forderungen: 1. die von den Zionisten unterstützten konservativen Kandidaten sollten sich verpflichten, den Zionismus unter keinem Vorwand zu bekämpfen, 2. sie sollten das zionistische Wahlprogramm annehmen, 3. sie sollten sich mit einer größeren Summe an den zionistischen Propagandakosten beteiligen und 4. mindestens einen zionistischen Kandidaten in ihre Liste einreihen.[18]

Die Annahme dieser Bedingungen schien im voraus sehr in Frage gestellt, zumal die geringe Zahl zionistischer Wähler bekannt war. Die Konservativen »schleppten« die Verhandlungen wochenlang hinaus, möglicherweise um die

---

15 Herzl an Bodenheimer, 3. 11. 1901, CZA A15/III/2. Laut des Testamentes von Baron Hirsch hatte jede der Gemeinden Berlin, Frankfurt/M. und Brüssel das Recht, einen Vertreter in den Vorstand des Patrimoniums der ICA zu entsenden. Encyclopaedia Hebraica, Vol. II, 1971, Jerusalem–Tel Aviv S. 201. Vgl.: Theodor Herzl, »Die Millionen der ICA«, Welt Nr. 13, 31. 3. 1899, S. 1–3.

16 Herzl an Friedemann, 3. 11. 1901, CZA A8/66.

17 IR Nr. 41, 18. 10. 1901.

18 Adolf Friedemann an Herzl, 6. 11. 1901, CZA H VIII/252.

Aufstellung einer zionistischen Liste infolge Zeitmangels in Frage zu stellen. Nach ihren Erwägungen würden die Zionisten auf keinen Fall für die »Liberalen« stimmen, da diese für Sonntagsgottesdienst eintraten und jede nationaljüdische Regung bekämpften. Sie würden es auch nicht wagen, eine eigene Liste aufzustellen. Somit bliebe ihnen wohl oder übel nichts anderes übrig, als für die Konservativen zu stimmen. Konzessionen seien daher überflüssig. Sie könnten sich damit begnügen, unverpflichtende Zusicherungen zu machen, wie: »kein Repräsentant würde sich weigern, gute Anregungen zu vertreten«, oder ihnen eine gewisse Geldunterstützung zuzusagen.
In dieser Situation beschlossen Hantke und Friedemann den Konservativen »den Spaß gründlich zu verderben« und sich den Wählern trotz allem mit einer selbständigen Liste zu stellen. Sie fanden im Direktor der »Victoria-Aktiengesellschaft« S. J. Leszynsky, einem früheren Kandidaten des »Zentralvereins«, einen geeigneten Kandidaten. Inzwischen hatte sich Leszynsky zum Zionisten »recht scharfer Observanz« entwickelt. Er nahm das Angebot der Zionisten gern an und spendete 1000 Mark für den Wahlfonds. Auch die anderen zionistischen Kandidaten trugen zu dem »ehrbaren« Ansehen der zionistischen Liste bei: die Ärzte Dr. Emil Simonsohn und Dr. Julius Katz sowie Julius Kalmus.[19]
Am 22. November 1901 veröffentlichte die »Berliner Zionistische Vereinigung« einen Aufruf an die jüdischen Wähler Berlins, in dem sie die Ziele angab, die von der ZVfD als Grundlagen ihrer Gemeindepolitik angenommen wurden. Die Berliner Zionisten strebten nach einer radikalen Revision des Gemeindecharakters. In Zukunft sollte sie nicht nur eine religiöse und Wohltätigkeitsinstitution sein. Sie sollte ihre Pflicht auch in »umfassender sozialer und volkserzieherischer Tätigkeit« erfüllen. Sie sollte für die Erhaltung des Judentums durch Stärkung des jüdischen Selbstbewußtseins kämpfen, damit sich Juden nicht mehr der eigenen Vorfahren und ihrer armen, notdürftigen Brüder schämten.
Im Gegensatz zur erklärten Neutralität der Zionistischen Weltorganisation und der ZVfD in religiösen Angelegenheiten mußten die Berliner Zionisten zu kontroversen Ritualfragen Stellung nehmen. Sie verpflichteten sich für die Einhaltung des Sabbats und die Aufrechterhaltung des hebräischen Gottesdien-

[19] Adolf Friedemann an Herzl, 13. 11. 1901, CZA H VIII/252. Leszynsky war bei den vorhergehenden Wahlen Kandidat der Konservativen, und es fehlten ihm nur 200 Stimmen, um gewählt zu werden. Seitdem hatte er sich den Zionisten genähert und hatte Aussichten, mit Stimmen der Konservativen und Zionisten den Sitz in der Repräsentantenversammlung zu gewinnen. Bei der Annahme der Kandidatur spendete er 1000 Mark für den Wahlfonds.

stes in den offiziellen Gemeindesynagogen, obwohl sie das Recht privater Vereinigungen, auf ihre Art zu beten, anerkannten.[20]
Neu im zionistischen Programm waren auch wirtschaftliche Forderungen. Die Zionisten forderten die Gründung einer Vorschußkasse für die in ihrer Existenz bedrohten jüdischen Handwerker und Gewerbetreibenden. Sie betonten besonders die Sorge für die arbeitende Jugend im Großstadtleben. Es sollten Lehrlingsheime und Vereinshäuser errichtet werden, unentgeltliche Hebräisch-Sprachkurse und Anleitung zur Kenntnis jüdischer Religion, Geschichte und Literatur organisiert und körperliche Ausbildung in Turn- und Gesangvereinen zur Regeneration des jüdischen Volkes gefördert werden.

»Wir bieten Euch keine glänzenden Namen, keine klingenden Titel. Aber unsere Kandidaten sind Männer, bereit, sich ohne jede Scheu, ohne jedes persönliche Bedenken für die Ehre unseres Stammes in die Schanze zu schlagen. Sie treten ein wo es gilt, *ausgleichende Gerechtigkeit* zu üben, die *Fahne des Judentums* hochzuhalten, und die endliche *Erlösung unseres schwergeprüften Volkes* herbeiführen zu helfen. – Wer ein *lebendiges Judentum* will, durchtränkt vom Geiste unserer Väter, voller Kraft und Lebensmut, modern und doch auf der Tradition fußend, der

WÄHLE DIE ZIONISTISCHEN KANDIDATEN!«[21]

Das Ergebnis der Wahlen war enttäuschend. Die zionistischen Organisatoren zogen die bittere Lehre, daß ein »jubelndes« Publikum – meist Arme ohne Wahlrecht – bei weitem keinen Wahlsieg verspricht.[22] Zu ihrem Erstaunen stimmten nur 400 Wähler für ihre Liste, gegenüber 2400 Stimmen der »Liberalen« und 5000 der Konservativen. Die Zionisten erklärten ihre Niederlage damit, daß viele ihrer potentiellen Wähler eine Stimmzersplitterung befürchteten, welche die Einführung des Sonntagsgottesdienstes zur Folge gehabt hätte. Daher hätten sie sich auf die etablierten und erfahrenen Konservativen verlassen. Trotz alldem – meinten sie – sei die Wahlkampagne ein propagandistischer Erfolg gewesen, durch den die Zionisten festen Fuß unter den Berliner Juden

20 IR Nr. 46, 22. 11. 1901. Der Gegensatz zwischen der Neutralität der zionistischen Bewegung in religiösen Angelegenheiten und der Notwendigkeit, zu ihnen Stellung zu nehmen, begleitet sie von ihren Anfängen bis auf den heutigen Tag. 1898 schon schrieb Adolf Friedemann in der »Welt«, daß die zionistische Bewegung, vom nationalen Standpunkt aus gesehen, neue Gebetsordnungen einführen müsse. Er verurteilte die hohen Preise für Betplätze in den Synagogen an den Feiertagen. Dadurch müßten große, mittellose Familien oft auf den Besuch der Synagoge verzichten. Die Gemeinden sollten jedem Juden – wie in den Kirchen – ermöglichen, umsonst zu beten. Sie sollten »Freisynagogen« errichten und sie durch die Gemeindesteuern finanzieren. Adolf Friedemann, »Zionistische Freigottesdienste«, Welt Nr. 41, 14. 10. 1898, S. 10f.

21 IR Nr. 46, 22. 11. 1901. Hervorhebungen im Original. Der Aufruf wurde auch als Flugblatt mit Wahlanweisungen gedruckt. CZA A142/87/2.

22 Adolf Friedemann an Herzl, 3. 12. 1901, CZA H VIII/252.

gefaßt hätten, und der schon zu zahlreichen Beitritten zur Ortsgruppe geführt habe.[23]

Herzl schätzte die Hingabe der Berliner Zionisten, bedauerte aber, daß

> »diese Energie nicht schon früher ausgerückt ist. Aber wir wollen damit zufrieden sein, daß wenigstens jetzt ein Anfang zur Eroberung der Gemeinde gemacht worden ist. Für mich unterliegt es keinem Zweifel, daß in einigen Jahren alle jüdischen Gemeinden der Welt zionistisch sein werden.«[24]

Gleichviel ob Herzl Friedemann trösten wollte oder im Ernst an seine Prophetie glaubte, er mußte zur Erkenntnis kommen, daß die »Eroberung der Gemeinden« langwierig war und nicht ohne Änderung des Wahlrechtes erreicht werden konnte. Er erklärte sich bereit, mit der Regierung Österreichs diesbezüglich Fühlung zu nehmen. In einem Gespräch mit Dr. E. M. Zweig, der sich mit zionistischer Gemeindepolitik in Österreich befaßte, äußerte Herzl im März 1904:

> »Was ich Ihnen sage, ist vertraulich. Alle unsere Anstürme gegen dieses Bollwerk der Assimilation sind gescheitert und müssen scheitern, weil sich die Herren hinter ihrem noch verschlechterten reaktionären Wahlrecht verschanzen. Wir stehen vor einer eisernen Wand, können aber nicht warten. Ich habe Beziehungen zur Regierung und hoffe, sie dazu zu bewegen, daß sie unserer Gemeinde ein gerechtes, demokratisches Wahlrecht aufoktroyiere.«[25]

Nach Herzls Auffassung des politischen Kräftespiels war es, wie gesagt, Aufgabe der von Zionisten beherrschten Gemeinden, die zionistischen Zielsetzungen zu unterstützen. Doch der Fehlschlag seiner »großen Politik« und der Schwerpunkt der »Gegenwartsarbeit« brachten führende ZVfD-Funktionäre dazu, den Eigenwert der Gemeindearbeit zu erkennen und zu schätzen. In einer Rede Bodenheimers auf dem Delegiertentag der ZVfD in Mannheim (1902) zeichnete sich zum ersten Mal der Übergang von lokaler Initiative zu zentraler Gemeindepolitik ab. Bodenheimer betonte, Zionisten dürften aktuellen sozia-

---

[23] Adolf Friedemann an Herzl, 8. 12. 1901, CZA H VIII/252. Die Wahlbeteiligung war gering, da von den 140000 Juden Berlins nur 40000 stimmberechtigt waren. Einzelheiten über die Wahlkämpfe in der Gemeinde Berlin und wichtige statistische Daten bringt eine Untersuchung, die hauptsächlich diesem Thema gewidmet ist: Schmuel Ma'ajan, Die Wahlen in der Gemeinde Berlin in den Jahren 1901–1920 (hebr.), Institute for Research of Zionism and Diaspora, Givath Chaviva 1977. Der Kampf gegen den Sonntagsgottesdienst wurde auch in den folgenden Jahren fortgesetzt. Doch vor den Wahlen von 1904 erklärten die »Liberalen«, daß sie sie sich in Zukunft nicht für dessen Einführung einsetzen würden. Propagandakarte der »Liberalen«, die an die Wähler am 23. 11. 1904 gesandt wurde. CZA A11/24.

[24] Herzl an Adolf Friedemann, 27. 11. 1901, CZA A8/66.

[25] E. M. Zweig, »Der Kampf um die Kultusgemeinden«, in: Zeitgenossen über Herzl, hrsg. Dr. T. Nussenblatt, Brünn 1929, S. 253–255.

len und politischen Problemen des jüdischen Lebens nicht gleichgültig gegenüberstehen. Daher sei keine assimilatorische Leitung der Gemeinden zu dulden:

»Es ist daher auch nur eine Frage der Zeit, wann die Zionisten in allen diesen Angelegenheiten, soweit jüdische Interessen auf dem Spiele stehen, das ausschlaggebende Wort sprechen. Ein wichtiges Mittel hierzu bilden die Gemeindevertretungen, in die wir unsere Gesinnungsgenossen als Wächter der Zukunft des Judentums auch in Deutschland entsenden wollen.«[26]

Die »Volksgemeinde«

Das Scheitern der Berliner Zionisten bei den Wahlen von 1901 und das Fehlen einer klaren Gemeindepolitik führten zionistische Funktionäre wieder zu alternativen Wahlkoalitionen, bei denen auch persönliches Interesse mitspielte. Vor den Berliner Repräsentantenwahlen im Jahre 1904 schlug der Zionist Ludwig Behr, Mitglied der Leitung des konservativen Synagogenverbandes, die Bildung eines Wahlkartells der Zionisten und des »Zentralvereins« vor. Bedingung eines solchen Kartells wäre die Nichtnominierung zionistischer Kandidaten, die als »Nur-Zionisten« die Wähler abschreckten. Neutralere Kandidaten wie er oder Direktor S. J. Leszynsky seien zu bevorzugen.

»Es handelt sich darum, Leute aufzustellen, die auch innerhalb des Central-Vereins und des Verbandes eine gewisse Position hätten und diese würden wegen dieser Position aufgestellt, nicht, *weil* sie Zionisten wären; aber man stelle sie auf, *obwohl* sie Zionisten wären. Es wären dies zwei Namen, bei denen eine Verleugnung der zionistischen Prinzipien ausgeschlossen wäre und von denen zu erwarten steht, daß sie auch im geeigneten Augenblick im Sinne des Zionismus sprechen und wirken werden.«[27]

Das Vorhaben, zionistisch getarnt unter konservativer Deckung zu den Wahlen zu gehen, stieß auf Kritik. Dies sei nicht nur moralisch verwerflich, sondern auch taktisch sinnlos. Die Kritiker meinten, die Konservativen hätten bei den vorigen Wahlen mit Hilfe der Zionisten gesiegt, ohne daß daraus irgendein Vorteil gezogen worden sei. Die Konservativen hätten nichts für die Realisierung ihres eigenen Programmes, für die Stärkung der jüdischen Gesinnung, für das Studium der hebräischen Sprache oder für soziale Reformen getan. Sie hätten ihr Versprechen nicht gehalten, für die Gleichberechtigung der mittellosen Bevölkerungsklassen zu sorgen, Bezirkswahlen anzubahnen und den Armen unentgeltliche Aufnahme ins jüdische Krankenhaus zu gewähren. »Es wird

---

26 Bodenheimer in der Eröffnungsrede des 6. Delegiertentages der ZVfD 1902, CZA A142/47/1.

27 Ludwig Behr an Klee, 4. 9. 1903, CZA A142/48/2. Hervorhebung im Original.

den Konservativen niemand nachsagen, daß sie konservativ, daß sie jüdisch oder gar sozial gesinnt waren.« Sie hätten nicht nur ihre eigenen Prinzipien verleugnet, sondern sich auch noch den Liberalen genähert, um ihre Herrschaft in der kommenden Periode sicherzustellen.[28]

Die Leiter des zionistischen Wahlkampfes bevorzugten es daher, sich diesmal den Konservativen nicht anzuschließen.[29] Sie riefen die Juden Berlins auf ihre Stimmen der vereinigten Liste der Zionisten und Orthodoxen, dem »Zentralverein für die Interessen der jüdischen Gemeinde Berlins und des Synagogenvereins« zu geben. Der Wahlkampf war jetzt schärfer als vor vier Jahren. Die Zionisten hatten nun eine eigene Zeitung, die ihre Angriffe hauptsächlich gegen die »Liberalen« richtete. Indem sie Untertöne des Klassenkampfes anschlug, beschuldigten sie ihre Gegner, »auf dem liberalen Geldsack zu sitzen« und die mittellosen Wähler entrechtet zu haben. Sie warnten vor einem Sieg des »plutokratischen Liberalismus«, der mit dem wahren und echten Liberalismus nichts gemein habe.

Am Wahltag erfolgte ein persönlicher Angriff gegen die Spitzenkandidaten der liberalen Liste. Man prangerte ihre Untauglichkeit zur Leitung einer jüdischen Gemeinde an: Den Sanitätsrat Dr. Edel, der im Schoße seiner Familie das Weihnachtsfest in Gegenwart eines Pastors begeht; den Professor Ludwig Geiger, der das Gebet für Zion und Jerusalem eine Gotteslästerung nennt; Herrn Benas Levy, der seine Angestellten vor der Zugehörigkeit zu einem jüdischen Turnverein warnt und Herrn Louis Sachs, der sich für die Einführung des Sonntagsgottesdienstes einsetzt.

> »Wenn die Liberalen dank unserer Gleichgültigkeit und dank dem Umstande, daß Geld Macht bedeutet, einen Sieg bei den Wahlen erringen sollten, der ihrer Zahl nach ihnen nicht zukommt, so bedeutet das die schwerste Gefährdung des Judentums, bedeutet zugleich rein äußerlich die schwerste Gefährdung unseres gleichen Wahlrechts. Es würde zugleich bedeuten, daß wir eine tote Partei mit der Leitung unserer lebendigen Gemeinde betrauen würden. Schafft die Toten heraus aus dem Haus des Lebens! Das Judentum ist eine Kultur des Lebens, ist eine Nation, die um ihr Heiligstes streitet gegen jene Liberalen, die ihm den Garaus machen würden, wenn sie tun könnten, was sie wünschen. Der Liberalismus ist tot. Der Zionismus hat sein Erbe bereits angetreten. Die Väter sind noch liberal und in der Reform und die Söhne stehen bereits in unseren vordersten Reihen, so weit sie nicht den anderen Weg, zum Judentum hinaus, eingeschlagen haben.«[30]

Die Wahlbeteiligung war ungewöhnlich hoch. 44% der Wahlberechtigten gin-

---

[28] »Nicht konservativ und nicht liberal«. JR Nr. 44, 4. 11. 1904, S. 369. Leitartikel.

[29] Ludwig Behr kandidierte für die Konservativen und erhielt 3021 Stimmen. »Nachklänge zur Repräsentantenwahl«, AZJ Nr. 49, 2. 12. 1904, S. 579f.

[30] »Auf zur Wahl!«, JR 47, 24. 11. 1904, S. 404; Heinrich Sachse (Loewe), »Liberale Kandidaten«, JR Nr. 46, 18. 11. 1904, S. 392f.

gen zur Urne, und die liberale »Allgemeine Zeitung des Judenthums« schrieb sie der maßlosen Propaganda ihrer Gegner zu.[31]

Die »Liberalen« trugen einen klaren Sieg davon und gaben ihrer Zufriedenheit Ausdruck. Für die 11 Kandidaten ihrer Liste stimmten 5503–5852 Wähler gegenüber 3005–3350 für die Konservative Liste.[32] Die gemeinsame Liste der Zionisten und Orthodoxen erhielt nicht viel weniger Stimmen. Die »Jüdische Rundschau« hatte offenbar ein besseres Ergebnis erwartet. Sie schrieb die Schuld der Gleichgültigkeit der jüdischen Öffentlichkeit zu, über die man hinwegkommen müßte. Die Zeitung kündigte die Gründung eines »Jüdischen Volksbundes« an, der Leben in die »verdorrten Beine« der Berliner Gemeinde bringen sollte.[33]

Der Grundsatz, daß dem Zionismus nichts Jüdisches fremd sein dürfe, verpflichtete die Zionisten zur Stellungnahme zu allen Gemeindefragen. So beschuldigte Ludwig Behr in einer Versammlung des »Zentralvereins für die Interessen der jüdischen Gemeinde in Berlin« den Gemeindevorstand, die Einführung von Orgeln in die Synagogen verleihe dem Gottesdienst einen christlichen Charakter. Die Innovierung erfolge trotz der klaren Tendenz, zum traditionellen Ritus zurückzukehren. »Wir wollen keine israelitischen Kirchen, keine verchristlichte Synagoge, sondern eine rein jüdische Synagoge, in der man sich freut, die alten Gepflogenheiten des traditionellen Gottesdienstes wiederzufinden.«[34] Heinrich Loewe klagte, gerade die Konservativen, die die Bar-Mizwahfeiern wieder zu beleben suchten, ahmten die Bräuche der christlichen Konfirmation nach. Ein wenig Hebräisch-Unterricht sei angebracht, um Knaben das Lesen von Thoraabschnitten, wie in vergangenen Zeiten, zu ermöglichen.[35] In einem Leitartikel geißelte die »Jüdische Rundschau« die Gemeindeverwaltung, daß sie für Zehntausende Beter zu den Hohen Feiertagen zweifelhafte Lokale miete, anstatt Synagogen zu bauen, in denen man einem geregelten, würdigen Gottesdienst beiwohnen könnte.

»Und am Jomkippur allemal,
da mieten wir aus Mangel
an Tempel uns ein Betlokal
in einem Tingeltangel.«[36]

---

31 »Nachklänge zur Repräsentantenwahl«, AZJ Nr. 49, 2. 12. 1904, S. 579f. Im Jahre 1898 stimmten 36,4% der Wahlberechtigten und 1901 42%. Seitdem sich die Zionisten an den Wahlen beteiligten, war der Prozentsatz gestiegen. In der Gemeinde Berlin (140000 Juden) zahlten 26471 Mitglieder Gemeindesteuern, doch nur 20103 waren wahlberechtigt. Nimmt man an, daß in der Gemeinde Berlin ca. 40000 erwachsene Männer lebten, ergibt sich, daß die Hälfte nicht stimmberechtigt war. Nur 8000 Wähler bestimmten demnach über die Institutionen der Gemeinde.

32 ca. 56% der liberalen Stimmen.

33 JR Nr. 48, 2. 12. 1904, S. 422; Nr. 49, 9. 12. 1904, S. 432.

34 JR Nr. 48, 27. 11. 1903, S. 521.

35 Eljaqim (Loewe), »Aus der Gemeindestube«, JR Nr. 48, 27. 11. 1903, S. 520f.

36 JR Nr. 37, 16. 9. 1904, S. 397f. Dieser Vers ist als Überschrift des Artikels aus der satirischen zionistischen Zeitung »Der Schlemiel« entnommen.

In Posen wandte sich die Leitung der Ortsgruppe gegen die Schritte, die der Gemeindevorstand zum Bau einer neuen Synagoge unternommen hatte. In einer Petition an den Gemeindevorstand und in einem Zirkular an 500 Gemeindemitglieder protestierte sie gegen die Einladung eines Architekten, der seine Kinder taufen ließ. Die Ausschreibungsjury sei aus drei Christen und einem getauften Juden zusammengesetzt. Darüber hinaus bezweifelten die Zionisten, ob die Wahl der Preisrichter auch die künstlerisch und technisch berufensten Männer getroffen hatte, und ob geeignete Kapazitäten nicht auch unter Juden zu finden wären. Doch nicht nur künstlerisches Talent und technische Fähigkeiten spielten bei einem Synagogenbau die entscheidende Rolle. Die Errichtung eines Bethauses, das zugleich den Mittelpunkt des jüdischen Lebens darstellt, setze vor allem jüdisch-religiöses Empfinden, Vertrautheit mit der intimen Eigenart des jüdischen Kultes und Verständnis für die uralten Kultustraditionen voraus. Die Heranziehung christlicher Architekten habe es verschuldet, daß das Exterieur und Interieur der Synagogen mehr und mehr verchristlicht und verkirchlicht und das charakteristisch Jüdische abhanden gekommen sei.[37]

Das Interesse zionistischer Ortsgruppen an Gemeindeangelegenheiten verstärkte sich verständlicherweise vor den Wahlen und drängte auf Festlegung allgemeiner Ziele der Gemeindepolitik. Auch hier ging die lokale Initiative der zentralen voraus. Anfang 1905 beschloß die »Berliner Zionistische Vereinigung« ein »Dezernat für Gemeindeangelegenheiten« zu schaffen. Eine fünfköpfige Kommission sollte die Aufgaben der Gemeinde studieren und ein Arbeitsprogramm ausarbeiten.[38]

Es war die Tendenz der Gemeindepolitiker, deren Hauptvertreter Alfred Klee und Max Kollenscher waren, der Gemeinde als der wichtigsten aller jüdischen Organisationen und als einer gesetzlich mit weiten Befugnissen ausgestatteten Körperschaft, ihre zentrale Rolle wiederzugeben. Die Gemeinden hatten im Laufe von hundert Jahren Emanzipation ihren ursprünglichen Einfluß weitgehend eingebüßt. Aus nationalen Gründen konnte die zionistische Bewegung einer Situation nicht zustimmen, in der Gemeindevorstände faktisch einem beschleunigten Assimilationsprozeß in die Hände arbeiteten und so zu Hochburgen des Antizionismus wurden. Sie strebte nach Absetzung der »Gemeindearistokratie«, nach Umwandlung der »Synagogengemeinde« zu einer »Volksgemeinde«. Diese sollte nicht nur für die religiösen Bedürfnisse, sondern auch

[37] Zirkular des Vorstandes der Ortsgruppe Posen, 15. 4. 1904, CZA A15/VII/16. Eine ausführliche Beschreibung dieses Ereignisses bringt: Dr. J. (Jeremias), »Posener Brief«, JR Nr. 17, 29. 4. 1904, S. 177–179.

[38] Schaffen eines »Dezernats« für die Gemeindeangelegenheiten, Protokoll der Sitzung der Berliner Zionistischen Vereinigung, 12. 1. 1905, CZA A142/48/1. Der Beschluß wurde auf Grund eines Antrags von Hantke angenommen.

für eine Reihe säkularer Angelegenheiten Sorge tragen, um die Existenz der Gemeinde zu rechtfertigen. Auf diesem Wege würde der Assimilation Einhalt geboten und Juden dem Zionismus nähergebracht werden.

Die »Volksgemeinde« sollte Arbeitsnachweise schaffen, Krankenhäuser, Lehrlingsheime, Mädchenheime, Kinderhospizien und Waisenhäuser errichten. Sie sollte Genossenschaften, Spar- und Darlehenskassen gründen, um das Kreditbedürfnis der wirtschaftlich schwachen Schichten zu befriedigen. Die erweiterten Tätigkeiten der »Volksgemeinde« sollten hauptsächlich durch Einführung einer progressiven Besteuerung oder durch Zuschlagssätze zur staatlichen Einkommensteuer finanziert werden. Vor allem werde die »Volksgemeinde« aber das allgemeine, gleiche, direkte und geheime Wahlrecht zu ihren Vertretungskörperschaften einführen. Diese Reform gebe jedem Juden ohne Unterschied seiner Abstammung oder seines sozialen Standes das aktive und passive Wahlrecht. Der neue Aufbau der Gemeinde befähige sie, »die Führerin der Judenheit zu sein, auf dem Wege zur *Rückkehr ins Judentum*«.[39]

Die Logik der aktiven Gemeindepolitik mußte zur Erkenntnis führen, daß die Rückkehr zum Judentum nicht ohne eine grundlegende Reform der Erziehung erzielt werden konnte. Auch auf diesem vielumstrittenen Gebiet hatte die ZVfD keine klare Linie. Den Anstoß zur Neuüberprüfung des jüdischen Schulunterrichtes gab gerade ein Gesetzesentwurf des preußischen Kultusministeriums. Die Unterrichtsverwaltung in Preußen unterstand dem Minister für christlichen Kultus. Die Erhaltung öffentlicher Schulen und auch die konfessionellen Verhältnisse unterstanden seiner Aufsicht. Infolge von Gegensätzen zwischen Katholiken und Protestanten gab es in Preußen zu Beginn des 20. Jahrhunderts noch kein Gesetz für das Unterrichtswesen, obwohl Paragraph 26 der preußischen Verfassung von 1850 ausdrücklich bestimmte: »Ein besonderes Gesetz regelt das gesamte Unterrichtswesen.« Neben den Konfessionsschulen der christlichen Kirchen und der jüdischen Gemeinden bestand eine kleinere Anzahl von Simultanschulen, allgemeinöffentliche Schulen, an denen den Schülern aller Konfessionen Religionsunterricht erteilt wurde.

In Preußen und den Gebieten preußischer Jurisdiktion lebten zu Anfang des 20. Jahrhunderts drei Viertel der jüdischen Bevölkerung Deutschlands. Die Gesetzesvorlage, die von den konservativen Parteien und den Klerikalen unterstützt wurde, begünstigte die christlichen Konfessionsschulen und benachteiligte eindeutig die jüdischen. Diese Benachteiligung veranlaßte Kollenscher zur Prüfung der Vorlage und ihrer Folgen in nationaljüdischer Sicht.[40]

---

39 Max Kollenscher, Aufgaben jüdischer Gemeindepolitik, Posen 1905; »Der Zionismus und die jüdischen Gemeinden«, JR Nr. 27, 5. 8. 1907, S. 275ff.

40 Max Kollenscher, »Die preußische Schulfrage und die Juden«, in: Kadima Kalender für das Jahr 5667 (1906–1907), hrsg. von der Zionistischen Vereinigung für Deutschland, Berlin, S. 64–69.

Die Juden in Preußen – wie in den anderen Staaten Deutschlands – waren in der Mehrzahl Anhänger der liberalen Parteien und bevorzugten die Simultanschulen, für die sich diese Parteien einsetzten. Kollenscher widerlegte einige Argumente, auf denen diese Bevorzugung beruhte. Er lehnte das Argument ab, daß finanzielle Schwierigkeiten es kleinen Gemeinden unmöglich machten, jüdische Schulen mit hohem pädagogischem Niveau zu erhalten. Das treffe nur auf Zwerggemeinden zu, die sich an andere Schulen anschließen müßten. Gerade diesbezüglich hätten sich die Juden das Prinzip der liberalen Anhänger der Simultanschule aneignen sollen, daß Kulturaufgaben nicht unter finanziellen Nöten leiden dürften.
Die Erwartung, die Simultanschulen würden zu einem Ausgleich religiöser Gegensätze führen, sei, soweit sie die christlichen Schüler angehe, noch nicht bewiesen, treffe aber auf keinen Fall auf jüdische Schüler zu. Denn zwischen Juden und Christen trennen nicht nur konfessionelle Gegensätze, sondern auch Stammesunterschiede, die durch keine Schule beseitigt werden können. »Blut und Natur sind noch immer stärker gewesen, als das Zuckerbrot oder die Peitsche des Lehrers.« Diese Gegensätzlichkeiten hätten sich nicht verringert, sondern eher verschärft. Von den untersten Klassen der Simultanschulen bis zur Universität, der höchsten »Simultanschule«, sei das jüdische Kind allzuoft Neckereien, Verhöhnung und Verächtlichmachung seiner Mitschüler ausgesetzt, und keine noch so strenge Disziplin könne dies verhindern. In dieser Atmosphäre von Haß und Zurücksetzung wird dem jüdischen Kind der jugendliche Frohsinn verbittert. Man erreichte das genaue Gegenteil von dem, was verhindert werden sollte. Die Absonderung christlicher und jüdischer Schüler von- und gegeneinander, ohne geselligen und freundschaftlichen Verkehr untereinander von den niedrigen bis zu den höchsten Stufen der Erziehung, bedeutete praktisch die gesellschaftliche Trennung für das ganze Leben. Eine autobiographische Darstellung Richard Lichtheims veranschaulicht diese These:

> »›So etwas kann auch nur ein Kind deiner Rasse schreiben‹, sagte ein Lehrer zu einem jüdischen Schüler, der sich in einem Aufsatz eine dummdreiste Bemerkung erlaubt hatte. Ich galt in den oberen Klassen als guter Schüler, und einige Lehrer behandelten mich sogar wegen meiner guten deutschen Aufsätze und meiner philosophischen Studien mit freundlicher Anerkennung. Aber die jüdischen wie die christlichen Schüler waren sich des Unterschieds ständig bewußt, der sie trennte, auch wenn sie ihn fast nie in aggressiver Weise betonten ... Diese gesellschaftliche Trennung von Juden und Christen war einer meiner ersten und stärksten Jugendeindrücke. Sogar in den Häusern der reichsten und angesehensten Juden erschien fast niemals ein Christ, sofern es sich nicht um eine Berufs- oder Geschäftsangelegenheit handelte.«[41]

[41] Richard Lichtheim, Rückkehr, a.a.O., S. 43f.

Obwohl auch die Konfessionsschule die Angehörigen verschiedener Abstammung einander nicht näherbrachte, zog Kollenscher diesen Schultypus vor. Die »reinliche Scheidung« zwischen Schülern verschiedener Konfessionen ermöglichte die Entfaltung ihrer Eigenheit ohne jede Verbitterung, ohne Haß und Mißachtung. Gerade die Absonderung erzeugte, seiner Meinung, Toleranz und Anerkennung fremder Eigentümlichkeiten. Nur eine jüdische Schule könne jüdisches Selbstbewußtsein pflegen und zu jüdischem Denken und Fühlen erziehen. Daher sollten die Juden von den preußischen Gesetzgebern fordern, ihre Kinder, wie die anderer Konfessionen, im Geist ihrer Kultur zu erziehen. Diese Folgerungen wurden von der ZVfD nicht offiziell angenommen. Sie entsprachen aber den Forderungen der Zionisten, den Gemeinden mehr Autonomie zu gewähren, wie sie durch ihre Vertreter 1909 in der Diskussion des »Deutsch-Israelitischen Gemeinde-Bundes« über das preußische Judengesetz erhoben wurden.
Eine Gruppe deutscher Zionisten wollte die Zionistische Weltorganisation unter anderem von der Wichtigkeit der Gemeindearbeit überzeugen. Sie arbeitete ein »realpolitisches« Arbeitsprogramm aus, das auf den Prinzipien des »synthetischen« Zionismus fußte und sowohl Elemente der Gegenwartsarbeit wie der politischen Tätigkeit enthielt. Das Programm sollte dem 8. Kongreß (1907) unterbreitet werden und die Einigkeit in der zionistischen Bewegung wiederherstellen. Es ging von folgenden Erwägungen aus:

> »Soll (...) auf Grund dieser Einigkeit Positives geleistet werden, so müssen wir aus der Domäne allgemeiner Leitsätze auf den Boden realer Arbeit heruntersteigen und diejenigen konkreten Schritte und Betätigungen normieren, die die Organisation in Verfolg ihrer unverrückbaren, weitgesteckten Ziele unmittelbar in Angriff nehmen soll.«

Folgerichtig war der erste Punkt des Paragraphen »Gegenwartsarbeit in den Ländern der Diaspora«: »Rege Beteiligung der Zionistischen Landesorganisationen an dem jüdischen Gemeinde- und Vereinsleben.«[42]

Noch einmal »Affäre Cohn«

Kollenschers Broschüre über die »Aufgaben jüdischer Gemeindepolitik« (1905) war der erste Versuch einer eingehenden Betrachtung des Problems, das Zionisten in vielen Ortsgruppen beschäftigte, ohne daß er zu einer tiefschürfenden Diskussion führte. Zwei Ereignisse im Jahre 1907 zwangen die Führung der ZVfD jedoch, die Frage der zentralen Gemeindepolitik aufzugreifen: Die

42 Programm der Zionistischen Aktion für die nächste Verwaltungsperiode, Berlin, im Januar 1907. Streng vertraulich. CZA A8/53/1.

Kündigung des Rabbiners Emil Cohn durch den Berliner Gemeindevorstand und die Isolierung der Zionisten bei den Berliner Gemeindewahlen.[43] Zionisten und Nichtzionisten waren weniger von den Ansichten der Berliner Gemeindevorsteher erschüttert, als von der Härte ihres Vorgehens und den unwürdigen Manipulationen, die zum Zwecke der Suspendierung des Rabbiners angewandt wurden. Ein Einblick in die »Affäre Cohn«, wohl einem der schärfsten Kämpfe zwischen Zionisten und Antizionisten in der größten Gemeinde Deutschlands, legt einen Teil des Abwehrapparates der liberalen Gemeinden gegen ihre »Eroberung« durch Zionisten bloß.

Wegen drei »Vergehen« enthob die Gemeinde Berlin den Rabbiner Emil Cohn seines Amtes. Laut Bericht ihres Vorsitzenden Julius Jacoby an die Repräsentantenversammlung hatte Rabbiner Cohn, der am Falk-Realgymnasium als Religionslehrer tätig war, einen Oberlehrer wegen antisemitischer Äußerungen zur Rede gestellt, anstatt die Schüler oder deren Eltern auf den Weg der Beschwerde zu verweisen. Die erregte Auseinandersetzung mit dem betreffenden Oberlehrer und die Tatsache, daß Cohn den Schülern der Oberklassen die Bedeutung des Zionismus erklärte und somit unreifen Schülern »Unverdauliches« vermittelte, hatte den Gymnasialdirektor zu Cohns Entlassung veranlaßt. Der Gemeindevorstand »begnügte« sich damit, Rabbiner Cohn »ernste Vorstellungen« zu machen. Sein Verhalten hätte seiner Erklärung bei Amtsantritt widersprochen, keine zionistische Propaganda von der Kanzel oder im Unterricht zu entfalten.[44]

Es verwundert, daß der Gemeindevorstand sich nicht auf die Seite seines Rabbiners stellte, der doch die Ehre seiner jüdischen Schüler verteidigt hatte, dagegen die Beschuldigung des Direktors akzeptierte, der Rabbiner habe sie aufgehetzt. Dazu bemerkte dieser: »Der *christliche* Direktor hat mir gekündigt, Grund genug, daß der *Vorstand der jüdischen Gemeinde* mir kündigt. Was wiegt ein Rabbiner gegen einen christlichen Gymnasialdirektor.«[45]

Das zweite »Vergehen«, für das Rabbiner Cohn gerügt wurde, war die Rede »Theodor Herzl, der Mensch und Dichter«, die er anläßlich einer Gedenkfeier hielt, die im Sommer 1906 von jüdischen Organisationen, Zionisten und Nichtzionisten, veranstaltet wurde. Am Tage der Gedenkfeier wurde er ins Gemeindebüro zitiert. Es wurde ihm vorgehalten, seine Rede widerspräche den Voraussetzungen, unter denen er angestellt worden sei. Dagegen behauptete Rabbiner Cohn, er sei sich keiner Verpflichtung bewußt, die ihm verbiete, eine

---

43 Siehe: Alfred Klee, »Zionismus und Gemeinde«, JR Nr. 31/32, 17. 4. 1935, S. 7.

44 Jüdische Gemeinde Berlin, Bericht aus der öffentlichen Sitzung der Repräsentanten-Versammlung der jüdischen Gemeinde zu Berlin, am 5. Mai 1907, betreffend die Interpellation über die Angelegenheit des Predigers Dr. Emil Cohn. Überreicht vom Vorstande der jüdischen Gemeinde zu Berlin, 1907.

45 Emil Cohn, »Mein Kampf ums Recht«, JR Nr. 20, 17. 5. 1907, S. 200.

Gedenkrede bei einer Feier zu halten, die sich nicht mit zionistischer Propaganda, sondern mit der Würdigung der Persönlichkeit eines großen Juden befasse. Er drückte sein Erstaunen darüber aus, daß sein Kollege, Rabbiner Dr. Eschelbacher, beim Tode Herzls die Trauerrede im Talar, als Rabbiner der Gemeinde Berlin, gehalten habe, ohne gerügt worden zu sein. Rabbiner Cohn hielt seine Rede. Prompt wurde ihm durch den Vorsitzenden Julius Jacoby der »einstimmige Rüffel« des Gemeindevorstandes überreicht.
Das dritte »Vergehen«, welches das Maß voll machte und die Suspendierung von Rabbiner Cohn, faktisch seine Kündigung, nach sich zog, war ein Gespräch am 7. Januar 1907 mit dem Direktor des Mommsen-Gymnasiums in Berlin, seinem ehemaligen Lehrer Dr. Przygode, über die Möglichkeit seiner Anstellung als Religionslehrer am Gymnasium. Nachdem sich aber herausstellte, daß er die Stelle aus technischen Gründen nicht annehmen konnte, entwickelte sich im Anschluß eine freundschaftliche dreieinhalbstündige Unterhaltung über die Zukunft der Juden und des Judentums.
Die Einstellung des Direktors zu diesem Thema war bei christlichen Liberalen nicht ungewöhnlich. Der Direktor ersehnte das völlige Aufgehen der Juden im Deutschtum durch die Mischehe (in diesem Zusammenhang zitierte er Bismarcks Ausspruch: ein arischer Hengst und eine semitische Stute ergäben eine gute Mischung) und die Taufe, selbst wenn diese nicht aus Überzeugung erfolgt. Folglich freue er sich über jedes jüdische Kind, das am christlichen Religionsunterricht teilnimmt und er sei stolz, daß es derer nicht wenig gebe. Ob der Direktor wirklich die Zustimmung eines Rabbiners auf seine Frage erwartete, ob er diese Art der Auflösung des Judentums gutheiße, oder er ihm durch eine provokative Frage eine Falle stellen wollte, mag dahingestellt bleiben.
Rabbiner Cohn war überrascht:

> »Ich begriff nicht, wie ein liberaler Direktor zu solchen Ideen kommen konnte, und noch viel weniger, wie er die gleichen Ideen bei einem Rabbiner voraussetzen konnte. Ich habe es in diesem Augenblick nicht über mich bringen können, seinen Ausführungen nicht entgegenzutreten. Ich ahnte nicht, was für Folgen dies haben würde.«

Seine Antwort war unumwunden. Er lehnte sowohl die Mischehe als die Taufe ohne innere Überzeugung und die Teilnahme jüdischer Kinder an christlichem Religionsunterricht absolut ab:

> »Wir Juden *wollen* aber nicht nur, wir *können* auch garnicht aufgehen. Schon wegen unserer Religion nicht. Denn sie ist untrennbar mit unserem Stammestum verbunden.«

Im Laufe des Gesprächs trug er dem Direktor seine jüdisch-zionistische Anschauung vor. Er erklärte, diese sei historisch auf Auserwählungsgedanken und auf Wertschätzung des jüdischen Stammestums begründet, dem noch eine große

Zukunft bevorstehe. Er betonte das starke Solidaritätsgefühl der Juden, das sie mit geographisch wie geistig und kulturell fernen Juden verknüpfe.

»Ja, die armen russischen Juden müßten meinem Herzen jetzt näher stehen als die Christen meines deutschen Vaterlandes, weil außer uns Juden niemand da sei, der sich dieser Unglücklichen erbarme.«

Wer dieses Stammesgefühl leugne, sei entweder der Selbsttäuschung verfallen, oder versuche dies in unbegründeter Furcht zu vertuschen.[46]
Direktor Przygode war über diese Anschauung entsetzt: »Ich habe einen jüdischen Oberlehrer, ich kann ihm ja danach nicht mehr trauen, wenn er mir versichert, ein guter deutscher Staatsbürger zu sein. Ich muß ihn doch für einen Heuchler halten?« »Keineswegs«, antwortete der Rabbiner. »Ich halte mich für einen vorzüglichen deutschen Staatsbürger; ich liebe deutsche Kultur über alles, ich kann und will Schiller und Goethe nicht in mir ausstreichen. Trotzdem pflege ich mein jüdisches Stammestum, das mit einem guten deutschen Staatsbürgertum sich wohl verträgt.«
Der Direktor akzeptierte diese Ansichten nicht. Das führe zu einem Staat im Staate. Schule und Erziehung erforderten die Pflege nur eines Stammestums, des deutschen. Es sei Pflicht des Rabbiners, die Kinder im Religionsunterricht zu deutschnationalen Männern zu erziehen.[47]
Der Direktor konnte sich nicht beruhigen. Er trug den Verlauf dieser privaten Unterhaltung seltsamerweise in sein Amtsjournal ein, obwohl sie *nach* dem offiziellen Gespräch stattfand. Später gestand er, daß er schlaflose Nächte verbracht habe, weil der Rabbiner seine Hoffnung, daß die Juden aufgehen würden, gänzlich zerstört hatte.[48] Aus diesem Grund beschloß er scheinbar, die Sache in die Hand zu nehmen. Er händigte seine Aufzeichnungen vier jüdischen Oberlehrern aus, die sie – wahrscheinlich mit seiner Ermächtigung – dem Vorstand der jüdischen Gemeinde überreichten und »Remedur« verlangten.[49]
Hier setzte die Tätigkeit des Gemeindevorstandes ein. Am 31. Januar wurde Rabbiner Cohn auf das Gemeindebüro geladen, um sich für seine Äußerungen

46 Laut den Notizen des Direktors sagte Rabbiner Cohn: »Nach meiner Überzeugung muß jeder Jude sich zunächst als Angehöriger des auserwählten Volkes Gottes und dann erst als Deutscher fühlen.« Dieser Satz wurde von dem Vorsitzenden der Gemeinde in der Repräsentantenversammlung zitiert. Jüdische Gemeinde Berlin, Bericht, a.a.O., S. 13. Hervorhebung im Original. Seine Anschauungen über den Vorrang des Judentums gegenüber dem Deutschtum und die religiösen Inhalte des Zionismus erklärte Rabbiner Cohn später in einem Aufsatz in den »Preußischen Jahrbüchern«: Rabbiner Dr. Emil Cohn, »Die religiöse Judenfrage«, Sonderabdruck aus Preußische Jahrbücher, Bd. 143, 3. Heft, Berlin 1911, S. 439–440.

47 Emil Cohn, »Die Geschichte meiner Suspension«, JR Nr. 17, 26. 4. 1907, S. 167–169.

48 Die Aufzeichnungen, die der Direktor nach dem langen Gespräch machte, enthielten Ungenauigkeiten und Mißverständnisse, die er im Verlauf der »Affäre« korrigieren mußte. Emil Cohn, »Mein Kampf ums Recht«, a.a.O., S. 200.

49 Emil Cohn, »Die Geschichte meiner Suspension«, a.a.O., S. 170.

zu verantworten. Als er sich weigerte, auf den Inhalt eines privaten Gespräches einzugehen, lasen ihm die Gemeindevorsteher Jacoby und Lilienthal zu seiner Überraschung Auszüge aus der Niederschrift des Direktors vor, ohne ihm diese zu seiner Verteidigung auszuhändigen. Die Vorsteher empörten sich vor allem über seine Ausführungen von der Auserwählung des jüdischen Volkes, seinen Widerstand gegen die Assimilation und die Darstellung des Zionismus als die einzige Lösung der Judenfrage. Dr. Cohn leugnete den Inhalt seiner Ausführungen im wesentlichen nicht ab. Er behauptete, die Aufzeichnungen des Direktors seien ein falsch betonter, aller Begründungen ermangelnder, teilweise willkürlicher Auszug eines dreieinhalbstündigen intensiven Privatgespräches. Die Vorsteher versicherten ihm, sie würden an seinem guten Glauben nicht zweifeln. Sie machten ihm jedoch keineswegs Komplimente. Lilienthal: »Sie sind ein Fanatiker, der sich in verrückte Ideen verrannt hat.« Und Jacoby: »Sie sind bei uns in Lohn und Brot. Sie haben *unsere* Anschauungen zu vertreten.« Darauf teilten sie ihm mit, der Vorstand habe bereits beschlossen, ihn bis auf weiteres vom Amt zu suspendieren. »Bereits«, d.h. auf Grund der Aufzeichnungen des Direktors, ehe man ihn gehört hatte.[50]

Unter dem schweren Eindruck, den die Suspension auf Rabbiner Cohn machte, legten ihm die Vorsteher ein scheinbar sachliches Protokoll zur Unterschrift vor, das seine Version über das Gespräch mit dem Direktor zusammenfaßte und zugleich die Nachricht über seine Suspendierung enthielt. Das Protokoll war jedoch unklar formuliert, so daß daraus ein gewisses Schuldbekenntnis herausgelesen werden konnte.[51]

Als der Rabbiner später erfuhr, daß er irregeführt und das Protokoll als Schuldbekenntnis ausgelegt wurde, annullierte er seine in »arglosem Glauben« gegebene Unterschrift. Doch noch am selben Tage beschwichtigten die Gemeindevorsteher den Gymnasialdirektor und setzten ihn von der Suspendierung des Rabbiners in Kenntnis,

> »weil es der Gemeindevorstand im Interesse der Weitererteilung des jüdischen Religionsunterrichts am Mommsen-Gymnasium und der Wiederbesetzung der erledigten Religionslehrstelle für erforderlich hielt, da die von

50 ebd. S. 169. Hervorhebung im Original. Dieser Ausdruck wurde in der Sitzung der Repräsentantenversammlung von Lilienthal in seinem und im Namen Jacobys entschieden dementiert. Jüdische Gemeinde Berlin, Bericht, a.a.O., S. 9. Cohn bestritt diese Erklärung. Er behauptete, diesen Satz wortgetreu sofort nach dem Gespräch in sein Tagebuch eingetragen zu haben, bevor er überhaupt an Veröffentlichung seiner Angelegenheit dachte: »Ich gebe hiermit im Hinblick auf die Makellosigkeit meiner Vergangenheit, im vollen Bewußtsein der Verantwortlichkeit, die ich auf mich lade, auf Ehre und Gewissen die feierliche Erklärung ab, die ich jederzeit bereit bin, eidlich zu erhärten: Herr Julius Jacoby hat den Ausdruck gebraucht so, wie ich ihn zitiert habe.« Emil Cohn, »Mein Kampf ums Recht«, a.a.O., S. 202.

51 Der Gemeindevorstand übergab das vollständige Protokoll dem Plenum der Repräsentantenversammlung. Jüdische Gemeinde Berlin, Bericht, a.a.O., S. 8.

Herrn Dr. Cohn entwickelten Anschauungen in krassem Widerspruch mit den Empfindungen unserer Gemeindemitglieder und den von uns vertretenen Grundsätzen stehen.«[52]

Gleichzeitig empfahlen die Vorsteher dem Gemeindevorstand, den Rabbiner sofort zu entlassen. Einige schriftliche und mündliche Bitten des Rabbiners, ihm eine Abschrift des »Anklageschreibens« zu überreichen, wurden abgelehnt, doch wurde sie ihm ein zweites Mal vorgelesen. Um die »Untersuchung« zu vervollständigen und die Bestätigung der Kündigung durch die Repräsentantenversammlung vorzubereiten, wurde eine gemischte Kommission des Vorstandes und der Versammlung ernannt, welche die Verhandlungen sechs Wochen lang hinauszog. In dieser Zeit sollte Rabbiner Cohn gefügig gemacht und die Veröffentlichung der Affäre vermieden werden. Man riet dem Rabbiner, er solle kündigen. Als er diesen Rat zurückwies, schlug ihm ein Gemeinderepräsentant vor, sich ein ärztliches Attest geben zu lassen, er sei schwer nervös und bedürfe dringend einer Kaltwasserkur. Er sollte dann in eine Anstalt gehen und nach einem halben Jahr wiederkommen. Dann würde man seine Äußerungen gegenüber dem Direktor »auf eine vorübergehende geistige Störung« schieben.[53] Drei lange Monate der Ungewißheit verstrichen, bis Rabbiner Cohn am 15. April, nach mehrfacher Mahnung, den Bescheid erhielt, daß er, laut Gemeindebeschluß vom 21. und 29. März, künftig weder als Prediger, noch als Religionslehrer fungieren könne. Sein Gehalt werde ihm für die Dauer seines Vertrages ausgezahlt werden.[54]
Drei Monate blieb die Amtsenthebung des Rabbiners in bedrückendes Schweigen gehüllt. Auf Bitte des Gemeindevorstandes, und solange er hoffte, seine Unschuld würde an den Tag kommen, vermied Dr. Cohn die öffentliche Diskussion seiner Angelegenheit, »die sich für einen Rabbiner nicht zieme«. Dieses Verhalten nützte indessen nichts. Im Gegenteil – mysteriöse Gerüchte und Verleumdungen kursierten in der Berliner Gemeinde über die Beweggründe seiner Suspendierung. »Diese Gerüchte, die während der drei Monate langen, jetzt definitiv gewordenen Amtsenthebung in alle jüdischen Häuser krochen, leise und verstohlen, waren so horrende, so unglaublich und kompromittierend, daß sie das Licht des Tages scheuten.« Sogar seine Freunde sprachen von ihm »als von einem Abgetanen, als von einem Toten«.[55] Erst als er in Artikeln in der »Jüdischen Rundschau« und in der Broschüre »Mein Kampf ums Recht«[56] schwere Beschuldigungen gegen den Berliner Gemeinde-

52 ebd. S. 9.
53 Emil Cohn, »Mein Kampf ums Recht«, a.a.O., S. 202.
54 Emil Cohn, »Die Geschichte meiner Suspension«, a.a.O., S. 171.
55 »Der Fall ›Cohn‹«, JR Nr. 17, 26. 4. 1907, S. 167. Leitartikel.
56 Emil Cohn, Mein Kampf ums Recht, Berlin 1907.

vorstand erhob, zwang er diesen zur Veröffentlichung seiner Version und setzte den Gerüchten und dem Bann ein Ende.

Jetzt stellte sich die ZVfD hinter ihr bewährtes Mitglied und machte seinen Kampf zu dem ihrigen.[57] Die »Jüdische Rundschau« nahm sich seiner Sache an, obgleich sie seinen Gehorsam gegenüber dem Vorstand scharf kritisierte, da er durch sein Schweigen die von der Gemeinde befürchtete Diskussion seiner Angelegenheit vermieden habe.[58] Die Zeitung griff die Inquisition gegen Andersdenkende an, der sich diejenigen bedienten, die auf anderen Gebieten ihren Liberalismus ostentativ zur Schau tragen. Die Forderung, das Unrecht wiedergutzumachen, wurde zu einer Propagandaaktion gegen das Regime der Berliner Gemeinde, als Prototyp des Gemeinderegimes in ganz Deutschland benutzt. Sie sollte das Intrigenspiel aufdecken, das nur durch Absetzung beseitigt werden könne.

Das »himmelschreiende Unrecht«, desgleichen in der Geschichte der jüdischen Gemeinden wohl nie vorgekommen sei, fand auch in der jüdischen Presse jenseits des Ozeans ein Echo.[59] Mit der »Affäre Cohn« beschäftigte sich auch die nichtjüdische deutsche Presse[60] – außer der liberalen, die ja unter jüdischem Einfluß stand. Tausende nahmen an zwei Protestversammlungen in Berlin teil.[61] Zionistische und nichtzionistische Redner analysierten das Rabbiner Cohn angetane Unrecht vom juristischen und moralischen Aspekt, wie auch aus öffentlich-jüdischer Sicht. Nur ein Diskussionsredner rechtfertigte die Schritte der Berliner Gemeinde und behauptete, ein Zionist hätte von vornherein kein Rabbineramt in der Gemeinde annehmen dürfen. Hatte er dies jedoch

---

57 Schon 1899, als er orientalische Sprachen an der Universität Berlin studierte, trat er dem zionistischen »Verein jüdischer Studenten« bei. Er gründete dessen Organ »Der Jüdische Student« und redigierte es zwei Jahre. Parallel zu seinem Universitätsstudium studierte er an der »Lehranstalt für die Wissenschaft des Judentums« und gründete mit seinen Studiengenossen Arthur Biram, Jehuda L. Magnes, Eugen Täubler, Gotthold Weil, Schornstein, Max Schlössinger und Isidor Zlocisti den »National-jüdischen Verein der Hörer an der Lehranstalt für die Wissenschaft des Judentums in Berlin«. Der Verein war gezwungen, sich nach drei Monaten aufzulösen, da die Leitung der Anstalt drohte, dessen Mitglieder auszuschließen. Aus dem Nachlaß des Rabbiner Emil Cohn, im Besitz seiner Tochter Frau Miriam Rochlin-Cohn, Los Angeles, Ca., Emil Cohn, Lebenslauf. Siehe ferner: Hans Tramer, »Bernhard und Emil Cohn, Zwei Streiter für den zionistischen Gedanken«, in: BLBI, 8. Jg. (1965), Nr. 32, S. 340f.; Kurt Wilhelm, »Der zionistische Rabbiner«, in: In zwei Welten, a.a.O., S. 66f.

58 G. Weil »Der ›liberale‹ Vorstand der jüdischen Gemeinde«, JR Nr. 18, 3. 5. 1907, S. 178. Leitartikel.

59 Hans Tramer, »Bernhard und Emil Cohn«, a.a.O., S. 342f., Anm. 13.

60 Die »Welt am Montag« veröffentlichte einen Artikel von Franz Oppenheimer, in dem er den Gewissenszwang verurteilte, den die Gemeinde Berlin anwandte, und der die gesamte Öffentlichkeit betreffe. Der Artikel wurde in der »Jüdischen Rundschau« wiedergegeben. Franz Oppenheimer, »Ein jüdischer ›Fall Cesar‹«, JR Nr. 19, 10. 5. 1907, S. 189f.

61 »Eine jüdische Versammlung«, JR Nr. 23, 7. 6. 1907, S. 230–232.

getan, mußte er die Anschauungen seiner Dienstherren getreu vertreten, da er letzten Endes ein besoldeter Beamter, wie ein Journalist, sei.[62]
In dieser Phase griff die »Jewish Chronicle« in den Streit der Berliner Gemeinde ein. Nachdem sie einen kurzen Tatsachenbericht der Suspendierung des Rabbiners brachte[63], machte die Zeitung in einem Leitartikel ihre Ansicht publik. Sie unterstützte im Prinzip die Einstellung des Rabbiners im Gespräch mit dem Gymnasialdirektor, in der er sich weigerte, dem Selbstmord der jüdischen Nation Vorschub zu leisten. In dieser Stellungnahme »kam der Unterschied zwischen der Auffassung des Liberalismus der englischen und der deutschen Juden klar zum Ausdruck«. Die Redaktion der Zeitung verurteilte den »ghetto spirit«, der im Berliner Gemeindevorstand herrschte:

»...fear and trembling seized the craven beings lest it should be for an instant suspected that their ›Germanism‹ was capable of being brought into question. They could not brook the idea that one of their Rabbis had declared his Jewish patriotism, albeit such is perfectly consistent with the most loyal citizenship of a Jew to any state of which he is a subject... The result, of course, is that their action has been rewarded with condemnation and ridicul on all hands. They have merely suceeded in making themselves laughing-stock of all who have heard of their egregious intolerance. The sad case of the Berlin Executive ought to stand as a lesson to all Jews, who seeing how they themselves suffer from intolerance would, one would think, refrain from indulging it.«[64]

Benas Levy, Mitglied der Repräsentantenversammlung der Gemeinde Berlin, sandte einen Brief an die Redaktion der »Jewish Chronicle«, in dem er die Beschuldigungen der Intoleranz und des »ghetto spirit« entschieden zurückwies. Er erklärte den Lesern der Zeitung die Beweggründe, die zur Kündigung des Rabbiners geführt hatten, insbesondere seine Verpflichtung, keine zionistische Propaganda zu treiben.

---

62 ebd. Sogar im B.J.C., der den Vorgängen in den Gemeinden gleichgültig gegenüberstand, stellten sich die Bundesbrüder ihrem »Alten Herrn« Emil Cohn zur Seite. Ein Student forderte die Bundesbrüder auf, aktiv am Gemeindekampf teilzunehmen und als kleineres Übel die Konservativen zu unterstützen. Auf längere Sicht sollten sie für ein neues Wahlrecht eintreten und eine »Jüdische Volkspartei« gründen.
»Vorläufig ist ja alles nur erst Zukunftsmusik. Stellt Euch aber einmal vor, wie schön es sich ausmachen würde, wenn auf der Liste der ›Jüdischen Volkspartei‹ als erster Name ›Dr. Emil Cohn‹ zu lesen wäre. Und denkt Euch weiter aus, was sich alles ereignen könnte, wenn die guten Berliner Repräsentanten in die Lage kämen, nun doch unsern Emil Cohn ›anzuhören‹! Wenn Ihr wollt, ist es kein Märchen!« Adolf Wolf (München), »V.J.St. und jüdische Gemeindepolitik«, J.St. Nr. 6, Juli 1907, S. 159f.

63 »The Suspension of a Zionist Rabbi«, The Jewish Chronicle Nr. 1987, May 3, 1907, S. 12. Leitartikel.

64 »The Ghetto Spirit Writ Large«, The Jewish Chronicle Nr. 1988, May 10, 1907, S. 8. Leitartikel.

»In this action, neither the Ghetto bend nor petty fright of the Headmaster is evinced. Has a religious board, which considers Zionist agitation inappropriate, not the right to expect fulfilment of a promise made by its preacher? Had Dr. Cohn wished to proceed with his Zionist agitation, he ought not to have accepted the call as a preacher, and would thus have saved himself and the executive much annoyance.«[65]

Es war jedoch die Ansicht des »Jewish Chronicle«, daß diese Argumentation den Fall nur noch verschlimmere. Wie konnte es dem Gemeindevorstand überhaupt einfallen, einen Rabbiner zu einer solchen Verpflichtung zu veranlassen? Die Zeitung nahm ihre Behauptung nicht zurück: Die Handlung der Berliner Gemeinde sei ein untrügliches Kennzeichen der Intoleranz und des »ghetto spirit«. Ein Rabbiner sei entlassen worden, weil er sein Judentum über sein Deutschtum gestellt habe. Die Wahrung der Ehre des Judentums und die Gedankenfreiheit eines Rabbiners in seiner Gemeinde seien Dinge des Prinzips.

»That is the ›ghetto spirit‹ to which we referred, that is the ›craven fear‹ to which we allude – not, be it noted, merely of the Director of the School, but of their non-Jewish neighbours, which the Executive shared with the masters. There is no need to be anti-Semitic to hold in contempt this cringing attitude on the part of those who boast of being Germans and at the same time adopt an attitude of which any German worthy the name would be ashamed. We, of course, write in no party spirit. It matters not to us that Rabbi Cohn happens to be a Zionist. There must be no encouragement given to the lowering of the prestige of Judaism, and no quarter to intolerance and bigoted persecution within the community.«[66]

Im Verlauf der Aktion gegen die Kündigung des Rabbiners Cohn veröffentlichte die »Jüdische Rundschau« diesen Artikel und betonte das moralische Gewicht der Verurteilung des Berliner Gemeindevorstandes durch die größte unparteiische jüdische Zeitung der Welt.[67] Die Protestaktion blieb jedoch fruchtlos. Die Berliner Gemeinde war nicht zur Rücknahme ihrer Beschlüsse zu bewegen. Der Boykott gegen den Zionismus in den jüdischen Gemeinden feierte einen weiteren Sieg.[68]

---

65 »The Case of Rabbi Emil Cohn, Berlin«, The Jewish Chronicle Nr. 1989, May 17, 1907, S. 11. Leitartikel.

66 »The Case of Rabbi Cohn«, ebd. S. 8.

67 »Brief eines Repräsentanten«, JR Nr. 21, 24. 5. 1907, S. 209–211.

68 Rabbiner Cohn siedelte nach Kiel über und fing dort an, Jura zu studieren. Er wurde jedoch von der Gemeinde zum Rabbiner gewählt und bekleidete dieses Amt bis 1912. Bis 1914 war er Rabbiner in Essen. Hans Tramer, »Bernhard und Emil Cohn«, a.a.O.; Emil Cohn, Lebenslauf, a.a.O.

»Wir werden auf dem Platze sein«

Die intransigente Einstellung der Berliner Gemeindevorsteher – insbesondere der liberalen – muß auch im Zusammenhang mit den zum Jahresende bevorstehenden Repräsentantenwahlen verstanden werden. Die »Affäre Cohn« gab den »Liberalen« die gewünschte Gelegenheit, die Zionisten in der Öffentlichkeit bloßzustellen und zu isolieren, da sie angeblich durch nationalradikale, unverantwortliche Deklarationen das Verhältnis zu Christen getrübt und das völlige Aufgehen in die deutsche Gesellschaft beeinträchtigt hatten. Je mehr sich der Wahltag näherte, desto isolierter blieben die Zionisten. Die »Liberalen« und »Konservativen« hatten die gegenseitige Spannung bereinigt, sich zu einem »Wahlblock« zusammengeschlossen und eine gemeinsame Kandidatenliste aufgestellt. Der ehemalige Wahlpartner der Zionisten, der orthodoxe »Synagogenverband«, blieb diesmal den Wahlen fern. Es blieb den Berliner Zionisten nichts anderes übrig, als ihre Verachtung für im voraus feststehende Wahlergebnisse durch Stimmenenthaltung zu demonstrieren.[69]

Der gewisse Sieg der liberal-konservativen Liste führte zur Verringerung des Wahlinteresses. Nur 17% der Wahlberechtigten beteiligten sich, der niedrigste Prozentsatz seit zwölf Jahren. Wie vorher vereinbart, wurden 12 Liberale und 9 Konservative in die Repräsentantenversammlung gewählt.[70] Trotzdem war die liberale »Allgemeine Zeitung des Judentums« unzufrieden. Sie klagte über die Gleichgültigkeit der Berliner Juden und die an den Wahlurnen herrschende Langeweile. Die Zeitung berichtete ferner über Manipulationen der Konservativen, welche Namen liberaler Kandidaten von Stimmzetteln ausschnitten und sie durch andere ersetzt hätten. Solche Taten wären ein schlechtes Omen für die künftige Zusammenarbeit.[71] Das Mißtrauen war anscheinend gegenseitig. Die »Jüdische Rundschau« bemerkte ironisch, daß auf beiden Seiten »fleißig gestrichen wurde«.[72]

Die Erfahrung der Isolierung bei diesen Wahlen lehrte die Berliner Zionisten, sich künftig nicht auf gelegentliche Wahlkoalitionen oder improvisierte Bündnisse einzulassen. Sie beschränkten sich daher nicht mehr auf ein »Dezernat für Gemeindeangelegenheiten«, sondern schufen eine feste, ihrem Einfluß unterstellte Organisation, den »Neuen jüdischen Gemeindeverein«. Dieser sollte die oppositionellen Elemente zusammenschließen und mit der Zeit eine Alternative für die liberal-konservative Gemeindeleitung bilden. Mit Gründung dieses

69 »Liberalkonservative Paarung«, JR Nr. 48, 29. 11. 1907, S. 513. In den folgenden Nummern brachte die Zeitung keine Wahlresultate.

70 Von 22013 Wahlberechtigten stimmten nur 3767 ab. Die »Allgemeine Zeitung des Judentums« war der Ansicht, daß die Majorität größer war, da drei Konservative keine entschlossenen Konservativen wären. AJZ Nr. 49, 6. 12. 1907, Beilage Gemeindebote.

71 »Nachklänge zu den Gemeindewahlen«, AJZ Nr. 51, 20. 12. 1907, S. 603f.

72 »Die Gemeindewahl in Berlin«, JR Nr. 46, 18. 11. 1910, S. 525.

Vereins[73] bevorzugten es die Zionisten, wie in früheren Fällen, ihren Einfluß mittels einer »neutralen« Körperschaft indirekt zur Geltung zu bringen.
Ein Aufruf des »Neuen jüdischen Gemeindevereins« forderte die Juden Berlins zum Anschluß auf, um das Gemeindeleben neu zu organisieren. Er wandte sich an Kreise, die den Angelegenheiten der Jüdischen Gemeinde keinerlei Interesse entgegenbrachten und deren Gleichgültigkeit ihrer völligen Unkenntnis über die komplizierte Gemeindeorganisation entsprach. Der Aufruf forderte diejenigen zu erneuter Mitarbeit auf, die sich desinteressiert und gelangweilt von der Gemeindearbeit abgekehrt hatten. Man wies auf die zentrale Stellung der Berliner Gemeinde hin, die ein Drittel der deutschen Judenheit umfasse und die einzige staatlich anerkannte Organisation der Judenheit sei.
Der »Neue jüdische Gemeindeverein« vertrat den Standpunkt, daß jeder nach seiner Façon selig werden solle.

> »Wir aber wollen die religiösen Streitigkeiten bannen, wir wollen in einer Zeit, da das Judentum gegen seine Feinde nach außen wie auch dem zunehmenden Abfall in seinen eigenen Reihen einen schweren Kampf zu führen hat, mit Nachdruck darauf hinweisen, was uns alle vereint... Über den religiösen Parteiungen soll er [der Gemeindeverein, Y. E.] stehen; *nicht liberal, nicht konservativ, jüdisch soll er sein... Wer erkennt, daß wir aus warmem jüdischen Herzen heraus einen neuen Weg zu finden uns mühten, der wird auch seinen Weg zu uns finden.«*

Dem Aufruf war ein Programm beigefügt, das 19 administrative, religiös-kulturelle, soziale und politische Forderungen enthielt. Die Mehrzahl der Forderungen war von den Zionisten anläßlich der Gemeindewahlen oder in Kollenschers »Aufgaben jüdischer Gemeindepolitik« erhoben worden. Weder der Aufruf noch das Programm erwähnten irgendwelche Bindungen zu nationaljüdischen Richtlinien. Anderseits trat, mehr als in ähnlichen Veröffentlichungen, die Sorge für den »kleinen Mann« und die ostjüdischen Immigranten zu Tage, als deren Sprecher der Verein auftrat. Dies drückte sich nicht nur in den »sozialen« Forderungen aus: Unterstützung jüdischer Kleinexistenzen, stärkere Berücksichtigung jüdischer Handwerker bei Vergabe der Gemeindearbeiten, umfassendere Fürsorge für landfremde Durchwanderer und Reform der Sozialfürsorge. Diese Tendenz trat auch in administrativen, religiösen und politischen Forderungen zutage: Aufstellung eines Beamtenbesoldungs- und Beamtenpensionsgesetzes sowie Gehaltsaufbesserungen der unteren Beamtenschaft, Beseitigung des »Dreiklassensystems« bei Beerdigungen und die obligatorische Teilnahme eines Rabbiners an diesen; Anteilnahme am Hilfswerk für nichtdeutsche Juden.[74]

---

73 Einladung mit Unterschrift Dr. Pinkus zur Gründungsversammlung des »Neuen jüdischen Gemeindevereins« am 30. 1. 1908. CZA a11/24.
74 Neuer jüdischer Gemeindeverein, Flugblatt und Programm, o. D. (1908), CZA A142/87/34.

Soll ein Zionist wirklich Zeit und Kraft für solch »prosaische« Fragen wie die Kantoren-Renten oder Beerdigungszeremonien aufbringen? Diesbezüglich herrschten in der ZVfD Meinungsverschiedenheiten. Die Aktivität der zionistischen Gemeindefunktionäre wurde von den »Radikalen« kühl und herablassend betrachtet. Gegenüber den »Radikalen«, die sich mit der Bildung einer zionistischen »Seelenelite« unter der Intelligenz befaßten, kämpften die Gemeindefunktionäre an einer grauen, aber existenziellen »zweiten zionistischen Front«. Hier mußten sie vom Olympus der reinen Ideologie zu Angelegenheiten des Alltags herabsteigen. Die Tuchfühlung mit dem »Volk«, mit Handwerkern, Lehrlingen und jungen Kaufleuten sowie mit Ostjuden, trug auf beiden Seiten zur Verwurzelung des nationaljüdischen Bewußtseins bei. Es war eine langfristige Investition, deren Früchte nicht immer sichtbar waren. Unter dem Einfluß des ersten Weltkrieges und seiner Auswirkungen legte Siegfried Moses (Vorsitzender der ZVfD 1933–1937, erster Staatskontrolleur von Israel) besonderen Nachdruck auf die Sozialarbeit, als integraler Bestandteil zionistischer Tätigkeit. Durch sie sollte die konventionelle Gemeinde zur »Volksgemeinde« umgestaltet und die Reorganisation der deutschen Judenheit in Gang gebracht werden. Durch Sozialarbeit im jüdischen Volke sollten die deutschen Zionisten für das gemeinsame Leben in Palästina vorbereitet werden. Auf dem 16. Delegiertentag (1920) führte Moses folgendes an:

> »Ich komme nun zu den *praktisch-organisatorischen* Zielen, die wir in der jüdischen Wohlfahrtspflege verfolgen müssen. Sie hängen eng zusammen mit der von uns deutschen Zionisten erstrebten Umwandlung der jüdischen Gemeinden zu Volksgemeinden, die sich zu Trägern des ganzen jüdischen Lebens entwickeln müssen. ... Was gerade *diese* Arbeit für Zionisten so anziehend und besonders wertvoll macht, ist ja vor allem die Tatsache, daß es sich um *Arbeit am jüdischen Volke* handelt ... Dem Zionisten bedeutet sie deshalb unendlich viel mehr, weil sie ihm nicht bloß sozial fernstehende Schichten näher bringt, sondern ihm selbst die innere Berührung mit dem jüdischen Volkstum verschafft ... Durch die Förderung sozialer Fähigkeiten und der menschlichen Beziehungen zwischen den Volksgenossen hilft die soziale Arbeit schließlich auch mit dazu, günstige Voraussetzungen für das Gemeinschaftsleben in Palästina zu schaffen.«[75]

In einem Punkt ging das Programm des »Neuen jüdischen Gemeindevereins« über spezifische Gemeindeangelegenheiten hinaus, indem es in die politischen Forderungen die »Wahrnehmung der staatsbürgerlichen Rechte und politischen Interessen der Juden« einschloß.[76] Es ist kaum anzunehmen, daß es dem Juristen Klee – eine zentrale Figur des Vereins und höchstwahrscheinlich der

---

75 JR Nr. 50, 27. 7. 1920, S. 401f. Hervorhebung im Original; vgl. Max Kreutzberger, »Zionistische Vereinigung für Deutschland und soziale Volksarbeit«, BLBI, 14., Jg. Nr. 51, Neue Folge 1975, S. 6–9.

76 Neuer jüdischer Gemeindeverein, Flugblatt und Programm, a.a.O.

Verfasser des Programms – entgangen war, daß dieser Programmpunkt nicht in den Bereich der Gemeindetätigkeit gehörte. Hier konkurrierte der »Neue jüdische Gemeindeverein« mit dem »Verband der deutschen Juden« und dem »Zentralverein deutscher Staatsbürger jüdischen Glaubens«. Dieser Punkt sollte wohl den Widerstand gegen die politische Linie dieser Organisationen ausdrücken und auf die Möglichkeit einer alternativen Vereinigung hinweisen, die dann auch 1913 – nach dem Konflikt zwischen ZVfD und »Zentralverein« – ins Leben gerufen wurde.

In Baden kämpften die Zionisten 1908 gegen die Reform des traditionellen Gebetbuches. Diese Reform war von dem Oberrat der badischen Juden vorgeschlagen worden und sollte von der neuen, im Juni zu wählenden Landessynode endgültig beschlossen werden. Der Wahlkampf kreiste hauptsächlich um die Gebetbuchreform, und der Oberrat sah darin eine Prestigefrage. Zuerst protestierten die orthodoxen Juden gegen die Einführung eines reformierten Gebetbuches, aus dem das Andenken an Zion und Jerusalem und die Hoffnung auf die Wiedergeburt Israels im Lande der Väter ausgemerzt waren. Als Gegengewicht gründeten die Reformanhänger einen »Liberalen Landesverein«, der Propaganda zur Synodalwahl betrieb.

Das Verhältnis der Zionisten zur Synode und zum Oberrat war bisher positiv. Sie schätzten diese Institutionen als eine zusammenfassende Repräsentanz der badischen Juden und erkannten ihre Leistungen, vor allem auf sozialem Gebiet und der Hebung des Erziehungswesens, an.[77] Ihrer üblichen Taktik entsprechend distanzierten sich die badischen Zionisten von allen religiösen Differenzen. Doch im Kampf um das Gebetbuch beschlossen die badischen Gruppenverbände, aus ihrer Reserve herauszutreten und ihre Mitglieder und Sympathisanten anzuweisen, gegen die Reform anzukämpfen. Diese sei ein Ausdruck des »krassen Assimilantentums« und gefährde Einheit und Bestand der badischen Judenheit.[78] Sie schritten zusammen mit den Orthodoxen gegen den »Liberalen Landesverein« zur Wahl und erhielten 15 der 21 Synodalsitze. Damit wurde die Gebetbuchreform von der Tagesordnung abgesetzt.

In der Bewertung ihres Sieges hoben die badischen Zionisten die große Mehrheit der Reformgegner in einigen Wahlkreisen und besonders die Mehrheit der Zionisten in Karlsruhe, Sitz des Oberrats, hervor. Dort hatten sie zwei Drittel der Stimmen erzielt, obwohl sie auf einer separaten Liste kandidierten. (In Karlsruhe waren die Orthodoxen aus der allgemeinen Organisation der badischen Juden ausgetreten.) Doch sie maßen ihrem Erfolg weittragendere Bedeutung bei.

---

77 Die Tätigkeit des Oberrates fand Anerkennung auf dem 5. Zionistenkongreß.
78 »Badische Gebetbuchreform«, JR Nr. 10, 6. 3. 1908, S. 88f.

»Der positive Erfolg wird in einer Stärkung des jüdischen Pflichtbewußtseins liegen, da ein Interesse an jüdischen Dingen durch den seit Monaten tobenden Kampf im ganzen Lande geweckt wurde, wie er in solcher Stärke in Baden bisher noch nicht beobachtet worden war. Es wird unsere Aufgabe sein, nach Kräften mitzuwirken, daß diese neue Kraft jetzt – da der Friede innerhalb der Organisation gewährleistet erscheint – im jüdischen Sinne nutzbar gemacht wird.«[79]

Zwei Monate nach den Wahlen fand eine Tagung der zionistischen Gruppenverbände Badens statt, auf deren Tagesordnung »Unsere Stellung im jüdischen Gemeindeleben und zur Gemeindepolitik« stand. Der Referent Dr. Julius Moses (Mannheim) bedauerte, daß die badischen Zionisten durch die Verhältnisse gezwungen wurden, sich um die Gemeindepolitik zu kümmern, anstatt sich am Aufbau der jüdischen Heimat in Palästina zu beteiligen.[80] Angesichts dieser Lage forderte er ein klares Gemeindeprogramm und die Festsetzung von Richtlinien zionistischer Arbeit im Gegensatz zu anderen Organisationen, insbesondere zur Orthodoxie. Ein anderer Referent, Rechtsanwalt Pfälzer (Weinheim) nahm eine gemäßigtere Stellung ein. Er empfahl eine Politik der Versöhnung, vor allem ein taktisches Zusammengehen mit der Orthodoxie, die neben den Zionisten der einzige Träger jüdischer Ideale sei. Nach lebhafter Debatte, deren Einzelheiten nicht aus dem Tagungsbericht ersichtlich ist, wurde einstimmig eine umständlich formulierte Resolution angenommen. Die Richtlinien der Gemeindepolitik sollten von der ZVfD-Leitung in Baden bestimmt werden, jedoch müßte man den Zionisten in den Gemeindeinstitutionen genügend taktischen Spielraum lassen.[81]
»Taktische Erwägungen« sollten bald zu einer schweren ideologischen Abweichung führen: die zionistischen Mitglieder der Synode widersetzten sich nicht dem Ausschluß ausländischer Juden in Baden von der Gemeindewahlberechtigung. Diese Stellungnahme wurde auf dem 11. Delegiertentag der ZVfD (Juni 1908) als ein Verstoß gegen die Grundlagen nationaljüdischer Anschauungen angesehen und erregte scharfe Kritik. Auf Grund eines gemeinsamen Vorschlags der Delegierten Auerbach, Loewe und Becker nahm der Delegiertentag einstimmig folgende Resolution an:

»Der elfte Delegiertentag in Breslau mißbilligt aufs schärfste die Stellungnahme der zionistischen Mitglieder der badischen Synode in der Frage des Gemeindewahlrechts der ausländischen Juden und sieht in der Haltung einen Verstoß gegen die nationaljüdischen Grundsätze des Zionismus.«[82]

79 »Das Reformgebetbuch in Baden gefallen«, JR Nr. 12, 20. 3. 1908, S. 107.
80 Hier kommt schon kraß der Gegensatz zwischen Gemeindepolitik und Heimstättenpolitik zu Vorschein.
81 »Die Tagung der badischen Zionisten«, JR Nr. 21, 22. 5. 1908, Beilage.
82 »XI. Deutscher Delegiertentag«, JR Nr. 24, 12. 6. 1908, S. 230.

Die Gemeindewahlen in Baden und die anschließende Diskussion auf dem Delegiertentag veranlaßten die Zionisten im benachbarten Bayern, auf einem Gruppenverbandstag (Juli 1908) Fragen ihrer Gemeindepolitik zu erörtern. Während in Baden die Landesorganisation der Juden gesetzlich anerkannt war, bestand in Bayern noch das Edikt von 1813, das nur Einzelgemeinden anerkannte. Die Verhandlungen der Verbandstagung konzentrierten sich daher hauptsächlich auf die Notwendigkeit eines Gesetzes, das die Errichtung einer Landesorganisation ermöglichen würde, da nur eine umfassende Organisation zentrale Institutionen gründen und fördern könne. Ein neues Gesetz müsse der Gemeinde die autonome Regelung innerer Angelegenheiten gewähren sowie progressive Steuersätze, ähnlich der Staatssteuer, allgemeines Stimmrecht – auch für ausländische Juden – und den Anschluß an eine deutsche Gesamtorganisation.

Obwohl der Delegierte aus Regensburg meinte, daß die Zionisten »von einer Eroberung der Gemeinden noch weit entfernt seien«, sahen die Teilnehmer der Tagung ein weites Tätigkeitsfeld vor sich. Ein Lehrer aus Lauterbach betonte, gerade die Eroberung der Kleingemeinden (Verhältnis: 286 gegenüber 17 Großgemeinden) entspräche der Anweisung Herzls. Andere Delegierte befürworteten zionistische Toleranz in religiösen Dingen. Man sollte sich lieber Problemen der Wirtschaft, der Erziehung, der Kultur, der Wohlfahrt und der Absorption ausländischer Juden widmen. Felix Teilhaber (München) wies darauf hin, daß dank der Initiative der Zionisten eine jüdische Lesehalle und ein von der Universität anerkannter »Verein für Statistik der Juden« gegründet wurden. »Außerdem erregen die Zionisten Furcht, Unbehagen, was die anderen zur jüdischen Arbeit drängt.«[83]

Die Erfahrung in den Gemeinden veranlaßte das Zentralkomitee der ZVfD, »Unsere Stellungnahme zur jüdischen Gemeindepolitik« auf die Tagesordnung des 11. Delegiertentages zu setzen. Der Referent zu diesem Thema, Kollenscher, setzte die Delegierten vorher über die Thesen seines Vortrags in Kenntnis. Er ging von der Annahme aus, die Teilnahme der Zionisten an der Gemeindearbeit sei erforderlich, nicht nur, weil ihnen nichts Jüdisches fremd bleiben dürfe, sondern weil gerade innerhalb der Gemeinden die größten Möglichkeiten zur Förderung einer jüdisch-nationalen Kultur gegeben seien. Die Zionisten sollten eine selbständige Verwaltung der Kultus- und Gemeindeangelegenheiten ohne staatliche Einmischung anstreben. Der Staat solle lediglich die Schaffung der Organisationsformen der Gemeinden und Gemeindever-

[83] »II. Bayrischer Gruppenverbandstag«, JR Nr. 31, 31. 7. 1908, Beilage. Über die gesetzliche Lage der Juden in Bayern siehe: Joseph Heimberger, Die staatskirchliche Stellung der Israeliten in Bayern, Tübingen 1912, S. 46–56. Prof. Heimberger war nichtjüdischer Experte für Kirchenrecht.

bände und das Recht der direkten Steuereinziehung gewähren. Kollenscher forderte erneut die Annullierung der Privilegien, das allgemeine, gleiche und geheime Wahlrecht, die Öffentlichkeit der Sitzungen, progressive Einkommens- und Vermögenssteuer und die gebührenlose Gewährung von Ritualien. Kollenscher bezog sich auch auf die Stellung der Zionisten zu den religiösen Strömungen im Judentum. Auch hier manövrierte er zwischen dem Grundsatz, die ZVfD dürfe als politische Partei keine Stellung zu den Differenzen zwischen Orthodoxie und Liberalismus nehmen, und der Prämisse, man dürfe der Assimilation durch Reformen keinen Vorschub leisten. Insbesondere müsse die Bedeutung der hebräischen Sprache in Schule und Synagoge gewahrt und der Zionsgedanke in den Gebeten beibehalten werden.[84] Die Gemeinden sollten gegen die Dezentralisation wirken, die infolge der vielen Vereine auf dem Gebiet der Wohlfahrt und Kultur entstanden war. Schließlich sollte den Gemeinden auch die Rechtsvertretung der jüdischen Interessen gegenüber staatlichen Behörden obliegen.[85]

Das Plenum des Delegiertentages widmete den Problemen der Gemeindepolitik verhältnismäßig wenig Zeit und übertrug die Beratung über Kollenschers Thesen einer Kommission. Diese faßte sie als Richtlinien auf, deren Ausarbeitung den einzelnen Ortsgruppen überlassen werden sollte. Nur eine Anordnung stellte man als prinzipielle Forderung: die Gleichberechtigung von In- und Ausländern. Das Plenum nahm den Ausschußbericht entgegen und wählte eine »Kommission zur Bearbeitung der Gemeindeangelegenheiten« unter dem Vorsitz von Kollenscher.[86]

Die Verwirklichung der zionistischen Forderungen war aber noch nicht in Sicht. Dies stellte sich bei den Verhandlungen über den Entwurf der »Verfassung der jüdischen Religionsgesellschaften in Preußen« heraus. Der Entwurf wurde der Tagung des »Deutsch-Israelitischen Gemeindebundes« zur zweiten Lesung im Mai 1909 vorgelegt, um das veraltete preußische Judengesetz von 1847 zu ersetzen.[87] Dieses Gesetz, Produkt des stockkonservativen Regimes Friedrich Wilhelms IV., diskriminierte die Juden im staatlichen und öffentlichen Dienst und an den Universitäten. Zwar gewährte es den »Synagogengemeinden« den Status jüdischer Körperschaften, blieb aber nur auf Ritualien, Religionsunterricht, die Wahl der Verwaltung, der Rabbiner und des Synago-

---

84 Vgl. Heinrich Loewe, Liberalismus macht selig, Berlin 1901.

85 Dr. Kollenscher, Thesen zum Referat »Unsere Stellungnahme zur Gemeindepolitik« (Mai 1908), CZA A15/VII/41.

86 »XI. Deutscher Delegiertentag«, JR Nr. 24, 12. 6. 1908, S. 230.

87 Kommission des Verbandes der Deutschen Juden und des Deutsch-Israelitischen Gemeindebundes, Entwurf eines Gesetzes betreffend die Verfassung der Jüdischen Religionsgesellschaften in Preußen, Zweite Lesung, Fassung der Redaktionskommission, o.O., o.D. (1909). Im folgenden: Entwurf. Über die Ziele und Tätigkeit des »Deutsch-Israelitischen Gemeindebundes« siehe: Was will, ist und leistet der Deutsch-Israelitische Gemeindebund, Berlin 1911.

genpersonals begrenzt.[88] Obwohl durch das Gesetz von 1869 wesentliche Veränderungen in der bürgerlichen Stellung der Juden eintraten[89], bestimmte das Gesetz von 1847 immer noch den Status der Gemeinden.

Die Zionisten lehnten den Entwurf des neuen Gesetzes ab, da er die Rechte der Gemeindemitglieder einschränkte und das Aufsichtsrecht der staatlichen Behörden noch erweiterte. Die Einschränkung der Rechte der Gemeindemitglieder war eine Folge des Gemeindewahlrechts. Der Entwurf fußte auf dem preußischen Dreiklassenwahlrecht und sah für die Wahl der Repräsentantenversammlung die Einführung des geheimen und direkten, doch nicht des allgemeinen Wahlrechts vor. Für den Gemeindevorstand sollte – nach Vorbild des Reichstags – das indirekte Wahlrecht gelten.[90] Die Tendenz der Einschränkung des Wahlrechts geht durch den gesamten Gesetzentwurf. Das Wahlrecht sollte nicht nur durch Alter und deutsche Staatsangehörigkeit, sondern auch durch die »Selbständigkeit« der Gemeindemitglieder bedingt sein. Diese »Selbständigkeit« war nicht genau definiert. So war unklar, ob es sich etwa auf Familienväter oder auf wirtschaftlich Selbständige bezog. Wirtschaftlich Selbständige erhielten das Wahlrecht unter der Bedingung, daß sie ihre Gemeindesteuern in den drei Jahren vor den Wahlen pünktlich entrichtet hatten.[91] Ferner bestimmte der Gesetzentwurf, daß die Gemeindevorstände nicht direkt durch die Gemeinde gewählt werden sollten, wie es vielfach üblich war, sondern durch die Repräsentantenversammlungen. Auch die mögliche Wahl eines einzigen Gemeindevorsitzenden, anstatt des Gemeindevorstandes, wurde vorgesehen.

Gleichzeitig mit der Einschränkung der Rechte der Gemeindemitglieder verzichteten die Verfasser des Entwurfes fast gänzlich auf die Reste der Autonomie der Gemeinde, indem sie freiwillig alle ihre Tätigkeit unter Staatsaufsicht stellten. Die staatliche Behörde sollte darauf achten, daß die Gemeinde nach Gesetz geleitet werde. Sie sollte das Recht auf Information über die Verwaltungsangelegenheiten erhalten und auch Einsicht in die Gemeindeakten haben. In Zukunft sollten die Gemeinden sogar die Bestätigung der Behörde für die Unterstützung anderer Gemeinden oder Institutionen einholen. Eine Regierungskommission sollte die Rabbiner – die den Doktortitel tragen mußten – vor ihrer Ernennung einer Prüfung unterziehen. Sie sollte auch die Religionslehrbücher und sogar die Ernennung von Religionslehrern bestätigen. Die Verfasser des Entwurfs verletzten somit, durch ihr Streben nach behördlicher

---

88 Siehe: Simon Dubnow, Geschichte des jüdischen Volkes (hebr.), Bd. 9, S. 29ff.

89 ebd. S. 211–217; vgl.: Adolf Kohut, Geschichte der deutschen Juden, a.a.O., S. 785.

90 Die Verfassung des Deutschen Reichs von 1871, Artikel 20 (Reclams Universal Bibliothek, 22. Aufl.), Leipzig 1929, S. 25.

91 Auch diejenigen, gegen die eine gerichtliche Anklage vorlag, die mit Aberkennung der bürgerlichen Ehrenrecht verbunden war, verloren das Wahlrecht in der Gemeinde. Die Gemeinde bestrafte sie folglich, noch bevor sie vom Gericht verurteilt wurden. Entwurf II, §§ 4–19, a.a.O., S. 4–6.

Zustimmung, die Solidarität der Gemeinden und beschränkten überflüssigerweise die autonome Entwicklung des Gemeindelebens.[92]
Diesen Vorschlägen, über die der »Deutsch-Israelitische Gemeindebund« beschließen sollte, konnten die Zionisten nicht zustimmen. Sie forderten ein neues Judengesetz zwecks Demokratisierung des Gemeindelebens und Vermeidung staatlicher Einmischung in Religionsangelegenheiten. Die zionistische Kritik war jedoch durchaus nicht blind. Trotz der Verurteilung plutokratischer Tendenzen und des Verzichtes auf Rechte, die das Gesetz von 1871 gewährte, erkannten sie die positiven Vorschläge des Entwurfes an: die Einführung von »Provinzial-Gemeindetagen« und »Landes-Gemeindetagen«, eine progressivere Besteuerung der Gemeinden sowie die Einreihung der Gemeindebeamten in das Beamtengesetz.[93]
Die Änderung des Judengesetzes war keine marginale Forderung der Zionisten, und die »Jüdische Rundschau« kam in mehreren Nummern auf sie zurück. Vor der Zusammenkunft des XI. Deutsch-Israelitischen Gemeindetages veranstaltete die Berliner Zionistische Vereinigung eine Versammlung sämtlicher Zweiggruppen der Stadt. Nach Erklärung aller Einzelheiten der Gesetzesvorlage ersuchte die Versammlung, das Gesetz im Sinne der zionistischen Forderungen zu ändern und beauftragte das Zentralkomitee der ZVfD mit der Durchführung.[94]
Es stellte sich heraus, daß nicht nur die Zionisten den Gesetzesentwurf kritisierten. Dies erfuhr Professor Martin Philippsohn, der dem Gemeindetag eine Übersicht der Grundideen der Kommission bei der Verfassung des Gesetzesentwurfs unterbreitete. Sowohl die Orthodoxen als auch die »Liberalen« meldeten Vorbehalte an. Der Delegierte M. A. Loeb (Frankfurt/M.) bezeichnete den Entwurf als »ein totgeborenes Kind«. Der durch das neue Gesetz beabsichtigte Zwang sei ärger als der irgendeiner anderen Organisation. Es sei ungerecht, das Wahlrecht an den einjährigen Aufenthalt am Ort zu binden und

---

92 ebd. S. 14–16, §§ 62–71. Paragraph 63 des Entwurfs bestimmt, daß der Kultusminister der Kommission das Recht entziehen kann, Rabbiner zu ernennen. Laut Paragraph 78 (2) bestimmt der Kultusminister die Qualifikation der Religionslehrer.

93 Dr. Kollenscher, »Zur Reform des Judengesetzes«, JR Nr. 19, 7. 5. 1909, S. 213f.

94 Folgende Vorschläge zur Abänderung des Entwurfs des Gemeindebundes wurden in einer Versammlung der Berliner Zionisten am 12. Mai 1909 angenommen:

1. Obligatorische Gültigkeit des allgemeinen, gleichen, direkten, geheimen Proportionalwahlrechts für alle Wahlen bei Aufhebung aller Wahlbeschränkungen, soweit sie nicht in § 3 des Wahlgesetzes für den Deutschen Reichstag vom 31. V. 1869 enthalten sind.
2. Direkte Wahl der Mitglieder der Provinzialgemeindetage und des Landesgemeindetages durch die Gemeindemitglieder.
3. Beseitigung der Staatsaufsicht über die jüdischen Selbstverwaltungsbehörden, sowie der Staatskontrolle bei Prüfungen der Rabbiner und Religionslehrer sowie der Lehr- und Lesebücher.
4. Gesetzliche Festlegung ausreichender Rechte für die Rabbiner und Lehrer.

»Zur Reform des Judengesetzes«, JR Nr. 20, 14. 5. 1909, S. 228.

es Armen zu verwehren. Der Delegierte Blumenthal (Kassel), der sich als »religiös-liberal« bezeichnete, lehnte die meisten Gesetzesvorschläge ab, da sie gegenüber dem Gesetz von 1847 einen Rückschritt bedeuten würden. Der Staat bekäme Einspruchsrecht in bezug auf Religionsunterricht, wie auch auf Rabbiner- und Lehreranstellungen. Dieser Punkt wurde besonders von den Rabbinern aus Breslau, Beuthen und München hervorgehoben. Philippsohn wurde anderseits von Rabbiner Vogelstein (Stettin) unterstützt, obwohl auch nach seiner Ansicht »die ideellen Rechte der Rabbiner« nicht genügend gewahrt seien. Hinsichtlich der Stellung von Rabbinern und Lehrern gingen die Vertreter der Gemeinde Berlin, Professor Blaschke und Justizrat Lilienthal, im großen und ganzen mit der Vorlage konform. Blaschkes Anschauung klang bekannt: »Wenn die Gemeinde vom Lehrer oder vom Rabbiner etwas verlangt, was er seiner Überzeugung nach nicht bieten kann, dann verlangt sie von ihm, daß er sich auf den Standpunkt stelle: Wes Brot ich esse, des Lied ich singe!«[95]
Die Zionisten nahmen geringen Anteil an der Diskussion. Klee (Berlin) forderte die Demokratisierung des Gemeindebundes durch Erweiterung des engen Kreises der Gemeindenotabeln.[96] Witkowsky (Berlin) kritisierte das reaktionäre Gemeindewahlrecht: es stehe in krassem Gegensatz zu den liberalen Forderungen der Juden für das preußische Landtagswahlrecht. Er hatte auch moralische Bedenken bezüglich des passiven Wahlrechts für Juden, die ihre Kinder zur Taufe geführt hatten. Er trat für die geistigen und wirtschaftlichen Interessen der Rabbiner ein. Die vorgelegten Maßregelungen durch Gemeindevorstände würden das Ansehen des Rabbinerstandes herabsetzen.[97]
Die von Anhängern verschiedener Richtungen am Gesetzesentwurf geübte Kritik erwies sich als ausschlaggebend. Der Gemeindetag lehnte den Entwurf mit einer kleinen Mehrheit von 183:178 Stimmen ab und beauftragte eine Kommission mit der Ausarbeitung einer neuen Vorlage.[98] Die Abstimmungsanalyse brachte die Zionisten zur Folgerung, ihre Einflußnahme stehe in keinem Verhältnis zu ihrer zahlenmäßig kleinen Delegation. Durch Erhöhung ihrer Delegiertenzahl zur nächsten Tagung könnten sie zum Zünglein der Waage werden.[99]

Die Abstimmung erregte Besorgnis bei der liberalen Leitung des Gemeindebundes, insbesondere bei den Vertretern der Großgemeinden. Sie wurden gewahr, daß sie ihrer Herrschaft nicht mehr sicher sein konnten. Um die Wiederholung einer ähnlichen Situation zu vermeiden, beriefen sie eine außer-

95 »XI. Deutsch-Israelitischer Gemeindetag, Bericht der Verhandlungen«, JR Nr. 21, 21. 5. 1909, S. 238.
96 Die Rede von Klee auf der »Vorkonferenz«, ebd. S. 237.
97 »1. Verhandlungstag«, ebd. S. 238.
98 ebd. S. 240.
99 ebd. S. 237, Leitartikel.

ordentliche Tagung ein. Die Vorschläge zur Revision der Gemeindebundstatuten sollten die Vertretung der Kleingemeinden zugunsten von Großgemeinden einschränken. Die Änderung der Abstimmungsregeln sollte bewirken, daß eine Minorität innerhalb der Delegation in Zukunft nicht nach abweichenden Anschauungen gegen den Willen der Mehrheit stimmen dürfe. Sie müßten den Anordnungen des Delegationsführers folgen, der auf Grund der »Führung des Stimmrechts« mit der Abstimmung der gesamten Delegation betraut werden sollte.

Die ZVfD stellte sich entschieden auf die Seite der Kleingemeinden.[100] Ihre Führung verurteilte die durchsichtigen Manöver, ihnen das Wahlrecht zu entziehen, als »Putschversuch« der Großgemeinden. Sie warnten vor der Absicht, den Gemeindetag zu einem »Schattenparlament« zu degradieren. Dieses sollte offensichtlich nur die Vorschläge des Gemeindebundes verabschieden, was schließlich die Zerstörung des Bundes zur Folge hätte.[101]

In einem besonderen Rundschreiben mobilisierte das Zentralkomitee der ZVfD seine Funktionäre in ganz Deutschland. Man hob die »hohe Wichtigkeit« des außerordentlichen Gemeindetags hervor; man sollte mit allen Mitteln dafür sorgen, daß nicht nur an ihrem Ort, sondern auch in den umliegenden Kleingemeinden zionistische Delegierte gewählt werden. Man könne deren Mandate auch auf einen Berliner Zionisten übertragen.[102]

Die Niederlage der Leitung des »Deutsch-Israelitischen Gemeinde-Bundes« war auf dem außerordentlichen Gemeindetag noch überzeugender: Die Statutenänderung wurde mit 470:325 Stimmen abgelehnt. Das war ein bedeutender Erfolg der nur 80 Mandate starken zionistischen Fraktion, an deren Spitze Klee stand. Sie war zwar nicht, wie gehofft, das Zünglein an der Waage geworden. Ihr geschlossenes Auftreten veranlaßte aber die Vertreter der Kleingemeinden und der Orthodoxen zu einer vereinigten Abstimmung. Jetzt wußte die Leitung des Gemeindebundes, daß es sich um keine zufällige Majorität handelte, sondern um einen massiven Block, der nicht nur ein anderes Judengesetz, sondern auch wesentliche Reformen der Statuten und des Gemeindewahlrechts anstrebte.[103]

Das Interesse der deutschen Zionisten an einer Stärkung des »Deutsch-Israelitischen Gemeinde-Bundes« war verständlich. Jede jüdische Organisation zur Festigung jüdischer Existenz ging mit den zionistischen Grundideen konform. Darüber hinaus eröffnete sich ein zentrales Tätigkeitsfeld, das ihre Schwäche in den einzelnen Gemeinden aufwiegen konnte.

---

100 Im Jahre 1911 zählte der »Gemeindebund« 1008 Gemeinden. Siehe: Gerhard Holdheim, Walter Preuß, Die theoretischen Grundlagen des Zionismus, Berlin 1919, S. 77.

101 »Jüdische Gemeindeagrarier. Eine kleine Statutenabänderung«, JR Nr. 20, 19. 5. 1911, S. 221f.

102 Hantke, Zentralkomitee der ZVfD, 17. 5. 1911, CZA Z2/410.

103 »XII. Deutsch-Israelitischer Gemeindetag«, JR Nr. 24, 16. 6. 1911, S. 269f.

Ende 1910 schritt die Berliner Gemeinde wieder zur Wahl ihrer Repräsentantenversammlung. Im Gegensatz zu der lauen Atmosphäre von 1907 war diesmal die Spannung des Wahlkampfes deutlich spürbar. »Kein Tag vergeht, an dem nicht wenigstens eine öffentliche Versammlung oder Vertrauensmännersitzung stattfindet. Auf beiden Seiten wird mit Anspannung aller Kräfte gekämpft...«[104] Die Erregung in den Wahlversammlungen war so groß, daß stürmische Diskussionen in Beschimpfungen und »Saalschlachten« ausarteten, in denen man einander mit Gläsern und Tischen bewarf. Große Inserate im »Berliner Tageblatt« warnten vor der Wahl Klees in die Repräsentantenversammlung.[105]

Die Ursache des verschärften Wahlkampfes war der Erfolg des »Neuen Jüdischen Gemeindevereins«, der die Zionisten aus ihrer Isolation herausgezogen hatte. In den drei Jahren seines Bestehens hatten sich ihm verschiedene oppositionelle Gruppen, nicht etwa nur aus religiösen Motiven, angeschlossen. Infolge der Bemühungen des zionistischen Gemeindefunktionärs Dr. Zwirn gründete man die »Jüdische Wahlvereinigung«, die sich aus dem »Verband der Synagogenvereine« (der die konservativen Privatsynagogen vertrat), dem orthodoxen »Verein zur Erhaltung des überlieferten Judentums«, dem »Verein selbständiger Handwerker jüdischen Glaubens« und dem »Neuen Jüdischen Gemeindeverein« zusammensetzte.

Da die Wahlen von 1910 nicht im Zeichen eines bestimmten Ereignisses oder kontroversen Themas wie »Sabbat oder Sonntagsgottesdienst« standen, wich die »Jüdische Wahlvereinigung« von der bisherigen Propagandalinie ab. Die diesmalige Orientierung näherte sich dem zionistischen Grundsatz, die religiösen Gegensätze, »liberal« oder »konservativ« nicht in den Vordergrund zu rücken. Der Wähler sollte vor die Schicksalsfrage gestellt werden: »mit welchen Mitteln ein lebendiges, wurzelechtes Judentum zu erhalten und zu erwecken ist.« Ihr Programm enthielt die Pflicht der Sabbatruhe und die Pflege der hebräischen Sprache, die Errichtung von Synagogen in jüdischen Wohnvierteln, die Sorge für die jüdische Erziehung von 20000 jüdischen Schulkindern in jüdischen Volks- und Religionsschulen, sowie die Forderung nach Demokratisierung der Gemeindeinstitutionen.[106]

Es gelang der »Jüdischen Wahlvereinigung«, eine selbständige, repräsentative[107]

---

104 »Gemeindewahl in Berlin«, JR Nr. 46, 18. 11. 1910, S. 525.

105 »Wahlbetrachtungen«, JR Nr. 47, 25. 11. 1910, S. 537, Leitartikel; Hans Goslar, »Repräsentantenwahlen und Jugend«, JR Nr. 49, 9. 12. 1910, S. 562.

106 »Zur Berliner Gemeindewahl«, Aufruf der »Jüdischen Wahlvereinigung«, JR Nr. 39, 30. 9. 1910, S. 462f.

107 Nach Berufen war die Zusammensetzung der Liste wie folgt: Zwei Bankiers, ein Dozent, ein Handelsrichter, drei Ärzte, zwei Kaufleute, drei Rechtsanwälte, ein Chemiker, drei Stadträte der Stadt Berlin, ein Druckereibesitzer und zwei Rentner. »Die Gemeindewahl in Berlin«, a.a.O.

Liste von 18 Kandidaten aufzustellen, der nur fünf Zionisten angehörten[108], vermutlich, um ihr keinen zu zionistischen Anstrich zu geben. Auch diesmal machten sich die Zionisten keine Illusionen über den Wahlausgang. Sie begnügten sich mit »einem frischen, mit leidenschaftlicher Hingabe geführten Wahlkampf. Wem der Sieg auch zufallen mag, die im Sinne eines positiven bewußten Judentums geleistete Arbeit wird in jedem Falle ihre Früchte tragen.«[109]
Die »Jüdische Rundschau« hatte ihre Leser auf die Niederlage vorbereitet. Sie meinte jedoch, daß, selbst wenn der Sieg diesmal nicht dem »Gemeindeverein« zufiel, es wichtig wäre zu wissen, wieviel Wähler einen Zionisten in der Repräsentantenversammlung sehen wollten. »Diese Zahl kann selbst bei einer Niederlage ein großer Erfolg unserer Sache sein.«[110]
Wie vorauszusehen war, siegten die »Liberalen«. Die Zionisten bezeichneten es als einen »Pyrrhussieg«, denn im Vergleich mit dem Ergebnis von 1904 – die Wahlen ohne Gegner von 1907 nicht eingerechnet – hätten die Sieger ca. 500 Stimmen verloren.[111] Diese Statistik war indes ein schwacher Trost. Die entscheidende Tatsache blieb der große Unterschied zwischen den zwei ersten Kandidaten der »Liberalen«, die 9092 und 6030 Stimmen erhielten und denen der Zionisten, 3695 respektive 3667 Stimmen. Der eigentliche Erfolg der Zionisten war also nicht der verhältnismäßig geringe Verlust des liberalen Lagers, sondern der zehnfache Stimmenzuwachs, den zionistische Kandidaten erhielten.[112]
Wahlen in der Gemeinde Berlin, wo ein Viertel der jüdischen Bevölkerung Deutschlands lebte, gingen weit über ihre lokale Bedeutung hinaus. Sie wurden als charakteristisch für die politischen Tendenzen der Großstadtjuden betrachtet und übten daher auch auf entfernte Gemeinden Einfluß aus. So folgerte ein liberaler Jude in Stargard (Pommern), die »Liberalen« könnten sich nun nicht mehr auf die Konservativen, die »Schinkenorthodoxie« verlassen. Diese Richtung trage den Stempel der Unwahrhaftigkeit und der Heuchelei auf der Stirn. Sie sei ins Lager der »Zionswächter« übergegangen, dem es nur um eine Kraftprobe zu tun war, um den Siegeszug ihrer utopistischen Idee zu manifestieren. Nicht die Konservativen, deren Zahl auf hundert zusammengeschmolzen war, sondern die Zionisten seien jetzt die gefährlichen Gegner des »Liberalismus«.

---

[108] H. G. Heymann, Alfred Klee, Carl Lewin, Eduard Leszynsky und wahrscheinlich auch Jacob Schachtel.
[109] »Die Gemeindewahl in Berlin«, JR Nr. 46, 18. 11. 1910, S. 525. Leitartikel.
[110] »Wahlbetrachtungen«, JR Nr. 47, 25. 11. 1910, S. 537. Leitartikel.
[111] ca. 5400 Stimmen im Jahr 1910 gegenüber 5800 im Jahr 1904, der durchschnittliche Stimmenverlust, der 18 Kandidaten der liberalen Liste. »Ein Pyrrhussieg«, JR Nr. 48, 2. 12. 1910, S. 549. Leitartikel.
[112] »Die Wahlziffern der letzten Repräsentantenwahlen«, Gemeindeblatt der Jüdischen Gemeinde zu Berlin, Nr. 2, 10. 2. 1911.

»Denn der Zionismus ist gefährlich, nicht durch die Kraft seiner Ideen, sondern weil er in der Wahl seiner Mittel vor nichts zurückschreckt und in seiner Rücksichtslosigkeit nicht auf den Schaden achtet, den er durch sein Gebahren der Gesamtheit zufügt. Die zionistischen Führer haben erkannt, daß, wer die geistesträgen Massen für sich gewinnen will, die Leidenschaften der Massen entfesseln und daher mit demagogischen Schlagworten arbeiten muß.«[113]

Wie die »Liberalen«, versuchten auch die Zionisten aus der Erfahrung in Berlin Konsequenzen für die Gemeinden in Köln, Frankfurt/M., Königsberg und München zu ziehen, wo Wahlgemeinschaften mit Orthodoxen bestanden. Im Gegensatz zum spöttischen Ton über den »Pyrrhussieg« der »Liberalen« ertönten jetzt im zionistischen Lager Stimmen, die die laue und unwirksame Mitarbeit der Orthodoxen kritisierten.[114] Jeremias (Posen) klagte, die Zionisten unterstützten praktisch überall die Orthodoxen, während diese die Zionisten, trotz gemeinsamer Interessen überall vor den Kopf stießen. Die Orthodoxie fürchte »die zionistischen Danaer, auch wenn sie Geschenke bringen«. Es sei die Furcht vor der taktischen Vermischung »mit glaubenslosen und dennoch positiven Juden«, die eher zu einer Verwischung der Glaubensgrundlage bei den eigenen Anhängern führen könnte, als ein gelegentliches Zusammenarbeiten mit »wirklich negativen« Juden. Man fürchte ferner eine Identifizierung mit den »vaterlandslosen Gesellen«. Auch die Forderung der Demokratisierung des Gemeindelebens wäre den Orthodoxen wohl unheimlich, da sie prinzipiell einen oligarchischen Gemeindeaufbau bevorzugten. Dazu käme noch ihre organisatorische Unfähigkeit, ihre taktische Agitationsschwäche und ihre Undiszipliniertheit vor den Wahlen. Der naheliegende Wunsch mancher Zionisten, von diesen »schwachgemuten Bundesgenossen« loszukommen, könne daher kaum verwundern.[115]

In diesem Punkt waren sich die Zionisten indes nicht einig. Dr. Loewy, ein Berliner Zionist, behauptete, er habe beim Wahlkampf nichts von einer Antipathie der Orthodoxen gegen den Zionismus bemerkt. Im Gegensatz zu den Neigungen zur von Jeremias gegeißelten Oligarchie habe gerade die Orthodoxie die Interessen des »kleinen Mannes« und der gesetzestreuen Ausländer vertreten. Er hob besonders Persönlichkeit und Wirken des Rabbiner Hirsch Hildesheimer hervor, der den zionistischen Bestrebungen als Nichtzionist nahestand. Loewy gab zu, daß die Orthodoxen sich in der Organisation und Disziplin nicht gerade auszeichneten. Doch diese Mängel werden durch die Treue zu den Überlieferungen und dem geschlossenen Widerstand gegen Änderungen in der Kultusausübung ausgeglichen. Er schätzte, daß sie ihre

113 Dr. Silberstein (Stargard-Pommern), »Die Berliner Repräsentantenwahlen aus der Fernsicht«, AZJ Nr. 50, 16. 12. 1910, S. 595.

114 »Die schwachgemuten Genossen, die nur mit halbem Herzen die weltaktische Einigung mit uns eingingen«. Karl Jeremias (Posen), »Gemeindewahlen«, JR Nr. 50, 16. 12. 1910, S. 572f.

115 ebd.

Pflicht bei den Wahlen zusammen mit den Zionisten erfüllten, trotz aller Hindernisse, welche die liberale Gemeindeleitung dem Mittelstand und dem »kleinen Mann« in den Weg gelegt hatte.[116]

Die Meinungsverschiedenheiten in der zionistischen Presse über den Wahlausgang konnten das Gefühl der Enttäuschung nur schwer verbergen. Infolge des herrschenden Wahlsystems hatten die Zionisten nicht einmal einen Verteter in der Repräsentantenversammlung, obwohl sie 42% der Stimmen erhalten hatten. Ohne eine Systemänderung waren die Aussichten der »Eroberung der Gemeinde« nicht gerade günstig. Da nicht anzunehmen war, daß der liberale Gemeindevorstand das Wahlrecht freiwillig ändern würde, unternahm der »Neue Jüdische Gemeindeverein« einen ungewöhnlichen Schritt: er wandte sich an das preußische Herrenhaus. Die Gelegenheit bot sich anläßlich einer Bitte des Berliner Gemeindevorstandes, »das Herrenhaus möge durch ein Gesetz die Zahl der Vorsteher und Repräsentanten vergrößern, sowie die Besoldung von Vorstehern bestätigen«.

Eine durch den »Neuen Jüdischen Gemeindeverein« im Namen von 1300 männlichen Mitgliedern vorgebrachte Petition ersuchte das Herrenhaus, dem Gesetzentwurf über die Vertretung der Berliner Synagogengemeinde die Zustimmung zu versagen. Obwohl der »Gemeindeverein« wegen großer Arbeitslast prinzipiell keinen Einwand gegen eine Vergrößerung der Anzahl von Vorstehern und Repräsentanten hätte, erscheine diese angesichts religiös-politischer Differenzen innerhalb der Gemeinde schädlich. Das bestehende Listenwahlrecht vermittle der liberalen Richtung die absolute Herrschaft in den leitenden Gemeindekörperschaften und führe zum völligen Ausschluß der konservativen Minorität. 1910 seien 42% aller gezählten Stimmen für diese Richtung abgegeben worden. Von einer weiteren Vermehrung der Vorsteher und Repräsentanten würde beim herrschenden Wahlsystem ausschließlich die liberale Richtung profitieren und die Diskriminierung des konservativen Judentums in bezug auf Synagogenbau und religiöse Erziehung nur verschärfen. Insbesondere widersetzte sich der »Gemeindeverein« der Besoldung von Vorstandsmitgliedern, die jüdischer Tradition und den Normen kirchlicher Behörden anderer Konfessionen widerspreche.[117]

---

116 Loewy wies darauf hin, daß der Gemeindevorstand die Wahlurnen nur im Zentrum der Stadt aufstellte, obwohl viele Wähler in den Vororten Berlins wohnten. Ferner fanden die Wahlen an einem Wochentag statt (zwischen 10–16 Uhr), an dem sich der »kleine Mann« nicht von der Arbeit freimachen kann. Dies und anderes habe dazu beigetragen, daß 13000 Stimmberechtigte weniger als bei den vorigen Wahlen gestimmt hätten. Dr. Loewy, »Die letzten Gemeindewahlen, Zu dem Artikel in Nr. 50 d. Bl.«, JR Nr. 52, 30. 12. 1910, S. 595. Über die Beziehung der Zionisten zu Rabbiner Hirsch Hildesheimer siehe: Rudolf Leszynsky, »Dr. Hildesheimer s. A.«, JR Nr. 49, 9. 12. 1910, S. 561; »Zu Hirsch Hildesheimers Tod«, JR Nr. 50, 16. 12. 1910, S. 573.

117 »Zur Reform der Berliner Gemeindeverwaltung«, JR Nr. 10, 8. 3. 1912, S. 81. Der Artikel enthält den vollen Text der Petition, unterschrieben von L. Bloch, A. Klee, E. Lichtenstein, G. Witkowsky, I. Zwirn.

Die Petition an das preußische Herrenhaus kam in der Plenarsitzung des ZVfD-Zentralkomitees zur Sprache. Einige Mitglieder des Komitees sahen hier eine Gelegenheit, durch Einflußnahme auf preußische Parlamentarier eine Änderung der Berliner Gemeindeverfassung zu erzwingen.[118] Nur ein Mitglied hatte Bedenken gegen die Einflußgewinnung auf christliche Parlamentarier, doch der Vorsitzende Hantke wies darauf hin, daß die Gegenseite schon längst dasselbe getan habe.[119]

Der Versuch, die Statuten der Berliner Gemeinde durch das preußische Parlament ändern zu lassen, schlug fehl. Der Druck der Zionisten war indessen nicht vergebens. Die »Liberalen« verpflichteten sich bei den Wahlen von 1916 zur Durchführung des Verhältniswahlrechts. Infolgedessen hielten die Berliner Zionisten die Wahlbeteiligung 1912 für sinnlos, da die Resultate ja im voraus feststanden. Der »Neue Jüdische Gemeindeverein« beschloß die geschlossene Stimmenthaltung nach dem alten System: »Kein Mann gehe an die Urne! Wenn aber unsere Stunde da sein wird, werden wir auf dem Platz sein!«[120]

Jahrelang forderten zionistische Gemeindepolitiker vergeblich die Festlegung einer zentralen politischen Linie der ZVfD, nach der sich die Ortsgruppenleiter richten könnten.[121] Diese Erkenntnis ging jedoch nicht über den Kreis der meist älteren Gemeindepolitiker hinaus. Das Überhandnehmen der radikalen Tendenz, die außergemeindliche Wege der zionistischen Propaganda und Jugenderziehung bevorzugte, bestimmte die Schwerpunkte der zionistischen Politik und die Distanzierung der »zweiten Generation« von der Arbeit in den »Gemeindestuben«.[122]

Im Januar 1912 sandte das Zentralkomitee an die Ortsgruppen »Anweisungen für die Vertrauensmänner«. Die Anweisungen bezogen sich auf verschiedene Themen: »Zionismus und Staatsbürgertum«, »Zionismus und Philantropie«, »Zionismus und Kosmopolitismus« und das Verhältnis der Zionisten zu den großen Organisationen der deutschen Judenheit. Keine Anweisung war den Gemeindeproblemen gewidmet.[123] Die Taktik der Gemeindearbeit wurde weiter auf lokaler Ebene festgelegt. Der 13. Delegiertentag (1912) folgte dem Vorbild des 11. und beauftragte seinerseits eine Kommission für Gemeindear-

---

118 Rede von Wiener (Kattowitz). Protokoll der ersten Plenarsitzung im Jahre 1912, 4. 2. 1912, CZA Z3/796.

119 ebd.

120 »Aus der Gemeinde«, JR Nr. 47, 21. 11. 1913, S. 506.

121 Siehe: Karl Jeremias, »Gemeindewahlen«, JR Nr. 50, 16. 12. 1910, S. 572f.

122 Kurt Blumenfeld, der Ideologe der Radikalen, gestand, daß ihn die zionistische Gemeindearbeit überhaupt nicht interessierte. Blumenfeld, Erlebte Judenfrage, a.a.O., S. 87. Den Sieg der radikalen Zionisten über die konservativen auf dem Leipziger Delegiertentag bezeichnete er als einen »Sieg der Jugend, ein Sieg des palästinozentrischen Zionismus über Gemeindepolitiker«, ebd. S. 115.

123 Zentralkomitee der ZVfD, Anweisungen für die Vertrauensmänner (Januar 1912), CZA Z3/796.

beit. Nur wenn ausgesprochen politische Probleme, wie die Stellungnahme der zionistischen Delegation auf dem 12. Gemeindetag des »Deutsch-Israelitischen Gemeindebundes«, auf der Tagesordnung standen, wurden sie zentral entschieden.[124] So spornte das Zentralkomitee 1912 die Vorstände der Ortsgruppen an, Delegierte zum Gemeindetag zu entsenden. In einem »streng vertraulichen« Rundschreiben betonte Hantke die Wichtigkeit der Teilnahme möglichst vieler zionistischer Delegierten, um in der Diskussion über das preußische Judengesetz die nationaljüdische Auffassung gebührend zu vertreten. Er drängte die Vorstände, »alle Hebel in Bewegung zu setzen«, um eine für die Zionisten günstige Zusammensetzung des Gemeindetages zu erzielen.[125]

Die Unklarheit zionistischer Gemeindepolitik trat gerade beim Erfolg der Königsberger Zionisten in den dortigen Gemeindewahlen von 1912 hervor. Der Wahlkampf bei diesen Wahlen war ein Novum. Bisher hatte die Königsberger Gemeinde (4500 Seelen, 1000 hatten Stimmrecht) stets für eine gemeinsame Liste gestimmt, in der »Liberale«, Konservative, Zionisten und ausländische Juden vertreten waren. Im Gegensatz zu den Richtlinien, Gemeindewahlen für zionistische Propaganda auszuwerten, waren die Königsberger Zionisten nicht kampflustig. Sogar als sie die »erdrückende Majorität« feierten, die ihre Liste erhielt, entschuldigten sie sich noch, der Wahlkampf sei ihnen aufgezwungen worden. Sie bemühten sich um Rechtfertigung gegenüber den »Liberalen«, die ihnen die Spaltung der jüdischen Bürgerschaft vorgeworfen hatten.[126] Das meinten sie völlig ernst. Die Leitung der zionistischen Ortsgruppe bevorzugte die Zusammenarbeit mit Nichtzionisten aller Art und mäßigte militante Gesinnungsgenossen vom Schlage des Vorstandsmitgliedes Mendel Sambursky. Als Sambursky von der Gemeinde als Ausgleich für eine Abraham-Geiger-Gedenkfeier eine Herzl-Gedenkfeier forderte, versuchte ein anderes Vorstandsmitglied, Dr. Walter Stein, ihn von dieser Forderung abzubringen. Bei diesem Anlaß stellte Dr. Stein seine Prinzipien der Gemeindearbeit klar:

> »Wir müssen auf zweierlei Art in der Gemeindevertretung und auch an anderen jüdischen Stellen mit den anderen Juden zusammenarbeiten, erstens indem wir praktische Arbeit leisten, deren Erfolge von den anderen anerkannt werden müssen und zweitens, indem wir immer wieder in von sittlichem Ernst getragener Weise überzeugend die anderen auf ihre Irrtümer aufmerksam machen; dagegen zusammen stehen.

---

124 ZVfD, Geschäftsführender Ausschuß an Mitglieder des Zentralkomitees, 17. 2. 1911, CZA A8/53/2/1.

125 ZVfD, Hantke an Herr Gesinnungsgenosse, 25. 1. 1912, *Streng vertraulich,* CZA Z3/796. Das Rundschreiben verspricht, daß die zionistische Delegation zum Gemeindetag ihren Einfluß betreffs der jüdischen Erziehung und der ostjüdischen Durchwanderer geltend machen werde.

126 W. Stein, »Der Wahlsieg in Königsberg«, JR Nr. 10, 8. 3. 1912, S. 81.

Abraham Geiger gehört doch durch einen Teil seines Wirkens wirklich dem gesamten Judentum an, was ja doch leider von Herzl nicht der Fall ist. Wenn wirklich jemand aus unserer Gemeinde austreten würde, weil über Geiger und nicht über Herzl gesprochen wird, und würde der orthodoxen Gemeinde beitreten, ja meinen Sie denn, daß der Vorstand dieser Gemeinde auf eine Eingabe unsererseits, eine Herzlgedenkfeier veranstalten würde? Ich bin überzeugt, daß Pelz, Hoppe und Jacoby [vom Vorstand der zionistischen Ortsgruppe. Y.E.] ganz meiner Meinung sind.«[127]

Der Bericht der »Jüdischen Rundschau«, der die Königsberger Wahlen schildert, scheint glaubwürdig. Nach diesem Bericht ging die Wahlkampfinitiative von der »Königsberger Liberalen Vereinigung« aus, die auf die absolute Mehrheit in der Repräsentantenversammlung hinzielte. Gegenüber dieser Vereinigung stand der »Gemeindeverein«, der 1910 von »Mittelparteilern« und Zionisten gegründet wurde. Der »Gemeindeverein« strebte nach Wahlvorbereitungen »auf breiter Basis«, anstatt diese Aufgabe einem kleinen Komitee zu überlassen, »das sich regelmäßig selbst wählte«. Der »Gemeindeverein« stellte der »Liberalen Vereinigung« eine eigene Liste entgegen. Im letzten Moment schreckten sie vor dem kühnen Wagnis zurück und versuchten trotz allem die Aufstellung einer gemeinsamen Wahlliste mit den »Liberalen«. Sie verzichteten um des lieben Friedens willen auf neue zionistische Kandidaten und wollten sich mit den drei zionistischen Repräsentanten aus der vorigen Amtsperiode zufriedengeben. (Nur die Hälfte der Repräsentanten wurde neu gewählt.) Die Verhandlungen scheiterten an der Forderung der »Liberalen«, keinen einzigen Vertreter der vielen hundert russischen Gemeindemitglieder in die Repräsentantenversammlung zu wählen. Dieser Schritt hätte ihre ohnehin ungewisse Aufenthaltserlaubnis ganz sicher gefährdet.[128]

---

127 W. Stein an M. Sambursky (Königsberg), 3. 5. 1910. Aus dem Privatnachlaß von Mendel Sambursky, im Besitz seines Sohnes Daniel Sambursky, Tel Aviv. Hoppe, Pelz und Jacoby waren Mitglieder des Vorstandes der zionistischen Ortsgruppe Königsberg.

128 Davon zeugen folgende Dokumente:

1. Königliches Polizeipräsidium Königsberg an den russischen Untertan Kommissionär Herrn Mendel Sambursky, 4. 2. 1904.
Sie werden hiermit zum letzten Male aufgefordert, binnen 3 Monaten Ihre Familienmitglieder aus dem preußischen Staatsgebiete zu entfernen. Es wird Ihnen gleichzeitig eröffnet, daß, falls Sie dieser Aufforderung nicht pünktlich nachkommen sollten, unnachsichtlich und ohne Gewährung einer weiteren Frist die zwangsweise Ausweisung Ihrer Familie und Ihrer eigenen Person erfolgen wird.« (Die Ausweisung gegen Familie Sambursky wurde später zurückgezogen.)

Die Ungewißheit der Königsberger Ostjuden bezüglich ihrer Seßhaftigkeit bestand auch ein Jahrzehnt später, wie aus der Antwort des Gemeindevorstandes hervorgeht. Dieser wurde von einer Gruppe Ostjuden gebeten, gegen ihre Ausweisung zu wirken.

2. Vorstand der Synagogen-Gemeinde, Königsberg i. Pr., 12. November 1911.
... »Die Tatsache, daß die ausländischen Mitglieder unserer Gemeinde unter Fremdenrecht stehen, vermögen wir leider ebensowenig zu ändern, wie die für die nachgeordneten

(Fortsetzung Seite 502)

Auf die Repräsentation der russischen Juden konnten die Zionisten schon prinzipiell nicht verzichten. Sie stellten daher eine »Kampfliste« auf, die keinen liberalen Kandidaten enthielt. Von der Schärfe des Wahlkampfes zeugte der hohe Prozentsatz der Wahlbeteiligung: 70% im Vergleich zu 10% im Jahre 1909 und 38% im Jahre 1906. Die »Liberalen« brachten nicht nur ihre Anhänger, sondern auch viele an jüdischen Dingen völlig Desinteressierte an die Wahlurne. »Soviel Gojim hat man noch niemals in der Synagoge gesehen«, bemerkte man ironisch. 9 Kandidaten des »Gemeindevereins« erhielten 421–348 Stimmen gegenüber 279–255 Stimmen der »Liberalen Vereinigung«.[129] Die Befriedigung der Königsberger Zionisten und ihrer Partner ist verständlich. Der Wahlsieg kam ihnen fast unverhofft und war sicher keine Folge einer konsequenten Gemeindepolitik.[130]

Ein Gemeindemindestprogramm

Die größere Intensität zionistischer Gemeindearbeit und erste Erfolge einerseits[131] sowie der Einfluß des »Antizionistischen Komitees« auf die Stellung der »Liberalen« in den Gemeinden andererseits[132] führten zu einer gemeinsamen Sitzung des Zentralkomitees und der Gemeindekommission, laut Beschluß des Posener Delegiertentages.[133] Anstelle bisheriger Improvisationen sollte eine konsequente Gemeindepolitik ausgearbeitet werden. Schon vorher beschäftigte sich eine Plenarsitzung des Zentralkomitees mit der prinzipiellen Frage, ob die Gemeindepolitik unter zionistischer oder neutraler Flagge geführt werden solle. Die Debatte über die »Posener Palästinaresolution«, die ebenfalls auf der

---

128 (Fortsetzung)
Behörden erlassenen Vorschriften. Wir haben Beweise dafür, daß diese Behörden, soweit es in ihrer Macht liegt, die für die ausländischen Mitglieder unserer Gemeinde geltenden Vorschriften mit größtem Wohlwollen auszulegen suchen. Dieser Umstand ist es, der uns gerade im Interesse der ausländischen Mitglieder der Gemeinde hindert, offizielle Schritte zu ergreifen. Es besteht die große Gefahr, daß es alsdann unmöglich wird, die Vorschriften, und wenn auch nur vorübergehend, anders als nach ihrem direkten Wortlaute zur Anwendung zu bringen und daß sich daraus, bis es etwa gelungen ist, eine Änderung der Vorschriften zu erzielen, große und unabwendbare Schädigungen für die Herren Petenten ergeben ...« Vorstand der Synagogen-Gemeinde an Herren Georg Cahn und Gen., 12. 11. 1911, Journal-No. 142/1911–12. Aus dem Privatnachlaß von Mendel Sambursky, im Besitz seines Sohnes Daniel Sambursky, Tel Aviv.

129 W. Stein, »Der Wahlsieg in Königsberg«, a.a.O.

130 Bezüglich des Charakters der zionistischen Ortsgruppe Königsberg siehe: Blumenfeld, Erlebte Judenfrage, a.a.O., S. 43–48.

131 Siehe: Jahresbericht über die Tätigkeit der Zionistischen Vereinigung für Deutschland, erstattet im März 1913, hrsg. ZVfD Berlin o.D., S. 11.

132 ebd. S. 4f.

133 Der 13. Delegiertentag in Posen ernannte eine Kommission von 12 Mitgliedern, die zusammen mit dem Geschäftsführenden Ausschuß die Richtlinien der zionistischen Gemeindepolitik ausarbeiten sollte. JR Nr. 24, 14. 6. 1912, S. 222.

Tagesordnung dieser Plenarsitzung stand, färbte sichtlich auf die Stellungnahme zu Gemeindeangelegenheiten ab.
Klee eröffnete die Diskussion. Er stellte fest, daß die theoretische Frage, ob Zionisten an der Gemeindepolitik, die ja in der Hauptsache religiöser Natur sei, teilnehmen sollten oder nicht, von der Praxis überholt sei. Zionisten beteiligten sich an vielen Orten an den Gemeindewahlen. Es handle sich nur darum, ob sie selbständig auftreten oder Organisationen schaffen sollten, in denen sie das Heft in der Hand hätten. Ferner sei die Frage zu beantworten, ob es sich bei der Wahlbeteiligung nur um eine Demonstration oder um den Willen zur Macht handle. Klee warnte vor fruchtlosen Demonstrationen, die nur die numerische Schwäche der Zionisten aufzeigten. Er empfahl, Bündnisse mit den Orthodoxen einzugehen, die auf die Zionisten nicht weniger angewiesen seien. Nur wo die Zionisten ihres Sieges sicher seien, sollten sie unter eigener Flagge kämpfen.[134]
Der Gemeindefunktionär Dr. Zwirn (Berlin) kritisierte die Stimmung im Zentralkomitee, Gemeindeangelegenheiten seien eine Privatsache von Klee. Zwirn stellte den Kampf in den Gemeinden der palästinozentrischen »Posener Resolution« gegenüber:

> »Wir kennen nur *eine* zionistische wichtige Arbeit: das ist das Eindringen in die Gemeindestuben. Für mich steht für die Eroberung der Gemeindestuben in erster Linie folgendes fest: In Deutschland haben wir kein anderes Kampfmittel gegen die Assimilation und gegen das liberale Judentum. Wenn Sie sich darüber freuen oder ärgern, daß der Zentralverein und andere Organisationen jetzt zionistische Debatten führen, so können Sie dies einzig und allein auf den Gemeindekampf zurückführen. In Berlin haben wir schon soviel erreicht, daß die Herren im Vorstand gesagt haben, gegen die Zionisten kann man nichts machen und daß sie an eine Reorganisation des Wahlrechts denken. Wenn wir vorwärts kommen wollen, werden wir uns dieses Propagandamittels richtig bedienen müssen. Es handelt sich darum, daß wir an die breiten Schichten herankommen, die nicht auf liberalem Standpunkt stehen. Bis jetzt haben Sie noch kein anderes Propagandamittel gefunden, das geeignet ist, junge Leute zionistisch zu beeinflussen.«[135]

Gegensätzliche Anschauungen vertraten Motzkin und Blumenfeld. Motzkin wollte den Eindruck vermeiden, sein radikaler Standpunkt beruhe etwa auf seinem Ausländertum. Er behauptete, der Gemeindekampf dürfe nur als zionistischer Kampf geführt werden. Die Wirklichkeit sehe jedoch bisher anders aus. Wie oft hatten zionistische Gemeindepolitiker versichert, ihr Kampf habe mit dem Zionismus gar nichts zu tun. Ihre Parole war stets die Erhaltung des

---

134 Protokoll der ersten Plenarsitzung des Zentralkomitees vom 3. 11. 1912, S. XXIX, CZA Z3/796.
135 ebd. S. XXXII. Hervorhebung im Original.

Judentums. Wie sie sich aber diese Erhaltung dachten – darüber schwiegen sie. Zionisten müßten das Nationale in ihrem Kampf hervorheben, selbst wenn sie allein nur tausend Stimmen aufbringen. Sie sollten ihre Energie nicht in nutzlosen Bündnissen vergeuden.[136]

Gleich Lichtheim sah Blumenfeld in der Gemeindearbeit »ein Mittel zionistischer Politik, das mit unserer sonstigen Politik nichts zu tun hat.« Im Gegensatz zu Zwirn, der die Gemeindearbeit für das wichtigste Erziehungsmittel hielt, bewertete er sie nur als eine Vorbereitung für Palästina. Er meinte, Zwirn überschätze die Gemeindepolitik, weil er sie dem zionistischen Programm nicht unterordne.[137]

Die anderen Diskussionsredner nahmen Zwischenstellungen ein, die von der »Posener Resolution« oder von pragmatischen Erwägungen beeinflußt waren. Estermann meinte, es wäre wohl günstiger, sich gerade in Berlin unter zionistischer Flagge zu stellen, da sie selbst mit Bundesgenossen keine Siegeschancen hätten. Anders lägen die Dinge in der Provinz. Dort sei es mehr eine Sache der Personen als der Programme. Aus diesem Grunde sei ein offizielles Gemeindeprogramm nicht zweckmäßig. Man müsse die Richtlinien jeweils den lokalen Bedürfnissen anpassen.[138]

Witkowsky (Berlin) sprach offen über das ambivalente Verhältnis eines Zionisten zur Gemeindearbeit. Im Grunde genommen sei diese Arbeit für Zionisten »ein unsauberes Geschäft«, da die Tatsache nicht aus der Welt zu schaffen sei, daß Judentum eine religiöse Sache ist. Zionisten könnten eigentlich keine wahrhaft aufrichtige Stellungnahme zu Gemeindeangelegenheiten abgeben. Der Kampfbeschluß sei jedoch verpflichtend, auch wenn man sich aus taktischen Gründen nicht immer zum Zionismus bekennen könne. Wenn man sich Motzkins Ansicht anschließe, daß der Kampf in neutralen Organisationen zwecklos sei, würde man in Berlin den »Neuen Jüdischen Gemeindeverein« auflösen.[139]

Der einzige Diskussionsteilnehmer, der einen Sieg der Zionisten in seiner Gemeinde Königsberg verzeichnen konnte, war Arthur Pelz. Mehr als die taktischen Erwägungen seiner Vorredner beschäftigte ihn die Frage der zionistischen Absicht, *nachdem* sie die Gemeinde erobert hätten. »Wir haben schon

---

136 ebd. S. XXXIII.

137 ebd. S. XXXVIf.
Obwohl Blumenfeld sich nicht für Gemeindepolitik interessierte, gab er zu, daß sich die zionistische Bewegung mit ihr befassen müsse: »Über die Teilnahme an der Landespolitik kann man verschiedener Meinung sein, aber die Notwendigkeit, Gemeindepolitik zu machen, ist unbestritten.« Blumenfeld an Martin Rosenblüth (Sekretär der Zionistischen Weltorganisation), 20. 10. 1912. Aus dem Archiv Blumenfeld im Leo-Baeck-Institut, Jerusalem.

138 Protokoll der ersten Plenarsitzung des Zentralkomitees vom 3. 11. 1912, a.a.O., S. XXXIV.

139 ebd. S. XXXVf.

fast alle Punkte des Programms erfüllt und stehen jetzt vor einem Nichts.«[140] Die ZVfD würde sich blamieren, wenn sie nur ganz allgemeine Richtlinien herausgebe. Von Fall zu Fall müßten besondere Anordnungen getroffen werden.[141] Durch die Äußerungen der Radikalen fühlte sich Zwirn verletzt. Er klagte, das Zentralkomitee stehe nicht hinter ihm und seinen Freunden:

> »Wir haben es satt, uns immer als die kleineren Zionisten ansehen zu lassen. Wir können diese Arbeit nur dann machen, wenn wir wissen, daß Sie hinter uns stehen. Wir glaubten, reine positive Arbeit zu leisten und meiner Ansicht nach gibt es kein besseres Erziehungsmittel für die Jugend als die Gemeindearbeit. Es gibt niemand, der sich mehr freut als ich, wenn jemand nach Palästina herübergeht, aber das wird nur erreicht werden durch eine gründliche Vorbereitung des Diasporajudentums. Wenn Sie uns für schlechtere Zionisten halten, so können wir nicht mehr mithalten. Ziehen Sie uns zu anderer Arbeit heran. Über unsere Gemeindearbeit haben Sie heute den Stab gebrochen.«[142]

Hantke versuchte die Atmosphäre zu entspannen. Er bestritt, das Zentralkomitee habe Zwirn und seine Freunde nicht unterstützt. Zwirn habe vielmehr den Eindruck vermittelt, eine aktive Mitarbeit sei unerwünscht. Bei der Vorbereitung des Gemeindetages hätte das Zentralkomitee die Mitarbeit förmlich aufdringen müssen. Prinzipiell müßte die Gemeindearbeit in den Rahmen der übrigen zionistischen Arbeit eingefügt werden. Hantkes Erklärungen stellten Zwirn keineswegs zufrieden. Er verließ die Sitzung mit der Begründung, seine weitere Anwesenheit sei nach dem Gang der Debatte nicht mehr zweckmäßig.[143] Darauf ergriff Friedemann das Wort. Er wandte sich gegen die Radikalen, die sich für »bessere Zionisten« hielten und forderte die Einstellung des gegenseitigen Abkanzelns. Er erinnerte daran, daß er den ersten Wahlkampf in der Berliner Gemeinde geführt hatte und sich für Gemeindepolitik kompetent halte. Er habe aus den Wahlkämpfen in Berlin die Lehre gezogen, daß diese nichts genützt und nur geschadet hatten. Man könne aber Klee und seine

---

140 ebd. S. XXXIVf.

141 Über das Problem der Neugestaltung der Gemeinden schrieb Martin Buber 1917 folgendes: »Eine jüdische Gemeinschaft kann nicht von außen hergestellt werden, nicht durch ›Eroberung der Gemeinden‹ ... Die eroberten Gemeinden werden nicht anders sein als die uneroberten waren, wenn die Menschen, die ihnen vorstehen, sich nur durch das Bekenntnis zum Zionismus von ihren Vorgängern unterscheiden werden ... Wohl ist es wahr, daß geänderte Verhältnisse die Menschen ändern, aber die ungeheure Umwandlung, um die es hier geht, die Umgestaltung des jüdischen Lebens von einem entarteten zu einem vollkommenen, kann nur dann gelingen, wenn die Verhältnisse *zuinnerst* geänderte sind; und das kann nur durch die Führung, die Arbeit und das Opfer von Menschen geschehen, die selber bereits zuinnerst von dem neuen Wesen ergriffen sind.« Martin Buber, Zion als Ziel und Aufgabe, Gedanken aus drei Jahrzehnten, Berlin 1936, S. 26f.

142 Protokoll der ersten Plenarsitzung des Zentralkomitees vom 3. 11. 1912, a.a.O., S. XXXVIII.

143 ebd. S. XXXVIIIf.

Genossen in ihrem Kampf aus Solidarität nicht im Stich lassen. Es hieße sonst, die Zionisten hätten die Aussichtslosigkeit ihrer Bemühungen eingesehen. Daher müsse man ihnen die nötige Unterstützung gewähren. Man sollte jedoch den nationalen Gedanken mehr als früher zum Ausdruck bringen.[144]

Das Plenum des Zentralkomitees kam zu keinem Beschluß. Der Antrag Leszynskys, es den Ortsgruppen zu überlassen, ob sie Gemeindepolitik unter neutraler oder zionistischer Flagge führen wollten, wurde nicht angenommen. Der Geschäftsführende Ausschuß wurde beauftragt, eine Verständigung mit den Berliner Mitgliedern der Gemeindekommission herbeizuführen. Ferner beschloß das Zentralkomitee die Einberufung einer gemeinsamen Sitzung mit der Gemeindekommission zwecks Festlegung von Richtlinien.[145]

Diese Beratung fand drei Monate später statt und war die umfassendste, die die ZVfD diesem Thema bis dahin widmete.[146] Da die Vertreter der extremen Anschauungen nicht zugegen waren, herrschte keine gespannte Atmosphäre wie bei früheren Sitzungen. Als Grundlage der Debatte dienten zwei Entwürfe eines Gemeindeprogramms, die von Witkowsky (Berlin) und von Tannenwald und Victor (Hamburg), Mitglieder der Gemeindekommission, vorgelegt wurden.

Auf Grund der Erfahrung zehnjähriger Gemeindearbeit verfaßte Witkowsky ein »Gemeindemindestprogramm der Zionistischen Organisation«.[147] Der Leitsatz dieses Programms ging davon aus, daß die Vertretungen der Gemeinden nicht nur zur technischen Verwaltung der Gemeindeinstitutionen berufen seien, sondern als höheres Ziel für ihr Wirken »die Erhaltung und Förderung des Judentums« haben. Aus diesem Leitsatz ergeben sich religiöse, soziale und administrative Forderungen. (Witkowsky teilte sie in drei Kategorien: Forderungen für alle Gemeinden: A, Forderungen für Mittelgemeinden: M, Forderungen für Großgemeinden: G.)

Die religiösen Forderungen umfaßten die Erhaltung der hebräischen Gebetssprache und die energische Bekämpfung der Christianisierung des Gottesdienstes (A), die Umgestaltung des Religionsunterrichtes nach den Grundsätzen jüdisch-historisch orientierter Anschauung und moderner Pädagogik (A), Unabhängigkeit des Rabbiners in allen religiösen Fragen (A) und Schaffung jüdischer Volksschulen (M und G). Die sozialen Forderungen eröffnete die »Anteilnahme an allen Fragen von allgemein jüdischer Bedeutung und an allen

144 ebd. S. XXXIX.

145 ebd. S. XXXXI.

146 Eine Diskussion ähnlichen Umfanges über zionistische Gemeindepolitik fand wieder 1928 statt. Siehe: Protokoll der Gemeindetagung vom 24. Juni 1928, CZA A142/47/1.

147 Witkowsky, Gemeindemindestprogramm der Zionistischen Organisation, 29. 8. 1912, CZA A15/VII/25. Ausführlicher veröffentlichte Witkowsky das Gemeindeprogramm im: Jüdischen Gemeinde-Jahrbuch 5674, 1913–1914, hrsg. Zionistische Vereinigung für Deutschland, o.O. 1913.

Unternehmungen, die dem Wohle des Gesamtjudentums dienen« (A). Die anderen Forderungen waren spezifischer: Förderung jüdischer Kleinexistenzen und Handwerker, insbesondere durch Gründung von Vorschußkassen (M und G); Errichtung von Krankenhäusern, Herbergen, Volkslesehallen und Vereinshäusern (G); Fürsorge für landfremde Durchwanderer (A). Die administrativen Forderungen enthielten: allgemeines und gleiches, von der Steuerleistung unabhängiges Wahlrecht (A); progressive Einkommenssteuer (A); Proportionalwahl (M und G); Hebung des Rabbiner- und Religionslehrerstandes durch weitgehende Sicherung ihrer materiellen und sozialen Lage. Diesen Forderungen fügte Witkowsky einen ausführlichen, doch etwas umständlichen Entwurf des Proportionalwahlrechts für Großgemeinden bei.[148]

Im Gegensatz zum Entwurf Witkowskys trug der Entwurf von Tannenwald und Victor einen entschieden nationalen Akzent. Sie gingen von dem Grundsatz aus, die Hauptaufgabe des Zionismus in der Diaspora sei »die Nationalisierung der Judenheit« im Sinne des Baseler Programmes. Als Hauptmittel zur Realisierung dieses Zieles diene die Gemeindearbeit. Die Verfasser schlugen vor, sich zwecks der Errichtung einer jüdischen Gesamtorganisation des staatlichen Gemeindezwanges zu bedienen. Sie forderten, der jüdischen Abwanderung aus Kleingemeinden in die Großgemeinden durch materielle, geistige und soziale Unterstützung entgegenzutreten.[149] Die praktischen Vorschläge unterschieden sich nicht wesentlich von denen Witkowskys. Die Betonung des Zionismus war jedoch für manche Gemeindepolitiker zu stark. Arthur Pelz aus Königsberg bemerkte, das Fehlen eines Programmes hätte ihnen beim Wahlkampf gerade genützt: »Ein zionistisches Programm, und besonders das von Victor und Tannenwald aufgestellte Programm, würde uns auch bei den Mittelparteien, die wir in Königsberg z. B. gegen die Liberalen gewonnen hatten, schaden.«[150]

Die Diskussionsredner in der gemeinsamen Sitzung des Zentralkomitees und der Gemeindekommission befürworteten – außer Schachtel (Breslau) – die aktive Mitarbeit der ZVfD in den Gemeinden.[151] Aus den Reden geht hervor, daß die Forderung nach einer einheitlichen zionistischen Gemeindepolitik für ganz Deutschland bei den meisten Teilnehmern der Ansicht gewichen war, man solle nur minimale Richtlinien festlegen, den Ortsgruppen genügend Spielraum gewähren und sich weitgehend den örtlichen Bedingungen anpassen. Diese Ansicht wurde besonders von Kollenscher (Posen) vertreten. Er schlug

148 ebd. S. 148.

149 Dr. Victor, Dr. Tannenwald, Gemeindeprogramm der Zionistischen Vereinigung für Deutschland, o. D. (1912), CZA A15/VII/25.

150 Protokoll der gemeinsamen Plenarsitzung des Zentralkomitees und der Gemeindekommission, 26. 1. 1913, S. 1, CZA Z3/796.

151 Hugo Schachtel (Breslau), Mitglied des Zentralkomitees, teilte dem Zentralkomitee schriftlich mit, »daß er für die Gemeindepolitik im ganzen nur ein negatives Interesse habe, umsomehr als in Breslau für Jahre hinaus auf diesem Gebiet nichts zu erreichen ist«, ebd. S. 1.

vor, sich mit zwei Forderungen zu begnügen: mit der Einführung des Proportionalwahlrechts und des Wahlrechts für Ausländer.[152]
Vom Standpunkt der kleinen Gemeinden verwarf Stahl (Tarnowitz) die Aufstellung jeglichen Gemeindeprogramms. In den kleinen Gemeinden kämen die zionistischen Akademiker infolge Personenmangels von selbst in die Vorstände. Daher sollte man dafür sorgen, daß sich zionistische Akademiker in kleinen Orten niederlassen.[153]
Motzkin sprach über die religiösen Forderungen. Er riet, zwischen diesen und den sozialen Forderungen zu trennen und allenfalls keine religiösen als zionistische aufzustellen. Jede religiöse Richtung sollte ihre eigene Synagoge haben, auch die Zionisten.

> »Dies scheint mir besonders wichtig für die Erziehung der Kinder zu sein. Wenn es uns gelingen würde, wenigstens an solchen Plätzen, wo es eine verhältnismäßig große Anzahl von Zionisten gibt, eine eigene Synagoge zu schaffen, so wäre dies das beste Hilfsmittel für die nationale Erziehung unserer Kinder.«[154]

Die Mehrzahl stimmte dieser Ansicht nicht zu und distanzierte sich auch von dem Vorschlag, Frauen das Wahlrecht zu gewähren. Einstimmig wurde dagegen das Resümee des Vorsitzenden Hantke angenommen, daß vorläufig kein bindendes Gemeindeprogramm veröffentlicht werden könne. Nur zwei verpflichtende Grundsätze wurden angenommen: 1. Die Forderung des Proportionalwahlrechtes und ein von Steuerleistung und Staatsangehörigkeit unabhängiges Gemeindewahlrecht; 2. Der Ausgleich der Verteilung von den Gemeindelasten zwischen großen und kleinen Gemeinden. Die Beschlüsse der Sitzung wurden in einem »streng vertraulichen« Rundschreiben den Ortsgruppen und »Vertrauensmännern« übermittelt.[155]

Wie ein Zionist zum Rabbiner ernannt wird

Die Wendung zum Extremismus begann mit der Gründung des »Antizionistischen Komitees« und verschärfte sich durch den Ausschluß der Zionisten aus dem »Zentralverein deutscher Staatsbürger jüdischen Glaubens«. Diese Wendung führte zwangsläufig zu wiederholten Zusammenstößen in den Gemeinden. In Chemnitz wurden die Zionisten wegen Beteiligung an den Gemeindewahlen

152 ebd. S. 2.
153 ebd. S. 4.
154 ebd. S. 4f.
155 Zionistische Vereinigung für Deutschland, gez. Hantke an Ortsgruppen und Vertrauensleute, 19. 2. 1913, CZA Z3/796.

wirtschaftlich und gesellschaftlich boykottiert. Der Gemeindevorsitzende, Kommerzienrat Ladewig, leitete die antizionistische Propaganda. Er erklärte den Zionismus für unsittlich und wurde vor ein Ehrengericht der »Bnei-Brith«-Loge geladen. Dem Zentralkomitee der ZVfD wurde über Spannung in der Gemeinde Plauen und über eine Zuschrift der Gemeinde Köln an die »Kölnische Zeitung« berichtet, worin die Gemeinde die patriotische Gesinnung der Studentenvereinigung B.J.C. in Zweifel zog.[156]
Ein Pamphlet des »Antizionistischen Komitees« beschuldigte die Zionisten, sie entwürdigten religiöse Streitfragen in Gemeinden zu politischen Zänkereien und kämpften mit den Waffen »der Intrigen, Lügen und Hetzereien«:

> »Der Mittelpunkt ist für ihn [den Zionismus. Y.E.] nicht die Synagoge, sondern die rauchende und biertrinkende Radauversammlung, deren geistige Argumente je nach der Gegend das Niederschreien des Gegners oder der Maßkrug sind, die für ernste Fragen weder Interesse noch Urteil hat, sondern dem zujubelt, der mit möglichster Lungenkraft, in möglichst witziger Form, in möglichst vielen glatten Phrasen möglichst viel Gift verspritzen kann.«

Die »Antizionisten« warnten die deutschen Juden vor dem verderblichen Einfluß auf die unreife Jugend, die sie mit Verachtung gegen alles Deutsche erfüllten und den Haß gegen die Religion und die Religionslehrer schürten.[157]
In dieser Atmosphäre der inneren Spannung trafen die Gemeinden vorsorgliche Maßnahmen gegen das »Eindringen« des Zionismus verdächtiger Rabbiner und Religionslehrer.[158] Die Verhandlungen, die der Ernennung eines Rabbiners vorangehen, sind naturgemäß vertraulich und eine diesbezügliche Dokumentation ist äußerst selten. Es ist daher interessant, dem Briefwechsel zwischen dem Vorstand der Synagogen-Gemeinde Bonn und dem Kandidaten für das Rabbinatsamt zu folgen, insbesondere da es sich um den Rabbiner Emil Cohn handelte. Der Briefwechsel beleuchtet die Stimmung in der Gemeinde nach dem Ausschluß der Zionisten aus dem »Zentralverein«, den Charakter des Gemeindevorstandes und den Druck, der auf einen »verdächtigen« Rabbiner ausgeübt wurde. Er zeugt auf der anderen Seite von dem inneren Ringen des Rabbiners, von der Grenze seiner Bereitschaft Kompromisse einzugehen, die er vor seinem Gewissen und seiner intellektuellen Integrität verantworten konnte.
Ende 1913 wurde das Amt eines Rabbiners in Bonn frei. Der Gemeindevorstand wandte sich an Dr. Emil Cohn, der zu dieser Zeit das Rabbineramt in

---

156 Protokoll der gemeinsamen Plenarsitzung des Zentralkomitees und der Gemeindekommission, a.a.O., S. 15f. Bezüglich des Konfliktes zwischen dem Vorstand der Gemeinde Köln und der Studentenvereinigung B.J.C. siehe: J.St. Nr. 10, 28. 1. 1913, S. 329–332.
157 Schriften zur Aufklärung über den Zionismus, Nr. 2, a.a.O., S. 44f.
158 ebd. S. 46.

Essen bekleidete. Nach alter Gewohnheit wurde er zu einer Gastpredigt eingeladen, welche, da es sich um eine kontroverse Persönlichkeit handelte, einige Fragen aufwarf. Zu gleicher Zeit wandte sich ein Gemeindevorsteher – im Briefwechsel als »Herr Sanitätsrat« tituliert – an den Direktor der Essener Luisenschule und bat ihn um Information in bezug auf die Beschwerde einer Mutter gegen Rabbiner Cohn, der in der betreffenden Schule Religionsunterricht erteilte. Diese Dame hatte sich beim Direktor beklagt, Rabbiner Cohn belaste ihre Tochter durch den Hebräischunterricht. Sie beantragte deshalb deren Befreiung vom Religionsunterricht.

In zwei Gesprächen erklärte der Rabbiner dem Direktor, er verfolge beim Hebräischunterricht kein anderes Ziel als die verständnisvolle Teilnahme der Kinder am Gottesdienst. Bei dieser Gelegenheit erzählte er dem Direktor mit einer diesem »durchaus verständlichen Begeisterung« von der neuhebräischen Literatur der Gegenwart und dem Wiederaufleben der hebräischen Sprache als Umgangssprache. Dies teilte der Direktor den Eltern der Schülerin mit und betonte, daß das Verhalten Dr. Cohns »nicht aus Eigensinn sondern aus einem hohen Idealismus hervorgehe«.

Doch es stellte sich heraus, daß die Eltern nicht nur von der Belastung ihrer Tochter, sondern auch über den zweifelhaften Patriotismus des Rabbiners besorgt waren. Darauf antwortete ihnen der Direktor:

> »Daß diese begeisterte Liebe des Hebräischen Herren C. irgendwie zum schlechten Deutschen machen könne, der Gedanke ist *mir* nicht im entferntesten gekommen. Im Gegenteil habe ich den lebendigen Eindruck, daß er – Herr C. – tief in der deutschen Kultur wurzelt und die deutsche Sprache meistert als ein wirklicher Dichter, und zwar ein deutscher.«[159]

Es ist fraglich, ob dieser »lebendige Eindruck« des Direktors die Vorsteher der Bonner Gemeinde zufriedenstellte. Denn nach einigen Tagen richtete der Vorsteher Moritz David einen Brief an Rabbiner Cohn und bat ihn um die Beantwortung von sieben Fragen. Er bat, ihm diese Fragen nicht zu verübeln, da ein offenes Wort immer am zweckmäßigsten sei, um Unklarheiten und Mißverständnissen vorzubeugen. Ebensowenig würde er es ihm übelnehmen, falls er die Beantwortung ablehnen sollte.

Die sieben Fragen enthielten nichts wesentlich Neues. Im Gegenteil. Sie waren flach, nicht gerade intelligent formuliert und wiederholten sich. Einige Ausdrücke stammten unverkennbar aus der Resolution des »Zentralvereins« vom März 1913. Es sollte geklärt werden, ob Rabbiner Cohn zu den gemäßigten, d. h. den »guten« oder den radikalen d. h. den »bösen« Zionisten gehöre. Doch außer

---

159 Der Direktor der Luisenschule F. Fitschen an Herrn Sanitätsrat, Essen 28. 11. 1913. Aus dem Nachlaß des Rabbiners Emil Cohn im Besitz seiner Tochter Miriam Rochlin-Cohn. (Der Direktor gab der wiederholten Bitte der Eltern statt und befreite deren Tochter vom Religionsunterricht.)

der Befürchtung vor dem Eindringen der nationaljüdischen Idee, veranschaulichen die Fragen (jede Frage ist eigentlich ein Fragenkomplex) und die ihnen folgenden Verhandlungen, die Auffassung des Zentralvereins und deren Übertragung auf den Alltag der Gemeinde. Aus diesem Grund bringen wir den bisher unbekannten Briefwechsel in extenso:

»1. Stehen Sie auf Deutsch-nationalem Standpunkte und betrachten Sie es als Ihre Aufgabe, Deutsch-nationale Gesinnung im Religionsunterricht bei Ihren Schülern zu fördern und zu wecken? Unterstützen Sie die Erweckung und Förderung des jüdischen Nationalbewußtseins? Gehen Sie bei dem Unterricht in der Hebräischen Sprache von dem Gesichtspunkte aus, den Schülern die Gebetssprache verständlich zu machen, oder werden Sie dabei auch von dem Gesichtspunkte geleitet, die Hebräische Sprache als eine lebendige Sprache erlernen zu lassen und zu pflegen? Stehen Sie auf dem Standpunkte, daß jüdisches Nationalbewußtsein zu fördern und zu pflegen ist? Betrachten Sie den Zionismus als die nach Ihrer Auffassung erstrebenswerte Lösung der Judenfrage und erörtern Sie den Zionismus von diesem Gesichtspunkte aus in der Schule? Vertreten Sie den Standpunkt, daß die Gründung eines jüdischen Nationalstaates erstrebenswert sei?
2. Gehören Sie zu denjenigen Zionisten, die das Deutschnationale Gefühl leugnen, oder die sich als ›Gast im fremden Wirtsvolk‹ betrachten, oder national als Juden fühlen?
3. Teilen Sie den vom Zentralverein aufgestellten Standpunkt, daß wir Deutsche im Sinne der Auffassung des Zentralvereins sind und was mißbilligen Sie an der vom Zentralverein gefaßten, bekannten Resolution, die nur von den Zionisten spricht, die jüdisch-national fühlen und als ›Gast im fremden Wirtsvolk‹ sich betrachten? Wie stellen Sie sich bei Ihrem Bekenntnis zum Zionismus zu einer Verpflichtung, von Ihrer diesbezüglichen Lebensauffassung keinen Gebrauch zu machen und diese Lebensauffassung nicht nach außen hin zu betätigen?
4. ...Wie werden Sie sich in einer Versammlung verhalten, in der die zionistische Frage erörtert, oder Angriffe auf den Zionismus erfolgen würden? Wie würden Sie überhaupt sich bei offenen oder privaten Angriffen gegen den von Ihnen vertretenen Zionismus verhalten? Wie würden Sie in Ihrer Eigenschaft als Alter Herr des V. J. St. zu den K.C. Verbindungen und deren Programm stehen, insbesondere der Tatsache gegenüber verhalten, daß die Verbindung, deren Alter Herr Sie sind, die K.C. Verbindungen aufs heftigste befehdet und vor ihnen warnt?
5. Wenn Sie selbst die zionistische Lebensauffassung teilen, welche Kautelen bestehen dann dafür, daß die von Ihnen unterrichteten Kinder nicht im Sinne Ihrer eigenen Lebensauffassung erzogen und beeinflußt werden?«[160]

In den Fragen waren – nicht gerade taktvoll – die vom Rabbiner gewünschten Antworten angedeutet. Doch für ihn lagen in den Fragen »nicht mehr und nicht weniger als die ganze Judenfrage, vor allem aller Zündstoff und alles Knallgas

160 Moritz David, Vorstand der Synagogengemeinde Bonn an Rabbiner Emil Cohn, 3. 12. 1913, ebd.

des öffentlichen jüdischen Lebens, ich meine alles, was die Gemüter heute erregt und erbittert, der ganze Unfrieden der jüdischen Gegenwart.« Dies sollte jedoch kein Grund sein, die Fragen unbeantwortet zu lassen. Er bewarb sich ja um das Rabbineramt in Bonn zur Besserung seiner materiellen Lage, da er im kommenden Monat heiraten wollte.[161] Er formulierte daher seine Antwort mit großer Vorsicht. Die provokativen Fallen, die ihm der Vorsteher David stellte, versuchte er in versöhnlichem Ton zu umgehen. Er war bereit, Kompromisse bezüglich der Ausübung seines Amtes einzugehen, doch nicht in bezug auf seine Anschauungen, selbst wenn es ihn das ersehnte Amt kosten sollte. Zunächst machte er David darauf aufmerksam, daß er sich der Begriffe »deutschnational« und »jüdischnational« bedient habe, ohne zu definieren, was er darunter verstehe. Würde David »deutschnational« im Sinne der »Alldeutschen« als gleichwertig mit deutsch-völkisch-germanisch definieren, müßte er erklären, nicht deutschnational zu sein, weil er sich unmöglich als Germanen bezeichnen könne. Verstehe David hingegen unter »deutschnational« die deutsch-vaterländische Gesinnung, die Treue zu Kaiser und Reich, die Liebe zur deutschen Heimat, zu deutscher Sprache und Kultur, so möge er ihn ruhig als Deutschnationalen ansehen.

Und umgekehrt: falls der Vorsteher unter »jüdischnational« einen Begriff verstehe, der all dies ausschließe, würde sich der Rabbiner wehren für jüdischnational zu gelten. Falls jedoch jüdischnational »das Zughörigkeitsgefühl zum Stamme Jakobs, zum Volke Israel, von dem unser Gebetbuch zehnmal auf jeder Seite spricht, und den Stolz auf diese Abstammung bedeute, so müsse er ihn wohl oder übel unter die Jüdischnationalen einreihen. Er halte die Anwendung und die Ausspielung dieser beiden Begriffe gegeneinander für ein bedenkliches Spiel, das nur geeignet sei, Verwirrung und Zwietracht zu stiften, wo Juden es bitter nötig hätten, gerade das Einende zu betonen.

Aus demselben Grunde verwarf der Rabbiner die Fragestellung, die ihn vor die Alternative stellte, ob er zuerst Jude oder zuerst Deutscher sei. Er hielt diese Frage für ebenso absurd wie die Frage, ob er erst seinen Vater und dann seine Mutter liebe. Hier ging er zur Klärung seiner zionistischen Überzeugung und seiner Stellung in der Gemeinde und zu den jüdischen Organisationen über:

> »Ich bin, wie Sie wissen, Zionist und bin es im Sinne des sog. Baseler Programms, das als Lösung der Judenfrage die Schaffung einer öffentlichrechtlich gesicherten Heimstätte in Palästina vorsieht. Ich bitte Sie, mir die Begründung zu ersparen, die ich erschöpfend nur im Rahmen eines seitenlangen Aufsatzes geben könnte. Ob aus dieser Heimstätte einmal ein Nationalstaat wird, wie es Theodor Herzl erträumte, oder nur eine Provinz der Türkei, wie der heutige Zionismus die Sache ansieht, ist eine müßige Frage, die ich der Zukunft zu beantworten lasse.«

---

161 Emil Cohn an Herrn Sanitätsrat, 12. 12. 1913, ebd.

Als Zionist betrachte er sich nicht, ebenso wie alle Zionisten, als »Gast im fremden Wirtsvolk«, sondern als vollberechtigter Staatsbürger, dem sein Staatsbürgertum mehr sei, als nur ein juristischer Begriff, nämlich der Inbegriff aller Vaterlandsliebe. Die Behauptung, daß der Zionismus das Gegenteil lehre, sei eine Behauptung seiner Gegner, die grundlos sei. Obwohl Rabbiner Cohn wußte, daß seine Stellung zu der Resolution des »Zentralvereins« über die »deutsche Gesinnung« der Zionisten dem Gemeindevorstand mißfallen mußte, lehnte er diese kategorisch ab. Er verwarf die Übertreibung von Äußerungen einzelner Zionisten über jegliche Proportion und wies auf den Fehler hin, Juden vor der christlichen Öffentlichkeit als schlechte, minderwertige Staatsbürger hinzustellen, was der Einheit der Juden und ihrem Kampf um die Gleichberechtigung schade. Dr. Cohn erklärte, daß er als Rabbiner einer Gemeinde über den Rivalitäten der Organisationen stehe und bereit sei, sich jeder zionistischen Agitation in Bonn und im Regierungsbezirk Köln zu enthalten.

> »Ich traue mir Takt und Zurückhaltung genug zu, mich hiernach zu halten, und traue der Gemeinde, die mich zu ihrem Rabbiner erwählt hat, ebenfalls den Takt und die Zurückhaltung zu, daß man aus freien Stücken nichts unternehmen wird, mich zu provozieren oder in meiner Überzeugung zu kränken. Bei meiner Anstellung in Essen hat man mir bereitwillig eine diesbezgl. Erklärung abgegeben. Der gute Wille muß, wie Sie mir zugeben werden, auf beiden Seiten sein.«[162]

Der in versöhnlichem Ton gehaltene Brief überzeugte die Bonner Vorsteher nur wenig. Von einer Herrn David nahestehenden Seite sickerte durch, daß die Absicht bestand, Dr. Cohn von der Liste der zur Wahl vorgeschlagenen Rabbiner zu streichen. Nach innerer Überwindung wandte sich der Rabbiner an den »Sanitätsrat« und bat ihn um eine Unterredung, um ihn für seine Wahl zu gewinnen.[163] Der »Sanitätsrat« empfing ihn und bat, den Inhalt der Unterhaltung schriftlich zusammenzufassen:

> »Ich habe Ihnen erklärt, daß ich zu allen Konzessionen bereit wäre, die mich nicht vor der Öffentlichkeit, vor meinen Freunden, vor allem aber vor mir selber verächtlich machten. Von dem Grundsatz ausgehend, daß es die Pflicht eines Seelsorgers sei, dem Frieden zu dienen und über den Parteien zu stehen, habe ich mich stets, auch in Kiel [wo Dr. Cohn vor Essen als Rabbiner amtierte, Y. E.], wo man mir keine Verpflichtungen auferlegt hat, fern von allem Parteibetriebe in der Gemeinde gehalten und in keiner Weise zionistisch agitiert. In Essen hielt ich es ebenso, und so soll es auch weiter

162 Emil Cohn an Moritz David, 5. 12. 1913, ebd.

163 Emil Cohn an Herrn Sanitätsrat, 12. 12. 1913, ebd. Dies ist der Entwurf des Briefes. Die vielen Verbesserungen und Streichungen zeugen von dem inneren Ringen beim Schreiben des Briefes.

bleiben. Auch habe ich nie in der Schule und von der Kanzel aus ein Wort für den Zionismus gesprochen, solange ich Rabbiner bin.
Das waren immer selbstverständliche Dinge für mich, weil ich es für unwürdig hielt, meine Gemeinde mit dem Tagesgezänk zu speisen oder die Jugend politisch zu beeinflussen. Ich habe den ehrlichen Willen, keinem zu Leide, oder auch nur zum Ärger zu leben, sondern mir das Zutrauen und, wenns geht, die Liebe aller zu erwerben.
Das Bedenken, daß ich als Zionist nicht genügend vaterländischen Geist haben, also auch die Jugend nicht diesem Geist getreu erziehen könnte, kränkt mich geradezu. Ich schäme mich hier nochmals betonen zu müssen, daß ich mein Vaterland liebe wie keiner, daß ich tief in der deutschen Kultur wurzle und dankbar allezeit empfunden habe, was ich ihr schulde. Seit 15 Jahren besteht mein ganzes Leben in nichts anderem als dieser Kultur zu dienen, und wenn ich an die Anerkennung und Freundschaft denke, die mir für diese Arbeit gerade von den besten Männern Deutschlands gezollt worden ist, so schäme ich mich zum zweiten Male und empfinde ganz das Demütigende meiner Lage, die mich heute zwingt, etwas zu betonen und zu erklären, dessen Bedeutung mir zu anderen Zeiten als eine Profanation meines innersten Gefühls vorgekommen wäre: Es gibt nichts Selbstverständlicheres für mich, als daß ich die Kinder meiner Gemeinde in der Treue zu Kaiser und Reich und in der Liebe zum deutschen Vaterlande erziehen werde und immer erziehen werde.«

Hier strich Rabbiner Cohn folgenden Satz aus dem Entwurf seines Briefes:

»Ich hoffe, sehr geehrter Herr Sanitätsrat, da Sie aus dem Obigen ersehen werden, daß ich viel deutscher bin und viel deutscher empfinde, als man das von den meisten der landläufigen deutschen Staatsbürger jüdischen Glaubens annehmen darf.«

Seine Kompromißbereitschaft hatte jedoch Grenzen und diese war er nicht bereit, selbst um des Rabbineramtes in Bonn zu überschreiten:

»Sie werden es aber verstehen, Herr Sanitätsrat, daß ich meine Vergangenheit nicht verleugnen kann und vielleicht gerade deshalb nicht, weil ich so deutsch bin. Bedenken Sie, was es für mich hieße, wenn ich heute meine zionistische Überzeugung hingeben wollte. Für diese Überzeugung habe ich viel ertragen, ich hätte mir vieles Leid, Aufregung, Sorge und materielle Not ersparen können, wenn ich vor 7 Jahren das getan hätte, was man heute von mir in Bonn verlangt. Ich bin bereit Konzessionen zu machen und habe mich Ihnen sogar zu dem Versprechen bereit gefunden, mich in der ganzen Rheinprovinz jeder zionistischen Agitationstätigkeit fernzuhalten. Ich habe es versprochen und werde es halten, wenn es dazu kommen sollte. Aber eines will ich nicht: Niemals soll man von mir sagen, weder meine Freunde, noch meine Gegner, daß ich an einer Sache zum Verräter geworden bin, der ich seit 16 Jahren treue Gefolgschaft geleistet habe.«[164]

---

164 Emil Cohn an Sanitätsrat, 17. 12. 1913, ebd.

Die Intervention des »Sanitätsrates« hatte möglicherweise Erfolg. Doch dauerte es noch sechs Monte, bis der Vorsitzende der Gemeinde Bonn Rabbiner Cohn mitteilte, daß der Vorstand und die Repräsentanten ihn einstimmig zu ihrem Rabbiner gewählt hatten.[165] Dem Vertrag mit dem Rabbiner wurde eine Erklärung beigefügt, die nach langwieriger Verhandlung zustande kam. Vor uns liegen der Entwurf der Erklärung, der dem Rabbiner von der Gemeinde vorgelegt wurde und die Erklärung selbst, der beide Seiten zuletzt zustimmten. Der Entwurf des Gemeindevorstands war intransigent. Er forderte von dem Rabbiner, daß er sich überall, insbesondere im Rheinland und in Westfalen, von jeder zionistischen Betätigung und Bestrebung fernhalte und weder öffentlich noch privat für die zionistischen Bestrebungen Propaganda mache. Ferner sollte er erklären, daß er nicht auf dem Boden des politischen Zionismus stehe, nicht die Ausbreitung der nationaljüdischen Bewegung und die nationaljüdische Erziehung im Sinne des politischen Zionismus billige.
Abweichend von dieser weitgehenden Verpflichtung unterschrieb Rabbiner Cohn eine viel gemäßigtere Fassung, in der er seine Anschauungen nicht verleugnete und die er vor seinem Gewissen verantworten konnte:

> »Ich bin organisierter Zionist, werde mich aber während meiner amtlichen Tätigkeit in Bonn, sowie in Rheinland und Westfalen völlig neutral verhalten, innerhalb der zionistischen Partei in Rheinland und Westfalen keinerlei Parteistellung einnehmen. Ich werde mich in Rheinland und Westfalen jeder öffentlichen Stellungnahme zum Zionismus enthalten. Im übrigen widerspricht es meiner ganzen Natur, agitatorische Propaganda zu machen. Ich bin niemals agitatorisch für den Zionismus tätig gewesen und sehe auch keinen Anlaß mich in Zukunft anders zu verhalten. Ich werde in absoluter Neutralität über den Parteien stehen und mich bemühen, das friedliche Zusammenarbeiten aller Parteien zu erhalten und zu fördern.«

Im weiteren beteuerte er seine Liebe zum deutschen Vaterland, seine Treue für Kaiser und Reich und sein Bestreben, die Jugend »in echt deutsch-vaterländischem Geiste« zu erziehen. Er distanzierte sich von dem Standpunkt, der die Juden als Fremdkörper oder als Gäste im fremden Wirtsvolk bezeichnete und sprach sogar seine Bereitschaft aus, die Tätigkeit des »Zentralvereins« zu fördern, »soweit sie die Erreichung der Gleichberechtigung und die Abwehr des Antisemitismus bezweckt«.[166]

---

165 Vorstand der Synagogen-Gemeinde Bonn, Moritz David, Vorsitzender an Emil Cohn, 29. 1. 1914, ebd.

166 Entwurf der Erklärung, die dem Rabbiner Cohn vom Gemeindevorstand Bonn vorgelegt wurde, o.D. (Anfang 1914). Dem Satz des Entwurfes »Ich werde auch den Bestrebungen des Central-Vereins deutscher Staatsbürger jüdischen Glaubens nicht entgegenwirken«, fügte Cohn hinzu: »und bin, soweit sie nicht gegen den Zionismus gehen, gern bereit, für sie einzutreten, soweit sie sich in neutralen Grenzen hält, gern mich an der Arbeit zu beteiligen.« Dieser Zusatz ist nicht in der endgültigen Version des Vertrages enthalten, (»der endgültig von mir unterschriebene Entwurf«). Der Vorstand der Synagogen-Gemeinde Bonn, Entwurf, o.D. (Anfang 1914) ebd.

Die »Liberalen« befürchteten, durch ein Zusammengehen von Zionisten, Konservativen und Orthodoxen, aus den Vorständen der Gemeinden, in denen eine größere Anzahl Emigranten lebte, verdrängt zu werden. Diese Befürchtung veranlaßte sie zu einer öffentlichen juristischen Kampagne, um ausländischen Juden das Wahlrecht zu entziehen. Die Lösung dieser Frage schien dem »Israelitischen Familienblatt« dringend.

> »Aus dem Osten und Westen des Reiches, aus kleineren und mittleren Gemeinden kamen Nachrichten von heftigen Kämpfen, die um dieses Wahlrecht bereits entbrannt oder im Entstehen sind, den inneren Frieden und die Einigkeit der Gemeinden bedrohend.«[167]

Ein Aufsatz des Rechtsanwalts Alfred Michaelis aus Hamm (Westfalen), der 1912 in der »Allgemeinen Zeitung des Judentums« erschien, sowie andere antizionistische Artikel und Broschüren erweckten den Eindruck, daß es sich um eine geplante Kampagne der Radikalen im liberalen Lager handelte.[168] Rechtsanwalt Michaelis wollte nachweisen, daß ausländischen Juden nach preußischem Gesetz kein aktives und passives Wahlrecht in den Synagogengemeinden zustehe. Da sich der Redakteur der Zeitung, Professor Ludwig Geiger, mit keinem Wort von diesen Ausführungen distanzierte und auch kein anderer Standpunkt in diesem »unparteiischen Organ für alles jüdische Interesse« zur Sprache kam, stand diese Einstellung offenbar im Einklang mit dem liberalen Judentum und seinen Führern.[169]
Der Verfasser behandelte das Problem der ausländischen Juden nicht vom akademischen Gesichtspunkt. Ihn beunruhigte die steigende Einwanderung osteuropäischer Juden, »insbesondere von galizianischen Händlern«, nach Preußen. Vor allem in den Großstädten seien sie schon zu »einem nicht unerheblichen Bruchteil« der jüdischen Einwohnerschaft geworden. Michaelis gestand, daß es zahlreiche Ostjuden gebe, die des Stimmrechts würdig wären. Er befürchtete aber,

> »daß ein großer Teil von ihnen sich nicht von den uns fremden und oft wenig sympathischen Anschauungen und Lebensgewohnheiten ihrer Heimat zu

---

167 »Ausländer«, Israelitisches Familienblatt Nr. 3, 16. 1. 1913, S. 1f. Leitartikel.

168 In der Sitzung des Zentralkomitees der ZVfD wurden die Namen folgender Zeitungen genannt: »Kölnisches Israelitisches Familienblatt«, »Hamburger Israelitisches Familienblatt« und »Straßburger Wochenschrift«. Protokoll der gemeinsamen Plenarsitzung des Zentralkomitees und der Gemeindekommission, 26. 1. 1913, ebd. S. 16.

169 RA Dr. Michaelis, »Steht den ausländischen Juden in den preußischen Synagogengemeinden ein Wahlrecht zu?« AZJ Nr. 21, 24. 5. 1912, S. 241ff; Nr. 22, 31. 5. 1912, S. 253ff. Michaelis galt als Sachverständiger für das Recht der Juden in Preußen. Er war Verfasser des Buches: Die Rechtsverhältnisse der Juden in Preußen, seit dem Beginn des 19. Jahrhunderts. Gesetze, Erlasse, Verordnungen, Entscheidungen, Berlin 1910.

> befreien vermag, und es erscheint unerwünscht, daß sie einen irgendwie erheblichen oder gar entscheidenen Einfluß auf die Angelegenheiten unserer Synagogengemeinden gewinnen.«

In kleinen Grenzgemeinden bestehe sogar die Möglichkeit einer Majorisierung der Inländer, wodurch die besonderen Wünsche der Ausländer in erster Linie Berücksichtigung finden würden.[170]
Die juristische Schwierigkeit einer Lösung bestand für Michaelis darin, daß man allgemein annehme, daß nach dem geltenden Organisationsgesetz bezüglich des Wahlrechts kein Unterschied zwischen deutschen und nichtdeutschen Juden bestehe und auch eine präjudizielle Entscheidung durch das höchste preußische Verwaltungsgericht »leider« nicht herbeigeführt werden könne.[171] Daher bemühte er sich, die geltenden Bestimmungen so zu interpretieren, die Entrechtung der ausländischen Juden durch Änderung der Gemeindestatuten zu vollziehen und dafür die Bestätigung der Verwaltungsbehörden zu erhalten.[172]
In der Beweisführung stützte er sich hauptsächlich auf drei Paragraphen des preußischen Judengesetzes von 1847:

> § 1 »Unseren jüdischen Untertanen sollen, soweit dieses Gesetz nicht ein anderes bestimmt, im ganzen Umfange unserer Monarchie neben gleichen Pflichten auch gleiche bürgerliche Rechte mit unseren christlichen Untertanen zustehen.«
> § 35 »Die Juden sollen nach Maßgabe der Orts- und Bevölkerungsverhältnisse dergestalt in Synagogengemeinden (Judenschaften) vereinigt werden, daß alle innerhalb eines Synagogenbezirks wohnenden Juden einer solchen Gemeinde angehören.«
> § 41 »Sämtliche männliche, volljährige, unbescholtene Mitglieder der Synagogengemeinden, welche sich selbständig ernähren, und mit Entrichtung der Abgabe für die Synagogengemeinde während der letzten drei Jahre nicht im Rückstand geblieben sind, wählen die Repräsentanten und diese den Vorstand auf 6 Jahre.«

Durch Haarspaltereien, die sich lediglich auf Formulierungen eines Gesetzesentwurfs bezogen, die ins Gesetz selber nicht aufgenommen wurden, übertrug Michaelis den Inhalt von Paragraph 1 auf die Paragraphen 35 und 41. Er folgerte, daß der Wortlaut »unseren jüdischen Untertanen« in Paragraph 1, der

---

170 Michaelis, »Steht den ausländischen Juden in Preußen ein Wahlrecht zu?« AZJ Nr. 22, 31. 5. 1912, S. 254.

171 Michaelis stützte sich auf den Gerichtsspruch des preußischen Oberverwaltungsgerichts von 1907, als höchste verwaltungsrechtliche Instanz, der für ganz Preußen galt. Das Gericht entschied, daß das Wahlrecht eines Juden in seiner Gemeinde keine Rechtsfrage sei und daß diese Frage durch die Verwaltungsinstanzen, den Regierungspräsidenten und den Oberpräsidenten, entschieden werden sollte. Einzelheiten des Rechtsfalles siehe: Michaelis, Rechtsverhältnisse. a.a.O., S. 690ff.

172 Michaelis, »Steht den ausländischen Juden ein Wahlrecht zu?«, AZJ Nr. 22, 31. 5. 1912, S. 255.

sich auf die bürgerlichen Pflichten und Rechte *preußischer Staatsangehöriger* bezog, auch für deren Rechte und Pflichten in den Gemeinden galt. Das Argument, daß es sich um zwei wesensverschiedene Angelegenheiten handle, verwarf er als irrelevant, trotz des unterschiedlichen Wortlautes: »unseren jüdischen Untertanen« in Paragraph 1, gegenüber »*alle* innerhalb eine Synagogenbezirks wohnenden Juden« und »sämtliche ... Mitglieder« in den Paragraphen 35 und 41, die sich auch auf nichtpreußische Juden bezogen, vorausgesetzt daß sie ihren Gemeindepflichten nachkämen.
Zur Erhärtung seiner Argumentation führte Michaelis den Schlußsatz des Paragraphen 71 des Judengesetzes an:

> »Fremden Juden ist der Eintritt in das Land zur Durchreise und Betrieb erlaubter Handelsgeschäfte nach näherem Inhalt der darüber bestehenden oder künftig zu erlassenden polizeilichen Vorschriften gestattet.«

Aus diesem Satz folgerte er mit Gewißheit: außer den geringwertigen Rechten, die das Gesetz fremden Juden einräumte, wurden ihnen keine weiteren Rechte, insbesondere nicht das der dauernden Niederlassung, welches die Bedingung für die Gemeindemitgliedschaft ist, gewährt.[173] Ferner bestehe die »Gefahr«, daß ausländische Rabbiner und Synagogenbeamte, die sich von der Ausländermehrheit abhängig fühlen, nach Ansicht des Reichsgerichtes und des Kammergerichtes »Einfluß auf das sittliche und das gesamte sonstige Leben in einer den Interessen des Staates zuwiderlaufenden Weise ausüben«.[174] Michaelis spielte nur zu deutlich darauf an, daß jeder Ausländer jederzeit mit der Möglichkeit einer Ausweisung zu rechnen habe. Es sei daher selbstverständlich, daß eine geordnete Gemeindeverwaltung nicht von einer größeren Anzahl von Wählern oder gar Repräsentanten abhängig sein könne, die ständig in Gefahr sind, des Landes verwiesen zu werden.[175]
Bis zu einer autoritativen Entscheidung in der Wahlrechtsfrage riet Michaelis den Gemeinden, in ihren Statuten die rechtliche Stellung der Ausländer genau zu bestimmen, da dies gesetzlich zulässig sei.[176] Die Statuten sollten ausdrücklich feststellen, daß Juden, die nicht Angehörige eines deutschen Bundesstaates oder Reichslandes sind, nicht die Gemeindemitgliedschaft besitzen und daß

---

173 Michaelis, »Steht den ausländischen Juden in Preußen ein Wahlrecht zu?« AZJ Nr. 21, 24. 5. 1912, S. 242.
174 Siehe: Michaelis, Rechtsverhältnisse. a.a.O., S. 256.
175 »Es braucht ferner wohl kaum daran erinnert werden, daß bei jedem Ausländer jederzeit mit der Möglichkeit einer Ausweisung zu rechnen ist. Oft bedarf es nur eines geringen Gewerbedeliktes und der freundlichen Denunziation eines jüdischen oder christlichen Konkurrenten, um der Behörde eine Unterlage für das recht einfache und prompte Verfahren zu verschaffen.« Michaelis, »Steht den ausländischen Juden in Preußen ein Wahlrecht zu?« AZJ Nr. 22, 31. 5. 1912, S. 254.
176 Michaelis verwies die Leser auf die Verordnung eines Ministers vom 23. 4. 1878, in Michaelis, Rechtsverhältnisse, a.a.O., S. 452.

ihnen das aktive und passive Wahlrecht bei allen Wahlen versagt sei. Sie würden das Recht haben, von den Gemeindeeinrichtungen in gleichem Umfang wie die Gemeindemitglieder Gebrauch zu machen und die Pflicht, genau zu bestimmende Abgaben zu leisten.[177]

Die Artikel von Rechtsanwalt Michaelis erregten eine lebhafte Diskussion in der jüdischen Presse. Rechtsanwalt Karl Rosenthal akzeptierte die rechtlichen Folgerungen und interpretierte in ähnlicher Weise die Judengesetze in Bayern.[178] Demgegenüber lehnten Siegfried Schwarzschild und Professor Heimberger im »Israelit« Michaelis' Ausführungen auf Grund einer ausführlichen juristischen Analyse ab.[179] Die Redaktion der Zeitung verurteilte die Tendenz der »Liberalen« als »illiberal« und »unjüdisch«.[180]

Eine Sonderstellung, der nicht wenig Scheinheiligkeit anhaftete, vertrat das »Israelitische Familienblatt«. Die Zeitung wollte die Neutralität zwischen beiden Lagern wahren und nahm keine prinzipielle Stellung zum Streit über die »Gerechtigkeit«, die »demokratische und religiöse Gleichheit« einerseits und der »deutschen Volksangehörigkeit« und der »westlichen Kultur« anderseits. Sie riet, den steuerzahlenden ausländischen Juden das Gemeindewahlrecht nicht zu versagen, befürwortete eine gewisse Einschränkung, aber aus »finanziellen Gründen«. Da eine Gemeinde langfristige Verpflichtungen für Bauten, Anleihen und Beamtenverträge auf sich nehme, müsse sie für deren Erfüllung Sorge tragen. Für diese Zukunftslasten können nur inländische ansässige Juden haften, da diese, selbst im Fall ihres Fortzuges, nach den Bestimmungen des Gesetzes der Gemeinde beitragspflichtig bleiben. Dies gelte nicht für ausländische Juden. Viele wechseln ihren Wohnsitz teils durch Fortzug, teils durch Ausweisung, könnten demnach für die Zahlung ihrer Schulden, nachdem sie Stadt oder Land verlassen haben, nicht verantwortlich gemacht werden. Zur Vermeidung finanzieller Schulden sei es notwendig, beim Ausländerwahlrecht »Sonderklautelen« in Form eines Kapitaldeposits oder Garantien anderer Art zu schaffen.

---

177 Michaelis, »Steht den ausländischen Juden in Preußen ein Wahlrecht zu?« AZJ Nr. 22, 31. 5. 1912, S. 255.

178 RA Karl Rosenthal, »Die staatskirchliche Stellung der Israeliten in Bayern«, AZJ Nr. 50, 13. 12. 1912, S. 589–591; Nr. 51, 20. 12. 1912, S. 601–603.

179 Siegfried Schwarzschild, »Das aktive und passive Wahlrecht der ausländischen Juden innerhalb der preußischen Judengemeinden«, Israelit Nr. 10, 6. 3. 1913, S. 1f.; Nr. 11, 13. 3. 1913, S. 1f.; Prof. Dr. Heimberger, »Das Wahlrecht ausländischer Juden in preußischen Synagogengemeinden«, Jüdischer Volksfreund Nr. 7, Monatsbeilage zum Israelit, 14. 8. 1913, S. 17–20. Sie gründeten die Ergebnisse ihrer Forschung auf der Untersuchung der Rechtslage der Juden in allen Teilen Preußens und stellten mit Entschiedenheit fest, daß den ausländischen Juden das aktive und passive Wahlrecht in ihren Gemeinden zusteht. In bezug auf Frankfurt/M., meinte Schwarzschild, könnten Zweifel bestehen. Demgegenüber war Heimberger der Ansicht, daß in dieser Stadt nur preußische Staatsangehörige Wahlrecht hätten.

180 Israelit Nr. 8, 20. 2. 1913, S. 2. Leitartikel.

Dem unerwünschten Einfluß ausländischer Juden auf die »westliche Kultur« deutscher Juden könne dadurch vorgebeugt werden, daß ihnen das Wahlrecht erst nach einer »angemessenen Karenzzeit« verliehen wird. In dieser Karenzzeit würden sich etwa vorhandene Kulturdifferenzen ausgleichen. Die Dauer der Angleichungsperiode oder eine Bestimmung, ob allen Ausländern oder nur denen, die sich akkultiviert hatten, teilweise oder volle Gemeindemitgliedschaft erteilt werden sollte, blieb unerwähnt.
Das »Israelitische Familienblatt« sah noch einen weiteren Vorteil in der Karenzzeit. Sie würde in gewissem Grade die nationaldeutschen Bedenken der Gegner der Ausländerwahlrechte beseitigen. Etwa der Verdacht, daß sich Ostjuden bei Gemeindewahlen mit inländischen Zionisten verbinden könnten.

> »Ohne den Zionismus im ganzen und in Deutschland speziell einer deutschfeindlichen Tendenz irgendwie beschuldigen zu wollen, wird man doch fordern müssen, daß *ausländische* Zionisten erst eines längeren Aufenthalts in deutschen Synagogengemeinden bedürfen, bevor man sie aktiv ebenso an der Verwaltung einer *deutschen* Synagogengemeinde beteiligen kann, wie ihre *inländischen* Gesinnungs- und Parteigenossen.«

Die Redaktion des Blattes war nicht sicher, ob außer der Karenzzeit für das Gemeindewahlrecht der Ausländer nicht noch andere Maßnahmen getroffen werden sollten, wie etwa ein Pluralwahlrecht der Inländer. Auf diese Weise würde, ohne den ausländischen Juden das Wahlrecht zu versagen, der finanzielle Bestand der Gemeinde sowie der deutsche Kultur- und Gemeindecharakter gewährleistet werden, »nach dem *gesunden Entwicklungsprinzip*, unter Berücksichtigung der realen Verhältnisse«.[181]
Die zionistische Stellung im Kampf um das Wahlrecht ausländischer Juden wurde von den Rechtsanwälten Dr. Harry Epstein (Duisburg) und Dr. Willy Victor (Wandsbek) vertreten. Sie widerlegten in einer sorgfältigen juristischen Analyse die Behauptungen von Rechtsanwalt Michaelis, indem sie die Paragraphen 35 und 41 des preußischen Judengesetzes sinngetreu auslegen: Alle Juden, die in einem Gemeindebezirk wohnhaft sind, sind Mitglieder der Gemeinde. Das Wahlrecht gilt für alle männlichen Gemeindemitglieder.[182]
Victor beschuldigte Michaelis, die Absichten der preußischen Gesetzgebung auch in den Gebieten, die nach 1866 durch Preußen annektiert wurden, bewußt

---

181 »Ausländer«, Israelitisches Familienblatt Nr. 3, 16. 1. 1913, S. 1f. Leitartikel. Hervorhebung im Original. Ein Vertreter des Zentralkomitees der ZVfD protestierte gegen diesen Artikel und forderte von der Redaktion, eine entgegengesetzte Meinung zu veröffentlichen, wie es sich für eine neutrale Zeitung gehöre. Der Redakteur lehnte dies ab und drohte in Zukunft die zionistische Bewegung und deren Ortsgruppe in Hamburg zu ignorieren. Protokoll der gemeinsamen Plenarsitzung des Zentralkomitees und der Gemeindekommission, 26. 1. 1913, a.a.O.

182 RA Harry Epstein, »Das Stimmrecht der Ausländer nach dem preußischen Judengesetz«, JR Nr. 34, 22. 8. 1913, S. 353f.; RA Dr. Victor, »Ausländer und jüdische Gemeinden«, Jüdisches Gemeinde-Jahrbuch 5674, 1913–1914, a.a.O., S. 29–36.

falsch interpretiert zu haben. Anstatt sich als Jurist strikt an den Wortlaut des Gesetzes zu halten, habe er sich bei dessen Auslegung von »Erwägungen allgemeiner Natur« leiten lassen.[183] Er griff die moralischen und politischen Motive von Michaelis an, der in seinen Vorschlägen Verrat an der traditionellen Solidarität der Juden begangen hatte, um die Majorität der »Liberalen« in den Gemeinden zu retten und sie zu »Gemeinden deutscher Staatsbürger jüdischen Glaubens« herabzuwürdigen. Victor appellierte an den »Deutsch-Israelitischen Gemeindebund«, diesem »verbrecherischen Treiben« Einhalt zu gebieten. Sollte der »Wahlrechtsraub« nicht aufgehalten werden, würden die Zionisten einen Kampf entfesseln, wie er erbitterter noch niemals im deutschen Judentum geführt worden sei.

> »Wir werden keine Schonung üben. Erbarmungslos werden wir dem Assimilantentum vor der deutschen Öffentlichkeit die ›liberale‹ Maske herunterreißen. Es wird ein Kampf sein um Sein oder Nichtsein der jüdischen Gemeinden. Caveant consules!«[184]

Die Legitimierung, die dem Entzug des Gemeindewahlrechts durch einen Sachverständigen des preußischen Judengesetzes gegeben wurde, machte die Vorgänge in den Gemeinden Köln, Chemnitz, Duisburg, Hamm, Bochum, Hamborn und Dessau von sporadischen Lokalereignissen zu einem Angriff des deutsch-liberalen Judentums gegen die Bemächtigung der Gemeinden durch »fremde Elemente«[185] Aus prinzipiellen und taktischen Erwägungen im Kampf in den allgemein-jüdischen Organisationen in Deutschland stellte sich die ZVfD entschieden auf seiten der ausländischen Juden.[186] Die Ereignisse in der

183 ebd. S. 32–35.

184 ebd.

185 Siehe: Protokoll der gemeinsamen Plenarsitzung des Zentralkomitees und der Gemeindekommission, 26. 1. 1913, a.a.O.; Rechtsanwalt Epstein an Geschäftsführenden Ausschuß der ZVfD, 19. 5. 1914, CZA A142/79; Dr. Ascher (Dessau) an Herzogliche Regierung (Anhalt), Abt. des Innern, 6. 1. 1914, CZA A142/55/6; Gustav Witkowsky, »Die Schmach von Duisburg«, JR Nr. 47, 21. 11. 1913, S. 501f.
Es scheint, daß Michaelis beabsichtigte, seine Gemeinde als Modell hinzustellen, da die Zahl der ausländischen Juden in seiner Gemeinde – Hamm – so gering war, daß sie keinen Einfluß auf die Wahlen hatten. In Bochum fanden überhaupt keine Wahlen statt. Die Entziehung des Wahlrechts war demnach »vorbeugend«.
S. Ludger Heid, »Harry Epstein – Ein Anwalt der Ostjuden in der Zeit der Weimarer Republik«, in Jahrbuch des Instituts für deutsche Geschichte der Universität Tel Aviv, Beiheft 9, Hrsg.: Walter Grab und Julius Schoeps, Stuttgart – Bonn 1986, S. 276–304.

186 Die Verteidigung der Rechte der ausländischen Juden ging über die Grenzen der Gemeinden hinaus. Hantke berichtete auf der gemeinsamen Sitzung des Zentralkomitees und der Gemeindekommission über eine vom B.J.C. und K.Z.V. einberufene Akademikerversammlung, auf der mit dem liberaljüdischen Studentenverein K.C. »abgerechnet« werden sollte, weil er sich mit der Forderung deutsch-nationaler Studenten einverstanden erklärt habe, den Numerus clausus gegen ausländische jüdische Studenten an Kliniken einzuführen. Protokoll der gemeinsamen Plenarsitzung des Zentralkomitees und der Gemeinde-Kommission, 26. 1. 1913, a.a.O.

Duisburger Gemeinde, die durch die Aktivität des dortigen Rechtsanwalts Epstein zu einem Testverfahren für ganz Preußen wurden, veranschaulichen den Charakter dieses Kampfes.
Bei den Gemeindewahlen, die am 10. Dezember 1912 in Duisburg stattfanden, siegte die gemeinsame Liste der Zionisten und der »Gesetzestreuen«. Zwei Zionisten wurden in die Repräsentantenversammlung gewählt.[187] Daraufhin änderten die alten Repräsentanten am 24. Dezember, acht Tage vor Ablauf ihrer Amtsperiode, das Gemeindestatut, so daß nunmehr nur Mitglieder wahlfähig sein sollten, »die die deutsche Staatsangehörigkeit besitzen«.[188] Zur selben Zeit bestritten zwei Anwälte in einer Eingabe an die Regierung die Wahlgültigkeit: sie beschuldigten einen Repräsentanten der Bestechung, er habe Ausländern fünf Mark für jede abgegebene Stimme gezahlt. Die Staatsanwaltschaft leitete ein Verfahren wegen Wahlbestechung ein, mußte es jedoch wieder einstellen, da sich die Beschuldigung als gegenstandslos herausstellte. Daraufhin erwirkte Rechtsanwalt Epstein die Verurteilung eines der Kläger wegen Verleumdung.[189]
Da der Beschluß über die Wahlrechtsentziehung von der Regierung genehmigt werden mußte, versuchte Epstein, die erforderliche Bewilligung zu verhindern. Im Namen des Repräsentantenkollegiums der Gemeinde Duisburg wandte er sich in vier Memoranden (17. Januar 1913, 23. Januar 1913, 7. März 1913, 30. November 1913) an den Oberpräsidenten der Rheinprovinz und bat darum, dieses Unrecht nicht zu bestätigen. Er begründete seine Eingabe damit, die Statutenveränderung sei nur deshalb vorgenommen worden, um einen nochmaligen Wahlsieg der konservativen Richtung zu vereiteln. Epstein stützte sich auf einen Präzedenzfall, in dem der Oberpräsident der Rheinprovinz im März 1912 in Sachen der Synagogengemeinde Hamborn entschied, daß Wahlrechtsänderungen von weittragender Bedeutung nicht Angelegenheit ausscheidender Repräsentanten sein könne. Die Beschlußfassung über solche Gegenstände sei der neugewählten Gemeindevertretung zu überlassen. Die Entziehung des Wahlrechts in Duisburg, behauptete Epstein, habe keine sachlichen Gründe. Nur 45 der 320 Wahlberechtigten seien ausländische Juden. Es sei daher nicht zu befürchten, daß ihre Stimmen bei den Wahlen ausschlaggebend sein würden. Sie wären im öffentlichen Leben nirgends hervorgetreten, erstrebten im Gemeindeleben keine Sonderinteressen und bezögen von der Gemeinde keinerlei Unterstützung. Manche von ihnen seien schon viele Jahre in Duisburg ansässig und nähmen unter den jüdischen und christlichen Mitbürgern eine geachtete

---

187 JR Nr. 50, 13. 12. 1912, S. 487. Duisburg hatte eine Bevölkerung von 200000 Einwohnern. 1910 zählte die jüdische Gemeinde in dieser Stadt 1554 Seelen. Schmuel Ma'ajan. Die Wahlen in der Gemeinde Berlin in den Jahren 1901–1920, a.a.O., S. 28.
188 Eine formelle *deutsche* Staatsangehörigkeit bestand damals noch nicht.
189 Gustav Witkowsky, »Die Schmach von Duisburg«, JR Nr. 47, 21. 11. 1913, S. 501.

Stellung ein. Sie unterstützten die religiös Gesinnten, die um die Erhaltung jüdischer Tradition bestrebt sind. Ihre Entfernung aus dem Gemeindeleben würde schweren Schaden nach sich ziehen.
Weder eine preußische Regierung noch eine jüdische Gemeindeverwaltung im Geltungsbereich des Judengesetzes habe je daran gezweifelt, daß Ausländer wie Inländer Gemeindemitglieder seien. Auch in dem »Entwurf« des Judengesetzes, den der »Deutsch-Israelitische Gemeindebund« ausgearbeitet habe, laute der Paragraph 1: »Jede Person jüdischen Glaubens ist Mitglied der Synagogengemeinde, in deren Bezirk sie ihren Wohnsitz hat.«
Überdies, betonte Epstein im Namen des Repräsentantenkollegiums der Gemeinde Duisburg, würde die Änderung der Gemeindestatuten nicht nur »minderbemittelte Galizier« betreffen. Sie betreffe auch wohlhabende und sozial hochstehende Bürger verschiedener Staaten, reiche niederländische Fabrikanten und in Amerika reichgewordene Juden, die ihre preußische Staatsangehörigkeit verloren hatten und in ihre Heimat zurückkehrten, wie etwa der Philantrop und Millionär Charles Hallgarten aus Frankfurt/M. Die Verdrängung ausländischer Juden aus den Gemeinden würde sich nur negativ auf das Gemeindeleben und schließlich auch auf die Staatsgemeinschaft auswirken.[190]
Rechtsanwalt Epstein ließ es nicht bei den Eingaben an die preußische Regierung bewenden. Um ihnen Nachdruck zu verleihen, wandte er sich »vertraulich« an Rechtsanwalt Dr. Bodenheimer und bat ihn, den österreichischen Generalkonsul darauf aufmerksam zu machen, daß durch die Entziehung des Wahlrechts fast ausschließlich österreichische Staatsangehörige betroffen werden. Bodenheimer sollte versuchen, den Generalkonsul zu einer Intervention bei den preußischen Behörden zu veranlassen.[191] Dieser Schritt zeugt von den gespannten Beziehungen zwischen »Liberalen« und Zionisten nach deren Ausschluß aus dem »Zentralverein«. Die Einmischung eines fremden Diplomaten in einen innerjüdischen Konflikt in Preußen war ein außergewöhnlicher Akt. Dennoch schreckten die Zionisten vor diesem Mittel nicht zurück. Wäre dieser Schritt an die Öffentlichkeit gelangt, hätte er die Zionisten der Beschuldigung der Staatsuntreue ausgesetzt.
Parallel zu diesen Bemühungen griff die »Jüdische Rundschau« in den Kampf um die Rechte der ausländischen Juden ein und deckte die Manipulationen der liberalen Repräsentanten der Duisburger Gemeinde und deren Motive auf. Mit einem Hinweis auf den Beilisprozeß verurteilte die Zeitung »die Schmach von Duisburg« und wies darauf hin,

190 Das Repräsentantenkollegium der Synagogengemeinde zu Duisburg an Oberpräsidenten der Rheinprovinz, Koblenz, 30. 11. 1913, CZA A15/X/4. Über die prinzipiellen Gesichtspunkte des Duisburger Wahlkampfes siehe: Fabius Schach, »Die Fremdenfrage« (Zum Fall Duisburg), Ost und West, Heft 1, Januar 1914, S. 10–19.
191 Dr. Epstein an Bodenheimer, 7. 6. 1913, CZA A15/X/4.

»daß in dieser kritischen Zeit *deutsche Juden* – sie nennen sich ›liberal‹ – *die Verleumdungen der ›Schwarzen Hundert‹ sich zu eigen gemacht* und so, wenn auch ungewollt, sich den Anklägern im Kiewer Lügenprozeß und ihren Gesinnungsverwandten an die Seite gestellt haben.«

Die Ereignisse in Duisburg seien wohl der »tollste Ausdruck jener seelischen Korruption«, die man immer bei Assimilationsjuden feststellen müsse. Durch eine Aufdeckung des Tatsachenmaterials sollte sich die jüdische Öffentlichkeit »dieses Schandfleckes in der Geschichte der deutschen Juden« bewußt werden. Als Urheber dieser Aktion bezeichnete der Verfasser des Artikels die Vorstandsmitglieder der »Vereinigung für das liberale Judentum« und des »Zentralvereins«. Zuerst versuchten sie den ausländischen Juden mit Hilfe des Bürgermeisters, des Landrates und des Kreishauptmanns zu drohen. Als man aber diese Drohung als unwirksam durchschaute, dachten sie die Entziehung des Wahlrechts durch Änderung des Gesetzes zu erzielen. Rechtsanwalt Michaelis sollte mit »wissenschaftlicher Gründlichkeit« nachweisen, daß die Ausländer überhaupt keine Gemeindemitglieder seien. Der Fall Duisburg habe aber nicht nur juristische Aspekte. Neben verschiedenen Beschimpfungen wurde in der an die Regierung gerichteten Anzeige von galizianischen Juden gesprochen, »die der von rechtgläubigen Israeliten als ketzerisch angesehenen Sekte der Chassidäer angehören«. Der Ausdruck »ketzerische Chassidäer« in einer offiziellen Beschuldigung belaste die Verfasser dieses Dokumentes mit schwerer Verantwortung. Sie hätten daran denken sollen, daß von dieser »Sekte« schon bei den Ritualmordsbeschuldigungen in Xanten, Konitz und im Prozeß gegen Beilis die Rede war. Man beschuldigte in diesen Prozessen die Chassidäer des Gebrauchs von Christenblut und bemühte sich – vergebens – sie in Gegensatz zu den übrigen Juden zu stellen.[192] Die ablehnende Antwort des Vorsitzenden des »Zentralvereins«, Justizrat Horowitz, an Duisburger Juden, die sich an ihn als zuständige Instanz in der Wahlrechtsentziehung wandten, sei nicht verwunderlich. Im Namen des »Einheitsgedankens« lehnte er es ab, die Rechte der ausländischen Juden zu verteidigen: »Ein Verein wie der unsrige muß die Juden *einen* und stets bemüht sein, *alles Trennende* innerhalb des Judentums zu *beseitigen*, um nach außen hin energisch dazustehen.«[193]
Der Oberpräsident der Rheinprovinz wagte nicht, selbst eine Entscheidung im Konflikt um das Wahlrecht zu fällen. Es ging hier um einen Präzedenzfall für ganz Preußen, und das veranlaßte ihn zur Beratung mit dem preußischen Innenminister. Dieser entschied eindeutig zugunsten der ausländischen Juden. Indem er sich auf das Judengesetz von 1847 stützte, bestimmte er, daß es die Wahlberechtigung ausländischer Juden nicht ausschließe, sofern die Betreffen-

---

192 Gustav Witkowsky, »Die Schmach von Duisburg«, JR Nr. 47, 21. 11. 1913, S. 501.
193 ebd. Hervorhebung im Original.

den im übrigen die Anforderungen des Paragraphen 41 erfüllen. Bezüglich Paragraph 71 Abs. 2 stellte er fest, daß das Gesetz die Übernahme von Kultusämtern durch ausländische Juden ohne deren Naturalisation vorsieht. Daraus ergebe sich, daß der Gesetzgeber die Zugehörigkeit ausländischer Juden in Synagogengemeinden anerkannte. Hätte er sie von dieser Zugehörigkeit und den sich daraus ergebenden Rechten ausschließen wollen, hätte er dies ausdrücklich betont. Paragraph 37 unterscheide ebenfalls nicht zwischen »Einheimischen« und Ausländern, wenn sie die Bedingungen des Paragraphs 41 erfüllen, die auch Vorsorge getroffen haben, »daß lediglich fluktuierende Elemente keinen Einfluß auf die Zusammensetzung der Repräsentantenversammlung gewinnen«.[194]

Es war das Prinzip des Rechtsstaates, das der Entscheidung des Innenministers zugrunde lag. In Duisburg feierte die zionistisch-orthodoxe Koalition ihren Sieg und im Zentralkomitee der ZVfD verzeichnete man mit Befriedigung, daß dieses Ergebnis der Aufklärungsarbeit des »Reichsvereins der Deutschen Juden« in Zusammenarbeit mit der orthodoxen »Freien Vereinigung« zu verdanken sei und somit der Anschlag auf die religiöse Einheit des Judentums zurückgewiesen worden sei.[195] Der neue Vorstand der Gemeinde Duisburg gab bald darauf der neuen Linie Ausdruck. Trotz des Protestes der »Liberalen« stellte er die Synagoge der zionistischen Vereinigung zur Veranstaltung einer Gedenkfeier anläßlich des 10. Todestages Theodor Herzls zur Verfügung.[196] Die »Liberalen« gaben den Kampf nicht auf. Eine Nachricht im konservativ-antisemitischen Blatt »Deutsche Warte« vom 16. Juli 1914, welche das »Israelitische Familienblatt« und andere Zeitungen veröffentlichten, erregte schwere Befürchtungen im »Reichsverein der deutschen Juden«, vor allem aber bei den Zionisten in Westdeutschland. Die »Deutsche Warte« berichtete, daß infolge einer ministeriellen Anordnung im rheinisch-westfälischen Industriebezirk jüdische ausländische Alttrödler und Hausierer nicht mehr zugelassen und die dort wohnenden ausländischen Juden ausgewiesen werden sollten.[197] Rechtsanwalt

194 Der Oberpräsident der Rheinprovinz an Rabbiner Dr. Wolf (Köln), 18. 5. 1913, CZA A142/79. An den Bemühungen im preußischen Innenministerium beteiligten sich RA Alfred Klee und der orthodoxe Rabbiner Dr. Munk (Berlin). Rabb. Dr. Munk an RA Dr. E. Strauß (München), 13. 5. 1914, CZA A142/79. Im Gegensatz zu Rabbiner Dr. Munk antwortete der einzige orthodoxe Rabbiner Westfalens, Dr. Brader, auf Befragung des Oberpräsidenten, daß nichts im Weg stehe, den ausländischen Juden das Wahlrecht zu verweigern. Daraus folgerten die Zionisten, daß sie sich in dieser Frage nicht unbedingt auf die Orthodoxen verlassen konnten. Epstein an Geschäftsführenden Ausschuß der ZVfD, 19. 5. 1913, CZA A142/79. Für eine Dokumentation über den Kampf um das Wahlrecht des ausländischen Juden in Preußen, siehe: Naomi Katzenberger, »Dokumente zur Frage des Wahlrechts ausländischer Juden in den preußischen Synagogengemeinden«, in: Michael, Sammelband zur Geschichte der Juden in der Diaspora, Bd. 2, Universität Tel Aviv 1972, S. 191–203.

195 »Das Wahlrecht der Ausländer«, JR Nr. 22, 29. 5. 1914, S. 232.

196 JR Nr. 30, 24. 7. 1914, S. 238.

197 Israelitisches Familienblatt Nr. 30, 23. 7. 1914, S. 5.

Epstein, der die Angelegenheit untersuchte, stellte fast mit Sicherheit fest, daß die Anregung zu dieser Aktion teils von Christen aus wirtschaftlichen Gründen, teils aber auch von Juden, die sich für den Sieg der Zionisten in Duisburg rächen wollten, ausgegangen war. Ein christlicher und ein jüdischer Anwalt hätten eine von zahlreichen Juden und Nichtjuden unterzeichnete Eingabe an das Ministerium des Inneren gerichtet.[198] Die Leitung des »Reichsvereins« unternahm dringende Schritte, um die den ausländischen Juden drohende Gefahr abzuwenden. Eine Rücksprache, die Rechtsanwalt Sally Hirsch[199], ein Mitglied des Zentralkomitees der ZVfD, mit einem Geheimen Regierungsrat des Ministers des Inneren hatte, ergab, daß im Ministerium keine Ausweisungsabsicht bestand. Um aber einer Ausweisung durch die mittleren Regierungsinstanzen vorzubeugen, und damit insbesondere der Düsseldorfer Regierungspräsident nicht auf eigene Faust ohne Zustimmung des Innenministeriums vorgehe, wurde Rechtsanwalt Bodenheimer (Köln) am 29. Juli 1914 dringend gebeten, als Vertreter des »Reichsvereins« bei dem Oberpräsidenten in Koblenz und der Regierung in Düsseldorf vorzusprechen.[200]
Der Ausgang dieses Vorfalls ist uns nicht bekannt. Es ist jedoch anzunehmen, daß nach Ausbruch des Krieges das Verhältnis der Regierung zu Ausländern nicht durch lokale Interessen, sondern im Zusammenhang mit der allgemeinen politischen Lage bestimmt wurde. Dies galt jedoch nicht für die Gemeinden. Dort brachte die Kriegsnot nicht unbedingt den politischen »Burgfrieden« mit sich und wurde sogar – wie in Dessau – von den »Liberalen« zur Festigung ihrer Herrschaft in den Gemeinden ausgenützt. Der innerjüdische Kampf wurde auch im Kriege fortgesetzt:

> »... Hier in Dessau sind die Verhältnisse sehr bedenklicher Natur: Ein Teil unserer Anhänger liegt im Felde, ein anderer Teil ist in Konkurs oder in Zahlungsschwierigkeiten, der dritte Teil in Schutzhaft und der Rest zittert vor dem was kommen wird. Dieser Augenblick wird von unseren Gegnern ausgenutzt, um eine Statutenänderung durchzudrücken ... Es sickert durch, daß sie den Paragraphen unserer Statuten, der eine Statutenänderung nur zuläßt, wenn eine Majorität von 2/3 der Gemeindevertretung dafür ist, abändern wollen ... Bei der jetzigen Lage hat natürlich die Gemeinde die Macht, ihren Willen durchzudrücken und so ihre Machtstellung zu verewigen.«[201]

---

198 Reichsverein deutscher Juden an Bodenheimer, 29. 7. 1914, CZA A15/X/4.

199 Der junge Rechtsanwalt Sally Hirsch wirkte früher im Namen der zionistischen Studentenvereinigung B.J.C. gegen die Einführung des Numerus clausus für Medizinstudenten aus Rußland.

200 ebd.

201 RA Dr. Ascher an ZVfD Berlin, 12. 9. 1914, CZA A142/55/6. Siehe ferner Memorandum der Zionisten an die herzogliche Regierung von Anhalt und die Briefe des Rechtsanwalts Ascher an das zionistische Zentralbüro in Berlin: Neuer Jüdischer Gemeindeverein, Ascher an Herzogliche Regierung (Anhalt), Abt. des Innern, 6. 10. 1914; Ascher an ZVfD, 13. 10. 1914; Ascher an ZVfD, 19. 10. 1914, CZA A142/55/6.

15 Jahre »Gemeindepolitik« hatten die ZVfD ihren großen Zielen nicht viel näher gebracht. Dies ist nicht erstaunlich. Am Anfang des 20. Jahrhunderts erschienen die Ziele des Zionismus den meisten Menschen als eine politische, geographisch und zeitlich weit entfernte Utopie. Seine Gegner wiesen im besten Fall auf seine Irrealität hin. Andere verdächtigten den Patriotismus seiner Anhänger oder beschuldigten sie der Entstellung von Israels Mission unter den Völkern und des Entfachens gemeinschaftsstörender Konflikte.
Anderseits begleiteten den zionistischen Gemeindekampf Zweifel und Unschlüssigkeit. So kamen die Zionisten zu keinem Einverständnis, ob sie das Recht hätten, als politische Bewegung auch zu religiösen Fragen Stellung zu nehmen.[202] Die radikalen Zionisten maßen der Gemeindearbeit höchstens sekundäre Bedeutung bei und behaupteten zuweilen, daß sie die Aktivität der Ortsgruppen nur beeinträchtigte.[203] Sogar ein so eifriger Gemeindepolitiker wie Rechtsanwalt Victor gestand: »Angenehm ist die Beteiligung an der Gemeindearbeit niemals, ebensowenig wie die am Deutsch-Israelitischen Gemeindebund, wo ich ja jetzt Erfahrung gewonnen habe.«[204] Angesichts der enttäuschenden Ergebnisse ist diese Stimmung verständlich, sie kann jedoch nicht als einziger Maßstab zur Bewertung der Gemeindepolitik angelegt werden.
Es sollte nicht vergessen werden, daß es das Hauptziel der zionistischen Bewegung war, ihr Gedankengut der jüdischen Öffentlichkeit nahezubringen und daß ihr ohne Beziehung zum realen Leben die Abgeschnittenheit einer Sekte drohte. Der Kampf in den Gemeinden gab ihr die erforderliche Agitationstribüne und zwang ihre Gegner, die Politik des Totschweigens zu verlassen und mit ihnen offen über konkrete Probleme des jüdischen Lebens zu diskutieren. Er ermöglichte ihnen die Zusammenarbeit mit traditionellen Kreisen, die sie aus der Isolation der ersten Jahre befreite. Der Kampf um die Rechte der ausländischen Juden brachte diese der zionistischen Bewegung näher, die ihr einziger Schutz gegen die Entrechtung war. Erst durch sie kamen sie auch dem deutschen Judentum näher. Dafür gab ihr die Masse der ostjüdischen Emigranten das öffentliche Gewicht, die Dimension einer politischen Partei, die ihr, wenn auch nur allmählich, zu den ersten, bescheidenen Erfolgen verhalfen. In der ZVfD war man sich dieser Tatsache wohl bewußt: »Daß unser Einfluß in den Gemeinden gleich Null sein wird, wenn man den Ausländern das Wahlrecht nimmt, braucht nicht bewiesen zu werden.«[205]

---

202 Das Zentralkomitee und die Gemeindekommission der ZVfD hielten eine Diskussion über die »Richtlinien« der Liberalen. Protokoll der gemeinsamen Sitzung des Zentralkomitees und der Gemeindekommission, 26. 1. 1913, a.a.O., S. 5–12.
203 Stahl (Tarnowitz), ebd. S. 4f.
204 Dr. Victor, ebd. S. 2.
205 Epstein an Geschäftsführenden Ausschuß der ZVfD, 19. 5. 1914, CZA A142/79.

Im Frühling 1935, unter total veränderten Verhältnissen, zog Alfred Klee die Bilanz aus der Gemeindepolitik in Deutschland. Aus der Perspektive einer deutschen und jüdischen Wirklichkeit, die kaum jemand voraussehen konnte, bewertete er die langjährige zionistische Gemeindearbeit. Klee war der Ansicht, daß sie stets von dem Bewußtsein durchdrungen war, den beschleunigten Prozeß der Auflösung und Entjudung des deutschen Judentums aufzuhalten. Die Begriffe »Bejahung oder Verneinung der Galuth« hatten nur Unklarheit und Verwirrung in der Bewegung geschaffen. In Wirklichkeit bestehe kein Gegensatz zwischen »Galuth-Zionismus« und »Palästina-Zionismus«.

»Auf Jahrhunderte, vielleicht auf immer, wird es eine jüdische Diaspora geben. Sie lebensfähig zu erhalten, sie vom Geist Palästinas durchdringen zu lassen, ihr aber auch die Aufgabe zuzuweisen, das nationale Leben in Palästina mit aller Kraft entwickeln zu helfen, ist die Aufgabe des Zionismus in der Galuth. So haben wir, die wir Träger der jüdischen Gemeindearbeit in Deutschland in all den Jahren waren, unsere Aufgabe aufgefaßt. Wir glauben auf dem richtigen Wege zu sein, und glauben in voller Erkenntnis des Stückwerkcharakters aller menschlichen Arbeit doch auf Erfolge hinweisen zu können, deren wirklicher Sinn dann leicht erfaßt werden wird, wenn man Gemeindearbeit und Diasporapolitik unter der großen jüdisch-historischen Perspektive ständiger Wechselwirkung sieht.«[206]

206 Alfred Klee, »Zionismus und Gemeinde«, JR Nr. 31–32, 17. 4. 1935, S. 7. Bei den Berliner Gemeindewahlen des Jahres 1926 erhielt die »Jüdische Volkspartei« 18000 Stimmen und im Jahre 1930 30000 Stimmen, ebd.

139. Meiningen
140. Memel
141. Merzhausen
142. Messingwerk
143. Metz
144. Miloslaw
145. Mittweide
146. Mogilno
147. Molsheim
148. Mülhausen i. E.
149. Mühlheim
150. München
151. Myslowitz
152. Neuenahr
153. Neumark
154. Neuwied
155. Nicolai
156. Nordhausen
157. Nürnberg
158. Obersitzko
159. Offenbach
160. Oppeln
161. Ostrowo
162. Penkun
163. Penzig
164. Pforzheim
165. Piplin*
166. Plauen
167. Pleschen
168. Posen
169. Prenzlau
170. Pyrmont
171. Rappenau
172. Rastenburg
173. Ratibor
174. Rawitsch
175. Rees
176. Regensburg
177. Remscheid
178. Reppen
179. Rosenberg i. Sch.
180. Ruda
181. Rüstringen*
182. Rybnik
183. Saargemünd
184. Samter
185. Schiltigheim
186. Schlüchtern
187. Schönlanke
188. Schreiberhau
189. Schubin
190. Schwanfeld
191. Schwelm
192. Schwientochlowitz
193. Siegburg
194. Solingen
195. Sontra
196. Stallupönen
197. Stargard
198. Stettin
199. Stolp
200. Stralkowo*
201. Strassburg
202. Stuttgart
203. Tapiau
204. Tarnowitz
205. Thorn
206. Tilsit
207. Trąchenberg
208. Treysa
209. Trier
210. Vallendar
211. Varel
212. Vilbel
213. Wandsbek
214. Wanne
215. Weissenfels
216. Westerburg
217. Wetzlar
218. Wiesbaden
219. Winzig
220. Witkowo
221. Witzenhausen
222. Wolfenbüttel
223. Wongrowitz
224. Worms
225. Wronke
226. Würzburg
227. Xanten
228. Zabrze
229. Zduni
230. Znin
231. Zwickau

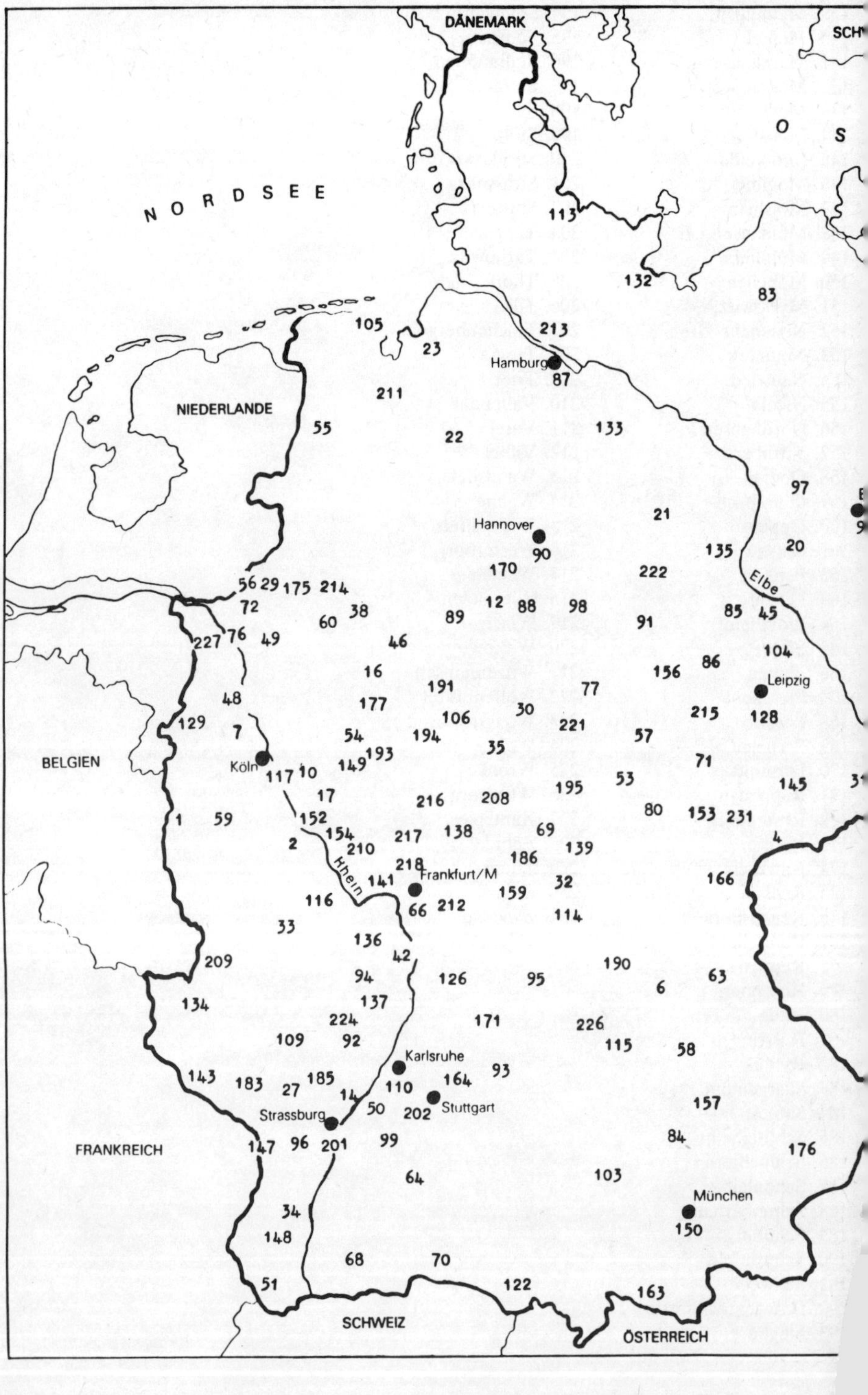
DÄNEMARK
NORDSEE
O S
NIEDERLANDE
BELGIEN
FRANKREICH
SCHWEIZ
ÖSTERREICH
Hamburg
Hannover
Köln
Leipzig
Frankfurt/M
Karlsruhe
Stuttgart
Strassburg
München
Rhein
Elbe
113
132
83
105
23
213
87
211
55
22
133
97
21
90
135
20
170
222
56 29 175 214
72
38
60
12 88 98
89
91
85 45
227 76 49
46
104
16
156
86
191
77
48
177
30
128
106
215
129
7
54
194
221
57
193
35
149
117 10
71
53
145
17
216
208
195
59
1
152
80
153 231
154
217
138
69
4
2
210
139
186
218
141
32
166
116
66 212
159
33
114
136
42
209
190
94
126
95
6
63
134
137
224
171
226
109
92
115
58
143
183
27
185
14
110
164
93
50
202
157
96 201
147
99
84
176
64
103
34
150
148
68
70
51
122
163

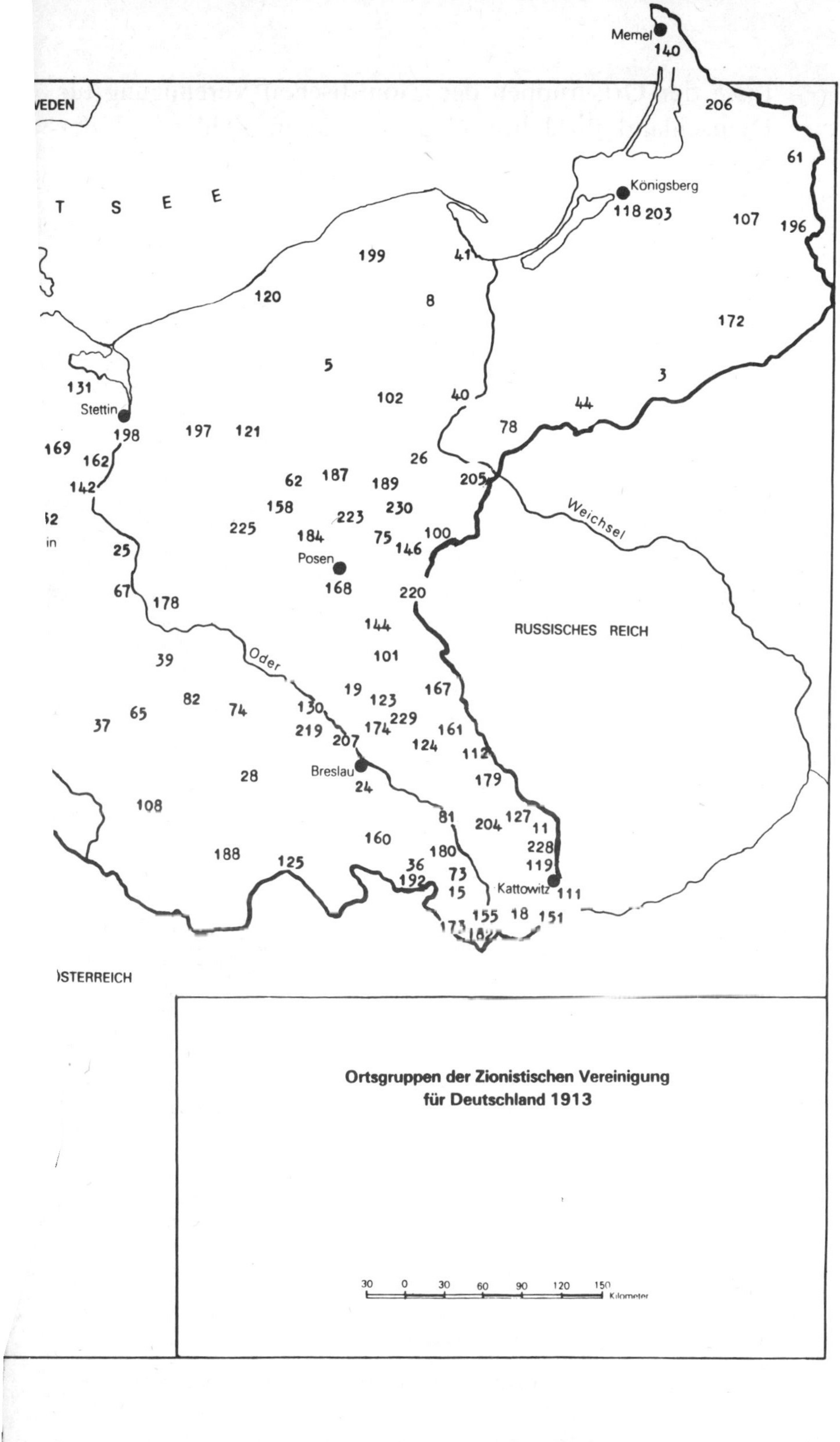

Ortsgruppen der Zionistischen Vereinigung für Deutschland 1913

Liste der Ortsgruppen der Zionistischen Vereinigung für Deutschland im Jahre 1913 und deren Zahlen auf der Karte*.

1. Aachen
2. Ahrweiler
3. Allenstein
4. Annaberg
5. Bärwalde
6. Bamberg
7. Bedburg
8. Berent
9. Berlin
10. Beuel
11. Beuthen
12. Bielefeld
13. Birkenthal*
14. Bischweiler
15. Bismarckhütte
16. Bochum
17. Bonn
18. Boischow
19. Borek
20. Brandenburg a. H.
21. Braunschweig
22. Bremen
23. Bremerhaven
24. Breslau
25. Briesen W.-Pr.
26. Bromberg
27. Brumath
28. Bunzlau
29. Calcar (Niederrh.)
30. Cassel
31. Chemnitz
32. Cöthen
33. Cochem
34. Colmar
35. Corbach
36. Cosel
37. Cottbus
38. Crone a. B.
39. Crossen
40. Culm
41. Danzig
42. Darmstadt
43. Depenau*
44. Dt. Eylau
45. Dessau
46. Dortmund
47. Dresden
48. Düsseldorf
49. Duisburg
50. Durlach
51. Durmenach
52. Eberswalde
53. Eisenach
54. Elberfeld
55. Emden
56. Emmerich
57. Erfurt
58. Erlangen
59. Eschweiler
60. Essen
61. Eydtkuhnen
62. Filehne
63. Floss
64. Forbach
65. Forst
66. Frankfurt a. M.
67. Frankfurt a. O.
68. Freiburg i. B.
69. Fulda
70. Gailingen
71. Gera
72. Gladbeck
73. Gleiwitz
74. Glogau
75. Gnesen
76. Goch
77. Göttingen
78. Gollub
79. Goslershausen*
80. Gotha
81. Gr. Strelitz
82. Grünberg i. Schl.
83. Güstrow
84. Gunzenhausen
85. Halberstadt
86. Halle
87. Hamburg
88. Hameln
89. Hamm
90. Hannover
91. Harzburg
92. Heidelberg
93. Heilbronn
94. Hessloch
95. Heubach
96. Hochfelden
97. Henningsdorf
98. Hildesheim
99. Hohenheim
100. Hohensalza
101. Jarotschin
102. Jastrow
103. Ichenhausen
104. Jessnitz
105. Jever
106. Immigrath
107. Insterburg
108. Josephsdorf
109. Kaiserslautern
110. Karlsruhe
111. Kattowitz
112. Kempen
113. Kiel
114. Kissingen
115. Kitzingen
116. Koblenz
117. Köln
118. Königsberg
119. Königshütte
120. Kolberg
121. Kollin
122. Konstanz
123. Koschmin
124. Krotoschin
125. Kudowa
126. Ladenburg
127. Laurahütte
128. Leipzig
129. Linnich
130. Lissa
131. Löcknitz
132. Lübeck
133. Lüneburg
134. Luxemburg
135. Magdeburg
136. Mainz
137. Mannheim
138. Marburg

* Die mit einem Stern bezeichneten Orte sind nicht auf der Karte verzeichnet.

Abb. 1: Dr. Max I. Bodenheimer

Abb. 2: David Wolffsohn

Abb. 3: Dr. Heinrich Loewe

Abb. 4: Dr. Alfred Klee

Abb. 5: Dr. Arthur Hantke

Abb. 6: Kurt Blumenfeld

Abb. 7: Dr. Felix Rosenblüth

Abb. 8: Dr. Elias Auerbach

Bibliographie

1. Archivquellen

A. Central Zionist Archives, Jerusalem (CZA)

I. Archive der Zionistischen Weltorganisation

Zionistisches Zentralbüro Wien, 1897–1905	Z 1
Zionistisches Zentralbüro Köln, 1905–1911	Z 2
Zionistisches Zentralbüro Berlin, 1911–1920	Z 3

II. Privatarchive

Bodenheimer, Max Isidor	A 15
Friedemann, Adolf	A 8
Hantke, Arthur	A 11
Herzl, Theodor	H
Klee, Alfred	A 142
Lewin, Schmarjahu	A 20
Loewe, Heinrich	A 146
Rülf, Isaak	A 1
Ruppin, Arthur	Tagebücher
Schachtel, Hugo	A 102
Warburg, Otto	A 12
Wolffsohn, David	W

B. The Central Archives for the History of the Jewish People, Jerusalem (CAHJP)

C. Privatnachlässe

Nachlaß Menachem Mendel Sambursky, im Besitz der Familie seines Sohnes Daniel Sambursky s.A., Tel Aviv, Israel.

Nachlaß des Rabbiners Emil Cohn, im Besitz seiner Tochter, Fr. Miriam Rochlin-Cohn, Los Angeles, Cal., USA.

Nachlaß Heinrich Loewe, im Besitz seiner Tochter, Fr. Hadassa Bergmann-Loewe, Ramat Gan, Israel.

D. Archive in Deutschland

Auswärtiges Amt, Bonn, Politisches Archiv. (AA)

Bayerisches Hauptstaatsarchiv, München

Generallandesarchiv Baden, Karlsruhe.

Staatsarchiv Hamburg.

E. Mündliche Dokumentation

Auf Tonband aufgenommenes Interview mit Siegfried Moses, Institute of Contemporary Judaism, Department for Oral Documentation, Hebrew University, Jerusalem, Israel.

Auf Tonband aufgenommenes Interview mit Pinchas Rosen (Felix Rosenblüth), Institute of Contemporary Judaism, Department for Oral Documentation, Hebrew University, Jerusalem, Israel.

Auf Tonband aufgenommenes Interview des Verfassers mit Ludwig Pinner, am 7. Dezember 1972 in Kefar Schmarjahu, Israel.

Auf Tonband aufgenommenes Interview des Verfassers mit Pinchas Rosen (Felix Rosenblüth) am 20. Dezember 1972 in Jerusalem, Israel.

Auf Tonband aufgenommenes Interview des Verfassers mit Gerschom Scholem, am 4. Januar 1980 in Jerusalem, Israel.

2. *Zeitschriften und Zeitungen*

Hamaggid, (hebr.) Lyck, 1856–1903.
Hameliz, (hebr.) Odessa, 1861–1904.
Allgemeine Zeitung des Judenthums, Ein unparteiisches Organ für alles jüdische Interesse, 1837–1922. (AZJ)
Blau-Weiß Blätter, Berlin, 1913–1925.
Der Colonist, hrsg. vom Verein Bnei-Brith zu Kattowitz, 1883–1884.
Correspondenz der National-Jüdischen Vereinigung-Zionistischen Vereinigung für Deutschland, (Köln), 1897–1898.
Im deutschen Reich, Zeitschrift des Centralverein deutscher Staatsbürger jüdischen Glaubens, Berlin, 1895–1922. (IDR)
Der Israelit, ein Centralorgan für das orthodoxe Judenthum, 1860–1938.
Israelitische Rundschau, Berlin, 1895–1901. (IR)
Israelitische Wochenschrift für die religiösen und socialen Interessen des Judenthums, Magdeburg, 1870–1894.
Gemeindeblatt der jüdischen Gemeinde zu Berlin, 1911–1938.
General-Anzeiger für die gesamten Interessen des Judentums, 1902–1911.
Hapoel hazair, (hebr.) Tel Aviv 1906–1970.
The Jewish Cronicle, the Organ of the British Jewry, 1841–.
Der Jude, eine Monatsschrift, Berlin, 1916–1924.
Jüdische Presse, Berlin, 1870–1923.
Jüdische Rundschau, Allgemeine jüdische Zeitung, Berlin, 1902–1938. (JR)
Der Jüdische Student, Monatschrift der Vereine jüdischer Studenten (im Bunde Jüdischer Corporationen), 1902–1933. (J. St.)
Jüdische Zeitung, Wien, 1907–1920.
Die Menorah, Wochenschrift für Haus und Familie, Hamburg, 1891.
Mitteilungen des Kartells Zionistischer Verbindungen, Berlin, 1906–1914.
Der Orient, Berichte, Studien und Kritiken für die jüdische Geschichte und Literatur, Leipzig, 1840–1851.
Ost und West, Illustrierte Monatsschrift für modernes Judentum, 1901–1923.
Der Schlemiel, jüdische Blätter für Humor und Kunst, Berlin, 1903–1905.
Selbstemancipation – Jüdische Volkszeitung, Wien, 1885–1895.
Serubabel, Berlin 1886–1889.
Sozialistische Monatshefte, Berlin, 1895–1933.
Die Welt, Wien, Köln, Berlin, 1897–1914.
Zion, Monatschrift für die nationalen Interessen des jüdischen Volkes, Berlin 1895–1900.

3. *Bücher, Aufsätze, Artikel*

a. Hebräische Literatur

Achad Haam, *Gesammelte Schriften* (hebr.) Tel Aviv, Devir, 1947.
Aharonowitz, J., »Hejchal hatarbuth ha'ivrith« (Tempel der hebräischen Kultur) (hebr.), *Hapoel hazair* Nr. 14, 21. 5. 1909.
Drujanow, A., *Ketawim letoldot Chibat Zion wejuschuw erez Israel,* (hebr.) Bd. I, Odessa 1919; Bd. III, Tel Aviv 1932.
Gordon, J. L., *Gesammelte Schriften* (hebr.), Tel Aviv 1929.
Gronemann, Sammy, *Sichronoth schel Jekke* (Memoiren eines Jekken), (hebr.) Tel Aviv, Am Oved, 1946.
Jaffe, Leib, *Professor Hermann Schapira,* (hebr.) Tel Aviv, Omanut, 1930.
Kalischer, Z. H., *Haketawim hazioniim schel Haraw Kalischer* (hebr.) Jerusalem, Mosad Haraw Kuk, 1947.

Lewin, Schmarjahu, *Mivchar Igarot,* (hebr.) Tel Aviv, Devir, 1966.
Lufban, J., »Porzej hanetivoth« (Bahnbrecher) (hebr.) in: *Sefer ha'alija haschenija,* (hebr.) Tel Aviv 1947.
Lilienblum, M. L., *Derech laavor Golim,* (hebr.) Warschau, Achiasaf, 1899.
Ruppin, Arthur, *Pirkej Chajaj,* Bd. I, (hebr.) Tel Aviv, Am Oved, 1944; Bd. II, (hebr.) Tel Aviv, Am Oved, 1947.
Scholem, Gerschom, *Dewarim Bego,* (hebr.) Tel Aviv, Am Oved, 1976.

b. Sonstige Quellen

Abeles, Otto, »Ein Kampf um Sombart«, *Die Welt,* Jg. 16, Nr. 9, 1. 3. 1912, S. 259f.
Das Actions-Comitee der Zionistischen Organisation, »Aufruf«, JR Jg. XVIII, Nr. 51, 19. 12. 1913, S. 545.
Adler, Ephraim, »Misrachi«, JR Jg. IX, No. 41, 14. 10. 1904, S. 336–338.
Adreßbuch des Kartells Jüdischer Verbindungen, hrsg. vom Präsidium, Berlin 1932.
Allgemeine Zeitung des Judentums, »Nachklänge zur Repräsentantenwahl«, *AZJ*, Jg. 68, Nr. 49, 2. 12. 1904, S. 579–580.
»Nachklänge zu den Gemeindewahlen«, *AZJ*, Jg. 71, Nr. 51, 20. 12. 1907, S. 603–604.
»Die Woche«, *AZJ*, Jg. 77, Nr. 52, 26. 12. 1913, S. 614–615, Leitartikel.
»Die Woche«, *AZJ*, Jg. 78, Nr. 5, 30. 1. 1914, S. 51. Leitartikel.
Ambrunn, Leopold, »Der Zionismus im B.J.C.«, *J.St.*, Jg. 4, Nr. 4, Juli 1907, S. 104–105.
Antizionistisches Komitee, (Hrsg.) Schriften zur Aufklärung über den Zionismus, Nr. 1, *Zionistische Taktik*, herausgegeben vom Antizionistischen Komitee, Berlin o.D. (1913).
Schriften zur Aufklärung über den Zionismus, Nr. 2, *Der Zionismus, seine Theorien, Aussichten und Wirkungen*, Berlin, o.D. (1913).
Auerbach, Elias, »Unnötige Sorgen«, *JR* Jg. VII, Nr. 48, 28. 11. 1902, S. 65–67.
»Das Begrüßungsschreiben Dr. Auerbachs, Haifa«, *Mitteilungen des Kartells Zionistischer Verbindungen*, Nr. 1, Januar 1910, S. 20–21.
»Liebe Bundesbrüder«, Haifa, 6. 1. 1911, offener Brief, *Mitteilungen des Kartells Zionistischer Verbindungen*, Nr. 1, Januar 1911, S. 4–7.
»Palästina im Zionismus. Ein Traktat über Konsequenz«, in *Der Zionistische Student*, Flugschrift des K.Z.V. (Kartell Zionistischer Verbindungen) Berlin, Jüdischer Verlag, o.D. (1912), S. 33–37,
»K.J.V. in Palästina«, in *30 Jahre V.J.St. Hasmonaea*, hrsg. von dem V.J.St. Hasmonaea im Kartell Jüdischer Verbindungen, Berlin, im März 1932, S. 34–37.
Pionier der Verwirklichung, Stuttgart, Deutsche Verlags-Anstalt, 1969
Bambus, W., »Wo hinaus«, *AZJ* Jg. 55, Nr. 31, 31. 7. 1891, S. 361.
»Die Kaiserreise nach Palästina«, *Zion* Jg. 4, Nr. 10, Oktober 1898, S. 1–9.
Herr Mozkin und die Wahrheit über die Kolonisation Palästinas, Berlin, Zion, 1898.
Barth, Lazarus, »Der Einfluß der Hedschasbahn auf das Nationaljudentum«, *JR* Jg. XIII, Nr. 27, 3. 7. 1908, S. 258.
Becker, Julius, »Zur Einführung«, *JR* Jg. XIV, Nr. 1, 1. 1. 1909, S. 1.
»In letzter Stunde«, *JR* Jg. XIV, Nr. 52, 24. 12. 1909, S. 581.
»Vor dem Jubiläums-Kongreß«, *JR* Jg. XVI, Nr. 31, 4. 8. 1911, S. 353.
»Sombart und Wir«, *JR* Jg. XVI, Nr. 50, 15. 12. 1911, S. 589.
»Zionistischer Verein West-Berlin«, *JR* Jg. XVII, Nr. 50, 13. 12. 1912, S. 458.
Ben-Baruch, »Essener Brief«, Jg. IX, Nr. 4, 21. 1. 1904, S. 35–36.
Ben-Haam, »Das nationale Prinzip in der jüdischen Religion«, *IR* Jg. VI, Nr. 33, 23. 8. 1901.
Ben Snew, »Sombarthetze und kein Ende«, *JR* Jg. XVII, Nr. 23, 7. 6. 1912, S. 209–210.

Bergman, Hugo, »Einleitung« zu Moses Hess, *Rom und Jerusalem*, Wien und Berlin, E. Loewit Verlag, 1919, S. 5–9.
Berliner, Bruno, »Regeneration oder Alkohol«, *Mitteilungen des Kartells Zionistischer Verbindungen*, Nr. 6, 20. 10. 1913, S. 5–9.
Berliner Ortsgruppen der Zionistischen Vereinigung für Deutschland, (Hrsg.), Flugblatt, *An die deutschen Rabbiner!*, o.O. (Berlin), o.D. (Mai 1898).
An die Mitglieder des »Allgemeinen deutschen Rabbinerbundes«, o.O. (Berlin), o.D. (2. 6. 1898).
Berliner Zionistische Organisation (Hrsg.), *Warum gingen wir zum ersten Zionistenkongreß,* Berlin 1922.
Bernauer, W., »Glossen zum Streit Zentralverein-Zionismus«, *AZJ* Jg. 77, Nr. 16, 18. 4. 1913, S. 185–186.
Bernstein, Eduard, »Der Schulstreit in Palästina«, *Die Neue Zeit,* 32. Jg., Bd. 1, Nr. 20, 13. 12. 1914, S. 744–752.
Besser, Max, »Das Berliner Tageblatt und der Zionismus«, *JR* Jg. VIII, Nr. 37, 11. 9. 1903, S. 388.
Birnbaum, Nathan, *Ausgewählte Schriften zur Jüdischen Frage*, Czernowitz, Birnbaum & Kohut, 1910.
Blumenfeld, Kurt, Maarabi, »Was soll der Delegiertentag«, *JR* Jg. XV, Nr. 34, 26. 8. 1910, S. 401.
»Politischer Zionismus und Palästinaarbeit«, *JR* Jg. XV, Nr. 36, 9. 9. 1910, S. 425
»Splendid Isolation«, *Die Welt* Jg. 18, Nr. 5, 30. 1. 1914, S. 105.
»Versöhnungspolitik«, *Welt* Nr. 2, 9. 1. 1914, S. 29f.
Zionistische Betrachtungen, Anläßlich des zehnjährigen Bestehens der V.j.St. Maccabaea, Berlin, hrsg. von ihrem Alt-Herren-Bund, Dezember 1916.
Erlebte Judenfrage, Ein Vierteljahrhundert deutscher Zionismus, Veröffentlichung des Leo-Baeck-Instituts, Stuttgart, Deutsche Verlags-Anstalt, (1962).
Bodenheimer, Max I., *Wohin mit den russischen Juden, Syrien ein Zufluchtsort der russischen Juden*, Hamburg, Die Menorah, o.D. (1891).
Rabbi Mosche Jizchak, (pseud.) »Sind die russischen Juden eine Nation?« *Die Menorah*, Nr. 5, 27. 3. 1891, S. 63–64.
»Zionisten aller Länder vereinigt Euch!«, *Die Menorah,* Nr. 28, 4. 9. 1891, S. 419–420.
»Bange machen gilt nicht«, *AZJ*, Jg. 55, Nr. 41, 9. 10. 1891, S. 483–484.
So wurde Israel, Erinnerungen, hrsg. von Henriette Hanna Bodenheimer, Frankfurt am Main, Europäische Verlagsanstalt, 1958.
Bogratschoff, Ch., Metman L., Scheinkin M., »Vom hebräischen Gymnasium in Jaffa«, *Die Welt*, Jg. 12, Nr. 11, 13. 3. 1908, S. 17.
Buber, Martin, »Das Zion der jüdischen Frau«, *Die Welt*, Jg. 4, Nr. 17, 26. 4. 1901, S. 3–5.
»Das jüdische Kulturproblem und der Zionismus«, in *Die Stimme der Wahrheit, Jahrbuch für wissenschaftlichen Zionismus*, (Hrsg.) Lazar Schön, Würzburg, N. Philippi, 1905, S. 207–217.
»Der Augenblick«, *Die Welt*, Jg. 18, Nr. 2, 9. 1. 1914, S. 31–32.
Zion und die Jugend, eine Ansprache, Berlin, (Gesamtausschuß der national-jüdischen Jugend Deutschlands), o.D. (1918?).
Die jüdische Bewegung, Gesammelte Aufsätze und Ansprachen, Erste Folge, Berlin, Jüdischer Verlag, 1920.
Reden über das Judentum, Berlin, Schocken Verlag, 1932, 2. Aufl.
Zion als Ziel und Aufgabe, Gedanken aus 3 Jahrzehnten, Berlin, Schocken, 1936.
Bund Jüdischer Corporationen, Präsidialbericht (des B.J.C.), »Die Verschmelzung des B.J.C. und K.Z.V.«, *J.St.*, Jg. 11, Nr. 2, 30. 5. 1914, S. 25–31.
Bureau für Statistik der Juden, (Hrsg.), *Die jüdischen Gemeinden und Vereine in Deutschland*, Veröffentlichungen Heft 3, Berlin-Halensee, 1906.

Dr. Burg, »Zur fünfjährigen Gründungsfeier des akademischen Vereins ›Kadima‹ in Wien«, *Serubabel*, III. Jg., Nr. 5, 1. 5. 1888, S. 33–35.
Calvary, Moses, »Deutsch-National«, *JR* Jg. XVIII, Nr. 16, 18. 4. 1913, S. 157–158.
»Blau-Weiß-Fragen«, in *Blau-Weiß Führer, Leitfaden für die Arbeit im Jüdischen Wanderbund ›Blau-Weiß‹*, hrsg. von der Bundesleitung, Berlin, 5677/1917, S. 23.
»Erzieherische Aufgaben des deutschen Zionismus«, *J.St.*, Jg. 9, Nr. 6, September 1912, S. 196.
C.L.K., *Neu-Judäa, Entwurf zum Wiederaufbau eines selbständigen Staates,* Berlin 1840, neu herausgegeben von Heinrich Loewe, Berlin, Jüdische Rundschau, 1903.
Cohen, Benno, »50 Jahre Blau-Weiß«, in *Meilensteine, Vom Wege des Kartells Jüdischer Verbindungen (K.J.V.) in der Zionistischen Bewegung*, hrsg. von Eli Rothschild, Tel Aviv, Präsidium des K.J.V., 1972, S. 246–251.
Cohn, Emil, »Die Geschichte meiner Suspension«, *JR* Jg. XII, Nr. 17, 26. 4. 1907, S. 167–171.
»Mein Kampf ums Recht«, *JR* Jg. XII, Nr. 20, 17. 5. 1907, S. 197–203.
Mein Kampf ums Recht, Eine Streitschrift gegen Vorstand und Repräsentanz der jüdischen Gemeinde zu Berlin, von Rabbiner Dr. Emil Cohn, Berlin (typ. Rosenthal), 1907.
»Die religiöse Judenfrage«, *Sonderabdruck aus Preußische Jahrbücher*, Bd. 143, 3. Heft, Berlin 1911.
Cohn, Erich, »Der Zionismus im B.J.C.« *J.St.*, Jg. 7, Nr. 7, 31. 10. 1910, S. 179–185.
(Deutsch-Israelitischer Gemeindebund, Hrsg.), Kommission des Verbandes der Deutschen Juden und des Deutsch-Israelitischen Gemeindebundes, *Entwurf eines Gesetzes betreffend die Verfassung der jüdischen Religionsgesellschaften in Preußen*, Zweite Lesung, Fassung der Redaktionskommission, o.O., o.D. (1909)
Was will, ist und leistet der Deutsch-Israelitische Gemeindebund, 3. Aufl., Berlin, (typ. R. Boll), 1911.
Dimidow, Paul, *Wo hinaus, Mahnwort an die westeuropäischen Juden*, o.O., 1891.
S.D., »Der Sieg der Kölner Zionisten«, *Die Welt* Jg. 4, Nr. 52, 18. 12. 1900, S. 5–6.
D.V.H. (Constanz am Rhein), *Orient*, Jg. 1 Nr. 26, 27. 6. 1840, S. 200–201.
Eliasberg, Ahron, »Die Entstehung einer Ortsgruppe«, *JR* Jg. XLII, Nr. 48, 18. 6. 1937, S. 5.
Epstein, Harry, »Das Stimmrecht der Ausländer nach dem preußischen Judengesetz«, *JR* Jg. XVIII, Nr. 34, 22. 8. 1913, S. 353–354.
»Bericht der Generalversammlung des ›Esra‹ vom 20. 3. 1898«, *Zion* III. Jg. Nr. 3, März 1898, S. 28–29.
Festschrift zum fünfundzwanzigsten Jubiläum des »Esra«, Verein zur Unterstützung von ackerbautreibenden Juden in Palästina und Syrien, nebst Bericht für die Jahre 1906, 1907, 1908, 1909, o.O. (Berlin), 1909.
Estermann, Leo, »Nach dem IX. Kongreß«, *JR* Jg. XV, Nr. 3, 21. 1. 1910, S. 27.
M. E., »Moses Hess«, *Jüdische Volkszeitung,* VII. Jg., Nr. 13, 28. 3. 1894, S. 6f.
Feiwel, Berthold, »Die Paragraphen 59 und 60 der Gewerbeordnung«, *Jüdische Volksstimme, Centralorgan der jüdischen Arbeiter und Handlungsgehilfen*, Brünn, Nr. 6, 15. 4. 1900, S. 2–3.
»Einige Bemerkungen zum Artikel von Dr. Zlocisti«, *JR*, Jg. X, 17. 2. 1905, S. 72–74.
Fischer, Walter, »Der Erziehungswert des K.Z.V.«, *Mitteilungen des Kartells Zionistischer Verbindungen,* Externes Heft, April 1913, S. 7–10.
»Erinnerungen einer Hasmonaeers«, in *Meilensteine, Vom Wege des Kartells Jüdischer Verbindungen (K.J.V.) in der Zionistischen Bewegung*, hrsg. von Eli Rothschild, Tel Aviv, Präsidium des K.J.V., 1972, S. 24–29.
Fontane, Theodor, *Briefe an Georg Friedländer,* hrsg. Kurt Schreinert, Heidelberg, Quelle & Meyer, (1954).

Fraenkel, Emil, »Offener Brief an Herrn Geh. Regierungsrat Prof. Dr. Hermann Cohen in Berlin«, *JR* Jg. XIX, Nr. 7, 13. 2. 1914, S. 66.
Freyer, Erich, »Exempla demonstrant«, *JR,* Jg. X, Nr. 47, 24. 11. 1905, S. 611–612.
Friedemann, Adolf, »Zionistische Freigottesdienste«, *Welt*, Jg. 2, Nr. 41, 14. 10. 1898, S. 10f.
»Vertrauen«, *JR,* Jg. IX, Nr. 17, 29. 4. 1904, S. 173–174.
»Sachlicher Radikalismus oder endlich radikale Sachlichkeit«, *JR,* Jg. XIX, Nr. 29, 17. 7. 1914, S. 311–312.
Fuchs, Eugen, *Um Deutschtum und Judentum*, gesammelte Reden und Aufsätze (1894–1919), Frankfurt a. M., J. Kauffmann, 1919.
Fuerth, Henriette, »Zionismus und Zentralverein«, *AZJ*, Jg. 77, Nr. 22, 30. 5. 1913, S. 256.
Fulda, Friedrich Wilhelm (Hrsg.), *Deutsch oder National*, Beiträge des Wandervogels zur Rassenfrage; unter Mitwirkung vieler Wandervögel, Leipzig, Matthes, 1914.
Geiger, Ludwig, »Zionismus und Deutschtum«, in *Stimme der Wahrheit, Jahrbuch für wissenschaftlichen Zionismus*, hrsg. Lazar Schön, Würzburg, N. Philippi, 1905, 1. Jg., S. 165–169.
»Das große Hassen«, *AZJ*, Jg. 76, Nr. 48, 29. 11. 1912, S. 565–566.
Gerlach, H. v., *Geschichte des preußischen Wahlrechts*, Berlin, »Hilfe«, 1908.
Goldemann, Erwin, »Die jüdische Korporation«, *J.St.*, Jg. 9, Nr. 5, 20. 8. 1912, S. 141–146.
Goldstein, Moritz, »Deutsch-Jüdischer Parnaß«, *Der Kunstwart – Halbmonatsschau für Ausdruckskultur auf allen Lebensgebieten*, hrsg. von F. Avenarius, Jg. 25, Nr. 11, März, München 1912, S. 281–294.
»Prof. Dr. Julius Goldsteins Kritik meines Kunstwart-Aufsatzes«, *IDR* XIX. Jg., Nr. 3, März 1913, S. 97–101.
»German Jewry's Dilemma before 1914. The story of a Provocative Essay«, in *LBIYB* II, 1957, S. 236–254.
Goslar, Hans, »Zur Frage der jüdischen Jugendorganisationen«, *JR*, Jg. XIII, Nr. 25, 19. 6. 1908, S. 236–237.
»Plus Agir«, *JR*, Jg. XIV, Nr. 47, 19. 11. 1909, S. 526–527.
»Die deutschen Juden und der Zionismus«, *JR*, Jg. XV, Nr. 2, 14. 1. 1910, S. 14–15.
»Repräsentantenwahlen und Jugend«, *JR*, Jg. XV, Nr. 49, 9. 12. 1910, S. 562.
Die Krise der jüdischen Jugend Deutschlands, Ein Beitrag zur Geschichte der jüdischen Jugendbewegung, Berlin, Lamm, 1911.
»Werner Sombart über die Zukunft der Juden«, *JR*, Jg. XVII, Nr. 46, 17. 11. 1911, S. 543f.
»Wirtschaftspolitische Aufgaben der Gemeinden«, in *Jüdisches Gemeinde-Jahrbuch 5674, 1913–1914*, o.O., hrsg. Zionistische Vereinigung für Deutschland, 1913.
Gronemann, Sammy, »Entwurf eines Statuts der zionistischen Landesorganisation Deutschlands«, *IR*, Jg. VII, Nr. 18, 2. 5. 1902.
»Zionismus und Deutschtum, eine Antwort an Herrn Professor Geiger«, Vortrag gehalten in der Berliner Zionistischen Vereinigung, *JR*, Jg. X, Nr. 12, 24. 3. 1905, S. 127–130; Nr. 13, 31. 3. 1905, S. 139–141.
Der Geschäftsführende Ausschuß der Großloge für Deutschland VIII, U.O.B.B., (gez. Timendorfer), »Erklärung zum jüdischen Parteikampf«, *JR* XIX, Nr. 8, 20. 2. 1914, S. 80.
Güdemann, M., *Nationaljudenthum*, Leipzig und Wien, M. Breitenstein, 1897.
Hamburger, E., »Eduard Bernstein über den Zionismus«, *JR*, Jg. XIX, Nr. 13, 27. 3. 1914, S. 131–132.
Hantke, Arthur, »Rechenschaftsbericht des Actions-Comitees« in *Stenographisches Protokoll der Verhandlungen des XI. Zionisten-Congresses in Wien vom 2.–9. September*

1913, Berlin und Leipzig, in Kommission beim Jüdischen Verlag, 1914, S. 38–47.
»Für die Fusion«, *Mitteilungen*, des K.Z.V., Nr. 7, Juli 1914, S. 8–9.
Hausen, Willi, »Zur Erinnerung«, *J.St.,* Jg. 5, Nr. 4, 30. 7. 1908, S. 83–85.
Hecker, Max, »Eine Tendenz-Rundfrage vor zehn Jahren«, *J.St.,* Jg. 8, Nr. 1, 20. 4. 1911, S. 1–21.
Heimberger, Joseph, *Die staatskirchenrechtliche Stellung der Israeliten in Bayern*, 2. stark veränderte und erweiterte Auflage, Tübingen, J.C.B. Mohr, 1912.
Henschel, Edith, »Liebe Wanderer und Wanderinnen«, *JR*, Jg. XIX, Nr. 32, 7. 8. 1914, S. 344.
H. H. (Hugo Hermann), »Das jüdische Technikum«, *JR*, Jg.XVIII, Nr. 44, 31. 10. 1913, S. 467.
»Nicht mehr das Technikum«, *JR*, Jg. XVIII, Nr. 49, 5. 12. 1913, S. 523.
»Das höchste Gut«, *JR*, Jg. XVIII, 12. 12. 1913, S. 535.
»Der Weihnachtsprospekt der Antizionisten«, *JR*, Jg. XVIII, Nr. 51, 19. 12. 1913, S. 545.
»Das jüdische Technikum«, *JR*, Jg. XIX, Nr. 9, 27. 2. 1914, S. 89.
»Der Radikalismus«, *JR*, Jg. XIX, Nr. 26, 26. 7. 1914, S. 277.
Herzfeld, Ernst, »Lebenserinnerungen«, in Monica Richards (Hrsg.), *Jüdisches Leben in Deutschland*, Selbstzeugnisse zur Sozialgeschichte im Kaiserreich, Bd. II, Stuttgart, Deutsche Verlags-Anstalt, 1979, S. 370–388.
Herzl, Theodor, »Protestrabbiner«, *Die Welt*, 1. Jg., Nr. 7, 16. 7. 1897, S. 1–2.
»Mauschel«, *Zionistische Schriften*, 2. Aufl., Berlin, Jüdischer Verlag 1920, S. 172–176.
»Die Millionen der ICA«, *Die Welt*, Jg. 3, Nr. 13, 31. 3. 1899, S. 1–3.
Tagebücher, Berlin, Jüdischer Verlag, 1922.
Herzl, Hechler, The Grand Duke of Baden and the German Emperor 1896–1904, Tel Aviv, (ed. Ellern's Bank Ltd.) 1961.
Herzl-Bund Blätter, »Protokoll des 1. außerordentlichen Bundestages des Herzl-Bundes«, *Herzl-Bund Blätter* Nr. 1, Februar 1913, S. 1–4.
»Bildung«, *Herzl-Bund Blätter* Nr. 9–10, Oktober–November 1913, S. 62.
»Arbeitsberichte«, *Herzl-Bund Blätter* Nr. 14–15, Februar–März 1914, S. 91–93.
Hess, Moses, *Rom und Jerusalem, die letzte Nationalitätenfrage*, Briefe von Moses Hess, Tel Aviv, Hozaah Ivrith, 1935.
Jüdische Schriften, herausgegeben und eingeleitet von Theodor Zlocisti, Berlin, L. Lamm, 1905.
Briefwechsel, hrsg. von Edmund Silberner, s'Gravenhage, Mouton, 1959.
Heymann, Hans Gideon, »Die Zukunft des deutschen Zionismus«, *JR*, Jg. XIII, Nr. 26, 26. 6. 1908, S. 245 f.
»Der Streit um Sombart«, *JR*, Jg. XVIII, Nr. 4, 24. 1. 1913, Beiblatt, 1–2.
»Die letzten Mohikaner«, *JR*, Jg. XVIII, Nr. 21, 23. 5. 1913, S. 207.
Hildesheimerianus, »Dr. Esriel Hildesheimer, die Orthodoxie und zionistische Palästinaarbeit«, *JR*, Jg. XII, Nr. 29, 19. 7. 1907, S. 296–297.
Ben Usiel, pseud. (Rabb. Samson Raphael Hirsch), *Igroth Zafon, Neunzehn Briefe über das Judentum*, 3. Aufl., Frankfurt, Kauffmann, 1901.
Hirsch, Sally, »Der IX. Kartelltag«, *J.St.*, Jg. 6, Nr. 11–12, 24. 3. 1910, S. 247.
»Der 10. Kartelltag«, *J.St.*, Jg. 7, Nr. 10, 27. 1. 1911, S. 251–259.
»B.J.C. und K.Z.V.«, *J.St.*, Jg. 10, Nr. 2, 31. 5. 1913, S. 54–55.
Holdheim, Gerhard, »Gegen unbedingte Satisfaktion«, *J.St.*, Jg. 9, Nr. 10, 28. 1. 1913, S. 345–350.
»Zionistische Lebensformen«, *J.St.*, Jg. 10, Nr. 1, 28. 4. 1913, S. 1–5.
(Hrsg.), *Zionistisches Handbuch*, Berlin, Berliner Büro der Zionistischen Organisation, 1923.

Der politische Zionismus, Alfeld (Leine), hrsg. Niedersächsische Landeszentrale für Politische Bildung, 1964.
Holdheim, Gerhard, – Preuß, Walter, *Die theoretischen Grundlagen des Zionismus*, Berlin 1919.
Holländer, Ludwig, »Zur Klarstellung«, *IDR*, Jg. XIX, Nr. 5–6, Mai 1913, S. 194–200.
»Glossen zur Zionisten-Resolution«, *IDR*, Jg. XIX, Nr. 7, Juni 1913, S. 296–304.
»Rückblicke«, *IDR*, Jg. XX, Nr. 7–8, Juli-August 1914, S. 298–302.
Der Israelit, »Ein merkwürdiger Umschwung in der öffentlichen Meinung«, *Der Israelit*, Jg. 37, Nr. 90, 9. 11. 1896, S. 1711–1713, Leitartikel.
»Zion hi – doresch ejn la«, Leitender Artikel, *Israelit*, Jg. 40, Nr. 68, 28. 9. 1899, S. 1446f.
»Der Sprachenkampf in Palästina«, *Israelit*, Jg. 55, Nr. 3, 17. 1. 1914, S. 3.
»Der Sprachenstreit in Palästina und die Rabbinen«, *Israelit*, Jg. 55, Nr. 9, 26. 2. 1914, S. 2–4.
Israelitisches Familienblatt, »Ausländer«, *Israelitisches Familienblatt*, Jg. 15, Nr. 3, 16. 1. 1913, S. 1–2, Leitartikel.
»Das Auswärtige Amt und der Sprachenstreit in Palästina. Eine Unterredung unseres Redakteurs im Auswärtigen Amt«, *Israelitisches Familienblatt*, Jg. 16, Nr. 1, 1. 1. 1914, S. 1f.
»Die Heerschau der zionistischen Vereinigung für Deutschland«. *Israelitisches Familienblatt*, Jg. 16, Nr. 26, 25. 9. 1914, S. 1.
Israelitische Rundschau, »Delegiertentag der deutschen Zionisten, Köln«, *IR*, Jg. VI, Nr. 2, 31. 5.1901.
»Die wirtschaftliche Organisation der Handelsangestellten«, *IR*, Jg. VI, Nr. 34, 30. 8. 1901.
»Zum Gronemann'schen Entwurf eines Statuts der zionistischen Landesorganisation in Deutschland«, *IR*, Jg. VII, Nr. 20, 16. 5. 1902.
»Der Delegiertentag der deutschen Zionisten«, *IR*, Jg. VII, Nr. 21, 23. 5. 1902, Leitartikel.
Israelitisches Wochenblatt, »Haltet Maß« *JR*, Jg. XIX, Nr. 37, 11. 9. 1914, S. 361.
E. J., »Die Woche«, *AZJ*, Jg. 78, Nr. 1, 2. 1. 1914, S. 2–3.
Jacobsohn, Julius, »Bücherschau«, J.St., 2. Jg., Nr. 3, September 1905, S. 94–95.
Jastrow, Ignaz, *Das Dreiklassensystem*, Berlin, Rosenbaum, 1894.
Jeremias Karl, »Das deutsche Judentum und der Zionismus«, *Die Welt*, Jg. 6, Nr. 46, 14. 11. 1902, S. 3–5.
»Unnötige Sorgen, Eine Erwiderung auf den Artikel des Herrn Elias Auerbach«, *JR*, Jg. VII, Nr. 49, 5. 12. 1902, S. 73–74.
»Posener Brief«, *JR*, Jg. IX, Nr. 17, 29. 4. 1904, S. 177–179.
»Bericht über den Distrikt Posen für das Jahr 1909«, *JR*, Jg. XIV, 12. 11. 1909, S. 516–517.
»Gemeindewahlen«, *JR*, Jg. XV, Nr. 50, 16. 12. 1910, S. 572–573.
Jerusalemer Beobachter, »Der Kampf der Mächte um einen Jerusalemer Schuldirektor«, *JR*, Jg. XI, Nr. 36, 7. 9. 1906, S. 543.
The Jewish Cronicle, »The Suspension of a Zionist Rabbi«, *The Jewish Cronicle* Nr. 1987, May 3, 1907, S. 12, Leitartikel.
»The Ghetto Spirit Writ Large«, *The Jewish Cronicle* Nr. 1988, May 10, 1907, S. 8, Leitartikel.
»The Case of Rabbi Dr. Emil Cohn, Berlin«, *The Jewish Cronicle* Nr. 1989, May 17, 1907, S. 11, Leitartikel.
Joseph, Max, *Das Judentum am Scheidewege*, Berlin, M. Poppelauer, 1908.
Josephsohn, W., »Was haben wir zu tun?«, *Zion*, Jg. 1, Nr. 6, 15. 7. 1896, S. 167–171.
Jüdisch Nationale Frauenvereinigung, *Aufruf*, o.O., o.D. (1900).

Jüdische Gemeinde Berlin, (Hrsg.), *Bericht aus der öffentlichen Sitzung der Repräsentanten-Versammlung der jüdischen Gemeinde zu Berlin, am 5. Mai 1907 betreffend Interpellation über die Angelegenheit des Predigers Dr. Emil Cohn*, überreicht vom Vorstande der Jüdischen Gemeinde zu Berlin, Berlin, (typ. R. Mosse), o.D. (1907).
»Die Wahlziffern der letzten Repräsentantenwahlen«, Gemeindeblatt der Jüdischen Gemeinde zu Berlin, Jg. 1, Nr. 2, 10. 2. 1911.
Jüdische Presse, »Ausschußsitzung des Hilfsvereins«, *Jüdische Presse*, Jg. 45, Nr. 2, 9. 1. 1914, S. 13–15.
Jüdische Rundschau, »Macht der Zionismus Fortschritte«, *JR*, Jg. VIII, Nr. 9, 27. 2. 1903, S. 65, Leitartikel.
»Protokoll der Versammlung des Distriktsbureaus Rheinland und Westfalen, am 27. 1. 1904, in Köln«, *JR*, Jg. IX, Nr. 9, 26. 2. 1904, S. 87.
»Die Hamburger Tagung des deutschen Zionismus«, *JR*, Jg. IX, Nr. 21, 27. 5. 1904, S. 221, Leitartikel.
»Ansprache und Bericht des Vorsitzenden des Zentralkomitees Rechtsanw. Dr. M. J. Bodenheimer-Köln«, *JR*, Jg. IX, Nr. 21, 27. 5. 1904, S. 222.
»Protokoll des 7. Delegiertentages in Hamburg«, *JR* Jg. IX, Nr. 23, 10. 6. 1904, S. 249.
»Die Fraktionierung des Zionismus«, *JR*, Jg. IX, Nr. 41, 14. 10. 1904, S. 335, Leitartikel.
»Nicht konservativ und nicht liberal«, *JR*, Jg. IX, Nr. 44, 4. 11. 1904, S. 369, Leitartikel.
»Zionismus und Deutschtum, deutsche Geigerphantasien«, *JR*, Jg. X, Nr. 9, 3. 3. 1905, S. 89–91, Leitartikel.
»Der Fall ›Cohn‹«, *JR*, Jg. XII, Nr. 17, 26. 4. 1907, S. 167. Leitartikel.
»Brief eines Repräsentanten«, *JR*, Jg. XII, Nr. 21, 24. 5. 1907, S. 209–211.
»›Wegen Zion‹ von Esriel Hildesheimer«, *JR*, Jg. XII, Nr. 27, 5. 7. 1907, S. 277–278.
»Deutsche Landsmannschaft«, *JR*, Jg. XII, Nr. 33, 16. 8. 1907, S. 333f.
»Badische Gebetbuchreform«, *JR*, Jg. XIII, Nr. 10, 6. 3. 1908, S. 88–89.
»Das Reformgebetbuch in Baden gefallen«, *JR*, Jg. XIII, Nr. 12, 20. 3. 1908, S. 107.
»Die Tagung der badischen Zionisten«, *JR*, Jg. XIII, Nr. 21, 22. 5. 1908, Beilage.
»XI. Deutscher Delegiertentag«, *JR*, Jg. XIII, Nr. 24, 12. 6. 1908, S. 215–231.
»Diskussion über den Delegiertentag«, *JR*, Jg. XIII, Nr. 26, 26. 6. 1908, S. 245–247.
»II. Bayrischer Gruppenverbandstag«, *JR*, Jg. XIII, Nr. 31, 31. 7. 1908, Beilage.
»Zur Reform des Judengesetzes«, *JR* Jg. XIV, Nr. 20, 14. 5. 1909, S. 228.
»XI. Deutsch-Israelitischer Gemeindetag, Bericht der Verhandlungen«, *JR*, Jg. XIV, Nr. 21, 21. 5. 1909, S. 238.
»Hilfsverein und Alliance«, *JR*, Jg. XIV, Nr. 25, 18. 6. 1909, S. 282–283.
»Der IX. Kongress«, *JR*, Jg. XIV, Nr. 34, 20. 8. 1909, S. 390, Leitartikel.
»Hands off!« *JR*, Jg. XIV, Nr. 40–41, 5. 10. 1909, S. 449f, Leitartikel.
»Hauptaufgaben des IX. Kongresses«, *JR*, Jg. XIV, Nr. 44, 29. 10. 1909, S. 485, Leitartikel.
»Die Bedeutung der Juden für das moderne Wirtschaftsleben«, *JR*, Jg. XIV, Nr. 47, 19. 11. 1909, S. 522–523.
»Frankfurter Delegiertentag«, *JR*, Jg. XV, Nr. 32, 12. 8. 1910, S. 377, Leitartikel.
»Rücktritt Dr. Bodenheimers«, *JR*, Jg. XV, Nr. 33, 19. 8. 1910, S. 389, Leitartikel.
»12. Deutscher Zionistentag«, *JR*, Jg. XV, Nr. 37, 16. 9. 1910, S. 437–444.
»Die Gemeindewahl in Berlin«, *JR*, Jg. XV, Nr. 46, 18. 11. 1910, S. 525, Leitartikel.
»Wahlbetrachtungen«, *JR*, Jg. XV, Nr. 47, 25. 11. 1910, S. 537.
»Ein Pyrrhussieg«, *JR*, Jg. XV, Nr. 48, 2. 12. 1910, S. 549, Leitartikel.
»Zu Hirsch Hildesheimers Tod«, *JR*, Jg. XV, Nr. 50, 16. 12. 1910, S. 573.
»Jüdische Gemeinde-Agrarier. Eine kleine Statutenänderung«, *JR*, Jg. XVI, Nr. 20, 19. 5. 1911, S. 221–222.

»XII. Deutsch-Israelitischer Gemeindetag«, *JR*, Jg. XVI, Nr. 24, 16. 6. 1911, S. 269–270.
»Das jüdische Parlament«, *JR*, Jg. XVI, Nr. 27, 7. 7. 1911, S. 305–306, Leitartikel.
»Misrachi und Disziplin, Innerzionistische Streitfagen«, *JR*, Jg. XVI, Nr. 28, 14. 7. 1911, S. 320–322.
»1. Sitzung der deutschen Landsmannschaft«, »2. Sitzung der deutschen Landsmannschaft«, *JR*, Jg. XVI, Nr. 32, 11. 8. 1911, S. 369–370.
»Kapitalismus und Judentum«, Bericht über den Vortrag Dr. Oppenheimers im Zentralverein Deutscher Staatsbürger jüdischen Glaubens, am 2. November 1911, *JR*, Jg. XVI, Nr. 45, 10. 11. 1911, S. 532.
»Die Zollschan-Vorträge in Berlin«, *JR*, Jg. XVI, Nr. 45, 10.11. 1911, S. 532.
»Sein oder Nichtsein«, *JR*, Jg. XVI, Nr. 46, 17. 11. 1911, S, 541, Leitartikel.
»Letzter Vortrag Professor Sombarts«, *JR*, Jg. XVI, Nr. 50, 15. 12. 1911, S. 590–591.
»Zum Deutschen Delegiertentag«, *JR*, Jg. XVII, Nr. 10, 8. 3. 1912, S. 79, Leitartikel.
»Zur Reform der Berliner Gemeindeverwaltung«, *JR*, Jg. XVII, Nr. 10, 8. 3. 1912, S. 81.
»Weg und Ziel«, *JR*, Jg. XVII, Nr. 23, 7. 6. 1912, S. 205, Leitartikel.
»XIII. Delegiertentag, Generaldiskussion«, *JR*, Jg. XVII, Nr. 23, 7. 6. 1912, S. 206–208.
»Der V. Jüdische Turntag«, *JR*, Jg. XVII, Nr. 23, 7. 6. 1912, S. 209.
»Zusammenstellung der Anträge, die vom 13. Delegiertentage zum Beschluß erhoben wurden«, *JR*, Jg. XVII, Nr. 24, 14. 6. 1912, S. 222.
»Zusammenstellung der Anträge die vom XIII. Delegiertentage zum Beschluß erhoben wurden, G. Jugenderziehung«, *JR*, Jg. XVII, Nr. 24, 14. 6. 1912, S. 222.
»Kulturkonflikt«, *JR*, Jg. XVII, Nr. 33, 16. 8. 1912, S. 309, Leitartikel.
»Neutralität«, *JR*, Jg. XVII, Nr. 39, 25. 9. 1912, S. 369, Leitartikel.
»Der Bankrott des Zentralvereins«, *JR*, Jg. XVII, Nr. 41, 11. 10. 1912, S. 390.
»National«, *JR*, Jg. XVIII, Nr. 18, 2. 5. 1913, S. 177, Leitartikel.
»Die außerordentliche Tagung der ZVfD am 1. Mai in Berlin«, *JR*, Jg. XVIII, Nr. 19, 9. 5. 1913, S. 187–190.
»Ideale und Prinzipien. Die Delegiertenversammlung des Verbandes der jüdischen Jugendvereine Deutschlands in Frankfurt a. M.«, *JR*, Jg. XVIII, Nr. 20, 16. 5. 1913, S. 197, Leitartikel.
»III. Delegiertentag des Verbandes der Jüdischen Jugendvereine«, *JR*, Jg. XVIII, Nr. 20, 16. 5. 1913, S. 197–198.
»Der erste Streich«, *JR*, Jg. XVIII, Nr. 22, 30. 5. 1913, S. 217, Leitartikel.
»Eine seltsame Herzlfeier«, *JR*, Jg. XVIII, Nr. 32, 8. 8. 1913, S. 325, Leitartikel.
»Reden Dr. Marmoreks und Dr. Nordaus«, *JR*, Jg. XVIII, Nr. 32, 8. 8. 1913, S. 327–329.
»Die hebräische Weltkonferenz«, *JR*, Jg. XVIII, Nr. 36, 5. 9. 1913, S. 373–374.
»Die erste Sitzung der deutschen Landsmannschaft«, *JR*, Jg. XVIII, Nr. 36, 5. 9. 1913, S. 373.
»Sitzung der deutschen Landsmannschaft«, *JR*, Jg. XVIII, Nr. 37, 12. 9. 1913, S. 394.
»Das Ergebnis des Kongresses«, *JR*, Jg. XVIII, Nr. 38, 19. 9. 1913, S. 399–400, Leitartikel.
»Das Technikum«, *JR*, Jg. XVIII, Nr. 45, 7. 11. 1913, S. 479–480.
»Aus der Gemeinde«, *JR*, Jg. XVIII, Nr. 47, 21. 11. 1913, S. 506.
»Sprüche und Widersprüche des Antizionistischen Komitees«, *JR*, Jg. XVIII, Nr. 52, 25. 12. 1913, S. 577–578.
»Die Antwort des Volkes«, *JR*, Jg. XIX, Nr. 1, 1. 1. 1914, S. 1, Leitartikel.
»Die deutsche Presse im jüdischen Streit«, *JR*, Jg. XIX, Nr. 2, 9. 1. 1914, S. 11.
»Ein Communiqué des Hilfsvereins«, *JR*, Jg. XIX, Nr. 2, 9. 1. 1914, S. 11.

»Ergebnisse der Aktion«, *JR*, Jg. XIX, Nr. 2, 9. 1. 1914, S. 13; Nr. 3, 16. 1. 1914, S. 24; Nr. 7, 13. 2. 1914, S. 69, Nr. 10, 6. 3. 1914, S. 103.
»Zum Bericht Dr. Nathans. Die Erwiderung des Zionistischen Actions-Comitees«, *JR*, Jg. XIX, Nr. 3, 16. 1. 1914, S. 23.
»Übersetzungskünste«, *JR*, Jg. XIX, Nr. 5, 30. 1. 1914, S. 43.
»Dr. Nathans Rücktritt«, *JR*, Jg. XIX, Nr. 6, 6. 2. 1914, S. 55.
»Nationalfondsstatistik für das Jahr 1913«, *JR*, Jg. XIX, Nr. 6, 6. 2. 1914, S. 62.
»Unsere Arbeit geht weiter«, *JR*, Jg. XIX, Nr. 9, 27. 2. 1914, S. 89–90.
»Leipzig«, *JR*, Jg. XIX, Nr. 18, 1. 5. 1914, S. 185. Leitartikel.
»Bisheriges Ergebnis der Schulwerksaction«, *JR*, Jg. XIX, Nr. 18, 1. 5. 1914, S. 188.
»Das Wahlrecht der Ausländer«, *JR*, Jg. XIX, Nr. 22, 29. 5. 1914, S. 232.
»Der XIV. Delegiertentag in Leipzig«, *JR*, Jg. XIX, Nr. 25, 19. 6. 1914, S. 263–273.
»Verschmelzung«, *JR*, Jg. XIX, Nr. 30, 24. 7. 1914, S. 325.
»Nachrichten«, *JR*, Jg. XIX, Nr. 32, 7. 8. 1914, S. 344.
»Zionistische Pressestimme aus Deutschland«, *JR*, Jg. XIX, Nr. 34, 21. 8. 1914, S. 350.
»Zur neuen Lage«, *JR*, Jg. XIX, Nr. 37, 11. 9. 1914, S. 361, Leitartikel.
»Kriegsantisemitismus«, *JR*, Jg. XIX, Nr. 37, 11. 9. 1914, S. 362.
»Jugendsünden«, *JR*, Jg. XXVIII, Nr. 21, 13. 3. 1923, S. 123–124.

Der Jüdische Student, »II. Kartelltag, Abänderung der Tendenzfassung«, *J.St.*, Jg. 1, Nr. 1, April 1902, S. 5.
»Nicht-Zionisten und Zionisten als B.J.C.er«, *J.St.*, Jg. 5, Nr. 4, 30. 7. 1908, S. 85.
»Rundschreiben des V.J.St. Straßburg«, *J.St.*, Jg. 7, Nr. 1, 27. 4. 1910, S. 13–15.
»Delegiertentag der Zionistischen Vereinigung für Deutschland«, *J.St.*, Jg. 7, Nr. 5, 24. 8. 1910, S. 119–120.
»Zur Statistik des B.J.C.«, *J.St.*, Jg. 7, Nr. 5, 24. 8. 1910, S. 130–131.
»Zur Satisfaktionsfrage im B.J.C.«, *J.St.*, Jg. 7, 31. 10. 1910, S. 188–190.
»Zur Systematik des Fuxenunterrichts«, *J.St.*, Jg. 9, Nr. 1, 22. 4. 1912, S. 6–11.
»Ausbildungskurse«, *J.St.*, Jg. 9, Nr. 1, 22. 4. 1912, S. 14–15.
»Zur Statistik im B.J.C.«, *J.St.*, Jg. 9, Nr. 3, Juni 1912, S. 96–97.
»Der XII. Delegiertentag«, *J.St.*, Jg. 9, Nr. 9, 17. 12. 1912, S. 295.
»Klage des K.Z.V. gegen Bbr. Arthur Stein vor dem Ehrengericht der Zionistischen Organisation«, *J.St.*, Jg. 10, Nr. 9, 31. 1. 1914, S. 330–331.
»B.J.C. und K.Z.V., Die Einigungskonferenz«, *J.St.*, Jg. 11, Nr. 1, 20. 5. 1914, S. 1–2.
»Die Verschmelzung von B.J.C. und K.Z.V.«, *J.St.*, Jg. 11, Nr. 1, 20. 5. 1914, S. 25–38.
»Präsidium des K.Z.V., i. A. Gustav Krojanker an das Präsidium des B.J.C., 23. 6. 1914«, *J.St.*, Jg. 11, Nr. 4, 10. 7. 1914, S. 83–84.

Jüdischer Volkskalender für das Jahr 5658 (1897–1898), Köln a. Rh., Verlag der »Zionistischen Vereinigung für Deutschland«, 1897.

Jüdische Wahlvereinigung, »Zur Berliner Gemeindewahl«, *JR*, Jg. XV, Nr. 39, 30. 9. 1910, S. 462–463.

Jungmann, Max, »Misrachi«, *JR*, Jg. IX, Nr. 40, 7. 10. 1904, S. 326–328.
Erinnerungen eines Zionisten, Jerusalem, Rubin Mass, 1959.

Kadman-Kaufman, Leo. »Von den Anfängen der Chaluzbewegung«, in *Meilensteine, Vom Wege des Kartells Jüdischer Verbindungen (K.J.V.) in der Zionistischen Bewegung*, hrsg. von Eli Rothschild, Tel Aviv, Präsidium des K.J.V., 1972, S. 68–72.

Kahn, Leopold, *Warum? Die alte Lehre im Lichte neuer Katastrophen. Juden erwachet!* Wien (typ. »Industrie«), o.D. (1906?)

Kahn, Ludwig, *Aus der Geschichte der jüdischen Gemeinden vom Hegenheim, Kirchen, Müllheim und Sulzburg*, Separatdruck aus dem jüdischen Taschenkalender 1963/64 der Israelitischen Fürsorge Basel.

Kartell Zionistischer Verbindungen, Präsidium des K.Z.V., »Semesterbericht«, *Mitteilungen*, Nr. 4, April 1908, S. 3–4.
»Bericht des Präsidiums über seine Tätigkeit bis 30. 8. 1910«, *Mitteilungen,* Nr. 7, August 1910, S. 18–20.
Das Präsidium des K.Z.V., gez. Konrad Kaiser, »Bericht des Kartells Zionistischer Verbindungen«, *JR* XV, Nr. 40, 7. 10. 1910, S. 474.
»Der VII. Kartelltag«, *Mitteilungen*, Nr. 8, 1. 12. 1913, S. 6.
Katz, Julius, »Misrachi«, *JR*, Jg. IX, Nr. 41, 14. 10. 1904, S. 339–340.
Kaufmann, Julius, »Agitation in den Kleingemeinden«, *JR*, Jg. XVII, Nr. 17, 26. 4. 1912, S. 144.
Kirschner, Bruno, »Ernste Worte über den Stand der V.J.St.ersache«, *J.St.*, Jg. 4, Nr. 1, April 1907, S. 28–39.
»Offener Brief«, *J.St.,* Jg. 5, Nr. 1, 17. 4. 1908.
Klee, Alfred, »Die großen jüdischen Organisationen in Deutschland«, *JR*, Jg. XIII, Nr. 24, 12. 6. 1908, S. 218–220.
»Zionismus und Gemeinde«, *JR*, Jg. XL, Nr. 31/32, 17. 4. 1935, S. 7.
Kohut, Adolf, *Geschichte der deutschen Juden*, Berlin, Deutscher Verlag, o.D. (1898).
Kollenscher, Max, *Zionismus und Staatsbürgertum*, Berlin, Verlag Jüdische Rundschau, o.D.
Aufgaben jüdischer Gemeindepolitik, Posen, Philipp'sche Buchhandlung, 1905.
»Die preußische Schulfrage und die Juden«, in *Kadima Kalender für das Jahr 5667 (1906–1907)*, Berlin, hrsg. von der Zionistischen Vereinigung für Deutschland, 1906.
Zionismus oder liberales Judentum, Berlin, Zionistische Vereinigung für Deutschland, 1912.
Erinnerungen, Ms., Leo-Baeck-Institute Jerusalem, o.D.
Kutzinsky, A., »Die Lehren Blühers«, *Der Jüdische Wille*, 2. Jg., Heft 1, April–Mai 1919, S. 33–40.
E. L., »Die Frage der Taktik, *JR*, Jg. IX, Nr. 18, 6. 5. 1904, S. 187–188.
Dr. H. L., »Wohin mit den russischen Juden«, *AZJ*, Jg. 55, Nr. 30, 24. 7. 1891, S. 350.
»Recension von P. Dimidow, Wo hinaus«. *Jüdisches Literaturblatt (AZJ)*. Jg. 55, Nr. 39, 24. 9. 1891, S. 153–154.
Lachmann, Edith, »Die Frau im Zionismus«, *JR*, Jg. XVIII, Nr. 41, 10. 10. 1913, S. 437–438.
Landau, Saul Raphael, »Kahalwirtschaft«, *Welt,* Jg. 1, Nr. 4, 25. 6. 1897, S. 3f.
Sturm und Drang im Zionismus, Wien 1937.
Lau, Josef, »Zionistische Vereinigungen«, *Jüdische Volksstimme, Centralorgan der jüdischen Arbeiter und Handlungsgehilfen,* Brünn, Nr. 6, 15. 4. 1900, S. 2.
Leimdörfer, Dr. D., »Gegen den Zionismus«, *AZJ*, Jg. 61, Nr. 24, 11. 6. 1897, S. 316–317.
Leszynsky, Rudolf, »Dr. Hirsch Hildesheimer s. A.«, *JR*, Jg. XV, Nr. 49, 9. 12. 1910, S. 561.
Levy, Emil, »Orthodoxie und Nationalismus«, *JR*, Jg. XIV, Nr. 9, 26. 2. 1909, S. 99.
Lewin, Paul, »Sprechsaal«, *IR*, Jg. VI, Nr. 27, 12. 7. 1901.
P.L. (Paul Lewin), »Noch ein Wort zur Organisation der jüdischen Handlungsgehilfen«, *IR*, Jg. VI, Nr. 29, 26. 7. 1901.
»Wirtschaftliche Harmonie oder Klassenkampf im Handelsgewerbe«, *IR*, Jg. VI, Nr. 33, 23. 8. 1901.
Lewinsohn, Kurt, »Der Zionismus im B.J.C.«, *J.St.*, Jg. 8, Nr. 1, 20. 4. 1911, S. 22–27.
Lichtheim, Richard, »Erziehung«, *Mitteilungen des Kartells Zionistischer Verbindungen (K.Z.V.)*, Nr. 3, März 1908, S. 2–6.
»Verein oder Bewegung«, *JR* XIII, Nr. 27, 3. 7. 1908, S. 256–257.
»Entwirrung, 1. Führerpflicht«, *JR*, Jg. XIV, Nr. 40–41, 5. 10. 1909, S. 450; »Entwir-

rung, 2. Politischer Zionismus«, Nr. 42, 15. 10. 1909, S. 461.
»IX. Zionisten-Kongress in Hamburg«, *JR*, Jg. XV, Nr. 1, 7. 1. 1910, S. 1–2.
Das Programm des Zionismus, Berlin, Zionistische Vereinigung für Deutschland, 1913.
»Mauschel redivivus«, *Die Welt*, Jg. 17, Nr. 22, 30. 5. 1913, S. 685–687.
»Das Märchen vom Radikalismus«, Offener Brief an Herrn Dr. Franz Oppenheimer, *JR*, Jg. XIX, Nr. 27, 3. 7. 1914, S. 289–290.
»Die Verwirklichung des Zionismus«, Zweiter offener Brief an Herrn Dr. Oppenheimer, *JR*, Jg. XIX, Nr. 31, 31. 7. 1914, S. 333–336.
Rückkehr, Veröffentlichung des Leo-Baeck-Instituts, Stuttgart, Deutsche Verlags-Anstalt, (1970).
Loewe, Heinrich, »Der Nationaljude«, *Selbstemancipation*, Jg. 5, Nr. 21, 15. 11. 1892, S. 202.
(Sachse), *Antisemitismus und Zionismus; eine zeitgemäße Betrachtung*, Berlin, H. Schildberger, (1895).
Liberalismus macht selig und der Sonntagsgottesdienst macht liberal, hrsg. von der Berliner Zionistischen Vereinigung, Berlin, H. S. Herrmann, 1901.
»Zur Einführung«, *J.St.*, Jg. 1, Nr. 1, April 1902, S. 1–3.
»An unsere Leser«, *JR*, Jg. VII, Nr. 19, 9. 5. 1902.
»Jude und Israelit«, *JR*, Jg. VII, Nr. 40, 1. 10. 1902, S. 3.
»Lesehalle und Judenfrage«, *J.St.*, 1. Jg., Nr. 9, Dezember 1902, S. 131–136.
(Sachse), »Der Mißerfolg des Zionismus«, *JR*, Jg. VIII, Nr. 38, 18. 9. 1903, S. 401.
(Eljaqim), »Aus der Gemeindestube«, *JR*, Jg. VIII, Nr. 48, 27. 11. 1903, S. 520–521.
»Die Hamburger Tagung des deutschen Zionismus«, *JR*, Jg. IX, Nr. 21, 27. 5. 1904, S. 221.
»Der Zionismus unterwegs«, *JR*, Jg. IX, Nr. 34, 26. 8. 1904, S. 367.
»Die demokratische Fraktion«, *JR*, Jg. IX, Nr. 41, 14. 10. 1904, S. 336.
»Liberale Kandidaten«, *JR*, Jg. IX, Nr. 46, 18. 11. 1904, S. 392–393.
»Landsucher«, *JR*, Jg. X, Nr. 3, 20. 1. 1905, S. 23–24.
(Sachse), »Neuer Steuermann – alter Kurs«, *JR*, Jg. X, Nr. 22, 2. 6. 1905, S. 253–254.
Dr. Vogelstein's Propaganda für den Zionismus, Berlin, Verlag Jüdische Rundschau, 1906.
»An unsere Leser«, *JR*, Jg. XIII, Nr. 52, 25. 12. 1908, S. 513.
Die Sprachen der Juden, Köln, Jüdischer Verlag, 1911.
Treibende Kräfte, Berlin 1911.
»An die Arbeit«, *Die Welt*, Jg. 18, Nr. 12, 20. 3. 1914, S. 277–278.
»Feinde ringsum!«, *JR*, Jg. XIX, Nr. 32, 7. 8. 1914, S. 343, Leitartikel.
»Die Juden im Kriege«, *JR*, Jg. XIX, Nr. 36, 4. 9. 1914, S. 357.
Die jüdischdeutsche Sprache der Ostjuden, Berlin, im Auftrag des »Komitees für den Osten«, 1915.
»Der Russischjüdische Verein«, *JR*, Jg. XXXVIII, Nr. 92, 17. 9. 1933, S. 817.
»Bis 1908«, *JR*, Jg. XL, Nr. 31–32, 17. 4. 1935, S. 19.
Joseph Marcou-Baruch, Manuskript aus dem Nachlaß Heinrich Loewes, im Besitz seiner Tochter Fr. Hadassa Loewe-Bergmann, Ramat Gan.
»Jung-Israel, ein fünfzigjähriger Gedenktag«, *Meilensteine, Vom Wege des Kartells Jüdischer Verbindungen (K.J.V.) in der Zionistischen Bewegung*, Eine Sammelschrift im Auftrage des Präsidiums des K.J.V. hrsg. von Eli Rothschild, Tel Aviv 1972, S. 1–3.
Loewy, Dr., »Die letzten Gemeindewahlen, Zu dem Artikel in Nr. 50 d. Bl.«, *JR*, Jg. XV, Nr. 52, 30. 12. 1910, S. 595.
Maccabi, »Ein Rückblick auf die Cultuswahlen in Wien«, *Die Welt*, Jg. 4, Nr. 49, 7. 12. 1900, S. 3–4.

Mayer, Ludwig, »Der X. Kartelltag«, *J.St.*, Jg. 7, Nr. 12, 20. 3. 1911, S. 314–319, Interne Beilage.

(Meilensteine), »Das K.J.V. im ersten Weltkrieg«, *Meilensteine, Vom Wege des Kartells Jüdischer Verbindungen (K.J.V.), in der Zionistischen Bewegung,* hrsg. von Eli Rothschild, Tel Aviv, Im Auftrage des Präsidiums des K.J.V., S. 72, Anmerkung des Herausgebers.

Michaelis, Alfred, *Die Rechtsverhältnisse der Juden in Preußen, seit dem Beginne des 19. Jahrhunderts. Gesetze, Erlasse, Verordnungen, Entscheidungen*, Berlin, L. Lamm, 1910.

»Steht den ausländischen Juden in den preußischen Synagogengemeinden ein Wahlrecht zu?«, *AZJ*, Jg. 76, Nr. 21, 24. 5. 1912, S. 241–243; Nr. 22, 31. 5. 1912, S. 253–255.

Michaelis, Dolf, »Mein ›Blau-Weiß‹-Erlebnis«, *BLBI*, 5. Jg., Nr. 17, (Juni 1962), S. 44–67.

Michaelis, Paul, »Die neue Jugend«, *JR,* Jg. XIX, Nr. 21, 21. 5. 1914, S. 217f.

Mitteilungen des Kartells Zionistischer Verbindungen, »Der Kommers«, *Mitteilungen*, Nr. 1, Januar 1910, S. 4–20.

»Die Fusionsverhandlungen mit dem B.J.C.«, *Mitteilungen*, Nr. 6, Juni 1914, S. 1–10.

»Fortsetzung der Fusionsverhandlungen und Einberufung eines a.o.K.T.«, *Mitteilungen*, Nr. 7, Juli 1914, S. 1–8.

Moses, Julius, »Eine Vereinigung der zionistischen Akademiker in Deutschland«, *IR*, Jg. VII, Nr. 38, 19. 9. 1902.

»Zur Generalversammlung des Zentralvereins Deutscher Staatsbürger Jüdischen Glaubens«, *JR*, Jg. XVIII, 28. 3. 1913, S. 125.

»Post Festum«, *JR,* Jg. XVIII, Nr. 14, 4. 4. 1913, S. 135–136.

L.M. (Leo Motzkin), »Wohin mit den russischen Juden«, *Selbstemancipation,* Jg. 4, Nr. 16, 18. 8. 1891, S. 1–2.

»Unsere Palästinapolitik«, *JR*, Jg. XVII, Nr. 24, 14. 6. 1912, S. 217–219; Nr. 26, 28. 6. 1912, S. 241.

Mühsam, Hans, »Berechtigung und Aussichten einer national-jüdischen Partei in Deutschland,« *Die Welt*, Jg. 10, Nr. 42, 19. 10. 1906, S. 9.

Nathan, Paul, *Palästina und palästinensischer Zionismus*, Berlin, o.D. (1914).

Die Nationaljüdische Vereinigung in Köln, (Hrsg.), *Thesen der national-jüdischen Vereinigung Köln*, Köln, o.D. (1897).

Delegiertentag zu Bingen den 11. Juli 1897, o.O. (Köln), o.D. (1897).

(Hrsg.), Flugblatt Nr. 1, *Der Zionismus*, o.O. (Köln), o.D. (1897).

(Hrsg.), Flugblatt Nr. 2, *Der Nationaljude als Staatsbürger*, o.D. (Juli 1897).

Nordau, Max, »Der Zionismus der westlichen Juden«, *IR*, Jg. VI, Nr. 33, 23. 8. 1901.

Der Zionismus und seine Gegner, 3. Aufl. (Berlin, Zionistische Vereinigung für Deutschland), 1905.

Oppenheimer, Franz, »Zu unserer Umfrage über den Zionismus«, Generalanzeiger für die gesamten Interessen des Judentums, Jg. 2, Nr. 10, 5. 3. 1903, S. 1.

»Ein jüdischer ›Fall César‹«, *JR*, Jg. XII, Nr. 19, 10. 5. 1907, S. 189–190.

Der Zionismus, Teplitz-Schönau, o.D. (1909).

»Stammesbewußtsein und Volksbewußtsein«, *JR*, Jg. XV, Nr. 8, 25. 2. 1910, S. 86–89.

»Radikalismus«, Antwort auf den offenen Brief von Herrn Richard Lichtheim, *JR*, Jg. XIX, Nr. 30, 24. 7. 1914, S. 323–325.

Erlebtes, Erstrebtes, Erreichtes: Lebenserinnerungen, Düsseldorf, Joseph Melzer Verlag, 1964.

Oser, »Achtung!«, *Die Welt*, Jg. 8, Nr. 39, 23. 9. 1904, S. 3–4.

Pinner, Ludwig, »Aufgaben des Kartelltages«, *Mitteilungen des K.Z.V.*, Nr. 3, 4. 7. 1911, S. 4–7.

Pinkus, Lazar Felix, *Die moderne Judenfrage, von den Grundlagen der jüdischen Wirtschaftsgeschichte und des Zionismus*, Breslau, W. Koebner, 1903.
»Werner Sombarts Stellung zur Judenfrage«, *Die Welt*, Jg. 7, Nr. 20, 15. 5. 1903, S. 7–8.
Pinsker, Leon, *Autoemanzipation!* Mahnruf an seine Stammesgenossen von einem russischen Juden, Berlin, Jüdischer Verlag, 1936, achte Auflage.
Philippsohn, Ludwig, »Eine alte Frage«, *AZJ*, Jg. 46, Nr. 42, 17. 10. 1882, S. 681–682.
Präsenz-Liste der Vereine Jüdischer Studenten (im B.J.C.), o.O., hrsg. vom Archiv des B.J.C., Dezember 1909.
Präsenz-Liste der Vereine Jüdischer Studenten (im B.J.C.), o.O., hrsg. vom Archiv des B.J.C., Februar 1910.
Präsidium des B.J.C., »Unser Verhältnis zum K.Z.V.«, *J.St.*, Jg. 9, 31. 3. 1913, S. 443–444.
Präsidium des Kartells Zionistischer Verbindungen, (Hrsg.), *Mitgliederverzeichnis*, o.O. (Berlin), Januar 1912.
Mitgliederverzeichnis, o.O. (Berlin) Februar 1913.
»Unsere Stellungnahme zum Fusionsgedanken«, *J.St.*, Jg. 10, Nr. 2, 30. 5. 1914, S. 32–36.
»Die Verschmelzung von B.J.C. und K.Z.V.«, *J.St.*, Jg. 11, Nr. 5, 1. 11. 1914, S. 91.
Preuß, Walter, *Ein Ring schließt sich; von der Assimilation zur Chaluziuth*, Tel Aviv, Edition Olympia, o.D. (1950?)
»Programmparagraphen des K.Z.V.«, *Der Zionistische Student*, Flugschrift des K.Z.V. (Kartell Zionistischer Verbindungen), Berlin, Jüdischer Verlag, o.D. (1912), S. 63.
B. R. (Bernhard Rahmer), »Eine Gefahr«, *Israelitische Wochenschrift*, Jg. 22, Nr. 32, 6. 8. 1891, S. 245–246.
»Der Nationaljude«, *Selbstemancipation*, Jg. 5, Nr. 3, 1. 2. 1892, S. 28–29.
Rieger, Paul, *Ein Vierteljahrhundert im Kampf um das Recht und die Zukunft der deutschen Juden*, Berlin, Zentralverein deutscher Staatsbürger jüdischen Glaubens, 1918.
Rosenberg, Egon, »Vom Burschenschaftler zum K.Z.V.er«, *Der Zionistische Student*, Flugschrift des K.Z.V. (Kartell Zionistischer Verbindungen), Berlin, Jüdischer Verlag, o.D. (1912), S. 12.
Rosenblüth, Felix, »Zionistische Sorgen und Gedanken«, *J.St.*, Jg. 4, Nr. 7, November 1907, S. 185–191.
»Das Straßburger Rundschreiben und der außerordentliche Kartelltag«, *J.St.*, Jg. 7, Nr. 1, 27. 4. 1910, S. 16–19.
»Demaskierung im Wandervogel«, *JR*, Jg. XVIII, Nr. 43, 22. 10. 1913, S. 457–458.
»Propaganda und Jugendarbeit«, *JR*, Jg. XIX, Nr. 21, 21. 5. 1914, S. 217–218.
Rosenkranz, Erich, »Bericht des Präsidiums«, *J.St.*, Jg. 4, Nr. 1, April 1907, S. 4.
»V.J.St.er Tradition und Fusion«, *J.St.*, Jg. 11, Nr. 1, 10. 4. 1914, S. 85–86.
Rosenthal, Karl, »Die staatsrechtliche Stellung der Israeliten in Bayern«, *AZJ*, Jg. 76, Nr. 50, 13. 12. 1912, S. 589–591; Nr. 51, 20. 12. 1912, S. 601–603.
Roth, Erich, »Zum 27. Februar 1919«, *Herzl-Bund Blätter*, Nr. 41–42, März 1919, S. 543f.
Rülf, Isaak, *Meine Reise nach Kowno um die Übersiedlung nothleidender Glaubensgenossen aus den Grenzbezirken nach dem Inneren Russlands zu ordenen, sowie die in der dortigen Synagoge gehaltene Predigt von Dr. Rülf*, Memel, Druck von S. Goldschmidt, 1869.
Drei Tage im jüdischen Rußland, Frankfurt a.M., J. Kauffmann, 1882.
Aruchas Bas Ammi, Ein ernstes Wort an Glaubens- und Nichtglaubensgenossen, Frankfurt a.M., J. Kauffmann, 1883.
Entstehung und Bedeutung des Antisemitismus in Hessen, Mainz, J. Wirth, 1890.
»Der Nationaljude«, *Selbstemancipation*, Jg. 5, Nr. 3, 1. 2. 1892, S. 29–31.

Was wir sollen und wollen, Vortrag gehalten in der regelmäßigen Sitzung des neu gegründeten »Vereins für jüdische Geschichte und Literatur« zu Memel, Memel 1897.
Ruppin, Arthur, »Zur Frage des Agrarkredits«, *JR*, Jg. XIV, Nr. 42, 15. 10. 1909, S. 461–464.
»Zionistische Arbeit in Palästina«, *Stenographisches Protokoll der Verhandlungen des XI. Zionisten-Congresses in Wien vom 2.–9. September 1913*, Berlin und Leipzig, in Kommission beim Jüdischen Verlag, 1914, S. 193–216.
»Referat über die Seßhaftmachung deutscher Juden in Palästina«, *Stenographisches Protokoll der Verhandlungen des XVIII. Zionistenkongresses*, Prag, 21. August bis 4. September 1933, Wien, Fiba Verlag, 1934. S. 185–196.
S., »Wie und in welcher Weise ist eine gute Organisation der jüdischen Handlungsgehilfen zu ermöglichen«, *IR*, Jg. VI, Nr. 30, 2. 8. 1901.
S-n, »Zur Organisation der jüdischen Handlungsgehilfen«, *IR*, Jg. VI, Nr. 32, 16. 8. 1901.
Samuel, Walter, »Der Herzl-Bund. Eine programmatische Abhandlung über seine Ziele, seine Aufgaben und seine Arbeit«, *Herzl-Bund Blätter* Nr. 41–42, März-Heft 1919, S. 647–692.
Satzungen des Vereins zur Pflege der neuhebräischen Sprache »Chowewe sfath ewer«, zu Berlin, 1. Januar 1891.
(Schach, Fabius), *Volks- oder Salonjudentum?* Berlin, Schildberger, 1893.
»Die ›Fremdenfrage‹« (Zum Fall Duisburg), *Ost und West*, XIV. Jg., Heft 1, Januar 1914, S. 10–19.
Schachtel, Hugo, »Rückblick auf das Jahr 1912«, *JR*, Jg. XVIII, Nr. 25, 20. 6. 1913, S. 257.
Schildberger, H., »Die erste Volksversammlung der Berliner Zionisten«, *Die Welt*, Jg. 2, Nr. 7, 18. 2. 1898, S. 4–7.
Schlemiel, »Eine Enquête über die Ostafrikafrage«, *Der Schlemiel*, Jg. 1, Nr. 1, 1. 11. 1903, S. 5.
»Briefe aus Neu-Neu-Land«, *Der Schlemiel*, Jg. 1, Nr. 1, 1. 11. 1903, S. 2; Nr. 2, 1. 12. 1903, S. 10f.; Jg. 2, Nr. 2, 1. 2. 1904, S. 12; Nr. 3, 1. 3. 1904, S. 22; Nr. 5, 1. 5. 1904, S. 42.
G. S. (Gerhard Scholem), »Jugendbewegung«, *Die blauweiße Brille*, Nr. 1, im Ab 5675 (1914) hrsg. von Erich Brauer und Gerhard Scholem.
»Jüdische Jugendbewegung«, *Der Jude*, 1. Jg., 1916–1917, S. 822–825.
Scholem, Gerschom, *Von Berlin nach Jerusalem, Jugenderinnerungen,* Frankfurt a. M., Suhrkamp Verlag, 1977.
Schwarzschild, Siegfried, »Das aktive und passive Wahlrecht der ausländischen Juden innerhalb der preußischen Judengemeinden«, *Israelit*, Jg. 54, Nr. 10, 6. 3. 1913, S. 1f.
Dr. Silberstein, »Die Berliner Repräsentantenwahlen aus der Fernsicht«, *AZJ*, Jg. 74, Nr. 50, 16. 12. 1910, S. 595.
Simon, James, »Erklärung des Hilfsvereins der Deutschen Juden«, *JR*, Jg. XIII, Nr. 25, 18. 6. 1909, S. 283.
Simon, Julius, »Geheimrat Goldberger und der Zionismus«, *JR*, Jg. XIV, Nr. 25, 18. 6. 1909, S. 281.
»Geheimrat Goldberger und der Zionismus«, *JR*, Jg. XIV, Nr. 28, 9. 7. 1909, S. 318.
N. S. (Nachum Sokolow), »Mißverständnisse«, *Die Welt*, Jg. 13, Nr. 32, 6. 8. 1909, S. 709–710.
Sombart, Werner, *Die Juden und das Wirtschaftsleben*, Leipzig, Duncker & Humblot, (1911).
Die Zukunft der Juden, Leipzig, Duncker & Humblot, 1912.
Sondheimer, Fritz, »Misrachi«, *JR*, Jg. IX, Nr. 41, 14. 10. 1904, S. 338–339.
Steckelmacher, M., »Der Zionismus vom Standpunkte der Orthodoxie«, in *Die Stimme*

der Wahrheit, Jahrbuch für wissenschaftlichen Zionismus, (Hrsg.) Lazar Schön, Würzburg, N. Philippi, 1905, S. 303–305.
Stein, Walter, »Zur Satisfaktionsfrage«, *J.St.*, Jg. 8, Nr. 5–6, 20. 9. 1911, S. 151–157.
»Der Wahlsieg in Königsberg«, *JR*, Jg. XVII, Nr. 10, 8. 3. 1912, S. 81.
Stenographisches Protokoll der Verhandlungen des 1. Zionisten-Congresses in Basel, 29.–31. August 1897, offizielles Protokoll, Wien, Verein »Erez Israel«, 1898.
Stenographisches Protokoll der Verhandlungen des 2. Zionisten-Congresses, gehalten zu Basel vom 28. bis 31. August 1898, Wien, Verlag des Vereines »Erez Israel«, 1898.
Stenographisches Protokoll der Verhandlungen des 3. Zionisten-Congresses, Basel 15. bis 18. August 1899, Wien, Verlag des Vereins »Erez Israel«, 1899.
Stenographisches Protokoll der Verhandlungen des 5. Zionisten-Kongresses in Basel, 23.–28.August, 1903, Wien, Verlag des Vereins »Erez Israel«, 1903.
Stenographisches Protokoll der Verhandlungen des 7. Zionisten-Kongresses und des außerordentlichen Kongresses in Basel, 27.–31. Juli, 1.–2. August 1905, Berlin, Jüdischer Verlag, 1905.
Stenographisches Protokoll der Verhandlungen des 8. Zionisten-Kongresses in Haag vom 14. bis inklusive 21. August 1907, Köln, Jüdischer Verlag, 1907.
Stenographisches Protokoll der Verhandlungen des 9. Zionisten-Kongresses in Hamburg vom 26. bis inklusive 30. Dezember 1909, Köln und Leipzig, Jüdischer Verlag, 1910.
Stenographisches Protokoll der Verhandlungen des 10. Zionisten-Kongresses in Basel, 9.–15. August, 1911, Berlin und Leipzig, Jüdischer Verlag, 1911.
Stenographisches Protokoll der Verhandlungen des 11. Zionisten-Kongresses in Wien, 2.–9. September 1913, Berlin und Leipzig, in Kommission beim Jüdischen Verlag, 1914.
Stern, Baruch, *Zur Schulfrage in Palästina*, hrsg. von der Zionistischen Federation Misrachi, Frankfurt a. M., 1911.
Strauss, Ludwig, »Reichstreue und Volkstreue«, *JR*, Jg. XIX, Nr. 41–42, 16. 10. 1914, S. 387.
H.T., »Max Nordau in Berlin«, *Die Welt*, Jg. 2, Nr. 18, 6. 5. 1898, S. 5–7.
»A.H. Oberlehrer David Tachauer, Jerusalem, an Michaelis, 25. 2. 1910«, *Mitteilungen des Kartells Zionistischer Verbindungen*, Nr. 3, März–April 1910, S. 13–16.
Täubler, Eugen, »Gedanken aus der Geschichtsfuxenstunde«, *Der Zionistische Student*, Flugschrift des K.Z.V. (Kartell Zionistischer Verbindungen), Berlin, Jüdischer Verlag, o.D. (1912).
Teilhaber, Felix, *Der Untergang der deutschen Juden, eine volkswirtschaftliche Studie*, München, E. Reinhardt, 1911.
Theologus, »Zur Würdigung der Richtlinien«, *AZJ*, Jg. 77, Nr. 15, 11. 4. 1913, S. 171.
Thon, Osias, «Ohne Herzl!«, in Lazar Schön (Hrsg.), *Die Stimme der Wahrheit, Jahrbuch für wissenschaftlichen Zionismus*, Erster Jahrgang, Würzburg, N. Philipp, 1905, S. 151–160.
Taubenberg, B., »Wohin«, *AZJ*, Jg. 55, Nr. 36, 4. 9. 1901, S. 421–422.
Dr. Unna, »Nationale Erziehung im K.Z.V.«, *Mitteilungen*, Nr. 3, März–April 1909, S. 6–9.
»Zum IX. Kongreß«, *Mitteilungen*, Nr. 1, Januar 1910, S. 3–5.
Verein jüdischer Hochschüler Bar-Kochba, Prag, *Vom Judentum*, Ein Sammelbuch, Leipzig, K. Wolff, 1913.
Verein Jüdischer Kaufleute i.A. Elchonon ben Scholaum, »Der Zionismus und die jüdischen Handlungsgehilfen«, *IR*, Jg. VI, Nr. 34, 30. 8. 1901.
Die Verfassung des Deutschen Reiches von 1871, Leipzig, Reclams Universal Bibliothek, 22. Aufl., 1929.
Victor, Willy,»Ausländer und jüdische Gemeinden«, *Jüdisches Gemeinde-Jahrbuch 5674, 1913–1914*, o.O., S. 29–36.

Vogelstein, H., *Der Zionismus, eine Gefahr für die gedeihliche Entwicklung des Judenthums*, Berlin, (B. Lewy, 1906)
Warburg, Max M., *Aus meinen Aufzeichnungen*, New York, Privatdruck ed. Eric Warburg, 1952.
Warburg, Otto, »Die wirtschaftliche Entwicklung Palästinas«, *JR*, Jg. XIII, Nr. 24, 12. 6. 1908, S. 223–228.
Warum gingen wir zum ersten Zionistenkongreß, Berlin, hrsg. von der Berliner Zionistischen Organisation. Berlin 1922.
Wassermann, Ludwig, »Deutsches Nationalgefühl«, *JR*, Jg. XVIII, Nr. 15, 11. 4. 1913, S. 147.
Wassermann, Rudolf, »Sombart der Antisemit«, *JR*, Jg. XVII, Nr. 7, 16. 2. 1912, S. 51–52.
Weil, G., »Der ›liberale‹ Vorstand der jüdischen Gemeinde«, *JR*, Jg. XII, Nr. 18, 3. 5. 1907, S. 178. Leitartikel.
Weill, Edgar, »Zur babylonischen Verwirrung«, *J.St.*, Jg. 7, Nr. 1, 27. 4. 1910, S. 6–7.
»Gegen den Antrag Blumenfeld«, *J.St.*, Jg. 7, Nr. 1, 27. 4. 1910, S. 7–13.
Die Welt, »Erklärung gegen Erklärung«, *Die Welt*, Jg. 1, Nr. 4, 25. 6. 1897, S. 1, Leitartikel.
»Die Wahlen in den österreichischen Cultusgemeinden«, *Die Welt*, Jg. 4, Nr. 46, 16. 11. 1900, S. 1–4.
»Die Zionisten und die Wahlen in der Wiener Cultusgemeinde«, *Die Welt*, Jg. 4, Nr. 47, 23. 11. 1900, S. 1–3.
»Nach der Wahl«, *Die Welt*, Jg. 4, Nr. 48, 30. 11. 1900, S. 1–2.
»Die Wahlen in den Wiener Cultusvorstand. Die ersten Jüdisch-Nationalen im Wiener Cultusvorstande«, *Die Welt*, Jg. 4, Nr. 49, 7. 12. 1900, S. 2.
»An die jüdischen Wähler!«, *Die Welt*, Jg. 4, Nr. 52, 28. 12. 1900, S. 5.
»Der Delegiertentag der deutschen Zionisten«, *Die Welt*, Jg. 6, Nr. 21, 23. 5. 1902, S. 3–4.
»Paul Nathan über die Entwicklung Palästinas«, *Die Welt*, Jg. 12, Nr. 8, 21. 2. 1908, S. 5–7.
»Hebräisches Gymnasium in Jaffa«, *Die Welt*, Jg. 12, Nr. 18, 8. 5. 1908, S. 14.
»Kassenbericht für die Zeit vom 1. 7. 1907–30. 6. 1908«, *Die Welt*, Jg. 13, Nr. 32, 14. 8. 1908, S. 10.
»Die zionistische Jahreskonferenz in Berlin, Die Verhandlungen«, *Die Welt*, Jg. 14, Nr. 26, 1. 7. 1910, S. 623–633.
»Die Hebraisierung des Technikums«, *Die Welt*, Jg. 18, Nr. 9, 27. 2. 1914, S. 205–206.
»Aufruf«, *Die Welt*, Jg. 18, Nr. 11, 13. 3. 1914, S. 253–254.
Witkowsky, Gustav, »Epilog«, *JR*, Jg. XV, Nr. 4, 28. 1. 1910, S. 39.
»Ein Gemeindeprogramm«, *in Jüdisches Gemeinde-Jahrbuch 5674, 1913–1914*, o.O., hrsg. Zionistische Vereinigung für Deutschland, 1913.
»Aussprechen was ist«, *JR*, Jg. XVIII, Nr. 23, 6. 6. 1913, S. 229.
»Die Schmach von Duisburg«, *JR*, Jg. XVIII, Nr. 47, 21. 11. 1913, S. 501–502.
Wolf, Adolf, »V.J.St. und jüdische Gemeindepolitik«, *J.St.*, Jg. 4, Nr. 6, Juli 1907, S. 159–160.
York-Steiner, Heinrich, »Der politische Zionismus und seine Methode«, in Lazar Schön (Hrsg.), *Die Stimme der Wahrheit, Jahrbuch für wissenschaftlichen Zionismus*, Erster Jahrgang, Würzburg, N. Philippi, 1905, S. 54–60.
Zedlitz-Trützschler, Robert Graf, *Zwölf Jahre am deutschen Kaiserhof,* Stuttgart 1924.
Der zionistische Student, Flugschrift des K.Z.V. (Kartell Zionistischer Verbindungen) Berlin, Jüdischer Verlag, o.D. (1912).
Zionistische Vereinigung für Deutschland, (Hrsg.) *Von Theorie zur Praxis*, Referat gehalten auf dem Delegiertentag deutscher Zionisten in Frankfurt a.M. am 31.

Oktober 1897 von Fabius Schach, o.O. (Köln) o.D. (1897).
(Hrsg.), *Agitationsplan*, Referat des Herrn Rechtsanwalt Dr. Schauer auf dem Delegiertentag in Frankfurt, (31. Oktober 1897), o.O. (Köln), o.D. (1897).
(Hrsg.), *Entwurf eines Musterstatuts, Statuten des Zionistischen Vereins zu X.*, o.D. (1898).
Flugblatt Nr. 6, *Was erstrebt der Zionismus*, o.O. (Köln), o.D. (1898).
Auszug aus dem Protokoll des IV. Delegiertentages der Zionistischen Vereinigung für Deutschland, am 19. und 20. März zu Köln a. Rh., o.O., o.D. (1899).
Anweisung für Vertrauensmänner, o.O., o.D. (1899).
Der Presseausschuß, »Erklärungen«, *IR*, Jg. VI, 24. 5. 1901.
Der Vorstand, *Der Schekeltag*, o.O., o.D. (1901).
Zionistische Vereinigung für Deutschland, Das Zentralkomitee, »An die deutschen Zionisten«, *JR*, Jg. X, 5. 5. 1905, S. 197–198.
(Hrsg.), *Zionistisches A-B-C Buch*, Berlin-Charlottenburg, Zionistisches Zentralbureau, 1908.
»Bericht des Geschäftsführenden Ausschusses des Z.K. der Zionistischen Vereinigung für Deutschland über das Winterhalbjahr 1909/1910«, *JR*, Jg. XV, Nr. 21, 27. 5. 1910, S. 246.
(Hrsg.) *Jahresbericht über die Tätigkeit der Zionistischen Vereinigung für Deutschland, erstattet im März 1913*, Berlin, o.D.
»Mitteilungen«, *JR*, Jg. XIX, Nr. 35, 28. 8. 1914, S. 355.
»Hilfskomitee der Zionistischen Vereinigung für Deutschland« *JR*, Jg. XIX, Nr. 36, 4. 9. 1914, S. 357.
»Unsere Hilfsaktion«, *JR*, Jg. XIX, Nr. 37, 11. 9. 1914, S. 364.
Zlocisti, Theodor, »Briefe zur Vorgeschichte der Chibat Zion«, *Der Jude*, 5. Jg., (1920–1921), S. 327–339.
»Zur Situation in Zionismus«, *JR*, Jg. X, Nr. 10, 10. 3. 1905, S. 105–106.
»Palästinensische Kolonien deutscher Juden. Zum Leipziger Delegiertentag«, *JR*, Jg. XIX, Nr. 19, 8. 5. 1914, S. 197.
»Eine deutsche Achusa, Referat gehalten auf dem XIV. Delegiertentag der Zionistischen Vereinigung für Deutschland«, *JR*, Jg. XIX, Nr. 26, 26. 6. 1914, S. 278–281.
Zuckermann, Hugo, »Ein Österreichisches Reiterlied«, *JR*, Jg. XIX, Nr. 36, 4. 9. 1914, S. 358.
Die Zukunft der Juden, Sammelschrift. Berlin, Komitee der Gedenkfeier (Zionistische Vereinigung Berlin), 1906.
Zweig, E. M., »Der Kampf um die Kultusgemeinden«, in *Zeitgenossen über Herzl*, Hrsg. Dr. T. Nussenblatt, Brünn, Jüdischer Buch- und Kunstverlag, 1929, S. 253–255.

4. Wissenschaftliche Arbeiten

a. Hebräische Arbeiten

Auerbach, Elias, »Realism wesowlanut«, in: *Deot*, hebräische Ausgabe des Mitteilungsblattes Nr. 2 des Irgun Olej Merkas Europa, Tel Aviv, Mai 1960.
Aviad-Wolfsberg, Yeschayahu, »Letoldot hamisrachi begermania ulemahuto«, (hebr.) in: *Sefer hamisrachi*, Jerusalem, mosad harav Kuk, 1946, S. 151–168.
Aviad-Wolfsberg, Yeschayahu, *Dejoknaoth* (Porträts), (hebr.) Jerusalem 1962.
Bein, Alex, (Hrsg.), *Sefer Motzkin*, (hebr.), Jerusalem 1939.
Bodenheimer, Henriette-Hanna, *Toldot Tochnit Basel,* (hebr.) Jerusalem, R. Mass, 1947.

Gelber, N. M., »Mediniut umaasseh«, (hebr.) in: *A. Hantke legewurot*, Jerusalem, Keren Hajessod, 1954, S. 4–6.
Dubnow, Simon, *Divrej hajamim leam Israel*, (hebr.) Tel Aviv, Devir, 1950, 5. Aufl.
Doron, Joachim, *The Impact of German Ideologies on Central European Zionism 1885–1914*, (hebr.) Diss. Universität Tel Aviv, 1977.
Edelberg, Schlomo, »Gibusch harayon ad milchemet haolam harischona«, (hebr.) in: *Chason Thora wezion*, Jerusalem, mosad harav Kuk, 1960, S. 177–200.
Elbogen, Ismar, *Divrej jemej Israel bemea schanim haachronot*, (hebr.) Tel Aviv, Yisrael, 1948.
Eliav, Mordechai, *Ahawat Zion weansche Hod, yehudej germania weyischuv Erez Israel bamea h–19* (hebr.), Tel Aviv, Hakibutz hameuchad 1971.
Eliav, Mordechai, *David Wolffsohn, the Man and his Times, the Zionist Movement 1905–1914*, (hebr.) Tel Aviv University, The Institute for Zionist Research, 1977.
Esh, Schaul, »Hazionut keteschuwa lebayat hajehudi hamoderni, iyunim bemischnato schel Kurt Blumenfeld, (hebr.) in: *Molad*, Nr. 181–182, 1964, S. 438–445.
Friesel, Avyatar, *The Zionist Movement in the United States 1897–1914*, (hebr.) Tel Aviv University, Hakibutz hameuchad, 1970.
A. Hantke Legewurot, (hebr.) Keren Hajessod, Jerusalem, 1954.
Klausner, Israel, »Haaguda ›bnei-Brith‹ bekattowitz«, in: *Sefer hajowel mugasch lichwod Dr. N. M. Gelber leregel jowlo haschivim*, Tel Aviv, Olamenu, 1963.
Klausner, Israel, *Karka waruach, chajaw upoolo schel Professor Hermann Zwi Schapira*, (hebr.), Jerusalem, Keren Kajemeth Leisrael und Hebräische Universität, 1966.
Kressel, G., »Hachewra harischona lejischuv Erez Israel«, (hebr.) in: *Zion*, A Quarterly for Research in Jewish History, 7. Jg., 1942, S. 197–205.
Kressel, G., »Selbstemancipation«, (hebr.) in: *Schivat Zion, Meassef lecheker hazionut utekumat Israel*, Bd. 4, 1955–1957, S. 55–99.
Kressel, G., »Moses Steinschneider, mea wechamischim schana lehuladto, 1816–1966«, (hebr.) in: *Katif*, Yalkut ledivre Sifrut, Bd. 4–5, Petach Tikva 1967, S. 306–310.
Ma'jan, Schmuel, *Die Wahlen in der Gemeinde Berlin in den Jahren 1901–1920*, (hebr.), Givath Chaviva 1978.
Medsini, Mosche, *Hamediniut hazionit*, (hebr.) Jerusalem, Hasefer, 1934.
Na'aman, Schlomo, »Mekomo schel Mosche Hess betnuat haschichrur schel haam hajehudi«, (hebr.), in: *Davar*, Nr. 15276, 30. 4. 1975.
Rinoth, Moshe, *Chewrath ha'esra lejehudej Germania (Hilfsverein), bajezira ubamaawak*, (hebr.) Hebräische Universität Jerusalem und israelisches Erziehungsministerium, 1972.
Rinoth, Moshe, »The Zionist Organisation and the Hilfsverein Cooperation and Conflict«, (1901–1914), in: *LBIYB* XXI, 1976, S. 261–278.
Rosen, Pinchas, »Hamamin wehaneeman«, (hebr.) in: *A. Hantke legewurot*, Jerusalem, Keren Hajessod, 1954, S. 45–46.
Rosenblüth, Pinchas, »Ledarka schel tenuat hamisrachi begermania«, (hebr.) (Zum Weg der Misrachibewegung in Deutschland) in: *Sefer hazionut hadatit*, Bd. 2, Jerusalem, mosad harav Kuk, 1977, S. 318–342.
Ruppin, Arthur, *Milchemeth hajehudim lekijumam*, (hebr.) Tel Aviv, Mosad Bialik, 1940.
Schasar, Salman, *Or Ischim*, (hebr.) Tel Aviv, Am Oved, 1955.
Schasar, Salman, »Kurt Blumenfeld u Pinchas Rosen«, (hebr.) in: *Sefer hajowel, l'Pinchas Rosen*, Jerusalem, 1962, S. 3–12.
Schatzker, Chaim, *Tnuat hanoar hajehudit begermania ben haschanim 1900–1933*, (hebr.) Diss., Hebräische Universität Jerusalem, 1969.
Thon, Jacob, *Otto Warburg, hanassi haschlischi schel hahistadrut hazionit haolamit*, (hebr.) Herzlia, Massada, 1948.

Toury, Jacob, *Prolegomena to the Entrance of Jews into German Citizenry*, (hebr.) Tel Aviv University 1972.
Toury, Jacob, »Der Plan des Judentages und die deutschen Zionisten« (hebr.), in: *Hazionuth*, Tel Aviv 1970, S. 9–56.
Weizmann, Chaim, *Massa uma'ass*, (hebr.) Jerusalem 1949.
Yisraeli, David, *The Palestine Problem in German Politics 1889–1945*, (hebr.) Bar Ilan University, Ramat Gan, 1974.
Yoely, Mordechai, *Y. L. Pinsker, Mewasser hatechija haleumit*, (hebr.) Tel Aviv, Massada, 1960.
Zur, Yaakow, *German Jewish Orthodoxy and its Attitude toward internal Organization and Zionism 1896–1911,* (hebr.), Diss. Tel Aviv University 1982.

b. Sonstige Arbeiten

Adler-Rudel, S., *Ostjuden in Deutschland 1880–1940*, Tübingen, J.C.B. Mohr (Paul Siebeck) 1959.
Baeck, Leo, *Von Moses Mendelsohn zu Franz Rosenzweig*, Stuttgart, W. Kohlhammer, 1959.
Leo-Baeck-Institut New York, Bibliothek und Archiv, Katalog Bd. I; *Deutschsprachige jüdische Gemeinden, Zeitungen, Zeitschriften, Jahrbücher, Almanache und Kalender, Memoiren und Erinnerungsschriften*, hrsg. von Max Kreutzberger unter Mitarbeit von Irmgard Förg, Tübingen, J.C.B. Mohr (Paul Siebeck), 1970.
Baron, Salo W., »Abraham Benisch's Project for Jewish Colonisation in Palaestine (1842)«, *Jewish Studies in Memory of Georg Kohut*, New York, The Alexander Kohut Memorial Foundation, 1935, pp. 72–85.
Barth, Aron, *Orthodoxie und Zionismus*, Berlin, Welt, 1920.
Bein, Alex, »Franz Oppenheimer als Mensch und Zionist«, *BLBI*, 7. Jg., Nr. 25, (1964), S. 1–20.
»Von der Zionssucht zum politischen Zionismus«, in: *Robert Weltsch zum 70. Geburtstag*, Tel-Aviv, Verlag Bitaon, 1969.
Bernhard, Margarete, »Die Frauen im politischen Leben«, *Zeitschrift für Politik*, Bd. XIX (1929 1930), S. 142–147.
Blüher, Hans, *Die deutsche Wandervogelbewegung als erotisches Phänomen, ein Beitrag zur Erkenntnis der sexuellen Inversion*, 4. Aufl., Prien, Anthropos, 1920.
Boehm, Adolf, *Die zionistische Bewegung*, Berlin Jüdischer Verlag, 1935.
Breuer, Isaak, *Judenproblem*, 4. Auflage, Frankfurt a.M., J. Kauffmann, 1922.
Das jüdische Nationalheim, Frankfurt a.M., J. Kauffmann, 1925.
Cahnmann, Werner J., »Munich and the First Zionist Congress«, *Historia Judaica*, Vol. VII, 1941, S. 7–23.
»Village and Small-Town Jews in Germany«, A Typological Study, *LBIYB* XIX, 1974, S. 107–130.
Cecil, Lamar, »Wilhelm II. und die Juden«, in *Juden im Wilhelminischen Deutschland 1890–1914*, Ein Sammelband herausgegeben von Werner E. Mosse unter Mitwirkung von Arnold Paucker, Schriftenreihe wissenschaftlicher Abhandlungen des Leo-Baeck-Instituts, Tübingen, J.C.B. Mohr, 1976, S. 313–347.
Cohn, Emil Bernhard, *David Wolffsohn, Herzls Nachfolger*, Amsterdam, Querido, 1939.
Eliav, Mordechai, »Zur Vorgeschichte der jüdischen Nationalbewegung in Deutschland«, *BLBI*, 12. Jg., 48, 1969, S. 282–314.
Eloni, Yehuda, »Kairo bei Berlin«, *Mitteilungsblatt*, Wochenzeitung des Irgun Olej Merkas Europa, Jg. XLV, Nr. 47, 16. 12. 1977, S. 7.
»Die zionistische Bewegung in Deutschland und die SPD 1897–1918«, in: *Beiheft 2*

zum Jahrbuch des Instituts für Deutsche Geschichte 1977, Universität Tel Aviv, S. 85–112.

Feder, Ernst, *Politik und Humanität, Paul Nathan, ein Lebensbild*, Berlin, Deutsche Verlagsgesellschaft, 1929.

Paul Nathan – Politiker und Philanthrop«, in *Deutsches Judentum in Aufstieg und Krise*, Stuttgart, Deutsche Verlags-Anstalt, 1963.

Isaak Feuerring, Jerusalem 1938.

Fischer, Fritz, *Griff nach der Weltmacht, Die Kriegspolitk des Kaiserlichen Deutschland, 1914/18*, 3. verb. Aufl., Düsseldorf, Droste Verlag, 1964.

François, Alexis, *Aspects d'Henri Dunant, le Bonapartiste, l'Affairiste, le Sioniste*, Geneve, Georg & cie, 1948.

Friedman, Isaiah, »The Hilfsverein der deutschen Juden, the German Foreign Ministry and the Controversy with the Zionists, 1901–1918«, *LBIYB* XXIV, 1979, S. 291–319.

Gelber, N.M., *Zur Vorgeschichte des Zionismus, Judenstaatsprojekte in den Jahren 1695–1845,* Wien, Phaidon-Verlag, 1927.

Genschel, Helmut, *Die Verdrängung der Juden aus der Wirtschaft im Dritten Reich*, Göttingen, Musterschmidt (1966).

Ginat, Jochanan, »Kurt Blumenfeld und der deutsche Zionismus«, Kurt Blumenfeld, *Im Kampf um den Zionismus, Briefe aus fünf Jahrzehnten*, Stuttgart, Deutsche Verlags-Anstalt, 1976, S. 7–37.

Goldstein, Walter Benjamin, *Chronik des Herzl-Bundes, Die Geschichte einer Zions-Sehnsucht*, Tel Aviv, (Präsidium des Herzl-Bundes 1962).

Gross, Walter, »The Zionist Students Movement«, *LBIYB* IV, 1959, S. 143–164.

Hallgarten, Georg W.F., *Imperialismus vor 1914*, 2. Aufl., München, C.H. Beck'sche Verlagsbuchhandlung (1963).

Hamburger, Ernest, *Juden im öffentlichen Leben Deutschlands*, Schriftenreihe wissenschaftlicher Abhandlungen des Leo-Baeck-Instituts, Tübingen, J. C. B. Mohr, 1968.
»One Hundred Years of Emancipation«, *LBIYB* XIV, 1969, S. 3–66.

Hamel, Iris, *Völkischer Verband und nationale Gewerkschaft, Der Deutschnationale Handlungsgehilfenverband 1893–1933*, Frankfurt a.M., Europäische Verlagsanstalt, (1967).

30 Jahre V.J.St. Hasmonaea, Berlin, hrsg. V.J.St. Hasmonaea im Kartell Jüdischer Verbindungen, 1932.

Heid, Ludger, »Harry Epstein – Ein Anwalt der Ostjuden in der Zeit der Weimarer Republik«, in: *Jahrbuch des Instituts für deutsche Geschichte der Universität Tel Aviv, Beiheft 9*, Hrsg.: Walter Grab und Julius H. Schoeps, Stuttgart–Bonn 1986, S. 276–304.

Herlitz, Georg, »Hat der V.J.St. Berlin sein Programm und seine Aufgaben verwirklicht?«, in *70 Jahre V.J.St. Berlin. Zur Landestagung des K.J.V.*, Tel Aviv 18.–19. Februar 1966, S. 2–8.

Hirschberg, Alfred, »Ludwig Holländer, Director of the C.V.«, *LBIYB* VII, (1962), S. 39–74.

Holdheim, Gerhard, *Geschichte des K.J.V. und des Blau-Weiß*, Ms, o.O., o.D.

Hundsnurscher, Franz und Taddey, Gerhard, *Die jüdischen Gemeinden in Baden*, Stuttgart, W. Kohlhammer, 1968.

Jochmann, Werner, »Struktur und Funktion des deutschen Antisemitismus«, in *Juden im Wilhelminischen Deutschland 1890–1914*, hrsg. von Werner E. Mosse unter Mitwirkung von Arnold Paucker, Schriftenreihe wissenschaftlicher Abhandlungen des Leo-Baeck-Instituts, Tübingen, J.C.B. Mohr, 1976, S. 389–477.

Juden im Wilhelminischen Deutschland 1890–1914, Ein Sammelband herausgegeben von Werner E. Mosse unter Mitwirkung von Arnold Paucker, Tübingen, Leo-Baeck-Institut, J.C.B. Mohr, 1976.

Kanowitz, Siegfried, »Zionistische Jugendbewegung«, in *Die Neue Jugend*, Band IV der Forschungen zur Völkerpsychologie und Soziologie, Hrsg. Richard Thurnwald, Leipzig 1927, S. 1–30.
Katzenberger, Naomi, »Dokumente zur Frage des Wahlrechts ausländischer Juden in den preußischen Synagogengemeinden, 1913/14«, in: *Michael*, on the History of Jews in the Diaspora, II, 1973, Universität Tel Aviv, S. 191–203.
Kotowsky, G.; Pöls, W.; Ritter, G.A. (Hrsg.), *Das Wilhelminische Deutschland*, Stimmen der Zeitgenossen, Frankfurt a. M., Fischer Bücherei, (1965).
Kreutzberger, Max, »Zionistische Vereinigung für Deutschland und soziale Volksarbeit«, *BLBI*, 14. Jg., Nr. 51, Neue Folge 1975, S. 6–9.
Landau, Saul Raphael, *Sturm und Drang im Zionismus*, Wien, Neue National-Zeitung, 1937.
Laqueur, Walter, »The German Youth Movement and the Jewish Question«, *LBIYB* VI, 1961, S. 193–205.
Young Germany, A History of the German Youth Movement, London, Routledge & Kegan Paul, 1962.
»Zionism and its Liberal Critics, 1896–1948«, *Journal of Contemporary History*, Vol. 6, No. 4, 1971, S. 161–182.
A History of Zionism, London, Weidenfeld and Nicolson, 1972.
Lichtheim, Richard, *Die Geschichte des deutschen Zionismus*, Jerusalem, Rubin Mass, 1954.
Liebes, Gerhard, »Vom Sinn und Bemühungen um die jüdische Geschichte und die hebräische Sprache«, in *30 Jahre V.J.St. Hasmonaea*, hrsg. von der V.J.St. Hasmonaea im Kartell Jüdischer Verbindungen, Berlin, 1932, S. 38–40.
Loewenstein, Kurt, »Funktionäre im Zionismus«, *Zwei Welten, Siegfried Moses zum 75. Geburtstag*, hrsg. Hans Tramer, Tel Aviv, Verlag Bitaon, 1962.
Meilensteine, Vom Wege des Kartells Jüdischer Verbindungen (K.J.V.) in der Zionistischen Bewegung, hrsg. von Eli Rothschild, Tel Aviv, Präsidium des K.J.V., 1972.
Meier-Cronemeyer, Hermann, »Jüdische Jugendbewegung«, (Erster Teil), *Germania Judaica*, Neue Folge 27/28, VIII. Jg., Heft 1/2 1969, S. 18–25.
Michael, Reuwen, »Israels Heilung, Isaak Rülf und die Anfänge des Zionismus in Deutschland«, *BLBI*, 6. Jg., 22, 1963, S. 126–147.
Paucker, Arnold, »Zur Problematik einer jüdischen Abwehrstrategie in der deutschen Gesellschaft«, in *Juden im Wilhelminischen Deutschland 1890–1914*, Ein Sammelband, herausgegeben von Werner E. Mosse unter Mitwirkung von Arnold Paucker, Tübingen, Leo-Baeck-Institut, J.C.B. Mohr, 1976, S. 479–548.
Poppel, Stephen M., *Zionism in Germany, 1897–1933, The shaping of a Jewish Identity*, Philadelphia, The Jewish Publication Society of America, 1977.
Pinner, L., *Ansiedlung von 675 Familien aus Deutschland in Einzelwirtschaften*, Hitachdut Olej Germania, o.O., 1938.
Quessel, Ludwig, »Die jüdische Neukolonisation Palästinas«, *Sozialistische Monatshefte*, Vol. XX, II. Heft, 4. 6. 1914, S. 672–684.
Reinharz, Jehuda, *Fatherland or Promised Land. The Dilemma of the German Jew, 1893–1914*, Michigan, Ann Harbor, 1975.
Robinsohn, Abraham, *David Wolffsohn, ein Beitrag zur Geschichte des Zionismus*, Berlin, Jüdischer Verlag, 1921.
Ruerup, Reinhard, »The Rural Jew«, Discussion, *LBIYB* XIX, 1974, S. 133.
Sauer, Paul, *Die jüdischen Gemeinden in Württemberg und Hohenzollern*, Stuttgart, W. Kohlhammer, 1966.
Scheinhaus, Leo, »Zwei Hundertjährige«, *JR*, Jg. XXXVI, Nr. 11, 10.2.1931, S. 69–70.
Schirmacher, Käthe, *Die moderne Frauenbewegung*, 2. Aufl., Leipzig, Teubner, 1909.

Schorsch, Ismar, *Jewish Reactions to German Antisemitism, 1870–1914*, New York, Columbia University Press, (1972).
Schwab, Hermann, *Jewish Rural Communities in Germany*, London, Cooper, (1957).
Silberner, Edmund, *Moses Hess, Die Geschichte seines Lebens*, Leiden, E. Brill, 1966.
Strauss, Herbert, »The Jugendverband«, *LBIYB* VI, 1961, S. 206–235.
Toury, Jacob, »Organisational Problems of German Jewry«, *LBIYB* XIII, 1968, S. 62–72.
Tramer, Hans, »Jüdischer Wanderbund Blau-Weiß. Ein Beitrag zu seiner äußeren Geschichte«, *BLBI*, 5. Jg., 1962, Nr. 17, S. 23–43.
»Bernhard und Emil Cohn. Zwei Streiter für den zionistischen Gedanken«, *BLBI*, 8. Jg., Nr. 32, 1965, S. 326–345.
Turnowsky-Pinner, Margarete, *Die zweite Generation mitteleuropäischer Siedler in Israel*, Schriftenreihe wissenschaftlicher Abhandlungen des Leo-Baeck-Institute of Jews from Germany, Tübingen, J.C.B. Mohr, 1962.
Walk, Joseph, »Profile of a Local Zionist Association 1903–1904. On the social History of German Zionism«, *LBIYB* XXIV, 1979, S. 369–374.
Wawrzinek, Kurt, *Die Entstehung der deutschen Antisemitenparteien*, 1873–1890, Berlin, Ebering, 1927.
Weinberg, Jehuda Louis, *Aus der Frühzeit des Zionismus: Heinrich Loewe*, Jerusalem, R. Mass, (1946).
Robert Weltsch zum 60. Geburtstag; ein Glückwunsch gewidmet von Freunden, Tel Aviv, 1951.
»Robert Weltsch zum 80. Geburtstag«, *LBIYB* XVII, 1972, S. 280; Bibliographie zur Würdigung seiner Person und seines Wirkens.
Weltsch, Robert, »Die schleichende Krise der jüdischen Identität«, in: *Juden im Wilhelminischen Zeitalter 1890–1914*, Ein Sammelband, herausgegeben von Werner E. Mosse unter Mitwirkung von Arnold Paucker, Tübingen, Leo-Baeck-Institut, J.C.B. Mohr, 1976, S. 689–702.
Wilhelm, Kurt, »Der zionistische Rabbiner«, in: *In zwei Welten*, Verlag Bitaon, Tel Aviv 1962, S. 55–70.
Zlocisti, Theodor, *Moses Hess. Der Vorkämpfer des Sozialismus und Zionismus*, Berlin 1921.

Personenverzeichnis

Achad Haam (Pseudonym für Ascher Ginsberg), (1856–1927), zionistischer Ideologe, hebräischer Schriftsteller. Strebte die Errichtung eines jüdischen Kulturzentrums in Palästina an.

Apfel, Alfred, Dr.jur., (1882–1941), von 1909–1922 Vorsitzender des »Verbandes der jüdischen Jugendvereine Deutschlands«.

Ascher, Jacob, Dr.jur., (?–1928), Rechtsanwalt in Dessau. Zionistischer Gemeindepolitiker.

Auerbach, Berthold, (1812–1882), deutsch-jüdischer Schriftsteller.

Auerbach, Elias, Dr.med., (1882–1971), Arzt und Bibelhistoriker. Mitbegründer der Studentenverbindung »Hasmonaea« in Berlin, Mitglied des Präsidiums des »Kartells Zionistischer Verbindungen«. Wanderte 1908 nach Palästina (Haifa) aus. Beteiligte sich aktiv am »Sprachenkampf«.

Bambus, Willy, (1863–1904), Sekretär des »Esra, Verein zur Unterstützung ackerbautreibender Juden in Palästina und Syrien«.

Barth, Aron, Dr., (1880–1957), zionistischer Wirtschaftspolitiker. Wirkte führend im deutschen »Misrachi«.

Becker, Julius, Dr., (1882–1945), Redakteur der »Jüdischen Rundschau«, Vertreter der »Jewish Agency« beim Völkerbund.

Beer-Hoffmann, Richard, (1866–1945), jüdisch-österreichischer Dichter, Erzähler und Dramaturg.

Ben-Jehuda, Elieser, (1858–1922), Vorkämpfer für die Wiederbelebung der hebräischen Umgangssprache.

Bentwich, Herbert, Dr., (1856–1932), englischer Rechtsanwalt. Führender Zionist, Präsident des englischen »Maccabean Club«.

Biram, Arthur, Dr., (1878–1967). Mitglied der Studentenverbindung »Bund Jüdischer Corporationen«. Pädagoge. Direktor der Realschule in Haifa.

Birnbaum, Nathan, Dr., (1864–1937), Schriftsteller. Mitbegründer der ersten zionistischen Studentenverbindung »Kadima« in Wien. Herausgeber der ersten zionistischen Zeitschrift »Selbstemancipation« (1885–1893)

Blüher, Hans, (1888–1955), Schriftsteller. Wirkte entscheidend auf die deutsche »Wandervogel«-Bewegung.

Blumenfeld, Kurt, (1884–1962), Ideologe des radikalen Zionismus in Deutschland. Sekretär der ZVfD (1909–1914), Vorsitzender der ZVfD (1924–1933).

Bodenheimer, Max Isidor, Dr., (1865–1940), Justizrat. Mitbegründer der ZVfD und deren Vorsitzender (1987–1910). Direktor des »Jüdischen Nationalfonds«.

Boehm, Adolf, Dr., (1873–1940), Mitglied des Aktionskomitees der Zionistischen Weltorganisation. Historiker der zionistischen Bewegung.

Brandeis, Louis D., (1856–1941), Richter am Obersten Gerichtshof der USA. Führende Persönlichkeit in der zionistischen Bewegung in Amerika und der Zionistischen Weltorganisation.

Breinin, Reuben, (1862–1939), Schriftsteller und Literaturkritiker.

Breuer, Isaak, Dr., (1883–1946), Rechtsanwalt. Vorkämpfer der jüdischen Orthodoxie.

Brünn, Wilhelm Seew, Dr., (1884–1949), Arzt und Farmer. Einer der ersten deutschen Zionisten, die nach Palästina auswanderten.

Buber, Martin, Dr., (1878–1965), Religionsphilosoph. Herausgeber der Zeitschrift »Der Jude«.

Calvary, Moses, (1866–1944), Pädagoge. Zionistischer Publizist.

Cohen, Hermann, (1842–1918), Professor der Philosophie an den Universitäten Marburg und Berlin.

Cohn, Emil, Dr., (1881–1948), Mitglied des B.J.C., Redakteur der Zeitschrift »Der Jüdische Student«. Rabbiner in Berlin, Kiel, Essen und Bonn, Schriftsteller und Dramaturg.

Epstein, Harry, Dr., (1879–1973), Rechtsanwalt in Duisburg. Zionistischer Gemeindepolitiker.

Estermann, Leo, (1869–1944). Mitbegründer von »Jung-Israel« und der ZVfD.

Feiwel, Berthold, Dr., (1868–1948), zionistischer Politiker. Dichter, Schriftsteller, Redakteur der »Welt«.

Feuerring, Isaak, (1889–1937), führende Persönlichkeit im »Herzl-Bund«, zionistischer Wirtschaftspolitiker.

Fontane, Theodor, (1819–1898), Dichter und Essayist.

Frankenstein, Betty, (1882–1960), Leitende Sekretärin der ZVfD.

Friedemann, Adolf, Dr., (1871–1933), Jurist, Vorkämpfer des Zionismus in Deutschland.

Friedländer, David, (1750–1834), Schüler von Moses Mendelssohn, Protagonist der religiösen Reform des Judentums und der Assimiliation.

Friedrich, Großherzog von Baden, (1826–1907), Schwager Kaiser Wilhelms I. Unterstützte Herzls politische Tätigkeit.

Friedrich Wilhelm IV., König von Preußen, (1795–1861).

Fuchs, Eugen, Dr., (1856–1923), Geheimer Justizrat. Deutsch-jüdischer Politiker, Mitbegründer des »Zentralvereins deutscher Staatsbürger jüdischen Glaubens« und des »Verbandes der deutschen Juden«.

Geiger, Abraham, (1810–1874), Rabbiner. Führend in der jüdischen Reformbewegung, Forscher der »Wissenschaft des Judentums«.

Geiger, Ludwig, (1848–1919), Professor, Literatur- und Kulturhistoriker, Gründer und Redakteur der »Zeitschrift für die Geschichte der Juden in Deutschland«, seit 1905 Redakteur der »Allgemeinen Zeitung des Judentums«.

Goldberg, Albert, Dr., (1875–1950), Vorkämpfer des Zionismus in Deutschland, Mitglied des Vereins »Jung-Israel«.

Goldmann, Nachum, Dr., (1894–1982), zionistischer Politiker. Präsident der zionistischen Weltorganisation (1956–1968), Präsident des Jüdischen Weltkongresses.

Goldsmid, Albert Edward William, (1846–1904), englischer Oberst, Präsident der »Chowewe-Zion« in London.

Goldstein, Moritz, (1880–1977), Publizist.

Goltz, Colmar, Freiherr von der (1843–1916), preußischer General, Organisator und Führer der türkischen Armee.

Gordon, Jehuda Leib, (1830–1892), hebräischer Dichter.

Goslar, Hans, (1889–1945), Journalist, Pressechef der preußischen Regierung. Wirkte führend in der zionistischen Jugendbewegung und im deutschen »Misrachi«.

Graetz, Heinrich, Dr., (1817–1891), jüdischer Historiker und Bibelforscher.

Gronemann, Sammy, Dr., (1875–1952), Rechtsanwalt, zionistischer Politiker, Schriftsteller.

Güdemann, Moritz, Dr., (1835–1918), Oberrabbiner der jüdischen Gemeinde in Wien.

Halpern, Georg, Dr., (1878–1962), Nationalökonom, zionistischer Wirtschaftspolitiker.

Hantke, Arthur, Dr., (1874–1955), Rechtsanwalt. Vorsitzender der ZVfD, Direktor des Palästina-Grundfonds (Keren Hajessod).

Herzfeld, Ernst, Dr., (1874–1947), Rechtsanwalt. Mitglied des Vorstandes des »Zentralvereins deutscher Staatsbürger jüdischen Glaubens«, von 1936–1938 dessen Vorsitzender.

Herzl, Theodor, Dr., (1860–1904), Begründer der Zionistischen Weltorganisation und deren Präsident, Redakteur der zionistischen Wochenschrift »Die Welt«.

Hess, Moses, (1812–1875), Sozialistischer und zionistischer Denker.

Heymann, Hans Gideon, Dr., (1883–1918), Nationalökonom. Bankdirektor. Führender deutscher Zionist.

Hildesheimer, Hirsch, Dr., (1855–1910), Rabbiner, Herausgeber der orthodoxen Wochenschrift »Jüdische Presse«.

Hirsch, Moritz, Baron von, (1831–1896), Philantrop, Gründer der jüdischen Kolonien in Argentinien.

Hirsch, Sally, Dr., (1885–1950), Rechtsanwalt. Mitglied der Leitung der ZVfD, Mitglied des zionistischen Aktionskomitees und des Vorstandes der Gemeinde Berlin.

Hirsch, Samson Raphael, (1808–1888), Rabbiner. Haupt der Neo-Orthodoxie in Deutschland.

Holdheim, Gerhard, Dr., (1892–1967), Jurist. Zionistischer Politiker.

Jacobsohn, Victor, Dr., (1869–1934), Diplomatischer Vertreter der Zionistischen Weltorganisation in Konstantinopel, später in Genf.

Jahn, Friedrich Ludwig, (1778–1852), »Turnvater«, konservativer Vorkämpfer für die Einigung Deutschlands.

Jeremias, Karl, Dr., (1874–1914), Arzt, zionistischer Politiker.

Joseph, Max, Dr., (1868–1950), zionistischer Rabbiner in Stolp (Pommern).

Jungmann, Max, Dr., (1875–1975), Arzt, Schriftsteller und Dramaturg, Mitbegründer des »Vereins jüdischer Studenten« in Berlin, Redakteur der satirischen zionistischen Monatsschrift »Der Schlemiel« (1903–1905).

Kalischer, Zwi Hirsch, (1795–1874), Rabbiner in Thorn, Vorläufer der zionistischen Bewegung.

Kalmus, Ernst, Dr., (1873–1959), Arzt, Veteran der deutschen Zionisten.

Kann, Jacobus, (1872–1945), Bankier in Holland, Mitglied des zionistischen Aktionskomitees.

Kanowitz, Siegfried, Dr., (1900–1961), Arzt. Mitglied des K.J.V., Mitglied der Knesseth.

Kaufmann-Kadman, Leo, (1895–1964), Agronom, Mitglied des »Blau-Weiß«, Mitbegründer der »Hechaluz« (Pionier)-Bewegung in Deutschland (1918).

Klausner, Josef, Dr., (1874–1958), Historiker und Forscher der hebräischen Literatur. Teilnehmer am ersten Zionistenkongreß.

Klee, Alfred, Dr., (1875–1943), Rechtsanwalt. Zionistischer Politiker.

Kollenscher, Max, Dr., (1875–1937), Rechtsanwalt. Zionistischer Gemeindepolitiker.

Landau, Saul Raphael, Dr., (1870–1943), Journalist und Schriftsteller, Redakteur der zionistischen Wochenzeitung »Die Welt«.

Leimdörfer, David, (1851–1922), Rabbiner in Hamburg.

Lewin, Schmarjahu, (1867–1935), hebräischer und jiddischer Schriftsteller, zionistischer Politiker.

Levy, Emil, Dr., (1879–1953), zionistischer Rabbiner in Straßburg, Berlin und Jerusalem.

Lewin, Carl, Prof. Dr., (1876–1930), Arzt in Berlin. Mitglied der »gemäßigten« Zionistengruppe.

Leszynsky, Eduard, Dr., (1877–1951), Rechtsanwalt. Mitglied des Zentralkomitees der ZVfD.

Lichtheim, Richard, (1885–1963), zionistischer Politiker und Publizist.

Lilienblum, Mosche Leib, (1843–1910), Schriftsteller und Publizist. Mitbegründer der präherzlianischen »Chowewe-Zion«-Bewegung.

Loewe, Heinrich Eljakim, Prof. Dr., (1869–1951), Historiker, Begründer von »Jung-Israel«, erster Redakteur der »Jüdischen Rundschau«.

Lorje, Chaim, Dr., (1821–1878), Vorläufer der zionistischen Bewegung. Begründer des »Israelitischen Vereins zur Kolonisation von Palästina« in Frankfurt a. O.

Margulies, Heinrich, (1890–?), Nationalökonom. Zionistischer Publizist.

Marmorek, Alexander, Prof. Dr., (1865–1923), Bakteriologe, Mitglied des Zionistischen Aktionskomitees.

Maybaum, Sigmund, Prof., (1844–1919), Rabbiner, Schriftsteller. Unterschrieb die Protesterklärung gegen die Abhaltung des ersten Zionistenkongresses in Deutschland.

Michaelis, Alfred, Dr., Rechtsanwalt in Hamm (Pr.)

Mohammed Ali, (1769–1849), Herrscher Ägyptens.

Montefiore, Francis Abraham, Sir, (1860–1930), Minister im Kabinett Lloyd Georges, englischer Zionist.

Moses, Julius, Dr., (1869–1945), Arzt. Zionistischer Politiker.

Moses, Moses, (1848–1903), Kaufmann in Kattowitz. Mitbegründer der »Chowewe-Zion«-Bewegung und der Zionistischen Vereinigung für Deutschland.

Moses, Siegfried, Dr., (1887–1974), Rechtsanwalt. Redakteur des »Jüdischen Studenten«, Vorsitzender der ZVfD (1933–1938), Staatskontrolleur Israels.

Moses, Walter, (1892–1955), Industrieller. Bundesleiter des »Blau-Weiß«.

Mossinsohn, Ben-Zion, Dr., (1878–1942), Pädagoge, Direktor des »Herzlia«-Gymnasiums in Tel Aviv, zionistischer Politiker.

Motzkin, Leo, (1867–1933), zionistischer Politiker.

Nathan, Paul, Dr., (1857–1927), Leiter des »Hilfsvereins der deutschen Juden«, freisinniger und später sozialdemokratischer Politiker, Gründer des »Vereins zur Abwehr des Antisemitismus«.

Noah, Mordechai Manuel, (1785–1851), amerikanisch-jüdischer Journalist, Diplomat und Richter. Plante, ein »Nachtasyl« für die Juden in Amerika zu schaffen.

Nobel, Nechemia Anton, Dr., (1871–1922), Rabbiner in Köln und Frankfurt/M. Führende Persönlichkeit im religiösen Zionismus.

Nordau, Max, Dr., (1849–1922), Schriftsteller. Führer der Zionistischen Weltorganisation.

Oppenheimer, Franz, Prof. Dr., (1864–1943), Nationalökonom. Gründer einer kooperativen Mustersiedlung in Palästina.

Philippsohn, Ludwig, (1811–1899), Gründer und Redakteur der »Allgemeinen Zeitung des Judentums«.

Philippsohn, Martin, Prof. Dr., (1846–1916), Historiker, Mitbegründer der »Gesellschaft zur Förderung der Wissenschaft des Judentums« und des »Verbandes der deutschen Juden«.

Pinner, Ludwig, Dr., (1890–1983), Agronom. Mitglied des K.Z.V., K.J.V.

Pinsker, Leon, (Juda Löb), Dr., (1821–1891), Arzt in Odessa. Gründer der präherzlianischen »Chowewe-Zion«-Bewegung.

Preuß, Walter, Dr., (1895–1984), Nationalökonom. Mitglied des »Blau-Weiß« und des K.J.V.

Rosenberg, Egon, Dr., (1881–1946), Begründer der Studentenverbindung »Hasmonaea« (Berlin), Präsident des K.J.V.

Rosenblüth (Rosen), Felix P., Dr., (1887–1978), Rechtsanwalt, Mitbegründer des »Blau-Weiß«, Vorsitzender der ZVfD, 1949–1968 Israelischer Justizminister.

Rosenblüth, Josef, (1892–1954), wirkte führend im »Herzl-Bund«.

Rosenblüth, Martin, Dr., (1886–1963), Zionistischer Politiker. Sekretär des Zionistischen Aktionskomitees (1910–1915), Leiter des Kopenhagener Büros der Zionistischen Weltorganisation während des ersten Weltkrieges.

Rothschild, Edmond, Baron de, (1845–1934), Bankier, Philanthrop, Gründer jüdischer Kolonien in Palästina.

Rülf, Isaak, Dr., (1831–1902), Rabbiner in Memel, Schriftsteller und Philosoph, zionistischer Politiker.

Ruppin, Arthur, Dr. jur. (1876–1943), Nationalökonom und Soziologe. Leiter des zionistischen Kolonisationswerkes in Palästina.

Sachs, Adalbert, Dr., (1876–1926), Arzt, Mitbegründer des »Blau-Weiß«.

Sambursky, Mendel, (1866–1934), Kaufmann, zionistischer Funktionär in Königsberg.

Samuel, Walter, (1882–1946), Kaufmann, Mitbegründer des »Herzl-Bundes«.

Sandler, Aron, Dr., (1879–1954), Arzt, zionistischer Gemeindepolitiker.

Schach, Fabius, (1868–1930), Hebräischer Schriftsteller. Mitbegründer der »National-Jüdischen Vereinigung in Köln«, erster Sekretär der ZVfD.

Schachtel, Hugo Hillel, Dr., (1876–1949), Zahnarzt. Zionistischer Politiker.

Schapira, Hermann, Dr., (1840–1898), Professor der Mathematik. Initiator des »Jüdischen National-Fonds«.

Schauer, Rudolf, Dr., (1875–?), Rechtsanwalt, Mitbegründer der ZVfD.

Scholem, Gerhard-Gerschom, Dr., (1897–1982), Historiker. Professor an der Hebräischen Universität Jerusalem. Forscher der jüdischen Mystik.

Silbermann, Elieser Lipmann, (1819–1882), Schriftsteller und Redakteur der hebräischen Zeitung »Hamaggid«.

Simon, James, Dr., (1850–1932), Industrieller. Mitgründer des »Hilfsvereins der deutschen Juden«. Mitgründer der »Deutschen Orientgesellschaft«.

Simon, Julius, Dr., (1875–1969), zionistischer Wirtschaftspolitiker.

Simonsohn, Emil, Dr., (?–1938), Mitglied des Zentralbüros der ZVfD in Berlin. (1904).

Smolenskin, Perez, (1840–1885), hebräischer Schriftsteller. Vorkämpfer der zionistischen Bewegung.

Sokolow, Nachum, (1859–1936), Schriftsteller und Journalist. Zionistischer Politiker, Präsident der Zionistischen Weltorganisation (1931–1935).

Sombart, Werner, Prof. Dr., (1863–1941), Nationalökonom und Soziologe.

Sondheimer, Fritz, Dr., Frankfurt/M., zionistischer Politiker.

Stoecker, Adolf, (1835–1909), Hofprediger Kaiser Wilhelms I., Mitglied des Reichstages.

Strauss, Ludwig, (1892–1953), Dichter und Schriftsteller.

Struck, Hermann, (1876–1944), Maler und Radierer. Führer der »Misrachi«-Partei.

Täubler, Eugen, Prof., (1879–1953), Historiker.

Timendorfer, Berthold, Dr., (1853–1931), Rechtsanwalt. Großpräsident des »Unabhängigen Ordens Bnei-Brith«, Vorstandsmitglied des »Hilfsvereins der deutschen Juden« und der jüdischen Gemeinde Berlin.

Trietsch, Davis, (1870–1935), Schriftsteller und zionistischer Wirtschaftspolitiker. Herausgeber der Zeitschriften »Ost und West« und »Palästina«.

Tschlenow, Jechiel, Dr., (1864–1918), Arzt. Führer der russischen Zionisten.

Tuch, Ernst, (1834–1909), Präsident der Hamburger »Bnei-Brith«-Loge, Philantrop.

Turoff, Isaak, (1855–1929), Sekretär des Vereins »Esra« in Berlin.

Ussischkin, Menachem Michael, (1863–1941), Ingenieur. Führer der russischen Zionisten, Direktor des »Jüdischen National-Fonds«.

Victor, Willy, Dr., (1886–1946), Rechtsanwalt in Hamburg, zionistischer Gemeindepolitiker.

Vogelstein, Heinemann, Dr., (1841–1911), Rabbiner in Stettin.

Wagner-Tauber, Lina, (1874–1936), Gründerin und Vorsitzende der »Jüdisch-nationalen Frauenvereinigung« in Berlin. Wurde als erste Frau in die Repräsentantenversammlung der Gemeinde Berlin als Vertreterin der zionistischen »Jüdischen Volkspartei« gewählt.

Warburg, Max M., (1867–1947), Mitinhaber des Bankhauses M. Warburg & Co., Hamburg

Warburg, Otto, Dr., (1859–1938), Professor der Botanik, dritter Präsident der Zionistischen Weltorganisation.

Weitzmann, Siegfried, (1886–1960), Architekt. Essayist, Mitglied des B.J.C., Mitarbeiter der »Jüdischen Rundschau«.

Weizmann, Chaim, Dr., (1873–1952), Professor der Chemie. Führer der zionistischen Opposition unter Herzl und Wolffsohn, Präsident der Zionistischen Weltorganisation, erster Staatspräsident Israels.

Weltsch, Robert, Dr., (1891–1982), zionistischer Publizist, Redakteur der »Jüdischen Rundschau« (1919–1938).

Wilhelm II., Deutscher Kaiser und König von Preußen (1859–1941).

Witkowsky, Gustav, Dr., Zionistischer Gemeindepolitiker.

Wolffsohn, David, (1856–1914), Großkaufmann, Mitbegründer der ZVfD, zweiter Präsident der Zionistischen Weltorganisation.

Wolfsberg-Aviad, Oskar-Yeschayahu, Dr., (1893–1957), Arzt. Zionistischer Politiker, Schriftsteller, führende Persönlichkeit der »Misrachi«-Partei.

Wrede, Friedrich, Fürst v. (1870–?), Schriftsteller. Gehörte der Familie bayrischer Staatsmänner an, Anhänger des Zionismus.

Wyneken, Gustav, (1875–1964), Pädagoge, Ideologe der deutschen Jugendbewegung.

Zangwill, Israel, (1864–1926), englisch-jüdischer Schriftsteller, politischer Zionist, unterstützte den Ugandaplan. Mitbegründer der »Jüdisch-Territorialistischen Organisation« (JTO, 1905).

Zlocisti, Theodor, Dr., (1874–1943), Arzt, zionistischer Politiker.

Zollschan, Ignaz, Dr., (1887–1848), Arzt, Anthropologe.

Zwirn, Isaak, Dr., (?–1960), Rechtsanwalt, Mitglied des K.J.V., zionistischer Gemeindepolitiker.

Personenregister

Glossar

Alliance Israélite Universelle: Hilfsverein zur Förderung politischer und sozialer Gleichberechtigung der Juden. Gegründet in Paris 1860.

Aruchas-bas-ami: Hebr. Israels Heilung. Name eines Buches von Rabbiner Isaak Rülf.

Bar-Mizwa: Religiöse Volljährigkeitsfeier eines 13jährigen Jungen nach jüdischem Ritus.

Beilis-Prozeß: Der Jude Mendel Beilis wurde 1911 in Kiew des Ritualmords angeklagt. Nach zweijährigem Prozeß wurde er freigesprochen.

Bilu: Hebr. Abkürzung des biblischen Verses: »Haus Jakob! Auf laßt uns gehen!« Symbolischer Name einer kleinen Gruppe junger Pioniere, die 1882, nach den Pogromen in Rußland, nach Palästina auswanderte.

Chalukka: Hebr. Verteilung. Abgabe der in der Diaspora gesammelten Spenden für die Armen Palästinas.

Chanukka: Das Fest der Lichter. Wird zur Erinnerung an die Wiedereinweihung des Tempels in Jerusalem nach dem Sieg der Makkabaeer gefeiert. (2. Jhdt. v. Chr.)

Charkower: Mitglieder der Konferenz der russischen Zionisten in Charkow (1903), die sich dem Ugandaplan widersetzten.

Galuth (auch Golus): Hebr. Exil, Verbannung. Bezeichnung der Judenheit in der Diaspora.

Hatikwa: Hebr. Die Hoffnung. Jüdische Nationalhymne.

ICA: Abk. von Jewish Colonisation Association. Philantropische Organisation zur Ansiedlung von Juden, gegründet 1891 von Baron Moritz von Hirsch. Tätig in Argentinien, der Türkei, Kanada, Palästina und Osteuropa.

Kehilla (auch Kahal): Hebr. Jüdische Gemeinde.

Magen David: Hebr. Davidsstern. Jüdisches Symbol.

Midraschim: Hebr. Interpretationen.- Auslegung der Schriften, die die mündliche Lehre darstellen.

Minjan: Hebr. Zahl. Mindestzahl von 10 (männlichen) Betern, die für den Gottesdienst vorgeschrieben sind.

Misrachi: Hebr. Abkürzung von »Geistiges Zentrum«. Partei der religiös-orthodoxen Zionisten.

Purim: Fest zur Erinnerung an die Rettung der Juden in Persien durch die Königin Esther.

Schekel: Hebr. Münze. Jährlicher Mitgliedsbeitrag zur Zionistischen Weltorganisation, der zur Wahl zum Zionistenkongreß berechtigte.

Schmitta: Hebr. Sabbatjahr. Ruhe- oder Feierjahr für Acker, Weinberg und Garten.

Schulchan Aruch: Hebr. Gedeckter Tisch. Jüdische Gesetzessammlung. Verfaßt von Josef Karo in Palästina (16. Jhdt.).

Sohar: Hebr. Leuchte. Das klassische Hauptwerk der jüdischen Mystik (Kabbala). Wahrscheinlicher Autor: Mose de Leon (Ende des 13. Jhdts.).

Talmud: Hebr. Studium, Lehre. Nächst der Bibel Hauptwerk des Judentums, aus vielhundertjähriger mündlicher Überlieferung entstanden. Abgeschlossen im Jahr 500.

Ugandaplan: Vorschlag der englischen Regierung an die Zionistische Weltorganisation, die Ansiedlung von Juden in Uganda zu prüfen (1903).

Zione-Zion: Hebr. Zions-Zionisten. Gegner des Ugandaplans. Forderten die Errichtung der nationaljüdischen Heimstätte nur in Zion (Palästina).